SÃO JOÃO DA CRUZ

Organização geral
Frei Patrício Sciadini, O.C.D.

Traduziram
Poesias
Carmelitas Descalças de Fátima (Portugal) e Carmelitas
Descalças do Convento de Santa Teresa (Rio de Janeiro)

Escritos Espirituais
Obras Menores – Carmelo de Piracicaba
Obras Maiores – Carmelitas Descalças do Convento
de Santa Teresa (RJ)

Epistolário, Escritos Oficiais e Apêndice
Carmelo de Piracicaba (SP)

Índice Analítico
Carmelo de Cotia (SP)

Introdução aos Escritos
Frei Felipe Sainz de Baranda, O.C.D., Prepósito Geral

*Introdução Geral e Cronologia da Vida
de São João da Cruz*
Frei Patrício Sciadini, O.C.D.

Texto base
Obras Completas de San Juan de la Cruz (Texto crítico-popular),
editadas por P. Simeón de la Sagrada Família, O.C.D., Burgos,
Tipografia da Editora "El Monte Carmelo", 1972.

ISBN 978-85-326-0654-9

SÃO JOÃO DA CRUZ
Doutor da Igreja

Obras Completas

Petrópolis
em coedição com o

Carmelo Descalço do Brasil
2002

© desta versão em língua portuguesa
1984, Editora Vozes Ltda.
Rua Frei Luís, 100
25689-900 Petrópolis, RJ
www.vozes.com.br
Brasil

7ª edição, 2002.

13ª reimpressão, 2024.

Todos os direitos reservados. Nenhuma parte desta
obra poderá ser reproduzida ou transmitida por qualquer forma
e/ou quaisquer meios (eletrônico ou mecânico, incluindo fotocópia e gravação)
ou arquivada em qualquer sistema ou banco de dados
sem permissão escrita da editora.

CONSELHO EDITORIAL

Diretor
Volney J. Berkenbrock

Editores
Aline dos Santos Carneiro
Edrian Josué Pasini
Marilac Loraine Oleniki
Welder Lancieri Marchini

Conselheiros
Elói Dionísio Piva
Francisco Morás
Gilberto Gonçalves Garcia
Ludovico Garmus
Teobaldo Heidemann

Secretário executivo
Leonardo A.R.T. dos Santos

PRODUÇÃO EDITORIAL

Aline L.R. de Barros
Marcelo Telles
Mirela de Oliveira
Otaviano M. Cunha
Rafael de Oliveira
Samuel Rezende
Vanessa Luz
Verônica M. Guedes

Conselho de projetos editoriais
Luísa Ramos M. Lorenzi
Natália França
Priscilla A.F. Alves

ISBN 978-85-326-0654-9

Este livro foi composto e impresso pela Editora Vozes Ltda.

SUMÁRIO

Siglas das obras de São João da Cruz, 6

Introdução geral e cronologia da vida de São João da Cruz, 7

Primeira Parte: Poesias, 25

Segunda Parte: Escritos Espirituais, 61

    Ditames de Espírito, 67

    Esquemas gráfico-literários: "Monte de Perfeição", 83

    Ditos de luz e amor: avisos e sentenças espirituais, 91

    Pequenos tratados espirituais, 112

    Grandes comentários e tratados orgânicos, 131

        Subida do Monte Carmelo, 133

        Noite Escura, 437

        Cântico Espiritual, 573

        Chama Viva de Amor, 823

Terceira Parte: Epistolário, 931

Quarta Parte: Escritos Oficiais, 993

Apêndice, 1021

Índice Analítico, 1037

Dicionário São-Joanino, 1147

SIGLAS DAS OBRAS
DE SÃO JOÃO DA CRUZ

C	=	Cântico Espiritual.
CA	=	Cântico Espiritual – Primeira Redação.
CB	=	Cântico Espiritual – Segunda Redação. Quando se encontra simplesmente "C", é a segunda redação.
CAUT	=	Cautelas.
D	=	Ditos de luz e amor.
Ep	=	Epistolário.
Ch	=	Chama viva de amor.
Cha	=	Chama viva de amor – Primeira Redação.
Chb	=	Chama viva de amor – Segunda Redação. Quando se encontra simplesmente "Ch", é a segunda redação.
N	=	Noite Escura.
IN 2, 8	=	O primeiro número é o livro; o segundo é o Capítulo e o terceiro é o Parágrafo,
p	=	Poesias.
S	=	Subida do Monte Carmelo.
1S 3, 5	=	O primeiro número é o livro; o segundo é o Capítulo e o terceiro é o Parágrafo.

INTRODUÇÃO GERAL E CRONOLOGIA DA VIDA DE SÃO JOÃO DA CRUZ

Deus é verdadeiramente misterioso nas suas obras. A aventura da fé leva o homem a experimentar o poder de Deus que não esmaga, mas com delicadeza conduz à verdadeira liberdade do espírito. Os senhores do mundo e das coisas não são os fortes e os poderosos, mas os pequenos, os humildes, que famintos e sedentos de justiça, constroem o Reino de Deus que não é nem comida, nem bebida, mas paz, justiça e júbilo no Espírito Santo. Ao longo da caminhada humana surgem os profetas, estrelas luminosas que rasgam as trevas e anunciam o bem, denunciando o mal. Nascem os santos, os místicos, que sem muito falar carregam o mundo, proclamando o realismo desconcertante das bem-aventuranças. São João da Cruz é um místico amadurecido no sol do sofrimento, provado por Deus através de noites da fé; não compreendido pelos homens. O que ele diz traz o carimbo da experiência pessoal, não se deixa influenciar com facilidade pelas circunstâncias ou se amedrontar diante de um futuro que aparece grávido de sofrimentos.

O Papa Pio XI, que foi definido como Papa carmelitano pelo amor que manifestou à Ordem, particularmente por Santa Teresa do Menino Jesus, a quem chamava de estrela do seu pontificado, ao proclamar São João da Cruz, Doutor da Igreja, disse: "No correr dos tempos, alcançou, João, depois da morte, em 1591, tanta autoridade na mística, que logo os escritores da ciência sagrada e os homens virtuosos o escolheram para mestre de santidade e piedade; e em sua doutrina e escritos, como em fonte cristalina do sentido cristão e espírito da Igreja, hauriram sua inspiração os que trataram de coisas espirituais".

João da Cruz pertence àquele grupo de homens que, ultrapassando os limites do tempo e da religião, tornam-se patrimônio universal, como Francisco de Assis, Teresa d'Ávila, Gandhi, Tagore...

Na busca da verdade é necessário, em determinados momentos, ter na nossa frente guias seguros e competentes, que com a palavra e o exemplo dissipem as nossas dúvidas.

VIDA

Um quadro cronológico da vida de Frei João da Cruz é sumamente importante para fazer-nos penetrar com maior facilidade no mistério da sua vida. Uma existência breve (49 anos), aparentemente pobre de acontecimentos que podem suscitar curiosidade ou chamar atenção... É na monotonia da vida, nas feridas abertas pelas incompreensões, que desabrocha a santidade do primeiro Carmelita Descalço, severo e exigente consigo mesmo, terno e delicado com os que o circundam.

EM BUSCA DA VOCAÇÃO (21 anos) (1542-1563)

1542 – Nascimento em Fontiveros (Ávila), em data desconhecida. Filho de Gonzalo de Yepes e Catalina Álvarez. São três irmãos: Francisco, Luís e João.

1545-1551 – Infância pobre e difícil: Quando morre o pai, a família emigra para Torrijos e, não encontrando melhores condições de vida, volta a Fontiveros. Luís, o segundo dos irmãos, morre. Em 1551 fixam residência em Arévalo.

1551-1564 – Juventude, Formação humanística – vocação religiosa.

INTRODUÇÃO

1551-1559 – Formação cultural e artesanal no Colégio dos "Doctrinos", de Medina del Campo, para onde muda a família. Ocupou-se nos ofícios de carpinteiro, alfaiate, pintor e entalhador; acólito na igreja da Madalena; *office-boy* e ajudante de enfermeiro no Hospital da Conceição.

1559-1563 – Estuda humanidades no Colégio dos Jesuítas de Medina del Campo e talvez tenha começado também Filosofia.

CARMELITA (5 anos)

1563 – Recebe o hábito religioso dos Carmelitas, chamando-se Frei João de São Matias.

1564 – Entre o verão e o outono faz sua profissão religiosa.

1564-1568 – *Estudos universitários – sacerdote, reformador do Carmelo.*

Cursos acadêmicos de 1564-1565, 1565-1566, 1566-1567 na Universidade de Salamanca; matricula-se como artista.

1567 – fevereiro: O Geral do Carmelo João Batista Rúbeo visita o Colégio de Santo André, dos Carmelitas, onde se encontra com Frei João, que o recordará "pelo nome de sua santidade".

1567 – abril: Foi eleito prefeito de estudantes do Colégio de Salamanca, no Capítulo Provincial de Ávila.

1567 – verão: Ordenado sacerdote em Salamanca, provavelmente em julho; reza sua primeira missa em Medina, provavelmente em agosto, acompanhado de sua mãe.

1567 – setembro/outubro: Encontra-se pela primeira vez com Santa Teresa, em Medina, que o conquista para dar início à sua Reforma entre os frades. Curso acadêmico 1567-1568, na Universidade de Salamanca: matricula-se como presbítero e teólogo.

CARMELITA DESCALÇO (23 anos)

1568 – Terminados seus estudos em Salamanca, volta a Medina; mantém colóquios com Santa Teresa; parte com ela rumo a Valladolid no dia 9 de agosto para a fundação das Descalças e permanece lá até outubro, informando-se detalhadamente da nova vida reformada; no início de outubro vai a Duruelo (Ávila) para preparar uma "alquería" para o primeiro convento descalço, e no dia 28 de novembro, primeiro domingo do Advento, inaugura nele a vida reformada de Carmelitas Descalços.

1569-1572 – *Formador dos Descalços*

1572 – Fim de maio, chega a Ávila a pedido de Santa Teresa, como confessor e vigário do Mosteiro de Carmelitas da Encarnação, onde ela é priora.

1574 – No dia 18 de março vai a Segóvia acompanhado de Santa Teresa e no dia 19 de março inauguram a fundação de Descalças, regressando a Ávila no fim do mês.

1575-1576 – Viaja a Medina del Campo para examinar o espírito de uma carmelita Descalça; os Calçados de Ávila levam-no prisioneiro a Medina, mas logo é libertado e restituído ao seu cargo por intervenção do Núncio.

1576 – setembro – Participa da reunião dos Descalços em Almodóvar del Campo, que começa no dia 9.

1577-1578 – *Encarcerado em Toledo*

1577 – dezembro – Na noite do dia 2 é aprisionado e tirado violentamente de sua casinha da Encarnação de Ávila, e entre o dia 4 e 8 é levado ao Convento dos Calçados de Toledo, onde fica recluso no cárcere conventual durante oito meses; ali compõe seus primeiros poemas místicos.

INTRODUÇÃO 11

1578 – Durante a oitava da Assunção, por volta das duas ou três horas da manhã, provavelmente no dia 17, foge do cárcere conventual se refugiando de dia no convento das Descalças. O resto do mês de agosto e todo o mês de setembro fica escondido na casa do Sr. Pedro González de Mendoza.

1578-1588 – *Superior de Andaluzia*

1578 – No início de outubro encontra-se em Almodóvar, onde participa do Capítulo dos Descalços, que começa no dia 9, e é eleito Vigário do Convento do Calvário (Jaén); de passagem para esta casa se detém em La Penuela e nas Descalças de Beas; no início de novembro, toma posse de seu cargo que durará sete meses e meio.

1579 – Durante os meses de abril e maio realiza várias viagens a Baeza, preparando a fundação de um Colégio de Descalços; vai para lá definitivamente no dia 13 de julho e no dia seguinte inaugura a fundação, onde fica como primeiro Reitor.

1580 – "Ano do catarro universal": morre em Medina a mãe do santo.

1581 – Do dia 3 ao dia 16 de março, participa do Capítulo de separação, celebrado em Alcalá de Henares, onde se erige a Província independente de Carmelitas Descalços; no dia 4 é eleito terceiro Definidor; após o Capítulo volta a Baeza; no dia 28 de julho preside a eleição da priora em Caravaca, onde é eleita Ana de Santo Alberto, que será uma de suas filhas espirituais prediletas; realiza várias viagens a conventos de Descalças; por volta do dia 25 de novembro, chega a Ávila para levar Santa Teresa à fundação de Granada, mas não pode consegui-lo e sai de Ávila no dia 29; os dois santos não se encontrarão mais nesta vida; no dia 8 de dezembro chega a Beas.

12 INTRODUÇÃO

1582 – No dia 15 de janeiro sai de Beas dirigindo-se com Ana de Jesus e suas companheiras para Granada, aonde chegam no dia 19 e inauguram a fundação no dia 20; entre o dia 25 e 30 do mesmo mês, toma posse de seu cargo de prior de Los Mártires, de Granada, para o qual fora eleito pela comunidade nos meses que antecederam.

1583 – maio – Participa do Capítulo de Almodóvar, que começa no dia 1º, onde é confirmado Prior de Granada, ofício no qual permanecerá até outubro de 1585; em novembro realiza o traslado das Descalças desta cidade para sua sede definitiva.

1584 – Termina em Granada a primeira redação do *Cântico Espiritual*; durante estes anos redige e aperfeiçoa seus primeiros tratados espirituais.

1585 – No dia 17 de fevereiro inaugura a fundação de Descalças em Málaga; em maio participa em Lisboa do Capítulo dos Descalços que começa no dia 11 e é eleito Segundo Definidor; entre junho e julho volta de Lisboa, passa por Sevilha e chega até Málaga; entre julho e setembro, em viagem para Castela, visita várias comunidades (Caravaca, Baeza etc.); em outubro chega a Pastrana, onde no dia 17 prossegue o Capítulo iniciado em Lisboa; é eleito Vigário Provincial de Andaluzia com residência em Granada, mas deixa de ser Prior desta casa.

1586 – Numerosas viagens por razões do ministério e ofício: em fevereiro a Caravaca; no dia 18 de maio inaugura a fundação de Descalços de Córdoba; em junho a Sevilha, Ecija, Guadalcázar e Córdoba; em julho a Málaga; em agosto e setembro, a Toledo e Madri, onde participa da Junta de Definidores (13 de agosto a 4 de setembro); em outubro a La Mancha-Real ou Manchuela (Jaén), onde inaugura a fundação de

INTRODUÇÃO 13

Descalços; em novembro a Málaga e Granada; em dezembro de novo a Caravaca.

1587 – Entre janeiro e fevereiro viaja a Madri, convocado pelo Provincial Padre Dória; no dia 2 de março está em Caravaca e no dia 6 em Baeza; em abril participa em Valladolid do Capítulo que se inicia no dia 18; eleito de novo prior de Granada deixa a função de Definidor e Vigário em Andaluzia.

1588-1591 – *Membro da Consulta*

1588 – A partir do dia 18 de junho até 11 de julho participa em Madri do Capítulo Geral da Reforma teresiana; é eleito primeiro definidor Geral e depois, ao se estabelecer o governo chamado da "Consulta", terceiro conselheiro; vai a Segóvia com a Consulta, e é nomeado Prior-presidente desta casa e nas ausências do Vigário Geral, Padre Dória, fica como Presidente da Consulta; mas continua sendo Prior de Granada; governando por meio de um Vigário.

1589 – No dia 4 de março renuncia a seu priorato de Granada e passa a ser de direito em Segóvia.

1590 – Participa do Capítulo Geral extraordinário que se inicia no dia 10 de junho em Madri e se opõe às medidas extremistas do Padre Dória contra as Descalças e o Padre Gracián; no fim do mês de novo em Segóvia.

1591 – Participa do Capítulo Geral ordinário que se abre em Madri no dia 1° de junho.

1591 – *Últimos sofrimentos e morte*

Junho – do Capítulo de Madri sai sem nenhum cargo; no dia 25 o definitório aceita sua oferta para ir ao México, embora depois os superiores mudem de opinião e lhe ofereçam o Priorato de Segóvia que ele não aceita; transferem-no à Província de Andaluzia; o abandono e uma surda perseguição caem sobre ele.

Junho 6 – De Madri escreve algumas cartas.

10 de agosto – Chega como súdito a La Peñnela; um mês depois aparecem nele "umas pequenas calenturas" que nunca mais cedem; umas informações torpes querem alimentar-se nele: "filii matris meae pugnaverunt contra me".

28 de setembro – Vai doente para Übeda (Jaén), onde passa os últimos meses de sua vida.

Dezembro – à meia-noite de 6ª-feira, 13, ao sábado, 14, morre santamente em Übeda aos 49 anos de idade.

HOMENAGENS PÓSTUMAS

1593 – O seu corpo é trasladado para Ségóvia, onde se conserva até hoje.

1618 – Aparece a primeira edição dos seus escritos, chamada edição príncipe.

1675 – Aos 25 de janeiro é beatificado pelo Papa Clemente X.

1726 – O Papa Bento XIII o canoniza aos 27 de dezembro.

1926 – Pio XI, o Papa Carmelitano, proclama-o Doutor da Igreja, chamando-o Doutor Místico, no dia 24 de agosto.

1952 – É proclamado Padroeiro dos poetas espanhóis, aos 21 de março.

O MUNDO EXTERNO

Cada um de nós traz em si os traços marcantes do mundo ambiental e histórico em que é chamado a viver. Não é possível libertar-se por completo das influências que exerce a história sobre a pessoa humana. Nos escritos de São João da Cruz, podemos distinguir três fatores que nele exercem uma grande influência: o seu tempo, o Carmelo e a Bíblia.

O seu tempo

A Espanha do século XVI é mergulhada na grandeza político-militar que alimenta o orgulho nacionalístico do povo. Nos escritos de Frei João da Cruz não encontramos a presença do ambiente do tempo como em Santa Teresa. Castelos, exércitos, capitães... são figuras estranhas à doutrina do místico espanhol.

O espírito de Frei João é sensível a outro tipo de pensamentos, é apaixonado pelos místicos do norte, pela reforma das Ordens religiosas, pela fidelidade à Igreja, que tenta superar as divisões internas geradas por Lutero e outros grupos em desentendimento com Roma. Ele pertence ao período da alta espiritualidade espanhola (1559-1591), em que a vida espiritual é novamente revalorizada: oração mental, a Teologia espiritual. Sem dúvida esta renovação influi positivamente no espírito perspicaz e ao mesmo tempo aberto à experiência mística de João da Cruz.

O Carmelo

Não é fácil dizer por que o jovem estudante de Medina del Campo, entre várias e proveitosas possibilidades de um futuro tranquilo, escolhe a Ordem do Carmelo. Várias hipóteses foram formuladas a propósito, mas todas deixam uma imagem razoável de insegurança. A mais provável é o seu amor profundo e convicto por Maria. A primeira experiência carmelitana não é positiva. Frei João não encontra o que esperava: o clima não favorece a vida interior, o Carmelo sofre a crise do burguesismo, que prejudica as Ordens religiosas. No fim dos estudos de Teologia, pensa em ingressar na Cartuxa, em busca de um estilo de vida mais evangélico e favorável à sua exigência de santidade.

O encontro com Teresa no outono de 1567 resolve este dilema angustiante: iniciar dentro da Ordem um movimento de reforma que vise instaurar a vida contemplativa como ideal principal do Carmelo.

João é um Carmelita convicto, ama a Ordem, por isso aceita plenamente a ideia da Madre Teresa.

O ideal contemplativo, embora não vivido plenamente, é a raiz geradora da vida dos primeiros monges do Monte Carmelo. As figuras de Elias, Eliseu e dos primeiros monges, fascinam o espírito do jovem religioso Frei João de São Matias. O seu espírito e a sua inteligência alimentam-se da sã doutrina dos Padres da Igreja e dos santos medievais.

No ideal proposto pela Madre Teresa, a "andariega de Dios", Frei João vê a síntese ideal entre contemplação e atividade. Será um discípulo dócil na escola de Teresa, acolhe com amor as intenções da Madre, aprende o novo estilo de vida: oração, mortificação, solidão, que favoreçam um clima de liberdade interior, uma intensa vida comunitária animada pela alegria do recreio fraterno. No ambiente carmelitano, João dá o melhor de si mesmo, e recebe a formação necessária para dar início à reforma entre os frades.

A "Subida do Monte Carmelo", um dos escritos principais do santo, revela este amor pela sua Ordem.

A Bíblia

É a fonte constante dos seus escritos. Segundo pesquisas realizadas por Frei Simeão da Sagrada Família, especialista em pesquisas sanjuanísticas, São João da Cruz, ao longo dos seus escritos, cita a Sagrada Escritura 1.653 vezes, das quais 1.160 pertencem ao Antigo Testamento e 493 ao Novo Testamento.

Conhecia a Bíblia, amava-a de coração e sabia se movimentar com facilidade no mundo bíblico. Mais que um erudito é um apaixonado pela Palavra de Deus. Sabe identificar-se com as figuras bíblicas; os profetas fazem parte de sua vida e enchem as solidões em que muitas vezes se encontra: Jeremias, Jó, David, os Salmos, Paulo, recebem vastos espaços em seus escritos.

Conhecia de cor e lia de joelhos o Cântico dos Cânticos e pede que lhe seja lido poucos momentos antes de sua morte. Frei João da Cruz pensa com a Bíblia e com a Igreja. No início de cada obra, expressa a sua fidelidade à Palavra de Deus, que chega até nós através da Santa Igreja.

A sua doutrina é baseada na Palavra de Deus e, uma raridade do tempo, cita-a em latim, preocupando-se de dar logo a tradução, para maior compreensão do texto.

Para São João da Cruz, a Palavra de Deus é guia e caminho seguro que leva o homem à mais íntima e profunda comunhão com Deus.

O *mundo pessoal*

Parece-me que poucos estudiosos de São João da Cruz souberam penetrar o seu mundo interior, como o Padre Frederico Ruiz Salvador, que segundo a crítica é o maior estudioso do Santo, professor do Colégio Internacional dos Carmelitas Descalços, em Roma. Citamos uma síntese que nos faz compreender o mundo pessoal que anima toda a espiritualidade do reformador do Carmelo:

"O segredo do seu mundo pessoal, em que ele vive e se movem seus escritos, não se explica por nenhum elemento ou ambiente do exterior. Como homem, como santo, como escritor, tem uma personalidade muito característica. Em definitivo, isto se deve à sua vocação pessoalíssima, feita de graça mística e de natureza especialmente qualificada. Insiste-se muito na conveniência de conhecer o seu ambiente para entender os seus escritos. Por outra parte, não se cuidou devidamente desta necessidade superior de entrar no seu mundo pessoal, para compreender as suas obras, cheias de contrastes e problemas. Vistos de fora, não têm solução: olhando de dentro, não existem tais problemas.

Em cinco pontos vou tentar resumir algumas modalidades que caracterizam o mundo pessoal de São João da Cruz:

I) *Na vida:* Antes de tudo, um modo de ser e viver, no sentido profundo e total desta palavra. Distingue a vida natural e sobrenatural; ser por lei da natureza e ser pelo dom da graça. Mas no seu mundo ficam comprometidas uma e outra vida. As várias fases ou categorias são qualidades desta vida: vida animal, vida divina; vida terrestre, vida gloriosa; vida dos apetites, vida de união de amor. Não intenta descobrir ou construir um mundo de conhecimentos, de misturar na existência algum ponto de interesse religioso. O seu propósito é pôr a vida inteira, interior e exterior, nessa realidade suprema, que é a comunhão com Deus.

II) *Pessoal e relacional:* O mundo que João vive e descreve está fortemente personalizado. Em primeiro plano estão as pessoas: Deus, Cristo, o homem, centrando toda a ação e toda a atenção. Por motivo de contraste ou harmonia, Deus e o homem vêm a encontrar-se num contínuo face a face. Os seus livros convertem-se numa verdadeira radiografia: para destacar com maior relevo as pessoas e suas relações, deixa o resto na penumbra ou como fundo distante. O que aqui se pretende é chegar em breve à união total do homem com Deus; o resto cumpre funções de meio, subordinado inteiramente à preeminência das pessoas.

III) *Teologal:* Não a simples vida interior, senão a vida divina. Ainda que intervenham muitos elementos psicológicos, porque a ação divina reflete-se na consciência humana, a verdade é que Deus atua em primeiro lugar e dá o tom a estas relações. Desde o princípio até o fim: predestinação, criação, redenção, vocação pessoal, transformação, união, glorificação, são obras do Espírito Santo, que é o agente principal. Isto já consta como princípio de fé, mas João o reafirma com maior vigor porque acrescenta-lhe a experiência mística. O homem que começou a organizar o seu projeto de vida espiritual logo se dá conta de que os passos decisivos de seu crescimento os tem que dar às cegas, conduzido pela mão de Deus.

IV) *Espiritual:* Não é o traço mais importante, mas tampouco se pode pôr de parte. Evidentemente, quem move e guia é o Espírito Santo; mas não me refiro a essa propriedade, que já fica afirmada, ao dizer "teologal". Hoje, espiritual tem sentido antropológico, responde à insistente distinção sanjuanista entre sentido e espírito. Cada um deles é todo o homem, mas atuando a diferentes níveis de ser e de integridade. Para mover-se neste mundo do divino, o homem tem que chegar a viver e atuar segundo o espírito, desde o profundo do seu ser de homem e não somente em nível de sensibilidade. Quem intente valorizar as realidades e experiências, com que João nos vai confrontar nos seus escritos, com critérios do sentido (segundo a utilidade, satisfações, gostos e tranquilidade que deixam) não entenderá nada. Os bens divinos de maior qualidade e as obras mais preciosas do homem têm lugar nos momentos de cruz e desconcerto.

V) *Dinâmico:* Os escritos de João da Cruz apresentam-se como história ou projeto de vida em desenvolvimento; nenhuma como tratado doutrinal sobre temas de quietude. Esta impressão de movimento agrava-se, todavia, sempre mais pelo simples fato de dar particular relevo às fases da vida espiritual em que o movimento toma ritmo de aceleração (e vertigo), como são as noites. Cada estágio é explicado tendo em vista passar quanto antes ao seguinte".

ESCRITOS

A atividade de escritor ocupa um lugar secundário na vida de Frei João da Cruz. Começa a escrever relativamente tarde (35 anos) e nos últimos anos de sua vida, na plena maturidade, não escreveu quase nada (44-49 anos).

Examinando, embora superficialmente, a cronologia da vida de São João da Cruz, podemos concluir que foi um homem muito ativo e consciente de uma hierarquia de valores:

a) *Ser religioso* com todas as suas exigências: vida comunitária, responsabilidade de superior, trabalho de construção de novos conventos.

b) *Formador.* Ao longo de sua vida sempre teve responsabilidade na formação de futuros carmelitas.

c) *Diretor espiritual e confessor* das carmelitas descalças, às quais dedicou boa parte do seu tempo oferecendo a sua experiência e sua santidade. Também leigos procuraram a sua palavra sábia e orientadora.

d) *Escritor:* Quando sobra tempo e sente necessidade torna-se escritor. A maioria dos que entram em contato com os escritos de São João da Cruz, são levados a considerá-lo como um escritor profissional, no entanto, a sua atividade é breve, 8 anos, de 1578 a 1586.

Inicia como escritor e poeta num período difícil e obscuro de sua vida, durante sua permanência no cárcere de Toledo. É no sofrimento e na marginalização mais dura que nasce o Frei João, poeta e escritor. Ele preocupa-se em relatar com fortes pinceladas a sua experiência pessoal de nômade em busca do seu amado. Um coração ferido pela angústia de Deus que, atraído pela força do amor, corre ao encontro do eterno, atravessando com coragem as noites e os vazios humanos.

João da Cruz não está preocupado em terminar suas obras: três, dos quatro escritos principais, ficarão para sempre incompletos, não por falta de tempo, mas por falta de inspiração.

MÍSTICO

Não há dúvida de que São João da Cruz é um dos maiores místicos de todos os tempos. Este testemunho lhe é oferecido por todos aqueles que se aproximam sem preconceitos de sua pessoa e tentam penetrar o mistério de sua vida. Ele foi alguém que não só teve uma experiência forte da presença de Deus, mas também ajudou outros a iniciar o caminho da aventura da fé. O seu relacionamento com a Madre Teresa e os elogios que dela recebe afastam qualquer dúvida a este respeito. A finalidade principal de Frei João da Cruz é transmitir o conteúdo da experiência mística, apresentar uma forma orgânica e pedagógica do caminho que deve ser seguido por aqueles que se decidem a iniciar a escalada do Monte Carmelo. Ao longo de seus escritos, encontramos conselhos, avisos, que evitam ao "principiante" perder tempo precioso na busca de Deus.

TEÓLOGO

Normalmente podemos correr o risco de colocar em oposição a teologia com a mística. É um erro que deve ser evitado. João da Cruz é um teólogo e um grande teólogo. A sua profunda experiência de Deus e o seu profundo conhecimento da Teologia e da Filosofia, do tempo, fazem dele um homem competente que presta um grande serviço à Igreja e ao homem. Não fala só por pura intuição, como às vezes faz Santa Teresa, mas fundamenta à luz da teologia e da ciência o que ele diz.

Possui uma visão sistemática e completa da história da salvação. Enfrenta com conhecimento os mistérios da teologia, desde o mistério trinitário à Encarnação, acrescentando a sua vivência interior que foge dos esquemas e da linguagem técnica. É um místico e um poeta que fala de teologia.

RELEITURA DE SÃO JOÃO DA CRUZ

É preciso reconhecer que, embora Frei João da Cruz tenha tentado ser simples ao máximo, o seu estilo, e muito mais o conteúdo, não são de fácil compreensão.

A atualidade do seu pensamento está na resposta satisfatória que ele consegue dar às angústias dos homens.

A sua doutrina não aborda problemas particulares, mas, com olhar profético, iluminado pela fé, tenta penetrar o coração humano e acalmá-lo nas suas revoltas, apresentando o ideal da unidade psicológica, possível só no encontro com a fonte de toda unidade: Deus.

Reler São João da Cruz quer dizer deixar de lado o particular, o circunstancial e assumir o universal. A situação "do homem", de São João da Cruz, é a de homem de sempre: a busca do absoluto, o ideal da perfeição, a libertação do nada, o encontro com o Tudo.

Não deve maravilhar-nos que ele seja um autor procurado, lido, pelas várias camadas de pessoas. A índia e o Oriente o descobrem como "iogue por excelência", que pode servir de mestre para os ocidentais que querem ser iniciados nos mistérios do caminho ao Nirvana.

Os jovens revoltados e a geração da angústia existencial veem no místico espanhol um caminho aberto para o superamento relativo. A busca da felicidade não pode ser deixada à mercê de métodos passageiros que alienam da realidade, mas à perseverança, que constrói personalidades fortes.

Os monges procuram São João da Cruz como mestre seguro que, com competência, traça o caminho para o mergulho no eterno, onde só existe a glória e a honra de Deus.

Os líderes de várias religiões encontram no santo um exemplo de vida, um excelente mestre que explica os vários fenômenos do espírito humano, que se aventura na procura do transcendente.

Para compreender São João da Cruz não é suficiente uma leitura só de seus escritos; é através de um encontro constante com este grande amigo de Deus e dos homens que se chega a entender: a linguagem, a simbologia, o conteúdo, e o amor que ardia no seu coração.

Não há um método para se aproximar e apaixonar-se por São João da Cruz. A disposição da presente edição pode ajudar-nos muito, o contato com os escritos menores é mais sugestivo, são mais fascinadores. São raios de luz que iluminam, fazendo-nos saborear toda a força espiritual. A leitura das obras maiores: *Subida, Noite, Cântico* e *Chama,* exige um pouco de paciência e perseverança por parte do leitor, e lentamente sentir-se-á envolvido na sublime caminhada da purificação, que leva à união íntima e indescritível com o Amado.

Frei Patrício Sciadini, O.C.D.

INTRODUÇÃO À 2ª EDIÇÃO DE SÃO JOÃO DA CRUZ

Em menos de três anos esgotou-se a primeira edição das OBRAS COMPLETAS DE SÃO JOÃO DA CRUZ. Um fato que mostra como o homem de hoje, marcado pela realidade do passageiro e do "descartável", vive a angústia profunda da busca do Absoluto.

Não se pode arriscar a vida na procura do que não satisfaz. O Ser humano caminha rumo ao ponto Ômega onde tudo realiza-se em Cristo, início e fim do nosso peregrinar.

São João da Cruz possui uma força de personalidade que convence e seduz.

A sua doutrina, às vezes seca e lapidária como as rochas da sua Espanha, às vezes amável e delicada como as planícies, envolve quem dela se aproxima.

É um místico da experiência de Deus, não um teórico abstrato e nebuloso.

A sua linguagem é lúcida e forte. São João da Cruz tem uma mensagem especialmente para o povo da América Latina, que vive as suas noites obscuras, as suas solidões esmagadoras no prenúncio de uma feliz e fecunda aurora.

A América Latina procura mestres de libertação, guias que, conhecedores da fragilidade humana e dos desejos do coração, possam indicar caminhos seguros.

O relativo leva ao relativo; só o eterno encarnado produz verdadeira felicidade.

João da Cruz com sua doutrina fala-nos das feridas da alma humana e do amor delicado, atencioso de Deus que cura, que jamais se separa do homem "sua imagem e semelhança".

Oferecer ao povo da América Latina o místico João da Cruz é lançar a semente da esperança que pode permanecer séculos debaixo da terra, na espera de germinar e dar frutos. A esperança nunca morre. São João da Cruz é o profeta da esperança para todos os sofredores que, desiludidos das promessas humanas, agarram-se com mais força no Deus vivo que conduz o seu povo até a terra prometida.

Primeira Parte
POESIAS

Frei João da Cruz, alma transformada em Deus, sentiu como ninguém o sopro carismático da poesia, esse sopro misterioso que estremece as entranhas do espírito com a violência de uma invasão divina. Toda poesia é uma dádiva de graça e amor. A de São João da Cruz é além disso uma mensagem divina: descobrir Deus nas criaturas, contemplá-las "vestidas de sua formosura", surpreender a "passagem" de Deus que vai "mil graças derramando" por onde quer que passe. Tudo isso é levar as coisas a Deus, sua fonte e princípio. Sublime missão sacerdotal da poesia de São João da Cruz!

O Santo dos "nadas", franzino e delicado de tanto mortificar-se, deixou escapar seu espírito, incapaz de contê-lo no limite reduzido de seu corpo pequeno, e do encontro de sua alma com Deus, presente em todas as coisas, brotou como uma "cristalina fonte" sua poesia: – que é evasão de si mesmo: "Onde é que te escondeste, / Amado, e me deixaste com gemido?"; – que é ferida de amor: "Oh! chama de amor viva / que ternamente feres!"; – que é vida: "Vivo sem viver em mim"; – que é posse de Deus: "O rosto reclinado sobre o Amado, tudo cessou e deixei-me..."

Pedaços de uma alma encantadoramente terna e sublimemente divina. Versos que em sua maior parte nasceram da "solidão sonora" e dolorosa de Toledo (1577-1578). O corpo de Frei João sofria e se consumia, seu espírito, quase "rom-

pida a teia" de sua vida, cantava a todas as coisas como pressagiando o abraço embriagante com Deus.

Os versos do santo carmelita em sua fragilidade virginal oferecem-nos "esboçados" – a palavra é apenas um reflexo de nosso interior – os "semblantes prateados" de seu espírito, de sua experiência mística, de sua vida divina. Como captar esse espírito e essa vida?

Só os corações puros podem sentir o "toque" do espírito sanjuanista, só os olhos límpidos podem intuir essa vida, que é mais vida de Deus que de São João da Cruz.

* * *

Os principais repertórios poéticos do Vate de Fontiveros são os manuscritos de Sanlúcar e de Jaén. Segundo eles, publicamos as poesias do Santo, distribuídas em três categorias de poemas de arte maior ou canções líricas (Cântico, Noite, Chama), *copias e glosas (desde* Entrei onde não soube *até* Sei bem que a fonte, *em Sanlúcar, com os dois casos especiais do* Pastorinho, *que é "canção ao divino" e* Sei bem ... que é "cantar"; *e as duas:* Sem arrimo e com arrimo, por toda a formosura, *em Jaén) e os romances (os romances trinitários e cristológicos e* À beira das torrentes). *Às duas coleções de Sanlúcar e de Jaén acrescentamos outras coplas menores do Santo que chegaram até nós por referências indiretas.*

POESIAS

1. Cântico espiritual
2. Noite escura
3. Chama de amor viva
4. Entrei onde não soube
5. Vivo sem viver em mim
6. Após um amoroso lance
7. O pastorinho
8. Sei bem que a fonte
9. Romances trinitários e cristológicos
10. À beira das torrentes
11. Sem arrimo e com arrimo
12. Por toda a formosura

De referências indiretas
13. Coplas para as recreações espirituais
14. Coplas menores de Natal em Granada
15. Suma da perfeição

[1]

[CÂNTICO ESPIRITUAL – Segunda redação com a inclusão da estrofe 11, uma nova ordem dada às existentes e alguns retoques nos versos].
[Granada 1584-1586]

CANÇÕES ENTRE A ALMA E O ESPOSO

Esposa

1. Onde é que te escondeste,
   Amado, e me deixaste com gemido?
   Como o cervo fugiste,
   Havendo-me ferido;
   Saí, por ti clamando, e eras já ido.
2. Pastores que subirdes
   Além, pelas malhadas, ao Outeiro,
   Se, porventura, virdes
   Aquele a quem mais quero,
   Dizei-lhe que adoeço, peno e morro.
3. Buscando meus amores,
   Irei por estes montes e ribeiras;
   Não colherei as flores,
   Nem temerei as feras,
   E passarei os fortes e fronteiras.

Pergunta às criaturas

4. Ó bosques e espessuras,
   Plantados pela mão de meu Amado!
   Ó prado de verduras,
   De flores esmaltado,
   Dizei-me se por vós ele há passado!

Resposta das criaturas

5. Mil graças derramando,
   Passou por estes soutos com presteza,
   E, enquanto os ia olhando,
   Só com sua figura
   A todos revestiu de formosura.

Esposa

6. Quem poderá curar-me?!
   Acaba de entregar-te já deveras;
   Não queiras enviar-me
   Mais mensageiro algum,
   Pois não sabem dizer-me o que desejo.
7. E todos quanto vagam,
   De ti me vão mil graças relatando,
   E todos mais me chagam;
   E deixa-me morrendo
   Um "não sei quê", que ficam balbuciando.
8. Mas como perseveras,
   Ó vida, não vivendo onde já vives?
   Se fazem com que morras
   As flechas que recebes
   Daquilo que do Amado em ti concebes?
9. Por que, pois, hás chagado
   Este meu coração, o não saraste?
   E, já que mo hás roubado,
   Por que assim o deixaste
   E não tomas o roubo que roubaste?
10. Extingue os meus anseios,
    Porque ninguém os pode desfazer;
    E vejam-te meus olhos,
    Pois deles és a luz,
    E para ti somente os quero ter.
11. Mostra tua presença!
    Mate-me a tua vista e formosura;
    Olha que esta doença

De amor jamais se cura,
A não ser com a presença e com a figura.
12. Ó cristalina fonte,
Se nesses teus semblantes prateados
Formasses de repente
Os olhos desejados
Que tenho nas entranhas debuxados!
13. Aparta-os, meu Amado,
Que eu alço o voo.

Esposo

Oh! volve-te, columba,
Que o cervo vulnerado
No alto do outeiro assoma,
Ao sopro de teu voo, e fresco toma.

Esposa

14. No Amado acho as montanhas,
Os vales solitários, nemorosos,
As ilhas mais estranhas,
Os rios rumorosos,
E o sussurro dos ares amorosos;
15. A noite sossegada,
Quase aos levantes do raiar da aurora;
A música calada,
A solidão sonora,
A ceia que recreia e que enamora.
16. Caçai-nos as raposas,
Que está já toda em flor a nossa vinha;
Enquanto destas rosas
Faremos uma pinha;
E ninguém apareça na colina!
17. Detém-te, Aquilão morto!
Vem, Austro, que despertas os amores:
Aspira por meu horto,
E corram seus olores,
E o Amado pascerá por entre as flores.

18. Ó ninfas da Judeia,
    Enquanto pelas flores e rosais
    Vai recendendo o âmbar,
    Ficai nos arrabaldes
    E não ouseis tocar nossos umbrais.
19. Esconde-te, Querido!
    Voltando tua face, olha as montanhas;
    E não queiras dizê-lo,
    Mas olha as companheiras
    Da que vai pelas ilhas mais estranhas.

Esposo

20. A vós, aves ligeiras,
    Leões, cervos e gamos saltadores
    Montes, vales, ribeiras,
    Águas, ventos, ardores,
    E, das noites, os medos veladores:
21. Pelas amenas liras
    E cantos de sereias, vos conjuro
    Que cessem vossas iras,
    E não toqueis no muro,
    Para a Esposa dormir sono seguro.
22. Entrou, enfim, a Esposa
    No horto ameno por ela desejado;
    E a seu sabor repousa,
    O colo reclinado
    Sobre os braços dulcíssimos do Amado.
23. Sob o pé da macieira,
    Ali, comigo foste desposada;
    Ali te dei a mão,
    E foste renovada
    Onde a primeira mãe foi violada.

Esposa

24. Nosso leito é florido,
    De covas de leões entrelaçado,
    Em púrpura estendido,

De paz edificado,
De mil escudos de ouro coroado.

25. Após tuas pisadas
Vão discorrendo as jovens no caminho,
Ao toque de centelha,
Ao temperado vinho,
Dando emissões de bálsamo divino.

26. Na interior adega
Do Amado meu, bebi; quando saía,
Por toda aquela várzea
Já nada mais sabia,
E o rebanho perdi que antes seguia.

27. Ali me abriu seu peito
E ciência me ensinou mui deleitosa;
E a ele, em dom perfeito,
Me dei, sem deixar coisa,
E então lhe prometi ser sua esposa.

28. Minha alma se há votado,
Com meu cabedal todo, a seu serviço;
Já não guardo mais gado,
Nem mais tenho outro ofício,
Que só amar é já meu exercício.

29. Se agora, em meio à praça,
Já não for mais eu vista, nem achada,
Direis que me hei perdido,
E, andando enamorada,
Perdidiça me fiz e fui ganhada.

30. De flores e esmeraldas,
Pelas frescas manhãs bem escolhidas,
Faremos as grinaldas
Em teu amor floridas,
E num cabelo meu entretecidas.

31. Só naquele cabelo
Que em meu colo a voar consideraste,
– Ao vê-lo no meu colo, –
Nele preso ficaste,
E num só de meus olhos te chagaste.

32. Quando tu me fitavas,
Teus olhos sua graça me infundiam;

E assim me sobreamavas,
E nisso mereciam
Meus olhos adorar o que em ti viam.
33. Não queiras desprezar-me,
Porque, se cor trigueira em mim achaste,
Já podes ver-me agora,
Pois, desde que me olhaste,
A graça e a formosura em mim deixaste.
34. Eis que a branca pombinha
Para a arca, com seu ramo, regressou;
E, feliz, a rolinha
O par tão desejado
Já nas ribeiras verdes encontrou.
35. Em solidão vivia,
Em solidão seu ninho há já construído;
E em solidão a guia,
A sós, o seu Querido,
Também na solidão, de amor ferido.
36. Gozemo-nos, Amado!
Vamo-nos ver em tua formosura,
No monte e na colina,
Onde brota a água pura;
Entremos mais adentro na espessura.
37. E, logo, as mais subidas
Cavernas que há na pedra, buscaremos;
Estão bem escondidas;
E juntos entraremos,
E das romãs o mosto sorveremos.
38. Ali me mostrarias
Aquilo que minha alma pretendia,
E logo me darias,
Ali, tu, vida minha,
Aquilo que me deste no outro dia.
39. E o aspirar da brisa,
Do doce rouxinol a voz amena,
O souto e seu encanto,
Pela noite serena,
Com chama que consuma sem dar pena.

36 POESIAS

40. Ali ninguém olhava;
   Aminadab tampouco aparecia;
   O cerco sossegava;
   Mesmo a cavalaria,
   Só à vista das águas, já descia.

[2]

[NOITE ESCURA]

*Canções da alma que goza o ter chegado ao alto estado de
perfeição, que é a união com Deus, pelo caminho da negação espiritual, ou seja, da noite escura da fé.*
[Segunda metade de 1578]

Canções da Alma

1. Em uma noite escura,
   De amor em vivas ânsias inflamada,
   Oh! ditosa ventura!
   Saí sem ser notada,
   Já minha casa estando sossegada.
2. Na escuridão, segura,
   Pela secreta escada, disfarçada,
   Oh! ditosa ventura!
   Na escuridão, velada,
   Já minha casa estando sossegada.
3. Em noite tão ditosa,
   E num segredo em que ninguém me via,
   Nem eu olhava coisa,
   Sem outra luz nem guia
   Além da que no coração me ardia.
4. Essa luz me guiava,
   Com mais clareza que a do meio-dia
   Aonde me esperava
   Quem eu bem conhecia,
   Em sítio onde ninguém aparecia.

5. Oh! noite que me guiaste,
   Oh! noite mais amável que a alvorada;
   Oh! noite que juntaste
   Amado com amada,
   Amada já no Amado transformada!
6. Em meu peito florido
   Que, inteiro, para ele só guardava,
   Quedou-se adormecido,
   E eu, terna, o regalava,
   E dos cedros o leque o refrescava.
7. Da ameia a brisa amena,
   Quando eu os seus cabelos afagava,
   Com sua mão serena
   Em meu colo soprava,
   E meus sentidos todos transportava.
8. Esquecida, quedei-me,
   O rosto reclinado sobre o Amado;
   Tudo cessou. Deixei-me,
   Largando meu cuidado
   Por entre as açucenas olvidado.

[3]

[CHAMA VIVA DE AMOR]

Citações da alma na íntima comunicação de união de amor com Deus.
[Granada 1582-1584]

1. Oh! chama de amor viva
   Que ternamente feres
   De minha alma no mais profundo centro!
   Pois não és mais esquiva,
   Acaba já, se queres,
   Ah! rompe a tela deste doce encontro.
2. Oh! cautério suave!
   Oh! regalada chaga!
   Oh! branda mão! Oh! toque delicado

Que a vida eterna sabe,
E paga toda dívida!
Matando, a morte em vida me hás trocado.
3. Oh! lâmpadas de fogo
Em cujos resplendores
As profundas cavernas do sentido,
– Que estava escuro e cego –
Com estranhos primores
Calor e luz dão junto a seu Querido!
4. Oh! quão manso e amoroso
Despertas em meu seio
Onde tu só secretamente moras:
Nesse aspirar gostoso,
De bens e glória cheio,
Quão delicadamente me enamoras!

[4]

[GLOSAS SOBRE UM ÊXTASE DE ALTA CONTEMPLAÇÃO]
[Ávila 1572-1577(7)]

Entrei onde não soube
E quedei-me não sabendo
toda a ciência transcendendo.

1. Eu não soube onde entrava
Porém, quando ali me vi,
Sem saber onde estava,
Grandes coisas entendi;
Não direi o que senti,
Que me quedei não sabendo,
Toda a ciência transcendendo.
2. De paz e de piedade
Era a ciência perfeita,
Em profunda soledade
Entendida (via reta);
Era coisa tão secreta,

Que fiquei como gemendo,
Toda a ciência transcendendo.

3. Estava tão embevecido,
Tão absorto e alheado,
Que se quedou meu sentido
De todo o sentir privado,
E o espírito dotado
De um entender não entendendo,
Toda a ciência transcendendo.

4. O que ali chega deveras
De si mesmo desfalece;
Quanto sabia primeiro
Muito baixo lhe parece,
E seu saber tanto cresce,
Que se queda não sabendo,
Toda a ciência transcendendo.

5. Quanto mais alto se sobe,
Tanto menos se entendia,
Como a nuvem tenebrosa
Que na noite esclarecia;
Por isso quem a sabia
fica sempre não sabendo,
Toda a ciência transcendendo.

6. Este saber não sabendo
É de tão alto poder,
Que os sábios discorrendo
Jamais o podem vencer,
Que não chega o seu saber
A não entender entendendo,
Toda a ciência transcendendo.

7. E é de tão alta excelência
Aquele sumo saber,
Que não há arte ou ciência
Que o possam apreender;
Quem se soubera vencer
Com um não saber sabendo,
Irá sempre transcendendo.

8. E se o quiserdes ouvir,
Consiste esta suma ciência

Em um subido sentir
Da divinal Essência;
É obra da sua clemência
Fazer quedar não entendendo,
Toda a ciência transcendendo.

[5]

[GLOSAS DA ALMA QUE PENA POR NÃO
VER A DEUS]
[Ávila 1572-1577(7)]

Vivo sem viver em mim
E de tal maneira espero
Que morro porque não morro.

1. Em mim eu não vivo já,
   E sem Deus viver não posso;
   Pois sem ele e sem mim quedo,
   Este viver que será?
   Mil mortes se me fará,
   Pois minha mesma vida espero,
   Morrendo porque não morro.
2. Esta vida que aqui vivo
   É privação de viver;
   E assim, é contínuo morrer
   Até que viva contigo.
   Ouve, meu Deus, o que digo,
   Que esta vida não a quero
   Pois morro porque não morro.
3. Ausente estando eu de ti,
   Que vida poderei ter
   Senão morte padecer,
   A maior que jamais vi?
   Pena e dó tenho de mim,
   Pois se assim eu persevero,
   Morrerei porque não morro.

4. O peixe que da água sai
   Nenhum alívio carece
   Que na morte que padece,
   Afinal a morte lhe vale.
   Que morte haverá que se iguale
   Ao meu viver lastimoso,
   Pois se mais vivo, mais morro?
5. Quando penso aliviar-me
   Vendo-te no Sacramento,
   Faz-se em mim mais sentimento
   De não poder-te gozar;
   Tudo é para mais penar,
   Por não ver-te como quero,
   E morro porque não morro.
6. Se me deleito, Senhor,
   Com a esperança de ver-te,
   Vendo que posso perder-te
   Redobra-se em mim a dor;
   Vivendo em tanto temor
   E esperando como espero,
   Morro sim, porque não morro.
7. Livra-me já desta morte,
   Meu Deus, entrega-me a vida;
   Não ma tenhas impedida
   Por este laço tão forte;
   Olha que peno por ver-te,
   O meu mal é tão inteiro,
   Que morro porque não morro.
8. Chorarei já minha morte
   Lamentarei minha vida,
   Enquanto presa e retida
   Por meus pecados está.
   Oh! Meu. Deus!
   Quando será
   Que eu possa dizer deveras:
   Vivo já porque não morro?

[6]

[OUTRAS GLOSAS AO DIVINO]
[Anterior a 1585]

Atrás de amoroso lance,
Que não de esperança falto
Voei tão alto, tão alto,
Que, à caça, lhe dei alcance.

1. Para que eu alcance desse
   Aquele lance divino,
   Voar tanto foi preciso
   Que de vista me perdesse;
   E, contudo, neste transe
   A meio do voo quedei falto;
   Mas o amor foi tão alto,
   Que lhe dei, à caça, alcance.
2. Quando mais alto subia
   Deslumbrou-se-me a visão,
   E a mais forte conquista
   Se fazia em escuridão;
   Mas por ser de amor o lance,
   Dei um cego e escuro salto,
   E fui tão alto, tão alto,
   Que lhe dei, à caça, alcance.
3. Quanto mais alto chegava
   Deste lance tão subido,
   Tanto mais baixo e rendido
   E abatido me encontrava;
   Disse: Não haverá quem alcance
   E abati-me tanto, tanto,
   Que fui tão alto, tão alto,
   Que lhe dei, à caça, alcance.
4. Por uma estranha maneira
   Mil voos passei de um só voo,
   Porque a esperança do céu
   Tanto alcança quanto espera;
   Esperei só este lance

POESIAS

E em esperar não fui falto,
Pois fui tão alto, tão alto,
Que, à caça, lhe dei alcance.

[7]

[OUTRAS CANÇÕES AO DIVINO (DO MESMO AUTOR) DE CRISTO E A ALMA]
[1582-1584]

1. Um Pastorinho, só, está penando,
   privado de prazer e de contento,
   Posto na pastorinha o pensamento,
   Seu peito de amor ferido, pranteando.
2. Não chora por tê-lo o amor chagado,
   Que não lhe dói o ver-se assim dorido,
   Embora o coração esteja ferido,
   Mas chora por pensar que é olvidado.
3. Que só o pensar que está esquecido
   Por sua bela pastora, é dor tamanha,
   Que se deixa maltratar em terra estranha,
   Seu peito por amor mui dolorido.
4. E disse o Pastorinho:
   Ai, desditado!
   De quem do meu amor se faz ausente
   E não quer gozar de mim presente!
   Seu peito por amor tão magoado!
5. Passado tempo em árvore subido
   Ali seus belos braços alargou,
   E preso a eles o Pastor ali ficou,
   Seu peito por amor mui dolorido.

[8]
[CANTAR DA ALMA QUE SE ALEGRA EM CONHECER A DEUS PELA FÉ]
[Toledo, cárcere – 1578]

Que bem sei eu a fonte que mana e corre
mesmo de noite

1. Aquela eterna fonte está escondida,
   mas bem sei onde tem sua guarida,
   mesmo de noite.
2. Sua origem não a sei, pois não a tem,
   Mas sei que toda a origem dela vem,
   mesmo de noite.
3. Sei que não pode haver coisa tão bela,
   E que os céus e a terra bebem dela,
   mesmo de noite.
4. Eu sei que nela o fundo não se pode achar,
   E que ninguém pode nela a vau passar,
   mesmo de noite.
5. Sua claridade nunca é obscurecida,
   e sei que toda a luz dela é nascida,
   mesmo de noite.
6. Sei que tão caudalosas são suas correntes,
   Que céus e infernos regam, e as gentes,
   mesmo de noite.
7. A corrente que desta fonte vem
   É forte e poderosa, eu sei-o bem,
   mesmo de noite.
8. A corrente que destas duas procede,
   Sei que nenhuma delas a precede,
   mesmo de noite.
9. Aquela eterna fonte está escondida
   Neste pão vivo para dar-nos vida,
   mesmo de noite.
10. De lá está chamando as criaturas,
    Que nela se saciam às escuras,
    mesmo de noite.

11. Aquela viva fonte que desejo,
Neste pão de vida já a vejo,
mesmo de noite.

[9]
[ROMANCES TRINITÁRIOS E CRISTOLÓGICOS]
[Toledo, cárcere – 1578]

ROMANCE 1°

Sobre o Evangelho "In Principio Erat Verbum".
Acerca da Santíssima Trindade

No princípio morava
o Verbo, e em Deus vivia,
nele sua felicidade
infinita possuía.
O mesmo Verbo Deus era,
e o princípio se dizia.
Ele morava no princípio,
e princípio não havia.
Ele era o mesmo princípio;
por isso dele carecia.
O Verbo se chama Filho,
pois do princípio nascia.
Ele sempre o concebeu,
e sempre o conceberia.
Dá-lhe sempre sua substância
e sempre a conservaria.
E assim, a glória do Filho
é a que no Pai havia;
e toda a glória do Pai
no seu Filho a possuía.
Como amado no amante
um no outro residia,
e esse amor que os une,
no mesmo coincidia

com o de um e com o de outro
em igualdade e valia.
Três pessoas e um amado
entre todos três havia;
e um amor em todas elas
e um só amante as fazia,
e o amante é o amado
em que cada qual vivia;
que o ser que os três possuem,
cada qual o possuía,
e cada qual deles ama
à que este ser recebia.
Este ser é cada uma,
e este só as unia
num inefável abraço
que se dizer não podia.
Pelo qual era infinito
o amor que os unia,
porque o mesmo amor três têm,
e sua essência se dizia:
que o amor quanto mais uno,
tanto mais amor fazia.

Da comunicação das Três Pessoas
ROMANCE 2º

E naquele amor imenso
que de ambos procedia,
palavras de grande gozo
O Pai ao Filho dizia,
de tão profundo deleite,
que ninguém as entendia;
somente o Filho as gozava,
pois a ele pertencia.
Mas naquilo que se entende,
desta maneira dizia:
— Nada me contenta, Filho,
fora da tua companhia.

E se algo me contenta,
em ti mesmo o quereria.
O que a ti mais se parece,
a mim mais satisfazia;
e o que em nada te assemelha,
em mim nada encontraria.
Só de ti eu me agradei,
ó vida da vida minha!
És a luz da minha luz!
És minha sabedoria;
figura da minha substância,
em quem bem me comprazia.
Ao que a ti te amar, meu Filho,
a mim mesmo me daria,
e o amor que eu em ti tenho,
nele mesmo eu o poria,
por razão de ter amado
aquele a quem tanto queria.

Da Criação
ROMANCE 3º

Uma esposa que te ame,
meu Filho, dar-te queria,
que por teu valor mereça
estar em nossa companhia,
e comer pão numa mesa
do mesmo que eu comia,
para que conheça os bens
que em tal Filho eu possuía.
E se congrace comigo
por tua graça e louçania.
– Muito te agradeço, Pai,
– o Filho lhe respondia –
À esposa que me deres,
minha claridade eu daria,
para que por ela veja
quanto meu Pai valia,
e como o ser que possuo

do seu ser o recebia.
A encostarei ao meu braço,
e em teu amor se abrasaria,
e com eterno deleite
tua bondade exaltaria.

Prossegue
ROMANCE 4º

– Faça-se, pois – disse o Pai –,
que o teu amor o merecia.
E neste dito que disse,
o mundo criado havia;
um palácio para a esposa,
feito em gran sabedoria;
o qual em dois aposentos,
alto e baixo dividia.
O baixo que diferenças
infinitas possuía;
mas o alto requintava
de admirável pedraria,
para que conheça a esposa
o Esposo que possuía.
No mais alto colocava
a angélica hierarquia;
mas a natureza humana
no inferior a poria,
por ser sua compleição
algo de menor valia.
E embora o ser e os lugares
desta sorte os repartia;
eram todos um só corpo
da esposa que dizia,
que o amor dum mesmo Esposo
uma esposa os fazia.
Os de cima possuíam
o Esposo na alegria,
os de baixo em esperança

da fé que lhes infundia,
dizendo-lhes que a seu tempo
ele os engrandeceria,
e que aquela sua baixeza
ele lha levantaria,
de maneira que ninguém
jamais a insultaria;
porque em tudo semelhante
ele a eles se faria
e viria ter com eles,
e com eles moraria;
e que Deus seria homem,
e que o homem Deus seria,
e trataria com eles,
comeria e beberia;
e para sempre com eles
o mesmo se ficaria
até que se consumasse
este tempo que corria,
e que juntos se gozassem
em eterna melodia;
porque ele era a cabeça
da esposa que possuía,
à qual todos os membros
dos justos ajuntaria,
porque são corpo da esposa,
a quem ele tomaria
em seus braços ternamente,
e ali seu amor lhe daria;
e que assim juntos num só
ao Pai a levaria,
donde do mesmo deleite
que Deus goza, gozaria;
que, como o Pai e o Filho,
e o que deles procedia
como um vive no outro,
assim a esposa seria,
que dentro de Deus absorta,
vida de Deus viveria.

Prossegue
ROMANCE 5°

Com esta bendita esperança
que de cima lhes viria,
o peso dos seus trabalhos
mais leve se lhes fazia;
mas a prolongada espera
e o desejo que crescia
de gozar-se com o Esposo
de contínuo os afligia.
Por isso com orações,
com suspiros e agonia,
com lágrimas e com gemidos
lhe rogavam noite e dia
que já se determinasse
a fazer-lhes companhia.
Uns diziam: Oh! Se fosse
no meu tempo essa alegria!
Outros: Acaba, Senhor,
ao que hás de enviar, envia;
outros: Oh! se já rompesses
esses céus, eu já veria
com meus olhos que descesses,
e meu pranto cessaria!
Regai, ó nuvens do alto,
porque a terra to pedia,
e abra-se já a terra
que espinhos nos produzia,
e produza aquela flor
com que ele floresceria.
Outros diziam: Oh! ditoso
quem em tal tempo vivia,
que mereça ver a Deus
com os olhos que possuía,
tratá-lo com suas mãos,
estar em sua companhia,
e desfrutar os mistérios
que ele então ordenaria!

POESIAS 51

Prossegue
ROMANCE 6º

Em estes e outros rogos
muito tempo passaria;
porém nos últimos anos
o fervor muito crescia,
quando o velho Simeão
em desejos se acendia,
rogando a Deus que quisesse
deixá-lo ver esse dia.
E assim o Espírito Santo
ao bom velho respondia
dando-lhe sua palavra
de que a morte não veria
até que chegasse a vida
que do alto desceria,
e que ele em suas mãos
ao mesmo Deus tomaria,
e o teria nos seus braços
e consigo o abraçaria.

Prossegue
A Encarnação
ROMANCE 7º

Já que o tempo era chegado
em que fazer-se devia
o resgate da esposa
que em duro jugo servia,
debaixo daquela lei
que Moisés dado lhe havia,
o Pai com amor terno
desta maneira dizia:
– Já vês, Filho, que tua esposa
à tua imagem feito havia,
e no que a ti se parece
contigo coincidia;
mas é diferente na carne,

que em teu simples ser não havia.
Pois nos amores perfeitos
esta lei se requeria,
que se torne semelhante
o amante a quem queria,
porque a maior semelhança
mais deleite caberia;
o qual, por certo, em tua esposa
grandemente cresceria
se te visse semelhante
na carne que possuía.
— Minha vontade é a tua
— o Filho lhe respondia —
e a glória que eu tenho
é tua vontade ser minha;
e a mim me agrada, Pai,
o que tua Alteza dizia,
porque por esta maneira
tua bondade se veria;
ver-se-á teu gran poder,
justiça e sabedoria;
irei a dizê-lo ao mundo
e notícia lhe daria
de tua beleza e doçura,
de tua soberania.
Irei buscar minha esposa
e sobre mim tomaria
suas fadigas e dores
em que tanto padecia;
e para que tenha vida,
eu por ela morreria,
e tirando-a das profundas,
a ti a devolveria.

Prossegue
ROMANCE 8º

Então chamou-se um arcanjo
que S. Gabriel se dizia,

enviou-o a uma donzela
que se chamava Maria,
de cujo consentimento
o mistério dependia;
na qual a santa Trindade
de carne ao Verbo vestia;
e embora dos três a obra
somente num se fazia;
ficou o Verbo encarnado
nas entranhas de Maria.
E o que então só tinha Pai,
já Mãe também teria,
embora não como outra
que de varão concebia,
porque das entranhas dela
sua carne recebia;
pelo qual Filho de Deus
e do Homem se dizia.

Do Nascimento
ROMANCE 9º

Quando foi chegado o tempo
em que de nascer havia,
assim como o desposado,
do seu tálamo saía
abraçado a sua esposa,
que em seus braços a trazia;
ao qual a bendita Mãe
em um presépio poria
entre pobres animais
que então por ali havia.
Os homens davam cantares,
os anjos a melodia,
festejando o desposório
que entre aqueles dois havia.
Deus, porém, no presépio
ali chorava e gemia;

eram joias que a esposa
ao desposório trazia;
e a Mãe se assombrava
da troca que ali se via:
o pranto do homem em Deus,
e no homem a alegria;
coisas que num e no outro
tão diferente ser soía.

Finis

[10]

[OUTRO DO MESMO QUE VAI POR "SUPER FLUMINA BABYLONIS"]
[Toledo, cárcere – 1578]

Por sobre aquelas correntes
que em Babilônia encontrava,
ali me sentei chorando,
ali a terra regava,
recordando-me de ti,
ó Sião, a quem amava.
Tua lembrança era doce,
e com ela mais chorava.
Deixei os trajos de festa,
os de trabalho tomava,
pendurei nos salgueirais
a música que levava,
colocando-a na esperança
daquilo que em ti esperava.
Ali me feriu o amor,
e o coração me arrancava.
Disse-lhe que me matasse,
pois de tal sorte chagava.
Metia-me em seu fogo,
sabendo que me abrasava,
desculpando a mariposa
que no fogo se acabava.

Estava-me consumindo,
e só em ti respirava.
Em mim, por ti, eu morria
e por ti ressuscitava;
porque a lembrança de ti
dava vida e a tirava.
Finava-me por finar-me
e a vida me matava,
porque ela perseverando,
de ver-te, a mim, me privava.
Mofavam os estrangeiros
entre os quais cativo estava.
Pensava como não viam
que o gozo os enganava.
Pediam-me eles cantares
dos que em Sião eu cantava:
– Canta de Sião um hino;
p'ra vermos como soava.
– Dizei, como em terra alheia
onde por Sião chorava
cantarei eu a alegria
que em Sião desfrutava?
No olvido a deixaria
se em terra alheia gozava.
Com meu palato se junte
a língua com que falava,
se de ti eu me olvidar
na terra onde morava.
Sião, pelos verdes ramos
que Babilônia me dava
olvide-me a minha destra,
coisa que em ti mais amava,
se de ti não me lembrar
no que mais gosto me dava,
e se eu tivesse festa
e sem ti a festejava.
Ó filha de Babilônia,
mísera e desventurada!
Bem-aventurado era

aquele em quem confiava,
que te há de dar o castigo
que da tua mão levava;
e juntará os seus filhos
e a mim, que em ti chorava,
à pedra, que era Cristo,
pelo qual eu te deixava.

Debetur soli gloria vera Deo!

[11]

[GLOSA]
[1585-1586]

Sem arrimo e com arrimo,
sem luz e às escuras vivendo,
todo me vou consumindo.

1. Minha alma está desprendida
   de toda a coisa criada
   e sobre si levantada,
   numa saborosa vida
   só em seu Deus arrimada.
   Por isso já se verá
   a coisa que mais estimo,
   que minha alma se vê já
   sem arrimo e com arrimo.
2. E, embora trevas padeço
   nesta vida mortal,
   não é tão grande o meu mal,
   porque se de luz careço,
   tenho vida celestial;
   porque o amor dá tal vida,
   quanto mais cego vai sendo,
   que tem a alma rendida,
   sem luz e às escuras vivendo.

3. Faz obra tal o amor
depois que o conheci,
que se há bem ou mal em mim,
tudo faz de um só sabor,
e à alma transforma em si;
e assim sua chama saborosa,
a qual em mim estou sentindo,
apressa sem restar coisa,
todo me vou consumindo.

[12]

[GLOSA AO DIVINO]
[1585-1586]

Por toda a formosura
nunca eu me perderei,
mas sim por um não sei quê
que se alcança porventura.

1. Sabor de bem que é finito,
ao mais que pode chegar
é cansar o apetite
e estragar o paladar;
e assim por toda a doçura
nunca eu me perderei,
mas sim por um não sei quê
que se acha porventura.
2. O coração generoso
nunca cuida de parar
por onde é fácil passar,
mas no mais dificultoso;
nada lhe causa fartura,
e sobe tanto sua fé,
que gosta de um não sei quê
que se acha porventura.
3. O que de amor adoece
pelo divino ser tocado,

[14]

[COPLAS DA NATIVIDADE EM GRANADA]

"Celebrava sempre essa santa noite com transbordamento de espírito. Por uma delas que compôs em Granada, quando era ali prior, pode-se ter uma ideia do que seria o resto. Chegada a noite do santo Natal, fez colocar Nossa Senhora em um andor; carregada aos ombros, acompanhada do servo de Deus e dos religiosos que seguem, caminhando pelo claustro, chegavam às portas, que para ele davam, a pedir pousada para aquela Senhora prestes a dar à luz, e para seu esposo, a caminho. E chegados à primeira porta, pedindo pousada, cantavam estas coplas compostas pelo Santo:

Do Verbo divino
A Virgem prenhada,
Segue de caminho:
Pede-vos pousada!

E foi cantando sua glosa junto às demais portas" (Alonso, fol. 127).

[15]

[SUMA DA PERFEIÇÃO]

Olvido do que é criado,
memória do Criador,
atenção ao interior
e estar amando o Amado.

"Como do Santo a publicou o Pe. Estêvão de São José na edição que fez das Cautelas em 1667" (SILVÉRIO DE SANTA TERESA, BMC, 13 [Obras de São João da Cruz, IV], p. 342).

Segunda Parte
ESCRITOS ESPIRITUAIS

Suas poesias nos desvendaram timidamente – quiçá porque além não nos seria dado penetrar – o mistério da alma de São João da Cruz. Aqueles versos que, a princípio constituíram recreação espiritual e artística, converter-se-iam, com o correr do tempo, sob a inspiração do espírito que os havia vivido, nos grandes tratados ascético-místicos do sanjuanismo. Estes são todos encabeçados por uma poesia, que, às vezes, funciona como mero artifício externo (Subida e Noite), e outras, como síntese do tratado (Cântico e Chama). Historicamente, poesias e tratados se mesclam e entrelaçam na vida de São João da Cruz. Existem, também, outras obras menores, anteriores ou contemporâneas aos grandes escritos. Reunimos aqui ambos os grupos sob o título convencional de "Escritos Espirituais". Convencional porque tais são também as poesias e as cartas. Não obstante, gostaríamos, por um lado, de manifestar e resumir nele o que foi o magistério espiritual de São João da Cruz, e, por outro, expressar, de algum modo, um tipo literário particular e próprio; enquanto as poesias e as cartas são gêneros bem-definidos, os demais escritos sanjuanistas em prosa, ainda que de valor e características muito diversas entre si, apresentam, contudo, uma tonalidade geral comum que os distingue claramente dos outros dois grupos. Todos eles ficam, pois, compreendidos sob esse título tão flexível de "Escritos Espirituais".

O magistério de São João da Cruz é vasto, profundo, assume numerosas facetas; o que começou senão um sussurro de confessionários e locutórios ou entretenimentos e leituras a meia-voz nos mosteiros e conventos carmelitanos, converteu-se em voz altissonante, a ressoar por toda a terra. A doutrina de São João da Cruz é evangélica: clara, direta, desassombrada. Seus famosos "nadas", que os espíritos fracos tanto abominam, são mais que o Evangelho. É lógica levada às últimas consequências, com a lógica das leis divinas, que jamais claudicam. É teologal: a fé, a esperança e a caridade nunca atingiram uma valorização espiritual tão profunda como nos escritos de São João da Cruz. Nisto é evangélico e paulino.

As virtudes, que são a posse de Deus, não podem coexistir com o que não é Deus; o vazio do criado é a base da plenitude do Criador. Os nadas não são sombrios, porque são, ao mesmo tempo, abundância, gozo, tudo. São João da Cruz insiste tenazmente neles, porque são poucos os que se sentem com forças para aceitá-los. Porém somente por essa senda é que se chega ao festim sagrado, ao cimo do monte. Cumpre atravessar as noites passivas e ativas do sentido e do espírito (Subida e Noite) para chegar à radiosa e meridiana luz da vida de união (Cântico e Chama). Existe, pois, uma íntima unidade literária e doutrinal entre as obras de São João da Cruz, principalmente nas maiores. Compostas quase integralmente no lustro 1582-1585, fecundíssimo do ponto de vista literário, uma mesma sorte as nivelou; enquanto Subida e Noite ficavam incompletas, Cântico e Chama, pelo contrário, foram redigidos duas vezes.

Os diversos escritos aqui reunidos constituem outras tantas formas de apostolado espiritual. Há uma grande diferença entre a primeira representação gráfica do Monte, os conselhos e sentenças em forma de bilhetes, os tratados breves e as obras mestras. Porém, em todos eles perpassa um sanjuanismo límpido endereçado às grandes almas.

É isso o que pretende significar o esquema seguinte, que, partindo das composições não tão essenciais (tais como os

Ditames de espírito, *recolhidos e transmitidos indiretamente por testemunhas oculares) e prosseguindo pelos escritos propriamente do Santo, segundo uma ordem lógica e cronológica, pretende dar unidade ao múltiplo e variado magistério de São João da Cruz.*

ESCRITOS ESPIRITUAIS

1. *Ditames de espírito*
   a) recolhidos por Eliseu dos Mártires
   b) transmitidos por testemunhas contemporâneas e ainda não catalogados
   c) coleções de ditames que foram perdidos, dos quais se encontram referências.
2. *Esquemas gráfico-literários: "Monte"*
   a) testemunhos históricos sobre o "Monte"
   b) reprodução e transcrição de uma cópia autêntica do "Monte" original do Santo
   c) reprodução e transcrição do "Monte" da edição príncipe.
3. *Ditos de luz e amor*
   a) a Francisca da Mãe de Deus
   b) a outras carmelitas descalças de Beas: Pontos de amor
   c) copiados por Madalena do Espírito Santo
   d) a Madalena do Espírito Santo
   e) conservados por Maria de Jesus
   f) outros avisos
   g) coleções de avisos que foram perdidos.
4. *Pequenos tratados espirituais*
   a) explicações das palavras: "Busca-te em mim"
   b) cautelas
   c) quatro avisos a um carmelita descalço
   d) propriedades do pássaro solitário
   e) pequeno tratado sobre a fé
   f) primeiros comentários avulsos a estrofes do "Cântico"

ESCRITOS ESPIRITUAIS

g) sobre a história e milagres das imagens de Guadalcázar

h) censura e opinião sobre o modo de proceder de uma carmelita descalça.

5. *Grandes comentários e tratados orgânicos*

a) Cântico espiritual, primeira redação

b) Subida do Monte Carmelo

c) Noite escura

d) Chama Viva de Amor, primeira redação

e) Cântico espiritual, segunda redação

f) Chama Viva de Amor, segunda redação.

[1]

[DITAMES DE ESPÍRITO]

[Compreendemos sob essa designação os ditos e sentenças verbais do Santo, recolhidos por seus ouvintes ou discípulos e dos quais alguns chegaram até nós].

[a] *[Recolhidos por Eliseu dos Mártires[1]*

"Em virtude do preceito que me foi imposto, afirmo e declaro o seguinte: conheci o Pe. Fr. João da Cruz, com quem mantive relações, tendo tido o ensejo de falar diversas vezes com ele. Era homem de compleição mediana, de rosto grave e venerável, algo trigueiro e de feições harmoniosas; seu trato e conversação, agradáveis, muito espiritual e de grande proveito para os que o ouviam ou conversavam com ele. Neste particular, revelou-se extraordinariamente hábil e, assim, aqueles que o procuravam, tanto homens como mulheres, saíam espiritualizados, fervorosos e afeiçoados à virtude. Conhecia a fundo, por experiência, os assuntos referentes à oração e vida de intimidade com Deus. Quando lhe expunham dúvidas acerca dessa matéria, respondia com sublime sabedoria, deixando os que o consultavam plenamente esclarecidos e com grande proveito espiritual. Foi amigo de recolhimento e de parcimônia no falar; raramente ria e sempre com muita discrição.

1. O depoimento do Pe. Eliseu dos Mártires († 1620), feito para a canonização de São João da Cruz, de quem foi, por vários anos, discípulo e súdito, se conservava manuscrito no arquivo da província de Nova Espanha. Foi daí que o copiou o Pe. Diogo do Espírito Santo († 1703), que foi prior do Deserto de Santa Fé na citada província, inserindo-o no livro 2, cap. 20, fol. 250-254 de sua obra (inédita e atualmente desaparecida) intitulada: *Carmelo mexicano*. Daqui, o Pe. Manuel de Santa Maria (1724-1792) tirou duas cópias, das quais uma se conserva no *Livro das coisas referentes a nosso Santo Pai,* fls. 63-67ª do arquivo dos carmelitas descalços de Segóvia, e outra, no ms. 13.245 BNM. f 248ʳ-252ᵛ Este último foi o que seguimos em nossa edição.

Quando repreendia, na qualidade de superior – exerceu por várias vezes esse cargo – fazia-o com doce severidade, exortando com amor fraternal, envolvendo tudo em admirável serenidade e circunspecção.

* [Ditame 1] *Não aprovava que os superiores de religiosos, máxime reformados, fossem autoritários no governo e, assim, costumava dizer que:*
– em nenhuma outra coisa mostra alguém ser indigno de governo como mandando com arrogância; ao contrário, os superiores devem procurar que os súditos nunca se retirem tristes de sua presença.

* [Ditame 2] *Jamais falava com artifícios nem duplicidade, do que era figadal inimigo; costumava dizer que:*
– os artifícios comprometem a sinceridade e pureza da Ordem e são causa de grandes prejuízos, ensinando prudências humanas com o que as almas se arruínam.

* [Ditame 3] *Acerca do vício da ambição dizia o seguinte:*
– em pessoas pertencentes aos reformados é quase incurável, por ser o mais matreiro de todos os vícios; assim, costumam colorir e matizar seu governo e conduta com certas aparências de virtude e de maior perfeição, o que torna mais rija a guerra e mais incurável a enfermidade espiritual.
E dizia ainda:
– ser este vício tão forte e nocivo, que transforma suas vítimas em pecadores tais que, de sua vida e artimanhas, faz o demônio uma argamassa capaz de desnortear os confessores, ainda que sejam muito sábios porque a ambição costuma excitar todos os vícios.

Conservava uma constante perseverança na oração e no exercício da presença de Deus, assim como nos atos e movimentos anagógicos e orações jaculatórias.

* [Ditame 4] *Dizia que:*
– a vida de um religioso é, toda ela, um sermão ou deveria sê-lo; uma pregação doutrinal, tomando por tema as seguin-

tes palavras, repetidas algumas vezes ao dia: "Antes morrer e deixar-se fazer em pedaços do que pecar". Quando pronunciadas com sinceridade de coração, limpam e purificam a alma e fazem crescer no amor de Deus, na dor de havê-lo ofendido e no firme propósito de não reincidir no pecado.

* [Ditame 5] *Costumava dizer que:*
– há duas maneiras de resistir aos vícios e adquirir as virtudes. Existe uma maneira mais comum e não tão perfeita que consiste em procurar resistir a algum vício por meio de atos de virtude que se lhe opõe e que destrói tal vício, pecado ou tentação. Como se ao vício ou tentação de impaciência ou de espírito de vingança, que sinto em minha alma, por algum dano recebido, ou por palavras injuriosas, ou quisesse resistir lançando mão de considerações apropriadas, por exemplo, considerando a paixão do Senhor: "Era maltratado e ele sofria, não abria a boca" (Is 53,7); ou trazendo à lembrança os bens que se adquirem com o sofrimento e com o vencer-se a si mesmo, ou ainda, pensando que Deus nos ordenou que sofrêssemos por advir daí o nosso aproveitamento etc. Por meio dessas considerações, consinto em sofrer, querer e aceitar a citada injúria, afronta ou dano, e isso, visando a glória e a honra de Deus. Esta maneira de resistir e de se opor à tentação, vício ou pecado em apreço, dá ocasião ao exercício da virtude da paciência e é um bom modo de resistir, ainda que árduo e menos perfeito.

Há outra maneira mais fácil, proveitosa e perfeita de vencer vícios e tentações e adquirir e conquistar virtudes. Consiste no seguinte: a alma deve aplicar-se apenas nos atos e movimentos anagógicos e amorosos, prescindindo de outros exercícios estranhos; por este meio, consegue opor resistência e vencer todas as tentações do nosso adversário, alcançando assim as virtudes, em grau eminente.

Indicava a maneira de consegui-lo:
– ao sentirmos o primeiro movimento ou a investida de algum vício, como a luxúria, ira, impaciência, espírito de

ESCRITOS ESPIRITUAIS

vingança por uma ofensa recebida etc., não procuremos resistir opondo um ato da virtude contrária, segundo ficou dito, mas desde os primeiros assaltos, façamos logo um ato ou movimento de amor anagógico contra o vício em questão, elevando nosso afeto a Deus, porque com essa diligência já a alma foge da ocasião e se apresenta a seu Deus e se une com ele. Ora, deste modo, consegue vencer a tentação e o inimigo não pode executar o seu plano, pois não encontra a quem ferir, uma vez que a alma, por estar mais onde ama do que onde anima, subtraiu divinamente o corpo à tentação. Portanto, não acha o adversário por onde atacar e dominar a alma; ela já não se encontra ali onde ele a queria ferir e lhe causar dano.

E então, ó maravilha! a alma como esquecida do movimento vicioso e junta e unida com seu Amado, nenhum movimento sente do tal vício com que o demônio pretendia tentá-la, tendo mesmo, para isso, arremessado seus dardos contra ela; primeiramente, porque subtraiu o corpo, como ficou dito, e, portanto, já não se encontra ali; assim, se me permitem a expressão, seria quase como tentar um corpo morto, pelejar com o que não é, com o que não está, com o que não sente, nem é capaz de ser tentado, naquela ocasião.

Desta maneira vai-se formando na alma uma virtude heroica e admirável, que o Doutor Angélico, Santo Tomás[2] denomina virtude da alma perfeitamente purificada. Esta virtude, diz o Santo, é a que vem a ter a alma quando Deus a eleva a tal estado que ela já não sente as solicitações dos vícios, nem seus assaltos, nem arremetidas ou tentações, pelo elevado grau de virtude a que chegou. E daqui lhe nasce e advém uma tão sublime perfeição que já nada se lhe dá que a injuriem ou que a louvem e enalteçam; que a humilhem, que digam mal dela ou que digam bem. Porque, com os citados movimentos anagógicos e amorosos conduzem a

2. C I-II q 61. a. 5, in c, et ad 2.

alma a tão elevado e sublime estado, o efeito mais próprio deles com relação a ela é fazê-la esquecer todas as coisas que estão fora de seu Amado, que é Jesus Cristo. E daqui lhe vem, segundo referimos, que estando a alma unida a seu Deus e entretida com ele, as tentações não encontram a quem ferir, pois não podem elevar-se ao nível a que a alma subiu, ou até onde foi elevada por Deus: "Nenhum mal te atingirá" (Sl 90,10).

Aqui, o venerável Pe. Fr. João da Cruz adverte que:
– deve-se prevenir os principiantes, cujos atos de amor anagógicos não são ainda tão rápidos e instantâneos, nem tão fervorosos, para que consigam, de um salto, ausentar-se completamente dali e unir-se com o Esposo, que, se perceberem que apenas essa diligência não basta para esquecer por completo o movimento vicioso da tentação, não deixem de opor resistência, lançando mão de todas as armas e considerações que puderem, até que cheguem a vencê-la completamente. Devem proceder do seguinte modo: primeiramente, procurem resistir, opondo os mais fervorosos movimentos anagógicos que lhes for possível e os ponham em prática, exercitando-se neles muitas vezes; quando isso não for suficiente, porque a tentação é forte e eles são fracos, aproveitem-se, então de todas as armas de piedosas meditações e exercícios que julgarem ser necessários para conseguir a vitória. Devem estar persuadidos de que este modo de resistir é excelente e eficaz, pois encerra em si todas as estratégias de guerra necessárias e de importância.

E dizia que:
– as palavras do Salmo 118: "Lembrai-vos da promessa feita ao vosso servo, na qual me destes esperanças" (v. 49), são tão poderosas e eficazes que com elas se consegue tudo de Deus.

E repetindo com devoção as palavras do santo Evangelho: "Não sabíeis que devo ocupar-me nas coisas de meu Pai?" (Lc 2,49).

Assegurava que:
– a alma se reveste de desejo de fazer a vontade de Deus, à imitação de Cristo, Senhor nosso, e se acende nela um ardentíssimo anseio de padecer por seu amor, assim como a solicitude pelo bem das almas.

E que:
– planejando a divina Majestade destruir e arrasar a cidade de Constantinopla, por meio de violentíssima tempestade, ouviram os anjos repetir, por três vezes, estas palavras: "Sanctus Deus, Sanctus Fortis, Sanctus Immortalis, miserere nobis"; com essa súplica, logo Deus se aplacou, fazendo cessar a procela que já havia causado muito dano e ameaçava acarretar maior prejuízo ainda.

E assim, afirmava:
– serem as citadas palavras de grande eficácia, quando dirigidas a Deus em necessidades particulares de fogo, água, ventos, tempestades, guerras, assim como em vicissitudes de alma e corpo, honra, haveres etc.

* [Ditame 6] *Costumava dizer ainda que:*
– o interesse pelo bem do próximo nasce da vida espiritual e contemplativa e que como esta nos é prescrita por Regra, está claro que nos inculca e prescreve tal solicitude e zelo pelo aproveitamento de nosso próximo; porque a Regra, fazendo-nos observar a vida mista e composta, teve em mira incluir em si e abraçar ambas, ativa e contemplativa. Foi esta que o Senhor escolheu para si, por ser a mais perfeita. Assim sendo, os diferentes regulamentos e os diversos gêneros de vida religiosa que a adotam são os mais perfeitos em si mesmos. Fazia, entretanto, uma ressalva:

na ocasião em que ensinava essas coisas dizia:
– não ser oportuno ainda divulgar tais ideias, porque os religiosos eram em número reduzido e isso poderia causar perturbação; antes, convinha insinuar o contrário, até que os frades fossem numerosos.

E, comentando as palavras de Cristo, Nosso Senhor, acima referidas: "Não sabeis que devo ocupar-me nas coisas de meu Pai?" (Lc 2,49) *disse que:*

DITAMES DE ESPÍRITO

— pelo "nas coisas de meu Pai", deve-se entender aqui a redenção do mundo, o bem das almas, sendo que Cristo, Senhor Nosso, atuou os meios ordenados de antemão pelo Pai eterno.

E que:

— em confirmação desta verdade, São Dionísio Areopagita escreveu aquela maravilhosa sentença: "Omnium divinorum divinissimum est cooperari Deo in salutem animarum"; isto é: que a suprema perfeição de qualquer sujeito, em sua hierarquia e em seu grau, é subir e crescer, segundo seus dotes e possibilidades, na imitação de Deus e naquilo que é mais admirável e divino – ser seu cooperador na conversão e transformação das almas. É que nisto resplandecem as obras próprias de Deus, constituindo suma glória o imitá-lo. Por este motivo, Cristo, Senhor Nosso, as denominou coisas de seu Pai, cuidados de seu Pai.

E que:

— é verdade evidente que a compaixão pelo próximo cresce na medida em que a alma se une a Deus por amor. Porque, quanto mais ama, mais deseja que esse mesmo Deus seja amado e honrado por todos. E quanto mais deseja, tanto mais trabalha neste sentido, quer seja na oração como em todos os outros exercícios necessários e que estejam ao seu alcance. E é tão grande o ardor e tal a veemência de sua caridade, que estes possuídos por Deus não se podem contentar nem restringir apenas ao âmbito de seu proveito pessoal, antes, parecendo-lhes pouco irem sozinhos para o céu, procuram, com ânsias e celestiais afetos, com engenhosas diligências, levar também consigo muitas almas. Isto lhes provém do grande amor que têm a seu Deus e constitui fruto e efeitos próprios da perfeita oração e contemplação.

* [Ditame 7] *Dizia que:*

— duas coisas servem de asas à alma para que esta se eleve à união com Deus, a saber: a compaixão afetiva da morte de Cristo e a do próximo;

e que:

– quando a alma estiver entretida na compaixão da cruz e paixão do Senhor, recorde-se de que nela esteve unicamente operando nossa redenção, segundo está escrito: "Eu pisei sozinho no lagar" (Is 63,3); daí haurirá e lhe advirão considerações e pensamentos muito proveitosos.

* [Ditame 8]

E, em certa prática, que fez no convento de Almodóvar del Campo, discorrendo sobre a solidão, citou as palavras do Papa Pio II, de feliz memória, o qual dizia que o frade andarilho era pior que o demônio.

E que:

– se os religiosos tivessem que fazer visitas, deviam ver que fossem em casas honradas, onde a conversa se mantém num nível de recato e compostura.

* [Ditame 9]

E, comentando as palavras de São Paulo: "Os sinais que distinguem o apóstolo realizaram-se entre vós: paciência a toda prova, sinais milagrosos, prodígios e atos portentosos" (2Cor 12,12), *notava haver o Apóstolo anteposto a paciência aos milagres.*

De modo que:

– a paciência é sinal mais seguro do varão apostólico do que o fato de ressuscitar mortos.

Nesta virtude, posso testificar haver o Pe. Fr. João da Cruz se revelado varão apostólico, por ter sofrido com singular paciência e equanimidade os trabalhos que lhe advieram, os quais foram muito sensíveis e conseguiram derrubar até os cedros do Monte Líbano.

* [Ditame 10] *E, tratando dos confessores de mulheres, recomendava, como quem tinha experiência no assunto, que:*

– guardassem uma certa reserva no trato com elas; porque afabilidades com mulheres não servem senão para desviar a afeição e fazer com que saiam com dano espiritual.

E acrescentou:

– ser mais fácil, nessas ocasiões, abraçar aquela quota de amargura que nos causam, encomendando-os a Deus, do que suportar um acréscimo de amargura que se nos há de seguir em satisfazer nossa vontade, alimentando tais sentimentos contra o próximo" (ALONSO, f. 88[r]).

20 – *"Aconselhava o beato Padre aos seus religiosos e aos seculares com quem tratava que:*

– por onde quer que fossem, procurassem fazer bem a todos, pois assim demonstrariam ser filhos de Deus, e o que fosse remisso neste ponto prejudicaria mais a si mesmo que ao próximo" (ALONSO, f. 90).

21 – *"Achou graça numa pergunta que lhe fez a irmã cozinheira deste convento (Beas), chamada Catarina da Cruz, alma mais pura que sagaz: Por que quando ela passava perto da tina de água da horta, as rãs que estavam fora da água, percebendo o ruído, lançavam-se imediatamente na tina e iam esconder-se bem no fundo? Ele respondeu que:*

– aquele era o lugar e centro onde tinham segurança para não serem atacadas e poderem subsistir; e que assim havia de fazer também ela: fugir das criaturas e lançar-se e mergulhar no fundo e centro, que é Deus, escondendo-se nele" (ALONSO, f. 87[v]).

22 – Alto! À vida eterna!

23 – Não nos devemos deixar dominar pelos trabalhos e, sim, pairar sobre eles, como a cortiça sobre a água.

24 – Ó filha! procura conduzir-te como se no mundo não houvesse mais do que tu e Deus e deste modo hás de trabalhar e desempenhar as tuas tarefas.

25 – Filhos, que significa ser pobres, senão que nos faltem algumas coisas? Não fizemos, acaso, voto de pobreza? Pois abracemo-la quando algo nos faltar.

26 – O prelado deve ensinar mais com obras do que com palavras. Isso estimula mais os religiosos.

80 ESCRITOS ESPIRITUAIS

27 – Quando adquirirem as virtudes, pensem que Deus vo-las concedeu debalde.

28 – Quando trato com as pedras, tenho menos matéria de confissão do que quando trato com os homens.

29 – As pessoas religiosas são a melhor gente que Deus tem em sua Igreja.

30 – Nosso Senhor não nos faltará, se formos aquilo que devemos ser.

31 – Passemos hoje com o amor de Deus; asseguro-vos que não morreremos de fome e Sua Majestade cuidará de nós.

32 – Temos em casa o Senhor que há de prover às nossas necessidades. Ao invés de perder tempo pelas ruas, em pedir e incomodar os benfeitores, empreguemos algum em encomendar o caso Àquele que move os corações.

33 – Pe. Prior, parece-me que V.R. anda excessivamente preocupado com as coisas temporais, e desejo vê-lo, antes, muito solícito pela perfeição de sua alma, sem descuidar-se de si, pois para essas outras coisas basta um zelo moderado.

34 – Frades descalços não hão de ser frades de expedientes e, sim, frades que tudo esperam de Deus.

35 – Somos pobres e a pobreza é nossa suma riqueza.

36 – Penitência, pobreza e recolhimento.

37 – O menor cuidado da alma, fora de Deus, é mal-empregado.

38 – Melhor será que não pregue quem o faz movido pela própria vontade, pois mais proveito lhe advirá da mortificação, ainda que isso lhe custe.

39 – Quem não estima o hábito humilde e grosseiro, não o merece e revela não ter purificado seu ânimo dos afetos

seculares; é vã a religião daquele que, sendo religioso por obrigação de consciência, imita no exterior os seculares.

40 – Quanto mais santo é o confessor, mais brando será e menos se escandalizará com as faltas alheias, porque conhece melhor a precária condição do homem.

41 – Não queira mais nada a não ser somente a cruz, que é uma linda coisa.

42 – Oh! que bom Deus temos nós!

43 – Entre as pedras, sinto-me melhor do que com os homens.

44 – Nada! Nada! até entregar a pele e mais ainda por Cristo.

45 – Oh! que inefáveis bens gozaremos ao contemplar a Santíssima Trindade!

46 – Não suspeites de teu irmão, que isso te fará perder a pureza de coração.

47 – Trabalhos, quanto mais melhor.

48 – O que sabe aquele que não sabe padecer por Cristo?

49 – *"Certa vez perguntaram ao venerável B. Pe. Fr. João da Cruz de que modo entrava alguém em arroubamento. Ele respondeu que:*

– contradizendo sua vontade e fazendo a vontade de Deus, porque o êxtase nada mais é do que sair a alma de si mesma e arrebatar-se em Deus; ora, é precisamente isso que faz aquele que obedece – sai de si mesmo e da sua vontade própria e, assim desembaraçado, submerge-se em Deus" (Edição das *Obras de São João da Cruz,* de 1693, p. 652).

[c] *[Algumas coleções de ditames que foram perdidas, e das quais se conservaram as seguintes referências]*

"(Em Beas)... Catarina de Santo Alberto anotava cuidadosamente tudo quanto o Santo dizia em suas práticas e conversas. Chegou, assim, a escrever um livro da grossura de dois dedos; este lhe servia de guia para a oração e de consolo espiritual para a sua alma" (Declaração de Ana da Mãe de Deus, no Processo do Santo BMC, 14, 118).

"Fazia práticas admiráveis a seus religiosos (no convento de Segóvia), estimulando-os à perfeição. Esta testemunha pôde observar, como muitos dos mais doutos e dos que não o eram tanto, as anotavam" (Declaração de Lucas de São José, Ms. 19.407. BNM. f. 180ʳ BMC, 14, 284).

"As exortações que fazia nos capítulos e no refeitório eram tão espirituais e ardentes que causavam admiração e produziam salutares efeitos nos religiosos. Muitos deles tinham o cuidado de anotá-las depois, para o seu aproveitamento e para utilizarem-se delas durante os exercícios espirituais, como temas de meditação e como normas de vida perfeita" (Declaração de Barnabé de Jesus, Ms. 19.404 BNM, f. 382ʳ; BMC, 14, 293).

[2]

[ESQUEMAS GRÁFICO-LITERÁRIOS: "MONTE DE PERFEIÇÃO"]

[Além do famoso Cristo pintado por São João da Cruz, ao voltar de um êxtase onde o contemplara, conserva-se ainda outro esboço de sua autoria, combinado com elementos literários e que durante muito tempo lhe serviu de cartilha para o seu magistério espiritual. Trata-se do "Monte de Perfeição", que ele compôs pela primeira vez no Calvário, para as monjas de Beas, em fins de 1578 ou princípios de 1579, o qual retocou e emendou depois, repetidas vezes. Mais tarde, esse croqui lhe serviu de base e ponto de partida para o seu tratado "Subida do Monte Carmelo". – Damos, de início, alguns testemunhos históricos sobre o "Monte", reproduzindo depois fotograficamente, e com transcrição integral do texto, a cópia autêntica de um "Monte" original do Santo, e o "Monte" que foi reproduzido antes da Subida, na Edição Príncipe de suas obras (Alcalá, 1618), segundo a interpretação de Diogo de Astor, que, mui provavelmente, corresponde a um dos retoques do Santo no esboço primitivo].

[a] *[Testemunhos históricos sobre o "Monte"]*

... *"Em Beas, tirava alguns momentos para escrever coisas espirituais e de proveito. Foi ali que compôs o 'Monte' e fez para cada uma de nós uma cópia, de próprio punho, a fim de que a tivéssemos no breviário, posto que depois tenha acrescentado algumas coisas e feito certas emendas no gráfico primitivo"* (MADALENA DO ESPÍRITO SANTO, Ms. 12.944[132], BNM, f. 2ᵛ; BMC, 10, 325).

... *"Leia-se um escrito que eu enviei ao Pe. Fr. José de Jesus Maria, que N. Pe. Fr. João da Cruz denominava 'Subida do Monte Carmelo'. Ali se poderá ver a doutrina que ele ensinava e perceber quão desprendido e despojado era com relação às coisas deste mundo. Ele dava esse montezinho às descalças e desejava que o entendessem e pusessem em prá-*

ESCRITOS ESPIRITUAIS

tica a doutrina ali contida" (ANA DE SANTO ALBERTO, Ms. 12.738 BNM, p. 997; BMC, 13, 400).

... *"E, assim, entre outros escritos seus, fez um gráfico, ao qual denominou 'Monte de Perfeição'. Mediante esse esboço, ensinava que, para subir à perfeição, não se devia procurar bens da terra nem do céu, mas apenas querer em tudo a glória e honra de Deus, Nosso Senhor; dizia ainda coisas particulares, referentes ao citado assunto. O Santo Padre explicou esse 'Monte de Perfeição' a esta testemunha, quando era seu prelado no convento de Granada..."* (MARTINHO DE SÃO JOSÉ, Ms. 12.738, BNM, p. 130; BMC, 14, 14).

[b] *[Reprodução e Transcrição de uma cópia autêntica do "Monte" original do Santo]* [4]

MONTE CARMELO
[No sopé do Monte]

Para vir a saborear TUDO – não queiras ter gosto em NADA

Para vir a saber TUDO – não queiras saber algo em NADA

Para vir a possuir TUDO – não queiras possuir algo em NADA

---

4. Ms. 6.296 BNM, f. 7ʳ, – O documento que autentica essa cópia do "Monte" original do Santo, hoje perdido, é do teor seguinte: "Eu, D. Francisco Arredondo, presbítero da Vila de Burgo, diocese de Málaga e notário público, por autoridade apostólica e ordinária, certifico e dou fé aos que virem o presente documento que o gráfico que nele se encontra impresso foi devidamente tirado, com toda a exatidão, e por mim cotejado e retocado segundo uma folha original e de próprio punho do glorioso Padre e sublime Doutor São João da Cruz, como se depreende pela veneração em que este original vem sendo tido, desde tempos imemoriais até agora, no santo Deserto de Maria Santíssima das Neves, da Ordem dos carmelitas descalços, situado na jurisdição desta vila... A qual folha original foi exibida em minha presença para o citado efeito pelo Revdo. Pe. Fr. José da Purificação, prior do dito Deserto a pedido do Revdo. Fe. Fr. André da Encarnação, religioso carmelita descalço, em virtude de comissão de seu Revmo. Pe. Geral e do Definitório. Esta folha original se encontra entre seus objetos de valor, circundada e guarnecida de ébano... E para que conste, a pedido do já citado Pe. Fr. André da Encarnação, faço a presente declaração em duas vias, rubricadas e de próprio punho, que assino e firmo nesta vila de Burgo, a 13 de novembro de 1759".

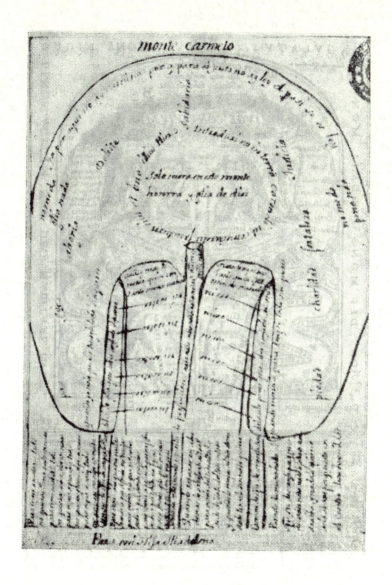

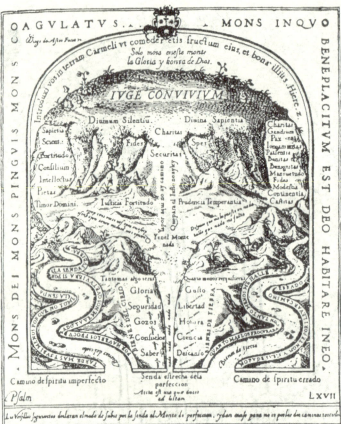

Modo para venir al todo	Modo detener al todo.	Modo para no impedir al todo	Indicio de que se tiene todo.
Para venir a lo que no sabes as de ir por donde no sabes. Para venir a loque no gustas as de ir por donde no gustas. Para venir a loque no posees as de ir por donde no posees. Para venir a lo que no eres as de ir por donde no eres.	Para venir a saberlo todo no quieras saber algo en nada. Para venir a gustarlo todo no quieras gustar algo en nada. Para venir a poseerlo todo no quieras poseer algo en nada. Para venir a serlo todo no quieras ser algo en nada.	Quando reparas en algo dexas de arrojarte al todo. Porque para venir del todo al todo as de dexarte del todo en todo. Y quando lo venga a tener todo as de tenerlo in nada querer. Porque si quieres tener algo en todo no tienes puro en Dios tu tesoro.	En esta desnudez halla el spiritu quietud, y descanso, porque nada codicia, nada le impulsa hacia arriba, y nada le oprime hacia abajo, que esta en el centro de su humildad. Que quando algo codicia en eso mesmo se fatiga

MONTE DE PERFEIÇÃO

Para vir a ser TUDO – não queiras ser algo em NADA Para vir ao que não GOSTAS – hás de ir por onde não GOSTAS Para vir ao que não SABES – hás de ir por onde não SABES.

Para vir a possuir o que não POSSUIS – hás de ir por onde não POSSUIS.

Para chegar ao que não ÉS – hás de ir por onde não ÉS Quando reparas em algo – deixas de arrogar-te ao todo Para vir de todo ao todo – hás de deixar-te de todo em tudo E quando venhas de todo a ter – hás de tê-lo sem nada querer.

Nesta desnudez encontra o espírito o seu descanso, pois nada cobiçando, nada o impele para cima e nada o oprime para baixo, porque está no centro da sua humildade.

[As três sendas do Monte, da esquerda para a direita]

Caminho de Espírito de Imperfeição: Do céu – nem isso; glória – nem isso; gozo – nem isso; saber – nem isso; consolo – nem isso; descanso – nem isso

– Quanto mais os desejei ter, com tanto menos me encontrei.

Senda do Monte Carmelo – Espírito de perfeição: nada, nada, nada, nada, nada, nada e ainda no Monte nada.

Caminho de Espírito de Imperfeição: Da terra – nem isso; possuir – nem isso; gozo – nem isso; saber – nem isso; consolo – nem isso; descanso – nem isso – Quanto mais quis buscá-los, com tanto menos me encontrei.

[No cume do Monte, da esquerda para a direita, segundo os diversos planos]

Quando já não o queria, tenho tudo sem querer (cf. 2Cor 6,10).

Quando menos o queria, tenho tudo sem querer – Paz – Gozo – Alegria – Deleite – Sabedoria – Justiça – Fortaleza – Caridade – Piedade.

Nada me dá glória – Nada me dá pena.

Já não há caminho por aqui, porque para o justo não há lei; ele é lei para si mesmo (cf. 1Tm 1,9; Rm 2,14).

Eu vos introduzi na terra do Carmelo, para que comêsseis o seu fruto e o melhor dela (Jr 2,7).

Só mora neste monte – honra e glória de Deus[5].

[c] *[Reprodução e Transcrição do "Monte" da edição príncipe, Alcalá, 1618]*[6]

[Sopé do Monte]

Os versículos seguintes explicam o modo de subir pela senda do Monte de Perfeição e alertam para não ir pelos dois caminhos sinuosos.

MODO DE VIR AO TUDO

Para vir ao que não SABES – hás de ir por onde não SABES

Para vir ao que não GOSTAS – hás de ir por onde não GOSTAS

Para vir ao que não POSSUIS – hás de ir por onde não POSSUIS

Para vir ao que não ÉS – hás de ir por onde não ÉS.

MODO DE OBTER O TUDO

Para vir a saber TUDO – não queiras saber algo em NADA

Para vir a saborear TUDO – não queiras saborear algo em NADA

Para vir a possuir TUDO – não queiras possuir algo em NADA

Para vir a ser TUDO – não queiras ser algo em NADA.

---

5. *No verso da folha* – Para minha filha Madalena.

6. Veja-se a reprodução fotográfica deste "Monte" na p. 86.

MODO PARA NÃO IMPEDIR O TUDO

Quando reparas em ALGO – deixas de lançar-te ao TUDO
Porque para vir de TODO ao TUDO – hás de deixar de
TODO a TUDO
E quando o venhas de TODO a ter – hás de tê-lo sem nada
QUERER
Porque se queres ter algo em TUDO – não tens puro em
Deus o teu tesouro.

INDÍCIO DE QUE SE TEM TUDO

Nesta desnudez encontra o espírito sossego e descanso, porque, como nada cobiça, nada o impele para cima e nada o comprime para baixo, pois se acha no centro da sua humildade; em cobiçando algo, nisso mesmo vem a causar-se o espírito.

[Em torno do Monte]

Monte de Deus, monte elevado, monte alcantilado, monte em que Deus se compraz em habitar (Sl 67,16-17).

[As três sendas do Monte, da esquerda para a direita]

Caminho de Espírito Imperfeito: Demorei mais e subi menos, porque não tomei a senda. *Bens do céu* – Por havê-los procurado tive menos do que teria se houvesse subido pela senda.

Senda estreita da Perfeição: "Estreito é o caminho que conduz à vida" (Mt 7,14).

Bens do céu: Glória – nem isso; segurança – nem isso; gozo – nem isso; consolos – nem isso; saber – nem isso.

Nada, nada, nada, nada, nada. *Bens da terra:* Gosto – também não; liberdade – também não; honra – também não; ciência – também não; descanso – também não. Tanto mais algo serás, quanto menos o quiseres ser.

Caminho do Espírito Errado: Quanto mais os procurava, com tanto menos me achei. – *Bens da terra* – Não pude subir ao Monte por enveredar por caminho errado.

[Cimo do Monte, da esquerda para a direita, segundo os diversos planos]

Quando não o quis, com amor de propriedade, foi-me dado tudo sem que o buscasse – E no Monte, nada – Por aqui já não há caminho, pois para o justo não há lei (cf. 1Tm 1,9; Rm 2,14). – Depois que me pus em nada, acho que nada me falta. – Sabedoria, Ciência, Fortaleza, Conselho, Inteligência, Piedade, Temor de Deus – Justiça, Força, Prudência, Temperança – Caridade, Alegria, Paz, Longanimidade, Paciência, Bondade, Benignidade, Mansidão, Fé, Modéstia, Continência, Castidade – Segurança – Fé, Amor, Esperança – Divino Silêncio – Divina Sabedoria – Perene Convívio – *Só mora neste Monte – a honra e glória de Deus*. – "Eu vos introduzi na terra do Carmelo, para que comêsseis o seu fruto e o melhor dela" (Jr 2,7).

[3]

[DITOS DE LUZ E AMOR: AVISOS E SENTENÇAS ESPIRITUAIS]*

[Os "bilhetes espirituais" ou "pontos de perfeição" – sublimes "ditos de luz e amor" – que São João da Cruz costumava deixar – ou soltos ou em pequenas coleções – às suas dirigidas para que, em sua ausência, continuassem ruminando, com a meditação e afeto, os ensinamentos espirituais recebidos, constituem a matéria desta subdivisão de parágrafo. Deixando de lado as várias coleções de avisos e sentenças sanjuanistas, artificiosamente compostas dos diversos escritos do Santo, que aconteciam ser publicados em termos passados, aceitamos em nossa edição unicamente os avisos autógrafos do místico Doutor, que, todavia, se veneram, e aqueles outros cuja origem formalmente sanjuanista está abonado pelo testemunho de antigos códices ou pessoas fidedignas].

[a] *[A Francisca da Mãe de Deus, carmelita descalça em Beas]*

Jesus Maria

Este pequeno tratado nosso Padre Fr. João da Cruz deu a Me. Francisca da Mãe de Deus, monja de Beas.

---

* Respeitaram-se as variações de tratamento por fidelidade ao texto original, salvo modificações nos n. 147 e 153, necessárias para maior clareza [N.T.].

[Prólogo]

Também, ó Deus e deleite meu, a estes ditos de luz e amor teu, quis a minha alma, por amor de ti, dedicar-se; tendo, porém, a língua deles, não tenho as suas obras e virtude, que é onde, Senhor meu, te deleitas (mais que na linguagem e sabedoria que encerram); talvez outras pessoas, impelidas por estas sentenças, possam aproveitar em teu serviço e amor naquilo que falho; e, assim, a minha alma consolar-se-á em ter sido ocasião de encontrares noutras o que nela falta.

Amas, Senhor, a prudência, amas a luz, amas o amor mais que todas as operações da alma. Por isto estes ditos serão de prudência no caminhar, de luz para o caminho e de amor no caminhar.

Fique longe, pois, a retórica do mundo! Deixem-se de lado o palavreado e a eloquência árida da humana sabedoria, fraca e engenhosa de que não gostas nunca, e falemos ao coração palavras banhadas de doçura e amor, de que tanto gostas, evitando, quem sabe, ofensas e tropeços a muitas almas que tropeçam por ignorância e, por ignorância, vão errando – pensando que acertam – ao seguir o teu dulcíssimo Filho, Nosso Senhor Jesus Cristo, e a assemelhar-se com ele em sua vida, condições e virtudes e na desnudez e pureza de seu espírito. Mas dá-lho tu, *Pai de Misericórdia* (2Cor 1,3), pois sem ti, Senhor, nada se fará.

1. O Senhor sempre revelou aos mortais os tesouros de sua sabedoria e espírito; mas agora, em que a malícia mais vai-se mostrando, muito mais ainda os revela.

2. Ó Senhor, Deus meu! Quem te buscará com amor puro e singelo que deixe de imaginar muito a seu gosto e vontade, pois que és tu o primeiro a mostrar-te e sais ao encontro daqueles que te desejam?

3. Ainda que o caminho seja plano e suave para os homens de boa vontade, o caminhante avançará pouco e custosamente se não tiver boas pernas e ânimo, e nisso mesmo com animosa porfia.

DITOS DE LUZ E AMOR

4. Mais vale estar carregado junto do forte que aliviado junto do fraco: quando estás carregado, estás junto de Deus, que é a tua fortaleza e está com os atribulados; quando estás aliviado, estás contigo mesmo, que és a tua própria fraqueza, porque a virtude e força da alma crescem e confirmam-se nos trabalhos de paciência.

5. Aquele que quiser estar só e sem arrimo de mestre e guia, será como a árvore do campo, isolada e sem dono, que por mais frutos que dê, os viandantes os colhem antes de amadurecerem.

6. A árvore cultivada e zelada com o benefício de seu dono, dá o fruto no tempo que dela se espera.

7. A alma virtuosa, mas, sozinha e sem mestre, é como o carvão aceso que está isolado: antes se vai esfriando que acendendo.

8. O que cai, estando só, caído a sós fica e pouco considera a sua alma, pois que a si unicamente a confiou.

9. Se não temes cair sozinho, como presumes levantar-te só? Olha que mais podem dois juntos que um sozinho.

10. O que cai carregado, dificultosamente se levantará estando carregado.

11. O que, sendo cego, cai, não se levantará sozinho; e, se acaso se levantar, encaminhar-se-á por onde não lhe convém.

12. Deus prefere em ti o menor grau de pureza de consciência a quantas obras puderes fazer.

13. Deus quer de ti antes o menor grau de obediência e sujeição, que todos esses serviços que pensas prestar-lhe.

14. Mais estima Deus em ti o inclinares-te à secura e a padeceres por seu amor, que todas as consolações, visões espirituais e meditações que possas ter.

15. Nega os teus desejos e encontrarás o que deseja o teu coração. Como sabes se teu apetite é conforme a Deus?

16. Ó dulcíssimo amor de Deus, mal conhecido! Quem te encontrou a fonte, repousou.

17. Ainda que dupla amargura te perseguisse por fazeres a tua vontade, não a queiras fazer, mesmo que fiques em amargura.

18. Mais indecência e impureza tem a alma que leva em si, ao ir a Deus, o mínimo apetite às coisas do mundo, do que se fosse carregada de todas as feias e molestas tentações se possam imaginar, contanto que a sua vontade racional não as queira admitir. E até com elas a alma pode aproximar-se confiante de Deus, pois cumpre assim a vontade de Sua Majestade que disse: *Vinde a mim todos os que estais sobrecarregados e eu vos aliviarei* (Mt 11,28).

19. Mais agrada a Deus a alma que em aridez e trabalhos se sujeita à razão, do que aquela que, faltando-lhe isto, todas as coisas faz na consolação.

20. Mais agrada a Deus uma obra, por pequena que seja, feita às escondidas e sem pretensão de que se saiba, do que mil feitas com desejos de que os homens as saibam; pois quem trabalha por Deus com amor puríssimo, não somente não se lhe dá que os homens o vejam, mas nem mesmo faz as obras para que as saiba o próprio Deus; e ainda que nunca ele as viesse saber, não deixaria de prestar-lhe os mesmos serviços e isto com a mesma alegria e pureza de amor.

21. A obra pura e inteiramente feita por Deus em seio puro, transforma-se em reino inteiro para o seu Senhor.

22. Duas vezes trabalha o pássaro que se deixa prender ao visco, a saber: o libertar-se e limpar-se; de duas maneiras sofre quem satisfaz seus apetites: libertar-se e depois de liberto, limpar-se do que se lhe pegou.

23. O que não se deixa levar pelos apetites, voa ligeiro segundo o espírito, tal como a ave a que não faltam penas.

24. A mosca que pousa no mel o seu voo impede; a alma que quer estar apegada ao sabor do espírito impede a sua liberdade e contemplação.

25. Não tenhas presentes em ti as criaturas se queres guardar em tua alma a imagem clara e simples de Deus; mas esvazia e afasta delas o espírito, pois Deus não lhes é semelhante, e andarás na luz divina.

26. Oração da Alma Enamorada: Senhor Deus, amado meu! Se ainda te recordas dos meus pecados, para não fazeres o que ando pedindo, faze neles, Deus meu, a tua vontade, pois é o que mais quero, e exerce neles a tua bondade e misericórdia e serás neles conhecido. Mas se esperas por obras minhas para, por esse meio, atenderes os meus rogos, dá-mas tu e opera-as tu por mim, assim como as penas que quiseres aceitar e faça-se. Mas se pelas minhas obras não esperas, por que esperas, clementíssimo Senhor meu? Por que tardas? Já que, enfim, há de ser graça e misericórdia o que em teu Filho te peço, toma as minhas moedinhas, pois as queres, e dá-me este bem, pois que tu também o queres.

Quem se poderá libertar dos modos e termos baixos se não o levantas tu a ti em pureza de amor, Deus meu? Como se elevará a ti o homem, gerado e criado em torpezas, se não o levantares tu, Senhor, com a mão com que o fizeste? Não me tirarás, Deus meu, o que uma vez me deste em teu único Filho, Jesus Cristo, em quem me deste tudo quanto quero; por isso confio que não tardarás, se espero.

Com que dilações esperas, se desde já podes amar a Deus em teu coração?

Os céus são meus e minha a terra; minhas são as criaturas, os justos são meus e meus os pecadores; os anjos são meus e a Mãe de Deus e todas as coisas são minhas; e o próprio Deus é meu e para mim, porque Cristo é meu e todo para mim (cf. 1Cor 3,22-23).

Que pedes, pois, e buscas, alma minha? Tudo isto é teu e tudo para ti. Não te rebaixes, nem atentes às migalhas caídas da mesa de teu Pai. Sai de ti e gloria-te da tua glória. Esconde-te nela e goza, e alcançarás o que pede teu coração (cf. Sl 36,4).

27. O espírito bem puro não se mescla a estranhas advertências nem respeitos humanos; mas só, na solidão de todas as coisas, comunica-se interiormente com Deus num sossego saboroso, pois o seu conhecimento é em silêncio divino.

28. A alma enamorada é suave, mansa, humilde e paciente.

29. A alma dura, em seu amor-próprio se endurece. Se tu não suavizas a alma no teu amor, ó bom Jesus, ela perseverará sempre em sua natural dureza.

30. O que perde a ocasião, é como o que solta da mão a ave que não voltará a apanhar.

31. Eu não te conhecia, Senhor meu, porque ainda queria saber das coisas e saboreá-las.

32. Mude-se tudo em boa hora, Senhor Deus, para que encontremos assento em ti.

33. Um só pensamento do homem vale mais que o mundo todo; portanto, só Deus é digno dele.

34. Para o insensível, o que não sentes; para o sensível, o sentido; e para o espírito de Deus, o pensamento.

35. Olha que teu anjo da guarda nem sempre move o apetite a agir, embora sempre ilumine a razão. Portanto, não esperes pelo gosto para praticar a virtude; que te baste a razão e o entendimento.

36. Quando o apetite está posto em outra coisa, não dá lugar a que o anjo o mova.

37. Árido está o meu espírito, porque se esquece de apascentar-se em ti.

38. O que pretendes e o que mais desejas não o conseguirás por esse teu caminho nem pela alta contemplação, mas sim em muita humildade e submissão de coração.

39. Não te canses, pois não entrarás no sabor e suavidade do espírito, se não te deres à mortificação de tudo isso que queres.

DITOS DE LUZ E AMOR

40. Considera que a flor mais delicada, mais depressa fenece e perde o perfume; guarda-te, portanto, de querer caminhar pelo espírito de sabor, porque não serás constante; mas escolhe para ti um espírito forte, não apegado a coisa alguma, e encontrarás doçura e paz em abundância; porque a fruta mais saborosa e duradoura colhe-se em terra fria e seca.

41. Lembra-te que a tua carne é fraca e que coisa alguma deste mundo pode te dar ao espírito fortaleza e consolação, porque o que nasce do mundo, mundo é, e o que nasce da carne é carne, e o bom espírito nasce somente do espírito de Deus (cf. Jo 3,6), que não se comunica nem pelo mundo nem pela carne.

42. Entra em conta com a tua razão para fazeres o que ela te disser no caminho para Deus; e isto valerá mais para ti diante do teu Deus, que todas as obras que sem essa advertência fizeres e que todos os sabores espirituais que pretendes.

43. Bem-aventurado o que, pondo de lado gosto e inclinação, vê as coisas na razão e na justiça para fazê-las.

44. Aquele que age pela razão é como o que come substância; e o que se move pelo gosto da vontade é como o que come fruta mole.

45. Tu, Senhor, voltas com alegria e amor a levantar o que te ofende, e eu não torno a reabilitar e a honrar quem me irrita.

46. Ó poderoso Senhor, se uma centelha do império de tua justiça faz tanto no príncipe mortal, que governa e move as criaturas, que não fará a tua onipotente justiça sobre o justo e o pecador?

47. Se purificares a alma de estranhas posses e apetites, entenderás as coisas em espírito; e, se nelas negares o apetite, gozarás da verdade delas, entendendo nelas o que é certo.

48. Senhor, Deus meu, não és um estranho para quem não for esquivo contigo: como dizem que tu te ausentas?

49. Venceu verdadeiramente todas as coisas aquele a quem nem o gosto delas move ao gozo, nem a sua insipidez causa tristeza.

50. Se quiseres chegar ao santo recolhimento, não há de ser admitindo, mas negando.

51. Indo eu, Deus meu, para onde quer que seja contigo, por toda a parte será para mim como eu quero por ti.

52. Não poderá chegar à perfeição quem não procurar satisfazer-se com tão pouco que a concupiscência natural e espiritual estejam contentes mesmo sem nada; pois isto se requer para chegar à suma tranquilidade e paz de espírito. E desta maneira o amor de Deus na alma pura e simples está quase permanentemente em ato.

53. Considera que, sendo Deus inacessível, não deves reparar no que as tuas potências podem compreender nem teu sentido sentir, para que não te satisfaças com menos e a tua alma perca a leveza necessária para ir a ele.

54. Como quem empurra um carro ladeira acima, assim caminha para Deus a alma que não afasta de si os cuidados nem apaga o apetite.

55. Não é da vontade de Deus que a alma se perturbe com coisa alguma nem que padeça angústias; porque se as padece nos casos adversos do mundo, é por fraqueza de sua virtude, pois que a alma perfeita goza com o que aflige a imperfeita.

56. O caminho da vida é de muito pouco bulício e negociação, e requer mais mortificação da vontade que muito saber. O que tomar o mínimo das coisas e dos gostos, mais adiante andará.

57. Não penses que o agradar a Deus esteja tanto em trabalhar muito, como em trabalhar com boa vontade, sem propriedade e respeitos humanos.

58. Ao entardecer desta vida examinar-te-ão no amor. Aprende a amar como Deus quer ser amado e deixa a tua condição.

DITOS DE LUZ E AMOR

59. Cuida de não te imiscuíres em coisas alheias, nem as recordes, porque talvez não possas tu cumprir a tua tarefa.

60. Não julgues que por não resplandecerem em alguém as virtudes que pensas, não seja ele precioso diante de Deus pelo que não pensas.

61. O homem não sabe gozar bem nem condoer-se bem, porque não entende a distância entre o bem e o mal.

62. Não te entristeças repentinamente com os casos adversos do século, pois não sabes o bem que consigo trazem, ordenado nos juízos de Deus para o gozo sempiterno dos eleitos.

63. Não te alegres nas prosperidades temporais, pois não sabes ao certo se te asseguram a vida eterna.

64. Na tribulação recorre logo a Deus confiantemente, e serás animado, esclarecido e ensinado.

65. Nos gozos e gostos recorre logo a Deus com temor e verdade, e não serás enganado nem envolvido em vaidade

66. Toma a Deus por esposo e amigo com quem andes constantemente e não pecarás, e saberás amar, e as coisas necessárias sucederão prosperamente para ti.

67. Sem trabalho sujeitarás a ti as pessoas, e as coisas servir-te-ão, se te esqueceres delas e de ti mesmo.

68. Dá-te à tranquilidade, afastando de ti os cuidados e não te preocupando com o que acontece; servirás a Deus a seu gosto e nele gozarás.

69. Considera que Deus só reina numa alma pacífica e desinteressada.

70. Mesmo que faças muitas coisas, se não aprenderes a negar a tua vontade e a sujeitar-te, descuidado de ti e de tuas coisas, não adiantarás na perfeição.

71. Que te aproveita dar a Deus uma coisa se ele te pede outra? Considera o que Deus quer e faze-o, que assim satisfarás melhor o teu coração do que com aquilo a que te inclinas.

72. Como te atreves a folgar tão sem temor, pois hás de comparecer diante de Deus e prestar conta da menor palavra e pensamento?

73. Considera que são muitos os chamados e poucos os escolhidos (Mt 22,14); e se de ti não cuidas, mais certa está a tua perdição que o teu remédio, mormente sendo tão estreita a senda que conduz à vida eterna (Mt 7,14).

74. Não te alegres totalmente, pois sabes quantos pecados tens cometido e não sabes como está Deus contigo; mas teme com confiança.

75. Se na hora da conta te hás de lamentar por não teres empregado este tempo no serviço de Deus, por que não o ordenas e empregas agora como o quererás tê-lo feito quando estiveres morrendo?

76. Se queres que em teu espírito nasça a devoção, e cresça o amor de Deus e o apetite das coisas divinas, limpa a alma de todo o apetite, apego e pretensão, de modo que nada te abale; porque assim como o enfermo, posto fora o que lhe é nocivo, sente logo o bem da saúde e lhe volta a vontade de comer, assim convalescerás em Deus se nisto te curares; não sendo assim, por muito que faças não aproveitarás.

77. Se desejas achar a paz e o consolo de tua alma e deveras servir a Deus, não te contentes com isso que deixaste, porque podes estar tão impedido ou mais que antes naquilo em que de novo andas metido; mas deixa todas essas outras coisas que te restam e aplica-te a uma só que tudo traz consigo, que é a solidão santa, acompanhada da oração e da santa e divina leitura, e aí persevera no esquecimento de todas as coisas; e se te não incumbirem de alguma obrigação, agradarás mais a Deus sabendo-te guardar e aperfeiçoar a ti mesmo, que granjeando todas as coisas juntas. *Pois que aproveita ao homem ganhar o mundo todo se perder a sua alma* (Mt 16,26)?

DITOS DE LUZ E AMOR

[b] *[Às carmelitas descalças de Beas]*
Pontos de Amor

78. Refreie muito a língua e o pensamento e traga continuamente o afeto em Deus; assim se lhe aquecerá o espírito divinamente.

79. Não apascente o espírito senão em Deus. Despreze as advertências das coisas e traga no coração a paz e o recolhimento.

80. Tenha sossego espiritual em amorosa atenção a Deus, e, se preciso for falar, que seja com o mesmo sossego e paz.

81. Tenha sempre na memória a vida eterna, e que serão os mais abatidos e pobres, os que em menos conta se têm, que gozarão do mais alto senhorio e glória em Deus.

82. Alegre-se sempre em Deus que é a sua saúde, considerando um bem sofrer, de qualquer maneira, por Aquele que é bom.

83. Considerem como é mister serem inimigas de si mesmas, caminhando pelo santo rigor à perfeição, e entendam que cada palavra dita fora da obediência é por Deus posta em conta.

84. Íntimo desejo de que Deus lhe dê aquilo que Sua Majestade sabe que lhe falta para honra Sua.

85. Crucificada interior e exteriormente com Cristo, viverá nesta vida em fartura e satisfação de sua alma, possuindo-a na paciência (Lc 21,19).

86. Ponha amorosa atenção em Deus, sem desejo de querer sentir ou entender coisa particular a respeito dele.

87. Tenha habitual confiança em Deus, estimando em si e nas irmãs o que Deus mais estima, que são os bens espirituais.

88. Entre dentro de si e trabalhe na presença do Esposo, que está sempre presente e lhe quer bem.

89. Seja inimiga de admitir em sua alma coisas que em si não tenham substância espiritual, para que não lhe façam perder o gosto à devoção e ao recolhimento.

102 ESCRITOS ESPIRITUAIS

90. Que lhe baste Cristo crucificado! Com ele sofra e descanse; mas para isso há de aniquilar-se em todas as coisas exteriores e interiores.

91. Procure sempre que as coisas nada lhe signifiquem, e não signifique nada para as coisas, mas, esquecida de tudo, more no recolhimento com o Esposo.

92. Ame muito o sacrifício e tenha-o em conta de pouco para cair em graça ao Esposo, que por sua causa não hesitou em morrer.

93. Tenha fortaleza no coração contra tudo que a mover ao que não é Deus e seja amiga da paixão de Cristo.

94. Traga interior desapego de todas as coisas e não ponha o gosto em qualquer temporalidade; assim recolherá a sua alma aos bens que não conhece.

95. A alma que caminha no amor não cansa nem se cansa.

96. Ao pobre que está despido vestir-se-á; à alma que se despe de seus apetites, quereres e não quereres, vesti-la-á Deus com a sua pureza, gosto e vontade.

97. Há almas que se revolvem no lodo como os animais, e outras voam como as aves que no ar se purificam e limpam.

98. Uma palavra disse o Pai, que foi seu Filho; e di-la sempre no eterno silêncio e em silêncio ela há de ser ouvida pela alma.

99. Devemos medir os trabalhos por nós e não nos medirmos pelos trabalhos.

100. Quem não busca a cruz de Cristo não busca a glória de Cristo.

101. Para enamorar-se Deus de uma alma, não olha a sua grandeza, mas a grandeza de sua humildade.

102. *Eu também me envergonharei de confessar diante de meu Pai, diz o Senhor, aquele que se envergonhar de confessar-me diante dos homens* (Mt 10,33).

103. O cabelo que se penteia amiúde estará desembaraçado, não havendo dificuldade em penteá-lo quantas vezes se pretender. A alma que amiúde examina seus pensamentos, palavras e ações – que são os seus cabelos – fazendo todas

DITOS DE LUZ E AMOR

as coisas por amor de Deus, terá o seu cabelo bem alisado; e o Esposo – ao contemplar-lhe o colo – prender-se-á nele ferido em um de seus olhos, que é a pureza de intenção com que opera todas as coisas. Principiamos a pentear o cabelo no alto da cabeça, se o queremos desembaraçar; todas as nossas obras hão de começar no mais alto do amor de Deus, se as quisermos puras e claras.

104. O céu é firme e não está sujeito à geração; as almas que são de natureza celestial são firmes e não estão sujeitas a gerar apetites nem outra qualquer coisa, porque, à sua maneira, parecem-se com Deus; não são mutáveis para sempre.

105. Não comer em pastos proibidos que são os desta vida presente, porque *bem-aventurados os que têm fome e sede de justiça porque serão consolados* (Mt 5,6). O que Deus pretende é fazer-nos deuses por participação, sendo-o ele por natureza, como o fogo que converte tudo em fogo.

106. Toda a bondade que temos é emprestada, Deus a tem por obra própria; Deus e a sua obra é Deus.

107. A sabedoria entra pelo amor, silêncio e mortificação. Grande sabedoria é saber calar e não reparar no que dizem ou fazem, nem nas vidas alheias.

108. Tudo para mim e nada para ti.

109. Tudo para ti e nada para mim.

110. Deixa-te ensinar, deixa-te mandar, deixa-te sujeitar e desprezar e serás perfeita.

111. Todo apetite causa na alma cinco danos: o primeiro, é que a inquieta; o segundo, que a perturba; o terceiro, que a suja; o quarto, que a enfraquece; o quinto, que a obscurece.

112. A perfeição não está nas virtudes que a alma conhece de si, mas consiste nas que Nosso Senhor vê na alma, e é como carga fechada; não tem, pois, a alma de que se orgulhar, mas antes estar prostrada por terra a respeito de si mesma.

104 ESCRITOS ESPIRITUAIS

113. O amor não consiste em sentir grandes coisas, mas em ter uma grande desnudez e em padecer pelo Amado.

114. O mundo inteiro não é digno de um só pensamento do homem, porque só a Deus ele é devido; assim qualquer pensamento posto fora de Deus é um roubo que se lhe faz.

115. Não se devem empregar totalmente as potências e os sentidos nas coisas, mas unicamente o que não se pode evitar, e o resto deve-se deixar livre para Deus.

116. Não reparar nas imperfeições alheias, guardar silêncio e tratar continuamente com Deus desenraízam grandes imperfeições da alma, tornando-a senhora de grandes virtudes.

117. Os sinais do recolhimento interior são três: o primeiro, se a alma não gosta das coisas transitórias; o segundo, se gosta da solidão e do silêncio e se é impelida a buscar tudo quanto é mais perfeito; o terceiro, se as coisas que costumavam ajudá-la – como as considerações, meditações e atos – a estorvam, não encontrando a alma outro apoio na oração senão a fé, a esperança e a caridade.

118. Se uma alma for mais paciente em sofrer e em tolerar melhor a carência de gostos é sinal de que tem aproveitado na virtude.

119. As condições do pássaro solitário são cinco: a primeira, voar em direção ao mais alto; a segunda, não tolerar companhia alguma, nem mesmo a da sua natureza; a terceira, voltar o bico para o ar; a quarta, não ter cor determinada; a quinta, cantar suavemente. Estas mesmas qualidades há de ter a alma contemplativa, elevando-se além das coisas transitórias, fazendo delas tanto caso como se não existissem; e sendo tão amiga da solidão e do silêncio que não tolere a companhia de outra criatura; e há de pôr o bico no ar do Espírito Santo, correspondendo às suas inspirações para que, agindo assim, se torne mais digna de sua companhia. Não há de ter cor determinada, pois não terá determinação em coisa alguma, senão no que for da

vontade de Deus; e há de cantar suavemente na contemplação e no amor do seu Esposo.

120. Os hábitos de imperfeições voluntárias que não se chega a vencer, tais como o costume de falar muito, um pequeno apego não vencido a qualquer pessoa, vestido, cela ou livro, tal espécie de comida e outras coisas como conversas e gostinhos em querer saborear as coisas, em saber, em ouvir e outras semelhantes, não somente impedem a união divina, mas ainda o chegar à perfeição.

121. Se queres te gloriar e não queres parecer néscio e louco, aparta de ti o que não te pertence, e, no que te restar, poderás gloriar-te. Porém, é certo que – se apartares de ti tudo quanto não é teu – nada te sobrará; portanto, de nada te podes gloriar se não quiseres cair em vaidade. Mas desçamos, agora, especialmente aos dons daquelas graças que tornam os homens atraentes e agradáveis aos olhos de Deus; certamente que desses dons não te deves gloriar, pois não sabes se os tens.

122. Oh! Quão doce será para mim a tua presença, tu que és o sumo Bem! Chegar-me-ei a ti em silêncio e descobrir-te-ei os pés a fim de que tenhas por bem juntar-me contigo em matrimônio, e não descansarei até que goze em teus braços (Rt 3,4-9); e agora rogo-te, Senhor, que não me deixes no meu recolhimento em tempo algum, pois sou desperdiçadora da minha alma.

123. Desapegada do exterior, desapossada do interior, desapropriada das coisas de Deus, nem a prosperidade a detém nem a adversidade a impede.

124. O demônio teme a alma unida a Deus como ao próprio Deus.

125. O padecer mais puro traz e acarreta mais puro entender.

126. A alma desejosa de que Deus se lhe entregue totalmente, há de se entregar toda, sem reservar nada para si.

127. A alma que está na união de amor, nem mesmo os primeiros movimentos tem.

106 ESCRITOS ESPIRITUAIS

128. Os velhos amigos de Deus só excepcionalmente podem faltar a Deus, pois estão já acima de tudo quanto os pode fazer faltar.

129. Amado meu, todo o áspero e trabalhoso quero para mim, e, para ti, tudo quanto é suave e saboroso.

130. A maior necessidade que temos para progredir é calar, diante deste grande Deus, o apetite e a língua, pois a linguagem que ele mais ouve é a do amor silente.

131. Caminhar na escuridão para procurar a Deus. A luz serve no exterior para não deixar cair; dá-se o contrário nas coisas de Deus, de modo que é melhor não ver; a alma tem assim mais segurança.

132. Mais se granjeia nos bens de Deus em uma hora, que nos nossos em toda a vida.

133. Ama não seres conhecida nem de ti nem dos outros. Nunca olhes o bem nem o mal alheio.

134. Andar a sós com Deus; trabalhar, entretanto, em esconder os bens de Deus.

135. Andar a perder e querer que todos nos sobrepujem é de ânimos valorosos, de peitos generosos, de corações dadivosos; é condição deles antes dar que receber, até chegarem à doação de si mesmos; porque têm por grande peso possuírem-se, preferem ser possuídos e afastarem-se de si mesmos, pois somos mais pertença daquele bem infinito do que nossa.

136. Grande mal é olhar mais para os bens de Deus que para o próprio Deus; oração e desapego.

137. Veja aquele saber infinito e aquele segredo escondido! Que paz, que amor, que silêncio se alojam naquele peito divino! Que ciência tão elevada a que Deus ali ensina; é o que chamamos atos anagógicos que tanto incendeiam o coração!

138. O segredo da consciência muito perde e diminui todas as vezes que alguém manifesta aos homens os seus frutos, pois que assim recebe por galardão o fruto da fama transitória.

139. Fale pouco, e só se meta nas coisas em que for perguntado.

DITOS DE LUZ E AMOR

140. Procure trazer sempre Deus presente e conservar em si a pureza que Deus lhe ensina.

141. Não se justifique, nem se recuse a ser por todos corrigido; ouça de rosto sereno toda repreensão, pense que é Deus quem lha diz.

142. Viva neste mundo como se só com Deus vivesse, para que o coração não se detenha em coisa humana.

143. Tenha como misericórdia de Deus o dizerem-lhe por vezes alguma palavra boa, pois não merece nenhuma.

144. Não deixe extravasar o coração, ainda que seja pelo espaço de um Credo.

145. Nunca ouça as fraquezas alheias e se alguém se lhe queixar de outrem, poderá pedir humildemente que nada lhe diga.

146. Não se queixe de ninguém, não pergunte coisa alguma, e se for necessário perguntar, que seja com poucas palavras.

147. Não recuses o trabalho, mesmo que julgues não o poder fazer; que todos encontrem em ti compaixão.

148. Não contradiga e de modo algum profira palavras indecorosas.

149. Fale de maneira que ninguém se ofenda e sobre coisas que todos possam vir a saber.

150. Não recuse coisa alguma que tenha, mesmo que dela necessite.

151. Silencie sobre o que Deus lhe der; recorde-se do que disse à esposa: *O meu segredo é para mim*.

152. Procure conservar o coração em paz: que nenhum acontecimento o desassossegue, considere que tudo há de acabar.

153. Não te detenhas muito, nem pouco, em verificar quem te é contra ou a favor; procura sempre agradar ao teu Deus. Pede-lhe que faça em ti a Sua vontade. Ama-o muito, pois que Lhe deves isto.

154. Doze estrelas para chegar à suma perfeição: amor de Deus, amor do próximo, obediência, castidade, pobreza, assistência ao coro, penitência, humildade, mortificação, oração, silêncio, paz.

ESCRITOS ESPIRITUAIS

155. Nunca tomes um homem por exemplo no que tiveres a fazer, por santo que seja, porque o demônio porá diante de ti as suas imperfeições; mas imita a Cristo que é sumamente perfeito e sumamente santo e jamais errarás.

156. Procurai lendo e encontrareis meditando; chamai orando e abrir-vos-ão contemplando.

[c] *[Copiados por Madalena do Espírito Santo, carmelita descalça de Beas]*

"Em outras [ocasiões], para afervorar e ensinar o verdadeiro espírito e exercício das virtudes, fazia algumas perguntas às religiosas e comentava as respostas, de maneira que o tempo era bem empregado e elas eram instruídas à luz do céu. Eu procurava anotar alguns comentários para ter o prazer de lê-los quando, por estar ele ausente, não os pudesse fazer de viva voz; mas tomaram-me as folhas sem que eu os transcrevesse. Só me deixaram o que aqui apresento":

157. Àquele que age por Deus com amor puro, não somente não se lhe dá que os homens o saibam, mas nem o faz para que o saiba o próprio Deus; e mesmo que Deus nunca o chegasse a saber, não cessaria de prestar os mesmos serviços e com a mesma alegria e amor.

Outro aviso para vencer os apetites

158. Ter constante desejo de imitar a Jesus Cristo em todas as obras, conformando-se com a sua vida, a qual deve considerar para saber imitá-la e comportar-se em todas as coisas como ele se comportaria. Para poder fazer isto, é necessário renunciar a qualquer apetite ou gosto que não seja puramente para honra e glória de Deus, e ficar sem nada por amor dele que nesta vida não teve nem quis ter mais do

DITOS DE LUZ E AMOR

que fazer a vontade de seu Pai, à qual chamava sua comida e manjar.

159. Para mortificar as quatro paixões naturais que são: gozo, tristeza, temor e esperança, é útil o seguinte:

Inclinar-se sempre não ao mais fácil, mas ao mais difícil;

não ao mais saboroso, mas ao mais insípido;

não ao mais gostoso, mas ao que não dá gosto;

não se inclinar ao que é descanso, mas ao mais trabalhoso;

não ao que é consolo, mas ao que não é consolo;

não ao mais, mas ao menos;

não ao mais alto e precioso, mas ao mais baixo e desprezado;

não ao que é querer algo, mas ao que é não querer nada;

não andar buscando o melhor das coisas, mas o pior; e por Jesus Cristo ter, para com todas as coisas do mundo, desnudez, vazio e pobreza.

Para a concupiscência

160. Procurar agir em desnudez e desejar que os outros o façam;

procurar falar com desprezo próprio e desejar que todos o façam;

procurar pensar baixamente de si mesmo e desejar que os outros o façam.

"O venerável Pai, entre várias coisas, escreveu certa feita um pensamento para proveito espiritual de cada uma das religiosas, e, se bem que os tenha copiado a todos, somente me deixaram os dois seguintes":

161. Tenha firmeza de coração contra todas as coisas que a moverem ao que não é Deus, e seja amiga de padecer por Cristo.

162. Prontidão na obediência, gozo no padecer, mortificar a vista, não querer saber nada, silêncio e esperança.

[d] *[A Madalena do Espírito Santo – Beas]*

163. Refreie muito a língua e o pensamento, seja constante no afeto a Deus, e o espírito aquecer-lhe-á divinamente. Leia isto muitas vezes.

[e] *[Conservados pela Me. Maria de Jesus]*

164. Erguer-se sobre si, não se apoiar sobre nada, em coisa alguma.

165. Estar voltada contra si, inquieta e nunca parada.

166. Fugir dos maus pensamentos que impedem a abertura às coirmãs.

167. Livre de todas as aflições, pensamentos e imagens.

168. Sussurra o suave canto com compunção e lágrimas.

[f] *[Outros Avisos]*

169. Quanto mais te apartas das coisas terrenas, mais te aproximas das celestiais e mais te achas em Deus.

170. Quem a tudo souber morrer terá vida em tudo.

171. Aparta-te do mal, faze o bem e busca a paz.

172. Quem se queixa e murmura não é perfeito, nem mesmo bom cristão.

173. É humilde quem se esconde em seu próprio nada e sabe abandonar-se a Deus.

174. É manso quem sabe suportar o próximo e tolerar-se a si mesmo.

175. Se queres ser perfeito, vende a tua vontade e dá-a aos pobres de espírito e vem a Cristo pela mansidão e humildade e segue-o ao Calvário e ao sepulcro.

176. Quem confia em si mesmo é pior que o demônio.

177. Quem não ama o próximo a Deus aborrece.

178. Quem age com tibieza, perto está da queda.

179. Quem foge da oração, foge de todo o bem.

180. Melhor é vencer-se na língua que jejuar a pão e água.

181. É melhor padecer por Deus que fazer milagres.

[g] *[Algumas coleções de avisos perdidas]*

"... *Quando partia [de Beas] deixava... algumas sentenças a cada religiosa, e as que deixou a esta testemunha e as demais que pôde conseguir, conserva juntas e muito as valoriza para seu consolo*" (ANA DE JESUS: BMC, 14,176).

"... *Tinha o dom do céu para consolar os aflitos e animá-los com suas palavras. Este mesmo efeito constatei nos argumentos e sentenças – alguns dos quais dele recebi – e, no momento, sinto muita carência em ver-me sem eles porque, enquanto os conservei, os considerava, via e estimava como cartas de São Paulo; ajudavam-me muito nos casos que, eventualmente, se apresentavam*" (AGOSTINHA DE SÃO JOSÉ: BMC, 14,41).

"*E que teve graça para consolar, tanto com suas palavras como com seus bilhetes, os que com ele tratavam; dele esta testemunha recebeu alguns e igualmente algumas folhas com pensamentos santos, os quais a mesma gostaria muito de tê-las consigo agora*" (ANA MARIA, carmelita calçada: BMC, 14,302).

[4]

[PEQUENOS TRATADOS ESPIRITUAIS]

[Incluímos sob tal denominação, por ordem cronológica, os escritos breves de São João da Cruz que desenvolvem um tema espiritual concreto, seja de índole ocasional, seja como uma nova etapa de seu magistério espiritual. Quando não possuímos os textos do Santo, damos, ao menos, uma informação sucinta e, se possível, um apanhado dos mesmos].

[a] *[Explicação das palavras "Busca-te em mim", a pedido de Santa Teresa* – No concurso promovido pela Santa, entre seus amigos, em Ávila, pelos fins de 1576, para a explicação das palavras "Busca-te em mim", que Nosso Senhor lhe havia dito na oração, tomou parte também, com sua respectiva resposta, São João da Cruz, então confessor da Encarnação. Ainda que o escrito original não haja chegado até nós, conservou-se, contudo, a seguinte crítica, finamente burlesca que Santa Teresa fez do relatório apresentado por Fr. João da Cruz, em seu célebre "Vejamen". Através dela podemos vislumbrar, de algum modo, a índole e o conteúdo desse trabalho].

... *"Contudo, perdoo-lhe seus erros (a Julião de Ávila), porque não foi extenso como meu Pai Fr. João da Cruz.*

[Do *Pai Fr. João da Cruz*]

Muito boa doutrina dá em sua resposta para quem se quiser entregar aos Exercícios que fazem na Companhia de Jesus; não, porém, para o nosso propósito. Caro custaria se não pudéssemos

PEQUENOS TRATADOS ESPIRITUAIS

– buscar a Deus a não ser depois de mortos ao mundo.

Não o estava a Madalena, nem a Samaritana, nem a Cananeia quando o acharam;

– também insiste muito em fazer-se a alma uma mesma coisa com Deus em união; *mas, quando isto se dá, quando faz Deus esta mercê, não lhe dirá que o busque, pois já o encontrou.*

Deus me livre de gente espiritual que de tudo quer fazer contemplação perfeita, – dê no que der!

Contudo, lhe agradecemos por nos ter feito compreender tão bem o que não perguntamos. Por isso é bom falar sempre de Deus, pois donde não esperamos nos vem o proveito.

... São todos tão divinos esses senhores, que acabaram perdendo o jogo por excesso de cartas; pois, como disse, a quem Deus concedeu esta mercê de ter a alma unida a si, não lhe dirá que o busque, uma vez que já o possui" (BMC, 6, p. 67-68).

[b] *Cautelas a serem usadas contra os três inimigos da alma, ensinadas por nosso santo Pai. Fr. João da Cruz às monjas de Beas*[7].

[O Calvário, 1578-1579]

1. O religioso que deseja chegar rapidamente ao santo recolhimento, silêncio espiritual, desnudez e pobreza de espírito, em que se goza o pacífico refrigério do Espírito Santo e chega a alma a unir-se com Deus e se liberta dos entraves das criaturas deste mundo, se defende das astúcias e engodos do demônio e se desembaraça de si mesmo, deve exercitar-se nos pontos que vão ser apresentados.

---

7. Nós as publicamos segundo o Ms. 6.296 BNM, f. 43^r-47^r, cópia autêntica mandada tirar por André da Encarnação, de um antigo manuscrito do convento de carmelitas descalços de Málaga. Procuramos suprir as deficiências colocando as adições entre colchetes, com o auxílio de outra cópia existente no Ms. 7.741 BNM, t. [104]^r-[108]^v. Não abordamos, por enquanto, o problema de uma segunda redação das Cautelas, que teria sido destinada aos religiosos em geral.

114 ESCRITOS ESPIRITUAIS

* 2. É, pois, de advertir que todos os danos recebidos pela alma procedem de seus já citados inimigos, isto é: mundo, demônio e carne. O mundo é o inimigo que menos dificuldades oferece. O demônio é o mais obscuro de entender. A carne é o mais tenaz deles e suas arremetidas duram enquanto durar o homem velho.

* 3. Para vencer qualquer destes inimigos é mister vencê-los os três, e, enfraquecendo um, se enfraquecem os outros dois, e, vencidos estes três, cessa a guerra para a alma.

CONTRA O MUNDO

* 4. Para conseguires libertar-te perfeitamente do dano que o mundo te pode causar, hás de usar de três cautelas.

Primeira cautela

* 5. A primeira é que a respeito de todas as pessoas tenhas igual amor e igual esquecimento, quer sejam parentes, quer não o sejam, desprendendo o coração tanto de uns como de outros; e até, de certo modo, mais dos parentes pelo receio de que a carne e o sangue venham a exacerbar-se com o amor natural que costuma existir entre os parentes e que convém mortificar sempre para atingir a perfeição espiritual.

* 6. Considera a todos como estranhos e desta maneira cumprirás melhor o teu dever para com eles do que pondo neles a afeição que deves a Deus. Não ames a uma pessoa mais do que a outra, porque errarás, pois é digno de maior amor aquele que Deus mais ama e tu ignoras a quem ele ama [mais]. Esquecendo-os, porém, igualmente a todos, como te convém fazer para o santo recolhimento, livrar-te-ás do erro do mais e do menos com relação a eles.

Nada penses a respeito deles, nem bem, nem mal. Evita-os, o quanto te for possível. E se fores remisso em observar estes pontos, não saberás ser religioso, nem poderás chegar ao santo recolhimento, nem livrar-te das imperfeições que isso traz consigo. E, se neste particular quiseres permitir-te alguma liberdade, com um ou com outro, enganar-te-á o demônio ou tu a ti mesmo sob [c]or de bem ou de mal.

Se assim procederes, terás segurança, pois, de outro modo, não poderás libertar-te das imperfeições e danos que as criaturas costumam causar à alma.

Segunda cautela

7. A segunda cautela contra o mundo se refere aos bens temporais. Para te livrares, completamente, dos danos desta espécie e refreares a demasia do apetite, faz-se mister aborreceres toda a forma de propriedade. Não deves ter cuidado algum a esse respeito, nem de comida, nem de vestido, nem de outras coisas criadas, [nem do dia de amanhã, empregando essa solicitude em outra coisa] mais elevada, que é buscar o reino de Deus, ou seja, em não faltar a Deus, porque o *demais,* como disse Sua Majestade (Mt 6,33), *ser-nos-á dado por acréscimo,* pois não há de esquecer de ti aquele que cuida dos animais. Com isso adquirirás silêncio e paz nos sentidos.

Terceira cautela

8. A terceira cautela é muito necessária para saberes te guardar, no convento, de todos os danos a respeito dos religiosos, pois, por não haverem observado, muitos não apenas perderam a paz e o bem da sua alma, como vieram e vêm, ordinariamente, a cair em muitos males e pecados. Consiste essa cautela em evitares com todo o cuidado o pensamento e mais ainda falar sobre o que se passa na comunidade; o que acontece ou aconteceu com qualquer religioso em particular; não te ocupes da sua maneira de ser, do seu trato, das suas coisas, por mais graves que sejam. Nem a pretexto de zelo, de remédio a dar, [digas

116 ESCRITOS ESPIRITUAIS

coisa alguma], a não ser a quem de direito convém dizê-lo a seu tempo. Não te escandalizes jamais nem te admires de coisas que vejas ou percebas, procurando guardar a tua alma no esquecimento de tudo isso. Porque se quiseres reparar em alguma coisa, mesmo que vivas entre anjos, muitas coisas não te parecerão bem por não compreende-res a substância delas.

* 9. Sirva-te de exemplo a mulher de Ló (cf. Gn 19,26), que por se ter perturbado com a perdição dos sodomitas e voltado a cabeça para observar o que se passava, a castigou o Senhor transformando-a em estátua de sal. É para que entendas que, ainda no caso de viveres entre demônios, Deus quer que vivas de tal modo no meio deles que não desvies a cabeça do pensamento às suas coisas, mas que as deixes totalmente, procurando conservar a alma pura e inteira em Deus, sem que qualquer pensamento, a respeito disso ou daquilo, te possa estorvar.

E para isso, tem por fato comprovado que nos conventos e comunidades nunca há de faltar empecilhos, pois nun-ca faltam demônios que procuram derrubar [os] santos, e Deus assim o permite para os exercitar e provar.

E, se não tomares precaução, segundo ficou dito, fazendo como se não estivesses em casa, não poderás ser religioso, por mais que te esforces, nem chegar à santa desnudez e recolhimento, nem libertar-te dos danos que isso acarreta. Porque, não fazendo assim, por melhor intenção e zelo de que estejas animado, numa ou noutra coisa te colherá o demônio, e bastante envolvido já te encontras quando dás ensejo a que a tua alma se distraia em qualquer dessas coisas. Recorda-te do que disse o apóstolo São Tiago (1,26): *Se alguém julga que é religioso, não refreando a língua, é vã a sua religião.* E isto entende-se não menos da língua interior que da exterior.

PEQUENOS TRATADOS ESPIRITUAIS

CONTRA O DEMÔNIO

10. Destas três cautelas deve lançar mão quem aspirar à perfeição, a fim de livrar-se do demônio, seu segundo inimigo. Para isso, é de advertir que, entre os numerosos ardis usados pelo demônio para enganar os espirituais, o mais comum é enganá-los sob a aparência de bem e não sob aparência de mal; pois sabe que, conhecido o mal, dificilmente o abraçariam. E, assim, hás de acautelar-te sempre do que te parece bem, máxime não intervindo nisso a obediência. A segurança e o acerto nestas coisas reside no conselho daquele que o deve dar.

Primeira cautela

11. Seja, pois, a primeira cautela no sentido de que jamais te movas a coisa alguma, ainda que te pareça boa e cheia de caridade, quer para ti quer para qualquer outra pessoa, dentro e fora de casa, sem ordem de obediência, a não ser para aquilo a que por ordem estás obrigado. Com este modo de proceder, adquirirás mérito e segurança. Livra-te de propriedade e fugirás do demônio e evitarás danos que nem imaginas e de que, a seu tempo, Deus te pedirá contas. Mas, se não observares esta cautela, tanto no pouco como no muito, por mais que te pareça acertar, não deixarás de ser enganado, em pouco ou em muito, pelo demônio. E se não te regeres em tudo pela obediência, já não estarás isento de erro culposo, pois *Deus quer antes a obediência que sacrifícios* (1Sm 15,22). As ações do religioso não lhe pertencem, mas são da obediência e se dela as subtraíres, delas te pedirão contas, como se fossem perdidas.

Segunda cautela

12. Seja a segunda cautela no sentido de jamais considerares o prelado menos que Deus, seja ele quem for, pois

foi constituído em seu lugar. Acautela-te neste ponto, pois o demônio, inimigo da humildade, mete muito aqui a mão. E considerando o prelado do modo acima dito, será grande o bem e o aproveitamento que te advirão, e não sendo assim, grande a perda e o dano. E, portanto, põe-te cuidadosamente de sobreaviso para não considerares a sua índole, o seu trato, a sua aparência, nem outras maneiras suas de proceder; porque com isso far-te-ás tanto dano que virás a mudar a obediência de divina em humana, movendo-te ou não, apenas pelos modos que puderes observar visivelmente no prelado, e não por Deus invisível, a quem nele serves. E a tua obediência será vã ou tanto mais infrutuosa quanto mais te magoares com a índole adversa do teu prelado, ou com a sua índole agradável, te alegrares. Asseguro-te que por haver o demônio feito com que considerassem as coisas por este prisma, induzindo a pôr os olhos nestas exterioridades, acerca da obediência, conseguiu arruinar na perfeição a muitíssimos religiosos, e seus atos de obediência são de muito pouco valor diante de Deus.

Se não te esforçares neste ponto, de modo que já pouco te importe que o prelado seja este ou aquele, pelo que pessoalmente te diz respeito, não poderás, de forma alguma, ser espiritual nem observar bem os teus votos.

Terceira cautela

13. A terceira cautela, diretamente contra o demônio, é que do íntimo do coração procures sempre humilhar-te em palavras e em obras, regozijando-te do bem dos outros como se fosse teu e querendo que sejam preferidos a ti em todas as coisas e isto com inteira sinceridade. Assim agindo, vencerás o mal com o bem, expulsarás o demônio para longe e andarás com alegria no coração; e procura exercitar mais isto com os que menos te caírem em graça.

E fica sabendo que, se assim não exercitares, não chegarás à verdadeira caridade, nem nela aproveitarás. E sê sempre mais amigo de ser por todos ensinado do que de querer ensinar ao menor entre todos.

CONTRA A CARNE

14. De mais três cautelas há de usar aquele que quiser vencer-se a si mesmo e à sua sensualidade, seu terceiro inimigo.

Primeira cautela

15. A primeira cautela é que compreendas que não vieste para o convento senão para que todos te instruam e exercitem. E, assim, para te livrares das imperfeições e perturbações que te podem oferecer a índole e o trato dos religiosos e tirar proveito de todos os acontecimentos, convém pensar que todos os que se encontram no convento são agentes encarregados de te exercitar, como o são na realidade: que uns te hão de aperfeiçoar por palavras, outros por obras, outros pensando mal de ti e que a tudo hás de estar sujeito, como a estátua o está ao que a lavra, pinta e doura. E se não observares esta norma, não conseguirás vencer tua sensualidade e sentimentos, nem saberás conviver em harmonia no convento com os religiosos, nem alcançarás a santa paz, nem te livrarás de muitos tropeços e males.

Segunda cautela

16. A segunda cautela é que jamais deixes de fazer as obras por não encontrar nelas gosto e prazer, se convier ao serviço do Senhor que se façam; nem as executes apenas pelo prazer e gosto que te proporcionarem, senão [que] deves fazê-las tanto como as desagradáveis. Porque sem isso é impossível adquirires constância e venceres a tua fraqueza.

Terceira cautela

17. A terceira cautela seja que nunca o varão espiritual ponha os olhos no prazer dos exercícios para a eles se ape-

ESCRITOS ESPIRITUAIS

gar, vindo a fazê-los só pelo gosto que lhe proporcionam; nem fuja do amargo deles, mas antes, procure de preferência o trabalhoso e o desagradável.

Com isso põe-se freio à sensualidade, pois, de outra forma, não perderás o amor-próprio, nem ganharás o amor de Deus.

[c] *[Quatro avisos a um carmelita descalço para alcançar a perfeição]*[8]

Jesus Mariae Filius

1. Sua santa Caridade[9] me pediu muita coisa em poucas palavras. Para satisfazer-lhe o desejo, ser-me-ia necessário muito tempo e papel. Como não disponho de uma nem de outra coisa, procurarei sintetizar meu pensamento e indicar somente alguns pontos e avisos tão densos em conteúdo que, quem se esmerar em observá-los, atingirá uma elevada perfeição.

Aquele que quiser ser verdadeiro religioso, cumprir as obrigações inerentes ao estado que prometeu a Deus, progredir nas virtudes e gozar das consolações e suavidade do Espírito Santo, não conseguirá, a não ser que procure observar com suma diligência os quatro avisos seguintes, a saber: renúncia, mortificação, exercício de virtudes, solidão corporal e espiritual.

2. Para observar o primeiro, que diz respeito à renúncia, convém viver de tal maneira no convento, como se aí não existisse mais ninguém.

---

8. No Ms. 6.296 BNM se conservam quatro cópias autenticadas desse trabalho de São João da Cruz: a primeira (f. 9r-12r) de "um caderninho manuscrito, contendo cinco vias, primorosamente encadernado em veludo carmezim, com fecho e cantoneiras de prata" existente nas carmelitas descalças de Bujalance (Córdoba) até a Guerra Civil de 1936, quando desapareceu; as outras três (f. 29r-42r), de um manuscrito antigo conservado no Colégio de carmelitas descalços de Baeza. Todas elas transcrevem esta pequena obra do Santo, sem solução de continuidade, nas duas partes de que se compõe – Avisos e Graus de perfeição – como a apresentamos aqui, pela primeira vez. Seguimos a transcrição do código de Bujalance, ainda que tenhamos acrescentado também, em lugar conveniente, alguns "graus de perfeição" existentes no de Baeza, que não se encontram naquele.

9. Sua *Caridade* – tratamento que, entre os carmelitas descalços, se dava aos religiosos que não eram sacerdotes.

Assim, não imiscuir-se jamais, seja por palavras, seja por pensamentos, naquilo que se passa na comunidade ou no que sucede a algum religioso em particular, fazendo abstração dos bens, dos males, dos temperamentos e, mesmo que o mundo desabe, esforçar-se por não se deter nem se envolver nisso, a fim de conservar a tranquilidade da alma. Lembre-se da mulher de Ló, que, por haver voltado a cabeça para observar os clamores e ruído dos que pereciam, converteu-se em dura pedra (Gn 19,26).

Empregue suma diligência em observar este ponto, porque com isso ver-se-á desvencilhado de muitos pecados e imperfeições e conservará a paz e a tranquilidade de sua alma com grande aproveitamento diante de Deus e dos homens.

E tenha isso muito a peito, como coisa de capital importância, pois por terem sido remissos neste ponto, muitos religiosos não apenas nunca brilharam na virtude e na observância como foram sempre retrocedendo de mal a pior.

3. Para observar o segundo conselho, acerca da mortificação e fazer progressos nesta matéria, convém que procure assimilar perfeitamente, e gravar no coração a seguinte verdade: que não veio ao convento senão para que o aperfeiçoem e exercitem na virtude, à semelhança da pedra que deve ser polida e lavrada antes de ser assentada no edifício.

E, assim, procure considerar a todos os que se encontram no convento como outros tantos agentes que Deus aí colocou especialmente para o desbastarem e polirem na mortificação. Uns hão de aperfeiçoá-lo por meio da palavra, dizendo aquilo que não quisera ouvir; outros, pelas ações, fazendo contra ele o que não quisera sofrer; outros o mortificarão com a sua própria maneira de ser, mostrando-se sempre molesto e pesado, tanto no porte como na atitude; outros ainda, através do pensamento, dando a entender ou a experimentar que eles não o apreciam nem amam.

E deve estar disposto a sofrer todas essas mortificações e aborrecimentos com paciência interior, calando por amor de Deus, considerando que não veio à Religião a não ser para que assim o lapidassem e o tornassem digno do céu. Se não fosse para isso, mais lhe valeria ter permanecido no século, correndo ao encalço de prazeres, honrarias, prestígio e buscando as próprias comodidades.

4. Este segundo aviso é imprescindível ao religioso, a fim de que possa observar os compromissos inerentes ao estado abraçado, conseguir a verdadeira humildade, quietação interior e gozo no Espírito Santo. E se a isso não se aplicar, não saberá ser religioso e nem sequer entenderá por que veio à Religião; não estará à procura de Cristo, mas à procura de si mesmo; não encontrará paz para a sua alma e nem deixará de cair em pecado e de sentir-se muitas vezes perturbado.

E que, na Religião, jamais faltarão ocasiões, nem Deus quer que faltem, uma vez que ele ali conduz as almas a fim de que sejam provadas e purificadas, como o ouro sob a ação do fogo e do martelo. Convém, pois, que não lhes faltem provas e tentações, procedentes dos homens e dos demônios, fogo de angústias e desalentos.

Nestes, há de se exercitar o religioso, procurando sempre suportá-los com paciência e conformidade com a vontade de Deus e não levá-los de tal modo que, ao invés de ser aprovado por Deus, venha ele a reprová-lo por se haver recusado a carregar a cruz de Cristo com paciência.

Por não compreenderem que vieram para isso, muitos religiosos suportam mal os outros e, no tempo de prestar conta, ficarão bem confusos e logrados.

5. Para observar o terceiro aviso, referente ao exercício das virtudes, convém ter constância em cumprir as obrigações impostas pela sua Religião e as prescrições da obediência, sem nenhum respeito de mundo, mas visando unicamente a Deus. E para assim agir e não correr o risco de

PEQUENOS TRATADOS ESPIRITUAIS 123

enganar-se, jamais se detenha em considerar o gosto ou o enfado que a execução de uma obra lhe possa oferecer, para empreendê-la ou omiti-la; considere apenas o motivo que existe para fazê-la por Deus. E, assim, há de empreender todas as coisas, agradáveis ou aborrecidas, visando com elas unicamente servir a Deus.

6. E para agir virilmente, e com esta constância, adquirir logo as virtudes, procure sempre inclinar-se mais para o dificultoso do que para o fácil; mais para o áspero do que para o suave e mais para o árduo e enfadonho da obra do que para o saboroso e aprazível dela e cuide de não andar escolhendo o que é menos cruz, porque a carga é ligeira e quanto mais pesa, mais suave se torna quando a levamos por Deus.

Procure, também, que os irmãos lhe sejam preferidos em todas as comodidades, diligenciando por ocupar sempre o lugar mais humilde e isto com todas as veras do coração, pois este é o caminho para se avantajar no espiritual, conforme nos diz Deus em seu Evangelho: *Quem se humilha será exaltado* (Lc 14,11).

7. Para observar o quarto conselho, relativo à solidão, convém-lhe considerar todas as coisas do mundo como já acabadas para si; assim, quando lhe for forçoso ocupar-se delas, faça-o com tanto desprendimento como se realmente não existissem.

8. Com as coisas que se passam fora do convento, não se embarace, de modo algum, pois Deus já o dispensou delas e do seu cuidado. O que puder ser feito através de uma terceira pessoa, não o faça por si mesmo, porque é de grande conveniência não querer ver nem ser visto.

Pondere bem que, se aos simples fiéis Deus pedirá rigorosas contas no dia do juízo de uma palavra ociosa, com quanto maior razão não o fará ao religioso, cuja vida e obras lhe são inteiramente consagradas.

9. Com isso, não pretendo insinuar que se descuide do ofício de que o encarregaram ou de qualquer outro que a

124 ESCRITOS ESPIRITUAIS

obediência lhe designe, não empregando toda a solicitude requerida. O que quero dizer é que deve executá-lo de modo a ficar nele isento de culpa, pois isto não o quer Deus nem os superiores.

Para consegui-lo, procure estar continuamente entregue à oração e, entre as ocupações exteriores, não a negligencie. Quer esteja comendo, bebendo, tratando com seculares ou ocupado em qualquer outra coisa, esteja sempre suspirando por Deus e dirigindo para ele o afeto do coração. Isso é muito necessário para a solidão interior, na qual se requer da alma não ocupar-se em pensamento algum que não seja endereçado a Deus e ao esquecimento de todas as coisas que existem e de tudo quanto acontece nesta mísera vida, de duração tão efêmera.

Não se interesse em saber coisa alguma, a não ser como há de servir melhor a Deus e observar com mais perfeição as obrigações de seu instituto.

10. Se S. Caridade se esforçar por observar essas quatro coisas, muito em breve chegará à perfeição. São de tal modo interdependentes, que se houver negligência num dos pontos, por aí perderá tudo quanto pelos outros conseguir ir aproveitando e lucrando.

GRAUS DE PERFEIÇÃO

1. Por nada deste mundo cometer pecado, nem mesmo venial com plena advertência, nem imperfeição conhecida.

2. Procurar andar sempre na presença de Deus, real, imaginária ou unitiva, segundo se coadune com as obras que está fazendo.

[Próprios do Código de Baeza]

3. Nada fazer nem dizer coisa de importância, que Cristo não pudesse fazer ou dizer se estivesse no estado em que me encontro e tivesse a idade e a saúde que eu tenho.

PEQUENOS TRATADOS ESPIRITUAIS

4. Procure em todas as coisas a maior honra e glória de Deus.

5. Por nenhuma ocupação deixar a oração mental que é o sustento da alma.

6. Não omitir o exame de consciência, sob pretexto de ocupações, e, por cada falta cometida, fazer alguma penitência.

7. Ter grande arrependimento por qualquer tempo não aproveitado ou que se lhe escapa sem amar a Deus.

8. Em todas as coisas, altas e baixas, tenha a Deus por fim, pois de outro modo não crescerá em perfeição e mérito.

9. Nunca falte à oração e quando experimentar aridez e dificuldade, por isso mesmo persevere nela, porque Deus quer muitas vezes ver o que há na sua alma e isso não se prova na facilidade e no gosto.

10. Do céu e da terra sempre o mais baixo e o lugar e o ofício mais ínfimo.

11. Nunca se intrometa naquilo de que não te encarregaram, nem discuta sobre alguma coisa, ainda que esteja com a razão. E, no que lhe for ordenado, se lhe derem a unha (como se costuma dizer) não queira tomar também a mão, pois alguns, nisto se enganam, imaginando que têm obrigação de fazer aquilo que, bem examinado, nada os obriga.

12. Das coisas alheias não se ocupe, sejam elas boas ou más, porque além do perigo que há de pecar, essa ocupação é causa[10] de distrações e amesquinha o espírito.

13. Procure sempre confessar-se com profundo conhecimento de sua miséria e com sinceridade cristalina.

14. Ainda que as coisas de sua obrigação e ofício se lhe tornem dificultosas e enfadonhas, nem por isso desanime, porque não há de ser sempre assim, e Deus, que experimenta a alma simulando trabalho no preceito[11], daí a pouco lhe fará sentir o bem e o lucro.

---

10. é causa, *ms.* escusa.
11. Cf. Sl 93,20.

15. Lembre-se sempre de que tudo quanto passar por si, seja próspero ou adverso, vem de Deus, para que assim nem num se ensoberbeça nem no outro desanime.

16. Recorde-se sempre de que não veio senão para ser santo e assim não consinta que reine em sua alma algo que não leve à santidade.

17. Seja sempre mais amigo de dar prazer aos outros do que a si mesmo e, assim, com relação ao próximo, não terá inveja nem predomínio. Entenda-se, porém, que isso se refere ao que for segundo a perfeição, porque Deus muito se aborrece com os que não antepõem o que lhe agrada ao beneplácito dos homens.

Soli Deo honor et gloria

[d] *[Propriedades do Pássaro Solitário]*
"Sei que o Santo Pai Fr. João da Cruz escreveu os livros a que se refere a pergunta em questão, dos quais me foi dado manusear alguns dos cadernos originais, em Granada, e tenho certeza de que são da sua autoria; vi, também, outro pequeno tratado composto por ele, intitulado:

"Propriedade do Pássaro Solitário", onde, dirigindo-se aos espirituais, explicava como a alma, no caminho da perfeição, há de anelar pelo céu e tê-lo sempre presente" (ISABEL DA ENCARNAÇÃO: Declaração autógrafa, Arquivo das Carmelitas Descalças de Jaén, f. [7]ʳ).

[e] *[Pequeno Tratado sobre a Fé]*
"Esta testemunha teve ocasião de ver um pequeno tratado escrito de próprio punho pelo servo de Deus que o compôs a pedido de certas religiosas chamadas as de Armeña,

– no qual discorria sobre a virtude da fé, de modo sublime" (LUÍS DE S. JERÔNIMO, *Ms. Vaticano,* proc. apost. de Baeza, Sig 51, f. 60).

[f] [Os *primeiros comentários avulsos sobre o "Cântico"*

– Antes que o "Cântico espiritual" se cristalizasse no comentário extenso e orgânico que hoje conhecemos, deve ter passado por um período de comentários avulsos e de circunstâncias, relativas a uma ou a outra de suas estrofes, e que mais tarde teriam sido incorporados ao tratado geral. Possuímos indícios da existência de tais fragmentos].

"Em nossas religiosas de Ocaña há uma pequena folha em 8° do 'Cântico' do Santo que explica o verso: A ceia que recreia e enamora. *Têm-no por original e quero crer que o seja como esses de Madri. Existe também outra, em casa de uma senhora a que chamam 'A surda do Tineo', que segundo dizem se refere à primeira canção".*

"Na Peñuela há uma folha em 8° tida por original de nosso Santo Pai. É a explicação daquele verso do seu 'Cântico': Ali lhe prometi ser sua esposa. *Duvido se coincide com as 4 de Madri".*

"No convento de religiosas de São Clemente se encontram dois fragmentos do original do 'Cântico' de nosso Santo Pai, não sei se serão da mesma espécie do nosso convento de Madri".

"Em nossos conventos de Daimiel, de religiosos e religiosas, há três folhas em 8° do 'Cântico' de nosso Santo Pai, veneradas como originais. Creio que são como as de Madri" (ANDRÉ DA ENCARNAÇÃO, Memórias Históricas, letra C, n. 29, 34, 57, 59. Ms. 13.482. BNM, f. 35^{r-v}).

[g] *[Sobre a História e Milagres de Nossa Senhora da Caridade e do Santo Cristo de Guadalcázar* – Tratado que foi perdido e que, segundo uns, teria sido escrito em Guadalcázar em 1586, e, segundo outros, na Peñuela, pouco antes de sua morte, no ano de 1591].

"Chegando o varão do Senhor certo dia em Guadalcázar foi acometido de febre e de uma dor de lado, muito forte... Na convalescença dessa enfermidade,

– parece que o Santo escreveu aqui em Guadalcázar a história de Nossa Senhora da Caridade e do Santo Cristo de Guadalcázar com seus milagres.

128   ESCRITOS ESPIRITUAIS

Este tratado se perdeu, apesar das cuidadosas buscas de D. Luís de Córdoba, bispo de Málaga, que tinha um túmulo reservado na igreja dessas sagradas imagens e das diligências que pessoalmente empreguei, a seu pedido, quando assisti às informações para o processo do Santo [1616-1618], a história de Nossa Senhora da Caridade e do Santo Cristo de Guadalcázar, com seus milagres.

"*... Aconteceu vir a Peñuela, onde, estando com grande edificação e recolhimento*

– e escrevendo um livro sobre os milagres das imagens de Guadalcázar (que, se não se perdesse, teria sido de grande proveito, pois tratava de como os milagres podiam ser falsos ou verdadeiros e falava acerca do espírito verdadeiro e do falso. Um padre que teve ocasião de ler alguns cadernos originais deste livro – trata-se de Fr. Alonso da Mãe de Deus, natural de Linares – me disse ser coisa admirável),

digo que encontrando-se na Peñuela foi acometido de umas terçãzinhas..." (Declaração de AGOSTINHO DE SÃO JOSÉ, súdito do Santo em Granada: Ms. 8568, BNM, f. 291ʳ).

[h] *[Censura e parecer sobre o Espírito e o modo de proceder na oração de uma carmelita descalça* – Provavelmente em Segóvia entre os anos 1588-1589. Chegou até nós, através do seguinte testemunho]:

"*... A uma religiosa dada à oração, sem base de humildade e animada de desejos curiosos de penetrar grandes segredos do espírito, saiu-lhe o demônio ao encalço simulando efeitos de bom espírito, tanto de suaves sentimentos como de revelações, e isso pelo caminho da fraude, com que costuma ter êxito entre os poucos humildes e nada discretos. E tão cauteloso andava ele em encobrir o deletério embuste, que, falando essa religiosa acerca de seu espírito e oração com vários letrados de diferentes ordens, todos o tiveram por bom. Contudo, o venerável Pe. Fr. Nicolau de Jesus Maria... então prelado superior de todos os descalços..., não acabava de assegurar-se do caminho dessa religiosa...; para examiná-lo* *com mais cuidado, ordenou-lhe que escrevesse sobre a sua oração e os efeitos que produzia. Entregou depois esse papel ao Pai Fr. João da Cruz, que na ocasião era primeiro definidor da Ordem, pela grande segurança que seu espírito lhe inspirava e por sabê-lo muito esclarecido por Deus em coisas deste gênero; pediu-lhe, então, que lesse atentamente aquela relação e colocasse no rodapé da folha o seu parecer. Lendo nosso venerável Pai o escrito, percebeu logo de que foco procedia aquela luz e deu sua opinião com palavras tão proveitosas e substanciais que bem revelam quão esclarecido estava por Deus para discernir entre a verdadeira e a falsa luz.*

E pela luz que tais palavras podem comunicar aos espirituais, pareceu-me bem referi-las aqui em sua pureza, e são as seguintes:

No comportamento afetivo desta alma parece-me haver defeitos que impedem um parecer favorável acerca do espírito que a anima.

O primeiro é que se nota nela muita avidez de propriedade, ao passo que o espírito verdadeiro se caracteriza sempre por grande desnudez no apetite.

O segundo, que tem excessiva segurança e pouco receio de errar, interiormente, sendo que o espírito de Deus nunca anda sem ele, para proteger a alma contra o mal, segundo diz o sábio (cf. Pr 15,27).

O terceiro, que parece ter a preocupação de procurar persuadir a todos o que creiam ser muito bom tudo quanto se passa nela, enquanto o verdadeiro espírito procura, ao invés, que todos o tenham em pouco e o depreciem, fazendo ele próprio o mesmo.

O quarto e principal, é que, nesta maneira de agir, não se notam efeitos de humildade; ora, quando as mercês são verdadeiras – consoante ela aqui o afirma ordinariamente nunca se comunicam à alma sem primeiro desfazê-la e aniquilá-la em abatimento interior de humildade. E, caso houvesse experimentado este efeito, ela não teria deixado de anotá-lo aqui, escrevendo algo e até estendendo-se bastante sobre isso; porque a primeira coisa que ocorre à alma expres-

130 ESCRITOS ESPIRITUAIS

sar e ter em grande apreço são os efeitos de humildade certamente tão notórios que não é possível dissimulá-los. E ainda que não costumem aparecer tão claramente em todas as apreensões de Deus, nestas, que ela aqui denomina união, estão sempre presentes: *A humilhação precede a glória* (Pr 18,12), e *Foi bom para mim ser humilhado* (Sl 118,71).

O quinto, que o estilo e a linguagem empregados não são próprios do espírito que ela pretende aqui significar, porquanto o mesmo espírito sugere estilo mais simples, desprovido de afetação e de exageros, segundo notamos neste. E tudo quanto declara ter dito a Deus e Deus a ela, parece disparate.

O que eu aconselharia é que não mandem nem permitam escrever coisa alguma a esse respeito, nem o confessor mostre complacência em ouvi-la; ao contrário, procure dar pouco apreço e atalhar tais confidências; além disso, submetam-na à prova no exercício das virtudes, com todo rigor, principalmente no desprezo, humildade e obediência; e no som produzido pelo toque manifestar-se-á a brandura da alma causada por tantas mercês. E as provas hão de ser boas, porque demônio algum deixará de sofrer algo a troco de manter a sua honra" (QUIROGA, p. 281-284)[12].

12. Como o leitor terá notado, não incluímos entre os "pequenos tratados espirituais" do Santo os *Avisos para depois de Professos,* editados com a primeira *Instrução de Noviços dos Carmelitas Descalços* (Madri 1591). Pessoalmente, estamos convictos da sua autenticidade sanjuanista e cremos havê-lo provado e defendido em várias ocasiões, aduzindo numerosas e abalizadas razões. Sabemos, entretanto, que outros estudiosos do Santo não pensam do mesmo modo e lhes respeitamos as opiniões. Em atenção a eles, não queremos assumir a responsabilidade de incluir, por iniciativa própria, a referida pequena obra no corpo dos escritos comumente atribuídos a São João da Cruz. Publicamo-la em apêndice, no fim do volume. Do mesmo modo. não inserimos em nossa edição a *Oração à Virgem,* que durante algum tempo foi atribuída ao Santo, mas que o Pe. Silvério excluiu do cânon sanjuanista. Quanto ao chamado *Autógrafo de Begona,* é claro que não pode figurar entre as obras de São João da Cruz, pois, como é sabido, trata-se não de um escrito de sua autoria e sim de uma cópia tirada por ele de um fragmento da autobiografia da Madre Catarina de Jesus (Godínez-Sandoval), e, mesmo sob o aspecto grafológico e ortográfico, seu valor é bastante relativo, precisamente por tratar-se de uma cópia e não de escrito pessoal autônomo e espontâneo.

[5]

GRANDES COMENTÁRIOS E TRATADOS ORGÂNICOS

– Subida do Monte Carmelo

– Noite Escura

– Cântico Espiritual

– Chama Viva de Amor

SUBIDA DO MONTE CARMELO*
(1578-1585)

Provavelmente pouco tempo depois da saída do cárcere de Toledo e suscitadas pela dolorosa recordação nasceram as 8 estrofes: "Em uma noite escura...", que serviriam para o Santo nos introduzir, com graça e elegância na leitura da "Subida". A pedido de seus filhos e filhas começou a comentá-las separadamente e com interrupções. Assim nasceu a "Subida do Monte Carmelo", com longa e penosa gestação, e que o Santo, com grande pesar nosso, deixou inacabado. Podemos estabelecer como datas-limite de sua redação os anos 1578-1585. Embora o Santo nos declare sua intenção de explicar "cada canção de per si", de fato, só a primeira mereceu tal graça, o que faz no primeiro livro. Da canção seguinte só nos fala brevemente ao começar o segundo livro. E o terceiro, incompleto, segue seu curso independente de toda estrutura poética.

Quem lê as estrofes não suspeita, seguramente, a mensagem doutrinal subjacente, de uma ascética tão severa e inflexível. A mensagem das saborosas estrofes é "permanecer na suma desnudez e liberdade de espírito como se requer para a união divina". A "Subida do Monte Carmelo" descreve-nos as noites ativas do sentido e do espírito: é a alma que, com a graça de Deus, tem que realizar este difícil e heroico" permanecer na escuridão e segura" para poder aspirar à "ditosa ventura" da união com o Amado.

---

* Introdução do *Pe. Felipe Sainz de Baranda*, atual prepósito geral da Ordem dos Carmelitas Descalços, na Edição do *Pe. Simeão da Sagrada Família:* "Juan de la Cruz, Obras Completas".

SUBIDA DO MONTE CARMELO

Trata este livro de como poderá a alma dispor-se para chegar em breve à divina união. Dá avisos e doutrina, tanto para os principiantes, como para os mais adiantados, muito proveitosa, para saberem desembaraçar-se de tudo o que é temporal e não serem prejudicados mesmo no que é espiritual, ficando em suma desnudez e liberdade de espírito, como se requer para a união divina.

ARGUMENTO

Encerra-se nas canções seguintes toda a doutrina que desejo expor na *Subida do Monte Carmelo,* assim como o segredo de alcançar o mais alto cume desta montanha, que outra coisa não é senão o estado de perfeição – estado sublime que chamamos aqui união da alma com Deus. E como tudo que tenho a dizer se apoia sobre estas canções, eu quis reuni-las aqui para apresentar ao leitor, em conjunto, a substância do que devo escrever. Isso, porém, não impedirá que seja depois cada uma delas repetida separadamente, assim como os versos que as compõem, segundo as exigências da matéria e a necessidade da exposição.

CANÇÕES

Em que canta a alma a ditosa ventura que teve
em passar, pela noite escura da fé,
na desnudez e purificação de si mesma,
à união com o amado.

1. Em uma noite escura,
    De amor em vivas ânsias inflamada,
       Oh! ditosa ventura!
       Saí sem ser notada,
    Já minha casa estando sossegada.

2.   Na escuridão, segura,
    Pela secreta escada disfarçada,
       Oh! ditosa ventura!
       Na escuridão, velada.
    Já minha casa estando sossegada.

3.   Em noite tão ditosa,
    E num segredo em que ninguém me via,
       Nem eu olhava coisa,
       Sem outra luz nem guia
    Além da que no coração me ardia.

4.   Essa luz me guiava
    Com mais clareza que a do meio-dia,
       Aonde me esperava
       Quem eu bem conhecia,
    Em sítio onde ninguém aparecia.

5.   Oh! noite que me guiaste,
    Oh! noite mais amável que a alvorada;
       Oh! noite que juntaste
       Amado com amada,
    Amada já no Amado transformada!

6.   Em meu peito florido
    Que inteiro só para ele se guardava,
       Quedou-se adormecido...
       E eu, terna, o regalava,
    E dos cedros o leque o refrescava.

7.   Da ameia a brisa amena,
    Quando eu os seus cabelos afagava,
       com sua mão serena
       Em meu colo soprava,
    E meus sentidos todos transportava.

8. Esquecida, quedei-me,
O rosto reclinando sobre o Amado,
Cessou tudo e deixei-me,
Largando meu cuidado
Por entre as açucenas olvidado.

PRÓLOGO

1. Para explicar e fazer compreender a noite escura pela qual passa a alma, antes de chegar à divina luz da perfeita união do amor de Deus, na medida do possível neste mundo, seria necessária outra maior luz de experiência e de ciência do que a minha. As ditosas almas destinadas a chegar a este estado de perfeição devem, de ordinário, afrontar trevas tão profundas, suportar sofrimentos físicos e morais tão dolorosos, que a inteligência humana é incapaz de compreendê-los e a palavra de exprimi-los. Somente aquele que por isso passa saberá senti-lo, sem, todavia, poder defini-lo.

2. Para dizer, portanto, alguma coisa desta noite escura, não me fiarei de experiência nem de ciência, porque uma e outra podem falhar e enganar; todavia ajudar-me-ei de ambas no que me puderem valer. Para tudo quanto, com o favor divino, hei de dizer, ao menos para as coisas de mais difícil compreensão, apoiar-me-ei na Sagrada Escritura: tomando-a por guia, não há perigo de engano, pois nela fala o Espírito Santo. E, se em algum ponto errar, pelo fato de não entender bem o que com a mesma Escritura ou sem ela disser, declaro não ser minha intenção apartar-me da sã doutrina e sentido da Santa Madre Igreja Católica. Submeto-me e resigno-me inteiramente, não só à sua autoridade, mas à de todos os que oferecerem melhores razões que as minhas.

3. Se me decido a este trabalho, não é por crer-me capaz de tratar de assunto tão árduo, mas confiando em que o Senhor me ajudará a dizer alguma coisa, para proveito de grande número de almas muito necessitadas. Estas ini-

ciam o caminho da virtude e, no momento em que Nosso Senhor quer introduzi-las na noite escura, visando elevá-las à união divina, detêm-se, seja pelo receio de entrar e deixar-se introduzir nessa via, seja por não se entenderem a si mesmas, ou por lhes faltar guia esclarecido e hábil que as conduza até o cume. Causa lástima ver muitas almas às quais Deus dá talento e graças para irem adiante e – se quisessem ter ânimo – chegariam a esse alto estado de perfeição; e ficam paradas, sem progredir, no seu modo de tratar com Deus, não querendo ou não sabendo, por falta de orientação, desapegar-se daqueles princípios. E mesmo se Nosso Senhor lhes concede, enfim, a grande mercê de se adiantarem sem os meios adequados, chegam muito mais tarde, com maior trabalho e menor merecimento, por não corresponderem a Deus nem se deixarem conduzir livremente por ele no puro e certo caminho da união. Porque, embora Deus que as leva possa certamente prescindir destas ajudas, contudo, com a resistência que tais almas lhe opõem, caminham menos e não merecem tanto, pois não entregam a vontade ao Senhor e encontram deste modo maiores sofrimentos. Ao invés de se abandonarem a Deus e secundá-lo em seus propósitos, o entravam por sua resistência ou ação indiscreta. Assemelham-se às criancinhas que, teimando em caminhar por si mesmas, batem o pé e choram quando suas mães procuram levá-las nos braços, e assim ou não adiantam ou vão a passos de criança.

4. Ensinaremos aqui a alma a deixar-se conduzir pelo Espírito de Deus, quando sua divina Majestade quiser fazê-la chegar à perfeição. Com a ajuda de sua graça, daremos aos que começam, e aos que estão em via de progresso, doutrina e avisos para entender a ação divina ou, ao menos, deixar-se guiar por ela. Existem confessores e diretores espirituais faltos de luz e experiência nestes caminhos: longe de ajudarem as almas, causam-lhes maior prejuízo. Assemelham-se aos obreiros da torre de Babel: em lugar de transportarem os materiais convenientes, levavam ou-

tros diferentes por causa da confusão de línguas e assim não era possível construir coisa alguma. É doloroso para a alma não se compreender e não achar quem a compreenda nestes tempos de provação. Pode acontecer que Deus a leve por altíssimo caminho de contemplação obscura e árida, no qual lhe pareça correr o risco de perder-se. Condenada dessa forma à obscuridade, ao sofrimento, às tentações e angústias de toda espécie, talvez encontre quem lhe fale na linguagem dos pretensos consoladores de Jó: vosso estado é resultado da melancolia, da desolação ou do temperamento, ou ainda consequência de alguma falta secreta em punição da qual Deus vos abandonou. Desde logo esses confessores se creem no direito de julgar aquela alma gravemente culpada, já que sofre tais castigos.

5. Haverá também quem lhe diga: está recuando no caminho da virtude, por não mais conhecer, como antes, gostos e consolo no serviço de Deus. Duplicam, dessa forma, o martírio da pobre alma cujo maior sofrimento é precisamente o conhecimento de sua própria miséria: vê mais claro que a luz do dia, como está cheia de pecados e faltas. Deus assim lho revela nesta noite de contemplação, como mais tarde diremos. Se acha quem concorde com o seu modo de pensar, afirmando ser seu estado o castigo de seus pecados, a aflição e as angústias da alma crescem desmedidamente e soem chegar a uma agonia pior que a morte. Nem basta a tais confessores: como, a seu ver, estas aflições constituem a punição de culpas cometidas, obrigam as almas a revolver a vida passada, não cessando de crucificá-las novamente, fazendo-as repetir muitas confissões gerais. Não compreendem já não ser mais tempo de agir assim, mas de deixá-las no estado de purificação em que Deus as pôs, consolando-as e animando-as a aceitar a provação enquanto Deus quiser. Porque até então, por mais que elas façam e eles digam, não há remédio.

6. Favorecendo Deus, trataremos desta questão mais adiante, indicando como a alma deve proceder e também o

confessor, e por quais indícios poderá reconhecer se a alma está, verdadeiramente, na via de purificação dos sentidos ou do espírito (a que chamamos noite escura). Explicaremos ainda como distinguir se o estado procede de melancolia ou de qualquer outra imperfeição, sensível ou espiritual. Realmente, certas almas ou seus confessores podem imaginar estar Deus levando-as pelo caminho da noite escura da purificação interior, quando, na verdade, apenas se trata de algumas das supraditas imperfeições. Sucede também que muitas almas pensam não ter oração e a têm muitíssima; e outras, julgando ter muita oração, quase nenhuma têm.

7. Faz pena ver ainda outras almas trabalharem e se fatigarem inutilmente com grande esforço, e em vez de progredir, retrocedem, porque pensam achar proveito naquilo que lhes é estorvo. Outras fazem progressos rápidos com descanso e quietação. Muitas, com as mesmas mercês e regalos concedidos por Deus, embaraçam-se e atrasam-se no caminho. Enfim, as almas no trilhar o caminho da perfeição passam por diversas alternativas de alegria, de aflição, esperança e dor, nascendo umas de espírito perfeito e outras de espírito imperfeito. Tentaremos, com a graça de Deus, dizer alguma coisa sobre tudo isto, assim cada alma poderá conhecer o caminho que segue e o que deve seguir, se pretende alcançar o cume deste Monte.

8. Sendo esta doutrina a da noite escura pela qual a alma há de ir a Deus, não se surpreenda o leitor por lhe parecer algo obscura. Creio assim será apenas no início desta leitura; em se adiantando, compreenderá melhor; nestes assuntos, uma coisa explica a outra. E depois, se vier a reler esta obra, achará mais luz e lhe parecerá mais segura esta doutrina. Se, no entanto, algumas pessoas não se acharem satisfeitas, seria necessário culpar o meu pouco saber e a imperfeição do meu estilo, pois o assunto em si mesmo é bom, e muito útil. Parece-me, contudo, que por mais cabal e perfeitamente se escrevesse, a bem poucos seria de pro-

veito; porque não se trata de matéria muito moral[1] e saborosa, nem de consolações sensíveis, como gostam muitos espirituais. Pretendo ensinar doutrina substancial e sólida para aqueles que estão determinados a passar pelo despojamento interior aqui exposto.

9. Não é, aliás, meu principal intento dirigir-me a todos, mas a algumas pessoas de nossa Santa Ordem dos Primitivos do Monte Carmelo[2] tanto frades como monjas, que me pediram empreendesse esta obra; estes, aos quais Deus concedeu a graça de pôr no caminho desse Monte, como já se acham desapegados das coisas do mundo, compreenderão melhor a doutrina da desnudez do espírito.

---

1. É evidente que o Santo toma aqui esta palavra em referência à prática das virtudes comuns; e quer dizer que a sua doutrina vai mais além, na renúncia de tudo.

2. Isto é, dos Descalços Reformados da Regra primitiva.

LIVRO PRIMEIRO

Que é Noite escura: quanto é necessário atravessá-la para alcançar a união divina. Noite escura do sentido e do apetite. Danos resultantes à alma.

CAPÍTULO I

Exposição da 1ª canção. Trata das diferentes noites por que passam os espirituais, segundo as duas partes do homem, inferior e superior, e declara a canção seguinte:

Canção I

Em uma noite escura,
De amor em vivas ânsias inflamada,
Oh! ditosa ventura!
Saí sem ser notada,
Já minha casa estando sossegada.

1. A alma, nesta primeira canção, canta a ditosa sorte e ventura que teve em sair das coisas criadas e livrar-se dos apetites e imperfeições existentes na parte sensível do homem em virtude do desregramento da razão. A exata compreensão desta doutrina, porém, exige que se saiba não ser possível à alma alcançar o estado de perfeição sem passar ordinariamente por duas espécies principais de noites, denominadas pelos mestres da vida espiritual vias purgativas ou purificações da alma. Aqui as chamamos "noites", porque, numa e noutra, a alma caminha às escuras como de noite.

2. A primeira noite ou purificação se realiza na região sensitiva da alma: será explicada nesta canção e na pri-

meira parte deste livro. A segunda noite, que visa as faculdades espirituais, será tratada na segunda canção e na segunda e terceira partes no que diz respeito à atividade da alma. Quanto à purificação passiva, trataremos dela na quarta parte.

3. Esta primeira noite refere-se aos principiantes, quando Deus os começa a pôr no estado de contemplação; dela também participa o espírito, como a seu tempo diremos. A segunda noite ou purificação refere-se aos já aproveitados, quando Deus os quer pôr no estado de união com ele; e esta é mais obscura, tenebrosa e terrível purificação, conforme explicaremos mais adiante.

EXPLICAÇÃO DA CANÇÃO

4. A alma revela sumariamente, nesta canção, que saiu, levada por Deus, só por amor dele e inflamada neste amor, para procurá-lo em uma noite escura. Esta noite é a privação e a purificação de todos os seus apetites sensitivos relativamente a todas as coisas exteriores deste mundo, aos prazeres da carne como também aos gostos da vontade. Este trabalho é feito pela purificação dos sentidos; e por isso diz ter saído "quando sua casa se achava sossegada", isto é, tendo pacificada a parte sensível, e todos os apetites nela adormecidos; porque, em verdade, não pode sair das penas e angústias dos cárceres dos apetites sem estes estarem mortificados ou adormecidos. Ditosa ventura foi "sair sem ser notada", isto é, sem que qualquer apetite da carne, ou outra qualquer coisa pudesse impedi-la, por ter saído "de noite", isto é, quando Deus a privava de todos os apetites. A esta privação, a alma chamava "noite".

5. Foi verdadeiramente "ditosa ventura" para ela o ter-se deixado levar por Deus nesta noite na qual lucrou tantos bens. Seria incapaz de nela entrar com os próprios esforços, pois é bem difícil acertar alguém a desprender-se por

LIVRO I – CAPÍTULO II

si mesmo de todos os seus apetites, para chegar à união com Deus.

6. Em resumo, tal a explicação da canção. Daremos, agora, a cada verso o seu desenvolvimento, declarando o que vem a nosso propósito. Do mesmo modo faremos com as demais canções, como ficou dito no prólogo, isto é, primeiro cada canção e depois cada verso.

CAPÍTULO II

Explicação do que é a noite escura pela qual passa a alma para alcançar a união divina.

Em uma noite escura

1. A purificação que leva a alma à união com Deus pode receber a denominação de noite por três razões. A primeira, quanto ao ponto de partida, pois, renunciando a tudo o que possuía, a alma priva-se do apetite de todas as coisas do mundo, pela negação delas. Ora, isto, sem dúvida, constitui uma noite para todos os sentidos e todos os apetites do homem. A segunda razão, quanto à via a tomar para atingir o estado da união. Esta via é a fé, noite verdadeiramente escura para o entendimento. Enfim, a terceira razão se refere ao termo ao qual a alma se destina – termo que é Deus (ser incompreensível e infinitamente acima das nossas faculdades)[1] –, e que, por isso mesmo, pode ser denominado uma noite escura para a alma nesta vida. Estas três noites hão de passar pela alma, ou melhor, por estas três noites há de passar a alma a fim de chegar à divina união.

2. No *Livro de Tobias* são elas figuradas pelas três noites que, em obediência ao Anjo, o jovem Tobias deixou passar antes de se unir à esposa. O anjo Rafael ordenou-lhe que

---

1. Estas palavras se tomam da "edição príncipe".

144 SUBIDA DO MONTE CARMELO

queimasse, durante a primeira noite, o coração do peixe, símbolo de um coração afeiçoado e preso às coisas criadas. A fim de começar a elevar-se a Deus deve-se, desde o início, purificar o coração no fogo do amor divino e aí deixar consumir-se tudo o que é criatura. Esta purificação põe em fuga o demônio que tem poder sobre a alma apegada às coisas temporais e corporais.

3. Na segunda noite o Anjo disse a Tobias que seria admitido na companhia dos santos patriarcas, que são os pais da fé. A alma, do mesmo modo, após passar a primeira noite, figurada pela privação de todos os objetos sensíveis, logo penetra na segunda noite. Aí repousa na solidão da fé que exclui, não a caridade, mas todas as notícias do entendimento; pois, como adiante diremos, a fé não cai sob os sentidos.

4. Afinal, durante a terceira noite, foi prometida a Tobias a bênção. Esta bênção é o próprio Deus que, pela segunda noite – a da fé – se comunica à alma de forma tão secreta e íntima, que se torna uma outra noite para ela. E, como veremos depois, esta última comunicação se realiza numa obscuridade mais profunda que a das outras duas noites. Passada esta terceira noite – que é quando se acaba de fazer a comunicação de Deus ao espírito, ordinariamente em grande treva para a alma –, logo se segue a união com a esposa, que é a Sabedoria de Deus. O Anjo disse a Tobias que após a terceira noite se unisse com a esposa no temor do Senhor, para significar que quando o temor é perfeito o amor divino também o é, e a transformação da alma em Deus por amor logo se opera.

5. Para compreensão, vamos explicar com clareza cada uma dessas noites; observamos, porém, que as três são uma só noite dividida em três partes.[2] A primeira noite – a dos sentidos – pode ser comparada ao crepúsculo: momento em que já não mais se distinguem os objetos entre si. A se-

2. Idem.

CAPÍTULO III

*Declara a primeira causa desta noite, que consiste
na privação do apetite em todas as coisas,
e dá a razão por que se denomina "noite".*

1. Damos aqui o nome de noite à privação do gosto no apetite de todas as coisas. Com efeito, sendo a noite a privação da luz, e consequentemente de todos os objetos visíveis, ficando a potência visual às escuras e sem nada, assim podemos chamar noite para a alma à mortificação dos apetites: pois a privação de todos eles a deixa na obscuridade e no vazio. A potência visual por meio da luz se satisfaz e emprega nos objetos, que não mais se veem quando esta se extingue; de modo análogo a alma por meio do apetite se deleita e satisfaz nas coisas saboreadas pelas suas potências; uma vez apagado, ou por melhor dizer, mortificado o apetite, a alma deixa de satisfazer-se no gosto de todas as coisas e fica, segundo o mesmo apetite, às escuras e no vazio.

2. Ponhamos exemplo em todas as potências[1]. Quando a alma priva o seu apetite no gosto de tudo quanto pode deleitar o sentido auditivo, permanece às escuras e no vazio quanto a esta potência. Em renunciando ao gosto nas coisas que podem agradar ao sentido da vista, fica igualmente, segundo este, às escuras e no vazio. Em negando ao sentido do olfato toda a suavidade que lhe advém dos olores, do mesmo modo se põe na obscuridade e no vazio relativamente a esta potência: e se renunciar ao sabor de todos os manjares que podem satisfazer ao paladar, também

---

1. O S. Doutor emprega aqui a palavra *potência* com a significação de *sentido,* como se pode deduzir de todo o parágrafo 2.

permanece, quanto a este sentido, às escuras e sem nada. Finalmente mortificando-se em todos os deleites e contentamentos que pode receber quanto ao sentido do tato, do mesmo modo fica a alma, segundo esta potência, na obscuridade e no vazio. Por conseguinte, a alma renunciando e afastando de si o gosto de todas as coisas, mortificando nelas o seu apetite, está às escuras como de noite, o que não é outra coisa senão um vazio em relação a tudo.

3. A razão disto, segundo os filósofos, é o assemelhar-se a alma, no momento em que Deus a une ao corpo, a uma *tabula rasa,* na qual nada se houvesse gravado; nenhum meio natural tem de adquirir qualquer conhecimento, a não ser através dos sentidos. É semelhante ao prisioneiro retido em um cárcere escuro, onde nada distingue, com exceção do que pode ser entrevisto pelas janelas da prisão; se não olhar por elas, nada verá. Deste modo, se a alma nada percebesse pelos sentidos – que são as janelas da prisão – nada poderia perceber por outro meio.

4. Renunciar às noções que vêm dos sentidos e rejeitá-las é, evidentemente, colocar-se na obscuridade e no vazio, pois, repetimos, segundo as leis da natureza, a luz não lhe pode chegar por outro meio. Porque, embora a alma não possa deixar de ouvir, ver, cheirar, gostar e sentir, todavia, se recusa usar destes meios, e não se embaraça com eles, é para ela a mesma coisa do que se não visse, não ouvisse etc. Assim quem fecha os olhos fica tão às escuras como o cego privado da vista. Davi, a este respeito, diz: "Sou pobre e vivo em trabalhos desde a minha mocidade" (Sl 87,15). No entanto, está claro que era rico; mas dizia-se pobre porque sua vontade estava livre das riquezas, e tão absoluto era o seu desprendimento como se fosse, de fato, pobre. Ao contrário, se o fosse realmente sem o ser pela vontade, não seria verdadeiramente pobre, pois a alma estaria rica e cheia no apetite. Com razão, pois, dizemos ser esta desnudez noite para a alma. Ora, não pretendemos falar aqui da pobreza material que não despoja o coração ávido dos bens

deste mundo; mas nos ocupamos da desnudez do gosto e apetite, que deixa a alma livre e vazia de tudo, mesmo possuindo muitas riquezas. Efetivamente, não são as coisas deste mundo que ocupam a alma nem a prejudicam, pois lhe são exteriores, mas somente a vontade e o apetite que nela estão e a inclinam para estes mesmos bens.

5. Esta primeira espécie de noite, como depois diremos, relaciona-se com a parte sensível do homem, e é uma das duas de que falamos, pela qual há de passar a alma para chegar à união.

6. Vamos explicar agora como convém à alma sair de sua morada, na noite escura dos sentidos, a fim de alcançar a união divina.

CAPÍTULO IV

Trata de quão necessário seja passar deveras
a alma pela noite escura dos sentidos, que é
a mortificação dos apetites, para chegar
à união divina.

1. Para atingir este estado sublime de união com Deus, é indispensável à alma atravessar a noite escura da mortificação dos apetites, e da renúncia a todos os prazeres deste mundo. As afeições às criaturas são diante de Deus como profundas trevas, de tal modo que a alma, quando aí fica mergulhada, torna-se incapaz de ser iluminada e revestida da pura e singela claridade divina. A luz é incompatível com as trevas, como no-lo afirma São João ao dizer que as trevas não puderam compreender a luz (Jo 1,5).

2. A razão está em que dois contrários, segundo o ensinamento da filosofia, não podem subsistir ao mesmo tempo num só sujeito. Ora, as trevas, que consistem no apego às criaturas, e a luz, que é Deus, são opostas e dessemelhantes. É o pensamento de S. Paulo escrevendo aos coríntios: "Que pode haver de comum entre a luz e as trevas?" (2Cor

6,14). Portanto, se a alma não rejeita todas as afeições às criaturas, não está apta a receber a luz da união divina.

3. Para dar mais evidência a esta doutrina, observemos que o afeto e o apego da alma à criatura a torna semelhante a esta mesma criatura. Quanto maior a afeição, maior a identidade e semelhança, porque é próprio do amor fazer o que ama semelhante ao amado. Davi, falando dos que colocavam o amor nos ídolos, disse: "Sejam semelhantes a eles os que os fazem; e todos os que confiam neles" (Sl 113,8). Assim, o que ama a criatura desce ao mesmo nível que ela, e desce, de algum modo, ainda mais baixo, porque o amor não somente iguala, mas ainda submete o amante ao objeto do seu amor. Deste modo, quando a alma ama alguma coisa fora de Deus, torna-se incapaz de se transformar nele e de se unir a ele. A baixeza da criatura é infinitamente mais afastada da soberania do Criador do que as trevas o são da luz. Todas as coisas da terra e do céu, comparadas com Deus, nada são, como disse Jeremias: "Olhei para a terra, e eis que estava vazia, e era nada; e para os céus, e não havia neles luz" (Jr 4,23). Dizendo ter visto a terra vazia, dá a entender todas as criaturas e a própria terra serem nada. Acrescentando: Contemplei o céu e não vi luz – quer significar que todos os astros do céu comparados com Deus são puras trevas. Daí se conclui que todas as criaturas nada são, e as inclinações que nos fazem pender para elas, menos que nada, pois são um entrave para a alma e a privam da mercê da transformação em Deus; assim como as trevas, igualmente, por serem a privação da luz, são nada e menos que nada. Quem está nas trevas não compreende a luz; da mesma forma, a alma colocando sua afeição na criatura não compreenderá as coisas divinas; porque até que se purifique completamente não poderá possuir Deus neste mundo pela pura transformação do amor, nem no outro pela clara visão. Para esclarecer ainda mais esta doutrina, vejamos algumas particularidades.

LIVRO I – CAPÍTULO IV

4. Todo o ser das criaturas comparado ao ser infinito de Deus nada é. Resulta daí que a alma, dirigindo suas afeições para o criado, nada é para Deus, e até menos que nada, pois, conforme já dissemos, o amor a assemelha e torna igual ao objeto amado e a faz descer ainda mais baixo. Esta alma tão apegada às criaturas não poderá de forma alguma unir-se ao ser infinito de Deus, porque não pode existir conveniência entre o que é e o que não é. Descendo a alguns exemplos particulares, vemos que toda a beleza das criaturas comparada à infinita beleza de Deus não passa de suma fealdade, segundo diz Salomão nos Provérbios: "A graça é enganadora e vã a formosura" (Pr 31,30). A alma, presa pelos encantos de qualquer criatura, é sumamente feia diante de Deus, e não pode de forma alguma transformar-se na verdadeira beleza, que é Deus, pois a fealdade é de todo incompatível com a beleza. Todas as graças e todos os encantos das criaturas, comparados às perfeições de Deus, são disformes e insípidos. A alma, subjugada por seus encantos e agrados, torna-se, por si mesma, desgraciosa e desagradável aos olhos de Deus, sendo, deste modo, incapaz de unir-se à sua infinita graça e beleza. Porque o feio está separado do infinitamente belo, por imensa distância. E toda a bondade das criaturas posta em paralelo com a bondade infinita de Deus mais parece malícia. Ninguém é bom, senão só Deus (Lc 18,19). A alma, prendendo seu coração aos bens deste mundo, torna-se viciosa aos olhos de Deus; e assim como a malícia não pode entrar em comunhão com a bondade, também esta alma não se poderá unir perfeitamente ao Senhor, que é a bondade por essência. Toda a sabedoria do mundo, toda a habilidade humana comparadas à sabedoria infinita de Deus são pura e suprema ignorância. São Paulo o ensina aos coríntios: "A sabedoria deste mundo é estultícia diante de Deus" (1Cor 3,19).

5. A alma, apoiando-se em seu saber e habilidade para alcançar a união com a sabedoria divina, jamais a alcançará, permanecendo muito afastada, pois a ignorância não sabe o que seja a sabedoria, ensinando São Paulo que tal sabedoria parece a Deus estultícia. Aos olhos de Deus, os que creem algo saber são os mais ignorantes. O Apóstolo, falando desses homens, teve razão em dizer aos romanos: "Porque atribuindo-se o nome de sábios se tornaram estultos" (Rm 1,22). Só chegam a adquirir a sabedoria divina aqueles que, assemelhando-se aos pequeninos e ignorantes, renunciam ao próprio saber para caminhar com amor no serviço de Deus. São Paulo nos ensina esta espécie de sabedoria quando diz: "Se algum dentre vós se tem por sábio neste mundo, faça-se insensato para ser sábio; porque a sabedoria deste mundo é uma estultícia diante de Deus" (1Cor 3,18-19). Em consequência, a alma se unirá à sabedoria divina antes pelo não saber que pelo saber. Todo o poder e toda a liberdade do mundo, comparados com a soberania e a independência do espírito de Deus, são completa servidão, angústia e cativeiro.

6. A alma enamorada das grandezas e dignidades ou muito ciosa da liberdade de seus apetites está diante de Deus como escrava e prisioneira e como tal – e não como filha – é tratada por ele, porque não quis seguir os preceitos de sua doutrina sagrada que nos ensina: Quem quer ser o maior deve fazer-se o menor, e o que quiser ser o menor seja o maior. A alma não poderá, portanto, chegar à verdadeira liberdade de espírito que se alcança na união divina; porque sendo a escravidão incompatível com a liberdade, não pode esta permanecer num coração de escravo, sujeito a seus próprios caprichos; mas somente no que é livre, isto é, num coração de filho. Neste sentido Sara diz a Abraão, seu esposo, que expulse de casa a escrava e seu filho: "Expulsa esta escrava e seu filho, porque o filho da escrava não será herdeiro com meu filho Isaac" (Gn 21,10).

LIVRO I – CAPÍTULO IV

7. Todas as delícias e doçuras que a vontade saboreia nas coisas terrenas, comparadas aos gozos e às delícias da união divina, são suma aflição, tormento e amargura. Assim todo aquele que prende o coração aos prazeres terrenos é digno diante do Senhor de suma pena, tormento e amargura, e jamais poderá gozar os suaves abraços da união de Deus. Toda a glória e todas as riquezas das criaturas, comparadas à infinita riqueza que é Deus, são suma pobreza e miséria. Logo a alma afeiçoada à posse das coisas terrenas é profundamente pobre e miserável aos olhos do Senhor, e por isto jamais alcançará o bem-aventurado estado da glória e riqueza, isto é, a transformação em Deus; porque há infinita distância entre o pobre e indigente, e o sumamente rico e glorioso.

8. A Sabedoria divina, ao se queixar das almas que caem na vileza, miséria e pobreza, em consequência da afeição que dedicam ao que é elevado, grande e belo segundo a apreciação do mundo, fala assim nos Provérbios: "A vós, ó homens, é que eu estou continuamente clamando, aos filhos dos homens é que se dirige a minha voz. Aprendei, ó pequeninos, a astúcia e vós, insensatos, prestai-me atenção. Ouvi, porque tenho de vos falar acerca de grandes coisas. Comigo estão as riquezas e a glória, a magnífica opulência, e a justiça. Porque é melhor o meu fruto que o ouro e que a pedra preciosa, e as minhas produções melhores que a prata escolhida. Eu ando nos caminhos da justiça, no meio das veredas do juízo, para enriquecer aos que me amam e para encher os seus tesouros" (Pr 8,4-6.18-21). A divina sabedoria se dirige aqui a todos os que põem o coração e a afeição nas criaturas. Chama-os de "pequeninos" porque se tornam semelhantes ao objeto de seu amor, que é pequeno. Convida-os a ter prudência e a observar que ela trata de grandes coisas e não de pequenas como eles. Com ela e nela se encontram a glória e as verdadeiras riquezas desejadas, e não onde eles supõem. A magnificência e justiça lhe são inerentes; e exorta os homens a refletir sobre a superiori-

dade de seus bens em relação aos do mundo. Ensina-lhes que o fruto nela encontrado é preferível ao ouro e às pedras preciosas; afinal, mostra que sua obra na alma está acima da prata mais pura que eles amam. Nestas palavras se compreende todo gênero de apego existente nesta vida.

CAPÍTULO V

Continuação do mesmo assunto. Provas extraídas de autoridades e figuras da Sagrada Escritura para demonstrar quanto é necessário à alma ir a Deus por esta noite escura da mortificação do apetite em todas as coisas.

1. Pelo que ficou dito até agora, podemos conhecer, de algum modo, qual o abismo separando as criaturas do Criador, e como as almas, que em alguma destas põem sua afeição, se acham a essa mesma distância de Deus; pois, como dissemos, o amor produz igualdade e semelhança. Santo Agostinho compreendeu esta verdade quando disse ao Senhor em seus solilóquios: "Miserável que sou! Em que a minha pequenez e minha imperfeição poderão se comparar com a vossa retidão? Sois verdadeiramente bom, e eu mau; sois piedoso, e eu ímpio; sois santo, e eu miserável; sois justo, e eu injusto; sois luz, e eu cego; sois vida, e eu morte; sois remédio, e eu enfermo; sois suprema verdade, e eu tão somente vaidade"[1]. Tudo isto diz o Santo.

2. É, portanto, grande ignorância da alma ousar aspirar a esse estado tão sublime da união com Deus, antes de haver despojado a vontade do apetite de todas as coisas naturais e sobrenaturais que lhe podem servir de impedimento, como em seguida veremos; pois é incomensurável a distância existente entre elas e o dom recebido no estado da pura transformação em Deus. Nosso Senhor Jesus Cris-

---

1. Migne, Patr. Lat., t. XL, p. 866, Cap. II.

to, ensinando-nos este caminho, diz por São Lucas: "Quem não renuncia a tudo que possui, pela vontade, não pode ser meu discípulo" (Lc 14,33). É verdade evidente: pois a doutrina ensinada pelo Filho de Deus ao mundo consiste neste desprezo de todas as coisas, a fim de nos tornar capazes de receber a recompensa do espírito de Deus. E enquanto a alma não se despojar de tudo, não terá capacidade para receber esse espírito de Deus em pura transformação.

3. Encontramos uma figura dessa verdade no livro do Êxodo, onde se lê que Deus enviou o maná do céu aos filhos de Israel só quando lhes faltou a farinha trazida do Egito. Quis assim dar-nos a entender a necessidade de primeiramente renunciar a todas as coisas, pois este manjar dos anjos não convém ao paladar que toma sabor no alimento dos homens. E não somente se torna incapaz do espírito divino a alma detida e apascentada por gostos estranhos, mas ainda causam grande enfado à Majestade de Deus os que, buscando o manjar do espírito, não se contentam puramente com o Senhor e querem conservar ao mesmo tempo o apetite e afeição de outras coisas. A Sagrada Escritura ainda nos narra, no mesmo livro do Êxodo, que os israelitas, pouco satisfeitos com aquele manjar tão leve, apeteceram e pediram carne. E Nosso Senhor ficou gravemente irado, por ver que queriam misturar comida tão baixa e grosseira com manjar tão alto e simples que encerrava em si o sabor e substância de todos os alimentos. Também Davi nos diz que aquelas carnes estavam ainda em sua boca, quando a cólera de Deus rebentou sobre eles e o fogo do céu consumiu muitos milhares (Sl 77,31), mostrando assim o Senhor julgar coisa abominável o terem eles apetite de outro alimento, quando lhes era dado manjar do céu.

4. Oh! se soubessem as almas interiores a abundância de graças e de bens espirituais de que se privam, recusando desapegar-se inteiramente do desejo das ninharias deste mundo! Como achariam, nesta simples alimentação do es-

pírito, o gosto de todas as melhores coisas! Mas, por causa desta persistência em não querer contentar-se, não podem apreciar a delicadeza do maná celeste, assim como os israelitas não descobriram os variados sabores do maná, porque não concentravam somente nele o seu apetite. No entanto, se ali não acharam gosto, conforme os seus desejos, não era por não o possuir o maná: o verdadeiro motivo foi buscarem eles outra coisa. A alma cujo amor se reparte entre a criatura e o Criador testemunha sua pouca estima por este, ousando colocar na mesma balança Deus e um objeto que dele está infinitamente distante.

5. Sabe-se bem, por experiência, que a vontade, quando afeiçoada a um objeto, prefere-o a qualquer outro que seria melhor em si, porém, satisfaria menos o seu gosto. Se quiser gozar de um e de outro ao mesmo tempo, injuriará necessariamente ao que é superior e isto porque estabelece igualdade entre eles. Ora, como não há na terra coisa que se possa igualar a Deus, a alma lhe faz muito agravo quando juntamente com ele ama outra coisa e a ela se prende. Que acontecerá, então, se vier a amá-la mais que ao próprio Deus?

6. Vemos, no livro do Êxodo, um exemplo confirmando este ponto. Quando Deus ordenou a Moisés que subisse ao Monte Sinai para conversar com ele, não somente ordenou fosse sozinho, deixando embaixo os filhos de Israel, como ainda proibiu apascentassem os rebanhos nas encostas da montanha. Quis ele dar-nos a entender que a alma desejosa de subir a montanha da perfeição para entrar em comunhão com Deus não só há de renunciar a todas as coisas, mas também aos apetites, figurados nos animais; não lhes deve permitir que venham apascentar-se nas encostas da montanha, isto é, naquilo que não é exclusivamente Deus, em quem todos os apetites cessam; o que acontece no estado de perfeição. Durante a ascensão desta montanha, é necessário reprimir e mortificar, com cuidado incessante, todos os apetites. E tanto mais depressa chegará a seu fim,

quanto mais rapidamente isto fizer. Se assim não for, jamais subirá ao cume, por mais virtudes que pratique, pois não as exercita com a perfeição que consiste em ter a alma vazia, nua e purificada de todo apetite. Outra viva figura do que afirmanos nos dá o Gênesis: querendo o patriarca Jacó subir ao monte Betel, para aí edificar um altar a Deus e oferecer-lhe sacrifícios, ordenou primeiro três coisas às pessoas de sua casa. A primeira, que arrojassem de si todos os deuses estranhos; a segunda, que se purificassem; a terceira, que mudassem suas vestes (Gn 35,2).

7. Estas três coisas nos indicam as disposições da alma que pretende subir a montanha da perfeição e fazer de si mesma altar para oferecer a Deus o tríplice sacrifício de puro amor, louvor e adoração pura. Antes de chegar com segurança ao cume desta montanha, deve ter cumprido perfeitamente os três avisos citados: primeiro, rejeitar todos os deuses estranhos, isto é, os apegos e afeições do coração; a seguir, purificar-se na noite escura do sentido, dos ressaibos deixados por esses apetites, negando-os e arrependendo-se deles ordenadamente e, por último, trocar as vestes que, em consequência das duas primeiras condições, mudará Deus de velhas em novas, pondo na alma novo conhecimento de Deus em Deus, e novo amor de Deus em Deus, despojada a vontade de todos os velhos quereres e gostos humanos; e nova notícia e deleite abismal ser-lhe-á comunicado, rejeitadas todas as suas antigas concepções. Posto de lado tudo o que havia no velho homem – as aptidões naturais – e substituído por sobrenatural aptidão em todas as suas potências, será seu modo de agir transformado de humano em divino. Tal é o resultado deste estado de união no qual a alma se torna altar onde somente Deus reside e recebe o sacrifício de adoração, louvor e amor. Determinou o Senhor que o altar onde devia estar a arca do Testamento fosse oco por dentro[2], a fim de nos dar a entender quanto nossa alma

---

2. Ex 27,8. A *Escritura* diz: "Altar dos sacrifícios".

deve estar despida de tudo, para que seja altar digno de servir de morada à divina Majestade. Sobre esse altar, cujo fogo próprio jamais deveria extinguir-se, não era permitido que houvesse fogo estranho. E porque Nadab e Abiud, filhos do sumo sacerdote Aarão, transgrediram esta ordem, o Senhor, irritado, lhes deu a morte diante do mesmo altar (Lv 10,1). Mostra-nos esta figura como, para ser a alma digno altar de Deus, jamais há de carecer de amor divino, nem tampouco há de mesclá-lo com qualquer outro amor.

8. Não consente Deus que outra coisa more juntamente com ele no mesmo altar. Lê-se no primeiro livro de Samuel que os filisteus colocaram a Arca do Testamento no templo com seu ídolo: cada dia, o ídolo era jogado por terra, feito em pedaços. O único desejo que o Senhor admite consigo numa alma é o de guardar a lei divina e levar a cruz de Cristo. E assim no Antigo Testamento não consentia Deus que se conservasse na Arca, onde estava o maná, objeto algum além do livro da lei (Dt 31,26) e da vara de Moisés, imagem da cruz. Porque a alma, cuja única pretensão é cumprir perfeitamente a lei do Senhor e carregar a cruz de Cristo, tornar-se-á arca viva, que encerrará o verdadeiro maná, o próprio Deus, quando chegar a ter em si esta lei e esta vara perfeitamente, sem mistura de outra coisa.

CAPÍTULO VI

Dos dois principais danos causados à alma
pelos apetites: um privativo e outro positivo.

1. Será bom, para maior esclarecimento do que foi dito, explicarmos aqui o duplo prejuízo causado à alma por seus apetites. Primeiro, privam-na do espírito de Deus. Segundo, fatigam, atormentam, obscurecem, mancham e enfraquecem a alma em que vivem, segundo a palavra de Je-

LIVRO I – CAPÍTULO VI

remias: "Dois males fez o meu povo: deixaram-me a mim, fonte de água viva, e cavaram para si cisternas, cisternas rotas, que não podem reter as águas" (Jr 2,13). Estes dois males – privativo e positivo – são causados por qualquer ato desordenado do apetite. Quanto ao primeiro, é evidente que, afeiçoando-se a alma à criatura, quanto mais tal apetite ocupar a alma, tanto menos capacidade terá ela para possuir a Deus. Explicamos no capítulo IV que dois contrários não podem existir num mesmo sujeito ao mesmo tempo. Ora, a afeição a Deus e à criatura são dois contrários: não podem, desse modo, existir em uma só vontade. Que relação existe entre a criatura e o Criador, entre o material e o espiritual, entre o visível e o invisível, entre o temporal e o eterno, entre o alimento celeste, puro e espiritual e o alimento grosseiro dos sentidos, entre a desnudez de Cristo e o apego a alguma coisa?

2. Assim como na ordem natural, uma forma não pode ser introduzida num recipiente sem ser primeiramente expelida do mesmo a forma contrária, e, enquanto uma permanecer, se tornará obstáculo à outra devido à incompatibilidade existente, do mesmo modo a alma cativa do espírito sensível jamais poderá receber o espírito puramente espiritual. Nosso Senhor diz em São Mateus: "Não é bom tomar o pão dos filhos e lançá-lo aos cães" (Mt 15,26); e, num outro trecho: "Não deis aos cães o que é santo" (Mt 7,6). Nestas palavras, Nosso Senhor compara aos filhos de Deus aqueles que, renunciando a todos os apetites de criaturas, se dispõem a receber puramente o espírito de Deus; e compara aos cães os que procuram encontrar nas mesmas criaturas alimento para seus apetites. Porque cabe aos filhos comerem à mesa de seu pai e dos manjares que lhe são servidos, isto é, nutrirem-se de seu espírito, enquanto os cães se regalam com as migalhas caídas da mesa.

3. Ora, todas as criaturas são na realidade migalhas caídas da mesa de Deus; portanto os que procuram alimen-

tar-se das coisas criadas são justamente chamados cães. É razoável que se lhes tire o pão dos filhos, pois não se querem elevar acima das migalhas das criaturas até à mesa do espírito incriado de seu Pai. Caminham sempre famintos, como cães, e as migalhas que conseguem juntar servem antes para excitar o apetite que saciar a fome. Falando deles Davi diz: "Padecerão fome como cães e rodearão a cidade; e, se não se fartarem, ainda murmurarão" (Sl 58,15-16). Tal é o estado de quem se abandona aos seus apetites: vive sempre inquieto e descontente como um faminto. Que comparação se pode estabelecer entre a fome causada por todas as criaturas e a fartura que proporciona o divino espírito? A alma não receberá a fartura incriada de Deus enquanto não houver perdido aquela fome criada de seus apetites; pois, como dissemos, não cabem num só sujeito dois contrários que neste caso são a fome e a fartura.

4. Podemos entender, pelo que foi dito, como Deus realiza maior obra purificando a alma de suas imperfeições do que criando-a do nada. O desregramento dos apetites e das afeições opõe mais obstáculos à ação divina que o nada, pois o nada não resiste a Deus como o faz a vontade da criatura. E isto baste para declarar o primeiro dano causado à alma por seus apetites imortificados: a resistência ao espírito de Deus, pois já falamos suficientemente a tal respeito.

5. Tratemos agora do segundo dano chamado positivo, que produz cinco principais efeitos: porque os apetites cansam, atormentam, obscurecem, mancham e enfraquecem a alma. Expliquemos cada um desses efeitos em particular.

6. É manifesto que os apetites fatigam e cansam a alma; assemelham-se às criancinhas inquietas e descontentes que sempre estão pedindo à sua mãe, ora uma coisa, ora outra, e jamais se satisfazem. Como os que procuram tesouros se cansam e se fatigam pelas contínuas escavações, que são obrigados a fazer, igual cansaço experimenta a alma quando procura o objeto de seus apetites. E ainda

que afinal o consiga, sempre se cansa, porque nunca se contenta. É como cavar cisternas rotas, incapazes de conter a água que poderia saciar-lhe a sede. E assim, como diz Isaías, "Fatigado ainda tem sede, e sua alma está vazia" (Is 29,8). A alma presa aos apetites efetivamente se cansa: é como um doente febril, cuja sede aumenta a cada instante, e que não se sentirá bem enquanto a febre não houver passado. Lemos no livro de Jó: "Depois que se fartar, padecerá ânsias, e se abrasará; e toda a sorte de dores virá sobre ele" (Jó 20,22). Cansa-se e fatiga-se a alma com seus apetites porque é ferida e perturbada por eles, como a água agitada pelos ventos que a revolvem sem deixá-la sossegar: em lugar nenhum, nem em coisa alguma pode achar repouso. De tal alma diz Isaías: "O coração do ímpio é como um mar agitado" (Is 57,20). Ora, é ímpio todo aquele que não sabe vencer os seus apetites. É como homem faminto que abre a boca para se alimentar de vento. Bem longe de satisfazer a fome, definha, porque o ar não é o seu alimento. "Abrasada no seu apetite chamou a si o vento do que ama" (Jr 2,24), diz Jeremias. E, para explicar a secura a que se expõe esta alma, o Profeta, adiante, acrescenta: "Guarda o teu pé, isto é, o teu pensamento, da nudez, e a tua garganta da sede" (Jr 2,25), isto é, afasta tua vontade da satisfação do teu apetite que produz maior secura. O homem apaixonado se cansa e exaure com as próprias esperanças frustradas; assim, a alma que busca saciar os apetites nada mais faz senão aumentar a fome e os desejos. Porque, como se diz vulgarmente, o apetite é semelhante ao fogo: lançai-lhe a lenha, ele crescerá em proporção dela, e diminuirá na medida em que a for consumindo.

7. E ainda os apetites estão, neste caso, em condições mais deploráveis: porque o fogo, em faltando a lenha, se amortece, mas o apetite não diminui quando se acaba aquilo que o satisfaz; e longe de se extinguir como o fogo sem combustível, cansa-se em desejos, pela fome aumentada e

o alimento diminuído. Isaías, a este respeito, diz: "E virá à direita e terá fome; e comerá à esquerda, e não se fartará" (Is 9,20). Aqueles que não mortificam seus apetites justamente são torturados pela fome, quando se desviam do caminho de Deus que está à direita, pois não merecem a fartura do espírito de suavidade. E quando, à esquerda, vão procurar alimento, isto é, quando satisfazem seus apetites na criatura, justo é então que não sejam saciados, porque, rejeitando o que lhes podia satisfazer, nutrem-se do que lhes aumenta a fome. Claro está, pois, que os apetites cansam e fatigam a alma.

CAPÍTULO VII

Como os apetites atormentam a alma.
Prova-se também por comparações e
textos da Sagrada Escritura.

1. Os apetites causam na alma o segundo efeito do dano positivo, que consiste em atormentá-la e afligi-la, tornando-a semelhante a uma pessoa carregada de grilhões, privada de qualquer repouso até a completa libertação. Destes tais diz Davi: "Laços de pecados, isto é, de apetites desregrados, me cingiram por todas as partes" (Sl 118,61). Do mesmo modo que se atormenta e aflige quem, despojado das vestes, se deita sobre espinhos e aguilhões, assim a alma sente os mesmos tormentos quando sobre os seus apetites se recosta; porque estes, como os espinhos, ferem, magoam e deixam dor. A esse propósito, disse também Davi: "Cercaram-me como abelhas pungindo-me com seus aguilhões, e se incendiaram contra mim como fogo em espinhos" (Sl 117,12). Efetivamente, o fogo da angústia e da dor se aviva em meio dos espinhos dos apetites. Como o lavrador, desejoso da colheita, excita e atormenta o boi que está sob o jugo, assim a concupiscência aflige a alma que se sujeita ao jugo dos seus apetites para obter o que aspira. O desejo

que tinha Dalila de conhecer o segredo da força de Sansão prova esta verdade. A Escritura diz que, preocupada e atormentada, desfaleceu quase até morrer: "Sua alma caiu num mortal desfalecimento" (Jz 16,16).

2. Quanto mais intenso é o apetite tanto maior tormento traz à alma, de sorte que ela tanto mais tormento tem, quanto mais os apetites a possuem. Vê-se, então, desde esta vida, cumprir-se nela a sentença do Apocalipse: "Quanto se tem glorificado e tem vivido em deleites, tanto lhe dai de tormento e pranto" (Ap 18,7). A alma presa dos seus apetites sofre dor e suplício comparáveis aos da pessoa que cai em mãos de inimigos. O forte Sansão disso nos oferece exemplo: era juiz de Israel, célebre por seu valor, gozava de grande liberdade. Tendo caído em poder de seus inimigos, privaram-no de sua força, vazaram-lhe os olhos, obrigaram-no a rodar a mó do moinho e lhe infligiram as mais cruéis torturas. Tal é a condição da alma na qual os seus apetites vivem e vencem. Causam-lhe um primeiro mal que é o de enfraquecê-la e cegá-la, como explicaremos mais adiante. Atormentam-na e afligem-na depois, atando-a à mó da concupiscência. E os laços com que está presa são seus próprios apetites.

3. Deus, tocado de compaixão para com as almas que tão penosamente procuram satisfazer nas criaturas a fome e a sede de seus apetites, disse-lhes por Isaías: "Todos vós os que tendes sede, vinde às águas; e os que não tendes prata, isto é, vontade própria, apressai-vos, comprai, e comei; vinde, comprai sem prata, e sem comutação alguma, como sois obrigados a fazer para vossos apetites: comprai vinho e leite, ou seja, a paz e a doçura espirituais. Por que motivo empregais o dinheiro não em pães, isto é, em coisas que não são o espírito divino, e o vosso trabalho não em fartura? "Ouvi-me com atenção, comei do bom alimento, e a vossa alma se deleitará com o suco nutritivo dele" (Is 55,1-2).

4. Para chegar a esta fartura é preciso livrar-se do gosto de todas as coisas criadas, pois a criatura atormenta e o espírito de Deus gera alegria. O Senhor nos convida nesta

162 SUBIDA DO MONTE CARMELO

passagem de São Mateus: "Vinde a mim, todos os que andais em trabalho, e vos achais carregados, e eu vos aliviarei" (Mt 11,28-29). Como se dissesse: Todos vós que andais atormentados, aflitos e carregados com o fardo de vossos cuidados e apetites, vinde a mim, e achareis o repouso que os mesmos apetites tiram às vossas almas, pois são pesada carga. "Como carga pesada se agravaram sobre mim" (Sl 37,5), neste sentido diz Davi.

CAPÍTULO VIII

Como os apetites obscurecem e cegam a alma.
Testemunhos e comparações da Sagrada Escritura
em apoio desta doutrina.

1. O terceiro dano que causam na alma os apetites é obscuridade e cegueira. Assim como os vapores obscurecem o ar e interceptam os raios solares, ou como o espelho embaciado não pode refletir com nitidez a imagem que lhe é apresentada; assim como a água turva não pode reproduzir distintamente os traços do rosto que nela se mira; do mesmo modo a alma, cujo entendimento é cativo dos apetites, se acha obscurecida e não permite ao sol da razão natural, nem ao sol sobrenatural, que é a Sabedoria de Deus, a liberdade de penetrá-la e iluminá-la com os seus esplendores. Sobre isso diz Davi: "Senhorearam-me as minhas iniquidades, e eu não pude ver" (Sl 39,13).

2. Quando o entendimento é sepultado nas trevas, a vontade desfalece e a memória fica embotada. Ora, como estas duas potências dependem, em suas operações, da primeira, cegando-se o entendimento as outras caem necessariamente na perturbação e na desordem. E assim diz David: "E a minha alma se turbou em extremo" (Sl 6,4). Em outros termos: as suas potências estão desordenadas. Neste estado o entendimento, como já dissemos, não está mais apto a receber a luz da Sabedoria divina do que o ar carregado

LIVRO I – CAPÍTULO VIII

de pesados vapores para receber a luz do sol. A vontade fica impotente para abraçar em si a Deus com amor puro, assim como o espelho embaciado não pode refletir claramente a imagem que lhe é oferecida. Menos habilidade tem ainda a memória, obscurecida pelas trevas do apetite: torna-se incapaz de se deixar penetrar tranquilamente pela imagem de Deus, como acontece com a água turva que não reproduz com nitidez o rosto de quem nela se mira.

3. O apetite cega e ainda obscurece a alma porque, enquanto apetite, é cego e necessita da razão como guia. Disto se depreende que, todas as vezes que a alma cede às tendências do apetite, assemelha-se ao que, tendo boa vista, se deixa guiar por quem não enxerga. Então, são dois cegos. E a palavra de Nosso Senhor, segundo São Mateus, encontra aqui a exata aplicação: "E se um cego guia a outro cego ambos vêm a cair no barranco" (Mt 15,14). Para que servem os olhos à mariposa, quando, ofuscada pela formosura da luz, precipita-se dentro da mesma chama? Assim podemos comparar quem se entrega aos seus apetites ao peixe fascinado pelo archote cuja luz antes lhe serve de trevas, impedindo-o de ver as redes armadas pelo pescador. Explica-o muito bem o Profeta em um dos seus Salmos, quando diz: "Caiu fogo de cima e não viram o sol" (Sl 57,9). O apetite é verdadeiramente um fogo cujo calor aquece e cuja luz fascina; isto é, acende a concupiscência e deslumbra o entendimento de modo a esconder a luz que lhe é própria. O deslumbramento é o resultado de uma luz estranha colocada diante dos olhos. A vista recebe então a luz interposta e não vê mais a outra. Assim, o apetite cinge tão de perto a alma e se interpõe a seus olhos tão fortemente, que ela se detém nesta primeira luz, contentando-se com ela, não mais percebendo a verdadeira luz do entendimento. Só poderá vê-la novamente quando o deslumbramento do apetite desaparecer.

4. A ignorância de certas pessoas sobre este ponto é digna de muitas lágrimas: sobrecarregam-se de penitências ex-

cessivas e outras muitas práticas extraordinárias, de todo arbitrárias, e imaginam que somente isto basta para chegar à união com a Sabedoria divina, sem a mortificação dos seus apetites desordenados. O erro é manifesto e, a não ser que façam esforços constantes para triunfar das próprias inclinações, jamais atingirão o seu fim. Se quisessem esforçar-se por empregar, nessa renúncia dos apetites, sequer a metade do trabalho que têm nos seus muitos exercícios em um mês lucrariam muito mais do que nestes em muitos anos. Porque, assim como é indispensável lavrar a terra para fazê-la frutificar, e sem ser lavrada só produzirá ervas daninhas – também à alma se faz necessária a mortificação dos apetites, se quiser progredir na virtude. Tudo o que empreender fora disso para conquistar o conhecimento de Deus e de si mesma, ouso dizer, será perdido, assim como a semente lançada em terra sem cultura não pode germinar. Por conseguinte, a alma permanecerá nas trevas e na incapacidade até se apagarem os apetites. Estes são como a catarata ou os argueiros nos olhos: impedem a vista até serem eliminados.

5. Davi considerando, de um lado, qual a cegueira dessas almas cujos apetites não mortificados as privam de ver a luz da verdade, e, de outro lado, quanto Deus se irrita contra elas, lhes dirige estas palavras: "Antes que vossos espinhos, que são os vossos apetites, entendam, assim como a vivos, assim desta maneira ele na sua ira os devorará" (Sl 57,10). Deus destruirá em sua cólera os apetites conservados vivos e que são obstáculo para o conhecimento de Deus. Ele os destruirá, seja nesta vida ou na outra, com castigo e correção, isto é, com a purificação. Diz que os absorverá em sua ira, porque o sofrimento que se padece na mortificação dos apetites é o castigo do estrago causado por eles à alma.

6. Oh! se os homens soubessem de quantos bens de luz divina os priva esta cegueira causada pelos seus apegos e afeições desregradas, e em quantos males e danos os fazem

LIVRO I – CAPÍTULO VIII

cair cada dia por não se quererem mortificar! Porque não há que fiar de bom entendimento, nem de dons recebidos de Deus, para julgar que deixará a alma de ficar cega e obscura, e de ir caindo de mal a pior, se tiver alguma afeição ou apetite. Poderia alguém acreditar que um varão tão perfeito, sábio e dotado dos favores do céu, como foi Salomão, havia de cair na velhice em tal desvario e endurecimento da vontade, a ponto de levantar altares a tantos ídolos e os adorasse? (1Rs 11,4). Para isto foi suficiente aquela afeição que tinha às mulheres, e a negligência em reprimir os apetites e deleites de seu coração. Falando de si mesmo, no Eclesiastes, Salomão reconhece que assim fez, dizendo que não negou ao seu coração quanto lhe pediu (Ecl 2,10). E se, na verdade, a princípio ele se conduziu com prudência, mais tarde, por não ter renunciado aos apetites e a eles se ter entregue sem moderação, tornou-se pouco a pouco cego e obscurecido no entendimento a ponto de vir extinguir-se a grande luz da sabedoria com que Deus o favorecera, e, assim, na velhice, abandonou o Senhor.

7. Se as paixões não mortificadas tiveram tal domínio sobre quem era tão versado na ciência do bem e do mal, que serão para nossa ignorância os apetites não mortificados? Neste ponto, podemos ser comparados aos ninivitas, dos quais dizia o Senhor ao profeta Jonas: "Não sabem distinguir entre a mão direita e a esquerda" (Jn 4,11). Porque tomamos a cada passo o mal por bem e o bem por mal: isto é o fruto da nossa própria colheita. Que será, então, se o apetite se juntar às trevas de nossa natural ignorância? Seremos como aqueles de quem se queixa Isaías ao dirigir-se aos homens que se divertiam em satisfazer os próprios apetites: "Andamos como cegos apalpando as paredes, e, como se não tivéssemos olhos, fomos pelo tato, e nossa cegueira chegou ao ponto de tropeçarmos ao pino do meio-dia como em trevas" (Is 59,10). Tal é, com efeito, o estado de quem se deixou cegar pelos apetites: colocado em face da verdade

e do dever, nada percebe, como se estivera mergulhado na mais profunda obscuridade.

CAPÍTULO IX

Diz como os apetites mancham a alma e prova com testemunhos e comparações da Sagrada Escritura.

1. O quarto dano que fazem os apetites à alma é que a sujam e mancham, segundo o ensinamento do Eclesiástico: "Quem tocar o piche ficará manchado dele" (Ecl 13,1). Ora, tocar o piche é satisfazer com qualquer criatura o apetite de sua vontade. Nessa passagem da Sagrada Escritura compara o Sábio as criaturas com o piche; porque entre a excelência da alma e o que há de mais perfeito nas outras criaturas é maior a diferença que entre o fúlgido diamante ou fino ouro e o piche. E assim como o ouro ou diamante se caísse, aquecido, no piche ficaria disforme e besuntado, porquanto o calor derrete e torna mais aderente o piche, assim a alma, dirigindo o ardor de seus apetites para qualquer criatura, dela recebe, pelo calor do mesmo apetite, máculas e impureza. Existe ainda entre a alma e as criaturas corpóreas diferença maior do que há entre o licor mais límpido e a água mais lodosa; esse licor, sem dúvida, se turvaria se fosse misturado com a lama; deste modo se mancha e suja a alma que se apega à criatura, pois nisto se faz semelhante à mesma criatura. Assim como ficaria desfigurado o rosto mais formoso, com manchas de fuligem, a alma, igualmente, que é em si muito perfeita e acabada imagem de Deus, fica desfigurada pelos apetites desregrados que conserva.

2. Jeremias, deplorando o estrago que os afetos desordenados produzem na alma, descreve primeiro a sua formosura, para em seguida declarar-lhe a fealdade: "Os seus cabelos, dizia, eram mais alvos que a neve, mais nítidos

que o leite, mais vermelhos que o marfim antigo, mais formosos que a safira. Denegrida está a face deles mais do que os carvões, e não são conhecidos nas praças" (Lm 4,7-8). Por cabelos entendemos as afeições e os pensamentos da alma que são mais alvos que a neve, mais claros que o leite, mais vermelhos que o marfim antigo e mais formosos que a safira, quando estão de acordo com a vontade divina. Estas quatro qualidades representam a beleza e a excelência de todas as criaturas corporais; mas a alma e as suas ações lhes são muito superiores e eis por que é comparada aqui aos cabelos que são o ornamento da cabeça. Quando as suas ações são desregradas e dirigidas a fins contrários à lei de Deus, isto é, quando a alma se deixa absorver pelas criaturas, Jeremias assegura que o seu rosto se torna mais negro que o carvão.

3. Todos estes danos, e outros ainda maiores, causam na beleza interior da alma os apetites desordenados de coisas do século. Chegam a tal ponto, que se tivéssemos de tratar expressamente da abominável e suja figura que nela deixam, não acharíamos coisa, por mais manchada e imunda, ou lugar tão cheio de teias de aranha e reptis repelentes, nem podridão de corpo morto, a que pudéssemos compará-la. Porque, embora a alma desordenada permaneça, quanto à sua substância e natureza, tão perfeita quanto no momento em que Deus a tirou do nada, todavia, na parte racional do seu ser, torna-se feia, obscura, manchada e exposta a todos estes males e ainda a grande número de outros. Uma só destas inclinações desordenadas, ainda mesmo não sendo matéria de pecado mortal, é suficiente para manchar, enfear e tornar a alma incapaz de chegar à união perfeita com Deus. Qual não será, pois, a fealdade de uma alma completamente dominada pelas próprias paixões e entregue a todos os seus apetites? Quão afastada estará de Deus e de sua infinita pureza!

4. A língua não pode dizer, nem a inteligência conceber, a multiplicidade de impurezas que os diversos apetites

168 SUBIDA DO MONTE CARMELO

acumulam na alma. Se fosse possível dar a entender, seria admirável, digna de compaixão, ver cada apetite apor na alma o sinal do seu caráter e aí imprimir as suas próprias manchas e fealdades, e como uma só desordem de razão pode conter inúmeras manchas de intensidades diferentes. Porque assim como a alma do justo possui em uma só perfeição, que é a retidão da alma, grande número de sublimes virtudes e inumeráveis dons precisos, cada um com seu encanto particular, segundo o número e a diversidade dos impulsos de amor que a levam para Deus, assim a alma desordenada possui em si lamentável variedade de manchas e baixezas em relação à multiplicidade das inclinações que a fazem pender para as criaturas.

5. Ezequiel nos oferece exata imagem dessa verdade quando diz que Deus lhe mostrou, pintadas nos muros interiores do templo, todas as figuras dos reptis que rastejam pela terra, assim como todas as abominações dos animais impuros (Ez 8,10). Deus diz ao Profeta: "Por certo, filho do homem, que tu vês o que fazem nas trevas, o que cada um deles pratica no secreto da sua câmara? E o Senhor lhe ordenou, em seguida, que entrasse mais adentro a fim de ver abominações ainda maiores. Ezequiel, então, percebeu umas mulheres assentadas, chorando a Adônis, deus dos amores" (Ez 8,14). Afinal o Senhor lhe ordenou que entrasse ainda mais adentro e o Profeta viu vinte e cinco velhos que tinham as costas voltadas para o templo (Ez 8,16).

6. Esses diferentes reptis e animais imundos, pintados na primeira parte do templo, são os pensamentos e concepções que o entendimento faz das coisas baixas deste mundo e, em geral, de todas as criaturas. Ora, estas coisas, tais quais são, pintam-se no santuário da alma, quando esta embaraça nelas o entendimento, que é o seu primeiro aposento. Essas mulheres sentadas mais adentro, no segundo aposento do templo, que choram o deus Adônis, representam os apetites localizados na segunda potência da alma, a vontade. As suas lágrimas exprimem esses desejos aos

quais a vontade está presa, isto é, os reptis já representados no entendimento. Enfim, os homens no terceiro aposento são o símbolo das imaginações e fantasmas de criaturas que a memória, terceira potência da alma, guarda e revolve em si. Foi dito que eles tinham as costas voltadas para o templo porque a alma, cujas potências são voluntárias e resolutamente dirigidas para alguma criatura, volta, por assim dizer, as costas ao templo de Deus que é a reta razão, a qual não admite em si coisa alguma de criatura.

7. O que acabamos de dizer é suficiente para dar alguma ideia da feia desordem produzida pelos apetites na alma. Este assunto seria interminável se tratássemos particularmente da fealdade que causam na mesma alma as imperfeições, bem como da que produzem os pecados veniais, mais considerável, e, enfim, da total deformidade dos apetites de pecados mortais. Se fôssemos enumerar toda a variedade e multidão dessas três espécies de apetites, não haveria entendimento angélico que bastasse para chegar a compreender semelhantes coisas. Contento-me em dizer, e isto vem a propósito do nosso assunto, que qualquer apetite, ainda mesmo de mínima imperfeição, mancha e suja a alma.

CAPÍTULO X

Os apetites entibiam a alma e a enfraquecem
na virtude.

1. Os apetites entibiam e enfraquecem a alma, tirando-lhe a força de progredir e perseverar na virtude: tal é o quinto prejuízo que lhe causam. Com efeito, se a força do apetite é repartida, o seu vigor se torna menos intenso do que se fosse concentrado inteiro em um só ponto; quanto mais numerosos são os objetos em que se reparte, tanto menos intensidade de afeto emprega em cada um deles. Verifica-se, assim, este axioma da filosofia: a força

unida tem mais poder que a dividida. Por conseguinte, se a vontade gasta a sua energia em algo fora da virtude, necessariamente se tornará mais fraca na mesma virtude. A alma cuja vontade se perde em ninharias assemelha-se à água que, encontrando saída embaixo para escoar-se, não sobe para as alturas e perde assim sua utilidade. O patriarca Jacó compara seu filho Rubens à água derramada porque ele dera curso aos seus apetites cometendo um pecado secreto: "Derramaste-te como a água: não cresças" (Gn 49,4). Isto significa: porque estás derramado em teus desejos, como a água que se escoa, não crescerás em virtude. Se descobrimos um vaso de água quente, esta perde facilmente o calor; as essências aromáticas, quando expostas ao ar, se evaporam gradualmente, perdendo a fragrância e a força do perfume; a alma, do mesmo modo, não concentrando os seus apetites só em Deus, perde o ardor e o vigor da virtude. Davi possuía perfeita compreensão desta verdade quando se dirigia ao Senhor nestes termos: "Guardarei para vós toda a minha fortaleza" (Sl 58,10), isto é, recolherei toda a força das minhas afeições somente para vós.

2. Os apetites enfraquecem a virtude da alma, como as vergônteas que, crescendo em torno da árvore, lhe sugam a seiva e a impedem de dar frutos em abundância. O Senhor, no santo Evangelho, diz: "Ai das mulheres grávidas e das lactantes naqueles dias" (Mt 24,19). Esta é a figura dos apetites não mortificados que consomem pouco a pouco a virtude da alma e se desenvolvem em detrimento dela, como as vergônteas que tanto prejudicam a árvore. Nosso Senhor também nos dá este conselho: "Estejam cingidos os vossos rins" (Lc 12,35), que significam os apetites. Também se parecem estes com as sanguessugas sempre chupando o sangue das veias; é o nome que lhes dá o Sábio, quando diz: sanguessugas são as filhas, isto é, os apetites; sempre dizem: dá-me, dá-me (Pr 30,15).

3. Evidentemente, os apetites não trazem à alma bem algum, mas, ao contrário, roubam-lhe o que possui. Se ela os não mortificar, irão os apetites adiante até fazerem à alma o que, como alguns dizem, fazem à mãe as viborazinhas que a mordem e matam à medida que crescem em seu ventre, conservando a própria vida às expensas da de sua mãe. Assim, os apetites não mortificados chegam a ponto de matar na alma a vida divina, porque a mesma alma não os matou primeiro, mas deixou-os viver em si. Diz, com razão, o Eclesiástico: "Afastai de mim a concupiscência da carne" (Eclo 23,6).

4. Mesmo que não cheguem a tanto, é grande lástima considerar em que estado deixam a pobre alma os apetites quando nela vivem, tornando-a infeliz consigo mesma, áspera para com o próximo, pesada e preguiçosa para as coisas de Deus. Porque não há humor maligno que tão difícil e pesado ponha um enfermo para caminhar, causando-lhe fastio para todo alimento, quanto o apetite de criaturas torna a alma triste e pesada para praticar a virtude. E assim, ordinariamente, sucede muitas almas não terem diligência e vontade para progredir na perfeição: e a causa disto são os apetites e afeições conservados e o não terem a Deus puramente por objeto.

CAPÍTULO XI

Necessidade de reprimir os apetites por mínimos
que sejam, para chegar a alma à união divina.

1. O leitor parece-me estar há muito desejoso de saber se para atingir este alto estado de perfeição é preciso ter reprimido totalmente os apetites, grandes e pequenos, ou se é suficiente mortificar alguns sem se ocupar dos menos importantes. Parece extremamente difícil e árduo atingir a alma grau de desnudez tão completa e pureza tão grande, não tendo mais vontade nem afeição posta em coisa alguma.

172 SUBIDA DO MONTE CARMELO

2. Respondendo à pergunta, começo por dizer que, na verdade, todos os apetites não são igualmente prejudiciais e não perturbam a alma do mesmo modo. Refiro-me aos voluntários, porque os apetites naturais pouco ou nada impedem à união da alma, quando não são consentidos nem passam de primeiros movimentos. Entendo aqui por apetites naturais e primeiros movimentos, todos aqueles em que a vontade racional não toma parte nem antes nem depois do ato. Porque é impossível mortificá-los inteiramente e fazê-los desaparecer nesta vida; aliás, não impedem a união divina, ainda que não estejam de todo mortificados. Pode muito bem acontecer que subsistam na parte inferior da alma, e deles esteja livre a parte superior. Sucederá estar a alma elevada a altíssima união, em oração de quietude na vontade, enquanto os seus apetites se agitam na parte sensitiva sem perturbar a parte superior que permanece em oração. Mas, em relação a todos os apetites voluntários, a alma deve purificar-se e desembaraçar-se deles completamente; não só dos mais graves que a levam ao pecado mortal, mas ainda dos menores que a induzem ao pecado venial, e até dos mais leves que a fazem cair em imperfeições. Sem isto, inutilmente pretenderá chegar à perfeita união com Deus. Com efeito, esta união consiste na transformação total da vontade humana na divina, de modo que não haja nela coisa contrária a essa vontade, mas seja sempre movida, em tudo e por tudo, pela vontade de Deus.

3. Por esta causa dizemos que, neste estado, as duas vontades fazem uma só que é a de Deus, e, portanto, a vontade de Deus é também a da alma. Ora, se esta alma quisesse alguma imperfeição, o que evidentemente Deus não pode querer, nasceria daí divergência, pois a alma poria sua vontade onde não está a de Deus. Para se unir pela vontade e pelo amor a seu soberano Bem, a alma deve renunciar primeiro a todo o apetite voluntário, por mínimo que seja, o que significa não dever consentir com pleno conhecimento e advertência, em imperfeição alguma, e chegar a um estado

de liberdade e posse tão completa de si mesma, que possa reprimir as imperfeições assim que as perceba. Com advertência, digo, porque muitas vezes cairá de surpresa em imperfeições e faltas veniais, bem como nos apetites naturais de que falamos. Destes pecados, nos quais a vontade toma tão fraca parte, está escrito que o justo cairá sete vezes, e tornar-se-á a levantar (Pr 24,16). Quanto aos apetites deliberados e voluntários, e pecados veniais de advertência, ainda sendo em coisa mínima, basta um só deles que não se vença, para impedir a união da alma com Deus. Refiro-me a um tal hábito não mortificado e não a alguns atos passageiros de apetites diferentes que não causam tanto prejuízo. Contudo, até mesmo esses últimos hão de ser vencidos, pois se originam de hábito de imperfeição. Quanto a certos hábitos de voluntárias imperfeições, dos quais a alma não consegue corrigir-se, não somente impedem a união com Deus, como detêm os progressos espirituais.

4. Estas imperfeições habituais são: costume de falar muito, apegozinho a alguma coisa que jamais se acaba de querer vencer, seja a pessoa, vestido, livro ou cela; tal espécie de alimento; algumas coisinhas de gostos, conversações, querendo saber e ouvir notícias, e outros pontos semelhantes. Qualquer dessas imperfeições, a que tenha a alma apego ou hábito, se opõe mais ao adiantamento na virtude do que grande número de faltas, mesmo veniais e diárias, não procedentes de hábito ou mau costume. Porque enquanto houver apego a alguma coisa, por mínima seja, é escusado poder progredir a alma na perfeição. Pouco importa estar o pássaro amarrado por um fio grosso ou fino; desde que não se liberte, tão preso estará por um como por outro. Verdade é que quanto mais tênue for o fio, mais fácil será de se partir. Mas, por frágil que seja, o pássaro estará sempre retido por ele enquanto não o quebrar para alçar voo. Assim sucede à alma cativa por afeição a qualquer coisa: jamais chegará a liberdade da união

divina, por mais virtudes possua. Os apetites têm ainda, com relação à alma, a mesma propriedade que tem o peixe chamado rêmora em relação ao navio ao qual se agarra; não obstante o seu pequeno tamanho, detém o navio, como alguns dizem, na própria marcha, impedindo-o de chegar ao porto. É lamentável ver certas almas, semelhantes a navios ricamente carregados de boas obras, exercícios espirituais, virtudes e favores celestes, sem coragem para vencer completamente algum pequeno apego, ou afeição, ou gosto natural (que é tudo o mesmo), e, por este motivo, nunca vão adiante, nem chegam ao porto da perfeição; e apenas bastaria um esforço corajoso para quebrar completamente aquele fio de apego que a prende, ou arrancar aquela rêmora de apetite que a detém.

5. Depois de Deus lhes ter dado a graça de quebrar outros laços muito mais fortes, como os das afeições ao pecado e às vaidades do mundo, como é triste ver almas, que, por falta de generosidade em desapegar-se de uma ninharia – um simples fio que o Senhor lhes deixa para romper por seu amor –, deixam de chegar a tão grande bem! O pior é que por aquele pequenino apego não somente se atrasam, mas perdem o que tinham adquirido em tanto tempo e com tanto trabalho; pois ninguém ignora que, no caminho da perfeição, não ir adiante é recuar; e não ir ganhando é ir perdendo. Nosso Senhor quis dar-nos a entender esta doutrina quando disse: "Quem não é comigo é contra mim; e quem comigo não ajunta espalha" (Mt 12,30). É bastante não vedar a menor fenda de um vaso para que todo o licor que ele encerra se derrame e perca. Quem desprezar as menores coisas cairá pouco a pouco nas maiores (Eclo 19,1), diz o Eclesiástico. O mesmo livro nos ensina que basta "uma centelha para dar início a um incêndio" (Eclo 11,34); de modo idêntico, basta uma imperfeição para atrair outra, e outras ainda. Raramente haverá uma alma negligente em vencer um apetite que não tenha ou-

tros muitos que do primeiro se originam. E assim sempre vão caindo; temos encontrado, por várias vezes, pessoas a quem Deus concedera a graça de adiantar-se muito no caminho do desprendimento e da liberdade de espírito e que por conservarem a vontade presa em algum pequeno apego, sob pretexto de algum bem, conveniência ou amizade, daí vieram a perder gradualmente o espírito da santa solidão, o gosto das coisas de Deus, a alegria e a constância nos exercícios espirituais. Precipitaram-se, enfim, numa ruína total, devido a não se terem privado, desde o início, desse apetite ou desse gosto sensível, e de não haverem guardado o coração unicamente para Deus.

6. Nesse caminho sempre se há de ir adiante para chegar ao fim, isto é, faz-se necessário repelir todos os desejos e nunca alimentá-los, pois se não se acaba de os reprimir, jamais se há de chegar. Porque assim como a lenha não se transformará em fogo se lhe faltar um único grau de calor, do mesmo modo a alma não se transformará perfeitamente em Deus, por uma única imperfeição que tenha, embora esta seja menos que um apetite voluntário. Pois – como mais tarde se dirá na noite da fé – a alma não possui mais que uma só vontade e, se a ocupa ou embaraça em algo, não fica livre, só e pura, como se requer para a transformação divina.

7. Disto temos figura no livro dos Juízes, onde está escrito que o Anjo veio censurar os filhos de Israel por não terem exterminado completamente os seus inimigos, e, ao contrário, terem feito aliança com alguns dentre eles; por isso resolvia deixar a estes entre o povo eleito para que lhe fossem ocasião de quedas e perdição (Jz 2,3). Deus procede justamente assim com muitas almas. Tirou-as do mundo, matou os gigantes dos seus pecados, exterminou a multidão dos seus inimigos que são as ocasiões perigosas encontradas neste mundo, a fim de lhes facilitar o acesso à terra da Promissão da união divina. Mas, ao invés de responderem a tantos favores do Senhor, elas fazem amizade e

aliança com a plebe das imperfeições, em lugar de exterminá-la sem piedade. À vista de tal ingratidão. Nosso Senhor se enfada, deixando-as cair nos seus apetites de mal a pior.

8. O livro de Josué nos oferece igualmente outro exemplo. No momento de tomar posse da terra prometida, o Senhor ordenou aos israelitas que destruíssem todos os seres vivos da cidade de Jericó, homens e mulheres, velhos e crianças, e também todos os animais. Ordenou-lhes ainda que não levassem despojos e nada cobiçassem (Js 6,21). Esta ordem nos ensina que, para entrar na divina união, devem morrer todos os afetos que vivem na alma, poucos ou muitos, pequenos ou grandes; e a alma deve estar tão desapegada deles como se não existissem para ela, nem ela para eles. São Paulo, escrevendo aos coríntios, nos ensina a mesma coisa. "Isto finalmente vos digo, irmãos: o tempo é breve; resta que os que têm mulheres sejam como se as não tivessem; os que choram, como se não chorassem; os que folgam, como se não folgassem; os que compram, como se não possuíssem; e os que usam deste mundo, como se dele não usassem (1Cor 7,29-31). Estas palavras do Apóstolo nos mostram quão desprendida de todas as coisas deve estar nossa alma se quisermos ir a Deus.

CAPÍTULO XII

Resposta à segunda pergunta: que apetites
são suficientes para causar à alma os danos
de que falamos.

1. Poderíamos estender-nos longamente neste assunto da noite dos sentidos, pois teríamos muito que dizer sobre os prejuízos que os apetites trazem à alma, não somente pelas maneiras já explicadas, mas ainda sob muitos outros pontos de vista. Todavia, com relação ao fim que nos propomos, desenvolvemos suficientemente o assunto. O leitor deve ter compreendido, parece-me, por que denominamos noite

LIVRO I – CAPÍTULO XII   177

a mortificação dos apetites, e quanto importa atravessar esta noite para ir a Deus. No entanto, poderia surgir uma dúvida sobre o que foi dito; vamos então responder, antes de tratar da maneira de penetrar na noite dos sentidos.

2. Pode-se perguntar, em primeiro lugar, se qualquer apetite é suficiente para produzir na alma as duas espécies de males, a saber: o privativo que consiste em privar a alma da graça de Deus, e o positivo que produz os cinco danos já referidos. Em segundo lugar, se um apetite qualquer, por mínimo que seja, é suficiente para trazer à alma todos os cinco danos de uma só vez, ou então se cada um deles produz seu dano particular; por exemplo, um traz o tormento, outro a fadiga e um terceiro a cegueira etc.

3. Respondendo à primeira pergunta: só os apetites voluntários que são matéria de pecado mortal podem operar, e na verdade operam de maneira total, este dano privativo, porque roubam à alma a graça nesta vida e na outra, a glória, que é a posse de Deus. À segunda pergunta respondo: cada apetite voluntário, não só em matéria de pecado mortal, mas também em matéria de pecado venial, ou ainda de faltas consideradas como simples imperfeições, é suficiente para causar de uma vez todos os danos positivos. Embora sob determinado ponto de vista possam chamar-se privativos, nós os denominamos aqui positivos porque correspondem à conversão da alma para a criatura, como o privativo corresponde ao seu afastamento de Deus. Mas observemos a diferença: os apetites que levam a pecado mortal produzem cegueira completa, tormento, nódoa e fraqueza absolutas etc. Mas os que não passam de pecado venial ou de imperfeições voluntárias não produzem estes danos em grau tão excessivo, pois não privam da graça; só os causam em parte e em grau menor, proporcionado à tibieza e ao relaxamento que introduzem na alma. Portanto, quanto maior a tibieza, mais aumentarão os tormentos, a cegueira e as manchas.

4. Deve-se notar: se cada apetite traz consigo todos os males que denominamos positivos, há alguns que causam diretamente certos danos, embora produzam, de maneira indireta, todos os outros. Por exemplo: conquanto o apetite sensual cause todos os males reunidos, o seu efeito próprio e principal é manchar a alma e o corpo. O apetite de avareza os produz igualmente a todos, mas cria direta e especialmente a aflição. O apetite de vanglória igualmente os faz nascer a todos, mas causa principal e imediatamente as trevas e a cegueira. E se o apetite da gula gera todos os males, o seu principal resultado é trazer tibieza na virtude; e assim por diante.

5. Se todos esses efeitos reunidos redundam na alma em resultado de um ato qualquer de apetite voluntário, é pela sua oposição aos atos da virtude, que produzem na alma os efeitos contrários. Como a virtude produz suavidade, paz, consolação, luz, pureza e força, assim o apetite desordenado causa tormento, cansaço, fadiga, cegueira e fraqueza. E como a prática de uma só virtude aumenta e fortalece todas as outras, assim, sob a ação de um único vício, todos os vícios crescem, e multiplicam na alma as suas consequências. Sem dúvida, todos esses tristes resultados não se manifestam no momento em que se satisfaz o apetite, porque o gosto então sentido não permite percebê-los. A sua má influência, porém, se manifesta antes ou depois. Temos exemplo disso no Apocalipse, onde se narra que o Anjo mandou São João comer aquele livro cujo sabor na boca lhe foi doce, e no ventre se lhe tornou amargo (Ap 10,9). Quem se abandona aos apetites sabe por experiência que, no princípio, a paixão parece doce e agradável e que, somente mais tarde, se produzem seus efeitos cheios de amargor. No entanto, não ignoro a existência de pessoas tão cegas e endurecidas que não lhes sintam os efeitos; pouco ciosas de se inclinarem para Deus, não percebem os obstáculos que dele as afastam.

6. Não trato aqui dos apetites irrefletidos da natureza, dos pensamentos que não passam de primeiro movimento ou das tentações não consentidas, porque tudo isso nenhum dos ditos males causa à alma. Embora a pessoa que por essas coisas passa julgue estar manchada e cega, por causa da perturbação e paixão que tais tentações lhe causam, não sucede deste modo: antes, lhe trazem os proveitos contrários. Ao resistir, adquire força, pureza, luz, consolação e outros muitos bens, segundo a palavra de Nosso Senhor a São Paulo: "A virtude se aperfeiçoa na enfermidade" (2Cor 12,9). Os apetites voluntários, porém, causam à alma todos os males de que já falamos e maiores ainda. Eis por que o principal cuidado dos mestres na vida espiritual deve ser mortificar logo a seus discípulos em qualquer apetite, ensinando-lhes a ficar na privação do que desejavam, a fim de os livrar de tanta miséria.

CAPÍTULO XIII

Trata do modo que há de ter a alma para entrar na noite do sentido.

1. Resta agora dar alguns avisos sobre a maneira de saber e poder entrar nesta noite do sentido. Para isto devemos observar que a alma, ordinariamente, entra nesta noite sensitiva de duas maneiras, ativa e passiva. Ao que pode fazer e faz por si mesma para entrar, denominamos noite ativa e dela trataremos nos avisos seguintes. Na passiva, a alma nada faz e limita-se a consentir livremente no trabalho de Deus, sob o qual se comporta como paciente. Será na Noite Escura, quando nos referirmos aos principiantes, que trataremos dela. E como ali, com o favor divino, darei muitos avisos aos principiantes, a respeito das numerosas imperfeições em que costumam cair neste caminho, não me estenderei agora sobre este assunto. Aliás, não é aqui o lugar próprio para esses conselhos; agora queremos somente

180 SUBIDA DO MONTE CARMELO

explicar por que se chama noite esta passagem, em que consiste e quais as suas partes. Todavia, no receio de ser muito conciso e de prejudicar o progresso das almas, não lhes dando imediatamente alguns avisos, indicar-lhes-ei aqui um meio breve que as poderá iniciar na prática desta noite dos apetites. E, no fim de cada uma das outras duas partes desta noite, das quais tratarei mais tarde, com o auxílio do Senhor, usarei o mesmo método.

2. Os avisos que se seguem, sobre o modo de vencer os apetites, embora poucos e breves, são tão proveitosos e eficazes quanto são compendiosos. Portanto, quem verdadeiramente quiser pô-los em prática, não sentirá falta de outros ensinamentos, porque nestes estão encerrados todos.

3. Primeiramente: tenha sempre a alma o desejo contínuo de imitar a Cristo em todas as coisas, conformando-se à sua vida que deve meditar para saber imitá-la, e agir em todas as circunstâncias como ele próprio agiria.

4. Em segundo lugar, para bem poder fazer isto, se lhe for oferecida aos sentidos alguma coisa de agradável que não tenda exclusivamente para a honra e a glória de Deus, renuncie e prive-se dela pelo amor de Jesus Cristo, que, durante a vida, jamais teve outro gosto, nem outra coisa quis senão fazer a vontade do Pai, a que chamava sua comida e manjar. Por exemplo: se acha satisfação em ouvir coisas em que a glória de Deus não está interessada, rejeite esta satisfação e mortifique a vontade de ouvir. Se tem prazer em olhar objetos que não a levam a Deus, afaste este prazer e desvie os olhos. Igualmente nas conversações e em qualquer outra circunstância, deve fazer o mesmo. Em uma palavra, proceda deste modo, na medida do possível, em todas as operações dos sentidos; no caso de não ser possível, basta que a vontade não queira gozar desses atos que lhe vão na alma. Desta maneira há de deixar logo mortificados e vazios de todo o gosto, e como às escuras. E com este cuidado, em breve aproveitará muito.

LIVRO I – CAPÍTULO XIII

5. Para mortificar e pacificar as quatro paixões naturais que são gozo, esperança, temor e dor, de cuja concórdia e harmonia nascem inumeráveis bens, trazendo à alma grande merecimento e muitas virtudes, o remédio universal é o seguinte:

6. Procure sempre inclinar-se não ao mais fácil, senão ao mais difícil. Não ao mais saboroso, senão ao mais insípido. Não ao mais agradável, senão ao mais desagradável. Não ao descanso, senão ao trabalho. Não ao consolo, mas à desolação. Não ao mais, senão ao menos. Não ao mais alto e precioso, senão ao mais baixo e desprezível. Não a querer algo, e sim, a nada querer. Não a andar buscando o melhor das coisas temporais, mas o pior; enfim, desejando entrar por amor de Cristo na total desnudez, vazio e pobreza de tudo quanto há no mundo.

7. Abrace de coração essas práticas, procurando acostumar a vontade a elas. Porque se de coração as exercitar, em pouco tempo achará nelas grande deleite e consolo, procedendo com ordem e discrição.

8. Basta observar fielmente essas máximas para entrar na noite sensitiva. Todavia, a fim de dar a esta doutrina maior desenvolvimento, proporemos outro gênero de exercício que ensina a mortificar a concupiscência da carne, a concupiscência dos olhos e a soberba da vida; são três coisas essas que, como afirma São João, reinam no mundo, e das quais procedem todos os outros apetites desordenados.

9. O espiritual deve: 1º Agir em seu desprezo e desejar que os outros o desprezem. 2º Falar contra si e desejar que os outros também o façam. 3º Esforçar-se por conceber baixos sentimentos de sua própria pessoa e desejar que os outros pensem do mesmo modo.

10. Para conclusão destes conselhos e regras, convém aqui repetir aqueles versos escritos na Subida do Monte que figura no princípio deste livro, os quais contêm doutrina para subir a ele, isto é, para atingir o cume da união divina. Embora visem a parte espiritual e interior da alma, aplicam-se também ao espírito imperfeito conforme o sen-

sível e exterior, como se vê nas duas veredas que estão aos lados da senda estreita de perfeição. É neste último sentido que os tomaremos aqui; mais tarde, quando tratarmos da noite do espírito, aplicá-los-emos à parte espiritual.

11. Dizem assim:

1. Para chegares a saborear tudo,
   Não queiras ter gosto em coisa alguma.
2. Para chegares a possuir tudo,
   Não queiras possuir coisa alguma.
3. Para chegares a ser tudo,
   Não queiras ser coisa alguma.
4. Para chegares a saber tudo,
   Não queiras saber coisa alguma.
5. Para chegares ao que gostas,
   Hás de ir por onde não gostas.
6. Para chegares ao que não sabes,
   Hás de ir por onde não sabes.
7. Para vires ao que não possuis,
   Hás de ir por onde não possuis.
8. Para chegares ao que não és,
   Hás de ir por onde não és.

12. Modo de não impedir o tudo

1. Quando reparas em alguma coisa,
   Deixas de arrojar-te ao tudo.
2. Porque para vir de todo ao tudo,
   Hás de negar-te de todo em tudo.
3. E quando vieres a tudo ter,
   Hás de tê-lo sem nada querer.
4. Porque se queres ter alguma coisa em tudo,
   Não tens puramente em Deus teu tesouro.

13. Nesta desnudez acha o espírito sua quietação e descanso, pois nada cobiçando, nada o fatiga para cima e nada o oprime para baixo, por estar no centro de sua humildade. Porque quando alguma coisa cobiça, nisto mesmo se cansa e atormenta.

CAPÍTULO XIV

Explicação do segundo verso da primeira canção.

De amor em vivas ânsias inflamada

1. Já comentamos o primeiro verso dessa canção que trata da noite sensitiva, demos a entender a natureza desta noite e por que lhe damos este nome; indicamos igualmente o modo e a ordem a ser observada para que a alma nela possa entrar ativamente. Vem a propósito, agora, tratar das suas propriedades e dos seus admiráveis efeitos, expressos nos seguintes versos da dita canção. Falarei deles brevemente, como prometi no prólogo. Passarei, a seguir, ao segundo livro, que se ocupa da segunda parte desta noite, a saber, da espiritual.

2. A alma diz que, "de amor em vivas ânsias inflamada", atravessou a noite escura dos sentidos para chegar à união com o Amado. De fato, para vencer todos os apetites e se privar dos gostos de todas as coisas em cujo amor e afeto costuma a vontade se inflamar para delas gozar, era mister outro maior incêndio de mais excelente amor, que é o de seu Esposo; a fim de que, concentrando neste amor toda a sua força e alegria, pudesse achar valor e constância para facilmente desprezar tudo o mais. Entretanto, para vencer a violência dos apetites sensíveis, não bastaria apenas ser cativa do amor do Esposo: ainda necessitava estar inflamada nesse amor em vivas ânsias. Sendo, como é, a parte sensitiva do homem atraída e arrastada para as coisas sensíveis pelas fortes ânsias do apetite, se não estivesse a parte espiritual inflamada, de outro lado, por ânsias muito mais vivas dos bens espirituais, seria a alma impotente para libertar-se do jugo da natureza e entrar assim na noite dos sentidos; e não teria coragem para ficar às escuras em relação a todas as coisas, mortificando-se no apetite de todas elas.

3. Explicar a variedade e o modo dessas ânsias de amor que as almas têm na entrada da via de união, seus esforços e diligências para sair da sua morada, que é a própria

vontade, na noite da mortificação dos sentidos, e declarar como estas veementes ânsias do Esposo lhes fazem parecer fáceis, e até doces e saborosos os trabalhos e perigos desta noite, não é coisa para se dizer aqui, nem é possível exprimir como seja. Bem melhor é experimentar e considerar do que escrever. E assim passaremos a explicar os outros versos no capítulo seguinte.

CAPÍTULO XV

Explicação dos outros versos da mesma canção.

Oh! ditosa ventura!
Saí sem ser notada
Já minha casa estando sossegada.

1. A alma, para expressar-se, toma por metáfora o miserável estado do cativeiro; quem dele consegue escapar sem estorvo de nenhum dos carcereiros tem por "ditosa ventura" a sua libertação. Porque a alma, depois do pecado original, está verdadeiramente como cativa neste corpo de morte, sujeita às paixões e apetites naturais; eis a razão de considerar "ditosa ventura" o "haver saído sem ser notada", fugindo ao cerco e sujeição dos mesmos, isto é, sem que eles a tenham podido impedir ou deter.

2. Para isto lhe foi proveitoso sair "na noite escura", que é a privação de todos os gostos e a mortificação de todos os apetites, do modo já indicado. Esta saída se efetua "já sua casa estando sossegada", ou, em outros termos, quando a parte sensitiva, que é a casa de todos os apetites, está em repouso, pelo adormecimento e pela vitória alcançada sobre eles. Porque enquanto os apetites não se aquietam pela mortificação da parte sensitiva, ficando esta sossegada quanto a eles, de modo que nenhuma guerra façam ao espírito, a alma não pode sair à verdadeira liberdade para gozar da união com seu Amado.

FIM DO PRIMEIRO LIVRO

LIVRO SEGUNDO

Trata do meio próximo para alcançar a união com Deus, que é a fé, e da segunda parte da Noite escura, isto é, da Noite do espírito contida na seguinte canção.

Canção II

Na escuridão,
Pela secreta escada, disfarçada,
Oh! ditosa ventura!
Na escuridão, velada,
Já minha casa estando sossegada.

CAPÍTULO I

1. A alma canta, nesta segunda canção, a ditosa ventura de haver despojado o espírito de todas as imperfeições e apetites de propriedades nas coisas espirituais. Tanto maior foi a ventura, quanto mais difícil é estabelecer a paz na parte superior e penetrar nesta obscuridade interior, que consiste na desnudez do espírito, em relação a todas as coisas sensíveis e espirituais, apoiando-se a alma unicamente na pura fé para se elevar até Deus. A fé aqui é comparada a uma "escada secreta", porque os seus diferentes graus e artigos são ocultos a todo sentido e entendimento. Obscurecida quanto à luz natural e racional, a alma sai assim dos seus próprios limites para subir esta escada divina da fé que se eleva e penetra até às profundezas de Deus. Por este motivo, acrescenta que saiu "disfarçada", isto é, durante a sua ascensão na fé, despojou a veste e maneira de ser natural para se revestir do divino e, graças a esse disfarce, escapou aos olhares do demônio, e a todo o temporal e racional, pois nada disto pode prejudicar a alma caminhando na fé. De tal maneira vai aqui escondida

e encoberta e tão alheia a todos os enganos do demônio que verdadeiramente vai caminhando "na escuridão velada", isto é, sem ser vista pelo demônio, para quem os esplendores da fé são mais obscuros que as trevas.

2. Eis por que a alma, envolvida pelo véu da fé, caminha oculta ao demônio, como adiante demonstraremos. Pelo mesmo motivo diz ter saído "na escuridão, segura", pois adianta-se com muita segurança nos caminhos de Deus a alma venturosa que toma unicamente a fé por guia, libertando-se de todas as concepções naturais e razões espirituais. Declara ainda haver atravessado esta noite espiritual "já sua casa estando sossegada", isto é, quando sua parte espiritual e racional estava em repouso. Em verdade, chegando ao estado da união divina, a alma goza de grande sossego em suas potências naturais e tem adormecidos os seus ímpetos e ânsias sensíveis na parte espiritual. Não diz aqui como na primeira noite do sentido: que saiu "em vivas ânsias", porque para caminhar na noite sensitiva e se despojar de todas as coisas sensíveis, necessitava das ânsias veementes de amor sensível; mas para pacificar a casa do espírito só se requer a negação de todas as potências, gostos e apetites espirituais em pura fé. Executado esse trabalho, entrega-se a alma ao Amado numa união de simplicidade e pureza e amor e semelhança.

3. Observemos ainda: ao falar na primeira canção, da parte sensitiva, a alma diz ter saído em uma "noite escura". Aqui, relativamente à parte espiritual, acrescenta: saiu "na escuridão", por serem as trevas muito mais profundas, nesta noite do espírito; assim a escuridão é mais sombria que a noite; por mais escura seja a noite, todavia nela algo se distingue, enquanto na escuridão nada se vê. Assim, na noite do sentido a alma goza de certa claridade, pois ainda lhe resta alguma luz do entendimento e da razão que não estão cegos; mas na noite do espírito, que é a fé, a alma permanece na privação de toda luz, seja intelectual, seja sensível. Por isso canta, nesta canção, que

caminha "na escuridão, segura" – segurança possuída na primeira noite. É certo, a alma quanto menos age em virtude da própria habilidade, mais segura vai, porque anda mais na fé. É o que irei explicando mais por extenso neste segundo livro; ao devoto leitor peço benévola atenção, porque mui importantes coisas se dirão aqui para o verdadeiro espírito. Embora pareçam um tanto obscuras, de tal modo se esclarecem mutuamente que, segundo creio, serão bem entendidas.

CAPÍTULO II

*Explicação da segunda parte da Noite, ou
da sua causa que é a fé. Duas razões nos
provam ser ela mais obscura que a primeira
e a terceira.*

1. Trataremos agora da segunda parte da noite escura, que é a fé – meio admirável para nos conduzir ao fim, isto é, a Deus. Ora, sendo Deus para a alma a terceira causa ou parte desta noite como já dissemos, a fé, que é o meio, pode ser justamente comparada à meia-noite. Assim podemos dizer: a fé é para a alma mais escura que a primeira parte da noite e, de certo modo, mais ainda que a terceira. Com efeito, comparamos a primeira parte, ou noite dos sentidos, ao crepúsculo, ou seja, à hora em que os objetos começam a se obscurecer aos olhos; e não está tão afastado da luz como a meia-noite. A terceira parte, ou a aurora, isto é, a parte mais próxima do dia, não é por sua vez tão escura quanto a meia-noite, pois já está perto da ilustração e informação da luz do dia, e esta é comparada a Deus. Está fora de dúvida que, naturalmente falando, Deus é para a alma noite tão escura quanto a fé. No entanto, decorridas essas três partes da Noite, que para a alma são naturalmente trevas, começa Deus a projetar sobrenaturalmente nela um raio de sua luz divina que é o princípio da união perfeita, cuja

188 SUBIDA DO MONTE CARMELO

consumação se realizará após a terceira noite, donde é claro ser esta menos obscura.

2. A primeira noite dos sentidos se relaciona com a parte inferior do homem e, por conseguinte, de algum modo, é mais exterior. A segunda noite, a da fé, referindo-se à parte superior ou racional, deve, em consequência, ser mais escura e mais interior, porque despoja a alma de sua luz própria, cegando-a. Pode-se, pois, muito a propósito, compará-la à meia-noite que é o tempo mais tenebroso e de maior obscuridade.

3. Queremos provar agora como esta segunda parte da noite, a da fé, é verdadeiramente noite para o espírito como a primeira o é para o sentido. Falaremos, em seguida, dos obstáculos nela encontrados e, afinal, do trabalho ativo da alma para nela entrar. Quanto ao seu aspecto passivo, isto é, à ação de Deus para metê-la nesta noite, explicaremos em tempo oportuno, isto é, no terceiro livro.

CAPÍTULO III

Como a fé é noite escura para a alma. Prova-o
com razões e autoridades da Sagrada Escritura.

1. A fé, dizem os teólogos, é um hábito da alma certo e obscuro. Chama-se hábito obscuro porque faz crer verdades reveladas pelo próprio Deus, e que estão acima de toda luz natural, excedendo, sem proporção alguma, a todo humano entendimento. Portanto, esta excessiva luz, que a alma recebe da fé, converte-se em espessa treva, porque o maior sobrepuja e vence o menor, assim como a luz irradiante do sol obscurece o brilho de quaisquer luzes, fazendo não mais parecerem luzes aos nossos olhos, quando ele brilha e vence nossa potência visual. Em vez de dar-nos vista, o seu esplendor nos cega, devido à desproporção entre o mesmo sol e a potência visual. De modo análogo a luz da fé, pelo seu grande excesso, supera e vence a luz de nosso entendimento que só alcança por si mesma a ciência natu-

ral; embora tenha, para as coisas sobrenaturais, a potência chamada obediencial, quando Nosso Senhor a quer pôr em ato sobrenatural.

2. O entendimento não pode conhecer por si mesmo coisa alguma, a não ser por via natural, isto é, só o que alcança pelos sentidos. Por este motivo, necessita de imagens para conhecer os objetos presentes por si ou por meio de semelhanças, como dizem os filósofos, *ab obiecto et potentia paritur notitia*, isto é, do objeto presente e da potência nasce na alma a notícia. Se falassem a alguma pessoa de coisas jamais conhecidas ou vistas nem mesmo através de alguma semelhança ou imagem, não poderia evidentemente ter noção alguma precisa a respeito do que lhe diziam. Por exemplo: dizei a alguém que em certa ilha longínqua existe um animal por ele nunca visto, se não descreverdes certos traços de semelhança desse animal com outros, não conceberá ideia alguma, apesar de todas as descrições. Por outro exemplo mais claro se entenderá melhor. Se a um cego de nascença quisessem definir a cor branca ou amarela, por mais que explicassem, não o poderia entender, porque nunca viu tais cores, nem coisa alguma semelhante a elas, para ser capaz de formar juízo a esse respeito; apenas guardaria na memória os seus nomes, percebidos pelo ouvido; mas ser-lhe-ia impossível fazer ideias de cores nunca vistas.

3. Assim é a fé para a alma; diz-nos coisas jamais vistas ou entendidas em si mesmas, nem em suas semelhanças, pois não as têm. Sobre as verdades da fé não podemos ter luz alguma de ciência natural, porque não são proporcionadas aos nossos sentidos. Somente pelo ouvido cremos o que nos é ensinado, submetendo cegamente nossa razão à luz da fé. Porque, como diz São Paulo, "A fé pelo ouvido" (Rm 10,17); como se dissesse: a fé não é ciência que se possa adquirir pelos sentidos, mas só aquiescência da alma ao que lhe entra pelo ouvido.

4. E ainda a fé transcende muito mais os exemplos referidos. Porque, além de não produzir notícia e ciência, priva e

obscurece totalmente quaisquer outras notícias e ciências para que possam julgar bem dela. Com efeito, as outras ciências se adquirem com a luz do entendimento; mas a ciência da fé, sem a luz do entendimento, é que se alcança, renunciando a esta para adquirir aquela; pois com a luz natural se perde. Por isso disse Isaías: Se não crerdes, não entendereis (Is 7,9). É evidente, portanto, ser a fé noite escura para a alma, e assim a ilumina; e quanto mais a obscurece, mais luz irradia. Porque cegando dá luz, conforme diz o profeta no texto citado: se não crerdes, não tereis luz. Assim foi figurada a fé naquela nuvem que separava os filhos de Israel dos egípcios, na passagem do Mar Vermelho. A Sagrada Escritura diz: A nuvem era tenebrosa e iluminava a noite (Ex 14,20).

5. Admirável coisa: sendo tenebrosa iluminava a noite! Assim a fé – nuvem tenebrosa e obscura para a alma que também é noite, pois, em presença da fé, torna-se cega e privada da luz natural –, com sua obscuridade, ilumina e esclarece a treva da alma; porque assim convinha ao discípulo ser semelhante ao mestre. O homem, segundo o ensinamento do Salmista, vivendo nas trevas só pode ser iluminado por outras trevas: "O dia anuncia ao dia esta verdade e a noite mostra sabedoria à noite" (Sl 18,3). Mais claramente quer dizer: O dia, que é Deus na bem-aventurança, onde já é de dia para os anjos e santos que também são dia, anuncia e comunica-lhes a palavra eterna que é seu divino Filho, para que o conheçam e o gozem. E a noite, que é a fé na Igreja militante, onde ainda é de noite, comunica a ciência à Igreja, e, por conseguinte, a toda alma, que, em si mesma, é noite, porque ainda não goza da clara sabedoria beatífica, e diante da fé fica privada da sua luz natural.

6. Portanto, seja esta a nossa conclusão: a fé, escura noite, ilumina a alma, que também é noite escura, e se verificam então as palavras de Davi a este propósito: "A noite se converte em claridade para me descobrir as minhas delícias" (Sl 138,11). Isto é: nos deleites de minha pura con-

LIVRO II – CAPÍTULO IV

templação e união com Deus, a noite da fé será minha guia, evidenciando-se que a alma há de estar em treva para ter luz neste caminho.

CAPÍTULO IV

Deve a alma permanecer em trevas, tanto
quanto dela depender, a fim de ser guiada
com segurança pela fé à suma contemplação.

1. Espero ter dado a entender, ao menos em parte, como a fé é noite escura para a alma, e como há de ficar a mesma alma na obscuridade, privada da própria luz natural, para deixar-se conduzir pela fé às sublimes alturas da união. Todavia, para atingir este fim, convém particularizar a natureza desta obscuridade que deve introduzir a alma no abismo da fé. Falarei, no presente capítulo, deste assunto em geral e, mais tarde, com o auxílio divino, indicarei minuciosamente o modo de não errar nesta noite, nem impedir a ação de tal guia.

2. Para caminhar com segurança, à luz da fé, a alma deve ficar às escuras não só quanto à parte sensível e inferior relativa às criaturas e ao temporal, mas também quanto à parte racional e superior, de que vamos tratando agora – cujo objeto é Deus e todas as coisas espirituais. Para chegar a alma à transformação sobrenatural, evidentemente há de obscurecer-se e transpor-se além dos limites da vida natural, sensitiva e racional. Porque sobrenatural significa precisamente passar acima do natural; portanto o natural deve ficar abaixo. Como a transformação e a união divina não podem cair em sentido e habilidade humana, a alma para aí chegar tem necessidade do perfeito desapego de todas as coisas, inferiores e superiores, segundo a afeição e vontade, empregando nisso toda a sua diligência. Da parte de Deus, que não fará ele numa alma assim despojada, abnegada e aniquilada? É mister estar vazia e livre, mesmo

quanto aos dons sobrenaturais recebidos, permanecendo às escuras, como cega, apoiada na fé e tomando-a por guia, luz e apoio. Não deve fazer caso do que ouve, gosta, sente ou imagina, pois tudo isso é treva que fará errar o caminho; e a fé está acima de todas essas coisas. Se não quiser ficar totalmente às escuras, não chegará ao mais elevado que justamente nos ensina a fé.

3. O cego não inteiramente cego não se deixa guiar direito por quem o conduz. Pelo fato de enxergar um pouco, ao ver algum caminho já lhe parece mais seguro ir por ali, porque não vê outros; e como tem autoridade, pode fazer errar a quem o guia e vê mais do que ele. Do mesmo modo a alma apoiada em qualquer ciência, ou gosto, ou sentimento de Deus, para chegar à união – além de ser tudo isto muito menos e muito diverso do que é Deus –, facilmente se extravia ou para no caminho, por não se conservar cega na pura fé, sua verdadeira guia.

4. Tal é o pensamento de São Paulo: "É necessário que o que se chegar a Deus creia que ele existe" (Hb 11,6). Em outros termos: quem aspira a unir-se a Deus não há de ir entendendo nem se apoiando em seus sentimentos e imaginação, mas há de crer simplesmente no infinito ser divino – pois as concepções da inteligência humana, por mais sublimes sejam, ficam a uma distância incomensurável das perfeições de Deus e do que a sua pura posse nos revelará um dia. Isaías e São Paulo dizem: "O olho não viu, nem o ouvido ouviu, nem jamais subiu ao coração humano o que Deus tem preparado para os que o amam" (Is 64; 1Cor 2,9). Se a alma, portanto, pretende unir-se perfeitamente pela graça neste mundo àquele a quem se há de unir pela glória na outra vida – na união eterna da qual declara o Apóstolo que olho não viu, nem ouvido ouviu, nem coração humano jamais pôde compreender –, claro está que para chegar a essa perfeita união de graça e de amor, aqui na terra, deverá permanecer às escuras de tudo quanto pode entrar pelo olho, perceber-se pelo ouvido, imaginar-se com

a fantasia ou compreender-se com o coração, que neste caso significa a mesma alma. Notavelmente se desvia do caminho da união com Deus, quando se apega a algum sentimento, imaginação, parecer, vontade ou modo próprio, enfim, a qualquer obra ou coisa sua, não sabendo desprender-se e despir-se de tudo isto. Já vimos como o fim ao qual a alma aspira supera tudo o que possa conhecer e gostar de mais elevado: para atingi-lo, há de passar a alma em tudo ao não saber.

5. Entrar, pois, neste caminho, é sair do seu próprio caminho, ou, para melhor dizer, caminhar diretamente para o termo, deixando seu modo limitado a fim de penetrar em Deus que não tem modo. A alma, chegada a esse estado, já não tem modos particulares, nem se apega ou pode apegar-se a eles, isto é, não mais se prende ao próprio modo de entender, gostar e sentir, conquanto tenha em si todos os modos; assim como quem nada tendo possui tudo excelentemente. Tendo tido ânimo para transpor os estreitos limites de sua natureza, tanto no interior como no exterior, entra em limite sobrenatural que não tem modo algum, embora, em substância, encerre todos os modos. Para chegar a isto, é preciso abandonar tudo aquilo, apartar-se daqui e dali e sair para muito longe de si, deixando o baixo para possuir o altíssimo.

6. A alma, portanto, ultrapassando todas as coisas que pode, espiritual e temporalmente, gozar e compreender, deve aspirar ardentemente a alcançar o bem que nesta vida lhe é impossível conhecer ou experimentar em seu coração. E, deixando após si todos os gostos temporais e espirituais que encontra ou pode encontrar neste mundo, há de desejar com ardente desejo chegar ao que excede todo gosto e sentimento. Para ficar livre e despojada, de modo a poder alcançar este fim, de forma alguma há de apegar-se àquilo que espiritual ou sensivelmente recebe (conforme explicaremos ao tratar desta matéria), considerando todas essas coisas como muito inferiores. Porque, quanto maior

valor dá a tudo quanto entende, goza e imagina, e quanto mais o estima, seja coisas espirituais ou não, tanto mais se afasta do bem infinito e mais se retarda em alcançá-lo; e, pelo contrário, quanto menos pensa que é tudo quanto recebe, em comparação a esse bem supremo, mais estima faz dele, e consequentemente mais depressa chegará a possuí-lo. Deste modo, às escuras vai a alma a passos rápidos adiantando-se no caminho da união, por meio da fé que, sendo também escura, na mesma escuridão admiravelmente a ilumina. Certamente se a alma quisesse ver, ficaria, a respeito das coisas divinas, muito mais cega do que alguém a fixar os olhos no esplendor do sol.

7. Neste caminho, cegando-se em suas potências é que há de ver a luz, segundo o Salvador diz no Evangelho: "Eu vim a este mundo para juízo, a fim de que os que não veem vejam, e os que veem se façam cegos" (Jo 9,39). Estas palavras são literalmente aplicáveis a esse caminho espiritual, no qual a alma, estando às escuras e cega quanto a todas as suas luzes próprias e naturais, verá de modo sobrenatural. E aquela que quiser guiar-se por suas luzes particulares permanecerá na mais profunda obscuridade detendo-se no caminho da união.

8. Será útil, para evitar qualquer confusão, definir no capítulo seguinte o que denominamos união da alma com Deus. Este ponto, uma vez esclarecido, muito elucidará a nossa exposição mais adiante. Assim, acho conveniente tratar disso aqui, como em lugar oportuno. Embora se corte o fio do que vínhamos declarando, não será fora de propósito: antes servirá para esclarecer melhor o presente assunto. O capítulo seguinte será, então, como um parêntesis, posto entre o mesmo entimema[1], e logo depois começaremos a tratar, em particular, das três potências em relação às três virtudes teologais nesta segunda noite espiritual.

---

1. "Entimema": silogismo incompleto com duas proposições, chamada uma antecedente e outra consequente.

CAPÍTULO V

Explica-se, por uma comparação, o que é
a união da alma com Deus.

1. Pelo que dissemos até agora, já se compreende de algum modo o que seja a união da alma com Deus; portanto, já não será tão difícil explicá-lo aqui. Aliás, não é minha intenção tratar neste capítulo das divisões desta união, porque seria interminável querer explanar aqui as várias formas de união do entendimento, da vontade e da memória, qual seja a transitória e qual a permanente em cada potência, depois a união total transitória e permanente segundo todas as potências juntas. Disso a cada passo iremos tratando, já de uma, já de outra, conforme se apresentar a ocasião. Por ora não é necessário explicar tudo, para dar a entender o que vamos dizer aqui da união; quando chegar o momento de tratar dos seus diferentes graus, veremos essa matéria esclarecida com exemplos vivos, e assim julgar-se-á melhor de cada coisa a seu tempo.

2. Limitar-me-ei agora a falar da união total e permanente, segundo a substância da alma e as suas potências, quanto ao hábito obscuro de união. Pois quanto ao ato, explicaremos depois, com a graça divina, como não pode haver nesta vida união permanente em todas as potências, mas só a união transitória.

3. Para compreender, pois, qual seja esta união de que vamos tratando, é necessário saber que Deus faz morada substancialmente em toda alma, ainda que seja a do maior pecador do mundo. Esta espécie de união existe sempre entre Deus e as suas criaturas, conservando-lhes o ser: sem essa presença, seriam aniquiladas e cessariam de existir. Assim, quando falamos de união da alma com Deus, não nos referimos à união substancial sempre permanente, mas à união e transformação da alma em Deus por amor, só realizada quando há semelhança de amor entre o Cria-

dor e a criatura. Por esse motivo, dar-lhe-emos o nome de união de semelhança, assim como a outra se chama união essencial ou substancial. Esta é natural; aquela é sobrenatural, e se consuma quando as duas vontades, a da alma e a de Deus, de tal modo se unem e conformam que nada há em uma que contrarie a outra. Assim, quando a alma tirar de si, totalmente, o que repugna e não se identifica à vontade divina, será transformada em Deus por amor.

4. Trata-se aqui não só do que repugna a Deus segundo o ato, mas também segundo o hábito. É necessário, pois, abster-se não somente dos atos voluntários de imperfeições, como ainda aniquilar os hábitos dessas mesmas imperfeições. Toda criatura e todas as suas ações e habilidade não podem chegar até Deus, nem ter com ele proporção alguma; por esta razão é mister à alma desprender-se de qualquer afeição ao criado, de tudo quanto diz respeito às suas ações e à sua habilidade natural, isto é, de sua maneira de entender, gostar e sentir; para que, rejeitando tudo que se opõe a Deus e lhe é dessemelhante, torne-se apta a receber a semelhança divina. Quando tudo, afinal, se tornar conforme à vontade de Deus, já não existirá obstáculo para a completa transformação nele. Em verdade, Deus, sempre presente na alma, lhe dá e conserva o ser natural, com sua assistência. No entanto, não lhe comunica sempre o ser sobrenatural, porque este só se comunica por amor e graça. Ora, nem todas as almas se acham na graça divina, e mesmo as que o estão não a possuem em grau idêntico, pois o fogo do amor aquece mais a umas que a outras. Desta forma, Deus se comunica mais à alma mais adiantada no amor, isto é, àquela cuja vontade mais se conforma à dele. Sendo a conformidade perfeita, a união e transformação sobrenatural será consumada. Segundo esta doutrina, é certo que, quanto mais se prende a alma à criatura e confia nas suas habilidades naturais, segundo o afeto e o hábito, menos apta estará para tal união, porque não permite a Deus transformá-la totalmente no sobrenatural. Assim é

LIVRO II – CAPÍTULO V

necessário apenas desembaraçar-se de todas as oposições e dessemelhanças naturais, para que Deus, além de lhe comunicar a vida natural por natureza, venha comunicar-lhe a vida sobrenatural por graça.

5. Isto quis dizer-nos São João nestas palavras: "Que não nasceram do sangue, nem da vontade da carne, nem da vontade do varão, mas de Deus" (Jo 1,13). É como se dissesse: o poder de se tornarem filhos de Deus e de nele se transformarem é dado somente aos que não são nascidos no sangue, isto é, das disposições naturais; nem da vontade da carne ou do alvedrio da habilidade e capacidade natural, menos ainda da vontade do homem; e nisto se entende toda maneira e modo humano de julgar e conceber segundo a razão. A nenhum desses foi dado o poder de se tornarem filhos de Deus, senão àqueles que nasceram de Deus, ou, em outras palavras, aos que, voluntariamente mortos ao velho homem, são elevados até à vida sobrenatural, recebendo de Deus a regeneração e a filiação divina, que é acima de tudo o que se pode pensar. Porque, como diz o mesmo Apóstolo noutra passagem: "Quem não renascer da água e do Espírito Santo, não pode entrar no reino de Deus" (Jo 3,5). Isto é, quem não renascer do Espírito Santo jamais verá o reino de Deus que é o estado de perfeição. Ora, renascer do Espírito Santo nesta vida é tornar-se semelhante a Deus por uma pureza que não admite mascla de imperfeição; somente assim é realizada a transformação perfeita, por participação de união, embora não essencialmente.

6. Façamos uma comparação para melhor explicar o nosso assunto. Se o raio de sol vier refletir-se sobre um vidro manchado ou embaciado, não poderá fazê-lo brilhar, nem o transformará em sua luz de modo total, como faria se o vidro estivesse limpo e isento de qualquer mancha; este só resplandecerá na proporção de sua pureza e limpidez. O defeito não é do raio, mas do vidro; porque, se o vidro estivesse perfeitamente límpido e puro, seria de tal modo iluminado e transformado pelo raio que pareceria o mesmo

raio, e daria a mesma luz. Na verdade, o vidro, embora fique parecendo raio de luz, conserva sua natureza distinta; contudo podemos dizer que, assim transformado, fica sendo raio ou luz por participação. Assemelha-se a esse vidro a alma sobre a qual investe incessantemente – ou, por melhor dizer, nela reside –, esta divina luz do ser de Deus por natureza, conforme já explicamos.

7. Logo que a alma se disponha, tirando de si todo véu e mancha de criatura, tendo sua vontade perfeitamente unida à de Deus – porque o amor consiste em despojar-se e desapegar-se, por Deus, de tudo que não é ele –, fica transformada naquele que lhe comunica o ser sobrenatural, de tal maneira que parece o mesmo Deus, e tem em si mesma tudo o que Deus tem. Esta união se realiza quando o Senhor faz à alma esta sobrenatural mercê, por meio da qual todas as coisas divinas e a alma se unificam por transformação participante: a alma, então, mais parece Deus que ela mesma, e se torna Deus por participação, embora conserve seu ser natural, tão distinto de Deus quanto antes, nessa atual transformação; assim como o vidro continua sempre distinto do raio que nele reverbera.

8. Agora podemos compreender mais claramente como a disposição requerida para tal união não consiste em compreender, gostar, sentir ou imaginar a Deus, nem está em qualquer outra coisa, senão na pureza e no amor, isto é, na desnudez e resignação perfeita de todas essas coisas unicamente por Deus. Não poderá haver completa transformação se não houver perfeita pureza. Proporcionada à limpidez da alma, será a iluminação, transformação e união com Deus, em grau maior ou menor, e não chegará a ser inteiramente consumada enquanto não houver total pureza.

9. Expliquemos por esta comparação: suponhamos uma imagem perfeitíssima, com muitos e primorosos adornos, trabalhada com delicados e artísticos esmaltes, sendo alguns de tal perfeição, que não é possível analisar toda a sua beleza e excelência. Quem tiver menos clara a vista, olhando a imagem, não poderá admirar todas aquelas delicadezas

da arte. Outra pessoa de melhor vista descobrirá mais primores, e assim por diante; enfim, quem dispuser de maior capacidade visual maiores belezas irá percebendo; pois há tantas maravilhas a serem vistas na imagem que, por muito que se repare, ainda é mais o que fica por contemplar.

10. O mesmo sucede às almas em relação a Deus nessa iluminação ou transformação. Porque, embora seja certo que uma alma, segundo a sua menor ou maior capacidade, pode ter chegado à união, não é de modo igual para todas, pois isto é como o Senhor quer dar a cada uma. É assim como acontece aos bem-aventurados no céu: uns veem mais a Deus, e outros menos; mas todos o veem e todos estão felizes, porque cada um tem satisfeita a própria capacidade.

11. Encontramos, nesta vida, almas que gozam de igual paz e tranquilidade no estado de perfeição e cada uma se acha contente como está. Todavia, uma delas poderá estar num grau de união muito mais elevado que outra, não impedindo esta diferença estarem todas satisfeitas, porquanto têm satisfeita a sua capacidade. Mas a alma cuja pureza não corresponde à sua mesma capacidade jamais gozará da verdadeira paz e satisfação, porque não chegou à desnudez e vazio em suas potências, qual se requer para a simples união.

CAPÍTULO VI

Como as três virtudes teologais devem aperfeiçoar
as três potências da alma, produzindo nelas
vazio e trevas.

1. Devendo falar do modo de introduzir as três potências da alma – entendimento, memória e vontade – na noite espiritual, a fim de alcançar a divina união, é necessário primeiramente demonstrar aqui o seguinte: as três virtudes teologais, fé, esperança e caridade – que se relacionam às ditas três potências, como próprios objetos sobrenaturais

servindo de meio para a alma se unir com Deus segundo suas mesmas potências –, produzem em cada uma destas vazio e obscuridade. A fé age assim no entendimento, a esperança na memória, e a caridade na vontade. Veremos sucessivamente como o entendimento se aperfeiçoa nas trevas da fé, a memória no vazio da esperança e, afinal, como a vontade há de sepultar-se na privação de todo afeto para chegar à união divina. Isto feito, ver-se-á claramente quanto importa à alma, desejosa de prosseguir com segurança no caminho espiritual, apoiar-se, nesta noite escura, às três virtudes que a desapegam e obscurecem com relação a todas as coisas criadas. Ainda repetimos: a alma, nesta vida, não se une com Deus por meio do que entende, goza ou imagina, nem por coisa alguma que os sentidos ofereçam, mas unicamente pela fé quanto ao entendimento, pela esperança segundo a memória, e pelo amor quanto à vontade.

2. Estas três virtudes, deste modo, fazem o vazio nas potências; a fé no entendimento, obscurecendo-o acerca de suas luzes naturais; a esperança na memória, produzindo o vazio de toda posse; e a caridade operando na vontade o despojamento de todo afeto e gozo de tudo o que não é Deus. Porque a fé nos diz, como já vimos, aquilo que não podemos alcançar com o entendimento. São Paulo, escrevendo aos hebreus, nos declara a este propósito: "É, pois, a fé a substância das coisas que se devem esperar" (Hb 11,1). Para o nosso caso, significa que a fé é a substância das coisas que se esperam; pois, embora o entendimento receba com firmeza e determinação as verdades que lhe são propostas, estas não se descobrem a ele; do contrário não seria mais fé, porque esta, embora dê certeza, não ilumina o entendimento claramente, senão obscurece-o.

3. A esperança também põe a memória no vazio e nas trevas em relação às coisas da terra e do céu. Isto não permite dúvida, pois a esperança sempre tem por objeto o que ainda não possuímos. Não mais esperamos o que já possuímos.

LIVRO II – CAPÍTULO VI

Ora, "a esperança que se vê não é esperança; porque o que alguém vê como o espera?" diz São Paulo aos romanos (Rm 8,24). Assim, esta virtude produz o vazio, porque se baseia sobre o que não se tem, e não sobre o que se possui.

4. A caridade opera igualmente o vazio e o despojamento na vontade, pois nos obriga a amar a Deus sobre todas as coisas; e só podemos cumprir este mandamento desprendendo nosso afeto de todos os bens espirituais e temporais para concentrá-lo somente em Deus. Nosso Senhor Jesus Cristo nos diz por São Lucas: Qualquer de vós que não dá de mão a tudo o que possui, pela vontade, não pode ser meu discípulo (Lc 14,33). Isto, em resumo, mostra que as três virtudes teologais colocam a alma nas trevas e no vazio absoluto.

5. Aplica-se a este assunto a parábola, citada pelo mesmo Evangelista no capítulo XI, do homem que vem à meia-noite pedir três pães ao amigo (Lc 11,5). Esses pães simbolizam as três virtudes teologais. Em verdade, é no meio da noite que nós as adquirimos, ou seja, a perfeição das três virtudes é conseguida quando as potências da alma estão na obscuridade. Lemos, no capítulo VI de Isaías, que os dois serafins vistos pelo Profeta de cada lado do trono de Deus tinham, cada um, seis asas. Duas delas serviam para lhes cobrir os pés, o que significa a abnegação e a desnudez da vontade acerca de todas as coisas. Com duas outras asas cobriam as faces, o que figura as trevas do entendimento em presença de Deus. Serviam-se das duas últimas para voar (Is 6,2): eis a imagem da esperança que deve voar às coisas que não se possuem, pairando acima de tudo o que se pode possuir, na terra ou no céu, fora de Deus.

6. Devemos, pois, levar as três potências da alma às três virtudes teologais, de modo a ser cada potência enformada pela virtude que lhe é correspondente, despojando-a e pondo-a no vazio de tudo quanto não se refira às mesmas três virtudes. É esta a noite espiritual que chamamos ativa, por

SUBIDA DO MONTE CARMELO

causa das diligências empregadas da parte da alma para nela entrar. E assim como, na noite do sentido, indicamos o meio de privar as potências sensitivas de todo o apetite de objetos sensíveis a fim de facilitar à alma a passagem do estado natural para o sobrenatural, isto é, para a vida da fé, explicaremos agora, com a ajuda de Deus, a maneira de despojar e purificar as potências espirituais na noite do espírito, deixando-as permanecer na obscuridade das três mencionadas virtudes que constituem o meio e a disposição para a alma unir-se com Deus.

7. As trevas desta noite dão segurança e garantia contra as astúcias do demônio, e contra a força do amor-próprio em todas as suas manifestações, que mui sutilmente enganam e detêm os espirituais que não sabem desapegar-se de tudo para se reger segundo as três virtudes teologais; e assim jamais chegam à pureza e substância do bem espiritual, nem vão pelo caminho reto e breve que depressa os conduziria ao fim.

8. Note-se agora que me dirijo especialmente aos que já começaram a entrar no estado de contemplação. Com os principiantes mais minuciosamente falarei no Segundo Livro, com o auxílio de Deus, quando tratar das propriedades que lhes são peculiares.

CAPÍTULO VII

Quanto é estreita a senda que conduz à vida
eterna, e como devem estar despojados e desembaraçados
os que hão de caminhar por ela.
Começa a falar da desnudez do entendimento.

1. Este assunto agora tratado da desnudez e pureza das três potências da alma exigiria saber mais profundo e espírito mais elevado que o meu, para conseguir demonstrar bem aos espirituais quanto é estreito o caminho que nosso Salvador afirma conduzir à vida eterna, a fim de que,

LIVRO II – CAPÍTULO VII

uma vez convencidos desta verdade, não se surpreendam do vazio e do despojamento em que hão de deixar todas as potências da alma nessa noite.

2. Observemos com cuidado as palavras que Nosso Senhor nos dirige por São Mateus: "Quão apertada é a porta e quão estreito é o caminho que conduz à vida; e poucos são os que acertam com ele" (Mt 7,14). O peso e encarecimento deste termo "quão" são muito dignos de nota; é como se o Senhor quisesse dizer: em verdade, o caminho é bem estreito e muito mais do que podeis pensar. Ponderemos ainda que o Senhor primeiramente diz ser apertada, para nos mostrar que a alma desejosa de entrar por esta porta de Cristo – que é o começo do caminho – deve antes de tudo reduzir-se e despojar a vontade em todas as coisas sensíveis e temporais, amando a Deus acima de todas elas; e isto se realiza na noite do sentido, da qual já falamos.

3. O divino Mestre acrescenta: estreito é o caminho que conduz à vida, ou seja, o caminho da perfeição; para nos ensinar não ser suficiente a alma entrar pela porta apertada, abandonado todo o sensível, mas que também se há de reduzir e desembaraçar, desapropriando-se puramente em tudo o que é espiritual. As palavras "porta apertada" podem ser aplicadas à parte sensitiva do homem, como as de "caminho estreito" se aplicam à parte racional e espiritual. E quando é dito que tão poucas almas acertam com ele, devemos notar a causa: é que também muito poucas cabem e querem entrar nesta suma desnudez e vazio do espírito. A senda que leva ao cume do monte da perfeição, por ser estreita e escarpada, requer viajores desprovidos de carga cujo peso os prenda às coisas inferiores, nem sofram obstáculo algum que os perturbe quanto às superiores; em se tratando de buscar e alcançar unicamente a Deus, deve ser ele o único objeto de sua procura e aspiração.

4. Daí se vê claramente não bastar ter conseguido a liberdade em relação às criaturas: é preciso libertar-se e despojar-se totalmente do que se refere às coisas espiri-

tuais. Nosso Senhor nos introduz, ele próprio, neste caminho, dando-nos por São Marcos doutrina admirável, que, ouso dizê-lo, é tanto menos praticada quanto mais se faz necessária. É tão útil, e vem tão a propósito aqui, que vou relatá-la e explicá-la no sentido literal e espiritual: "Se alguém me quer seguir, negue-se a si mesmo, e tome a sua cruz e siga-me, porque quem quiser salvar sua vida, perdê-la-á; mas quem perder a sua vida por amor de mim, salvá-la-á" (Mc 8,34-35).

5. Oh! quem pudera fazer compreender, amar e praticar tudo o que encerra este conselho dado pelo Salvador sobre a renúncia de si mesmo, para os espirituais aprenderem como devem andar neste caminho de modo bem diferente do que muitos pensam! Segundo a opinião de alguns é suficiente reformar os hábitos e ter um pouco de retiro; outros se contentam em praticar até certo ponto as virtudes, orar e mortificar-se. Mas nem uns nem outros se dão ao verdadeiro desprendimento e pobreza, à renúncia e pureza espiritual (que é tudo o mesmo) aconselhada aqui pelo Senhor. Bem longe disso, vivem a alimentar e encher a natureza de consolações e sentimentos espirituais em vez de desapegá-la e negar-lhe toda satisfação por amor de Deus. Pensam ser bastante mortificá-la nas coisas do mundo, e não querem aniquilá-la completamente e purificá-la em toda propriedade espiritual. Assim fogem eles como da morte à prática desta sólida e perfeita virtude que está na renúncia de todas as suavidades em Deus, e que abraça toda a aridez, desgosto, trabalho, numa palavra, a cruz puramente espiritual e o despojamento completo na pobreza de Cristo. Buscam somente as suaves comunicações e doçuras divinas. Isto, porém, não é negação de si mesmos, nem desnudez de espírito, mas, sim, gula de espírito. Essas pessoas se tornam espiritualmente inimigas da cruz de Cristo, pois o verdadeiro espírito antes procura em Deus a amargura que as delícias, prefere o sofrimento à consolação; a privação, por Deus, de todo o bem ao gozo; a aridez e as aflições

às doces comunicações do céu, sabendo que isto é seguir a Cristo e renunciar-se. Agir diferentemente é procurar-se a si mesmo em Deus, o que é muito contrário ao amor. Com efeito, buscar-se a si mesmo em Deus é procurar as mercês e consolações divinas; mas buscar puramente a Deus consiste não só em querer privar-se de todos os regalos por ele, como ainda em inclinar-se a escolher, por amor de Cristo, tudo quanto há de mais áspero, seja no serviço divino, seja nas coisas do mundo: isto, sim, é amor de Deus.

6. Oh! quem pudera dar a entender até onde quer Nosso Senhor que chegue esta renúncia! Decerto há de ser semelhante a uma morte e aniquilamento da vontade a todas as coisas de ordem temporal, natural e espiritual, e nisto consiste toda a negação. Nosso Salvador no-lo prova por este ensinamento: quem quiser salvar sua alma, esse a perderá, isto é, quem quiser possuir algo e buscá-lo para si perderá a própria alma. Ao contrário, quem perder sua alma por mim, a ganhará, ou dizendo melhor: quem renunciar por Cristo a todos os desejos e gozos da sua vontade, e der preferência às amarguras da cruz, esse cumprirá o preceito do Salvador no Evangelho de São João: e o que aborrece a sua vida neste mundo, conquistá-la-á (Jo 12,25). A mesma doutrina deu Sua Majestade àqueles dois discípulos, que pediam lhes fosse permitido sentarem-se à sua direita e à sua esquerda; ao invés de atender a tal solicitação, ofereceu-lhes o cálice que havia de beber, como favor mais certo e precioso nesta vida do que gozar (Mt 11,30).

7. Esse cálice é morrer à própria natureza, desapegando-a e aniquilando-a em tudo quanto se refere ao sentido, como já dissemos, e ao espírito, como ora explicamos, privando-a de todo entender, gozar e sentir, para poder caminhar nesta senda estreita. De tal maneira deve ir a alma neste caminho, que não só esteja desprendida do sensível e do espiritual, mas nem com este último fique embaraçada em sua ascensão; pois, como nos ensina o Salvador, não cabe nesta senda mais que a negação e a cruz. Tomando esta

por báculo em que se apoie, com grande facilidade e desembaraço se eleva a alma. Nosso Senhor, por São Mateus, nos diz: "O meu jugo é suave e o meu peso leve" (Mt 20,21). Com efeito, se a alma se determinar generosamente a carregar esta cruz, querendo deveras escolher e abraçar com ânimo resoluto todos os trabalhos por Deus, achará grande alívio e suavidade para subir neste caminho, assim despojada de tudo e sem mais nada querer. Se pretender, porém, guardar para si alguma coisa, seja temporal, seja espiritual, não terá o verdadeiro desapego e abnegação; portanto não poderá subir por esta estreita senda até o cume.

8. E, assim, quereria eu persuadir aos espirituais como este caminho de Deus não consiste na multiplicidade de considerações, de modos ou gostos, embora tudo isto seja útil aos principiantes. Trata-se de uma só coisa necessária: saber negar-se deveras no interior e no exterior, abraçando por Cristo o padecer e o mais completo aniquilamento. Aqui está o exercício por excelência, no qual se encerram eminentemente todos os outros. E como este exercício é a raiz e o resumo das virtudes, se nele há falta, tudo o mais é perda de tempo sem proveito, tomando-se o acessório pelo principal, ainda que a alma tenha tão altas comunicações e considerações como os anjos. Porque o proveito está unicamente em imitar a Cristo, que é o caminho, a verdade e a vida, e ninguém vem ao Pai senão por ele, conforme o mesmo Senhor declara no Evangelho de São João. Noutra passagem diz: Eu sou a porta; se alguém entrar por mim será salvo (Jo 10,9). Portanto, todo espírito que quiser ir por doçuras e facilidade, fugindo de imitar a Cristo, não o teria eu por bom.

9. Tendo dito que Cristo é o caminho, e que para segui-lo é preciso morrer à mesma natureza tanto nas coisas sensíveis como nas espirituais, quero explicar agora como se realiza isto a exemplo de Cristo; porque é ele nosso modelo e luz.

LIVRO II – CAPÍTULO VII

10. Quanto ao primeiro ponto: é certo que Nosso Senhor morreu a tudo quanto era sensível, espiritualmente durante a vida, e naturalmente em sua morte. Na verdade, segundo suas próprias palavras, não teve onde reclinar a cabeça na vida, e muito menos na morte.

11. Quanto ao segundo ponto: é manifesto ter ficado na hora da morte também aniquilado em sua alma, sem consolo nem alívio algum, no desamparo e abandono do Pai, que o deixou em profunda amargura na parte inferior da alma. Tão grande foi esse desamparo, que o obrigou a clamar na cruz: "Meu Deus, meu Deus, por que me desamparastes?" (Mt 27,46). Nessa hora em que sofria o maior abandono sensível, realizou a maior obra que superou os grandes milagres e prodígios operados em toda a sua vida: a reconciliação do gênero humano com Deus, pela graça. Foi precisamente na hora do maior aniquilamento do Senhor em tudo, que essa obra se fez; aniquilamento quanto à sua reputação, reduzida a nada aos olhos dos homens, e estes vendo-o morrer na cruz, longe de estimá-lo, dele zombavam; quanto à natureza, pois nela se aniquilava morrendo; e enfim quanto ao seu espírito igualmente exposto ao desamparo pela privação do consolo interior do Pai que o abandonava para que pagasse puramente a dívida da humanidade culpada, efetuando a obra da redenção nesse aniquilamento completo. Profetizando sobre isto, diz Davi: "Também eu fui reduzido a nada, e não entendi" (Sl 72,22). Compreenda agora o bom espiritual o mistério desta porta e deste caminho – Cristo – para unir-se com Deus. Saiba que, quanto mais se aniquilar por Deus segundo as duas partes, sensitiva e espiritual, tanto mais se unirá a ele e maior obra fará. E quando chegar a reduzir-se a nada, isto é, à suma humildade, se consumará a união da alma com Deus, que é o mais alto estado que se pode alcançar nesta vida. Não consiste, pois, em recreações, nem gozos, nem

sentimentos espirituais, e sim numa viva morte de cruz para o sentido e para o espírito, no interior e no exterior.

12. Não me quero estender mais longamente sobre esse ponto, embora fosse meu desejo não cessar de falar, vendo como Jesus Cristo é pouco conhecido mesmo pelos que se dizem seus amigos. Pois a estes vemos procurar nele seus gostos e consolações, amando a si próprios e não as amarguras e aniquilamentos da cruz por amor de Cristo. Falo destes que se têm por seus amigos; quanto aos que estão apartados do Senhor, grandes letrados e poderosos, e quaisquer outros vivendo engolfados nas pretensões e grandezas do mundo, podemos dizer que não conhecem a Cristo; e a morte deles, por boa que possa parecer, será angustiosa. Desses tais não trata esta obra, mas a sua menção será feita no dia do juízo, porque a eles convinha primeiro propagar a palavra de Deus, como a quem a Providência colocou em testemunho dela, segundo suas dignidades e saber.

13. Queremos falar aqui à inteligência do homem espiritual, e especialmente àqueles com os quais vamos tratando nesta obra, isto é, os que receberam de Deus a graça de serem postos por ele no estado de contemplação. Diremos como devem dirigir-se a Deus pela fé, na purificação das coisas contrárias, reduzindo-se a fim de poderem entrar nesta senda estreita de contemplação obscura.

CAPÍTULO VIII

Demonstra de um modo geral como nenhuma criatura, nem notícia alguma do entendimento, pode servir de meio próximo para a divina união com Deus.

1. Antes de falar da fé, que é o meio proporcionado para a união com Deus, convém provar como nenhuma coisa criada, nem qualquer concepção natural, pode servir ao entendimento de meio próprio para a união com Deus, e

LIVRO II – CAPÍTULO VIII

como todos os conhecimentos dos adquiridos constituem antes impedimento que auxílio, se a eles nos apegarmos. Neste capítulo, provaremos esta verdade de modo geral, deixando para depois a explicação minuciosa das notícias que o entendimento pode receber pelos sentidos interiores ou exteriores. Assinalaremos igualmente os danos provocados por todas elas, e os obstáculos que trazem ao único meio, que é a fé.

2. Segundo as regras da filosofia, todos os meios devem ser proporcionados ao fim e ter com ele alguma conveniência ou semelhança suficiente para alcançá-lo. Por exemplo: pretendendo alguém ir a uma cidade, deve, necessariamente, tomar o caminho próprio para chegar a seu destino. Outro exemplo: para queimar a lenha, é indispensável ser ela preparada para a combustão por meio do calor, que a torna semelhante e proporcionada ao mesmo fogo. Se for empregado um meio contrário a este, como o ar, a água ou a terra, jamais será obtida a união da lenha com o fogo, assim como, no exemplo anterior, não chegaria à cidade quem não tomasse o caminho conveniente. Da mesma forma, para se consumar a união do entendimento com Deus tanto quanto possível nesta vida, é absolutamente necessário empregar o meio que une a Deus, e tem com ele maior semelhança.

3. Ora, entre todas as criaturas superiores ou inferiores, nenhuma há que se aproxime de Deus, nem que tenha semelhança com o ser divino. Porque embora todas tenham certa relação com Deus e possuam alguns vestígios do seu ser, como dizem os teólogos, umas em maior proporção e outras em menor, segundo o seu grau de excelência, contudo, entre Deus e elas não há semelhança essencial. Há, pelo contrário, uma distância infinita entre o ser divino e o ser das criaturas. Por isso, é impossível ao entendimento atingir a Deus por meio das criaturas, sejam elas celestiais ou terrenas, porque não têm proporção de semelhança com

o Criador. Davi, falando das criaturas celestiais, diz: "Não há semelhante a ti entre os deuses, ó Senhor" (Sl 85,8), chamando deuses aos anjos e às almas bem-aventuradas. E noutro lugar: "O teu caminho, ó Deus, é em santidade! Que Deus há grande como o nosso Deus?" (Sl 76,14). É como se dissesse: o caminho que a vós conduz, Senhor, é caminho santo que se acha na pureza da fé. Perguntar se existe um Deus tão grande como o nosso, quer dizer: encontrar-se-á santo tão exaltado na glória ou anjo de hierarquia tão elevada, que se possa comparar à vossa grandeza e nos servir de caminho para chegar até vós? O mesmo Profeta acrescenta, referindo-se às criaturas da terra e ao mesmo tempo às do céu: "Porque o Senhor é excelso, e olha para as coisas humildes; e conhece de longe as coisas altas" (Sl 137,6); querendo significar que Deus, em sua elevação suprema, considera as coisas da terra como muito vis comparadas ao seu ser infinito; e as coisas mais altas, ou sejam, as criaturas celestes. Ele as vê ainda infinitamente afastadas de si. Em uma palavra, todas as criaturas não podem servir de meio proporcional ao entendimento para atingir a Deus.

4. Nem mais nem menos, tudo quanto a imaginação pode representar, o entendimento receber e compreender nesta vida, não pode servir de meio próximo para conduzir a alma à união com Deus. Do ponto de vista natural, o entendimento só percebe os objetos sob forma e espécies sensíveis, as quais, repetimos, não podem servir de meio, porque à alma não aproveita a inteligência natural para chegar à união divina. Se falamos do ponto de vista sobrenatural, na medida em que pode existir nesta vida, não tem o entendimento as disposições requeridas nem a capacidade conveniente, estando preso no cárcere do corpo, para a percepção de uma notícia clara de Deus. Esta luminosa notícia não é própria para esta terra; faz-se preciso morrer ou renunciar à sua posse. Quando Moisés pediu a Deus essa notícia clara, recebeu como resposta: "Não me verá nenhum homem

LIVRO II – CAPÍTULO VIII

que possa continuar a viver" (Ex 33,20). Ninguém jamais viu a Deus, afirma São João (Jo 1,18). E São Paulo, com Isaías, acrescenta: "Que o olho não viu, nem o ouvido ouviu, nem jamais subiu ao coração do homem" (1Cor 2,9; Is 64,4). E esta é a causa por que Moisés, como se diz nos Atos dos Apóstolos, não ousava olhar a sarça ardente onde Deus lhe manifestava a sua presença (At 7,32), sabedor de que seu entendimento se achava incapaz de formar uma ideia digna de Deus, conforme ao alto sentimento que ele tinha. Elias, nosso Pai, cobriu o rosto quando estava no monte em presença de Deus (1Rs 19,13) – o que significa cegar o entendimento; não ousou considerar objeto tão elevado por estar convencido até à evidência de as suas concepções particulares estarem mui distantes de Deus e completamente fora de proporção com ele.

5. Em consequência, nenhuma notícia, nenhuma apreensão sobrenatural, pode servir à alma nesta vida terrena, de meio próximo para chegar à sublime união de amor com Deus. Porque tudo o que o entendimento pode compreender, a vontade gozar e a fantasia imaginar, é muito dessemelhante e desproporcionado a Deus. O profeta Isaías no-lo dá a entender admiravelmente: "A quem, pois, comparareis vós a Deus, ou que imagem fareis dele? Porventura não foi um artífice que fundiu a estátua? O ourives não a formou de ouro, e o que trabalha em prata não a cobriu com lâminas de prata?" (Is 40,18-19). Pelo artífice que malha o ferro, compreende-se o entendimento, cujo ofício particular é formar as espécies inteligíveis e despojá-las do ferro das imagens e fantasias. Pelo ourives compreende-se a vontade, que tem a faculdade de receber a impressão e o sentimento do gozo, produzidos pelo ouro do amor. O ourives da prata que não pode figurar a Deus com lâminas de prata, representa aqui a memória e a imaginação, cujas notícias podem ser comparadas às ditas lâminas. Em suma, o entendimento com os seus conceitos não poderá entender algo

semelhante a ele, nem a vontade poderá gozar delícias ou suavidades comparáveis às que se acham em Deus, nem a memória formará na imaginação qualquer figura que o represente. Portanto é claro que nenhuma dessas notícias pode encaminhar o entendimento imediatamente a Deus; para chegar, pois, a ele, há de proceder antes não compreendendo do que procurando compreender; deve antes pôr-se em trevas do que abrir os olhos, para receber melhor a iluminação do raio divino.

6. Eis por que a contemplação, pela qual o entendimento tem mais alta notícia de Deus, se chama teologia mística, ou sabedoria secreta de Deus; porque está escondida para o próprio entendimento que a recebe. Por este motivo São Dionísio a denomina: "Raio de treva". E dela diz o profeta Baruc: "Não conheceram o caminho da Sabedoria e não lhe puderam descobrir as veredas" (Br 3,23). Para caminhar em suas veredas e se unir a Deus é, pois, necessário cegar-se voluntariamente em relação a todos os outros caminhos. Segundo Aristóteles, do mesmo modo que os olhos do morcego ficam cegos à luz do sol, assim nosso entendimento se obscurece e cega diante do mais luminoso em Deus, que para nós é pura treva; e quanto mais elevadas e manifestas são em si mesmas as coisas divinas, mais se tornam para nós incompreensíveis e obscuras. O mesmo afirma o Apóstolo dizendo: A grandeza de Deus é o que há de mais inacessível ao homem.

7. Não acabaríamos, a este propósito, de enumerar todas as autoridades e razões para provar e dar a conhecer como não há, entre as concepções da inteligência humana e entre todas as coisas criadas, escada que nos possa fazer subir até este Altíssimo Senhor. Longe disso, se o entendimento quisesse aproveitar-se de todos esses auxílios, ou de qualquer um dentre eles usando-o como meio próximo para a união divina, não somente lho impediria, mas ainda seria ocasião de muitos erros e ilusões na subida deste Monte.

CAPÍTULO IX

Como a fé é para o entendimento o meio
próximo e proporcionado para a alma chegar à
divina união de amor. Provas extraídas das
autoridades e exemplos da Sagrada Escritura.

1. De tudo quanto foi dito até agora, podemos concluir que o entendimento, para estar disposto à divina união, tem necessidade de permanecer na pureza e no vazio de todas as coisas sensíveis, desprendido e desocupado de todo conhecimento distinto, para assim tranquilo e em silêncio estabelecer-se na fé – único meio próximo e proporcionado para a alma chegar à união com Deus. Com efeito, o objeto da visão beatífica é o mesmo que o da fé; toda a diferença consiste em ser Deus visto ou crido. Porque assim como Deus é infinito, a fé no-lo propõe infinito; como é Trindade de pessoa em unidade de natureza, do mesmo modo a fé no-lo mostra como tal; enfim, como Deus é treva para nosso entendimento, também a fé semelhantemente nos cega e deslumbra. Portanto, só por este meio da fé se manifesta Deus à alma, em divina luz que excede todo entendimento; e quanto mais fé tem a alma, mais unida está com Deus. São Paulo exprimia esta verdade no texto citado mais acima: "É necessário que o que se chega a Deus creia" (Hb 11,6). Em outros termos: o entendimento se dirige a Deus e a ele se une no meio das trevas de uma fé pura, porque o Altíssimo está escondido sob essas trevas misteriosas, segundo as palavras do rei Davi: "A obscuridade está debaixo de seus pés. E subiu acima dos querubins, e voou sobre as asas dos ventos. E se ocultou nas trevas e na água tenebrosa" (Sl 17,10).

2. Essa obscuridade sob os pés, seu esconderijo nas trevas, e a sua tenda formada por águas tenebrosas denotam a obscuridade da fé, na qual o Senhor está encerrado. Dizendo o Salmista que subiu Deus acima dos querubins e voou sobre as asas dos ventos, nos dá a entender que

paira acima de todo entendimento, pois "querubins" quer dizer inteligentes ou contemplantes e as asas dos ventos significam as notícias e concepções sutis e elevadas dos espíritos; acima de todas elas está o ser divino inacessível a toda criatura.

3. A Sagrada Escritura nos oferece um exemplo quando nos declara que ao terminar Salomão a construção do Templo, Deus desceu numa nuvem e encheu o santo lugar de tal obscuridade que os filhos de Israel nada mais podiam distinguir. Salomão disse então assim: "O Senhor prometeu que habitaria numa nuvem" (1Rs 8,12). Apareceu Deus igualmente a Moisés, na montanha, envolto em trevas (Ex 19,9). Enfim, todas as vezes que Deus se comunicava muito aos homens, sempre o fazia sob trevas, como se pode constatar no livro de Jó onde está escrito que o Senhor falou a Jó no meio do ar tenebroso (Jó 38,1; 40,1). Todas essas trevas representam a obscuridade da fé, sob a qual se encobre a Divindade quando se comunica à alma. Dissipar-se-ão as trevas quando, no dizer de São Paulo, tudo que é imperfeito – isto é, a obscuridade da fé – for abolido, e alcançarmos o estado perfeito (1Cor 13,10), que é a divina luz. Ainda temos figura desta verdade no exército de Gedeão, cujos soldados levavam nas mãos vasos de barro encerrando tochas acesas, e só viram as luzes quando quebraram os vasos (Jz 7,16). A fé, da qual estes vasos são aqui símbolo, encerra em si a claridade divina; no fim desta vida mortal o vaso da fé será quebrado, aparecendo logo a glória e luz da Divindade nele encerrada.

4. É evidente, pois, que para se unir a alma com Deus nesta vida e comunicar-se imediatamente com ele, deve penetrar nas trevas onde o Senhor, segundo diz Salomão, prometeu morar. Tem necessidade de pôr-se junto do ar tenebroso no qual Deus revelou seus segredos a Jó e tomar nas mãos, em trevas, as urnas de Gedeão, isto é: nas obras da vontade – aqui significadas pelas mãos – deve trazer

escondida a luz, que é a união do amor, embora na obscuridade da fé; até que, enfim, quebrado o vaso desta vida mortal, único impedimento à luz da fé, logo veja e contemple a Deus face a face na glória.

5. Só nos falta agora dizer, de modo particular, todas as inteligências e apreensões que o entendimento pode receber, e enumerar os impedimentos e danos que delas lhe podem advir neste caminho da fé; mostraremos como deve proceder a alma para tirar proveito, e não prejuízo, dessas inteligências, tanto sensíveis como espirituais.

CAPÍTULO X

Enumeração distinta de todas as apreensões e concepções do entendimento.

1. Para tratar de modo especial da utilidade e dano que causam à alma, em relação à fé – meio da união divina – as notícias e apreensões do entendimento, é necessário fazer aqui a distinção de todos esses conhecimentos, tanto naturais como sobrenaturais, que essa potência é suscetível de receber. Poderemos, depois, com a maior ordem e brevidade possível, dirigi-la na noite e obscuridade da fé à divina união.

2. É mister saber que existem duas vias por onde o entendimento chega ao conhecimento e à inteligência das coisas: uma natural e outra sobrenatural. A via natural abrange tudo que o entendimento pode alcançar, seja por meio dos sentidos corporais, seja por sua própria perspicácia. A via sobrenatural diz respeito a tudo quanto recebe o entendimento de modo superior à sua capacidade e aptidão natural.

3. Entre essas notícias sobrenaturais, umas são corporais e outras espirituais. As corporais se adquirem de duas maneiras: ou são produzidas no entendimento pela ajuda dos sentidos corporais exteriores, ou, então, por meio dos sen-

tidos corporais interiores, nos quais se compreende tudo o que a imaginação possa conhecer, criar e representar.

4. As notícias espirituais se adquirem igualmente de duas maneiras: umas são distintas e particulares, a outra é confusa, obscura e geral. As notícias distintas e particulares são comunicadas de quatro modos diferentes ao espírito, sem a ajuda de qualquer sentido corporal, e são visões, revelações, palavras interiores e sentimentos espirituais. A inteligência obscura e geral é única; é a contemplação recebida pela fé. Para esta contemplação devemos conduzir a alma, encaminhando-a através de todas as outras notícias, a começar das primeiras, no desapego de cada uma delas.

CAPÍTULO XI

Do impedimento e prejuízo que podem causar
ao entendimento as apreensões apresentadas
sobrenaturalmente aos sentidos corporais
exteriores. Atitude da alma nesse caso.

1. As primeiras notícias, das quais já falamos no capítulo precedente, são as que o entendimento adquire por via natural. Ao orientarmos a alma na noite do sentido, expusemos suficientemente esse assunto; seria, pois, supérfluo repeti-lo aqui. Limitar-nos-emos a tratar, no presente capítulo, das notícias e apreensões que são dadas ao entendimento sobrenaturalmente, por meio dos sentidos corporais exteriores, isto é, visão, audição, paladar, olfato e tato. As pessoas espirituais podem e costumam ter representações de objetos sobrenaturalmente percebidos pelos sentidos: por exemplo, os olhos divisam formas e personagens do outro mundo, tal ou tal santo, bons ou maus anjos, luzes e esplendores extraordinários. O ouvido escuta palavras misteriosas, ora proferidas por essas aparições e outras vezes sem saber donde vêm. O olfato aspira perfumes suavíssimos de origem desconhecida. Da mesma forma essas

pessoas sentem no paladar sabores deliciosos, e no tato um deleite tão grande, que lhes parece penetrar até à medula dos ossos e mergulhá-las numa torrente de delícias. Esta doçura é a unção do espírito que dele se irradia até aos membros das almas puras e simples. Os que abraçam a vida espiritual experimentam ordinariamente esse gozo, que do afeto e devoção sensível do espírito procede, em graus diversos, para cada um a seu modo.

2. Ora, importa saber que, não obstante poderem ser obra de Deus os efeitos extraordinários que se produzem nos sentidos corporais, é necessário que as almas não os queiram admitir nem ter segurança neles; antes é preciso fugir inteiramente de tais coisas, sem querer examinar se são boas ou más. Porque quanto mais exteriores e corporais, menos certo é que são de Deus. Com efeito é mais próprio de Deus comunicar-se ao espírito – e nisto há para a alma mais segurança e lucro – do que ao sentido, fonte de frequentes erros e numerosos perigos. O sentido corporal, nessas circunstâncias, faz-se juiz e apreciador das graças espirituais julgando-as tais como sente. No entanto, há tanta diferença entre a sensibilidade e a razão como entre o corpo e a alma, e, na realidade, o sentido corporal é tão ignorante das coisas espirituais como um jumento o é das coisas racionais, e mais ainda.

3. Quem estima esses efeitos extraordinários erra muito, e corre grande perigo de ser enganado, ou, ao menos, terá em si total[1] obstáculo para ir ao que é espiritual. Como já dissemos, os objetos corporais nenhuma proporção têm com os espirituais, por isso deve-se sempre pensar que, nos primeiros, mais se encontra a ação do mau espírito em lugar da ação divina. O demônio, possuindo mais domínio sobre as coisas corporais e exteriores, pode com maior facilidade nos enganar neste ponto, do que nas mais interiores e espirituais.

---

1. Na edição príncipe está: "grande impedimento".

4. Quanto mais exteriores são esses objetos e formas corporais, menos proveito trazem ao interior e ao espírito, pela grande distância e desproporção que há entre o que é corporal e o que é espiritual. Embora comuniquem algum espírito, como acontece sempre que vêm de Deus, mesmo assim o proveito será sempre menor do que se estas manifestações houvessem sido mais espirituais e interiores. São de natureza a produzir erro, presunção e vaidade; porque sendo tão palpáveis e materiais, movem muito os sentidos. A alma, levada por essas impressões sensíveis, dá-lhes grande importância, abandonando a luz da fé para seguir essa falsa luz que então parece a seus olhos o meio para levá-la ao objetivo de suas aspirações, isto é, à união divina; entretanto, quanto mais se interessar por essas coisas, mais se afastará do caminho e se privará do meio por excelência que é a fé.

5. A alma, além disso, vendo-se favorecida por graças tão extraordinárias, muitas vezes concebe secretamente boa opinião de si, imaginando já valer algo diante de Deus – o que é contrário à humildade. Por outro lado, o demônio sabe sugerir-lhe oculta satisfação de si mesma, por vezes bem manifesta. Com este fim propõe-lhe frequentemente objetos sobrenaturais aos sentidos, oferecendo à vista imagens de santos e maravilhosos resplendores; aos ouvidos, palavras misteriosas; ao olfato, perfumes muito suaves; ao paladar, delicadas doçuras, e ao tato sensações deleitosas, para que, atraída a alma com estes gostos, possa ele causar-lhe muitos males. É necessário, portanto, rejeitar sempre tais representações e sentimentos, porque ainda quando viessem de Deus, a alma não o ofenderia agindo assim, nem deixaria de receber o efeito e os frutos que Deus tem em vista conceder-lhe.

6. Eis a razão: nas visões corporais e nas impressões sensíveis, ou mesmo nas comunicações mais interiores, quando são obra de Deus, o seu efeito se produz instantaneamente no espírito sem dar à alma tempo de deliberar para

LIVRO II – CAPÍTULO XI

aceitá-las ou rejeitá-las. Como Deus age sobrenaturalmente sem a diligência e habilidade da alma, assim, sem cooperação dela, produz o efeito desejado no espírito; não é possível à vontade aceitar ou recusar esta operação, nem mesmo perturbá-la, por ser algo que se opera passivamente no espírito. Inutilmente um homem despojado de suas vestes pretenderia subtrair-se à dor de uma queimadura, se lhe chegassem fogo ao corpo; esse elemento produziria forçosamente a sua ação. Assim acontece com as visões e representações verdadeiras; antes de agir no corpo, produzem primeiro e principalmente seu efeito na alma, mesmo sem a vontade desta. As comunicações vindas do demônio também causam na alma, sem o consentimento dela, desassossego ou aridez, vaidade ou presunção de espírito. Na verdade, estas últimas não têm tanta eficácia para o mal como as de Deus para o bem, porque as representações vindas do inimigo apenas produzem primeiros movimentos na vontade e não podem movê-la a mais sem o seu consentimento; deixam alguma inquietação de pouca duração, a não ser que o pouco ânimo e recato da alma deem ocasião a que se prolongue. Ao contrário, as comunicações de Deus penetram intimamente o espírito e movem a vontade a amar, deixando seu efeito, ao qual a alma, embora queira, não pode resistir mais do que o vidro ao raio do sol que o atravessa.

7. A alma, portanto, jamais se há de atrever a querer admitir tais comunicações extraordinárias, mesmo mandadas por Deus. Porque daí resultam seis inconvenientes. Primeiro: a perfeição da fé, que a deve reger, vai diminuindo; pois tudo o que se experimenta, sensivelmente, muito prejudica a fé, a qual ultrapassa todo o sentido. E se a alma não fecha os olhos a essas coisas, afasta-se do meio que leva à união divina. Segundo: as impressões sensíveis são impedimento para o espírito, quando não são recusadas: porque detendo-se nelas não pode voar o mesmo espírito ao que é invisível. Esta é uma das razões pelas quais declarou o Se-

nhor a seus discípulos a necessidade de sua ausência para que descesse sobre eles o Espírito Santo. O mesmo motivo fez com que ele não deixasse Maria Madalena chegar-se a seus pés, depois de ressuscitado, para firmá-la, assim, na fé. Terceiro: a alma se prende com sentimento de propriedade a essas visões e não progride na desnudez do espírito e na verdadeira resignação. Quarto: o fruto interior dessas comunicações vai se perdendo, porque a alma concentra a atenção no que elas têm de sensível, isto é, no menos importante. E, assim, não recebe com tanta abundância o efeito espiritual, impresso e conservado mais no interior, quando há desprendimento de todo o sensível, que muito difere do puro espírito. Quinto: a alma vai perdendo as mercês divinas, porque as recebe com apego e não se aproveita bem delas. Recebê-las com apego e não se aproveitar é querer aceitá-las; e não é para isso que Deus as concede, pois o espiritual jamais se há de persuadir serem elas de origem divina. Sexto: querendo admitir esses favores de Deus, a alma abre porta ao demônio para enganá-la com outros semelhantes, pois, como disse o Apóstolo, pode o inimigo transformar-se em anjo de luz (2Cor 11,14), e sabe muito bem dissimular e disfarçar as suas sugestões com aparências de boas. Com o auxílio divino, voltaremos a esse ponto no Livro Terceiro, no capítulo sobre a gula espiritual.

8. Convém, pois, à alma repelir de olhos fechados essas representações, venham de onde vierem. Se assim não fizesse, daria tanta entrada às do demônio, e a este tanta liberdade, que não somente teria visões diabólicas a par das divinas, mas aquelas se iriam multiplicando e estas cessando, de tal maneira que viria tudo a ser do demônio e nada de Deus. Assim tem acontecido a muitas pessoas incautas e ignorantes: julgavam-se tão seguras nessas comunicações, que grandemente lhes custou a volta a Deus na pureza da fé. E muitas jamais puderam voltar, por terem as ilusões do demônio lançado nelas profundas raízes. Aí está por que é conveniente fechar a entrada de nossa

alma a essas visões, negando-as todas. Rejeitando as más, evitam-se os erros do demônio e, quanto às boas, não servirão de obstáculo para a vida de fé, recolhendo melhor o espírito o fruto delas. Deus vai retirando suas graças às almas apegadas a essas coisas com propriedade e que não as aproveitam ordenadamente; ao mesmo tempo o demônio aproveita-se desta disposição e vai multiplicando as suas comunicações porque encontra ocasião e facilidade. Porém, quando a alma está desapegada e é contrária às ditas visões, o espírito maligno vai deixando de agir, por não conseguir causar prejuízo; e Deus vai aumentando seus favores nessa alma humilde e desprendida, elevando-a e constituindo-a sobre grandes coisas, como fez ao servo que foi considerado fiel nas pequenas.

9. Se entre os favores divinos a alma perseverar na fidelidade e no desapego, não deixará o Senhor de conduzi-la de grau em grau até à divina união e transformação. Nosso Senhor gradualmente vai provando e elevando a alma, primeiramente concedendo graças exteriores e sensíveis conforme sua pequena capacidade; e se recebe, como deve, com sobriedade, esse primeiro alimento no propósito de se nutrir e fortificar, ele lhe dá depois outro manjar mais forte e substancial. De forma que, vencendo ao demônio nesse primeiro grau da vida espiritual, passará ao segundo, e, tornando a triunfar neste, subirá ao terceiro. Percorrerá assim sucessivamente todas as sete moradas que são os sete graus do amor, até que o Esposo divino a introduza no celeiro místico onde tem em reserva o vinho de sua perfeita caridade.

10. Ditosa a alma que sabe combater contra aquela besta do Apocalipse cujas sete cabeças são opostas a esses sete graus do amor! Cada uma dessas cabeças faz guerra a cada um deles, pelejando contra a alma em cada uma das sete mansões onde está ela se exercitando e subindo em cada grau de amor de Deus. Sem dúvida, combatendo fielmente contra esses ataques e alcançando vitória, merecerá passar de grau em grau e de morada em morada até à última,

após haver cortado as sete cabeças da besta, que lhe faziam guerra tão furiosa; pois, como diz São João, foi-lhe concedido que fizesse guerra aos santos e os vencesse em cada um desses graus de amor, arremetendo contra eles com muitas armas e munições. É lamentável considerar a multidão dos que, após serem admitidos a esta batalha da vida espiritual, não têm coragem de cortar a primeira cabeça da besta, renunciando aos prazeres sensíveis do mundo! Mesmo alguns dos que conseguem esta primeira vitória não cortam a segunda cabeça, isto é, as visões exteriores de que já falamos. Mais lamentável ainda é ver outras almas que, tendo cortado a primeira e a segunda cabeça, e ainda a terceira, a respeito dos sentidos interiores, após haverem transposto os limites da meditação e os de uma oração mais elevada, no momento de entrarem na pureza de espírito, esse monstro se levanta novamente contra elas e as derruba. Chega mesmo a ressuscitar a sua primeira cabeça e, tomando outros sete espíritos ainda mais perversos, apossa-se dessas almas cujo último estado se torna pior que o primeiro.

11. Deve, pois, o espiritual renunciar a todos os conhecimentos e deleites temporais vindos dos sentidos exteriores, cortando a primeira e a segunda cabeça a essa besta, para assim entrar no primeiro aposento do amor e no segundo de viva fé. É preciso não se embaraçar com as coisas sensíveis, porquanto são as que mais diminuem a pureza da fé.

12. Está, portanto, claramente provado que essas visões e apreensões dos sentidos não têm proporção alguma com Deus: não podem servir de meio para a união com ele. Esta foi uma das causas por que não queria Cristo que Santa Maria Madalena e São Tomé o tocassem. O demônio se regozija muito ao ver uma alma admitir voluntariamente as revelações e inclinar-se a elas; porque encontra nessa disposição muita oportunidade e entrada para insinuar erros e assim prejudicar, tanto quanto possível, a fé. Torno a dizer: a alma presa às graças sensíveis permanece igno-

rante e grosseira na vida de fé, e fica sujeita muitas vezes a tentações graves e pensamentos importunos.

13. Estendi-me um pouco sobre essas apreensões exteriores, a fim de dar mais luz sobre as que devemos tratar em seguida. Contudo neste assunto há tanto a dizer, que jamais se acabaria. Receio ainda ter sido muito breve em me limitando a aconselhar cautela nessas comunicações exteriores e sensíveis sem jamais as admitir – a não ser, em certas circunstâncias muito raras e sob o parecer de alguém com muita autoridade, e excluindo sempre o desejo delas. Creio já estar bem declarada esta matéria.

CAPÍTULO XII

Das representações imaginárias naturais. Diz
o que são, e prova como não podem servir de
meio proporcionado para alcançar a união
divina. Prejudicam a alma delas não desprendida.

1. Antes de tratar das visões imaginárias apresentadas sobrenaturalmente aos sentidos interiores, que são a imaginação e a fantasia, convém, para proceder com ordem, falar aqui das representações naturais desses mesmos sentidos interiores. Passaremos, deste modo, do menos ao mais importante, do exterior ao interior, até penetrarmos no íntimo recolhimento onde a alma se une com Deus. É este, afinal, o método que vimos seguindo até aqui. Quando tratamos, no Livro Primeiro, da noite do sentido, induzimos a alma a despojar-se dos conhecimentos naturais provenientes dos objetos exteriores e, em consequência, das forças naturais dos apetites. Demos início ao desapego das apreensões exteriores sobrenaturais, que caem sob o domínio dos sentidos externos (como no capítulo precedente acabamos de fazer), para encaminhar a alma à noite do espírito.

224 SUBIDA DO MONTE CARMELO

2. Neste Segundo Livro, primeiramente se nos apresenta agora o sentido corporal interior, isto é, a imaginação e fantasia. Devemos igualmente esvaziá-lo de todas as formas e conhecimentos imaginários que nesse sentido interior possam naturalmente entrar. Provaremos como é impossível à alma chegar à união divina enquanto não cessam as operações imaginárias, as quais não podem ser meio proporcionado e imediato para atingir tal união.

3. Referimo-nos aqui aos dois sentidos corporais interiores, chamados imaginação e fantasia; são conexos e prestam-se mútuo auxílio. O primeiro discorre imaginando, enquanto o segundo forma a imagem ou coisa imaginada. A nosso propósito, é o mesmo tratar de um como de outro; por este motivo, quando não nomearmos os dois juntos, tenha-se por entendido que nos referimos a um e outro indiferentemente. Tudo o que se representa a esses sentidos interiores pode ser chamado imaginação ou fantasia, e a eles se apresentam sob formas e figuras corpóreas. Esta representação imaginária pode ser de duas maneiras: uma sobrenatural, realizada sem a cooperação destes sentidos, passivamente; tais são as visões imaginárias de origem sobrenatural, de que falaremos adiante. Outra é natural, e se produz ativamente, pela própria habilidade do sentido interior, sob forma de figuras e imagens. Assim a estas duas potências cabe exercitar a meditação, ato discursivo que se utiliza de imagens, formas e figuras oferecidas pelos ditos sentidos; como, por exemplo, imaginar Jesus Cristo na cruz ou atado à coluna, ou noutro passo da paixão; ou figurar a Deus sentado num trono com grande majestade; ou ainda representar a glória como uma luz deslumbrante; ou, afinal, formar qualquer outra concepção imaginária, seja de ordem divina ou de ordem humana. Nenhuma dessas representações ou imaginações serve de meio próximo e proporcionado para a união divina, portanto, deve a alma despojar-se de todas elas e ficar na obscuridade em relação ao sentido interior,

LIVRO II – CAPÍTULO XII

da mesma forma que já dissemos a respeito das apreensões recebidas pelos cinco sentidos exteriores.

4. A razão disto é a seguinte: a imaginação não pode fabricar ou imaginar coisa alguma que lhe não seja fornecida pelos sentidos exteriores, isto é, que não tenha visto ou ouvido etc. Quando muito, poderá formar interiormente imagens que se assemelham ao já visto, ouvido, ou sentido; porém tais semelhanças não poderão ser superiores, nem iguais à realidade das coisas percebidas pelos sentidos externos. Com efeito, se alguém imaginar palácios de pérolas e montes de ouro, porque já viu ouro e pérolas, não chegará tudo aquilo a igualar o valor verdadeiro de uma pérola ou de um pouco de ouro, mesmo que a imaginação figure, com muito concerto, grande quantidade. Como todas as realidades não podem ter proporção alguma com o ser de Deus, segundo já temos dito, podemos deduzir que tudo quanto se quiser imaginar à semelhança delas não pode servir de meio próximo para a união com ele, antes será obstáculo.

5. Afastam-se muito de Deus os que o representam sob qualquer forma, seja como fogo consumidor, ou luz esplêndida, ou outros aspectos, imaginando achar nessas imagens alguma semelhança do que ele é. Certamente são necessárias aos principiantes tais considerações e maneiras de meditação, para enamorar-lhes a alma e nutri-la pela via do sentido, como explicaremos depois. Servem assim de meios remotos para a sua união com Deus, e por eles passam ordinariamente as almas, até chegar ao fim e estabilidade do repouso espiritual. Mas não se entende que seja de modo a se deterem nesses meios e neles e ficarem estacionárias; seria jamais chegar ao fim que é muito diferente dos meios e nada tem a ver com eles. Assim os degraus de uma escada nada têm de comum com o termo ou alto da subida para a qual são apenas meios. Se uma pessoa quisesse subir a escada, sem ir deixando atrás os degraus à proporção que sobe, e ficasse parada em algum, jamais chegaria ao aprazível plano superior ao qual conduz a mes-

ma escada. Portanto, a alma desejosa de chegar nesta vida à união daquele sumo bem e descanso há de passar todos esses graus de considerações, formas e notícias, e elevar-se acima deles; pois não têm semelhança alguma com Deus, termo e fim a que encaminham. Assim o declara São Paulo nos *Atos dos Apóstolos*: "Não devemos pensar que a Divindade é semelhante ao ouro, ou à prata, ou à pedra lavrada por arte e indústria do homem" (At 17,29).

6. Enganam-se muitos espirituais sobre esse ponto. Após se exercitarem por meio de imagens, formas e meditações convenientes aos principiantes, o Senhor lhes oferece bens mais altos, mais interiores e invisíveis, subtraindo-lhes o gosto e consolação que encontravam na meditação discursiva; e eles não querem, nem ousam, nem sabem desprender-se inteiramente desses meios sensíveis aos quais estão acostumados. Ao contrário, esforçam-se por conservá-los, e continuam a querer usar das considerações e representações, persuadidos de que devem agir sempre desse modo. Esforçam-se muito, e acham pouco ou nenhum fruto em seus exercícios. Antes quanto mais trabalham, mais se lhes aumenta e cresce a secura com muita perturbação e fadiga para a alma; porque não podem mais encontrar o que desejam naquele primeiro modo tão sensível. O espírito não gosta mais de saborear aquele manjar; precisa de outro mais delicado e interior, ao mesmo tempo menos sensível, que não consiste em trabalhar com a imaginação e, sim, em deixar a alma na quietação e repouso, o que é mais espiritual. Quanto mais progredir neste caminho do espírito, mais diminuirá a operação das suas potências com relação aos objetos particulares. Um só ato, simples e geral, substituirá então o trabalho das potências porque a alma chega, afinal, ao termo para onde tendia anteriormente. Os pés do viajante se detêm ao terminar a jornada; se tudo constituísse em andar jamais se chegaria ao destino; e se tudo fossem meios, quando, pois, se gozaria do fim?

LIVRO II – CAPÍTULO XII

7. É digno de lástima ver muitos espirituais, cujas almas aspiram a este sossego e repouso de quietação interior, onde se enchem de paz e fartura divina, que, em vez disso, andem em desassossego, querendo trazer suas almas ao mais exterior, para percorrerem o caminho já andado, sem nenhuma razão. Obrigam-nas a deixar o repouso do termo, para retomar os meios que conduzem a ele, isto é, as considerações. Ora, isto não se faz sem uma grande repugnância e desgosto da alma, desejosa de estabelecer-se nesta incompreensível paz como em seu próprio centro, do mesmo modo que sentiria muita pena quem fosse obrigado a trabalhar depois de ter com grande esforço chegado ao descanso. Essas pessoas, ignorando o mistério desse novo caminho, pensam estar ociosas sem fazer nada, e por esta causa se agitam e perturbam. Experimentam em vão formar considerações e raciocínios, mas, longe de excitarem a devoção sensível, procurando um proveito que lhes foge, só encontram aridez e angústia. Podemos dizer: quanto mais insistem, menos aproveitam, porque, obstinando-se no emprego desses meios, perdem tudo, e retiram a alma da paz espiritual. Deixam o mais pelo menos; tornam a andar o caminho já percorrido e querem fazer o que já está feito.

8. A essas pessoas se há de dizer que aprendam a permanecer com atenção e advertência amorosa em Deus, naquela quietação, sem se preocuparem com a imaginação nem com as imagens que ela forma. Aqui, como dissemos, descansam as potências e não obram ativamente. Sua atitude é passiva, recebendo a ação divina; se algumas vezes trabalham, não é com esforço nem por via discursiva, mas com suavidade de amor, e mais movidas por Deus do que por sua própria habilidade. Explicaremos este ponto mais claramente depois. Agora é suficiente o que já está dito para os que pretendem ir adiante, sobre a necessidade do total desapego em todos esses meios, modos e operações da imaginação, no tempo conveniente e segundo o estado

em que se encontram, a fim de acharem proveito para as suas almas.

9. No intuito de mostrar quando e como devem proceder assim, indicaremos, no capítulo seguinte, alguns sinais que deverá notar em si o espiritual, e por meio deles conhecer o momento em que livremente possa deixar a via discursiva e não mais se servir do concurso da imaginação.

CAPÍTULO XIII

Sinais que há de ver em si o espiritual para conhecer quando deve abandonar as formas imaginárias e os discursos da meditação, passando ao estado de contemplação.

1. Para evitar confusão no desenvolvimento desta doutrina é útil dar a entender, neste capítulo, em que tempo e ocasião deve a alma abandonar a meditação discursiva por meio de imagens, formas e figuras; para não acontecer deixá-la antes ou depois do tempo conveniente ao seu progresso espiritual. Pois, assim como convém deixá-la em tempo oportuno, para não impedir a divina união, assim também é necessário não abandoná-la antes do tempo para não voltar atrás; pois embora não sirvam as apreensões das potências internas de meio próximo para a união aos proficientes, todavia, servem de meios remotos para os principiantes; dispõem e habituam o espírito a elevar-se, pelo sentido, às realidades espirituais, e o desembaraçam das formas e imagens baixas, terrenas, mundanas e naturais. Indicaremos alguns sinais que há de ver em si o espiritual para saber se é ou não tempo de deixar a meditação discursiva.

2. O primeiro sinal é não poder meditar nem discorrer com a imaginação, nem gostar disso como antes; ao contrário, só acha secura no que até então o alimentava e lhe ocupava o sentido. Enquanto, porém, tiver facilidade em discorrer e achar sabor na meditação, não a deve deixar,

salvo quando a alma estiver na paz e quietação indicadas no terceiro sinal.

3. O segundo é não ter vontade alguma de pôr a imaginação nem o sentido em outras coisas particulares, sejam exteriores ou interiores. Não me refiro às distrações da imaginação, pois esta, mesmo no maior recolhimento, costuma andar vagueando; digo somente que não há de gostar a alma de fixá-la voluntariamente em outros objetos.

4. O terceiro sinal, e o mais certo, é gostar a alma de estar a sós com atenção amorosa em Deus, sem particular consideração, em paz interior, quietação e descanso, sem atos e exercícios das potências, memória, entendimento e vontade, ao menos discursivos, que consistem em passar de um a outro; mas só com a notícia e advertência geral e amorosa já mencionada, sem particular inteligência de qualquer coisa determinada.

5. Esses três sinais reunidos há de verificar em si o espiritual, para ousar com segurança deixar a via da meditação e do sentido, e entrar na via da contemplação e do espírito.

6. Não basta só o primeiro sinal sem o segundo, porque a impossibilidade de exercitar a imaginação e de meditar nas coisas de Deus poderia provir de distração e pouco recolhimento; eis por que é necessário o segundo sinal, isto é, não sentir atração nem desejo de pensar em coisas estranhas. Com efeito, quando a dificuldade de fixar a imaginação e o sentido nas coisas de Deus procede de dissipação e tibieza, logo sente a alma necessidade e desejo de aplicar-se a outras diferentes e de abandonar a meditação. Sem o terceiro sinal, porém, os dois primeiros juntos seriam insuficientes: a incapacidade de discorrer e fixar o pensamento em Deus, sem inclinação de pensar em outras coisas, poderia proceder de melancolia ou resultar de algum humor doentio no cérebro ou no coração, que sói causar certo entorpecimento e suspensão do sentido. Quando assim acontece, a alma em nada pensa e não quer trabalhar com as potências nem sente

230 SUBIDA DO MONTE CARMELO

gosto em fazê-lo, senão só em ficar naquele embevecimento saboroso. Contra isto se há de verificar o terceiro sinal, que é a notícia e atenção amorosa em paz, como dissemos.

7. No princípio, entretanto, quando começa este estado, quase não se percebe esta notícia amorosa, e isto por duas causas: primeira, porque no começo costuma ser a contemplação mui sutil e delicada e quase insensível; segunda, porque tendo a alma se habituado à meditação, cujo exercício é totalmente sensível, com dificuldade percebe esse novo alimento insensível e já puramente espiritual. Mormente acontece isto quando a alma, por não conhecer seu estado, agita-se, e se esforça por voltar ao outro exercício da meditação. Embora com esse novo alimento seja mais abundante a amorosa paz interior, a inquietação impede a alma de senti-la e gozá-la. Mas na medida em que a alma se for habituando a permanecer sossegada, irá crescendo a tranquilidade e aquela notícia amorosa e geral de Deus, nela encontrando mais gosto do que em todas as outras coisas, pois a enche de paz, descanso, gozo e deleite, sem trabalho.

8. E para maior clareza do assunto, diremos no capítulo seguinte os motivos que justificam a necessidade dos três ditos sinais para entrar a alma na via do espírito.

CAPÍTULO XIV

Conveniência dos sinais mencionados. Razões
da necessidade deles para entrar na via
da contemplação.

1. Para entrar na via do espírito (que é a contemplação) deve o espiritual deixar a vida imaginária e de meditação sensível, quando já não acha gosto nela, nem pode discorrer. Ora, tem este primeiro sinal duas razões de ser que se podem quase resumir em uma só. Primeira: a alma já recebeu, de certo modo, todo o bem espiritual que devia achar

LIVRO II – CAPÍTULO XIV

nas coisas de Deus por meio da meditação e dos raciocínios: é indício certo já não poder meditar e discorrer como antes, e não achar neste exercício novo alimento e gosto como anteriormente, quando ainda não tinha chegado a gozar do espírito que ali estava escondido. Originariamente, cada vez que a alma recebe algum novo bem espiritual, recebe-o gostando, pelo menos com o espírito, no meio por onde o recebeu e lhe fez proveito. De outra forma, seria muito difícil o bem espiritual ser-lhe útil, nem poderia achar na causa dele o sabor e gosto achado efetivamente quando o recebe. Assim dizem os filósofos: "O que tem sabor nutre e engorda". E diz o santo Jó: "Poder-se-á, porventura, comer a vianda insossa, que não foi temperala de sal?" (Jó 6,6). A primeira causa, portanto, de não poder meditar e discorrer como antes é o pouco proveito e sabor que o espírito aí encontra.

2. A segunda razão é: a alma chegada a esse ponto já possui, quanto à substância e ao hábito, o espírito da meditação. Pois qual o fim da meditação e dos atos discursivos, senão conseguir mais clara notícia de Deus e mais intenso amor? Cada vez que, pela meditação, o consegue, é mais um ato; e como a repetição dos atos gera o hábito, assim muitos atos dessas notícias amorosas chegam, com a prática, a se tornar tão contínuos, que se transformam em hábito para a alma. Na verdade, costuma o Senhor elevar muitas almas logo ao estado de contemplação sem este meio dos atos discursivos ou ao menos sem haver precedido muitos. E, assim, o que a alma outrora conseguia pela aplicação laboriosa de suas potências e pelos conhecimentos distintos, torna-se, pela repetição, hábito e substância de notícia amorosa geral, não distinta nem particular como antes. Logo que entra em oração, como quem já está com a boca na fonte, bebe à vontade e com suavidade, sem o trabalho de conduzir a água pelos aquedutos das passadas considerações, formas e figuras. E, assim, logo em se pondo na presença de Deus, acha-se naquela notícia confusa,

232   SUBIDA DO MONTE CARMELO

amorosa, pacífica e sossegada em que vai bebendo sabedoria, amor e sabor.

3. Por esta causa a alma sente extrema repugnância e
muito sofrimento quando querem arrancá-la dessa quietação e constrangê-la ao trabalho da meditação de assuntos
particulares. Acontece-lhe como ao menino que, estando a
receber, sem trabalho seu, o leite encontrado no peito materno chegado e junto à boca, tiram-lhe o peito e querem
que torne a procurá-lo com seus próprios esforços. Sucederia ainda à alma como àquele que, tendo descascado o fruto, lhe saboreia a substância; se o obrigassem a deixar para
tornar a tirar a casca, nem provaria o sabor da substância,
nem acharia mais a casca; seria semelhante, nisto, a quem
deixa a presa que tem pela que não tem.

4. É o erro de muitos que começam a entrar nesse estado: pensam que tudo consiste em discorrer e entender
coisas particulares por meio de imagens e formas, que são
a casca do espírito; como não as acham naquela quietação
amorosa e substancial desejada pela alma, e não entendem
coisa clara, julgam perder tempo e voltam a buscar a casca
das imagens e dos discursos, e em vão o fazem, porque já
foi tirada. E assim não gozam da substância, nem tiram
fruto da meditação e perturbam-se pensando que se atrasam na vida espiritual e estão perdidos. Na verdade, estão
perdidos, embora não como eles supõem; pois se perdem
aos próprios sentidos e àquele primeiro modo de sentir e
entender, e, portanto, vão ganhando no espírito recebido;
e quanto menos forem entendendo, mais profundamente
irão penetrando na noite do espírito – de que neste livro
tratamos – pela qual hão de passar para chegar à união
com Deus, acima de todo saber.

5. Pouco há que declarar sobre o segundo sinal: é evidente que a alma, chegada a esse ponto, necessariamente
não há de apreciar outras imaginações diferentes e mundanas; pois, pelas razões apontadas acima, não acha gosto
mesmo nas que são de Deus, bem mais conformes ao seu

estado atual. Entretanto, não o esqueçamos, até no meio desse recolhimento, a inconstância da imaginação costuma fatigar a alma contra o gosto e a vontade desta, que, longe de aderir a tais divagações, sente pesar por ver sua paz e gozo perturbados.

6. A respeito da conveniência e necessidade do terceiro sinal para se deixar a meditação, isto é, da notícia ou advertência geral e amorosa em Deus, creio não ser preciso dizer mais coisa alguma aqui; pois já o declaramos ao falar do primeiro sinal. Além disso, voltaremos a este assunto depois de tratarmos de todas as apreensões particulares do entendimento. Limitar-nos-emos, no momento, a expor uma só razão que mostra claramente por que esta notícia amorosa geral de Deus é necessária para o contemplativo poder abandonar a via da meditação discursiva: se a alma não gozasse dessa notícia ou advertância em Deus, consequentemente nada faria nem receberia na oração. Com efeito, de um lado, abandonando a meditação mediante a qual trabalhava discorrendo com as potências sensitivas, e de outro lado faltando-lhe a contemplação – isto é, a notícia geral de que falamos, na qual a alma tem ocupadas as suas potências espirituais, memória, entendimento e vontade, unidas nessa mesma notícia já operada e recebida nelas –, faltar-lhe-ia necessariamente todo exercício acerca de Deus; porque a alma não pode agir nem receber senão por meio das potências, sensitivas ou espirituais. Como já dissemos, é mediante as potências sensitivas que pode discorrer e buscar ativamente as notícias dos objetos; e por meio das potências espirituais é que pode gozar do objeto das notícias já adquiridas, sem mais o laborioso trabalho discursivo.

7. A diferença entre o exercício de umas e outras potências é a mesma que existe entre trabalhar e gozar do trabalho já feito: ou entre ir recebendo e aproveitar-se do recebido; ou a mesma existente entre a fadiga de uma longa caminhada e o repouso de quem chega ao termo; ou ainda

entre estar alguém guizando a comida, ou saboreando-a já guizada e mastigada sem mais nenhum trabalho de sua parte; ou enfim entre receber e aproveitar do recebido. Se a alma, pois, não exercitasse as suas potências sensitivas na meditação, ou se as suas potências espirituais não estivessem presas à notícia simples e geral que é a contemplação, mas permanecesse ociosa quanto à obra de umas e outras potências, não saberíamos dizer como e em que coisa poderia estar ocupada. Logo é necessária essa notícia amorosa para poder o espiritual deixar a via da meditação discursiva.

8. Entretanto, convém saber que esta notícia geral é às vezes tão sutil e delicada, mormente quando é mais pura, simples, perfeita, espiritual e interior, que a alma, embora esteja empregada nela, não a vê nem sente. Isto sucede, sobretudo, como dissemos, quando esta notícia é em si mais clara, perfeita e simples; e assim o é quando na alma penetra mais limpa e segregada de outras intelecções e notícias particulares em que o entendimento ou o sentido poderiam fazer presa. A alma, então, carecendo destas últimas, nas quais o entendimento e sentido têm costume e habilidade de se exercitar, não as sente, porquanto lhes faltam suas costumadas formas sensíveis. É esta a causa por que, quanto mais pura, perfeita e simples for a notícia, menos a percebe o entendimento, e mais obscura lhe parece. E, assim, pelo contrário, quando é menos pura e simples, mais clara e importante aparece ao entendimento, por estar revestida ou mesclada de algumas formas inteligíveis em que pode mais apoiar-se o entendimento ou o sentido.

9. Eis uma comparação que tornará mais compreensível nosso pensamento: se considerarmos o raio de sol penetrando num aposento, observaremos que será mais perceptível à vista na proporção em que o ar estiver mais carregado de átomos de poeira, no entanto, está o raio, nesse caso, menos puro e limpo, pois está cheio de toda aquela poeira. De modo oposto, quanto mais livre desses átomos estiver o

ar, menos aparecerá o raio aos nossos olhos. E se estivesse totalmente isento de pó e até dos átomos mais sutis, ficaria de todo obscuro e imperceptível o dito raio à nossa vista: por falta de objetos visíveis não acharia onde fixar-se; pois a luz não é propriamente o objeto da vista, mas, sim, o meio pelo qual os olhos veem o que é visível. Não havendo esses objetos visíveis sobre os quais a luz do raio se possa refletir, nada se verá. Por exemplo: se entrasse o raio por uma janela e saísse por outra sem encontrar objeto algum sobre o qual pudesse refletir-se, não o poderíamos ver; no entanto, estaria o raio em si mais puro e limpo do que quando, pela presença dos objetos, parecesse mais luminoso.

10. O mesmo acontece com a luz espiritual relativamente à vista da alma que é o entendimento. Essa geral notícia e luz sobrenatural, de que vamos tratando, investe sobre o entendimento tão pura e simplesmente, tão despida e alheia de todas as formas inteligíveis – objetos próprios do entendimento – que este não a sente, nem pode percebê-la; algumas vezes mesmo, essa luz (quando é mais pura) se torna treva para quem a recebe, porque priva o entendimento de suas luzes ordinárias, de imagens e fantasias, e só o deixa então perceber e ver a treva. Quando, porém, essa luz divina não investe com tanta força sobre a alma, esta não sente treva, nem vê luz, nem apreende coisa alguma que ela saiba, de uma parte ou de outra; e, no entanto, entra a alma às vezes como num profundo esquecimento de tudo, não sabendo onde está, nem o que se passa nela e, até, perde a noção do tempo; pode acontecer, e acontece realmente, ficar muitas horas nesse olvido, e, ao voltar a si, pareça-lhe ter sido apenas um instante, ou mesmo nada.

11. A causa de tal olvido é a pureza e simplicidade dessa notícia que, sendo tão pura, quando ocupa a alma purifica-a de todas as apreensões e formas dos sentidos e da memória, de que anteriormente se servia agindo no tempo: e assim a deixa olvidada de tudo e como fora do tempo. Eis por que esta oração, embora dure muito, parece à alma

brevíssima, porque fica então unida em inteligência pura, que não está sujeita ao tempo. Diz-se, dessa oração breve, que penetra os céus, porque não é do tempo e une a alma a Deus em uma inteligência celestial; e por isso, quando a alma volta a si, acha-se com os efeitos nela impressos sem que o perceba. Tais efeitos são: elevação da mente à inteligência celestial, e desprendimento, com abstração completa de todo o criado, de formas, imagens e lembranças. Isto diz Davi ter-lhe acontecido ao voltar a si desse olvido: "Vigiei, e estou feito como pássaro solitário no telhado" (Sl 101,8). Diz "solitário", isto é, alheio e abstraído de todas as coisas no "telhado", isto é, com a mente elevada para o alto. Assim fica a alma como ignorante de tudo porque só sabe de Deus, sem saber como. A Esposa, nos Cânticos, referindo-se aos efeitos daquele sono e olvido, fala deste "não saber", quando diz: "Eu não soube" (Ct 6,2), isto é, ignoro de onde me vem o que experimento. Neste estado, embora pareça à alma nada fazer e não estar aplicada em coisa alguma, porque não opera com os sentidos e as potências, creia, contudo, não estar perdendo tempo; pois, conquanto cesse a harmonia das potências, a inteligência se acha no feliz estado acima referido. Donde a sábia Esposa dos Cantares responde, a si mesma, nessa dúvida: "Eu durmo, mas meu coração vela" (Ct 5,2). Como se dissera: Embora durma relativamente a meu ser natural que cessou de operar, meu coração sobrenaturalmente vela, elevado em notícia sobrenatural.

12. Todavia não se há de entender que essa notícia amorosa deva, necessariamente, causar este completo olvido: isto acontece somente quando Deus particularmente abstrai a alma do exercício de todas as potências naturais e espirituais, – o que é raro, pois nem sempre esta notícia a ocupa toda. Ora, neste caso, é suficiente estar o entendimento abstraído de quaisquer notícias particulares, temporais ou espirituais, e a vontade não sentir desejo de pensar nelas; porque então é sinal de que a alma está entretida. Este

indício é necessário para saber se realmente ela está neste olvido, quando a notícia espiritual se aplica e comunica só ao entendimento, pois neste caso algumas vezes não é percebida. Quando se comunica também à vontade, como quase sempre sucede, não deixa a alma de compreender, mais ou menos claramente, estar ocupada e absorvida nesta notícia, por pouco que nisto pense: sente-se então cheia de um amor saboroso sem saber nem entender particularmente o que ama. Por isso é denominada "notícia amorosa e geral", porque assim como a recebe o entendimento em comunicação obscura, do mesmo modo sucede à vontade na qual infunde amor e sabor confusamente, sem compreender com clareza o objeto do seu amor.

13. Sejam suficientes por ora estas explicações para dar a entender à alma como há de estar ocupada com esta notícia, para poder deixar a meditação discursiva e para ter segurança de estar então muito bem ocupada, embora lhe pareça nada fazer, desde que veja em si os ditos sinais. A comparação que fizemos do raio deve igualmente ter deixado esclarecido este ponto: se a luz da notícia amorosa se apresenta mais compreensível e palpável ao entendimento – como aparece aos nossos olhos o raio do sol quando mais carregado de átomos de poeira –, não é motivo para a alma julgá-la mais pura, subida e clara. Pois, segundo Aristóteles e os teólogos, quanto mais alta é a luz divina, e mais sublime, tanto mais obscura e confusa se torna para nosso entendimento.

14. Há ainda muito a dizer, tanto dessa divina notícia em si mesma, como dos seus efeitos nos contemplativos. Explicaremos tudo em seu lugar; aliás, se nos estendemos tanto até aqui, foi com receio de deixar esta doutrina mais confusa ainda; pois, confesso, apesar de toda a declaração, é certo que ainda o ficou bastante. Além de ser matéria poucas vezes tratada por escrito, ou de viva voz, por sua obscuridade e rara aplicação, acrescenta-se a insuficiência de meu estilo e pouco saber. E, assim, pensando fazer-me

238 SUBIDA DO MONTE CARMELO

compreender melhor, muitas vezes estendo-me demais e saio dos limites que comporta o ponto da doutrina em questão. Entretanto, faço-o às vezes de propósito, pois o que não se entender por umas razões, quiçá se compreenderá por outras; e também para dar mais luz sobre o que se há de dizer mais adiante.

15. Para concluir esta parte, parece-me útil responder a uma dúvida que pode surgir a respeito da continuidade desta notícia; é o que farei brevemente no capítulo seguinte.

CAPÍTULO XV

É conveniente aos que começam a entrar na notícia geral de contemplação voltar algumas vezes ao exercício da meditação e às operações das potências naturais.

1. Sobre o que acaba de ser explicado, poderia surgir uma dúvida: se os proficientes, aos quais Deus começa a pôr nessa notícia sobrenatural de contemplação já referida, estarão, pelo mesmo fato, na impossibilidade permanente de tirar proveito no exercício da meditação e discursiva e das formas e imagens naturais. Respondo a esta objeção declarando não se tratar de abandonar definitivamente a meditação, ou de jamais procurá-la; porque, no princípio, as almas que começam a entrar na notícia amorosa e simples de Deus não têm ainda tão perfeitamente adquirido o hábito de contemplação, a ponto de nela se estabelecerem quando lhes apraz; igualmente, não se acham tão afastadas da meditação, que não possam algumas vezes meditar e discorrer naturalmente como costumavam, encontrando neste exercício algum novo alimento. Ao contrário, nesses princípios, ao reconhecerem, pelos sinais já mencionados, que não está o espírito estabelecido naquela quietação e notícia sobrenatural, é mister voltarem à meditação discursiva, até

chegarem a adquirir, com certa perfeição, o hábito de que falamos. Isto acontecerá quando, em oração, forem ocupadas por esta suave e pacífica notícia, sem a possibilidade e nem mesmo o desejo de se aplicarem à meditação. Mas, enquanto as almas não tiverem chegado a este ponto – que é o dos proficientes na contemplação – há alternância ora de uma, ora de outra coisa, em tempos diversos.

2. Muitas vezes, portanto, se achará a alma nesta amorosa e pacífica advertência, sem mais exercitar as potências, quanto aos atos particulares, não obrando ativamente, mas só recebendo; e outras vezes, terá necessidade de buscar auxílio branda e moderadamente, no raciocínio, para estabelecer-se naquela amorosa notícia. Em chegando, porém, a recebê-la, a alma não mais age com as potências; na verdade é a notícia que a ocupa e opera em seu interior, produzindo sabor e conhecimento, enquanto a alma não faz, de sua parte, senão permanecer recolhida nessa advertência, amando a Deus, sem querer sentir nem ver nada. Desse modo o Senhor se comunica passivamente ao espírito, assim como a luz passivamente se comunica a quem não faz mais do que abrir os olhos para recebê-la. Receber a luz sobrenatural que se lhe infunde é para a alma o mesmo que entender passivamente; e quando se diz que, nesse caso, ela não age, não é por motivo de não entender, e sim porque entende sem indústria sua; apenas recebe o que lhe é dado, como acontece nas iluminações, ilustrações e inspirações divinas.

3. Embora a vontade receba livremente esta notícia geral e confusa de Deus, todavia, para receber com maior abundância e simplicidade a luz divina, é necessário apenas não interpor outras luzes mais sensíveis de figuras, ou notícias, ou formas de raciocínio, pois estão muito longe de se assemelhar àquela serena e pura luz. Donde, se então quiser entender e considerar coisas particulares, por mais espiri-

tuais que sejam, achará nelas impedimento à luz do espírito, clara, simples e geral, pondo aquelas nuvens no meio; assim como encontraria obstáculo para ver a luz quem tivesse diante dos olhos algum objeto a interceptá-la.

4. É evidente, portanto, que terminado o trabalho de purificação e despojamento da alma em relação a todas as formas e imagens apreensíveis, será ela penetrada por esta pura e simples luz que a transformará no estado de perfeição. Na verdade, jamais falta essa luz à alma; são os véus e formas de criaturas, nos quais está a alma envolvida e embaraçada, que lhe impedem a livre difusão. Tirados inteiramente esses obstáculos e véus, como depois diremos, logo a alma, ficando em total desnudez e pobreza de espírito, já simples e pura, transformar-se-ia na simples e pura sabedoria que é o Filho de Deus. Em faltando à alma enamorada tudo quanto é natural, logo se lhe infunde, natural e sobrenaturalmente, o que é divino, porque não pode haver vazio em a natureza.

5. Aprenda o espiritual a ficar em advertência amorosa na presença de Deus, com sossego do entendimento, mesmo quando não puder meditar e lhe pareça nada fazer. Assim, pouco a pouco e mui rapidamente se infundirá na sua alma celeste paz e tranquilidade, cheia de admiráveis e sublimes notícias de Deus, envoltas em amor divino. Não mais se preocupe em formar imaginações ou raciocínios, a fim de não inquietar o espírito, nem subtraí-lo àquela alegria e paz interior; pois todos esses meios só lhe causam desgosto e repugnância. E para banir o escrúpulo de que nada faz, advirta que não faz pouco em pacificar a alma, estabelecendo-a no seu repouso, sem agir e sem apetecer coisa alguma. É isto o que Nosso Senhor nos pede por Davi: "Cessai, e vede que eu sou Deus" (Sl 45,11). Como se dissesse: Aprendei a estar vazios de todas as coisas, isto é, interior e exteriormente, e vereis como eu sou Deus.

CAPÍTULO XVI

Trata das apreensões imaginárias produzidas
sobrenaturalmente na fantasia. Diz como não
podem servir de meio próximo para união divina.

1. Após havermos tratado das apreensões naturais oferecidas à imaginação e fantasia, convém falar agora das que a alma pode receber sobrenaturalmente. Estas são as visões imaginárias, pertencentes também a este sentido interior, por se apresentarem sob imagens, formas e figuras, do mesmo modo que as naturais.

2. Sob esta denominação de visões imaginárias, compreendemos todas as espécies, imagens, formas e figuras que a imaginação é suscetível de receber sobrenaturalmente. Todas as impressões que dos cinco sentidos corporais se oferecem à alma e se imprimem nela, por via natural, podem-se-lhe apresentar por via sobrenatural, sem concurso algum dos sentidos exteriores. Na verdade a fantasia, juntamente com a memória, é como um arquivo e receptáculo do entendimento, onde se conservam todas as imagens e formas inteligíveis. Como um espelho, reflete-as em si quando as recebe, seja pelos cinco sentidos externos, seja sobrenaturalmente como aqui vamos dizendo; e assim representa as ditas imagens ao entendimento que as considera, e forma seu juízo sobre elas. E não somente isto pode a fantasia fazer, mas ainda pode compor e imaginar outras formas à semelhança das já percebidas.

3. Devemos saber que, assim como os cinco sentidos exteriores representam aos sentidos interiores as imagens e espécies recebidas, do mesmo modo pode Deus, ou ainda o demônio, representar à alma sobrenaturalmente, sem o concurso dos sentidos exteriores, as mesmas imagens e figuras, com muito maior beleza e perfeição. Vemos, com efeito, que sob essas formas, muitas vezes, Deus representa coisas à alma, ensinando-lhe muita sabedoria, como nos mostra a cada passo a Sagrada Escritura; quando, por

exemplo, o Senhor revelou a Isaías a sua glória na espessa nuvem que enchia o templo; ou quando se mostrou num trono cercado de serafins que cobriam o rosto e os pés com suas asas (Is 6,2-4); ou ainda quando se manifestou a Jeremias no símbolo da vara que velava (Jr 1,11), e a Daniel por numerosas visões (Dn 7,10) etc. O demônio, de sua parte, também procura seduzir a alma com visões aparentemente boas. Podemos ver, no Livro dos Reis, como enganou a todos os profetas de Acab, representando-lhes à imaginação os cornos de ferro com os quais o Rei havia de vencer os assírios, segundo sua diabólica predição que foi mentira (1Rs 22,11). Tal foi ainda o sonho da mulher de Pilatos visando impedir a condenação de Cristo; e outras muitas passagens onde se pode observar como, neste espelho da fantasia e imaginação, se apresentam as visões imaginárias aos aproveitados, muito mais frequentemente do que as corporais exteriores. Umas e outras não diferem quanto à forma sensível –, mas, sim, e grandemente, quanto à sua perfeição e efeito. As primeiras, que são ao mesmo tempo sobrenaturais e interiores, penetram mais profundamente na alma e nela produzem mais fruto. Não se deve dizer, entretanto, que certas visões corporais e exteriores não possam operar maiores efeitos que as imaginárias porque, enfim, a sua ação está subordinada ao beneplácito divino. Baseamo-nos, aqui, apenas sobre a sua intrínseca propriedade que é a de serem mais espirituais.

4. O sentido da imaginação e fantasia é onde mais facilmente pode entrar o demônio, com os seus ardis, ora naturais, pois esta é a porta e entrada da alma, como dissemos; aqui vem o entendimento, como a um porto ou praça tomar e pôr em reserva as suas provisões. Por isto, Deus (e também o demônio) traz a este sentido interior suas imagens e formas sobrenaturais para oferecer suas joias ao entendimento; suposto, porém, que Deus não tem só este meio para ensinar a alma, pois habitando nela substancialmente pode agir por si mesmo ou usar de outros meios.

LIVRO II – CAPÍTULO XVI

5. O meu fim não é indicar as provas pelas quais se conhecerá se as visões procedem do bom ou mau espírito, ou declarar suas diversas maneiras. Quero tão somente instruir o entendimento para, nas visões verdadeiras, não encontrar obstáculo à união da divina Sabedoria, e nas falsas não se enganar.

6. Digo, portanto, que em todas as apreensões e visões imaginárias, ou quaisquer outras formas e espécies semelhantes, quer se trate das que tenham Deus por autor, quer das produzidas pelo demônio, não se há de ocupar nem nutrir com elas o entendimento. A alma não as deve querer admitir, para que fique desapegada, despojada, pura e simples, sem maneira nem modo algum, como se requer para a união divina.

7. A razão é que todas estas formas se representam sempre debaixo de modos limitados; e a Sabedoria de Deus, infinitamente pura e simples – à qual se deve unir o entendimento – não admite modo nem forma alguma, não podendo ser encerrada nos estreitos limites de um conhecimento distinto e particular. Ora, para unir dois extremos – a alma humana e a divina Sabedoria – cumpre estabelecer entre eles certo modo de proporção e de semelhança. Torna-se indispensável, em consequência, que a alma se revista de pureza e simplicidade, deixando de prender-se às concepções particulares e aos limites de formas, espécies e imagens. Assim como Deus não pode ser limitado nem encerrado sob imagem nem figura, nem inteligência alguma particular, do mesmo modo a alma, para unir-se com ele, não há de estar presa a forma alguma ou inteligência distinta.

8. Realmente o Espírito Santo nos dá a entender no *Deuteronômio* não haver em Deus figura, nem semelhança, quando diz: "vós ouvistes a voz das suas palavras, mas não vistes figura alguma" (Dt 4,12). As trevas, a nuvem e a obscuridade, que ele menciona no mesmo lugar, significam a notícia obscura e confusa de que falamos e na qual a alma

244 SUBIDA DO MONTE CARMELO

se une com Deus. E mais adiante acrescenta: "Vós não vistes figura alguma no dia que o Senhor vos falou no monte Horeb do meio do fogo" (Dt 4,15).

9. O mesmo Espírito Santo nos revela, nos *Números,* ser impossível à alma chegar nesta vida à sublimidade de Deus por meio das espécies sensíveis. Deus, repreendendo Aarão e Maria por terem murmurado contra Moisés, seu irmão, e querendo manifestar-lhes o alto estado em que o havia elevado na união e intimidade com ele, disse: "Se entre vós se achar algum profeta do Senhor eu lhe aparecerei em visão, ou lhe falarei em sonhos. Mas não é assim a respeito de meu servo Moisés, que é o mais fiel em toda a minha casa, porque eu lhe falo face a face: e ele vê o Senhor claramente, e não debaixo de enigmas ou de figuras" (Nm 12,7-8). Estas palavras nos ensinam que no alto estado de união de que vamos falando, Deus não mais se comunica à alma mediante algum disfarce de visão imaginária, ou semelhança, ou figuras. Fala-lhe de boca a boca, isto é, a sua essência pura e simples, que na efusão do seu amor é como a própria boca de Deus, une-se à essência pura e simples da alma, por meio da vontade, que é a boca da alma, em amor divino.

10. Para chegar, portanto, a essa união de amor de Deus, é essencial à alma não se apoiar em visões imaginárias nem formas, nem figuras, nem inteligências particulares que não podem servir de meio proporcionado e próximo para tal fim; ao contrário, lhe seriam estorvo. Por esse motivo há de renunciar a elas e procurar não tê-las. Se em algum caso as admitisse e apreciasse, seria somente por causa do fruto e bom efeito que as visões verdadeiras produzem na alma; mas para isto não é necessário admiti-las; antes convém, para aproveitar-se melhor, negá-las sempre. Porque o benefício que as ditas visões imaginárias, assim como as visões corporais exteriores, já referidas, podem trazer à alma, é comunicar-lhe inteligência, ou amor ou suavidade; e para tal não é mister querer admiti-las, pois, como dissemos, no mesmo instante em que se apresentam à imaginação, se produzem juntamente na alma infundindo-lhe

inteligência, amor ou suavidade, ou outro efeito que Deus tem em vista. E não só juntamente, mas principalmente, deixam seu efeito de modo passivo na alma, sem que ela de sua parte possa fazer coisa alguma para o impedir, mesmo querendo, assim como não dependeu de sua vontade adquiri-lo, embora tenha antes pedido dispor-se a recebê-lo. A este propósito voltemos à comparação da vidraça que não pode deixar de ser iluminada passivamente pelos raios do sol, na proporção de sua limpidez. Assim acontece à alma: sem depender de sua vontade, não pode deixar de receber em si as influências e comunicações daquelas figuras, mesmo querendo resistir-lhes; porque às infusões sobrenaturais não pode resistir a vontade negativa, com resignação humilde e amorosa; só a impureza e as imperfeições da alma podem ser obstáculos, assim como as manchas da vidraça se opõem à transmissão da luz.

11. Podemos concluir: quanto mais a alma se despojar, pela vontade e afeto, das manchas daquelas formas, imagens e figuras que envolvem as comunicações espirituais acima referidas, longe de ficar privada desses bens, melhor se dispõe para recebê-los com mais abundância, luz, liberdade de espírito e simplicidade, deixando de lado todos aqueles conhecimentos que são apenas cortinas e véus a encobrir a substância espiritual ali encerrada. Ao contrário, quando neles se satisfaz, ocupam o espírito e o sentido, impedindo a livre e pura comunicação espiritual, porque o entendimento, preso àquelas aparências, já não tem liberdade para receber a substância do espírito[1]. Se a alma então quisesse admitir e fazer caso das apreensões particulares, ficaria embaraçada satisfazendo-se com o menos importante nelas, isto é, com aquelas formas, imagens, e inteligências distintas que são tudo quanto pode alcançar e conhecer. Com efeito, o mais importante, ou seja, o bem espiritual que lhe é infundido, não o pode a alma conhecer,

---

1. O original diz: "aquelas formas", mas refere-se evidentemente à "substância do espírito", conforme demonstra todo o contexto.

246 SUBIDA DO MONTE CARMELO

nem saber como é, e jamais conseguiria explicá-lo, porque é puramente espiritual. Só pode conhecer nessas comunicações, como dissemos, o menos essencial e que é conforme ao seu próprio modo de entender, isto é, aquelas formas por meio do sentido; por isto digo que passivamente, e sem que ela aja com o entendimento, e até mesmo sem saber agir, Deus lhe comunica, daquelas visões, o que ela jamais soubera entender ou imaginar.

12. É necessário, pois, à alma, apartar sempre o olhar de todas as apreensões que pode ver e entender distintamente – as quais sendo comunicadas por via dos sentidos não estabelecem o fundamento da fé. Ponha antes os olhos no que não vê nem pertence ao sentido senão ao espírito, e não tem forma alguma sensível. É isto que a conduzirá à união na fé, único meio próprio, como já dissemos. A substância dessas visões será então de grande fruto para a mesma fé, quando a alma souber negar perfeitamente tudo o que há nelas de sensível e inteligível, usando bem do fim que Deus tem em vista ao conceder tais graças; efetivamente, como dissemos das visões corporais, ele não as concede para a alma admiti-las nem lhes ter apego.

13. Surge, porém, uma dúvida: se é verdade que Deus, quando favorece a alma com visões sobrenaturais, não as dá para admiti-las, nem apoiar-se a tais coisas, nem fazer caso delas, por que então as concede? Não podem ser ocasião de tantos erros e perigos para a alma, ou, pelo menos, não a expõem aos inconvenientes já assinalados que impedem o seu progresso na perfeição? E sobretudo se o Senhor as pode conceder espiritualmente, em substância, em vez de comunicar-se à alma mediante o sentido nessas visões e formas sensíveis?

14. Responderemos a essa dúvida no capítulo seguinte. A meu ver, é doutrina muito importante e bem necessária tanto para os espirituais como para os seus diretores. Diremos, então, o modo usado por Deus nessas visões e o fim que se propõe. Por ignorarem este ponto, muitos não se

sabem reger, nem guiar com segurança a si e a outros na via de união. Reconhecendo Deus como o verdadeiro autor desses favores, pensam ser útil admiti-los com segurança; não reparam que a alma pode achar nessas graças grande estorvo, apego e embaraço, tanto como nas coisas do mundo, se não souber renunciá-las. Assim, julgando esses diretores ser bom admitir umas e reprovar outras, expõem não só a si mesmos, mas também as almas, suas dirigidas, aos perigos e trabalhos que traz consigo o discernimento entre o verdadeiro e o falso nessas visões. No entanto, Deus não quer este modo de proceder, nem que inquietem almas singelas e simples, envolvendo-as nessas questões; pois têm doutrina sã e segura na fé, pela qual hão de caminhar adiante.

15. Para isso é imprescindível fechar os olhos a todo o sentido e a qualquer inteligência clara e particular. Estando São Pedro tão certo da gloriosa transfiguração de Cristo contemplada no Tabor e referindo-a em sua 2ª epístola, não quis deixar esta visão como principal testemunho de firmeza; mas, encaminhando os cristãos à fé, lhes disse: "E ainda temos mais firme testemunho, que esta visão do Tabor, nas palavras dos profetas a que fazeis bem de atender, como a uma tocha que alumia em lugar tenebroso" (2Pd 1,19). Se quisermos reparar neste texto, veremos como exprime bem a doutrina que vamos ensinando. Quando manda considerar a fé, na qual falaram os profetas, como lâmpada a brilhar nas trevas, quer significar que fiquemos às escuras, fechados os olhos a quaisquer outras luzes, a fim de que, nessas trevas, somente a fé, ela também obscura, seja nossa luz e apoio. Prender-se às luzes dos conhecimentos claros e distintos é afastar-se da obscuridade da fé que deixa de iluminar com os seus esplendores o entendimento, isto é, o lugar tenebroso de que fala São Pedro. Enquanto não amanhecer na outra vida o dia da clara visão, e enquanto não se realizar a transformação e a união da nossa alma com Deus nesta vida, o nosso entendimento – que é o can-

SUBIDA DO MONTE CARMELO

delabro em que se assenta a lâmpada da fé – há de permanecer na obscuridade.

CAPÍTULO XVII

*Declaração do fim que Deus tem em vista e
do modo que usa ao comunicar à alma os
bens espirituais por intermédio dos sentidos.
Resposta à dúvida surgida no precedente capítulo.*

1. Muito poderia discorrer sobre a maneira e sobre o fim visado por Deus ao conceder essas visões, para levantar uma alma de sua própria baixeza às alturas da união divina. Todos os livros espirituais tratam desse assunto, e também nesta obra o explicamos; por isso direi neste capítulo o suficiente para responder à objeção já proposta. Deus, em sua infinita sabedoria e providência, procura sempre livrar as almas de todos os laços e quedas; por que então lhes oferece e comunica essas visões sobrenaturais cheias de perigo e impedimento para ir adiante?

2. A fim de responder a esta dificuldade, é bom estabelecer três fundamentos. O primeiro é de São Paulo, quando diz aos romanos: "As coisas que existem, essas foram por Deus ordenadas" (Rm 13,1). O segundo nos é ensinado pelo Espírito Santo no livro da Sabedoria: "A sabedoria de Deus, ainda que atinja de uma a outra extremidade, dispõe tudo com doçura" (Sb 8,1). Enfim o terceiro nos é fornecido pelos teólogos: "Deus move todas as coisas, segundo o modo natural de cada uma"[1].

3. É consequência evidente desses fundamentos que, para mover a alma e elevá-la do fim e extremo de sua própria baixeza ao soberano fim e extremo da infinita grandeza, em união divina, Deus há de proceder com ordem e suavidade e de modo adequado à condição da mesma alma. Ora,

---

1. S. Th., in 1º lib. Sent. 8, q. 3, 1, 4 m.

LIVRO II – CAPÍTULO XVII 249

como a ordem que a alma tem para adquirir conhecimentos é por meio das formas e imagens de coisas criadas, e como a sua maneira ordinária de conhecer e entender depende dos sentidos, Deus, para conduzi-la com suavidade ao sumo conhecimento, começa por esse meio mais baixo e fim extremo dos sentidos, a fim de elevá-la progressivamente, segundo sua natureza, até ao outro fim altíssimo de sua sabedoria espiritual, infinitamente afastada dos sentidos. Aí está a razão por que o Senhor vai instruindo a alma primeiramente pelas formas, imagens e vias sensíveis adequadas a seu modo de entender, seja naturais, ou sobrenaturais, e por esses meios e raciocínios a eleva ao sumo espírito de Deus.

4. Eis, pois, a causa pela qual são concedidas as visões sob formas, imagens e demais notícias sensíveis e espirituais. Não age Deus assim porque não quereria dar de uma vez à alma a sabedoria do espírito. Decerto daria, se fosse possível por via ordinária unir e juntar num só ato os dois extremos – humano e divino, sentido e espírito – sem a prévia intervenção de muitos atos intermediários como disposições harmoniosas e ordenadas para chegar àquele fim; e essas disposições, assim como os agentes naturais, servem gradualmente umas às outras de fundamento, as primeiras às segundas, estas às terceiras e assim por diante, nem mais nem menos. Assim Deus aperfeiçoa o homem conformando-se à sua condição, isto é, conduzindo-o pouco a pouco das coisas mais baixas e exteriores às mais altas e interiores. Em primeiro lugar aperfeiçoa os sentidos corporais oferecendo-lhes os objetos exteriores naturalmente bons e perfeitos como, por exemplo, assistir à missa, ouvir os sermões, ver imagens santas, mortificar o gosto nos alimentos, macerar o corpo pelas austeridades da penitência. Quando os apetites já estão algo dispostos, costuma o Senhor aperfeiçoá-los mais, concedendo-lhes, para confirmá-los no bem, algumas consolações e favores sobrenaturais tais como: visões sensíveis dos santos, ou coisas santas, palavras cheias

de suavidade, perfumes delicados e grande deleite no tato, e por estes meios vai confirmando os sentidos na virtude e afastando-os do apetite de coisas más. Além disto, vai juntamente aperfeiçoando os sentidos corporais interiores; isto é, a imaginação e a fantasia: inclina-os para o bem por considerações, meditações e discursos piedosos, com os quais vai instruindo o espírito. Uma vez dispostos os sentidos interiores com este exercício natural, costuma Deus ilustrá-los e espiritualizá-los mais ainda, por meio de algumas visões sobrenaturais (aqui chamadas imaginárias); e nelas o espírito tira maior proveito, como já dissemos; assim, tanto nas comunicações mais exteriores como nessas mais espirituais, vai a alma perdendo sua natural rudeza e reformando-se pouco a pouco. Desta maneira o Senhor eleva as almas de grau em grau até o mais interior. Não que seja necessário guardar sempre esta ordem, do princípio ao fim, com tanta exatidão; às vezes Deus faz uma coisa sem a precedente, ou começa pelo que é mais interior antes de dar alguma graça mais exterior, ou, ainda, pode conceder tudo ao mesmo tempo; enfim, age como vê ser mais conveniente à alma, ou conforme lhe apraz conceder suas divinas mercês. Entretanto, a via ordinária é a que indicamos.

5. Este é o modo pelo qual Deus vai instruindo a alma e tornando-a espiritual, começando pelas coisas exteriores, palpáveis e acomodadas ao sentido, segundo a pequena capacidade nela encontrada, para que mediante a casca de tais coisas sensíveis, boas em si mesmas, possa o espírito ir fazendo atos particulares e recebendo tantos bocados de comunicação espiritual, e chegue enfim a alcançar a atual substância do espírito, alheia a todo sentido. Não poderia atingir esta altura senão mui paulatinamente, e a seu modo, isto é, pelo sentido a que está naturalmente apegada. Assim, à medida que a alma se vai espiritualizando mais no seu trato com Deus, mais também se vai despojando e afastando das vias do sentido, que são as da meditação

discursiva e imaginária. E quando chegar perfeitamente ao trato espiritual com Deus, necessariamente terá deixado tudo quanto nesse trato pudesse cair sob o sentido. Pois quanto mais uma coisa se aproxima de um termo, mais se afasta do outro; consequentemente, quando atingir aquele, estará completamente apartada deste. Daí o adágio tão conhecido na vida espiritual: Provado o gosto e sabor do espírito, tudo que é carnal torna-se insípido, isto é, todos os gozos e todos os meios sensíveis não satisfazem nem aproveitam ao espírito. É fora de dúvida que sendo espiritual não cai sob o sentido; e se o sentido pode compreender, já não é puramente espiritual. Quanto mais acessível ao sentido, menos participa do espírito e do sobrenatural, como acima dissemos.

6. Assim, o espírito já perfeito nada mais recebe do sentido nem faz caso dele; não usa desse meio para se comunicar com Deus e de fato não há mister servir-se disso, como o fazia antes de haver crescido no espírito. É o ensinamento de São Paulo aos coríntios: "Quando eu era menino, falava como menino, julgava como menino, discorria como menino; mas depois que cheguei a ser homem feito, dei de mãos às coisas que eram de menino" (1Cor 13,11). Já demonstramos que a ação do sentido e os conhecimentos dela resultantes são exercícios de menino. Se a alma quisesse, pois, sujeitar-se sempre às coisas sensíveis ficaria no estado infantil, falaria de Deus como menino e dele pensaria como menino. Prendendo-se à casca do sentido, que é nesse caso o menino, jamais alcançaria a substância do espírito, que é o varão perfeito. Eis por que a alma não há de querer admitir as ditas revelações mesmo oferecidas por Deus, a fim de poder ir crescendo, assim como o menino tem necessidade de deixar o peito materno para acostumar o paladar a uma nutrição mais forte e substancial.

7. Mas direis: não será então mister a alma querer receber tais comunicações sensíveis quando é ainda principian-

252 SUBIDA DO MONTE CARMELO

te, para deixá-las quando crescer, da mesma forma que precisa o menino querer tomar o leite materno até crescer para poder abandoná-lo? Respondo: a respeito da meditação discursiva, quando a alma começa a buscar a Deus, é certo, não deve deixar o peito do sentido, porque tem necessidade de sustentar-se até chegar a ocasião e tempo oportuno de abandonar esse meio sensível, e é quando Deus eleva a alma a um grau mais espiritual, dando-lhe a contemplação, da qual falamos no cap. II deste livro. Quanto às visões imaginárias, porém, e outras apreensões que se apresentam ao sentido sem a cooperação humana, digo que em qualquer tempo ou ocasião, seja no estado já perfeito, ou ainda menos perfeito, e mesmo vindo essas visões de Deus, a alma não as há de querer admitir, por dois motivos: primeiro, tais comunicações, como dissemos, produzem passivamente seu efeito na alma sem que esta possa obstar, embora possa impedir a visão, como sucede muitas vezes; e nesse caso o efeito será muito maior, porque é comunicado substancialmente, conquanto seja de maneira diversa. Na verdade, a alma não pode impedir os bens que Deus lhe quer conceder, senão pela sua imperfeição e apego a eles; quando os recusa com humildade e temor, não há imperfeição ou apego algum. Segundo motivo: livra-se a alma do perigo e trabalho de distinguir as visões verdadeiras das falsas, e conhecer se vêm do anjo da luz ou das trevas. Neste discernimento não há proveito algum, e sim perda de tempo, ficando a alma embaraçada nisso, e em ocasião de muitas imperfeições, além de não progredir no essencial. É preciso abandonar todas essas particularidades de apreensões e inteligências distintas, segundo dissemos a respeito das visões corporais, e destas havemos de falar mais adiante.

8. E isto se tenha por certo: se Nosso Senhor não tivesse que se colocar ao nível da alma, como dissemos, jamais lhe comunicaria a abundância do seu espírito por esses ca-

LIVRO II – CAPÍTULO XVII

nais tão estreitos das formas, das figuras e inteligências distintas, com a ajuda das quais ele a sustenta por meio de pequenas migalhas. Por isso disse Davi: "Envia a sua sabedoria às almas como aos bocadinhos" (Sl 147,17). Causa pena ver a alma, cuja capacidade é infinita[2], reduzir-se, pela sua fraqueza e inabilidade sensível, a tomar seu alimento apenas por migalhas através do sentido. Esta falta de disposição e esta pequenez para receber o espírito de Deus fazia gemer São Paulo quando escrevia aos coríntios: "E eu, irmãos, não vos pude falar como a espirituais, senão como a carnais, como a pequeninos em Cristo. Leite vos dei a beber, não comida, porque ainda não podíeis nem ainda agora podeis; porque ainda sois carnais" (1Cor 3,1).

9. Está, pois, bem averiguado agora, a alma não deve pôr os olhos nesta casca ou invólucro sensível de figuras e objetos oferecidos sobrenaturalmente pelos sentidos exteriores, nas palavras e locuções que ressoam aos ouvidos, nas aparições dos santos aos olhos, nos formosos esplendores, nos perfumes que inebriam o olfato, nas suavidades que deliciam o gosto e outros deleites do tato, enfim em todas estas impressões muito ordinárias aos espirituais. Igualmente não se há de deter nas visões imaginárias dos sentidos interiores, mas deve renunciar a todas, e só visar o bem espiritual que esses favores lhe trazem, procurando conservá-lo nas suas obras e no exercício de tudo o que é do serviço de Deus, ordenadamente, sem advertir naquelas representações, nem querer gosto algum sensível. Deste modo, receberá nessas graças só o que Deus pretende e quer, isto é, o espírito de devoção, pois não as concede ele para outro fim; a alma deixa assim o que Deus não daria se pudesse comunicar-se a ela puramente no espírito, como dissemos, sem o exercício e apreensão do sentido.

---

2. Isto é, a alma tem capacidade para possuir um bem infinito.

CAPÍTULO XVIII

Trata do prejuízo que causam às almas certos
mestres espirituais, não as dirigindo convenientemente
nas ditas visões. Declara também como pode haver engano,
mesmo quando as visões procedem de Deus.

1. Nesta matéria de visões não podemos ser tão breves como desejaríamos, pelo muito que há ainda a dizer a tal respeito. Embora, em substância, já tenhamos exposto o necessário para orientar o espiritual acerca dessas visões, e também para indicar ao mestre o modo de guiar seu discípulo, não será supérfluo particularizar aqui mais um pouco esta doutrina. Poderemos, assim, dar maior luz sobre o prejuízo que pode resultar tanto para as almas como para seus diretores, se com muita facilidade acreditam nas visões mesmo de origem divina.

2. O motivo de estender-me sobre esse ponto é a pouca discrição que creio reconhecer na maneira de agir de alguns diretores espirituais. Com efeito, por haverem dado muito crédito à boa aparência e à veracidade dessas apreensões sobrenaturais, chegaram eles e seus discípulos a errar muito e cair em confusão. Aplica-se-lhes bem a sentença de nosso Salvador: "Se um cego conduz a outro, ambos caem no fosso" (Mt 15,14). O texto sagrado não diz *cairão,* mas sim *caem* porque, mesmo sem queda positiva, o simples fato de se arriscarem a conduzir-se um pelo outro é, na verdade, um erro e pode-se dizer que caem pelo menos nisto. Primeiramente, alguns desses diretores agem de tal modo em relação às pessoas favorecidas pelas ditas visões, que as fazem errar, ou as embaraçam e perturbam, desviando-as do caminho da humildade; consentem que as almas ponham os olhos de algum modo nesses favores extraordinários e não caminhem no verdadeiro espírito de fé, impedindo-as de se firmarem na mesma fé. Isto acontece especialmente quando os diretores gostam de entreter-se muito com as almas sobre essas visões, mostrando assim

que fazem muito caso de tais coisas, e consequentemente inclinando seus discípulos a procederem do mesmo modo. Ficam, pois, as almas ocupadas com aquelas apreensões, e não se edificam em fé; não permanecem desapegadas, vazias e despidas de tudo para voarem às alturas dessa fé obscura. Todo esse mal se origina da atitude e linguagem que a alma vê no seu mestre: não sei como, com grandíssima facilidade e sem querer, daí lhe nasce uma secreta estima e apreço daquelas graças sobrenaturais, tirando os olhos do abismo da fé.

3. A razão dessa facilidade em se comprazer nessas visões deve ser a seguinte: estando o sentido já disposto e alimentado pelas ditas apreensões distintas e sensíveis, para as quais é naturalmente propenso, se a alma encontra no seu confessor ou em alguém qualquer estima e apreço por aquelas graças, logo se conforma e une a eles; e, mais ainda, sem que o perceba, vai se nutrindo com maior avidez nessas coisas sensíveis, fazendo, de certo modo, presa, e assento nelas. Resulta daí, no mínimo, uma série de imperfeições; a alma já não fica tão humilde, crendo possuir um bem de certo valor e imaginando que Deus faz caso dela; anda contente e um tanto satisfeita de si mesma – o que é contra a humildade. Logo o demônio vai aumentando secretamente esta disposição, e começa disfarçadamente a sugerir-lhe pensamentos acerca do próximo, se os outros têm ou não essas coisas extraordinárias, se são ou não levados por esse caminho; pensamentos contrários à santa simplicidade e solidão espiritual.

4. Deixemos, porém, de tratar agora destes danos, e da impossibilidade de a alma crescer na fé, se não se desapega das visões; e também de muitos outros males que, embora menos palpáveis e sensíveis, são mais sutis e mais odiosos aos olhos divinos porque impedem a total desnudez. Trataremos de tudo isso quando falarmos da gula espiritual e dos outros seis vícios; então, mediante o favor divino, diremos muito a respeito das pequenas manchas, secretas e

256 SUBIDA DO MONTE CARMELO

delicadas, que se pegam ao espírito quando não é guiado em desnudez.

5. Digamos agora algo sobre o modo imperfeito de certos confessores na direção das almas, não as instruindo bastante. E, decerto, bem desejaria saber explicá-lo convenientemente; pois, a meu ver, é bastante difícil demonstrar até que ponto se forma o espírito do discípulo, conforme ao do mestre, oculta e secretamente. Cansa-me esta matéria tão prolixa; mas julgo não ser possível declarar bem uma coisa sem dar a entender a outra, tanto mais que, sendo espirituais, correspondem-se entre si.

6. Parece-me, e não sem razão, que sentindo o pai espiritual inclinação às revelações, comprazendo-se nelas e dando-lhes alguma importância, não deixará de imprimir involuntariamente a mesma estima no espírito do discípulo, exceto se este estiver mais adiantado do que ele. Até neste mesmo caso, seria gravemente prejudicial ao progresso do discípulo o continuar com tal direção. Realmente, dessa forte inclinação do pai espiritual para as visões resultará neste certa estima da qual dará sinais manifestos se não tiver bastante discrição para dissimular os sentimentos. Admitindo que o discípulo sinta a mesma propensão, podemos julgar que, de parte a parte, haverá sem dúvida frequentes comunicações sobre a apreciação e a estima que ambos fazem desses favores.

7. Mas não fiemos agora tão fino; suponhamos somente que o confessor, inclinado ou não para isso, não tenha prudência necessária para desembaraçar a alma e desapegar o apetite de seu discípulo. E assim começa a falar com ele sobre esse assunto pondo principalmente sua conversa espiritual nas visões, dando indícios para discernir entre as boas e as más. Na verdade, ao diretor é importante sabê-lo, mas não é aconselhável ocupar o discípulo nesse trabalho, cuidado e perigo. Não dando importância a tais visões, evita-se tudo isso, e se faz o que convém. Outras vezes esses diretores, vendo as almas cheias de favores divinos, insis-

tem em obter por seu intermédio a revelação de ta] ou tal coisa que interessa a si ou a outros; e essas almas bobas obedecem, pensando ser permitido fazê-lo por esta via. Pelo fato de Deus dignar-se, às vezes, revelar – quando bem lhe parece e por motivos que lhe são conhecidos – alguma verdade sobrenaturalmente, julgam elas ser lícito desejar esta revelação e mesmo solicitá-la.

8. Se Deus, atendendo à sua súplica, lhes revela algo, tornam-se mais audaciosas, imaginando ser agradável a Deus esse modo de comunicação, pois lhes responde; na verdade, porém, Deus não o quer, nem gosta. Frequentemente creem e obram segundo aquelas revelações porque, como estão afeiçoadas a isso, acham-se bem com essa maneira de trato com Deus e a ela se apegam. Naturalmente gostam, e naturalmente se contentam, seguindo nisso o próprio parecer; entretanto, no que dizem, muitas vezes erram, e, quando percebem que as coisas não se realizam conforme haviam previsto, admiram-se muito; daí lhes nascem dúvidas sobre a origem divina das revelações, vendo que não sucederam segundo seu juízo. Tinham duas convicções: a primeira, que a revelação vinha de Deus, pois tão fortemente se asseguravam nela; no entanto, esta segurança podia proceder apenas da sua natural inclinação para aquelas coisas extraordinárias. A segunda, que, sendo divina a revelação, devia realizar-se tal como haviam suposto.

9. Há, neste ponto, uma grande ilusão: porque as palavras ou revelações de Deus nem sempre se realizam conforme os homens as entendem, e nem mesmo segundo o seu sentido ordinário. E, em consequência, ainda havendo certeza de serem as revelações, palavras ou respostas vindas de Deus, não devem as almas admiti-las com muita segurança, nem crer de olhos fechados. Embora certas e verdadeiras em si mesmas, nem sempre o são quanto às suas causas, ou quanto ao nosso modo de entender. É o que provaremos no capítulo seguinte. Diremos, logo depois, como tais perguntas feitas a Deus pelas almas sempre o

258 SUBIDA DO MONTE CARMELO

desagradam e muito o aborrecem, mesmo ainda quando ele se digna responder.

CAPÍTULO XIX

As visões e palavras de Deus, embora verdadeiras,
podem ser para nós ocasiões de erros.
Provas tiradas da Sagrada Escritura.

1. Já dissemos como as palavras e as visões divinas, embora sejam verdadeiras e certas em si mesmas, nem sempre o são relativamente a nós, por dois motivos: o primeiro é devido à nossa maneira imperfeita de as entender; o segundo provém das suas causas ou fundamentos algumas vezes variáveis. Quanto à primeira razão, é evidente que Deus sendo infinito e imperscrutável encerra ordinariamente em suas profecias e em suas revelações alguns pensamentos e concepções muito diferentes do sentido que comumente lhes podemos atribuir; e são ainda tanto mais verdadeiras e certas quanto menos assim nos parecem. Vemos bem esta verdade a cada passo, na Sagrada Escritura; nela lemos que muitos daqueles homens da Antiguidade não viam a realização das profecias e palavras de Deus conforme esperavam; porque as tomavam segundo sua interpretação pessoal, e muito ao pé da letra. Isto aparecerá claramente pelos textos seguintes.

2. No Gênesis, depois de conduzir Abraão à terra de Canaã, Deus lhe diz: "Eu te darei esta terra" (Gn 15,7). Mas Abraão, já velho, não via cumprir-se esta promessa tantas vezes renovada. Certa ocasião em que o Senhor ainda a repetia, o santo Patriarca o interrogou: "Senhor Deus, por onde poderei conhecer que hei de possuí-la?" (Gn 15,8). Deus, então, revelou-lhe como tal promessa não se realizaria em sua pessoa, mas na de seus filhos, que possuiriam a terra de Canaã 400 anos mais tarde. Compreendeu deste modo Abraão o significado em si mesmo tão verdadeiro:

porque sendo dada a terra de Canaã aos seus filhos por amor dele, era o mesmo que lhe dar pessoalmente. Estava, pois, Abraão enganado no seu primeiro modo de entender: se agisse então segundo seu juízo, poderia errar muito, pois a profecia não era para cumprir-se durante a sua vida. E aqueles que conheciam a promessa divina, e viram a Abraão morrer sem vê-la realizada, ficaram confusos pensando ter sido falsa.

3. Outra prova temos na história de Jacó, seu neto. No tempo da desoladora fome que afligiu o país de Canaã, José fez vir seu pai ao Egito, e, durante a viagem, Deus apareceu a este e lhe disse: "Jacó, Jacó, não temas, vai para o Egito: eu irei para lá contigo, e eu te tornarei a trazer, quando de lá voltares" (Gn 46,34). A profecia não se realizou conforme o sentido literal, pois sabemos que o santo velho Jacó morreu no Egito e de lá não saiu com vida. A profecia devia aplicar-se aos seus filhos, os quais tirou o Senhor dali muitos anos depois, sendo ele próprio o seu guia. Donde, se alguém soubesse desta promessa divina a Jacó, pudera ter por certo que o mesmo Jacó, entrando vivo e em pessoa no Egito por ordem e proteção do Senhor, assim também vivo e em pessoa devia sair dali. Não empregara Deus as mesmas expressões para lhe prometer sua assistência quando tivesse que sair? Quem assim julgasse teria decepção e espanto vendo Jacó morrer no Egito, antes de se realizar a promessa divina. Deste modo, as palavras de Deus, veracíssimas em si mesmas, podem, no entanto, ser ocasião de engano.

4. Eis um terceiro exemplo, do Livro dos Juízes. Todas as tribos de Israel se reuniram para punir certo crime cometido pela tribo de Benjamim. O próprio Deus lhes indicara um chefe guerreiro e os israelitas certos estavam da vitória; ao se verem vencidos e com vinte e dois mil dos seus jazendo no campo de batalha, muito admirados ficaram. Puseram-se todo o dia a chorar em presença de Deus, não sabendo a causa de sua derrota, pois haviam entendido a

260 SUBIDA DO MONTE CARMELO

vitória por certa. Como perguntassem ao Senhor se deviam ou não voltar ao combate, respondeu-lhes que fossem pelejar. Seguros da vitória, saíram com grande ousadia, mas novamente foram vencidos, perdendo dezoito mil homens. Caíram em grandíssima confusão, não sabendo mais o que fazer, pois, mandando-lhes o Senhor que pelejassem, sempre saíam vencidos; mormente excedendo eles aos seus contrários em número e fortaleza, porque os homens da tribo de Benjamim não eram mais de vinte e cinco mil e setecentos, enquanto eles formavam um exército de quatrocentos mil. No entanto, não os enganara a palavra de Deus; eles, sim, se enganavam em seu modo de entendê-la. Porque não lhes havia dito o Senhor que venceriam, senão que combatessem. E nessas derrotas quis castigar certo descuido e presunção que havia neles, e por esse meio humilhá-los. Mas quando finalmente lhes respondeu que venceriam, alcançaram de fato a vitória, embora com muita astúcia e trabalho (Jz 20,11s.).

5. Deste modo e de outros muitos, sobrevêm vários enganos às almas, em relação às palavras e revelações da parte de Deus, pelo motivo de se prenderem à letra e à forma exterior; porque, como já demos a entender, o principal desígnio de Deus nessas coisas é declarar e comunicar o espírito ali encerrado e, sem dúvida, difícil de entender. Tal espírito é muito mais abundante que a letra, muito extraordinário e fora dos limites dela. Assim, o que se prender à expressão literal ou à figura ou à forma aparente da visão não poderá deixar de errar muito, achando-se depois bem confuso e desprovido, por se haver muito guiado em tal assunto, segundo o sentido, em vez de dar lugar ao espírito em desnudez dos sentidos. "A letra mata e o espírito vivifica" (2Cor 3,6), como diz São Paulo. Havemos, portanto, de renunciar à letra que neste ponto são os sentidos, e ficar às escuras na fé, que é o espírito, incompreensível aos sentidos.

6. Aí está por que a maior parte dos filhos de Israel, entendendo muito literalmente as palavras e sentenças dos

profetas, ao ver que não se realizavam conforme suas esperanças, desprezavam as profecias não lhes dando fé. Chegou esse desprezo a tal ponto, que havia entre eles um dito popular, quase como provérbio, escarnecendo dos profetas. Disto se lamenta Isaías nestes termos: "A quem ensinará Deus a ciência? E a quem dará a inteligência da sua palavra? Aos que já se lhes tirou o leite, aos que acabam de ser desmamados. Eis que todos dizem, por escárnio, dos profetas: Porque manda, torna a mandar; manda, torna a mandar; espera, torna a esperar; espera, torna a esperar; um pouco aqui, um pouco aí. Porquanto com outros lábios e em outra linguagem ele falará a este povo" (Is 28,9-11). Onde claramente dá a entender o Profeta como o povo fazia burla das profecias e dizia por escárnio o provérbio: espera, torna a esperar, como se as predições de Isaías nunca mais se devessem cumprir. Estavam apegados à letra, que é como leite de criancinhas, e aos sentidos, que são os peitos, contradizendo à grandeza da ciência do espírito. E assim exclamava Isaías: A quem dará ele a inteligência da sua doutrina, senão aos privados do leite da letra e desses peitos dos seus sentidos? Por isto é que não as entendem senão conforme esse leite da aparência exterior e segundo os peitos dos sentidos, aqueles que dizem: Manda, torna a mandar, espera, torna a esperar etc. Pois na doutrina da boca de Deus e não ao modo deles, e noutra língua que lhes é estranha, é que o Senhor lhes quer falar.

7. Não havemos de reparar, portanto, em nosso sentido e linguagem quanto às revelações divinas, sabendo que o sentido e linguagem de Deus são muito diferentes do que pensamos, e difíceis para o nosso modo de entender. De tal maneira assim é que Jeremias, sendo profeta de Deus, parecia não compreender a significação das palavras do Onipotente, tão diversas do comum sentir dos homens, e pondo-se ao lado do povo, exclama: "Ai, ai, ai, Senhor Deus. É possível teres enganado a este povo e a Jerusalém, dizendo-lhes: Vos tereis a paz, e eis agora lhe chega a espada

até a alma?" (Jr 4,10). Ora, a paz prometida pelo Senhor ao seu povo era a aliança entre ele e o gênero humano por intermédio do prometido Messias; e os israelitas a entendiam no sentido de uma paz temporal. Por isto, quando tinham guerras e trabalhos, logo lhes parecia Deus enganá-los, pois sucedia o contrário do que esperavam. E então diziam por Jeremias: "Esperamos a paz, e este bem não chegou" (Jr 8,15). Era impossível deixarem de cair no erro, porque se guiavam unicamente pelo sentido literal. Quem, com efeito, não ficaria confundido, entendendo, ao pé da letra, esta profecia de Davi sobre Cristo em todo o Salmo 71, e, particularmente, por estas palavras: "E dominará de mar a mar, e desde o rio até aos confins da redondeza da terra" (Sl 71,8). E mais adiante: "Porque livrará o pobre que o invoca e o mísero que não tem ajuda?" (Sl 71,12). E, a par destas palavras, vendo Nosso Senhor nascer na obscuridade, viver em pobreza e não somente não reinar como dominador na terra, mas se submeter aos caprichos da populaça mais vil, até ser condenado à morte sob o governo de Pôncio Pilatos? E, ao invés de livrar seus discípulos da opressão dos poderosos da terra, permitir que fossem mortos e perseguidos por seu nome?

8. É que essas profecias deviam ser compreendidas espiritualmente de Cristo, e deste modo eram absolutamente verdadeiras. De fato, Cristo não é apenas rei da terra, mas do céu, porque é Deus; e aos pobres que o haviam seguido, não somente havia de remir e livrar do poder do demônio (o mais forte inimigo, contra o qual não tinham até então defesa), mas faria, desses pobres, herdeiros do reino celeste. E assim falava Deus segundo o significado principal, isto é, de Cristo e seus sequazes, de reino eterno e liberdade eterna. Mas os judeus não entendiam assim as profecias; visavam nelas o menos principal, do qual Deus faz pouco caso: pensavam em reino temporal e liberdade temporal, que aos olhos de Deus nada valem.

LIVRO II – CAPÍTULO XIX

Cegos pela baixeza da letra e não compreendendo o espírito e verdade nela encerrados, tiraram a vida a seu Deus e Senhor segundo disse São Paulo: "Os que habitavam em Jerusalém, e os príncipes dela, não conhecendo a este, nem as vozes dos profetas, que cada sábado se leem, sentenciando-o, as cumpriram" (At 13,27).

9. Esta dificuldade de interpretar convenientemente as palavras de Deus era tão grande que até os próprios discípulos de Jesus, após haverem convivido com ele, ainda andavam enganados, como, por exemplo, os dois discípulos que iam para Emaús e, no caminho, tristes e desconfiados, diziam: "Nós esperávamos que ele fosse o que resgatasse a Israel" (Lc 24,21). Esperavam uma redenção e senhorio temporal; e Cristo, Nosso Senhor, aparecendo-lhes, os repreendeu, chamando-os de estultos e tardos de coração para crer nas coisas preditas pelos profetas (Lc 24,25). Mais tarde, no momento mesmo em que o Senhor ia subir ao céu, alguns discípulos, submersos ainda nesta rudeza, perguntaram-lhe: "Senhor, dar-se-á acaso que restituas neste tempo o reino a Israel?" (At 1,6). O Espírito Santo por vezes inspira aos homens muitas palavras cujo sentido oculto não é entendido por eles. Assim aconteceu quando fez dizer a Caifás a respeito de Cristo: convinha morresse um homem pelo povo, para não perecer toda a nação. Ora, ele não disse isto de si mesmo (Jo 11,50), mas dava a essas palavras um significado bem diverso daquele que o Espírito Santo tinha em vista.

10. Todos esses exemplos nos provam, com evidência, a necessidade de não nos prendermos às revelações e palavras, mesmo de Deus; porque a nossa maneira de compreender nos faria cair muito facilmente no engano. Todas são abismos e profundidade de espírito; restringi-las, pois, a nosso sentido limitado é querer apanhar com a mão o ar e os átomos de que está carregado: o ar nos escapa, e na mão nada fica.

11. O mestre espiritual, portanto, há de procurar que o espírito do seu discípulo não se detenha em querer fazer caso de todas essas apreensões sobrenaturais, que são apenas átomos do espírito, com os quais somente ficará, e sem espírito algum; mas, afastando a alma de todas as visões e palavras, obrigue-a a saber ficar na liberdade e nas trevas da fé, onde se recebe a liberdade e abundância de espírito, e, consequentemente, a sabedoria e a inteligência verdadeira das palavras divinas. Porque é impossível ao homem não espiritual julgar as coisas de Deus ou mesmo interpretá-las segundo a justa razão; e não é espiritual quem as julga segundo o sentido. E assim, embora as veja, sob o sentido, não as entende. Isto quis dizer São Paulo: "Mas o homem animal não percebe as coisas que são do Espírito de Deus; porque lhe parecem estultícia, e não as pode entender; porquanto elas são espirituais. Mas o espiritual julga todas as coisas" (1Cor 2,14-15). O homem animal apoia-se sobre o testemunho do sentido, e o homem espiritual não se prende nem se deixa guiar pelo sentido. É temeridade, pois, atrever-se a tratar com Deus ou dar licença a alguém para fazê-lo por essa via de apreensão sobrenatural pelo sentido.

12. E, para melhor se ver esta doutrina, citemos alguns exemplos. Suponhamos o caso de um santo muito aflito devido às perseguições dos seus inimigos; ouve a voz de Deus a dizer-lhe: Livrar-te-ei de todos os teus inimigos. Esta profecia pode ser muito verdadeira, e, contudo, virem os adversários a prevalecer contra o santo fazendo-o morrer às mãos deles. E, assim, quem a interpretasse segundo o sentido temporal das ditas palavras, enganar-se-ia. Porque Deus pode ter falado da verdadeira liberdade e vitória que é a salvação, na qual de muito melhor modo está a alma livre e vitoriosa de todos os inimigos, do que se fosse libertada de todos aqui na terra. Era, pois, a profecia muito mais real e de significação muito mais ampla do que se poderia pensar interpretando-a somente em relação a esta vida.

LIVRO II – CAPÍTULO XIX

Deus, quando fala, sempre visa em suas palavras o sentido principal e mais proveitoso; e o homem pode compreender a seu modo e segundo o fim menos importante, e assim enganar-se. Vemos o mesmo na profecia que fez Davi de Cristo, no Salmo 2, dizendo: "Tu os governarás com vara de ferro, e quebrá-los-ás como vaso de oleiro" (Sl 2,9), na qual se refere Deus à perfeita e principal soberania do seu Filho, que é eterna e se realizou; e não ao seu reinado temporal, não manifestado durante a vida terrestre de Jesus Cristo. Citemos outro exemplo.

13. Uma alma inflamada em grandes desejos de sofrer o martírio talvez ouça a voz de Deus responder às suas aspirações dizendo-lhe: "Tu serás mártir". Esta promessa enche-a interiormente de imensa consolação, e lhe dá confiança de que assim acontecerá. Contudo essa pessoa não sofrerá o martírio, e a palavra divina será verdadeira. Mas como explicá-lo, se não se realiza? Porque se cumpre e poderá cumprir segundo a parte essencial e principal da profecia, isto é, Deus dará à alma o amor e a recompensa do martírio, e assim é verdadeira a sua promessa satisfazendo-lhe os desejos; pois a aspiração formal da mesma alma não era sofrer tal ou qual gênero de morte, mas servir a Deus nos trabalhos e exercitar o seu amor por ele, como mártir. Com efeito, sem o amor de nada vale o martírio por si mesmo; e o amor juntamente com o ato e o mérito do martírio são plenamente dados à alma por outros meios. Assim, ainda não morrendo mártir, ficará muito satisfeita em receber o que desejava. Estes desejos e outros semelhantes, que nascem de amor ardente, embora nem sempre se cumpram como as almas os entendem, realizam-se de outro modo muito melhor e de maior glória para Deus, do que poderiam jamais pedir. Neste sentido diz Davi: "O Senhor ouviu o desejo dos pobres" (Sl 9,17). Nos Provérbios, diz-nos igualmente a Sabedoria divina: "Aos justos se lhes concederá o seu desejo" (Pr 10,24). Grande número de santos, bem o sabemos, de-

sejaram muitas coisas singulares para o serviço de Deus; se o seu desejo, justo e verdadeiro, não foi realizado aqui na terra, é de fé que teve perfeito cumprimento na outra vida. Sendo inegável esta verdade, não serão menos verdadeiras as palavras do Senhor quando promete a realização dos desejos de alguma alma neste mundo, e a promessa é cumprida de modo diverso do que se esperava.

14. As palavras e visões divinas podem, então, por essa e muitas outras maneiras, ser verdadeiras e certas e, não obstante isso, acontecer que nos enganemos a seu respeito; porque não sabemos penetrar nos altos fins e profundos sentidos que Deus nelas tem em vista. Assim, é mais seguro e acertado exortar as almas a fugir com prudência de tais coisas sobrenaturais, acostumando-as, como dissemos, à pureza de espírito na obscuridade da fé – único meio para alcançar a união divina.

CAPÍTULO XX

*Autoridades da Sagrada Escritura que provam
como as profecias e as palavras divinas,
embora sempre verdadeiras em si mesmas,
nem sempre são certas em suas causas.*

1. Convém agora explicar o segundo motivo pelo qual as visões e palavras divinas, em si mesmas verdadeiras, nem sempre são certas em relação a nós. Este segundo motivo é devido às causas, servindo de fundamento ao que Deus quer mostrar ou dizer. Muitas vezes revela o Senhor algo dependente, quanto à sua realização, de criaturas e efeitos naturais variáveis e falíveis; e, assim, as palavras divinas podem tornar-se igualmente falíveis e variáveis; pois, quando uma coisa depende de outra, faltando uma, faltará também a que lhe está sujeita. Por exemplo, Deus diz: Daqui a um ano enviarei tal castigo a este reino. A causa e fundamento desta ameaça é uma ofensa feita a ele nesse

LIVRO II – CAPÍTULO XX

reino. Ora, se cessasse o pecado ou as circunstâncias o mudassem, poderia cessar ou mudar-se o castigo, todavia a ameaça permaneceria verdadeira, porque ia fundada sobre a culpa atual; se esta culpa persistisse, certamente o castigo se executaria.

2. Semelhante fato se deu na cidade de Nínive. Ordenara Deus ao profeta Jonas que da sua parte fizesse esta predição: "Daqui a quarenta dias, será Nínive destruída" (Jn 3,4). Entretanto, não se realizou a predição divina, porque lhe cessou a causa, que eram os pecados cometidos, dos quais os ninivitas fizeram penitência; se não a tivessem feito, a ameaça de Deus se haveria cumprido. Lemos também no I Livro dos Reis que, tendo o rei Acab cometido grande pecado, o Senhor enviou nosso Pai Elias a profetizar-lhe grande castigo sobre sua pessoa, sua casa e seu reino (1Rs 21,21). E porque Acab compungido rasgou os vestidos, cobriu-se de cilício, e jejuou, dormiu sobre um saco, e andou triste e humilhado, logo Deus mandou-lhe dizer, pelo mesmo profeta, as seguintes palavras: "Porque se humilhou por minha causa, não farei cair o mal enquanto ele viver, mas no tempo de seu filho" (1Rs 21,29). Aqui vemos como a ameaça e a sentença de Deus foram comutadas, por causa da mudança de ânimo e afeto em que se achava Acab.

3. Podemos concluir, pois, que se Deus tiver revelado afirmativamente a uma pessoa tal coisa agradável ou penosa, relativa a ela mesma ou a outra, esta promessa poderá sofrer mudanças mais ou menos consideráveis, ou cessar por completo de existir, conforme as modificações sobrevindas nas disposições da pessoa ou casas sobre as quais se fundava a revelação. Assim acontece muitas vezes não se cumprir o que foi dito à alma, conforme sua esperança, e sem que ela possa saber o motivo – conhecido só de Deus. Muitas coisas costuma o Senhor dizer e ensinar ou prometer não para que sejam compreendidas ou concedidas na mesma ocasião, mas com o fim de manifestá-las no futuro, quando for conveniente ter a alma a necessária luz sobre

elas, ou conseguir efetivamente a sua realização. Tal foi o modo de agir de Nosso Senhor com seus discípulos, dizendo-lhes muitas parábolas e máximas cuja divina sabedoria não compreenderam senão no tempo em que houveram de pregar a sua doutrina, isto é, só depois de ter descido sobre eles o Espírito Santo, que – segundo Jesus Cristo lhes dissera – havia de declarar-lhes tudo que o mesmo Filho de Deus ensinara durante a vida. Referindo-se à entrada triunfal de Cristo em Jerusalém, São João escreve: "Os discípulos, a princípio, não compreenderam isto; mas quando Jesus foi glorificado, então se lembraram de que assim estava escrito dele" (Jo 12,16). A alma, desse modo, pode receber muitas revelações divinas sem que ela ou seu diretor as compreendam até o tempo oportuno.

4. Vemos no primeiro Livro de Samuel que Deus se irritou contra Heli, sacerdote de Israel, por causa dos pecados dos seus filhos que ele pusilanimemente não castigava. Mandou-lhe dizer por Samuel as seguintes palavras: "Eu, por certo, prometi que a tua casa, e a casa de teu pai, serviriam para sempre no sacerdócio diante da minha face. Mas agora diz o Senhor: Longe de mim tal coisa" (1Sm 2,30). O Senhor prometera que o sacerdócio se perpetuaria, de idade em idade, na família de Heli, caso ele perseverasse em seu zelo pela glória de Deus e na fidelidade em seu serviço. Mas, em faltando a Heli esse zelo no cumprimento dos seus deveres sacerdotais – como Deus mesmo se queixou por Samuel – por causa da preferência dada aos filhos em detrimento do Altíssimo, com dissimulação dos seus pecados, para não os afrontar, faltou também a promessa, a qual seria permanente se durasse sempre o zelo do serviço divino. Não se deve, pois, acreditar que as palavras e as revelações da parte de Deus sejam sempre infalíveis segundo o sentido literal de sua significação, principalmente quando estiverem essas predições ligadas a causas humanas, sujeitas por sua natureza a se modificarem e alterarem.

LIVRO II – CAPÍTULO XX

5. Na verdade, só Deus possui o segredo desta dependência que nem sempre é explícita: às vezes, faz a revelação, dissimulando as circunstâncias condicionais, como fez com os ninivitas quando lhes anunciou em termos absolutos a destruição de sua cidade após quarenta dias (Jo 3,4). Outras vezes, declara expressamente a condição, como fez a Roboão, dizendo-lhe: "Se andares pelos meus caminhos, guardando as minhas ordenações e os meus preceitos, como Davi meu servo, serei contigo, e te edificarei uma casa que seja estável, como a que fiz a meu servo Davi" (1Rs 11,38). Todavia, quer Deus nos declare ou não a condição de suas revelações, jamais devemos ter a segurança quanto à nossa interpretação pessoal; porque não podemos compreender as verdades ocultas sob as palavras de Deus, nem a multiplicidade de sentidos que encerram. Ele mora acima dos céus e fala a linguagem da eternidade, enquanto nós, cegos sobre a terra, só entendemos o temporal e humano. Sem dúvida, por esta razão, o Sábio exclama: "Deus está no céu, e tu sobre a terra; portanto, sejam poucas as tuas palavras" (Ecl 5,1).

6. Porventura dir-me-eis: se não podemos compreender essas coisas, nem nos intrometermos nelas, por que razão o Senhor no-las comunica? Já respondi: cada uma se compreenderá no tempo prescrito pela vontade daquele que falou. Deus dará inteligência quando e a quem lhe aprouver, no momento oportuno. Então se reconhecerá que tudo sucedeu como era conveniente, pois Deus nada faz sem justa e verdadeira causa. Portanto, crede que jamais se há de entender o sentido completo das palavras e obras divinas, nem determiná-las segundo suas aparências: isto seria expor-se a muitos erros e, enfim, a grande confusão. Sabiam-no muito bem os profetas em cujas mãos andava a palavra de Deus. Muitos dentre eles não viam cumprir-se ao pé da letra as profecias – o que constituía motivo de grande sofrimento ter de anunciá-las aos judeus, pois eram expostos à zombaria e aos risos do povo, a tal ponto que Jeremias che-

gou a queixar-se, dizendo: "Tornei-me um objeto de escárnio todo o dia; todos me insultam, porque já há tempo que falo, gritando contra a iniquidade, e anunciando com repetidos clamores a ruína; e tornou-se-me a palavra do Senhor em opróbrio e em ludíbrio todo o dia. E disse: Não me lembrarei dele, nem falarei mais em seu nome" (Jr 20,7-8). Mostram-nos essas queixas do profeta o abatimento do homem fraco e resignado, não podendo, porém, suportar o peso dos segredos de Deus. Por elas, compreendemos ainda como as palavras divinas diferem na sua realização do sentido vulgar que se lhes atribui; pois os profetas de Deus passavam por embusteiros, e sofriam tanto por causa das profecias, que o mesmo Jeremias declara noutra parte: "A profecia, assim como a contrição do espírito, veio a ser o nosso temor e o nosso laço" (Lm 3,47).

7. O motivo que induziu Jonas a fugir, quando Deus o mandou vaticinar a destruição de Nínive, foi justamente conhecer o profeta quão variáveis são as palavras divinas em suas causas e no entender dos homens. E, assim, com receio de ser zombado, quando vissem a profecia não realizada, ia fugindo para não profetizar; permaneceu durante quarenta dias fora da cidade, esperando o cumprimento da profecia e, como não se realizou, afligiu-se muito, queixando-se a Deus nestes termos: "Senhor, não é isto o que receava, quando ainda estava na minha terra? Por isso é que me preveni com o expediente de fugir para Társis" (Jn 4,2). E se enfadou o Santo a ponto de rogar a Deus lhe tirasse a vida.

8. Como, pois, nos havemos de admirar, se algumas palavras e revelações de Deus às almas não se realizam da maneira pela qual foram entendidas? Dado o caso que o Senhor afirme ou revele a uma alma algo de bom ou mau, para ela mesma ou para outra, não será sempre certa a sua realização; porque se a promessa depender de algum afeto, ou serviço, ou ofensa feita a Deus pela alma à qual a mes-

ma predição se refere, cumprir-se-á somente se perseverar o motivo em que se fundou. Não há razão, portanto, para assegurar-se no próprio entendimento, mas sim na fé.

CAPÍTULO XXI

Declara-se como Deus não gosta de que lhe sejam feitas perguntas, embora algumas vezes responda. Prova-se como se aborrece, mesmo quando condescende em responder.

1. Alguns espirituais julgam-se seguros, tendo por boa a curiosidade que às vezes mostram, procurando conhecer o futuro por via sobrenatural: pensam ser justo e agradável a Deus usar deste meio, porque algumas vezes o Senhor se digna responder-lhes. Embora seja verdade que Deus assim faça, longe de gostar desse modo de agir, muito se aborrece, e se tem por grandemente ofendido. A razão disso é: a nenhuma criatura é lícito sair dos limites naturais prescritos por Deus e ordenados para seu governo. Ora, Deus submeteu o homem às leis naturais e racionais: pretender infringi-las, querendo chegar ao conhecimento por meio sobrenatural, é sair desses limites: não é permitido fazê-lo sem a Deus desgostar, pois as coisas ilícitas ofendem-no. Esta verdade era bem conhecida ao rei Acab, quando, ordenando-lhe Deus pelo profeta Isaías que pedisse um sinal do céu, não o quis pedir, dizendo: "Não pedirei e não tentarei o Senhor" (Is 7,12). Porque tentar a Deus é querer comunicar-se com ele por vias extraordinárias, como são as sobrenaturais.

2. Mas, dir-me-eis: por que responde o Senhor algumas vezes às perguntas que lhe são dirigidas se lhe desagradam? Afirmo que algumas vezes responde o demônio ou, se as respostas vêm realmente de Deus, é, sem dúvida, em consideração à fraqueza da alma obstinada em seguir essa via, e para que não se entristeça e volte atrás: ou ainda para não pensar que Deus está descontente com ela, e

por esse motivo fique demasiadamente aflita. Enfim, por outros motivos só dele conhecidos, fundados na fraqueza daquela alma, e pelos quais sabe que convém responder, e assim condescende nisso. O mesmo faz com muitas almas fracas e tenras, dando-lhes gostos e consolações sensíveis, não porque lhe agrade tratar com elas por esta via, mas porque proporciona suas graças, como dissemos, conforme o modo de cada alma. Deus é como a fonte da qual cada um tira segundo a capacidade do recipiente que leva, e às vezes permite o Senhor haurirem a água da sua graça por esses canais extraordinários; todavia não é razão suficiente para ser lícito servir-se desses meios e recolher por eles a água. Somente a Deus compete distribuí-la quando, como, e a quem desejar, e conforme lhe aprouver, sem a criatura a isso ter pretensão alguma. Quando, pois, o Senhor condescende ao apetite e súplica de certas almas simples e boas, é para não as entristecer com uma recusa, mas não porque goste de agir desse modo. Melhor se compreenderá tudo isso por uma comparação.

3. Um pai de família tem na sua mesa numerosos e variados alimentos, uns melhores que outros; um filho pequenino pede-lhe insistentemente um daqueles manjares, não da melhor qualidade, mas do primeiro que vê e que lhe parece mais gostoso. O pai sabe que o menino recusará qualquer outro prato, ainda mesmo o melhor de todos; só se contenta com aquele de seu agrado. Para o filho não ficar triste e sem comer, o pai aquiesce, embora a contragosto, em satisfazer-lhe o pedido. Deus assim fez com os filhos de Israel, quando lhe pediram rei. Acedeu de má vontade, porque isso não lhes seria bom. "Ouve a voz desse povo – disse a Samuel –, concede-lhe o rei que pede, porque não é a ti que eles rejeitaram, mas a mim, para eu não reinar sobre eles" (1Sm 8,7). Do mesmo modo, Deus condescende com algumas almas, dando-lhes não aquilo de maior proveito, porque não querem ou não sabem ir adiante, a não ser por aquela via. E se outras recebem doçuras e suavidades espirituais ou sensíveis dadas por Deus, assim lhes sucede

LIVRO II – CAPÍTULO XXI

porque não têm capacidade para o alimento mais forte e sólido dos trabalhos da cruz de seu divino Filho – pois esse manjar quisera Deus buscassem as almas de preferência a qualquer outro.

4. Querer conhecer coisas sobrenaturalmente é pior ainda do que desejar gostos espirituais pelo sentido; não ser como a alma com essa pretensão poderá deixar de pecar, ao menos venialmente, por melhores que sejam seus fins e por mais perfeição que tenha. O mesmo digo de quem a mandasse, ou consentisse em usar daquele meio sobrenatural. Não há motivo algum para recorrer a tais meios extraordinários: temos a nossa razão natural, a lei e doutrina evangélica, pelas quais mui suficientemente nos podemos reger; não existe dificuldade ou necessidade que não se possa resolver ou remediar por esses meios comuns, mais agradáveis a Deus e proveitosos às almas. Tão grande é a importância de nos servirmos da razão e doutrina evangélica, que, mesmo no caso de recebermos algo por via sobrenatural – queiramos ou não –, só devemos admiti-lo quando é conforme à razão e aos ensinamentos do Evangelho. Ainda assim, é preciso recebê-lo, não por ser revelação, mas por ser segundo a razão, deixando de lado todo o seu aspecto sobrenatural; mais ainda: convém considerar e examinar aquela razão com atenção maior do que se não houvesse revelação particular, pois muitas vezes o demônio diz coisas verdadeiras e futuras, muito razoáveis, para enganar as almas.

5. Em todas as nossas aflições, tribulações e dificuldades, não existe para nós outro apoio maior e mais seguro do que a oração e a esperança de que o Senhor proverá a tudo pelos meios que lhe aprouver. Esse conselho, aliás, nos é dado na Sagrada Escritura, quando o rei Josafá, muito aflito e cercado de inimigos, pondo-se em oração exclamou: "Na falta de meios e não chegando a razão a prover às nossas necessidades, só nos resta olhar para ti, a fim de que nos provejas segundo teu beneplácito" (2Cr 20,12).

274 SUBIDA DO MONTE CARMELO

6. Já está bem provado o quanto desagradam a Deus as perguntas por via sobrenatural, embora às vezes responda. No entanto, será bom trazer aqui o testemunho da Sagrada Escritura. O I *Livro de Samuel* narra que o rei Saul, desejando ouvir o profeta Samuel então já morto, este apareceu-lhe. Mas o Senhor se irritou com tal desejo, segundo a repreensão feita ao rei pelo mesmo profeta, por ter usado daquele meio extraordinário: "Por que me inquietaste fazendo-me ressuscitar?" (1Sm 28,15). Sabemos, igualmente, que Deus, quando concedeu aos filhos de Israel o alimento pedido, ofendeu-se muito contra eles, e logo fez descer o fogo do céu para castigá-los, como lemos no *Pentateuco* e nos *Salmos*: "Ainda estavam as iguarias nas suas bocas, quando a ira de Deus se elevou sobre eles" (Sl 77,30-31). Lemos também, nos *Números,* que indo o profeta Balaão para o meio dos madianitas, para atender ao chamado do rei Balac, atraiu sobre si a cólera do Senhor, não obstante a permissão dada por Deus para anuir ao seu desejo. No caminho, apareceu-lhe imprevistamente um anjo, de espada na mão, e o ameaçou de morte, dizendo-lhe: "O teu caminho é perverso e contrário a mim" (Nm 22,32). E por este motivo queria matá-lo.

7. Desta maneira e de muitas outras condescende Deus, embora enfadado, em satisfazer os apetites das almas. Temos disto muitos exemplos e testemunhos da Sagrada Escritura que poderíamos citar; mas não são necessários em matéria tão evidente. Acrescento apenas ser perigosíssimo – muito mais do que saberia exprimir – querer alguém tratar com Deus por vias sobrenaturais; não deixará de errar muito, achando-se extremamente confundido todo aquele que se afeiçoar a tais meios. Aliás, a própria experiência obrigá-lo-á a reconhecer esta verdade. Além da dificuldade para não cair em erro, nessas palavras e visões de Deus há, ordinariamente, entre as verdadeiras, muitas do demônio. Costuma o espírito maligno disfarçar-se sob o

LIVRO II – CAPÍTULO XXI

mesmo aspecto em que Deus se manifesta à alma, misturando coisas muito verossímeis às comunicadas pelo Senhor. Deste modo vai o inimigo se metendo qual lobo entre o rebanho, disfarçado em pele de ovelha, e dificilmente se deixa perceber. Como diz palavras muito verdadeiras, conforme à razão e certas, quando se realizam, nelas é fácil enganar-se a alma, atribuindo-as a Deus somente porque os fatos demonstraram a sua veracidade. Muitos não sabem quanto é fácil, a quem é grandemente dotado de luz natural, conhecer os sucessos passados ou futuros, em suas causas. Ora, o demônio possui esta luz natural em grau muito elevado: pode, portanto, muito facilmente conhecer tal efeito produzido por tal causa, embora as suas previsões nem sempre se realizem, porque todas as causas dependem da vontade de Deus. Citemos alguns exemplos.

8. O demônio conhece a disposição da atmosfera e as influências do sol, prevê que em tal época, necessariamente, a combinação dos elementos trará a peste em certo país, e que esse flagelo provocará maiores danos em algumas regiões e menores em outras. Eis aqui conhecida a peste em sua causa. Será para admirar se disser a uma alma: daqui a seis meses ou um ano haverá peste? Efetivamente, assim acontecerá; mas, apesar de verdadeira a profecia, não deixará de ser do demônio. Do mesmo modo, pode ele conhecer e prenunciar algum terremoto, por ver os vapores encherem as entranhas da terra; no entanto, trata-se apenas de conhecimento puramente natural. Para isto basta ter o ânimo livre de paixões, como diz Boécio por estas palavras: "Se queres com clareza natural conhecer as verdades, lança de ti o gozo e o temor, a esperança e a dor".

9. Certos casos e acontecimentos sobrenaturais podem ser igualmente previstos segundo suas causas, isto é, pelos justos e certos motivos com que a Providência divina atende às causas boas ou más dos filhos dos homens. Por exemplo, é possível saber, por uma simples dedução, que o estado de tal ou tal pessoa, tal ou tal cidade, chega a tal ou tal

necessidade ou a tal ou tal ponto, que Deus, segundo sua providência e justiça, intervirá, infligindo um castigo, ou oferecendo uma recompensa; então, poder-se-á dizer que, em tal época, Deus fará isto ou aquilo ou, certamente, tais acontecimentos se hão de realizar. Deste modo falou Judite a Holofernes quando, para convencê-lo da realidade da ruína que ameaçava os filhos de Israel, desvendou-lhe primeiramente os pecados e maldades deles, acrescentando: "Já que procedem desse modo, perecerão infalivelmente" (Jt 11,12). A punição, pois, pode ser prevista em sua causa, ou, em outras palavras: tais pecados atrairão tais castigos de Deus – que é a própria justiça. Assegura-nos a Sabedoria divina: "Cada qual é punido pelo seu pecado" (Sb 11,17).

10. O demônio conhece essas coisas não somente por sua inteligência natural, mas pela sua experiência da ação do Senhor em semelhante circunstância. Pode, pois, predizê-las e acertar. Também o santo Tobias previu o castigo de Nínive em sua causa e advertiu seu filho nestes termos: "Ouve, filho, na hora em que eu e tua mãe morrermos, sai desta cidade porque já não existirá mais. Vejo claramente que sua iniquidade há de ser a causa de seu castigo ou da sua completa ruína" (Tb 14,12-13). Tobias conheceu a destruição de Nínive por revelação do Espírito divino, e, não obstante, ele e o demônio poderiam igualmente prevê-la, não só por causa da depravação da cidade, como pela experiência do castigo de Deus sobre os pecados do mundo, quando o destruiu pelo dilúvio, ou quando puniu os crimes dos sodomitas com o fogo.

11. Pode ainda o demônio conhecer a fraqueza e as disposições corporais de um indivíduo, anunciando, assim, com antecedência, a duração ou a brevidade da sua vida. Fatos desse gênero são numerosos e ao mesmo tempo tão complicados e de tal modo cheios de sutilezas e insinuações mentirosas que deles não nos podemos esquivar senão fugindo de todas as revelações, visões e palavras sobrenaturais. É este o motivo de Deus se desgostar contra os que

LIVRO II – CAPÍTULO XXI

as admitem, porque para estes é temeridade, presunção e curiosidade expor-se ao perigo que daí resulta. É deixar crescer o orgulho, raiz e fundamento de vanglória, desprezo das coisas divinas, e princípio de numerosos males em que caíram muitas almas. Excitam a tal ponto a indignação do Senhor essas almas, que ele propositadamente as deixa cair no erro e cegueira e na obscuridade do espírito: abandonam, assim, os caminhos ordinários da vida espiritual, para satisfazerem suas vaidades e fantasias, segundo Isaías diz: "O Senhor difundiu entre eles um espírito de vertigem (Is 19,14), isto é, espírito de revolta e confusão, ou para falar claramente: espírito que entende tudo ao revés. Vai ali o profeta declarando as palavras bem a nosso propósito, referindo-se aos que procuram conhecer os mistérios do futuro por via sobrenatural. Deus, disse ele, lhes envia um espírito de vertigem, não porque queira efetivamente lançá-los no erro, mas porque eles quiseram intrometer-se em coisas acima de seu alcance. Por este motivo é que o Senhor, desgostado, deixou-os errar, não lhes dando luz nesses caminhos impenetráveis onde não deviam entrar. E assim, diz Isaías, Deus enviou-lhes aquele espírito privativamente, isto é, daquele dano tornou-se Deus a causa privativa que consiste em tirar, tão deveras, sua luz e graça que necessariamente as almas venham a cair no erro.

12. O Senhor, deste modo, concede ao demônio permissão para enganar e cegar grande número de pessoas merecedoras desse castigo por seus pecados e atrevimentos. Fortalecido por esse poder, o inimigo leva a melhor: essas almas assim o aceitam como bom espírito e dão crença às sugestões dele com tanta convicção que, ao ser-lhes apresentada mais tarde a verdade, já não é possível desiludi-las, pois já as dominou, por permissão divina, aquele espírito de entender tudo ao revés. Assim aconteceu aos profetas do rei Acab. Deus abandonou-os ao espírito de mentira, dando licença ao demônio para enganá-los, dizendo: "Tu o en-

ganarás, e prevalecerás: vai e faze-o assim" (1Rs 22,22). Efetivamente, foi tão poderosa a ação diabólica sobre o rei e os profetas que recusaram dar crédito à predição de Miqueias, anunciando-lhes a verdade muito ao contrário do que os outros a haviam profetizado. Deus deixou-os cair na cegueira por causa da presunção e do apetite com que desejariam receber uma resposta em harmonia com as suas inclinações; só isto era disposição e meio certíssimo para precipitá-los propositadamente na cegueira e na ilusão.

13. O mesmo profetizou Ezequiel em nome de Deus, contra aquele que ousou querer conhecer por via sobrenatural, e satisfazer a vaidade e a curiosidade do espírito, dizendo: "Se vier buscar a algum profeta para saber por ele a minha resposta, eu, o Senhor, lhe responderei por mim mesmo, e porei o meu rosto irritado contra tal homem. E quando algum profeta errar na sua resposta, eu, o Senhor, sou o que enganei esse profeta" (Ez 14,7-9). Esta passagem deve ser tomada no sentido de que ele não apoiará o profeta com o seu favor para não ser enganado, isto é, ele próprio, o Senhor, responderá, mas responderá em sua cólera. Ora, da recusa da graça e proteção divina resulta para o homem necessariamente o ser enganado, por causa do abandono de Deus. Então, o demônio se apressa em responder segundo o apetite e gosto desse homem que, comprazendo-se voluntariamente nessas respostas e comunicações, muito se deixa enganar.

14. Parecemos ter saído do assunto prometido no título deste capítulo: provar como Deus se queixa algumas vezes das almas que lhe pedem revelações, embora responda. Mas, se refletirmos atentamente, veremos como toda a exposição vem apoiar o nosso propósito. Com efeito, tudo demonstra como o Senhor se desgosta com as almas desejosas de tais visões, pois permite sejam enganadas de tantas maneiras.

CAPÍTULO XXII

*Solução de uma dúvida. Declara-se por que
não é lícito, sob a lei da graça, interrogar a
Deus por via sobrenatural, como o era na lei
antiga. Prova-se com uma citação de São Paulo.*

1. As dúvidas se nos multiplicam entre as mãos, e assim não podemos ir adiante tão depressa quanto desejamos. Porque, pelo mesmo motivo de as suscitarmos, somos necessariamente obrigados a resolvê-las, para dar toda clareza e força à verdade da doutrina. Todavia há sempre vantagem nessas dúvidas: embora nos detenham um pouco os passos, servem para ensinar e elucidar o nosso intento, como veremos pela seguinte objeção.

2. No capítulo anterior dissemos como não é vontade de Deus que as almas queiram receber por via sobrenatural graças extraordinárias de visões, palavras interiores etc. Por outra parte vimos nesse mesmo capítulo, e o provamos com testemunhos da Sagrada Escritura, como na antiga lei este modo de tratar com Deus era usado e lícito; e não somente era lícito, mas ainda o próprio Deus o mandava, repreendendo o povo escolhido quando o não fazia. Em Isaías, podemos observar como Deus admoestou os filhos de Israel porque desejavam descer ao Egito sem primeiramente consultar o Senhor: "E não tendes consultado o meu oráculo" (Is 30,2). Também lemos em Josué que, sendo enganados os mesmos filhos de Israel pelos gabaonitas, censurou-os o Espírito Santo nestes termos: "Tomaram os israelitas dos seus víveres, e não consultaram o oráculo do Senhor" (Js 9,14). Igualmente vemos, na Sagrada Escritura, que Moisés sempre consultava o Senhor, e o mesmo fazia o rei Davi, e todos os outros reis de Israel em suas guerras e necessidades, bem como os sacerdotes e antigos profetas. Deus lhes respondia falando-lhes sem se desgostar. Assim era conveniente e se eles não interrogassem seria malfeito.

280 SUBIDA DO MONTE CARMELO

Qual o motivo, pois, de não ser agora, na nova Lei da graça, como era antigamente?

3. Respondo: se essas perguntas feitas a Deus eram lícitas na antiga Lei, e se convinha aos profetas e sacerdotes desejarem visões e revelações divinas, a causa principal era não estarem bem assentados os fundamentos da fé, nem estabelecida a Lei evangélica. Assim era mister interrogar a Deus e receber as suas respostas, fosse verbalmente, ou por meio de visões ou revelações, fosse em figuras ou símbolos, ou, afinal, por sinais de qualquer outra espécie. Porque todas essas palavras e revelações divinas eram mistérios da nossa fé, referentes ou relacionadas a ela. Ora, não sendo as realidades da fé próprias da criatura humana, mas de Deus, reveladas por sua própria boca, era necessário que os homens fossem conhecê-las em sua mesma fonte. Eis por que o Senhor os repreendia quando não o consultavam; e com as suas respostas os encaminhava, através dos acontecimentos e sucessos, para a fé, por eles ainda desconhecida por não estar ainda fundada. Agora, já estabelecida a fé em Cristo, e a Lei evangélica promulgada na era da graça, não há mais razão para perguntar daquele modo nem aguardar as respostas e os oráculos de Deus, como antigamente. Porque em dar-nos, como nos deu, o seu Filho, que é a sua Palavra única (e outra não há), tudo nos falou de uma vez nessa Palavra, e nada mais tem para falar.

4. Este é o sentido do texto em que São Paulo quer induzir os hebreus a se apartarem daqueles primitivos modos de tratar com Deus conforme a lei de Moisés, e os convida a fixar os olhos unicamente em Cristo, dizendo: "Tudo quanto falou Deus antigamente pelos profetas a nossos pais, de muitas formas e maneiras, agora, por último, em nossos dias, nos falou em seu Filho, tudo de uma vez" (Hb 1,1). O Apóstolo dá-nos a entender que Deus emudeceu por assim dizer, e nada mais tem para falar, pois o que antes falava

por partes aos profetas, agora nos revelou inteiramente, dando-nos o Tudo que é seu Filho.

5. Se atualmente, portanto, alguém quisesse interrogar a Deus, pedindo-lhe alguma visão ou revelação, não só cairia numa insensatez, mas agravaria muito a Deus em não pôr os olhos totalmente em Cristo sem querer outra coisa ou novidade alguma. Deus poderia responder-lhe deste modo dizendo: Se eu te falei já todas as coisas em minha Palavra, que é meu Filho, e não tenho outra palavra a revelar ou responder que seja mais do que ele, põe os olhos só nele; porque nele disse e revelei tudo, e nele acharás ainda mais do que pedes e desejas. Porque pedes palavras e revelações parciais; se olhares o meu Filho acharás nele a plenitude; pois ele é toda a minha palavra e resposta, toda a minha visão, e toda a minha revelação. Ao dar-vo-lo como irmão, mestre, companheiro, preço e recompensa, já respondi a todas as perguntas e tudo disse, revelei e manifestei. Quando no Tabor desci com meu espírito sobre ele dizendo: "Este é meu Filho amado em quem pus todas as minhas complacências, ouvi-o" (Mt 17,5), desde então aboli todas as antigas maneiras de ensinamentos e respostas, entregando tudo nas suas mãos. Procurai, portanto, ouvi-lo; porque não tenho mais outra fé para revelar, e nada mais a manifestar. Se antes falava, era para prometer o meu Cristo; se os meus servos me interrogavam, eram as suas perguntas relacionadas com a esperança de Cristo, no qual haviam de achar todo o bem (como o demonstra toda a doutrina dos evangelhos e dos apóstolos). Mas interrogar-me agora e querer receber minhas respostas como no Antigo Testamento seria de algum modo pedir novamente Cristo e mais fé; tal pedido mostraria, portanto, falta desta mesma fé já dada em Cristo. E assim seria grande agravo a meu amado Filho, pois, além da falta de fé, seria obrigá-lo a encarnar-se novamente, vivendo e morrendo outra vez na terra. Não acharás, de minha parte, o que pedir-me nem desejar, quanto a reve-

282 SUBIDA DO MONTE CARMELO

lações ou visões; considera-o bem e acharás nele, já feito e concedido tudo isto e muito mais ainda.

6. Queres alguma palavra de consolação? Olha meu Filho, submisso a mim, tão humilhado e aflito por meu amor, e verás quantas palavras te responde. Queres saber algumas coisas ou acontecimentos ocultos? Põe os olhos só em Cristo e acharás mistérios ocultíssimos e tesouros de sabedoria e grandezas divinas nele encerrados, segundo o testemunho do Apóstolo: "Nele estão encerrados os tesouros da sabedoria e da ciência" (Cl 2,3). Esses tesouros da sabedoria ser-te-ão muito mais admiráveis, saborosos e úteis que tudo quanto desejarias conhecer. Assim glorificava-se o mesmo Apóstolo quando dizia: Porque julguei não saber coisa alguma entre vós, senão a Jesus Cristo, e este crucificado (1Cor 2,2). Enfim, se for de teu desejo ter outras visões ou revelações divinas, ou corporais, contempla meu Filho humano e acharás mais do que pensas, conforme disse também São Paulo: "Porque nele habita toda a plenitude da divindade corporalmente" (Cl 2,9).

7. Não convém, pois, interrogar a Deus por via sobrenatural, nem é necessário falar-nos desse modo; tendo manifestado toda a fé em Cristo, não há mais fé a revelar nem jamais haverá. Querer receber conhecimentos por via extraordinária é, conforme dissemos, notar falta em Deus, achando não nos ter dado bastante em seu Filho. Mesmo quando se deseja essa via sobrenatural dentro da fé, não deixa de ser curiosidade proveniente de fé diminuta. Assim não havemos de querer nem buscar doutrina ou outra coisa qualquer por meio extraordinário. Quando Jesus expirando na cruz exclamou: "Tudo está consumado" (Jo 19,30), quis dizer terem-se acabado todos esses meios, e também todas as cerimônias e ritos da Lei antiga. Guiemo-nos, pois, agora pela doutrina de Cristo-homem, de sua Igreja e seus Ministros, e por este caminho, humano e visível, encontraremos remédios para nossas ignorâncias e fraquezas espirituais, pois para todas as necessidades aí se acha abun-

dante remédio. Sair desse caminho não só é curiosidade, mas muita audácia; não havemos de crer, por via sobrenatural, senão unicamente o que nos é ensinado por Cristo, Deus e homem, e seus ministros, homens também. É isto o que nos diz São Paulo nestas palavras: se algum anjo do céu vos ensinar outra coisa fora do que nós, homens, vos pregamos, seja maldito e excomungado (Gl 1,8).

8. Sendo, portanto, verdade, que sempre havemos de praticar agora o que Cristo nos ensinou, e tudo o mais fora disso é nada, nem se há de crer senão em conformidade com a doutrina evangélica, perde seu tempo quem quer tratar com Deus como na antiga Lei. Além do mais, naquela época, não era permitido a todos interrogar o Senhor, e Deus não respondia sem distinção de pessoas. Dava seus oráculos somente aos pontífices e profetas, homens que tinham a missão de transmitir ao povo a lei e a doutrina. Quem desejasse consultar a Deus, fazia-o por intermédio do profeta e do sacerdote e não por si mesmo. Se Davi interrogou algumas vezes o Senhor, era por ser profeta; ainda assim, nunca o fazia sem as vestes sacerdotais, como se vê no primeiro *Livro de Samuel,* quando disse ao sacerdote Abimelec: "Traze-me o *efod*" (1Sm 30,7), que era uma das principais vestes dos sacerdotes e com ela consultou ao Senhor. Outras vezes, dirigia-se a Natã ou a outros profetas, para consultar a Deus. Pela palavra dos sacerdotes e dos profetas, não segundo o próprio parecer, cada um se assegurava do que lhe era dito da parte de Deus.

9. E, assim, os oráculos divinos não tinham força nem autoridade alguma, para que lhes fosse dado inteiro crédito se não estivessem sancionados pelos profetas e pontífices. Deus gosta tanto de ver o homem governado e dirigido por outro homem, seu semelhante, regido e guiado pela razão natural, que quer de modo absoluto não se creia nas comunicações sobrenaturais, nem se confirmem estas com segurança, senão quando hajam passado por este canal humano da boca do homem. Deste modo, quando Deus diz

ou revela algo a uma alma, inspira-lhe ao mesmo tempo a inclinação de comunicá-lo a quem convém dizer; e até que isto se faça, não costuma ele dar plena satisfação, porque não a tomou o homem de outro que lhe é semelhante. Está escrito no livro dos Juízes que Gedeão, não obstante ter recebido do Senhor a segurança da vitória, duvidava e temia ainda. Deus o deixou nessa dúvida e pusilanimidade até o momento em que recebeu da boca dos homens a confirmação da promessa divina. Vendo-o tão abatido, disse-lhe o Senhor: "Levanta-te e desce ao campo... e tendo ouvido o que eles falam, então se confortarão as tuas mãos, e descerás com segurança ao campo dos inimigos" (Jz 7,11). E assim foi. Estando Gedeão no campo, ouviu um madianita contar a outro um sonho que tivera, no qual vira que o mesmo Gedeão os havia de vencer; e, com isto, animou-se a começar a batalha com grande alegria. Por este fato vemos como Deus não quis que Gedeão se assegurasse só por via sobrenatural, mas fosse confirmado naturalmente.

10. Muito mais admirável o exemplo de Moisés. Ordenara-lhe o Senhor, com muitas razões, confirmando sua ordem com os prodígios da vara transformada em serpente e da mão leprosa, que fosse libertar os filhos de Israel. No entanto, Moisés permanecia tão fraco e irresoluto para obedecer que, apesar do descontentamento de Deus, jamais se determinava a ir. Só teve coragem quando o Senhor o animou dizendo: "Eu sei que Aarão, teu irmão, filho de Levi, é eloquente: vê, ele te sai ao encontro, e vendo-te se alegrará no seu coração. Fala-lhe, e põe as minhas palavras na sua boca; e eu serei na tua boca e na dele para que cada um receba a confirmação da boca do outro" (Ex 4,14-15).

11. A estas palavras se confortou Moisés, com a esperança do consolo que do conselho de seu irmão havia de receber. Deste modo procede a alma humilde: não ousa tratar só com Deus nem se contenta e assegura enquanto não se submete ao governo e conselho humano. E Deus assim o

LIVRO II – CAPÍTULO XXII

quer; quando alguns se juntam a conferir uma verdade, ele está presente no meio deles para esclarecê-la e confirmá-la em seus espíritos, por meio da razão natural, como aconteceu a Moisés e Aarão, aos quais prometeu o Senhor falar pela boca de um e outro, quando agissem conjuntamente. Também diz o mesmo Senhor no Evangelho: Onde se acham dois ou três congregados em meu nome, para examinar o que é mais vantajoso à minha honra e glória, aí estou eu no meio deles (Mt 18,20), para fazer brilhar em seus corações o esplendor das verdades divinas. Notável é não ter dito que onde estiver um só, ali estará ele – mas estará onde estiverem ao menos dois. Com isso nos ensina não ser permitido ao homem julgar sozinho as coisas divinas e nelas se apoiar, sem o conselho e a direção da Igreja e dos seus ministros. Deus não se faz presente àquele que está só; não o esclarece na verdade, nem a confirma no seu interior, deixando-o deste modo tíbio e fraco em relação à mesma verdade.

12. Exclama o Eclesiastes, encarecendo muito este ponto: Ai do que está só, porque quando cair não tem quem o levante. E se dormirem dois juntos, aquecer-se-ão mutuamente (isto é, pelo fogo da caridade que está entre eles); mas um só como se há de aquentar? Isto é, como não será frio nas coisas de Deus? E se alguém mais forte prevalecer contra um deles (isto é, o demônio que prevalece desse modo contra os que querem conduzir-se sós), dois lhe resistirão, a saber, o mestre e o discípulo que se reúnem para conhecer a verdade e praticá-la (Ecl 4,10-12). O homem isolado geralmente se sente fraco, frio na interpretação da verdade, mesmo quando a recebe da boca de Deus. São Paulo, depois de haver pregado muito o Evangelho, dizendo tê-lo recebido de Deus e não dos homens, não descansou até ir conferi-lo com São Pedro e os outros apóstolos. E com este receio, dizia: "Por temor de correr ou de haver corrido em vão" (Gl 2,2). Não se tinha por seguro, enquanto não re-

cebeu a confirmação humana. Coisa digna de ponderação, ó Paulo! Aquele que vos revelou o Evangelho não poderia também revelar-vos a segurança de não errar na pregação de sua verdade?

13. Nisto compreendemos, claramente, como não há certeza nas coisas reveladas por Deus, senão segundo esta ordem aqui explicada. Porque, embora a pessoa que recebe a comunicação divina esteja convicta, como estava São Paulo a respeito do Evangelho que começara a pregar, pode errar no conhecimento da revelação e a seu respeito. Porque o Senhor por dizer uma coisa, nem sempre diz a outra, e muitas vezes não indica o modo de executar o declarado na revelação. Ordinariamente tudo o que se pode fazer por indústria ou conselho humano, Deus não o faz nem o diz por si mesmo, ainda tratando mui frequentemente, e com muita intimidade com alguma alma. Como já dissemos, muito bem sabia disso São Paulo, quando foi conferir o seu Evangelho, mesmo estando convencido de que o recebera por revelação divina. Eis ainda outra clara prova tirada do Êxodo. Deus, embora tivesse relações tão íntimas com Moisés, nunca lhe havia dado o conselho tão salutar que lhe deu Jetro, seu sogro, induzindo-o a escolher outros juízes para ajudá-lo nos seus afazeres, para o povo não ficar esperando da manhã à noite (Ex 18,21-22). Deus aprovou esta sábia medida, que não quisera aconselhar diretamente a Moisés; porque era conselho ao alcance do raciocínio e juízo humano. Do mesmo modo tudo o que nas visões e palavras interiores pode ser resolvido por meio humano, não o costuma Deus revelar; sua intenção é que os homens recorram a esse meio, a não ser nas coisas da fé, superiores a todo juízo e toda inteligência criada, sem, todavia, lhes serem contrárias.

14. Ninguém imagine que, pelo fato de tratar familiarmente com Deus e seus santos, há de saber por modo sobrenatural os próprios defeitos, podendo conhecê-los por outra via. Não existe motivo para ter segurança em agir assim;

LIVRO II – CAPÍTULO XXII

com efeito, lemos nos *Atos dos Apóstolos* que São Pedro, chefe da Igreja, instruído diretamente pelo Senhor, errou mantendo entre os gentios o uso de certa cerimônia judaica. Todavia guardava Deus o silêncio a tal ponto que São Paulo foi obrigado a censurar São Pedro, como ele próprio o afirma: "Mas quando vi que não andavam direito segundo a verdade do Evangelho, disse a Pedro, diante de todos: Se tu, sendo judeu, vives como os gentios, e não como os judeus, por que obrigas tu os gentios a judaizar?" (Gl 2,14). E o Senhor não advertia diretamente a São Pedro de sua falta; porque aquela simulação era coisa que podia saber por via ordinária e racional.

15. Ver-se-á, no dia do juízo, o Senhor castigar faltas e pecados de almas honradas na terra com suas relações íntimas e favorecidas com muitos dons e luzes: porque, demasiadamente confiantes naquele trato familiar com Deus, descuidaram-se de muitas coisas que sabiam dever fazer. E, como disse Cristo no Evangelho, cheias de espanto exclamarão: "Senhor, Senhor, não é assim que profetizamos em teu nome, e em teu nome expelimos os demônios, e em teu nome obramos muitos prodígios?" E o Senhor lhes responderá: "Pois eu nunca vos conheci; apartai-vos de mim, os que obrais a iniquidade" (Mt 7,22-23). Nesse número estão o profeta Balaão e outros semelhantes que, embora lhes tivesse Deus falado, e concedido graças, eram pecadores. Repreenderá também o Senhor, de modo relativo, aos seus escolhidos e amigos, com os quais na terra se comunicou mui familiarmente, censurando então as faltas e descuidos que hajam tido; porque nessas faltas não era mister serem admoestados diretamente pelo Senhor, visto como pela lei e razão naturais já ele os advertia.

16. Terminando este assunto, chegamos à seguinte conclusão: a alma deve confiar logo a seu diretor espiritual com clareza, exatidão, verdade e simplicidade, todas as graças sobrenaturais recebidas. Parecerá talvez inútil dar conta

disso ou gastar tempo em falar nessas coisas, pois, como dissemos, basta rejeitá-las, não fazendo caso delas nem as querendo, para ficar a alma segura, mormente em se tratando de visões, revelações ou outras comunicações sobrenaturais que ou são distintas ou pouco importa não o serem. No entanto, é muito necessário dizer tudo (embora à alma pareça que não), por três razões. Primeira: como já dissemos, a força, luz, segurança e efeito principal dos dons divinos não se confirmam plenamente na alma, senão quando dá conta deles a quem Deus estabeleceu como juiz espiritual dela. Cumpre a este ligar ou desligar-lhe a consciência, aprovar ou desaprovar as suas disposições. Os exemplos da Sagrada Escritura acima referidos no-lo demonstram evidentemente. Todos os dias ainda provamos, por experiência, vendo como as almas humildes, favorecidas com tais dons, depois de terem falado com quem devem, sentem aumento de satisfação, força, luz e segurança; em algumas chega a tanto esse efeito que lhes parece não haver recebido as graças, nem se asseguram, até falarem com o diretor, e então é como se novamente recebessem tudo.

17. Segunda razão: ordinariamente, a alma sente necessidade de ser esclarecida sobre o que nela se passa, para ser encaminhada por aquela via à desnudez e pobreza espiritual, que é a noite escura. Porque se esta doutrina lhe vai faltando, embora não deseje essas graças extraordinárias, sem o perceber, irá se embotando nas vias espirituais, amoldando-se ao sentido, pelo qual, em parte, recebe aquelas apreensões distintas.

18. Terceira razão: é conveniente dar parte de todas as comunicações sobrenaturais, mesmo que a alma não faça caso dela, e as tenha em nenhuma conta, a fim de manter-se na humildade, submissão e mortificação. Certas almas têm extrema repugnância em dizer essas coisas, por lhes parecerem pouco importantes e não saberem como as acolherá a pessoa com quem devem falar; é sinal de pouca

humildade, e, por isto mesmo, hão de sujeitar-se a fazê-lo. Outras sentem muita confusão em as dizer, pelo receio de parecerem receber favores semelhantes aos dos santos, além de várias repugnâncias que costumam sentir; por isto acham melhor não falar, pois não há razão para referi-lo, uma vez que não fazem caso disso. Mas, justamente por causa dessas dificuldades, é necessário se mortifiquem e o digam até se tornarem humildes, dóceis, simples e prontas para dizer tudo, e depois sempre o dirão com facilidade.

19. Devemos advertir aqui: se insistimos tanto sobre a necessidade de rejeitar essas visões e revelações, e recomendamos encarecidamente aos confessores que não deixem as almas ocupadas nessas graças extraordinárias, não é para os mestres espirituais lhes mostrarem aspereza; nem de tal modo testemunharem o seu desprezo que deem ocasião às almas de se retraírem, sem coragem de manifestar o que recebem. Muitos inconvenientes há em impedir-lhes a expansão nesse ponto. Porque essas graças são o meio e modo por onde Deus conduz tais almas; não convém, portanto, mostrar-lhes desagrado, nem espantar-se ou escandalizar-se com isso; antes, ir com muita benignidade e sossego, animando-as e dando-lhes facilidade de se exprimirem abertamente; e se preciso for, dando-lhes preceito neste sentido, porque algumas almas têm dificuldade tão grande em fazer essas declarações, que é mister agir o diretor assim. Encaminhem-nas, na fé, ensinando-lhes a desviar os olhos de todos esses dons sobrenaturais; deem-lhes doutrina para que saibam desapegar o apetite e o espírito dessas graças, a fim de prosseguirem; enfim, expliquem como é muito mais preciosa aos olhos de Deus uma obra ou ato da vontade feito em caridade, que todas as visões ou revelações celestes; pois estas nem mérito são, nem demérito; e como muitas almas, não favorecidas com semelhantes mercês, estão sem comparação muito mais adiante do que outras que as recebem em abundância.

CAPÍTULO XXIII

Começa a tratar das apreensões do entendimento
comunicadas por via puramente espiritual.
Diz em que consistem.

1. A doutrina sobre as apreensões do entendimento recebidas por via do sentido foi um tanto abreviada, em comparação ao muito que haveria a dizer; não quis estender-me mais no assunto porque para chegar ao fim que pretendo – que é desembaraçar o entendimento dessas apreensões e guiá-lo na noite da fé – já disse bastante, e até mesmo demais. Começaremos, portanto, agora, a tratar das quatro apreensões do entendimento, mencionadas no Capítulo X como puramente espirituais, a saber: visões, revelações, locuções ou palavras interiores, e sentimentos espirituais. A elas chamamos puramente espirituais porque não são comunicadas ao entendimento por meio dos sentidos corporais, como acontece nas apreensões corporais imaginárias; mas, sem meio algum sensível, exterior ou interior, se oferecem ao entendimento clara e distintamente por via sobrenatural, de modo passivo, isto é, sem que a alma coopere com algum ato ou obra de sua parte, ao menos ativamente.

2. É necessário dizer que, geralmente falando, todas estas quatro apreensões podem ser denominadas visões da alma, pois ao entender da alma aqui chamamos ver. Como todas essas apreensões são inteligíveis para o entendimento, são chamadas visíveis para o espírito, e, em consequência, as percepções formadas por elas no entendimento podem ser chamadas visões intelectuais. Tudo quanto se apresenta aos sentidos, e se pode ver, ouvir, cheirar, gostar e tocar, torna-se também objeto do entendimento enquanto este nelas distingue o verdadeiro do falso. Donde, como tudo o que é visível aos olhos corporais, a eles apresenta visão corporal, de modo análogo toda apreensão inteligível causa visão espiritual aos olhos espirituais da alma que são o entendi-

LIVRO II – CAPÍTULO XXIII 291

mento; porque, como dissemos, para a alma, compreender é o mesmo que ver. Assim, estas quatro apreensões podem ser, de modo geral, chamados visões, o que não se pode dizer em relação aos sentidos, porque nenhum destes pode perceber por si mesmo o que é objeto dos outros.

3. Como, entretanto, tais apreensões se representam à alma sob uma forma semelhante à que impressiona os sentidos, podemos denominá-las com vocábulos próprios e específicos. A tudo quanto recebe o entendimento por uma espécie de vista ou intuição interior (porque assim como os olhos veem os objetos corporais, assim o entendimento pode ver as realidades espirituais), chamamos visões. Ao que lhe é comunicado como por um conhecimento de coisas novas até então ignoradas (como o ouvido ao perceber algo nunca ouvido antes), damos o nome de revelações. As comunicações recebidas pelo entendimento à maneira de audição são chamadas locuções ou palavras interiores. E, enfim, às apreensões que lhe são dadas ao modo dos outros sentidos, como, por exemplo, a percepção de suaves perfumes, sabores e deleites espirituais, de que a alma goza por via sobrenatural, denominamos sentimentos espirituais. Tudo isto ilustra o espírito sem meio algum de forma, imagem, figura ou fantasia da imaginação; são graças comunicadas imediatamente à alma por operação e meio sobrenaturais.

4. Destas apreensões também é conveniente libertar o entendimento (como já fizemos a propósito das corporais imaginárias), encaminhando-o e dirigindo-o através de todas elas, na noite espiritual da fé à divina e substancial união com Deus; para que não fique o espírito embaraçado nem se torne grosseiro (por causa de tais apreensões), e deste modo venha a ser impedido no caminho da soledade e desnudez espiritual de todas as coisas, qual se requer para a dita união. É verdade, as apreensões mencionadas agora são mais nobres, mais proveitosas, e muito mais seguras do que as corporais imaginárias, por serem já interiores e puramente espirituais, e, em consequência, menos

acessíveis ao demônio; porquanto são comunicadas à alma de modo mais puro e sutil, sem nenhuma cooperação dela, nem trabalho da imaginação, ao menos ativamente. Todavia, se houver pouca vigilância, poderá o entendimento não só embaraçar-se, mas ainda ser muito enganado.

5. Poderíamos, de certa maneira, juntar essas quatro espécies de apreensões, e concluir aplicando-lhes o conselho geral até aqui dado para todas: não as pretender nem desejar. Entretanto, teremos mais luz entrando em suas particularidades e dando doutrina especial a respeito delas; por este motivo será bom tratar de cada uma separadamente, e assim começaremos pelas primeiras, que são as visões espirituais ou intelectuais.

CAPÍTULO XXIV

Trata das duas espécies de visões espirituais que a alma pode receber por via sobrenatural.

1. Falando agora das visões espirituais propriamente ditas, que o entendimento percebe sem meio algum de sentido corporal, podemos distinguir duas espécies: as visões de substâncias corpóreas, e as visões de substâncias imateriais ou incorpóreas. As primeiras são acerca de todas as realidades materiais, celestes e terrestres, que a alma pode ver estando no corpo, mediante certa luz sobrenatural emanada de Deus; nessa luz pode ver todos os seres distantes, no céu ou na terra. Dessa maneira foi a visão narrada por São João no capítulo 21 do *Apocalipse,* quando descreve a excelência e beleza da Jerusalém Celeste que contemplou no céu. Lemos também de São Bento que numa visão espiritual lhe foi mostrado todo o mundo. Essa visão, segundo declara Santo Tomás no primeiro de seus *Quodlibetos*, foi percebida nessa luz, de que falamos, emanada do alto.

LIVRO II – CAPÍTULO XXIV

2. As visões de substâncias incorpóreas não se podem ver com essa luz sobrenatural já referida; exigem outra mais sublime que é chamada lume de glória. Tais visões, portanto, de substâncias incorpóreas, como as de anjos ou almas, não são deste mundo, nem podem ser vistas em corpo mortal; se Deus as quisesse comunicar à alma como são essencialmente, no mesmo instante ela abandonaria o corpo e seria arrebatada da terra. Por este motivo disse o Senhor a Moisés quando este lhe solicitava a graça de contemplar a Essência divina: "O homem não pode ver-me e viver" (Ex 33,20). Era esta a razão por que os filhos de Israel se enchiam de temor quando pensavam que haviam de ver a Deus ou que o tinham visto ou a algum anjo do céu: logo se lhes afigurava que depois disso morreriam. Dominados por esse temor, diziam o que lemos no *Êxodo*: "Não nos fale o Senhor, não nos suceda morrermos" (Ex 20,19). No *Livro dos Juízes* também se conta como Manué, pai de Sansão, julgando ter visto essencialmente o anjo que sob o aspecto de um jovem formosíssimo havia falado com ele e sua mulher, disse a esta: "Certamente morremos porque vimos a Deus" (Jz 13,22).

3. As visões de substâncias incorpóreas não são, pois, da vida presente, a não ser em caso muito raro e de modo transitório; nestas circunstâncias excepcionais, Deus dispensa ou salva a condição desta vida mortal, abstraindo totalmente o espírito, e pela sua divina graça suprindo as forças naturais que a alma então deixa de dar ao corpo. Assim é que São Paulo deve ter visto as substâncias imateriais no terceiro céu, conforme as suas palavras: foi arrebatado a elas, mas não sabe declarar se a alma estava no corpo ou não (2Cor 12,2): prova evidente de que ultrapassou os limites da vida natural, por uma operação divina. Quando Deus, segundo cremos, quis revelar sua Essência a Moisés, disse-lhe que o meteria na entrada da caverna, amparando-o e cobrindo-o com sua destra, a fim de que não morresse quando passasse a glória divina. Esta passagem da gló-

ria do Altíssimo era a manifestação transitória do seu Ser, durante a qual protegia com a sua direita a vida natural de Moisés (Ex 33,22). Mas estas visões tão substanciais, como as de São Paulo, Moisés e nosso pai Elias (quando este cobriu o rosto à suave brisa em que Deus se manifestava), mesmo sendo transitórias, raramente acontecem, ou melhor dizendo, quase nunca, e a bem poucos. Porque Deus as concede aos que são muito fortes do espírito da Igreja e de sua Lei, como o foram os três grandes santos mencionados.

4. Essas visões de substâncias espirituais, embora não possam ser percebidas na terra de modo claro e evidente pelo entendimento, todavia, se podem sentir na substância da alma mediante suavíssimos toques e graças de união. Isso, porém, já pertence aos sentimentos espirituais de que trataremos depois, com a ajuda de Deus; porque a ele se endereça e encaminha nossa pena, isto é, ao divino abraço e união da alma com a Substância divina. E será quando falarmos da inteligência, mística, confusa e obscura, que ainda nos falta explicar, mostrando como, mediante esta notícia amorosa e obscura, Deus se une à alma em grau inefável e sublime. De certo modo podemos dizer que esta notícia, que é a fé, serve na vida presente, para a união divina, assim como na outra vida, o lume de glória à clara visão de Deus.

5. Ocupemo-nos agora das visões de substâncias corpóreas percebidas espiritualmente à maneira das visões corporais. Como os olhos veem os objetos materiais com o auxílio da luz natural, assim a alma, pelo entendimento, vê interiormente esses mesmos objetos naturais ou outros ainda, segundo a vontade de Deus, por meio da luz sobrenatural já referida. O modo de ver, porém, é diferente; porque as visões espirituais ou intelectuais são percebidas com muito mais claridade e sutileza do que as visões corporais. Quando o Senhor quer conceder a uma alma essa mercê, comunica-lhe a dita luz sobrenatural e, nessa luz, ela distingue facilmente e de modo muito claro o que Deus lhe quer mos-

LIVRO II – CAPÍTULO XXIV

trar do céu ou da terra, sem que a ausência ou a presença desses objetos tenham qualquer influência. Sucede como se uma porta se abrisse deixando passar uma brilhante claridade, à maneira de relâmpago iluminando repentinamente os objetos numa noite escura, fazendo-os aparecer como em pleno dia; depois, desaparecendo imediatamente a luz, desaparecem os objetos, mas as suas formas e imagens se gravam na fantasia. As visões intelectuais realizam na alma efeito muito mais excelente; o que percebe ao clarão desta divina luz fica tão profundamente impresso no espírito, que é suficiente lembrar-se disso para vê-lo como da primeira vez; bem assim como no espelho se refletem sempre as figuras que lhe são apresentadas. Isto acontece de tal modo, que aquelas formas de coisas nunca vistas jamais se apagam inteiramente da alma, embora, com o andar do tempo, se vão desvanecendo algum tanto.

6. Os efeitos dessas visões na alma são: paz, luz, alegria que se podem comparar à glória, pureza, suavidade, amor, humildade, e inclinação ou elevação do espírito em Deus, mais ou menos intensa, segundo o espírito em que são recebidas as graças, e conforme o beneplácito divino.

7. Pode também o demônio produzir essas visões, mediante alguma luz natural apresentada à fantasia, por sugestão espiritual iluminando os objetos presentes ou ausentes. Comentando alguns doutores aquela passagem de São Mateus, onde se diz que o demônio mostrou a Cristo todos os reinos do mundo e sua glória (Mt 4,8), afirmam tê-lo feito por sugestão espiritual porque, com os olhos do corpo, não teria sido possível fazê-lo ver de uma só vez todos os reinos do mundo e suas magnificências. Todavia há grande diferença entre as visões apresentadas pelo demônio e as de origem divina, pois os efeitos de umas não têm comparação alguma com os efeitos das outras. As primeiras levam a alma a inclinar-se à estima de si mesma e a admitir com complacência essas visões. Ao contrário das visões divinas, longe de causarem suave humildade e verdadeiro amor di-

vino, produzem secura de espírito no trato com Deus. As suas formas não se imprimem na alma com a doce claridade das outras visões; desvanecem-se prontamente, salvo se a alma as estima em muito – nesse caso a própria estima desperta naturalmente a lembrança delas, mas lembrança seca e árida, incapaz de produzir os frutos de humildade e caridade causados pelas verdadeiras visões, todas as vezes que são lembradas.

8. Essas visões, tendo por objeto as criaturas, com as quais Deus não tem proporção alguma nem conveniência essencial, não podem servir ao entendimento de meio próximo para a união com Deus. A atitude da alma em relação a elas deve ser, portanto, puramente negativa, como já o dissemos para todas as outras visões; só assim poderá progredir, guiando-se pelo meio próximo que é a fé. Por conseguinte, a alma não se há de apoiar nas formas que de tais visões lhe ficam impressas, fazendo delas arquivo e tesouro; proceder assim seria deter-se, embaraçada naquelas formas, figuras e personagens que ali residem no seu interior, e jamais chegaria a Deus mediante a renúncia de todas as coisas. Mesmo que se representem sempre as ditas formas dentro da alma, não serão obstáculo, se ela as desprezar. É verdade que a lembrança dessas visões incita a alma a algum amor de Deus e contemplação, mas a pura fé, na desnudez e obscuridade de tudo, a incita e eleva muito mais, sem saber como nem de onde lhe provém aquele transporte. Assim acontecerá achar-se inflamada em ânsias de puríssimo amor de Deus, sem entender de onde procedem nem que fundamento tiveram. E a razão foi que a fé se infundiu e arraigou mais profundamente na alma pela desnudez, vazio e obscuridade de todas as coisas, ou pobreza espiritual, que é tudo o mesmo; e juntamente com a fé mais se lhe infundiu e arraigou a caridade divina. Quanto mais consentir a alma em obscurecer-se e aniquilar-se em relação a todas as coisas exteriores e interiores

que pode receber, tanto mais fé lhe será infundida, e, consequentemente, mais caridade e esperança; porque estas três virtudes teologais andam juntas.

9. Este amor, porém, algumas vezes não é compreendido nem percebido pela pessoa a quem é dado; não tem seu fundamento no sentido com ternura, e sim na alma com fortaleza, tornando-a mais animosa e ousada do que antes; pode, todavia, redundar às vezes no sentido, com ternura e suavidade. Para alcançar esse amor, alegria e gozo causados pelas visões, convém à alma ter força, mortificação e amor para querer permanecer no vazio e na obscuridade de tudo. Cumpre estabelecer o amor e o gozo justamente no que não vê nem sente, porque não é possível nesta vida ver ou sentir a Deus, incompreensível e inefável; por isto, o caminho para ele é o da renúncia total. De outro modo, ainda que a alma seja tão prudente, humilde e forte que não possa o demônio enganá-la nessas visões, ou fazê-la cair em alguma presunção como sói fazer, não a deixará, contudo, ir adiante; porque ele põe obstáculo à desnudez espiritual e pobreza de espírito e ao vazio da fé, requeridos para a união com Deus.

10. A respeito de todas essas visões pode ser aplicada a doutrina desenvolvida nos capítulos 19 e 20, quando tratamos das visões e apreensões sobrenaturais do sentido: por este motivo não gastaremos aqui mais tempo no assunto.

CAPÍTULO XXV

Trata das revelações e declara o que são.
Como se distinguem.

1. Pela ordem seguida, convém tratar agora da segunda espécie de apreensões espirituais acima denominadas revelações, algumas das quais pertencem propriamente ao espírito de profecia. Observemos antes de tudo que revelação nada é senão o descobrimento de uma verdade ocul-

ta, ou a manifestação de algum segredo ou mistério, assim como se Deus iluminasse o entendimento mostrando-lhe a verdade sobre alguma coisa, ou descobrisse à alma algumas das suas obras ou desígnios, presentes ou futuros.

2. Conforme esta observação, podemos distinguir duas espécies de revelações: umas desvendam verdades ao entendimento e propriamente são denominadas notícias intelectuais ou inteligências; outras consistem na manifestação de certos segredos, e o nome de revelação se lhes ajusta melhor. Em rigor mesmo, esta última denominação não cabe às primeiras, pois são inteligência clara e manifesta que Deus dá à alma, de verdades simples e puras, não só a respeito de realidades temporais, mas também espirituais. No entanto, quis dar aqui a todas o nome genérico de revelações; primeiro, em razão da proximidade e estreita aliança entre umas e outras e, depois, para não multiplicar os nomes e distinções.

3. Poderemos agora estabelecer, nas revelações, dois gêneros de apreensões: a um chamaremos notícias intelectuais; a outro, manifestação de segredos e mistérios ocultos de Deus. Trataremos desta matéria em dois capítulos, o mais breve possível; começando a falar, neste, do primeiro gênero.

CAPÍTULO XXVI

Trata das inteligências, comunicadas ao entendimento, de verdades despidas de toda forma. São de duas espécies. Atitude da alma em relação a elas.

1. Para escrever convenientemente sobre essa inteligência de verdades simples e puras, dada ao entendimento, seria necessário se dignasse Deus guiar-me a mão e a pena. Porque hás de saber, amado leitor, que excede toda palavra o que são em si mesmas essas verdades para a alma. Não

pretendo, aliás, falar aqui diretamente delas, mas somente industriar e encaminhar a alma no meio dessas inteligências à divina união; ser-me-á, pois, permitido dizer de modo breve e sucinto quanto baste para o dito intento.

2. Esse gênero de visões, ou melhor dizendo, notícias de verdade em si mesmas e na simplicidade de sua essência, é muito diferente das visões a que nos referimos no capítulo XXIV. Efetivamente, não mais se cogita de ver realidades corporais com o entendimento, mas de distinguir e ver o mesmo entendimento, verdades referentes a Deus, ou a fatos presentes, passados e futuros, coisa mui conforme ao espírito de profecia, como demonstraremos talvez mais tarde.

3. Essas notícias dividem-se em duas espécies: as da primeira têm por objeto o Criador, e as da segunda, as criaturas. Embora umas e outras causem à alma grande gozo, as primeiras causam deleite tão excessivo e incomparável, que não há palavras nem expressões capazes de traduzi-lo; porque são notícias do mesmo Deus, e deleite do mesmo Deus de quem diz Davi: "Não há quem te seja semelhante" (Sl 39,6). São notícias diretas da Divindade, manifestando de maneira sublime algum atributo de Deus, seja sua onipotência, seja sua fortaleza, ou sua bondade e doçura etc. E todas as vezes que essas notícias são dadas, imprimem fortemente na alma aquilo que manifestam. Como são graças de pura contemplação, claramente vê a alma ser-lhe impossível referir algo do que nela se passou, a não ser em termos gerais, nos quais prorrompe movida pela abundância do deleite e amor, então sentidos; mas não de modo a traduzir o que naquela notícia gozou e experimentou.

4. Davi, tendo provado algo desses efeitos, só os soube descrever com expressões comuns e gerais, dizendo: "Os juízos do Senhor, isto é, as virtudes e os atributos em Deus conhecidos, são verdadeiros, cheios de justiça em si mesmos; são mais para desejar do que o muito ouro e as muitas pedras preciosas; e são mais doces do que o mel e o favo"

(Sl 18,10-11). Lemos também que Moisés, quando Deus lhe comunicou altíssima notícia de si mesmo, ao passar diante dele, prostrou-se imediatamente por terra, exclamando: "Dominador, Senhor Deus misericordioso e clemente, sofredor e de muita compaixão e verdadeiro, que guardas misericórdia em milhares de gerações" (Ex 34,6-7). Por estas palavras multiplicadas, e em termos comuns, Moisés tentou declarar a compreensão sublime das perfeições divinas numa só notícia. Se a alma favorecida de semelhantes graças procura dizer às vezes algumas palavras, bem vê nada ter dito do que na realidade sentiu; reconhece que jamais achará termo adequado à sua verdadeira expressão. Deste modo São Paulo, arrebatado ao terceiro céu, naquela sublime notícia de Deus, contentou-se em dizer somente não ser lícito ao homem falar em tal (2Cor 12,4).

5. Estas notícias divinas, tendo o mesmo Deus por objeto, nunca se referem a seres particulares, porquanto são relativas ao sumo Princípio e por isto nada se pode dizer de distinto, exceto se comunicassem ao mesmo tempo o conhecimento de alguma verdade, ou de algum objeto abaixo de Deus; porque, quando são puramente divinas, de nenhum modo se podem exprimir. Essas notícias tão sublimes são próprias do estado de união, ou, por melhor dizer, são a própria união. Consistem num misterioso contato da alma com a Divindade de modo que o próprio Deus é ali por ela sentido e gozado, embora, certamente, não com a plenitude e a evidência da clara visão beatífica; todavia, é tão elevado e sublime esse toque de notícia e sabor, que penetra intimamente a substância da alma. Não pode o demônio intrometer-se nisso, nem fazer coisa alguma que seja comparável a tão alta mercê, ou infundir gosto e deleite semelhante; pois essas notícias de Deus sabem à essência divina e vida eterna; e o demônio não pode fingir realidade tão elevada.

6. Poderia, entretanto, através de falsas aparências, procurar macaquear a Deus, apresentando à alma grandezas

e farturas muito sensíveis e, ao mesmo tempo, persuadindo-a de sua origem divina. Jamais, porém, teria poder para infundir esses sentimentos na substância da alma, transformando-a e enamorando-a subitamente, como o fazem as notícias divinas. Algumas dessas notícias e toques, pelos quais se comunica Deus à substância da alma, de tal modo a enriquecem, que bastaria apenas um deles, não só para tirar de vez todas as imperfeições que não havia podido vencer em toda a vida, mas também para deixá-la cheia de virtudes e bens de Deus.

7. São tão saborosos e de tão íntimo deleite esses toques divinos que, com um deles, se daria a alma por bem paga de todos os trabalhos, fossem mesmo inumeráveis, padecidos durante a vida. Sente-se animada de tal coragem, e com tanto ardor para sofrer muito por Deus, que lhe é particular tormento ver que não padece muito.

8. Nenhuma comparação ou imaginação natural poderia levar a alma a essas notícias sublimes, ultrapassando toda concepção: só Deus pode comunicá-las, sem nenhum trabalho da própria alma. Quando menos pensa e pretende, apraz ao Senhor produzir nela esses toques divinos, causando-lhe singular memória do seu Ser. Às vezes, se produzem subitamente na alma, só ao lembrar-se de algumas coisas, mínimas em si mesmas. Chegam a ser tão sensíveis e eficazes, que não só à alma, como também ao corpo, fazem estremecer. Em outros momentos, comunicam-se ao espírito com grande sossego e paz, sem nenhum estremecimento sensível, e com súbito sentimento de deleite e refrigério espiritual.

9. Outras vezes, ainda, basta uma palavra pronunciada ou ouvida, seja da Sagrada Escritura ou outra, para produzir semelhantes favores. No entanto, nem todos têm a mesma eficácia e intensidade, porque frequentemente esses toques são muito fracos. Mas, por muito fracos que sejam, um só deles é mais precioso que outras muitas notícias e considerações das criaturas e obras de Deus. E como esses

toques são dados à alma imprevistamente e sem o seu alvedrio, não adianta querer ou não querer; portanto procure permanecer humilde e resignada, e Deus fará sua obra quando e como quiser.

10. Aqui nesses toques, não digo que a atitude da alma deva ser negativa, como a respeito das demais apreensões: pois já constituem parte da união, para a qual vamos encaminhando a alma. Foi para atingir esse fim que ensinamos o desapego e desnudez de todas as graças precedentes. Ora, o meio para Deus conceder à alma os toques de sua divina união há de ser a humildade, e padecer por amor dele, com renúncia de toda retribuição: porque essas mercês tão elevadas não são concedidas à alma proprietária; são manifestações de mui particular amor de Deus para com aquela alma já desprendida de tudo e até dos dons divinos. Esta verdade quis declarar o Filho de Deus quando disse por São João: "Quem me amar será amado por meu Pai, e eu o amarei e me manifestarei a ele" (Jo 14,21). Nessas palavras se incluem as notícias e toques a que nos referimos, pelos quais Deus se manifesta à alma que deveras o ama.

11. A segunda espécie de notícias ou visões de verdades interiores é mui diferente da que acabamos de explicar. Tem por objeto o que está abaixo de Deus e encerra o conhecimento da verdade essencial das criaturas, e de fatos e casos sucedidos entre os homens. No instante em que são mostradas à alma tais verdades, gravam-se tão fortemente no seu interior — embora nenhuma palavra lhe seja dita, — que jamais poderá concordar interiormente com o contrário, por mais força queira fazer a si mesma para assentir. Está o espírito tão convencido do que lhe foi revelado, como se o estivesse vendo claramente. Esta graça pertence ao espírito de profecia, e São Paulo chama-a "dom de discernimento dos espíritos" (1Cor 12,10). Embora a alma tenha aquela revelação por tão certa e verdadeira, e não possa impedir o consentimento interior passivo

experimentado em si mesma, todavia, não será isso motivo suficiente para deixar de crer e dar o consentimento da razão ao que lhe disser e mandar o diretor espiritual, e a conformar-se com todos os seus conselhos mesmo quando sejam opostos à verdade a ela revelada. Assim procedendo, encaminha-se, pela fé, à união divina, à qual chegará antes crendo que entendendo.

12. Destes dois modos de conhecimento temos na Sagrada Escritura testemunhos admiráveis. A propósito da ciência particular dos seres criados, diz o Sábio: "Deu-me Deus a verdadeira ciência das coisas; fez-me ver a disposição do universo, as virtudes dos elementos, o começo, o fim e o meio dos tempos, as mudanças que causam o afastamento e a volta do sol, a vicissitude das estações, as revoluções dos anos, as disposições das estrelas, a natureza dos animais, a ferocidade das feras, a força dos ventos, os pensamentos dos homens, a variedade das plantas e as virtudes das raízes; e tudo o que existe de oculto e desconhecido, eu o aprendi porque a própria sabedoria que tudo criou mo ensinou" (Sb 7,17-21). A ciência que o Sábio afirma ter recebido de todas as coisas era infusa e geral. Esta citação, porém, prova suficientemente a existência de outras notícias particulares infundidas por Deus nas almas por via sobrenatural, quando ele quer. É verdade que não lhes concede ciência universal e infusa, como a de Salomão; todavia lhes revela, às vezes, algumas verdades enumeradas pelo Sábio. Esses hábitos infusos variam segundo a diversidade dos dons divinos distinguidos por São Paulo, entre os quais põe: sabedoria, ciência, fé, profecia, discernimento dos espíritos, inteligência das línguas e interpretação das palavras (1Cor 12,8). Todos esses dons são hábitos infusos concedidos por Deus gratuitamente a quem lhe apraz, ora por via natural, como o espírito de profecia a Balaão e a outros profetas idólatras e muitas sibilas; ora por via sobrenatural, como aos santos apóstolos e profetas e a outros santos.

13. Mas, além desses hábitos ou graças *gratis datae*, as almas perfeitas – ou as proficientes – costumam receber com frequência ilustrações e notícias de coisas presentes ou ausentes, mediante uma luz comunicada ao espírito já purificado e esclarecido. Podemos aplicar aqui a passagem dos Provérbios: "Como na água resplandece o rosto dos que nela se miram, assim os corações dos homens são descobertos aos prudentes" (Pr 27,19), isto é, aos que possuem a sabedoria dos santos, denominada, pela Sagrada Escritura, prudência. Estes espíritos conhecem muitas vezes outras coisas desta maneira, embora não possam conhecê-las sempre que o desejem; isto só acontece aos que têm já o hábito infuso; e, ainda assim, nem estes conhecem tudo perfeitamente, pois dependem da vontade divina.

14. Devemos, contudo, fazer aqui uma observação: os espíritos bastante purificados podem, naturalmente, descobrir com muita facilidade – umas pessoas mais que outras – o interior do coração e do espírito, as inclinações e qualidades dos outros, por indícios exteriores, mesmo bem pequenos, como uma palavra, um movimento, ou algo semelhante. Se o demônio, por ser espírito, pode perceber por esses sinais o que se passa no interior, também o pode o homem espiritual, segundo a palavra do Apóstolo: "O espiritual julga todas as coisas" (1Cor 2,15). E noutro lugar: "O espírito tudo penetra, ainda o que há de mais oculto nas profundezas de Deus" (1Cor 2,10). Donde, embora não possam os espirituais conhecer naturalmente os pensamentos ou o interior dos homens, podem, todavia, conhecê-lo por ilustração sobrenatural, ou por amostras exteriores. Sem dúvida, no conhecimento baseado sobre indícios exteriores frequentemente se podem enganar; mas a maior parte das vezes acertam. Em qualquer dos casos, não há que fiar-se, porque o demônio se intromete aqui grandemente e com muita sutileza, como algo diremos. É, portanto, indispensável a renúncia a todas essas espécies de inteligências.

LIVRO II – CAPÍTULO XXVI

15. A história de Giezi, servo de Eliseu, no II *Livro dos Reis,* prova-nos como os homens espirituais podem, mesmo de longe, conhecer também os fatos e sucessos humanos. Querendo Giezi ocultar a seu senhor o dinheiro que recebera de Naamã, o sírio, repreendeu-o Eliseu nestes termos: "Não estava, porventura, presente o meu espírito, quando aquele homem desceu do coche e veio ao teu encontro?" (2Rs 5,26). O profeta vira, em espírito, o que então se passara, como se estivesse presente. Lemos no mesmo *Livro dos Reis* a confirmação do que asseveramos. Sabia Eliseu, e revelava ao rei de Israel, todos os projetos que o rei da Síria, em segredo, tratava com seus príncipes, frustrando desse modo o que deliberavam em conselho. E, vendo divulgados todos os seus segredos, disse o rei da Síria aos cortesãos: "Por que me não descobris quem dentre vós me atraiçoa junto ao rei de Israel? E um dos servos respondeu: Não é assim, ó Rei, meu senhor, mas o profeta Eliseu, que está em Israel, descobre ao seu rei tudo o que secretamente dizes na tua câmara" (2Rs 6,11-12).

16. Estas duas espécies de notícias, como também as de que falamos no princípio, se transmitem à alma passivamente sem a sua cooperação. Poderá acontecer que, estando mais alheia e descuidada, subitamente o espírito seja tocado por viva inteligência do que lê ou ouve, percebendo mais claramente do que soam as palavras; outras vezes, embora não entenda o seu significado, se, por exemplo, são em latim e não as sabe traduzir, receberá inteligência bastante clara do sentido, mesmo não entendendo as palavras.

17. Haveria muito a dizer, se enumerássemos todos os artifícios usados pelo demônio, e dos quais efetivamente se serve nesta espécie de notícias e inteligências, pois, em verdade, são grandes esses enganos e mui sutis. Pode representar à alma, por sugestão, muitas notícias intelectuais e gravá-las tão fortemente, até parecer não haver outra coisa. Se a alma não é humilde e receosa, sem dúvida, far-lhe-á crer mil mentiras. A sugestão, com efeito, faz às vezes mui-

ta influência na fraqueza dos sentidos, e por meio destes se firma a impressão na alma com tanta força, persuasão e assento, que é necessário à alma, para desembaraçar-se dela, muita oração e fortaleza. Costuma também o demônio descobrir pecados alheios, maldade de consciência, almas culpadas, falsamente, com grande luz. Sua tática é difamar e descobrir aquelas coisas, para que se cometam pecados, excitando na alma o falso zelo de que é para encomendar tais coisas a Deus. É verdade que o Senhor às vezes mostra às almas santas as necessidades dos próximos, para induzi-las a rezar por eles ou remediar as mesmas necessidades. Assim o Senhor mostrou a Jeremias a fraqueza do profeta Baruc, para que o instruísse com seus conselhos (Jr 45,3). Todavia, muitas vezes, é o demônio quem o faz, com fingimentos, para induzir os espíritos em infâmias, pecados e aflições; disto temos muitíssima experiência. Outras vezes, imprime diferentes notícias com grande firmeza, e consegue que lhe deem crédito.

18. Todas essas notícias, venham ou não de Deus, pouquíssimo proveito trazem à alma para unir-se a ele, se nelas se quiser apoiar. Antes, se não tivesse o cuidado de recusá-las, não somente a estorvariam, mas prejudicariam muito, e chegaria a cair em muitos erros, pois todos os perigos e inconvenientes já assinalados a propósito das apreensões sobrenaturais podem ser aqui encontrados, e até muito mais. Eis por que me abstenho de desenvolver este assunto, sobre o qual já demos bastante doutrina. Direi somente que haja grande atenção em renunciar a tudo, a fim de caminhar para Deus pelo não saber. Dê a alma sempre conta a seu padre espiritual, submetendo-se sempre ao que ele disser. O confessor, por sua vez, faça com que a alma passe através de tudo, mui rápido sem se deter, nem fazer caso, pois não importa para a união. Já sabemos que as graças dadas passivamente à alma produzem sempre o efeito requerido por Deus, sem cooperação da alma. Parece-me supérfluo de-

clarar aqui os bons efeitos das verdadeiras comunicações, bem como os maus causados pelas falsas: seria cansativo e interminável, visto como não se pode resumir brevemente doutrina tão extensa. Efetivamente, sendo essas notícias mui numerosas e variadas, também o são seus respectivos efeitos, isto é, os bons nas verdadeiras, e os maus nas falsas. Dizendo que a alma deve renunciar a todas, fica suficientemente declarado o necessário para não errar.

CAPÍTULO XXVII

Segundo gênero de revelações ou manifestação de segredos ocultos. Como podem servir à união divina, e em que podem estorvá-la. Quanto pode o demônio enganar as almas neste ponto.

1. O segundo gênero de revelações é a manifestação de segredos e de mistérios ocultos; pode ser de duas espécies. Primeiro, acerca do que é Deus em si mesmo; aqui se encerra a revelação do mistério da Santíssima Trindade e Unidade de Deus. Segundo, acerca do que é Deus considerado em suas obras; nesta segunda espécie se incluem todos os outros artigos da nossa santa fé católica e todas as proposições que deles decorrem explicitamente; nestas proposições se encerram numerosíssimas revelações, promessas e ameaças divinas, passadas ou futuras, relacionadas com a Fé. Podem ser também incluídos nesta mesma espécie os fatos particulares que apraz a Deus revelar, seja a respeito do universo em geral, seja em particular, de reinos, províncias, estados, famílias e indivíduos. A Sagrada Escritura nos fornece exemplos, em grande número, desta dupla espécie de revelação, sobretudo nos profetas. Não desejo deter-me para citá-las aqui por serem tão conhecidas e manifestas. Digo, apenas, que Deus se serve de muitos meios para transmiti-las: ora emprega palavras, sinais, figuras,

imagens e semelhanças, ora usa, conjuntamente, de palavras e símbolos. Tudo isso vemos nos profetas, especialmente no *Apocalipse,* onde não só se encontram essas duas espécies de revelações, mas também os diversos modos que aqui vamos expondo.

2. Estas revelações, incluídas na segunda espécie, Deus as concede ainda em nossos dias a quem ele quer; costuma revelar a certas pessoas quantos dias lhes restam de vida, os trabalhos a sofrer, o que deve acontecer com tal ou tal indivíduo, tal ou tal reino etc. Como sói também descobrir ao espírito as verdades doutrinárias encerradas nos mistérios de nossa fé; no entanto, não podemos propriamente dar o nome de revelação a essas luzes interiores, pois se trata de verdades já conhecidas; antes, são declaração ou manifestação do que já está revelado.

3. Neste gênero de revelação pode o demônio intrometer-se muito. Porque como se apresentam sob forma de palavras, figuras e símbolos etc., sabe muito bem o inimigo contrafazê-las, com maior facilidade aqui do que nas comunicações feitas em puro espírito. Portanto, se em qualquer dos dois gêneros recebêssemos alguma revelação tocante à nossa fé, de qualquer modo diferente ou estranha ao que professamos, absolutamente não havemos de dar nosso assentimento, mesmo se tivéssemos a certeza de que a revelação era feita por um anjo do céu. É o ensinamento de São Paulo, quando diz: "Mas ainda quando nós mesmos ou um anjo do céu vos anuncie um evangelho diferente do que nós vos temos anunciado, seja anátema" (Gl 1,8).

4. Quanto à substância de nossa fé, não há mais artigos a revelar além dos já revelados na doutrina da Igreja; por essa razão é necessário à alma não só rejeitar qualquer coisa nova, mas também ter cautela para não admitir outras variedades sutilmente misturadas à substância dos dogmas. E para manter a pureza da alma que se deve conservar em fé, mesmo quando lhe forem comunicadas novamente verdades já reveladas, não lhes deve dar crédito

por este motivo de serem reveladas de novo, mas só porque fazem parte do ensinamento da Igreja; e, assim, fechando os olhos do entendimento a todas as revelações, simplesmente se apoia na doutrina da Igreja e na sua fé, que, como diz São Paulo, entra pelo ouvido (Rm 10,17). E não lhes dê facilmente crédito nem submeta o entendimento a estas verdades da fé reveladas novamente, por mais conformes e verdadeiras que pareçam, se não quiser ser enganada. Porque o demônio, a fim de iludir a alma pela insinuação de mentiras, começa por atraí-la com verdades e coisas verossímeis para infundir-lhe segurança, e logo depois a vai enganando: faz como quem cose o couro, que primeiro introduz a cerda rija e logo atrás vem o fio frouxo que não poderia entrar se não fosse precedido pela cerda.

5. Reparemos bem neste ponto: mesmo não havendo perigo algum de cair na ilusão, é sempre preferível não desejar a inteligência de verdades claras com referências à fé, a fim de conservar-lhe o mérito em sua pureza e integridade, e também para chegar através desta noite do entendimento à sublime luz da união divina. É de tanta importância firmar-se de olhos fechados nas profecias antigas, em qualquer nova revelação, que o apóstolo São Pedro, apesar de ter contemplado de algum modo, no Tabor, a glória do Filho de Deus, todavia, em sua segunda epístola, afirma: "Embora estejamos certos da visão de Cristo no Monte, mais certa e firme é a palavra da profecia que nos é revelada, à qual fazeis bem de apoiar vossas almas" (2Pd 1,19).

6. Se é verdade, pelas razões já enumeradas, que se devem fechar os olhos às revelações novas acerca das proposições da fé, quão mais necessário ainda será não admitir nem dar crédito a outras revelações de coisas diferentes! O demônio nestas se intromete tanto, que tenho por impossível deixar de enganar muito à alma que não as despreza, – tão grande é a aparência de verdade e segurança nelas posta pelo inimigo. Por que reúne tamanhas semelhanças e conveniências para acreditá-las, imprimindo-as tão fixa-

310 SUBIDA DO MONTE CARMELO

mente no sentido e na imaginação, que deixa a alma certíssima de que se hão de realizar. E se não for humilde, se apegará e firmará tanto naquelas falsas revelações, que com dificuldade poderão arrancá-la de sua obstinação e conseguir que aceite a verdade contrária. Assim, a alma pura, simples, cauta e humilde, com tanta força e cuidado há de resistir às revelações e outras visões, como às mais perigosas tentações; porque para chegar à união de amor, não há necessidade de as admitir, mas, sim, de não as aceitar. Esta atitude nos quis ensinar Salomão quando disse: "Que necessidade tem o homem de buscar o que é acima de sua capacidade natural?" (Ecl 7,1). Isto é, a alma, para ser perfeita, nenhuma necessidade tem de querer algo sobrenatural por via extraordinária, superior à sua capacidade.

7. Tendo já respondido nos capítulos 19 e 20 deste livro às objeções que contra esta doutrina poderiam ser feitas, a eles remeto o leitor. Digo somente: a alma deve acautelar-se de todas as revelações, para caminhar pura e sem erro na noite da fé à união divina.

CAPÍTULO XXVIII

Das palavras interiores que podem
sobrenaturalmente apresentar-se ao espírito.
De quantos gêneros são.

1. O discreto leitor deverá sempre lembrar-se do fim que me propus neste livro: encaminhar a alma através de todas as apreensões naturais e sobrenaturais, sem perigo de ilusão nem embaraço, na pureza da fé, até chegar à divina união com Deus. Só assim compreenderá como, embora não me tenha estendido sobre o assunto tão longamente como porventura requer a sua compreensão, nem tenha descido a todas as minudências na exposição da doutrina, todavia, não fui demasiado breve. Está declarada a matéria com bastantes avisos, luz e documentos para que a alma, em

todos os casos, exteriores e interiores, possa com prudência prosseguir no seu caminho. Esta é a causa de termos concluído com tanta brevidade a exposição das apreensões das profecias, bem como a de todas as demais. Haveria ainda muito que dizer, a respeito dos diferentes modos e maneiras de cada uma delas; mas declarar tudo seria negócio interminável. Contento-me, pois, em ter apresentado, a meu ver, substância da doutrina, e a cautela necessária à alma em todas essas apreensões e outras semelhantes que lhes sejam dadas.

2. O mesmo farei a respeito do terceiro gênero de apreensões, chamadas locuções ou palavras interiores, sobrenaturais, ordinariamente percebidas pelas almas, de modo espiritual, sem intermédio de sentido algum corporal. São numerosas e variadas; no entanto, creio poder reduzi-las a três gêneros: palavras sucessivas, formais e substanciais. Denomino palavras sucessivas certos raciocínios ou proposições que o espírito, recolhido, interiormente, vai formando. Dou o nome de formais às palavras distintas e precisas recebidas pelo espírito, não de si mesmo, mas como de terceira pessoa, estando ou não recolhido. Enfim, chamo palavras substanciais às que também formalmente se imprimem no espírito, umas vezes estando recolhido, outras não; estas se produzem na substância da alma, operando nela o que significam. Trataremos aqui sucessivamente destas três espécies de palavras interiores.

CAPÍTULO XXIX

Trata do primeiro gênero de palavras que algumas vezes o espírito recolhido forma em si. Diz a sua causa, e o proveito e dano que nelas podem haver.

1. As palavras sucessivas sempre se apresentam ao espírito quando está recolhido e profundamente embebido em

312 SUBIDA DO MONTE CARMELO

alguma consideração; e nesta matéria ocupado, discorre de uma ideia a outra tirando consequências mui a propósito; raciocina com tanta facilidade e precisão, e tais verdades até então ignoradas vai descobrindo, que não lhe parece ser trabalho seu, mas de outra pessoa a ensinar-lhe interiormente por meio daqueles raciocínios ou respostas. Há, na verdade, fortes motivos para assim pensar, pois o próprio espírito raciocina e responde a si mesmo, como se fossem duas pessoas, e de certo modo assim é; embora seja o espírito humano o que desenvolve aquelas razões, como instrumento, muitas vezes o Espírito Santo o ajuda a formar aqueles conceitos, palavras e raciocínios verdadeiros. E assim fala a si mesmo o espírito, como se fosse terceira pessoa. Porque, como está recolhido e unido à verdade que o ocupa, e o Espírito divino também lhe está unido naquela verdade – como sempre o está com toda verdade –, por meio dessa comunicação do entendimento com o Espírito Santo, vão se formando no interior e sucessivamente as demais verdades relacionadas à primeira, abrindo para isto a porta e dando luzes o Espírito de Deus, supremo mestre; pois esta é uma das maneiras usadas pelo Espírito Santo para ensinar.

2. Assim iluminado e ensinado por esse supremo mestre, o entendimento, ao compreender aquelas verdades, vai formando as suas concepções sobre o que lhe é comunicado da parte de Deus. Podemos dizer, portanto, "a voz é de Jacó e as mãos de Esaú" (Gn 27,22). A alma dificilmente poderá acreditar nisso; está convencida de serem palavras e sentenças de terceira pessoa. Não sabe com que facilidade pode o entendimento formar para si, como de terceira pessoa, palavras sobre conceitos e verdades que lhe vêm também de terceira pessoa.

3. Decerto, em si, esta comunicação e ilustração do entendimento não oferece motivo para engano. No entanto, pode haver erro, e frequentemente o há, nas palavras e conclusões formadas pelo entendimento sobre aquilo. Esta luz do

alto é às vezes tão espiritual e sutil, que o entendimento não alcança informar-se bem dela e, em consequência, suas deduções são muitas vezes falsas, outras verossímeis, ou ainda defeituosas. Embora no começo siga a verdade, logo depois põe a sua habilidade própria ou a grosseria das suas mesquinhas concepções; daí vem a facilidade de variar conforme a sua capacidade; e em tudo isso fala o espírito a si mesmo como se falasse uma terceira pessoa.

4. Conheci alguém muito habituado a formar essas locuções sucessivas, e entre muitas verdadeiras e substanciais sobre o Santíssimo Sacramento da Eucaristia, formava algumas bastante heréticas. Admira-me muito o que se passa em nossos tempos, isto é, qualquer alma por aí, com quatro maravedis[1] de consideração, quando sente, em um pouco de recolhimento, algumas locuções dessas, logo as batiza como vindas de Deus. E convencida de assim ser, afirma: "Disse-me Deus, respondeu-me Deus". E não é assim: na maior parte das vezes, é a própria alma falando a si mesma.

5. Além disto, a estima e o desejo de tais favores fazem essas pessoas responderem a si mesmas, imaginando ser Deus que lhes fala ou responde. Se nisto não põem muito freio, e se quem as dirige não as forma na negação desses discursos interiores, virão a cair em grandes desatinos. Costumam tirar daí muito mais loquacidade e impureza espiritual do que humildade e mortificação interior. Creem ter sido grande coisa, e que lhes falou Deus; e haverá sido pouco mais que nada, ou nada, ou menos que nada. Tudo o que não produz humildade e caridade, mortificação, santa simplicidade e silêncio etc., que pode ser? Logo todas essas locuções podem estorvar grandemente o caminho para a divina união; porque apartam a alma, que se lhes apega, do abismo da fé, onde o entendimento deve permanecer obscu-

---

1. Antiga moeda espanhola de pouco valor.

314 SUBIDA DO MONTE CARMELO

ro, e na obscuridade guiar-se pelo amor e pela fé, e não por muitos raciocínios.

6. Podereis, aqui, fazer-me uma pergunta: se é o Espírito de Deus quem revela essas verdades, não podem ser prejudiciais; por que então o entendimento há de privar-se delas? Respondo: o Espírito Santo esclarece o intelecto recolhido, e na proporção de seu recolhimento. Ora, essa potência não pode achar melhor recolhimento do que na fé; portanto, somente na fé receberá a iluminação do Espírito de Deus. Quanto mais pura e perfeita está a alma na fé, mais caridade infusa de Deus possui; e quanto mais caridade tiver, mais a ilustrará o Espírito Divino concedendo-lhe seus dons; porque é a caridade causa e meio para a comunicação dos dons divinos. Decerto, naquele conhecimento de verdades acima referido, a alma recebe alguma luz. No entanto, entre esta e a que recebe na obscuridade da fé, há tão grande diferença quanto à qualidade, como entre o ouro preciosíssimo e o mais vil metal; e quanto à quantidade, tão grande desproporção como excede o mar a uma gota de água. Porque a luz do conhecimento particular comunica sabedoria de uma, duas ou três verdades etc., e a luz da fé comunica à alma toda a sabedoria de Deus em geral, isto é, o próprio Filho de Deus que se comunica à alma na pura fé.

7. Se me disserdes ser tudo bom, e uma luz não impedir a outra, responderei que impede muito, se a alma faz caso dela, pois ocupa-se em coisas distintas e de pouco valor que bastam para impedir a comunicação do abismo da fé. Neste abismo, sobrenatural e secretamente se compraz Deus em instruir a alma, elevando-a em graças e virtudes, sem saber como. Dessas comunicações sucessivas não tira a alma proveito ocupando de propósito nelas; antes as afastaria de si, conforme diz a Sabedoria à alma no livro dos Cantares: "Aparta de mim teus olhos, porque são os que me fazem voar" (Ct 6,4), isto é, voar para longe de ti, a uma altura que não podes atingir. Portanto, com simpli-

cidade e pureza aplique a vontade unicamente ao amor de Deus, sem concentrar o entendimento no que sobrenaturalmente recebe; pois é por amor que aqueles bens lhe vão sendo comunicados, e assim deles participará com muito maior abundância. Ao contrário, se nessas comunicações passivas e sobrenaturais o entendimento, ou outra potência, se intrometer com sua atividade própria, não chegará, em seu modo canhestro, a tão altas mercês; por força modificá-las-á a seu modo e, consequentemente, introduzirá muitas alterações; e assim irá necessariamente errando e formando raciocínios próprios, não já sobrenaturais, como no princípio, nem a eles semelhantes, mas tudo virá a ser mui natural, errôneo e baixo.

8. Existem entendimentos tão vivos e penetrantes que, apenas recolhidos em alguma consideração, discorrem naturalmente com extrema facilidade, exprimindo os pensamentos com palavras interiores e raciocínios muito agudos, atribuindo, sem mais nem menos, tudo a Deus; e apenas se trata de trabalho do entendimento, algo livre da operação dos sentidos e favorecido pela própria luz natural; consegue isto e mais ainda, sem qualquer auxílio sobrenatural. Isto é muito comum: várias pessoas se enganam pensando ser isso muita oração e comunicação de Deus e por este motivo escrevem ou fazem escrever o que se passa com elas. E, porventura, nada será tudo aquilo, sem substância de nenhuma virtude, servindo apenas para alimentar a vaidade.

9. Aprendam antes a cuidar de firmar sua vontade em amor humilde e generoso, na prática sólida das boas obras e da mortificação, imitando a vida do Filho de Deus. É por este caminho, e não pela multiplicidade dos discursos interiores, que se chega a todo o bem espiritual.

10. O demônio se intromete muito neste gênero de palavras interiores sucessivas, principalmente com as almas a elas inclinadas ou afeiçoadas. Quando começam a recolher-se costuma o inimigo lhes oferecer numerosa matéria

de digressões, formando-lhes na inteligência palavras ou conceitos para deste modo precipitá-las mui sutilmente no engano, com coisas verossímeis. Esta é uma das maneiras de comunicar-se o demônio com os que com ele fizeram pacto tácito ou formal; assim procede com alguns hereges e, sobretudo, com alguns heresiarcas, enchendo-lhes o entendimento de concepções e raciocínios mui sutis, cheios de falsidades e erros.

11. Segundo a doutrina dada neste capítulo, fica bem provado que as palavras sucessivas procedem, no entendimento, de três causas: do divino Espírito movendo e esclarecendo o entendimento; da luz natural do mesmo entendimento; enfim, das insinuações do demônio, falando por sugestão. Dizer agora por que sinais se reconhecerá a origem dessas palavras quando procedem de uma causa ou de outra e dar provas certas seria bastante difícil. Podemos, entretanto, assinalar alguns indícios gerais, e são os seguintes: Quando nas palavras e nos conceitos, a alma simultaneamente vai amando e sentindo amor com humildade e reverência para com Deus, é sinal da presença do Espírito Santo, pois suas mercês se revestem sempre deste caráter. Quando procedem da vivacidade e luz do entendimento, está somente este agindo, sem aquele efeito dos atos de virtudes (embora o conhecimento daquelas verdades possa levar a vontade a certo amor natural); mas terminada a meditação, fica a vontade árida, conquanto não inclinada ao mal, nem à vaidade, salvo se o demônio nisto vier tentá-la novamente; o que não acontece nas locuções nascidas de bom espírito, porque, depois destas, fica a vontade, ordinariamente, afeiçoada a Deus e inclinada ao bem. Todavia pode acontecer ficar a vontade árida, embora a comunicação tenha sido de bom espírito, permitindo assim Deus para o bem da alma; como também, às vezes, só fracamente sentirá estas operações e os movimentos daquelas

LIVRO II – CAPÍTULO XXIX

virtudes, e, contudo, será bom o que teve. Por isto, algumas vezes, é difícil conhecer a diferença entre umas e outras, em consequência da diversidade dos seus efeitos. Enumeramos, simplesmente, os sinais mais comuns, podendo ser mais ou menos abundantes. As palavras do demônio são também difíceis de entender e conhecer. Ordinariamente deixam a vontade seca para tudo quanto se relaciona com o amor divino, e o espírito inclinado à vaidade, estima e complacência de si mesmo. Algumas vezes, porém, o demônio insinua falsa humildade e fervorosa afeição da vontade fundada no amor-próprio, e é preciso ser a alma muito esclarecida nas vias espirituais para descobrir a ilusão. O mau espírito assim procede para melhor se disfarçar. Às vezes, sabe muito bem provocar lágrimas pelos sentimentos que excita, para ir pondo na alma as afeições que ele quer. Procura sempre o demônio mover a vontade a estimar essas comunicações interiores, a fazer muito caso delas e a se ocupar, não no exercício das virtudes, mas no que lhe é ocasião de perder as já adquiridas.

12. Para não sermos embaraçados nem enganados em todas essas palavras, tenhamos a necessária cautela, tanto numas como noutras, de não fazer caso delas; tratemos unicamente de dirigir para Deus toda a força de nossa vontade pelo perfeito cumprimento de sua lei e dos seus santos conselhos, que é a sabedoria dos santos. Contentemo-nos com saber os mistérios e os dogmas na singeleza e verdade em que são propostos pela santa Igreja. Temos aqui o suficiente para inflamar muito a vontade, sem necessidade de nos metermos em outras profundidades e curiosidades nas quais é bem raro não haver perigo. Vêm a este propósito as palavras de São Paulo: "Não convém saber mais do que convém saber" (Rm 12,3). Isto basta para deixar explicada a matéria das palavras sucessivas.

CAPÍTULO XXX

*Palavras interiores que se produzem formalmente
no espírito por via sobrenatural. Advertência
do dano que podem causar, e da cautela que
deve ter a alma para não ser nelas enganada.*

1. As palavras formais constituem o segundo gênero de palavras interiores; produzem-se sobrenaturalmente no espírito, recolhido ou não, sem a intervenção de sentido algum. São ditas formalmente no espírito, sem nenhuma cooperação dele, por terceira pessoa: daí, o nome de palavras formais. Diferem muito das que acabamos de tratar, não só porque se formam sem trabalho algum do espírito, mas também porque, ao contrário das palavras sucessivas – que sempre se referem à verdade considerada em recolhimento –, podem se manifestar ao espírito recolhido ou não, e mesmo quando está muito longe de pensar no que então lhe é dito.

2. As palavras tratadas neste capítulo são, ora mais, ora menos, distintas e precisas: muitas vezes consistem em simples conceitos sugeridos ao espírito sob forma de resposta ou de qualquer outro modo. Às vezes são uma só palavra; ora duas ou mais; ora se sucedem como as precedentes e transmitem à alma longa instrução. Todas recebe o espírito sem nada fazer de sua parte, como quando uma pessoa fala com outra. Assim lemos ter acontecido com Daniel quando diz ter falado nele o anjo; era isto de modo formal e por raciocínios sucessivos em seu espírito, instruindo-o como explicou o mesmo anjo: que viera para lhe ensinar (Dn 9,22).

3. Quando estas palavras são apenas formais, o seu efeito não é muito forte na alma. Porque se destinam geralmente a instruí-la ou dar-lhe luz sobre tal ou tal ponto; ora, para produzir este resultado, não é mister causarem efeito mais eficaz do que o seu próprio fim. E este fim, quando as palavras são de Deus, sempre é realizado na alma, dispondo-a

com clareza e determinação para fazer o que lhe é ensinado ou prescrito. No entanto, essas palavras nem sempre tiram a repugnância ou dificuldade da alma para executar essas ordens, antes, algumas vezes lha aumentam, por permissão de Deus, para maior ensino, humildade e bem da alma. Essa repugnância se acentua quando o Senhor lhe manda coisas de importância nas quais pode haver alguma honra e preeminência para si mesma; quando são coisas baixas e humildes, sente ela mais facilidade e prontidão para executá-las. Assim no Êxodo, Moisés, ao receber de Deus a ordem de se dirigir ao faraó para livrar o povo de Israel, sentiu tal repugnância em obedecer que o Senhor se viu constrangido a mandá-lo três vezes, dando-lhe evidentes sinais da sua vontade. E tudo isto não satisfez a Moisés até Deus decidir dar-lhe Aarão por companheiro, com o qual partilhasse a honra do empreendimento (Ex 3; 4).

4. Acontece o contrário, quando as palavras e as comunicações vêm do demônio. Infunde ele prontidão e facilidade para as coisas elevadas, e desgosto para as humildes. Certamente, Deus sente tanto o ver as almas inclinadas às dignidades e grandezas que, mesmo lhes ordenando aceitar as honras, ou lhas conferindo, não quer as aceitem prontamente, nem tenham vontade de mandar. As palavras formais diferem das sucessivas nesse efeito de prontidão e facilidade que Deus costuma pôr na alma. De fato, aquelas movem muito mais o espírito do que estas, porque são mais formais, tomando nelas menos parte o entendimento. Todavia pode suceder algumas vezes as palavras sucessivas produzirem mais efeito na alma por causa da íntima comunicação entre o Espírito de Deus e o espírito do homem; o modo, porém, é muito diferente. Quanto às palavras formais, a alma não duvida se é ela que as profere; está bem convencida do contrário, sobretudo quando não estava pensando no que lhe foi dito; e se o estava, sente com clareza e evidência que as palavras lhe veem de outra parte.

5. A alma deve fazer tão pouco caso das palavras formais como das sucessivas. Pois, além de ocupar o espírito no que não é meio próximo e legítimo para a união com Deus como o é a fé, poderia ser mui facilmente enganada pelo demônio. Às vezes dificilmente se poderá distinguir quais as palavras ditas pelo espírito bom e quais as provenientes do mau. Como essas palavras formais não deixam muito efeito, mal se pode conhecer a sua procedência; porque não raramente acontece produzirem maior eficácia as palavras do demônio nas pessoas imperfeitas do que as do bom espírito nos espirituais. É necessário, portanto, não se ocupar a alma de tais palavras – venham de onde vierem – nem fazer o que prescrevem. Deverá, antes de tudo, manifestá-las a um confessor prudente, ou a alguma pessoa discreta e douta para que lhe dê doutrina e veja o que convém fazer, com seu conselho; permaneça a alma na renúncia e negação a respeito delas. Se não encontrar um diretor bastante experimentado, será melhor não participá-las a pessoa alguma, sem fazer caso de tais palavras. De outro modo arriscar-se-á a encontrar algumas pessoas que, ao invés de edificarem a alma, antes venham a destruí-la. Porque as almas não hão de ser dirigidas por qualquer um, pois em tão grave negócio o erro ou acerto é de máxima importância.

6. Tenhamos muita advertência neste ponto: jamais a alma, de sua própria iniciativa, admita ou execute coisa alguma do que lhe dizem aquelas palavras interiores, sem muita ponderação e conselho de outrem. Porque nesta matéria sobrevêm enganos estranhos e sutis; isto acontece tanto, que tenho para mim esta convicção: a alma não sendo inimiga de receber tais comunicações não poderá deixar de ser enganada, em muitas delas.

7. E como nos capítulos XVII, XVIII, XIX, XX deste livro já tratamos desses enganos e perigos, e também da cautela a tomar para evitá-los, não me estenderei mais agora, remetendo os leitores ao que ali foi explicado. Direi apenas a

CAPÍTULO XXXI

*Palavras substanciais que se formam interiormente
no espírito. Diferença entre estas e as formais.
Proveito que nelas encontra a alma e quanta
resignação e reverência deve nelas ter.*

1. O terceiro gênero de palavras interiores é o das palavras substanciais. Por se imprimirem muito distintamente na alma, são ao mesmo tempo formais. A diferença, porém, entre as palavras formais e estas substâncias estão no efeito vivo e substancial que estas últimas produzem na alma – efeito não observado naquelas. Sendo toda palavra substancial também formal, nem por isto toda palavra formal é substancial, senão somente aquela que, segundo declaramos acima, imprime substancialmente na alma o que significa. Por exemplo, se Nosso Senhor dissesse formalmente a alguma alma: "Sê boa", logo substancialmente seria boa. Ou se dissesse: "Ama-me"; no mesmo instante teria e experimentaria em si mesma substância de amor divino. Ou ainda, se a alma estando com grande temor, Deus lhe dissesse: "Não temas" – subitamente teria grande fortaleza e tranquilidade. A palavra de Deus é cheia de poder (Ecl 8,4), diz-nos o Sábio; obra substancialmente na alma o que exprime. Isto mesmo quis dizer Davi quando exclamou: "O Senhor dará a sua voz, voz de virtude" (Sl 67,34). E assim o fez Deus com Abraão ao dizer-lhe: Anda em minha presença e sê perfeito (Gn 17,1) e na mesma hora Abraão foi perfeito e andou sempre reverente na presença de Deus. No Evangelho vemos o poder dessa palavra divina com a qual o mesmo Senhor sarava os enfermos e ressuscitava os mortos simplesmente por dizê-la. Assim são as palavras substanciais com que ele favorece a certas almas; são de

tão grande valor e importância que lhes comunicam vida, virtude e dons incomparáveis; porque uma só palavra dessas faz mais bem à alma do que tudo quanto haja feito em toda a sua vida.

2. Acerca de tais palavras, a alma nada tem a fazer, nem querer nem não querer; não deve rejeitar nem deve temer. Não tem de executar o que dizem essas palavras substanciais, pois jamais Deus as diz para que a alma as ponha por obra; senão para ele mesmo as realizar nela; nisto diferem das formais e sucessivas. Porque não é necessária a vontade da alma para Deus agir, nem a falta de cooperação é obstáculo para a ação divina; portanto, permaneça humilde e resignada a respeito delas. Não tem que rejeitar, pois o seu efeito fica impresso na alma, penetrando-a plenamente daquele bem recebido de modo passivo. Não deve temer engano algum; porque nem o entendimento, nem o demônio podem intrometer-se aí. O inimigo não pode causar passivamente aquela operação substancial na alma de modo a imprimir o efeito e hábito de sua palavra, a não ser a mesma alma estando entregue a ele por pacto voluntário, então dominando-a como senhor, imprime nela os seus efeitos, mas de malícia e não de bem. Como essa alma se une a ele por iniquidade voluntária, pode assim facilmente o demônio nela imprimir os efeitos de seus ditos e palavras em malícia. A experiência nos demonstra que ele importuna mesmo as almas boas, por meio de poderosas e frequentes sugestões; com muito mais força poderá consumar no mal as perversas. Todavia, efeitos semelhantes aos bons, não os pode o inimigo imprimir, por não haver palavras que se possam comparar às de Deus. Todas são como puro nada diante da palavra divina, e o efeito delas é nulo em comparação com o de uma só vinda de Deus. Donde, pelo profeta Jeremias, exclama o Senhor: "Que comparação há entre a palha e o trigo? Não são as minhas palavras como fogo, e como martelo que parte a pedra?" (Jr 23,28-29). Assim,

estas palavras substanciais concorrem muito eficazmente para a união da alma com Deus. Quanto mais interiores, mais substanciais e mais proveitosas são para os que as recebem. Ditosa a alma a quem Deus as dirige! "Fala, Senhor, porque o teu servo ouve" (1Sm 3,10).

CAPÍTULO XXXII

Apreensões que o entendimento recebe sobrenaturalmente por sentimentos interiores. Qual a sua causa. Atitude da alma em relação a elas, para que não a estorvem no caminho da união com Deus.

1. Vamos tratar agora do quarto e último gênero de apreensões intelectuais que, como dissemos, o entendimento pode receber por sentimentos espirituais e se manifestam, muitas vezes, de modo sobrenatural na alma das pessoas espirituais. Classificamo-las entre as apreensões distintas do entendimento.

2. Estes sentimentos espirituais distintos podem ser de duas espécies. A primeira é a dos sentimentos no afeto da vontade; a segunda é a dos sentimentos na substância da alma. Uns e outros variam grandemente em suas formas. Os primeiros, quando provêm de Deus, são muito elevados: os segundos, porém, são altíssimos e trazem à alma imenso bem e proveito; nem ela nem seu diretor podem saber ou entender a causa de onde procedem ou que obras mereceram tais favores. Na realidade, esses toques divinos não dependem das obras da alma, nem de suas considerações, embora essas constituam boas disposições para recebê-los. Deus gratifica a quem lhe apraz e por motivos que ele quer. Pode acontecer que uma pessoa se exercite em muitas obras, e Deus não lhe conceda esses toques; a uma outra, menos exercitada em tais obras, lhos concederá o Senhor, elevadíssimos e em grande abundância. Não é necessário, portanto, estar a alma atualmente ocupada e aplicada às

coisas espirituais para Deus lhe conceder esses toques que produzem no íntimo os ditos sentimentos, embora naqueles exercícios esteja em melhor disposição para recebê-los; porque na maior parte das vezes sucedem quando menos se esperam. Uns são distintos e breves; outros, menos distintos e duram mais.

3. Esses sentimentos espirituais, tomados na significação que lhes damos aqui, não pertencem ao entendimento, mas à vontade. Por este motivo, não quero agora tratar deles de propósito; deixo-os para quando tiver de falar da noite e purificação da vontade em suas afeições – o que farei no Livro Terceiro. Como, porém, muitas e as mais das vezes desses sentimentos espirituais refluem no entendimento apreensão, notícia e inteligência, convém aqui mencioná-los, só para este fim. Ora, todos eles, quer seja na vontade, quer na substância da alma, quer seja súbitos, duradouros ou sucessivos, produzem, como já disse, no entendimento, uma apreensão de notícia ou inteligência que costuma ser uma subidíssima e saborosíssima ciência experimental de Deus, à qual não se pode dar denominação alguma, como ainda menos ao sentimento donde provém. São essas notícias de grande variedade, sendo mais ou menos elevadas e luminosas, conforme os toques divinos causam os sentimentos de que procedem, e segundo as propriedades destes.

4. Para encaminhar o entendimento nessas notícias à união com Deus pela fé, ensinando a devida cautela, não é preciso gastar aqui muitas palavras. Como os sentimentos de que falamos são produzidos na alma sem trabalho efetivo de sua parte, daí resulta que as notícias deles são igualmente recebidas de modo passivo no entendimento, isto é, no intelecto que os filósofos denominam passível, o qual não pode nada de sua parte para receber a notícia. Para não errar, pois, nem impedir o proveito, causado à alma por esses sentimentos, a atitude do entendimento deve ser passiva sem intrometer a sua própria capacidade natural.

LIVRO II – CAPÍTULO XXXII

Porque como dissemos nas palavras sucessivas, também aqui a atividade do entendimento pode mui facilmente perturbar e desfazer essas delicadas notícias que são uma saborosa inteligência sobrenatural que o natural não alcança, nem pode compreender agindo, mas só passivamente recebendo. Por conseguinte, não há de procurar nem ter vontade de admitir tais notícias, para que o entendimento não vá forjando outras de si mesmo, e o demônio de sua parte não tenha entrada com outras numerosas e falsas. O inimigo pode efetivamente agir desse modo, pelos ditos sentimentos, ou introduzir os que lhes são peculiares, na alma que se prende a essas notícias. Permaneça a alma bem humilde, resignada e passiva a respeito delas; uma vez que lhe são dadas passivamente por Deus, ele as concederá quando for servido, vendo-a humilde e desprendida. Assim não impedirá em si o grande proveito que trazem para a união divina estas notícias ou toques de união, a qual se opera então passivamente na alma.

5. Para qualquer coisa que suceda à alma em relação ao entendimento, encontrar-se-á doutrina e aviso nas classificações já feitas. E ainda quando algum conhecimento pareça diferente e impossível de compreender-se nas ditas divisões, nenhum há que não se possa reduzir a alguma delas, tirando daí doutrina conveniente.

LIVRO TERCEIRO

CAPÍTULO I

*A purificação ou noite ativa da memória e da
vontade. Como deve proceder a alma em relação
às apreensões destas duas potências, a fim de chegar à
união com Deus em perfeita esperança
e caridade.*

1. Até aqui orientamos a primeira potência da alma, o entendimento, instruindo-o na primeira virtude teologal que é a fé, através de todas as apreensões intelectuais; assim poderá a alma chegar à união com Deus, segundo essa mesma potência, por meio da pureza da fé. Resta-nos agora fazer outro tanto a respeito das outras duas potências, isto é, memória e vontade, purificando-as também em todas as suas apreensões para que, por elas, venha a alma a unir-se com Deus em perfeita esperança e caridade. Será a matéria desenvolvida brevemente neste Terceiro Livro. Estando já declarada toda a doutrina sobre o entendimento – receptáculo de todos os objetos apresentados às outras duas potências –, muito se facilita o que temos a dizer daqui por diante, e assim não há necessidade de nos estendermos muito acerca da memória e da vontade. Não é possível, efetivamente, ao espiritual, orientar bem o entendimento na fé, segundo a doutrina já exposta, sem instruir simultaneamente, de passagem, as outras duas potências nas virtudes correspondentes, pois as operações de umas dependem das operações das outras.

2. Para continuar, porém, com o plano começado e para maior clareza, cumpre explicar cada matéria particular e determinadamente. Falaremos, pois, das apreensões próprias de cada potência, primeiramente as da memória. Faremos delas a distinção suficiente ao nosso intento, toman-

LIVRO III – CAPÍTULO II 327

do por norma a mesma divisão de seus objetos: naturais, imaginários e espirituais. A estes objetos correspondem as três espécies de notícias da memória, naturais e sobrenaturais, imaginárias e espirituais[1].

3. Destas notícias trataremos agora, com o favor divino, começando pelas naturais que se referem aos objetos exteriores. Mais adiante explicaremos as afeições da vontade, com que se concluirá este livro da noite ativa espiritual.

CAPÍTULO II

Trata das apreensões naturais da memória.
Como a alma há de renunciar a elas para
poder unir-se com Deus, segundo esta potência.

1. É necessário ter o leitor em vista, em cada um destes livros, o fim que nos propomos. De outro modo, poderão surgir em seu espírito muitas dúvidas, tanto sobre o que já dissemos do entendimento como o que diremos agora da memória e mais tarde da vontade. Diante do aniquilamento exigido das potências em suas operações, talvez lhe pareça que destruímos o caminho do exercício espiritual, em vez de construí-lo. Isso seria verdade se quiséssemos instruir aqui apenas aos principiantes, aos quais convém dispor-se gradativamente por meio das apreensões discursivas e perceptíveis.

2. Aqui, porém, vamos dando doutrina para a alma adiantar-se na contemplação até chegar à união com Deus. Para isso hão de ficar atrás e em silêncio todos esses meios e exercícios sensitivos das potências, para Deus de sua parte operar na alma a divina união. Eis por que é conveniente continuarmos com o nosso estilo, desembaraçando e esva-

---

1. *Nota da edição crítica*: Como se vê pela explicação que dá o Santo nos capítulos seguintes, na divisão não entram mais do que três espécies de notícias: naturais, imaginárias e espirituais. As sobrenaturais se referem a todas as partes da tríplice divisão feita.

328   SUBIDA DO MONTE CARMELO

ziando as potências, privando-as de sua jurisdição natural e operações próprias; só assim poderá o Senhor ilustrá-las e nelas infundir o sobrenatural, pois sua capacidade natural não logra chegar tão alto, e, enquanto não for posta de lado, só poderá estorvar.

3. É verdade inegável que a alma chega ao conhecimento de Deus, antes pelo que ele não é do que pelo que ele é. Necessariamente, pois, a alma, a fim de unir-se com Deus, há de ir não admitindo e sim negando de modo total e absoluto tudo quanto puder negar em suas apreensões, naturais ou sobrenaturais. Assim faremos agora a respeito da memória, tirando-a de seus limites e modos naturais para elevá-la acima de si mesma, isto é, acima de toda concepção distinta e de toda posse apreensível, em suma esperança de Deus incompreensível.

4. Comecemos pelas notícias naturais: são todas as que a memória pode formar dos objetos dos cinco sentidos corporais, a saber: audição, visão, olfato, paladar e tato; e todas as que, com a ajuda deles, pode formar e conceber. De todas essas notícias e formas se há de desprender e esvaziar a memória, esforçando-se por esquecer a apreensão imaginária que deixam; de tal modo que não lhe fique impressa notícia ou lembrança alguma, mas permaneça vazia e pura, como se jamais houvesse passado por ela, em completo olvido e separação de tudo. Porque a memória jamais chegará à união com Deus, sem esse aniquilamento acerca de todas as formas sensíveis. Deus não cai sob forma ou notícia alguma distinta, como dissemos na noite do entendimento; portanto para unir-se a ele a memória há de desprender-se de todas as formas que não são Deus. "Ninguém pode servir a dois senhores", disse Cristo (Mt 6,24). Ora, a memória não pode estar ao mesmo tempo unida a Deus e às formas e conhecimentos particulares. Como Deus não tem imagem nem forma que possa ser compreendida pela memória, mostra a experiência que esta potência, quando a Deus se une, fica como sem forma ou imagem, perdida e

embebida num bem infinito, com grande olvido, sem lembrança de coisa alguma. Porque aquela divina união tira todas as imagens da fantasia, varrendo todas as formas e notícias, enquanto a eleva ao sobrenatural.

5. É notável o que às vezes sucede: ao operar Deus esses toques de união na memória, sente-se de súbito uma espécie de vertigem no cérebro – sede da memória – tão sensível que parece esvair-se a cabeça e perder-se o juízo e os sentidos: isto, ora mais, ora menos, conforme for mais ou menos intenso o toque. Esta união, pois, purifica e separa a memória de todo o criado, e a põe tão alheia a tudo e às vezes tão esquecida de si, que precisa de grandes esforços para se lembrar do que quer que seja.

6. De tal maneira é algumas vezes este olvido da memória e suspensão da imaginação – estando a memória unida com Deus – que decorre muito tempo sem a alma perceber nem saber o que então se passou. Fica tão suspensa a imaginação, que não pode a pessoa sentir dor alguma física, mesmo havendo causa para isso: porque sem imaginação não pode haver sentimento, nem por pensamento, pois este, então, não existe. Para Deus operar estes divinos toques de união, deve a alma desprender a memória de todas as notícias apreensíveis. Devemos observar, contudo, que nas almas perfeitas não há mais suspensões; estas são apenas princípio da união ern que tais almas já estão consumadas.

7. Tudo isso, dir-me-á alguém, parece bom; mas daí resulta a necessidade de destruir as funções e o uso natural das potências; ora, através desta supressão, o homem desce à categoria dos animais e mesmo mais baixo ainda, pois não mais exercita nem mesmo recorda as necessidades e operações naturais. Deus não destrói a natureza, antes aperfeiçoa-a; a doutrina exposta acima, pelo contrário, tende infalivelmente à destruição; pois ensina o esquecimento dos princípios morais e racionais e de toda operação natural, privando a memória de todos os conhecimentos que são, para ela, o meio de reminiscência.

330   SUBIDA DO MONTE CARMELO

8. A essa objeção, respondo: quanto mais se vai unindo a memória com Deus, mais vai se aperfeiçoando quanto às notícias distintas – até perdê-las completamente, quando chega a consumar-se no estado de união. Por conseguinte, no começo desta transformação, quando a lembrança das formas e dos conhecimentos se desvanece pouco a pouco na alma, é impossível esta não ser invadida por grande abstração de todo o criado. Donde cai em muitas faltas a respeito do uso e trato das coisas exteriores. Com a memória totalmente abismada em Deus, não se lembra de comer, e beber, nem sabe se viu ou fez isto ou aquilo, se lhe falaram ou não. Mas, uma vez chegada ao hábito da união – que é um sumo bem –, não mais está sujeita a esquecimentos destes, quanto à razão moral e natural. Pelo contrário, nas ações convenientes e necessárias tem muito maior perfeição, embora não as faça com o auxílio das formas e dos conhecimentos da memória; chegada à união, estado já sobrenatural, desfalecem de todo as operações da memória e das demais potências, quanto ao seu modo natural, passando estas do limite da natureza ao termo de Deus que é sobrenatural. A memória, assim transformada em Deus, não pode, pois, receber impressão de formas ou notícias de realidades criadas; as suas operações, como as das outras potências, neste estado, são todas divinas. Por essa transformação das potências em si, Deus as possui como Senhor soberano: é ele mesmo que as move e governa divinamente, segundo o seu divino espírito e a sua vontade. Desde então, as operações da alma não são distintas, porque são de Deus; e são operações divinas, conforme diz São Paulo: "quem se une com Deus torna-se um mesmo espírito com ele" (1Cor 6,17).

9. Donde as operações das almas, unidas a Deus, são do Espírito divino e, por isso mesmo, divinas. Desde logo as suas obras são marcadas pelo cunho da razão, e da conveniência perfeita. O Espírito de Deus lhes faz saber ou ignorar o que convém conhecer ou ignorar; recordar com formas

ou sem elas, ou esquecer, o que devem; dar afeição ao que merece amor, e não amar o que não é em Deus. E assim, não é de admirar que, nessas almas, todos os primeiros movimentos e operações das potências sejam divinos, pois se acham transformados em ser divino.

10. Quero trazer alguns exemplos em apoio do que digo. Pede uma pessoa a outra, posta neste estado de união, que a recomende a Deus; esta última não se lembrará de fazê-lo, pois nenhum vestígio desta recomendação lhe ficará na memória. Entretanto, se convém orar por essa intenção, isto é, querendo Deus receber orações pela tal pessoa, inclinará sua vontade e lhe dará o desejo de interceder por ela. Ao contrário, se Deus não quiser mostrar-se favorável a essa oração, serão inúteis seus esforços: não poderá nem terá vontade de orar, enquanto o Senhor fará com que reze por outras pessoas a quem jamais viu ou conheceu. Só Deus é quem move as potências dessas almas, como já expliquei, para aquelas obras conforme à sua santa vontade e divinos decretos, sem que possam agir de outro modo; e assim as obras e súplicas dessas almas são sempre eficazes. Tais foram as da gloriosíssima Virgem Nossa Senhora, elevada desde o princípio a este sublime estado; jamais teve impressa na alma forma de alguma criatura, nem se moveu por ela; mas sempre agiu sob a moção do Espírito Santo.

11. Outro exemplo: uma pessoa deve atender, a tal tempo, a certo negócio necessário, de que não se lembrará de maneira alguma; sem saber como, porém, sentirá na alma um impulso interior que lhe mostrará quando e como deve agir, sem que haja falta.

12. Assim o Espírito Santo ilumina as almas, não somente em ocorrências semelhantes, mas em muitos outros acontecimentos, embora a eles estejam ausentes; age às vezes por formas intelectuais, outras muitas, sem nenhuma forma apreensível, não sabendo as almas de onde lhes

vem aquele conhecimento. Quem as instrui é a Sabedoria divina; como essas almas se exercitam em nada saber ou conhecer pelas potências, vêm a saber tudo, conforme dissemos no "Monte", verificando-se a palavra do Sábio: "A própria sabedoria que tudo criou mo ensinou" (Sb 7,21).

13. Dir-me-ão, talvez, que é quase impossível à alma privar e despojar tanto a memória de todas as formas e imagens, segundo as exigências requeridas para atingir grau tão sublime. Porque há aqui duas dificuldades que superam as forças e a habilidade humana: a primeira é a de desfazer-se da própria natureza, mediante o trabalho natural; a segunda é a de elevar-se e unir-se ao sobrenatural – coisa ainda mais difícil e mesmo, para dizer a verdade, impossível às forças naturais. Respondo que, realmente, só Deus pode colocar a alma neste estado sobrenatural; mas de sua parte ela deve dispor-se e cooperar com a ação divina, à medida das suas próprias forças: e isto pode fazer naturalmente, sobretudo, com o auxílio dado por Deus. Na razão direta de seus progressos no desprendimento de todas as formas e espécies sensíveis, vai o Senhor estabelecendo-a na posse da união, agindo na alma passivamente. Desenvolveremos este assunto na noite passiva do espírito. Assim, quando aprouver a Deus, e segundo as disposições da alma, acabará ele de dar-lhe o hábito da divina união perfeita.

14. Sobre os divinos efeitos que produz na alma essa união perfeita – seja no entendimento, ou na memória e vontade – não falaremos nesta noite e purificação ativa, porque não se consuma aqui a divina união. Trataremos deles na noite passiva mediante a qual se realiza a união da alma com Deus. Agora diremos apenas o modo necessário para entrar a memória ativamente, tanto quanto é possível à sua própria habilidade, nessa noite e purificação. Tenha sempre o espiritual esta cautela: em tudo que vir,

LIVRO III – CAPÍTULO II

ouvir, gostar e cheirar e tocar, não procure fazer arquivo ou presa na memória, antes esqueça depressa; e isso, faça com o mesmo empenho com que outras pessoas procuram lembrar; de maneira que não lhe fique impressa na memória notícia ou figura alguma daquelas coisas, como se jamais houvessem existido no mundo; deixe a memória livre e desembaraçada, sem prendê-la a qualquer consideração, do céu ou da terra, perdida num total olvido, como se não tivesse memória, e como sendo obstáculo para a união; pois tudo o que é natural antes estorva que ajuda, quando se quer usar dele para o sobrenatural.

15. Se as dúvidas surgidas a respeito do entendimento ainda se apresentassem aqui – isto é: a alma nada faz, perde tempo e se priva dos bens espirituais provindos do exercício da memória –, já respondi a tudo, quando tratei da primeira potência, e voltarei à matéria mais adiante, na noite passiva; não há, portanto, razão para nos determos aqui. Queremos somente advertir que, pelo fato de não sentir logo a alma o proveito dessa suspensão de notícias e formas, não há de desanimar; Deus não deixará de acudir em seu tempo. E para alcançar tão grande bem é muito conveniente esperar e sofrer com paciência e confiança.

16. Na verdade, é raro encontrar alma movida em tudo e em todo tempo por Deus, e tão inseparavelmente unida ao Senhor que, sem nenhuma forma apreensível, estejam suas potências sempre sob a ação do Espírito Santo. Todavia algumas há muito ordinariamente movidas por Deus em suas operações, e não são elas que se movem, segundo a expressão de São Paulo: "Os filhos de Deus", isto é, os transformados em Deus e a ele unidos, "são movidos pelo Espírito de Deus" (Rm 8,14), isto é, movidos a divinas obras em suas potências. Não é de admirar que, sendo divina a união da alma, suas operações também o sejam.

CAPÍTULO III

*Três espécies de danos aos quais se expõe
a alma não fechando os olhos às notícias e
discursos da memória. Fala do primeiro dano.*

1. A três espécies de danos ou inconvenientes se expõe o espiritual querendo usar dos conhecimentos da memória para se aproximar de Deus ou para qualquer outro fim. Dois desses danos são positivos e o terceiro é privativo. O primeiro resulta do contato com as coisas deste mundo, o segundo procede do demônio e, afinal, o último – que é privativo – resulta do impedimento e estorvo que as ditas notícias causam à união divina.

2. O primeiro dano, que é da parte do mundo, consiste em ficar a alma exposta a muitos perigos provenientes das notícias e discursos da memória. Estes perigos são: ilusões, imperfeições, apetites, juízos, perda de tempo e muitas outras coisas que trazem à alma grande número de impurezas. Abrir a porta a essas notícias e discursos é, evidentemente, cair em numerosos erros, expondo-se a tomar frequentemente o verdadeiro pelo falso e o certo pelo duvidoso e vice-versa; pois mal podemos conhecer profundamente uma só verdade. O preservativo contra todos esses perigos é obscurecer a memória quanto ao exercício natural dos seus conhecimentos.

3. A memória também traz à alma, a cada passo, imperfeições, tudo quanto recebe por meio dos sentidos exteriores que excitam nela diversas impressões de dor, medo, ódio, vã esperança, alegria ou gozo, e vanglória etc. Esses diferentes movimentos são, no mínimo, imperfeições e, algumas vezes, pecados veniais manifestos, que mui sutilmente mancham a alma, mesmo quando as notícias e raciocínios são acerca de Deus. Tais notícias, é claro também, geram na alma apetites, pois nascem estes naturalmente daque-

LIVRO III – CAPÍTULO III

las; aliás, só o desejo de as ter já é um apetite. Muitos juízos também há de formar; pois não pode deixar de tropeçar com a memória em bens e males alheios, em que às vezes o mal parece bem e o bem parece mal. Ninguém, a meu ver, poderá livrar-se perfeitamente desses danos, senão cegando e obscurecendo a memória em tudo.

4. Se me objetarem que bem poderá o espiritual triunfar dessas dificuldades à medida que se apresentarem, respondo ser absolutamente impossível vencê-las todas enquanto quiser alimentar a memória com notícias. Delas decorrem mil imperfeições e impertinências, algumas tão sutis e delicadas que por si mesmas, sem que a alma o perceba, a ela se pegam, como o piche a quem o toca. O meio mais seguro é vencer o mal pela raiz, e esvaziar a memória de todas as coisas sensíveis. Mas, replicarão, a alma se priva assim de muitos bons pensamentos e piedosas considerações que lhe seriam de grande utilidade para dispô-la a receber os favores divinos. Respondo: para tal, muito mais aproveita a pureza da alma, isto é, estar livre de qualquer afeição de criatura ou coisa temporal, ou lembrança voluntária delas; do contrário, não deixará de ficar manchada, pela imperfeição natural ao exercício das potências. O melhor, portanto, é aprender a conservar em silêncio as ditas potências, fazendo-as calar para que Deus fale. Para chegar ao estado de união, é necessário perder de vista as operações naturais; e só poderá consegui-lo quando, conforme a palavra do Profeta, entrar a alma na solidão, segundo suas potências, e lhe falar Deus ao coração (Os 2,14).

5. Talvez ainda me digam: se a memória não considerar e discorrer sobre Deus, a alma não adquirirá bem algum espiritual, e irão logo penetrando nela muitas distrações e tibiezas. A isso respondo: se a memória rejeitar simultaneamente as coisas espirituais e as temporais, é impossível ter distrações ou lembranças importunas, ou ainda peca-

dos e vícios, pois tudo isso sempre entra por vagueação da memória; donde, na renúncia de tudo, não tem como nem por onde entrar. Expor-se-ia às distrações se, fechando a porta às considerações e discursos espirituais, a abrisse aos pensamentos terrestres; mas aqui a memória se cerra a tudo que poderia trazer tais pensamentos, permanecendo calada e muda; só o ouvido do espírito, em silêncio, escuta a Deus, dizendo com o profeta: "Fala, Senhor, porque o teu servo ouve" (1Sm 3,10). O esposo dos Cantares declarou que assim seria a sua esposa: "Minha irmã é um jardim fechado e uma fonte selada" (Ct 4,12), isto é, nada do que é criado nela pode penetrar.

6. Portanto, permaneça a alma recolhida sem cuidado e sem pena. Aquele que entrou corporalmente no Cenáculo, fechadas as portas, a visitar os discípulos e dar-lhes a paz, sem que soubessem nem imaginassem como tal pudesse acontecer, entrará também espiritualmente nessa alma, sem que ela saiba como, nem coopere para isso; basta-lhe ter fechadas as portas das potências, memória, entendimento e vontade, a todas as apreensões; e o Senhor tudo encherá com sua paz divina, declinando sobre ela, no dizer de Isaías, como um rio de paz, tirando-lhe todos os receios, dúvidas, perturbações e trevas que antes a faziam temer se estava ou ia perdida (Is 48,18). Não perca o cuidado de orar e espere, em desnudez e vazio, que não tardará seu bem.

CAPÍTULO IV

Do segundo dano que o demônio pode causar
à alma por meio dos conhecimentos naturais
da memória.

1. O segundo dano positivo que a alma pode encontrar nas notícias da memória vem da parte do demônio; e neste

LIVRO III – CAPÍTULO IV

ponto tem o inimigo grande entrada: pode acumular, nessa potência, formas, notícias e discursos imaginários; e por tais meios provocar movimentos de orgulho, avareza, inveja, cólera etc. e também ódio injusto, amor vão e, enfim, de muitas maneiras enganar a alma. Além disso, costuma ele fixar tão fortemente os objetos na fantasia, que o falso parece verdadeiro, e vice-versa. Em uma palavra, todas as ilusões e todos os males causados pelo demônio entram na alma pela porta das notícias e formas apreendidas pela memória. Se esta potência, pois, se obscurece em todas as apreensões, e se aniquila em completo esquecimento, fecha completamente a porta aos enganos do inimigo, livrando-se de todos os inconvenientes, o que é grande bem. O demônio nada pode fazer na alma senão por intermédio das operações das potências, principalmente com o auxílio das notícias das quais dependem quase todos os atos da inteligência e da vontade. Se a memória renuncia à sua atividade natural, nada mais é possível ao demônio; pois não acha ele por onde entrar, e assim nada poderá fazer.

2. Quisera eu reconhecessem as pessoas espirituais quantos danos lhes causa o inimigo por meio da memória quando querem usar dela: quantas aflições, tristezas e vãs alegrias põe em suas relações com Deus ou com o mundo, e quantas impurezas lhes arraiga no espírito. O demônio as afasta e distrai do sumo recolhimento que consiste em ocupar toda a alma segundo as suas potências, no único Bem supremo e incompreensível, tirando-a de todas as coisas apreensíveis que não são este sumo Bem. E mesmo quando não fosse tão grande o lucro deste despojamento e vazio, como o é para a alma recolher-se em Deus, já lhe seria de imenso proveito livrar-se de numerosas aflições, tristezas e penas, e, mais ainda, de imperfeições e pecados.

CAPÍTULO V

Terceiro dano que as notícias distintas e
naturais da memória causam à alma.

1. As apreensões naturais da memória causam ainda à alma um terceiro dano, privativo: estorvam nela o bem moral e privam-na do espiritual. Para compreender primeiro como tais apreensões são obstáculos ao bem moral, é preciso dizer que este consiste no domínio das paixões, e freio dos apetites desordenados, trazendo, em consequência, ao espírito tranquilidade, paz, sossego e as virtudes morais. Ora, essas rédeas e freio não podem ser mantidos, se a alma não esquece e aparta de si todos os objetos que produzem as afeições; e as perturbações que nelas encontra sempre nascem das apreensões da memória. Olvidando tudo, não há mais motivo para perder a paz, nem ter apetites; pois, como dizem, o que os olhos não veem, o coração não sente.

2. Temos a cada momento experiência disto. Cada vez que a alma se põe a imaginar, fica alterada ou movida, mais ou menos, acerca daquilo que pensa e conforme a apreensão que tem; se é coisa triste e penosa, ficará triste, se agradável, tirará dali apetite e gozo etc. Assim, forçosamente há de achar a alma perturbação na mudança daquelas apreensões passando por alternativas de alegrias, pesares, ódio, amor; não pode permanecer estável num só sentimento – que é o efeito da tranquilidade moral –, enquanto não procura olvidar tudo. Logo, as notícias impedem muito na alma o bem das virtudes morais.

3. Claramente se prova, pelo que estamos dizendo, como as apreensões que embaraçam a memória estorvam o bem espiritual. Pois a alma agitada, não estando solidamente estabelecida no bem moral, não tem capacidade para o bem espiritual que só se imprime no espírito moderado e posto em paz. Mais ainda: se ela faz caso de coisas apreensíveis – como são as notícias da memória –, apegando-se a elas, não

está livre para Deus que é incompreensível; pois é certo não poder a alma ocupar-se em mais de uma coisa ao mesmo tempo. Para chegar a Deus, há de ir antes não compreendendo que compreendendo, isto é, há de trocar o comutável e compreensível pelo incomutável e incompreensível.

CAPÍTULO VI

Proveitos proporcionados à alma pelo olvido
e vazio de todos os pensamentos e notícias
naturais da memória.

1. Pelos danos que, segundo declaramos, recebe a alma nas apreensões da memória, podemos coligir os proveitos contrários que o esquecimento e vazio dessas apreensões costumam trazer; pois, como dizem os filósofos, a mesma doutrina sobre um contrário serve para o conhecimento do outro. Em oposição ao primeiro dano, o primeiro desses proveitos consiste na tranquilidade e paz interior de que goza o espírito, pela carência de agitação e perturbação oriunda das ideias e notícias da memória, e, consequentemente, experimenta também o proveito ainda maior da pureza de consciência e de alma. Este estado dispõe admiravelmente para a aquisição da sabedoria humana e divina, e para a prática das virtudes.

2. Contrariamente ao segundo dano, o proveito é ver-se a alma livre de muitas sugestões, tentações e movimentos que o inimigo insinua por meio dos pensamentos e imagens, fazendo-a cair em numerosas imperfeições e até pecados, segundo as palavras de Davi: "Cogitaram e falaram maldade" (Sl 72,8). Portanto, rejeitados todos esses pensamentos, o demônio não tem meios para atacar o espírito por via natural.

3. Evitando o terceiro dano, o proveito consiste na disposição em que a alma se põe, mediante este olvido e recolhimento de tudo, para ser movida e ensinada pelo Espírito

Santo. Diz o Sábio que o Espírito de Deus se aparta dos pensamentos afastados da razão (Sb 1,5). Ainda mesmo que não houvesse para o homem outro proveito senão de livrar-se de penas e aflições neste esquecimento e vazio da memória, já lhe seria este de grande benefício e vantagem. Efetivamente, os sofrimentos e as agitações que as coisas e sucessos produzem na alma de nada servem, nem melhoram essas mesmas coisas e sucessos; ao contrário, agravam-nos e prejudicam a própria alma. Davi diz, nesse sentido: "Todo homem em vão se perturba" (Sl 38,7). Decerto sempre é inútil a perturbação, pois nunca traz proveito. Ainda que tudo se acabe e se desmorone, e os fatos aconteçam adversamente e ao contrário do que esperamos, de nada adianta a nossa inquietação; antes, com isso, se avultam os males, em vez de serem remediados. A igualdade de ânimo, com paz e tranquilidade, não só enriquece a alma de imensos bens, como também ajuda muito a julgar com melhor acerto nas adversidades, dando-lhes o remédio conveniente.

4. Tinha Salomão a experiência dessas vantagens e desses danos quando disse: "E eu reconheci que nada havia melhor do que alegrar-se o homem, e fazer bem enquanto lhe dura a vida" (Ecl 3,12). Por aí nos faz compreender que, em todas as circunstâncias, por mais adversas que sejam, devemos antes nos alegrar que nos perturbar, para não perdermos o maior dos bens, isto é, a tranquilidade e o sossego do espírito, tanto nos reveses como nas prosperidades, conservando igualdade de ânimo. Jamais o homem perderia essa paz interior se de uma parte se aplicasse a esquecer todas as notícias e a deixar todas as suas ideias particulares; e se, de outra, se apartasse, quanto possível, de ouvir e ver e tratar com o mundo. A nossa natureza humana é tão facilmente inclinada a cair que, embora bem exercitada na virtude, mal poderá deixar de tropeçar com a memória na perturbação e agitação de ânimo, perdendo

LIVRO III – CAPÍTULO VII

a paz e tranquilidade de que gozara no olvido de tudo. Isso quis dizer Jeremias: "Com memória me lembrarei, e a minha alma desfalecerá de dor" (Lm 3,20).

CAPÍTULO VII

Do segundo gênero de apreensões da memória, isto é, imaginárias, e notícias sobrenaturais.

1. A doutrina sobre as apreensões naturais aplica-se também às imaginárias da mesma ordem. No entanto, convém estabelecer aqui esta divisão por causa de outras formas e notícias que a memória guarda em si, de coisas sobrenaturais, tais como visões, revelações, palavras e sentimentos, recebidos por via sobrenatural. Quando comunicados à alma, deixam, de ordinário, impressas na memória, ou na imaginação, formas, imagens e figuras, às vezes muito vivas e eficazes. É bom precaver-se a esse respeito, a fim de que a memória não encontre aqui obstáculos capazes de impedir a união com Deus em esperança pura e perfeita.

2. Ora, para obter esse bem, a alma jamais deve refletir sobre as coisas claras e distintas já recebidas por via sobrenatural, com o fim de conservar em si as formas, figuras e notícias. Tenhamos sempre presente este princípio: quanto mais a alma se prende a uma distinta e clara apreensão natural ou sobrenatural, menos capacidade e disposição tem para entrar no abismo da fé, onde tudo é absorvido. Com efeito nenhuma forma ou notícia sobrenatural impressa na memória é Deus; e a alma para ir a Deus há de renunciar a tudo quanto não é ele. A memória, pois, precisa desfazer-se de todas essas formas e notícias para se unir com Deus na esperança. Toda posse é contra a esperança, porque, como diz São Paulo, a esperança é do que não se possui (Hb 11,1). Assim a alma, quanto mais despoja a memória, tanto mais espera; e quanto maior é sua esperança, tanto maior sua união com Deus, porque

342 SUBIDA DO MONTE CARMELO

em relação a Deus, quanto mais espera, tanto mais alcança. E mais espera, quanto mais despojada está; quando totalmente o estiver, possuirá perfeitamente a Deus, na união divina. Não obstante essa verdade, há muitos que não querem renunciar à doçura e satisfação das lembranças distintas, e por isso não chegam à suma posse e total suavidade do Senhor; porque quem não renuncia a tudo que possui não pode ser seu discípulo (Lc 14,33).

CAPÍTULO VIII

Danos causados à alma que se detém nas apreensões sobrenaturais. – Quantos são.

1. O espiritual se expõe a cinco gêneros de danos ao fixar a atenção sobre as notícias e imagens, recebidas sobrenaturalmente, e que se lhe imprimem na memória.

2. O primeiro é enganar-se muitas vezes tomando uma coisa por outra. O segundo é expor-se à presunção ou à vaidade. O terceiro vem da facilidade que o demônio tem de enganar a alma por meio dessas apreensões. O quarto é impedir a união com Deus pela esperança. Afinal, o quinto faz com que frequentemente se julgue a Deus de um modo baixo e imperfeito.

3. Quanto ao primeiro dano, é evidente que o espiritual se expõe a formar muitas vezes juízos errôneos quando se detém com reflexão nessas formas e notícias. Ninguém pode saber a fundo tudo que se passa naturalmente em sua imaginação, nem disso formar juízo seguro e completo; e muito menos dar justo valor aos fatos sobrenaturais, muito mais raros e acima de nossa capacidade. Aí está por que amiúde pensará que tais ou tais coisas vêm de Deus, e serão apenas obras da própria fantasia. Outras vezes, imputará ao demônio o que é dado por Deus ou vice-versa. Com mais frequência ainda, acontecerá que certas formas, ou notícias, se lhe gravarão profundamente na memória, de

males ou bens, alheios ou próprios, e outras figuras que se lhe representam; tê-las-á em conta de verdadeiras, quando na realidade são mui falsas. Ainda lhe acontecerá julgar as verdadeiras como falsas; porém isto é mais seguro, porque costuma proceder de humildade.

4. Enfim, mesmo não se enganando sobre a verdade das coisas, a alma poderá enganar-se quanto à qualidade e importância delas, tendo em muito o pouco, e em pouco o muito; ou estimando ser fatal ou tal o que tem na imaginação, quando nada é; e dando, como disse Isaías, às trevas o nome de luz e à luz o nome de trevas; tomando o amargo pelo doce, e o doce pelo amargo (Is 5,20). Em uma palavra, se acertar num ponto, será difícil não se enganar em outro. Ainda que não queira ajuizá-lo bastará estimá-lo e dar-lhe atenção para, ao menos passivamente, cair em algum dano, se não deste gênero, ao menos de um dos outros quatro que breve declararemos.

5. Para evitar os erros do próprio juízo, convém ao espiritual não querer refletir no que recebe em si, para saber qual foi tal ou tal visão, notícia ou sentimento, nem fazer caso dessas comunicações. Só se ocupe delas para dar conta ao diretor espiritual, a fim de que este lhe ensine a esvaziar a memória de todas aquelas apreensões. Porque tudo quanto são em si mesmas não contribui tanto para aumentar o amor de Deus na alma, como o menor ato de fé viva e esperança, feito na desnudez e renúncia total.

CAPÍTULO IX

Do segundo gênero de danos, isto é, do perigo de se deixar levar pela estima própria e vã presunção.

1. As apreensões sobrenaturais recebidas pela memória são também para os espirituais perigosa ocasião de caírem em alguma presunção ou vaidade, quando a elas se apegam e as estimam. Está livre desse vício quem não as rece-

beu, pois não vê em si motivo de presunção; mas quem as recebe facilmente será levado a pensar que é alguma coisa, pelo fato de ter aquelas comunicações sobrenaturais. Embora, na verdade, possam atribuí-las a Deus, e dar-lhe fervorosas ações de graças, reconhecendo-se indignos dessas mercês; contudo, costuma ficar no espírito certa satisfação e estima oculta e, daí, imperceptivelmente, nasce muita soberba espiritual.

2. Esta soberba se manifesta pelo desgosto e afastamento em relação a quem não lhes louva o espírito, nem tem em grande apreço as graças extraordinárias; e também, pelo pesar que sentem, quando imaginam ou sabem que outras pessoas recebem comunicações semelhantes ou mais elevadas. Tudo isto procede da secreta estima e vã complacência, e aquelas almas não acabam de entender como estão metidas na soberba até os olhos. Pensam ser suficiente certo conhecimento da sua miséria, e, juntamente com isto, estão cheias de secreta satisfação e estima de si mesmas; julgam-se melhores e mais favorecidas de bens espirituais do que os outros, como o fariseu que dava graças a Deus por não ser como os demais homens, e por ter tais e tais virtudes, estando na verdade cheio de presunção e vã complacência (Lc 18,11-12). Embora não se exprimam de modo tão formal como este fariseu, conservam, comumente, boa opinião de si. Algumas se tornam, em consequência desse excesso de orgulho, piores que o demônio. Como descobrem em si algumas apreensões e sentimentos suaves e devotos, que julgam vindos de Deus, ficam por isto satisfeitas, e acreditando-se muito unidas a ele; e desprezam as outras almas que não têm aqueles sentimentos, formando delas baixa opinião, a exemplo do fariseu.

3. Para evitar dano tão pestilencial e abominável aos olhos do Senhor, duas considerações são necessárias. Primeira: a virtude não consiste nas apreensões e sentimen-

tos de Deus, por sublimes que sejam, nem em nada de semelhante que se possa experimentar interiormente. Ao contrário, a virtude está no que não se sente, isto é, em humildade profunda e grande desprezo de si mesmo e de tudo quanto é nosso, bem arraigado na alma; e em gostar de que todos a tenham em nenhuma conta, não querendo valer coisa alguma em coração alheio.

4. Segunda: o espiritual deve advertir que as visões, revelações, sentimentos celestes e tudo quanto pode imaginar de mais elevado, não valem tanto como o menor ato de humildade. Esta virtude produz efeitos idênticos aos da caridade, que não estima seus interesses, nem os procura, nem julga mal senão de si; não estima suas próprias obras, mas só as do próximo. Convencidas, pois, disso, não queiram as almas encher os olhos dessas apreensões sobrenaturais, mas procurem olvidá-las para adquirir a verdadeira liberdade.

CAPÍTULO X

Do terceiro dano ocasionado à alma da parte
do demônio pelas apreensões imaginárias
da memória.

1. Pela doutrina acima dada, pode-se avaliar e compreender bem os prejuízos que resultarão à alma nestas apreensões sobrenaturais por parte do demônio. Com efeito pode o inimigo representar na memória e na imaginação muitas imagens e notícias falsas, de aparência boa e verdadeira; e as imprime com tanta eficácia e força por sugestão, no espírito e no sentido, que a alma não pode senão pensar que aquilo é assim como lhe é mostrado. Transformado em anjo de luz, fá-la crer que está na luz. Até nas comunicações verdadeiras da parte de Deus pode o demônio intrometer-se, tentando a alma de muitas maneiras, e movendo

desordenadamente os apetites e os afetos, quer espirituais, quer sensíveis, a respeito daquelas apreensões. Se a alma gostar dessas coisas, é muito fácil ao inimigo aumentar os apetites e afetos, precipitando-a na gula espiritual e em muitos outros males.

2. Para melhor realizar seus maus intentos, costuma ele envolver as comunicações divinas em doçura, deleite e sabor sensíveis, a fim de que a alma, melosa e fascinada com esta suavidade, fique cega e repare mais no sabor do que no amor; ou ao menos não tanto no amor. O demônio a inclina a preferir as comunicações sobrenaturais à desnudez e vazio da fé, esperança e amor de Deus. Assim, pouco a pouco, vai ele enganando-a e com grande facilidade lhe faz crer em suas mentiras. Cega, o falso não mais se lhe afigura falso; o mal já não lhe parece mal, as trevas se lhe afiguram como sendo luz, e a luz trevas. Daí vem a cair em mil absurdos no tríplice ponto de vista da vida natural, moral e espiritual. E o que era vinho transforma-se em vinagre. Tudo veio da sua negligência em renunciar desde o começo ao gosto das comunicações sobrenaturais. Como no princípio era coisa pouca, ou não era tão má, não tomou cuidado e deixou crescer esse pouco, como o grão de mostarda que, rapidamente, se torna grande árvore. Como se diz, um erro, a princípio leve, torna-se muito grande no fim.

3. Para fugir deste grande dano causado pelo demônio, importa muito à alma não se comprazer nos bens sobrenaturais, pois do contrário irá certissimamente ficando cega e caindo. É próprio do prazer e do deleite cegar, por si mesmo, a alma, sem ajuda do demônio. É o sentimento de Davi quando diz em um dos seus salmos: "Porventura, nas minhas delícias, me cegarão as trevas; e para minha luz, abraçarei a noite" (Sl 138,11).

CAPÍTULO XI

Do quarto dano que as apreensões distintas
e sobrenaturais da memória podem causar à
alma: consiste em impedir a união divina.

1. Não há muito a dizer sobre o quarto dano, porquanto tem sido esta questão declarada a cada passo, neste terceiro livro, onde provamos como a alma, para se unir com Deus em esperança, deve renunciar a toda posse da memória. A esperança de Deus só pode ser perfeita sob condição de banir-se da memória tudo que não seja Deus. Como dissemos também, nenhuma forma ou figura, nem imagem alguma natural ou sobrenatural, ou qualquer apreensão da memória, seja celeste ou terrestre, é Deus ou semelhante a Deus. Assim nos ensina Davi nestas palavras: "Não há semelhante a ti entre os deuses, Senhor" (Sl 85,8).

2. Por conseguinte, querer a memória conservar alguma apreensão dessas, é obstáculo para a união com Deus: primeiro, porque se embaraça, e depois porque quanto mais posse tiver, menos esperança terá. Logo, é necessário que a alma fique completamente olvidada e desprendida das formas e notícias distintas de coisas sobrenaturais, para não impedir a união da memória com Deus, em perfeita esperança.

CAPÍTULO XII

Do quinto dano causado à alma pelas formas
e apreensões imaginárias sobrenaturais, que é julgar
baixa e impropriamente a Deus.

1. Não é dos menores o quinto dano a que se expõe a alma ao querer reter na memória e imaginação as formas e figuras das coisas que lhe são comunicadas sobrenaturalmente, sobretudo se as quer tomar como meio para a união divina. É muito fácil julgar o ser e a majestade de Deus de

348 SUBIDA DO MONTE CARMELO

modo menos digno e elevado do que convém à sua incompreensibilidade. Embora a alma, com a razão e o juízo, não faça conceito expresso de que Deus seja semelhante a alguma dessas representações, todavia, quando as tem em alta conta, a mesma estima impede de julgar e apreciar a Deus tão elevadamente como ensina a fé, a qual nos diz ser ele incomparável, incompreensível etc. De fato, além de tirar de Deus tudo o que põe nas criaturas, a alma, por causa da estima daquelas coisas apreensíveis, estabelece interiormente uma certa comparação entre Deus e elas, que não a deixa julgar nem estimar a ele tão altamente como deve. Todas as criaturas, celestes ou terrestres, e todas as notícias e imagens distintas, naturais e sobrenaturais, apreendidas pelas potências da alma, por mais elevadas que sejam neste mundo, não têm proporção alguma nem podem ser comparadas com o ser divino; porquanto Deus não está contido sob gênero ou espécie, como as criaturas, segundo ensinam os teólogos. Ora, a alma, nesta vida terrena, é incapaz de possuir conhecimento claro e distinto a não ser do que se compreende sob gênero ou espécie. Nesse sentido afirma São João: "Ninguém jamais viu a Deus" (Jo 1,18). E o profeta Isaías declara que o coração humano jamais compreendeu como seja Deus (Is 64,4). O próprio Deus disse a Moisés que não o poderia ver nesta vida (Ex 33,20). Portanto, quem embaraça a memória e as demais potências com as coisas compreensíveis não pode ter de Deus o sentimento e a estima convenientes.

2. Estabeleçamos esta simples comparação: uma pessoa que, na presença do rei, prestasse atenção aos servos, estimá-lo-ia em pouco, e quanto mais reparasse neles, menos importância daria ao mesmo rei. E embora não tivesse intenção formal e determinada de faltar à devida consideração para com ele, faltaria com as obras, pois a honra prestada aos servos seria tirada ao rei: não teria em mui alta conta a majestade real, pois na sua presença fazia caso dos servos. Assim faz a alma com seu Deus quando pres-

ta atenção às criaturas. Esta comparação é ainda muito imperfeita, porque incomensurável distância separa o ser infinito de Deus do ser finito das criaturas. Todas estas, portanto, hão de ficar perdidas de vista, e em nenhuma lembrança deve a alma pôr os olhos, para poder fixá-los em Deus pela fé e esperança.

3. Caem em grave erro os que, além de fazer caso dos conhecimentos imaginários, pensam que Deus é semelhante a qualquer deles e ainda julgam poder chegar por eles à união divina. Estes tais sempre irão perdendo a luz da fé – único meio para o entendimento se unir com Deus; deixarão igualmente de crescer na esperança, que é, por sua vez, também o meio para a memória se unir com Deus pelo despojamento de tudo que é imaginário.

CAPÍTULO XIII

Dos proveitos que a alma tira em apartar de si as apreensões da imaginação. Resposta a uma objeção. Diferença entre as apreensões imaginárias, naturais e sobrenaturais.

1. Os proveitos provenientes do despojar a imaginação das formas imaginárias facilmente podem ser deduzidos dos cinco danos já mencionados, produzidos na alma quando as quer conservar, conforme já explicamos a propósito das formas naturais. Além desses proveitos, há outros de sumo descanso e quietação para o espírito. Sem falar da paz que naturalmente a alma goza estando vazia de imagens e formas, ademais fica livre do cuidado de examinar se são boas ou más, ou qual deve ser a sua atitude em relação a umas e outras; não precisa de trabalho e perder tempo com os mestres espirituais para discernir a qualidade ou gênero delas. Tudo isto é desnecessário querer saber, pois de nenhuma imagem ou forma há de fazer caso. Assim, os esforços e o tempo que deveria gastar em tais inquirições, pode muito bem empregar em outro melhor e mais provei-

toso exercício: o de ordenar a vontade para Deus, procurando cuidadosamente a desnudez e pobreza do espírito e do sentido, que consiste em querer deveras carecer de todo apoio e consolação apreensível, tanto interior como exterior. Neste desapego se exercita muito a alma quando se determina e procura despreender-se de todas essas formas, e daí tirará o imenso proveito de aproximar-se de Deus – que não tem imagem, figura ou forma. E tanto mais dele se aproximará quanto mais se alhear de todas as formas, imagens e figuras da fantasia.

2. Mas objetar-me-á talvez alguém: Por que então muitos mestres espirituais aconselham às almas que procurem aproveitar-se das comunicações e sentimentos de Deus, e as induzem a desejar tais coisas, a fim de ter o que dar-lhe em troca? pois, afinal, se Deus não nos der primeiro, nada teremos para oferecer-lhe de nossa parte? E não disse São Paulo: "Não extingais o Espírito"? (lTs 5,19). E o Esposo à Esposa: "Põe-me a mim como selo sobre o teu coração, como selo sobre o teu braço"? (Ct 8,5). Tudo isto, a doutrina acima nos ensina a não procurar, e até a rejeitar, mesmo quando Deus no-lo envia. No entanto, está fora de dúvida que, se no-lo dá, para bem da alma é que o concede, e bom resultado trará. Não havemos de jogar fora pérolas; e não seria ainda uma espécie de orgulho não querer admitir as graças de Deus, como se nos pudéssemos valer sem elas e por nós mesmos?

3. Em grande parte já foi esta objeção resolvida nos capítulos XV e XVI do II Livro[1]. Demonstramos ali como o bem que resulta na alma, dessas apreensões sobrenaturais, quando vêm de Deus, passivamente se opera no mesmo instante em que se representam ao sentido, sem cooperação alguma das potências. Consequentemente, não é preciso que a vontade consinta em admitir; ao contrário, se quiser agir com as potências, longe de tirar proveito do

1. Caps. XVI e XVII.

seu exercício, com a sua operação natural e grosseira impedirá o efeito sobrenatural que por meio dessas apreensões opera Deus nela. A substância das apreensões imaginárias lhe é comunicada de maneira passiva; e assim passivamente deve a alma recebê-la, sem nenhuma intervenção interior ou exterior de sua parte. Isto, sim, é conservar os sentimentos de Deus, não os perdendo pela imperfeição e grosseria da operação pessoal; é também não extinguir o espírito; porque, em verdade, extingui-lo-ia se quisesse proceder de modo diferente do que Deus quer. Assim faria a alma, se, ao dar-lhe o Senhor passivamente o espírito – como faz nessas apreensões –, pretendesse ela intervir com a ação pessoal do entendimento e vontade. É evidente: se a alma quiser por força agir, sua obra não passará além do natural, pois é incapaz de se elevar por si mesma a maior altura. No sobrenatural, já não é a alma que se move, nem se pode mover, mas é somente Deus, com sua divina moção, quem aí a põe. Querer então agir a mesma alma, de sua parte, é impedir com sua obra ativa a comunicação passiva de Deus, isto é, o espírito; é deter-se no próprio trabalho, de outro gênero e bem inferior à obra divina; pois esta é passiva e sobrenatural, e aquela, ativa e natural. Isto seria extinguir o espírito.

4. É evidente também que a ação própria da alma é ainda mais baixa, pois a capacidade ordinária e natural das potências não se pode exercer senão sobre formas, figuras ou imagens, que são apenas como a casca e acidente sob os quais estão ocultos a substância e espírito. Esta substância e espírito não se comunica às potências da alma, por verdadeira inteligência e amor, senão quando cessa a operação delas. O fim e objeto de tal operação é precisamente tornar a alma capaz de receber em si a substância conhecida e amada das coisas encobertas sob aquelas formas. Ora, entre a operação ativa e a passiva existe a mesma diferença e vantagem que entre o que atualmente se faz e o já feito, ou entre o fim por atingir e o já alcançado. Querer a alma em-

352 SUBIDA DO MONTE CARMELO

pregar ativamente as potências nas apreensões sobrenaturais em que Deus comunica passivamente o espírito nelas contido é como recomeçar um trabalho já terminado; não gozaria da obra já feita nem conseguiria tornar a fazê-la, impedindo com este inútil esforço o proveito a encontrar na obra acabada. Porque, repetimos, não podem as operações das potências chegar por si mesmas ao espírito que Deus infunde na alma sem o exercício delas. Seria, portanto, extinguir o espírito comunicado por essas apreensões imaginárias, se delas a alma fizesse caso; deve, pois, renunciar a elas e manter-se em atitude passiva. Deus então moverá a alma a muito mais do que ela seria capaz de imaginar ou de alcançar. Por isto disse o Profeta: "Estarei de pé no lugar da minha sentinela e permanecerei firme sobre as fortificações, e pôr-me-ei alerta para ver o que se me diga" (Hab 2,1). Como se dissesse: conservar-me-ei de pé e imóvel sobre a fortaleza das minhas potências; não darei passo algum à frente por minhas próprias operações e, assim, poderei contemplar e saborear tudo o que me for comunicado sobrenaturalmente.

5. Quanto à passagem dos Cânticos, alegada na objeção precedente, refere-se ao amor do Esposo pela Esposa; ora, é próprio do amor assimilar entre si os que se amam no que eles têm de mais substancial; por isso, lhe diz ele: "Põe-me a mim como um selo sobre o teu coração" (Ct 8,6), onde todas as setas da aljava do amor venham arrojar-se, isto é, as intenções e os atos de amor; para que todas o atinjam, estando ali o Esposo por alvo delas; assim todas sejam só para ele, e se assemelhe a esposa ao Esposo pelas ações e movimentos de amor, até à completa transformação. Diz-lhe também que o ponha como selo em seu braço, por simbolizar este o exercício do amor, com que se sustenta e regala o Amado.

6. Portanto, a alma deve só buscar, em todas as apreensões sobrenaturais – quer imaginárias ou de qualquer outro gênero, pouco importa serem visões, locuções, reve-

lações ou sentimentos – não se deter na aparência e no exterior, isto é, no que significam, representam ou fazem compreender –, mas advertir unicamente no amor divino que essas comunicações despertam interiormente. Há de fazer caso, não de suavidade ou sabor ou figuras, mas dos sentimentos de amor por elas causado. Só para este efeito, bem poderá lembrar-se algumas vezes da imagem ou apreensão que lhe causou amor, para pôr no espírito um motivo de amor. Embora não produza depois, pela lembrança, tão vivo efeito como da primeira vez que se comunicou, todavia, renova o amor, eleva o espírito a Deus, sobretudo quando é recordação de certas imagens, figuras ou sentimentos sobrenaturais que soem gravar-se e imprimir-se na alma de modo durável e algumas vezes indelével. E estas assim gravadas, quase a cada vez que a alma adverte nelas, produzem divinos efeitos de amor, suavidade, luz etc., ora mais ora menos; pois para isso nela se imprimiram. E assim é grande mercê de Deus uma dessas graças, pois é ter em si uma mina de bens.

7. Estas representações, que produzem tais efeitos, gravam-se vivamente na alma; não são como as outras formas e figuras conservadas na fantasia. Assim, quando se quer lembrar delas, não há mister a alma de recorrer a esta potência, pois vê que as tem dentro de si mesma, como se vê a imagem no espelho. Quando acontecer a uma alma ter em si as ditas figuras formalmente, bem pode recordar-se delas para o mencionado efeito de amor, pois longe de estorvarem a união na fé, antes a ajudarão, desde que não queira embeber-se na forma imaginária, mas só aproveitar-se do amor, deixando logo a figura.

8. É muito difícil, todavia, distinguir quando essas imagens estão impressas na alma, ou quando simplesmente na imaginação; pois as da fantasia costumam ser muito frequentes. Algumas pessoas costumam trazer na imaginação e fantasia visões imaginárias, e mui amiúde se lhes tornam a representar sob a mesma forma, seja devido à penetra-

ção da imaginação que, por pouco que pensem, imediatamente lhes representa e debuxa aquela figura ordinária na fantasia, seja ainda porque lhes represente o demônio ou que lhas represente Deus – sem, entretanto, essas imagens nela se imprimirem formalmente. Podem ser reconhecidas, porém, pelos efeitos. As naturais ou do demônio, por mais que se recordem, não causam efeito algum benéfico na alma, nem trazem renovação espiritual: é uma lembrança árida. Ao contrário, as boas, quando lembradas, produzem algum bom efeito, semelhante ao que se produziu na alma da primeira vez; mas as representações formais, gravadas na substância da alma, produzem algum efeito, quase sempre que a lembrança nelas adverte.

9. O espiritual, tendo experiência destas últimas, facilmente distinguirá umas das outras porque a diferença é muito evidente. Advirto apenas o seguinte: as que se imprimem na alma de um modo formal e durável são muito raras. Seja, entretanto, estas ou aquelas, é sempre bom para a alma não querer compreender coisa alguma, procurando antes ir a Deus pela fé e na esperança. Quanto à objeção de parecer orgulho rejeitar essas coisas, em si boas, respondo ser antes prudente humildade o aproveitar-se delas do melhor modo, como já explicamos, e guiar-se pelo mais seguro.

CAPÍTULO XIV

*Das notícias espirituais, enquanto podem ser
percebidas pela memória.*

1. Colocamos as notícias espirituais no terceiro gênero das apreensões, da memória. Não porque pertençam, como as outras, ao sentido corporal da fantasia, pois não têm imagem ou forma corporal; mas porque são também objeto da reminiscência ou memória espiritual. Com efeito, se a

LIVRO III – CAPÍTULO XIV

alma, após haver recebido alguma destas notícias, pode recordar-se dela quando quiser, não o faz por meio de forma ou imagem gravada no sentido corporal, pois este não tem capacidade para formas espirituais. Lembra-se intelectual e espiritualmente, ou pela forma que na alma de si deixou impressa, que também é forma ou notícia ou imagem espiritual ou formal, ou ainda pelo efeito produzido. Por isso, classifico-as entre as apreensões da memória embora não pertençam às da imaginação.

2. Quais sejam estas notícias e como nelas há de proceder a alma para chegar à união divina, já o dissemos no capítulo XXVI do II Livro[1], onde tratamos delas como apreensões do entendimento. Veja-se ali serem de duas maneiras; umas, notícias incriadas; outras, só de criaturas. Para indicar como deve nelas haver-se a memória para atingir o fim da união, repito o que acabo de explicar, no capítulo precedente, sobre as formais. Essas de coisas criadas são do mesmo gênero e, quando produzirem bom efeito, pode a alma recordá-las, não para querer retê-las em si, mas somente para avivar o amor e notícia de Deus. Se a sua lembrança, ao contrário, não causar proveito algum, jamais deve ocupar-se delas. Quanto às incriadas, procure recordá-las o mais frequentemente possível e tirará grande fruto; esses são toques e sentimentos de união com Deus, para a qual vamos encaminhando a alma. E destes não se recorda a memória por alguma forma, figura ou imagem imprimidos na alma – porque nada disto produzem esses toques e sentimentos de união do Criador –, mas somente pelos efeitos de luz, amor, deleite e renovação espiritual etc., que nela operaram, e que se renovam algum tanto a cada recordação.

---

1. O texto original diz XXIV.

CAPÍTULO XV

*Modo geral que a alma há de ter para reger-se
em relação a este sentido.*

1. Para encerrar este assunto da memória, será bom dar aqui ao leitor uma exposição sucinta da atitude a tomar universalmente para chegar à união com Deus segundo esta potência. Embora já tenhamos explicado tudo de modo bem claro, convém, todavia, fazer agora um resumo de toda a doutrina, pois assim será mais facilmente assimilada. Tenhamos em vista o nosso objetivo: unir a alma com Deus segundo a memória, pela virtude da esperança. Ora, só se espera aquilo que não se possui; e quanto menos se possui, mais se tem capacidade para esperar o objeto desejado; consequentemente, mais se aumenta a esperança. Ao contrário, quanto mais a alma possui, menos apta está para esperar, e, portanto, menos esperança terá. Segundo esta argumentação, quanto mais a alma desapropriar a memória de formas e objetos de que possa guardar lembrança, e que não são Deus, tanto mais ocupará em Deus essa potência, e mais vazia a terá para esperar que ele a encha totalmente. Portanto, para viver em inteira e pura esperança de Deus, é mister, todas as vezes que ocorrerem notícias, formas ou imagens distintas, não se deter nelas, mas elevar-se a Deus no vazio de todas essas lembranças, com afeto amoroso, sem reparar em tais coisas senão para entender e cumprir o que é de obrigação, no caso de serem relativas a seus deveres. Mesmo assim é necessário não pôr o afeto e gosto naquilo que lhe vem à memória, para não ficar efeito na alma. Deste modo, não deve deixar de ocupar o pensamento em lembrar-se do que é obrigada a saber e a fazer, pois não tendo nisso propriedades em apego, não lhe será prejudicial. As sentenças encontradas no fim do capítulo XIII do primeiro Livro, e escritas no "Monte", poderão ser-lhe úteis nesse trabalho de despojamento.

LIVRO III – CAPÍTULO XV

2. Advirta-se, porém, que, nesta nossa doutrina, jamais queremos concordar com a daqueles perniciosos homens, que, obcecados pelo orgulho e inveja de satanás, quiseram subtrair aos olhos dos fiéis o santo e necessário uso das imagens de Deus e dos santos, de modo a desviar os corações do culto que a elas é devido. Ao contrário, o que ensinamos é muito diferente: não tratamos de abolir as imagens e impedir as almas de venerá-las, como fazem eles. Nosso propósito é assinalar a infinita distância existente entre essas imagens e Deus. De tal maneira deve a alma usar delas, que lhe sirvam de meio para passar da imagem à realidade; e não se tornem obstáculo para impedir à alma o acesso ao espiritual, como sucederia se quisesse deter-se em tais representações mais do que é necessário. Assim como é bom e imprescindível o meio para chegar o fim, e, no nosso caso, as imagens para trazerem a lembrança de Deus e dos santos, assim também é impedimento e estorvo o mesmo meio, quando a ele nos apegamos. Se nos demorarmos no meio mais do que o necessário, acharemos tanto obstáculo nele para o fim, como em outra qualquer coisa diferente. Com muito mais forte razão, insisto no desapego das imagens e visões sobrenaturais, donde podem nascer muitos enganos e perigos. Quanto à lembrança, veneração e estima das imagens apresentadas aos nossos olhos pela Igreja Católica não pode haver perigo nem engano, porque a alma nelas estima só o que representam; e por este motivo só poderão trazer-lhe proveito. Efetivamente, a lembrança dessas sagradas imagens produz na alma o amor daquilo mesmo que figuram; e se a alma não se demorar nelas mais do que é necessário para este fim, sempre a ajudarão para a união divina, deixando o espírito livre para que Deus o eleve quando lhe aprouver, da imagem ao Deus vivo, no olvido de toda criatura e objeto criado.

CAPÍTULO XVI

Começa a tratar da noite escura da vontade.
Divisão das afeições da vontade.

1. Seria inútil termos purificado o entendimento fundando-o na fé e a memória firmando-a na esperança, se não procurássemos purificar também a vontade em relação à terceira virtude ou caridade. É esta virtude que dá vida e valor às obras praticadas sob a luz da fé; sem a caridade de nada serviriam, pois como disse São Tiago: "Sem as obras da caridade a fé é morta" (Tg 2,20). Ao tratar do despojamento e da noite ativa da vontade para estabelecê-la nesta divina virtude da caridade, não encontro autoridade mais conveniente do que esta passagem do *Deuteronômio,* cap. 6, onde diz Moisés: "Amarás ao Senhor, teu Deus, de todo o teu coração, e de toda a tua alma, e de todas as tuas forças" (Dt 6,5). Encerram estas palavras tudo o que o espiritual deve fazer e tudo o que tenho a ensinar-lhe aqui, para chegar verdadeiramente a Deus, pela união de vontade, por meio da caridade. Esse mandamento impõe ao homem o dever de empregar todas as suas potências, forças, operações e afetos de sua alma no serviço do Senhor, de modo que toda a habilidade e força da alma sejam dirigidas a ele somente, segundo o pensamento de Davi: "Guardarei minha força para vós" (Sl 58,10).

2. A força da alma reside nas suas potências, paixões e apetites, governados pela vontade. Quando esta os dirige para Deus e os afasta de tudo o que não é ele, guarda a fortaleza da alma para o Senhor, e na verdade ama-o com toda a sua força. A fim de ajudar a alma a agir deste modo, vamos tratar aqui da purificação da vontade em todas as suas afeições desordenadas, donde nascem os apetites, afetos e operações também desordenados, impedindo-a de conservar toda sua força para Deus. Quatro são as paixões: gozo, esperança, dor e temor. Quando a alma as dirige para

Deus por um exercício racional, isto é, não goza senão puramente, como que se refere à honra e glória divina, e não põe sua esperança em coisa alguma fora de Deus, não se entristece senão somente com o que desagrada ao Senhor, não teme senão unicamente a ele, então é evidente que as paixões guardam a fortaleza e capacidade da alma só para Deus. E, pelo contrário, quanto mais a alma quiser deleitar-se em outra coisa fora de Deus, tanto menos concentrará seu gozo nele; quanto mais esperar outra coisa, menos esperará em Deus e assim quanto às outras paixões.

3. Para mais completa doutrina, falaremos separadamente, segundo o nosso costume, destas quatro paixões da alma e dos apetites da vontade. Para chegar à união com Deus tudo está precisamente em purificar a vontade dos seus afetos e apetites, transformando assim essa vontade grosseira e humana em vontade divina, identificada à vontade de Deus.

4. Estas quatro paixões tanto mais reinam na alma e a combatem quanto menos firme a vontade está em Deus e mais pendente das criaturas. Então, com muita facilidade, põe o gozo em seres que não o merecem; espera o que não lhe traz proveito; aflige-se com o que talvez deveria regozijá-la e teme, afinal, onde não há que temer.

5. As paixões, quando desordenadas, produzem na alma todos os vícios e imperfeições, e, quando ordenadas e bem dirigidas, geram todas as virtudes. À medida que uma delas se vai submetendo ao jugo da razão, todas as outras vão igualmente, pois essas quatro paixões estão de tal modo unidas e irmanadas entre si que aonde vai uma atualmente, acompanham-na as outras virtualmente; reprimir uma é enfraquecer as outras na mesma medida. Decerto, se a vontade se compraz num objeto, consequentemente e na mesma medida, espera a sua posse, e sofre, com temor de perdê-lo. Na medida em que renunciar a esse gozo, desaparecerão o temor e a dor, desvanecendo-se também a esperança. A vontade com estas quatro paixões pode ser

360 SUBIDA DO MONTE CARMELO

figurada pelos quatro animais que o profeta Ezequiel viu reunidos num só corpo com quatro faces; as asas de cada um dos animais estavam unidas às de outro, e não se voltavam quando iam caminhando, mas cada qual andava diante de sua face (Ez 1,8-9). De modo semelhante, as asas das quatro paixões estão unidas umas às outras; se uma volta a sua face, isto é, a sua operação, para um objeto, as outras fazem virtualmente o mesmo. Assim, quando uma paixão se abaixar (conforme diz o texto citado, a respeito das asas), as outras se abaixarão, e, quando se elevar, elevar-se-ão todas. Para onde for a esperança, subindo ou descendo, irão o gozo, o temor e a dor, no mesmo movimento; e assim sucede a cada uma das quatro paixões em relação às outras.

6. Daqui se pode tirar esta advertência: para onde quer que se dirija uma paixão, irá também toda a alma com a vontade e as demais potências; todas viverão cativas de tal paixão. As outras paixões, por sua vez, estarão vivas naquela, afligindo e prendendo a alma nas suas cadeias, de modo a não permitirem que voe à liberdade e ao repouso da suave contemplação e união. Eis por que diz Boécio: "Se queres ter um conhecimento claro da verdade, afasta de ti o gozo, a esperança, o temor e a dor"[1]. Porque enquanto reinam estas paixões, não deixam a alma permanecer na tranquilidade e paz requeridas para alcançar a sabedoria que natural ou sobrenaturalmente pode receber.

CAPÍTULO XVII

Começa a tratar da primeira afeição da vontade. Declara o que é gozo e faz a distinção dos objetos de que a vontade pode gozar.

1. A primeira das paixões da alma, e das afeições da vontade, é o gozo. Como o entendemos aqui, é certa satisfação

---

1. Boécio, Lio. II, cap. XXI.

produzida na vontade pela estima de algo que lhe parece vantajoso. A vontade, com efeito, jamais se regozija senão no que aprecia ou lhe proporciona prazer. Refiro-me ao gozo ativo, isto é, quando a alma entende clara e distintamente aquilo de que goza, e tem liberdade para gozá-lo ou não. Existe também gozo passivo, em que pode a vontade se achar gozando sem compreender claramente (embora algumas vezes entendendo) a causa dele, e sem que então dependa de seu arbítrio ter ou não gozo. Deste falaremos mais tarde. No momento, queremos tratar do gozo ativo voluntário, de coisas claras e distintas.

2. O gozo pode nascer de seis gêneros de bens: temporais, naturais, sensíveis, morais, sobrenaturais e espirituais. Estudemo-los por ordem, submetendo neles a vontade à razão a fim de que a alma, livre de todo embaraço, possa pôr somente em Deus a força do seu gozo. É necessário pressupor um fundamento que seja como o bastão do viajor sobre o qual iremos sempre nos apoiando; e convém levá-lo entendido, por ser a luz que nos deverá guiar e esclarecer nesta doutrina e dirigir, em todos estes bens, o gozo a Deus. Este fundamento é o seguinte: a vontade deve colocar o seu gozo unicamente no que se refere à honra e à glória de Deus, e a maior honra que lhe podemos dar é servi-lo segundo a perfeição evangélica. Fora disso, tudo o mais nenhum valor tem nem aproveita ao homem.

CAPÍTULO XVIII

Trata do gozo proveniente dos bens temporais. Diz como neles se há de dirigir o gozo para Deus.

1. No primeiro gênero de bens classificamos os temporais, que são: riquezas, posições, ofícios, e outras honras exteriores; como também casamentos, parentes, filhos etc. Tudo isso pode oferecer gozo à vontade; mas é evidentemente gozo vão, este produzido por semelhantes bens, isto é, pelas

riquezas, títulos, posições, e outras coisas, geralmente ambicionadas pelos homens. Se na proporção das suas riquezas fosse o homem maior servo de Deus, teria nelas motivo para gozar; mas, muito ao contrário, ordinariamente as riquezas são causa de ofensas à divina Majestade, segundo o ensinamento do Sábio: "Filho, se fores rico, não estarás livre do pecado" (Ecl 11,10). Na verdade, os bens temporais em si mesmos não levam necessariamente ao pecado; todavia, a fragilidade humana é tão grande que o coração a eles se apega, deixando a Deus. Este abandono de Deus é que constitui o pecado, e por isto o Sábio disse ao rico: não estarás livre de pecado. Pelo mesmo motivo, Nosso Senhor, no Evangelho, chama as riquezas de espinhos, dando a entender que não deixarão de ser feridos de algum pecado os que usarem delas com espírito de propriedade (Mt 13,22 e Lc 8,14). E aquela exclamação do mesmo Senhor em São Mateus, dizendo: "Em verdade vos digo que um rico, isto é, o que põe seu gozo nas riquezas, dificultosamente entrará no reino dos céus" (Mt 19,23 e Lc 18,24), bem dá a entender que o homem não se deve comprazer nas suas posses, porquanto se expõe a tanto perigo. Davi também nos exorta a fugir delas por este conselho: "Se abundardes em riquezas, não ponhais nelas o coração" (Sl 61,11). Não citarei outras autoridades em apoio de verdade tão manifesta.

2. Jamais acabaria, aliás, de alegar todas as passagens da Escritura Sagrada e enumerar os males atribuídos às riquezas por Salomão no *Eclesiastes*. Esse rei, como homem que havia tido tantas riquezas, e conhecendo bem o valor delas, disse que tudo quanto havia debaixo do sol era vaidade das vaidades, aflição de espírito e vã solicitude da alma (Ecl 1,14). E quem ama as riquezas não tirará delas fruto (Ecl 5,9). E mais adiante: "As riquezas se conservam para infelicidade de quem as possui" (Ecl 5,12). Isto também se vê no Evangelho pela parábola do homem que, comprazendo-se em guardar abundante colheita para muitos

anos, ouviu uma voz do céu a dizer-lhe: "Néscio, esta noite te virão pedir a tua alma; e o que ajuntaste, para quem será?" (Lc 12,20). E finalmente Davi nos ensina o mesmo ao dizer que não tenhamos inveja quando o nosso vizinho se enriquecer, pois de nada lhe aproveitará para a outra vida; dando a entender que antes o deveríamos lastimar (Sl 48,17-18).

3. Segue-se que não deve o homem alegrar-se de possuir riquezas nem de que as possua o próximo, a não ser quando com elas servem a Deus. Porque se existe razão pela qual é permitido ao homem comprazer-se nas riquezas, é somente quando se despendem e empregam no serviço de Deus; de outra maneira não se pode tirar delas proveito. O mesmo se aplica aos outros bens temporais: títulos, posições, empregos etc. É pura vaidade colocar o gozo em tudo isso, se não sente a alma que serve mais a Deus por meio delas e segue caminho mais seguro para a vida eterna. Ora, como disto ninguém pode estar certo, nem de que esses bens produzem tais efeitos ajudando a melhor servir a Deus, seria vão comprazer-se determinadamente neles; pois não pode ser razoável esse gozo. Com efeito, nos diz o Senhor: "De que aproveita o homem ganhar todo o mundo, se vier a perder a sua alma?" (Mt 16,26). Não há, pois, nesses bens, motivos para se alegrar a não ser de que por eles se sirva melhor a Deus.

4. Nem tampouco nos filhos há motivo para alguém se comprazer, por serem muitos ou ricos ou favorecidos de graças naturais e de bens da fortuna, mas somente por serem fiéis servos do Senhor. A Absalão, filho de Davi, de nada lhe aproveitou sua beleza, nem sua riqueza e linhagem ilustres, pois não serviu a Deus (2Sm 14,25). Foi, portanto, vã a complacência posta em tal filho. Daqui vem a ser também vão querer filhos, como certas pessoas que revolvem e alvoroçam o mundo com o desejo de os ter; e não sabem se serão bons e devotados a Deus, e se o contenta-

mento que deles esperam se transformará em dor, o repouso e consolação em trabalhos e desolações, a honra em desonra e ocasião de ofenderem mais a Deus, como acontece a muitos. De tais pessoas disse Cristo que percorrem mar e terra para enriquecer os filhos e fazê-los duas vezes mais dignos do inferno que elas (Mt 23,15).

5. Embora, pois, tudo sorria ao homem e lhe suceda favoravelmente, deve antes temer que gozar, pois está em ocasião perigosa de esquecer a Deus. Deste perigo se precavia Salomão, dizendo no *Eclesiastes*: "Reputei o riso por um erro e disse ao gozo: Por que te enganas tu assim vãmente?" (Ecl 2,2). Isto é: quando tudo me sorria considerei como erro e engano comprazer-me nisso. Sem dúvida, é erro grosseiro e grande insensatez entregar-se o homem ao gozo quando tudo lhe é propício, pois não está certo de auferir dessa prosperidade algum bem eterno. O coração dos insensatos está onde se acha a alegria; mas o do sábio se acha na tristeza, diz Salomão (Ecl 7,5). Porque a alegria cega o coração e não o deixa considerar e apreciar as coisas; ao contrário, a tristeza faz abrir os olhos e examinar o dano ou proveito que encerram. Melhor é a ira do que o riso (Ecl 7,4), diz ainda o Sábio; melhor é ir à casa em luto, do que à casa em festa, pois naquela se mostra o fim de todos os homens (Ecl 7,3).

6. Vaidade semelhante é a da mulher, ou a do marido, que se compraz no seu estado sem saber claramente se com sua união serve cada um melhor a Deus. Antes deveriam confundir-se, pois o matrimônio, segundo São Paulo, é causa de que se dividam os corações, impedindo-os de pertencerem inteiramente a Deus. E assim diz ele: "Se estiveres livre de mulher, não busques mulher. Mas o que a tem, convém seja com tão grande liberdade de coração, como se não a tivesse (1Cor 12,27). Este ponto, e tudo o mais que dissemos a respeito dos bens temporais, nos ensina ele por estas palavras: "Isto finalmente vos digo, irmãos: o tempo é

breve; resta que os que têm mulheres sejam como se as não tivessem; os que choram, como se não chorassem, e os que folgam, como se não folgassem; e os que compram, como se não possuíssem; e os que usam deste mundo, como se dele não usassem" (1Cor 7,30-31). Faz o Apóstolo esta advertência para ensinar que é vão e sem proveito pôr o gozo em coisa fora do serviço de Deus, pois o gozo que não é segundo Deus não pode fazer bem à alma.

CAPÍTULO XIX

Dos danos que provêm à alma quando põe o seu gozo nos bens temporais.

1. Se tivéssemos de enumerar aqui todos os danos que provêm à alma quando põe o afeto da vontade nos bens temporais, não haveria tinta, nem papel, nem tempo, bastantes para isso. Porque uma coisa de nada pode ser origem de grandes males e a destruição de consideráveis bens, assim como a centelha não apagada pode atear labaredas capazes de incendiar todo o mundo. Todos esses danos têm sua origem e raiz num dano privativo principal, produzido por este gozo, a saber: o afastamento de Deus. Assim como, aproximando-se de Deus com afeto da vontade, alcança a alma todos os bens, assim também, ao se afastar dele, por esta afeição às criaturas, torna-se presa de todos os males, na medida do gozo e afeto com que a elas se une; porque isto é separar-se de Deus. Em consequência, conforme se afastar mais ou menos de Deus, cada alma poderá entender que serão seus danos maiores ou menores, em número ou em intensidade, e como acontece mais frequente, de ambos os modos ao mesmo tempo.

2. Esse dano privativo, donde nascem todos os outros, privativos e positivos, encerra quatro graus, cada qual pior. Quando a alma chegar ao quarto, terá chegado a todos os males e misérias que se possam referir neste caso. Moisés

assinala perfeitamente esses diversos graus no *Deuteronômio,* quando diz: "Mas o Amado, enfartado, recalcitrou; enfartado, engordou, dilatou-se, abandonou a Deus, seu Criador, e se apartou de Deus, seu Salvador" (Dt 32,15).

3. Enfartar-se a alma, antes amada de Deus, é engolfar-se no gozo das criaturas. Daí provém o primeiro grau do mencionado dano: voltar atrás; nada é senão o embotamento do espírito em relação a Deus, de modo a obscurecer os bens divinos, assim como o nevoeiro obscurece o ar, impedindo-o de ser iluminado pelos raios do sol. Porque, pelo mesmo fato de pôr o espiritual seu gozo em algum objeto criado, e soltar as rédeas ao apetite, para nutrir-se de coisas vãs, logo fica obscurecido a respeito de Deus, anuviando-se-lhe a clara inteligência do próprio juízo, segundo ensina o Espírito Divino no livro da Sabedoria: "A fascinação da bagatela obscurece o bem; e as paixões volúveis da concupiscência corrompem o espírito puro e simples" (Sb 4,12). Nestas palavras o Espírito Santo nos dá a entender que, embora não haja intencionada malícia no entendimento, basta a concupiscência e gozo dos objetos criados para produzir na alma o primeiro grau do já citado dano, isto é, o embotamento da mente com a obscuridade do juízo para entender a verdade e julgar bem de cada coisa.

4. Por maior santidade e acertado juízo que tenha o homem, não conseguirá livrar-se desse dano, se puser o gozo e apetite nos bens temporais. Disso nos avisa o Senhor, dizendo por Moisés: "Não aceitarás dádivas porque cegam até aos mais prudentes" (Sb 4,12). Referia-se Deus especialmente aos que haviam de ser juízes e por esse motivo tinham mais necessidade de discernimento claro e seguro – o que é incompatível com a cobiça e o gosto dos presentes. Por isso mesmo Deus ordenou a Moisés que estabelecesse como juízes aos que aborrecessem a avareza, a fim de não se lhes embotar o juízo com o gozo das paixões" (Ex 23,8). E assim não diz apenas que não sejam dados à avareza, mas que a aborreçam; porque, para defender-se alguém

LIVRO III – CAPÍTULO XIX

perfeitamente da paixão de amor, há de opor-lhe o aborrecimento, vencendo assim um contrário com outro. O motivo de ter sido sempre o profeta Samuel juiz tão reto e esclarecido foi justamente nunca haver recebido presentes de pessoa alguma, como ele próprio o assegura no Primeiro Livro de Samuel.

5. O segundo grau do dano privativo deriva do primeiro e é expresso pelas palavras seguintes do referido texto: "enfartado, dilatou-se e engordou". É uma dilatação da vontade que, no gozo mais livre dos bens temporais, já não faz tanto caso nem tem escrúpulos de comprazer-se neles com maior gosto. Isto acontece à alma, porque no princípio soltou as rédeas ao prazer deixando dominar o gozo, veio a engordar nele, segundo diz o texto: e aquela gordura de prazer e apetite produziu maior avidez e dilatação da vontade nas criaturas. Daí resultam grandes males: este segundo grau aparta a alma dos exercícios devotos e do trato com Deus, tirando-lhe o sabor que antes encontrava nisso, pelo mesmo fato de comprazer-se agora nos bens criados; e consequentemente, vai caindo em muitas imperfeições, impertinências e gozos vãos.

6. Quando o homem chega a consumar-se neste segundo grau, abandona inteiramente as práticas habituais de piedade, pondo toda a sua mente e cobiça nas coisas do século. As almas, nesse grau, não somente têm o juízo e a inteligência obscurecidos para distinguir a verdade e a justiça, como as que se acham no primeiro grau, mas são acometidas de grande tibieza, frouxidão e descuido para saber o que é bom e reto, e mais ainda para praticá-lo. As seguintes palavras de Isaías traduzem bem este estado: "Todos amam as dádivas, andam atrás de recompensas. Não fazem justiça ao órfão, e a causa da viúva não lhes interessa" (Is 1,23). Tais almas não são livres de pecado, mormente se o dever as obriga a atender à justiça; e, assim, não carecem de malícia, como acontece no primeiro grau. Cada vez mais se apartam da justiça e da virtude, porque vão inclinando

a vontade para as criaturas, sempre com maior apego. As almas chegadas a esse segundo grau se caracterizam pela grande tibieza nas coisas espirituais, cumprindo muito mal os deveres de piedade, mais por desencargo, ou por força ou rotina, do que por motivo de amor.

7. O terceiro grau do dano privativo é o completo abandono de Deus e da sua lei, para não se privar da melhor satisfação mundana. A cobiça, então, chega a precipitar a alma dos abismos do pecado mortal. Este terceiro grau está assim descrito no texto mencionado: "Abandonou a Deus, seu Criador". A este grau pertencem todos os homens que estão com as potências de tal modo engolfadas nos prazeres, bens e negócios mundanos, que nada se lhes dá de cumprir as obrigações da lei divina. Tanto estão submersos em grande olvido e torpor acerca do que concerne à sua salvação, quanto têm mais atividade e esperteza para as coisas do mundo. De maneira que, no Evangelho, lhes dá Cristo o nome de filhos deste século e deles diz: são mais prudentes e atilados em seus negócios, que os filhos da luz nos seus (Lc 16,8). Dão tudo para o mundo e nada para Deus; são propriamente os avarentos cujo apetite e gozo se derramam nos bens da terra e a eles se apegam com tanta avidez, que jamais se veem fartos. A sua fome e sede, ao contrário, aumentam à medida que se afastam da única fonte capaz de saciá-los, que é Deus. O Senhor lhes diz pela boca de Jeremias: "Deixaram-me a mim fonte de água viva, e cavaram para si cisternas, cisternas rotas, que não podem conter água" (Jr 2,13). E isto se dá porque as criaturas, longe de aplacarem a sede do avaro, só podem aumentá-la. São estes os que caem numa infinidade de pecados por amor dos bens temporais, e cujos males não têm número, segundo a expressão de Davi: "Entregaram-se às paixões de seu coração – *Transierunt in affectum cordis*" (Sl 72,7).

8. O quarto grau do dano privativo é expresso pelas últimas palavras da nossa citação: "Afastou-se de Deus, seu

LIVRO III – CAPÍTULO XIX

salvador". É consequência do terceiro. Com efeito, não mais orientando o seu coração para a lei divina, por causa dos bens temporais, a alma do avarento afasta-se muito do Senhor segundo a memória, entendimento e vontade. Dele se olvida como se não fosse o seu Deus, porque fez do dinheiro e dos bens temporais deuses para si, conforme a palavra de São Paulo: "A avareza é servidão de ídolos" (Cl 3,5). Este quarto grau conduz o homem ao total esquecimento de Deus, a ponto de pôr o coração – que devia pertencer de modo exclusivo ao Senhor – formalmente no dinheiro, como se não tivesse outro Deus.

9. Neste grau se incluem os que não hesitam em ordenar as coisas divinas e sobrenaturais a serviço dos interesses temporais como a seus deuses, quando deviam fazer o contrário, ordenando-as a Deus, se o tivessem por seu Deus como o exige a razão. Deste número foi o iníquo Balaão, que vendeu o dom de profecia recebido de Deus (Nm 22,7); e também Simão Mago que queria comprar a preço de dinheiro a graça de Deus (At 8,18-19). Nisto bem mostrou estimar mais o dinheiro, pois supunha haver quem o avaliasse em mais, dando a graça pelo dinheiro. Muitas pessoas chegam hoje, de outras maneiras, a esse extremo grau. A razão se lhes obscurece pela cobiça dos bens terrenos, mesmo nas coisas espirituais; e assim servem ao dinheiro e não a Deus, visando a paga material e não o divino valor e prêmio. Desse modo fazem do dinheiro seu principal Deus e fim, antepondo-o ao fim supremo, que é Deus.

10. São deste último grau todos aqueles miseráveis que, tão apaixonados pelos bens terrenos, não duvidam sacrificar-lhes a própria existência; quando veem qualquer míngua neste seu deus temporal, desesperam e se matam por lamentáveis fins, mostrando por suas próprias mãos o triste galardão que de tal deus se recebe. Como não há que esperar deste ídolo, daí vem, consequentemente, desesperação e morte. Aos que não persegue até este funesto extremo, faz com que vivam morrendo nas ânsias de muitas

inquietações e outras tantas misérias; jamais lhes deixa entrar a alegria no coração, e não lhes permite auferir bem algum na terra. E, assim, sempre ocupados em pagar o tributo do amor ao dinheiro – enquanto penam por causa dele –, acumulam riquezas para sua última calamidade e justa perdição, como adverte o Sábio dizendo: "As riquezas estão guardadas para a infelicidade de quem as possui" (Ecl 5,12).

11. A esse quarto grau pertencem aqueles de quem diz São Paulo aos romanos: "Entregou-os Deus a um sentimento depravado" (Rm 1,28). Porque até a este abismo a paixão do gozo arrasta o homem que prende o coração às riquezas, como a seu último fim. Ainda que não chegue a tal ponto, será sempre digno de grande lástima, pois, como dissemos, esta paixão faz a alma retroceder muito no caminho de Deus. Assim diz Davi: "Não temas quando se enriquecer o homem, isto é, não lhe tenhas inveja, pensando que te leva vantagem, pois, em morrendo, nada levará consigo, nem a sua glória descerá com ele" (Sl 48,17-18).

CAPÍTULO XX

Dos proveitos encontrados pela alma na
renúncia ao gozo das coisas temporais.

1. Deve o espiritual estar muito atento para o seu coração não começar a apegar-se ao gozo dos bens temporais, pelo temor de ver o pequeno ir crescendo de grau em grau, até chegar a ser grande. É do pouco que se vai ao muito; e um leve inconveniente, ao princípio, torna-se no fim grave dano, como uma centelha basta para incendiar um monte e mesmo o mundo inteiro. Nunca se fie em ser pequeno o apego, pensando que, se não o quebrar agora, mais tarde o fará. Se no início, quando é ainda tão pequeno, não tem coragem de o vencer, como pensa e presume poder consegui-lo quando estiver grande e bem arraigado? Tanto mais,

LIVRO III – CAPÍTULO XX

tendo Nosso Senhor dito no Evangelho: "Quem é infiel no pouco também o será no muito" (Lc 16,10). Certamente quem evita as pequenas faltas não cometerá maiores; mas até nas pequenas há grande perigo, porque por elas se abre a porta do coração e, como diz o provérbio: obra começada, metade acabada. A esse respeito nos adverte Davi: "Se abundardes em riquezas, não ponhais nelas o coração" (Sl 61,11).

2. Efetivamente, se o homem não desprendesse o coração de todo o gozo de bens temporais puramente por amor de Deus e dos deveres da perfeição cristã, devê-lo-ia fazer pelas vantagens temporais e mais ainda espirituais que disto lhe advêm. Porque não somente se livra dos males desastrosos, ditos no capítulo precedente, como também adquire a virtude da liberalidade, um dos principais atributos de Deus, totalmente incompatível com a cobiça. Além de tudo, na renúncia ao gozo dos bens temporais, adquire o homem liberdade de espírito, juízo lúcido, calma, tranquilidade e confiança pacífica em Deus, verdadeiro culto e submissão da vontade ao Senhor. Desprendendo-se das criaturas, encontra nelas mais gozo e satisfação do que se as amasse com apego e propriedade. Porque o apego é uma solicitude que, como laço, prende o espírito à terra, e impede a liberdade do coração. Pela renúncia a tudo, adquire o homem mais clarividência para penetrar bem na verdade, tanto natural como sobrenaturalmente. Por este motivo, mui diferentemente goza, e com mais vantagens e lucros, do que o homem apegado, porquanto goza segundo a verdade, e o outro segundo a mentira; um penetra a substância, o outro fica no acidente; o primeiro, conforme o melhor, e o segundo conforme o pior. Com efeito, o sentido não pode apreender nem chegar a mais que às formas acidentais; mas o espírito purificado de nuvens e espécies de acidente penetra na verdade e valor das coisas, pois é este seu objeto. O gozo obscurece o juízo, como nuvem; porque não pode haver gozo voluntário de criatura sem ato voluntário de propriedade,

372 SUBIDA DO MONTE CARMELO

assim como não pode existir gozo de paixão sem que haja também propriedade atual no coração. Uma vez negado e purificado o tal gozo, fica o juízo claro, do mesmo modo que se torna límpido o ar, quando se desfazem os vapores.

3. O espiritual, desprendendo totalmente o seu gozo das coisas temporais, goza em todas elas como se as possuísse todas; e quem a elas se aplica, com apego particular, perde o gosto de todas em geral. O primeiro, não tendo o coração preso a nada, possui tudo com grande liberdade, conforme a palavra de São Paulo (2Cor 6,10). O segundo, estando apegado pela vontade, nada possui; antes, de todas as coisas é possuído, e o seu coração como cativo sofre. E assim, quantos gozos quiser ter o homem nas criaturas, tantas aflições e angústias terá em seu apegado e possuído coração. Ao que está desprendido, não lhe pesam cuidados, na hora da oração, ou fora dela; sem perda de tempo e com facilidade adquire muitas riquezas espirituais. O homem, porém, que não está livre, passa a vida a volver-se e revolver-se sobre o laço a que está preso; mal poderá, com toda a sua diligência, libertar-se um instante sequer desse laço, que lhe prende o pensamento e o coração ao objeto do seu gozo. Deve, portanto, o espiritual reprimir, desde o primeiro movimento, qualquer satisfação que o leve às criaturas, lembrando-se daquele princípio que pusemos como fundamento de toda esta doutrina: só se deve alegrar o homem no que contribui para o serviço, honra e glória de Deus, dirigindo tudo a este fim único, e fugindo de todas as vaidades, sem buscar gosto ou consolação.

4. Outro principal e grandíssimo proveito, resultante do desapego dos bens temporais, é deixar o coração livre para Deus – disposição primeira e essencial para atrair as divinas mercês. E são tais estas, que mesmo temporalmente, por um gozo que a alma deixe por amor do Senhor e pela perfeição do Evangelho, receberá já nesta vida cem por um, conforme a promessa de sua Majestade no mesmo Evange-

lho (Mt 19,29). Além disso, sem contar este interesse, só pelo desgosto que dá a complacência nas criaturas, deveria o espiritual bani-la do coração. Lembremo-nos daquele rico do Evangelho que, só por se alegrar de ter acumulado bens para longos anos, desgostou tanto a Deus, que lhe declarou o Senhor chamaria a contas sua alma, naquela mesma noite (Lc 12,20). Donde todas as vezes que gozamos vãmente em algo, podemos temer esteja Deus vendo e preparando algum castigo e provação amarga segundo merecemos. E muitas vezes é a punição cem vezes maior do que o gozo inútil. Embora São João, no *Apocalipse,* falando da Babilônia, tenha dito: "Quanto havia gozado e vivido em deleites, tanto lhe dessem de tormento e pranto" (Ap 18,7), não significam estas palavras que a aflição não excederá o gozo; pois, por prazeres passageiros, sofrem-se tormentos imensos e eternos. O texto citado quer dar apenas a entender que nenhuma falta ficará sem receber o seu castigo particular, pois aquele que pedirá conta de uma palavra inútil não deixará impune o vão prazer.

CAPÍTULO XXI

Declara-se como é vão colocar o gozo
ãa vontade nos bens naturais e como nos devemos
dirigir a Deus por meio deles.

1. Compreendemos aqui por bens naturais a beleza, a graça, a boa compleição, e todos os outros dotes corporais; também quanto à alma: o bom entendimento, a discrição, e todas as demais qualidades pertencentes à razão. Comprazer-se o homem nisso por possuí-lo em si ou nos seus, sem dar as devidas graças a Deus que lho concedeu para ser mais conhecido e amado, gozando só por este motivo, é vaidade e engano. Assim o atesta Salomão dizendo: "A graça é enganadora e a formosura vã; a que teme o Senhor essa será louvada" (Pr 31,30). Com estas palavras nos en-

sina que tais dons devem ser para o homem antes motivo de temor, porque podem facilmente levá-lo a entibiar-se no amor de Deus, e, atraído por eles, pode cair na vaidade e ser enganado. Por isto diz o Sábio ser a graça corporal enganadora; com efeito, arma ciladas ao homem no seu caminho, atraindo-o ao que não convém, por vanglória e complacência de si mesmo ou dos que esses dois possuem. Diz também ser a beleza do corpo vã, porque faz pecar de muitos modos quem nela se compraz e põe a estima; porquanto só deveria alegrar-se no caso de servir mais ao Senhor por meio daqueles bens, ou levar outras almas a ele. Mais justo, porém, é temer não sejam seus dons e graças causa de ofensas a Deus, ou por vã presunção, ou pelo afeto desordenado olhando-os. Aquele, portanto, que tiver tais dons deve andar com muito recato, e viver com cautela, a fim de não ser causa, por vã ostentação, de alguém apartar o coração de Deus no mínimo ponto. Esses dotes naturais são tão atraentes e provocantes, seja para quem os possui, seja para quem neles repara, que não se achará pessoa cujo coração não esteja preso a eles, ao menos por algum pequenino laço ou apego. Foi temendo isto que muitas almas, agraciadas com esses dons, alcançaram de Deus, por meio de orações, que as desfigurasse, para não darem ocasião a si e a outros de alguma complacência ou vangloria.

2. Deve, pois, o espiritual purificar e obscurecer sua vontade quanto ao gozo vão nos bens naturais. Advirta que a beleza e as outras qualidades exteriores são terra; da terra vêm e à terra hão de voltar; a graça e os encantos naturais não passam de fumo e vapor desta mesma terra, e como tais os deve considerar e estimar, para não cair em vaidade. Em tudo isso eleve o coração a Deus, gozando-se e alegrando-se de que nele estejam encerradas eminentemente todas essas belezas e graças, num grau infinitamente superior às perfeições das criaturas. E, segundo diz Davi, todas elas envelhecerão como as vestes, e passarão, enquanto Deus per-

LIVRO III – CAPÍTULO XXII

manece para sempre imutável (Sl 101,27). Se não dirigir, pois, puramente a Deus o gozo dos bens naturais, este será sempre falso e ilusório. Isto quis significar Salomão, quando exclamou referindo-se ao gozo das criaturas: "Ao gozo disse: Por que te enganas assim em vão?" (Ecl 2,2). Assim acontece ao coração que se deixa atrair pelas criaturas.

CAPÍTULO XXII

Danos causados à alma que põe o gozo da vontade nos bens naturais.

1. Entre os danos e proveitos dos diversos gêneros de gozo já mencionados, há muitos que são comuns a todos. Entretanto, como provém diretamente da aceitação ou da renúncia do gozo, seja ele de qualquer gênero, aponto aqui, em cada uma das seis divisões de que vou tratando, alguns danos e proveitos determinados, embora também se achem nas outras, por serem, como digo, anexos ao gozo encontrado em todas. Minha intenção principal é explicar os males e proveitos particulares que traz à alma a aceitação ou a recusa do gozo em cada coisa. Dou-lhes o nome de particulares, porque são causados primária e imediatamente por tal gênero de gozo, e não podem ser produzidos por outro gênero senão de modo secundário e mediato. Por exemplo: o dano da tibieza espiritual é resultado direto de todo e qualquer gênero de gozo, e assim é dano geral, comum às seis divisões já ditas; o da sensualidade, porém, é dano particular nascido diretamente do gozo dos bens naturais.

2. Portanto, os danos espirituais e corporais que direta e efetivamente provêm à alma que põe o seu gozo nos bens naturais, podem ser reduzidos a seis principais: o primeiro é vanglória, presunção, soberba e desprezo do próximo. Com efeito, se alguém põe a sua estima exclusivamente num objeto, não pode deixar de tirá-la dos outros. Daí se segue, no mínimo, verdadeira desestima dos demais. Quando

se concentra a estima em algo, retira-se o coração do resto, por causa daquele apreço particular; e dessa real desestima é muito fácil cair no desprezo intencional de algumas coisas, em particular ou em geral, não só no coração, mas também expresso pela língua, dizendo: tal ou tal pessoa ou coisa não é como tal ou tal outra. O segundo dano consiste em mover o sentido à complacência e deleite na sensualidade e luxúria. O terceiro é cair em adulação e lisonja, onde há engano e vaidade, conforme diz Isaías: "Povo meu, os que te louvam, esses mesmos te enganam" (Is 3,12). E a razão é esta: se algumas vezes se pode louvar com verdade as graças e os encantos exteriores, todavia, seria difícil não resultar daí algum prejuízo, seja expondo o próximo à vã complacência e gozo inútil, seja envolvendo nisso afetos e intenções imperfeitas. O quarto dano, que é geral, faz a razão e o sentido interior perderem a sua lucidez, como sucede também no gozo dos bens temporais, e de certo modo com muito maior intensidade nos bens de que tratamos. Porque estes bens naturais são mais conjuntos ao homem que os temporais, e assim o gozo deixa sua impressão, vestígio e assento com mais eficácia e presteza, fascinando o sentido mais profundamente. A razão e o juízo, então, obscurecidos por esta nuvem tão próxima de afeição e gozo, perdem a liberdade. Daí nasce o quinto dano: a distração da mente nas criaturas. Esse, por sua vez, produz o sexto, a frieza e frouxidão de espírito: dano que provém geralmente de todas as espécies de gozo e costuma chegar às vezes ao ponto de causar na alma grande tédio e tristeza nas coisas de Deus, até vir a aborrecê-las. Neste gozo perde-se infalivelmente a pureza de espírito, ao menos no princípio; porque, se alguma devoção se experimenta, será muito sensível e grosseira, pouco espiritual, ainda menos interior e recolhida, consistindo mais no gosto sensitivo do que na força do espírito. Este, na verdade, está tão imperfeito, que é incapaz por isso mesmo de destruir o hábito de tal gozo.

Ora, é suficiente um hábito desordenado para impedir a pureza do espírito, embora a alma não consinta de modo positivo nos atos desse gozo. Perceber-se-á ter este fervor sua sede, de certo modo, muito mais na fraqueza do sentido do que na força do espírito. Isto será bem comprovado nas ocasiões, vendo-se qual a perfeição e fortaleza da alma, conquanto muitas virtudes possam existir, não o nego, juntamente com numerosas imperfeições. Mas afirmo que a suavidade e a pureza do espírito interior não permanecem conjuntamente aos gozos não reprimidos; porque reina a carne militando contra o espírito, – e embora este não perceba o dano, padece, pelo menos, oculta distração.

3. Voltando, porém, ao segundo dano – que encerra inúmeros males, os quais não se podem descrever com a pena ou exprimir com as palavras –, não nos é desconhecido nem oculto até onde ele vai, e quão grande seja a desventura nascida no gozo colocado na formosura e graças naturais. Por este motivo, se contam cada dia tantas mortes de homens, tantas honras perdidas, tantas fortunas dissipadas, tantas emulações e contendas, tantos adultérios, fornicações e pecados de luxúria, enfim, tantos santos precipitados no abismo, cujo número pode ser comparado à terça parte das estrelas do firmamento que foram derrubadas na terra pela cauda da serpente (Ap 12,4). Vemos o ouro fino, despojado do seu brilho e esplendor – esquecido na lama; os ínclitos e nobres de Sião que se vestiam de ouro fino, reputados como vasos de barro e feitos em pedaços (Lm 4,1-2). Até onde não penetra o veneno desse mal?

4. E quem não bebe pouco ou muito deste cálice dourado que oferece a mulher babilônica do *Apocalipse?* Sentando-se ela sobre aquela grande besta que tinha sete cabeças e dez cornos, dá a entender não haver alto nem baixo, nem justo ou pecador, a quem não tenha apresentado o seu vinho, cativando mais ou menos o coração; pois, como está ali escrito dela, todos os reis da terra beberam do vinho de sua prosti-

tuição (Ap 17,3-4). A todos os estados e condições abraça e até mesmo o supremo e nobilíssimo santuário do sacerdócio divino, colocando, como disse Daniel, a sua abominável taça no lugar santo (Dn 9,27). Dificilmente se encontra homem bastante forte que não seja levado a beber pouco ou muito do vinho desse cálice, isto é, deste gosto vão a que nos referimos agora. Esta é a razão de se dizer que todos os reis da terra foram embriagados por esse vinho; porque bem poucos se acharão, por santos hajam sido, que não se tenham deixado seduzir e inebriar, mais ou menos, por essa bebida de gozo e prazer da formosura e das graças naturais.

5. Esta expressão – "eles se embriagaram" – é digna de nota; com efeito, o vinho dos prazeres, por pouco que dele se prove, encanta e obscurece a razão, como acontece aos que estão embriagados. E é tão violento o seu veneno, que corre perigo a vida da alma se esta não toma imediatamente poderoso antídoto que o lance fora o mais depressa possível. Porque a fraqueza espiritual, crescendo sempre, reduzirá a mesma alma a estado tão miserável que pode ser comparado ao de Sansão, a quem foram arrancados os olhos e cortados os cabelos onde residia sua fortaleza; como ele ver-se-á obrigada a moer nas atafonas, cativa entre os seus inimigos. E, após todos esses males, talvez ainda encontre a morte eterna, assim como ele encontrou a morte temporal no meio dos que lhe eram adversos; a causa de todos esses danos é a bebida desse gozo que a faz morrer espiritualmente, do mesmo modo que aconteceu corporalmente a Sansão, e acontece a muitos hoje em dia. E, no fim de tudo, virão a dizer-lhe seus inimigos, para sua grande confusão: "Não eras tu que rompias os laços, dobrados, e despedaçavas as queixadas dos leões, matando os mil filisteus? Não arrancavas as portas e te livravas de todos os teus inimigos?"

6. Concluamos, enfim, dando o remédio necessário contra este veneno: quando o coração se sente movido pelo gozo

vão dos bens naturais, deve lembrar-se quanto é inútil, perigoso e prejudicial alegrar-se em outra coisa que não seja servir a Deus. Deve considerar o castigo dos anjos decaídos, precipitados nos abismos pavorosos, só por causa de um olhar de complacência sobre a própria beleza e dotes naturais; e de quantos males esta vaidade não é fonte cada dia para os homens! Animem-se, portanto, a seguir em tempo o conselho do Poeta os que começam a ter afeição a este gozo: "Apressai-vos desde o princípio a aplicar o remédio, porque, se o mal tiver tempo de crescer no coração, tarde virá a medicina"[1]. "Não olhes para o vinho, diz o Sábio, quando te começa a parecer louro, quando brilhar no vidro a sua cor; ele entra suavemente, mas no fim morderá como uma serpente, e difundirá o seu veneno como o basilisco" (Pr 23,31-32).

CAPÍTULO XXIII

Dos proveitos que a alma tira não colocando seu gozo nos bens naturais.

1. Muitos são os proveitos recebidos pela alma quando aparta o coração do gozo dos bens naturais. Esta abnegação, além de dispô-la para o amor divino e para todas as virtudes, produz diretamente a humildade consigo mesma e a caridade geral para com o próximo. Realmente, se a alma a ninguém se apega em particular, em vista das qualidades naturais e aparentes que são ilusórias, conserva-se livre e pura para amar racional e espiritualmente todos os homens, como Deus quer que sejam amados. Criatura alguma merece amor senão pela virtude que nela há. Amar desse modo é amar segundo a vontade de Deus e, além disso, com grande liberdade; e se este amor nos liga à criatu-

---

1. Encontra-se esta citação de Ovídio na *Imitação de Cristo*. Livro I, cap. XIII, "Principiis obsta; sero medicina paratur".

ra, mais fortemente ainda nos prende ao Criador. Porque, então, quanto mais cresce a caridade para com o próximo, mais também se dilata o amor de Deus; reciprocamente, quanto maior é o amor de Deus, mais aumenta o do próximo. Assim acontece, porque tem esta caridade a mesma origem e a mesma razão, que é Deus.

2. Outro excelente proveito resulta à alma desse desprendimento: é o de cumprir e observar com perfeição o conselho dado por Nosso Salvador em São Mateus: "Se alguém quer vir após mim, negue-se a si mesmo" (Mt 16,24). Seria impossível à alma realizá-lo se colocasse o gozo em seus dons naturais, porquanto fazer algum caso de si mesmo não é negar-se, nem seguir a Cristo.

3. A renúncia a esse gênero de gozo traz ainda à alma um imenso proveito: estabelece-a numa grande tranquilidade, e afasta as distrações, recolhendo os sentidos, mormente os olhos. A alma, longe de aspirar a satisfazer-se nesses bens, não os quer olhar nem aplicar a eles os outros sentidos, a fim de não ser atraída ou ficar presa a tais atrativos; não se detém em perder tempo nem ocupar o pensamento neles, tornando-se semelhante à cautelosa serpente que fecha os ouvidos para não ouvir a voz dos encantadores, com receio de que venham a seduzi-la (Sl 57,5-6). Porque guardando as portas da alma, isto é, os sentidos, igualmente se guarda e aumenta a tranquilidade e pureza dela.

4. As almas já adiantadas na mortificação desta espécie de gozo aí encontram outro lucro que não é dos menores: os objetos sensuais e os maus pensamentos não lhes causam a mesma impressão produzida nas almas que ainda se contentam nessas coisas. Assim, pela negação e mortificação deste gozo, o espiritual adquire grande pureza de alma e de corpo, isto é, de espírito e sentido, vindo a ter uma conformidade angélica com Deus e tornando-se verdadeiramente, na alma e no corpo, digno templo do Espírito Santo. Não poderá realizar-se isto se o coração der acesso

ao gozo dos bens naturais. Não é necessário haver consentimento ou lembranças de coisas impuras: basta o deleite produzido pela simples notícia delas para manchar a alma e os sentidos. Diz-nos o Sábio, a esse respeito: o Espírito Santo se afastará dos pensamentos sem inteligência, isto é, daqueles que não são esclarecidos pela reta razão e por ela ordenados a Deus (Sb 1,5).

5. Outro proveito geral é livrar-se a alma não somente dos prejuízos e dos males enumerados acima, mas ainda ser preservada de inúmeras vaidades e de muitos outros inconvenientes de ordem espiritual ou temporal. Evita, sobretudo, cair na pouca estima em que são consideradas as pessoas muito convencidas do seu mérito e dos dons naturais percebidos em si mesmas ou no próximo. Ao contrário, são consideradas como sábias e prudentes, e na realidade o são, todas aquelas exclusivamente presas ao que agrada a Deus, sem fazer caso de outros bens.

6. Dos ditos proveitos, afinal, resulta o último bem inapreciável e útil à alma: a liberdade de espírito, tão necessária para o serviço de Deus, e com a qual se vencem facilmente as tentações, sofrendo com coragem os trabalhos e aumentando os progressos nas virtudes.

CAPÍTULO XXIV

*Terceiro gênero de bens em que a vontade
pode pôr a afeição do gozo: os bens sensíveis.
Sua natureza e variedade. Como a vontade
se deve dirigir a Deus, renunciando aos
atrativos deles.*

1. É tempo de falar do gozo dos bens sensíveis: é o terceiro gênero de bens nos quais a vontade pode comprazer-se. Ora entendemos por esses bens tudo o que cai sob o domínio do sentido da visão, audição, olfato, paladar e tato, e que serve para formar os raciocínios interiores imaginários. Em uma

palavra, tudo o que pertence aos sentidos corporais interiores e exteriores.

2. Para purificar a vontade e obscurecê-la em relação ao gozo dos objetos sensíveis, encaminhando-a a Deus nesses bens, é necessário pressupor uma verdade já muitas vezes declarada: o sentido da parte inferior do homem, de que tratamos neste momento, não é nem pode ser capaz de conhecer e compreender a Deus tal qual é. Assim não pode o olho vê-lo, nem a ele nem a qualquer objeto semelhante à sua divina Essência; não pode o ouvido escutar sua voz nem qualquer som que se lhe possa comparar; o olfato é incapaz de sentir perfume tão suave; o gosto, de saborear doçura tão elevada e deliciosa; o tato, de sentir toque tão delicado e deleitável; enfim não cabe na imaginação e mente humana sua forma, nem figura alguma que o represente. Isaías, a propósito, diz: "Que nem olho o viu, nem ouvido o ouviu, nem jamais o percebeu o coração humano" (Is 64,4; 1Cor 2,9).

3. Duas causas podem proporcionar o gozo e as delícias dos sentidos: a impressão recebida das coisas exteriores ou alguma comunicação interior de Deus. Ora, a parte sensitiva não pode, de forma alguma, conhecer a Deus, nem por via do espírito, nem pela dos sentidos, pois não tendo capacidade para tanto, recebe sensivelmente o espiritual e o sensitivo. Consequentemente, deter a vontade nas satisfações causadas por essas apreensões exteriores seria, no mínimo, vaidade e certamente um obstáculo a impedir a força da vontade de empregar em Deus todo o seu gozo. Não pode a vontade chegar a este fim de modo perfeito, senão quando se purifica e renuncia ao gozo nesse gênero de bens, como em todos os outros.

4. Disse eu advertidamente: deter a vontade nesse gozo é vaidade; porque se a alma não se demora nele e, logo ao experimentar na vontade certo deleite no que vê, ouve ou trata, apressa-se em elevar-se para Deus, é ótima coisa. E quando tais impressões servem de motivo e auxílio eficaz para despertar o fervor na oração, não somente não há de

LIVRO III – CAPÍTULO XXIV

rejeitá-las, mas pode e deve valer-se delas para tão santo exercício. Algumas almas são encaminhadas para Deus pela influência dos bens sensíveis; todavia, devem ter nisto muita discrição visando os frutos que daí recolhem. Muitas vezes usam os espirituais dos ditos bens sob pretexto de oração e aproximação de Deus; mas fazem-no de tal modo, que mais se pode chamar recreação que oração, dando mais gosto a si mesmo que a Deus. Embora sua intenção pareça ter Deus por fim, o efeito é recrear os sentidos; e tiram daí mais fraqueza de imperfeição do que fervor da vontade para entregar-se a Deus.

5. Por esta razão, darei aqui uma regra para se conhecer quando as satisfações sensíveis são úteis ou não ao progresso espiritual: se assim que o ouvido percebe músicas ou quaisquer sons agradáveis, o olfato aspira suaves perfumes, o paladar se deleita com alguns sabores ou sente o tato delicados toques, imediatamente, ao primeiro movimento, a notícia e a afeição da vontade se encaminham para Deus, dando-lhe mais gosto a sua ascensão para ele do que a impressão sensível que a motivou, é prova de haver conseguido real proveito. Os objetos sensíveis, assim, podem ser usados sem receio, porque favorecem o fervor do espírito e servem ao fim para o qual foram por Deus criados e dados ao homem, isto é, elevar o espírito a melhor conhecê-lo e amá-lo. Todavia, devemos observar bem: a alma que tira desses gostos sensíveis o puro efeito espiritual, nem por isso os deseja e bem pouco caso faz deles, embora quando se apresentam sinta muito gosto devido ao sentimento de Deus que lhe causam; assim nunca se move a buscá-los e, quando se lhe oferecem, a vontade logo os deixa e se eleva para Deus.

6. O motivo por que a alma se preocupa tão pouco com essas impressões, embora lhe sejam auxílio para a união, é o seguinte: o espírito, com esta prontidão de ir para Deus em todas as coisas, por todas as vias, sente-se tão alimentado e satisfeito com o espírito de Deus, que se torna indiferente

a tudo o mais e nada deseja; e se deseja essas impressões, pelo motivo espiritual, logo passa adiante, as esquece e não faz caso. Aquele, porém, cuja vontade para e se nutre nesses prazeres e não possui liberdade de espírito deve privar-se deles, porque lhe são prejudiciais. Embora com a razão procure neles apoio para ir a Deus, todavia, como gosta deles a parte sensível – e conforme o gosto sempre é o efeito –, é certo ser esse apoio antes obstáculo e prejuízo que auxílio e vantagem. Apenas a alma note em si tendência para tais recreações, deve mortificá-la, pois, quanto mais a deixar crescer, mais se multiplicarão as imperfeições e fraquezas.

7. Portanto, o espiritual, em qualquer gosto que se lhe oferecer aos sentidos, seja fortuito ou propositado, aproveitará dele unicamente para ir a Deus, levantando para o Senhor o gozo de sua alma, para ser útil e proveitoso. Advirta que todo prazer, mesmo sendo de coisa muito elevada, se não for com aniquilamento e mortificação de outro qualquer gozo, é vão, sem proveito e estorva a união da vontade com Deus.

CAPÍTULO XXV

Exposição dos danos que a alma recebe em querer pôr o gozo da vontade nos bens sensíveis.

1. Antes de tudo observemos que, se a alma não obscurecer e mortificar o gozo produzido pelos objetos sensíveis, e não o endereçar a Deus, expor-se-á a todos os danos gerais acima enumerados, nascidos dos outros gêneros de gozo: obscurecimento da razão, tibieza, tédio espiritual etc. Mas, em particular, existem muitos danos tanto espirituais como corporais, diretamente originados desse gozo das coisas sensíveis.

2. Primeiramente, se a alma não tem coragem de renunciar por amor a Deus aos gozos que lhe vêm pela vista, cai na vaidade de espírito e na distração da mente, cobiça

desordenada, concupiscência, desregramento interior e exterior e, afinal, em pensamentos impuros e inveja.

3. Em segundo lugar, quem se compraz em ouvir coisas inúteis não deixa de incorrer em muitas distrações, em superfluidade das palavras, inveja, juízos tememários, volubilidade de pensamentos e, daí, em outros numerosos males não menos perniciosos.

4. O gozo de aspirar suaves perfumes produz repugnância pelos pobres – sentimento oposto à doutrina de Cristo –, inimizade à dependência, dureza de coração para as coisas humildes e insensibilidade espiritual, ao menos em proporção do apetite naquele gozo.

5. Os sabores que deliciam o paladar ocasionam diretamente gula e embriaguez, cólera, discórdia, falta de caridade para com o próximo e os pobres, como teve para com Lázaro aquele mau rico, que se banqueteava cada dia esplendidamente (Lc 16,19). Daí nascem ainda as indisposições corporais e as doenças, e também os movimentos desregrados, porque se aumentam os incentivos da luxúria. Por sua vez, fica o espírito como submerso em grande torpor; o desejo e o gosto dos bens espirituais diminui de tal sorte que já não os pode suportar, nem mesmo se deter ou se ocupar neles. Esse gozo produz ainda o descontentamento de muitas coisas, distração dos demais sentidos e do coração.

6. Do gozo encontrado pelo tato nas coisas suaves e agradáveis nascem muitos outros danos ainda mais funestos, que, em pouco tempo, pervertem sensivelmente o espírito, roubando-lhe a força e o vigor. Daqui nasce o abominável vício da volúpia ou incentivos para ela, na proporção desse prazer. Este gozo nutre a luxúria, torna o espírito efeminado e tímido, o sentido lânguido e melífluo, disposto ao pecado e ao mal. Infunde vã alegria e prazer no coração, desenfreia a língua, dá muita liberdade aos olhos; embota e entorpece os outros sentidos, segundo o grau do tal apetite. Tira ao juízo a sua retidão, mergulha-o na ignorância e na

incapacidade espirituais, tornando-o moralmente pusilânime e inconstante; as trevas obscurecem a alma; a fraqueza se apodera do coração, fazendo-o recear mesmo onde não há que temer. Outras vezes, o espírito de confusão, a insensibilidade de consciência e de espírito são os frutos deste gozo, porquanto debilita de tal modo a razão, que fica incapaz de dar ou tomar um bom conselho, de receber os bens de ordem espiritual e moral, enfim inútil como um vaso quebrado.

7. Assim, desse gênero de gozo se originam todos os males, aqui enumerados, em maior ou menor intensidade, segundo a força do gozo e conforme o caráter, a fraqueza e a inconstância da criatura a ele entregue. Certas naturezas, efetivamente, em pequenas ocasiões receberão mais detrimento do que outras em muito grandes.

8. Finalmente, o gozo produzido pelo tato expõe a alma a todos os males e danos apontados acerca dos bens naturais. E, assim, abstenho-me de mencioná-los novamente, como também deixo de falar em outros muitos prejuízos que traz esse gozo, como, por exemplo, a negligência nos exercícios espirituais e nas penitências corporais, a tibieza e falta de devoção na frequência dos sacramentos da penitência e da Eucaristia.

CAPÍTULO XXVI

Proveitos espirituais e temporais que resultam à alma da renúncia ao gozo nas coisas sensíveis.

1. Admiráveis os proveitos encontrados na privação deste gozo, uns espirituais e outros temporais.

2. O primeiro é a reparação das forças enfraquecidas pelas distrações nas quais o exercício exagerado dos sentidos fez cair. Então, a alma recolhida em Deus conserva o espírito interior, e as virtudes já adquiridas tomam novo crescimento.

3. Não é menos excelente o segundo proveito. A abnegação desse gozo sensível transforma o homem sensual em

homem espiritual e do estado animal eleva-o ao estado racional. Mesmo permanecendo homem, a sua vida se aproxima da vida angélica – e de terrestre e humano, torna-se celeste e divino. Na realidade, quem for ávido desses bens sensíveis e fizer deles o objeto do seu gozo, não merecerá outras qualificações senão as de sensual, animal, terrestre etc. Mas, quando se priva do gozo, pode com muita razão ser chamado espiritual, celeste e divino.

4. Essa verdade é confirmada pelo Apóstolo quando diz que o exercício dos sentidos e a força da sensualidade contradizem a força e exercício do espírito (Gl 5,17). Portanto, se uma dessas forças vem a faltar e enfraquecer-se, a que lhe é oposta necessariamente crescerá e se desenvolverá, desaparecido o obstáculo que impedia o seu progresso. Assim, quando se aperfeiçoa o espírito – esta parte superior da alma que tem referência e comunicação com Deus –, merece todos os mencionados atributos, porque se aperfeiçoa em bens e dons de Deus espirituais e celestiais. Esta dupla verdade se prova por São Paulo que chama de "homem animal àquele cuja afeição da vontade se inclina para o sensível, porque não percebe o que é do espírito de Deus". E àquele que eleva a Deus a afeição da sua vontade dá o nome de "homem espiritual, que julga tudo e tudo penetra, ainda o que há de mais oculto na profundidade de Deus" (1Cor 2,14-15.10). A alma, pois, encontra aqui o admirável proveito de uma grande disposição para receber os favores divinos e os dons espirituais.

5. O terceiro proveito consiste em excessivo aumento das delícias e do gozo na vontade – mesmo sob o ponto de vista temporal – segundo a promessa de nosso divino Salvador: "Receberá o cêntuplo" (Mt 19,29). Se renunciares a uma satisfação, o Senhor te dará cem vezes mais aqui na terra, na ordem espiritual e temporal. Mas, se te deixas seduzir pelo prazer sensível, recolherás o cêntuplo em aflições e amarguras. Por exemplo: quando o sentido da visão já está purificado e desprendido do gozo que sente em ver, a alma

experimenta alegria espiritual em tudo quanto vê, seja da terra ou do céu, encaminhando-se a Deus através de todas as coisas. Quando purifica o sentido da audição, a alma recebe do mesmo modo o cêntuplo em gozos espirituais pelo hábito que tem de oferecer a Deus tudo o que ouve de divino ou humano. E, assim por diante, nos demais sentidos já purificados. No paraíso terrestre, nossos primeiros pais viviam no estado de inocência; nada viam, diziam, ou faziam, que não lhes servisse de maior sabor para a contemplação, porque tinham bem ordenada e perfeitamente sujeita a parte sensitiva à razão. De maneira semelhante, aqueles que têm os sentidos submissos ao espírito em todos os bens sensíveis, desde os primeiros movimentos, recebem o deleite de uma amorosa advertência e contemplação de Deus.

6. À alma pura, todas as realidades superiores ou inferiores trazem benefício ajudando-a a adquirir maior pureza, enquanto que a alma impura de umas e outras costuma tirar prejuízo, por causa de sua própria impureza. O homem que não vence o gozo do apetite não experimentará ordinariamente essa alegria serena em Deus, por meio das criaturas e obras da criação. Ao contrário, o que renunciou à vida dos sentidos dirige todas as operações destes e de suas potências à divina contemplação. É reconhecido, em boa filosofia, que cada coisa age segundo a qualidade do seu ser. Assim, o homem vivendo espiritualmente, tendo mortificado a sua vida animal, claro está que, sem contradição, em todas as suas ações e movimentos espirituais, há de dirigir-se em tudo para Deus. Em consequência, a esse homem puro de coração, tudo proporciona uma notícia divina, muito cheia de gozo e prazer, casta, pura, espiritual, alegre e amorosa.

7. Daqui posso inferir a seguinte doutrina: até o homem ter o sentido tão habituado na purificação deste gozo sensível, de modo a tirar, logo ao primeiro movimento, o proveito

já mencionado, isto é, encaminhar-se diretamente a Deus em tudo, tem necessidade de negar o seu gozo e prazer em tudo, a fim de retirar a alma da vida sensitiva. Se assim não fizer é para recear que, não sendo ele ainda espiritual, tire, porventura, mais forças para os sentidos que para o espírito; predominará, então, em suas ações essa força do sentido que produz, sustenta e cria maior sensualidade. Porque, como diz nosso Salvador, "o que é nascido da carne é carne; e o que é nascido do espírito é espírito" (Jo 3,6). Nisto se repare muito, porque esta é a verdade. Aquele cujo gozo nos bens sensíveis não está ainda mortificado não se atreva a aproveitar-se muito da força e operação dos sentidos, pensando achar nisso auxílio para progredir na via espiritual: pelo contrário, as forças da alma hão de crescer mais pela negação do gozo e apetite em todas as coisas sensíveis do que pelo uso delas.

8. Quanto aos bens da glória, merecidos na outra vida pela negação deste gozo, não há necessidade de enumerá-los aqui. Porque os dotes gloriosos do corpo, como a agilidade e a claridade, nos que se mortificaram, serão de uma excelência muito superior à daqueles que não renunciaram aos prazeres; além disto, o aumento da glória essencial da alma corresponderá ao seu amor por Deus, por quem negou as coisas sensíveis; e na proporção da renúncia a cada gozo momentâneo e passageiro, receberá eternamente, como diz São Paulo, um peso imenso de glória (2Cor 4,17). Não quero agora referir os demais proveitos, tanto morais, como temporais e espirituais, que são consequência desta noite do gozo sensível; pois são os mesmos já expostos a propósito dos outros gêneros de gozo, e aqui se produzem num grau mais eminente. Com efeito, o prazer renunciado nos bens naturais toca mais de perto a natureza do homem e por isso este adquire mais íntima pureza na negação deles.

CAPÍTULO XXVII

Começa a declarar o quarto gênero de bens,
que são os morais. Diz quais sejam, e de que
modo é lícito pôr neles o gozo da vontade.

1. Os bens morais constituem o quarto gênero de bens nos quais a vontade pode encontrar o seu gozo. Por eles entendemos as virtudes morais e os hábitos resultantes dos seus atos, o exercício das obras de misericórdia, a observação das leis divinas e humanas. Em resumo, tudo o que ordinariamente ocupa a atividade de um caráter inclinado à virtude.

2. A posse desses bens e o hábito que a alma tem dessas boas obras concedem mais direito para gozar-se neles do que qualquer dos três outros mencionados até aqui. Por duas razões – cada uma em particular ou ambas em conjunto – pode o homem gozar-se nesses bens: primeiramente, por causa do que são em si mesmos e, depois, em consideração à utilidade que trazem, como meio e instrumento de perfeição. E, assim, a posse dos três outros gêneros de bens não merece gozo algum da vontade, pois, como pudemos reconhecê-lo, nenhum valor intrínseco possuem, e não podem, em sua natureza, trazer proveito algum ao homem. São caducos e transitórios, e, longe de serem úteis, geram e acarretam sofrimentos, dores e aflições de ânimo. O homem pode, na verdade, gozar-se neles pelo segundo motivo, isto é, quando lhe servem de intermediários para ir a Deus. Mas esse é resultado muito incerto e a experiência demonstra que sua alma recebe, de ordinário, mais perdas que ganhos. Sucede o contrário com os bens morais que são, já pelo primeiro motivo, isto é, pela sua natureza e seu próprio valor, dignos de atrair a estima de quem os possui, porque consigo trazem tranquilidade, paz, reto e ordenado uso da razão, e acerto nas obras. Nada pode o homem naturalmente possuir de melhor nesta vida.

3. E, assim, porque as virtudes merecem por si mesmas ser amadas e estimadas, humanamente falando, bem se

pode o homem gozar de possuí-las e exercitá-las, não só pelo que valem, como pelos bens naturais e temporais que proporcionam. Deste modo e por esta razão, os filósofos, sábios e príncipes da Antiguidade as estimaram e louvaram, esforçando-se por adquiri-las e praticá-las. Sendo gentios, só tinham em vista os proveitos temporais, corporais e naturais da vida presente; contudo obtiveram por este meio mais do que as vantagens e a passageira fama ambicionada; pois Deus, que ama todo o bem (mesmo no bárbaro e no gentio) e nenhuma coisa boa impede que se faça, segundo diz o Sábio (Sb 7,22), aumentava-lhes a vida, honra, e senhorio, dando-lhes também a paz. Assim fez aos romanos, porque usavam de justas leis: sujeitou-lhes quase todo o mundo, pagando-lhes temporalmente os bons costumes, já que por sua infidelidade eram incapazes de prêmio eterno. Com efeito, Deus ama tanto estes bens morais, que só por Salomão lhe ter pedido a sabedoria, a fim de instruir o seu povo, governá-lo em equidade e instruí-lo nos bons costumes, agradou-se tanto, que lhe respondeu: "Porque me pediste a sabedoria para discernires o que é justo... eis pois fiz o que me pediste. Mas dei também o que tu não me pediste, a saber, riquezas e glória, em tal grau que não se achará um semelhante a ti entre os reis passados e futuros" (1Rs 3,11-13).

4. O cristão pode ter gozo em possuir as virtudes morais e naturais, e em praticar as boas obras que lhe proporcionam as vantagens temporais já enumeradas. No entanto, este primeiro motivo não deve ser o único móvel do seu gozo (como o fora para os pagãos, cuja visão não transcendia os limites da vida presente). O homem iluminado pela luz da fé, que lhe faz esperar a bem-aventurança eterna – sem a qual o universo inteiro de nada lhe serviria –, deve reger-se, no exercício das virtudes morais, pelo segundo motivo mais nobre de gozo que é praticá-las por amor de Deus e para adquirir a vida eterna. Só deve pôr os olhos e todo o seu gozo em servir e honrar ao Senhor, com seus bons costumes e virtudes. Sem isto, de nada valem estas perante Deus,

como se deduz da parábola das dez virgens do Evangelho. Todas tinham conservado a virgindade e praticado boas obras; cinco dentre elas, porém, não souberam pôr o seu gozo nessa segunda maneira, isto é, não o dirigiram para Deus; em vez disso, alegraram-se vãmente, só em possuir aqueles bens. Desse modo foram excluídas do céu, sem nenhum agradecimento ou galardão de seu Esposo. Existiram, na Antiguidade, muitos homens virtuosos cuja vida foi cheia de boas ações, e inúmeros cristãos dos nossos dias realizam grandes obras: mas de nada lhes servirão para a vida eterna, porque não pretenderam nelas a glória e a honra devidas unicamente a Deus. Em vez de se alegrar com a bondade das suas obras e com a honestidade dos seus costumes, o cristão somente deve gozar-se quando age por amor de Deus, sem nenhum outro motivo. Porque, assim como merecem maior prêmio de glória as ações feitas unicamente para servir a Deus, do mesmo modo aquelas que forem desviadas para outros fins serão causa de maior confusão sua diante do Senhor.

5. Para dirigir, pois, a Deus o gozo dos bens morais, é necessário ao cristão advertir que o valor das suas boas obras, jejuns, esmolas, penitências etc., não se funda tanto na quantidade e qualidade, como na intensidade do amor de Deus com que as pratica. Serão mais valiosas na medida em que forem feitas com mais pureza e perfeição de amor divino e com menos preocupação de gozo, prazer, consolo ou louvor nesta vida ou na outra. Portanto, o homem não há de apoiar o coração no gosto, consolação ou sabor e demais vantagens que muitas vezes costumam trazer esses exercícios e boas obras; deve antes recolher seu gozo só em Deus, desejando servi-lo. É necessário purificar-se e permanecer às escuras em relação a esse gozo querendo em suas ações, feitas em segredo, que somente Deus se regozije e compraza, a fim de ser dada a ele toda a honra e glória sem nenhum outro interesse ou intenção. Assim a

CAPÍTULO XXVIII

Sete danos aos quais se expõe a alma quando põe o gozo da vontade nos bens morais.

1. Os principais danos em que pode cair o homem, pela vã complacência nas boas obras e costumes, são sete, e muito perniciosos por serem espirituais.

2. O primeiro dano é vaidade, orgulho, vanglória, e presunção. Porque não é possível gozar das próprias obras sem estimá-las. Daí resultam a jactância e os outros vícios que a acompanham, como vemos no fariseu do *Evangelho* (Lc 18,12) quando orava e dava graças a Deus, orgulhando-se porque jejuava e fazia outras boas obras.

3. O segundo dano em geral se encadeia com o precedente: consiste em julgar os próximos como maus e imperfeitos em comparação à própria conduta e às próprias ações. Vem então a desestima interior para com eles, que às vezes se manifesta por palavras. É a linguagem do fariseu quando em sua oração dizia: "Graças te dou, meu Deus, porque não sou como os mais homens, que são ladrões, injustos, adúlteros" (Lc 18,11). Desse modo, num só ato caía em dupla falta: estimar a si mesmo e desprezar os outros. Quantos cristãos em nossos dias assim fazem dizendo: não sou como fulano, não procedo como este ou aquele, nem faço isto ou aquilo. E muitos se mostram piores do que o fariseu. Este desprezava, em verdade, todo o mundo em geral, e o publicano em particular: não sou, dizia ele, como este publicano. Mas aqueles a que nos referimos vão mais longe ainda, e chegam a irritar-se com os louvores dirigidos ao próximo e a invejar os que, nas ações e qualidades, lhes são superiores.

4. O terceiro dano é que estas pessoas, procurando em suas obras o que mais lhes causa gosto, ordinariamente só

as fazem quando esperam receber por elas algum prazer ou louvor. E assim, conforme disse Jesus Cristo, tudo fazem para que o vejam os homens (Mt 23,5), e não agem puramente por amor de Deus.

5. O quarto dano resulta desse último: é a privação da recompensa divina por terem procurado o galardão nesta vida, em gozo e consolo, interesse de honra ou de outra maneira, nas suas obras. Afirma-nos o Senhor que essas pessoas já receberam a sua recompensa (Mt 6,2). Desse modo, ficaram só com o trabalho em suas ações, e confusas sem nenhuma paga. É tão profunda a miséria que esse dano traz aos filhos dos homens, que tenho para mim esta certeza: a maior parte das obras feitas em público são, ou viciosas, ou sem nenhum valor, ou imperfeitas diante de Deus, por não se terem desprendido aqueles, que as fazem, dos interesses do egoísmo e respeito humano. Pode-se pensar outra coisa de certas obras e instituições feitas por alguns que as não querem fazer a não ser quando vão acompanhadas de honras, respeitos humanos e vaidades do mundo, ou com o fim de perpetuar, por tal meio, o nome da família, da linhagem e senhorios? Chegam a ponto de colocar suas armas e brasões nos templos, como se quisessem tomar o lugar das imagens, diante das quais todos dobram os joelhos! Podemos dizer que nessas obras mais adoram a si mesmos que a Deus. E na verdade assim fazem, quando têm em vista um fim tão baixo, e sem esse fim não realizariam aquelas ações. Mas, deixando de lado esses homens – são os piores –, quantos há que de muitas maneiras caem em suas obras, neste dano! Alguns querem louvor para suas ações; outros desejam receber agradecimentos; outros ainda procuram tornar suas obras conhecidas de tais e tais pessoas, e mesmo do mundo inteiro. Se dão esmola, têm o cuidado de fazê-la passar pelas mãos de terceiros, a fim de mais aumentar a sua publicidade. Enfim, alguns querem

LIVRO III – CAPÍTULO XXVIII

tudo isso junto. Isso é tocar a trombeta como fazem os vaidosos (Mt 6,2), diz-nos o Salvador no *Evangelho*. Donde não receberão recompensa alguma de Deus pelas suas obras.

6. Se querem evitar este dano, devem ocultar as boas ações, de modo que somente Deus lhes seja testemunha, sem desejar aprovação de ninguém. Não somente hão de escondê-las a todos os olhares, mas ainda aos seus próprios olhos, não se comprazendo nelas como se algo fossem. Tal o sentido espiritual da palavra de Nosso Senhor. "Não saiba a tua esquerda o que faz a tua direita" (Mt 6,3). Em outros termos: não consideres com olhos temporais e carnais as obras espirituais que fazes. Deste modo se concentra em Deus a força da vontade e os atos frutificam na presença dele; e longe de perder o fruto das boas obras ter-se-á nelas grande merecimento. Assim se entende a sentença de Jó: "Se o meu coração sentiu algum oculto contentamento, e beijei a minha mão com a minha boca, eu cometi uma grande iniquidade" (Jó 31,25.27-28). A mão, aqui, é o símbolo da ação, e a boca significa a vontade que nela se compraz. Por haver aí complacência em si mesmo, declara Jó: "Se meu coração se alegrou ocultamente, obrou grande iniquidade e negação contra Deus". Como se quisesse dizer que não teve complacência, nem se deleitou secretamente no próprio coração.

7. O quinto dano é não progredirem as almas no caminho da perfeição. Com efeito, estando apegadas em suas ações ao gosto e consolo, quando estes lhes faltam em suas obras e exercícios, desanimam e perdem a perseverança por não achar neles sabor. Isto acontece ordinariamente quando Deus, querendo levar essas almas adiante, lhes dá o pão duro dos fortes e lhes tira o leite dos meninos, provando-lhes as forças e purificando-lhes o apetite terno para que possam alimentar-se com o manjar dos adultos. A tais pessoas se aplica espiritualmente a sentença do Sábio:

"As moscas que morrem perdem a suavidade do unguento" (Eclo 10,1); porque, em se lhes oferecendo alguma mortificação, desfalecem em suas obras deixando de fazê-las, isto é, perdem a perseverança na qual se encontra a suavidade do espírito e a colaboração interior.

8. O sexto dano é uma tendência habitual ao engano na apreciação das coisas e das obras. Baseiam o valor destas sobre o gosto encontrado, julgando as agradáveis melhores do que as desagradáveis. Assim louvam e estimam as primeiras desestimando as segundas. No entanto as obras mais comumente mortificantes à natureza, sobretudo quando se é principiante, são mais preciosas aos olhos do Senhor, por causa da negação própria então praticada. Naquelas em que se busca o consolo, é mais fácil buscar-se a si mesmo. A este propósito, disse o profeta Miqueias: "Eles chamam bem ao mal que obram as suas mãos" (Mq 7,3). Assim acontece porque põem o seu gozo nas obras, e não em dar gosto unicamente a Deus. Seria demasiado longo descrever o domínio que esse mal exerce tanto sobre as pessoas dadas à espiritualidade, como sobre o comum dos homens. Encontrar-se-á dificilmente alguém, cujos atos tenham por móvel o puro amor de Deus, sem se apoiar em algum interesse humano de satisfação, gosto ou outro respeito.

9. Se o homem não extingue a complacência vã sentida nas obras morais, experimenta então o sétimo dano que o torna incapaz de receber um conselho sábio e seguir direção racional no que deve fazer. Porque a fraqueza habitual que tem em procurar a própria satisfação em suas ações o encadeia de modo a não reconhecer o conselho alheio como melhor; ou se o estima como tal, não tem coragem para segui-lo. Estas pessoas se entibiam muito no amor de Deus e do próximo: o amor-próprio mesclado a todas as suas obras dá motivo a que se resfrie a caridade.

CAPÍTULO XXIX

Dos proveitos auferidos pela alma na renúncia
ao gozo dos bens morais.

1. Imensos proveitos resultam para a alma quando recusa aplicar vãmente o gozo da sua vontade a esse gênero de bens. O primeiro é livrar-se de muitas tentações e enganos do demônio, ocultos sob a satisfação proporcionada pelas boas obras. É a isto que se referem as palavras de Jó: "Dorme à sombra, no esconderijo dos caniços, e em lugares úmidos" (Jó 40,16). Pode ser aplicado esse texto ao demônio que se serve, para enganar a alma, dessa satisfação e dessas obras vãs, figuradas pelos lugares úmidos e pela fragilidade do caniço. Ora, não é de admirar que o inimigo nos engane secretamente sob o véu deste gozo, já por si mesmo ilusório, sobretudo se há uma certa tendência à jactância no coração. Bem disse o profeta Jeremias: "A tua arrogância te enganou" (Jr 49,16). Com efeito, haverá ilusão maior que a jactância? O meio para a alma livrar-se deste engano é renunciar definitivamente ao gozo vão.

2. O segundo proveito é fazer as obras com maior madureza e perfeição – o que não aconteceria, havendo nelas a paixão do gozo. Esta paixão excita de tal modo o apetite irascível e o concupiscível, que a razão perde toda a sua orientação. Anda assim o homem, mudando e variando nos seus projetos e ações, abandonando umas e tomando outras, começando e deixando sem acabar coisa alguma. Como o móvel das obras é o gozo, e sendo este em si mesmo muito variável, e em algumas naturezas ainda mais, sucede que, uma vez desaparecido esse gozo, desvanecem-se também as obras e os propósitos, mesmo os mais importantes. Para tais pessoas, o prazer é a alma e a força dos seus empreendimentos; não mais existindo o gozo, desaparece a perseverança e a obra se reduz a nada, como naqueles

de que disse Cristo: "Que ouvem a palavra com alegria; mas depois vem o demônio e lhes tira a palavra do coração para que não perseverem" (Lc 8,12). Isto provém de que a semente divina não possuía outra força nem outra raiz em seu coração, senão o gozo. É, pois, excelente disposição para se conseguir êxito e perseverar no bem mortificar a vontade nesse gozo. Grande é este proveito da abnegação, como também é grande o dano oposto. O homem prudente fixa os seus olhos na substância e fruto da obra sem considerar o sabor e o gosto dela. Não dá golpes no ar, como se costuma dizer, mas encontra em sua ação gozo estável, sem nenhum descontentamento.

3. O terceiro proveito é totalmente divino: reprimindo a vã satisfação experimentada nas suas obras, o homem se faz pobre de espírito e participa de uma das bem-aventuranças proclamadas pelo Filho de Deus: "Bem-aventurados os pobres de espírito, porque deles é o reino dos céus" (Mt 5,3).

4. O quarto proveito proporcionado a quem renuncia ao gozo dos bens morais é que será manso, humilde e prudente em suas obras; não se deixará dominar pela impetuosidade e precipitação, arrastado pelo apetite concupiscível e irascível do gozo. Não mais haverá para ele motivo de presunção nessas obras, pois não mais as estima com vã complacência, enfim, não agirá incautamente como faria se estivesse cego pelo gozo.

5. O quinto proveito consiste em tornar a pessoa agradável a Deus e aos homens livrando-a da avareza, da gula, da preguiça, da inveja espiritual e de mil outros vícios.

CAPÍTULO XXX

Começa a tratar do quinto gênero de bens, que são os
sobrenaturais, nos quais a vontade se pode comprazer.
Diz em que consistem, e como se distinguem
dos bens espirituais. De que modo se deve dirigir
a Deus o gozo que neles se encontra.

1. Agora é conveniente tratar do quinto gênero de bens nos quais pode a alma gozar-se: os bens sobrenaturais. Por eles entendemos as graças e dons concedidos pelo Senhor, superiores à habilidade e poder natural, chamados *grátis datae*, dons gratuitos. Tais são os dons de sabedoria e ciência conferidos a Salomão, e também as graças enumeradas por São Paulo: "A fé, a graça de curar as doenças, o dom dos milagres, o espírito de profecia, o discernimento dos espíritos, a interpretação das palavras, enfim, o dom de falar diversas línguas (1Cor 12,9-10).

2. Sem dúvida, todos esses bens são espirituais, como os do sexto gênero, do qual nos ocuparemos mais tarde; todavia, existe entre eles diferença notável, motivo para distingui-los uns dos outros. O exercício dos bens sobrenaturais tem por fim imediato a utilidade do próximo e é para esse proveito e fim que Deus os concede, conforme diz São Paulo: "E a cada um é dada a manifestação do Espírito para proveito dos demais" (1Cor 12,7). Isto se aplica a essas graças. Os bens espirituais, porém, têm por objetivo somente as relações recíprocas entre Deus e a alma, pela união do entendimento e da vontade, conforme explicaremos mais adiante. Assim, pois, há diferença entre o objeto de uns e outros; os bens espirituais visam só o Criador e a alma, enquanto os sobrenaturais se aplicam às criaturas; diferem também quanto à substância e, por conseguinte, quanto à operação, sendo, portanto, necessário estabelecer certa divisão na doutrina.

3. Falemos agora das graças e dos dons sobrenaturais, no sentido aqui dado. Para purificar a vã complacência que

a alma neles pode achar, vem a propósito assinalar dois proveitos desse gênero de bens; um temporal e outro espiritual. O primeiro é curar doentes, dar a vista a cegos, ressuscitar mortos, expulsar demônios, anunciar o futuro aos homens, e outros semelhantes benefícios. O segundo é eterno, e consiste em tornar Deus mais conhecido e servido, seja por quem opera esses prodígios, seja pelos que deles são objetos ou testemunhas.

4. Quanto ao proveito temporal pode-se dizer que as obras sobrenaturais e os milagres pouca ou nenhuma complacência merecem da alma; porque, excluído o proveito espiritual, pouca ou nenhuma importância têm para o homem, pois em si mesmos não são meio para unir a alma com Deus, como é somente a caridade. Com efeito, essas obras e maravilhas sobrenaturais não dependem da graça santificante e da caridade naqueles que as exercitam; seja Deus as conceda verdadeiramente, apesar da maldade humana, como fez ao ímpio Balaão e a Salomão, seja quando exercidos falsamente pelos homens, com a ajuda do demônio, como sucedia a Simão Mago; ou ainda pelas forças ocultas da natureza. Ora, se entre tais graças extraordinárias algumas houvesse de proveito para quem as pratica, evidentemente seriam as verdadeiras, concedidas por Deus. E estas – excluindo o seu proveito espiritual – claramente ensina São Paulo o seu valor dizendo: "Se eu falar as línguas dos homens e dos anjos, e não tiver caridade, sou como o metal que soa, ou como o sino que tine. E se eu tiver o dom da profecia, e conhecer todos os mistérios e quanto se pode saber; e se tiver toda a fé, até ao ponto de transportar montes, e não tiver caridade nada sou" (1Cor 13,1-2). Muitas almas que receberam esses dons extraordinários e neles puseram sua estima pedirão ao Senhor, no último dia, a recompensa que julgam ter merecido por eles, dizendo: Senhor, não profetizamos em teu nome, e em teu nome obramos muitos

prodígios? E a resposta será: "Apartai-vos de mim, os que obrais a iniquidade" (Mt 7,22-23).

5. Portanto, jamais deve o homem comprazer-se em possuir tais dons a não ser pelo lucro espiritual que deles pode tirar, isto é, em servir a Deus com caridade verdadeira, pois aí está o fruto da vida eterna. Por essa razão nosso Salvador repreendeu seus discípulos quando mostravam muita alegria por terem expulsado os demônios: "Entretanto, não vos alegreis de que os espíritos se vos submetam; mas alegrai-vos de que os vossos nomes estejam escritos no céu" (Lc 10,20). O que, em boa teologia, significa: gozai-vos somente de que estejam vossos nomes escritos no livro da vida. Seja esta a conclusão: a única coisa na qual pode o homem comprazer-se é a de estar no caminho da vida eterna fazendo todas as suas obras em caridade. Tudo, pois, que não é amor de Deus, que proveito traz e que valor tem diante dele? E o amor não é perfeito quando não é bastante forte e discreto em purificar a alma no gozo de todas as coisas, concentrando-o unicamente no cumprimento da vontade de Deus. Deste modo se une a vontade humana com a divina por meio destes bens sobrenaturais.

CAPÍTULO XXXI

Dos prejuízos causados à alma quando põe
o gozo da vontade neste gênero de bens.

1. A meu parecer, três são os danos principais em que a alma pode cair colocando seu gozo nos bens sobrenaturais: enganar e ser enganada, sofrer detrimento na fé e deixar-se levar pela vangória ou alguma vaidade.

2. Quanto ao primeiro dano, é muito fácil enganar os outros e a si mesmo quando há complacência nas obras sobrenaturais. Eis a razão: para distinguir quais sejam as falsas das verdadeiras, e saber como e a que tempo se de-

vem exercitar, é necessário grande discernimento e abundante luz de Deus: ora, o gozo e a estimação de tais obras impede muito estas duas coisas. Isto acontece por dois motivos: porque o prazer embota e obscurece o juízo; e porque o homem, movido pelo desejo de gozar, não somente cobiça aqueles bens com muita sofreguidão, mas ainda se expõe a agir fora de tempo. Mesmo no caso de serem verdadeiras as virtudes e as obras, bastam os defeitos assinalados para produzir muitos enganos, quer por não serem elas entendidas no seu sentido real, quer por não se realizarem nem trazerem proveito às almas no tempo e modo mais oportuno. É verdade que Deus, distribuidor dessas graças sobrenaturais, as concede juntamente com a luz e o impulso para obrá-las na ocasião e maneira mais conveniente; todavia, o homem ainda pode errar muito, devido à imperfeição e ao espírito de propriedade que nelas tem, não as usando com a perfeição exigida pelo Senhor e conforme a vontade de Deus. A história de Balaão confirma o que dizemos; quando este falso profeta se determinou – contra as ordens de Deus – a ir maldizer o povo de Israel, o Senhor, indignado, o queria matar (Nm 22,22-23). Também São Tiago e São João, levados por um zelo indiscreto, queriam que caísse fogo do céu (Lc 9,54) sobre os samaritanos, pelo fato de recusarem a hospitalidade a nosso Salvador; mas foram logo repreendidos por ele.

3. Daí se vê claramente como estes espíritos de que vamos falando determinam-se a fazer tais obras fora do tempo conveniente, movidos por secreta paixão de imperfeição, envolta em gozo e estima delas. Quando não há semelhante imperfeição, as almas esperam o impulso divino para realizar essas obras, e só as fazem segundo o modo e o momento requerido pelo Senhor; pois, até então, não convém agir. Deus, por isso, queixava-se de certos profetas, por Jeremias, dizendo: "Eu não enviava estes profetas e eles corriam, não lhes falava nada e eles profetizavam" (Jr 23,21).

Acrescentando: "Enganaram ao meu povo com a sua mentira e com os seus milagres, não os havendo eu enviado, nem
dado ordem alguma" (Jr 23,32). Em outro trecho diz ainda
que eles tinham visões apropriadas à tendência do seu espírito e que eram essas precisamente as que divulgavam
(Jr 23,26). Esses abusos não se dariam se os tais profetas
não tivessem misturado o abominável afeto de propriedade a estas obras sobrenaturais.

4. Pelas citações feitas, podemos reconhecer que o dano
deste gozo leva o homem a usar de modo iníquo e perverso
dessas graças divinas, como Balaão e os que faziam milagres para enganar o povo; e, além disso, induz à temeridade de usar delas sem as haver recebido de Deus. Deste
número foram os que profetizavam e publicavam as visões
da sua fantasia, ou aquelas que tinham por autor o demônio. Este, com efeito, explora imediatamente a disposição
desses homens afeiçoados aos favores extraordinários; for-
nece-lhes abundante matéria neste vasto campo exercendo
as suas malignas influências sobre todas as suas ações; e
eles assim enfunam as velas para vogar livremente com
desaforada ousadia nestas prodigiosas obras.

5. O mal não para aí: o gozo e a cobiça desses bens levam
essas pessoas a tais excessos que, se antes tinham feito
pacto oculto com o demônio (porque muitos fazem coisas
extraordinárias por esse meio), chegam ao atrevimento de
se entregar então a ele por pacto expresso e manifesto, tornando-se seus discípulos e aliados. Daí saem os feiticeiros,
encantadores, mágicos, adivinhos e bruxos. Para cúmulo
do mal, esta paixão de gozo nos prodígios extraordinários
leva a ponto de se querer comprar a peso de dinheiro as
graças e os dons de Deus, a modo de Simão Mago, para
fazê-los servir ao demônio. Esses homens procuram ainda
apoderar-se das coisas sagradas, e – não se pode dizê-lo
sem tremer! – ousam tomar até os divinos mistérios, como
já tem sucedido, sacrilegamente usurpando o adorável cor-

404 SUBIDA DO MONTE CARMELO

po de Nosso Senhor Jesus Cristo para uso de suas próprias maldades e abominações. Digne-se Deus mostrar e estender até eles a sua infinita misericórdia.

6. Cada um de nós bem pode compreender quão perniciosas para si mesmas e quão prejudiciais à cristandade são estas pessoas. Observemos de passagem que todos aqueles magos e adivinhos do povo de Israel, aos quais Saul mandou exterminar, caíram em tantas abominações e enganos porque quiseram imitar os verdadeiros profetas de Deus.

7. O cristão, pois, dotado de alguma graça sobrenatural, deve acautelar-se de pôr aí o seu gozo e estimação, não buscando obrar por esse meio; porque Deus que lha concedeu sobrenaturalmente para utilidade da sua Igreja, ou dos seus membros, movê-lo-á também sobrenaturalmente quando e como lhe convier. O Senhor que mandava aos seus discípulos não se preocupassem do que nem como haviam de falar, quando se tratasse de coisa sobrenatural da fé, quer também" que nestas obras sobrenaturais o homem espere a moção interior de Deus para agir, pois na virtude do Espírito Santo é que se opera toda virtude. Embora os discípulos houvessem recebido de modo infuso as graças e os dons celestes, conforme se lê nos *Atos dos Apóstolos*, ainda assim fizeram oração a Deus rogando-lhe que fosse servido de estender sua mão para obrar por meio deles prodígios e curas de doentes, a fim de introduzir nos corações a fé de Nosso Senhor Jesus Cristo (At 4,29-30).

8. O segundo dano que pode provir do primeiro é detrimento a respeito da fé, de duas maneiras. A primeira, quanto ao próximo; como, por exemplo, se uma pessoa se dispõe a fazer milagres ou maravilhas fora de tempo ou sem necessidade, não somente tenta a Deus, o que é grave pecado, como ainda poderá fazer com que o efeito não corresponda à sua expectativa. Os corações, desde logo, serão expostos a cair no descrédito ou no desprezo da fé. Porque embora o milagre se realize, e Deus assim o permita por motivos só dele conhecidos, como fez com a pitonisa

LIVRO III – CAPÍTULO XXXI

de Saul (1Sm 28,12) (se é verdade que foi Samuel que ali apareceu), nem sempre acontecerá assim. E quando acontecer realizar-se o prodígio, não deixam de errar os que o fazem, e de terem culpa, pois usam dessas graças quando não é conveniente. A segunda maneira é que o homem pode sentir em si mesmo detrimento em relação ao mérito da fé. A estima exagerada dos milagres, cujo poder lhe foi dado, desvia-o muito do hábito substancial da fé que por si mesma é hábito obscuro; e assim, onde abundam os prodígios e os fatos sobrenaturais, há menos merecimento em crer. A esse propósito, diz-nos São Gregório: "A fé é sem mérito quando a razão humana e a experiência lhe servem de provas". Por este motivo, Deus só opera tais maravilhas quando são absolutamente necessárias para crer. A fim de que os seus discípulos não perdessem o mérito da fé quando tivessem experiência da sua ressurreição, Nosso Senhor, antes de se lhes mostrar, fez várias coisas, para induzi-los a crer sem o verem. A Maria Madalena primeiramente mostrou vazio o sepulcro e depois lhe fez ouvir dos anjos a notícia desse mistério; porque a fé vem pelo ouvido, como diz São Paulo, e assim esta santa deveria acreditar antes ouvindo do que vendo. Mesmo quando o viu, foi sob o aspecto de um homem comum. Nosso Senhor quis desse modo acabar de instruí-la na fé que lhe faltava por causa de sua presença sensível. Aos seus discípulos, primeiramente, enviou as santas mulheres a dar-lhes a nova da ressurreição, e eles depois foram olhar o sepulcro. Aos dois que iam a Emaús (Lc 24,15) juntou-se no caminho dissimuladamente; e inflamava-lhes os corações na fé, antes de se manifestar aos seus olhos. Enfim, repreendeu a todos os seus apóstolos reunidos, por não acreditarem na palavra dos que lhes tinham anunciado a sua ressurreição. E a São Tomé, porque quis ter experiência tocando nas suas chagas, censurou o Senhor quando lhe disse: "Bem-aventurados os que não viram, e creram" (Jo 20,29).

9. Vemos, portanto, que não é condição de Deus fazer milagres, antes, ele os faz quando não pode agir de outro modo. Foi por isso que censurou aos fariseus: "Vós, se não vedes milagres e prodígios, não credes" (Jo 4,48). As almas cuja afeição se emprega nessas obras sobrenaturais sofrem grande prejuízo quanto à fé.

10. O terceiro dano é cair ordinariamente a alma na vanglória ou em alguma vaidade, quando quer gozar em tais obras extraordinárias. O próprio prazer por essas maravilhas já é vaidade, não sendo proporcionado puramente em Deus e para Deus. Eis por que Nosso Senhor repreendeu seus discípulos quando manifestaram alegria por terem subjugado os demônios (Lc 10,20); jamais lhes dirigiria esta reprimenda, se não fosse vão tal gozo.

CAPÍTULO XXXII

Dos proveitos resultantes da abnegação do gozo
nas graças sobrenaturais.

1. A alma, além das vantagens encontradas livrando-se dos três danos assinalados, adquire, pela privação de gozo nas graças sobrenaturais, dois proveitos muito preciosos. O primeiro é glorificar e exaltar a Deus; o segundo, exaltar-se a si mesmo. Efetivamente, de dois modos é Deus exaltado na alma. Primeiramente, desviando o coração e a afeição da vontade de tudo o que não é Deus, para fixá-los unicamente nele. "Chegar-se-á o homem ao cimo do coração, e Deus será exaltado" (Sl 63,7). O sentido destas palavras de Davi já foi referido no começo do tratado sobre a noite da vontade. Quando o coração paira acima de todas as coisas, a alma se eleva acima de todas elas.

2. Quando a alma concentra todo o seu gozo só em Deus, muito glorifica e engrandece ao Senhor que então lhe manifesta sua excelência e grandeza; porque nesta elevação de gozo, a alma recebe de Deus o testemunho de quem ele é.

LIVRO III – CAPÍTULO XXXII

Isso, porém, não acontece sem a vontade estar vazia e pura quanto às alegrias e às consolações a respeito de todas as coisas, como o Senhor ainda o ensina por Davi: "Cessai, e vede que eu sou Deus" (Sl 45,11). E outra vez diz: "Em terra deserta, e sem caminho, e sem água; nela me apresentei a ti como no santuário para ver o teu poder e a tua glória" (Sl 42,3). Se é verdade que Deus é glorificado pela completa renúncia à satisfação de todas as coisas, muito mais exaltado será no desprendimento dessas outras coisas mais prodigiosas, quando a alma põe somente nele o seu gozo; porque são graças de maior entidade, sendo sobrenaturais; e deixá-las para estabelecer unicamente em Deus sua alegria será atribuir a ele maior glória e maior excelência do que a elas. Quanto mais nobres e preciosas são as coisas desprezadas por outro objeto, mais se mostra estima e rende-se homenagem a este último.

3. Além disto, no desapego da vontade nas obras sobrenaturais, consiste o segundo modo de exaltar a Deus. Pois, quanto mais Deus é crido e servido sem testemunhos e sinais, tanto mais é exaltado pela alma; porque ela crê de Deus mais do que os sinais e os milagres lhe poderiam dar a entender.

4. O segundo proveito, como dissemos, faz a alma exaltar-se a si mesma. Afastando a vontade de todos os testemunhos e de todos os sinais aparentes, eleva-se em fé muito mais pura, a qual Deus lhe infunde e aumenta com maior intensidade. Ao mesmo tempo, o Senhor faz crescer na alma as duas outras virtudes teologais, a esperança e a caridade. A alma goza, então, de sublimes e divinas notícias, por meio deste hábito obscuro da fé em total desapego. Experimenta grande deleite de amor pela caridade que lhe faz gozar unicamente de Deus vivo; e mediante a esperança permanece satisfeita quanto à memória. Tudo isto constitui admirável proveito, essencial e diretamente necessário à perfeita união da alma com Deus.

CAPÍTULO XXXIII

*Começa a tratar do sexto gênero de bens nos quais
pode a vontade se comprazer. Diz quais são, e faz
a primeira classificação deles.*

1. Sendo o intuito de nossa obra encaminhar a alma pelos bens espirituais até a divina união com Deus, agora tratando do sexto gênero de bens, isto é, dos bens espirituais que melhor contribuem para esse fim, é necessário tanto eu como o leitor os considerarmos com muita advertência. É muito certo e comum algumas pessoas, por falta de ciência, servirem-se dos bens espirituais só para satisfação do sentido, permanecendo o espírito vazio. Dificilmente se encontrará quem não tenha o espírito em grande parte prejudicado por esse domínio do sentido que toma para si as realidades espirituais e as absorve antes de chegarem ao mesmo espírito, deixando-o, desse modo, vazio e árido.

2. Voltando ao nosso assunto, entendo por bens espirituais todos aqueles cuja moção nos ajuda e dirige às coisas divinas, ou favorecem o trato da alma com Deus e as comunicações de Deus à alma.

3. Começo a fazer a divisão deles, pelos gêneros supremos; classifico os bens espirituais de duas maneiras: uns agradáveis, e outros penosos. Cada gênero destes se subdivide também em duas espécies. Entre os bens espirituais agradáveis, uns revelam coisas claras e distintas, outros obscuras e confusas; e entre os penosos, igualmente, alguns são de coisas claras e distintas e outros, confusas e obscuras.

4. Todos esses bens podem ser divididos segundo as potências da alma: uns, relacionados com os conhecimentos intelectuais, pertencem ao entendimento; outros, por serem afeições, pertencem à vontade; e outros, afinal, por serem imaginários, entram no domínio da memória.

5. Deixemos para depois a explicação dos bens penosos, pois fazem parte da noite passiva, onde falaremos deles.

Ponhamos também de lado aqueles bens agradáveis cujo objeto são as coisas confusas e obscuras, pois encontrarão seu lugar mais além, quando tivermos que tratar da notícia geral, confusa e amorosa na qual se consuma a união da alma com Deus. No segundo livro, quando estabelecemos as divisões entre os conhecimentos do entendimento, fizemos menção dessa notícia geral, adiando intencionalmente esse assunto para estudá-lo no fim de tudo. Trataremos agora dos bens agradáveis que são de coisas claras e distintas.

CAPÍTULO XXXIV

Dos bens espirituais que podem distintamente cair no entendimento e memória. Como deve a vontade proceder no gozo que aí encontra.

1. Não pouco teríamos que fazer aqui com o grande número das apreensões da memória e do entendimento, ensinando à vontade como proceder acerca do gozo nelas encontrado, se não houvéramos tratado largamente de tudo isso no segundo e terceiro livro. Efetivamente já indicamos aí o modo de dirigir essas duas potências para a união divina, através dessas apreensões; da mesma forma deve proceder a vontade. Por este motivo, não é necessário repetir aqui tudo quanto já foi dito. Basta ensinar que, assim como a memória e o entendimento devem renunciar a todas as ditas apreensões, a vontade por sua vez se há de despojar do gozo oferecido por elas. A mesma atitude das duas primeiras potências a respeito de todas as apreensões distintas deve ser a da vontade, porque o entendimento e as outras potências nada podem admitir ou negar sem o consentimento da vontade; e assim a mesma doutrina que serve para um caso servirá também para o outro.

2. Veja-se, portanto, nos lugares referidos tudo quanto aqui se requer, observando que a alma incorrerá em todos os danos e perigos ali declarados se não souber encami-

410 SUBIDA DO MONTE CARMELO

nhar o gozo da vontade para Deus, no meio de todas as apreensões.

CAPÍTULO XXXV

Dos bens espirituais agradáveis que podem
ser objeto claro e distinto da vontade.
De quantas espécies são.

1. Podemos reduzir a quatro gêneros todos os bens nos quais a vontade pode distintamente comprazer-se: os que nos movem à devoção, os que nos incitam a servir a Deus, os que nos dirigem a ele e os que nos levam à perfeição. Trataremos de cada um segundo esta ordem, começando pelos primeiros, a saber: as imagens e retratos dos santos, os oratórios e cerimônias religiosas.

2. Pode haver, quanto a essas imagens e quadros, muita vaidade e gozo inútil. Sendo tão importantes para o culto divino e tão necessários para mover a vontade à devoção como o demonstra o uso e aprovação da Santa Igreja – e, portanto, convém nos aproveitarmos desse meio para despertar nossa tibieza –, todavia, muitas pessoas põem muito mais o gozo na pintura e ornato exterior do que no seu significado.

3. A Santa Igreja ordenou o uso das imagens para dois fins principais: reverenciar nelas os santos, e mover a vontade despertando a devoção dos fiéis, por meio delas, para com os mesmos santos. Quando esses dois efeitos se produzem, as imagens são muito proveitosas, e o seu uso necessário. E, assim, devem ser preferidas aquelas que retratam os santos mais ao vivo e ao natural, movendo a maior devoção; só este motivo justifica a preferência, e não o preço e curiosidade do feitio ou ornato exterior. Há quem repare mais na arte e valor da imagem do que no santo nela representado. Em vez de dirigirem a sua devoção espiritual e interior ao mesmo santo invisível, põem-na no ornato e

LIVRO III – CAPÍTULO XXXV

confecção material daquela imagem que deveriam esquecer, pois é apenas motivo para a alma se afervorar; e aplicam ao objeto exterior o amor e gozo da vontade com deleite e satisfação do sentido. Com este modo de agir, impedem totalmente o verdadeiro espírito que requer o aniquilamento do afeto em todas as coisas particulares.

4. Ver-se-á bem o que afirmamos, no uso detestável adotado em nossos tempos por certas pessoas que, não tendo ainda aborrecido o traje vão do mundo, adornam as imagens segundo os costumes modernos inventados cada dia pelos mundanos para seus passatempos e vaidades, e com este traje frívolo e repreensível vestem as ditas imagens. Isto aos santos sempre foi e é sumamente odioso. Parece que tais pessoas, por sugestão diabólica, querem canonizar as suas próprias vaidades, ornando com estas as sagradas imagens, não sem grave injúria aos mesmos santos. Desse modo, a honesta e séria devoção da alma, que lança e arroja de si até a sombra de qualquer vaidade, é substituída por uma espécie de ornato de bonecas; e alguns chegam a servir-se das imagens como se fossem ídolos em que põem toda a sua complacência. Vereis ainda outras pessoas que não se fartam de acrescentar imagens a imagens, e querem que sejam de tal ou qual feitio e espécie, colocadas de determinada maneira, para deleitarem ao sentido, enquanto a devoção do coração é bem diminuta. Têm tanto apego a essas imagens, como Micas ou Labão aos seus ídolos: o primeiro saiu de casa bradando em altas vozes porque lhos roubavam, e o segundo, após ter percorrido longo caminho para os recuperar, muito encolerizado, revolveu toda a tenda de Jacó para encontrá-los (Jz 18,24; Gn 31,34).

5. A pessoa verdadeiramente devota faz do invisível o objeto principal de sua devoção; não necessita de muitas imagens, antes usa de poucas, escolhendo as mais ajustadas ao divino que ao humano; procura conformar as imagens e a si mesma ao estado e condição da outra vida, e não segundo

o traje e modo deste século. Têm em vista, não somente livrar o apetite de ser movido pela figura deste mundo, mas ainda não dar ocasião a que essas imagens lhe tragam a lembrança dele como aconteceria se oferecessem aos olhos alguma coisa semelhante às do século. Longe de apegar o coração às que usa, bem pouco se aflige se lhas tiram, porque busca dentro de si mesma a viva imagem de Cristo crucificado, e nele se goza por tudo lhe ser tirado e tudo lhe faltar. Até quando lhe subtraem os motivos e meios mais próprios para a sua união com Deus, fica sossegada. Efetivamente, é maior perfeição conservar-se a alma com tranquilidade e satisfação interior na privação de todos esses meios, do que possuí-los com apego e apetite. Embora seja bom recorrer às imagens que ajudam à devoção, escolhendo por este motivo as que mais movem a alma, todavia, não é perfeito apegar-se a elas com propriedade, a ponto de entristecer-se quando lhas tiram.

6. Tenha por certo a alma o seguinte: quanto mais estiver presa a qualquer imagem ou motivo sensível, menos subirá a sua oração e devoção até Deus. Sem dúvida, podem ser preferidas algumas imagens a outras, por retratarem mais expressamente os santos, excitando assim maior devoção; mas, unicamente por esta causa, é permitido afeiçoar-se a elas, sem aquele apego e propriedade a que nos referimos. De outro modo, todo o proveito e fruto que havia de tirar o espírito em elevar-se a Deus por esses motivos de devoção absorvê-lo-ia o sentido, estando engolfado no gozo desses mesmos instrumentos; e aquilo que me deveria ajudar a alma, por minha imperfeição me serve de obstáculo, tanto como o apego e afeição desordenada a qualquer outra coisa.

7. Sobre este ponto das imagens, talvez alguma objeção me seja feita, por quem não haja compreendido bastante a desnudez e pobreza de espírito requerida para a perfeição. Mas nada se pode opor, certamente, ao reconhecer a imperfeição muito comum insinuada na escolha dos rosários. É raro encontrar pessoa que não tenha alguma fraqueza a

esse respeito, desejando que sejam de tal forma e não de outra, de cor determinada, preferindo um metal a outro, com tal ou tal ornamento etc. No entanto, Deus não ouve mais favoravelmente as orações feitas com este ou aquele, pois a matéria do objeto não tem importância alguma. As orações ouvidas por Deus são de preferência as que saem de um coração simples e verdadeiro, cuja única pretensão é agradar ao Senhor, sem cuidar deste ou daquele rosário, a não ser por causa das indulgências.

8. Tal o modo e condição de nossa vã cobiça, que em tudo quer fazer presa; como bicho roedor, come as partes sãs, e nas coisas boas e más faz o seu ofício. Com efeito, que significa a tua predileção por um rosário curiosamente trabalhado? E por que preferes seja desta matéria e não de outra, senão para assim satisfazer o teu gosto? Por que escolhes esta imagem de preferência àquela, pelo motivo do seu preço e da sua arte, sem reparar se te inflamará mais no amor divino? Certamente, se empregasses teu apetite e gozo somente em amar a Deus, serias indiferente a isto ou àquilo. Causa grande aborrecimento ver algumas pessoas espirituais tão apegadas ao modo e feitio desses objetos e à curiosidade e vã complacência no uso deles, jamais se satisfazendo; andam sempre a trocar uns por outros, mudando e olvidando a devoção do espírito por esses meios visíveis. Muitas vezes a eles se apegam com afeto desordenado, bem semelhante ao que têm a outros objetos temporais; e deste modo de proceder resulta-lhes não pouco dano.

CAPÍTULO XXXVI

Continua a falar das imagens. Ignorância de certas pessoas a este respeito.

1. Muito haveria que escrever sobre a pouca inteligência de muitas pessoas a propósito das imagens. Às vezes, chega a tanto a sua inépcia, que confiam mais numa imagem

414   SUBIDA DO MONTE CARMELO

do que em outra, na persuasão de serem mais ouvidas por Deus por aquela do que por esta, embora ambas representem a mesma realidade, como, por exemplo, duas de Jesus Cristo ou duas de Nossa Senhora. Isto acontece porque põem a sua afeição na figura exterior, preferindo uma à outra, mostrando assim grande ignorância no modo de tratar com Deus e de prestar-lhe a devida honra e culto, o qual só olha a fé e pureza do coração daquele que ora. Se Deus concede mais graças por meio de determinada imagem do que por outra do mesmo gênero, não é porque haja na primeira algo especial para esse efeito (embora haja diferença no exterior); mas somente porque as pessoas se sentem movidas a mais devoção por meio daquela. Se tivessem a mesma devoção para com ambas as imagens (e ainda sem esses meios), receberiam os mesmos favores divinos.

2. A diferença das formas ou a beleza material da imagem não são motivo para Deus fazer milagres e mercês; serve-se o Senhor daquelas diferenças, não para as imagens serem estimadas com preferência de umas e outras, mas unicamente para despertar nas almas a devoção adormecida, e o afeto dos fiéis à oração. Ora, como por meio daquela imagem este resultado é produzido, isto é, se acende a devoção nas almas, movendo-as a mais oração (porque uma e outra são meios para Deus atender o que lhe é pedido), então costuma o Senhor conceder suas graças por aquela determinada imagem, operando milagres. Não procede Deus assim por causa da imagem, em si mesma apenas uma pintura, mas por causa da devoção e fé que as almas têm para com o santo representado. Se tivesses, pois, a mesma devoção e fé em Nossa Senhora, diante de uma como de outra imagem (pois ambas representam a mesma Senhora), receberias as mesmas graças, e ainda sem imagem alguma. Vemos por experiência como Deus faz os seus prodígios e graças por intermédio de certas imagens cuja escultura ou pintura deixa muito a desejar,

não oferecendo interesse algum à curiosidade; assim o faz para impedir os fiéis de atribuírem qualquer coisa nesses prodígios à escultura ou à pintura da imagem.

3. Muitas vezes Nosso Senhor escolhe as imagens colocadas nos lugares solitários e apartados para conceder suas mercês. De um lado, porque a devoção dos fiéis aumenta com o sacrifício de se transportarem até onde elas estão, e torna mais meritório o seu ato; de outro, porque se afastam do barulho e do tumulto da multidão para orar, como fazia o divino Mestre. Por isto, quem faz alguma peregrinação, é bom fazê-la quando não vão outros peregrinos, embora seja em tempo extraordinário. Quando há grande concurso de gente, jamais aconselharia que se fizesse, pois ordinariamente se volta mais distraído do que quando se foi. Muitos fazem essas romarias mais por recreação do que por devoção. Havendo piedade e fé, qualquer imagem produz efeitos bons nas almas; mas, fora disso, nenhuma imagem trará proveito. Bem viva imagem era nosso Salvador em sua vida mortal; e, todavia, não aproveitava àqueles que não tinham fé, por mais que estivessem em sua divina companhia e presenciassem as suas obras maravilhosas. Era esta falta de fé a causa de não serem operados muitos milagres pelo mesmo Senhor em sua terra, como diz o Evangelista (Lc 4,23-24).

4. Quero declarar também aqui alguns efeitos sobrenaturais produzidos pelas imagens em certas pessoas. Deus às vezes infunde nessas imagens virtude particular, de modo a ficar impressa com muita força na mente aquela figura, e, ao mesmo tempo, a devoção causada na alma, como se estivesse sempre presente; e assim, cada vez que a pessoa se lembra da imagem, sente despertar a mesma devoção experimentada a primeira vez que a viu, e esse efeito se produz com maior ou menor intensidade. Sucederá que em outra imagem, embora mais primorosa, não achará a mesma pessoa aquele espírito.

416 SUBIDA DO MONTE CARMELO

5. Muitas almas também sentem maior devoção diante de algumas imagens do que de outras, e não será esse efeito sobrenatural; tratar-se-á apenas de gosto ou afeição da natureza. Assim como entre as pessoas, pode haver simpatia e inclinação para uma que talvez seja menos formosa, e que, entretanto, contentará mais a alguém, ocupando-lhe a imaginação e prendendo-lhe o afeto, porque lhe agrada aquela forma e figura, do mesmo modo acontece com as imagens. Julgarão aquelas almas ser devoção o sentimento de afeto nascido de tal ou qual imagem, e não será talvez mais que afeição e gosto natural. Outras vezes, olhando uma imagem, parece-lhes vê-la mover-se ou fazer sinais e se lhes manifestar por qualquer modo, ou lhe falar. Tudo isto, bem como os efeitos sobrenaturais a que já nos referimos, pode vir da parte de Deus, produzindo bons e verdadeiros frutos, seja para aumentar a devoção, seja para proporcionar à alma alguma ajuda a que se possa apoiar em sua própria fraqueza, evitando as distrações; mas muitas vezes são astúcias do demônio, com o fim de prejudicar e iludir as almas. Portanto, daremos doutrina sobre esta matéria no capítulo seguinte.

CAPÍTULO XXXVII

Como se deve dirigir para Deus o gozo encontrado pela vontade nas imagens, de modo a não constituírem estas motivos de erro ou obstáculo.

1. Assim como as imagens são de grande proveito trazendo-nos a lembrança de Deus e dos seus santos, movendo a nossa vontade à devoção quando as usamos de forma conveniente, assim também podem ser fonte de inúmeros erros quando a alma não sabe dirigir-se por elas a Deus nos efeitos sobrenaturais que produzem. Um dos principais meios empregados pelo demônio para surpreender as almas incautas e afastá-las do verdadeiro caminho da vida

LIVRO III – CAPÍTULO XXXVII

espiritual é precisamente este de coisas sobrenaturais e extraordinárias que manifesta nas imagens, tanto nas corporais e materiais aprovadas pela Igreja como nas representações interiores que costuma imprimir na imaginação, sob a aparência de tal ou tal santo ou da sua imagem. Transfigura-se assim o demônio em anjo de luz, dissimulando-se sob os mesmos meios que nos são dados para ajuda e remédio de nossas fraquezas, para deste modo surpreender a nossa inexperiência. Uma alma boa deve ter maior cuidado e receio naquilo que lhe parece bem, pois o mal traz consigo o próprio testemunho de si.

2. Estes são os danos encontradiços nesta matéria: ser impedida no seu voo para Deus, servir-se das imagens de modo grosseiro e ignorante, ser enganada natural ou sobrenaturalmente por meio delas. Para evitá-los, e também para purificar o gozo da vontade no uso das imagens, dirigindo-se por elas a Deus conforme a intenção da Igreja, só uma advertência basta à alma: já que as imagens nos servem de motivo para o invisível, é necessário que a afeição e o gozo da vontade se encaminhem exclusivamente à realidade por essas imagens representadas. Portanto, tenha o fiel este cuidado: vendo a imagem, não queira embeber o sentido naquela figura, seja corporal ou imaginária, bem lavrada ou ricamente ornada; quer lhe inspire devoção sensível, ou espiritual, quer lhe manifeste sinais extraordinários. Não faça caso desses acidentes, nem se detenha na imagem; mas eleve o espírito para o invisível que ela representa, aplicando o sabor e gozo da vontade em Deus com oração e devoção interior a ele, ou ao santo que é ali invocado. Não deixe o sentido ficar preso à pintura, impedindo o espírito de voar à realidade viva. Desta maneira, a alma não será enganada, porque não se prenderá ao que lhe disser a imagem; elevar-se-á, pelo contrário, acima do sentido, e pelo espírito, com grande liberdade, até Deus; e também não terá mais confiança numa imagem do que em outra. Quando encontrar em alguma delas sobrenatural-

mente maior devoção, elevando-se logo com o afeto para Deus, receberá mais copiosas graças. Na verdade, quando o Senhor concede essas e outras semelhantes mercês, inclina o gozo e a afeição da vontade para o invisível, e assim quer sempre que o façamos, em total renúncia da força e sabor de nossas potências em relação a todo o visível e sensível.

CAPÍTULO XXXVIII

Continua a explicar os bens que movem
a alma à devoção: oratórios e lugares
consagrados à oração.

1. Parece-me ter já demonstrado quanta imperfeição pode ter o espiritual quando se detém nos acessórios das imagens, e como a imperfeição é talvez mais perigosa; porque sob o pretexto de serem coisas santas, as almas se acreditam em segurança, refreando menos o atrativo natural de propriedade. Enganam-se assim frequentemente, no gosto experimentado no uso desses objetos piedosos, imaginando-se cheios de devoção; quando, porventura, apenas se trata de tendência e apetite natural, que se aplica a esses objetos como se poderia aplicar a outros.

2. Comecemos a falar dos oratórios. Certas pessoas acrescentam imagens sobre imagens no seu oratório, comprazendo-se na ordem e ornamentação com que dispõem tudo, para ficar o mesmo oratório bem adornado e atraente. Quanto a Deus, não pensam em reverenciá-lo mais, e pelo contrário, cuidam menos disso, porque empregam todo gozo e complacência naquelas pinturas e ornatos, desviando-o da realidade invisível, como dissemos. Sem dúvida, todo ornamento e decoração, e toda reverência para com as imagens é sempre pouca; por isso, aqueles que as tratam com pouco respeito e veneração são dignos de censura, bem como os pintores e escultores que as fazem tão grosseiras e imperfeitas, que antes tiram a devoção do que

LIVRO III – CAPÍTULO XXXVIII

a aumentam. Por este motivo deveriam vedar a fabricação de imagens aos que nesta arte não são peritos. Não obstante, que relação existe entre o culto oferecido às imagens e o espírito de propriedade, apego e apetite nesses ornamentos e atavios exteriores que de tal maneira cativam o teu sentido a ponto de impedirem tanto o teu coração de unir-se a Deus, e amá-lo esquecendo tudo por seu amor? Se faltares a este dever por causa daqueles objetos sensíveis, não somente o Senhor deixará de agradecer tudo quanto fazes, mas dar-te-á o castigo merecido, por não teres buscado em tudo seu divino beneplácito, de preferência ao teu gosto. A festa da entrada triunfal de Nosso Senhor em Jerusalém (Mt 21) apoia o que afirmamos. Enquanto o povo o recebia com palmas e cantos, Sua Majestade chorava. A causa de suas lágrimas era ver os corações tão afastados dele acreditando pagar a dívida de reconhecimento, por aqueles sinais e manifestações exteriores. Mais faziam festa a si mesmos do que a Deus. Assim acontece a muitos em nossos dias quando há alguma solenidade em qualquer lugar: costumam alegrar-se muito nos festejos e folguedos, gostando de ver e de serem vistos, ou comprazendo-se em comer ou ainda buscando outros motivos humanos, bem longe de procurarem o agradável a Deus. Nessas tendências e intenções tão baixas nenhum gosto dão ao Senhor, sobretudo, se os promotores de tais festas misturam coisas profanas e ridículas, próprias para excitar o riso e a distração dos assistentes, ou procurando atrair a atenção do povo em vez de despertar a devoção nas almas.

3. E que dizer de outras intenções de algumas pessoas nessas festas, ou quando as celebram por interesse de lucro? Estes têm o olho da cobiça mais aberto sobre o próprio ganho que sobre o serviço do Senhor. Não ignoram a insensatez da sua conduta, e Deus, que os vê, ainda melhor o sabe. Saibam que se não têm reta intenção, fazem mais festa a si do que a Deus. Tudo quanto é feito para a própria satisfação, ou para agradar aos homens, Deus não

aceita como feito a si. Antes sucede muitas vezes estarem os homens folgando de tomar parte nas festas religiosas, e Deus estará se irritando contra eles, como aconteceu aos filhos de Israel cantando e dançando em torno do seu ídolo (Ex 32,7-28), imaginando honrar a Deus, quando muitos milhares dentre eles foram exterminados pelo Senhor. Ou ainda poderá suceder como aos sacerdotes Nadab e Abiú, filhos de Aarão, que foram mortos com os turíbulos nas mãos porque ofereciam fogo estranho (Lv 10,1-2). De igual modo, o que penetrou na sala do festim sem estar revestido da túnica nupcial foi, por ordem do rei, lançado, de pés e mãos atados, nas trevas exteriores (Mt 22,12). Mostram-nos esses diversos castigos até que ponto desagradam a Deus as irreverências cometidas nas reuniões feitas em sua honra. Ó Senhor, meu Deus, quantas festas vos fazem os filhos dos homens, nas quais o demônio tem a sua parte maior do que a vossa! O inimigo se alegra nessas festas porque, aí, como tratante faz a sua féria. Quantas vezes, Senhor, podereis vós dizer nessas ocasiões: "Este povo honra-me com os lábios, mas o seu coração está longe de mim" (Mt 15,8), isto é, o seu culto é destituído de fundamento. Deus deve ser servido unicamente pelo que ele é, sem que se interponham outros fins: não o servir, pois, por esse motivo, é não o reconhecer como causa final de nosso culto.

4. Voltando a falar dos oratórios: há pessoas que procuram ornamentá-los mais para satisfazer o próprio gosto, que para honrar a Deus. Outras fazem tão pouco caso da devoção desses lugares como se fossem salões mundanos; e ainda outras pessoas os estimam tão pouco, a ponto de terem mais gosto nas coisas humanas do que nas divinas.

5. Mas, deixando isto de parte, dirijamo-nos aos que fiam mais fino, como se costuma dizer; queremos falar daqueles que se têm em conta de gente devota. Essas pessoas se preocupam de tal modo em contentar as próprias inclinações naturais para decorar seus oratórios, que nisso gastam

todo o tempo que deveriam dar a Deus pela oração e recolhimento interior. Não compreendem que nesta desordem, sem recolhimento e paz para a alma, encontram tanta distração como nos outros cuidados temporais; a cada passo se inquietam nos seus apetites, mormente se alguém tentasse tirar-lhes aquele gozo.

CAPÍTULO XXXIX

*Como se deve usar dos oratórios e igrejas,
encaminhando o espírito para Deus.*

1. Para dirigir a Deus o espírito nesse gênero de bens que movem à devoção, convém advertir que é permitido e mesmo útil aos principiantes algum prazer e gosto sensível nas imagens, oratórios e outros objetos visíveis de piedade. Como não perderam ainda o gosto das coisas temporais, e não estando ainda a sua alma mortificada, este gosto sensível nos motivos de devoção lhes é indispensável para afastá-los dos prazeres terrestres. Assim acontece à criança a quem se apresenta um objeto antes de retirar o que ela tem na mão a fim de distraí-la e impedir que chore vendo-se com as mãos vazias. Para progredir, porém, na perfeição, é preciso desprender-se até dos gostos e apetites em que a vontade pode comprazer-se; porque o puro espírito não se prende a objeto algum, estabelecendo-se unicamente no recolhimento e trato íntimo com Deus. Se faz uso de imagens e oratórios, é de modo passageiro, e logo se eleva a Deus, esquecendo tudo o que é sensível.

2. É bom escolher para a oração os lugares mais aptos para tal exercício; contudo, deve-se escolher de preferência aqueles que menos embaraçam os sentidos e o espírito para a união com Deus. Pode-se aplicar, a esse respeito, a palavra de Nosso Senhor à samaritana, quando esta lhe perguntou qual era o lugar mais adequado para a oração, se o templo ou o monte. Jesus respondeu que a qualidade

da verdadeira oração não estava dependendo de um ou de outro lugar, mas que o Pai se agradava daqueles que o adoravam em espírito e em verdade. Podemos concluir dessas palavras que, embora as igrejas e os oratórios se destinem, sem dúvida, exclusivamente à prece e sejam apropriados para a oração, todavia, para o íntimo trato da alma com Deus, deve ser dada a preferência aos lugares que menos possam ocupar e prender o sentido. Não existe razão para certas pessoas escolherem sítios agradáveis e amenos; em vez de recolherem o espírito em Deus, antes o detêm em recreação e gosto sensível. Um lugar solitário e mesmo agreste facilita mais a oração, pois o espírito, não sendo retido e limitado pelas realidades visíveis, sobe em voo seguro e direto para Deus. Enfim, se os lugares exteriores algumas vezes ajudam o espírito a se elevar, é sempre sob a condição de serem logo olvidados quando a alma se une a Deus. Nosso Salvador, para nos dar exemplo, escolhia habitualmente para orar os lugares solitários, não favorecendo muito os sentidos, mas antes levantando o espírito ao céu, tais como as montanhas que se levantam da terra e ordinariamente são destituídas de vegetação, não oferecendo recreação sensível.

3. Desse modo, o verdadeiro espiritual não cuida senão em procurar o recolhimento interior, sem se prender a tal ou tal lugar, nem a esta ou àquela comodidade, porque isso seria estar atado ao sentido; busca, porém, esquecer tudo escolhendo para isto o lugar mais desprovido de objetos e encantos sensíveis, para poder gozar de seu Deus, na solidão de toda criatura. É notável ver algumas pessoas espirituais unicamente preocupadas em compor os seus oratórios e dispor os lugares de oração, segundo os próprios gostos e inclinações. Não se preocupam com o recolhimento interior, que é o mais importante; bem pouco espírito possuem, pois, se o possuíssem, não poderiam achar gosto nesses modos e maneiras; antes, achariam cansaço.

CAPÍTULO XL

Prossegue, encaminhando o espírito ao
recolhimento interior nas coisas já ditas.

1. Existem almas que nunca chegam a entrar nas verdadeiras alegrias do espírito, porque jamais suprimem definitivamente o apetite do gozo imoderado dos objetos exteriores e sensíveis. Observem bem essas almas que, se as igrejas e os oratórios materiais são lugares consagrados especialmente à oração, e se a imagem é o objeto que reaviva o fervor, isto não quer dizer que se deva empregar todo o gosto e sabor nesses meios visíveis, esquecendo de orar no templo vivo, isto é, no recolhimento interior. Para chamar nossa atenção para este ponto, o Apóstolo S. Paulo disse: "Não sabeis vós que sois templo de Deus, e que o espírito de Deus mora em vós?" (1Cor 3,16). A esta consideração nos convida a palavra, já citada, de Nosso Senhor à samaritana: "Aos verdadeiros adoradores, em espírito e verdade, é que convém adorar" (Jo 4,24). Muito pouco caso faz Deus de teus oratórios e lugares de oração bem-dispostos e acomodados, se por empregares neles teu gozo e apetite tens menos desnudez interior que a pobreza de espírito na renúncia a tudo que podes possuir.

2. Se queres purificar a vontade do apetite e gozo e vã complacência nos objetos exteriores elevando-a livremente para Deus na oração, deves ter o cuidado de conservar a consciência pura e de guardar toda a tua vontade para Deus e a tua mente verdadeiramente fixa nele. E, como disse, é preciso escolheres o lugar mais afastado e solitário que puderes encontrar, aplicando então todo o gozo da vontade em invocar e glorificar a Deus. Quanto a essas pequenas satisfações exteriores, não faças caso delas, procurando antes negá-las. A alma, acostumada a saborear a devoção sensível, jamais conseguirá chegar à força do deleite espiritual achado na desnudez do espírito mediante o recolhimento interior.

CAPÍTULO XLI

De alguns danos em que caem as almas
entregues ao gozo sensível dos objetos
e lugares de devoção.

1. A procura das doçuras sensíveis causa ao espiritual muitos prejuízos, interiores e exteriores. Com efeito, quanto ao espírito, jamais chegará ao recolhimento interior, que consiste em privar-se e esquecer-se de todos os gozos sensíveis, entrando no profundo centro de si mesmo, para aí adquirir com eficácia as virtudes. Quanto ao exterior, o homem encontra o inconveniente de não se acomodar em todos os lugares para orar, não se dispondo a fazê-lo senão naqueles que lhe causam gosto. E assim, muitas vezes, faltará à oração, pois, como se diz vulgarmente, só sabe ler na cartilha da sua aldeia.

2. Além disso, esta tendência natural torna-se causa de grande inconstância, porque a alma é incapaz de permanecer muito tempo no mesmo lugar e de perseverar no mesmo estado. Vê-la-eis hoje aqui, e amanhã ali; ora se retira numa ermida, ora em outra; orna um dia um oratório, e no seguinte ornará outro. Pomos nesse número as pessoas inconstantes que passam a existência mudando de estado e de maneira de viver. Como não se sustêm nos exercícios espirituais senão pelo fervor e gozo sensível, jamais fazem sérios esforços para recolher-se no seu interior pela abnegação da vontade e pela paciência em suportar as menores contrariedades. Apenas descobrem um sítio favorável à sua devoção, ou um gênero de vida adaptado ao seu gosto e ao seu humor, logo o buscam, abandonando o que anteriormente ocupavam. Mas como foram impelidas por aquele gosto sensível, depressa procuram outra coisa, porque a sensibilidade é por sua natureza inconstante e variável.

CAPÍTULO XLII

Três espécies de lugares devotos. Como a
vontade deve proceder a respeito deles.

1. Encontro três espécies de lugares próprios para mover a vontade à devoção. A primeira se acha em certos sítios, certas disposições de terreno que, pela agradável variedade dos seus aspectos, despertam naturalmente a devoção, pondo sob os nossos olhos vales ou montanhas, árvores ou uma pacífica solidão. Esses meios são vantajosos, desde que a vontade imediatamente se transporte para Deus, esquecendo-os; pois, como se sabe, para alcançar o fim não se deve usar do meio mais do que é suficiente. Se alguém procura, com efeito, recrear o apetite e satisfazer os sentidos, experimentará antes secura e distração para o espírito; porque somente o recolhimento interior é capaz de produzir gozo e fruto espiritual.

2. Portanto, chegadas a esses lugares, as pessoas devem esquecê-los, procurando permanecer unidas a Deus no interior. Se ficam presas ao sabor e gosto do sítio, mudando daqui para ali, mais buscam recreação sensitiva e instabilidade de ânimo do que sossego espiritual. Sabemos como os anacoretas e outros santos eremitas, nos vastíssimos e ameníssimos desertos, escolheram o menor lugar suficiente para habitarem, edificando estreitíssimas celas e covas onde se encerravam. Em uma dessas S. Bento viveu três anos. Um outro solitário, que foi S. Simão, atou-se com uma corda a fim de não transpor os limites fixados por esse laço voluntário; e, assim, grande número de outros, cuja enumeração seria demasiado longa. Esses santos estavam persuadidos de que, se não extinguissem a cobiça e o apetite de achar gosto e sabor espiritual, jamais chegariam a ser espirituais.

3. A segunda espécie é mais particular: são alguns lugares onde Deus se digna conceder a certas pessoas favores espirituais excelentes e muito saborosos. Seja no meio dos

426 SUBIDA DO MONTE CARMELO

desertos ou fora deles, pouco importa. As almas favorecidas por essas graças inclinam-se instintivamente para o
lugar onde as receberam, sentindo, muitas vezes, grandes
desejos de aí voltar. Todavia, isso não significa que tornem
a encontrar as mesmas graças, já uma vez recebidas, pois
não dependem de sua própria vontade. Deus concede esses
favores quando, como e onde lhe apraz, sem prender-se a
lugar, ou tempo, nem ao arbítrio daquele a quem os concede. Se o coração estiver despojado de todo apego, poderá
ser-lhe útil ir orar algumas vezes nesses lugares, e isto por
três razões. Primeiramente, ainda que Deus não se prenda
a um lugar particular, para conceder suas graças, parece
desejar receber nesse mesmo lugar os louvores da alma,
tendo-lhe ali outorgado os favores. A segunda razão é sentir a alma maior necessidade de testemunhar o seu reconhecimento pelos benefícios recebidos quando se encontra
naquele sítio. A terceira razão consiste em despertar-se
mais a devoção com a lembrança do que ali recebeu.

4. Por essas razões, o desejo de rever esses lugares é sempre louvável; mas, ainda uma vez, não se deve imaginar
que Deus esteja obrigado, por um primeiro benefício, a re-
novar os seus dons sempre no mesmo lugar, sem poder fazê-lo em outros; aliás, a própria alma é centro mais conveniente e mais apto para as graças de Deus do que qualquer
lugar exterior. Lemos na *Sagrada Escritura* que Abraão
erigiu um altar no próprio sítio onde Deus lhe aparecera,
e invocou ali seu santo nome. Mais tarde, na sua volta do
Egito, o Patriarca se deteve no mesmo local para oferecer
as suas preces sobre o altar já edificado (Gn 12,8; 13,4).
Também Jacó marcou o lugar onde o Senhor a ele se mos-
trara, no alto da escada misteriosa, colocando uma pedra
ungida com óleo (Gn 28,13-18). Agar, em sinal de veneração, deu nome ao lugar onde o anjo lhe aparecera, e com
grande estimação por esse mesmo lugar disse: "Eu vi aqui
as costas daquele que me vê a mim" (Gn 16,13).

5. A terceira espécie refere-se a alguns lugares particulares que o Senhor designou para ali ser invocado e servido. Tais foram o Monte Sinai onde Deus deu a lei a Moisés (Ex 24,12); a montanha indicada a Abraão para imolar o seu filho (Gn 22,2); e também o Monte Horeb onde Deus quis manifestar-se a nosso Pai Elias (1Rs 19,9).

6. A causa por que Deus escolhe estes lugares, de preferência a outros, para aí ser louvado, só ele a conhece. Quanto a nós, é suficiente saber que tudo está ordenado para nosso proveito e para serem ouvidas as nossas preces feitas em qualquer lugar, com sincera fé. No entanto, os santuários especialmente dedicados a seu divino serviço oferecem mais segurança às nossas orações, tendo sido consagrados pela Igreja a esse fim.

CAPÍTULO XLIII

De outros meios de que muitas pessoas se servem para orar e que consistem em grande variedade de cerimônias.

1. Os gozos inúteis e a propriedade de imperfeição que muitas pessoas têm nas coisas de devoção já mencionadas são ainda um pouco toleráveis, por não haver malícia no seu modo de agir. Mas é insuportável o apego manifestado por algumas almas a respeito de certas maneiras de cerimônias introduzidas por pessoas pouco ilustradas e destituídas de simplicidade na fé. Deixemos agora de lado as práticas que consistem no uso de palavras estranhas ou expressões sem significação, bem como outras coisas profanas que pessoas supersticiosas, de consciência grosseira e suspeita, ordinariamente entremeiam em suas orações. Tudo isto é evidentemente mau e pecaminoso porque, nessas cerimônias, algumas vezes existe pacto oculto com o demônio, provocando a ira de Deus, e não a sua misericórdia; não preciso, portanto, falar aqui sobre isso.

428   SUBIDA DO MONTE CARMELO

2. Limito-me a tratar de certas cerimônias que, não sendo manifestamente suspeitas, são adotadas em nossos dias por muita gente, com devoção indiscreta. Essas pessoas prestam tanta importância e crédito às minuciosidades que acompanham as suas preces e todos os seus exercícios espirituais, que se o mínimo lhes falta ou sai dos limites daqueles modos e maneiras, logo imaginam tudo perdido, parecendo-lhes que Deus não ouvirá suas orações. A sua confiança, em vez de se apoiar na realidade viva da prece, baseia-se nas cerimônias supérfluas, não sem grande desacato e agravo ao Senhor. Querem, por exemplo, a missa celebrada com certo número de velas, nem mais nem menos; oferecida por este ou aquele sacerdote, em determinado dia, a tal ou tal hora, nem antes nem depois. Tratando-se de outro ato religioso, deve-se executá-lo em época precisa, juntar-lhe tal número de orações, realizá-las de certo modo, com cerimônias determinadas, nada podendo ser mudado. Ainda é necessário que a pessoa indicada para esse mister goze de certas prerrogativas ou determinadas qualidades; se, por acaso, vem a faltar uma única circunstância no que está previamente marcado, nada se faz.

3. Mas o pior e intolerável é a pretensão dessas pessoas, querendo sentir os efeitos das orações feitas com aquelas cerimônias, ou desejando saber se alcançarão os fins nelas colimados. Proceder deste modo não é menos do que tentar a Deus e injuriá-lo gravemente; e o Senhor, sendo tão ofendido, permite algumas vezes ao demônio enganar essas almas, por meio de sentimentos a apreensões muito alheias ao proveito espiritual. Elas bem merecem que assim lhes suceda, por causa da propriedade e apego às suas orações, desejando que se faça a sua própria vontade, de preferência ao beneplácito divino. E assim, porque não querem pôr toda a sua confiança em Deus, jamais tirarão proveito com as suas cerimônias.

CAPÍTULO XLIV

Como se deve dirigir para Deus o gozo e
a fortaleza da vontade nesses exercícios
de devoção.

1. Quanto mais as almas confiam nessas vãs cerimônias, tanto menos confiança põem em Deus, e não alcançarão dele o que desejam. Há alguns que oram mais pelas suas pretensões pessoais do que para honrar a Deus; e, embora persuadidos de estar a realização de suas petições sempre subordinada à vontade divina, o espírito de propriedade e o gozo vão que os animam levam-nos a multiplicar as preces para obter o efeito dos pedidos. Fariam melhor dando outro fim às suas súplicas, ocupando-se em coisas mais importantes como em purificar deveras a consciência, e ocupar-se, de fato, no negócio de sua salvação eterna. Todas as outras diligências, fora destas, devem ser relegadas a segundo plano. Obtendo de Deus o que é mais essencial, obtém-se igualmente todo o resto, desde que seja para o maior bem da alma, mais depressa e de modo muito melhor do que se fosse empregada toda a força para alcançar essas graças. Assim prometeu o Senhor dizendo pelo Evangelista: "Buscai, pois, primeiramente o reino de Deus e a sua justiça, e todas estas coisas se vos acrescentarão" (Mt 6,33).

2. Esta é aos olhos divinos a prece mais perfeita; e para satisfazer as petições íntimas do coração, não há melhor meio do que pôr a força de nossas orações naquilo que mais agrada a Deus. Então, não somente o Senhor nos dará o que lhe pedimos, isto é, as graças necessárias à nossa salvação, mas ainda nos concederá os bens que julgar mais convenientes e melhores às nossas almas, ainda mesmo quando não lhos peçamos. Davi no-lo faz compreender em um salmo: "Perto está o Senhor de todos os que o invocam; de todos os que o invocam em verdade" (Sl 144,18). Ora, os que o invocam em verdade são precisamente esses que

430 SUBIDA DO MONTE CARMELO

pedem os dons mais elevados ou, em outras palavras, as graças da salvação. Referindo-se a estas, o mesmo Davi acrescenta: "Ele cumprirá a vontade dos que o temem, e atenderá à sua oração, e salvá-los-á. O Senhor guardará a todos os que o amam" (Sl 144,19-20). Esta expressão – Perto está o Senhor – significa a sua disposição em ouvir as súplicas e satisfazer naquilo mesmo que nem pensaram em pedir. Lemos a respeito de Salomão, que tendo solicitado uma graça muito do agrado do Senhor, isto é, a sabedoria para governar seu povo seguindo as leis da equidade, ouviu esta resposta: "Pois que a sabedoria agradou mais ao teu coração, e não me pediste riquezas, nem bens, nem glória, nem a morte dos teus inimigos, e nem ainda muitos dias de vida, pois me pediste sabedoria e ciência, para poderes governar o meu povo, sobre o qual eu te constituí rei, a sabedoria e a ciência te são dadas e, além disso, dar-te-ei riquezas e bens e glória, de modo que nenhum rei, nem antes de ti, nem depois de ti, te seja semelhante" (2Cr 1,11-12). Deus, fiel à sua promessa, fez com que os inimigos de Salomão lhe pagassem tributo, e todos os povos vizinhos vivessem em paz com ele. Semelhante fato lemos no *Gênesis*: Abraão pedira a Deus para multiplicar a posteridade de Isaac, seu legítimo filho. Essa prece foi ouvida pelo Senhor, que prometeu realizá-la, dando a Isaac uma geração tão numerosa quanto as estrelas do firmamento. E acrescentou: "E quanto ao filho da tua escrava, eu o farei também pai de um grande povo, por ser teu sangue" (Gn 21,13).

3. Deste modo, pois, as almas devem dirigir para Deus as forças e o gozo da vontade nas suas orações, não se apoiando em invenções de cerimônias que a Igreja Católica desaprova e das quais não usa. Deixem o sacerdote celebrar a santa missa do modo e maneira conveniente, segundo a liturgia determinada pela Igreja. Não queiram usar de novidades, como se tivessem mais luz do que o Espírito Santo e a sua Igreja. Se não são atendidas por Deus numa forma

LIVRO III – CAPÍTULO XLIV

simples de oração, creiam que muito menos as ouvirá o Senhor por meio de todas as suas múltiplas invenções. De tal modo é a condição de Deus, que, se o sabem levar bem e a seu modo, alcançarão dele quanto quiserem; mas se as almas o invocam por interesse, de nada adianta falar-lhe.

4. Quanto às outras cerimônias de várias orações e devoções ou práticas de piedade, não se deve aplicar a vontade em modos e ritos diferentes dos ensinados por Cristo. Quando os discípulos suplicaram ao Senhor que lhes ensinasse a rezar, ele que tão perfeitamente conhecia a vontade do Pai eterno sem a menor dúvida, lhes indicou todo o necessário para o mesmo Pai nos ouvir. Para isto contentou-se em ensinar-lhes as sete petições do *Pater Noster*, onde estão incluídas todas as nossas necessidades espirituais e temporais. Não acrescentou a essa instrução outras fórmulas ou cerimônias; longe disso, em outra circunstância, ensinou-lhes o seguinte: "Quando orassem, não fizessem questão de muitas palavras, porque o Pai celeste bem sabia tudo quanto convinha a seus filhos" (Mt 6,7-8). Só lhes recomendou, com insistência, que perseverassem na oração, isto é, nessa mesma oração do *Pater Noster*. E noutra passagem, diz: "É preciso orar sempre, e não cessar de o fazer" (Lc 18,1). Mas não ensinou grande variedade de petições, senão que repetissem muitas vezes com fervor e cuidado aquelas da oração dominical que encerram tudo o que é a vontade de Deus, e consequentemente tudo o que nos convém. Quando, no horto de Getsêmani, Nosso Senhor recorreu por três vezes ao Pai eterno, repetiu de cada vez as mesmas palavras, como referem os evangelistas: "Meu Pai, se é possível, passe de mim este cálice; todavia, não se faça nisto a minha vontade, mas sim a tua" (Mt 26,39). Quanto às cerimônias que nos ensinou para a oração, são apenas de dois modos: seja no segredo de nosso aposento, onde, afastados do tumulto e de qualquer olhar humano, podemos orar com o coração mais puro e despren-

432   SUBIDA DO MONTE CARMELO

dido, conforme aquelas palavras do Evangelho: "Mas tu, quando orares, entra no teu aposento e, fechada a porta, ora a teu Pai ocultamente" (Mt 6,6), retirando-nos a orar nos desertos solitários, como ele próprio fazia nas horas melhores e mais silenciosas da noite. Desta forma, não será preciso assinalar tempo limitado às nossas orações, nem dias marcados, preferindo uns aos outros, para nossos exercícios devotos; não haverá também razão para usar de modos singulares expressões estranhas, em nossas preces. Sigamos em tudo a orientação da Igreja, conformando-nos ao que ela usa; porque todas as orações se resumem nas mencionadas petições do *Pater Noster*.

5. Não quero condenar algumas pessoas que escolhem certos dias para as suas devoções, ou para jejuar e fazer outras coisas semelhantes; pelo contrário, antes aprovo essas práticas devotas. Merece repreensão somente o modo e as cerimônias com que as fazem, pondo limites e formalidades nessas devoções. Foi isto que reprovou Judite aos habitantes de Betúlia, quando os censurou por terem fixado a Deus o tempo em que esperavam receber o efeito da sua misericórdia; e assim lhes disse: "E quem sois vós para limitar o tempo da misericórdia de Deus? Não é esse o meio de atrair a sua misericórdia, mas, antes, de excitar a sua cólera" (Jt 8,11-12).

CAPÍTULO XLV

Trata do segundo gênero de bens espirituais distintos em que a vontade pode comprazer-se vãmente.

1. Há uma segunda espécie de bens distintos agradáveis, nos quais a vontade pode achar gozo inútil. São os que provocam ou persuadem a servir o Senhor, e por isso os chamamos provocativos: referimo-nos aos pregadores. Podemos considerá-los sob duplo aspecto; isto é, no que diz respeito aos mesmos pregadores, e no que se relaciona com

LIVRO III – CAPÍTULO XLV

os ouvintes. A uns e outros há muito que advertir indicando-lhes o modo de orientar para Deus o gozo da vontade nos sermões.

2. Em primeiro lugar, se o pregador quer ser útil ao povo e não se expor ao perigo de vaidosa complacência em si mesmo, é bom lembrar-lhe que a pregação é um exercício mais espiritual que vocal. Sem nenhuma dúvida, a palavra exterior é o meio indispensável; todavia, a sua força e eficácia dependem inteiramente do espírito interior. Por sublime que seja a retórica e a doutrina daquele que prega, por elevado que seja o estilo com o qual apresenta os seus pensamentos, o fruto será proporcional, ordinariamente, ao espírito que o anima. Embora a palavra de Deus seja em si mesma eficaz, e Davi pôde dizer que "o Senhor emite sua voz, voz poderosa" (Sl 67,34), todavia, o fogo também tem a virtude de queimar e, no entanto, não inflama um objeto ao qual falte a disposição necessária.

3. Ora, para assegurar os frutos da doutrina, ou da palavra de Deus, duas disposições são requeridas: uma no pregador e outra no ouvinte. Habitualmente, o resultado do sermão depende da disposição do que prega. Diz-se com razão: tal mestre, tal discípulo. Lemos nos *Atos dos Apóstolos* que os sete filhos daquele príncipe dos sacerdotes dos judeus tinham o costume de esconjurar os demônios com a mesma fórmula de que se servia S. Paulo; um desses malignos espíritos se pôs em furor contra eles e gritou-lhes: "Eu conheço a Jesus, e sei quem é Paulo, mas vós quem sois?" e apoderando-se deles, arrancou-lhes as roupas e os deixou feridos (At 19,15). Assim aconteceu porque esses homens não possuíam as disposições necessárias para semelhante missão, e não porque Cristo proibisse que os demônios fossem expulsos em seu nome. Uma vez, os apóstolos, vendo um homem, que não pertencia ao número dos discípulos, expulsar o demônio em nome de Cristo, quiseram opor-se a ele; logo o Senhor os repreendeu, dizendo: "Não o estorveis, porque não existe ninguém que, tendo em meu nome feito

434   SUBIDA DO MONTE CARMELO

um milagre, possa no mesmo instante se pôr a falar mal de mim" (Mc 9,38). Deus tem ojeriza dos que, ensinando a sua lei, não a guardam, e pregando o bem, não o praticam. A esse respeito, S. Paulo exclama: "Tu, pois, que a outro ensinas, não te ensinas a ti mesmo? Tu que pregas que se não deve furtar, furtas?" (Rm 2,21). E o Espírito Santo, pela voz de Davi, diz ao pecador: "Por que falas tu dos meus mandamentos e tomas o meu testamento na tua boca? Posto que tu tens aborrecido a disciplina e postergaste as minhas palavras" (Sl 49,16-17). Faz-nos compreender, por aí, que o Senhor recusará a tais homens o espírito necessário para produzir fruto nas almas.

4. Ordinariamente estamos vendo: quanto mais a vida do pregador é santa e perfeita, mais a sua palavra é fecunda, produzindo maior fruto nos ouvintes, mesmo sendo vulgar o seu estilo, diminuta a sua retórica e comum a sua doutrina, porque do espírito vivo se lhe comunica o calor. E o outro, de vida imperfeita, pouco proveito fará nas almas, não obstante a sublimidade do estilo e a elevação da doutrina. Certamente o bom estilo e modo de pregar, a doutrina elevada, são de natureza a impressionar os ouvintes, produzindo ótimos resultados, quando tudo isto vem acompanhado de bom espírito; mas, sem esse espírito interior, embora possam ter certo gozo, e a inteligência ficar satisfeita, a vontade receberá pouco ou mesmo nada desses sermões. E assim costuma permanecer frouxa e remissa para agir, como estava antes, apesar das mais belas palavras maravilhosamente ditas pelo orador. Não servem essas frases senão para encantar os ouvidos, como um concerto musical ou o som harmonioso dos sinos. Mas o espírito, como digo, não sai dos seus limites mais do que antes, porque não tem a voz do pregador virtude para ressuscitar o morto tirando-o de sua sepultura.

5. Pouco importa ouvir uma música soar melhor que outra, se me não move mais que a primeira a praticar obras.

LIVRO III – CAPÍTULO XLV

Porque embora tenham dito maravilhas, logo se esquecem, pois não pegarão fogo à vontade. Porque além de não produzirem de si mesmo muito fruto, aquela presa que o sentido faz no gosto da tal doutrina, impede que passe ao espírito, ficando-se só na estima do modo e dos acidentes com que é dita, louvando o pregador nisto e naquilo, e seguindo-o por esse motivo mais do que pela emenda que daí se tira. S. Paulo dá muito bem a entender esta doutrina aos coríntios, dizendo: "Eu, irmãos, quando vim ter convosco, não vim pregando a Cristo, com sublimidade de doutrina e de sabedoria; e as minhas palavras e a minha pregação não eram em retórica de humana sabedoria, mas na manifestação do espírito e da verdade" (1Cor 2,1-4).

6. Porque embora a intenção do Apóstolo e a minha não seja condenar o bom estilo e a retórica e o bom termo, pois muito importam ao pregador, como, aliás, a todos os negócios; porque o bom termo e estilo, até as coisas caídas e estragadas levanta e reedifica, assim como o mau termo às boas estraga e perde...[1]

---

1. Como se vê, São João da Cruz deixou incompleto este tratado. Todos os manuscritos existentes terminam com esta frase.

NOITE ESCURA*

Cronológica e doutrinalmente é obra paralela à anterior, a "Subida". Escrita com toda a probabilidade em Granada, pelos anos de 1582-1585, continua e completa a doutrina da "Subida": expõe as noites passivas do sentido e do espírito. Deus purifica forte e docemente a alma e prepara-a para a transformação total. O mesmo esquema literário presidiu à sua redação: expor e comentar as oito estrofes: "Numa noite escura". Comenta apenas a primeira (duas vezes: no primeiro livro e no segundo), e a segunda (no segundo livro). Quando começava a terceira, o Santo interrompeu o comentário, assim como fizera na "Subida".

Foram seus religiosos de Granada, que tantas vezes o ouviram falar de coisas espirituais, que lhe pediram para escrever doutrina tão original e desconhecida como a das noites passivas.

A "Subida" e a "Noite" oferecem-nos, apesar de inacabadas, um sistema de doutrina e vida espiritual íntegro e harmônico. É rijo e inexorável, mas não esqueçamos que é assim exigente o amor divino, o qual não se comunica plenamente enquanto a alma não morrer a todo amor terreno e humano.

---

* Introdução do *Pe. Felipe Sainz de Baranda,* atual prepósito geral da Ordem dos Carmelitas Descalços, na Edição do *Pe. Simeão da Sagrada Família:* "Juan de la Cruz, Obras Completas".

NOITE ESCURA

Explicação das canções que descrevem o modo que tem a alma no caminho espiritual, para chegar à perfeita união de amor com Deus, tanto quanto é possível nesta vida. Também são declaradas as propriedades características de quem chegou à dita perfeição, conforme se acham contidas nas mesmas canções.

PRÓLOGO

Neste livro, primeiramente se põem todas as canções que se hão de explicar; depois será feita a declaração de cada uma em particular, precedendo sempre a canção à declaração. E, de modo idêntico, proceder-se-á com cada verso de per si. Nas duas primeiras canções descrevem-se os efeitos das duas purificações espirituais: a que se opera na parte sensitiva e a que se realiza na parte espiritual do homem. Nas outras seis canções declaram-se vários e admiráveis efeitos da iluminação espiritual, e da união de amor com Deus.

CANÇÕES DA ALMA

1. Em uma noite escura,
   De amor em vivas ânsias inflamada,
      Oh! ditosa ventura!
      Saí sem ser notada,
   Já minha casa estando sossegada.
2. Na escuridão, segura,
   Pela secreta escada, disfarçada,
      Oh! ditosa ventura!
      Na escuridão, velada,
   Já minha casa estando sossegada.
3. Em noite tão ditosa,
   E num segredo em que ninguém me via,
      Nem eu olhava coisa,
      Sem outra luz nem guia
   Além da que no coração me ardia.
4. Essa luz me guiava,
   Com mais clareza que a do meio-dia
      Aonde me esperava
      Quem eu bem conhecia,
   Em sítio onde ninguém aparecia.

PRÓLOGO

5. Oh! noite que me guiaste,
Oh! noite mais amável que a alvorada!
Oh! noite que juntaste
Amado com amada.
Amada já no Amado transformada!
6. Em meu peito florido
Que, inteiro, para ele só guardava,
Quedou-se adormecido,
E eu, terna, o regalava,
E dos cedros o leque o refrescava.
7. Da ameia a brisa amena,
Quando eu os seus cabelos afagava,
Com sua mão serena
Em meu colo soprava,
E meus sentidos todos transportava.
8. Esquecida, quedei-me,
O rosto reclinado sobre o Amado;
Tudo cessou. Deixei-me,
Largando meu cuidado
Por entre as açucenas olvidado.

Começa a declaração das canções que tratam do modo e maneira que tem a alma no caminho da união de amor com Deus.

Antes que entremos na declaração destas canções, convém aqui saber que a alma as diz estando já na perfeição, isto é, na união de amor com Deus. Já passou, portanto, por apertados trabalhos e angústias, mediante o exercício espiritual do caminho estreito da vida eterna de que fala nosso Salvador no Evangelho, e pelo qual ordinariamente passa a alma, para chegar a esta alta e ditosa união com Deus. Sendo esse caminho tão estreito, e tão poucos os que nele entra (como também o diz Nosso Senhor), tem a alma por grande dita e ventura havê-lo atravessado até chegar à perfeição de amor, e assim o canta nesta primeira canção. Com muito acerto dá o nome de "noite escura" a esta via estreita, como será explicado mais adiante nos versos da mesma canção. Gozosa de haver passado por este apertado caminho donde lhe veio tanto bem, a alma diz, pois:

LIVRO PRIMEIRO

EM QUE SE TRATA DA NOITE DO SENTIDO

Canção I

Em uma noite escura,
De amor em vivas ânsias inflamada
Oh! ditosa ventura!
Saí, sem ser notada,
Já minha casa estando sossegada.

DECLARAÇÃO

1. A alma conta, nesta primeira canção, o modo e maneira que teve em sair – quanto ao apego – de si e de todas as coisas, morrendo por verdadeira mortificação a todas elas e a si mesma, para assim chegar a viver vida doce e saborosa, com Deus. E diz como este sair de si e de todas as coisas se realizou "em uma noite escura" – o que aqui significa a contemplação purificadora, conforme se dirá mais adiante. Tal purificação produz passivamente na alma a negação de si mesma e de todas as coisas.

2. Esta saída, diz ainda a alma, foi possível efetuá-la graças à força e calor que para isto lhe deu o amor de seu Esposo, nessa mesma contemplação obscura. Assim encarece a ventura que teve em caminhar para Deus através desta noite, com tão próspero sucesso que nenhum dos três inimigos – mundo, demônio e carne, que são os que sempre se opõem a este caminho –, a pudessem impedir. Com efeito, a dita noite de contemplação purificativa fez com que adormecessem e amortecessem, na casa de sua sensualidade,

todas as paixões e apetites, quanto a seus desejos e movimentos contrários.

Diz, pois, o verso:

Em uma noite escura.

CAPÍTULO I

*Põe-se o primeiro verso, começando a tratar
das imperfeições dos principiantes.*

1. Nesta noite escura começam a entrar as almas quando Deus as vai tirando do estado de principiantes – ou seja, o estado dos que meditam –, e as começa a pôr no dos aproveitados ou proficientes – que é já o dos contemplativos –, a fim de que, passando pela noite, cheguem ao estado dos perfeitos – o da divina união da alma com Deus. Para entender e declarar melhor que noite seja esta pela qual a alma passa, e por que razão Deus nela a põe, será conveniente tocar aqui algumas particularidades dos principiantes. Trataremos disto com a brevidade possível; mesmo assim, será proveitoso para esses principiantes, e fará com que, vendo a fraqueza do seu estado, se animem e desejem que Deus os ponha nesta noite onde se fortalecem e confirmam nas virtudes e se dispõem para os inestimáveis deleites do amor de Deus. Embora nos detenhamos um pouco, não será mais do que o necessário. Depois trataremos logo desta noite escura.

2. Convém saber que a alma, quando determinadamente se converte a servir a Deus, de ordinário é criada e regalada pelo Senhor, com o mesmo procedimento que tem a mãe amorosa com a criança pequenina. Ao calor de seus peitos a acalenta; com leite saboroso e manjar delicado a vai nutrindo, e em seus braços a carrega e acaricia. À medida, porém, que a criança vai crescendo, a mãe lhe vai tirando o regalo; e, escondendo o terno amor que lhe tem, põe suco de aloés amargo no doce peito; desce o filhinho dos braços e o

faz andar por seus próprios pés, para que, perdendo os modos de criança, se habitue a coisas maiores e mais substanciais. Qual amorosa mãe, procede a graça de Deus, quando, por novo calor e fervor no serviço do Altíssimo, torna, por assim dizer, a gerar a alma. Primeiramente lhe concede doce e saboroso leite espiritual, sem nenhum trabalho da alma, em todas as coisas divinas, e com grande gosto para ela nos exercícios espirituais, dando-lhe Deus então seu peito de amor terno, como à criancinha terna.

3. A alma acha seus deleites em passar muito tempo a fazer oração, e, porventura, até noites inteiras gasta neste exercício; seus gostos são as penitências; seus contentamentos, os jejuns; suas consolações estão em receber os sacramentos e comungar às coisas divinas. E embora o faça com muito fervor e assiduidade, praticando esses exercícios com sumo cuidado, todavia, não deixa de proceder, em todas essas coisas, com muita fraqueza e imperfeição, sob o ponto de vista espiritual. São movidas as almas a estas mesmas coisas e exercícios espirituais pela consolação e gosto que nisso acham. E, não estando ainda habilitadas por exercícios de forte luta nas virtudes, daí lhes vêm, em todas as suas obras espirituais, muitas faltas e imperfeições. Com efeito, cada qual age conforme o hábito de perfeição que possui. Ora, como estes principiantes não puderam ainda adquirir hábitos fortes, necessariamente hão de obrar fracamente, quais meninos fracos. E para que, com mais clareza, apareça esta verdade e se veja quão faltos estão os principiantes em matéria de virtudes, nas coisas que fazem com facilidade, levados pelo gosto, iremos notando, pelos sete vícios capitais, algumas das muitas imperfeições em que caem. Conhecer-se-á então claramente como as suas obras são de pequeninos. Também se há de ver quantos bens traz consigo a noite escura, de que em breve trataremos, pois limpa e purifica a alma de todas essas imperfeições.

CAPÍTULO II

Trata de algumas imperfeições que têm os
principiantes acerca do hábito da soberba.

1. Nesta prosperidade, sentem-se estes principiantes tão fervorosos e diligentes nas coisas espirituais e exercícios devotos, que – embora as coisas santas de si humilhem –, devido à imperfeição deles, muitas vezes lhes nasce certo ramo de soberba oculta, de onde vem a ter alguma satisfação de suas obras e de si mesmos. Nasce-lhes também certa vontade algo vã, e às vezes muito vã, de falar sobre assuntos espirituais diante de outras pessoas, e ainda, às vezes, de ensiná-los mais do que de aprendê-los. Condenam em seu coração a outros quando não os veem com o modo de devoção que eles queriam, e chegam até a dizê-lo claramente. Tornam-se semelhantes ao fariseu que, louvando a Deus, se gabava das obras que fazia, enquanto desprezava o publicano.

2. A estes mesmos principiantes, frequentemente o demônio aumenta o fervor e desejo de fazer estas e outras obras, para que juntamente lhes vá crescendo a soberba e presunção. Sabe muito bem o inimigo que todas estas obras e virtudes, assim praticadas, não somente de nada valem, mas se tornam prejudiciais a eles. E a tanto mal costumam chegar alguns, que a ninguém quereriam parecesse bom senão eles mesmos. Assim, com obras e palavras, aproveitam toda ocasião de condenar e de difamar o próximo; em vez de considerarem a trave que têm nos seus olhos, ficam a observar o argueiro nos olhos do seu irmão; coam o mosquito alheio, e engolem o seu próprio camelo.

3. Às vezes, também, quando seus mestres espirituais – confessores e prelados – não lhes aprovam o espírito e modo de proceder, estes principiantes, desejosos de ver suas coisas estimadas e louvadas, julgam não ser compreendidos, ou que os mestres não são espirituais, porque não aprovam ou não condescendem com o que eles querem. Consequente-

mente, logo desejam e procuram tratar com outros que lhes quadrem ao gosto; pois ordinariamente desejam tratar de seu espírito com quem imaginam há de louvá-los e estimá-los. Fogem como da morte àqueles que os desfazem a fim de os pôr em caminho seguro. Chegam até a tomar ojeriza deles. Com grande presunção, costumam propor muito, e fazer pouco. Têm, por vezes, muita vontade de serem notados pelos outros, quanto ao seu espírito e devoção; para isto dão mostras exteriores de movimentos, suspiros e outras cerimônias, e até alguns arroubamentos – em público mais do que em segredo –, nos quais os ajuda o demônio. Têm complacência e muitas vezes desejo de que se veja aquilo.

4. Muitos querem ter precedência e privação com os confessores, donde lhes nascem mil invejas e inquietações. Têm vergonha de dizer seus pecados claramente, para que os confessores não os tenham em menos conta; e na acusação de suas culpas, vão colorindo e disfarçando, de modo a dar-lhes aparência de menos graves –, e isto, na verdade, mais é escusar do que acusar. Às vezes buscam outro confessor para a ele dizerem as culpas mais graves, a fim de que o primeiro não pense que eles têm defeitos, mas somente virtudes. Para tal insistem em dizer só o bem que há neles, e com termos encarecidos, no desejo de que tudo pareça melhor. No entanto, fora muito mais humilde, como diremos, não encarecer, e ter antes vontade de que nem o confessor nem pessoa alguma os tivessem em boa conta.

5. Também alguns destes têm em pouco suas faltas; outros se entristecem em demasia quando veem suas quedas, pensando que já haviam de ser santos; e, assim, aborrecem-se contra si mesmos, com impaciência, o que é outra imperfeição. Costumam ter grandes ânsias de que Deus lhes tire as imperfeições e faltas, mais pelo motivo de se verem sem a importunação delas, e em paz, do que por amor de Deus. Não reparam que, se ele as tirasse, se tornariam, porventura, mais soberbos e presunçosos. São inimigos de

louvar a outros, e muito amigos de que outros os louvem, pretendendo por vezes alcançar esses louvores; no que se assemelham às virgens loucas que, tendo as lâmpadas apagadas, buscavam óleo fora.

6. Destas imperfeições, alguns chegam a cair em muitas outras com grande intensidade, e a proceder muito mal. Outros, porém, não chegam a tanto; alguns têm mais, e alguns menos; ainda há outros que têm somente primeiros movimentos, ou pouco mais. Todavia, muito poucos, entre estes principiantes, são os que, no tempo dos seus fervores não caem em alguns desses defeitos. Ao contrário, as almas que, nesses princípios, caminham com perfeição, procedem de modo muito diverso, e com outra têmpera de espírito. Muito aproveitam e se edificam na humildade; não só têm em nada as suas próprias coisas, mas pouco satisfeitas estão de si mesmas. A todos os mais consideram como muito melhores, e costumam ter deles uma santa inveja, com vontade de servir a Deus como estes o servem. Quanto mais fervorosos andam, e quanto mais obras fazem e se aplicam com gosto a elas, como caminham na humildade, tanto melhor conhecem o muito que Deus merece, e o pouco que é tudo quanto por ele fazem. Assim, quanto mais fazem, tanto menos se satisfazem. Tão grandes obras, em amor e caridade, quereriam fazer por Deus, que lhes parece nada tudo quanto obram; e é tão solícito este cuidado de amor que os ocupa e embebe, que nunca reparam se os outros fazem muito ou pouco por Deus. Quando nisso reparam, sempre, como digo, creem que todos os outros são muito melhores do que eles mesmos. Deste sentir de si, baixo e humilde, nasce-lhes o desejo de que os outros os tenham também em pouca conta, e desfaçam e desestimem suas coisas. Vão ainda mais além: quando os outros querem louvar e estimar-lhes as obras, de modo algum o podem crer, pois lhes parece estranho que deles se diga aquele bem.

7. Estas almas, com muita tranquilidade e humildade, têm grande desejo de serem ensinadas por qualquer pes-

soa que lhes possa causar proveito. Muito ao contrário, os primeiros, de que falamos acima, querem ensinar tudo; e até quando parece que alguém lhes ensina, eles mesmos lhes tomam a palavra da boca, como quem já o sabe muito bem, os que vão com humildade estão muito longe do desejo de serem mestres de alguém; estão sempre prontos para caminhar, ou mudar de caminho, se lhes mandarem assim. Jamais pensam acertar por si mesmos em coisa alguma. Ao ver o próximo louvado, alegram-se; e todo o seu pesar é não servirem a Deus como os outros o fazem. Não têm vontade de dizer suas coisas, porque as têm em tão baixa conta, que mesmo aos seus mestres espirituais lhes custa falar, pensando que não merecem ser ditas. Mais vontade têm de dizer suas faltas e pecados, ou que os compreendam, do que suas virtudes; e por isto se inclinam mais a tratar de sua alma com quem menos importância dá às suas coisas e ao seu espírito. É esta disposição própria do espírito simples, puro e verdadeiro, e muito agradável a Deus. Como permanece nessas almas humildes o espírito da sabedoria de Deus, logo as move e inclina a guardar escondidos os seus tesouros no íntimo, e a lançar fora seus males. Porque aos humildes o Senhor dá, juntamente com as outras virtudes, esta graça, assim como a nega aos soberbos.

8. Darão esses humildes o sangue de seu coração a quem serve a Deus, e ajudarão, quanto lhes for possível, para que ele seja servido. Nas imperfeições em que se veem cair, sofrem a si mesmos com humildade e mansidão de espírito, em amoroso temor de Deus, pondo nele a sua confiança. Almas, porém, que no princípio caminham com esta maneira de perfeição, existem – conforme ficou dito e assim o entendo, – em pequeno número, e muito poucas são as que não caem nos defeitos contrários, com o que já nos contentaríamos. Por este motivo Deus põe na noite escura, como depois diremos, aqueles que quer purificar de todas essas imperfeições, e levar adiante.

CAPÍTULO III

Trata de algumas imperfeições que costumam
ter alguns destes principiantes acerca do
segundo vício capital, a avareza, espiritualmente falando.

1. Muitos destes principiantes têm às vezes também grande avareza espiritual. Mal se contentam com o espírito que Deus lhes dá; andam muito desconsolados e queixosos por não acharem, nas coisas espirituais, o consolo desejado. Muitos nunca se fartam de ouvir conselhos e de aprender regras de vida espiritual; querem ter sempre grande cópia de livros sobre este assunto. Vai-se-lhes o tempo na leitura, mais que em se exercitarem na mortificação e perfeição da pobreza interior do espírito, como deveriam. Além disto, carregam-se de imagens e rosários bem curiosos; ora deixam uns, ora tomam outros; vivem a trocá-los e destrocá-los; querem-nos, já desta maneira, já daquela outra, afeiçoando-se mais a esta cruz do que aquela, por lhes parecer mais interessante. Também vereis a outros bem munidos de *Agnus Dei,* relíquias e santinhos, como as crianças com brinquedos. Condeno, em tudo isto, a propriedade do coração e o apego ao modo, número e curiosidades destas coisas; pois esta maneira de agir é muito contrária à pobreza de espírito, que só põe os olhos na substância da devoção, e se aproveita somente do que lhe serve para tal fim, cansando-se de tudo o mais. A verdadeira piedade há de brotar do coração, firmando-se na verdade e solidez, significadas nestas coisas espirituais; o resto é apego e propriedade de imperfeição, que é necessário cortar, a fim de atingir algo da perfeição.

2. Conheci uma pessoa que durante mais de dez anos usou com proveito uma cruz toscamente feita de um ramo bento pregado com um alfinete retorcido em volta; jamais havia deixado de trazê-la consigo, até que eu a tomei. E não era pessoa de pouca razão e entendimento. Vi uma outra

448 NOITE ESCURA

que rezava em contas feitas com ossos de espinha de peixe; certamente a sua devoção não era menos preciosa aos olhos de Deus, por esse motivo. Vê-se claramente que tais pessoas não baseavam a sua piedade no feitio e valor dos objetos. As almas bem encaminhadas desde o princípio não se apegam aos instrumentos visíveis, nem se prendem a eles; só lhes importa saber o que convém para obrar, e nada mais. Põem os olhos unicamente em agradar a Deus e andar bem com ele, pois este é todo o seu desejo. Assim, com grande generosidade, dão quanto possuem, tendo por gosto privar-se de tudo por amor de Deus e do próximo, tanto no espiritual como no temporal. Porque, como digo, só têm em mira as verdades da perfeição interior: dar gosto a Deus em tudo, e não a si mesmos em coisa alguma.

3. Destas imperfeições, porém, como das demais, não pode a alma purificar-se perfeitamente até que Deus a ponha na purificação passiva daquela noite escura que logo diremos. Convém, entretanto, à alma fazer de sua parte quanto lhe for possível, para purificar-se e aperfeiçoar-se, a fim de merecer que Deus a ponha naquela divina cura, onde fica sarada de tudo o que não podia remediar por si mesma. Por mais que procure ajudar-se, não pode, com sua indústria, purificar-se ativamente, de modo a ficar disposta, no mínimo ponto, para a divina união da perfeição do amor, se Deus não a toma pela mão e a purifica ele próprio naquele fogo obscuro para a alma, como e no modo que havemos de dizer.

CAPÍTULO IV

*De outras imperfeições que costumam ter estes
principiantes acerca do terceiro vício
que é a luxúria.*

1. Outras muitas imperfeições têm os principiantes acerca de cada vício capital: mas, para evitar prolixidade, dei-

LIVRO I – CAPÍTULO IV

xo-as de parte, tocando somente as mais importantes, que são como origem e causa das demais. Assim, a respeito deste vício de luxúria (sem referir-me aos pecados deste gênero nos espirituais, pois meu intento é só tratar das imperfeições que se hão de purificar na noite escura), têm estes principiantes muitas imperfeições que se poderiam chamar de luxúria espiritual; não porque de fato assim o sejam, mas por procederem de coisas espirituais. Acontece muitas vezes, nos mesmos exercícios espirituais, sem cooperação alguma da vontade, despertarem e se levantarem, na sensualidade, movimentos e atos baixos, mesmo estando a alma em muita oração, ou recebendo os sacramentos da penitência e eucaristia. Estas coisas, que são, como digo, involuntárias, procedem de três causas.

2. Primeiramente, do gosto que muitas vezes experimenta a natureza nas coisas espirituais. Como gozam o espírito e sentido por aquela recreação, cada parte do homem se move a deleitar-se segundo sua capacidade e propriedade. Enquanto o espírito – ou a parte superior – é movido ao deleite e gosto de Deus, a sensualidade – ou a parte inferior – é também movida ao deleite e gosto sensual, pois não sabe ter nem achar outro, e toma assim o que lhe é mais conjunto, a saber, o sensual mais baixo. Acontece, portanto, à alma estar em muita oração, unida a Deus segundo o espírito, e, por outra parte, sentir, na parte inferior, rebeliões e movimentos sensuais, de modo passivo, não sem muito desgosto seu. Isto muitas vezes sucede na comunhão; como a alma, neste ato de amor, recebe alegria e regalo do Senhor (pois para regular a alma é que Deus se dá a ela), a sensualidade também participa, a seu modo. Formando estas duas partes uma só pessoa, participam, de ordinário, uma à outra do que recebem, cada qual à sua maneira; pois, como diz o filósofo, qualquer coisa que se recebe, à maneira do recipiente se recebe. Assim, nestes princípios, e mesmo até quando a alma já está mais adiante, por ter a sensualidade imperfeita, recebe o espírito de Deus, mui-

tas vezes, com a mesma imperfeição. Quando, porém, essa parte sensitiva está reformada pela purificação na noite escura, como depois diremos, já não tem estas fraquezas; porque então não é ela que recebe, mas antes já está absorvida no espírito. E assim tudo recebe ao modo do espírito.

3. A segunda causa de onde procedem, às vezes, estas revoltas, é o demônio, que – para inquietar e perturbar a alma, no tempo da oração, ou quando a esta se dispõe –, procura despertar na natureza tais movimentos torpes. E se, então, a alma se preocupa com eles, prejudicam-na bastante. Efetivamente, só com o temor de sentir esses movimentos, e ocupando-se em combatê-los, começa a afrouxar na oração; e isto é o que pretende o demônio. E o prejuízo vai mais além: algumas almas chegam a abandonar de uma vez a oração, parecendo-lhes que neste exercício têm mais trabalho com os movimentos da sensualidade do que em qualquer outro tempo. Na verdade, assim acontece, pois o inimigo procura aumentar essas impressões justamente na oração, a fim de que as almas deixem esse exercício espiritual. E não para aí o demônio: vai a ponto de representar-lhes com grande vivacidade coisas muito feias e baixas, às vezes em relação a outras coisas espirituais ou pessoas que espiritualmente lhes fazem bem; no intuito de incutir-lhes temor e covardia. Assim, os que fazem caso de tais impressões, não se atrevem sequer a olhar ou considerar coisa alguma, pois logo encontram a impressão. As pessoas que sofrem de melancolia sentem-no com tanta eficácia, que causa dó, pois padecem vida triste. Chegam mesmo a penar tanto, quando atacadas desse mal, que se lhes afigura claramente ter consigo o demônio, e faltar-lhes liberdade para o poder evitar, a não ser que empreguem grande força e trabalho. Quando estas coisas torpes lhes sucedem por causa da melancolia, ordinariamente não é possível livrar-se, até que se curem do seu mal; ou, então, quando entram na noite escura que os priva sucessivamente de tudo.

LIVRO I – CAPÍTULO IV

4. A terceira origem donde soem proceder e fazer guerra estes torpes movimentos é o temor que eles mesmos incutem nas pessoas que lhes são sujeitas. O medo que desperta a súbita lembrança de tais coisas em tudo o que pensam ou fazem provoca esses movimentos sem culpa sua.

5. Há também algumas pessoas de natural tão sensível e impressionável, que, em experimentando qualquer doçura de espírito, ou de oração, logo sentem o espírito da luxúria; esta, de tal maneira as embriaga, regalando a sensualidade, que se acham como engolfadas naquele suco e gosto de luxúria; e ambas as coisas duram juntas passivamente, e elas experimentam algumas vezes certos atos rebeldes à razão, e torpes. A causa é serem tais naturezas sensíveis e impressionáveis, como digo, e assim, com qualquer alteração, se lhes revolvem os humores e o sangue. Daí procedem esses movimentos, não só nestas ocasiões, mas em outras diversas, quando tais pessoas se encolerizam, ou têm alguma perturbação ou sofrimento.

6. Outras vezes também surge nestes espirituais, tanto no falar como no agir espiritualmente, certo brio e galhardia com a lembrança das pessoas que têm diante de si, e as tratam com algum modo de gozo vão. Isto nasce também de luxúria espiritual – da maneira que a entendemos aqui –, e ordinariamente acompanha-se de complacência da vontade.

7. Alguns, sob pretexto de espiritualidade, cobram afeições com certas pessoas, que muitas vezes nascem de luxúria e não de espírito. Isso dá-se a conhecer quando, juntamente com a lembrança daquela afeição, não cresce a lembrança e amor de Deus, mas antes remorso na consciência. Quando a afeição é puramente espiritual, à medida que cresce, aumenta também a de Deus; e quanto maior é a sua lembrança, maior igualmente é a de Deus, e infunde desejos dele; e, em crescendo uma, cresce a outra. Esta característica tem o espírito de Deus: o bom aumenta com o bom, por causa da semelhança e conformidade. Se o amor,

porém, nasce do citado vício sensual, produz os efeitos contrários; quanto mais cresce um, tanto mais diminui o outro, e a lembrança do mesmo modo. Com efeito, crescendo o amor sensual, logo verá a alma como se vai resfriando no amor de Deus, e esquecendo-se dele e, por causa daquela lembrança, sentindo algum remorso de consciência. Pelo contrário, se cresce o amor de Deus na alma, vai ela se resfriando no outro e esquecendo-o. Como são amores contrários, não somente é impossível que se ajudem mutuamente, mas o que predomina, apaga e confunde o outro, e se fortalece em si mesmo, conforme ensinam os filósofos; pelo que disse nosso Salvador no Evangelho: "O que nasce da carne é carne, e o que nasce do Espírito é espírito" (Jo 3,6). Isto é: o amor que nasce da sensualidade permanece na sensualidade, e o que procede do espírito permanece no Espírito de Deus e o faz crescer. Tal é a diferença entre os dois amores para os conhecer.

8. Quando a alma entra na noite escura, todos estes amores ficam ordenados. Ao que é conforme a Deus, fortalece e purifica; e ao outro, acaba e tira-o, e, no princípio, ambos se perdem de vista, como depois se dirá.

CAPÍTULO V

Imperfeição em que caem os principiantes
acerca do vício da ira.

1. Por causa da concupiscência nos gostos espirituais, muitos principiantes, ordinariamente, os possuem com muitas imperfeições quanto ao vício da ira. Ao se lhes acabar o sabor e gosto nas coisas espirituais, acham-se naturalmente desabridos, e, com aquela falta de gosto que têm na alma, ficam mal-humorados; por isto se encolerizam com muita facilidade por qualquer ninharia e chegam a ponto de se tornarem intratáveis. Isto sucede, muitas vezes, após terem gozado de muito recolhimento sensível na

oração; em se lhes acabando aquele gosto e sabor, fica-lhes o humor muito desgostoso e contrariado, como a criança quando a apartam do peito em que estava gozando à sua vontade. Nesse sentimento da natureza – contanto que as almas não se deixem dominar por ele – não há culpa, mas somente imperfeição, e esta se há de purificar pela secura e angústia da noite escura.

2. Há também outros, destes espirituais, que caem em outra maneira de ira espiritual. É quando se irritam contra os vícios com certo zelo inquieto, mostrando-os aos outros; chegam a ter ímpetos de repreender os outros com muito mau modo, e algumas vezes assim o fazem, como se somente eles fossem senhores da virtude. Faltam assim à mansidão espiritual.

3. Há também diversos que, vendo-se imperfeitos, zangam-se consigo mesmos, com impaciência pouco humilde; e chega a ser tão grande essa impaciência contra suas imperfeições, que quereriam ser santos num só dia. Desta qualidade há muitas almas que prometem muito e fazem grandes propósitos; mas, como não são humildes, nem desconfiam de si, quanto mais propõem, tanto mais vão faltando, e na mesma proporção se aborrecem. Não têm paciência para esperar que Deus lhes dê a graça quando ele for servido. Este modo de proceder é também contrário à mansidão espiritual; mas só poderá ser totalmente remediado pela purificação da noite escura. Existem, no entanto, pessoas que, em seu desejo de progresso espiritual, andam com muito mais paciência do que Deus quereria ver nelas.

CAPÍTULO VI

Das imperfeições na gula espiritual.

1. Acerca do vício, que é a gula espiritual, há muito que dizer. Com dificuldade se acha um destes principiantes que, mesmo procedendo bem, não caia em alguma das mui-

tas imperfeições, geralmente nascidas, nesta espécie de vício, do sabor encontrado, a princípio, nos exercícios espirituais. Muitas pessoas, enlevadas com este sabor e gosto, procuram mais o deleite do que a pureza e discrição de espírito visada e aceita por Deus em todo o caminho espiritual. Além das imperfeições em pretender estes deleites, a gula desses principiantes lhes faz exceder os limites convenientes, afastando-se do justo meio no qual as virtudes se adquirem e fortalecem. Atraídos pelo gosto experimentado em suas devoções, alguns se matam de penitências; outros se enfraquecem com jejuns, indo além do que a sua debilidade natural pode suportar. Agem sem ordem nem conselho de outrem; furtam o corpo à obediência, à qual se deviam sujeitar; chegam até ao ponto de agir contrariamente ao que lhes foi mandado.

2. Tais almas são imperfeitíssimas, e parecem ter perdido a razão. Colocam a sujeição e obediência, isto é, a penitência racional e discreta, aceita por Deus como o melhor e mais agradável sacrifício, abaixo da penitência física, que, separada da primeira, é apenas sacrifício animal a que, como animais, se movem, pelo apetite e gosto ali oferecidos. E, como todos os extremos são viciosos, com este modo de agir, vão os principiantes crescendo mais nos vícios do que nas virtudes; porque procuram satisfazer a sua própria vontade. A gula espiritual, juntamente com a soberba, vai neles se firmando, uma vez que não vão pelo caminho da obediência. O demônio procura, de sua parte, perdê-los mais ainda, atiçando a gula espiritual, e, para isto, aumenta-lhes os gostos e apetites. E eles, embora não queiram abertamente desobedecer, tratam de modificar, ou acrescentar ao que lhes é mandado, porque toda obediência, nesse ponto, é para eles desagradável. Chegam alguns a tanto extremo, que, só pelo fato de lhes serem dados aqueles exercícios espirituais por meio da obediência, perdem o gosto e devoção de fazê-los; querem ser movidos unicamente pela própria

LIVRO I – CAPÍTULO VI

vontade e inclinação; e, porventura, seria melhor nada fazer, pois perdem assim as penitências todo o valor.

3. Vereis a muitos destes espirituais porfiando com seus diretores para que lhes concedam o que eles querem; obtêm as licenças quase como por força; e, se lhes é negado o pedido, ficam tristes e andam amuados, como crianças. Parece-lhes que não servem a Deus quando não lhes deixam fazer o que queriam. Como andam arrimados ao seu próprio gosto e vontade, e a isto têm por seu Deus, apenas são contrariados pelas pessoas às quais compete mostrar-lhes a vontade divina, ficam aborrecidos, e, perdendo o fervor, se relaxam. Pensam que, estando satisfeitos e contentes, estão servindo e contentando a Deus.

4. Há também outros que, com esta gula, mal reconhecem sua própria baixeza e miséria; afastam-se tanto do amoroso temor e respeito devido à grandeza divina, que não duvidam em porfiar muito com seus confessores para que os deixem comungar muitas vezes. Sucede-lhes coisa ainda pior: atrevem-se a comungar sem a licença e parecer do ministro e dispensador dos mistérios de Cristo, a ele procurando encobrir a verdade. Para esse fim, com o desejo de comungar, fazem as confissões de qualquer jeito, tendo mais cobiça em comer do que em comer com perfeição e pureza de consciência. Seria muito mais perfeito e santo ter inclinação contrária, rogando aos confessores que não lhes permitissem comungar tão frequentemente; embora, na verdade, o melhor de tudo seja a resignação humilde. Esses atrevimentos são muito reprováveis, e podem temer o castigo aqueles que se deixam levar por tão grande temeridade.

5. Essas pessoas de que falamos aqui, quando comungam, empregam todas as diligências em procurar algum sentimento ou gosto, mais do que em reverenciar e louvar com humildade a seu Deus. De tal maneira buscam consolações que, em não as tendo, julgam nada terem feito nem aproveitado; nisto têm a Deus em muito baixa conta,

pois não entendem que esse proveito de gosto sensível é o menor que produz o Santíssimo Sacramento. O maior é o proveito invisível da graça que deixa na alma; e para que ponhamos nele os olhos da fé, muitas vezes tira o Senhor os gostos e sabores sensíveis. Os principiantes, dos quais vamos tratando, querem sentir e gozar de Deus como se ele fosse compreensível e acessível aos sentidos; procedem assim, não só na comunhão, como em todos os seus exercícios espirituais. E, em tudo isto, procedem com grande imperfeição, e muito contrariamente ao modo de Deus, pois agem com impureza na fé.

6. Do mesmo modo procedem no exercício da oração. Pensam que tudo está em achar gosto e devoção sensível, e procuram obtê-lo, como se diz, à força de braços, cansando e fatigando as potências e a cabeça; e quando não conseguem esses gostos, ficam muito desconsolados, pensando que nada fizeram. Por esta pretensão perdem a verdadeira devoção e espírito que consiste em perseverar na oração com paciência e humildade, desconfiando de si mesmos, e buscando somente agradar a Deus. Quando essas pessoas não acham, alguma vez, consolação sensível – seja no exercício da oração ou em qualquer outro –, perdem a vontade de fazê-los, ou sentem repugnância em continuá-los, chegando mesmo a abandonar tais exercícios. Enfim, como havíamos dito, são semelhantes às crianças, movendo-se e agindo, não pela parte racional, mas pelo gosto sensível. Gastam todo o tempo em procurar esse gosto e consolo de espírito, e para isto nunca se fartam de ler livros; ora tomam uma meditação, ora outra, dando caça ao deleite nas coisas de Deus. A estes, com muita justiça, discrição e amor, o Senhor nega as consolações, porque, a não agir assim, cresceriam eles sempre, por esta gula e apetite espiritual, em males sem conta. Convém muito, portanto, que entrem na noite escura, de que vamos falar, para serem purificados de tais ninharias.

LIVRO I – CAPÍTULO VII 457

7. Os que assim estão inclinados a esses gostos também caem noutra imperfeição muito grande: são muito frouxos e remissos em seguir pelo caminho áspero da cruz; pois a alma que se deixa levar pelo saboroso e agradável naturalmente há de sentir repugnância da falta de sabor e gosto que encerra a negação própria.

8. Têm estes ainda outras muitas imperfeições provenientes das já mencionadas; vai o Senhor curando-as a seu tempo, com tentações, securas e outros trabalhos, que fazem parte da noite escura. Não quero tratar aqui dessas faltas, para não me alargar mais. Direi somente que a sobriedade e temperança espiritual produzem na alma outra disposição bem diversa, inclinando-a para a mortificação, temor e sujeição em todas as coisas, e mostrando-lhe que a perfeição e valor das coisas não consistem na sua multiplicidade nem no gosto sensível que proporcionam, mas sim em saber negar-se a si mesma em tudo. E isso, hão de procurar os espirituais, quanto lhes for possível de sua parte, até que Deus os queira purificar de fato, introduzindo-os na noite escura. Para passar a explicar esta noite, apresso-me em terminar a matéria das imperfeições.

CAPÍTULO VII

Imperfeições que provêm da inveja e
preguiça espiritual.

1. A respeito dos dois outros vícios, que são inveja e preguiça espiritual, não deixam os principiantes de cometer muitas imperfeições. Quanto à inveja, muitos costumam sentir movimentos de pesar com o proveito espiritual dos outros; experimentam uma pena sensível quando veem outras almas passar-lhes à frente no caminho espiritual, e não querem que, por esse motivo, sejam louvadas. Sentem tristeza com as virtudes alheias, e às vezes não podem mesmo suportar esses louvores ao próximo sem que procurem desfazê-los o mais possível. Ficam com o olho grande, como

se costuma dizer, por não receberem os mesmos elogios, porque todo o seu desejo é de serem preferidos em tudo. Tais sentimentos são muito opostos à caridade que, como diz S. Paulo, se alegra com a bondade (1Cor 13,6). E, se a caridade alguma inveja tem, é inveja santa; pois todo o seu pesar é não possuir as virtudes dos outros, folgando-se de que todos sirvam a Deus com mais perfeição, enquanto ela se vê tão longe de servi-lo como deve.

2. A respeito da preguiça espiritual, os principiantes são tomados, muitas vezes, de tédio nas coisas que são mais espirituais; e delas procuram fugir, por não encontrarem aí consolações sensíveis. Como estão presos ao gosto sensível nos exercícios espirituais, em lhes faltando esse gosto, tudo lhes causa fastio. Quando alguma vez não encontram na oração aquele sabor que o seu apetite desejava – porque, enfim, convém sejam privados de tais consolações por Deus, que deste modo os quer provar –, não querem mais voltar a ela; chegam mesmo a abandonar a oração, ou a fazê-la de má vontade. Esta preguiça leva os principiantes a deixarem atrás o caminho de perfeição – que consiste na abnegação da própria vontade e gosto por amor de Deus – para buscarem o gosto e sabor do que lhes agrada; e assim procuram satisfazer mais a sua vontade que a de Deus.

3. Muitos destes principiantes desejam somente que Deus queira o que eles querem; sentem tristeza em conformar sua vontade à vontade divina, e é com repugnância que o fazem. Imaginam que tudo quanto não contenta seus desejos e gostos não é vontade de Deus; e pelo contrário, quando acham satisfação, pensam que ele também está satisfeito. Deste modo querem medir a Deus por sua medida pessoal, em vez de se medirem a si pela medida de Deus. Nosso Senhor em pessoa ensinou, muito ao contrário, no Evangelho "que se alguém perdesse[1] a sua alma por amor dele ganhá-la-ia e quem a quisesse ganhar, perdê-la-ia" (Mt 16,25).

---

1. O original espanhol diz "sua vontade", em vez de "sua alma".

LIVRO I – CAPÍTULO VIII 459

4. Ainda costumam essas almas sentir tédio quando lhes é ordenada alguma coisa que não lhes agrada. Como andam sempre guiadas pelo sabor e regalo nas coisas espirituais, são muito remissas para a fortaleza e trabalho da perfeição. Semelhantes aos que são criados no meio dos prazeres, fogem com desgosto de tudo quanto é áspero, e se ofendem com a cruz na qual se acham os deleites do espírito. Nas coisas mais espirituais sentem maior fastio; como procuram nelas suas liberdades e a satisfação de sua vontade, causa-lhes grande desgosto e repugnância entrar no caminho estreito que, segundo disse Cristo, conduz à vida (Mt 7,14).

5. Das muitas imperfeições em que vivem os principiantes neste primeiro estado, o que até aqui referimos é suficiente para mostrar quão grande seja a necessidade de que Deus os ponha em via de progresso. Realiza-se isto na noite escura de que entramos a falar. Aí, desmamando-os Deus de todos os sabores e gostos, por meio de fortes securas e trevas interiores, tira-lhes todas estas impertinências e ninharias; ao mesmo tempo, faz com que ganhem virtudes por meios muito diferentes. Por mais que a alma principiante se exercite na mortificação de todas as suas ações e paixões, jamais chegará a consegui-lo totalmente, por maiores esforços que empregue, até que Deus opere passivamente nela por meio da purificação da noite. Para que eu possa falar com proveito sobre este assunto, seja Deus servido de dar-me sua divina luz, tão verdadeiramente necessária em noite tão escura, e em matéria tão difícil de ser tratada e desenvolvida.

É este, pois, o verso:

Em uma noite escura.

CAPÍTULO VIII

Exposição do primeiro verso da canção primeira, e início da explicação desta noite escura.

1. Nesta noite que chamamos contemplação, os espirituais passam por duas espécies de trevas ou purificações,

460 NOITE ESCURA

conforme as duas partes da natureza humana, a saber: a sensitiva e a espiritual. Assim, a primeira noite, ou purificação, é a sensitiva, na qual a alma se purifica segundo o sentido, submetendo-o ao espírito. A segunda noite, ou purificação, é a espiritual, em que se purifica e despoja a alma segundo o espírito, acomodando-o e dispondo-o para a união de amor com Deus. A noite sensitiva é comum, e acontece a muitos dos que são principiantes; dela falaremos primeiro. A espiritual sucede a muito poucas almas, já exercitadas e adiantadas na perfeição; e a deixaremos para tratar depois.

2. A primeira noite, ou purificação, é amarga e terrível para o sentido, como passamos a dizer. A segunda, porém, não se lhe pode comparar, porque é horrenda e espantosa para o espírito, conforme diremos depois. Como, por ordem, costuma suceder primeiro a noite sensitiva, falaremos dela em primeiro lugar, dizendo alguma coisa a esse respeito, porém brevemente; porque sobre essa noite do sentido, sendo mais comum, há mais coisas escritas. Passaremos a tratar mais de propósito da noite espiritual, por haver dela muito pouca linguagem, falada ou escrita, e mui raro quem a declare por experiência.

3. Como o procedimento destes principiantes no caminho espiritual é muito imperfeito, e se apoia bastante no próprio gosto e inclinação, conforme já dissemos, quer Deus levá-los mais adiante. Para isto, levanta-os, desse amor imperfeito, a um grau mais elevado de seu divino amor; liberta-os do baixo exercício do sentido e discurso em que tão limitadamente e com tantos inconvenientes andam buscando a ele, para conduzi-los ao exercício do espírito em que com maior abundância de graça e mais livres de imperfeições podem comunicar-se com o Senhor. Já percorreram, durante algum tempo, o caminho da virtude, perseverando em meditação e oração; pelo sabor e gosto que aí achavam, aos poucos se foram desapegando das coisas do mundo e adquiriram algumas forças espirituais em Deus.

LIVRO I – CAPÍTULO VIII

Deste modo, conseguiram refrear algum tanto os apetites naturais, e estão dispostos a sofrer por Deus um pouco de trabalho e secura sem volver atrás, para o tempo mais feliz. Estando, pois, estes principiantes no meio das melhores consolações em seus exercícios espirituais, e quando lhes parece que o sol dos diversos favores os ilumina mais brilhantemente, Deus lhes obscurece toda esta luz interior. Fecha-lhes a porta, vedando-lhes a fonte viva da doce água espiritual que andavam bebendo todas as vezes e todo o tempo que desejavam; pois, como eram fracos e pequeninos, não havia para eles porta cerrada, segundo diz São João no *Apocalipse* (Ap 3,8). Eis que de repente os mergulha Nosso Senhor em tanta escuridão que ficam sem saber por onde andar, nem como agir pelo sentido, com a imaginação e o discurso. Não podem mais dar um passo na meditação, como faziam até agora. Submergido o sentido interior nesta noite, deixa-os Deus em tal aridez que, não somente lhes é tirado todo o gosto e sabor nas coisas espirituais, bem como nos exercícios piedosos antes tão deleitosos, mas, em vez de tudo isto, só encontram amargura e desgosto. Vendo-os Deus um pouquinho mais crescidos, quer que se fortaleçam e saiam das faixas da infância – tira-lhes, portanto, o doce peito e os desce dos divinos braços, ensinando-os a andar com seus próprios pés. Em tudo isto sentem grande novidade totalmente contrária ao que estavam acostumados.

4. Esta mudança verifica-se, ordinariamente, mais depressa nas pessoas recolhidas, quando principiam o caminho espiritual, do que nas outras. As primeiras estão mais livres das ocasiões de voltar atrás, e assim mortificam com mais diligência os apetites nas coisas mundanas. É justamente esta a condição requerida para começar a entrar nesta ditosa noite do sentido. Geralmente não se passa muito tempo, a contar do início da vida espiritual, sem que entrem tais almas nesta noite do sentido; aliás, quase todas passam por ela, pois é muito comum sentir aridez.

462 NOITE ESCURA

5. Para comprovar esta maneira de purificação sensitiva, que é tão encontradiça, poderíamos citar grande número de autoridades da divina Escritura, especialmente abundante nos Salmos e nos Profetas. Não quero, portanto, gastar tempo em explicar mais este assunto. A quem não souber achar nos Livros Santos essas passagens de que falo, bastará a experiência comum a todos.

CAPÍTULO IX

Sinais para reconhecer quando o espiritual caminha nesta noite e purificação sensitiva.

1. As securas de que falamos podem proceder muitas vezes de outra causa que não seja esta noite e purificação do apetite sensitivo; como, por exemplo, de pecados e imperfeições, ou de frouxidão e tibieza, ou ainda de algum mau humor ou indisposição corporal. Por este motivo, quero indicar aqui alguns sinais para se reconhecer se a aridez provém da purificação sensitiva, ou se nasce de algum dos vícios mencionados. A meu ver, há três sinais principais.

2. O primeiro *é* a falta de gosto ou consolo, não somente nas coisas divinas, mas também em coisa alguma criada. Quando Deus, de fato, põe a alma nesta noite escura a fim de purificar-lhe o apetite sensitivo, por meio da aridez, não a deixa encontrar gosto ou sabor em coisa alguma. Nisto se conhece com muita probabilidade que esta secura e aridez não provém de pecados, nem de imperfeições recentemente cometidas. Se assim fosse, a natureza sentiria certa inclinação ou desejo de contentar-se em coisas diferentes das de Deus; pois quando se relaxa o apetite em alguma imperfeição, logo vem a inclinação natural para essa mesma imperfeição, com maior ou menor intensidade, na medida em que se achou ali gozo e apego. Como, no entanto, esta repugnância para saborear as coisas do céu, ou da terra, pode provir de qualquer indisposição física ou melancolia,

LIVRO I – CAPÍTULO IX

que muitas vezes não deixa achar satisfação em coisa alguma, é necessário o segundo sinal e condição.

3. O segundo sinal para que se creia tratar-se, de fato, de purificação sensitiva, é ter a alma lembrança muito contínua de Deus, com solicitude e cuidado aflito, imaginando que não o serve, mas antes volve atrás no divino serviço. Assim pensa, por causa do desgosto que sente nas coisas espirituais. Por esta disposição interior, bem se vê que tal aridez e secura não procede de relaxamento e tibieza. O próprio da tibieza, com efeito, é não fazer muito caso nem ter solicitude, no íntimo, pelas coisas de Deus. Na realidade, bem grande é a diferença entre secura e tibieza. Enquanto esta última causa na vontade e no ânimo muito relaxamento e descuido, tirando-lhe a diligência em servir bem ao Senhor, a secura, procedente da purificação, traz consigo o cuidado solícito que aflige a alma por pensar que não serve a Deus. Esta aridez, algumas vezes, é acompanhada por melancolia ou outro qualquer distúrbio; mas nem por isto deixa de produzir seu efeito, purificando o apetite, porque priva a alma de toda consolação e a leva a buscar só a Deus. Quando tem somente uma causa física, tudo para só em desgosto e abatimento da natureza, sem esses desejos de servir a Deus que a alma sente na secura da purificação sensitiva. Neste último caso, porém, se o natural fica abatido, sem forças nem coragem para agir, por não achar gosto em nada, o espírito está pronto e forte.

4. O motivo desta secura é a mudança operada por Deus na alma, elevando todos os bens e forças do sentido ao espírito; e como o sentido não tem capacidade para esses bens do espírito, fica privado de tudo, na secura e no vazio. A parte sensitiva não tem capacidade para receber o que é puramente espiritual, e assim, quando o espírito goza, a carne se descontenta e relaxa para agir. Todavia a parte espiritual, que vai recebendo o alimento, cria novas forças, com maior atenção e vigilância do que antes tinha, na sua solicitude em não faltar a Deus. Se não experimenta desde

o princípio sabor e deleite de espírito, mas, ao contrário, secura e desgosto, é unicamente pela novidade da mudança. Acostumado aos gostos sensíveis, o paladar espiritual ainda os deseja; não se acha suficientemente adaptado e purificado para tão finos deleites. Até que se vá dispondo pouco a pouco, por meio desta árida e escura noite, a sentir gosto e proveito espiritual, não pode experimentar senão secura e desabrimento, com a falta do sabor que antes encontrava com tanta facilidade.

5. Os que Deus começa a levar por estas solidões do deserto assemelham-se aos filhos de Israel quando recebiam, ali mesmo no deserto, o manjar celeste dado pelo Senhor, e no qual cada um achava o sabor apetecido, conforme diz a Escritura (Sb 16,20-21). Contudo, não se contentavam, e era-lhes mais sensível a falta dos gostos e temperos das viandas e cebolas do Egito – às quais já estava acostumado e satisfeito o seu paladar – do que a delicada doçura do maná celeste. Donde, gemiam e suspiravam pelas viandas da terra, tendo os manjares do céu. A tanto chega, pois, a baixeza de nosso apetite, que nos leva a desejar nossas misérias e ter fastio dos bens inefáveis do céu.

6. Quando, porém, estas securas são causadas por estar o apetite sensível na via de purificação, mesmo que o espírito não sinta gosto algum no começo, pelas causas já declaradas, sente, no entanto, coragem e brio para agir, robustecido com a substância do manjar interior que o sustenta. Este alimento substancioso é princípio de contemplação obscura e árida para o sentido; porque esta contemplação é oculta e secreta àquele mesmo que a recebe. Junto com a secura e vazio na parte sensitiva, a alma geralmente experimenta desejo e inclinação para ficar sozinha e quieta, sem poder – e nem mesmo querer – pensar em coisa distinta. Se, então, os que se acham neste estado soubessem permanecer em sossego, descuidados de qualquer movimento inteiro e exterior, sem nenhuma preocupação de agir, logo, naquela calma e ócio, perceberiam a delicadeza daquela refeição

íntima. É tão suave esse alimento que, de ordinário, se a alma procura ou deseja saboreá-lo, não lhe sente o gosto; porque, torno a dizer, produz seu efeito na maior quietação e ócio da alma. É semelhante ao ar: se o quisermos colher na mão, ele nos foge.

7. Vêm ao caso as palavras do Esposo à Esposa dos Cantares: "Aparta de mim os teus olhos porque são eles que me fazem voar" (Ct 6,4). De tal maneira põe o Senhor a alma neste estado e a conduz por tão diversa via, que, se ela quiser agir com suas potências, em vez de ajudar à obra de Deus em seu interior, antes a estorvará, pois agora tudo lhe sucede ao contrário do que anteriormente. Eis a causa desta mudança: no estado de contemplação, quando a alma passa da via discursiva a outra mais adiantada. Deus é quem nela age diretamente, e parece prender as potências interiores tirando o apoio do entendimento, o gosto da vontade e o trabalho da memória. Tudo quanto a alma, neste tempo, pode fazer por si mesma, não serve, como já o dissemos, senão para perturbar a paz interior e a obra que Deus faz no espírito mediante aquela secura no sentido. Por ser espiritual e delicada, esta obra divina é, em sua realização, tranquila, suave, solitária, satisfatória e pacífica, e muito alheia a todos aqueles gostos do princípio, mui palpáveis e sensíveis. Com efeito, esta é a paz em que, segundo diz Davi (Sl 84,9), Deus fala à alma para torná-la espiritual. Daqui procede a terceira condição.

8. O terceiro sinal que há para discernir a purificação do sentido é a impossibilidade, para a alma, por mais esforços que empregue nisso, de meditar e discorrer com o entendimento e com a ajuda da imaginação como costumava fazer anteriormente. Deus aqui começa a comunicar-se não mais por meio do sentido, como o fazia até então quando a alma o encontrava pelo trabalho do raciocínio, ligando ou dividindo os conhecimentos; agora ele o faz puramente no espírito, onde não é mais possível haver dicursos sucessivos. A comunicação é feita com um ato de simples contemplação, a

que não chegam os sentidos interiores e exteriores da parte inferior. Por isto, a imaginação e fantasia não podem apoiar-se em consideração alguma, nem doravante achar aí arrimo.

9. Por este terceiro sinal percebemos que o impedimento e desgosto das potências não provêm de qualquer humor maligno. Quando procede desta última causa, em se acabando essa má disposição física, que é muito variável, logo a alma, com algum cuidado, consegue voltar ao que antes podia fazer, e as potências acham seus apoios habituais. Na purificação do apetite, porém, não sucede assim; porque começando a alma a entrar nesta noite, sempre se lhe vai aumentando a impossibilidade de discorrer com as potências. Sem dúvida, para algumas pessoas, a noite não se inicia com tanta continuidade; assim, algumas vezes podem tomar seus gostos e fazer considerações sensíveis. Devido talvez à grande fraqueza destas almas, não fosse conveniente tirar-lhes o leite das consolações de um só golpe. Vão, entretanto, sempre entrando mais nesta noite, e a purificação sensitiva faz enfim sua obra, se realmente forem chamadas à via mais elevada. Quanto às almas que não seguem pelo caminho da contemplação, são levadas por mui diferente maneira, e a noite cheia de securas não costuma ser tão contínua na parte sensitiva; ora experimentam aridez, ora não; se algumas vezes não podem discorrer, outras podem. Deus, com efeito, só as põe nesta noite a fim de exercitá-las, humilhá-las, reformando-lhes o apetite para que não adquiram gula viciosa nas coisas espirituais; mas não tem o fito de levá-las à via do espírito que é a contemplação. Nem todos os que se exercitam deliberadamente no caminho espiritual conduz o Senhor à contemplação, e nem mesmo a metade dos espirituais; o motivo disso só Deus sabe. Os que não são chamados à contemplação jamais se veem de todo privados, quanto ao sentido, desses peitos[1], das considerações e discursos, mas somente por alguns períodos intercalados, como já dissemos.

---

1. Isto é, do leite espiritual.

CAPÍTULO X

*Como devem proceder os principiantes
nesta noite escura.*

1. No tempo das securas desta noite sensitiva Deus opera a mudança já referida: eleva a alma, da vida do sentido à do espírito, isto é, da meditação à contemplação, quando já não é mais possível agir com as potências ou discorrer sobre as coisas divinas. Neste período, padecem os espirituais grandes penas. Seu maior sofrimento não é o de sentirem aridez, mas o receio de haverem errado o caminho, pensando ter perdido todos os bens sobrenaturais, e estar abandonados por Deus, porque nem mesmo nas coisas boas podem achar arrimo ou gosto. Muito se afanam então, e procuram, segundo o antigo hábito, aplicar as potências com certo gosto em algum raciocínio; julgam que, a não fazer assim, ou a não perceber que estão agindo, nada fazem. Mas, quando se aplicam a este esforço, sentem muito desgosto e repugnância no interior da alma, pois esta se comprazia em quedar-se naquele sossego e ócio, sem obrar com as potências. Deste modo, perdendo-se de um lado, nada aproveitam do outro; e, em procurar seu próprio espírito, perdem aquele, que tinham, de tranquilidade e paz. São nisto semelhantes a quem deixasse a obra já feita para recomeçar a fazê-la, ou a quem saísse da cidade, para de novo entrar nela; ou ainda, ao que larga a presa a fim de tornar a caçá-la. Bem se vê que é escusado querer insistir: a alma nada mais conseguirá por aquele primeiro modo de proceder, conforme já dissemos.

2. Tais almas, neste tempo, se não acham quem as compreenda, deixam o caminho, abandonando-o, ou se afrouxando. Pelo menos, acham impedimento para prosseguir, com as repetidas diligências que fazem em querer continuar na meditação discursiva; cansam-se e afligem-se demasia-

damente, imaginando que se acham nesse estado por suas negligências e pecados. Tudo quanto fazem lhes é inútil, porque Deus já as conduz por outro caminho – o da contemplação, diferentíssimo do primeiro, pois um é de meditação e discurso, e outro não cai sob imaginação ou raciocínio.

3. As pessoas que se encontram neste estado, convém consolar-se em paciente perseverança, sem se afligirem. Confiem em Deus, pois ele não abandona aos que o buscam com simples e reto coração. Não lhes deixará de dar o necessário para o caminho até conduzi-los à clara e pura luz do amor. Esta lhes será dada por meio da outra noite escura, a do espírito, se merecerem que Deus nela os introduza.

4. O modo como se hão de conduzir os espirituais nesta noite do sentido consiste em não se preocuparem com o raciocínio e a meditação, pois já não é mais tempo disso. Deixem, pelo contrário, a alma ficar em sossego e quietude, mesmo se lhes parece claramente que nada fazem, e perdem tempo, ou se lhes afigure ser a tibieza a causa de não terem vontade de pensar em coisa alguma. Muito farão em ter paciência e em perseverar na oração sem poder agir por si mesmos. A única coisa que a alma há de fazer aqui é permanecer livre e desembaraçada, despreocupada de todas as notícias e pensamentos, sem cuidado do que deve pensar ou meditar. Contente-se com uma amorosa e tranquila advertência em Deus, sem outra solicitude nem esforço, e até sem desejo de achar nele o gosto ou consolação. Todas estas diligências, com efeito, inquietam e distraem a alma da sossegada quietude e suave repouso de contemplação que do Senhor aqui recebe.

5. Por mais escrúpulos que venham à alma, de perder tempo ou achar que seria bom agir de outro modo – pois na oração nada pode fazer nem pensar –, convém suportar e ficar quieta, como se fosse à oração para estar à sua vontade, em liberdade de espírito. Se quiser fazer algo com as potências interiores, perturbará a ação divina, e perderá os bens

que Deus está imprimindo e assentando no seu íntimo, por meio daquela paz e ócio da alma. É como se um pintor estivesse a pintar e colorir um rosto, e este quisesse mover-se para ajudar em alguma coisa: com isto, não deixaria o pintor trabalhar, perturbando-lhe a obra. Assim, quando a alma sente inclinação para ficar em paz e quietude interior, qualquer operação, ou afeto, ou advertência, que então queira admitir, só serve para distraí-la e inquietá-la, causando secura e vazio no sentido. Quanto mais pretende apoiar-se em afetos ou notícias, tanto maior é a falta que deles sente, pois doravante não os poderá achar nesta via.

6. Convém, portanto, a esta alma, não se impressionar com a perda das potências; deve até gostar de que se percam logo, a fim de não perturbarem a operação da contemplação infusa que Deus lhe vai concedendo. Deste modo a alma poderá receber essa graça com maior abundância de paz, chegando a arder e inflamar-se no espírito de amor que esta obscura e secreta contemplação traz consigo e ateia. De fato, a contemplação não é mais que uma infusão secreta, pacífica e amorosa de Deus; e, se a alma consente, logo é abrasada em espírito de amor, como ela mesma o dá a entender no verso seguinte que é assim:

De amor em vivas ânsias inflamada.

CAPÍTULO XI

Explicação dos três versos da canção.

1. Esta inflamação de amor de modo ordinário não é sentida logo no princípio da noite, seja por causa da impureza do natural que lhe não permite manifestar-se, ou seja porque a alma, não compreendendo esse novo estado, não lhe dá pacífica entrada. Entretanto, às vezes – exista ou não esse obstáculo –, logo começa a alma sentir-se com desejo de Deus: e quanto mais vai adiante, mais se vai aumentan-

do nela esta afeição e inflamação de amor divino, sem que a própria alma entenda nem saiba como ou donde lhe nasce o amor e afeto. Chega por vezes a crescer tanto, no seu íntimo, essa chama e inflamação, que o espírito com ânsias de amor deseja a Deus. Realiza-se na alma, então, o que Davi, estando nesta noite, disse de si mesmo, com estas palavras: "Porque se inflamou o meu coração" (Sl 72,21) – a saber, em amor de contemplação –, "meus rins foram também mudados", isto é, meus gostos e apetites sensíveis foram transformados, transportando-se da via sensitiva à espiritual, nesta secura e desaparecimento de todos eles, de que vamos falando. "E fui reduzido a nada, e aniquilado, e nada mais soube": porque, como já dissemos, a alma, sem saber por onde vai, se vê aniquilada acerca de todas as coisas do céu e da terra nas quais costumava deleitar-se; apenas se sente enamorada, sem saber como. Algumas vezes, por crescer muito a inflamação de amor no espírito, tornam-se tão veementes as ânsias da alma por Deus, que os ossos parecem secar-se com esta sede. A natureza desfalece perdendo seu calor e força, pela vivacidade de tão amorosa sede; pois, na verdade, a alma experimenta como esta sede de amor é cheia de vida. Era a mesma sede que Davi sentia e tinha dentro de si, quando disse: "Minha alma tem sede do Deus vivo" (Sl 41,3), isto é, viva foi a sede que minha alma sentiu. E sendo viva, pode-se dizer que esta sede mata. É preciso, porém, advertir que a veemência de tal sede não é contínua, senão intermitente, embora de ordinário a alma sempre a sinta algum tanto.

2. Deve-se notar bem, conforme já ficou dito, que não se experimenta desde o início este amor, mas sim a secura e vazio já referidos. Neste tempo, em vez da inflamação de amor que irá depois aumentando, sente a alma, em meio àquelas securas e vazios das potências, um constante cuidado e solicitude por Deus, com pena e receio de o não servir. Nem é pouco aceitável aos olhos de Deus este sacrifício em que o espírito está atribulado e solícito por seu

Amor. Esta solicitude e cuidado provém daquela secreta contemplação, que, depois de ter por algum tempo purificado a parte sensitiva, nas suas forças e apegos naturais, por meio das securas, vem enfim a inflamar no espírito o amor divino. Enquanto não chega a este ponto, está a alma como doente, submetida a tratamento; tudo se resume em padecer nesta obscura e árida purificação do apetite, em que se vai curando de numerosas imperfeições, e ao mesmo tempo se exercitando em grandes virtudes, para tornar-se capaz do amor de Deus, conforme diremos agora ao comentar o verso seguinte:

Oh! ditosa ventura!

3. Deus põe a alma nesta noite sensitiva a fim de purificá-la no sentido, isto é, na sua parte inferior; e assim o acomoda, submete e une ao espírito, obscurecendo o mesmo sentido em todo trabalho do discurso que lhe é então impedido. Depois, procede Deus igualmente na purificação do espírito, para o levar à união divina, pondo-o na noite espiritual de que falaremos em tempo oportuno. Destas purificações vêm à alma tão grandes proveitos – embora a seus olhos não pareça assim –, que julga ser "grande ventura" haver saído do laço e aperto do sentido da parte inferior, mediante esta noite. E então canta o presente verso, deste modo: "Oh! ditosa ventura!" É bom assinalarmos agora quais os proveitos encontrados pela alma nesta noite escura, pois eles a levam a considerar "grande ventura" passar por tudo isso. Tais proveitos são resumidos pela alma no seguinte verso, a saber:

Saí sem ser notada.

4. Esta saída se refere à sujeição que a alma tinha à parte sensitiva, buscando a Deus por exercícios tão fracos, limitados e contingentes, como são os desta parte inferior. A cada passo tropeçava com mil imperfeições e ignorâncias, como já mostramos a propósito dos sete vícios capitais. De tudo a alma se liberta, pois na noite escura vão arrefecendo todos os gostos, temporais ou espirituais, e obscurecendo-se to-

dos os raciocínios, além de lucrar outros inumeráveis bens na aquisição das virtudes, como agora vamos dizer. Será de grande satisfação e consolo para quem é levado por este caminho ver o que parece tão áspero e adverso, e tão contrário ao sabor espiritual, produzir tão grandes benefícios no espírito. Estes proveitos são conseguidos, já foi dito, quando a alma sai, segundo a afeição e operação mediante a noite, de todas as coisas criadas, elevando-se às eternas. Aí está a grande ventura e dita: de uma parte, o grande bem que é mortificar o apetite e apego em todas as coisas; de outra parte, por serem pouquíssimas as almas que suportam e perseveram entrando por esta "porta apertada e este caminho estreito que conduz à vida", conforme diz Nosso Senhor (Mt 7,14). A "porta apertada" é esta noite do sentido do qual a alma é despida e despojada para poder entrar firmando-se na fé, que é alheia a todo o sentido, a fim de caminhar depois pelo "caminho estreito" que é a outra noite, a do espírito. Também nesta, continua a adiantar-se para Deus em pura fé, único meio pelo qual se une a ele. Este caminho, por ser tão estreito, escuro e terrível – pois não há comparação entre a noite do sentido e a obscuridade e trabalhos da noite do espírito –, é percorrido por muito poucas almas; mas em compensação, seus proveitos são incomparavelmente maiores. Começaremos agora a dizer algo sobre os benefícios da noite do sentido, com a brevidade que for possível, a fim de passar depois à outra noite.

CAPÍTULO XII

Proveitos trazidos à alma por esta noite.

1. Esta noite e purificação dos sentidos, embora aos olhos da alma pareça privá-la de todos os bens, traz consigo tantos proveitos e vantagens, que para ela, na verdade, é muito ditosa. Assim como Abraão fez grande festa quando desmamou a seu filho Isaac, assim também há no céu grande gozo

LIVRO I – CAPÍTULO XII

quando Deus tira uma alma das faixas da infância, descendo-a dos braços e fazendo-a andar com seus pés; quando lhe tira o peito em que até então ela achava o leite, alimento brando e suave de criancinhas, para dar-lhe a comer pão com casca, começando a fazê-la provar o manjar dos fortes. Este manjar – que nestas securas e trevas do sentido é dado ao espírito vazio e árido em relação aos sabores sensíveis – é a contemplação infusa a que já nos referimos.

2. O primeiro e principal proveito causado na alma por esta seca e escura noite de contemplação é o conhecimento de si mesma e de sua miséria. Decerto, todas as graças de Deus às almas ordinariamente são concedidas de envolta com o conhecimento próprio; mas estas securas e vazio das potências, em comparação da abundância anterior, bem como a dificuldade da alma para todas as coisas boas, fazem-na melhor conhecer a própria baixeza e miséria que no tempo da prosperidade não chegava a ver. Verdade esta bem figurada no Êxodo: querendo Deus humilhar os filhos de Israel a fim de que se conhecessem, mandou-os despir e tirar o traje e ornamento de festa com que de ordinário andavam vestidos no deserto, dizendo: "Daqui por diante, despojai-vos dos ornatos festivos, e vesti as roupas comuns de trabalho, para que saibais o tratamento que mereceis" (Ex 33,5)[1]. É como se dissesse: Visto que o traje de festa e alegria que vestis não vos deixa sentir bastante a própria baixeza, tirai-o; doravante, quando vos virdes com vestes grosseiras, haveis de conhecer que não sois dignos de coisa melhor, e sabereis então quem sois. De modo semelhante vê a alma a realidade de sua miséria, antes desconhecida; pois no tempo em que andava como em festa, achando em Deus muito gosto, consolo e arrimo, vivia bem mais satisfeita e contente, parecendo-lhe que de algum modo o servia. Na verdade, assim é: embora a alma não tenha explicitamente

---

1. Citação aproximada. "Deixa agora as tuas galas, para eu saber como te hei de tratar" (Ex 33,5).

estes sentimentos de satisfação, de modo implícito sempre os abriga um pouco. Quando se vê depois com esta outra veste de trabalho, na secura e no desamparo, com todas as anteriores luzes obscurecidas, então verdadeiramente é esclarecida sobre esta virtude tão excelente e necessária do conhecimento próprio. Já se tem em nenhuma conta, e não acha satisfação alguma em si; vê agora como, de si, nada faz e nada pode. Esta falta de gosto consigo mesma, e o desconsolo que sente por não servir a Deus, agradam mais a ele do que todas as obras e gostos que a alma tinha antes, fossem os maiores, pois tudo aquilo ocasionou muitas imperfeições e ignorâncias. Na veste de aridez que envolve a alma, não se encerra apenas este proveito a que nos referimos; há também outros de que vamos falar agora, deixando de parte grande número que ainda fica por dizer; mas todos procedem, como de sua fonte e origem, do conhecimento próprio.

3. O primeiro destes proveitos é tomar a alma uma atitude mais comedida e respeitosa em suas relações com Deus, como sempre se requer no trato com o Altíssimo. Quando a alma nadava na abundância de seus gostos e deleites não procedia assim; pois aquela graça tão saborosa, que a consolava, aumentava-lhe os desejos de Deus, tornando-os algo mais ousados do que era conveniente, e até chegavam a ser pouco delicados e não muito respeitosos. Foi o que sucedeu a Moisés quando sentiu que Deus lhe falava: cego por aquele gosto e apetite, sem mais consideração, já se ia atrevendo a aproximar-se, e o teria feito, se Deus não o mandasse parar e descalçar-se. Aqui se mostra com que respeito e discrição, e com que desapego de todo apetite, se há de tratar com Deus. Apenas Moisés obedeceu, tornou-se tão prudente e tão precavido que, como diz a Sagrada Escritura, não somente perdeu aquele atrevimento de aproximar-se de Deus, mas nem mesmo ousava considerá-lo (Ex 3,6). Tirados os sapatos dos apetites e gostos, conhecia profundamente sua miséria diante do Senhor, como lhe convinha, para ser digno de ouvir a palavra divina. Seme-

LIVRO I – CAPÍTULO XII

lhante foi a disposição que Deus deu a Jó quando lhe quis falar: não foi no meio dos deleites e glórias que o mesmo Jó – como ele nos refere –, costumava ter em seu Deus, mas quando o pôs despojado no monturo, desamparado, e, além disso, perseguido por seus amigos, cheio de angústia e amargura, com os vermes a cobrirem o solo. Só então o Deus Altíssimo, que levanta o pobre do esterco, dignou-se descer e falar com ele face a face, descobrindo-lhe as profundas grandezas de sua sabedoria, como jamais o havia feito antes, no tempo da prosperidade.

4. É bom assinalar aqui, uma vez que viemos a dar neste ponto, outro excelente proveito desta noite e secura do apetite sensitivo. É que na noite escura – verificando-se a palavra do Profeta: "Luzirá tua luz nas trevas" (Is 58,10) – Deus iluminará a alma, dando-lhe a conhecer não somente a própria miséria e vileza, mas também sua divina grandeza e excelência. Uma vez amortecidos os apetites, gostos e apoios sensíveis, fica o entendimento livre para apreender a verdade, pois é certo que esses gostos e apetites do sentido, mesmo sendo em coisas espirituais, sempre ofuscam e embaraçam o espírito. Além disto, aquela angústia e secura da parte sensitiva vêm ilustrar e vivificar o entendimento, segundo declara Isaías: "A vexação nos leva a conhecer a Deus" (Is 28,19)[2]. Assim vemos que à alma vazia e desembaraçada, bem-disposta a receber o influxo divino, o Senhor, por meio desta noite escura e seca de contemplação, vai instruindo sobrenaturalmente em sua divina sabedoria, como o não fizera até então pelos gostos e sabores sensíveis.

5. Isto dá muito bem a entender o mesmo profeta Isaías dizendo: "A quem ensinará Deus sua ciência, e a quem fará entender sua audição?" E prossegue: "aos desmamados do leite, e aos tirados dos peitos" (Is 28,9). Por estas palavras

---

2. Citação aproximada. O texto diz: "Só a vexação far-vos-á entender o que se ouviu".

476   NOITE ESCURA

se compreende como, para receber esta divina influência, a disposição adequada não é o leite dos principiantes, cheio de suavidade espiritual, nem o aconchego ao peito dos saborosos discursos das potências sensitivas, que constituíam o gozo da alma, mas sim a carência do primeiro e o desapego do segundo. Com efeito, para ouvir a voz de Deus, convém à alma estar muito firme, em pé, sem nenhum apoio, afetivo ou sensível, como de si mesmo diz o profeta: "Estarei em pé sobre minha custódia"; quer dizer, estarei desapegado dos meus afetos sensíveis; "e firmarei o passo", isto é, não alimentarei os discursos da parte sensitiva: "para contemplar" (Hab 2,1), ou seja, para entender o que me for dito da parte de Deus[3]. Temos agora por averiguado como esta noite escura produz primeiramente o conhecimento próprio, e daí, como de seu fundamento, procede o conhecimento de Deus. Eis por que Santo Agostinho dizia a Deus: "Senhor, conheça-me eu a mim, e conhecer-te-ei a ti"[4], pois, como declaram os filósofos, por um extremo se conhece o outro.

6. A fim de provar mais perfeitamente a eficácia desta noite em seus desamparos e securas para proporcionar com maior abundância a luz que Deus concede então à alma, alegaremos uma autoridade de Davi, em que dá a entender muito bem a grande força desta noite para tão elevado conhecimento de Deus. Assim diz: "Na terra deserta, sem água, seca e sem caminho, apareci diante de ti para poder ver tua virtude e tua glória" (Sl 62,3). Nisto se encerra uma coisa admirável: não quer aqui dizer o profeta Davi que os deleites espirituais e os numerosos gostos recebidos anteriormente lhe servissem de disposição e meio para conhecer a glória de Deus; ao contrário, foram as securas e desamparos da parte sensitiva, designada pela "terra seca e deserta". É também admirável que não lhe tivessem aberto

3. Citação aproximada. O texto diz: "Estarei posto no lugar da minha sentinela e firmarei o pé sobre as fortificações... para ver o que se me diga".

4. S. Agost. Soliloq. c. 2.

LIVRO I – CAPÍTULO XII

caminho para sentir e ver a Deus aqueles seus habituais conceitos e discursos divinos; mas, sim, o não conseguir fixar o raciocínio em Deus, e o não poder caminhar com o discurso da consideração imaginária – significados aqui pela "terra seca sem caminho". Assim, para o conhecimento de Deus e de si próprio, o meio é esta noite escura, com suas securas e vazios, embora não o seja ainda na plenitude e abundância da outra noite do espírito, pois o conhecimento recebido nesta primeira noite é como o princípio do que receberá mais tarde.

7. A alma, nas securas e vazios desta noite do apetite, lucra humildade espiritual – virtude contrária ao primeiro vício capital que dissemos ser a soberba espiritual. Por meio da humildade proporcionada pelo conhecimento próprio, purifica-se de todas as imperfeições acerca da soberba em que costumava cair no tempo de sua prosperidade. Vendo-se agora tão árida e miserável, nem mesmo por primeiro movimento lhe ocorre a ideia – como outrora acontecia – de estar mais adiantada do que os outros, ou de lhes levar vantagem. Muito ao contrário, conhece que os outros vão melhor.

8. Daqui nasce o amor do próximo, pois a todos estima, e não os julga como antes, quando se achava com muito fervor e não via os outros assim. Agora conhece somente a sua miséria e a tem diante dos olhos, tão presente que esta não a deixa, nem lhe permite olhar pessoa alguma. É o que Davi, estando nesta noite, manifesta admiravelmente, dizendo: "Emudeci e fui humilhado, e tive em silêncio os bens e renovou-se-me a dor" (Sl 38,3). Assim se exprime, porque lhe parecia estarem acabados todos os bens da sua alma, de tal modo que não achava linguagem para falar deles; e mais ainda, acerca dos bens alheios, igualmente se calava, tomado de dor pelo conhecimento de sua própria miséria.

9. Esta noite torna também as almas submissas e obedientes no caminho espiritual, pois, vendo-se tão miseráveis, não somente ouvem o que lhes é ensinado, mas ainda desejam que qualquer pessoa os encaminhe e diga como

478 NOITE ESCURA

devem proceder. Perdem a presunção afetiva que às vezes tinham na prosperidade. Finalmente, lhes vão sendo tiradas todas as outras imperfeições já referidas ao tratarmos do primeiro vício que é a soberba espiritual.

CAPÍTULO XIII

*Outros proveitos causados na alma por
esta noite do sentido.*

1. Acerca das imperfeições que a alma tinha em matéria de avareza espiritual – pois vivia a cobiçar ora uma, ora outra coisa de devoção, sem jamais ficar satisfeita com quaisquer exercícios espirituais, devido ao desejo e gosto que neles achava –, agora, nesta noite escura e árida, já anda bem reformada. Não mais acha, nessas coisas espirituais, o deleite e sabor que costumava; pelo contrário, só encontra trabalho e desgosto. Por isto, usa de tais coisas com tanta temperança que até poderia pecar por defeito onde pecava por excesso. Contudo, às almas que Deus põe nesta noite, de ordinário concede humildade e prontidão para fazerem somente por ele, embora sem gosto, o que lhes é mandado; e assim deixam de buscar seu próprio proveito em muitas coisas, por não acharem nelas consolação.

2. Quanto à luxúria espiritual, também se vê claramente que, por meio dessa secura e desgosto do sentido nos exercícios espirituais, liberta-se a alma das impurezas já declaradas, as quais procediam, conforme ficou dito, daquele gosto do espírito redundando no sentido.

3. Pode-se ver, também no mesmo lugar, quando tratamos das imperfeições dos principiantes, as que tinha a alma a respeito do quarto vício – a gula espiritual. Sem dúvida, não dissemos ali tudo, pois essas imperfeições são inumeráveis, e, assim, também não vou referi-las aqui. Minha vontade é de concluir depressa esta noite do sentido,

a fim de passar à outra, do espírito. Para compreender os demais proveitos incontáveis que recebe a alma nesta noite, relativos a este vício da gula espiritual, basta dizer que fica livre de todas as imperfeições já referidas, e de muitos males ainda bem maiores, e de horríveis abominações não mencionadas. Nestas últimas, como sabemos por experiência, vieram a cair muitas almas, por não terem reformado o apetite na gula espiritual. Quando Deus põe a alma nesta noite escura e seca, mantém igualmente refreados a concupiscência e o apetite, de tal modo que não é possível à mesma alma alimentar-se com qualquer gosto ou sabor sensível, seja espiritual ou temporal. Assim vai ele continuando a purificação com tanta intensidade, que a alma fica submissa, reformada e domada segundo a concupiscência e o apetite. Perde a força das paixões e da mesma concupiscência, sem que possa produzir coisa alguma, por falta de gosto, assim como seca o leite no peito quando não é tirado. Dominados os apetites da alma, mediante essa sobriedade espiritual, dão entrada a novos e admiráveis proveitos, porque, apagados os apetites e concupiscências, vive a alma em paz e tranquilidade espiritual. Com efeito, onde não reinam apetites e concupiscências, não há perturbação, mas, sim, paz e consolação de Deus.

4. Daqui se origina outro segundo proveito: a alma se ocupa ordinariamente com a lembrança de Deus, em temor e receio de volver atrás no caminho espiritual, conforme já dissemos. Grande proveito é este no meio desta secura e purificação sensível, pois purifica e limpa a alma das imperfeições que aderiam a ela para embotá-la e ofuscá-la.

5. Há outro grandíssimo proveito, nesta noite, que é exercitar-se a alma nas virtudes em conjunto – por exemplo, na paciência e na benignidade –, para cuja prática há muita ocasião, no meio das securas e vazios, perseverando nos exercícios espirituais sem achar consolo nem gosto. Exercita-se na caridade para com Deus, pois não é mais movi-

da, em suas obras, pelo sabor da consolação que a atraía, mas unicamente por ele. Na virtude da fortaleza também se exercita: em meio a estas dificuldades e repugnâncias que encontra em tudo quanto faz, tira forças da fraqueza, tornando-se forte. E finalmente, em todas as virtudes, tanto teologais, como cardeais e morais, corporal e espiritualmente se exercita a alma nestas securas.

6. Nesta noite, a alma consegue os quatro proveitos que assinalamos, a saber: deleitação de paz, ordinária lembrança de Deus, limpidez e pureza de espírito e exercício de virtudes. Prova-o Davi, com a experiência que teve dentro desta noite, dizendo: "Minha alma deixou as consolações, tive memória de Deus, achei consolo e exercitei-me, e desfaleceu-me o espírito" (Sl 76,4). E logo acrescenta: "e meditei de noite com meu coração, e exercitava-me e varria e purificava meu espírito" (Sl 76,4), isto é, de todos os apegos.

7. Quanto às imperfeições dos outros três vícios espirituais – ira, inveja e preguiça – também nesta secura do apetite é a alma purificada, adquirindo as virtudes contrárias. Na verdade, abrandada e humilhada por estas securas e dificuldades, bem como por outras tentações e trabalhos em que, por vezes, Deus a exercita nesta noite, torna-se mansa para com ele, para consigo mesma e para com o próximo. Já não se aborrece com alteração contra si mesma por causa de faltas próprias, nem contra o próximo vendo as faltas alheias, e até em relação a Deus não tem mais desgostos e queixas descomedidas quando ele não a atende depressa.

8. Acerca da inveja, também se exercita a alma na caridade para com o próximo. Se ainda tem inveja, não é mais imperfeita como antes, quando sentia pesar ao ver que os outros lhe eram preferidos e lhe levavam vantagem; agora, pelo contrário, de boa vontade lhes cede a dianteira, vendo-se tão miserável. E, se vem a ter inveja, esta é virtuosa, desejando imitar o próximo, o que é sinal de muita perfeição.

LIVRO I – CAPÍTULO XIII

9. Os langores e tédios, que aqui tem das coisas espirituais, não são mais viciosos como no passado, porque esses sentimentos provinham dos gostos espirituais, por vezes experimentados, os quais a alma pretendia ter novamente quando não lhe eram concedidos. Agora, não mais procedem da fraqueza em querer consolações, uma vez que Deus lha tirou em todas as coisas, nesta purificação do apetite.

10. Além dos proveitos citados, há outros inumeráveis que se alcançam por meio desta seca contemplação. Acontece à alma, muitas vezes, estar no meio de securas e apertos, e, quando menos pensa, comunica-lhe o Senhor suavidade espiritual e amor puríssimo como luzes espirituais muito delicadas, cada qual de mais proveito e valor do que todas as anteriores. Contudo, a alma não julga assim, no princípio, pois a influência espiritual, que agora lhe é infundida, é delicadíssima, e não a percebe o sentido.

11. Finalmente, purificando-se das afeições e apetites sensitivos, consegue a liberdade do espírito, em que se vão granjeando os doze frutos do Espírito Santo. De modo admirável, também se livra das mãos dos três inimigos – demônio, mundo e carne. Como se desvanece o sabor e gosto sensitivo em todas as coisas, não tem mais o demônio, nem o mundo, nem a sensualidade, armas ou forças contra o espírito.

12. Estas securas fazem, pois, a alma caminhar puramente no amor de Deus. Já não se move a obrar por causa do gosto ou sabor da obra – como, porventura, fazia quando experimentava consolação –, mas age só para dar gosto a Deus. Não mais se torna presumida ou satisfeita como lhe acontecia no tempo da prosperidade, mas sim receosa e temerosa de si, sem ter satisfação alguma consigo mesma; e nisto está o santo temor que conserva e aumenta as virtudes. As concupiscências e brios naturais são também mortificados nesta secura; pois, a não ser o gosto que Deus lhe infunde diretamente algumas vezes, é maravilha encontrar a alma, por diligência sua, consolação e deleite sensível em alguma obra ou exercício espiritual.

482   NOITE ESCURA

13. Nesta noite árida, cresce a solicitude de Deus e as ânsias para servi-lo. Como aqui se vão secando os peitos da sensualidade, com os quais sustentava e criava os apetites que a arrastavam, permanece somente na alma – em secura e desnudez – esse desejo ardente de servir a Deus, aos olhos dele muito agradável. De fato, como diz Davi, o espírito atribulado é sacrifício para Deus (Sl 50,19).

14. Conhecendo, portanto, a alma, que esta árida purificação por onde passou lhe serviu de meio para obter e conseguir tantos e tão preciosos lucros, conforme já ficaram declarados, não faz muito em dizer este verso da canção que vamos comentando: "Oh! ditosa ventura! – saí sem ser notada". Querendo dizer: saí dos laços e sujeição dos apetites sensitivos e seus apegos, "sem ser notada", isto é, sem que os três inimigos já citados me pudessem impedir. Estes inimigos se servem dos apetites e gostos, como de laços para prender a alma, detendo-a para que não saia de si à liberdade do amor de Deus. Privados de tais meios, não podem fazer guerra à alma.

15. A contínua mortificação sossegou, pois, as quatro paixões da alma, que são gozo, dor, esperança e temor; as frequentes securas adormeceram os apetites naturais da sensualidade; os sentidos e as potências interiores se estabeleceram em perfeita harmonia, cessando as operações discursivas; tudo isto, conforme dissemos, constituía a gente moradora na parte inferior da alma a que chama "sua casa", e por isto diz:

Já minha casa estando sossegada.

CAPÍTULO XIV

Declara-se este último verso da primeira canção.

1. Uma vez esta casa da sensualidade sossegada, isto é, mortificada, as paixões acalmadas, os apetites quietos e adormecidos por meio desta ditosa noite da purificacação

do apetite sensitivo, saiu a alma a começar o caminho ou via do espírito, que é dos proficientes e adiantados, via a que por outro nome chamam também via iluminativa ou de contemplação infusa. Neste caminho, Deus vai por si mesmo apascentando e nutrindo a alma, sem que ela coopere ativamente com qualquer indústria ou raciocínio. Tal é, como já dissemos, a noite e purificação do sentido, dentro da alma. Naqueles que devem entrar depois na outra noite mais profunda do espírito, a fim de chegarem à divina união de amor com Deus (a que nem todos, senão pouquíssimos, costumam chegar), esta noite, de ordinário, é acompanhada de graves tribulações e tentações sensitivas, muito prolongadas, embora durem mais em alguns, e menos em outros. Com efeito, a certas pessoas se lhes manda o espírito de satanás, isto é, o espírito de fornicação, para que lhes açoite os sentidos com abomináveis e fortes tentações, e lhes atribule o espírito com feias advertências, e torpes pensamentos, visíveis à imaginação, e isto por vezes lhes causa maior pena do que a morte.

2. Outras vezes, se lhes acrescenta ainda, nesta noite, o espírito de blasfêmia, que anda atravessando todos os pensamentos e conceitos com blasfêmias intoleráveis, sugeridas às vezes com tanta força, na imaginação, a ponto de quase serem pronunciadas, causando às almas grave tormento.

3. Em outras ocasiões, é dado também outro abominável espírito, a que Isaías chama *"Spiritus vertiginis"* (Is 19,14), não para os fazer cair, mas para exercitá-los. De tal maneira esse espírito lhes obscurece o sentido enchendo-os de mil escrúpulos e perplexidades, tão intrincadas a seu juízo, que jamais se satisfazem com coisa alguma, nem podem apoiar o raciocínio em qualquer conselho ou razão. É este um dos mais sérios aguilhões e horrores da noite do sentido, muito em afinidade com o que experimentam as almas na noite do espírito.

4. Estas tempestades e trabalhos são ordinariamente enviados por Deus, na noite e purificação sensitivas, aos espirituais que hão de passar depois à outra noite, embora nem todos passem adiante; são meios para que, castigados e esbofeteados, se vão deste modo exercitando, dispondo e enrijando os sentidos e potências para a união da Sabedoria que hão de receber depois. Porque, se a alma não for tentada, exercitada e provada com trabalhos e tentações, não pode despertar seu sentido para a Sabedoria. Por isto disse o Eclesiástico: "Quem não é tentado, que sabe? E quem não é provado, quais as coisas que conhece?" (Ecl 34,9-10). Desta verdade dá Jeremias bom testemunho quando diz: "Castigastes-me, Senhor, e fui ensinado" (Jr 31,18). E a maneira mais adequada deste castigo, para entrar na Sabedoria, são os trabalhos interiores de que falamos, pois são os que com maior eficácia purificam o sentido a respeito de todos os gostos e consolos a que com fraqueza natural estava apegado; aqui é a alma humilhada deveras para a sua futura exaltação.

5. O tempo, porém, em que é mantida a alma neste jejum e penitência do sentido, não se pode dizer ao certo quanto dura; não acontece em todos do mesmo modo, nem são para todos as mesmas tentações, porque vai tudo medido pela vontade de Deus, e conforme à maior ou menor imperfeição a purificar em cada pessoa; depende também do grau de amor unitivo a que Deus quer levantar a alma, e assim ele a humilhará mais ou menos intensamente, por maior ou menor tempo. Aqueles que têm capacidade e mais força para sofrer são purificados com mais intensidade e presteza. Aos que são muito fracos, purifica Deus mui remissamente e com leves tentações, levando-os por muito tempo pela noite, dando-lhes de ordinário alimento ao sentido para que não voltem atrás. Tarde chegam à pureza de perfeição nesta vida e alguns, jamais. Porque nem bem estão na noite, nem bem fora dela. Embora não passem adiante, exercita-os Deus em alguns períodos e dias naquelas ten-

LIVRO I – CAPÍTULO XIV

tações e securas, para que se conservem em humildade e conhecimento próprio; outras vezes e temporadas, Deus os ajuda com o consolo, para que não cheguem a desfalecer e voltem a buscar o gosto do mundo. A outras almas mais fracas anda o Senhor, ora se manifestando, ora se escondendo, para exercitá-las em seu amor, pois sem desvios não aprenderiam a chegar-se a Deus.

6. As almas, porém, que hão de passar a tão ditoso e alto estado como é a união de amor, por maior pressa com que Deus as leve, ordinariamente costumam permanecer muito tempo nestas securas e tentações, como a experiência comprova. Tempo é, pois, de começar a tratar da segunda noite.

LIVRO SEGUNDO

DA NOITE ESCURA DO ESPÍRITO

CAPÍTULO I

Começa se a tratar da noite escura do espírito.
Diz-se a que tempo começa.

1. A alma que Deus há de levar adiante não é introduzida por Sua Majestade na noite do espírito logo ao sair das securas e trabalhos da primeira purificação e noite do sentido; ao contrário, costuma passar longo tempo, e mesmo anos em que, ultrapassando o estado dos principiantes, exercita-se na via dos adiantados. Como escapada de um estreito cárcere, anda nas coisas de Deus com muito maior liberdade e íntima satisfação, gozando de mais abundante deleite interior do que sucedia no princípio, antes de entrar naquela noite sensitiva. Já não traz a imaginação, nem as potências, atadas ao raciocínio, com preocupação espiritual, como anteriormente; mas com grande facilidade acha logo em seu espírito mui serena e amorosa contemplação, e sabor espiritual, sem trabalho discursivo. Contudo, não está ainda acabada a purificação da alma; falta a parte principal que é a do espírito; sem esta, pela íntima conexão que há entre o sentido e o espírito, que unidos formam uma só pessoa, a purificação sensitiva, por mais forte que haja sido, não está ainda acabada e perfeita. Por este motivo, nunca faltam à alma, de vez em quando, algumas privações e securas, trevas e angústias, às vezes muito mais intensas que as passadas. São como presságios e mensageiros da próxima noite do espírito, embora não permaneçam por

muito tempo, como há de suceder na noite em que a alma está para entrar; porque, havendo passado certo tempo, ou períodos, ou dias, nesta escuridão e tempestade, volta em breve à serenidade do costume. Assim purifica Deus algumas almas que não são chamadas a subir a tão alto grau de amor como as outras. Por períodos interpolados, ele as põe nesta noite de contemplação e purificação espiritual, fazendo anoitecer e amanhecer com frequência, e nisto se realiza o que diz Davi: "Envia seu gelo, isto é, a contemplação, como aos bocados" (Sl 147,17). Contudo estes pedaços de contemplação obscura nunca chegam a ser tão intensos como o é aquela horrenda noite de contemplação de que vamos falar, e na qual põe Deus a alma propositadamente a fim de levá-la à divina união.

2. O deleite e gosto interior já referidos, que estas almas já adiantadas acham e gozam com abundância e facilidade no seu íntimo, agora lhes são comunicados com muito maior prodigalidade do que antes; e do espírito redunda o mesmo sabor no sentido, com muito mais força do que experimentava a alma quando não havia passado ainda pela purificação sensitiva. A razão disso é que, por estar o mesmo sentido agora mais puro, mais facilmente pode provar os gostos do espírito a seu modo. E enfim, como esta parte sensitiva da alma é fraca e incapaz de suportar as impressões fortes do espírito, acontece que estes mais adiantados padecem – nesta comunicação espiritual refluindo nos sentidos, – muitos abatimentos, incômodos e fraquezas de estômago, e, consequentemente, desfalecimentos também no espírito. Conforme diz o Sábio, "o corpo que se corrompe agrava a alma" (Sb 9,15). Portanto, essas comunicações exteriores não podem ser muito fortes, nem muito intensas, nem muito espirituais – como são exigidas para a divina união com Deus – por causa da fraqueza e corrupção da sensualidade que nelas toma sua parte. Daqui procedem os arroubamentos, os transportes, os desconjuntamentos de ossos, que costumam suceder quando as comunicações não

são puramente espirituais; isto é, quando não são dadas só ao espírito, como acontece aos perfeitos. Nestes – já purificados pela segunda noite espiritual – cessam os arroubamentos e tormentos do corpo, porque gozam da liberdade do espírito sem que haja mais, por parte do sentido, prejuízo ou perturbação alguma.

3. E para que se entenda quão necessário é, aos adiantados, entrar na noite do espírito, notemos aqui algumas imperfeições e perigos que lhes são próprios.

CAPÍTULO II

Outras imperfeições próprias aos adiantados.

1. Duas espécies de imperfeições têm os aproveitados: umas habituais, outras atuais. As habituais são os apegos e costumes imperfeitos que ainda permanecem, como raízes, no espírito, onde não pôde atingir a purificação sensível. Entre o que foi feito e o que há a fazer existe tanta diferença como entre os ramos e as raízes, ou como em tirar uma mancha fresca e outra muito entranhada e velha. Conforme já dissemos, a purificação do sentido é apenas a porta e o princípio de contemplação que conduz à purificação do espírito; serve mais, como também referimos, para acomodar o sentido ao espírito, do que propriamente para unir o espírito a Deus: As manchas do homem velho permanecem ainda no espírito, embora a alma não as perceba, nem as veja. Eis por que, se elas não desaparecem com o sabão e a forte lixívia da purificação desta noite, não poderá o espírito chegar à pureza da união divina.

2. Têm ainda estes espirituais a *hebetudo mentis,* e a dureza natural que todo homem contrai pelo pecado, bem como a distração e derramamento do espírito. Convém, portanto, que seja ilustrado, esclarecido e recolhido por meio do sofrimento e angústia daquela noite. Estas im-

LIVRO II – CAPÍTULO II

perfeições habituais, todos aqueles que não passaram além deste estado de progresso costumam tê-las; e não condizem, conforme dissemos, com o estado perfeito de união por amor.

3. Nas imperfeições atuais, não caem todos do mesmo modo. Alguns, em razão de trazerem os bens espirituais tão manejáveis ao sentido, caem em maiores inconvenientes e perigos do que declaramos dos principiantes. Acham, a mãos-cheias, grande quantidade de comunicações e apreensões espirituais, juntamente para o sentido e o espírito, e com muita frequência têm visões imaginárias e espirituais. Tudo isto, de fato, acontece, com outros sentimentos saborosos, a muitas almas neste estado, no qual o demônio e a própria fantasia, muito de ordinário, causam representações enganosas. Com tanto gosto costuma o inimigo imprimir e sugerir à alma essas apreensões e sentimentos, que com grande facilidade a encanta e engana, se ela não tiver cuidado de renunciar e defender-se fortemente na fé, contra todas estas visões e sentimentos. Aproveita-se aqui o demônio para fazer muitas almas darem crédito a ilusórias visões e falsas profecias. Procura fazê-las presumir de que Deus e os santos lhes falam, quando muitas vezes é a própria fantasia; costuma enchê-las também de presunção e soberba, e, atraídas pela vaidade e arrogância, mostram-se em atos exteriores que parecem de santidade, como são arroubamentos e outras manifestações externas. Tornam-se atrevidas para com Deus, perdendo o santo temor que é chave e custódia de todas as virtudes. Estas falsidades e enganos chegam a multiplicar-se tanto em algumas destas almas, e elas tanto se endurecem com o tempo em tais coisas, que se torna muito duvidosa a sua volta ao caminho puro da virtude e verdadeiro espírito. Nestas misérias vêm a dar, por terem começado a se entregar com demasiada segurança às apreensões e sentimentos espirituais, quando principiavam a aproveitar no caminho.

490 NOITE ESCURA

4. Haveria tanto a dizer sobre as imperfeições destes aproveitados, e mostrar como são mais incuráveis por as terem eles como mais espirituais do que as primeiras, que deixo de falar. Digo somente o seguinte, para fundamentar a necessidade desta noite espiritual – isto é, a purificação –, para a alma que há de passar adiante: nenhum, só, destes aproveitados, por melhor que haja procedido, deixa de ter muitos daqueles apegos naturais e hábitos imperfeitos, necessitados de prévia purificação para poder passar a alma à união divina.

5. Além disto, como a parte inferior ainda participa nestas comunicações espirituais, não podem elas ser tão intensas, puras e fortes, segundo exige a união com Deus. Portanto, para chegar a esta união de amor, convém à alma entrar na segunda noite, do espírito. Então, despojado o sentido e o espírito perfeitamente de todas estas apreensões e sabores, caminha em obscura e pura fé, meio próprio e adequado para unir-se com Deus, segundo ele diz por Oseias, com estas palavras: "Eu te desposarei na fé" (Os 2,20)[1], a saber, unir-te-ei comigo pela fé.

CAPÍTULO III

Anotação para o que se segue.

1. Estes espirituais vão, pois, por certo tempo, nutrindo os sentidos com suaves comunicações. Atraída e deliciada com o gosto espiritual que dimana da parte superior, a parte sensitiva une-se e põe-se em harmonia com o espírito. Alimentam-se, sentido e espírito juntos, cada um a seu modo, do mesmo manjar espiritual e no mesmo prato que nutre a ambos como a uma só pessoa. E assim, de certo modo irmanados e conformes em unidade, estão dispostos agora para, juntos, sofrer a áspera e dura purificação do espírito, que

1. O texto diz: "Eu te desposarei com uma inviolável fidelidade".

os espera. É aí que se hão de purificar perfeitamente estas duas partes da alma – espiritual e sensitiva –, pois nunca se purifica bem uma sem a outra. De fato, a verdadeira purificação do sentido só se realiza quando começa deliberadamente a do espírito. Por isto, a noite do sentido que descrevemos, mais propriamente se pode e deve chamar certa reforma e enfreamento do apetite, do que purificação. A razão é que todas as imperfeições e desordens da parte sensitiva derivam sua força e raiz do espírito, onde se formam todos os hábitos, bons e maus: e assim, enquanto este não é purificado, as revoltas e desmandos do sentido não o podem ser suficientemente.

2. Nesta noite de que vamos falar, purificam-se conjuntamente as duas partes. Para conseguir este fim, era necessário passar o sentido pela reforma da primeira noite, e chegar à bonança que dela resultou; e, unido agora com o espírito, poderão os dois, de certo modo, sofrer a purificação com mais fortaleza nesta segunda noite. Com efeito, é mister tão grande ânimo para suportar tão dura e forte purificação que, se não houvesse a anterior reforma da fraqueza inerente à parte inferior, e se depois não tivesse cobrado força em Deus pela saborosa e doce comunicação com ele, a natureza não sentiria coragem nem disposição para sofrer tal prova.

3. Estes adiantados na via espiritual agem de modo muito baixo e natural em seus exercícios e relações com Deus, pelo motivo de não terem ainda purificado e acrisolado o ouro do espírito. E assim, "compreendem as coisas de Deus como pequeninos; falam de Deus como pequeninos; saboreiam e sentem a Deus como pequeninos", segundo diz São Paulo (1Cor 13,11). Isto sucede por não haverem chegado à perfeição, que é a união da alma com Deus. Em chegando a ela, tornam-se grandes, operando coisas magníficas em seu espírito, sendo então suas obras e potências mais divinas do que humanas, conforme será dito depois. Deus, em realidade, querendo despojá-los agora do velho homem e vesti-los do novo, criado segundo Deus na novidade do sentido, de que

fala o Apóstolo (Ef 4,23-24), despoja-lhes, de fato, as potências, afeições e sentidos, tanto espirituais como sensíveis, exteriores e interiores. Deixa-os com o entendimento na escuridão, a vontade na secura, a memória no vazio; as afeições da alma em suma aflição, amargura e angústia. Priva a mesma alma do sentido e gosto que antes experimentava nos bens espirituais, a fim de que esta privação seja um dos princípios requeridos no espírito para a introdução nele, da forma espiritual, que é a união de amor. Tudo isto opera o Senhor na alma por meio de uma pura e tenebrosa contemplação, conforme ela o dá a entender na primeira canção. E, embora esta canção esteja explicada a respeito da primeira noite do sentido, a alma a entende principalmente em relação a esta segunda noite do espírito, que é a parte mais importante da purificação. E assim, a este propósito queremos colocá-la e declará-la uma vez mais.

CAPÍTULO IV

Põe-se a primeira canção e sua declaração.

Em uma noite escura,
De amor em vivas ânsias inflamada,
Oh! ditosa ventura!
Saí sem ser notada.
Já minha casa estando sossegada.

DECLARAÇÃO

1. Interpretemos agora esta canção, quanto à purificação, contemplação, desnudez ou pobreza de espírito – que tudo isto aqui é quase a mesma coisa. Podemos então declarar como segue, em que a alma diz: em pobreza, desamparo e desarrimo de todas as minhas apreensões, isto é, em obscuridade do meu entendimento, angústia de minha vontade, e em aflição e agonia quanto a minha memória, permane-

cendo na obscuridade da pura fé, – que é na verdade noite escura para as mesmas potências naturais – só com a vontade tocada de dor e aflições, cheia de ânsias amorosas por Deus, saí de mim mesma. Saí, quero dizer, do meu baixo modo de entender, de minha fraca maneira de amar, e de meu pobre e escasso modo de gozar de Deus, sem que a sensualidade nem o demônio me tenham podido estorvar.

2. Esta saída foi grande sorte e feliz ventura para mim, porque, em acabando de aniquilar e sossegar as potências, paixões e apetites, nos quais sentia e gozava tão baixamente de Deus, passei do trato e operação humana que me eram próprios, à operação e trato divino. A saber: meu entendimento saiu de si, mudando-se, de humano e natural, em divino. Unindo-se a Deus nesta purificação, já não compreende pelo seu vigor e luz natural, mas pela divina Sabedoria à qual se uniu. Minha vontade saiu também de si, tornando-se divina; unida agora com o divino amor, já não ama humildemente com sua força natural e sim com a força e pureza do Espírito Santo, não mais agindo de modo humano nas coisas de Deus. E a memória igualmente converteu-se em apreensões eternas de glória. Enfim, todas as forças e afeições da alma, passando por esta noite e purificação do velho homem, se renovam em vigor e sabores divinos.

Segue-se o verso:

Em uma noite escura.

CAPÍTULO V

*Põe-se o primeiro verso, começando
a explicar como esta contemplação obscura é para a
alma não somente noite, mas também
pena e tormento.*

1. Esta noite escura é um influxo de Deus na alma, que a purifica de suas ignorâncias e imperfeições habituais, tanto naturais como espirituais. Chamam-na os contem-

plativos contemplação infusa, ou teologia mística. Nela vai Deus em segredo ensinando a alma e instruindo-a na perfeição do amor, sem que a mesma alma nada faça, nem entenda como é esta contemplação infusa. Por ser ela amorosa sabedoria divina, Deus produz notáveis efeitos na alma, e a dispõe, purificando e iluminando, para a união de amor com ele. Assim, a mesma amorosa Sabedoria que purifica os espíritos bem-aventurados, ilustrando-os, é que nesta noite purifica e ilumina a alma.

2. Surge, porém, a dúvida: por que à luz divina (que, conforme dissemos, ilumina e purifica a alma de suas ignorâncias) chama a alma agora "noite escura"? A isto se responde: por dois motivos esta divina Sabedoria é não somente noite e trevas para a alma, mas ainda pena e tormento. Primeiro, por causa da elevação da Sabedoria de Deus, que excede a capacidade da alma, e, portanto, lhe fica sendo treva; segundo, devido à baixeza e impureza da alma, e por isto lhe é penosa e aflitiva, e também obscura.

3. Para provar a primeira afirmação, convém supor certa doutrina do Filósofo: quanto mais as coisas divinas são em si claras e manifestas, tanto mais são para a alma naturalmente obscuras e escondidas. Assim como a luz, quanto mais clara, tanto mais cega e ofusca a pupila da coruja; e quanto mais se quer fixar os olhos diretamente no sol, mais trevas ele produz na potência visual, paralisando-a, porque lhe excede a fraqueza. Do mesmo modo quando esta divina luz de contemplação investe a alma que ainda não está totalmente iluminada, enche-a de trevas espirituais; porque, não somente a excede, como também paralisa e obscurece a sua ação natural. Por este motivo, São Dionísio e outros místicos teólogos chamam a esta contemplação infusa "raio de treva". Isto se entende quanto à alma não iluminada e purificada, pois a grande luz sobrenatural desta contemplação vence a força natural da inteligência, privando-a do seu exercício. Por sua vez disse Davi: "Nuvens e escuridão estão em redor dele" (Sl 96,2); não porque isto

LIVRO II – CAPÍTULO V

seja realmente, mas por ser assim para os nossos fracos entendimentos, os quais, em tão imensa luz, cegam-se e se ofuscam, não podendo elevar-se tanto. Esta verdade o mesmo Davi o declarou em seguida, dizendo: "Pelo grande resplendor de sua presença, as nuvens se interpuseram" (Sl 17,13)[1], isto é, entre Deus e nosso entendimento. Daí procede que este resplandecente raio de secreta Sabedoria, derivando de Deus à alma ainda não transformada, produz escuras trevas no entendimento.

4. Está claro que esta obscura contemplação também é penosa para a alma, nos princípios. Com efeito, tendo esta divina contemplação infusa tantas excelências, extremamente boas, e a alma, ao invés, ainda estando cheia de tantas misérias em extremo más – por não estar purificada – não podem caber dois contrários num só sujeito que é alma. Logo, necessariamente esta há de penar e padecer, sendo o campo onde se combatem os dois contrários que lutam dentro dela. Tal combate resulta da purificação das imperfeições, que se opera por meio desta contemplação. É o que vamos provar por indução, da seguinte maneira.

5. Primeiramente, como é muito clara e pura a luz e sabedoria desta contemplação, e a alma, por ela investida, está tenebrosa e impura, sente muito sofrimento ao receber essa luz, do mesmo modo que aos olhos indispostos, impuros e doentes, causa dor o dardejar de uma luz resplandecente. Esta pena que padece a alma, por estar ainda impura, é imensa, quando deveras tal divina luz a investe. Quando, de fato, a pura luz investe a alma, a fim de lhe expulsar a impureza, sente-se tão impura e miserável, que Deus lhe parece estar contra ela, e ela contra Deus. Donde, tanto é o sentimento e penar da alma, imaginando-se então rejeitada por Deus, que Jó considerava como um dos maiores trabalhos estar posto por Deus neste exercício, e assim

---

1. Citação aproximada. O texto diz: "As nuvens se desfizeram".

o exprimia: "Por que me puseste contrário a ti, e sou grave e pesado a mim mesmo?" (Jó 7,20). Vendo aqui a alma claramente, por meio desta pura luz – embora nas trevas –, sua própria impureza, conhece com evidência que não é digna de Deus nem de criatura alguma. Aumenta-se-lhe a aflição ao pensar que jamais o será, e que já se acabaram os seus bens. Esta impressão provém da imersão profunda de sua mente no conhecimento e sentimento de seus males e misérias. Todos eles lhe são postos diante dos olhos, por esta divina e obscura luz, dando-lhe a consciência clara de que em si mesma jamais poderá ter outra coisa. Podemos entender neste sentido aquela palavra de Davi que diz: "Pela iniquidade corrigiste o homem, e fizeste com que a sua alma se desfizesse como a aranha" (Sl 38,12).

6. Em segundo lugar, sofre a alma por causa de sua fraqueza natural, moral e espiritual; quando esta divina contemplação a investe com alguma força, a fim de fortalecê-la e domá-la, de tal maneira a faz sofrer em sua fraqueza, que por um pouco desfalecerá – o que particularmente se verifica algumas vezes, quando investe com força um pouco maior. Então o sentido e o espírito, como se estivessem debaixo de imensa e obscura carga, penam e agonizam tanto, que a alma tomaria por alívio e favor a morte. Ao experimentar Jó esta pena, dizia: "Não quero que contenda comigo com muita fortaleza, nem que me oprima com o peso de sua grandeza" (Jó 23,6).

7. Sob a força desta operação e peso, sente-se a alma tão longe de ser favorecida, a ponto de lhe parecer que aquilo mesmo que antes a ajudava se acabou com o demais, e não há quem se compadeça dela. A este propósito disse também Jó: "Compadecei-vos de mim, compadecei-vos de mim, ao menos vós, meus amigos, porque a mão do Senhor me tocou" (Jó 19,21). Causa grande espanto e lástima ser tanta a fraqueza e impureza da alma, que, embora a mão de Deus seja por si mesma tão branda e suave, a própria alma a sinta agora tão pesada e contrária; ora, esta mão

LIVRO II – CAPÍTULO VI

divina não pesa nem faz carga, mas apenas toca, e isto o faz misericordiosamente, com o fim de conceder graças à alma, e não de castigá-la.

CAPÍTULO VI

Outras maneiras de sofrimento que a
alma padece nesta noite.

1. A terceira espécie de sofrimento e pena que a alma agora padece provém de outros dois extremos que aqui se encontram: o divino e o humano. O divino é esta contemplação purificadora, e o humano a própria alma que a recebe. O divino a investe a fim de renová-la, para que se torne divina: despoja-a de suas afeições habituais e das propriedades do homem velho, às quais está a mesma alma muito unida, conglutinada e conformada. E de tal maneira é triturada e dissolvida em sua substância espiritual, absorvida numa profunda e penetrante treva, que se sente diluir e derreter na presença e na vista de suas misérias, sofrendo o espírito como uma morte cruel. Parece-lhe estar como tragada por um bicho no seu ventre tenebroso, e ali ser digerida; assim, padece as angústias que Jonas sofreu no ventre daquele monstro marinho. De fato, é necessário à alma permanecer neste sepulcro de obscura morte, para chegar à ressurreição espiritual que espera.

2. Este gênero de tormento e pena, verdadeiramente indizível, descreve-o Davi, ao dizer: "Cercaram-me os gemidos da morte... as dores do inferno me rodearam; em minha tribulação clamei" (Sl 17,5-7). O que, porém, mais faz penar esta alma angustiada, é o claro conhecimento, a seu parecer, de que Deus a abandonou, e que, detestando-a, arrojou-a nas trevas. Na verdade, grave e lastimoso sofrimento é para a alma crer que está abandonada por Deus. Isto sentiu Davi extremamente em si mesmo, quando disse: "Do mesmo modo que os chagados que dormem

nos sepulcros, desamparados já por tua mão, e de quem já te não mais lembras; assim me puseram em um fosso profundo, em lugar tenebroso, e na sombra da morte; sobre mim pesou o teu furor, e todas as tuas ondas descarregaste sobre mim" (Sl 87,6-8). Com efeito, quando verdadeiramente a contemplação purificadora aperta a alma, esta sente as sombras e gemidos da morte, e as dores do inferno, de modo vivíssimo, pois sente-se sem Deus, castigada e abandonada, e indigna dele que dela está enfadado. Todo este sofrimento experimenta aqui a alma, e ainda mais, porque lhe parece que assim será para sempre.

3. O mesmo desamparo e desprezo sente a alma, da parte de todas as criaturas, e especialmente dos amigos. Eis por que prossegue logo Davi, dizendo: "Afastaste de mim todos os meus conhecidos; tiveram-me por objeto de sua abominação" (Sl 87,9). De tais sofrimentos dá bom testemunho o profeta Jonas, como quem os experimentou corporal e espiritualmente, estando no ventre da baleia, e assim o exprime: "Arrojaste-me ao mais profundo do mar e a corrente das águas me cercou; todos os teus pélagos e todas as tuas ondas passaram por cima de mim. E eu disse: Fui rejeitado de diante de teus olhos; eu, contudo, verei ainda o teu santo Templo (Isto diz, porque aqui purifica Deus a alma para que o veja). "Cercaram-me as águas até à alma; o abismo me encerrou em si, as ondas do mar me cobriram a cabeça. Eu desci até às extremidades dos montes; os ferrolhos da terra me encerram para sempre" (Jn 2,4-7). Por "ferrolhos" se entendem, nesta passagem, as imperfeições da alma, que a impedem de gozar esta saborosa contemplação.

4. O quarto gênero de padecimento da alma é causado por outra excelência desta obscura contemplação, a saber, sua majestade e grandeza; daí nasce o sentimento do extremo oposto, de íntima pobreza e miséria, que há na alma; e este é um dos principais tormentos que sofre nesta purificação. Sente então, em si mesma, um profundo vazio e pobreza, quanto às três espécies de bens que se ordenam ao seu gos-

LIVRO II – CAPÍTULO VI

to, isto é, os bens temporais, naturais e espirituais; vê-se cercada dos males contrários, que são misérias de imperfeições, securas e vazios no exercício de suas potências, e desamparo do espírito em treva. Como Deus purifica, nesta noite, a alma, segundo a substância sensitiva e espiritual, e, segundo as potências interiores e exteriores, convém seja a alma posta em vazio, pobreza e desamparo de todas as partes, e deixada seca, vazia, e em trevas. A parte sensitiva é pois purificada na secura; as potências, no vazio de suas apreensões, e o espírito, em escura treva.

5. Tudo isto opera Deus por meio desta obscura contemplação. Nela, não somente padece a alma o vazio e suspensão de todas as percepções e apoios naturais – padecer na verdade muito aflitivo, como se a alguém enforcassem, ou detivessem em atmosfera irrespirável –, mas também sofre a purificação divina que, à semelhança do fogo nas escórias e ferrugem do metal, vai aniquilando, esvaziando e consumindo nela todas as afeições e hábitos imperfeitos contraídos em toda a vida. Como estas imperfeições estão muito arraigadas na substância da alma, costuma então sofrer grave destruição e tormento interior, além da pobreza e vazio, natural e espiritual, de que já falamos. Deste modo se realiza aqui a palavra inspirada de Ezequiel quando disse: "Junta os ossos uns sobre os outros, para que eu os faça queimar no fogo; as carnes consumir-se-ão, e toda esta mistura ficará cozida, e os ossos queimados" (Ez 24,10). Assim é dada a entender a pena que padece a alma no vazio e pobreza de sua íntima substância sensitiva e espiritual. O mesmo Ezequiel continua, dizendo, a este propósito: "Ponde-a também assim sobre as brasas para que ela o aqueça, e o seu cobre se derreta; e se funda no meio dela a sua imundície, e se consuma a sua ferrugem" (Ez 24,11). É significado nestas palavras o grave tormento da alma na purificação do fogo desta contemplação. Quer dizer o profeta o quanto é necessário – para que em verdade se purifiquem e desfaçam as escórias dos apegos, agarrados

à alma – o aniquilamento e destruição dela mesma, de tal forma se tornaram nela como uma segunda natureza estas paixões e hábitos imperfeitos.

6. Nesta fornalha "se purifica a alma como o ouro no crisol", conforme diz o Sábio (Sb 3,6), e, assim, parece que se lhe desfaz a sua mesma substância, com extremada pobreza, na qual está se consumindo. Isto se pode ver no que diz Davi dele próprio, com respeito a essa purificação, quando clama a Deus por estas palavras: "Salvai-me, Senhor, porque entraram as águas até a minha alma – estou atolado num lodo profundo, e não encontro onde pôr o pé. Cheguei ao alto-mar, e a tempestade me submergiu. Estou cansado de gritar, enrouqueceu a minha garganta; desfaleceram meus olhos, enquanto espero no meu Deus" (Sl 68,2-4): aqui Deus humilha sobremodo a alma, para sobremodo elevá-la depois. E, se ele não ordenasse que estes sentimentos, quando se avivam na alma, depressa sossegassem, ela morreria em mui breves dias; mas são interpolados os períodos em que lhes experimenta a íntima acuidade. Algumas vezes, no entanto, chega a alma a sentir tão ao vivo, que lhe parece ver aberto o inferno e certa a sua perdição. Estas almas verdadeiramente são as que descem vivas ao inferno, porque se purificam aqui na terra como se ali estivessem; e esta purificação é a que havia de fazer lá. E, assim, a alma sofrendo tal purificação, ou não entrará no fogo da outra vida, ou nele se há de deter muito pouco, porque é de maior proveito uma hora deste sofrimento aqui na terra, do que muitas depois da morte.

CAPÍTULO VII

*Continuação do mesmo assunto: outras
aflições e angústias da vontade.*

1. As aflições e angústias da vontade nesta noite são também imensas. Algumas vezes chegam mesmo a traspassar

LIVRO II – CAPÍTULO VII

a alma com a súbita lembrança dos males em que se vê metida, e com a incerteza de seu remédio. A junta-se a isto a memória das prosperidades passadas; porque, ordinariamente, as almas que entram nesta noite já tiveram muitas consolações de Deus e prestaram-lhe grandes serviços. Sentem, portanto, maior dor, vendo-se tão alheias àqueles favores, sem poder mais recuperá-los. É a experiência que Jó exprime por essas palavras: "Eu, aquele em outro tempo tão opulento, de repente encontro-me reduzido a nada e esmagado; tomou-me pelo pescoço, quebrantou-me e pôs-me como alvo para ferir-me. Cercou-me com suas lanças, chagou-me os rins, não me perdoou e espalhou pela terra as minhas entranhas. Despedaçou-me, com feridas sobre feridas; investiu contra mim como forte gigante. Levo um saco cosido sobre a minha pele, e cobri de cinza a minha carne. À força de chorar, inchou-se-me o rosto, e cegaram-me os olhos" (Jó 16,13-17).

2. Tantas e tão graves são as penas desta noite, e tantas citações há na Escritura Sagrada que se poderiam alegar a este propósito, que nos faltaria tempo e forças para escrevê-lo. Aliás, tudo o que se pode expressar é certamente muito abaixo da realidade. Pelos textos já citados, poder-se-á vislumbrar o que seja. Para ir concluindo a explicação deste verso, e para dar a entender melhor o que realiza na alma esta noite, direi o que dela sente Jeremias. Tão extremo é o seu sofrimento, que ele se lamenta e chora com muitas palavras: "Eu sou o varão que vejo minha miséria debaixo da vara da indignação do Senhor. Ameaçou-me e levou-me às trevas e não à luz. Não fez senão virar e revirar contra mim a sua mão o dia todo! Fez envelhecer a minha pele e a minha carne, e quebrantou os meus ossos. Edificou (uma cerca) ao redor de mim e cercou-me de fel e trabalho. Colocou-me nas trevas, como os que estão mortos para sempre. Cercou-me de um muro para que não possa sair; tornou pesados os meus grilhões. E ainda que eu clame e rogue, rejeita minha oração. Fechou-me o caminho com pedras de

silharia; subverteu as minhas veredas. Pôs contra mim es-
preitadores; tornou-se para mim qual leão de emboscada.
Subverteu meus passos, e quebrantou-me; pôs-me na desolação. Armou o seu arco e pôs-me como alvo à seta. Cra-
vou-me nas entranhas as setas da sua aljava. Tornei-me
o escárnio de todo o meu povo, objeto de riso e mofa todo o
dia. Encheu-me de amargura, embriagou-me com absinto.
Quebrou-me os dentes e alimentou-me de cinza. De minha
alma está desterrada a paz; já não sei o que é felicidade. E
eu disse: frustrado e acabado está meu fim, minha pretensão e esperança no Senhor. Lembra-te de minha pobreza e
de minha aflição, do absinto e do fel. Eu repassarei estas
coisas no meu coração, e minha alma definhará dentro de
mim" (Lm 3,1-20).

3. Todas estas lamentações são feitas por Jeremias sobre
tais penas e trabalhos, pintando muito ao vivo os padecimentos da alma nesta purificação e noite espiritual. Convém, portanto, ter grande compaixão desta alma que Deus
põe nesta tempestuosa e horrenda noite. Sem dúvida, para
ela é muito boa sorte sofrer assim, pelos grandes bens que
daí lhe hão de provir; porque Deus há de tirar das trevas
profundos bens, e fazer jorrar luz das sombras da morte,
como diz Jó (Jó 12,22). E, como declara Davi, virá a ser
sua luz tão grande como o foram as trevas (Sl 138,12). É
imenso, contudo, o sofrer em que anda a alma penando, e
grande a incerteza que tem de seu remédio. Crê, como afirma ainda o mesmo profeta Davi, que jamais se há de findar
sua desventura. Parece-lhe ter sido colocada por Deus nas
obscuridades, como aos mortos de há séculos, angustian-
do-se por isto no seu espírito, e turbando-se em seu coração, conforme diz ainda o Salmista (Sl 142,3). É justo, pois,
que tenhamos muita pena e compaixão desta alma; tanto
mais que, em razão da soledade e desamparo causados por
esta tenebrosa noite, se lhe acrescenta o sofrimento de não
achar consolo ou arrimo em nenhuma doutrina, nem em diretor espiritual algum. Por mais que, de muitas maneiras,

sejam mostrados os motivos de consolação que pode a alma ter nestas penas, pelos bens que elas encerram, não o pode crer. Como está tão embebida e imersa no sentimento dos males em que conhece com muita evidência suas próprias misérias, parece-lhe que os outros não veem o que ela vê e sente, e assim, por não a compreenderem, falam daquele modo. Daí brota novo sofrimento: imagina que não é aquele o remédio para o seu mal e na verdade assim é. Até que o Senhor acabe, efetivamente, de purificá-la, do modo que ele o quer, nenhum remédio ou meio serve nem aproveita para este seu penar. Tanto mais é verdade, quanto a alma menos pode agir neste estado. Está como prisioneira em obscura masmorra, atada de pés e mãos, sem poder mover-se, nem ver coisa alguma, longe de sentir qualquer favor do céu, ou da terra. Assim há de permanecer, até que se humilhe, abrande e purifique o espírito, tornando-se ele tão simples e fino, que possa fazer um com o espírito de Deus, segundo o grau de união de amor que ele, na sua misericórdia, quiser conceder-lhe. Em consequência, a purificação será mais ou menos forte, e durará mais ou menos tempo.

4. Se há de ser, porém, verdadeira purificação, durará alguns anos, por forte que seja. Contudo, no meio deles, há alternativas de consolação, nas quais, por dispensação de Deus, esta contemplação obscura cessa de investir em forma e modo de purificação, para fazê-lo de modo iluminativo e amoroso. A alma, então, como saída daquelas prisões, é posta em recreação de desafogo e liberdade, gozando e sentindo mui suave paz, na intimidade amorosa de Deus, com facilidade e abundância de comunicação espiritual. Isto é indício da saúde que a alma vai cobrando nesta purificação; bem como prenúncio da fartura que espera. Às vezes chega a ser tão grande a consolação, que lhe parece estarem terminadas as suas provações. Tal é a natureza das coisas espirituais para a alma, sobretudo quando são mais puramente espirituais: se são trabalhos, parece que jamais há de sair deles, e estão acabados os bens, conforme vimos

nos textos já citados; e se são bens do espírito, igualmente parece à alma que se acabaram de uma vez os seus males, e permanecerão sempre os bens, conforme confessou Davi ao ver-se cheio de consolações, dizendo: "Eu disse em minha abundância, não me moverei para sempre" (Sl 29,7).

5. Assim acontece porque a atual posse de um contrário, no espírito, por si mesma remove a posse atual e sentimento do outro contrário – não se dá o mesmo na parte sensitiva da alma, por ser fraca a sua capacidade de apreensão. Como o espírito, nesta altura da purificação, não está ainda de todo purificado e limpo das afeições contraídas na parte inferior, – embora como espírito não se mude, – poderá ainda voltar aos sofrimentos anteriores, por estar preso àquelas afeições. Vemos que assim sucedeu a Davi, quando tornou a sentir muitas dores e penas, embora, no tempo da abundância de consolações, lhe parecesse que ele não mais se demoveria, e por isto dizia que "não se moveria jamais". A alma, de modo análogo, ao ver-se cheia daquela profusão de consolações espirituais, não percebendo a raiz de imperfeição e impureza que ainda lhe resta, julga seus trabalhos para sempre acabados.

6. Este pensamento, contudo, vem à alma poucas vezes; pois, até que esteja terminada a purificação espiritual, ordinariamente não costumam ser essas suaves comunicações interiores com tanta abundância, a ponto de encobrir a raiz que ainda resta dos seus males. Consequentemente, a alma não deixa de sentir, lá no seu íntimo, um não sei quê a lhe faltar, ou ainda por fazer, e isto não lhe permite gozar plenamente daqueles alívios; percebe no interior de si mesma como um inimigo que, embora adormecido e sossegado, lhe dá sempre receio de que venha a despertar e a fazer das suas. E, de fato, assim acontece. Quando mais segura se sente a alma, e, por isto mesmo, menos se acautela, volve a ser tragada e absorvida em outro grau pior da noite, mais duro, tenebroso e aflitivo do que o precedente,

o qual durará outro período, porventura, mais longo do que o anterior. Novamente, então, vem a crer que todos os bens estão acabados para sempre. Não lhe basta a experiência da prosperidade passada, da qual gozou após a primeira tribulação, julgando, nesse tempo, que não haveria mais penas: continua a pensar, nesta segunda fase de sofrimento, que todos os bens se acabaram e não mais voltarão, como sucedeu da primeira vez. Esta convicção tão firme se estabelece na alma, como tenho dito, por causa da atual apreensão do espírito, que aniquila nele toda outra ideia contrária.

7. Está aí a razão pela qual as almas detidas no purgatório padecem grandes dúvidas sobre se hão de sair jamais daquele lugar, e se as suas penas terão fim. Embora tenham de modo habitual as três virtudes teologais, fé, esperança e caridade, todavia o sentimento atual das penas que sofrem, e da privação de Deus, não lhes permite gozar então do benefício e consolo dessas virtudes. Evidentemente conhecem que amam a Deus: mas isto não lhes traz consolação, porque não lhes parece serem amadas por ele, nem se julgam dignas disso. Antes, como se veem privadas de Deus, e mergulhadas em suas próprias misérias, imaginam que há nelas muito motivo para serem aborrecidas e desprezadas por ele, com muita razão, e para sempre. E assim a alma, aqui nesta purificação, vê que quer bem a Deus, e daria mil vidas por ele (o que é bem verdade, porque no meio destes trabalhos as almas amam a Deus com todas as suas forças): contudo, não sente alívio algum, e sim ainda mais sofrimento. Pois, amando-o tanto, e não pondo em outra coisa a sua solicitude senão em Deus, vê-se ao mesmo tempo tão miserável, que não se pode persuadir do amor de Deus por ela, nem de motivo algum, presente ou futuro, para ser dele amada. Ao contrário, vê, nela própria, razões de ser aborrecida, não somente de Deus, mas também de toda criatura para sempre. É isto o que mais

NOITE ESCURA

lhe dói: ver em si mesma motivos para ser rejeitada por aquele a quem ela tanto ama e deseja.

CAPÍTULO VIII

Outras penas que afligem a alma neste estado.

1. Há ainda aqui outra coisa que atormenta e desconsola muito a alma: como esta obscura noite mantém as suas potências e afeições impedidas, não pode levantar o afeto e a mente para Deus, nem consegue rezar; parece-lhe que o Senhor pôs uma nuvem diante dela a fim de não chegar a ele a sua oração, como diz de si Jeremias. É esta, com efeito, a significação do referido texto em que diz o profeta: "Trancou-me e fechou-me os caminhos com pedras quadradas" (Lm 3,44). Se algumas vezes a alma reza, é tão sem gosto e sem força, que lhe parece não a ouvir Deus nem fazer caso. O profeta dá a entender isto na mesma passagem, dizendo: "Se clamo e suplico, desdenha a minha oração" (Lm 8). Na verdade, não é este o tempo propício de falar com Deus, e sim de "pôr a boca no pó", como diz Jeremias (Lm 29), esperando que "porventura lhe venha algum motivo de esperança", e sofrendo com paciência a sua purificação. É o próprio Deus que está agora fazendo sua obra passivamente na alma; por isto, ela nada pode por então. Nem ao menos rezar ou assistir atentamente aos exercícios divinos lhe é possível, nem tampouco tratar de coisas Ou negócios temporais. E não é somente isto: tem muitas vezes tais alheamentos e tão profundos esquecimentos na memória, que chega a passar largo tempo sem saber o que fez nem pensou, ou o que faz, ou ainda o que vai fazer; não lhe é possível nessas ocasiões prestar atenção, embora o queira, em coisa alguma de que se ocupa.

2. Aqui nesta noite não é apenas purificado o entendimento em sua luz natural, e a vontade em suas afeições, mas também a memória, em suas atividades e conheci-

LIVRO II – CAPÍTULO VIII 507

mentos. Convém, portanto, que se aniquile a respeito de tudo isso, realizando aquilo que diz Davi, falando de si mesmo nesta purificação: "Fui aniquilado e não o soube" (Sl 72,22)[1]. Este "não saber" refere-se às ignorâncias e esquecimentos da memória – alheamentos e olvidos causados pelo recolhimento interior no qual esta contemplação absorve a alma. Com efeito, para que a alma fique disposta e bem-adaptada ao divino, com as potências preparadas para a união de amor com Deus, convinha primeiro ser absorvida com todas elas nesta divina e obscura luz espiritual de contemplação, e assim ficar abstraída de todas as afeições e apreensões criadas. Isto se faz, em cada caso, na medida da intensidade da contemplação. Quando, pois, esta divina luz investe a alma com maior simplicidade e pureza, tanto mais a obscurece, esvazia e aniquila em todos os seus conhecimentos e afeições particulares, seja se refiram a coisas celestes ou a coisas terrestres. E quando essa luz é menos pura e simples, a privação da alma é menor e menos obscura. Parece incrível dizer que a luz sobrenatural e divina tanto mais obscurece a alma quanto mais tem de claridade e pureza; e que menor seja a obscuridade quando a luz é menos clara e pura. Entenderemos bem esta verdade se considerarmos o que já ficou provado mais acima, com a sentença do Filósofo: as coisas sobrenaturais são tanto mais obscuras ao nosso entendimento quanto mais luminosas e manifestas em si mesmas.

3. A fim de dar a entender mais claramente, vamos pôr aqui uma comparação tirada da luz natural e comum. Olhemos o raio de sol entrando pela janela: quanto mais puro e limpo está de átomos e poeiras, tanto menos distintamente é visto; e, pelo contrário, quanto mais átomos e poeiras e detritos tem a atmosfera, tanto mais visível aparece aos nossos olhos. A causa é a seguinte: a luz não

1. Citação aproximada. Diz o texto: "Também eu fui reduzido a nada, e não o entendi".

é vista diretamente em si mesma, mas é o meio pelo qual vemos todas as coisas que ela ilumina. E pela sua reverberação nos objetos, percebem-na nossos olhos: não fora esse reflexo, não seriam vistos os objetos, nem a luz. E assim, se o raio de sol entrasse pela janela de um aposento atravessando-o pelo meio, de lado a lado, e não encontrasse objeto algum, nem houvesse átomos de poeira no espaço, em que pudesse refletir-se, não haveria mais luz no aposento do que antes, e não se veria o raio. Ao contrário, se olhássemos com atenção, observaríamos como estaria mais escuro o lugar atravessado pela luz; porque tiraria algo da outra luz já existente no aposento, uma vez que não se vê o raio luminoso quando não há objetos visíveis sobre os quais ele se possa refletir.

4. Eis aí o que, sem mais nem menos, faz este divino raio de contemplação na alma. Investindo-a com sua luz divina, ultrapassa a luz natural da alma, e com isto a obscurece, privando-a de todos os conhecimentos e afeições naturais que recebia mediante a sua própria luz. Por consequência, deixa-a não somente às escuras, mas também vazia em suas potências e apetites, tanto espirituais como naturais. Deixando-a assim vazia e na escuridão, purifica-a e ilumina-a com divina luz espiritual, sem que a alma possa pensar que esteja iluminada, e sim nas trevas. É, conforme dissemos, como o raio, que embora estando no meio do aposento, se está livre e puro sem refletir-se em coisa alguma, não é visto. Quando, porém, esta luz espiritual, investindo a alma, encontra algo em que refletir-se, isto é, quando se oferece algo de perfeição ou imperfeição espiritual para ser entendido, seja mesmo um átomo pequeníssimo, ou um juízo a fazer do que é falso ou verdadeiro, logo a alma o percebe, e entende então muito mais claramente do que antes de haver sido mergulhada nestas trevas. Do mesmo modo, a luz espiritual que recebe ajuda-a a conhecer com facilidade a imperfeição que se apresenta. Assim o raio de sol, que está no aposento sem ser visto, conforme já dissemos: embora

LIVRO II – CAPÍTULO IX

não seja visto, se passarmos a mão ou algum objeto através dele, logo se verá a mão ou o objeto, ou perceber-se-á haver ali a luz do sol.

5. Por ser esta luz espiritual tão simples, pura e geral, não se prendendo nem particularizando a coisa alguma especialmente inteligível – pois mantém as potências da alma vazias e aniquiladas a respeito de todos os seus conhecimentos –, com muita facilidade e generalidade leva a alma a conhecer e penetrar qualquer coisa do céu ou da terra, que se apresente. Por isto disse o Apóstolo: "O espiritual todas as coisas penetra, até as profundezas de Deus" (1Cor 2,12). É desta sabedoria simples e geral que se entende a palavra do Espírito Santo pela boca do Sábio: "Atinge tudo, por causa de sua pureza" (Sb 7,24), isto é, porque não se particulariza a algum conhecimento inteligível, ou afeição determinada. Esta é a propriedade do espírito purificado e aniquilado em todas as suas afeições e inteligências particulares: não gozando nem entendendo coisa alguma determinada, permanecendo em seu vazio, em obscuridade e trevas, está muito disposto a abraçar tudo. E assim se verifica nele a palavra de São Paulo: "Nada tendo, tudo possuímos" (2Cor 6,10). Porque tal bem-aventurança é devida a tal pobreza de espírito.

CAPÍTULO IX

Explica-se como esta noite é destinada
a esclarecer e dar luz ao espírito,
embora o obscureça.

1. Falta-nos agora dizer, pois, como esta ditosa noite, embora produza trevas no espírito, só o faz para dar-lhe luz em todas as coisas. Se ela o humilha e torna miserável, é apenas com o fim de exaltá-lo e levantá-lo; e quando o empobrece e despoja de toda posse e apego natural, visa dilatá-lo no gozo e gosto de todas as coisas do céu e da terra, com liberdade de espírito extensiva a tudo em geral.

Os elementos da natureza, para que se combinem em todos os seus compostos e seres naturais, devem estar livres de qualquer particularidade de cor, cheiro ou sabor, a fim de poderem adaptar-se a todos os sabores, cheiros e cores. De modo análogo, convém ao espírito estar simples, puro e desapegado de todas as espécies de afeições naturais, tanto atuais como habituais, para poder comunicar-se livremente, em dilatação espiritual, com a divina Sabedoria, na qual ele goza, por sua pureza, de todas as coisas com certa eminência de perfeição. Sem esta purificação, porém, de modo algum poderá o espírito sentir nem gozar a satisfação de toda esta abundância de sabores espirituais. Basta um só apego ou particularidade a que o espírito esteja preso, seja por hábito ou por ato, para não sentir nem gozar dessa delicadeza e íntimo sabor do espírito de amor, que contém em si eminentemente todos os sabores.

2. Os filhos de Israel, unicamente porque conservavam um só apego e lembrança das carnes e manjares saboreados no Egito, não podiam gostar do delicado pão dos anjos no deserto – o maná, que, no dizer da Sagrada Escritura, encerrava a doçura de todos os sabores e se adaptava ao gosto de cada pessoa (Sb 16,21). O mesmo se dá com o espírito: enquanto estiver ainda apegado a alguma afeição, seja atual ou habitual, ou se detiver em conhecimentos particulares e quaisquer outras apreensões, não poderá chegar a gozar os deleites do espírito de liberdade conforme a vontade o deseja. A razão disto é a seguinte: as afeições, sentimentos e apreensões do espírito perfeito, sendo de certo modo divinos, são, pela sua eminência, de outra espécie e gênero tão diferente das naturais, que para possuir aquelas é preciso expulsar e aniquilar estas; porque dois contrários não podem subsistir ao mesmo tempo num só sujeito. É, portanto, muito conveniente e necessário, para chegar a essas grandezas, que esta noite escura de contemplação primeiro aniquile a alma e a desfaça em suas baixezas, deixando-a na escuridão, na secura, na angústia e no vazio;

porque a luz que lhe será dada é uma altíssima luz divina, excedente a toda luz natural, e, portanto, incompreensível naturalmente ao entendimento.

3. Para que, pois, o entendimento possa chegar a unir-se com essa altíssima luz, e ser divinizado no estado de perfeição, convém seja primeiramente purificado e aniquilado quanto à sua luz natural, ficando no estado atual de trevas, por meio desta obscura contemplação. Estas trevas hão de permanecer tanto quanto for mister para expelir e aniquilar o hábito contraído desde muito tempo em sua maneira natural de entender; a esse hábito, então, substituir-se-á a ilustração e luz divina. Como o espírito entendia antes com a força de sua luz natural, daí resulta serem as trevas, que padece, profundas, horríveis e muito penosas; ele as sente em sua mais íntima substância, e por isto parecem trevas substanciais. De modo semelhante, o amor, que lhe será dado na divina união de amor, é divino, e, portanto, muito espiritual, sutil e delicado, excedendo a todo afeto e sentimento da vontade, bem como a todas as suas tendências; por esta razão é conveniente também que a vontade, para poder chegar à experiência e gozo desta divina afeição e altíssimo deleite na união de amor – a que não pode chegar naturalmente –, seja antes purificada e aniquilada em todas as suas afeições e sentimentos. É necessário que permaneça na secura e na angústia todo o tempo conveniente, conforme o hábito precedente de suas afeições naturais, seja em relação às coisas divinas ou humanas; e assim, extenuada, seca e bem purificada, no fogo desta obscura contemplação, de todo o gênero de demônios, (como o coração do peixe de Tobias sobre as brasas) tenha disposição pura e simples, e paladar purificado e são, para perceber os altíssimos e peregrinos toques do divino amor. Nesse amor ver-se-á então transformada divinamente, desaparecidas de uma vez todas as contrariedades atuais e habituais que, segundo já dissemos, tinha anteriormente.

4. É para essa divina união de amor que se dispõe e encaminha a alma, mediante esta noite escura. Para atingir tão alto fim, há de estar a mesma alma dotada e cheia de certa magnificência gloriosa em sua comunicação com Deus, a qual encerra em si inumeráveis bens, e cujos deleites ultrapassam toda a abundância de que a alma é naturalmente capaz; pois é impossível à sua condição natural, fraca e impura, receber tanto. Isaías testifica esta verdade, dizendo: "O olho não viu, nem o ouvido ouviu, nem caiu em coração humano o que Deus reservou aos que o amam" (Is 64,3)[1]. Convém, portanto, à alma ficar primeiro no vazio e na pobreza do espírito, purificada de todo apoio, consolo ou percepção natural, a respeito de todas as coisas divinas e humanas; e assim vazia, seja verdadeiramente pobre de espírito, bem como despojada do homem velho, a fim de viver aquela nova e bem-aventurada vida que por meio desta noite se alcança, e que é o estado de união com Deus.

5. Além de tudo isto, a alma virá a ter um novo senso e conhecimento divino, muito abundante e saboroso, em todas as coisas divinas e humanas, que não pode ser encerrado no sentir comum e no modo de saber natural; porque então tudo verá com olhos bem diferentes de outrora – diferença essa tão grande, como a que vai do sentido ao espírito. Para isto é necessário que o espírito se afine e seja curtido, quanto ao seu modo natural e comum de conhecer; e posto, então, mediante a noite de contemplação purificadora, em grande angústia e aperto. Ao mesmo tempo a memória é também afastada de todo o conhecimento amorável e pacífico, experimentando interiormente uma espécie de estranheza e alheamento em todas as coisas, como se tudo lhe fosse diferente e de outra maneira do que costumava ser. Assim, pouco a pouco, vai esta noite tirando o espírito do seu modo ordinário e vulgar de sentir, e ao mesmo tempo elevando-o ao

---

1. Citação aproximada. O texto diz: "Não chegou a ouvido nem olho jamais viu outro deus fora de vós fazer tanto por quem nele confia".

LIVRO II – CAPÍTULO IX

sentir divino, o qual é estranho e alheio de toda a maneira humana. A alma julga então viver fora de si, no meio destas penas; outras vezes põe-se a pensar se será encantamento aquilo que experimenta, ou algum feitiço; anda maravilhada com as coisas que vê e ouve, parecendo-lhes estranhas e peregrinas, e, no entanto, são as mesmas de sempre. A razão disso é estar se afastando e se alheando do modo comum de sentir e entender tudo; e assim aniquilada quanto a esse modo natural, vai sendo transformada no divino, que é mais próprio da outra vida do que desta.

6. Todas estas aflitivas purificações do espírito sofre a alma para nascer de novo à vida do espírito, que se realiza por meio desta divina influência. Com estas dores vem a dar à luz o espírito de salvação, cumprindo-se a sentença de Isaías que diz: "Assim somos nós, Senhor, diante de tua face; concebemos, e sofremos as dores do parto, e demos à luz o espírito" (Is 26,17-18)[2]. Além do mais, por meio desta noite contemplativa, a alma se dispõe para chegar à tranquilidade e paz interior que ultrapassa todo o sentido, como diz a Glosa (Fl 4,7); por isto é necessário ser a alma despojada de toda paz anterior que, envolta como estava em tantas imperfeições, na verdade não era paz. Podia a alma estar persuadida de que o era, porque lhe agradava ao gosto, e duplamente a satisfazia, isto é, ao sentido e espírito, enchendo-a de abundantes delícias espirituais; mas, de fato, torno a dizer, era uma paz imperfeita. Convém, portanto, ser purificada, e assim tem que ser despojada e perturbada em sua primeira paz. Isto experimentava com lamentações o profeta Jeremias – no texto já dele citado para a declaração das provações da noite passada –, quando dizia: "E está desterrada de minha alma a paz" (Lm 3,17).

7. Muito penosa é esta perturbação, cheia de receios, imaginações e combates, que abriga a alma em si; com a

---

2. Citação adaptada ao pensamento de N.P. São João da Cruz. Diz o texto: "...e o que demos à luz foi vento".

impressão e sentimento das misérias em que se vê, suspeita que está perdida, e igualmente perdidos para sempre todos os seus bens. Donde traz no espírito tão profunda dor e gemido que lhe provoca fortes rugidos e bramidos espirituais, às vezes pronunciados mesmo com a boca, desatando em lágrimas, quando há força e virtude para assim fazer, sendo, porém, raro achar este alívio. Davi, com bastante experiência própria deste estado, o declarou em um salmo, dizendo: "Estou muito afligido e grandemente humilhado; o gemido de meu coração arranca-me rugido" (Sl 37,9). Tal rugido é dolorosíssimo, porque, algumas vezes, com a súbita e aguda lembrança das misérias em que se vê metida, a alma chega a sentir tão vivamente tanto sofrimento e dor, a levantar-se nela e cercá-la, que não sei como seria possível exprimir. Só a comparação do santo Jó, estando ele próprio nesta provação, poderia dar a entender como é. São estas as suas palavras: "Assemelha-se meu rugido às águas que transbordam" (Jó 3,24). Do mesmo modo, pois, que as águas, por vezes, transbordam, enchendo e inundando tudo, assim este rugido e sentimento da alma chega a crescer tanto em algumas ocasiões, que a inunda e transpassa toda, enchendo-a de angústias e dores espirituais em todas as suas afeições profundas e nas suas forças mais íntimas, acima de tudo o que se pode encarecer.

8. Tal é a obra feita na alma por esta noite que esconde as esperanças da luz do dia. Falando a este propósito, disse também o profeta Jó: "Na noite é traspassada minha boca com dores, e os que me comem não dormem" (Jó 30,17)[3]. Pela boca se entende aqui a vontade, a qual é traspassada com estas dores, que não dormem nem cessam de despedaçar a alma; pois as dúvidas e receios, que assim a atormentam, nunca cessam.

9. Profunda é esta guerra e combate, porque há de ser também muito profunda a paz que a alma espera. E se a

---

3. O texto diz: "Meus ossos sao transpassados de dores"

LIVRO II – CAPÍTULO IX

dor espiritual é íntima e penetrante, o amor que há de possuir a mesma alma será igualmente íntimo e apurado. Com efeito, quanto mais íntima, esmerada e pura há de ser e ficar a obra, tanto mais íntimo, esmerado e puro há de ser também o lavor; e o edifício será tanto mais firme quanto mais forte o fundamento. Por isto, como diz Jó, está murchando em si mesma a alma, e suas entranhas estão fervendo, sem esperança alguma (Jó 30,16.27). Assim acontece, nem mais nem menos, à alma que há de chegar a possuir e gozar, no estado de perfeição, inumeráveis bens de virtude e dons divinos, e a isto se encaminha por meio desta noite de purificação: é preciso que ela seja de um modo geral, tanto na sua íntima substância como em suas potências, primeiramente privada de seus bens, e se sinta afastada, vazia e pobre de todos eles; e que também lhe pareça estar tão longe deles, a ponto de não conseguir persuadir-se de que poderá jamais possuí-los, mas, ao contrário, só pode pensar que todo bem se acabou para ela. Esta verdade também é dada a entender por Jeremias, no texto já citado, quando diz: "Perdi a memória de todo o bem" (Lm 3,17).

10. Respondamos agora a uma dúvida: essa luz de contemplação é em si mesma tão suave e aprazível à alma, que para ela não há coisa mais desejável; e, como acima dissemos, essa luz é a mesma em que a alma chega à união, achando nela todos os bens, no estado de perfeição a que aspira. Por que motivo, pois, produz, nestes primeiros tempos, efeitos tão penosos e estranhos, como os que já referimos?

11. A essa dúvida facilmente se responde, repetindo o que em parte já foi dito: não é que haja, na contemplação e infusão divina, algo que possa em si mesmo produzir sofrimento, pois, ao contrário, só produz muita suavidade e deleite. Mas a razão está na atual fraqueza e imperfeição da alma, bem como nas suas disposições contrárias à recepção da luz. Por este motivo, a luz divina, ao investir a alma, a faz padecer do modo já dito.

CAPÍTULO X

Por uma comparação, explica-se em seu
fundamento esta purificação da alma.

1. Para maior clareza do que foi dito e se há de dizer ainda, é preciso observar aqui como esta purificadora e amorosa notícia ou luz divina, quando vai preparando e dispondo a alma para a união perfeita de amor, age à maneira do fogo material sobre a madeira para transformá-la em si mesmo. Vemos que este fogo material, ateando-se na madeira, começa por secá-la; tira-lhe a umidade, e lhe faz expelir toda a seiva. Logo continua a sua ação, enegrecendo a madeira, tornando-a escura e feia, e até com mau odor; assim a vai secando pouco a pouco, e pondo à vista, a fim de consumi-los, todos os elementos grosseiros e escondidos que a madeira encerra, contrários ao mesmo fogo. Finalmente, põe-se a inflamá-la e aquecê-la por fora, até penetrá-la toda e transformá-la em fogo, tão formosa como ele próprio. Em chegando a este fim, já não existe na madeira nenhuma propriedade nem atividade própria, salvo o peso e a quantidade, maiores que os do fogo; pois adquiriu as propriedades e ações do próprio fogo. Assim, agora está seca, e seca; está quente, e aquece; está luminosa, e ilumina; está muito mais leve do que era antes; e tudo isto é obra do fogo na madeira, produzindo nela estas propriedades e efeitos.

2. Do mesmo modo havemos de raciocinar acerca deste divino fogo de amor de contemplação: antes de unir e transformar a alma nele, primeiro a purifica de todas as propriedades contrárias. Faz sair fora todas as suas deformidades e, por isto, a põe negra e obscura, dando-lhe aparência muito pior do que anteriormente, mais feia e abominável do que costumava ser. Esta divina purificação anda removendo todos os humores maus e viciosos; de tão profundamente arraigados e assentados, a alma não os podia ver, nem entendia que fossem tamanhos; mas agora, que é necessário

expulsá-los e aniquilá-los, são postos bem à sua vista. A alma os vê muito claramente, iluminada por esta obscura luz de divina contemplação; e, embora não seja por isto pior do que antes, nem em si mesma, nem para Deus, contudo, ao ver dentro de si o que anteriormente não via, parece-lhe evidente que assim o é. E ainda mais, julga-se não somente indigna do olhar de Deus, mas merecedora de que ele a aborreça, e na verdade pensa estar em seu desagrado. Desta comparação podemos agora deduzir muitas coisas sobre o que vamos dizendo e tencionamos ainda dizer.

3. Em primeiro lugar, podemos entender como esta luz e sabedoria amorosa de Deus, que deve unir-se à alma e transformá-la, é a mesma que no início a purifica e dispõe. Assim o fogo que transforma em si a madeira, incorporando-se a ela, é o mesmo que no princípio a esteve dispondo para este efeito.

4. Em segundo lugar, veremos claramente como estas penas que a alma sente não lhe vêm da divina Sabedoria, pois, como disse o Sábio, "todos os bens vieram à alma juntamente com ela" (Sb 7,11). Provém, ao contrário, da fraqueza e imperfeição da própria alma que, sem esta purificação, é incapaz de receber sua divina luz, suavidade e deleite. É conforme acontece à madeira, que não pode ser transformada no fogo logo ao ser posta nele, mas tem de ser aos poucos preparada: assim, a alma padece tanto. Dá bom testemunho desta verdade o Eclesiástico, narrando o que sofreu para chegar à união e fruição da Sabedoria: "Lutou a minha alma por ela; minhas entranhas se comoveram, buscando-a; por isto possuirei grande bem" (Eclo 51,25.29).

5. Em terceiro lugar, podemos, de passagem, fazer uma ideia do sofrimento das almas do purgatório. O fogo, embora lhes fosse aplicado, não teria sobre elas ação, se não tivessem imperfeições para expiar; porque são estas imperfeições a matéria em que se ateia o fogo, e uma vez consumida, não há mais o que queimar. Aqui nesta noite, de modo semelhante, consumidas as imperfeições, cessa o padecer da alma, e fica-lhe o gozo.

6. Em quarto lugar, compreenderemos como a alma, na proporção em que vai sendo purificada e preparada por meio deste fogo de amor, vai também se inflamando mais no amor. Assim observamos na madeira posta no fogo: do mesmo modo e andamento em que se vai dispondo, vai igualmente se aquecendo. Quando a chama cessa de atacar a madeira, é que se pode ver o grau em que a inflamou. De modo análogo, a inflamação de amor não é sempre sentida pela alma; só algumas vezes a percebe, quando a contemplação deixa de investir com muita força. Então a alma pode ver, e mesmo saborear, a obra que nela se realiza, porque lhe é mostrada. Parece-lhe, nessas ocasiões, que a mão que a purifica interrompe o trabalho e tira o ferro da fornalha para lhe proporcionar, de certo modo, a vista desse labor que se vai realizando. Tem agora oportunidade de ver em si mesma o proveito que não percebia quando estava sendo purificada.

7. Em quinto lugar, deduziremos também, desta comparação do fogo, como é certo que a alma, depois destes intervalos de alívios, volta a sofrer mais intensa e delicadamente do que antes. Porque, havendo o fogo do amor manifestado à alma o seu trabalho de purificação, em que consumiu as imperfeições mais exteriores, recomeça a feri-la, a fim de consumir e purificar mais adentro. Nesta purificação mais interior, o sofrimento da alma é tanto mais íntimo, sutil e espiritual quanto mais finamente vai purificando essas imperfeições tão íntimas, delicadas e espirituais, e tão arraigadas na substância de seu ser. Assim observamos na madeira quando o fogo vai penetrando mais adentro: age então com maior força e violência, dispondo a parte mais interior da madeira para apropriar-se dela.

8. Em sexto lugar, descobrir-se-á agora donde provém a impressão de estarem acabados todos os bens da alma, e de estar cheia de males; pois, neste tempo, outra coisa não

lhe vem senão amarguras em tudo. É o mesmo que sucede à madeira quando está ardendo: o ar, e tudo o mais que lhe chega, só serve para atiçar o fogo que a consome. A alma, porém, há de gozar depois de outros alívios, como gozou dos primeiros; e estes de agora serão muito mais íntimos, porque a purificação já penetrou mais adentro.

9. Em sétimo lugar, tiraremos esta conclusão: é certo que a alma, nestes intervalos, goza com muita liberdade; tal o seu consolo, algumas vezes, que, lhe parece, não voltarão mais os sofrimentos. Contudo, não deixa de pressentir quando hão de volver, notando em si mesma uma raiz má que ainda persiste, e que às vezes se mostra evidente e não a deixa gozar de alegria completa; tem a impressão de que está ameaçando, para tornar a investir; e, então, depressa volta a purificação. Enfim, o que ainda resta a ser purificado e iluminado em seu mais recôndito íntimo não pode permanecer escondido à vista do já purificado. Assim sucede à madeira, em que há sensível diferença entre a parte que está ardendo no fogo, e a que vai ser ainda inflamada. Quando, portanto, a purificação volta a investir mais intimamente, não é para admirar que a alma venha a imaginar outra vez que todos os seus bens acabaram e jamais hão de ser readquiridos. Mergulhada como está em sofrimentos mais íntimos, todos os bens mais exteriores desaparecem à sua vista.

10. Tendo, pois, diante dos olhos esta comparação, com a explicação que já foi dada sobre o primeiro verso da primeira canção, referente a esta noite escura e suas terríveis propriedades, será bom sair destas coisas tristes da alma, e começar agora a tratar do fruto de suas lágrimas, bem como das suas ditosas características, que começam a ser cantadas a partir deste segundo verso:

De amor em vivas ânsias inflamada.

CAPÍTULO XI

Começa-se a explicar o segundo verso da canção primeira.
Diz-se como a alma, por fruto destes rigorosos padecimentos,
acha-se inflamada em veemente paixão de amor divino.

1. Neste verso a alma dá a entender o fogo de amor do qual falamos, que se vai ateando nela por meio desta noite de contemplação dolorosa, cuja ação se compara à do fogo material na madeira. A inflamação deste fogo, de certo modo, assemelha-se à que acima referimos, ao descrever a purificação da parte sensitiva; contudo, a diferença entre uma e outra é tão grande, como a alma difere do corpo, ou a parte espiritual da sensitiva. Esta inflamação de amor está agora no espírito, onde, em meio de obscuras angústias, a alma se sente ferida, viva e agudamente, com certo sentimento e conjetura de que Deus ali está, embora não compreenda coisa determinada; porque, conforme dissemos, o entendimento está às escuras.

2. O espírito se sente, então, apaixonado com muito amor, pois esta inflamação espiritual produz paixão de amor. Como este amor é infuso, porquanto é mais passivo que ativo, gera na alma forte paixão de amor. Vai também ele encerrando já algum tanto de união com Deus, e, por conseguinte, participando algo de suas propriedades que são mais ações de Deus do que da alma, e se adaptam a ela passivamente. Quanto à mesma alma, o que faz é apenas dar seu consentimento. O calor, porém, e força, a têmpera e paixão de amor – ou inflamação, como a alma diz neste verso – provém unicamente do amor de Deus que se vai ateando nela, enquanto a vai unindo a si. Quanto maior disposição e capacidade acha na alma este amor, para unir-se a ela e feri-la, tanto mais aperta, impede e inabilita os seus apetites para que ela não possa achar gosto em coisa alguma do céu ou da terra.

3. Isto acontece de modo admirável nesta obscura purificação, como já dissemos; porque Deus mantém os gostos

da alma privados de alimento, e tão recolhidos, que lhes é impossível comprazer-se naquilo que lhes agrada. O fim que Deus tem em vista com esta privação e recolhimento de todos os apetites nele é dar à alma maior fortaleza e capacidade para receber esta forte união de amor divino, que já começa a ser realizada por meio desta purificação. A alma, então, há de amar a Deus com grande energia de todas as suas forças e apetites, sensitivos e espirituais, o que não poderia fazer, se eles se derramassem no gosto de outras coisas. Eis por que Davi, a fim de poder receber a fortaleza do amor desta divina união, dizia a Deus: "Depositarei em ti minha fortaleza" (Sl 58,10). Como se dissesse: porei em ti toda a capacidade, apetite e força de minhas potências; pois não quero empregar sua atividade nem gosto fora de ti em coisa alguma.

4. Pelo que ficou dito, podemos de algum modo considerar como é intensa e forte esta inflamação de amor no espírito, onde Deus concentra todas as energias, potências e apetites da alma, tanto espirituais como sensitivos, a fim de que, em perfeita harmonia, todos eles se apliquem, com todas as suas forças e virtudes, a este amor, vindo a cumprir-se em verdade o primeiro mandamento, o qual, sem nada desdenhar ou excluir no homem, deste amor, diz: "Amarás a teu Deus de todo o teu coração, de toda a tua mente, de toda a tua alma, e com toda a tua força (Dt 6,5).

5. Concentrados, portanto, aqui, nesta inflamação de amor, todos os apetites e forças da alma, e ela, ferida e atingida em todos eles, pela paixão deste amor, como poderemos compreender quais sejam os movimentos e transportes de todas estas forças e afeições, vendo-se inflamadas e feridas deste poderoso amor, sem, contudo, terem a sua posse e satisfação, e achando-se, ao contrário, na obscuridade e na dúvida? Decerto padecem fome como os cães que rondavam a cidade, segundo diz Davi, e os quais, não podendo fartar-se deste amor, se põem a uivar e gemer. Efetivamente, o toque deste amor e fogo divino chega a se-

car tanto o espírito e a abrasar de tal modo os apetites na ânsia de satisfazerem a sua sede deste divino amor, que o espírito dá mil voltas em si mesmo, suspirando por Deus de mil modos e maneiras, com a cobiça e o desejo do apetite. Davi exprime muito bem isto num salmo dizendo: "Minha alma teve sede de ti: de muitas maneiras será por ti atormentada deste ardor a minha carne" (Sl 62,2), isto é, em desejos. E outra versão diz assim: "Minha alma teve sede de ti; minha alma se perde, ou perece por ti".

6. Este é o motivo pelo qual a alma diz no verso da canção: "De amor em vivas ânsias inflamada". Porque em todas as coisas e pensamentos que tem dentro de si, e em todos os negócios e acontecimentos que se lhe apresentam, ama de muitas maneiras, ansiando e padecendo, igualmente, em desejo, de muitas maneiras, por todo tempo e lugar, sem tréguas, pois continuamente experimenta esta pena, na sua ferida inflamada. O profeta Jó dá bem a entender o que se passa na alma, quando assim se exprime: "Assim como o escravo deseja a sombra e o mercenário o fim do trabalho, assim também eu tive os meses vazios e contei noites trabalhosas. Se durmo, digo: quando me levantarei eu? E de novo esperarei a tarde, e fartar-me-ei de dores até a noite" (Jó 7,2-4). Tudo se torna apertado para a alma em tal estado; não cabe em si mesma, não cabe no céu nem na terra; enche-se de dores até ficar cheia, conforme as referidas palavras de Jó que espiritualmente se aplicam ao nosso assunto, e dão a entender o sofrimento e pena, sem consolo algum da mínima esperança de luz ou bem espiritual. Tornam-se, deste modo, maiores as ânsias e padecimentos da alma, nesta inflamação de amor, pois se multiplicam de dois lados: por parte das trevas espirituais em que se vê afligida com dúvidas e receios; e por parte do amor de Deus que a inflama e atiça, e, com sua amorosa ferida, maravilhosamente a atemoriza. Estas duas maneiras de padecer em semelhante estado são muito bem expressas

por Isaías que diz: "A minha alma te desejou na noite" (Is 26,9), isto é, na miséria.

7. Tal é o primeiro modo de padecer, proveniente desta noite escura. "Mas com meu espírito", continua o profeta a dizer, "em minhas entranhas, desde a manhã velarei a ti" (Is 26,9) – eis o segundo modo pelo qual sofre a alma, em ânsias e desejos, produzidos pelo amor nas entranhas do espírito, que são as afeições espirituais. No meio destas penas obscuras e amorosas, todavia, a alma sente certa presença amiga e certa força em seu interior, acompanhando-a e dando-lhe tanta coragem que, ao suspender-se este peso de trevas desoladoras, muitas vezes se sente sozinha, vazia e fraca. O motivo é que a força e eficácia então presentes na alma eram produzidas e comunicadas passivamente pelo fogo tenebroso de amor que a investia; cessando ele de inflamá-la, cessa igualmente a treva, bem assim a força e calor desse amor.

CAPÍTULO XII

Declara-se como esta horrível noite é purgatório, e como, por meio dela, a divina Sabedoria ilumina os homens na terra com a mesma luz com que purifica e ilumina os anjos do céu.

1. Pelo que já foi dito, vemos claramente que esta obscura noite de fogo amoroso, como vai purificando a alma nas trevas, assim também nas trevas a vai inflamando. Observamos igualmente que, assim como se purificam os espíritos na outra vida por meio de um tenebroso fogo material, de maneira semelhante são purificadas e acrisoladas as almas nesta vida presente, por um fogo amoroso, tenebroso e espiritual. E está aí a diferença: lá no outro mundo, a expiação é feita pelo fogo, e aqui na terra a purificação e ilustração se opera tão só mediante o amor. Tal é o amor que pediu Davi ao dizer: "Cria em mim, ó Deus, um coração puro" (Sl 50,12), porque a pureza de coração não é outra

524 NOITE ESCURA

coisa senão o amor e graça de Deus. Nosso Salvador chama bem-aventurados aos puros de coração, o que é tanto como chamá-los enamorados, pois a bem-aventurança não se dá por menos que por amor.

2. Que a alma se purifique à luz deste fogo de sabedoria amorosa – e Deus nunca dá sabedoria mística sem amor, porquanto é o próprio amor que a infunde – bem o prova o profeta Jeremias ao exclamar: "Enviou fogo em meus ossos, e ensinou-me" (Lm 1,13). Davi diz que "a Sabedoria de Deus é prata purificada em fogo" (Sl 11,7)[1], isto é, em fogo de amor que purifica. Com efeito, esta obscura contemplação infunde a um tempo amor e sabedoria na alma, segundo a capacidade e necessidade de cada uma, iluminando-a e purificando-a de suas ignorâncias, conforme diz o Sábio haver acontecido consigo (Eclo 51,26).

3. Concluiremos também daqui que estas almas são purificadas e iluminadas pela mesma Sabedoria de Deus que purifica os anjos de suas ignorâncias, instruindo-os e esclarecendo-os sobre as coisas desconhecidas, derivando-se de Deus pelas jerarquias, desde as primeiras até às últimas, e descendo destas últimas aos homens. Por esta razão, todas as obras e inspirações vindas dos anjos, diz a Sagrada Escritura, com verdade e propriedade, vêm deles e de Deus ao mesmo tempo. O Senhor, efetivamente, costuma comunicar suas vontades aos anjos, e eles vão por sua vez comunicando-as uns aos outros sem dilação alguma, como um raio de sol que atravessasse vários vidros colocados na mesma linha. O raio, embora atravesse todos, todavia, atravessa-os um por um, e cada vidro transmite a luz ao outro, modificada na proporção em que a recebe, com maior ou menor esplendor e força, quanto mais ou menos cada vidro está perto do sol.

4. Por conseguinte, os espíritos superiores, bem como os que estão abaixo, quanto mais perto se encontram de Deus,

---

1. Citação aproximada. O texto diz: "As palavras do Senhor são prata examinada em fogo".

LIVRO II – CAPÍTULO XII

tanto mais estão purificados, e mais totalmente esclarecidos; e os que estão por último recebem esta iluminação muito mais fraca e remota. Segue-se ainda que o homem, sendo o último ao qual chega esta amorosa contemplação – quando Deus a quer dar –, há de recebê-la, por certo, a seu modo, mui limitada e penosamente. A luz de Deus, quando ilumina o anjo, esclarece-o e comunica-lhe a suavidade do amor; porque o encontra disposto, como puro espírito, para receber tal infusão. Quando se trata, porém, do homem, que é impuro e fraco, é natural que Deus o ilumine causando trevas, sofrimentos e angústias, assim como faz o sol, dardejando na pupila doente. Esta luz divina o enamora apaixonada e aflitivamente, até que este mesmo fogo de amor venha a espiritualizar e sutilizar o espírito humano. Assim o vai purificando para torná-lo apto a receber com suavidade, como recebem os anjos, a união desta divina influência, o que se realizará quando estiver já de todo purificado, conforme diremos depois, se Deus quiser. Enquanto, porém, não chega a isto, a contemplação e notícia amorosa é recebida pelo espírito nas aflições e ânsias do amor de que falamos.

5. Esta inflamação e ânsia amorosa não é sempre sentida pela alma. Nos primeiros tempos, ao começar a purificação espiritual, toda a atividade deste fogo mais se aplica em dessecar e preparar a madeira da alma do que em abrasá-la. Já mais adiante, quando este fogo vai aquecendo a alma, é muito comum que ela sinta esta inflamação e este calor de amor. Então, como o entendimento vai sendo mais purificado por meio destas trevas, acontece algumas vezes que esta mística e amorosa teologia vai inflamando a vontade, e, juntamente, ferindo e ilustrando a potência do entendimento; infunde certo conhecimento e luz divina, com tanta suavidade e delicadeza que, com esta ajuda, a vontade se afervora maravilhosamente. Sem nada fazer de sua parte, sente arder em si este divino fogo de amor, em vivas chamas, de maneira que parece à alma fogo vivo, por

causa da viva inteligência que recebe. Esta verdade exprime Davi em um salmo dizendo: "Abrasou-se-me o coração dentro de mim, e no decorrer na minha reflexão um fogo se ateou" (Sl 38,4).

6. Este abrasamento de amor, com união das duas potências, entendimento e vontade, é graça preciosíssima e de grande deleite para a alma; porque é certo toque da divindade e princípio da perfeição na união de amor que está a esperar. E assim, não se chega a esse toque de tão alto sentimento e amor de Deus sem haver passado muitos trabalhos e grande parte da purificação. Para outros toques menos elevados, que sucedem ordinariamente à alma, não é preciso tanta purificação.

7. De quanto dissemos, se colige como, nestes bens espirituais, passivamente infundidos por Deus na alma, a vontade pode muito bem amar, sem o entendimento compreender; como pode o entendimento compreender, sem que a vontade ame. Esta noite escura de contemplação consta de luz divina e amor, assim como o fogo possui também luz e calor; portanto, não há inconveniente em que, na comunicação desta luz amorosa, por vezes seja mais ferida a vontade, e a inflame o amor, deixando às escuras o entendimento, sem receber luz particular; e outras vezes suceda iluminar-se o entendimento para conhecer, e ficar a vontade fria, como pode alguém receber calor do fogo sem lhe ver a luz, ou, pelo contrário, ver a luz sem receber calor. É isto obra do Senhor, que infunde como lhe apraz.

CAPÍTULO XIII

Outros saborosos efeitos produzidos na alma por esta noite escura de contemplação.

1. Pelo modo de inflamação já descrito, podemos compreender alguns dos saborosos efeitos que vai produzindo na alma esta obscura noite de contemplação. Às vezes, confor-

LIVRO II – CAPÍTULO XIII

me dissemos, no meio destas obscuridades a alma é ilustrada, brilhando a luz nas trevas (Jó 1,5). Deriva-se esta inteligência mística ao entendimento, enquanto a vontade permanece na secura, a saber, sem união atual de amor; e causa uma paz e simplicidade tão fina e deleitosa à mesma alma que não é possível expressar, ora em uma, ora em outra experiência de Deus.

2. Algumas vezes fere também ao mesmo tempo a vontade, como já declaramos, e o amor se ateia nela de maneira elevada, terna e forte; pois, conforme dissemos acima, unem-se por vezes, estas duas potências, entendimento e vontade. Quanto mais vai prosseguindo a purificação do entendimento, tanto mais perfeita e delicadamente se unem. Antes, porém, de chegar a este ponto, é mais comum sentir-se na vontade o toque da inflamação do que no entendimento o toque da inteligência.

3. Surge aqui, no entanto, uma dúvida: se estas duas potências vão sendo purificadas conjuntamente, por que então a alma sente, ao princípio, mais de ordinário na vontade a inflamação e amor que a purifica, do que no entendimento a ilustração desse amor? Responde-se: este amor passivo não fere diretamente a vontade, pois a vontade é livre, e esta inflamação de amor é antes mais paixão de amor do que ato livre da vontade; este calor de amor se ateia na substância da alma, movendo passivamente as afeições. Por isto, define-se melhor como paixão de amor do que como ato livre da vontade, pois para haver ato de vontade, precisa ser livre. Como, porém, estas paixões e afeições dependem da vontade, dizemos que, se a alma está apaixonada com alguma afeição, a vontade também o está. Na verdade, assim é; porque, pela paixão, a vontade fica presa e perde sua liberdade, sendo arrastada pelo ímpeto e força da paixão. Podemos, portanto, dizer que esta inflamação de amor está na vontade, isto é, abrasa o apetite da vontade; e assim, repetimos, deve ser chamada, de preferência, paixão de amor do que ato livre da vontade. A capacidade

receptiva do entendimento só pode receber o conhecimento, de modo puro e passivo, o que não pode fazer sem estar purificado; daí podemos concluir que, enquanto não chega a esse ponto, a alma sente menos o toque da inteligência do que a paixão do amor. Não é preciso, aliás, estar a vontade tão purificada nas suas paixões para receber este toque, pois as próprias paixões ajudam a sentir amor apaixonado.

4. Essa inflamação e sede de amor, por existir agora no espírito, é diferentíssima daquela que referimos a propósito da noite do sentido. Sem dúvida, nesta altura, também o sentido tem sua parte, pois não deixa de participar no trabalho do espírito; mas a raiz e força desta sede de amor está situada na parte superior da alma, isto é, no espírito. Este sente e entende de tal modo o que experimenta, e sofre tanto a falta daquilo que deseja, que todo o penar do sentido lhe parece nada, embora seja aqui incomparavelmente maior do que na primeira noite sensitiva; porque o espírito conhece agora, em seu interior, faltar-lhe um grande bem, ao qual coisa alguma poderia comparar-se.

5. É bom fazer agora uma observação. Se logo ao princípio desta noite espiritual não se sente esta inflamação de amor, por não haver ainda o fogo de amor começado a lavrar, no entanto, em lugar disto, Deus dá à alma tão grande amor estimativo para com Sua Majestade, que, conforme dissemos, todo o padecer e sofrer da alma no meio dos trabalhos desta noite consiste na ânsia de pensar que o perdeu e está abandonada por ele. Assim, podemos sempre afirmar que a alma, desde o início desta noite, anda cheia de ânsias de amor, seja o amor de estimação, seja de inflamação. Vemos que a maior paixão a afligi-la, nos trabalhos que padece, é esta dúvida. Se pudesse então ter a certeza de que não está tudo perdido e acabado, mas que este sofrimento é para seu maior bem – como de fato o é –, e Deus não a aborrece, nada se lhe daria de padecer todas aquelas penas. Antes folgaria, sabendo que por elas é Deus servido. Na verdade, é tão grande o amor de estimação que a alma tem a Deus,

LIVRO II – CAPÍTULO XIII

embora às escuras e sem o sentir –, que não somente tudo aquilo, mas até a morte seria feliz de sofrer muitas vezes para contentá-lo. Quando, porém, a este amor estimativo de Deus que a alma já possui, vem ajuntar-se a inflamação da chama de amor, costuma cobrar tal força e brio, e tão vivas ânsias por Deus, que, pela comunicação do calor de amor, anima-se com grande ousadia; e, sem olhar coisa alguma, sem ter respeito a nada, movida pela força e embriaguez do amor e do desejo, sem reparar no que está fazendo, seria capaz de realizar feitos estranhos e desusados, de qualquer maneira ou por qualquer meio que lhe fosse apresentado, contanto que pudesse encontrar aquele que ama.

6. Por isso Maria Madalena, sendo tão estimada em sua pessoa, como antes o era, não se importou com a turba de homens, consideráveis ou não, que assistiam como convidados ao banquete; nem reparou que não lhe ficava bem ir chorar e derramar lágrimas entre essas pessoas; tudo isto fez, a troco de poder chegar junto daquele por quem sua alma estava ferida e inflamada. É ainda embriaguez e ousadia própria do amor: saber que seu Amado estava encerrado no sepulcro com uma grande pedra selada, cercado de soldados guardando-o para seus discípulos não o furtarem (Jo 20,1), e, todavia, não ponderar qualquer destes obstáculos, mas ir, antes do romper do dia, com unguentos a fim de ungi-lo.

7. E, finalmente, essa embriaguez e ânsia de amor fez com que ela perguntasse àquele que lhe parecia ser o hortelão, se havia furtado o corpo do sepulcro. Pediu-lhe ainda, se tal fosse o caso, que dissesse onde o havia posto, para ela ir buscá-lo (Jó 20,15). Não reparou que tal pergunta, em livre juízo e razão, era disparate; pois, é claro, se o homem o havia furtado, não havia de confessar, e, menos ainda, de o deixar tomar. Tal é a condição do amor em sua força e veemência: tudo lhe parece possível, e imagina que todos andam ocupados naquilo mesmo que o ocupa. Não admite que haja outra coisa em que pessoa alguma possa cuidar,

ou procurar, senão o objeto a quem ele ama e procura. Parece-lhe não haver mais nada que buscar, nem em que se empregar, a não ser nisso, e julga que todos o andam buscando. Por esta razão, quando a Esposa saiu a procurar seu Amado, pelas praças e arrabaldes, ia pensando que todo o mundo também o procurava, e assim dizia a todos que, se o achassem, dissessem a ele o quanto penava por seu amor (Ct 5,8). De semelhante condição era o amor desta Maria; julgava ela que, se o hortelão lhe dissesse onde havia escondido o corpo de seu Amado, ela mesma o iria buscar e o carregaria, por mais que lhe fosse proibido.

8. Desta sorte, são, pois, as ânsias de amor que a alma vai sentindo, quando se adianta mais nesta purificação espiritual. Levanta-se de noite – isto é, nas trevas que a purificam – e age segundo as afeições da vontade. Com as mesmas ânsias e forças de uma leoa ou ursa buscando seus filhotes que lhe tiraram, e sem os achar, assim anda esta alma chagada a buscar seu Deus. Como se encontra em treva, sente-se sem ele, e está morrendo de amor por ele. É este o amor impaciente que não pode permanecer muito tempo na alma sem receber o que deseja, ou então morrer; como era o de Raquel aos filhos, quando disse a Jacó: "Dá-me filhos, senão morrerei" (Gn 30,1).

9. Vale indagar, aqui, como a alma, embora se sinta tão miserável e tão indigna de Deus, nestas trevas de purificação, tem ao mesmo tempo tão ousada e atrevida força para ir unir-se a ele. A razão é que o amor já lhe vai dando forças para amar deveras; ora, é próprio do amor tender à união, à junção, à igualdade e à assimilação ao objeto amado, para aperfeiçoar-se no bem do mesmo amor. Por consequência, não tendo ainda a alma chegado à perfeição do amor, pois não a atingiu a união, sente fome e sede do que lhe falta, isto é, da união; e essa fome e sede, junto com as forças que o amor pôs na vontade, apaixonando-a, tornam a alma ousada e atrevida, pela inflamação que sente na vontade. Por

LIVRO II – CAPÍTULO XIII

parte do entendimento que está às escuras sem ser ainda ilustrado, todavia, sente-se indigna e se conhece miserável.

10. Não quero deixar de indicar agora o motivo pelo qual a luz divina, embora sendo sempre luz para a alma, não a ilumina logo que a investe, como fará depois, mas causa primeiramente as trevas e sofrimentos já descritos. Este assunto já foi explicado um pouco; contudo, quero responder a este ponto particular. As trevas e demais penas que a alma sente quando esta divina luz investe não são trevas e penas provenientes da luz, e sim da própria alma; a luz apenas esclarece para que sejam vistas. Desde o princípio, portanto, esta divina luz ilumina; mas a alma tem que ver primeiro o que lhe está mais próximo, ou por melhor dizer, o que tem em si mesma, isto é, suas trevas e misérias, as quais vê agora pela misericórdia de Deus. Antes não as via, porque não lhe era infundida essa luz sobrenatural. Aqui se mostra a razão de sentir, no princípio, somente trevas e males. Depois, porém, de purificada por este conhecimento e sentimento, então terá olhos para ver, à luz divina, os bens da mesma luz. Expelidas, enfim, todas as trevas e imperfeições da alma, parece que aos poucos se revelam os proveitos e grandes bens que a mesma alma vai conseguindo nesta ditosa noite de contemplação.

11. Pelo que já dissemos, fica entendido quão grande mercê faz Deus à alma em limpá-la e curá-la com esta forte lixívia e este amargo remédio; purificação essa que se faz na parte sensitiva e espiritual, de todas as afeições e hábitos imperfeitos arraigados na alma, tanto a respeito do temporal e natural como do sensitivo e espiritual. Para isto, Deus põe a alma na obscuridade, quanto às suas potências interiores, esvaziando-as de tudo que as ocupava; faz passar pela aflição e aridez às afeições sensitivas e espirituais; debilita e afina as forças naturais da alma acerca de todas as coisas que a prendiam, e das quais nunca poderia libertar-se por si mesma, conforme vamos dizer. Deste modo, leva-a Deus a desfalecer para tudo o que naturalmente não

532 NOITE ESCURA

é ele, a fim de revesti-la de novo, depois de a ter despojado e desfeito de sua antiga veste. E assim a alma é renovada, como a águia, em sua juventude, e vestida do homem novo, criado segundo Deus, como diz o Apóstolo (Ef 4,24). Esta transformação nada mais é do que a iluminação de entendimento pela luz sobrenatural, de maneira que ele se una com o divino, tornando-se, por sua vez, divino. É igualmente a penetração da vontade pelo amor divino, de modo a tornar-se nada menos que vontade divina, não amando senão divinamente, transformada e unida com a divina vontade e o divino amor. Enfim, o mesmo se dá com a memória, e também com as afeições e apetites, que são todos transformados e renovados segundo Deus, divinamente. Esta alma será agora, pois, alma do céu, verdadeiramente celestial, mais divina do que humana. Todas estas transformações até agora referidas, da maneira que descrevemos, vai Deus realizando e operando na alma por meio desta noite, ilustrando-a e inflamando-a divinamente, com ânsias de Deus só e nada mais. É, portanto, muito justo e razoável que ela acrescente logo o terceiro verso da canção, dizendo:

Oh! ditosa ventura!
Saí sem ser notada.

CAPÍTULO XIV

São expostos e explicados os três últimos
versos da primeira canção.

1. Esta "ditosa ventura" veio à alma pelo motivo que ela declara logo nos versos seguintes, dizendo:

Saí sem ser notada,
Já minha casa estando sossegada.

Serve-se aqui de uma metáfora. Compara-se a uma pessoa que, para melhor realizar o que pretende, sai de sua casa de noite, às escuras, já estando todos recolhidos, a fim

LIVRO II – CAPÍTULO XIV

de não ser impedida por ninguém. Na verdade, ação tão heroica e tão rara, como é unir-se ao divino Amado, só fora da casa esta alma havia de realizá-la. Com efeito unicamente na solidão é que se acha o Amado, conforme desejava encontrá-lo a Esposa sozinho, dizendo: "Quem me dera, irmão meu, achar-te fora e se comunicasse contigo meu amor!" (Ct 8,1)[1]. Por isto, convém à alma enamorada, para alcançar seu desejado fim, agir de modo semelhante, saindo de noite, já adormecidos e sossegados todos os domésticos de sua casa, isto é, quando, mediante esta noite, já se acham adormecidos e mortificados os seus apetites e paixões, bem como todas as operações baixas e vulgares. São eles a gente da casa, e estando acordados, sempre se opõem a que ela se liberte deles, impedindo assim os bens da alma. Destes domésticos, nosso Salvador diz no Evangelho que são os inimigos do homem (Mt 11,36). Convém, portanto, que as operações deles, com suas agitações, estejam adormecidas nesta noite, e assim não impeçam à alma os bens sobrenaturais da união de amor com Deus, a que ela não pode chegar enquanto deles perdura a vivacidade e operação. Esta natural atividade e agitação antes estorva do que ajuda a alma a receber os bens espirituais, porquanto toda habilidade natural fica aquém desses bens sobrenaturais que Deus, unicamente por sua infusão, põe na alma de modo passivo e secreto, e em silêncio. Assim, torna-se necessário que todas as potências da alma se mantenham silenciosas, e permaneçam passivas para receber essa infusão divina, sem intrometer aí sua baixa atividade e sua vil inclinação.

2. Foi, pois, para esta alma uma "ditosa ventura" adormecer-lhe Deus, nesta noite, toda a gente doméstica de sua casa, isto é, todas as potências, paixões, afeições e apetites que nela vivem, tanto em sua parte sensitiva como em sua parte espiritual. Deste modo, ela pode sair "sem ser nota-

---

1. A citação é aproximada. O texto diz: "Quem me dera ter-te por irmão... para que, encontrando-te fora, eu te pudesse beijar sem que ninguém me desprezasse!" (Ct 8,1).

534 NOITE ESCURA

da", a saber, sem ser detida por todas estas afeições etc. Ficaram adormecidas e mortificadas nesta noite, onde foram deixadas na escuridão, para que nada pudessem notar ou sentir, conforme sua condição baixa e natural; e assim, não viessem estorvar a alma em sua saída de si mesma e da casa de sua sensualidade; e ela, enfim, conseguisse chegar à união espiritual do perfeito amor. Oh! quão ditosa ventura é poder a alma livrar-se da casa de sua sensualidade! Não pode bem compreender isto, a meu ver, senão a alma que o experimentou. Só assim verá claramente como era miserável o cativeiro em que estava, e a quantas misérias estava sujeita quando se submetia à ação de suas potências e apetites. Conhecerá como a vida do espírito é verdadeira liberdade e riqueza, que traz consigo bens inestimáveis, conforme iremos mostrando nas seguintes canções, ao falar em alguns deles. Ver-se-á então com maior evidência até que ponto a alma tem razão de cantar, dando o nome de "ditosa ventura" à sua passagem por esta horrenda noite, que acaba de ser relatada.

CAPÍTULO XV

Põe-se a canção segunda e sua declaração

Às escuras, segura,
Pela secreta escada, disfarçada,
Oh! ditosa ventura!
Às escuras, velada[1].
Já minha casa estando sossegada.

DECLARAÇÃO

A alma canta ainda, nesta canção, algumas particularidades da escuridão desta noite, tornando a dizer a boa

---

1. O original diz: "en celada". A palavra "celada" significa, em português, elmo, armadura antiga que cobre a cabeça (Dicionário de Aulete).

LIVRO II – CAPÍTULO XVI

sorte que com elas lhe veio. Repete, a fim de responder a certa objeção tácita a que refuta, dizendo: ninguém pense que, por haver nesta noite passado por tantos tormentos de angústias, dúvidas, receios e horrores, correu maior perigo de perder-se. Pelo contrário, na obscuridade desta noite só achou lucro; por meio dela, se libertou e escapou sutilmente de seus inimigos, que sempre lhe impediam o passo. Na escuridão desta noite, mudou de traje, disfarçando-se com vestes de três cores, conforme descreveremos depois. E, por uma escada mui secreta, que ninguém de casa conhecia, a qual significa a fé viva – como havemos de dizer também em seu lugar –, saiu tão encoberta e em segredo, para melhor realizar sua façanha, que não podia deixar de ir muito segura. Tanto mais quanto, nesta noite de purificação, já os apetites, afeições e paixões da alma estavam adormecidos, mortificados e extintos; pois, se estivessem ainda vivos e despertos, não o teriam consentido. Segue-se, portanto, o verso, que diz assim: *Às escuras, segura.*

CAPÍTULO XVI

Explica-se como a alma, caminhando nas
trevas, vai segura.

1. A obscuridade, de que fala aqui a alma, refere-se, como já dissemos, aos apetites e potências, tanto sensitivas como interiores e espirituais. Nesta noite, efetivamente, todas se obscurecem perdendo sua luz natural, a fim de que, por meio da purificação desta luz, possam ser ilustradas sobrenaturalmente. Os apetites sensitivos e espirituais permanecem, então, adormecidos e mortificados, sem poder saborear coisa alguma, nem divina nem humana. As afeições da alma, oprimidas e angustiadas, não conseguem mover-se para ela, nem achar arrimo em nada. A imaginação fica atada, na impossibilidade de discorrer sobre qualquer coisa boa; a memória, acabada; o entendimento nas trevas,

nada compreende; enfim, a vontade, também seca na afeição, e todas as potências vazias e inúteis. Acima de tudo isto, sente a alma sobre si uma espessa e pesada nuvem, que a mantém angustiada e como afastada de Deus. Caminhando assim "às escuras", é que declara ir "segura".

2. A causa de assim dizer está bem explicada. Ordinariamente, de fato, a alma nunca erra senão por seus apetites, ou seus gostos, seus raciocínios, seus conhecimentos, ou suas afeições; é nisto que ela costuma faltar, ou exceder-se, por buscar variações, ou cair em desatinos, inclinando-se, consequentemente, ao que não convém. Uma vez impedidas todas estas operações e movimentos, claro está que a alma se encontra segura, para neles não errar. E não somente se livra de si mesma, mas também dos outros inimigos, que são o mundo e o demônio, os quais, encontrando adormecidas as afeições e atividades da alma, não lhe podem fazer guerra por outro meio nem por outra parte.

3. Daí se colhe o seguinte: quanto mais a alma vai às escuras e privada de suas operações naturais, tanto mais segura vai. Em confirmação declara o Profeta que "a perdição da alma só vem dela mesma" (Os 13,9), isto é, de suas atividades e apetites, interiores e sensíveis; e "o bem" – afirma Deus pelo mesmo Profeta – "está somente em mim". Eis por que à alma, impedida em seus males, só resta que lhe venham logo os bens da união com Deus, pela qual suas potências e inclinações serão transformadas em divinas e celestiais. No tempo, pois, destas trevas, se a alma prestar atenção, verá muito bem quão raramente se divertem os seus apetites e potências em coisas inúteis e prejudiciais, e o quanto está ela garantida contra a vanglória, soberba e presunção, ou gozo falso e inútil, e muitas outras coisas. Logo, podemos concluir muito bem com esta afirmação: a alma, indo às escuras, não somente não vai perdida, mas sim muito avantajada, pois assim vai ganhando as virtudes.

4. Daqui nasce, porém, uma dúvida; se as coisas divinas por si mesmas fazem bem à alma, e lhe trazem proveito e segurança, por que motivo, nesta noite, Deus obscurece as potências e apetites em relação a ela, de maneira a não poder a mesma alma gozar nem tratar dessas coisas divinas como das demais coisas, e de certo modo ainda menos? A resposta é que, neste tempo, ainda quanto às coisas espirituais convém à alma ficar privada de gosto e ação, porque tem as potências e apetites impuros, baixos e muito naturais. Embora lhes fosse dado o sabor e comunicação das coisas sobrenaturais e divinas, não o poderiam receber senão da maneira baixa e natural que lhes é própria. Conforme diz o Filósofo, o que se recebe está no recipiente ao modo daquele que recebe. E como estas potências naturais não têm pureza nem força, nem capacidade para receber e saborear as coisas sobrenaturais segundo o modo divino que a elas convém, mas só podem recebê-las a seu modo humano e baixo, assim é necessário que sejam obscurecidas também em relação às coisas divinas. Privadas, purificadas e aniquiladas essas potências e afeições, em suas primeiras disposições, hão de perder aquele modo baixo e humano de agir e obrar, para chegarem a estar dispostas e preparadas à comunicação, sentimento e gosto das coisas divinas e sobrenaturais, de modo elevado e sublime; e isto não poderia realizar-se sem que primeiro morresse o homem velho.

5. Como todo o espiritual, vem de cima, comunicado pelo Pai das luzes ao livre alvedrio e vontade humana, por mais que se exercitem as potências e o gosto do homem nas coisas divinas e lhe pareça gozar muito delas, não as poderá saborear divina e espiritualmente, mas apenas de modo humano e natural, como costuma gozar das demais coisas. Com efeito, os bens não sobem do homem a Deus; ao contrário, descem de Deus ao homem. Acerca deste ponto, se agora fosse ocasião de tratá-lo, poderíamos dizer aqui como há grande número de pessoas que sentem muitos gostos, afetos e operações de suas potências no trato com Deus, ou

nos exercícios espirituais. Pensarão, porventura, que tudo aquilo é sobrenatural; e, no entanto, talvez não seja mais do que atos e apetites naturais e humanos. Como costumam ter esses apetites e gostos em outras coisas, também os experimentam nas coisas espirituais de modo semelhante, por causa de certa facilidade que têm para dirigir o apetite e potências a qualquer objeto.

6. Se encontrarmos mais tarde alguma ocasião para falar neste assunto, havemos de desenvolvê-lo. Daremos então alguns sinais para conhecer quando, nas relações com Deus, os movimentos interiores da alma são apenas naturais, ou quando são somente espirituais, ou ainda quando são ao mesmo tempo espirituais e naturais. É suficiente sabermos por ora o seguinte: para que os atos e movimentos da alma possam vir a ser movidos por Deus divinamente, hão de ser primeiro obscurecidos, sossegados e adormecidos em seu modo natural, quanto à sua habilidade e operação própria, até perderem toda a sua força.

7. Eia, pois, ó alma espiritual! Quando vires teu apetite obscurecido, tuas afeições na aridez e angústia, e tuas potências incapazes de qualquer exercício interior, não te aflijas por isso; considera, pelo contrário, como ditosa sorte estares assim. É Deus que te vai livrando de ti mesma, e tirando-te das mãos todas as coisas que possuis. Por mais prósperas que te corressem essas tuas coisas – devido à sua impureza e baixeza –, jamais obrarias nelas tão perfeita, cabal e seguramente, como agora, quando Deus te toma pela mão. Ele te guia, como a pessoa cega; leva-te para onde e por onde não sabes; e jamais, por teus próprios olhos e pés, atinarias com este caminho e lugar, por melhor que andasses.

8. Por um outro motivo, também, a alma caminha nestas trevas, não somente segura, mas ainda com maior lucro e proveito. É que, de ordinário, seu progresso e adiantamento lhe vêm da parte que ela menos espera, e até de onde pensa encontrar sua perda. Jamais, com efeito, experimentará aquela novidade que a faz sair, deslumbrada e desatinada,

de si mesma e do seu antigo modo de proceder; e, assim, antes imagina ir perdendo, do que acertando e ganhando. Vê como, na verdade, lhe vai faltando tudo aquilo que conhecia e gozava, e é levada por onde não sabe o que seja gozo. Assemelha-se a alma ao viajante que, para chegar a novas terras não sabidas, vai por caminhos igualmente não sabidos e desacostumados; não se orienta pelos seus conhecimentos precedentes, mas caminha com incertezas, guiando-se por informações alheias. Evidentemente não poderia chegar a estas novas terras, nem saber o que antes ignorava, se não andasse agora por novos caminhos até então desconhecidos, deixando os caminhos que sabia. A mesma coisa acontece a quem aprende as particularidades de um ofício, ou de uma arte, que sempre vai às escuras, isto é, não segue seus primeiros conhecimentos; porque, se não abandonasse o que aprendeu no princípio, jamais sairia daí, nem faria novos progressos no ofício ou arte em que se exercita. De maneira análoga, o progresso da alma é maior quando caminha às escuras e sem saber. Deus é aqui, portanto, o mestre e guia deste cego que é a alma, como dissemos. E agora que ela chegou à compreensão disto, pode com muita verdade alegrar-se e dizer: Às escuras, segura".

9. Ainda há outra razão para que a alma tenha ido segura no meio destas trevas: é porque foi padecendo. O caminho do padecer é mais seguro, e até mais proveitoso, do que o do gozo e atividade. Primeiramente, porque no padecer a alma recebe forças de Deus, enquanto no agir e gozar, exercita suas próprias fraquezas e imperfeições; depois, porque no padecer há exercício e aquisição de virtudes, e a alma é purificada, tornando-se mais prudente e avisada.

10. Existe, porém, uma outra razão mais importante, para que a alma na escuridão vá segura. Ela provém da própria luz e sabedoria tenebrosa: de tal maneira esta noite escura de contemplação absorve e embebe em si a alma, pondo-a ao mesmo tempo tão junto de Deus, que isto a ampara e liberta de tudo quanto não é Deus. Como a alma

está aqui submetida a tratamento, para conseguir sua saúde que é o mesmo Deus, Sua Majestade a mantém em dieta e abstinência de todas as coisas, e tira-lhe o apetite para tudo. Assim fazem para curar um doente muito estimado em sua casa: recolhem-no em um aposento bem retirado, com grande resguardo dos golpes de ar e mesmo da luz; e até não consentem que ouça passo nem ruído algum dos de casa. Dão-lhe comida muito leve em pequenas porções, e mais substancial do que saborosa.

11. Tais são as propriedades que esta obscura noite de contemplação traz à alma, com o fim de guardá-la segura e protegida porque já está agora mais próxima de Deus. Quanto mais a alma se aproxima dele, mais profundas são as trevas que sente, e maior a escuridão, por causa de sua própria fraqueza. Assim, quem mais se acercou do sol, haveria de sentir, com o grande resplendor dele, maior obscuridade e sofrimento, em razão da fraqueza e incapacidade de seus olhos. Tão imensa é a luz espiritual de Deus, excedendo tanto ao entendimento natural, que, ao chegar mais perto dele, o obscurece e cega. Esta é a causa por que no Salmo 17 diz Davi, referindo-se a Deus: "Pôs seu esconderijo nas trevas como em seu tabernáculo: águas tenebrosas nas nuvens do ar" (Sl 17,12). As "águas tenebrosas nas nuvens do ar" significam a obscura contemplação e divina Sabedoria nas almas, conforme vamos dizendo. Isto, as mesmas almas vão sentindo aos poucos, como algo que está próximo a Deus, e percebem este tabernáculo onde ele mora, no momento em que Deus as vai unindo a si mais de perto. E, assim, o que em Deus é luz e claridade mais sublime, é para o homem treva mais escura, segundo a palavra de São Paulo e o testemunho de Davi no mesmo Salmo 17: "Por causa do resplendor que está em sua presença se desfizeram as nuvens em chuvas de pedra" (Sl 17,13), isto é, para o entendimento natural, cuja luz, no dizer de Isaías no cap. 5, "desaparecerá nesta profunda escuridão" (Is 5,30).

LIVRO II – CAPÍTULO XVI

12. Oh! miserável sorte a de nossa vida, onde com tanto perigo se vive e com tanta dificuldade se conhece a verdade! pois o que é mais claro e verdadeiro, é para nós mais escuro e duvidoso. Por isso, fugimos daquilo que mais nos convém, e corremos atrás do que mais resplandece e satisfaz aos nossos olhos, e o abraçamos; quando, pelo contrário, é pior para nós, e a cada passo nos faz cair! Em quanto perigo e temor vive o homem, se a própria luz natural de seus olhos, que o há de guiar, é a primeira que o ofusca e engana em sua busca de Deus! E, se para acertar o caminho por onde vai, tem necessidade de fechar os olhos e ir às escuras, a fim de andar em segurança contra os inimigos domésticos, que são seus sentidos e potências!

13. Bem segura está, pois, a alma, amparada e escondida aqui, nesta água tenebrosa que se acha junto de Deus. Na verdade, assim como esta água serve ao mesmo Deus de tabernáculo e morada, assim também servirá à alma, nem mais nem menos, de perfeito amparo e segurança, embora esta permaneça nas trevas, escondida e guardada de si mesma, e de todos os males de criaturas, conforme já dissemos. De tais almas se entendem as palavras de Davi em outro Salmo: "Tu os esconderás no segredo de tua face contra a turbação dos homens. Tu os defenderás no teu tabernáculo, da contradição das línguas" (Sl 30,21). Neste verso do Salmo está compreendida toda a espécie de amparo. "Estar escondido na face de Deus, da turbação dos homens" significa estar fortalecido com esta obscura contemplação contra todas as ocasiões que podem sobrevir da parte dos homens. "Ser defendido, em seu tabernáculo, da contradição das línguas", é estar a alma engolfada nesta água tenebrosa, que é o tabernáculo de que fala Davi, conforme dissemos. Tendo, deste modo, a alma, todos os seus apetites e afetos mortificados, e as potências obscurecidas, está livre de todas as imperfeições que contradizem ao espírito, tanto da parte de sua carne como da parte de

qualquer outra criatura. Donde, portanto, pode esta alma muito bem dizer que vai "às escuras, segura".

14. Há também outra causa não menos eficaz do que a anterior, para acabarmos de entender perfeitamente como esta alma caminha em segurança na escuridão. É a fortaleza que, desde o início, lhe infunde esta obscura, penosa e tenebrosa água de Deus; pois, enfim, é sempre água, embora tenebrosa, e por isto não pode deixar de refrescar e fortificar a alma no que mais lhe convém, embora o faça de modo obscuro e penoso. Efetivamente, a alma vê, desde logo, em si mesma, uma verdadeira determinação e eficácia para não fazer coisa alguma que entenda ser ofensa de Deus, como, também, de não omitir coisa em que lhe pareça servi-lo. Aquele obscuro amor inflama-se na alma com muito vigilante cuidado e solicitude interior do que fará ou deixará de fazer para contentar a Deus, reparando e dando mil voltas para ver se foi causa de desgosto para o seu Amado. Tudo isto faz agora com muito maior cuidado e desvelo do que anteriormente nas ânsias de amor já referidas. Aqui todos os apetites, forças e potências da alma já estão desapegados de todas as demais coisas, empregando sua energia e força unicamente ao serviço de seu Deus. Desta maneira sai a alma de si mesma, e de todas as coisas criadas, ao encontro da suavíssima e deleitosa união de amor com Deus, "às escuras, segura",

Pela secreta escada, disfarçada.

CAPÍTULO XVII

*Explica-se como esta contemplação
obscura é secreta.*

1. É conveniente explicar três propriedades referentes a três palavras contidas no presente verso. As duas primeiras – "secreta" e "escada" – pertencem à noite escura de contemplação que vamos expondo; a terceira – "disfarçada" – diz

LIVRO II – CAPÍTULO XVII

respeito à alma, significando seu modo de proceder nesta noite. Antes de tudo, é preciso saber que a alma, aqui neste verso, dá o nome de "secreta escada" à contemplação obscura em que vai caminhando para a união de amor, por causa de duas propriedades desta noite, a saber: ser "secreta" e ser "escada". Trataremos de cada uma delas de per si.

2. Primeiramente chama "secreta" a esta contemplação tenebrosa; porque, como já dissemos, esta é a teologia mística denominada pelos teólogos "sabedoria secreta", a qual, no dizer de Santo Tomás, é comunicada e infundida na alma pelo amor. Esta operação é feita secretamente, na obscuridade, sem ação do entendimento e das outras potências. E como estas não chegam a perceber aquilo que o Espírito Santo infunde e ordena na alma, conforme diz a Esposa nos Cantares, sem ela saber nem compreender como seja, por esta razão lhe dá o nome de "secreta". Na realidade não é somente a alma que não o entende; ninguém mais o entende, nem o próprio demônio. O Mestre, que ensina esta sabedoria secreta, está substancialmente presente à alma, e aí não pode penetrar o demônio, nem tampouco o sentido natural, ou o entendimento.

3. Não é apenas por tal motivo que podemos chamá-la secreta, mas também pelos efeitos que produz na alma. De fato, não é tão somente nas trevas e angústias da purificação, quando a alma sofre a ação purificadora desta sabedoria de amor, que ela é secreta, não sabendo então a mesma alma dizer coisa alguma a respeito dela; ainda mais tarde, na iluminação, quando mais claramente lhe é comunicada esta sabedoria, é tão secreta, que se torna impossível à alma expressá-la, ou encontrar palavra para defini-la. Além de não sentir vontade de o dizer, não acha modo, maneira ou semelhança que quadre para poder significar conhecimento tão subido, e tão delicado sentimento espiritual. Mesmo se tivesse desejo de descrevê-lo, por mais comparações que fizesse, sempre permaneceria secreto e por dizer. Na verdade, tal sabedoria é por demais simples,

geral e espiritual para penetrar no entendimento envolta e revestida de qualquer espécie ou imagem dependente do sentido. Como não penetrou no sentido e imaginação esta sabedoria secreta, nem eles perceberam sua cor e traje, não podem, portanto, discorrer sobre ela, e muito menos formar alguma imagem para exprimi-la. A alma, contudo, vê claramente que entende e goza aquela saborosa e peregrina sabedoria. Quem vê uma coisa pela primeira vez, e que nunca viu outra semelhante, embora a compreenda e goze, não pode, entretanto, dar-lhe um nome, ou dizer o que ela é, por mais que o queira, e embora seja esse objeto percebido pelos sentidos. Quanto mais difícil será manifestar aquilo que não entrou pelos mesmos sentidos! Esta particularidade tem a linguagem de Deus: por ser comunicado à alma de modo muito íntimo e espiritual, acima de todo o sentido, logo faz cessar e emudecer toda a harmonia e habilidade dos sentidos exteriores e interiores.

4. Disto encontramos provas com exemplos na divina Escritura. Jeremias nos mostra essa incapacidade de manifestar e exprimir a linguagem divina, quando, diante de Deus que lhe havia falado, soube apenas balbuciar: "A, a, a" (Jr 1,6). Esta mesma impotência do sentido interior da imaginação, e também a exterior, para exprimir a comunicação divina, foi manifestada outrossim por Moisés quando se achou em presença de Deus na sarça ardente. Não se limitou a dizer ao Senhor que não sabia nem acertava a falar depois que ele lhe havia falado: chegou a ponto de não poder sequer considerar com a imaginação, conforme se diz nos *Atos dos Apóstolos* (At 7,32); porque até mesmo a imaginação lhe parecia, não só destituída de expressão, e muito longe de poder traduzir algo daquilo que entendia de Deus, mas ainda de todo incapaz para receber alguma participação no que lhe era dado. A sabedoria desta contemplação é linguagem de Deus à alma, comunicada de puro espírito a espírito puro; tudo, portanto, que é inferior ao espírito – como são os sentidos – não a pode perceber,

LIVRO II – CAPÍTULO XVII

e assim permanece secreta para eles sem que a conheçam ou possam traduzi-la, e mesmo, faltando-lhes vontade para isso, uma vez que não a percebem.

5. Podemos compreender agora o motivo por que algumas pessoas que vão por este caminho, sendo boas e timoratas, quereriam dar conta a seus guias espirituais do que se passa em suas almas, e, contudo, não sabem nem podem fazê-lo. Daí lhes vem grande repugnância para falar do que experimentam, mormente quando a contemplação é algo mais simples, e a alma apenas a sente. Só sabem dizer que a alma está satisfeita, tranquila e contente, e que gozam de Deus, parecendo-lhes que estão em bom caminho. Aquilo, porém, que se passa no íntimo, é impossível exprimir, nem conseguirão, a não ser em termos gerais, semelhantes aos que empregamos. É muito diferente quando as almas recebem graças particulares de visões, sentimentos etc. Tais graças, ordinariamente, são concedidas sob alguma forma sensível, da qual participa o sentido; assim é possível, segundo essa forma, ou outra semelhante, manifestarem as almas o que recebem. A facilidade de expressão, neste caso, já não é mais em razão de pura contemplação, pois esta é indizível, e por este motivo se chama "secreta".

6. Não é este o único motivo de chamar-se, e ser, secreta a sabedoria mística; é ainda porque tem a propriedade de esconder as almas em si. Por vezes, com efeito, além do que costuma produzir, de tal modo absorve e engolfa a alma em seu abismo secreto, que esta vê claramente quanto está longe e separada de toda criatura. Parece-lhe, então, que a colocam numa profundíssima e vastíssima solidão, onde é impossível penetrar qualquer criatura humana. E como se fosse um imenso deserto, sem limite por parte alguma, e tanto mais delicioso, saboroso e amoroso, quanto mais profundo, vasto e solitário. E a alma aí se acha tão escondida, quanto se vê elevada sobre toda criatura da terra. Este abismo de sabedoria levanta, então, a mesma alma, e a engrandece sobremaneira, fazendo-a beber nas fontes da ciência do amor.

546 NOITE ESCURA

Não só lhe dá pleno conhecimento de que toda condição de criatura fica muito aquém deste supremo saber e sentir divino, mas ainda lhe faz ver como são baixos, limitados, e de certo modo impróprios, todos os termos e vocábulos usados nesta vida para exprimir as coisas divinas. A alma entende também como é impossível, por modo e via natural, chegar ao conhecimento e compreensão das coisas de Deus, conforme elas são na realidade, por mais que se fale com elevação e saber, pois somente com a iluminação desta mística teologia se poderá penetrá-las. Conhecendo, portanto, pela iluminação da mesma teologia mística, essa verdade, que não se pode alcançar e muito menos declarar em termos humanos e vulgares, com razão a chama "secretas".

7. O ser esta contemplação divina secreta e ficar acima da capacidade natural não é unicamente devido a sua índole sobrenatural; é, igualmente, por ser caminho que conduz e leva a alma às perfeições da união com Deus. E não sendo tais perfeições humanamente conhecidas, se há de caminhar a elas humanamente não sabendo, e divinamente ignorando. Falando, como fazemos agora misticamente, as coisas e perfeições divinas não são conhecidas e entendidas quando vão sendo procuradas e exercitadas; muito ao contrário, só o são, quando já se acham possuídas e exercitadas. A este propósito diz o profeta Baruc, referindo-se à sabedoria divina: "Não há quem possa conhecer os seus caminhos, nem quem descubra as suas veredas" (Br 3,31). Também o Profeta-rei se exprime sobre este caminho da alma, nestes termos, dizendo a Deus: "Fulguraram os teus relâmpagos pela redondeza da terra; estremeceu e tremeu a terra. No mar abriste o teu caminho, e os teus atalhos no meio das muitas águas; e os teus vestígios não serão conhecidos" (Sl 76,19-20).

8. Tudo isto, falando espiritualmente, se compreende em relação ao assunto de que tratamos. Com efeito, "fulgurarem os relâmpagos de Deus pela redondeza da terra" significa a ilustração que produz a contemplação divina

LIVRO II – CAPÍTULO XVIII

nas potências da alma; "estremecer e tremer a terra" é a purificação penosa que nela causa; e dizer que "os atalhos e o caminho de Deus", por onde a alma vai para ele – "estão no mar", "e seus vestígios em muitas águas", e que por este motivo "hão serão conhecidos" é declarar este caminho para ir a Deus tão secreto e oculto ao sentido da alma, como o é para o corpo o caminho sobre o mar, cujas sendas e pisadas não se conhecem. Os passos e pisadas que Deus vai dando nas almas, quando as quer unir a si, engrandecendo-as na união de sua Sabedoria, têm a propriedade de não serem conhecidos. Pelo que no livro de Jó se leem as palavras seguintes, encarecendo esta verdade: "Porventura hás tu conhecido os grandes caminhos das nuvens, ou a perfeita ciência?" (Jó 37,16). Compreendem-se aqui as vias e caminhos por onde Deus vai engrandecendo e aperfeiçoando em sua Sabedoria as almas, significadas pelas nuvens. Está, portanto, provado como esta contemplação, que guia a alma a Deus, é sabedoria secreta.

CAPÍTULO XVIII

Declara-se como esta sabedoria secreta
é também escada.

1. Resta-nos agora explicar o segundo termo, isto é, como esta sabedoria secreta é também "escada". Devemos saber, a este respeito, que há muitas razões para chamar a esta secreta contemplação "escada". Primeiramente porque, assim como pela escada se sobe a escalar os bens, tesouros e riquezas que se acham nas fortalezas, assim também, por esta secreta contemplação, sem saber como, a alma sobe a escalar, conhecer e possuir os bens e tesouros do céu. Isto nos é mostrado pelo real profeta Davi quando diz: "Bem-aventurado o homem que de ti recebe auxílio, que dispôs elevações em seu coração, neste vale de lágrimas, no lugar que Deus destinou para si; porque o Legislador lhe dará sua bênção, e irá de virtude em virtude (como de grau em

grau), e será visto o Deus dos deuses em Sião" (Sl 83,6-8). Aí está significado que Deus é o tesouro da fortaleza de Sião, isto é, da bem-aventurança.

2. Podemos ainda chamar escada a esta contemplação, por outro motivo. Na escada, os mesmos degraus servem para subir e descer. Assim também, nesta secreta contemplação, as mesmas comunicações por ela feitas à alma, ao passo que a elevam em Deus, humilham-na em si mesma. Com efeito, as comunicações verdadeiramente divinas têm esta propriedade de, ao mesmo tempo, elevar e humilhar a alma. Neste caminho, descer é subir, e subir é descer, pois quem se humilha será exaltado, e quem se exalta será humilhado (Lc 18,14). Além de a virtude da humildade ser grandeza para a alma que nela se exercita, Deus ordinariamente faz subir por esta escada para que desça, e faz descer para que suba, a fim de se realizar esta palavra do Sábio: "O coração do homem eleva-se antes de ser quebrantado e humilha-se antes de ser glorificado" (Pr 18,12).

3. Falemos agora sob o ponto de vista natural, deixando de parte o lado espiritual que não se sente. A alma pode muito bem ver, se quiser atentar, como neste caminho há tantos altos e baixos a padecer, e como depois da prosperidade que goza, logo vem alguma tempestade e trabalho. Tanto assim, que parece ter sido dada à alma aquela bonança com o fim de preveni-la e esforçá-la para a seguinte penúria. Após a miséria e tormenta, também segue-se a abundância e tranquilidade; dir-se-ia que para preparar aquela festa, deram-lhe primeiro aquela vigília. É este o ordinário estilo e exercício do estado de contemplação, até alcançar o repouso definitivo: a alma jamais permanece no mesmo plano, mas está sempre a subir e descer.

4. Esta alternância resulta de que o estado de perfeição consiste no perfeito amor de Deus e desprezo de si mesmo; e, assim, não pode deixar de ter estas duas partes que são o conhecimento de Deus e o conhecimento próprio; portan-

LIVRO II – CAPÍTULO XVIII

to, necessariamente, a alma há de ser primeiro exercitada num e outro. Ora goza de um, sendo engrandecida por Deus; ora prova do outro, sendo por ele humilhada, até conseguir hábito perfeito destas duas espécies de conhecimento. Virá então a cessar esta subida e descida, chegando enfim a unir-se com Deus, que está no alto cume desta escada, a qual nele se apoia e se firma. Verdadeiramente esta escada de contemplação que, como dissemos, se deriva de Deus, é figurada por aquela escada que Jacó viu em sonho, e pela qual desciam e subiam os anjos, de Deus ao homem e do homem a Deus, e o mesmo Deus estava assentado no cimo da escada (Gn 23,12). Esta cena, a Escritura divina diz que sucedia de noite, enquanto Jacó estava dormindo, para mostrar como é secreto e diferente do saber humano este caminho e subida para Deus. É isto muito evidente: de ordinário, o que é mais proveitoso à alma, como seja perder-se e aniquilar-se a si mesma, pensa ela ser o pior; e avalia ser o melhor o que menos vale, isto é, achar em tudo consolo e gosto – pois comumente encontra aí mais prejuízo do que lucro.

5. Falando um pouco mais substancial e propriamente desta escada de contemplação secreta, diremos que a principal propriedade para chamar-se secreta é por ser a contemplação ciência de amor, a qual, como já dissemos, é conhecimento amoroso e infuso de Deus. Este conhecimento vai ao mesmo tempo ilustrando e enamorando a alma, até elevá-la, de grau em grau, a Deus, seu Criador; pois, unicamente o amor é que une e junta a alma com Deus. Para maior clareza, portanto, iremos apontando agora os degraus desta divina escada; diremos com brevidade os sinais e efeitos de cada um, para que a alma possa conjeturar em qual dele se acha. E, assim, vamos distingui-los por seus efeitos, conforme os descrevem São Bernardo e Santo Tomás. Conhecer esses graus de amor como na verdade são, não é possível por via natural; pois esta escada de amor é tão secreta, que só Deus pode conhecer-lhe o peso e a medida.

CAPÍTULO XIX

Começa a explicação dos dez degraus da escada mística do amor divino, segundo São Bernardo e Santo Tomás: são expostos os cinco primeiros.

1. Dizemos, pois, que os degraus desta escada mística de amor, por onde a alma sobe, passando de um a outro, até chegar a Deus, são dez. O primeiro degrau de amor faz a alma enfermar salutarmente. Dele fala a Esposa, quando diz: "Conjuro-vos, filhas de Jerusalém, que se encontrardes o meu Amado, lhe digais que estou enferma de amor" (Ct 5,8). Esta enfermidade, porém, não é para morrer, senão para glorificar a Deus; porque, nela, a alma por amor de Deus desfalece para o pecado e para todas as coisas que não são Deus, como testifica Davi dizendo: "Desfaleceu o meu espírito" (Sl 142,7), isto é, acerca de todas as coisas, para esperar de vós a salvação. Assim como o enfermo perde o apetite e gosto de todos os manjares, e se lhe desvanece a boa cor de outrora, assim também, neste degrau de amor, a alma perde o gosto e apetite de todas as coisas, e troca, como apaixonada, as cores e acidentes da vida anterior. Não pode, entretanto, a mesma alma cair nesta doença, se do alto não lhe é enviado um fogo ardente, segundo se dá a entender por este verso de Davi que diz: "Enviarás, ó Deus, uma chuva abundante sobre a tua herança, a qual tem estado debilitada, mas tu a aperfeiçoaste" (Sl 67,10). Esta enfermidade e desfalecimento a todas as coisas é o princípio e primeiro degrau da escada, em que a alma ascende até Deus; já o explicamos acima, quando falamos do aniquilamento em que se vê a alma ao começar a subir esta escada de contemplação em que é purificada; porque, então, em nada pode achar gosto, apoio ou consolo, nem coisa em que possa afirmar-se. Assim, deste primeiro degrau vai logo começando a subir ao segundo.

2. O segundo degrau faz com que a alma busque sem cessar a Deus. Daí a palavra da Esposa, quando diz que "bus-

LIVRO II – CAPÍTULO XIX

cando-o de noite em seu leito, não o achou" (Ct 3,1). Estava ela então ainda no primeiro degrau de amor, desfalecida. E não o encontrando, continua a exclamar: "Levantar-me-ei e buscarei aquele a quem ama a minha alma" (Ct 3,2) Isto, como já dissemos, é o que faz aqui a alma sem cessar, conforme aconselha Davi nestes termos: "Buscai sempre a face de Deus, e, buscando-o em todas as coisas, em nenhuma reparai, até achá-lo" (Sl 104,4)[1]. Assim fez também a Esposa: perguntando pelo Amado aos guardas, logo passou adiante e os deixou. Maria Madalena, quando estava no sepulcro, nem mesmo nos anjos reparou. Aqui neste degrau, anda a alma tão solícita, que em todas as coisas busca o Amado; em tudo que pensa, logo pensa no Amado; seja no falar, seja no tratar dos negócios que se lhe apresentam, logo fala e trata do Amado; quando come, quando dorme, quando vela, ou quando faz qualquer coisa, todo o seu cuidado está no seu Amado, conforme ficou dito acima, a propósito das ânsias de amor. Nesta altura, já o amor vai convalescendo e cobrando forças, que lhe são dadas no segundo degrau; bem cedo começa a subir para o terceiro, por meio de alguma nova purificação na noite, conforme diremos depois, e que opera na alma os efeitos seguintes.

3. O terceiro degrau desta amorosa escada faz a alma agir e lhe dá calor para não desfalecer. Dele diz o real Profeta: "Bem-aventurado o varão que teme ao Senhor, porque em seus mandamentos se comprazerá muito" (Sl 111,1). Ora, se o temor, por ser filho do amor, produz este efeito de desejo ardente, que fará então o mesmo amor? Aqui neste degrau, a alma tem na conta de pequenas as maiores obras que possa fazer pelo Amado; as muito numerosas, considera-as escassas; e o longo tempo em que o serve, acha breve. Tudo isto, por causa do incêndio de amor em que vai ardendo. Ao patriarca Jacó, a quem fizeram servir sete anos

---

1. Citação aproximada: "Buscai ao Senhor e fortificai-vos; buscai sempre a sua face" (Sl 104,4).

mais, além dos sete primeiros, pareciam-lhe todos muito poucos, pela grandeza do amor que sentia (Gn 29,20). Se, pois, o amor de Jacó, sendo por uma criatura, era tão poderoso, que não poderá o do Criador, quando, neste terceiro degrau, se apodera da alma? Com esse grande amor a Deus em que se sente abrasada, tem aqui a alma grandes pesares e penas, por causa do pouco que faz por ele; se lhe fosse lícito aniquilar-se mil vezes por Deus, ficaria consolada. Por isto, se tem na conta de inútil, em todas as suas obras, e lhe parece viver em vão. Produz também o amor, neste tempo, outro efeito admirável: a alma está verdadeiramente convencida, no seu íntimo, de ser a pior de todas as criaturas, primeiramente porque o amor lhe ensina quanto Deus merece; de outra parte, porque julga suas próprias obras, embora sejam muitas, como cheias de faltas e imperfeições, e daí lhe vem grande confusão e dor, por ver como o que faz é tão baixo, para tão alto Senhor. Neste terceiro degrau, a alma está muito longe de ter vanglória ou presunção, ou ainda de condenar a outrem. Tal solicitude, juntamente com outros muitos efeitos do mesmo gênero, produz na alma este terceiro degrau de amor; daí, o tomar coragem e forças para subir até o quarto, que é o seguinte.

4. O quarto degrau da escada de amor causa na alma uma disposição para sofrer, sem se fatigar, pelo seu Amado. Porque, como diz Santo Agostinho, todas as coisas grandes, graves e pesadas, tornam-se nada, havendo amor. Deste degrau falou a Esposa quando disse ao Esposo, desejando ver-se já no último degrau: "Põe-me como um selo sobre teu coração, como um selo sobre teu braço; porque o amor é forte como a morte, e o zelo do amor é tenaz como o inferno" (Ct 8,6). O espírito tem aqui tanta força, e mantém a carne sob tal domínio, que não faz mais caso dela do que a árvore de uma de suas folhas. De modo algum busca a alma, neste degrau, sua consolação ou gosto, seja em Deus ou em qualquer outra coisa; não anda também a desejar ou pretender pedir mercês a Deus, pois vê claramente já haver recebido

grandíssimas. Todo seu cuidado consiste em verificar como poderá dar algum gosto a Deus, e servi-lo pelo que ele merece e em agradecimento das misericórdias recebidas dele ainda que isso custasse muito. Exclama em seu coração e em seu espírito: "Ah! Deus e Senhor meu! quantas almas estão sempre a buscar em ti seu consolo e gosto, e a pedir que lhes concedas mercês e dons! Aquelas, porém, que pretendem agradar-te e oferecer-te algo à própria custa, deixando de lado seu interesse, são pouquíssimas. Não está a falta, Deus meu, em não quereres tu fazer-nos sempre mercês, mas, sim, em não nos aplicarmos, de nossa parte, a empregar só em teu serviço as graças recebidas, a fim de obrigar-te a favorecer-nos continuamente". Muito elevado é este degrau de amor. E como a alma, abrasada em amor tão sincero, anda sempre em busca de seu Deus, com desejo de padecer por ele, Sua Majestade lhe concede muitas vezes, e com muita frequência, o gozar, visitando-a no espírito, saborosa e deliciosamente; porque o imenso amor do Verbo-Cristo não pode sofrer penas de sua amada sem acudir-lhe. É o que nos diz ele por Jeremias, com estas palavras: "Lembrei-me de ti, compadecendo-me de tua mocidade, e do amor de teus desposórios, quando me seguiste no deserto" (Jr 2,2). O qual, espiritualmente falando, significa o desarrimo de toda criatura, em que a alma permanece agora, sem se deter nem descansar em coisa alguma. Este quarto degrau inflama de tal modo a alma, e a incendeia em tão grande desejo de Deus, que a faz subir ao quinto, o qual é como segue.

5. O quinto degrau da escada de amor faz a alma apetecer e cobiçar a Deus impacientemente. Neste degrau, é tanta a veemência da alma amante em seu desejo de compreender a Deus, e unir-se com ele, que toda dilação, seja embora mínima, se lhe torna muito longa, molesta e pesada. Está sempre pensando em achar o Amado; e quando vê frustrado seu desejo — o que acontece quase a cada passo —, desfalece em sua ânsia, conforme diz o Salmista falando

deste degrau: "Suspira e desfalece minha alma, desejando os átrios do Senhor" (Sl 83,2). Neste degrau, a alma que ama, ou vê o Amado, ou morre. Raquel, estando nele, pelo nímio desejo que tinha de ter filhos, disse a seu esposo Jacó: "Dá-me filhos, senão morrerei" (Gn 30,1). Padecem as almas aqui fome, como cães cercando e rodeando a cidade de Deus (Sl 58,7). Neste faminto degrau se nutre a alma de amor: porque, conforme a fome, é a fartura. E assim pode agora subir ao sexto degrau, que produz os seguintes efeitos.

CAPÍTULO XX

São expostos os outros cinco degraus de amor.

1. O sexto degrau leva a alma a correr para Deus com grande ligeireza, e muitas vezes consegue nele tocar. Sem desfalecer, corre pela esperança, pois aqui o amor já deu forças à alma, fazendo-a voar com muita rapidez. Deste degrau também fala o profeta Isaías: "Os santos que esperam em Deus adquirirão sempre novas forças, terão asas como as da águia. Voarão e não desfalecerão" (Is 40,31), como desfaleciam no quinto degrau. Refere-se igualmente a ele a palavra do Salmo: "Assim como o cervo suspira pelas fontes das águas, assim minha alma suspira por ti, ó Deus" (Sl 41,2). Com efeito, o cervo, quando tem sede, corre com grande ligeireza para as águas. A causa desta ligeireza no amor, que a alma sente neste degrau, vem de estar nela muito dilatada a caridade, e a purificação quase de todo acabada. Neste sentido diz também o Salmo: "Sem iniquidade corri" (Sl 58,5). E outro Salmo diz: "Corri pelo caminho dos teus mandamentos, quando dilataste meu coração" (Sl 118,32). E, assim, deste sexto degrau sobe logo para o sétimo, que é o seguinte.

2. O sétimo degrau da escada mística torna a alma ousada com veemência. Já não se vale mais o amor do racio-

cínio para esperar, nem do conselho para retirar-se, nem do recato para refrear-se, porque a misericórdia a ela feita, então, por Deus, leva-a a atrever-se impetuosamente. Cumpre-se o que diz o Apóstolo: "A caridade tudo crê, tudo espera e tudo pode" (1Cor 13,7)[1]. Deste degrau falou Moisés, quando pediu a Deus que, ou perdoasse ao povo, ou lhe riscasse o nome do livro da vida, onde o havia escrito" (Ex 32,31-32). Tais almas alcançam de Deus tudo quanto lhes apraz pedir. Por isto, exclama Davi: "Deleita-te no Senhor e dar-te-á ele as petições do teu coração" (Sl 36,4). Neste degrau atreveu-se a Esposa a dizer: "Beije-me com um beijo de sua boca" (Ct 1,1). Não seria, contudo, lícito à alma ousar tanto, em querer subir a este degrau, se não sentisse, no seu íntimo, o cetro do Rei inclinar-se favoravelmente para ela; a fim de que não lhe suceda, porventura, cair dos outros degraus que até então já subiu, nos quais sempre se há de manter com humildade. Depois desta ousadia e confiança, concedidas por Deus à alma, neste sétimo degrau, para atrever-se a chegar a ele com toda a veemência de seu amor, passa ela ao oitavo degrau que é apoderar-se do Amado e unir-se com ele, conforme vai ser dito.

3. O oitavo degrau de amor faz a alma agarrar e segurar sem largar o seu Amado, conforme diz a Esposa nestes termos: "Achei o que ama a minha alma, agarrei-me a ele e não o largarei mais" (Ct 3,4). Neste degrau de união, a alma satisfaz seu desejo, mas não ainda de modo contínuo. Algumas, apenas chegam a pôr o pé neste degrau, logo volvem a tirá-lo. Se durasse sempre a união, seria, já nesta vida, uma espécie de glória para a alma; e assim, não pode permanecer neste degrau senão por breves tempos. Ao profeta Daniel, por ser varão de desejos, foi mandado da parte de Deus que permanecesse neste degrau, quando lhe foi dito: "Daniel, está em teu degrau, porque és varão de dese-

---

1. Citação aproximada, dizendo o texto: "A caridade tudo crê, tudo espera, tudo sofre".

jo" (Dn 10,11). Após este degrau vem o nono, que já é dos perfeitos, conforme vamos dizer.

4. O nono degrau de amor faz a alma arder suavemente. Este degrau é dos perfeitos, que ardem no amor de Deus com muita suavidade: ardor cheio de doçura e deleite, produzido pelo Espírito Santo, em razão da união que eles têm com Deus. Por isto diz São Gregório, referindo-se aos apóstolos, que, ao descer visivelmente sobre eles o Espírito Santo, arderam interiormente em suavíssimo amor. Quanto aos bens e riquezas divinas de que a alma goza neste degrau, é impossível falar. Mesmo se fossem escritos muitos livros sobre o assunto, a maior parte ficaria ainda por dizer. Por esta razão, e também porque depois pretendemos dizer mais alguma coisa sobre este degrau, aqui não me estendo. Digo somente que a ele se segue o décimo e último degrau da escada de amor, o qual já não é da vida presente.

5. O décimo e último degrau desta escada secreta de amor faz a alma assimilar-se totalmente a Deus, em virtude da clara visão de Deus que a alma possui imediatamente, quando, depois de ter subido nesta vida ao nono degrau, sai da carne. De fato, os que chegam até aí – e são poucos –, como estão perfeitamente purificados pelo amor, não passam no purgatório. Daí o dizer São Mateus: "Bem-aventurados os limpos de coração, porque verão a Deus" (Mt 5,8). E, como dissemos, esta visão é a causa da total semelhança da alma com Deus. Assim o declara São João: "Sabemos que seremos semelhantes a ele" (Jo 3,2). Não significa que a alma terá a mesma capacidade de Deus, pois isto é impossível; mas que todo o seu ser se fará semelhante a Deus, e deste modo poderá chamar-se, e na realidade será, Deus por participação.

6. Tal é a escada secreta de que a alma fala aqui, embora, nestes degraus superiores, já não lhe seja tão secreta, pois

---

2. Citação aproximada. Diz o texto: "Daniel, varão de desejos... levanta-te em pé".

o amor se descobre muito à alma, pelos grandes efeitos que nela produz. Neste último degrau, porém, de clara visão – o último da escada onde Deus se assenta –, não mais existe para ela coisa alguma encoberta, em razão da assimilação total. Assim o disse nosso Salvador: "Naquele dia já não me perguntareis coisa alguma" (Jo 16,23). Até que chegue, entretanto, aquele dia, por mais elevada que esteja a alma, há sempre para ela algo escondido, na proporção do que lhe falta para chegar à total assimilação com a divina essência. Eis como a alma, por meio desta teologia mística e amor secreto, vai saindo de todas as coisas e de si mesma e subindo até Deus; porque o amor é semelhante ao fogo: sempre sobe para as alturas, com apetite de engolfar-se no centro de sua esfera.

CAPÍTULO XXI

Explica-se a palavra "disfarçada" e dizem-se as cores do disfarce da alma nesta noite.

1. Depois de ter indicado os motivos da alma chamar "secreta escada" a esta contemplação, falta agora explicar também a terceira palavra do verso, isto é, "disfarçada", dizendo igualmente a razão por que a alma canta haver saído por esta "secreta escada, disfarçada".

2. Para entendê-lo, é preciso saber que disfarçar-se não é outra coisa senão dissimular-se e encobrir-se, sob outro traje e figura, diferentes dos de costume; seja para esconder, com aquela nova forma de vestir, o desejo e pretensão do coração, com o fim de conquistar a vontade e agrado de quem se ama, seja para ocultar-se aos seus êmulos, e assim poder melhor realizar seu intento. Tomará então alguém os trajes e vestes que melhor interpretem e signifiquem o afeto de seu coração, e graças aos quais possa mais vantajosamente esconder-se dos seus inimigos.

558 NOITE ESCURA

3. A alma, pois, tocada aqui pelo amor do Esposo Cristo, pretendendo cair-lhe em graça e conquistar-lhe a vontade, sai agora com aquele disfarce que mais ao vivo exprime as afeições de seu espírito, e com o qual vai mais a coberto dos adversários e inimigos, a saber, mundo, demônio e carne. Assim, a libré que veste compõe-se de três cores principais: branca, verde e vermelha. Nestas cores são significadas as três virtudes teologais, fé, esperança e caridade, com as quais não só ganhará a graça e a vontade de seu Amado, mas irá, além disso, muito amparada e segura quanto aos seus três inimigos. A fé é uma túnica interior de tão excelsa brancura que ofusca a vista de todo entendimento. Quando a alma caminha vestida de fé, o demônio não a vê, nem atina a prejudicá-la, porque com a fé, muito mais do que com todas as outras virtudes, vai bem amparada, contra o demônio, que é o mais forte e astuto inimigo.

4. Por isto, São Pedro não achou outro melhor escudo para livrar-se dele, ao dizer: "Ao qual resisti permanecendo firmes na fé" (1Pd 5,9). Para conseguir a graça e união do Amado, a alma não pode vestir melhor túnica e camisa como fundamento e princípio das demais vestes de virtude, do que esta brancura da fé, pois "sem ela", conforme diz o Apóstolo, "impossível é agradar a Deus" (Hb 11,6). Com a fé, porém, não pode deixar de agradar, segundo testifica o próprio Deus pela boca de um profeta: "Desposar-te-ei na fé" (Os 2,20)[1]. É como se dissesse: Se queres, ó alma, unir-te e desposar-te comigo, hás de vir interiormente vestida de fé.

5. Esta brancura da fé revestia a alma na saída desta noite escura, quando caminhava em meio às trevas e angústias interiores, como já dissemos. Não havia em seu entendimento luz alguma que a consolasse: nem do céu – pois este parecia estar fechado para ela, e Deus escondido – nem de terra – pois os que a orientavam não a satisfaziam. A alma, no entanto, sofreu tudo com perseverança e constân-

1. O texto diz: "Desposar-te-ei com inviolável fidelidade".

LIVRO II – CAPÍTULO XXI

cia, passando aqueles trabalhos sem desfalecer e sem faltar ao Amado. É ele que, por meio dos sofrimentos e tribulações, prova a fé de sua Esposa, a fim de que ela possa depois apropriar-se daquele dito de Davi: "Por amor às palavras de teus lábios, guardei caminhos penosos" (Sl 16,46).

6. Logo acima desta túnica branca da fé, sobrepõe a alma uma segunda veste que é uma almilha verde[2]. Por esta cor é significada a virtude da esperança, como já dissemos acima. Por meio dela, em primeiro lugar a alma se liberta e defende do segundo inimigo, que é o mundo. Na verdade, este verdor de esperança viva em Deus confere à alma tanta vivacidade e ânimo, e tanta elevação às coisas da vida eterna, que toda coisa da terra, em comparação a tudo quanto espera alcançar no céu, lhe parece murcha, seca e morta, como na verdade é, e de nenhum valor. Aqui se despe e despoja, então, a alma, de todas essas vestes e trajes do mundo, tirando o seu coração de todas elas, sem prendê-lo a nada. Não mais espera coisa alguma que exista ou haja de existir neste mundo, pois vive vestida unicamente de esperança da vida eterna. Assim, a tal ponto se lhe eleva o coração acima deste mundo, que não somente lhe é impossível apegar-se ou apoiar-se nele, mas nem mesmo pode olhá-lo de longe.

7. A alma vai, portanto, com esta verde libré e disfarce, muito segura contra seu segundo inimigo que é o mundo. À esperança chama São Paulo "elmo de salvação" (1Ts 5,8). Este capacete é armadura que protege toda a cabeça, cobrindo-a de modo a ficar descoberta apenas uma viseira, por onde se pode olhar. Eis a propriedade da esperança: cobrir todos os sentidos da cabeça da alma, para que não se engolfem em coisa alguma deste mundo, e não haja lugar por onde os possa ferir alguma seta deste século. Só deixa à alma uma viseira, a fim de poder levantar os olhos para cima, e nada mais. Tal é, ordinariamente, o ofício da espe-

---

2. Almilha: peça de vestuário justa ao corpo e com mangas (Dicionário de F.J. Caldas Aulete).

560   NOITE ESCURA

rança dentro da alma – levantar os seus olhos para olhar somente a Deus, como diz Davi: "Meus olhos estão sempre voltados para o Senhor" (Sl 24,15). Não esperava bem algum de outra parte, conforme ele mesmo diz em outro Salmo: "Assim como os olhos da escrava estão postos nas mãos da sua senhora, assim os nossos estão fixados sobre o Senhor, nosso Deus, até que tenha misericórdia de nós" (Sl 122,2).

8. Assim, quando a alma se reveste da verde libré da esperança – sempre olhando para Deus, sem ver outra coisa nem querer outra paga para o seu amor a não ser unicamente ele –, o Amado, de tal forma nela se compraz, que, na verdade, pode-se dizer que a alma dele alcança tanto quanto espera. Assim se exprime o Esposo nos Cantares, dizendo à Esposa: "Chagaste meu coração com um só de teus olhos" (Ct 4,9). Sem essa libré verde de pura esperança em Deus, não convinha a alma sair a pretender o amor divino; nada teria então alcançado, pois o que move e vence a Deus é a esperança porfiada.

9. Com a libré da esperança, a alma caminha disfarçada, por esta secreta e escura noite de que já falamos; vai agora tão vazia de toda posse e apoio, que não põe os olhos, nem a solicitude, em outra coisa a não ser Deus; mantém mesmo "a sua boca no pó se, porventura, aí houver esperança", conforme diz Jeremias no trecho já citado (Lm 3,29).

10. Em cima do branco e verde, para remate e perfeição do disfarce, traz a alma agora a terceira cor, que é uma primorosa toga vermelha, significando a terceira virtude, a caridade. Esta não somente realça as outras duas cores, mas eleva a alma a tão grande altura que a põe junto de Deus, formosa e agradável, ao ponto de ela mesma atrever-se a dizer: "Embora seja morena, ó filhas de Jerusalém, sou formosa; e por isto me amou o Rei, e me pôs em seu leito" (Ct 1,4)[3]. Com esta libré da caridade, que é já a libré

---

3. Citação aproximada, unindo dois trechos diversos. 1º "Eu sou trigueira, mas formosa, filhas de Jerusalém" (Ct 1,4). 2º "O Rei introduziu-me nos seus aposentos" (Ct 1,3).

LIVRO II – CAPÍTULO XXI

do amor, e faz crescer o amor do Amado, a alma fica amparada e escondida do terceiro inimigo, a carne; pois, onde existe verdadeiro amor de Deus, não entra amor de si nem de seus interesses. E mais ainda, a caridade dá valor às outras virtudes, fortalecendo-as e avigorando-as para proteger a alma; dá também graça e gentileza, para com elas agradar ao Amado, pois sem a caridade nenhuma virtude é agradável a Deus. É esta a púrpura de que fala o livro dos Cantares, sobre a qual Deus se recosta (Ct 3,10). Com esta libré vermelha vai a alma vestida, quando, na noite escura – como acima dissemos na explicação da canção primeira –, sai de si mesma e de todas as coisas criadas, "de amor em vivas ânsias inflamada", subindo esta secreta escada de contemplação, até a perfeita união do amor de Deus, sua salvação tão desejada.

11. Tal é o disfarce usado pela alma na noite da fé, subindo pela escada secreta, e tais são as três cores de sua libré. São elas convenientíssima disposição para se unir com Deus segundo suas três potências, entendimento, memória e vontade. A fé esvazia e obscurece o entendimento de todos os seus conhecimentos naturais, dispondo-o assim à união com a sabedoria divina; a esperança esvazia e afasta a memória de toda posse de criatura, porque, como São Paulo diz, a esperança tende ao que não se possui (Rm 8,24), e por isto aparta a memória de tudo quanto pode possuir, a fim de a colocar no que espera. Deste modo, a esperança em Deus só dispõe puramente a memória para a união divina. E, enfim, a caridade, de maneira semelhante, esvazia e aniquila as afeições e apetites da vontade em qualquer coisa que não seja Deus, e os põe só nele. Assim, também, esta virtude dispõe essa potência, e a une com Deus por amor. Como, pois, estas virtudes têm ofício de apartar a alma de tudo que é menos do que Deus, consequentemente têm o de uni-la com Deus.

12. Se, portanto, a alma não caminha verdadeiramente vestida com o traje destas três virtudes, é impossível che-

gar à perfeita união com Deus por amor. Logo, para alcançar o que pretendia, isto é, a amorosa e deleitosa união com seu Amado, foi muito necessário e conveniente este traje e disfarce que tomou. Foi, do mesmo modo, grande ventura o conseguir vesti-lo, perseverar com ele até alcançar tão desejada pretensão e fim, qual era a união de amor. Por isto, apressa-se em dizer o verso:

Oh! ditosa ventura!

CAPÍTULO XXII

Explica-se o terceiro verso da canção segunda.

1. Bem claro está quão ditosa ventura foi, para a alma, sair com tal empresa, como foi esta. Pela sua saída, livrou-se do demônio, do mundo, e de sua própria sensualidade, conforme ficou dito. Alcançando a liberdade de espírito, tão preciosa e desejada por todos, passou a alma das coisas baixas para as elevadas. Transformou-se de terrestre em celestial, e, de humana que era, fez-se divina, tendo agora sua moradia nos céus, como sucede à alma neste estado de perfeição. É o que daqui por diante iremos descrevendo, embora com maior brevidade.

2. O que havia de mais importante no assunto já foi suficientemente esclarecido, pois procurei dar a entender – embora muito menos do que na verdade é –, como esta noite escura traz à alma inumeráveis bens, e quão ditosa ventura lhe foi passar por ela. O motivo principal que me levou a tratar disto foi explicar esta noite a muitas almas, que, estando dentro dela, contudo, a ignoravam, como já dissemos no prólogo. Assim, quando se espantarem com o horror de tantos trabalhos, animem-se com a esperança certa de tantos e tão avantajados bens de Deus, que alcançarão por meio desta noite. Além de todos esses pro-

LIVRO II – CAPÍTULO XXIII

veitos, é ainda "ditosa ventura" para a alma esta noite, pela razão que ela expõe logo no verso seguinte dizendo: *Às escuras, velada.*

CAPÍTULO XXIII

Explicação do quarto verso. Descreve-se o admirável esconderijo em que é posta a alma nesta noite, e como o demônio, embora penetre em outros lugares muito elevados, não pode entrar neste.

1. "Velada"[1] é tanto como dizer: escondidamente, às ocultas. Por conseguinte, quando diz a alma aqui que saiu, "às escuras, velada", dá a entender com mais precisão a grande segurança, já referida no primeiro verso desta canção, e pela qual caminha à união de amor com Deus, nesta contemplação obscura.

2. Dizendo, pois, a alma: "Às escuras, velada", quer significar que, indo assim às escuras, caminhava encoberta e escondida ao demônio, às suas ciladas e embustes. O motivo de ir a alma livre e escondida destes embustes do inimigo, na obscuridade da contemplação, e por ser a mesma contemplação infundida na alma de modo passivo e secreto e às ocultas dos sentidos e potências, interiores e exteriores da parte sensitiva. Daí procede andar a alma escondida e livre, não só das suas potências, que não mais podem impedi-la com sua fraqueza natural, mas também do demônio; porque este inimigo, só por meio dessas potências sensitivas, pode alcançar e conhecer o que há na alma, ou o que nela se passa. Assim, quanto mais espiritual, interior e remota dos sentidos é a comunicação, tanto menos o demônio consegue entendê-la.

3. É, pois, muito importante para a segurança da alma que suas relações íntimas com Deus sejam de tal modo, que seus mesmos sentidos da parte inferior fiquem às escuras,

---

1. O original diz *en celada*. A palavra *celada* significa, em português, elmo, armadura antiga que cobre a cabeça (Dicionário de Aulete).

privados disso, e não o percebam; primeiramente, para que a comunicação possa ser mais abundante, não impedindo a fraqueza da parte sensitiva a liberdade do espírito; depois, para que, conforme dissemos, vá a alma com mais segurança, não a alcançando o demônio, em tão íntimo recesso. A este propósito podemos tomar, sob o ponto de vista espiritual, aquele texto de nosso Salvador que diz: "Não saiba a tua mão esquerda o que faz a direita" (Mt 6,3). Como se dissesse: O que se passa na parte direita, que é a superior e espiritual da alma, não o saiba a esquerda, isto é, seja de tal maneira que a parte inferior da alma, ou a parte sensitiva, não o alcance, e seja tudo em segredo entre o espírito e Deus.

4. Sem dúvida, muitas vezes acontece à alma receber estas comunicações espirituais, sobremaneira íntimas e secretas, sem que o demônio chegue a conhecer quais são e como se passam; contudo pela grande pausa e silêncio causador nos sentidos e potências da parte sensitiva por algumas dessas comunicações, bem pode o inimigo perceber que existem, e que a alma recebe alguma graça de escol. Como ele vê que não consegue contradizê-la, pois tais coisas se passam no fundo da alma, procura por todos os meios alvoroçar e perturbar a parte sensitiva que está a seu alcance. Provoca, então, aí, dores, ou aflige com sustos e receios, a fim de causar inquietação e desassossego na parte superior da alma, onde ela está recebendo e gozando aqueles bens. Muitas vezes, porém, quando a comunicação de tal contemplação é infundida puramente no espírito, agindo sobre ele com muita força, de nada servem as astúcias do demônio para perturbar a alma. Ao contrário, ela recebe então novo proveito e também mais segura e profunda paz; porque, ao pressentir a perturbadora presença do inimigo – oh! coisa admirável! –, sem nada fazer de sua parte, e sem que saiba como isto se realiza, a alma penetra no mais recôndito do seu íntimo centro, sentindo muito bem que se refugia em lugar seguro, onde se vê mais distante e escondida do inimigo. Recebe, então, um aumento daquela paz e gozo que

LIVRO II – CAPÍTULO XXIII

o demônio pretendia tirar-lhe. E, assim, todos os temores que antes sofrera na parte exterior desaparecem, e a alma claramente o percebe, folgando agora por se ver tão a salvo, no gozo daquela quieta paz e deleite do Esposo escondido. Essa paz, nem o mundo nem o demônio lhe podem dar ou tirar; e a alma sente então a verdade do que diz a Esposa, a este propósito, nos Cantares: "Eis aqui o leito de Salomão ao qual cercam sessenta valentes dos mais fortes de Israel... por causa dos temores noturnos" (Ct 3,7-8). Tal é a fortaleza e paz de que goza, embora muitas vezes sinta exteriormente tormentos na carne e nos ossos.

5. Em outras ocasiões, quando a comunicação espiritual não é infundida profundamente no espírito, mas dela participa também o sentido, com maior facilidade o demônio consegue perturbar o espírito, inquietando-o por meio do sentido, com os horrores já referidos. É grande, então, o tormento e pena que causa no espírito; chega às vezes a ser muito mais do que se pode exprimir. Como vai diretamente de espírito a espírito, é intolerável esse horror que causa o mau ao bom, digo, o demônio à alma, quando consegue penetrá-la com sua perturbação. A Esposa nos Cantares exprime bem essa realidade, quando conta o que lhe sucedeu, no tempo em que quis descer ao seu interior recolhimento para gozar destes bens, dizendo assim: "Desci ao jardim das nogueiras, para ver os pomos dos vales e para examinar se a vinha tinha lançado flor. Não soube; conturbou-se-me a alma toda por causa dos carros de Aminadab" (Ct 6,10), que é o demônio.

6. Outras vezes acontece, quando as comunicações vêm por meio do anjo bom, chegar o demônio, nessas circunstâncias, a ver algumas mercês que Deus quer fazer à alma; porque as graças concedidas por intermédio do bom anjo, ordinariamente permite o Senhor que as entenda o adversário. Assim o permite, para que o demônio faça contra elas o que puder, segundo a proporção da justiça, e não possa depois alegar seus direitos, dizendo que não lhe é dada oportuni-

dade para conquistar a alma, como disse no caso de Jó (Jó 1,9). Isto se daria se Deus não permitisse certa igualdade entre os dois guerreiros, isto é, entre o anjo bom e o anjo mau, em relação à alma; consequentemente, terá maior valor a vitória de um ou de outro, e a mesma alma, sendo fiel e vencedora na tentação, será mais recompensada.

7. Por este motivo – convém observá-lo –, Deus, na mesma medida e maneira em que vai conduzindo a alma e tratando com ela, permite também ao demônio ir agindo. Se a alma tem visões verdadeiras por meio do bom anjo, como ordinariamente acontece – pois, embora apareça Cristo, quase nunca o faz em sua própria pessoa, e sim por este meio –, de modo semelhante, com permissão de Deus, o anjo mau lhe representa outras visões falsas no mesmo gênero. E assim, julgando pela aparência, pode a alma, se não tiver cautela, facilmente ser enganada, como já aconteceu a muitas. Há disto uma figura no Êxodo, onde se conta que todos os prodígios verdadeiros que fazia Moisés, eram reproduzidos falsamente pelos mágicos de faraó. Se Moisés tirava rãs, também eles tiravam; se fazia a água tornar-se sangue, eles também faziam o mesmo (Ex 7,11.20.22; 8,7).

8. Não é somente este gênero de visões corporais que o demônio imita; mete-se também nas comunicações espirituais. Como são concedidas por meio do anjo bom, consegue o inimigo percebê-las, porque, segundo diz Jó, "ele vê tudo o que há de sublime" (Jó 41,25). E assim procura imitá-las. Estas graças, todavia, por serem infundidas no espírito, não tendo, portanto, forma ou figura, o demônio não as pode imitar ou representar, como acontece às que são concedidas debaixo de alguma figura. Por isto, quando a alma é daquele modo visitada, ele, para combatê-la, procura ao mesmo tempo incutir-lhe seu espírito de temor, para impugnar e destruir um espírito com outro. Quando assim acontece, no tempo em que o anjo bom começa a comunicar à alma a espiritual contemplação, ela não pode recolher-se no esconderijo secreto da contemplação tão de-

LIVRO II – CAPÍTULO XXIII

pressa que não seja vista pelo demônio; e, então, ele a acomete com impressões de horror e perturbação espiritual, às vezes penosíssimas. Em outras ocasiões, entretanto, sobra à alma tempo para fugir depressa, antes que o espírito mau possa causar-lhe aquelas impressões de horror; consegue recolher-se dentro de si, favorecida nisto pela eficaz mercê espiritual, recebida, nessa hora, do anjo bom.

9. Por vezes prevalece o demônio, prendendo a alma na perturbação e horror, coisa mais aflitiva do que qualquer tormento desta vida. Como esta horrenda comunicação vai de espírito a espírito, muito às claras, e de. certo modo despojada de todo o corporal, é penosa sobre todo sentido. Permanece algum tempo no espírito tal investida do demônio, mas não pode durar muito, porque sairia do corpo o espírito humano, devido à veemente comunicação do outro espírito. Fica, depois, somente a lembrança do sucedido, o que basta para causar grande sofrimento.

10. Tudo o que acabamos de descrever sucede à alma passivamente, sem que ela contribua de modo algum para acontecer-lhe ou não. Torna-se precisa, contudo, uma observação: quando o anjo bom permite ao demônio a vantagem de atingir a alma com este espiritual terror, visa purificá-la e dispô-la, com esta vigília espiritual, para alguma festa e mercê sobrenatural que lhe quer conceder Aquele que nunca mortifica senão para dar vida, e jamais humilha senão para exaltar. E isto se realiza pouco depois; a alma, na medida em que sofreu aquela purificação tenebrosa e horrível, goza, a seguir, de admirável e saborosa contemplação espiritual, por vezes tão sublime que não há linguagem para traduzi-la. Com o antecedente horror do espírito mau, sutilizou-se muito o espírito para ser capaz de receber este bem; porque estas visões espirituais são mais próprias da outra vida do que desta, e quando a alma recebe uma delas, dispõe-se para outra.

11. Tudo quanto foi dito agora deve ser entendido a respeito da visita de Deus à alma por meio do anjo bom, du-

rante a qual ela não caminha totalmente às escuras, nem tão velada, que não possa alcançá-la o inimigo. Quando Deus, porém, visita por si mesmo a alma, então se realiza plenamente o verso já citado; porque de modo total, "às escuras, velada", sem que a veja o demônio, recebe as mercês espirituais de Deus. A razão disto é a morada substancial de Sua Majestade na alma, onde nem o anjo nem o demônio podem chegar a entender o que se passa. Consequentemente, não podem conhecer as íntimas e secretas comunicações que há entre ela e Deus. Estas mercês, por serem feitas diretamente pelo Senhor, são totalmente divinas e soberanas; são todas, na verdade, toques substanciais de divina união entre a alma e Deus. Num só desses toques, que constituem o mais alto grau possível de oração, recebe a alma maior bem do que em tudo o mais.

12. São estes, com efeito, os toques que a Esposa começou por pedir nos Cantares, dizendo: "Beije-me com um beijo de sua boca" (Ct 1,1). Por ser coisa que se passa em tão íntima união com Deus, onde a alma com tantas ânsias deseja chegar, por isto estima e cobiça mais um destes toques da Divindade, do que todas as demais mercês feitas a ela por Deus. E assim, tendo dito a Esposa nos Cantares que ele lhas havia feito muitas, conforme havia ali cantado, não se deu, contudo, por satisfeita; pediu-lhe esses toques divinos, com estas palavras: "Quem me dera que te tenha a ti por irmão meu, mamando nos peitos de minha mãe, e que eu te ache fora, para que te beije, e assim não me despreze ninguém!" (Ct 8,1). Nestas palavras dá a entender que desejava fosse a comunicação de Deus direta, como vamos dizendo, e que fosse "fora", e às escondidas de toda criatura. É o que significa: "fora, mamando", isto é, enfreando e mortificando os peitos dos apetites e afeições da parte sensitiva. Isto se realiza quando a alma, já na liberdade do espírito, goza destes bens com inteira paz e deleite, sem que a parte sensitiva possa servir-lhe de obstáculo, nem o demônio, por meio dos sentidos, consiga contradizê-la. En-

tão não se atreveria mais o inimigo a perturbá-la, pois não o conseguiria; nem poderia tampouco chegar a entender estes divinos toques, dados na substância da alma, pela amorosa substância de Deus.

13. A tão elevada graça ninguém pode chegar sem íntima purificação e despojamento, no esconderijo espiritual de tudo quanto é criatura; e isto, na obscuridade, como já explicamos longamente mais acima, e continuamos a fazê-lo neste verso. Veladamente e no escondido: é neste esconderijo, repetimos, que se vai confirmando a alma na união com Deus por amor, e por este motivo ela canta no referido verso, dizendo: "Às escuras, velada".

14. Quando aquelas mercês são feitas à alma escondidamente, isto é, somente no espírito, conforme já explicamos, acontece, em algumas dessas graças, achar-se a alma, sem que ela o saiba compreender, de tal modo apartada e separada, segundo a parte espiritual e superior, da parte inferior e sensitiva, que conhece haver em si mesma duas partes bem distintas. Afigura-se-lhe até que são independentes, e nada tem a ver uma com a outra, tão separadas e longínquas estão entre si. Na verdade, assim o é, de certa maneira; porque a operação toda espiritual, que então se realiza na alma, não se comunica à parte sensitiva. Desta sorte, a alma se vai tornando toda espiritual; e neste esconderijo de contemplação unitiva, as paixões e apetites espirituais vão sendo afinal mortificados em grau muito intenso. Assim, a alma, falando da parte superior, diz logo neste último verso:

Já minha casa estando sossegada.

CAPÍTULO XXIV

Termina a explicação da canção segunda.

1. As últimas palavras significam o seguinte: estando a parte superior de minha alma – como igualmente a in-

ferior –, já sossegada em seus apetites e potências, parte para a divina união de amor com Deus.

2. De duas maneiras, por meio daquela guerra da noite escura já descrita, é combatida e purificada a alma, a saber: segundo a parte sensitiva, e segundo a parte espiritual, em todos os seus sentidos, potências e paixões. Assim também de duas maneiras, isto é, segundo essas duas partes, sensitiva e espiritual, em todas as suas potências e apetites, consegue a alma paz e sossego. Por este motivo, torno a dizer, ela repete, duas vezes, o verso: uma, na canção passada, e outra na presente. Deste modo o faz, em razão das duas partes da alma, a espiritual e a sensitiva. É necessário que ambas, a fim de chegarem à divina união de amor, sejam primeiro reformadas, ordenadas e pacificadas, em relação a tudo quanto é sensitivo e espiritual, à semelhança do estado de inocência que havia em Adão. Neste verso, portanto – que na canção primeira foi entendido a respeito do sossego da parte inferior e sensitiva –, agora, na canção segunda, se entende especialmente da parte superior e espiritual. Por esta razão foi dito duas vezes o verso.

3. O sossego e quietação desta casa espiritual é alcançado pela alma de modo habitual e perfeito, tanto quanto possível em condição mortal, por meio daqueles toques substanciais de divina união de que acabamos de falar. Veladamente e de maneira oculta às perturbações do demônio, dos sentidos e das paixões, foi a alma recebendo da Divindade esses toques, e por eles se foi purificando, como digo, sossegando e fortalecendo, ao mesmo tempo que se tornava apta a poder receber plenamente a divina união – o divino desposório entre a alma e o Filho de Deus. E assim, logo que estas duas casas da alma se pacificam de todo, e se fortalecem unidas, com todos os seus domésticos, isto é, as potências e apetites, sossegados no sono e no silêncio em relação às coisas do céu e da terra, imediatamente essa divina Sabedoria se une à alma com um novo laço de amorosa posse. Realiza-se, então, o que essa mesma Sabedoria

nos diz: "Quando tudo repousava num profundo silêncio, e a noite estava no meio do seu curso, a tua palavra todo-poderosa, baixando lá do céu, dos teus reais assentos, de improviso saltou no meio da terra" (Sb 18,14-15). Isto mesmo nos é mostrado pela Esposa, nos Cantares, quando nos diz que, só depois de haver passado além dos guardas que lhe tiraram o manto, de noite, e a chagaram, encontrou o Bem-Amado de sua alma (Ct 3,4).

4. Não se pode chegar a tal união sem grande pureza, e esta pureza não se alcança sem grande desapego de toda coisa criada, e sem viva mortificação. Tudo isto é significado pelo despir do manto à Esposa, e pelas chagas que lhe foram feitas na noite, quando buscava e pretendia o Esposo: pois o novo manto do desposório ao qual aspirava, não o podia a Esposa vestir, sem despir primeiro o velho. Quem recusar, portanto, sair na noite já referida, para buscar o Amado, e não quiser ser despido de sua vontade nem mortificar-se, mas pretender achá-lo no seu próprio leito e comodidade, como fazia antes a Esposa, jamais chegará a encontrá-lo. Efetivamente, a alma aqui declara só o ter encontrado quando saiu às escuras, e com ânsias de amor.

CAPÍTULO XXV

Explica-se a canção terceira.

Em noite tão ditosa,
E num segredo em que ninguém me via,
Nem eu olhava coisa,
Sem outra luz nem guia
Além da que no coração me ardia

EXPLICAÇÃO

1. Continuando ainda a metáfora e semelhança da noite natural nesta sua noite espiritual, a alma prossegue can-

tando e exaltando as boas propriedades que nela há, e diz como por meio dessa noite as alcançou e adquiriu, chegando com rapidez e segurança ao fim almejado. Destas propriedades, a alma designa aqui três.

2. A primeira, diz ela, é que, nesta ditosa noite contemplativa, Deus conduz a alma por tão solitário e secreto modo de contemplação, tão alheio e remoto do sentido, que coisa alguma sensível ou toque algum de criatura consegue atingi-la de maneira a poder jamais perturbá-la ou detê-la no caminho da união do amor.

3. A segunda propriedade expressa pela alma é esta: por causa das trevas da noite, em que todas as potências da parte superior estão às escuras, a mesma alma não repara, nem pode reparar, em coisa alguma; e, em consequência disso, em nada se detém fora de Deus, em sua ida para ele; assim caminha livre dos obstáculos de formas e figuras, bem como das apreensões naturais que costumam impedir a alma de unir-se constantemente a Deus.

4. A terceira é a seguinte: embora a alma não se possa apoiar em qualquer luz particular do entendimento, nem a guia alguma exterior, de modo a receber satisfação neste caminho elevado – por motivo de ser privada de tudo em meio a estas escuras trevas –, contudo, o único amor que nela arde solicita-lhe continuamente o coração para o Amado. É este amor que move e guia então a alma, fazendo-a voar para seu Deus pelo caminho da solidão, sem ela saber como nem de que maneira.

Segue-se o verso:

Nesta noite ditosa.

Assim terminam quase todos os manuscritos, interrompendo-se, sem causa conhecida, o *Tratado da Noite Escura*. A falta de comentário às cinco últimas canções não se deve à morte de São João da Cruz, porque, depois de escrito o comentário das anteriores, viveu ele ainda muito tempo.

CÂNTICO ESPIRITUAL*

(Primeira redação)

O "Cântico Espiritual", em sua primeira redação, ocupa o primeiro lugar por ordem cronológica, entre as grandes obras espirituais do Santo. Efetivamente, acabou de escrevê-lo em 1584.

O primeiro grupo das estrofes foi composto no cárcere de Toledo e o restante em Granada, provavelmente entre os anos 1582-1584. Concluiu o comentário nesta última cidade, no ano de 1584, a pedido da Madre Ana de Jesus, priora das carmelitas descalças.

Páginas sublimes! Ele as chama "ditos de amor em inteligência mística". Revelam-nos a experiência "extraordinária" de São João da Cruz. Só ele podia pretender expor "os pontos e efeitos da oração... mais extraordinários", ele que os havia experimentado. O Santo aconselha-nos que as leiamos "com a simplicidade do espírito de amor que trazem". Certamente que não serão simples para todos: "Cada um... aproveita conforme sua maneira e riqueza de espírito".

São João da Cruz escreveu-as de joelhos. Talvez, lendo-as, sintamos também a necessidade de ajoelhar-nos para adorar as maravilhas da graça.

(Segunda redação)

São João da Cruz, ao ler seu "Cântico Espiritual", sentiu a desilusão que atormenta todos os artistas que não pude-

---

* Introdução do Pe. Felipe Sainz de Baranda, atual prepósito geral da Ordem dos Carmelitas Descalços, na Edição do Pe. Simeão da Sagrada Família: Juan de la Cruz, Obras Completas".

ram plasmar sua imagem como sonhara. Insatisfeito com sua obra, comentou novamente aquelas estrofes que tinham brotado de seu espírito tão espontâneas e com tanta fluidez. A segunda redação é o que chamamos Cântico B. *Contém uma estrofe a mais, a XI, que começa: "Descobre tua presença". Reorganizou a ordem das estrofes, e, com a nova ordem, receberam nova interpretação, novo sentido. Ampliou e estendeu o comentário, como se não pudesse suportar que sua alma, sabedora de tantas coisas, fosse incapaz de exprimi-las. Por isso esforçou-se por comunicar-nos algo do muito que possuía.*

A segunda redação é de 1586. Assim como a primeira, o Cântico B *é dedicado a Madre Ana de Jesus.*

É tarefa e incumbência de estudiosos analisar as diferenças de ambas as redações cotejando-as reciprocamente. É obra de almas espirituais e verdadeiros devotos de São João da Cruz viver e identificar-se com sua doutrina. Duas redações, mas a mesma experiência, os mesmos ensinamentos, o mesmo São João da Cruz.

CÂNTICO ESPIRITUAL

Explicação das Canções que tratam do exercício de amor entre a alma e Cristo, seu Esposo, em que se tocam e declaram alguns pontos e efeitos de oração a pedido da Madre Ana de Jesus, Priora das Descalças em São José em Granada.

PRÓLOGO

1. Como estas Canções, Revma. Madre, parecem ter sido escritas com algum fervor de amor de Deus, cuja sabedoria amorosa é tão imensa que atinge de um fim até outro, e a alma se exprime, de certo modo, com a mesma abundância e impetuosidade do amor que a move e inspira, não penso agora em descrever toda a plenitude e profusão nelas infundida pelo fecundo espírito de amor. Seria, ao contrário, ignorância supor que as expressões amorosas de inteligência mística, como são as das presentes Canções, possam ser explicadas com clareza por meio de palavras: é o Espírito do Senhor, que ajuda a nossa fraqueza, no dizer de São Paulo, e, habitando em nossa alma, pede para nós com gemidos inenarráveis, aquilo que nós mesmos mal podemos entender ou compreender para manifestá-lo. Na verdade, quem poderá escrever o que esse Espírito dá a conhecer às almas inflamadas no seu amor? Quem poderá exprimir por palavras o que ele lhes dá a experimentar? E quem, finalmente, dirá os desejos que nelas desperta? Decerto, ninguém o pode. De fato, nem as próprias almas nas quais

isto se passa podem exprimi-lo. Este é o motivo de empregarem figuras, comparações e semelhanças, para com elas esboçar apenas algo do que sentem; e da abundância do espírito transbordam segredos e mistérios, mais do que procuram, por meio de razões, explicá-los. Tais semelhanças, se não forem lidas com a simplicidade do espírito de amor e inteligência nelas encerrado, antes parecerão disparates do que expressões razoáveis. Assim podemos verificar nos divinos Cantares de Salomão e outros livros da Sagrada Escritura: não podendo o Espírito Santo dar a entender a abundância de seu sentido por termos vulgares e usados, fala misteriosamente por estranhas figuras e semelhanças. Daí vem que os santos doutores da Igreja, por muito que digam, e por mais que queiram dizer, jamais poderão acabar de explicar com palavras o que com palavras não se pode exprimir; portanto, o que desses livros se declara, ordinariamente fica muito abaixo do que eles em si contêm.

2. Essas Canções, tendo sido compostas em amor de abundante inteligência mística, não poderão ser explicadas completamente, nem, aliás, é esta minha intenção; quero somente dar alguma luz geral, porque V. Revma. assim o quis. Isto tenho por melhor. Julgando mais vantajoso declarar os ditos de amor em toda a sua amplidão, a fim de deixar cada alma aproveitar-se deles segundo seu próprio modo e capacidade espiritual, em vez de limitá-los a um só sentido. Assim, embora sejam de algum modo explicadas, não é necessário ater-se à explicação; porque a sabedoria mística, isto é, a sabedoria de amor de que tratam as presentes Canções, não há mister ser entendida distintamente para produzir efeito de amor na alma; pois age de modo semelhante à fé, na qual amamos a Deus sem o compreender.

3. Serei, portanto, muito breve, sem, contudo, deixar de estender-me em algumas partes onde o pedir a matéria, e quando se oferecer oportunidade de tratar e declarar certos

PRÓLOGO

pontos e efeitos de oração, muitos dos quais são tocados nestas Canções; por este motivo não poderei deixar de explicar alguns deles. Deixarei de lado os mais comuns, para explicar rapidamente os mais extraordinários, sucedidos às almas que, com o favor de Deus, passaram do estado de principiantes. Assim faço por duas razões. Primeira: para principiantes há muita coisa escrita. Segunda: dirijo-me, por seu mandado, a V. Revma., a quem Nosso Senhor já fez a graça de tirar desses princípios e levar mais adentro no seio de seu divino amor. Espero, portanto, que, embora se escrevam aqui alguns princípios de teologia escolástica acerca do trato interior da alma com seu Deus, não será inútil haver falado algum tanto puramente ao espírito da maneira que o fizemos; na verdade, se a V. Revma. falta o exercício da teologia escolástica com que se entendem as verdades divinas, não lhe falta, porém, o da teologia mística que se sabe por amor, e na qual não somente se sabem, mas ao mesmo tempo se saboreiam tais verdades.

4. E para que mereça mais fé tudo quanto disser (e que desejo submeter a melhor juízo, e totalmente ao da Santa Madre Igreja) não penso afirmar coisa minha; tampouco me hei de fiar de experiência própria do que se haja passado em mim, ou que de outras pessoas espirituais haja conhecido, ou delas ouvido, embora tencione aproveitar-me de uma e de outra coisa. Tudo, porém, irei confirmando e declarando com citações da Escritura Divina, ao menos no que parecer de mais difícil compreensão. Nestas citações procederei deste modo: primeiro porei as sentenças em latim, e logo as declararei a propósito do que forem citadas. Porei em primeiro lugar todas as Canções juntas, e depois por sua ordem irei colocando cada uma de per si a fim de explicá-la. De cada Canção explicarei cada verso, pondo-o no princípio de sua explicação.

CANÇÕES DE AMOR
ENTRE A ALMA E DEUS

ESPOSA
I
Onde é que te escondeste,
Amado, e me deixaste com gemido?
Como o cervo fugiste,
Havendo-me ferido;
Saí, por ti clamando, e eras já ido.

II
Pastores que subirdes
Além, pelas malhadas, ao Outeiro,
Se, porventura, virdes
Aquele a quem mais quero,
Dizei-lhe que adoeço, peno, e morro.

CANCIONES ENTRE EL ALMA Y EL ESPOSO

ESPOSA
I
¿Adonde te escondiste,
Amado, y me dejaste con gemido?
Como el ciervo huiste,
habiéndome herido;
salí tras ti clamando, y eras ido.

Canciones
II
Pastores los que fuerdes
allá por las majadas al otero,
si por ventura vierdes
aquel que yo más quiero,
decilde que adolezco, peno y muero.

CANÇÕES

III

Buscando meus amores,
irei por estes montes e ribeiras;
Não colherei as flores,
nem temerei as feras,
E passarei os fortes e fronteiras.

PERGUNTA ÀS CRIATURAS
IV

Ó bosques e espessuras,
Plantados pela mão de meu Amado!
Ó prado de verduras,
De flores esmaltado,
Dizei-me se por vós ele há passado!

RESPOSTA DAS CRIATURAS
V

Mil graças derramando,
Passou por estes soutos com presteza,

III

Buscando mis amores
iré por esos montes y riberas;
ni cogeré las flores
ni temeré las fieras,
y pasaré los fuertes y fronteras.

PREGUNTA A LAS CRIATURAS
IV

¡Oh bosques y espesuras
plantadas por la mano del Amado!,
¡oh prado de verduras
de flores esmaltado!,
decid si por vosotros ha pasado.

RESPUESTA DE LAS CRIATURAS
V

Mil gracias derramando
pasó por estos sotos con presura

E, enquanto os ia olhando,
Só com sua figura
A todos revestiu de formosura.

ESPOSA

VI

Quem poderá curar-me?!
Acaba de entregar-te já deveras;
Não queiras enviar-me
Mais mensageiro algum,
Pois não sabem dizer-me o que desejo.

VII

E todos quantos vagam,
De ti me vão mil graças relatando.
E todos mais me chagam;
E deixa-me morrendo
Um "não sei quê", que ficam balbuciando.

---

y, yéndoles mirando,
con sola su figura
vestidos los dejó de hermosura.

ESPOSA

VI

¡Ay!, ¿quién podrá sanarme?
Acaba de entregarte ya de vero;
no quieras enviarme
de hoy más ya mensajero,
que no saben decirme lo que quiero.

VII

Y todos cuantos vagan
de ti me van mil gracias refiriendo,
y todos más me llagan,
y déjame muriendo
un no sé qué que quedan bulbuciendo.

CANÇÕES

VIII

Mas como perseveras,
Ó vida, não vivendo onde já vives?
Se fazem com que morras
As flechas que recebes
Daquilo que do Amado em ti concebes?

IX

Por que, pois, hás chagado
Este meu coração, o não saraste?
E, já que mo hás roubado,
Por que assim o deixaste
E não tomas o roubo que roubaste?

X

Extingue os meus anseios.
Porque ninguém os pode desfazer;
E vejam-te meus olhos,
Pois deles és a luz,
E para ti somente os quero ter.

VIII

Mas ¿cómo perseveras,
¡oh vida!, no viviendo donde vives
y haciendo por que mueras
las flechas que recibes
de lo que del Amado en ti concibes?

IX

¿Por qué, pues has llagado
aqueste corazón, no le sanaste?
Y, pues me le has robado,
¿por qué así le dejaste
y no tomas el robo que robaste?

X

Apaga mis enojos,
pues que ninguno basta a deshacellos,
y véante mis ojos,
pues eres lumbre dellos,
y sólo para ti quiero tenellos.

XI

Mostra tua presença!
Mate-me a tua vista e formosura;
Olha que esta doença
De amor jamais se cura,
A não ser com a presença e com a figura.

XII

Ó cristalina fonte,
Se nesses teus semblantes prateados
Formasses de repente
Os olhos desejados
Que tenho nas entranhas debuxados!

XIII

Aparta-os, meu Amado,
Que eu alço o voo.

ESPOSO

Oh! volve-te, columba,
Que o cervo vulnerado

XI

Descubre tu presencia,
y máteme tu vista y hermosura,
mira que la dolencia
de amor, que no se cura
sino con la presencia y la figura.

XII

¡Oh cristalina fuente,
si en esos tus semblantes plateados
formases de repente
los ojos deseados
que tengo en mis entrañas dibujados!

XIII

¡Apártalos, Amado,
que voy de vuelo!

ESPOSO

– Vuélvete, paloma,
que el ciervo vulnerado

CANÇÕES

No alto do outeiro assoma,
Ao sopro de teu voo, e fresco toma.

ESPOSA
XIV

No Amado acho as montanhas,
Os vales solitários, nemorosos,
As ilhas mais estranhas,
Os rios rumorosos,
E o sussurro dos ares amorosos;

XV

A noite sossegada,
Quase aos levantes do raiar da aurora;
A música calada,
A solidão sonora,
A ceia que recreia e que enamora.

---

por el otero asoma
al aire de tu vuelo, y fresco toma.

ESPOSA

XIV

Mi Amado, las montañas,
los valles solitarios nemorosos,
las ínsulas extrañas,
los rios sonorosos,
el silbo de los aires amorosos;

XV

La noche sosegada
en par de los levantes del aurora,
la música callada,
la soledad sonora,
la cena que recrea y enamora.

CÂNTICO ESPIRITUAL

XVI

Caçai-nos as raposas,
Que está já toda em flor a nossa vinha;
Enquanto destas rosas
Faremos uma pinha,
E ninguém apareça na colina!

XVII

Detém-te, Aquilão morto!
Vem, Austro, que despertas os amores:
Aspira por meu horto,
E corram seus olores,
E o Amado pascerá por entre as flores.

XVIII

Ó ninfas da Judeia,
Enquanto pelas flores e rosais
Vai recendendo o âmbar,
Ficai nos arrabaldes
E não ouseis tocar nossos umbrais.

XVI

Cazadnos las raposas,
que está ya florecida nuestra viña,
entanto que de rosas
hacemos una piña,
y no parezca nadie en la montiña.

XVII

Detente, cierzo muerto;
ven, austro, que recuerdas los amores,
aspira por mi huerto
y corran sus olores,
y pacerá el Amado entre las flores.

XVIII

¡Oh ninfas de Judea!,
en tanto que en las flores y rosales
el ámbar perfumea,
morá en los arrabales
y no queráis tocar nuestros umbrales.

XIX

Esconde-te, Querido!
Voltando tua face, olha as montanhas;
E não queiras dizê-lo,
Mas olha as companheiras
Da que vai pelas ilhas mais estranhas.

ESPOSO

XX

A vós, aves ligeiras,
Leões, cervos e gamos saltadores,
Montes, vales, ribeiras,
Águas, ventos, ardores,
E, das noites, os medos veladores:

XXI

Pelas amenas liras
E cantos de sereias, vos conjuro
Que cessem vossas iras,

XIX

Escóndete, Carillo,
y mira con tu haz a las montañas
y no quieras decillo;
mas mira las campañas
de la que va por ínsulas extrañas.

ESPOSO

XX

A las aves ligeras,
leones, ciervos, gamos saltadores,
montes, valles, riberas,
aguas, aires, ardores
y miedos de las noches veladores:

XXI

Por las amenas liras
y canto de serenas, os conjuro
que cesen vuestras iras

CÂNTICO ESPIRITUAL

E não toqueis no muro,
Para a Esposa dormir sono seguro.

XXII

Entrou, enfim, a Esposa
No horto ameno por ela desejado;
E a seu sabor repousa,
O colo reclinado
Sobre os braços dulcíssimos do Amado.

XXIII

Sob o pé da macieira,
Ali, comigo foste desposada;
Ali te dei a mão,
E foste renovada
Onde a primeira mãe foi violada.

ESPOSA
XXIV

Nosso leito é florido,
De covas de leões entrelaçado,
Em púrpura estendido,

---

y no toquéis al muro,
por que la esposa duerma más seguro.

XXII

Entrado se há la esposa
en el ameno huerto deseado,
y a su sabor reposa,
el cuello reclinado
sobre los dulces brazos del Amado.

XXIII

Debajo del manzano,
allí conmigo fuiste desposada,
allí te di la mano,
y fuiste reparada
donde tu madre fuera violada.

ESPOSA
XXIV

Nuestro lecho florido,
de cuevas de leones enlazado,
en púrpura tendido,

CANÇÕES

De paz edificado,
De mil escudos de ouro coroado.

XXV

Após tuas pisadas
Vão discorrendo as jovens no caminho,
Ao toque de centelha,
Ao temperado vinho,
Dando emissões de bálsamo divino.

ESPOSA
XXVI

Na interior adega
Do Amado meu, bebi; quando saía,
Por toda aquela várzea
Já nada mais sabia,
E o rebanho perdi que antes seguia.

XXVII

Ali me abriu seu peito
E ciência me ensinou mui deleitosa;

---

de paz edificado,
de mil escudos de oro coronado.

XXV

A zaga de tu huella
las jóvenes discurren al camino,
al toque de centella,
al adobado vino:
emisiones de bálsamo divino.

ESPOSA
XXVI

En la interior bodega
de mi Amado bebí, y, cuando salía
por toda aquesta vega,
ya cosa no sabía
y el ganado perdí que antes seguía.

XXVII

Allí me dio su pecho,
allí me enseñó ciencia muy sabrosa,

CÂNTICO ESPIRITUAL

E a ele, em dom perfeito,
Me dei, sem deixar coisa,
E então lhe prometi ser sua esposa.

XXVIII

Minha alma se há votado,
Com meu cabedal todo, a seu serviço;
Já não guardo mais gado,
Nem mais tenho outro ofício,
Que só amar é já meu exercício.

XXIX

Se agora, em meio à praça,
Já não for mais eu vista, nem achada,
Direis que me hei perdido,
E, andando enamorada,
Perdidiça me fiz e fui ganhada.

XXX

De flores e esmeraldas,
Pelas frescas manhãs bem escolhidas,

---

y yo le di de hecho
a mí sin dejar cosa;
allí le prometí de ser su esposa.

XXVIII

Mi alma se há empleado
y todo mi caudal en su servicio;
ya no guardo ganado,
ni ya tengo otro oficio,
que ya sólo en amar es mi ejercicio.

XXIX

Pues ya si en el ejido
de hoy más no fuere vista ni hallada,
diréis que me he perdido,
que, andando enamorada,
me hice perdidiza, y fui ganada.

XXX

De flores y esmeraldas,
en las frescas mañanas escogidas,

CANÇÕES

Faremos as grinaldas
Em teu amor floridas,
E num cabelo meu entretecidas.

XXXI

Só naquele cabelo
Que em meu colo a voar consideraste
– Ao vê-lo no meu colo –,
Nele preso ficaste,
E num só de meus olhos te chagaste.

XXXII

Quando tu me fitavas,
Teus olhos sua graça me infundiam;
E assim me sobreamavas,
E nisso mereciam
Meus olhos adorar o que em ti viam.

XXXIII

Não queiras desprezar-me,
Porque, se cor trigueira em mim achaste,

---

haremos las guirnaldas,
en tu amor floridas
y en un cabello mío entretejidas.

XXXI

En sólo aquel cabello
que en mi cuello volar consideraste,
mirástele en mi cuello
y en él preso quedaste,
y en uno de mis ojos te llagaste.

XXXII

Cuando tú me mirabas,
su gracia en mí tus ojos imprimian;
por eso me adamabas,
y en eso merecían
los míos adorar lo que en ti vían.

XXXIII

No quieras despreciarme;
que, si color moreno en mí hallaste.

Já podes ver-me agora,
Pois, desde que me olhaste,
A graça e a formosura em mim deixaste.

XXXIV

Eis que a branca pombinha
Para a arca, com seu ramo, regressou;
E, feliz, a rolinha
O par tão desejado
Já nas ribeiras verdes encontrou.

XXXV

Em solidão vivia,
Em solidão seu ninho há já construído;
E em solidão a guia,
A sós, o seu Querido,
Também na solidão, de amor ferido.

XXXVI

Gozemo-nos, Amado!
Vamo-nos ver em tua formosura,

---

ya bien puedes mirarme
después que me miraste,
que gracia y hermosura en mí dejaste.

XXXIV

La blanca palomica
al arca con el ramo se ha tornado,
y ya la tortolica
al socio deseado
en las riberas verdes ha hallado.

XXXV

En soledad vivía
y en soledad ha puesto ya su nido,
y en soledad la guía
a solas su querido,
también en soledad de amor herido.

XXXVI

Gocémonos, Amado,
y vámonos a ver en tu hermosura

CANÇÕES

No monte e na colina,
Onde brota a água pura;
Entremos mais adentro na espessura.

XXXVII

E, logo, as mais subidas
Cavernas que há na pedra, buscaremos;
Estão bem escondidas;
E juntos entraremos,
E das romãs o mosto sorveremos.

XXXVIII

Ali me mostrarias
Aquilo que minha alma pretendia,
E logo me darias,
Ali, tu, vida minha,
Aquilo que me deste no outro dia.

XXXIX

E o aspirar da brisa,
Do doce rouxinol a voz amena,

---

al monte y al collado,
do mana el agua pura;
entremos más adentro en la espesura.

XXXVII

Y luego a las subidas
cavernas de la piedra nos iremos
que están bien escondidas,
y allí nos entraremos,
y el mosto de granadas gustaremos.

XXXVIII

Allí me mostrarías
aquello que mi alma pretendía,
y luego me darías
allí tú, vida mía,
aquello que me diste el otro día:

XXXIX

El aspirar del aire,
el canto de la dulce filomena,

O souto e seu encanto, Pela noite serena,
Com chama que consuma sem dar pena.

XL

Ali ninguém olhava;
Aminadab tampouco aparecia;
O cerco sossegava;
Mesmo a cavalaria,
Só à vista das águas, já descia.

el soto y su donaire
en la noche serena,
con llama que consume y no da pena:

XL

Que nadie lo miraba...
Aminadab tampoco parecía:
y el cerco sosegaba
y la caballería
a vista de las aguas descendía.

ARGUMENTO

1. A ordem seguida nestas canções vai desde que uma alma começa a servir a Deus até chegar ao último estado de perfeição, que é o matrimonio espiritual; por isso, nas mesmas canções, tocam-se os três estados ou vias de exercício espiritual, pelas quais passa a alma até atingir o dito estado. Estas vias são: purgativa, iluminativa e unitiva. E são explicadas algumas propriedades e efeitos em relação a cada uma delas.

2. As primeiras canções tratam dos principiantes, isto é, da via purgativa. As seguintes tratam dos adiantados, quando se faz o desposório espiritual, e esta é a via iluminativa. Depois, seguem-se outras canções, referentes à via unitiva, que é a dos perfeitos, onde se realiza o matrimônio espiritual. Esta via unitiva, já dos perfeitos, vem depois da iluminativa que é própria dos adiantados. As últimas canções, enfim, tratam do estado beatífico, único intento da alma chegada ao estado de perfeição.

COMEÇA A EXPLICAÇÃO
DAS CANÇÕES DE AMOR
ENTRE A ESPOSA E O ESPOSO, CRISTO

ANOTAÇÃO

1. Caindo a alma na conta do que está obrigada a fazer, vê como a vida é breve (Jó 14,5), e quão estreita é a senda da vida eterna (Mt 7,14); considera que mesmo o justo dificilmente se salva (1Pd 4,18), e que as coisas do mundo são vãs e ilusórias, pois tudo se acaba como a água corrente (2Rs 14,14). Sabe que o tempo é incerto, a conta rigorosa, a perdição muito fácil, e a salvação bem difícil. Conhece, por outra parte, a sua enorme dívida para com Deus que lhe deu o ser a fim de que a alma pertencesse totalmente a ele; deve, portanto, só a Deus, o serviço de toda a sua vida. Em ter sido remida por ele, ficou-lhe devedora de tudo, e na necessidade de corresponder ao seu amor, livre e voluntariamente. E em outros mil benefícios se acha obrigada para com Deus, antes mesmo que houvesse nascido. E, no entanto, compreende agora como grande parte de sua vida transcorreu em vão, não obstante a razão e conta que terá de dar a respeito de tudo, tanto do princípio como do fim, até o último ceitil (Mt 5,26) quando Deus vier esquadrinhar Jerusalém com tochas acesas (Sb 1,12), e que já é tarde, e talvez chegado o último dia (Mt 20,5)! E assim a alma, sobretudo, por sentir a Deus muito afastado e escondido, em razão de ter ela querido esquecer-se tanto dele no meio das criaturas, tocada agora de pavor e de íntima dor no coração à vista de tanta perdição e perigo, renuncia a todas as coisas; dá de mão a todo negócio;

594 CÂNTICO ESPIRITUAL

e sem dilatar mais dia nem hora, com ânsia e gemido a
brotar-lhe do coração já ferido pelo amor de Deus, começa
a invocar seu Amado, e diz:

Canção I

Onde é que te escondeste,
Amado, e me deixaste com gemido?
Como o cervo fugiste,
Havendo-me ferido;
Saí, por ti clamando, e eras já ido.

EXPLICAÇÃO

2. Nesta primeira canção, a alma enamorada de seu Esposo, o Verbo de Deus, desejando unir-se a ele por visão
clara de sua essência, expõe suas ânsias de amor. Queixa-se a ele de sua ausência, mais ainda porque, depois de
havê-la ferido e chagado com seu amor – pelo qual saiu a
alma de todas as coisas criadas e de si mesma –, ainda a
faça sofrer essa ausência de seu Amado, e não queira ainda
desatá-la da carne mortal para poder gozar dele na glória
da eternidade. E assim diz:

Onde é que te escondeste?

3. Como se dissera: Ó Verbo, meu Esposo, mostra-me o
lugar onde estás escondido. Nisto lhe pede a manifestação
de sua divina essência, porque o lugar onde está escondido
o Filho de Deus é, conforme a palavra de São João, o seio
do Pai (Jo 1,18), que é a essência divina, a qual está alheia
a todo olhar mortal, e escondida a todo humano entendimento. Por este motivo, Isaías, falando a Deus, exclamou:
"Verdadeiramente tu és Deus escondido" (Is 45,15). Daqui
podemos concluir que as maiores comunicações, e as mais

CANÇÃO I

elevadas e sublimes notícias de Deus, que a alma possa ter nesta vida, nada disso é Deus em sua essência, nem tem a ver com ele, pois, na verdade, Deus permanece sempre escondido para a alma. É conveniente, então, que ela o tenha sempre como escondido, e acima de todas essas grandezas e o busque sempre escondido, dizendo: Onde é que te escondeste? Porque nem a elevada comunicação de Deus, nem a sua presença sensível, é testemunho certo de sua presença, pela graça; nem tampouco a secura e carência de tudo isso é sinal de sua ausência na alma. Testemunha-o o profeta Jó quando diz: "Se vier a mim não o verei, e se for embora, não o entenderei" (Jó 9,11).

4. Por aqui havemos de entender o seguinte: se a alma sentir grande comunicação, ou sentimento, ou notícia espiritual, não é isso razão para persuadir-se de que aquela experiência consiste em possuir ou contemplar a Deus, clara e essencialmente; ou para crer que recebe mais de Deus, ou está mais unida a ele, por mais fortes que sejam tais experiências. Do mesmo modo, não há de pensar que, em faltando todas essas comunicações espirituais sensíveis, permanecendo ela na secura, treva e desamparo, Deus lhe falta, mais do que na consolação. Na realidade, não poderá assegurar-se de estar em graça no primeiro caso, nem saberá se está fora dela no segundo, dizendo o Sábio: "Ninguém sabe se é digno de amor ou de ódio na presença de Deus" (Ecl 9,1). Deste modo, o principal intento da alma neste verso, não é pedir apenas a devoção afetiva e sensível, na qual não há certeza nem claridade da posse do Esposo nesta vida mortal; é, principalmente, pedir a clara presença e visão de sua divina essência, na qual deseja estar segura e satisfeita na vida eterna.

5. Isso mesmo quis significar a Esposa nos Cantares divinos, quando, em seu desejo de unir-se à divindade do Verbo, seu Esposo, pediu essa graça ao Pai dizendo: "Mostra-me onde te apascentas, e onde te recostas ao meio-dia"

(Ct 1,6). Ora, pedir que lhe mostrasse onde se apascenta era pedir lhe manifestasse a essência do Verbo Divino, Filho de Deus, porque o Pai não se apascenta em outra coisa a não ser em seu único Filho, que é a sua glória. Ao pedir que lhe mostrasse o lugar onde se recostava, fazia a mesma súplica, pois só o Filho é o deleite do Pai que não se recosta em outro lugar, nem se acha senão neste Filho amado no qual se repousa, comunicando-lhe toda a sua essência, ao meio-dia, isto é, na eternidade onde sempre o está gerando e o tem gerado. Essa refeição, pois, do Verbo Esposo, em que o Pai se apascenta com infinita glória, e esse leito florido, onde com infinito deleite de amor se recosta, profundamente escondido a todo olhar mortal de criatura, é o que pede aqui a alma Esposa quando diz: Onde é que te escondeste?

6. E, para que esta alma sequiosa venha a encontrar o Esposo e unir-se a ele, por união de amor, conforme é possível nesta vida, e consiga entreter sua sede com esta gota que do Amado se pode gozar aqui na terra, será bom que lhe respondamos em nome do Esposo a quem ela se dirige. Vamos, portanto, mostrar-lhe o lugar mais certo onde ele está escondido, e aí possa a alma achá-lo seguramente, com a perfeição e o deleite compatíveis com esta vida; deste modo não irá a alma errante, e em vão, atrás das pisadas das companheiras. Para alcançar este fim, é necessário observar aqui o seguinte: o Verbo, Filho de Deus, juntamente com o Pai e o Espírito Santo, está essencial e presencialmente escondido no íntimo ser da alma. Para achá-lo, deve, portanto, sair de todas as coisas segundo a inclinação e a vontade, e entrar em sumo recolhimento dentro de si mesma, considerando todas as coisas como se não existissem. Santo Agostinho assim dizia, falando com Deus no Solilóquios: "Não te achava fora, Senhor, porque mal te buscava fora, estando tu dentro" (Sol. 31). Está Deus, pois, escondido na alma, e aí o há de buscar com amor o bom contemplativo, dizendo: onde é que te escondeste?

CANÇÃO I

7. Eia, pois, ó alma formosíssima entre todas as criaturas, que tanto desejas saber o lugar onde está teu Amado, a fim de o buscares e a ele te unires! Já te foi dito que és tu mesma o aposento onde ele mora, o retiro e esconderijo em que se oculta. Nisto tens motivo de grande contentamento e alegria, vendo como todo o teu bem e esperança se acham tão perto de ti, a ponto de estar dentro de ti; ou, por melhor dizer, não podes estar sem ele. Vede, diz o Esposo, que o reino de Deus está dentro de vós (Lc 17,21). E o seu servo, o apóstolo São Paulo, o confirma: "Vós sois o templo de Deus (2Cor 5,16).

8. Grande consolação traz à alma o entender que jamais lhe falta Deus, mesmo quando se achasse (ela) em pecado mortal; quanto mais estará presente naquela que se acha em estado de graça! Que mais queres, ó alma, e que mais buscas fora de ti, se tens dentro de ti tuas riquezas, teus deleites, tua satisfação, tua fartura e teu reino, que é teu Amado a quem procuras e desejas? Goza-te e alegra-te em teu interior recolhimento com ele, pois o tens tão próximo. Aí o deseja, aí o adora, e não vás buscá-lo fora de ti, porque te distrairás e cansarás; não o acharás nem gozarás com maior segurança, nem mais depressa, nem mais de perto, do que dentro de ti. Há somente uma coisa: embora esteja dentro de ti, está escondido. Mas, já é grande coisa saber o lugar onde ele se esconde, para o buscar ali com certeza. É isto o que pedes também aqui, ó alma, quando, com afeto de amor, exclamas: Onde é que te escondeste?

9. No entanto, dizes: Se está em mim aquele a quem minha alma ama, como não o acho nem o sinto? A causa é estar ele escondido, e não te esconderes também para achá-lo e senti-lo. Quando alguém quer achar um objeto escondido, há de penetrar ocultamente até o fundo do esconderijo onde ele está; e quando o encontra, fica também escondido com o objeto oculto. Teu amado Esposo é esse tesouro escondido no campo de tua alma, pelo qual o sábio comerciante deu todas as suas riquezas (Mt 13,44); convém, pois, para o

598 CÂNTICO ESPIRITUAL

achares que, esquecendo todas as tuas coisas e alheando-te a todas as criaturas, te escondas em teu aposento interior do espírito; e, fechando a porta sobre ti (isto é, tua vontade a todas as coisas), ores a teu Pai no segredo. E assim, permanecendo escondida com o Amado, então o perceberás às escondidas, e te deleitarás com ele às ocultas, isto é, acima de tudo o que pode alcançar a língua e o sentido.

10. Eia, pois, alma formosa, já sabes agora que em teu seio mora escondido o Amado de teus desejos: procura, portanto, ficar com ele bem escondida, e no teu seio o abraçarás e sentirás com afeto de amor. Olha que a esse esconderijo te chama o Esposo por Isaías dizendo: "Anda, entra em teus aposentos, fecha tuas portas sobre ti", isto é, todas as tuas potências a todas as criaturas, "esconde-te um pouco até um momento" (Is 26,20), quer dizer, por este momento da vida temporal. Decerto se nesta vida tão breve guardares, ó alma, com todo o cuidado teu coração, como diz o Sábio (Pr 4,23), sem dúvida alguma, dar-te-á Deus o que promete ele mesmo por Isaías nestes termos: "Dar-te-ei os tesouros escondidos e descobrir-te-ei a substância e os mistérios dos segredos" (Is 45,3). Esta substância dos segredos é o mesmo Deus, pois é ele a substância da fé e o seu conceito, sendo a mesma fé o segredo e o mistério. Quando nos for manifestado aquilo que Deus nos tem encoberto e escondido sob a fé, a qual, segundo diz São Paulo, encerra o que há de perfeito em Deus, então se manifestará à alma a substância e os mistérios dos segredos. Nesta vida mortal jamais penetrará tão profundamente neles como na eternidade, por mais que se esconda; todavia, se procurar, como Moisés (Ex 33,22), esconder-se na caverna de pedra – que é a verdadeira imitação da perfeição da vida do Filho de Deus, Esposo da alma – com o amparo da destra do Senhor, merecerá que lhe sejam mostradas as costas de Deus, isto é, chegará nesta vida a tanta perfeição, a ponto de unir-se e transformar-se por amor no Filho de Deus, seu Esposo. E, assim, há de sentir-se tão unida a ele e tão instruída e sá-

CANÇÃO I 599

bia em seus mistérios que, em relação ao conhecimento de Deus nesta vida, não lhe será mais necessário dizer: onde é que te escondeste?

11. Já te foi dito, ó alma, como hás de proceder a fim de encontrares o Esposo em teu esconderijo. Se outra vez, porém, o queres ouvir, escuta, então, uma palavra cheia de substância e de verdade inacessível: é preciso buscá-lo na fé e no amor, sem querer satisfação em coisa alguma, nem tampouco gozar ou compreender mais do que deves saber em tudo. Estes – a fé e o amor – são os dois guias de cego que te conduzirão por onde não sabes, levando-te além, ao esconderijo de Deus. Efetivamente, a fé, este segredo do qual falamos, é como os pés com que a alma vai a Deus; e o amor, o guia que a conduz. Andando ela no trato e manuseio desses mistérios e segredos da fé, merecerá que o amor lhe descubra o que está encerrado na fé: o Esposo a quem deseja unir-se, nesta vida, por graça especial de divina união com Deus, conforme dissemos, e depois, na outra, por glória essencial, gozando-o face a face e não mais escondido (já de modo algum escondido). No entanto, mesmo que a alma chegue a essa união (que é o mais alto estado acessível nesta vida) o Amado permanece sempre escondido no seio do Pai. E como toda a sua aspiração é gozar dele na vida eterna, continua dizendo: onde é que te escondeste?

12. Fazes muito bem, ó alma, em buscar o Amado sempre escondido, porque muito exaltas a Deus, e muito perto dele te chegas, quando o consideras mais elevado e profundo que tudo quanto podes alcançar. Por esta razão, não te detenhas, seja em parte, seja no todo, naquilo que tuas potências podem apreender. Quero dizer: jamais desejes satisfazer-te nas coisas que entenderes de Deus; antes procura contentar-te no que não compreenderes a respeito dele. Nunca te detenhas em amar e gozar nessas coisas que entendes ou experimentas, mas, ao contrário, põe teu

amor e deleite naquilo que não podes entender ou sentir; porque isso, como dissemos, é buscar a Deus na fé. Visto como Deus é inacessível e escondido, conforme também já explicamos, por mais que te pareça achá-lo, senti-lo ou entendê-lo, sempre o hás de considerar escondido, e o hás de servir escondido às escondidas. E não sejas como tantos incipientes que consideram a Deus de modo mesquinho, pensando estar ele mais longe ou mais oculto, quando não o entendem, nem o gozam, nem o sentem; mais verdade é o contrário, porque chegam mais perto de Deus quando menos distintamente o percebem. Assim o testifica o profeta Davi: "Pôs nas trevas o seu esconderijo" (Sl 17,12). Logo, ao te aproximares de Deus, forçosamente hás de sentir trevas, pela fraqueza de teus olhos. Fazes, pois, muito bem, em toda ocasião, seja de adversidade ou prosperidade temporal ou espiritual, em considerar sempre a Deus como escondido, e desse modo clamar a ele, dizendo: onde é que te escondeste,

Amado, e me deixaste com gemido?

13. A alma o chama aqui de Amado, para mais o mover e inclinar a seus rogos, pois quando Deus é amado, com grande facilidade atende as petições de quem o ama. Assim o diz por São João: "Se permanecerdes em mim, tudo o que quiserdes pedireis e dar-se-vos-á" (Jo 5,7). Daqui se conclui que a alma, na verdade, só pode chamar a Deus de Amado, quando está toda unida com ele, não tendo o coração apegado a coisa alguma fora de Deus, e assim, de ordinário, traz o seu pensamento nele. Por falta disso, queixou-se Dalila a Sansão: como podia dizer ele que a amava, se o seu espírito não estava com ela? (Jz 16,15). O espírito inclui o pensamento e a inclinação. Daí vem o chamarem alguns ao Esposo de Amado, e não o é na realidade. Não têm firme em Deus o coração, e, assim, seus rogos não valem tanto na presença do Senhor. Este é o motivo pelo qual não conse-

CANÇÃO I

601

guem logo ser atendidos em suas petições, até que, perseverando na oração, venham a permanecer mais continuamente na presença de Deus, e tenham o coração mais unido com ele, com inclinação de amor; porque de Deus nada se alcança a não ser por amor.

14. Logo acrescenta a alma: E me deixaste com gemido. Nessa expressão convém observar que a ausência do Amado causa no amante um contínuo gemido; porque nada mais amando fora dele, em nada pode descansar ou achar alívio. Aqui se conhecerá quem ama verdadeiramente a Deus: o que não se contenta em coisa alguma fora dele. Como, porém, posso dizer que se contenta?! Jamais estará contente, embora possua todas as coisas juntas; antes, quanto mais tiver, menos se contentará. Na verdade, a satisfação do coração não se acha na posse das coisas, e sim no despojamento de todas elas, em pobreza de espírito. Nisto consiste a perfeição do amor com que se possui a Deus, em muita união e particular graça; por conseguinte, só em chegando a esse ponto é que a alma vive aqui na terra com alguma satisfação; não, porém, com fartura. O profeta Davi, com toda a sua perfeição, só no céu esperava ser plenamente saciado, e assim disse: "Saciar-me-ei quando aparecer tua glória" (Sl 16,15). Não basta, portanto, a paz e tranquilidade ou o contentamento do coração, a que a alma pode chegar nesta vida, para deixar de sentir no íntimo de si mesma esse gemido (embora pacífico e não penoso), na esperança do que lhe falta. O gemido é anexo à esperança, e assim o dizia o Apóstolo quando declarava senti-lo, não só ele, mas todos os cristãos, embora perfeitos: "Nós que temos as primícias do Espírito gememos dentro de nós, esperando a adoção de filhos de Deus" (Rm 8,23). Este gemido, pois, tem agora a alma dentro de si, no coração enamorado; porque onde o amor fere, aí está o gemido da ferida clamando sempre com o sentimento da ausência, mormente quando já

saboreou alguma comunicação suave e deleitosa do Esposo que, em se ausentando, deixou a alma de repente sozinha e na secura. Por esta causa, logo exclama ela:

Como o cervo fugiste

15. Convém notar, a este respeito, como nos Cantares a Esposa compara o Esposo ao cervo e à cabra montesa, dizendo: "Semelhante é meu Amado à cabra e ao filho dos cervos" (Ct 2,9). Assim o faz, não somente por ser ele estranho e solitário, fugindo às companhias, como o cervo, mas também pela rapidez em esconder-se e manifestar-se. De fato, é deste modo que procede o Amado nas visitas que costuma fazer às almas devotas, regalando-as e animando-as, bem como nas ausências e esquivanças que lhes faz sentir, depois de tais visitas, a fim de que sejam provadas, humilhadas e ensinadas, tornando mais sensível então a dor da ausência. E assim o dá a entender a mesma alma nas palavras seguintes quando diz:

Havendo-me ferido

16. Como se dissesse: "Não me bastava somente a pena e dor que ordinariamente padeço em tua ausência? Por que, ferindo-me mais ainda de amor com tuas flechas, e aumentando a paixão e desejo de tua vista, agora foges com ligeireza de cervo, e não te deixas apreender sequer um pouco?"

17. Para melhor explicar este verso, convém saber que, além de muitas outras espécies de visitas feitas por Deus à alma, nas quais a fere e transporta de amor, costuma ele dar uns toques de amor bem escondidos. São estes como setas de fogo que vêm ferir e transpassar a alma, deixando-a toda cauterizada com amoroso fogo; estas, propriamente, se chamam feridas de amor, e a elas se refere aqui a mesma alma.

CANÇÃO I 603

Inflamam de tal modo a vontade com tanta veemência, que a alma fica a se abrasar em fogo e chama de amor, tão fortemente, a ponto de parecer consumir-se naquela frágua, saindo fora de si, a renovar-se toda, e transformando-se em novo ser, como a fênix que se queima, e renasce das cinzas. O profeta Davi fala sobre isso, nestes termos: "Foi inflamado meu coração e os meus rins se mudaram, e fui reduzido a nada, e não o soube" (Sl 72,21-22).

18. Os apetites e afetos, aqui figurados pelos rins, segundo o Profeta, são todos alterados e mudados em divinos, naquela inflamação do coração, e a alma por amor é reduzida a nada, sem mais coisa alguma saber senão amor. Esta mudança produzida nestes rins, isto é, nos afetos, causa então grande tormento e ânsia por ver a Deus, e com tal intensidade que parece intolerável à alma aquele rigor com que procede o amor para com ela. Não se queixa por havê-la ferido o Amado, antes tem essas feridas por saúde; mas por a ter deixado assim penando de amor, e porque não a feriu mais fortemente, acabando-a de matar, para achar-se ela unida com ele em vida de amor perfeito. Por isto, exclama declarando sua dor: "Havendo-me ferido".

19. Quer dizer: deixando-me assim chagada e morrendo com estas feridas de teu amor, tu te escondeste com tanta ligeireza, como o cervo. É sobremodo grande este sentimento, porque naquela ferida de amor causada por Deus na alma, levanta-se o afeto da vontade com súbita rapidez à posse do Amado cujo toque sentiu. E com essa mesma rapidez sente a ausência, e o não poder possuí-lo aqui na terra à medida do seu desejo. Daqui procede sentir ao mesmo tempo o gemido da ausência com a presença do Amado, porque tais visitas não são como outras que Deus faz à alma para recreá-la e satisfazê-la. Nestas referidas agora, o Amado vem mais para ferir do que para sarar, e mais para afligir do que para satisfazer; tem por fim avivar a lembrança e aumentar o apetite, e consequentemente a

604 CÂNTICO ESPIRITUAL

dor e ânsia de ver a Deus. Chamam-se feridas espirituais de amor, e são extremamente saborosas e desejáveis para a alma. E assim, quereria ela estar sempre morrendo mil mortes a estas lançadas, porque a fazem sair de si e entrar em Deus. Isto dá a entender a mesma alma no verso seguinte, dizendo:

Saí, por ti clamando, e eras já ido

20. Nas feridas de amor não pode haver remédio senão da parte daquele que feriu. Eis por que esta alma chagada saiu na força do fogo produzido pela ferida, após seu Amado que a havia ferido, clamando a ele para que a curasse. Convém saber que este sair entende-se aqui, espiritualmente, de duas maneiras, para ir em busca de Deus: a primeira, saindo de todas as coisas; o que se faz por aborrecimento e desprezo delas; a segunda, saindo de si mesma por esquecimento próprio, o que se realiza por amor de Deus. Quando este amor toca a alma tão verdadeiramente como vamos declarando agora, de tal maneira a levanta que não somente faz a alma sair de si por esquecimento próprio, mas ainda a arranca de seus quícios e dos seus modos e inclinações naturais. Leva-a, então, a clamar por Deus, como se dissesse: Esposo meu, naquele teu toque e ferida de amor, arrancaste minha alma, não só de todas as coisas, mas também de si mesma (pois, de fato, parece que até do corpo a desprende), e me elevaste a ti, clamando por ti, já desapegada de tudo para apegar-me a ti. E eras já ido.

21. Como a dizer: no momento em que quis aprender tua presença, não mais te achei, ficando então desprendida de tudo que havia deixado, sem poder, no entanto, unir-me ao que desejava; estive penando nos ares do amor sem apoiar-me em ti nem em mim. O que a alma chama aqui "sair para ir buscar o Amado", a Esposa dos Cantares chama "le-

CANÇÃO I

vantar", dizendo: "Levantar-me-ei e buscarei ao que ama minha alma, rodeando a cidade pelos arrabaldes e praças. Busquei-o", diz, "e não o achei, e chagaram-me" (Ct 3,2 e 5,7). A expressão "levantar-se a alma Esposa, empregada nos Cânticos, significa, em sentido espiritual, elevar-se de baixo para cima. Isto mesmo quer dizer aqui a alma com o termo "sair", isto é, abandonar seu modo rasteiro de amar, para subir ao elevado amor de Deus. Nos Cantares, declara ainda a Esposa que ficou chagada por não ter achado o Esposo; e aqui também a alma diz que está ferida de amor, tendo-a deixado assim o Amado. Eis a razão de viver sempre o enamorado penando com a ausência. Já está entregue ao seu amor[1], e espera que lhe seja retribuída essa entrega, que vem a ser o dom do próprio Amado: contudo, não acaba ele de se dar. Havendo já perdido todas as coisas e a si mesma pelo Amado, não achou o lucro de sua perda, pois carece a alma da posse daquele a quem ama[2].

22. Esta pena e sentimento da ausência de Deus, no tempo dessas divinas feridas, costuma ser tão grande nas almas que vão chegando ao estado de perfeição, que, se o Senhor não velasse com sua providência, morreriam. Já têm sadio o paladar da vontade, e o espírito purificado e bem-disposto para Deus; quando, pois, nessas feridas, se lhes dá a provar algo da doçura do amor divino que elas sobremodo apetecem sofrem também de maneira extrema. Sentem que lhes é mostrado, como por resquícios, um bem infinito, e, todavia, não lhes é concedido; assim lhes é inefável a pena e tormento.

---

1. 1ª redação do *Cântico*: "Já está entregue a Deus, esperando a retribuição na mesma moeda, isto é, a entrega da gloriosa visão e posse de Deus. Por isto clama, pedindo-a, e, contudo, não lhe é dada nesta vida.

2. 1ª redação do *Cântico*: ...e por cujo amor se perdeu. Quem. pois, está penando por Deus, é sinal de que está entregue a Deus e o ama.

Canção II

Pastores que subirdes
Além, pelas malhadas, ao Outeiro,
Se, porventura, virdes
Aquele a quem mais quero,
Dizei-lhe que adoeço, peno, e morro.

EXPLICAÇÃO

1. Nesta canção, a alma quer aproveitar-se de terceiros e medianeiros junto a seu Amado, e a eles pede lhe deem parte de sua dor e pena; porque é próprio do amante, quando pela presença não pode comunicar-se com o Amado, fazê-lo com os melhores meios a seu alcance. Assim a alma quer servir-se aqui de seus desejos, afetos e gemidos como de mensageiros que sabem perfeitamente manifestar o segredo de seu coração àquele que ama. A isso os solicita, então, dizendo:

Pastores que subirdes

2. Chama pastores aos próprios desejos, afetos e gemidos pela razão de apascentarem-na com bens espirituais. Pastor significa apascentador; mediante esses pastores costuma Deus comunicar-se à alma, dando-lhe alimento divino, e sem eles pouco é o que concede. Por isto, prossegue: "Os que subirdes". Como se dissesse: os que de puro amor sairdes; pois nem todos os afetos e desejos sobem até Deus, mas somente os que brotam do verdadeiro amor.

Além, pelas malhadas, ao Outeiro

3. Dá o nome de malhadas às hierarquias e coros angélicos, pelos quais gradativamente vão subindo nossos gemidos e orações a Deus, a quem a alma denomina Outeiro,

por ser ele a suma alteza. Em Deus, como no outeiro, se observam e descortinam todas as coisas; abaixo dele ficam essas malhadas superiores e inferiores, isto é, as ordens angélicas que, conforme já dissemos, conduzem as nossas orações e gemidos, oferecendo-os a Deus. Assim o declarou o Anjo a Tobias, dizendo: "Quando oravas com lágrimas e enterravas os mortos, eu oferecia tua oração a Deus" (Tb 12,12). Os próprios anjos podem ser também designados por esses pastores da alma, pois não somente levam a Deus nossos recados, mas trazem os de Deus a nós. Apascentam assim nossas almas, como bons pastores, com as suaves comunicações e inspirações do mesmo Deus que deles se utiliza para conceder-nos graças. São ainda os anjos que nos amparam e defendem dos lobos, isto é, dos demônios. Quer a alma compreenda por pastores os afetos, ou os anjos, a uns e outros deseja que lhe sirvam de medianeiros e intermediários para seu Amado, e, portanto, diz a todos:

Se, porventura, virdes

4. É tanto como dizer: será para mim grande ventura e felicidade se chegardes à sua presença de maneira que ele vos veja e escute. Notemos oportunamente que, embora Deus tudo saiba e compreenda, perscrutando os mais íntimos pensamentos da alma – e assim o afirma Moisés (Dt 31,21) – só achamos que ele conhece nossas necessidades e orações quando as remedeia e atende. Nem todas essas petições e indigências chegam a tanto de serem ouvidas por Deus, de modo a receberem logo o remédio. É preciso que se apresentem a seus divinos olhos, com suficiente fervor, tempo e número; só então se diz que o Senhor as vê e ouve. Temos disso a confirmação no que diz o Êxodo. Depois de 400 anos de aflições do povo de Israel cativo no Egito, é que Deus disse a Moisés: "Vi a aflição do meu povo, e desci para livrá-lo" (Ex 3,7-8) e, no entanto, desde o princípio, tudo lhe era patente. O arcanjo São Gabriel

608 CÂNTICO ESPIRITUAL

também disse a Zacarias que não temesse, porque Deus já ouvira sua oração, em dar-lhe o filho que ele vinha pedindo desde muitos anos (Lc 1,13); e, na verdade, o Senhor sempre conhecera aquela petição. Compreenda, pois, a alma que, se Deus não lhe concede logo a realização de seus pedidos, e não vem em socorro de suas necessidades, nem por isto deixará de acudir na ocasião propícia. É ele "o auxiliador no tempo oportuno e na tribulação", como diz Davi (Sl 9,10), e virá em seu auxílio se ela não desanimar nem cessar de pedir. Isto exprime a alma neste verso quando exclama: "Se, porventura, virdes": se acaso, diz, for chegado o tempo em que haja Deus por bem outorgar minhas petições.

Aquele a quem mais quero

5. Como se dissesse: a quem amo acima de todas as coisas. É verdadeira esta afirmação quando a alma não se deixa acovardar por nenhum obstáculo, para fazer e padecer pelo Amado qualquer trabalho em seu serviço. E quando pode sinceramente dizer as palavras do verso seguinte, é também sinal de amar ao Esposo sobre todas as coisas. Assim, pois, diz o verso:

Dizei-lhe que adoeço, peno, e morro

6. Nestas três palavras a alma apresenta três necessidades: doença, pena e morte. Quem ama deveras a Deus, com alguma perfeição de amor, ordinariamente padece em sua ausência, de três modos, segundo as três potências da alma, que são: entendimento, vontade e memória. Quanto ao entendimento, diz a alma que adoece por não ver a seu Deus. É ele a saúde do entendimento, conforme o declara por Davi: "Eu sou tua saúde" (Sl 34,3). Quanto à vontade, diz que sofre sem a posse de Deus, pois é ele o refrigério e deleite da vontade, como o atestam as palavras do mesmo

CANÇÃO II 609

Davi: "Com a torrente de seu deleite as fartarás" (Sl 35,9). Quanto à memória, diz a alma que morre. Ao lembrar-se, com efeito, da carência em que se vê de todos os bens do entendimento – isto é, da vista de Deus – e de todos os deleites da vontade – a saber, da posse de Deus –, na convicção de lhe ser possível também carecer do seu Amado para sempre entre os perigos e ocasiões desta vida, padece (a alma) em sua memória grande sentimento, semelhante à morte, pois constata claramente essa carência da perfeita e certa posse de seu Deus, o qual na verdade é a própria vida da alma, segundo as palavras de Moisés: "ele certamente é sua vida" (Dt 30,20).

7. Essas três maneiras de necessidade representou também Jeremias a Deus, nas trevas, quando disse: "Recorda-te de minha pobreza, e do absinto e fel" (Lm 3,19). A pobreza se refere ao entendimento, porque a ele pertencem as riquezas da sabedoria do Filho de Deus, no qual, como diz São Paulo, "estão encerrados todos os tesouros de Deus" (Cl 2,3). O absinto, erva amaríssima, refere-se à vontade, porque a essa potência cabe a doçura da posse de Deus, e, em lhe faltando, permanece na amargura. Vemos, aliás, no Apocalipse, pelas palavras do Anjo a São João, como a amargura diz respeito à vontade: "Que, em comendo aquele livro, far-lhe-ia amargar o ventre" (Ap 10,9), simbolizada no ventre a vontade. O fel se refere não só à memória, mas a todas as potências e forças da alma, pois o fel significa a morte da mesma alma, conforme dá a entender Moisés, no Deuteronômio, dirigindo-se aos condenados: "Fel de dragões será o seu vinho e veneno mortal de áspides" (Dt 32,33). Nessas palavras se exprime a carência de Deus, a qual é morte para a alma. Essas três necessidades e penas estão fundadas nas três virtudes teologais, fé, caridade e esperança, em relação às três potências, na ordem aqui observada: entendimento, vontade e memória.

610 CÂNTICO ESPIRITUAL

8. Convém notar como a alma, nesse verso, não faz outra coisa, a não ser representar sua pena e necessidade ao Amado.

Quem ama discretamente, não cuida de pedir o que deseja ou lhe falta: basta-lhe mostrar sua necessidade para que o Amado faça o que for servido. Assim procedeu a bendita Virgem com o amado Filho nas bodas de Caná; não lhe pediu diretamente o vinho, mas disse apenas: "Não têm vinho" (Jo 2,3).

As irmãs de Lázaro não mandaram pedir ao Mestre que curasse o irmão; mandaram dizer-lhe tão somente: "Eis que está enfermo aquele a quem amas" (Jo 11,3). Isto se deve fazer por três razões. Primeira: melhor sabe o Senhor o que nos convém, do que nós mesmos. Segunda: mais se compadece o amado, vendo a necessidade do amante e sua resignação. Terceira: mais segura vai a alma quanto ao amor de si mesma e ao juízo próprio, manifestando sua indigência, do que pedindo o que lhe falta. Justamente assim, nem mais nem menos, faz agora a alma, apresentando suas três necessidades, como se exclamasse: "Dizei a meu Amado que, se adoeço, e só ele é minha saúde, venha dar-me saúde; se estou penando, e só ele é meu gozo, venha dar-me gozo; se morro, e só ele é minha vida, venha dar-me vida".

Canção III

Buscando meus amores,
Irei por estes montes e ribeiras;
Não colherei as flores,
Nem temerei as feras,
E passarei os fortes e fronteiras.

EXPLICAÇÃO

1. Vê a alma que para achar o Amado não lhe bastam gemidos e orações, nem tampouco a ajuda de bons terceiros,

CANÇÃO III

como fez na primeira canção e na segunda. Sendo verdadeiro o grande desejo com que busca o seu Dileto, e o amor que a inflama muito intenso, não quer deixar de fazer algumas diligências, quanto é possível de sua parte; porque a alma verdadeiramente amorosa de Deus não põe delongas em fazer quanto pode para achar o Filho de Deus, seu Amado. Mesmo depois de haver empregado todas as diligências, não se contenta, e julga haver feito nada. Assim, nesta terceira canção, quer buscar o Amado agindo por si mesma. Diz então o modo como há de proceder a fim de o achar, e é o seguinte: empregar-se nas virtudes e exercícios espirituais da vida ativa e contemplativa. Para isto fazer, não quer admitir deleites ou regalos de espécie alguma; nem bastarão para detê-la, impedindo seu caminho, todas as forças e assaltos dos três inimigos da alma, que são mundo, demônio e carne. Diz, portanto:

Buscando meus amores

2. Isto é, meu Amado. Bem dá a entender aqui a alma como, para achar deveras a Deus, não é suficiente orar de coração e de boca; não basta ainda ajudar-se de benefícios alheios; mas é preciso, juntamente com isso, fazer de sua parte o que lhe compete. Maior valor costuma ter aos olhos de Deus uma só obra da própria pessoa, do que muitas feitas por outras em lugar dela. Por este motivo, lembrando-se a alma das palavras do Amado: "Buscai e achareis" (Lc 11,9), determina-se a sair ela mesma, do modo acima referido, para buscar o Esposo por obra, e não ficar sem achá-lo. Não faz como aqueles que não querem lhes custe Deus mais do que palavras, e ainda menos, pois não são capazes de fazer, por amor de Deus, quase coisa alguma que lhes dê trabalho. Há alguns que nem mesmo se animam a levantar se de um lugar agradável e deleitoso, para contentar o Senhor; querem que lhes venham à boca e ao coração os sabores divinos, sem darem um passo na mortificação e

612 CÂNTICO ESPIRITUAL

renúncia de qualquer de seus gostos, consolações ou quereres inúteis. Tais pessoas, porém, jamais acharão a Deus, por mais que o chamem a grandes vozes, até que se resolvam a sair de si para o buscar. Assim o procurava a Esposa nos Cantares, e não o achou enquanto não saiu a buscá-lo, como diz por estas palavras: "Durante a noite no meu leito busquei Aquele a quem ama a minha alma; busquei-o e não o achei. Levantar-me-ei e rodearei a cidade; buscarei pelas ruas e praças públicas aquele a quem ama a minha alma" (Ct 3,1-2). E depois de haver sofrido alguns trabalhos, diz então que o achou.

3. Daqui podemos concluir: a alma que busca a Deus, querendo permanecer em seu gosto e descanso, de noite o busca, e, portanto, não o achará; mas a que o buscar pelas obras e exercícios de virtudes, deixando à parte o leito de seus gostos e deleites, esta, sim, achá-lo-á, pois o busca de dia. De fato, o que de noite não se percebe, de dia aparece. Esta verdade é bem declarada pelo Esposo no Livro da Sabedoria, quando diz: "Clara é a sabedoria e nunca se murcha, e facilmente é vista por aqueles que a amam, e encontrada pelos que a buscam. Antecipa-se aos que a desejam, de tal sorte que se lhes patenteia primeiro. Aquele que vela desde manhã para a possuir não terá trabalho, porque a encontrará sentada à sua porta" (Sb 6,13-15). Estas palavras mostram como, em saindo a alma da casa de sua própria vontade, e do leito de seu próprio gosto, ao acabar de sair, logo achará ali fora a Sabedoria divina que é o Filho de Deus, seu Esposo. Eis o motivo de ela dizer agora: buscando meus amores

Irei por estes montes e ribeiras

4. Pelos montes, que são altos, entende aqui as virtudes. Assim diz, em primeiro lugar, por serem elas elevadas; e, em segundo, por causa da dificuldade e trabalho que temos para alcançá-las. Quer, pois, a alma dizer como, pelas

virtudes, ir-se-á exercitando na vida contemplativa. Pelas ribeiras, que são baixas, compreende as mortificações, penitências, e exercícios espirituais por meio dos quais se irá aplicando na vida ativa, juntamente com a contemplativa a que já se referiu; porque uma e outra são necessárias para buscar a Deus, com segurança, e adquirir as virtudes. É o mesmo que dizer: buscando meu Amado, irei pondo por obra as virtudes mais excelsas, e humilhar-me-ei nas mortificações baixas e nos exercícios humildes. Assim se exprime a fim de mostrar como o caminho para procurar a Deus consiste em praticar o bem para com ele, e mortificar o mal em si mesma, pela maneira que vai expondo nos versos seguintes:

Não colherei as flores

5. Porquanto para buscar a Deus se requer um coração despojado e forte, livre de todos os males e bens que não são puramente Deus, a alma descreve, no presente verso, e também nos seguintes, a liberdade e fortaleza que há de ter para o buscar. Aqui começa a dizer que neste caminho não colherá as flores que encontrar. Nelas simboliza todos os contentamentos e deleites que se apresentarem em sua vida, os quais poderiam impedir-lhe a passagem, se os quisesse admitir e apreender. São de três espécies: temporais, sensíveis e espirituais. Tanto uns como outros ocupam o coração, e servem de obstáculo à desnudez espiritual requerida para o caminho reto de Cristo, se a alma neles repara e se detém. Por isto diz que não colherá coisa alguma dessas, ao buscar o Amado. Como se dissesse: não apegarei meu coração às riquezas e vantagens que me oferecer o mundo; não admitirei os contentamentos e deleites da minha carne; tampouco hei de prestar atenção aos gostos e consolações de meu espírito; para que em nada disto me detenha na busca de meus amores, pelos montes das virtudes e dos trabalhos. A alma toma o conselho que dá o profeta Davi

nas palavras dirigidas aos que vão por esse caminho: "Se as riquezas abundarem não apegueis a elas o vosso coração" (Sl 61,11). Essas riquezas significam, ao nosso propósito, os gostos sensíveis, e outros bens temporais, e as consolações do espírito. Convém notar que não são apenas os bens temporais e os deleites do corpo que impedem e contradizem o caminho de Deus; também as consolações e gostos espirituais, se a alma os conserva como proprietária ou os procura, são empecilho à via da cruz de Cristo, seu Esposo. Quem quiser adiantar-se, precisa, portanto, não andar a colher essas flores. E não só isto: é necessário ainda ter ânimo e fortaleza para dizer:

Nem temerei as feras,
E passarei os fortes e fronteiras

6. São estes os versos que designam os três inimigos da alma, isto é, mundo, demônio e carne – inimigos a lhe fazerem guerra e dificultarem o caminho. Pelas feras compreende o mundo, pelos fortes, o demônio, e pelas fronteiras, a carne.

7. Chama feras ao mundo, porque à alma que começa o caminho de Deus, este mundo se lhe afigura, na imaginação, como feras bravias a lhe fazerem ameaças. E isto principalmente por três modos: primeiro, persuadindo que lhe há de faltar o favor do mundo, e perderá amigos, crédito, valor, e quiçá a fazenda; segundo, como há de aguentar a falta de todo contentamento ou deleite mundano, sem jamais poder gozar regalos terrenos? Esta é uma outra fera não menor; terceiro, que se hão de levantar contra ela as línguas, e farão burla, com muitos ditos e mofas, desprezando-a; e esta fera é ainda mais bravia. De tal maneira essas coisas se antepõem diante de certas almas, que se torna muito difícil para elas não só a perseverança na luta contra as ditas feras, mas até mesmo a possibilidade de começarem o caminho.

CANÇÃO III

8. A algumas almas generosas, costumam, porém, atacar outras feras mais interiores, como são dificuldades espirituais, tentações, tribulações e trabalhos de muitas espécies, pelos quais convém passar. São enviados por Deus àqueles que ele quer elevar a uma alta perfeição. E, assim, prova essas almas, examinando-as como ao ouro na fornalha, conforme as palavras de Davi: "Muitas são as calamidades dos justos, mas de todas elas os livra o Senhor" (Sl 33,20). Todavia, a alma bem-enamorada, que estima seu Amado sobre todas as coisas, confiando em seu divino amor e graça, não acha muito em dizer: nem temerei as feras e passarei os fortes e fronteiras.

9. Aos demônios – segundo inimigo – chama fortes, porque com grande força procuram tomar a passagem deste caminho. Dá-lhes também este nome, por serem suas tentações e astúcias mais fortes e duras de vencer, e mais difíceis de descobrir, do que as do mundo e da carne. Além disso, os demônios se aproveitam desses dois outros inimigos para se fortalecerem, e, juntamente com o mundo e a carne, dão forte guerra à alma. Falando Davi a respeito deles, emprega o mesmo nome de fortes, quando diz: "Os fortes pretenderam minha alma" (Sl 53,5). Refere-se também o profeta Jó à fortaleza do demônio, nestes termos: "Não há poder sobre a terra que se lhe compare, pois foi feito para não ter medo de nada" (Jó 41,24). Como a dizer: nenhum poder humano é comparável ao do demônio, logo, só o poder divino basta para vencê-lo, e só a luz divina é capaz de entender seus ardis. Donde, a alma que quiser vencer a fortaleza de tal inimigo, não o poderá sem oração; jamais conseguirá entender suas ciladas, sem mortificação e humildade. Bem o confirma São Paulo, admoestando os fiéis com estas palavras: "Revesti-vos da armadura de Deus, para que possais resistir às ciladas do demônio. Porque nós não temos que lutar contra a carne e o sangue" (Ef 6,11-12) – entendendo por sangue o mundo, e, pela armadura de Deus, a oração e

616 CÂNTICO ESPIRITUAL

a cruz de Cristo, onde se acha a humildade e mortificação de que falamos.

10. Diz também a alma que passará as fronteiras. Estas significam, como dissemos, as repugnâncias e rebeliões naturais da carne contra o espírito. Declara, efetivamente, São Paulo: "A carne tem desejos contrários ao espírito" (Gl 5,17); põe-se ela como fronteira, resistindo ao caminho espiritual. Esta fronteira há de transpor a alma, rompendo as dificuldades e derribando, com força e determinação do espírito, todos os apetites sensuais e inclinações da natureza. Enquanto existem na alma, de tal maneira permanece o espírito impedido, que não lhe é possível passar à verdadeira vida e deleite espiritual. Isto é muito bem provado por São Paulo quando diz: "Se pelo espírito fizerdes morrer as obras da carne, vivereis" (Rm 8,13), isto é, se mortificardes as inclinações da carne e seus apetites. Eis, portanto, o estilo em que a alma se exprime nesta canção, dizendo como é mister proceder no caminho espiritual, a fim de buscar a seu Amado. Trata-se, em suma, de agir com muita constância e valor, para não se abaixar a colher flores: ter coragem de não temer as feras e fortaleza, de transpor os fortes e as fronteiras; enfim, é preciso cuidar tão somente em ir pelos montes e ribeiras das virtudes, como já se disse.

Canção IV

Ó bosques e espessuras,
Plantados pela mão de meu Amado!
Ó prado de verduras,
De flores esmaltado,
Dizei-me se por vós ele há passado!

EXPLICAÇÃO

1. A alma já deu a entender como convém dispor-se para começar este caminho: não procurar deleites e gostos, e ter fortaleza para vencer as tentações e dificuldades.

CANÇÃO IV

Nisto consiste o exercício do conhecimento próprio, que é a primeira coisa requerida para chegar ao conhecimento de Deus. Agora, nesta canção, começa a caminhar, pela consideração e conhecimento das criaturas, ao conhecimento de seu Amado, criador delas. Efetivamente, depois do exercício do conhecimento próprio, a consideração das criaturas é a primeira que se acha neste caminho espiritual como meio para ir conhecendo a Deus. Nas criaturas, vê a alma a grandeza e excelência do Criador, segundo as palavras do Apóstolo: "As coisas invisíveis de Deus tornam-se conhecidas à alma pelas coisas visíveis e criadas" (Rm 1,20). Na presente canção fala, pois, com as criaturas, perguntando-lhes por seu Amado. É de notar que, como diz Santo Agostinho, a pergunta feita pela alma às criaturas é a própria consideração que nelas faz do Criador. Nesta canção, portanto, encerra-se, de uma parte, a consideração dos elementos e demais criaturas inferiores; de outra, a consideração dos céus com as criaturas e coisas materiais criadas neles por Deus, incluindo também a consideração dos espíritos celestiais. E assim diz:

Ó bosques e espessuras

2. Dá o nome de bosques aos elementos que são: terra, água, ar e fogo. São como ameníssimos bosques, povoados de espesso número de criaturas, às quais a alma chama aqui espessuras, justamente por causa do grande número e variedade que delas há, em cada um desses elementos. Na terra, existem inumeráveis variedades de animais e plantas; na água, inumeráveis diferenças de peixes; no ar, muita diversidade de aves; e o elemento do fogo concorre, com suas propriedades, para animar e conservar tudo. Cada espécie de animais, pois, vive em seu elemento, e está colocada e plantada nele como em seu bosque, ou região, onde nasce e cresce. Na verdade, Deus ordenou assim na obra da criação; mandou à terra que produzisse as plantas e os

618   CÂNTICO ESPIRITUAL

animais, e à água dos mares, os peixes; ao ar, fez morada
das aves. Vendo a alma que ele assim o ordenou e assim foi
feito, diz então o seguinte verso:

Plantados pela mão de meu Amado!

3. Nisso está a consideração de que estas diferenças e
grandezas, só a mão do Amado Deus as pôde fazer e criar.
Notemos bem que a alma diz advertidamente: pela mão do
Amado. Se Deus faz muitas outras coisas por mão alheia,
como pelos anjos e homens, no entanto, a obra da criação
jamais fez ou quer fazer por outra mão que não seja a sua
própria. A alma, pois, inclina-se muito ao amor de Deus,
seu Amado, pela consideração das criaturas, vendo que são
coisas feitas diretamente pela mão dele. Prossegue dizendo:

Ó prado de verduras

4. Esta é a consideração do céu, ao qual chama prado de
verduras, porque as coisas nele criadas estão sempre com
verdor imarcescível; não fenecem nem murcham com o
tempo. Nelas, como em frescas verduras, se recreiam e deleitam os justos. Nesta consideração é compreendida também toda a diferença e variedade das formosas estrelas e
outros astros celestiais.

5. Este nome de verduras dá também a Santa Igreja às
coisas celestiais quando, ao rogar a Deus pelas almas dos fiéis defuntos, dirigindo-se a elas, se exprime nestes termos:
"Constitua-vos o Senhor entre as verduras deleitáveis". Diz
igualmente a alma que este prado de verduras está

De flores esmaltado

6. Pelas flores simboliza os anjos e as almas santas, com
os quais está adornado e aformoseado aquele lugar, à semelhança de um delicado e precioso esmalte sobre um vaso
de ouro puríssimo.

CANÇÃO V

Dizei-me se por vós ele há passado.

7. Esta pergunta é a consideração já explicada acima. Como se dissesse: dizei as excelências que Deus em vós criou.

Canção V

Mil graças derramando,
Passou por estes soutos com presteza.
E, enquanto os ia olhando,
Só com sua figura
A todos revestiu de formosura.

EXPLICAÇÃO

1. Nesta canção, as criaturas respondem à alma; a resposta, conforme afirma também Santo Agostinho, é o testemunho da grandeza e excelência de Deus, dado nas mesmas criaturas à alma que, pela consideração, as interroga. Assim, encerra-se nesta canção, em substância, o seguinte: Deus criou todas as coisas com grande facilidade e rapidez, deixando nelas um rastro de quem ele é. Não somente lhes tirou o ser do nada, mas dotou-as de inúmeras graças e virtudes, aformoseando-as com admirável ordem e indefectível dependência entre si. Tudo isto fez por meio da sua Sabedoria, com a qual as criou, e esta é o Verbo, seu Unigênito Filho. São estas as palavras da canção:

Mil graças derramando

2. Por estas mil graças que, conforme diz o verso, ia derramando o Criador, são compreendidas as inumeráveis multidões de criaturas. Para isto significar, põe aqui o

620 CÂNTICO ESPIRITUAL

número máximo, de mil, a fim de dar a entender a grande cópia dessas criaturas, que são chamadas graças pelos muitos encantos de que Deus as dotou. E enquanto as ia derramando, isto é, com elas povoando toda a terra,

Passou por estes soutos com presteza

3. Passar pelos soutos é criar os elementos, designados aqui por esta palavra. Passando pelos soutos, derramava mil graças, porque os adornava de muitas criaturas, cheias de encantos. Além do mais, sobre as mesmas criaturas derramava as mil graças, dando-lhes virtude para concorrerem com a geração e conservação de todas elas. Diz ainda que passou: as criaturas são, na verdade, como um rastro da passagem de Deus, em que se vislumbram sua magnificência, poder, sabedoria, e outras virtudes divinas. Esta passagem foi com presteza: as criaturas são as obras menores de Deus, e ele as fez como de passagem, pois as maiores, em que mais se revelou, e dignas de sua maior atenção, consistem nas da encarnação do Verbo e mistérios da fé cristã. Em comparação destas, todas as outras foram feitas como de passagem, e com presteza.

E, enquanto os ia olhando,
Só com sua figura
A todos revestiu de formosura

4. Segundo a palavra de São Paulo, o Filho de Deus é o resplendor de sua glória e figura de sua substância (Hb 1,3). Convém, portanto, saber que, só com esta figura de seu Filho, olhou Deus todas as coisas, isto é, deu-lhes o ser natural, comunicando-lhes muitas graças e dons de natureza, de modo a torná-las acabadas e perfeitas. Assim o dizem estes termos do Gênesis: "Olhou Deus todas as coisas que havia feito, e eram muito boas" (Gn 1,31).

CANÇÃO V

Para Deus achar as coisas muito boas, significa o mesmo que as criar muito boas no Verbo, seu Filho. Não bastou comunicar-lhe o ser, e as graças naturais com o seu olhar, como dissemos; mas tão somente com essa figura de seu Filho, deixou-as revestidas de formosura, comunicando-lhes o ser sobrenatural. E isto se realizou quando Deus se encarnou, exaltando o homem na formosura divina, e, consequentemente, elevando nele todas as criaturas, pelo fato de se haver unido o próprio Deus com a natureza de todas elas no homem. Assim disse o mesmo Filho de Deus: "Se eu for exaltado da terra, atrairei a mim todas as coisas" (Jo 12,32). Nesta exaltação da encarnação de seu Filho, e da glória de sua ressurreição segundo a carne, aformoseou o Pai as criaturas não só parcialmente, mas, podemos dizer, deixou-as totalmente vestidas de formosura e dignidade.

ANOTAÇÃO PARA A CANÇÃO SEGUINTE

1. Falemos agora segundo o sentido e afeto da contemplação. Além de tudo quanto já dissemos, é preciso saber que, na viva contemplação e conhecimento das criaturas, a alma vê claramente como existe nelas grande abundância de graças e virtudes, e muita formosura com que Deus as dotou. Aos olhos da alma, parece que estão vestidas de admirável e natural virtude, derivada daquela infinita formosura sobrenatural, própria à figura de Deus cujo olhar reveste de beleza e alegria a terra e os céus. Assim também, ao abrir o Criador sua mão, enche de bênção a todo animal, conforme diz Davi (Sl 144,16). A alma, portanto, chagada de amor por esse rastro de formosura de seu Amado, percebido nas criaturas, e com ânsias de ver aquela formosura invisível manifestada nessa beleza visível diz a seguinte canção:

622 CÂNTICO ESPIRITUAL

Canção VI

Quem poderá curar-me?!
Acaba de entregar-te já deveras;
Não queiras enviar-me
Mais mensageiro algum.
Pois não sabem dizer-me o que desejo.

EXPLICAÇÃO

2. Com os sinais que as criaturas deram do Amado à alma, mostrando-lhe em si mesmas um rastro da formosura e excelência dele, aumentou nela o amor, e, consequentemente, cresceu mais a dor da ausência. Na verdade, quanto melhor a alma conhece a Deus, mais cresce nela o desejo e ânsia de vê-lo. E como sabe não existir coisa alguma que possa curar sua doença, a não ser a presença e vista do Amado, desconfiada de qualquer outro remédio, pede a ele, nesta canção, a entrega e posse dessa mesma presença. Diz-lhe, então, que não queira mais, de hoje em diante, entretê-la com outras quaisquer notícias e comunicações suas, nem com visos de sua excelência, porque servem mais para aumentar-lhe a dor e as ânsias, do que para satisfazer-lhe a vontade e desejo. Esta vontade não se contenta e satisfaz com coisa alguma menos do que sua vista e presença: seja ele servido, pois, de entregar-se a ele já deveras, em acabado e perfeito amor. E assim exclama:

Quem poderá curar-me?!

3. Como se dissera: Entre todos os deleites do mundo, e contentamentos dos sentidos, e todos os gostos e suavidade do espírito, decerto nada poderá curar-me, nada conseguirá satisfazer-me. E já que assim é,

CANÇÃO VI

Acaba de entregar-te já deveras

4. Cumpre notar aqui, como qualquer alma que ama verdadeiramente, não pode querer satisfação ou contentamento até possuir deveras a Deus. Todas as outras coisas, com efeito, não somente não a satisfazem, mas, ao contrário, como dissemos, aumentam a fome e desejo de ver a Deus como ele é. Assim, a cada vista que recebe do Amado, seja por conhecimento, ou sentimento, ou qualquer outra comunicação, torna-se-lhe pesado o entreter-se com tão pouco. Essas comunicações de Deus são como mensageiros que dão à alma recados, trazendo-lhe notícia de quem é ele, aumentando e despertando mais nela o apetite, à semelhança de migalhas para uma grande fome. Eis por que diz: acaba de entregar-te já deveras.

5. Tudo quanto nesta vida se pode conhecer a respeito de Deus, por muito que seja, não é conhecimento verdadeiro, mas parcial e mui remoto; só o conhecimento de sua essência é verdadeiro, e este pede aqui a alma, não se contentando com todas as outras comunicações. Por isto é que se apressa em dizer:

Não queiras enviar-me
Mais mensageiro algum

6. Como se dissesse: Não queiras, doravante, que te conheça tão por medida, nestes mensageiros de notícias e sentimentos que se me dão de ti, tão remotos e alheios do desejo que minha alma tem de ti. Os mensageiros, para um coração ansioso pela presença, bem sabes, Esposo meu, aumentam a dor: de uma parte, por renovarem a chaga com a notícia que trazem, e de outra, porque parecem dilações de tua vinda. Peço-te, pois, que de hoje em diante não queiras enviar-me essas notícias remotas. Se até aqui pude passar

com elas, pela razão de não te conhecer nem te amar muito, agora, a grandeza do amor que há em mim já não pode satisfazer-se com esses recados; acaba, portanto, de entregar-te. Dizendo mais claramente: Isto, Esposo meu, que andas concedendo de ti parceladamente à minha alma, acaba por dar de uma vez. O que me tens mostrado como por resquícios, acaba de mostrá-lo às claras. Quanto me comunicas por intermediários, como de brincadeira, acaba de fazê-lo a sério, dando-te a mim diretamente. Na realidade, às vezes, em tuas visitas, parece que vais entregar-me a joia de tua posse: e quando minha alma considera bem, acha-se sem ela, porque a escondes, e isto é dar de brincadeira. Entrega-te, pois, já deveras, dando-te todo a toda minha alma, para que ela te possua todo, e não queiras enviar-me mais mensageiro algum,

Pois não sabem dizer-me o que desejo

7. Como se quisesse dizer: Eu te quero todo, e eles não sabem nem podem dizer-me tudo de ti: coisa alguma da terra, nem do céu, pode dar à alma a notícia que ela deseja ter de ti, e assim, eles não sabem dizer-me o que desejo. Em lugar, pois, destes mensageiros, sê tu o mensageiro e as mensagens.

Canção VII

E todos quantos vagam,
De ti me vão mil graças relatando,
E todos mais me chagam;
E deixa-me morrendo
Um "não sei quê", que ficam balbuciando.

EXPLICAÇÃO

1. A alma, na canção passada, mostrou estar enferma ou ferida de amor pelo seu Esposo, por causa da notícia que as criaturas irracionais lhe deram dele. Agora, nesta, dá a entender como está chagada de amor, em razão de outra notícia mais alta, que do Amado recebe por meio das criaturas racionais, mais nobres do que as outras, a saber, os anjos e os homens. Diz, além disso, que está morrendo de amor, devido a uma imensidade admirável, revelada a seus olhos, por meio dessas criaturas, sem, contudo, acabar de revelar-se de todo. A isto denomina um "não sei quê", pelo fato de não se saber exprimir; pois é tal, que faz a alma ficar morrendo de amor.

2. Daqui podemos inferir que em matéria de amor há três maneiras de penar pelo Amado, relativas às três notícias provindas dele à alma. A primeira chama-se ferida. É mais remissa, e mais brevemente passa, à semelhança de uma ferida; nasce da notícia recebida pela alma das criaturas, que são as obras de Deus menos elevadas. Desta ferida, chamada também aqui enfermidade, fala a Esposa nos Cantares dizendo: "Conjuro-vos, filhas de Jerusalém, que, se achardes o meu Amado, lhe digais que estou enferma de amor (Ct 5,8); entendendo por filhas de Jerusalém as criaturas.

3. A segunda se denomina chaga, e faz mais impressão na alma do que a ferida, e por isto dura mais tempo. É como a ferida já transformada em chaga, e com ela, na verdade, a alma sente estar chagada de amor. Esta chaga se abre na alma mediante a notícia das obras da encarnação do Verbo e mistérios da fé; por serem obras de Deus mais elevadas, encerrando maior amor do que as obras das criaturas, produzem na alma maior efeito de amor. E, assim, se o primeiro efeito é como ferida, este segundo é como chaga já aberta e permanente. Falando dessa chaga nos Cantares, dirige-se o Esposo à alma nestes termos: "Chagaste

meu coração, irmã minha, chagaste meu coração com um de teus olhos, e com um cabelo de teu colo" (Ct 4,9). O olho simboliza aqui a fé na encarnação do Esposo, e o cabelo significa o amor da mesma encarnação.

4. A terceira maneira de penar no amor é como morrer; tem já então a chaga afistulada, ou, antes, a própria alma está toda feita uma fístula, e assim vive a morrer, até que, matando-a o amor, faça-a viver vida de amor, transforman-do-a em amor. Este morrer de amor é produzido na alma mediante certo toque de notícia altíssima da Divindade, e é o "não sei quê", referido nesta canção, apenas balbuciado; toque não contínuo nem muito intenso, pois, se o fosse, de-satar-se-ia a alma do corpo; pelo contrário, passa depressa, e a deixa morrendo de amor, tanto mais que não acaba de morrer de amor. Isto é o que se chama amor impaciente, e dele se trata no Gênesis, quando a Escritura diz ter sido tão grande o amor de Raquel no desejo de conceber filhos, que disse a seu esposo Jacó: "Dá-me filhos, senão morrerei" (Gn 30,1). É como se a alma dissesse: Quem me dará a mim, que aquele que me começou a matar, esse me acabe?

5. Estas duas maneiras de penar no amor, a saber, a cha-ga e a morte, são causadas pelas criaturas racionais, como diz a alma na canção presente. Refere-se à chaga, quando declara que as criaturas lhe vão relatando mil graças do Amado, nos mistérios da Sabedoria de Deus, ensinados pela fé. O morrer é significado pela alma quando diz que "ficam balbuciando", e refere-se ao sentimento e notícia da Divin-dade, manifestada algumas vezes no que a alma ouve dizer.

Por isto, prossegue:

E todos quantos vagam

6. As criaturas racionais, compreende a alma, aqui, por "todos quantos vagam", a saber, os anjos e os homens. En-tre todas as criaturas, somente estas se ocupam em Deus com a capacidade de o conhecer. É a significação do vocá-

CANÇÃO VII

bulo "vagam", o qual em latim diz *vacant*. E, assim, quer dizer: todos quantos "vagam" a Deus, isto é, se ocupam de Deus. Isto fazem uns, contemplando-o e gozando-o no céu, como os anjos; outros, amando-o e desejando-o na terra, como os homens. Por meio dessas criaturas racionais a alma conhece a Deus, ora pela consideração da excelência divina sobre todas as coisas criadas, ora pelo que elas nos ensinam a respeito de Deus; as primeiras o revelam por inspirações secretas, como fazem os anjos; as segundas, que são os homens, pelas verdades da Sagrada Escritura. É o que leva a alma a dizer:

De ti me vão mil graças relatando

7. Isto é, dão-me a compreensão de admiráveis realidades de tua graça e misericórdia nas obras de tua encarnação, bem como nas verdades da fé que de ti me declaram e me vão sempre referindo mais e mais; porque, quanto mais quiserem dizer, mais graças poderão descobrir-me de ti.

E todos mais me chagam

8. Enquanto os anjos me inspiram, pois, e os homens me ensinam, a teu respeito, mais me enamoram de ti, e assim todos eles mais me chagam.

E deixa-me morrendo
Um "não sei quê" que ficam balbuciando

9. Como se dissesse: além de me chagarem essas criaturas, nas mil graças que me dão a entender de ti, há ainda um "não sei quê" inexprimível que se sente restar por dizer. É como um altíssimo rastro de Deus a descobrir-se à alma, ficando, todavia, somente no rastro; ou como uma elevadíssima compreensão de Deus, que não se sabe expressar; e, por isso, a alma aqui o chama um

"não sei quê". Se em outros conhecimentos mais compreensíveis para mim, me sinto ferida e chagada de amor, neste que não acabo de entender, embora tenha dele tão subida experiência, sinto-me morrer. Assim acontece, por vezes, às almas já adiantadas, às quais faz Deus esta mercê: naquilo que ouvem, veem ou entendem, e mesmo, por ocasiões, sem qualquer desses meios, concede-lhes o Senhor uma subida notícia, em que lhes é dado entender ou sentir a grandeza e transcendência de Deus. Neste sentimento, experimenta a alma uma impressão tão elevada do mesmo Deus, que claramente tem a convicção de ficar tudo por entender. E esse sentir e entender quão imensa é a Divindade, a ponto de jamais poder ser totalmente compreendida, é sobremaneira elevado. Uma das grandes graças, pois, que, de passagem, Deus faz nesta vida a uma alma é dar-lhe claramente uma compreensão e estima tão subida de si mesmo, que entenda com evidência não ser possível compreendê-lo ou senti-lo tal como ele é. Sucede, de certo modo, como aos bem-aventurados na visão beatífica: os que conhecem a Deus mais de perto entendem mais distintamente o infinito que lhes fica por conhecer; aqueles, porém, que o veem menos não percebem com tanta distinção o que lhes resta ainda por ver, como acontece aos primeiros.

10. Não chegará à perfeita compreensão disso, penso eu, quem não o houver experimentado. Só a alma que o experimenta, vendo que lhe fica por entender aquilo que tão altamente sente, chama-lhe "um não sei quê". E se o não compreende, muito menos o sabe dizer, embora, como explicamos, bem o saiba sentir. É esta a razão de alegar que as criaturas ficam balbuciando, pois não lho acabam de descobrir. É o que significa a palavra balbuciar, a saber, fala de crianças, não acertando a exprimir e manifestar o que há por dizer.

Canção VIII

Mas como perseveras,
Ó vida, não vivendo onde já vives?
Se fazem com que morras
As flechas que recebes
Daquilo que do Amado em ti concebes?

EXPLICAÇÃO

1. Como a alma se vê morrer de amor, segundo acaba de dizer, e, no entanto, não acaba de morrer para ir gozar do Amor com liberdade, queixa-se da duração da vida corporal por cuja causa se lhe retarda a vida espiritual. Nesta canção, pois, fala com a mesma vida de sua alma, encarecendo a dor que lhe causa. O sentido da canção é o seguinte: Vida de minha alma, como podes perseverar nesta vida carnal, que é para ti morte e privação daquela verdadeira vida do espírito em Deus, na qual, por essência, amor e desejo, mais realmente vives do que no corpo? E se não fosse tal motivo suficiente para saíres deste corpo de morte, a fim de viveres e gozares a vida de teu Deus, como podes ainda permanecer em corpo tão frágil? Além disso, bastariam por si mesma, para acabar-te a vida, as feridas de amor que recebes, com a comunicação das grandezas da parte do Amado, pois todas elas te deixam veementemente ferida de amor. E, assim, recebes tantos toques e feridas que matam de amor, quantas são as maravilhas que do Amado sentes e entendes.

Segue-se o verso:

Mas como perseveras,
Ó vida, não vivendo onde já vives?

2. Para compreender essas palavras, é necessário saber que a alma vive mais onde ama do que no corpo que ela ani-

ma; porque não tira sua vida do corpo, antes o vivifica, e ela vive por amor naquilo que ama. Além dessa vida de amor que faz viver em Deus a alma que o ama, tem ela natural e radicalmente sua vida em Deus, como o têm todas as coisas criadas, segundo diz São Paulo por estas palavras: "Nele vivemos, nos movemos e somos" (At 17,28), isto é, em Deus temos a nossa vida, nosso movimento e nosso ser. Declara também São João que "tudo quanto foi feito era vida em Deus" (Jo 1,4). A alma percebe muito bem que a sua vida natural está em Deus, pelo ser que nele tem; e que igualmente está nele a sua vida espiritual, pelo amor com que o ama. Daí a sua queixa e mágoa de que tenha tanto poder uma vida tão frágil, em corpo mortal, a ponto de impedir-lhe o gozo de outra vida em Deus por natureza e amor. É grande aqui o encarecimento com que a alma se exprime, manifestando seu pesar em padecer dois contrários, a saber: vida natural no corpo, e vida espiritual em Deus. De fato, são dois contrários, porque um repugna ao outro, e vivendo ela em ambos, forçosamente há de sofrer grande tormento. A vida penosa lhe impede a vida saborosa, pois a vida natural é como morte para a alma, por privá-la da vida espiritual em que tem todo o seu ser e existência por natureza, e todas as suas operações e afeições por amor. A fim de melhor dar a entender o rigor dessa frágil vida, acrescenta logo:

Se fazem com que morras
As flechas que recebes

3. Como a dizer: além de tudo, como podes perseverar no corpo, se para tirar-te a vida bastam somente os toques de amor (simbolizados pelas flechas), dados pelo Amado em teu coração? Esses toques de tal maneira fecundam a alma e o coração em inteligência e amor de Deus, que bem se

pode dizer que concebe de Deus, como o exprime o verso seguinte com estas palavras:

Daquilo que do Amado em ti concebes?

4. Querendo significar: da grandeza, formosura, sabedoria, graça e virtudes que no Amado percebes.

ANOTAÇÃO PARA A CANÇÃO SEGUINTE

1. O cervo, quando está ervado, não descansa nem sossega, buscando aqui e ali remédios; mergulha-se, ora em certas águas, ora em outras; e, todavia, sempre vai crescendo mais ainda, em todas as ocasiões, e com os remédios que toma, aquele toque da erva, até apoderar-se inteiramente do coração e dar-lhe a morte. Assim acontece à alma que anda tocada da erva do amor, como esta de que falamos: nunca cessa de buscar remédios para sua pena, mas, longe de os achar, tudo quanto pensa, diz e faz, antes lhe serve para aumentar seu sofrimento. Conhece bem esta verdade, e vê que não tem outro remédio senão pôr-se nas mãos de quem a feriu, para que ele, livrando-a de toda pena, acabe de matá-la com a força do amor. Volta-se, então, para seu Esposo, que é o causador de tudo isto, e diz-lhe a seguinte canção:

Canção IX

Por que, pois, hás chagado
Este meu coração, o não saraste?
E, já que mo hás roubado,
Por que assim o deixaste
E não tomas o roubo que roubaste?

632 CÂNTICO ESPIRITUAL

EXPLICAÇÃO

2. Volve, pois, a alma, nesta canção, a falar com seu Amado, queixando-se de sua dor; porque o amor impaciente, de que a alma mostra aqui estar possuída, não sofre dilações, nem dá descanso à sua pena, e propõe de todos os modos as suas ânsias, até encontrar o remédio. Vê-se chagada e sozinha, sem ter quem a possa curar ou dar-lhe remédio, a não ser o seu Amado, que a chagou. Diz, portanto, a ele: se lhe abriu uma chaga no coração com o amor de seu conhecimento, por que não curou esse coração com a vista de sua presença? Se também lho há roubado pelo amor com que a enamorou, arrancando-o à posse da alma, qual o motivo de o deixar assim, sem mais pertencer a ela? – Quem ama, é certo que já não possui o coração, pois o deu ao Amado. – Pergunta-lhe ainda a Esposa: por que não pôs de uma vez o coração dela no dele, tomando-o inteiramente para si, em perfeita e acabada transformação de amor na glória?

E assim diz:

Por que, pois, hás chagado
Este meu coração, o não saraste?

3. Não se queixa porque o Amado a chagou; pois o enamorado, quanto mais ferido, mais recompensado se sente. Sua querela é porque, havendo ele chagado o coração da amada, não o curou, acabando-a de matar. As feridas de amor são tão suaves e deleitosas que não podem satisfazer a alma, senão quando a fazem morrer. São, contudo, de tal modo saborosas, que a mesma alma desejaria que a chagassem até acabarem por matá-la. Esta é a razão de exclamar: "Por que, pois, hás chagado este meu coração, o não saraste?" Como se dissesse: Por que, se o feriste até chagá-lo, não o saras, acabando-me de matar de amor? És tu a causa da chaga, produzindo doença de amor: sê também a causa da saúde, em morte de amor; desta maneira, o coração que

CANÇÃO IX

está chagado com a dor de tua ausência, ficará curado com o deleite e glória de tua doce presença. E acrescenta:

E, já que mo hás roubado,
Por que assim o deixaste?

4. Roubar não é outra coisa senão desapropriar a alguém do que é seu, e apoderar-se disso quem rouba. Esta queixa apresenta aqui a alma ao Amado e lhe diz: uma vez que lhe roubou o coração por amor, tirando-o da sua posse e poder, por que o deixou assim, sem se apoderar de todo, e não o tomou inteiramente para si, como faz o ladrão com o objeto roubado, levando-o de fato, consigo?

5. Por esta razão diz-se do enamorado, que tem o coração roubado, ou arroubado, por aquele a quem ama, pois o tem fora de si, e posto no objeto amado; não tem mais coração para si, pois só o tem para aquele que ama. Nisto conhecerá deveras a alma se ama a Deus puramente, ou não: se na verdade o ama, não terá coração para si mesma, nem para reparar no próprio gosto ou proveito; só o terá para honra e glória de Deus, e para dar-lhe gosto. Quanto mais tem coração para si mesma, menos o tem para Deus.

6. Verificar-se-á se o coração está bem roubado por Deus, em uma destas duas coisas: se tem ânsias de amor por Deus, se não gosta de outra coisa senão dele, como sucede agora à alma. A razão é esta: não pode o coração humano estar em paz e sossego sem alguma posse, e quando está bem preso, já não se possui a si mesmo, nem a coisa alguma, como dissemos. Se, no entanto, não possui ainda perfeitamente o objeto amado, sentirá inquietação na mesma medida em que ele lhe falta, e só descansará quando o possuir de modo a satisfazer-se. Até então estará sempre a alma como um recipiente vazio que espera ser enchido, ou como um faminto que deseja comida; ou como o enfermo que suspira pela saúde, e como quem estivesse suspenso no ar sem ter onde se apoiar. Desta forma está o coração bem

CÂNTICO ESPIRITUAL

enamorado. E sentindo-o aqui a alma, por experiência, diz: Por que assim o deixaste? Isto é, vazio, faminto, solitário, chagado e doente de amor, suspenso no ar.

E não tomas o roubo que roubaste?

7. Por assim dizer: por que não tomas o coração que roubaste por amor, a fim de o encher e fartar, fazendo-lhe companhia, curando-o, e, enfim, concedendo-lhe estabilidade e repouso perfeito em ti? A alma enamorada, por maior conformidade que tenha com o Amado, não pode deixar de desejar a paga e o salário de seu amor, e por causa dessa recompensa é que serve ao Amado. Do contrário, não seria verdadeiro amor, porque o seu salário e paga não é outra coisa, nem tem aqui a alma outro desejo, senão mais amor, até chegar à perfeição do mesmo amor. Na verdade, o amor não se paga a não ser com o próprio amor; assim o deu a entender o profeta Jó, quando disse, sentindo ânsia e desejo semelhantes aos da alma nesta canção: "Assim como o servo deseja a sombra, e o jornaleiro o fim de sua obra, assim tive vazios os meses e contei as noites trabalhosas para mim. Se dormir, direi: quando chegará o dia em que me levantarei? E logo volverei outra vez a esperar a tarde, e serei cheio de dores até as trevas da noite" (Jó 7,2). O mesmo acontece à alma abrasada no amor de Deus: deseja a perfeição do amor, para achar nele o descanso completo, assim como o servo fatigado pelo estio deseja o alívio da sombra; e, à semelhança do mercenário que espera o fim da obra, espera também ela que termine a sua. Note-se bem não ter dito o profeta Jó que o jornaleiro aguardava o fim de seu labor, mas sim o término de sua obra. Nisto dá a entender o que vamos explicando, isto é, como a alma que ama não espera o fim de seu trabalho, mas o fim de sua obra, porque esta sua obra é amar. É, portanto, da obra do amor que espera o fim e remate, o qual consiste na perfeição e acabamento do amor de Deus. Até realizar-se a

CANÇÃO IX

sua aspiração, está sempre como essa figura descrita por Jó, achando os dias e meses vazios, e contando as noites trabalhosas e prolongadas para si. Na explicação acima, ficou demonstrado que a alma amante de Deus não há de pretender nem esperar outro galardão de seus serviços, a não ser a perfeição do divino amor.

ANOTAÇÃO PARA A CANÇÃO SEGUINTE

1. Quando a alma chega, no amor, a este extremo, está como um enfermo muito fatigado, o qual, havendo perdido o gosto e apetite, tem fastio de todos os manjares, e com todas as coisas se cansa e incomoda. Em tudo quanto lhe vem ao pensamento, ou se oferece à sua vista, só tem um apetite e desejo: o de sua saúde. Qualquer outra coisa que não o leve a isto torna-se, para ele, pesada e aborrecida. A alma atingida desta doença do amor divino manifesta, portanto, três propriedades. A primeira é ter sempre presente aquele "ai!" de sua saúde que é seu Amado, em todas as coisas que se lhe oferecem a tratar; embora obrigada a ocupar-se nelas, por não poder escusar, tem sempre o coração fixo no Esposo. A segunda, proveniente da primeira, é ter perdido o gosto para tudo. A terceira, consequente à segunda, é achar aborrecidas e pesadas não só todas as coisas, mas ainda quaisquer relações.

2. A conclusão que podemos tirar de tudo isso é a seguinte: como a alma tem agora o paladar da vontade afeito e deliciado neste manjar do amor de Deus, em qualquer coisa ou ocasião que se apresenta, logo incontinenti se inclina a buscar seu Amado, gozando-o naquilo, sem fazer caso de outros gostos ou conveniências. Assim o fez Maria Madalena, quando andava a procurar seu Mestre no horto; pensando que o hortelão fosse ele, disse-lhe, sem qualquer razão e acordo: "Se tu mo tomaste, dize-me, e eu o buscarei" (Jo 20,15). A alma, nesta canção, traz em si a mesma ânsia de achar o Amado em todas as coisas; não o achando logo

à medida de seu desejo, antes muito ao contrário, não somente lhe falta o gosto nelas, mas também lhe causam tormento, às vezes grandíssimo. Semelhantes almas padecem muito no trato com o mundo e outros negócios, pois mais a estorvam do que a ajudam na sua pretensão.

3. Estas três propriedades, bem mostrou ter a Esposa dos Cantares, quando buscava seu Esposo, dizendo: "Busquei-o e não o achei. Acharam-me os que rodeavam a cidade, e chagaram-me, e os guardas dos muros me tiraram o manto" (Ct 5,6-7). Os que rodeiam a cidade, são os tratos do mundo; quando encontram alguém à procura de Deus, então lhe fazem muitas chagas de dores, penas e desgostos, em razão de a alma não achar neles o que pretende, mas, ao contrário, só lhe servirem de impedimento. Os que defendem o muro da contemplação, para que a alma não possa entrar, são os demônios e os negócios mundanos; tiram-lhe o manto da paz e quietude dessa amorosa contemplação, e com isto sofre a mesma alma, enamorada de Deus, mil aborrecimentos e contrariedades. E ao ver como não pode livrar-se deles, nem pouco nem muito, enquanto estiver aqui na terra, prossegue as súplicas ao seu Amado, dizendo a seguinte canção:

Canção X

Extingue os meus anseios,
Porque ninguém os pode desfazer;
E vejam-te meus olhos,
Pois deles és a luz,
E para ti somente os quero ter.

EXPLICAÇÃO

4. A alma continua, portanto, na presente canção, a pedir ao Amado se digne pôr termo às suas ânsias e penas,

CANÇÃO X

visto como não há outro senão ele só que o possa fazer. Pede que seja de modo a tornar-se possível contemplá-lo com seus próprios olhos, pois é o Amado a sua luz, e a alma não os quer empregar em outra coisa a não ser unicamente nele. Então diz:

Extingue os meus anseios

5. O desejo veemente do amor tem esta peculiaridade que já observamos: toda ação, ou palavra, não conforme àquilo que a vontade ama, produz nela cansaço, fadiga e aborrecimento; torna-a insatisfeita por ver que não se realiza o seu desejo. A todas essas inquietações, em sua sede de ver a Deus, a alma chama aqui "anseios", os quais nada poderia dissipar a não ser a posse do Amado. Suplica-lhe, pois, que os venha extinguir com sua presença dando-lhes refrigério, como faz a água fresca ao que está abatido pelo calor. Emprega, de propósito, a palavra "extingue", para mostrar que está padecendo com fogo de amor.

Porque ninguém os pode desfazer

6. Para mover o Amado e melhor persuadi-lo a atender seu pedido, a alma afirma que só ele, exclusivamente, é capaz de satisfazer sua necessidade; e, portanto, seja ele próprio que apague os seus anseios. Notemos, a este propósito, como é verdade que Deus está bem prestes a consolar uma alma e satisfazer suas necessidades, quando ela não acha contentamento nem pretende consolo algum fora dele. E, assim, quando a alma não tem coisa que a entretenha fora de Deus, não pode ficar muito tempo sem receber a visita do Amado.

E vejam-te meus olhos

7. Quer dizer: Veja-te eu face a face com os olhos de minha alma,

CÂNTICO ESPIRITUAL

Pois deles és a luz

8. A luz sobrenatural dos olhos da alma, sem a qual permanece em trevas, é Deus; mas aqui ela o chama luz de seus olhos, por encarecimento de amor, assim como costuma fazer quem muito ama a pessoa amada, a fim de declarar-lhe sua afeição. É como se dissesse nos dois versos acima: se os olhos de minha alma outra luz não têm por natureza e por amor, senão a ti, vejam-te meus olhos, pois, de todos os modos, és deles a luz. Essa luz parecia faltar a Davi quando com pesar exclamava: "A luz dos meus olhos, essa não está comigo" (Sl 37,11). E a Tobias quando disse: "Que gozo poderá ser o meu, pois estou sentado em trevas e não vejo a luz do céu?" (Tb 5,12). Nessa luz desejava ele a clara visão de Deus, porque a luz do céu é o Filho de Deus, conforme declara São João: "A cidade celestial não tem necessidade de sol nem de luz que brilhem nela, porque a claridade de Deus a alumia e a sua lucerna é o Cordeiro" (Ap 21,23).

E para ti somente os quero ter

9. Assim dizendo[1], quer a alma obrigar o Esposo a que lhe permita ver essa luz de seus olhos: não só porque, sem ter outra, ficará nas trevas, mas também pela razão de não os querer ter para coisa alguma fora dele. Muito justamente sofre a privação da luz divina a alma que põe os olhos de sua vontade em outra luz, querendo possuir algo fora de Deus, pois nisto tem impedida a vista para receber a iluminação dele. Assim também é conveniente que mereça receber a luz divina aquela alma que fecha os olhos a todas as coisas para os abrir somente a Deus.

---

1. A 1ª redação do *Cântico* começa aqui com estas palavras: "No verso antecedente, a alma deu a entender como seus olhos estarão em trevas sem a vista do seu Amado, pois é ele sua luz; e com isto o obriga a dar-lhe esta luz da glória. No verso atual, mais ainda quer obrigar o Esposo..."

ANOTAÇÃO PARA A CANÇÃO SEGUINTE

1. É preciso saber que o amoroso Esposo das almas não as pode ver sofrendo muito tempo sozinhas, como acontece a esta de que vamos tratando. Conforme ele próprio diz pelo profeta Zacarias, as penas e queixas daquelas que ama lhe tocam nas pupilas dos olhos (Zc 2,8), principalmente quando os sofrimentos de tais almas são por seu amor. A mesma coisa diz também por Isaías: "Antes que eles clamem, eu ouvirei, ainda estando com a palavra na boca, os escutarei" (Is 65,24). E o Sábio, referindo-se a Deus, tem estas palavras: "Se o buscar a alma como ao dinheiro, achá-lo-á" (Pr 2,4). Assim, a esta alma enamorada, que busca o Amado com maior cobiça do que ao dinheiro – pois deixou todas as coisas e a si mesma por seu amor –, parece que Deus manifestou alguma presença espiritual de si, atendendo esses rogos tão inflamados. Nessa presença revelou alguns vislumbres muito profundos de sua divindade e formosura, e com isso aumentou muito mais o fervor da alma, e o desejo de o ver. Costumam, às vezes, jogar água na frágua, para que cresça e se inflame mais o fogo: assim também faz o Senhor com algumas almas chegadas a essas calmas de amor. Dá-lhes certos visos de sua excelência, para mais afervorá-las e as ir dispondo melhor para as mercês que lhes quer fazer depois. Como a alma percebeu e sentiu, naquela obscura presença, o sumo bem e a divina formosura ali encoberta, morrendo em desejo de vê-la, diz a canção seguinte:

Canção XI

Mostra tua presença!
Mate-me a tua vista e formosura;
Olha que esta doença
De amor jamais se cura,
A não ser com a presença e com a figura.

EXPLICAÇÃO

2. Deseja a alma ver-se enfim possuída por este grande Deus cujo amor lhe roubou e feriu o coração; e, não podendo mais suportar, pede determinadamente nesta canção lhe descubra e mostre sua formosura, isto é, sua divina essência, e, para isto, lhe venha dar a morte com a sua vista; que a desprenda de uma vez do corpo com o qual não o pode ver e gozar conforme deseja. Representa ao Amado a doença e ânsia do coração, em que persevera penando por seu amor, sem poder achar outro remédio a não ser essa gloriosa vista de sua divina essência. Segue-se o verso:

Mostra tua presença

3. Para explicação disso, é necessário saber que há três espécies de presença de Deus na alma. A primeira é por essência: desta maneira está ele presente não só nas almas boas e santas, mas também nas más e pecadoras, assim como em todas as criaturas; porque com essa presença essencial lhes dá vida e ser; se lhes faltasse, todas se aniquilariam deixando de existir, e, portanto, com esta espécie de presença, sempre permanece na alma. A segunda é a presença pela graça, em que Deus habita na alma, satisfeito e contente com ela; nem todas gozam dessa espécie de presença, pois as que estão em pecado mortal perdem-na; e a alma não pode saber naturalmente se a possui. A terceira é por afeição espiritual, e em muitas almas piedosas costuma Deus conceder algumas manifestações espirituais de sua presença, por diversos meios, a fim de proporcionar-lhes consolação, deleite e alegria. Essas presenças são também, como todas as outras, encobertas; nelas Deus não se mostra tal qual é, porque não o sofre a condição desta vida mortal. Assim, de qualquer espécie de presença, pode ser entendido o verso já citado: "mostra tua presença".

CANÇÃO XI

4. A alma não pede a Deus que se faça presente nela, pois é certo que ele o está, ao menos do primeiro modo; pede a manifestação dessa presença, seja natural, ou espiritual, ou afetiva, descobrindo-a de maneira que possa vê-lo em sua divina essência e formosura. E que, assim como por meio de sua presença essencial, está ele dando ser natural à alma, e pela presença da graça a aperfeiçoa, também a glorifique manifestando-lhe sua glória. A alma de que aqui falamos anda abrasada em fervores e afetos de amor de Deus; e assim essa presença cuja manifestação pede ao Amado deve ser entendida principalmente no sentido de certa presença afetiva em que o Esposo se descobriu a ela. Foi tão subida essa presença, que a alma julgou e sentiu estar ali um imenso Ser encoberto, do qual Deus lhe comunicou alguns vislumbres um tanto obscuros de divina formosura. É tal o efeito produzido por eles na alma, que a fazem cobiçar com veemência, desfalecendo no desejo de algo que percebe oculto sob aquela presença, conforme sentia Davi quando disse: "Cobiça e desfalece minha alma nos átrios do Senhor" (Sl 83,1). Na verdade, a alma então desfalece com o desejo de engolfar-se naquele sumo bem que lhe parece presente, e ao mesmo tempo encoberto; e embora esteja oculto, mui notoriamente experimenta a alma o bem e deleite ali encerrado. Em razão disso, é atraída e arrebatada por esse bem infinito, com maior força do que qualquer coisa natural o é para o seu próprio centro. Com tão extrema cobiça e profundo apetite, não podendo mais conter-se, diz a alma: Mostra tua presença!

5. O mesmo aconteceu a Moisés no Monte Sinai. Quando estava em presença de Deus, percebia tão elevados e profundos sinais da grandeza e formosura da divindade do Senhor, ali encoberta, que, não o podendo sofrer, rogou-lhe por duas vezes que mostrasse a sua glória, com estas palavras: "Tu dizes que me conheces pelo meu próprio nome, e que achei graça diante de ti: se na verdade assim é, mos-

642   CÂNTICO ESPIRITUAL

tra-me tua face para que te conheça e ache diante de teus
olhos a graça divina perfeita que desejo" (Ex 33,13), isto é,
mereça chegar ao perfeito amor da glória de Deus. O Senhor, porém, respondeu dizendo: "Não poderás ver a minha
face, porque não me pode ver o homem e permanecer vivo"
(Ex 33,20). Como se dissera: difícil coisa me pedes, Moisés;
porque é tanta a formosura de meu rosto, e tão grande o
deleite da vista de meu ser que não a poderá suportar tua
alma nesta espécie de vida tão fraca. Está a alma ciente
desta verdade, seja pelas palavras de Deus a Moisés, seja
pelo que ela mesma sente nessa presença velada do Esposo: não o poderá ver em sua divina formosura enquanto
estiver em vida mortal, onde, só de o vislumbrar, desfalece.
Previne, assim, a resposta que lhe pode ser dada como a
Moisés, dizendo:

Mate-me a tua vista e formosura

6. Como a dizer: se é tanto o deleite causado pela vista
do teu ser e formosura, que não pode sofrê-la minha alma,
sem ter de morrer vendo-a – mate-me, pois, tua vista e formosura.

7. Duas vistas, é sabido, matam o homem, por não poder
suportar a força e efeito delas. Uma, é a do basilisco, a qual
vista, dizem, mata imediatamente. Outra, é a de Deus.
São, porém, muito diferentes em suas causas: porque uma
vista mata com grande veneno, e a outra com imensa saúde
e bem de glória. A alma, pois, não faz muito em querer morrer à vista da formosura divina a fim de gozá-la para sempre. Se percebesse um só vestígio da beleza e sublimidade
de Deus, não desejaria apenas uma morte, como aqui, para
contemplá-la eternamente, mas mil acerbíssimas mortes
e sofreria alegremente, a fim de vê-la, sequer por um instante; e depois de a ter visto, pediria para padecer outras
tantas mortes por vê-la outro tanto.

CANÇÃO XI

8. Para melhor compreensão deste verso, é necessário saber que a alma fala aqui condicionalmente: ao pedir que a mate aquela vista e formosura, supõe que não a pode ver sem morrer. Se o pudesse, não pediria que a matasse. Querer morrer é, com efeito, imperfeição natural; suposto, porém, que não se coaduna a vida humana corruptível com a vida imarcescível de Deus, então pode: Mate-me etc.

9. Esta doutrina expõe São Paulo aos coríntios, quando diz: "Não queremos ser despojados, mas sobrevestidos, a fim de que aquilo que é mortal seja absorvido na vida" (2Cor 5,4), isto é, não desejamos ser despojados da carne, mas revestidos de glória. E o mesmo Apóstolo, vendo como não é possível viver simultaneamente na glória e no corpo mortal, exprime aos filipenses o seu desejo de ser desatado da carne para estar com Cristo (Fl 1,23). Surge, todavia, uma dúvida a esse respeito: por que motivo os filhos de Israel, em seu tempo, fugiam com temor da vista de Deus, a fim de não morrerem, conforme dizia Manué à sua mulher (Jz 13,22), e esta alma deseja agora morrer com a mesma vista de Deus? Respondemos que por dois motivos. Primeiro: naquele tempo, embora morressem os homens na graça de Deus, não o poderiam ver até que viesse Cristo; muito melhor, portanto, era para eles viver neste mundo aumentando os merecimentos e gozando vida natural, do que no limbo, sem merecer, padecendo trevas e ausência espiritual de Deus. E assim, tinham por grande mercê e benefício de Deus o viver muitos anos.

10. Segundo motivo: em virtude do amor. Como aqueles filhos de Israel não estavam tão fortalecidos no amor de Deus, nem tão amorosamente unidos a ele, temiam morrer à sua vista. Agora, porém, na lei da graça, em que morrendo o corpo pode a alma ver a Deus, é mais sensato desejar viver pouco, e morrer para o contemplar. Mesmo se assim não fora, a alma que ama a Deus – como esta aqui – não tem

medo de morrer à sua vista; porque o verdadeiro amor recebe com igual conformidade tudo quanto lhe vem da parte do Amado, seja coisas prósperas ou adversas e até castigos, só pelo fato de serem queridas por ele, e nelas acha gozo e deleite. Segundo a palavra de São João, "a perfeita caridade expele todo temor" (Jo 4,18). À alma que ama, não pode ser amarga a morte, pois nela acha todas as doçuras e deleites do amor. Tampouco é triste a sua lembrança, pois traz juntamente a alegria. Também não a agrava, nem lhe causa pena, sendo o remate de todos os seus pesares e tristezas e o princípio de todo o seu bem. Antes a tem por esposa e amiga, e com sua memória se goza, como no dia de desposório e bodas, desejando mais ardentemente a chegada desse dia e dessa hora da morte, do que desejaram os reis da terra reinos e principados. Dessa espécie de morte diz o Sábio: "Ó morte! bom é o teu juízo para o homem que se sente necessitado" (Eclo 41,3). Ora, se a morte é boa para quem está necessitado das coisas terrenas – embora não venha satisfazer essas necessidades, senão muito ao contrário, há de despojar o homem de quanto possui –, quanto melhor será o juízo dela para a alma necessitada de amor, como esta de que tratamos que está clamando por mais amor? Sim, porque não somente não a despojará do que tinha, mas há de ser causa da consumação de amor tão desejada, satisfazendo plenamente suas necessidades. Tem, pois, razão a alma em atrever-se a dizer sem temor: Mate-me a tua vista e formosura. Sabe muito bem que, no mesmo instante em que a visse, seria arrebatada à mesma formosura, absorvida na mesma formosura, tornando-se formosa como a própria formosura divina, abastada e enriquecida como essa mesma formosura. Por isso diz Davi: "A morte dos santos é preciosa diante do Senhor" (Sl 115,15); o que não poderia ser, se não participassem de suas grandezas; pois nada há de precioso diante de Deus senão o que ele é em si. Assim é que a alma quando ama, longe de temer a morte, antes a deseja. O pecador, porém, sempre tem medo de morrer, porque suspeita que a morte há de tirar-lhe todos os bens e dar-lhe todos os males. "A morte dos pecadores é péssima", declara Davi (Sl 33,22). É esta a razão de lhes ser amarga a sua memória, como diz o Sábio (Eclo 41,1); por amarem muito a vida deste século, e pouco a do outro, temem grandemente a morte. Quanto à alma que ama a Deus, mais vive na outra vida, do que nesta; mais vive, é certo, onde ama do que no corpo onde anima; e assim faz pouco caso da vida temporal. Pede, portanto, ao Amado: Mate-me a tua vista, etc.

Olha que esta doença
De amor jamais se cura,
A não ser com a presença e com a figura

11. Se a doença de amor não puder ser curada senão com a presença e figura do Amado, é porque, sendo diferente essa doença das outras comuns, diferente também é seu remédio. Naquelas, para seguir boa filosofia, curam-se contrários com contrários; o amor, porém, só acha cura em coisas conformes a ele. Com efeito, a saúde da alma é o amor de Deus; ora, quando a alma não tem perfeito amor de Deus, não tem perfeita saúde; logo, está enferma, pois a enfermidade não é mais que falta de saúde. Assim, quando a alma nenhum grau de amor tem, está morta; se tem algum grau desse amor divino, por mínimo que seja, está viva, mas muito debilitada e enferma, pelo pouco amor que tem; e quanto mais o amor for aumentando, tanto mais saúde vai tendo; enfim, chegando ao amor perfeito, será também perfeita sua saúde.

12. Por consequência, é necessário saber que o amor jamais chegará à perfeição até que se juntem os amantes em unidade, transfigurando-se um no outro; só então estará o amor totalmente perfeito. A alma, nesta canção, sente em si mesma certo debuxo de amor – é a doença

referida – e deseja que ele se acabe de pintar, com essa figura apenas debuxada que é seu Esposo, o Verbo Filho de Deus, o qual, no dizer de São Paulo, "é o resplendor da glória do Pai e figura de sua substância" (Hb 1,3). Esta é a figura que aqui compreende a alma, e nela deseja transfigurar-se por amor; e, por isto, exclama: "Olha que esta doença de amor jamais se cura, a não ser com a presença e com a figura.

13. Bem se denomina doença o amor não perfeito; porque assim como o enfermo está debilitado, e não pode trabalhar, assim a alma que está fraca no amor, o está igualmente para praticar virtudes heroicas.

14. Podemos entender também de outro modo. Quem sente em si doença de amor, isto é, falta de amor, é sinal de que tem algum amor, e, pelo que tem, vê o que ainda lhe falta. Quem não sente faltar-lhe amor, é sinal de que nenhum amor possui, ou então está perfeito nele.

ANOTAÇÃO PARA A CANÇÃO SEGUINTE

1. A alma, por este tempo, sente-se atraída com tanta veemência para ir a Deus, como a pedra que vai chegando ao seu centro; ou como a cera que começou a receber a impressão do selo, e não se lhe acabou de gravar a figura dele. Além disso, conhece estar como a imagem que levou só a primeira mão, e ficou apenas no esboço; clama, pois, àquele que nela fez o debuxo, pedindo que a acabe de pintar e modelar. E cheia de uma fé tão iluminada que a faz vislumbrar certas manifestações divinas muito claras, da grandeza de seu Deus, fica sem saber o que faça. Volta-se então para a mesma fé, que encerra e oculta a figura e beleza do Amado, e da qual também recebe os debuxos dele e prendas do seu amor. Falando, pois, com a fé, diz a seguinte canção:

Canção XII

Ó cristalina fonte,
Se nesses teus semblantes prateados
Formasses de repente
Os olhos desejados
Que tenho nas entranhas debuxados!

EXPLICAÇÃO

2. Com imenso desejo suspira a alma pela união do Esposo, e vê que não acha meio nem remédio algum em todas as criaturas. Volve-se, então, a falar com a fé, como a que mais ao vivo lhe há de dar luz sobre o Amado, e a toma por meio para levá-la à realização do que deseja. Na verdade, não há outro meio pelo qual se chegue à verdadeira união e desposório espiritual com Deus, conforme declara o Senhor por Oseias, nestes termos: "Desposar-te-ei na fé" (Os 2,20). E a alma, com o desejo em que arde, diz ao Esposo as palavras seguintes que exprimem o sentido da canção: Ó fé de meu Esposo Cristo! Se as verdades que do Amado infundiste em mim, encobertas com obscuridade e treva – por ser a fé hábito obscuro, no dizer dos teólogos –, manifestasses agora com claridade! se me descobrisses num momento tudo o que me comunicas por conhecimentos obscuros e indecisos, apartando-te tu mesma de todas essas verdades – porque a fé é coberta e véu das verdades de Deus –, transformando-as de modo perfeito e completo em manifestações de glória! Prossegue assim o verso:

Ó cristalina fonte

3. Chama a fé de "cristalina" por dois motivos: primeiro, por ser de Cristo seu Esposo; segundo, porque tem as propriedades do cristal, sendo pura nas verdades e ao mesmo

648   CÂNTICO ESPIRITUAL

tempo forte, clara e limpa de quaisquer erros e de noções
naturais. Dá-lhe o nome de "fonte", porque dela manam à
alma as águas de todos os bens espirituais. Cristo, nosso
Senhor, falando com a Samaritana, deu esse nome de fonte
à mesma fé, dizendo que todos aqueles que nele cressem
teriam em si uma fonte cujas águas jorrariam para a vida
eterna (Jo 4,14). E esta água era o espírito que haviam de
receber, pela fé, os crentes (Jo 7,39).

Se nesses teus semblantes prateados

4. As proposições e artigos que propõe a fé, a alma chama
semblantes prateados. Para compreensão desse verso e dos
seguintes, precisamos saber que a fé é aqui comparada à
prata, nas proposições que nos ensina; quanto à substância
encerrada na fé, e as verdades nela contidas, são comparadas ao ouro. De fato, essa mesma substância que agora
cremos, vestida e encoberta com a prata da fé, veremos e
gozaremos dela na outra vida sem mais véu, despojado da
fé, então, o ouro. Falando a este respeito, Davi diz assim:
"Se dormirdes entre os dois coros, as penas da pomba serão prateadas, e as pontas de suas asas serão cor de ouro"
(Sl 67,14). Com estas palavras, quero dizer: Se fecharmos
os olhos do entendimento às coisas superiores e inferiores
(que significa "dormir no meio"), ficaremos na fé, simbolizada na pomba cujas penas prateadas são as verdades que
nos ensina; pois, nesta vida, a fé nos propõe essas verdades
obscuras e encobertas, razão pela qual são aqui chamadas
semblantes prateados; no fim, porém, da fé, quando esta
se acabar pela clara visão de Deus, então ficará descoberta
a substância da fé, não mais revestida de prata, e sim da
cor de ouro. A fé, efetivamente, nos dá e comunica o próprio Deus, coberto, todavia, com prata de fé; mas nem por
isso deixa de no-lo dar verdadeiramente. É como quem nos
desse um vaso de ouro recoberto de prata, que, pelo fato

CANÇÃO XII

de estar prateado, não deixaria de ser o dom de um vaso de ouro. Assim, quando a Esposa, nos *Cantares,* desejava a posse do Amado, recebeu de Deus a promessa de que lha daria tanto quanto fosse possível nesta vida, dizendo ele: "Nós te faremos umas cadeias de ouro, marchetadas de prata" (Ct 1,10). Com isto prometia dar-se a ela encoberto pela fé. Dirigindo-se agora, pois, à fé, exclama a alma: Oh! se nesses teus semblantes prateados – que são os artigos já referidos – que cobrem o ouro dos divinos raios, isto é, dos olhos desejados, e acrescenta logo:

Formasses de repente
Os olhos desejados

5. Pelos olhos são simbolizadas, como já dissemos, as verdades divinas, e as irradiações de Deus, que, repetimos, nos são propostas nos artigos de fé sob forma velada e indeterminada. Como se dissesse: Oh! se essas verdades que confusa e obscuramente me ensinas, encobertas sob teus artigos de fé, acabasse de dar-me clara e determinadamente despojadas de véus, como pede o meu desejo! O motivo de chamar aqui olhos a estas verdades é a grande presença do Amado que sente a alma, pois parece que sempre a está olhando, e assim diz:

Que tenho nas entranhas debuxados!

6. Estão debuxados nas entranhas, isto é, na alma, segundo o entendimento e a vontade. De fato, é pela fé que são estas verdades infundidas na alma, segundo o entendimento. Como a notícia delas não é perfeita, diz que estão apenas debuxadas. O debuxo não é perfeita pintura: do mesmo modo, a notícia da fé não é perfeito conhecimento. Assim, as verdades que se infundem na alma pela fé estão como em debuxo; quando forem manifestadas em clara

650   CÂNTICO ESPIRITUAL

visão, estarão nela como em perfeita e acabada pintura, conforme a palavra do Apóstolo: "Quando vier o que é perfeito" – a clara visão – "acabar-se-á o que é parcial" – o conhecimento pela fé (1Cor 13,10).

7. Além deste debuxo da fé, há na alma que ama outro debuxo de amor, segundo a vontade. Aí se debuxa de tal maneira a figura do Amado, e tão conjunta e vivamente se retrata, quando há união de amor, que verdadeiramente é possível afirmar que o Amado vive no amante, e o amante no Amado; é tão perfeita a semelhança realizada pelo amor na transformação dos amados, que podemos dizer: cada um é o outro, e ambos são um só. Explica-se isto pela posse de si mesmo que um dá ao outro, na união e transformação de amor, na qual cada um se deixa e troca pelo outro; assim, cada um vive no outro, sendo um e outro, entre si, um só, por essa mesma transformação de amor. Isto quis dar a entender São Paulo quando disse: "Vivo eu, já não eu, mas Cristo é que vive em mim" (Gl 2,20). Em dizer: vivo eu, já não eu, mostrou que, embora ele vivesse, não era sua aquela vida, pois estava transformado em Cristo, e sua vida era mais divina que humana; donde acrescenta que não vivia mais ele, senão Cristo nele.

8. Segundo esta semelhança de transformação, podemos afirmar que a vida do Apóstolo e a vida de Cristo eram uma só e mesma vida, por união de amor. Esta realidade será perfeita no céu, em vida divina, naqueles que houverem merecido ver-se em Deus. Transformados em Deus, viverão vida de Deus, e não vida sua, embora seja sua própria vida porque a vida de Deus será vida sua. Verdadeiramente poderão dizer: vivemos nós, mas não vivemos nós, pois vive Deus em nós. Este estado é possível aqui na terra, como vemos que o foi em São Paulo; não, porém, de modo total e perfeito, mesmo na alma elevada a tão profunda transformação de amor como o matrimônio espiritual, que é o mais alto estado a que se pode chegar nesta vida. Enquanto es-

tamos aqui, toda união se pode chamar debuxo de amor, comparada àquela perfeita figura de transformação na glória. Quando se alcança, todavia, esse debuxo de transformação, nesta vida mortal, é imensa felicidade, porque nisso se contenta grandemente o Amado. No desejo de ver a Esposa guardá-lo assim, em forma de debuxo, em sua alma, disse-lhe o Esposo nos *Cantares*: "Põe-me como um selo sobre teu coração, como um selo sobre teu braço" (Ct 8,6). O coração significa a alma, na qual Deus permanece como selo, pelo debuxo da fé, aqui na terra, como ficou referido; o braço simboliza a vontade forte, em que ele está como selo pelo debuxo do amor, conforme também dissemos.

9. De tal maneira anda a alma nesse tempo, que não quero deixar de dizer algo sobre isso, embora em breves palavras, mesmo quando por palavras não se possa exprimir. A substância corporal e espiritual que a anima parece secar-se em extrema sede da fonte viva de Deus. Esta sede é semelhante à que sentia Davi quando disse: "Como o cervo deseja as fontes das águas, assim minha alma deseja a ti, Deus. Teve minha alma sede do Deus forte e vivo: quando virei e aparecerei diante da face de Deus?" (Sl 41,3). Fica a alma tão atormentada por esta sede, que nada lhe custaria atravessar pelo meio dos filisteus, como fizeram os guerreiros de Davi quando foram encher o vaso de água na cisterna de Belém, que figurava Cristo (1Cr 11,18). Dificuldades do mundo, fúrias dos demônios, penas infernais, tudo seria pouco para a alma sofrer, a troco de engolfar-se no abismo dessa fonte de amor. A este propósito se entendem as palavras dos *Cantares*: "Forte é a dileção como a morte, e dura é sua emulação como o inferno" (Ct 8,6). Na verdade não se pode crer quão veemente seja o desejo de possuir aquele bem, e a pena que a alma experimenta, ao ver que, em se aproximando para prová-lo, não lhe é concedido; porque é tanto maior o tormento e dor que se sente com a negação daquilo que se deseja, quanto mais de perto e mais à vista se percebe.

Falando de modo espiritual, a este respeito, disse Jó: "Antes que coma, suspiro; e como o ímpeto das águas é o rugido e bramido de minha alma" (Jó 3,24). Entende pela comida, a Deus, a quem a alma apetece; pois na mesma medida do apetite e conhecimento do manjar, é a pena que por ele sofre.

ANOTAÇÃO PARA A CANÇÃO SEGUINTE

1. A causa de padecer tanto a alma pelo desejo de Deus a este tempo é que vai chegando mais junto dele; consequentemente, vai sentindo mais o vazio de sua ausência, e sofrendo trevas muito espessas no interior, onde a purifica e seca o fogo espiritual, a fim de que, purificada, possa enfim unir-se com Deus. Enquanto não apraz ao mesmo Deus esclarecer a alma com algum raio de luz sobrenatural que o revele, ela só o percebe como intolerável treva; porque, estando o Senhor espiritualmente muito perto, a luz divina obscurece a luz natural com seu excesso. Tudo isto exprimiu bem Davi nestas palavras: "Nuvens e escuridão estão ao redor dele... o fogo irá diante dele" (Sl 96,2). Noutro Salmo diz: "Ocultou-se nas trevas como em seu pavilhão, e o seu tabernáculo em redor de si é como água tenebrosa nas nuvens do ar. Diante do resplendor de sua presença há nuvens, granizo e carvões em brasa" (Sl 17,12-13). Assim o sente a alma, ao aproximar-se de Deus, e quanto mais perto chega, com maior força experimenta tudo isso, até que o Senhor a faça penetrar em seus divinos resplendores por transformação de amor. Entrementes, está a alma, sempre como Jó, dizendo: "Quem me dera saber encontrar Deus, e chegar até ao seu trono" (Jó 23,3). O Senhor, todavia, em sua imensa piedade, alterna, na alma, trevas e vazios, com regalos e consolações; porque, assim como são as suas trevas, assim também é a sua luz (Sl 138,12). Com o fim de exaltar e glorificar seus escolhidos, é que Deus os hu-

milha e aflige. Deste modo, enviou ele à alma, em meio aos sofrimentos, certos raios divinos de si mesmo, com tanta glória e força de amor, que a comoveram inteiramente, e toda a natureza se lhe desconjuntou. Então, naturalmente amedrontada, cheia de grande pavor, dirige ao Amado as primeiras palavras da canção seguinte que ele prossegue depois até o fim.

Canção XIII

Aparta-os, meu Amado,
Que eu alço o voo.

ESPOSO

Oh! volve-te, columba,
Que o cervo vulnerado
No alto do outeiro assoma,
Ao sopro de teu voo, e fresco toma.

EXPLICAÇÃO

2. Nos grandes desejos e fervores de amor que manifestou a alma nas canções antecedentes, costuma o Amado visitar a Esposa, de modo casto, delicado e amoroso, com grande força de amor. Ordinariamente, na proporção em que foram grandes os fervores e ânsias de amor na alma, soem ser também extremos os favores e visitas de Deus. Vimos como esta alma com tantos anseios desejou contemplar os olhos divinos que descreveu na canção passada; e assim o Amado, satisfazendo esses desejos, descobriu-lhe agora alguns raios de sua grandeza e divindade. Foram tão sublimes, e com tanta força comunicados, que a fizeram sair de si por arroubamento e êxtase. E, como no princípio, costuma isso acontecer com grande prejuízo e temor da na-

tureza, não podendo a alma sofrer tal excesso em corpo tão fraco, diz nesta canção: Aparta-os, meu Amado. Querendo significar: aparta de mim estes teus olhos divinos, porque me fazem voar, e sair de mim mesma à suma contemplação, acima de minha capacidade natural. Assim disse, por lhe parecer que o espírito alçava o voo do corpo, conforme seu desejo. Pede ao Amado que aparte os olhos, isto é, não lhe comunique seus divinos favores estando a alma presa ao corpo, pois não seria capaz de os gozar à vontade; mas que os conceda naquele voo fora da carne. Em vez de satisfazer o desejo da amada, o Esposo apressou-se em impedi-lo e em cortar-lhe o voo, dizendo: Volve-te, columba, porque a comunicação recebida de mim agora não é ainda gloriosa como pretendes. Volve-te a mim, pois sou eu o Esposo a quem buscas, chagada de amor. Também eu, qual cervo ferido de teu amor, começo a mostrar-me a ti em tua alta contemplação, tomando alívio e refrigério no amor dessa tua contemplação. Diz, portanto, a alma ao Esposo:

Aparta-os, meu Amado

3. Conforme já dissemos, a alma inflamada em grandes desejos de contemplar a Divindade do Esposo, simbolizada nesses olhos divinos, recebeu dele interiormente tão subli-me comunicação e notícia que chegou a exclamar: Aparta-os, meu Amado. Ó miséria imensa de nossa natureza aqui na terra! Aquilo que a alma deseja com mais veemên-cia, sendo para ela vida mais abundante – a comunicação e conhecimento de seu amado –, quando lhe é concedido, não o pode receber sem que lhe custe quase a vida. De sorte que esses mesmos olhos, procurados com tão grande solicitude e ânsia, usando de tantas diligências para os alcançar, quan-do os recebe vê-se obrigada a dizer: aparta-os, meu Amado.

4. Por vezes é tão grande o tormento sentido pela alma em semelhantes visitas de arroubamentos que não há outro que cause tão forte desconjuntamento dos ossos, e ponha

em tanto aperto a natureza. E o faz de tal maneira que, se Deus não providenciasse, acabar-se-lhe-ia a vida. Na verdade, assim o experimenta quem passa por isto; pois sente como se a alma fosse desprendida da carne, e desamparasse o corpo. A razão é não ser possível receber semelhantes mercês, estando a alma presa ainda ao corpo. O espírito humano é elevado a comunicar-se com o Espírito Divino que a ele vem; logo, forçosamente há de desamparar, de certo modo, a carne. Donde padece o corpo e, consequentemente, também a alma no mesmo corpo, pela unidade que têm ambos numa só pessoa. O grande tormento, pois, que sente a alma na ocasião de visitas dessa espécie, e o extremo pavor que causa essa comunicação por via sobrenatural, levam-na a dizer: Aparta-os, meu Amado.

5. Pelo fato de pedir a alma que os aparte, não se há de entender que ela deseje o afastamento dos olhos divinos. Esse pedido provém apenas do temor natural, como já explicamos. Assim, embora lhe custasse muito mais, não quereria perder essas visitas e mercês do Amado, pois, ainda que o natural padeça, o espírito voa ao recolhimento sobrenatural e aí goza do espírito do Amado, conforme deseja e pede a mesma alma. Não quisera, porém, receber tais graças estando no corpo onde não pode recebê-las com plenitude, mas só aos pouquinhos e com sofrimento. Com o voo do espírito fora da carne é que deseja receber as comunicações divinas, podendo então delas gozar livremente. Por isto disse: "Aparta-os, meu Amado", isto é, não me mostres esses olhos, estando minha alma presa ainda ao corpo,

Que eu alço o voo

6. Como se dissera: eu alço o voo, saindo da carne, para que mos comuniques fora dela, pois são eles que me fazem voar fora da carne. Para melhor entender qual seja esse voo, é preciso notar como na visita do Espírito divino, o

espírito humano é arrebatado com grande força a comunicar-se com esse Espírito de Deus. Aniquila as forças do corpo, deixando a alma de sentir e de ter nele suas ações, porque as tem agora em Deus. Foi assim que São Paulo pôde dizer, a respeito daquele seu arroubamento, que não sabia se o tivera, estando no corpo ou fora do corpo (2Cor 12,2). Não quer isto significar que a alma destrói e desampara o corpo quanto à vida natural, mas somente deixa de ter nele seu agir. Por isso o corpo perde os sentidos nestes raptos e voos do espírito, e mesmo se lhe causassem grandíssimas dores, não as sentiria. Não é como em outros paroxismos e desmaios naturais, que cessam com a força de uma dor. Experimentam tais sentimentos, nas visitas de Deus, as almas que andam em via de progresso, mas não atingiram ainda o estado de perfeição; porque em chegando a este, as comunicações divinas se fazem na paz e suavidade do amor, cessando os arroubamentos que eram concedidos para dispor a alma à perfeita união.

7. Seria aqui lugar conveniente para tratar das diferentes espécies de êxtases, arroubamentos e sutis voos de espírito, que às almas soem acontecer. Como, porém, meu intento não é outro senão explicar brevemente estas canções, conforme prometi no prólogo, ficarão tais assuntos para quem melhor do que eu saiba tratá-los. Além disso, a bem-aventurada Teresa de Jesus, nossa Madre, deixou admiráveis escritos sobre estas coisas de espírito, e, espero em Deus, muito brevemente sairão impressos. Quando, pois, a alma fala aqui do voo, devemos entender que se refere ao arroubamento ou êxtase do espírito a Deus. E logo o Amado lhe diz:

Oh! volve-te, columba

8. De muito boa vontade se ia a alma fora do corpo naquele voo espiritual; julgava que a sua vida havia já chegado ao fim, e poderia então gozar com seu Esposo para sempre,

contemplando-o face a face. Eis, porém, o próprio Esposo a deter-lhe o passo, dizendo: Volve-te, columba. Como se dissera: Ó columba, no voo alto e ligeiro que tomas em contemplação, no amor em que te abrasas, e na simplicidade com que te elevas (estas são as três qualidades da pomba), volve-te, desce desse voo sublime no qual pretendes chegar a possuir-me deveras. Não é ainda chegado o tempo de tão alto conhecimento. Contenta-te agora com este mais baixo que te comunico neste teu arroubo de amor, e é:

Que o cervo vulnerado

9. Compara-se o Esposo ao cervo, dando este nome a si mesmo. Sabemos que é próprio do cervo subir aos montes mais altos e, quando está ferido, vai com grande pressa buscar alívio nas águas frias; e, se ouve a companheira gemer e percebe que está ferida, logo se junta a ela, afagando-a com suas carícias. Assim faz aqui o Esposo: vendo a Esposa ferida do seu divino amor, acorre ao gemido dela, ferido ele também de amor por sua amada. Entre os que se amam, a ferida de um é de ambos, e o mesmo sentimento têm os dois. É como se o Esposo dissesse: Volve-te, Esposa minha, volve-te a mim, porque se estás chagada pelo meu amor, também eu, como cervo, venho a ti, chagado por tua chaga, e, igualmente como cervo, assomo nas alturas. Por isto prossegue:

No alto do outeiro assoma

10. Quer dizer, pela altura da contemplação que tens nesse voo. Na verdade é a contemplação um lugar elevado, onde Deus começa a comunicar-se à alma nesta vida, revelando-se a ela; mas não acaba de se revelar totalmente. Eis por que o Esposo não diz que se mostra de modo definitivo, e sim que assoma; pois os mais sublimes conhecimentos de Deus, concedidos à alma aqui na terra,

CÂNTICO ESPIRITUAL

são apenas longínquos assomos. Daí vem a terceira propriedade do cervo, conforme vimos explicando, a qual se exprime no verso seguinte:

Ao sopro do teu voo, e fresco toma

11. Pelo voo se entende a contemplação que a alma goza no êxtase já referido, e pelo sopro é simbolizado o espírito de amor causado na alma pelo mesmo voo de contemplação. Com muito acerto é dado aqui o nome de sopro ao amor causado pelo voo, pois o Espírito Santo, que é amor, também se compara ao sopro na Sagrada Escritura, por ser a expiração do Pai e do Filho. E assim como em Deus, é o amor esse sopro de voo que procede da contemplação e sabedoria do Pai e do Filho, por via de expiração, assim de modo análogo o Esposo dá o nome de sopro ao amor que abrasa a Esposa, pois procede da contemplação e conhecimento que recebe então de Deus. Notemos como não diz o Esposo, nesta passagem, que vem atraído pelo voo, mas pelo sopro do voo. Deus, com efeito, não se comunica à alma propriamente pelo voo que simboliza, conforme dissemos, o conhecimento de Deus; mas sim pelo amor desse conhecimento. O amor é a união do Pai e do Filho: e assim é a união da alma com Deus. Tenha muito embora a alma altíssimas notícias divinas, e a mais elevada contemplação, e a ciência de todos os mistérios, se lhe faltar amor, de nada lhe servirá para unir-se a Deus, como afirma São Paulo (1Cor 13,2). O mesmo Apóstolo também diz: "Tende caridade, que é o vínculo da perfeição" (Cl 3,14). Esta caridade e amor da alma provoca o Esposo a vir correndo para beber nesta fonte de amor de sua Esposa, bem como as águas frescas atraem o cervo sedento e chagado a buscar nelas alívio. Por isto, continua: E fresco toma.

12. A brisa refresca e dá alívio a quem está fatigado pelo calor; de modo semelhante, este sopro de amor refrigera e consola a alma abrasada em fogo de amor. Este fogo amo-

CANÇÃO XIII

roso tem a peculiaridade de inflamar-se mais ainda com o próprio sopro que refresca e ameniza; porque no amante é o amor uma chama que arde com o desejo de crescer sempre mais, como acontece à chama de fogo natural. A realização, pois, desse apetite de abrasamento cada vez maior no fervor do amor de sua Esposa, – que é o sopro do voo da alma – o Esposo traduz pelas palavras: tomar fresco. Como se dissesse: Com o ardor de teu voo, mais se abrasa, porque um amor inflama outro amor. Daqui podemos inferir que Deus só põe sua graça e dileção numa alma, na medida da vontade e amor da mesma alma. Isto há de procurar o bom enamorado que jamais lhe falte, pois é o meio de mover mais a Deus, se assim podemos falar, para que lhe tenha maior amor e se regale mais em sua alma. A fim de seguir neste caminho da caridade, é preciso exercitar-se nas características dela, descritas pelo Apóstolo nestes termos: "A caridade é paciente, é benigna, não é invejosa, não age mal, não se ensoberbece, não é ambiciosa, não busca suas coisas, não se altera, não julga mal, não se alegra com a maldade, e se goza na verdade; sofre tudo quanto tem a sofrer; crê todas as coisas que se devem crer, espera tudo, e suporta tudo quanto convém à caridade" (1Cor 13,4-7).

ANOTAÇÃO E ARGUMENTO DAS DUAS CANÇÕES SEGUINTES

1. Andava esta pombinha da alma a voar pelos ares do amor, sobre as águas do dilúvio de suas amorosas fadigas e ânsias, manifestadas até agora; e não achava onde pousar o pé. Afinal, neste último voo de que falamos, estendeu o piedoso pai Noé a mão de sua misericórdia, recolhendo-a na arca de sua caridade e amor. Isto aconteceu no momento em que, na canção anterior, já explicada, o Esposo disse: Volve-te, columba. Nesse recolhimento, achando a alma tudo quanto desejava, e muito mais do que se pode expri-

660 CÂNTICO ESPIRITUAL

mir, começa a entoar louvores a seu Amado; refere as grandezas que sente e goza nele, em tal união, pelos termos das duas seguintes canções:

ESPOSA

Canções XIV e XV
No Amado acho as montanhas,
Os vales solitários, nemorosos,
As ilhas mais estranhas,
Os rios rumorosos,
E o sussurro dos ares amorosos;

A noite sossegada,
Quase aos levantes do raiar da aurora;
A música calada,
A solidão sonora,
A ceia que recreia e que enamora.

ANOTAÇÃO

2. Antes de entrarmos na explicação destas canções, é necessário observar – para maior inteligência delas e das que vêm depois – que, neste voo espiritual já descrito, se revela um alto estado e união de amor, ao qual Deus costuma elevar a alma, após muito exercício espiritual, e que chamam desposório espiritual com o Verbo, Filho de Deus. No princípio, quando isto se realiza pela primeira vez, o Senhor comunica à alma grandes coisas de si, aformoseando-a com grandeza e majestade; orna-a de dons e virtudes; reveste-a do conhecimento e honra de Deus, bem como a uma noiva no dia de seu desposório. Neste ditoso dia cessam de uma vez à alma as veementes ânsias e querelas de amor que tinha até aqui; doravante, adornada dos bens já mencionados, começa a viver num estado de paz, deleite e suavidade de amor, tal como é expresso nas presentes

CANÇÃO XIV   661

canções. Nelas, não faz outra coisa senão contar e cantar as magnificências de seu Amado, conhecidas e gozadas nessa união do desposório. Assim, nas demais canções já não fala de penas e ânsias, como fazia anteriormente, mas só trata da comunicação e exercício de amor suave e pacífico, com seu Amado, porque neste novo estado tudo aquilo fenece. Convém notar como, nestas duas canções, está descrito o máximo de graças que Deus sói comunicar à alma por este tempo. Não se há de entender, porém, que o faça na mesma medida e igualmente a todas as almas aqui chegadas, nem de modo idêntico ao conhecimento e sentimento que lhes concede. A algumas dá mais, a outras menos; a umas de um modo, e a outras de outro, embora todas as diversidades e medidas possam existir neste estado de desposório espiritual. Aqui se põe, todavia, o máximo possível, porque, assim, nele fica tudo compreendido. Segue-se a explicação.

EXPLICAÇÃO DAS DUAS CANÇÕES

3. Notemos que na arca de Noé havia muitas mansões para numerosas espécies de animais, e todos os manjares necessários à sua alimentação, conforme diz a Sagrada Escritura (Gn 6,19-21). Assim também nesse voo que faz até a divina Arca do Peito de Deus, a alma vê claramente as muitas moradas que Sua Majestade afirmou existirem na casa de seu Pai, como lemos no Evangelho de São João (Jo 14,2). E, mais ainda, percebe e conhece ali todos os manjares, isto é, todas as grandezas que a mesma alma pode gozar, as quais estão contidas nessas duas sobreditas canções, e significadas naqueles vocábulos comuns. Em substância, são elas as seguintes.

4. A alma vê e goza, nesta divina união, uma grande fartura de riquezas inestimáveis, achando aí todo o descanso e recreação que deseja. Entende estranhos segredos e peregrinas notícias de Deus – o que é outro manjar dos mais

662 CÂNTICO ESPIRITUAL

saborosos. Sente haver nele tão terrível poder e força, que vence toda outra força e poder. Goza também ali admirável suavidade e deleite de espírito, com verdadeira quietude e luz divina, e ao mesmo tempo lhe é dada a experiência sublime da sabedoria de Deus que brilha na harmonia das criaturas e das ações do Criador. Sente-se cheia de bens; vazia e alheia de males; sobretudo, entende e saboreia inestimável refeição de amor que a confirma no amor. Esta é, pois, a substância do que se contém nas duas canções referidas.

5. Nelas diz a Esposa que é o Amado todas estas coisas criadas, em si mesmo e para ela mesma; porque, ordinariamente, a comunicação que Deus costuma fazer à alma, em semelhantes excessos, leva-a a experimentar a verdade das palavras de São Francisco: "Meu Deus e meu tudo". Donde, por ser ele o tudo da alma, e encerrar em si o bem que há em todas as coisas, é expressa aqui esta comunicação desse arroubamento, pela semelhança da bondade e das coisas criadas, as quais são referidas nas presentes canções, conforme iremos declarando em cada verso. Havemos de entender que tudo quanto agora se declara, está eminentemente contido em Deus, de modo infinito, ou, para melhor dizer, cada uma destas grandezas que se atribuem a Deus, e todas elas em conjunto, são o próprio Deus. E como a alma, neste estado, se une com ele, tem o sentimento de que todas as coisas são Deus. Assim o experimentou São João quando disse: "O que foi feito nele era vida" (Jo 1,4). Não se há de pensar, portanto, que a alma, ao traduzir seu sentimento, vê as coisas à luz de Deus, ou conhece as criaturas nele, mas que, naquela posse divina, sente que Deus para ela é todas as coisas. Muito menos se deve imaginar que a alma, por sentir tão altamente de Deus nas mercês referidas, vê a ele claramente em sua divina essência. Trata-se tão somente de uma forte e abundante comunicação, com certo vislumbre do que Deus é em si mesmo, e em que a alma experimenta esta bondade das coisas, a declarar-se nos seguintes versos, a saber:

CANÇÃO XIV

No Amado acho as montanhas

6. As montanhas têm altura, são fartas, largas e formosas, cheias de encantos, com flores perfumadas. O Amado é, pois, para mim, essas montanhas.

Os vales solitários, nemorosos

7. Os vales solitários são quietos, amenos, frescos; dão sombra, e estão cheios de doces águas; com a variedade de seus arvoredos e o suave canto das aves proporcionam alegria e deleite ao sentido; com a sua solidão e silêncio, oferecem refrigério e descanso. Esses vales, eis o que é meu Amado para mim.

As ilhas mais estranhas

8. As ilhas estranhas estão cercadas pelo mar e além dos mares, muito apartadas e remotas da comunicação humana; assim, nelas nascem e crescem coisas muito diversas das que há por aqui, com outras maneiras estranhas, e virtudes nunca vistas pelos homens, causando grande novidade e admiração a quem as vê. Por esta razão, em vista das imensas e admiráveis novidades e peregrinas notícias que a alma encontra em Deus, muito afastadas do conhecimento ordinário, denomina-as de "ilhas mais estranhas". Chama-se "estranho" a alguém, por um destes dois motivos: ou porque está retirado à parte, longe dos outros homens, ou por ser excelente e singular entre eles, com seus feitos e obras. Por ambos os motivos a alma dá a Deus aqui o nome de estranho; porque, não somente encerra toda a estranheza de ilhas nunca vistas, como também são suas vias, obras e conselhos, muito estranhos, novos e admiráveis para os homens. Não é maravilha que Deus seja estranho aos homens que nunca o viram, pois também o é para os anjos e santos que o contemplam. Na verdade, jamais acabam ou acabarão de vê-lo; até o último dia, o do juízo, vão desco-

brindo nele tantas novidades a respeito dos seus profundos juízos, e das obras de misericórdia e justiça, que sempre lhes causa nova admiração e cada vez mais se maravilham. Donde, não somente os homens, mas também os anjos, podem chamar a Deus "ilhas estranhas"; só para si mesmo não é ele estranho, nem tampouco para si é novo.

Os rios rumorosos

9. Os rios têm três propriedades. Primeiramente, tudo quanto encontram em sua passagem arrebatam e submergem. Em segundo lugar enchem todos os baixios e vazios que se apresentam diante deles. Em terceiro, fazem tal rumor, que todo outro barulho impedem e dominam. Nesta comunicação de Deus, que vamos descrevendo, sente a alma nele essas três propriedades, de modo saborosíssimo, e por isto diz que seu Amado é, para ela, rios rumorosos. Quanto à primeira propriedade, experimentada pela alma, convém saber que de tal maneira se vê investida pela torrente do espírito de Deus, nessa união, e com tanta força o sente apoderar-se dela, que lhe parece transbordarem sobre ela todos os rios do mundo. É como se todos eles a arrebatassem, e se submergissem ali todas as ações e paixões que antes tinha em si mesma. E, por ser esta comunicação divina tão forte, nem por isto se há de julgar que causa tormento; porque estes são os rios de paz, conforme significa o Senhor por Isaías, falando dessa investida dele à alma: "Eis que eu farei correr sobre ela como que um rio de paz e como uma torrente que inunda de glória" (Is 66,12). Quer dizer que ele investirá a alma como rio de paz, e como torrente que vai redundando glória. Esta investida divina, feita pelo Senhor à alma, como rios rumorosos, a enche de paz e glória. A segunda propriedade, sentida pela alma, é encher esta água divina os baixios de sua humildade e cumular os vazios de seus apetites, segundo a palavra de São Lucas: "Elevou os humildes. Aos famintos encheu

CANÇÃO XIV

de bens" (Lc 1,52). A terceira propriedade que a alma experimenta, nesses rumorosos rios de seu Amado, é um ruído e voz espiritual acima de todos os sons e ressonâncias, porque esta voz abafa toda outra voz, e seu som excede todos os outros sons do mundo. Na explicação de como seja isto, havemos de nos deter algum tanto.

10. Esta voz, ou ressonante ruído, desses rios, a que se refere aqui a alma, é uma plenitude tão abundante que a cumula de bens; um poder tão vigoroso a possui, que não somente lhe soa como rumor de rios, mas se assemelha a fortíssimos trovões. É, porém, voz espiritual, não encerra ruídos materiais, com o que eles têm de desagradável ou molesto. Ao contrário, traz consigo grandeza, força, poder, deleite e glória. E, assim, repercute como voz e som imenso no interior da alma, revestindo-a de poder e fortaleza. Esta voz e som espiritual ressoou no espírito dos apóstolos, quando o Espírito Santo como impetuosa torrente desceu sobre eles, conforme lemos nos *Atos dos Apóstolos* (At 2,2). Para que se entendesse a voz espiritual que neles operava interiormente, ressoou aquele estrondo exterior, como de vento impetuoso, de modo a ser ouvido por todos quantos estavam em Jerusalém; e assim esse som percebido de fora era, como dissemos, sinal do que recebiam os apóstolos dentro da alma, enchendo-os de poder e fortaleza. Refere também o apóstolo São João que, ao rogar o Senhor Jesus ao Pai, em meio à aflição e angústia causada pelos seus inimigos, ouviu-se uma voz saindo do interior do céu, confortando-o em sua humanidade; e os judeus ali presentes ouviram um estrondo tão forte e veemente que diziam uns aos outros; é um trovão. E alguns mais achavam que havia falado a Jesus um anjo do céu (Jo 12,28). Aquela voz que se ouvia fora significava e revelava a força e o poder de que era investida interiormente a santa humanidade de Cristo. Daí não devemos concluir, entretanto, que a alma não perceba em seu íntimo a ressonância da voz espiritual. É

preciso advertir o seguinte: esta voz espiritual indica o efeito produzido por ela na alma, assim como uma voz corporal deixa seu som no ouvido, ao mesmo tempo que é entendida pelo espírito quanto à sua significação. Isto quis significar Davi ao dizer: "Eis que dará à sua voz, voz de virtude" (Sl 67,34). Essa virtude é a voz interior; porque, dizendo Davi que dará à sua voz, voz de virtude, é como se dissesse: à voz exterior que se ouve fora, dará ele voz poderosa que se perceba dentro. Convém, portanto, saber que Deus é voz infinita, e em sua comunicação à alma, do modo que ficou dito, produz efeito de imensa voz.

11. São João refere, no *Apocalipse,* ter ouvido essa voz, dizendo: "E ouvi uma voz do céu, como o rumor de muitas águas e como o estrondo de um grande trovão" (Ap 14,2). E para que ninguém suponha ser tal voz penosa e áspera, pelo fato de ser tão forte, acrescenta logo o apóstolo que era tão suave como "a voz de tocadores de cítara que tocavam suas cítaras" (Ap 14,2). Diz Ezequiel, por sua parte, que esse ruído, semelhante ao de muitas águas, era como a voz do Deus altíssimo (Ez 1,24), isto é, de modo sumamente elevado e suave comunicava-se a ele. Essa voz é infinita, porque, já o explicamos, é o mesmo Deus que se comunica, fazendo-se ouvir à alma; adapta-se, todavia, a cada uma, dando sua força conforme a capacidade dela, causando-lhe grande deleite e grandeza. Por isto exclamou a Esposa nos *Cantares:* "Ressoe a tua voz aos meus ouvidos, porque a tua voz é doce" (Ct 2,14). Segue-se o verso:

E o sussurro dos ares amorosos

12. Duas coisas diz a alma neste verso: "ares" e "sussurro". Pelos ares amorosos se entendem aqui as virtudes e graças do Amado, as quais, mediante a dita união união do Esposo, investem a alma, e a ela se comunicam com imenso amor, tocando-lhe a própria substância. O sibilar desses

CANÇÃO XIV

ares significa uma elevadíssima e saborosíssima inteligência de Deus e de suas virtudes, a qual deriva ao entendimento, proveniente do toque feito na substância da alma por essas virtudes de Deus; é esse o mais subido gozo que há em todas as mercês recebidas pela alma neste estado.

13. Para melhor compreendê-lo, convém fazer aqui uma observação: assim como na brisa se sentem duas coisas, o toque e o som ou murmúrio, assim também, nesta comunicação do Esposo, a alma percebe outras duas coisas que são o sentimento de deleite e a compreensão dele. O perpassar da brisa é experimentado pelo sentido do tato, enquanto o sussurro do vento é escutado pelo ouvido; de modo análogo, o toque das virtudes do Amado é percebido e saboreado pelo tato da alma, que significa aqui a substância dela; e a compreensão das mesmas virtudes de Deus é produzida no ouvido da alma, ou seja, no entendimento. Além disso, notemos que a alma sente esse ar amoroso, quando ele a toca deleitosamente, satisfazendo o apetite com que ela desejava tal refrigério; pois o sentido do tato recebe satisfação e gosto com esse toque. Ao mesmo tempo, com este regalo do tato, sente o ouvido grande consolo e prazer no sopro da brisa, e de modo muito superior ao que sente o tato com a viração do ar; porque o ouvido é mais espiritual, em sua percepção do som, ou, dizendo melhor, aproxima-se mais, em comparação do tato, do que é espiritual, e assim o deleite produzido nele é mais elevado do que aquele causado no tato.

14. Do mesmo modo acontece à alma aqui. Esse toque divino lhe causa profunda satisfação, regalando-a em sua íntima substância; farta suavemente o apetite da alma que aspirava a chegar a tal união. Por esse motivo, ele dá o nome de ares amorosos a esses toques de união divina. De fato, como já dissemos, as virtudes do Amado lhe vão sendo comunicadas amorosa e docemente, nesse toque. Daí

se deriva no entendimento o sussurro da inteligência. A alma o denomina sussurro porque, à maneira do sussurro natural da brisa, que entra agudamente no pequeno orifício do ouvido, assim também esta sutilíssima e delicada compreensão de Deus penetra, com admirável deleite e sabor, na íntima substância da alma, e esse deleite é incomparavelmente maior do que os outros. A razão disso é ser então concedida à alma uma comunicação de substância apreendida e despojada de acidentes e imagens; é produzida no entendimento passivo ou possível, como chamam os filósofos, porque passivamente, sem que o mesmo entendimento coopere, lhe é comunicada. Está nisto o principal deleite da alma, porquanto o entendimento é sede da fruição, a qual, segundo os teólogos, é a própria visão de Deus. Interpretando esse sussurro como a compreensão substancial da Divindade, pensam alguns teólogos que viu nosso Pai Santo Elias a Deus naquele sussurro delicado da brisa, percebido pelo Profeta à entrada da cova (1Rs 19,12). A Sagrada Escritura chama-lhe "sopro de uma branda viração" porque, da sutil e delicada comunicação recebida no espírito, procedia a compreensão no entendimento. Aqui a alma o denomina sussurro dos ares amorosos, pelo fato de a amorosa comunicação das virtudes do Amado redundar no entendimento; e por esta razão o chama sussurro dos ares amorosos.

15. Esse divino sussurro que penetra no ouvido da alma não é somente a substância percebida, como dissemos, mas ainda manifestação de verdades da Divindade, e revelação de seus ocultos segredos. Com efeito, quando, ordinariamente, a Sagrada Escritura relata alguma comunicação divina, dizendo que foi dada por meio do ouvido, trata-se de manifestação destas verdades puras ao entendimento, ou revelação de segredos de Deus. São revelações ou visões puramente espirituais, dadas exclusivamente à alma, sem cooperação ou ajuda dos sentidos; e, assim, tais comuni-

CANÇÃO XIV

cações feitas desse modo, por meio do ouvido, são muito elevadas e verdadeiras. Por isto, São Paulo, querendo demonstrar a sublimidade da revelação por ele recebida, não disse que viu ou gozou, mas sim, "ouviu palavras secretas que não é lícito ao homem dizer" (2Cor 12,4). Daí vem a crença de que o Apóstolo viu a Deus, do mesmo modo que nosso Pai Santo Elias no sussurro. Assim como o mesmo São Paulo afirma que a fé entra pelo ouvido corporal, assim também aquilo que nos é dito pela fé, a saber, a substância da verdade compreendida, entra pelo ouvido espiritual. Foi o que quis significar o profeta Jó, quando, ao receber uma revelação de Deus, falou a ele nestes termos: "Eu te ouvi com o ouvir de meu ouvido, mas agora te vê meu olho" (Jó 42,5). Palavras estas que nos mostram claramente como ouvir a Deus com o ouvido da alma é o mesmo que o ver com o olho do entendimento passivo de que falamos. Eis por que não disse Jó: eu te ouvi com o ouvir de meus ouvidos, mas de meu ouvido; nem disse: eu te vi com meus olhos, mas com meu olho, que é o entendimento; logo, esse ouvir da alma é ver com o entendimento.

16. Não se há de pensar, no entanto, que esse conhecimento substancial, despojado de acidentes, recebido pela alma conforme o descrevemos, seja perfeita e clara fruição de Deus, como no céu. Despojada muito embora de acidentes, não é visão clara senão obscura, por ser contemplação, a qual, aqui na terra, como diz São Dionísio, é raio de treva. Podemos dizer, sim, que é um raio, ou uma imagem, da fruição divina, porquanto é concedida ao entendimento, onde reside a mesma fruição. Esta substância compreendida, a que a alma aqui denomina sussurro, é o mesmo que aqueles olhos desejados, os quais se descobriram à alma, na revelação de seu Amado; e não os podendo sofrer o sentido, a mesma alma exclamou: aparta-os, meu Amado.

17. Vem aqui muito a propósito, a meu parecer, uma autoridade de Jó, que confirma grande parte do que expliquei

sobre esse arroubamento e desposório. Quero, portanto, referi-la aqui, embora seja preciso deter-me algo mais; e irei declarando os trechos dela que se relacionam com o nosso propósito. Primeiro citarei toda a passagem em latim e logo depois em língua vulgar[1], para então desenvolver brevemente o que convém ao assunto. Em seguida prosseguirei na explicação dos versos da outra canção. Diz, com efeito, Elifaz Temanites, no livro de Jó: "Mas a mim se me disse uma palavra em segredo e os meus ouvidos, como às furtadelas, perceberam as veias do seu sussurro. No horror duma visão noturna, quando o sono costuma apoderar-se dos homens, assaltou-me o medo e o tremor, e todos os meus ossos estremeceram. E ao passar diante de mim um espírito, encolheram-se as peles de minha carne. Pôs-se diante de mim alguém cujo rosto eu não conhecia, um vulto diante dos meus olhos, e ouvi uma voz como de branda viração" (Jó 4,12-16). Esta passagem contém quase tudo o que vimos dizendo até chegar a esse arroubamento, desde o verso da Canção XII: "Aparta-os, meu Amado". Nas palavras em que Elifaz Temanites refere como lhe foi dita uma palavra escondida, se compreende aquele segredo comunicado à alma, de tão excessiva grandeza que ela não o pôde sofrer, e exclamou: Aparta-os, meu Amado.

18. Em dizer que recebeu seu ouvido as veias do sussurro, como às furtadelas, significa a substância despojada de acidentes que recebe o entendimento, conforme explicamos. A palavra "veias" denota aqui a substância íntima; e o "sussurro", a comunicação e toque de virtudes donde se deriva ao entendimento a mencionada substância. Bem o denomina a alma "sussurro", para indicar a suavidade intensa de tal comunicação, do mesmo modo que a chamou também "ares amorosos", por lhe ter sido dada amorosamente. Diz ainda que a recebeu "como às furtadelas", porque, assim como aquilo que se furta é alheio, assim também aquele

---

1. Nesta versão foi omitida a passagem em latim.

segredo, naturalmente falando, não pertencia ao homem, uma vez que recebeu o que não lhe era natural. Por esta razão, não lhe era lícito recebê-lo, como a São Paulo não era igualmente lícito revelar o seu segredo. Donde um outro profeta afirma duas vezes: "Meu segredo para mim" (Is 24,16). E ao dizer Jó: "No horror da visão noturna, quando o sono costuma apoderar-se dos homens, assaltou-me o medo e o pavor", dá a entender o temor e tremor sentido naturalmente pela alma naquela comunicação de arroubamento que, como explicamos, não pode sofrer a natureza humana, sendo tão excessiva a comunicação do espírito de Deus. Nas palavras do Profeta podemos compreender o seguinte. Assim como de ordinário, no tempo em que os homens adormecem, lhes sucede oprimir e atemorizar uma visão que se chama pesadelo, a qual lhes vem entre o sono e a vigília, isto é, no momento em que começa a chegar o sono, assim também, por ocasião desta passagem espiritual, entre o sono da ignorância natural e a vigília do conhecimento sobrenatural – que é o princípio do arroubamento ou êxtase –, sentem as almas temor e tremor com essa visão espiritual que lhes é então comunicada.

19. Acrescenta mais ainda: "Todos os meus ossos estremeceram", ou se assombraram. É como se dissesse: comoveram-se, ou se desconjuntaram, saindo todos de seus lugares. Isto significa o grande desconjuntamento dos ossos sofrido então, neste tempo, conforme dissemos. É o que exprime muito bem Daniel, quando exclamou, ao ver o anjo: "Senhor, com a tua vista, relaxaram-se as minhas juntas" (Dn 10,16). Continua a dizer a aludida passagem do livro de Jó: "Como o espírito passasse em minha presença" – isto é, quando era transportado meu espírito além dos limites e vias naturais, no arroubamento já mencionado –, "encolheram-se as peles de minha carne"; aqui é dado a entender o que dissemos do corpo que, nesse arroubamento, fica gelado e hirto, à semelhança de um cadáver.

672 CÂNTICO ESPIRITUAL

20. Logo prossegue: "Pôs-se diante de mim alguém cujo rosto me era desconhecido, e diante de meus olhos, um vulto". Em dizer "alguém", refere-se a Deus que se comunicava à alma da maneira já explicada. Dizendo que não conhecia seu rosto, significa como, em tal visão e comunicação divina, embora altíssima, não se conhece nem vê a face e essência de Deus. Diz, contudo, que percebia um vulto diante dos olhos: aquela inteligência de uma palavra escondida era tão elevada que lhe parecia ser a imagem e rastro de Deus; não era, contudo, a visão essencial de Deus.

21. Conclui, enfim, com estas palavras: "Ouvi uma voz como de branda viração". Aqui entende aquele "sussurro dos ares amorosos", que, no dizer da alma, é para ela o seu Amado. Não havemos de pensar que essas visitas de Deus são sempre acompanhadas de temores e desfalecimentos naturais. Só acontece assim aos que começam a entrar no estado de iluminação e perfeição, quando recebem esta espécie de comunicação divina; porque, a outras almas, isto sucede, antes, pelo contrário, com grande suavidade. Prossegue-se a explicação:

A noite sossegada

22. Durante esse sono espiritual que a alma dorme no peito de seu Amado, possui e goza todo o sossego, descanso e quietude de uma noite tranquila. Recebe, ao mesmo tempo, em Deus, uma abissal e obscura compreensão divina. Por isto diz que seu Amado é, para ela, a noite sossegada

Quase aos levantes do raiar da aurora

23. Esta noite tranquila, como canta aqui a alma, não é semelhante à noite escura. É, antes, como a noite já próxima aos levantes da aurora, ou, por assim dizer, semelhante

CANÇÃO XV

ao raiar da manhã. O sossego e quietude em Deus, de que goza a alma, não lhe é de todo obscuro, como uma noite cerrada; pelo contrário, é um repouso e tranquilidade em luz divina, num novo conhecimento de Deus, em que o espírito se acha suavissimamente quieto, sendo elevado à luz divina. Muito adequadamente dá o nome de levantes da aurora, isto é, manhã, a essa mesma luz divina; porque assim como os levantes matutinos dissipam a escuridão da noite, e manifestam a luz do dia, assim esse espírito sossegado e quieto em Deus é levantado da treva do conhecimento natural, à luz matutina do conhecimento sobrenatural do próprio Deus. Não se trata, contudo, de conhecimento claro, senão obscuro, como dissemos, qual noite próxima aos levantes da aurora, em que, nem é totalmente noite, nem é totalmente dia, mas, conforme dizem, está entre duas luzes. Assim, esta solidão e sossego da alma em Deus nem recebe ainda, com toda a claridade, a luz divina, nem tampouco deixa de participar algum tanto dessa luz.

24. Nesta quietação, o entendimento é levantado com estranha novidade, acima de todo o conhecimento natural, à divina iluminação, como alguém que, depois de um demorado sono, abrisse de repente os olhos à luz não esperada. Tal conhecimento foi significado por Davi nestes termos: "Vigiei, e me fiz como pássaro solitário no telhado" (Sl 101,8). Como se dissesse: abri os olhos do meu entendimento, e me achei, acima de todas as inteligências naturais, solitário, sem elas, no telhado, isto é, sobre todas as coisas terrenas. Diz ter feito semelhante ao pássaro solitário, porque, nesta espécie de contemplação, o espírito adquire as propriedades desse pássaro, as quais são cinco. Primeira: ordinariamente se põe ele no lugar mais alto; assim também, o espírito, neste estado, eleva-se à mais alta contemplação. Segunda: sempre conserva o bico voltado para o lado de onde sopra o vento; o espírito, de modo semelhante, volve o bico de seu afeto para onde lhe vem o

espírito de amor, que é Deus. Terceira: permanece sempre sozinho, e não tolera outros pássaros junto a si; se acontece algum vir pousar onde ele se acha, logo levanta voo. Assim o espírito, nesta contemplação, está sempre em solidão de todas as coisas, despojado de tudo, sem consentir que haja em si outra coisa a não ser essa mesma solidão em Deus. Quarta: canta muito suavemente; o mesmo faz o espírito, para com Deus, por esse tempo, e os louvores que a ele dá, são impregnados de suavíssimo amor, sobremaneira deliciosos para si mesmo, e preciosíssimos para Deus. Quinta: não tem cor determinada; assim também o espírito perfeito, não só deixa de ter, neste excesso, cor alguma de afeto sensível ou de amor-próprio, mas até carece agora de qualquer consideração particular, seja das coisas do céu ou da terra, nem poderá delas dizer coisa alguma, por nenhum modo ou maneira, porquanto é um abismo essa notícia de Deus, que lhe é dada.

A música calada

25. Naquele sossego e silêncio da referida noite, bem como naquela notícia da luz divina, claramente vê a alma uma admirável conveniência e disposição da sabedoria de Deus, na diversidade de todas as criaturas e obras. Com efeito, todas e cada uma delas têm certa correspondência a Deus, pois cada uma, a seu modo, dá sua voz testemunhando o que nela é Deus. De sorte que parece à alma uma harmonia de música elevadíssima, sobrepujando todos os concertos e melodias do mundo. Chama a essa música "calada", porque é conhecimento sossegado e tranquilo, sem ruído de vozes; e assim goza a alma, nele, a um tempo, a suavidade da música e a quietude do silêncio. Por esta razão, diz que seu Amado é, para ela, esta música calada, pois nele se conhece e goza essa harmonia de música espiritual. Não somente lhe é isto o Amado, mas também é

A solidão sonora

26. Significa mais ou menos a mesma coisa que a música calada; porque esta música, embora seja silenciosa para os sentidos e potências naturais, é solidão muito sonora para as potências espirituais. Estas, na verdade, estando já solitárias e vazias de todas as formas e apreensões naturais, podem perceber no espírito, mui sonoramente, o som espiritual da excelência de Deus em si e nas suas criaturas. Realiza-se então o que dissemos ter visto São João, em espírito, no *Apocalipse*, a saber: voz de muitos citaristas, que citarizavam em seus instrumentos. Isto sucedeu no espírito, e não em cítaras materiais, pois consistia em certo conhecimento dos louvores que cada um dos bem-aventurados, em sua glória particular, eleva a Deus continuamente, qual música harmoniosa. Com efeito, na medida em que cada qual possui de modo diverso os dons divinos, assim cada um canta seu louvor diferentemente, e todos unidos cantam numa só harmonia de amor, como num concerto musical.

27. De modo semelhante, a alma percebe, mediante aquela sabedoria tranquila, em todas as criaturas, não só superiores como inferiores, que, em proporção dos dons recebidos de Deus, cada uma dá sua voz testemunhando ser ele quem é: conhece também como cada qual, à sua maneira, glorifica a Deus, tendo-o em si segundo a própria capacidade. E assim todas estas vozes fazem uma melodia admirável cantando a grandeza, e sabedoria e ciência do Criador. Tudo isto quis dizer o Espírito Santo no livro da Sabedoria, por estas palavras: "O Espírito do Senhor encheu a redondeza da terra, e este mundo que contém tudo quanto ele fez tem a ciência da voz" (Sb 1,7). Esta é a solidão sonora que a alma conhece aqui, como explicamos, e que consiste no testemunho de Deus, dado por todas as coisas em si mesmas. E porquanto a alma não percebe esta música sonora sem

a solidão e o alheamento de todas essas coisas exteriores, dá-lhe o nome de música calada e solidão sonora, que, para ela, é o próprio Amado. E mais:

A ceia que recreia e que enamora

28. A ceia, aos amados, causa recreação, fartura e amor. Como estes três efeitos são produzidos pelo Amado na alma, por esta comunicação tão suave, ela aqui o chama "ceia que recreia e que enamora". Notemos como a Sagrada Escritura dá o nome de ceia à visão divina. Com efeito, a ceia é o remate do trabalho do dia e o princípio do descanso noturno; assim também, esta notícia sossegada, a que nos referimos, faz a alma experimentar certo fim de males e posse de bens, em que se enamora de Deus mais intensamente do que antes. Eis por que o Amado é para ela a ceia que a recreia dando fim aos males, e a enamora dando-lhe a posse de todos os bens.

29. A fim de dar, porém, a entender melhor qual seja para a alma esta ceia que, como dissemos, é o próprio Amado, convém notar aqui o que o mesmo amado Esposo declara no *Apocalipse*: "Eis que estou à porta e bato; se alguém ouvir a minha voz e me abrir a porta, entrarei – e cearei com ele e ele comigo" (Ap 3,20). Nestas palavras mostra ele como traz; a ceia consigo, e esta ceia não é outra coisa senão o próprio sabor e deleite de que ele mesmo goza; e unindo-se à alma, lhos comunica, fazendo com que ela participe de seu gozo, e isto significa cear ele com ela, e ela com ele. Nestes termos é simbolizado o efeito da divina união da alma com Deus: os mesmos bens próprios a Deus se tornam comuns à alma Esposa, sendo-lhe comunicados por ele, de modo liberal e generoso. É, pois, o próprio Amado, para a alma, a ceia que recreia e enamora; sendo generoso, causa-lhe recreação, se sendo liberal a enamora.

ANOTAÇÃO

30. Antes de entrar na explicação das outras canções, é preciso advertir agora o seguinte. Dissemos que, no estado de desposório, a alma goza de total tranquilidade, comunicando-lhe Deus o máximo que é possível nesta vida; mas esta afirmação é somente quanto à parte superior da mesma alma, porque a parte inferior, isto é, a sensitiva, não acaba ainda de perder seus ressaibos, nem de submeter inteiramente suas forças, até chegar a alma ao matrimônio espiritual, conforme vamos explicar depois. Esse máximo de graças recebido pela alma aqui é relativo do estado de desposório, pois no matrimônio espiritual há maiores vantagens. Nas visitas do Esposo, tão cheias de gozo para a alma, como já descrevemos, todavia, estando ela ainda nos desposórios, padece ausências, perturbações e aflições, provenientes da parte inferior, ou do demônio; mas ao chegar ao matrimônio espiritual, tudo isto cessa.

ANOTAÇÃO PARA A CANÇÃO SEGUINTE[1]

1. Eis a Esposa de posse agora, em sua alma, das virtudes já em ponto de total perfeição, gozando de contínua paz nas visitas do Amado. Por vezes, em tais visitas, é tão subido o gozo que lhe causa o perfume suavíssimo dessas mesmas virtudes, por efeito do toque do Amado nelas, que é como se aspirasse a suavidade e beleza de açucenas e outras flores abertas em suas mãos. Com efeito, em muitas ocasiões dessas visitas, percebe a alma em seu íntimo todas as virtudes que possui, dando-lhe o Esposo luz para vê-las; e ela, então, com admirável deleite e sabor de amor, junta-as todas, e as oferece ao Amado, como uma pinha de formosas flores. Nesta oferta, que o Amado recebe então com toda a verdade, a alma serve grandemente a Deus. Tudo isto se passa no íntimo, sentindo a mesma alma estar

---

1. A partir daqui, a ordem das Canções é diferente nas duas redações do *Cântico*.

o Amado nela como em seu próprio leito, pois se ofereceu a ele juntamente com as virtudes. Esse é o maior serviço que pode fazer a Deus, e, assim, um dos maiores deleites que a alma costuma auferir neste trato íntimo com ele, é esse mesmo dom que faz de si ao Amado.

2. Conhecendo o demônio esta prosperidade da alma (pois, com a grande malícia que lhe é própria, tem inveja de todo o bem que nela vê), usa, a esse tempo, de toda a sua habilidade, e põe em jogo todas as suas astúcias para conseguir perturbar, nessa alma, seja embora em grau mínimo, tão grande bem. Efetivamente, mais estima o inimigo a privação de um só quilate daquela riqueza e glorioso deleite a ela dado, do que a queda de muitas outras almas em numerosos e gravíssimos pecados. Estas últimas, pouca coisa ou nada têm a perder; mas a que chegou à união divina, tendo recebido tantas graças valiosas, sofreria na verdade grandíssimo prejuízo, como seria a perda de uma pequena quantidade de ouro finíssimo em comparação a outra maior de metais inferiores. Aproveita-se aqui o demônio dos apetites sensitivos, embora a maior parte das vezes consiga pouca coisa ou nada em relação às almas chegadas a esse estado, porque já os têm mortificados; e vendo ele que nada pode, representa-lhes à imaginação muitas fantasias. Ocasiões há em que levanta muitos movimentos na parte sensitiva, conforme se dirá depois, causando aí outras perturbações, espirituais ou sensíveis, das quais a alma não tem possibilidade de libertar-se até que o Senhor envie seu anjo (segundo diz o Salmo) em socorro dos que o temem, e ele próprio os liberte (Sl 33,8), produzindo, então, paz e tranquilidade tanto na parte sensitiva como na espiritual. A alma, pois, com o fim de exprimir tudo isso e solicitar essa graça, sentindo-se receosa, pela experiência que tem das astúcias do demônio para prejudicá-la nesse tempo, fala agora aos anjos – cujo ofício é favorecê-la em tal ocasião, pondo em fuga os demônios –, e assim diz a canção seguinte:

Canção XVI

Caçai-nos as raposas,
Que está já toda em flor a nossa vinha;
Enquanto destas rosas
Faremos uma pinha;
E ninguém apareça na colina!

EXPLICAÇÃO

3. Para conservar esse deleite íntimo de amor – que é a flor de sua vinha – a alma deseja que não lhe causem estorvo os invejosos e maliciosos demônios, nem os furiosos apetites da sensualidade, e, muito menos, as vagueações da imaginação, ou outras quaisquer noções e presenças de criaturas. Por isto, invoca os anjos, pedindo-lhes que cacem todas essas coisas e as impeçam de chegar a ela, para não prejudicarem o exercício de amor interior em cujo sabor e deleite se comunicam e gozam, nessas virtudes e graças, a alma e o Filho de Deus.

E, portanto, diz:

Caçai-nos as raposas
Que está já toda em flor a nossa vinha

4. A vinha significa o plantio de todas as virtudes que estão nesta santa alma, as quais lhe dão vinho de dulcíssimo sabor. Essa vinha da alma floresce tanto, quando está unida, segundo a vontade, com o Esposo, que o mesmo Esposo acha seus deleites em todas essas virtudes juntas. Acontece algumas vezes, por esse tempo, como dissemos, acudirem à memória e fantasia numerosas e variadas formas de imaginações, levantando-se igualmente na parte sensitiva grande diversidade de movimentos e apetites. Bebendo Davi desse saboroso vinho espiritual, de tantas maneiras e tão variados sentia esses apetites

CÂNTICO ESPIRITUAL

e fantasias, que, sob a impressão do estorvo e moléstia por eles causado, disse: "Minha alma teve sede de ti; de quantas maneiras será por ti atormentada desse ardor a minha carne" (Sl 62,2).

5. A alma dá o nome de raposas a todo esse conjunto de apetites e movimentos sensitivos, porque muito se assemelham então a esses animais. De fato, assim como as raposas[1] se fingem adormecidas para apanhar a presa quando vão à caça, assim também todos esses apetites e forças sensitivas permanecem sossegados e adormecidos até o momento em que as flores de virtudes se despertam e abrem, em seu exercício na alma. Então, simultaneamente, despertam e se levantam na sensualidade as flores de seus próprios apetites e forças, procurando contradizer o espírito e sobre ele reinar. Tal é a cobiça da carne contra o espírito, como diz São Paulo (Gl 5,17), tão grande é a sua inclinação para o que é sensível, que em gozando o espírito, logo se desgosta e aborrece toda a carne; nessa luta, causam esses apetites grande desassossego à suavidade do espírito. Eis o motivo de dizer a alma: Caçai-nos as raposas.

6. Os maliciosos demônios, de sua parte, molestam aqui de dois modos a alma. Primeiramente, incitam e despertam os apetites sensíveis com muita veemência, e, ao mesmo tempo, outras imaginações e fantasias, para com isto fazerem guerra ao reino pacífico e florido da mesma alma. Segundo – o que é pior –, quando não podem conseguir seu intento, investem sobre ela com tormentos e ruídos corporais, procurando distraí-la. E ainda com mais refinada maldade, combatem-na com temores e horrores espirituais, por vezes terrivelmente penosos. Com efeito, podem os

---

1. A 1ª redação do *Cântico* diz: "Assim como as ligeiras e astutas raposinhas, com seus saltos ligeiros, costumam destruir e estragar as vinhas no tempo em que florescem, assim os astutos e maliciosos demônios, saltando, perturbam a devoção das almas fervorosas".

CANÇÃO XVI

demônios agir assim nessa ocasião, se lhes for dada licença; porque a alma, neste exercício em que se ocupa agora, tem o espírito muito puro, despojado de todo o sensível, e assim pode o inimigo com facilidade apresentar-se a ela, sendo ele também puro espírito. Outras vezes, arremete com outros horrores antes mesmo que a alma chegue a gozar dessas suaves flores, quando Deus começa a tirá-la um pouco da casa dos seus sentidos, e a introduz nesse exercício interior, no jardim do Esposo. Bem sabe o maligno que, uma vez introduzida a alma naquele recolhimento, fica muito amparada, e ele, por mais que faça, não pode causar-lhe dano. Frequentemente, no mesmo instante em que o demônio aqui lhe sai ao encontro, a alma costuma com grande presteza recolher-se no profundo esconderijo do seu próprio interior, onde acha grande deleite e amparo; padece, então, aqueles terrores muito exteriormente e tão de longe que não só deixam de incutir-lhe temor, mas até lhe causam alegria e gozo.

7. De tais terrores fez menção a Esposa nos *Cantares* dizendo: "Minha alma ficou toda perturbada por causa dos carros de Aminadab" (Ct 6,11). Entende, aí, por Aminadab, o demônio; chama carros às suas investidas e acometimentos, pela grande veemência, tumulto e ruído que com eles faz o inimigo. Caçai-nos as raposas, diz a alma nesta canção; e a Esposa também emprega as mesmas palavras, ao mesmo propósito, quando pede ao Esposo nos *Cantares*: "Caçai-nos as raposas pequeninas que destroem as vinhas, porque nossa vinha está já em flor" (Ct 2,15). Não diz: Caçai-me, mas sim, caçai-nos, porque fala de si e do Amado, que estão unidos, gozando da flor da vinha. O motivo de dizer que a vinha está em flor, e não com fruto, é que nesta vida, embora se gozem as virtudes com tanta perfeição como aqui o faz esta alma de que tratamos, todavia, é sempre como ainda em flor; pois só na eternidade se poderá gozá-las como em fruto. E logo acrescenta:

CÂNTICO ESPIRITUAL

Enquanto destas rosas
Faremos uma pinha

8. Nessa época em que a alma está gozando a flor dessa vinha, e deleitando-se no peito de seu Amado, sucede que as virtudes dela se põem logo perfeitas à sua vista, e assim se mostram à alma, proporcionando-lhe grande suavidade e gozo com sua fragrância. A mesma alma as percebe em si e em Deus, à maneira de uma vinha muito florida, cheia de encantos para ela e para ele, na qual ambos se apascentam e deleitam. Reúne, então, a alma todas essas virtudes, com saborosíssimos atos de amor em cada uma, e em todas juntas, e as oferece assim reunidas ao Amado, com grande ternura e suavidade de amor. Para isto ajuda-a o próprio Amado, pois sem o divino favor e auxílio não poderia ela fazer esta junta e oferenda de virtudes a seu Esposo. Por este motivo é que diz: Faremos uma pinha, isto é, o Amado e eu.

9. Dá o nome de pinha a esse conjunto de virtudes, por ser a pinha um fruto maciço que contém em si muitos pedaços compactos e fortemente ligados uns aos outros, onde estão as sementes. De modo análogo, esta pinha de virtudes feita pela alma, para seu Amado, é um só todo, compreendendo a perfeição da mesma alma, a qual, forte e ordenadamente, abraça e contém em si muitas perfeições e virtudes fortes, além de riquíssimos dons. Na verdade, todas as perfeições e virtudes estão ordenadas e contidas na única e sólida perfeição da alma; ora, esta perfeição, enquanto está sendo formada pelo exercício das virtudes, e uma vez completa, é uma contínua oferta da parte da alma ao Amado, em espírito de amor, como vamos dizendo. Convém, portanto, serem caçadas as ditas raposas, a fim de não impedirem a comunicação interior dos dois amados. Não é somente isto que pede a Esposa nesta canção, para poder juntar essas flores em forma de pinha; pede também o que diz no verso seguinte:

CANÇÃO XVI

E ninguém apareça na colina!

10. Significa por estas palavras como, para esse divino exercício interior, é também necessário solidão e alheamento de todas as coisas que se poderiam oferecer à alma, tanto pela sua parte inferior, isto é, a parte sensitiva, quanto pela parte superior ou racional. Estas duas partes encerram, efetivamente, todo o conjunto de potências e sentidos do homem, a que a alma dá aqui o nome de colina. Nela residem e estão situados todos os apetites e conhecimentos da natureza, como a caça sobre o monte; e assim o demônio costuma acometê-la para caçar e fazer presa nesses mesmos apetites e notícias, causando prejuízo à alma. O pedido de que "ninguém apareça na colina" quer dizer: não apareça, diante da alma e do Esposo, representação ou figura alguma de qualquer objeto pertencente às ditas potências ou sentidos. Como se dissessem: em todas as potências espirituais da alma – memória, entendimento e vontade – não haja conhecimentos ou afetos particulares, nem quaisquer outras advertências; em todos os sentidos e potências corporais, seja interiores ou exteriores, imaginação e fantasia, vista, ouvido etc. não apareçam distrações, formas, imagens e figuras, nem representações de objetos à alma, nem mesmo outras operações naturais.

11. Tudo isto pede agora a alma, pois, a fim de poder gozar perfeitamente, nessa comunicação com Deus, convém que todos os sentidos e potências, interiores e exteriores, estejam desocupados, vazios e livres de seus respectivos objetos e operações. De fato, quanto mais eles procuram cooperar com o seu exercício, mais estorvam a alma; porque, em chegando esta a certa maneira de união interior de amor, aí já não participam com sua operação as potências espirituais, e menos ainda as corporais, em vista de estar realizada e completa a obra unitiva do amor, estando a mesma alma já atuada pelo amor. Neste estado, acabam, portanto, de agir as potências; porque, uma vez alcança-

CÂNTICO ESPIRITUAL

do o fim, cessam todas as operações intermediárias. O que faz então a alma[1] é permanecer na assistência amorosa em Deus, ou seja, em contínuo exercício do amor unitivo. E ninguém apareça, pois, na colina: só a vontade apareça, assistindo ao Amado na entrega de si mesmo e de todas as virtudes do modo já referido.

ANOTAÇÃO PARA A CANÇÃO SEGUINTE

1. Para melhor entender a canção seguinte, convém advertir aqui que as ausências do Amado, sofridas pela alma, neste estado de desposório espiritual, são muito aflitivas; algumas de tal maneira, que não há sofrimento comparável a elas. Eis a razão: como o amor que a alma, nesse estado, tem a Deus, é forte e imenso, esse mesmo amor a atormenta imensa e fortemente, na ausência do Amado. Acresce que, nesse tempo, grandemente a molesta qualquer espécie de comunicação ou trato de criaturas. Movida pela grande força daquele profundíssimo desejo da união com Deus, qualquer entretenimento lhe é muito pesado e molesto. Sucede-lhe como à pedra que vai chegando com grande ímpeto e velocidade ao seu centro: se algum obstáculo a impedisse e entretivesse no vácuo, ser-lhe-ia de grande violência. Estando agora a alma já deliciada com estas visitas tão suaves do Amado, tem-nas por mais desejáveis do que o ouro e toda formosura. Por isto, com muito temor de carecer, por um momento sequer, de presença tão preciosa, põe-se a alma a falar com a secura, e com o espírito do Esposo, dizendo esta canção:

---

1. Na 1ª redação do *Cântico*: "O que a alma faz então *é* estar em exercício saboroso daquilo que já está realizado nela, ou seja, amar em contínua união de amor".

Canção XVII

Detém-te, Aquilão morto!
Vem, Austro, que despertas os amores:
Aspira por meu horto,
E corram seus olores,
E o Amado pascerá por entre as flores.

EXPLICAÇÃO

2. Além dos motivos referidos na canção passada, é também a secura de espírito uma das causas que impede à alma o gozo dessa seiva de suavidade interior de que falamos acima. Temendo, pois, este obstáculo, a mesma alma faz duas coisas, na canção presente. A primeira é impedir a secura cerrando-lhe a porta por meio de contínua oração e devoção. A segunda é invocar o Espírito Santo, como aquele que há de afugentar esta secura da alma, e ao mesmo tempo manter e aumentar nela o amor do Esposo, pondo-a em exercício interior de virtudes; tudo isto, com o fim de que o Filho de Deus, seu Esposo, nela ache maior deleite e gozo, pois toda a pretensão da alma é dar contentamento ao Amado.

Detém-te, Aquilão morto!

3. O Aquilão é um vento muito frio que seca e emurchece as flores e plantas, ou, pelo menos, faz com que se encolham e fechem quando sobre elas sopra. O mesmo efeito produz na alma a secura espiritual, junto com a ausência afetiva do Amado, quando ela a experimenta; extingue a força, sabor, e fragrância das virtudes, de que gozava. Por isso dá-lhe o nome de Aquilão morto; pois mantém amortecido o exercício afetivo das virtudes na alma; em consequência diz: Detém-te, Aquilão morto. Esta exclamação deve ser compreendida como efeito e obra de oração, e de

CÂNTICO ESPIRITUAL

exercícios espirituais, em que a alma se emprega, a fim de deter a secura. Neste estado, porém, as graças comunicadas por Deus à alma são tão interiores que ela não pode, por si mesma, exercitar-se nas coisas divinas, ou gozá-las, se o Espírito do Esposo não a move com seu amor. E assim ela se apressa em invocá-lo, dizendo:

Vem, Austro que despertas os amores

4. O Austro é outro vento, vulgarmente chamado sudoeste, muito aprazível, que traz chuvas e faz germinar ervas e plantas; favorece o desabrochar das flores que exalam seus perfumes. Os efeitos desse vento são contrários aos do Aquilão. A alma, portanto, compara o Austro ao Espírito Santo, dizendo que desperta os amores. De fato, quando esse sopro divino investe sobre a alma, de tal modo a inflama e regala, avivando e despertando a vontade, e ao mesmo tempo movendo os apetites, dantes adormecidos e aniquilados, ao amor de Deus, que bem se pode dizer que recorda os amores do mesmo Deus e da alma. E o pedido feito por ela ao Espírito está expresso nas palavras do verso seguinte:

Aspira por meu horto

5. Esse horto é a própria alma. Pela mesma razão que acima lhe foi dado o nome de vinha em flor – pois a flor das virtudes que nela há produz vinho doce e saboroso –, assim a alma é agora chamada horto, porque nela estão plantadas as flores de virtudes e perfeições que aí nascem e crescem. Notemos bem como não diz a Esposa: aspira em meu horto, e sim, aspira por meu horto. Na verdade, é grande a diferença que há entre aspirar Deus na alma, e aspirar pela alma. Na primeira destas expressões, é significada a infusão de graças, virtudes e dons, pelo mesmo Deus. Na segunda, trata-se da moção e toque de Deus nas virtudes e

CANÇÃO XVII 687

perfeições já concedidas, tendo por fim renová-las e despertá-las, de modo a darem admirável fragrância de suavidade à alma. É assim como revolver as espécies aromáticas: na ocasião em que são movimentadas, trescalam abundantemente o seu perfume, o qual antes não era tão forte nem se percebia tanto. O mesmo sucede às virtudes adquiridas pela alma, ou infundidas nela por Deus; nem sempre são percebidas e gozadas de modo atual. Com efeito, enquanto dura esta vida, as virtudes permanecem na alma como flores em botão, ou como espécies aromáticas em recipiente coberto, cujo olor não se sente até que sejam abertas e revolvidas, conforme dissemos.

6. Algumas vezes, porém, faz Deus tão inefáveis mercês à alma, sua Esposa, que, aspirando com seu divino Espírito por esse horto florido, que é a mesma alma, abre todos esses botões de virtudes e descobre essas espécies aromáticas de dons, perfeições e riquezas dela; e, manifestando-lhe o tesouro e cabedal interior, revela-lhe também a formosura que nela há. É então, para a alma, admirável a vista e suavíssimo o sentimento dessa riqueza que se lhe descobre no íntimo, de todos os seus dons e da formosura dessas flores de virtudes já totalmente desabrochadas; incomparável se torna a doçura do perfume que cada uma delas exala, segundo sua propriedade particular. A isto chama aqui a alma correr os olores do horto, quando diz no verso seguinte:

E corram seus olores

7. São esses olores em tanta abundância, algumas vezes, que parece à alma estar vestida de deleites e banhada em glória inestimável; chegam a ser de tal maneira fortes, que não somente a alma os sente no interior, mas chegam a redundar por fora, em grande excesso, e bem o percebem as pessoas que têm experiência disso, parecendo-lhes essa alma como um delicioso jardim cheio de encantos e rique-

zas de Deus. E não apenas nas ocasiões em que estão abertas essas flores, manifestam-se assim estas santas almas: costumam trazer sempre em si mesmas um não sei quê de grandeza e dignidade, produzindo respeito e acatamento nos outros, pelo efeito sobrenatural difundido na pessoa, como consequência da comunicação íntima e familiar com Deus. Assim vemos que sucedeu com Moisés, conforme está escrito no Êxodo (34,30); não podiam os judeus olhar o seu rosto, por causa daquele resplendor de grande glória e dignidade que lhe ficara do trato com Deus face a face.

8. Neste aspirar do Espírito Santo pela alma, isto é, em sua visita de amor, o Esposo, Filho de Deus, se comunica a ela de modo altíssimo. Para este fim, envia-lhe primeiro seu Espírito, como fez aos apóstolos. É esse divino Espírito o aposentador que prepara ao Verbo a morada da alma Esposa, elevando-a em deleites, e dispondo o horto a seu gosto: faz desabrochar as flores, descobre os dons e ornamenta a alma com a tapeçaria de suas graças e riquezas. Suspira, pois, esta alma Esposa, com imenso desejo, por tudo isto: que se vá o Aquilão morto, e venha o Austro, aspirar pelo horto, porque nisto lucra a alma muitos bens reunidos. Ganha o deleite das virtudes chegadas a ponto de serem exercitadas saborosamente; obtém o gozo do Amado nelas, pois mediante as virtudes é que se lhe comunica o Esposo com mais íntimo amor e mais particular mercê do que anteriormente; consegue, além disso, causar maior deleite ao Amado por esse exercício atual de virtudes, e isto é o que lhe causa maior contentamento, a saber, o gosto de seu Amado. Lucra, ademais, a continuação e permanência desse sabor e suavidade de virtudes, que continua na alma todo o tempo da assistência do Esposo nela, enquanto a esposa lhe está proporcionando suavidade com suas virtudes, conforme ela mesma o diz nos Cantares: "Quando o Rei estava no seu repouso – isto é, na alma –, o meu nardo exalou seu perfume" (Ct 1,11). Por esse nardo odorífero é

CANÇÃO XVII 689

significada a própria alma, que das flores de virtudes em seu horto desabrochadas dá odor de suavidade ao Amado nela presente por este modo de união.

9. É, portanto, muito para desejar esse divino sopro do Espírito Santo, e que cada alma lhe peça aspire ele por seu horto, a fim de correrem os divinos olores de Deus. Por ser isto tão necessário, e de tanta glória e proveito para a alma, a Esposa o desejou e pediu com os mesmos termos desta canção, dizendo nos Cantares: "Levanta-te, Aquilão, e vem tu, vento do Meio-dia, sopra de todos os lados no meu jardim, e espalhem-se os seus aromas" (Ct 4,16). Todas estas coisas deseja a alma, não por causa do deleite e glória que lhe advêm pessoalmente, mas sim por saber que nisto se compraz seu Esposo; também o deseja por saber que aí se acha a disposição e o prenúncio para a vinda do Filho de Deus a deleitar-se nela. E assim acrescenta logo:

E o Amado pascerá por entre as flores

10. Com o nome de pasto significa a alma o deleite que o Filho de Deus nela tem por esse tempo, e, de fato, é o nome que melhor o exprime, por ser o pasto ou alimento coisa que não só dá gosto, mas também sustenta. Deste modo o Filho de Deus se compraz na alma, em meio a esses deleites dela e se sustenta nela, isto é, permanece na alma, como em lugar onde acha grandes delícias, porque esse mesmo lugar – a própria alma – também acha nele verdadeiramente seu gozo. A meu ver, isto mesmo quis dizer o Esposo nestas palavras dos Provérbios de Salomão: "Meus deleites são de estar com os filhos dos homens" (Pr 8,31), a saber, quando eles acham seus deleites em estar comigo, que sou o Filho de Deus. Convém observar, aqui, que não diz a alma: "O Amado pascerá as flores", e sim "por entre as flores"; porque, sendo a comunicação do Esposo feita no íntimo da alma, mediante o adorno das virtudes já mencio-

nado, consequentemente o Amado se apascenta da própria alma transformada nele, já guisada, salgada e temperada, com as mesmas flores de virtudes, dons e perfeições, que, por assim dizer, são o tempero com o qual e no qual ele se nutre dela. São essas virtudes e perfeições que, por meio do Aposentador acima referido, estão dando ao Filho de Deus sabor e suavidade na alma, a fim de que possa ele apascentar-se mais no amor de sua amada; pois esta é a condição para o Esposo unir-se à alma, entre a fragrância dessas flores. Tal condição é bem notada pela Esposa nos Cantares, como quem tão perfeitamente o sabe, dizendo nestes termos: "O meu Amado desceu ao seu horto, ao canteiro das plantas aromáticas para se apascentar nos jardins e colher lírios" (Ct 6,1). E mais adiante diz: "Eu sou para o meu Amado, e o meu Amado é para mim, ele que se apascenta entre os lírios" (Ct 6,2), querendo dizer, apascenta-se e acha seus deleites em minha alma que é o seu horto, entre os lírios de minhas virtudes, perfeições e graças.

ANOTAÇÃO PARA A CANÇÃO SEGUINTE

1. Vê bem a alma, neste estado de desposório espiritual, as suas graças excelentes e riquezas magníficas e, por outra parte, compreende que não pode possuir esses bens nem deles gozar à sua vontade, em razão de estar ainda presa à carne. Em consequência disto, sofre grandemente, muitas vezes, sobretudo, quando essa compreensão se torna mais viva. Percebe, evidentemente, que está presa no corpo, como um grande senhor no cárcere, sujeito a mil misérias, a quem confiscaram todos os seus reinos, privando-o de todas as suas riquezas e senhorio; tendo ele grandes haveres, recebe, no entanto, a comida muito medida. O que isto lhe faz sofrer, cada um pode bem avaliar; mormente se os domésticos de sua casa não lhe estão ainda muito submissos, pois, então, a cada oportunidade, esses

CANÇÃO XVIII

seus servos e escravos arremetem contra ele sem respeito algum, a ponto de quererem tirar-lhe o bocado do prato. Quando Deus faz à alma a mercê de dar-lhe a provar alguma porção dos bens e riquezas que lhe preparou, logo se levanta na parte sensitiva algum mau servo de apetite, seja um escravo de movimento desordenado, ou de outras revoltas dessa parte inferior, a impedir-lhe aquele bem.

2. Nisto a alma se sente como presa em terra de inimigos, tiranizada entre estranhos, morta entre os mortos; experimenta a realidade do que diz o profeta Baruc ao encarecer a miséria do cativeiro de Jacó nestas palavras: "Donde vem, ó Israel, estares tu na terra dos teus inimigos? Tens envelhecido em terra estranha, e te contaminaste com os mortos, e estás confundido com os que descem ao sepulcro" (Br 3,10-11). Jeremias, ao sentir este mísero trato que a alma padece por parte do cativeiro no corpo, assim diz, em sentido espiritual, falando com Israel: "Porventura é Israel algum escravo ou filho de escrava? Por que razão, pois, se tornou uma presa? Contra ele rugiram os leões..." (Jr 2,14-15). Compreende aqui por leões os apetites e revoltas desse rei tirano que é a sensualidade, como dissemos. E a alma, querendo mostrar o aborrecimento que lhe causa, e o desejo que tem de ver enfim esse reino da sensualidade aniquilado, ou a ela totalmente submisso com todos os seus exércitos de perturbações, ergue os olhos ao Esposo, como a quem há de levar avante todo esse feito; e falando agora contra os referidos movimentos e rebeliões, diz esta canção:

Canção XVIII

Ó ninfas da Judeia,
Enquanto pelas flores e rosais
Vai recendendo o âmbar,
Ficai nos arrabaldes
E não ouseis tocar nossos umbrais.

690   CÂNTICO ESPIRITUAL

EXPLICAÇÃO

3. Nesta canção é a Esposa quem fala. Vendo-se constituída segundo a sua parte superior – a espiritual – em tão
ricos e avantajados dons, cheia dos deleites vindos do seu
Amado, deseja conservar, com segurança e continuidade,
esta posse deles na qual o Esposo a estabeleceu, como vimos nas duas canções precedentes. Conhece, todavia, que
da sua parte inferior, isto é, da sensualidade, lhe poderá
vir impedimento, como de fato acontece, pois estorva e perturba esse grande bem espiritual. Pede, portanto, a esposa,
às operações e movimentos da parte sensitiva que fiquem
sossegados em suas potências e sentidos; não ultrapassem
os limites de sua própria região, ousando molestar e inquietar a parte superior e espiritual, e assim não venham
impedir, ainda mesmo com a mínima comoção, aquele bem
e suavidade de que a alma goza. De fato, se os movimentos
e potências desta parte sensitiva agem no tempo em que o
espírito está gozando, tanto mais o molestam e inquietam,
quanto mais vivas e ativas são as suas operações. Diz, então, assim:

Ó ninfas da Judeia

4. Pelo nome de Judeia é designada a parte inferior, ou
sensitiva, da alma. É denominada Judeia, por ser fraca e
carnal, e, por si mesma, cega, como o é o povo judaico. A
alma dá o nome de ninfas a todas as imaginações, fantasias, movimentos e inclinações dessa porção inferior. A razão de lhes dar tal nome, é porque, assim como a ninfas,
com sua graça e sedução, atraem a si os amantes, assim
também essas operações e movimentos da sensualidade
buscam porfiadamente, por meio de seus deleites, atrair
a si a vontade da parte racional, para arrancá-la do interior induzindo-a a entregar-se às coisas exteriores, que eles
tanto desejam e apetecem. Procuram também mover o en

CANÇÃO XVIII

tendimento, a que se junte e una a elas conforme a maneira baixa do sentido, que lhes é própria; querem conformar e igualar a parte racional com a sensível. Quanto a vós – diz a alma –, ó operações e movimentos, da sensualidade:

Enquanto pelas flores e rosais

5. As flores, como já dissemos, são as virtudes da alma. Os rosais significam as potências da mesma alma – memória, entendimento e vontade –, as quais trazem em si flores de conceitos divinos que delas desabrocham, bem como atos de amor e as mesmas virtudes. Enquanto, pois, nestas virtudes e potências de minha alma

Vai recendendo o âmbar

6. Pelo âmbar é simbolizado aqui o divino Espírito do Esposo que habita na alma. O recender esse divino âmbar pelas flores e rosais, é derramar-se e comunicar-se suavissimamente nas potências e virtudes da alma, exalando nelas perfume de divina suavidade à mesma alma. No tempo em que, portanto, esse divino espírito está difundindo doçura espiritual no meu íntimo,

Ficai nos arrabaldes

7. Nos arrabaldes da Judeia, a qual, como dissemos, é a porção inferior ou sensitiva, ou seja, memória, fantasia e imaginação. Nelas se imprimem e recolhem as noções, imagens e figuras dos objetos, mediante as quais a sensualidade movimenta seus apetites e concupiscências. Quando essas noções, a que a alma chama ninfas, permanecem quietas e sossegadas, também ficam adormecidos os apetites. Tais figuras e imagens entram em seus arrabaldes, que são os sentidos internos, pelas portas dos sentidos externos, como a vista, o ouvido, o olfato, o tato e o gosto; e, assim, podemos

694 CÂNTICO ESPIRITUAL

dar o nome de arrabaldes a todas essas potências e sentidos, quer internos, quer externos, porque são os bairros situados fora dos muros da cidade. O que aqui se chama cidade, é, de fato, na alma, seu mais íntimo recôndito, isto é, a parte racional, que tem capacidade para comunicar-se com Deus, e cujas operações são contrárias às da sensualidade. Não pode, no entanto, deixar de haver comunicação natural entre os habitantes desses arrabaldes da parte sensitiva, quais são as ninfas já mencionadas, e os da parte superior, que é a cidade. Assim, tudo quanto se faz na parte inferior, ordinariamente se sente na parte interior, e por consequência traz a esta última distração e desassossego quanto à aplicação e assistência espiritual que tem em Deus. É este o motivo de dizer a alma às ninfas que fiquem em seus arrabaldes, ou, em outros termos, se aquietem nos seus sentidos naturais, tanto interiores como exteriores.

E não ouseis tocar nossos umbrais

8. Isto é, não toqueis na parte superior, nem mesmo por primeiros movimentos, porque são justamente eles as entradas e umbrais que dão acesso à alma. Quando vão além de primeiros movimentos, e chegam à razão, já transpõem os umbrais; quando, porém, não passam de primeiros movimentos, apenas tocam esses umbrais, ou batem à porta, como acontece nas investidas da parte sensual à razão para induzi-la a algum ato desordenado. E, aqui, não somente a alma diz que não a toquem estes, mas nem ainda as lembranças estranhas à quietação e bem de que goza[1].

1. A 1ª redação do *Cântico* acrescenta aqui: "E, assim, esta parte sensitiva com todas as suas potências, forças e fraquezas, está rendida totalmente ao espírito, neste estado. Daí procede viver já a alma uma vida bem-aventurada, semelhante à do estado de inocência, onde então todo o conjunto e habilidade da parte sensitiva servia ao homem para maior recreação e auxílio no conhecimento e amor de Deus, em paz e harmonia com a parte superior. Ditosa a alma chegada a tal estado! 'Mas quem é este, e o louvaremos, porque faz maravilhas em sua vida?' (Eclo 31). Esta

ANOTAÇÃO PARA A CANÇÃO SEGUINTE

1. Neste estado de desposório, torna-se a alma tão inimiga da parte inferior e suas operações, que chega a desejar não seja a esta concedida comunicação alguma daquilo que espiritualmente é dado à parte superior; porque, participando o sentido, ou há de receber muito pouco, ou não o há de aguentar a fraqueza de sua condição sem que desfaleça o natural, e, consequentemente, venha a padecer e afligir-se o espírito, não podendo, assim, gozar em paz. Isto se confirma com as palavras do Sábio: "O corpo que se corrompe torna pesada a alma" (Sb 9,15). Como a alma aspira às mais elevadas e excelentes comunicações de Deus, sabendo que não as pode receber em companhia da parte sensitiva, deseja que Deus lhas conceda sem participação dela. Com efeito, aquela altíssima visão do terceiro céu, que teve São Paulo, na qual diz ter visto a Deus, o mesmo apóstolo declara não saber se a recebeu no corpo ou fora dele (2Cor 12,2). De qualquer modo, porém, que a tenha recebido, decerto foi sem o corpo; pois se este houvesse participado, não o poderia deixar de saber, nem a visão seria tão alta como diz São Paulo, afirmando ter ouvido palavras tão secretas que ao homem não é lícito revelar. Por isto, conhecendo muito bem a alma que tão sublimes mercês não se podem receber em vaso tão estreito, deseja que o Esposo as conceda fora dele, ou ao menos, sem ele; e assim, falando com o mesmo Esposo, lho pede nesta canção.

Canção foi posta aqui para mostrar a paz segura e tranquila de que goza a alma elevada a essa altura espiritual, e não para dar a entender que esse desejo manifestado aqui pela alma, quanto ao sossego das ninfas, seja proveniente dos acometimentos delas, pois neste estado já se acham sossegadas, como acima declaramos. Esse desejo é mais próprio das almas que vão progredindo, e das adiantadas, do que das perfeitas nas quais as paixões e movimentos pouco ou nada reinam".

Canção XIX

Esconde-te, Querido!
Voltando tua face, olha as montanhas;
E não queiras dizê-lo,
Mas olha as companheiras
Da que vai pelas ilhas mais estranhas.

EXPLICAÇÃO[1]

2. Quatro coisas pede a alma Esposa, nesta canção, a seu Esposo. A primeira é que seja servido de comunicar-se a ela bem no íntimo recôndito de si mesma; a segunda é a graça de investir e penetrar suas potências com a glória e excelência da divindade dele; a terceira, que realize isto com tão grande profundidade e elevação, que a ninguém seja possível saber ou exprimir, nem possa participar o exterior e parte sensitiva; a quarta, é que se enamore o mesmo Esposo das muitas virtudes e graças que pôs nela, e com as quais se acompanha em sua elevação para Deus, por altíssimos e sublimes conhecimentos da Divindade, e por excessos de amor sobremaneira inusitados e extraordinários, muito superiores aos que geralmente se costumam ter. E assim diz:

---

1. A 1ª redação do *Cântico* começa a Explicação com o seguinte trecho: "Depois que o Esposo e a Esposa nas canções passadas impuseram freio e silêncio às paixões e potências da alma, tanto sensitivas como espirituais, as quais poderiam perturbá-las, volve-se a Esposa a gozar de seu Amado no recolhimento interior de sua alma. Aí se acha ele unido com ela por amor, e de modo escondido se deleita grandemente nela. São de tal modo elevadas e deliciosas as mercês concedidas então à alma, neste recolhimento do matrimônio com seu amado, que ela não o sabe dizer, e nem mesmo o quereria; porque essas graças são como aquelas a que se refere Isaías dizendo: 'Meu segredo para mim, meu segredo para mim' (Is 24,16). A alma sozinha as possui, sozinha as entende, sozinha delas goza, e se deleita de que seja a sós; assim seu desejo é que essa comunicação divina seja muito escondida, muito elevada e apartada de qualquer outra comunicação exterior. Torna-se a alma semelhante ao negociante da preciosa pérola, ou antes, ao homem que achando o tesouro escondido no campo, guardou-o em segredo para melhor o gozar e possuir (Mt 13,44-46). Com esse desejo..."

CANÇÃO XIX

Esconde-te, Querido!

3. Como se dissera: querido Esposo meu, recolhe-te ao mais íntimo de minha alma, comunicando-te a ela secretamente, e manifestando-lhe tuas maravilhas escondidas, alheias a todos os olhos mortais.

Voltando tua face, olha as montanhas

4. A face de Deus é a divindade. As montanhas são as potências da alma – memória, entendimento e vontade. Assim quer dizer: penetra com tua divindade o meu entendimento, infundindo nele inteligências divinas; a minha vontade, concedendo e comunicando a ela teu divino amor; a minha memória, dando-lhe a posse da glória divina. Nisto pede a alma tudo quanto pode pedir; porque já se não satisfaz com o conhecimento e comunicação de Deus pelas costas, como foi concedido a Moisés (Ex 33,23), isto é, somente por seus efeitos e obras; deseja conhecer a Deus pela sua face, que é a comunicação essencial da Divindade sem intermediário algum, por certo contato da alma na própria Divindade – o que é coisa alheia a todo sentido e acidente, porquanto é um toque de substâncias puras, como são a alma e a Divindade. Por este motivo, logo acrescenta:

E não queiras dizê-lo

5. Significa: não queiras dizê-lo como anteriormente, quando as comunicações feitas à minha alma eram perceptíveis também aos sentidos exteriores, por serem graças proporcionadas à sua capacidade, pois não eram tão elevadas e profundas que não pudessem eles alcançá-las. Agora, porém, sejam tão sublimes e substanciais essas comunicações, e de tal modo íntimas que delas nada se diga aos sentidos exteriores, isto é, não possam estes chegar a

conhecê-las. Na verdade, a substância do espírito não se pode comunicar ao sentido; logo, tudo o que a este último é comunicado – mormente nesta vida – não pode ser puro espírito, pois disto não é capaz o sentido. Desejando, portanto, a alma, aqui, esta comunicação de Deus tão substancial e essencial, imperceptível ao sentido, pede ao Esposo que "não o queira dizer" ou, em outros termos: seja de tal modo íntima a profundidade desse esconderijo de união espiritual que não acerte o sentido em o perceber ou exprimir, tal como se dava com aquelas palavras secretas que São Paulo ouviu, as quais, diz ele, não era lícito ao homem revelar.

Mas olha as companheiras

6. O olhar de Deus é amar e conceder mercês. As companheiras, mencionadas aqui pela alma, pedindo a Deus que as veja, são as numerosas virtudes, bem como os dons e perfeições, e as demais riquezas espirituais que ele nela colocou como arras prendas e joias de desposada. Assim, é como se dissesse: Volta-te, Amado, para o interior de mim mesma, enamorando-te deste caudal de riquezas que aí puseste; e, enamorado de mim, te escondas nessas companheiras, permanecendo entre elas; porque, em verdade, embora sejam tuas, se tu mas deste são também

Da que vai pelas ilhas mais estranhas

7. Isto é, da minha própria alma que vai a ti por estranhos conhecimentos de ti, e por modos e caminhos estranhos, alheios a todos os sentidos, fora do conhecimento natural e comum. É como se a Esposa, querendo obrigar o Esposo, assim lhe dissesse: pois minha alma vai a ti por notícias espirituais, estranhas e alheias a todos os sentidos, vem

CANÇÃO XIX

comunicar-te a ela do mesmo modo, em grau tão interior e sublime que seja alheio a todos eles.

ANOTAÇÃO PARA AS CANÇÕES SEGUINTES

1. Para chegar a tão alto estado de perfeição, qual é o matrimônio espiritual, como aqui pretende a alma, não lhe basta apenas estar limpa e purificada de todas as imperfeições, revoltas e hábitos imperfeitos da parte inferior, que, despida do velho homem, está já sujeita e rendida à superior. É necessário também ter grande fortaleza e mui subido amor para que se torne capaz de tão forte e estreito abraço de Deus. De fato, neste estado, não só a alma atinge altíssima pureza e formosura, mas também adquire terrível fortaleza, em razão do estreito e forte laço que se aperta entre Deus e a alma por meio desta união.

2. Para chegar, portanto, a essa altura, precisa estar a alma em competente grau de pureza, fortaleza e amor; por isto, desejando o Espírito Santo – que pela sua intervenção realiza essa união espiritual – ver a alma com as disposições requeridas para alcançá-la, fala ao Pai e ao Filho nestes termos do livro dos Cantares: "Que faremos à nossa irmã no dia em que apareça e se lhe tenha de falar? Porque é pequenina e não tem peitos crescidos. Se ela é um muro, edifiquemos sobre ele forças e defesas prateadas; se ela é uma porta, guarneçamo-la com tábuas de cedro" (Ct 8,10). Compreende aqui por forças e defesas prateadas, as virtudes fortes e heroicas, envoltas na fé, significada pela prata; estas virtudes heroicas são já as do matrimônio espiritual, que assentam sobre a alma forte, simbolizada pelo muro, em cuja fortaleza repousará o Esposo de paz, sem mais perturbação de fraqueza alguma. Entende por tábuas de cedro as afeições e propriedades do sublime amor, aqui figurado no cedro – amor característico do matrimônio espiritual. Para guarnecer com ele a Esposa, torna-se mister que ela seja porta, isto é, dê entrada ao Esposo, mantendo aberta

a porta da vontade para ele, por total e verdadeiro sim de amor – o sim do desposório, dado já antes do matrimônio espiritual. Pelos peitos da Esposa exprime também este mesmo amor perfeito que lhe convém ter para comparecer diante do Esposo, Cristo, a fim de operar-se a consumação de tal estado.

3. Diz, porém, o referido texto que a Esposa respondeu logo, abrasada no desejo de chegar a essas alturas: "Eu sou muro; e meus peitos são como uma torre" (Ct 8,10). Como a dizer: Minha alma é forte, e meu amor sublime, não seja esta a dúvida. O mesmo deu a entender, nas precedentes canções, a alma Esposa, com o seu desejo de transformação e união perfeita; mormente o fez nesta que acabamos de explicar, na qual coloca diante do Esposo, para mais o obrigar, as virtudes e disposições preciosas que dele recebeu. E o mesmo Esposo, querendo concluir a união, diz as duas seguintes canções. Nelas acaba de purificar a alma, e torná-la forte, dispondo-a para esse estado, tanto em sua parte sensitiva como na espiritual; e assim fala, defendendo a alma de todas as contrariedades e revoltas, sejam da parte dos sentidos, ou da parte do demônio.

ESPOSO

Canções XX e XXI

A vós, aves ligeiras,
Leões, cervos e gamos saltadores,
Montes, vales, ribeiras,
Águas, ventos, ardores,
E, das noites, os medos veladores:

Pelas amenas liras
E cantos de sereias, vos conjuro
Que cessem vossas iras,
E não toqueis no muro,
Para a Esposa dormir sono seguro.

EXPLICAÇÃO

4. Nestas duas canções, o Esposo, Filho de Deus, põe a alma em posse de paz e tranquilidade, conformada já a parte inferior com a superior; purifica-a de todas as suas imperfeições, e ordena as potências e capacidades naturais da alma, além de sossegar todos os demais apetites dela. Tudo isto se contém nas sobreditas canções, cujo sentido explicaremos agora. Primeiramente, o Esposo conjura e manda às inúteis digressões da fantasia e imaginação que doravante cessem: restabelece também o equilíbrio nas duas potências naturais – irascível e concupiscível – que antes tanto afligiam a alma; aperfeiçoa, ao mesmo tempo, as três potências, memória, entendimento e vontade, em seus respectivos exercícios, quanto é possível nesta vida. Além disto, o Esposo conjura e manda às quatro paixões da alma, gozo, esperança, dor e temor, que daqui por diante permaneçam mortificadas e comedidas. Todas essas coisas são significadas pelos nomes expressos na primeira canção, e nela o Esposo faz cessar todas as atividades e movimentos que, provindos de tais paixões, inquietam a alma. Ele o realiza por meio da grande suavidade, deleite e fortaleza que a alma possui na comunicação e entrega espiritual que Deus faz de si mesmo a ela neste tempo, e na qual todas as suas potências, apetites e movimentos perdem sua natural imperfeição e se trocam em divinos, porquanto Deus transforma agora vivamente a alma nele. Assim diz o Esposo:

A vós, aves ligeiras

5. Chama aves ligeiras às digressões da imaginação, por serem ligeiras e sutis, voando de uma parte a outra; às vezes, quando a vontade está gozando tranquilamente da comunicação deliciosa do Amado, costumam causar desagrado na alma, e tirar-lhe o gosto, com os seus voos ligeiros. A elas diz o Esposo que as conjura pelas amenas liras:

agora que a suavidade e deleite da alma é tão abundante e frequente que essas digressões da imaginação não lhe podem mais causar estorvo – como faziam outrora, quando a alma não havia chegado a tanto – cessem já seus voos inquietos com seus ímpetos e excessos. O mesmo se há de entender quanto às outras partes que vamos explicar aqui, como sejam:

Leões, cervos e gamos saltadores

6. Por leões, compreende as acrimônias e ímpetos da potência irascível, tão ousada e atrevida em seus atos como os leões. Pelos cervos e gamos saltadores, simboliza a outra potência da alma, a concupiscível, na qual está o apetite que produz dois efeitos: um de covardia, outro de ousadia. Os efeitos de covardia são exercitados quando o apetite não acha as coisas convenientes à sua satisfação, porque então se retira e intimida tornando-se covarde. Nestes efeitos é a potência concupiscível comparada aos cervos, os quais, tendo-a mais intensa do que outros muitos animais, são consequentemente muito covardes e tímidos. Os efeitos de ousadia são postos em exercício quando a dita potência encontra coisas convenientes para si; então, longe de intimidar-se ou acovardar-se, atreve-se, pelo contrário, a apetecê-las e admiti-las, com desejos e afetos. Nestes efeitos de ousadia é comparada esta potência aos gamos, os quais têm tanta concupiscência nas coisas que apetecem, que não somente vão a elas correndo, mas até saltando. Eis o motivo de se chamar aqui, a eles, saltadores.

7. Deste modo, o Esposo, ao conjurar os leões, põe freio aos ímpetos e excessos da ira; ao conjurar os cervos, fortalece a concupiscência nas covardias e pusilanimidades que anteriormente a encolhiam; e em conjurar os gamos saltadores, satisfaz essa mesma concupiscência, por apaziguar os desejos e apetites que antes andavam inquietos,

e saltavam como gamos de um lado a outro em busca de sua satisfação. Agora está satisfeita essa potência, pelas amenas liras, gozando da suavidade delas, e pelo canto das sereias em cujo deleite se apascenta. É digno de nota o não conjurar aqui o Esposo a ira e a concupiscência; porque estas potências não podem faltar à alma, mas conjura aos atos molestos e desordenados das mesmas potências, significados pelos leões, cervos e gamos saltadores, os quais, neste estado, forçoso é que faltem.

Montes, vales, ribeiras

8. Por estes três nomes se denotam os atos viciosos e desordenados das três potências da alma, isto é, memória, entendimento e vontade. Tais atos se manifestam viciosos e desordenados quando são excessivamente elevados, ou quando são extremamente baixos e remissos; ou também quando, embora não cheguem ao excesso, declinam todavia para algum dos extremos. Pelos montes, que são muito altos, compreendemos os atos excessivos, demasiadamente desordenados; pelos vales, que são muito baixos, entendemos os atos dessas três potências, quando ficam abaixo do que é conveniente. Pelas ribeiras – nem muito altas nem muito baixas – as quais sendo planas participam algo de um e outro extremo, são simbolizados os atos das potências quando excedem o justo meio, ou a ele faltam. Estes atos não são extremamente desordenados, como seriam em chegando a pecado mortal; todavia, em parte, não deixam de ter desordem, seja por incidirem em algum pecado venial, ou em alguma imperfeição, embora mínima, no entendimento, memória e vontade. Conjura o Amado a todos estes atos, excedentes do justo meio, que cessem, pelas amenas liras e canto de sereias. Na verdade, estas liras e este canto mantêm as três potências da alma em tal equilíbrio nos seus efeitos, tão justamente aplicadas às suas respectivas atividades, que não somente não caem nos dois extremos,

704 CÂNTICO ESPIRITUAL

mas nem ainda deles participam no mínimo ponto. Seguem-se os outros versos:

Águas, ventos, ardores,
E das noites os medos veladores

9. De modo semelhante, por estas quatro coisas, significa os afetos das quatro paixões que, como dissemos, são: dor, esperança, gozo e temor. Pelas águas, são simbolizadas as afeições da dor que afligem a alma, pois nela entram como águas. Por isto disse Davi a Deus, referindo-se a elas: "Salva-me, ó Deus, porque as águas entraram até a minha alma" (Sl 68,2). Pelos ares se entendem as afeições da esperança, as quais voam como ares, desejando o objeto ausente, por elas esperado. Daí também o dizer Davi: "Abri a minha boca e aspirei, porque desejava os teus mandamentos" (Sl 118,131). Como se dissesse: Abri a boca de minha esperança e aspirei o ar de meu desejo, porque esperava e desejava teus mandamentos. Pelos ardores, são compreendidas as afeições da paixão do gozo, as quais inflamam o coração como fogo, razão por que diz o mesmo Davi: "Meu coração inflamou-se dentro de mim, e em minha meditação se ateou o fogo" (Sl 38,4), isto é, em minha meditação irrompeu o gozo. Por medos das noites veladores são significadas as afeições da outra paixão, que é o temor; estas costumam ser grandíssimas nos espirituais ainda não chegados ao estado de matrimônio espiritual. Às vezes procedem da parte de Deus, no tempo em que ele lhes quer conceder algumas mercês, como dissemos acima; e então causa medo e pavor ao espírito, como também contração à carne e aos sentidos, por não estar ainda aperfeiçoada e fortalecida a natureza, nem habituada àquelas mercês. Outras vezes, vêm da parte do demônio. Tem ele tanta inveja e pesar do bem e paz gozados pela alma no tempo em que Deus lhe concede recolhimento e suavidade em si mesmo, que procura incutir horror e medo do espírito, a fim de impedir-lhe aquele bem,

atrevendo-se, em algumas ocasiões, como que a ameaçá-la, ali no íntimo. Quando percebe que não pode atingir o interior da alma, por estar ela muito recolhida e unida com Deus, busca, ao menos por fora, perturbar a parte sensitiva com distrações e variedades, provocando aflições, dores, e pavor no sentido, para ver se consegue, por este meio, inquietar a Esposa no seu tálamo. Essas inquietações são significadas pelos medos das noites, porque vêm dos demônios, os quais mediante isso procuram difundir trevas na alma, tentando obscurecer a divina luz de que ela goza. São chamados veladores, estes medos, porque por si mesmos fazem a alma velar, despertando-a de seu doce sono interior; e também pelo fato de estarem sempre velando os mesmos demônios para incutirem na alma esses temores que passivamente – da parte de Deus ou do inimigo – penetram no espírito daquelas pessoas já espirituais. Não trato aqui de outros temores, temporais ou naturais, porque tê-los não é próprio de pessoas espirituais; mas os temores do espírito já referidos, estes pertencem aos espirituais.

10. Conjura também o Amado a todas estas quatro espécies de afeições, relativas às quatro paixões da alma, fazendo com que se calem e sosseguem; porquanto, neste estado, já ele concede à Esposa muita abundância de força e satisfação, por meio das amenas liras de sua suavidade, e o canto de sereias de seu deleite, a fim de que não somente aquelas afeições deixem de reinar, mas nem ainda possam causar à alma o mínimo dissabor. É imensa a grandeza e estabilidade da alma, neste estado; e se antes penetravam em seu íntimo as águas da dor por qualquer causa, mesmo a dos pecados próprios ou alheios, que é a mais sensível aos espirituais, embora eles os levem em conta, já não produzem pena e mágoa; até o sentimento da compaixão não mais o tem a alma, possuindo, todavia, as obras e perfeições da mesma compaixão. Com efeito, a alma carece agora daquela fraqueza que manifestava na prática das virtudes,

conservando a força, constância e perfeição delas. Assim como os anjos avaliam perfeitamente as coisas dolorosas sem lhes sentir a dor, e exercitam as obras de misericórdia sem sentimento de compaixão, assim acontece à alma nesta transformação de amor. Algumas vezes, no entanto, e em certas épocas, Deus permite que ela sinta novamente as coisas e delas sofra, para que mais mereça e se afirme no amor, ou por outros motivos, como permitiu acontecesse à Virgem-Mãe, a São Paulo e a outros; mas o estado de matrimônio espiritual, por si, não o comporta.

11. Nos desejos da esperança, a alma tampouco se aflige. Já está satisfeita em sua união com Deus, quanto lhe é possível nesta vida, e, por isto, nada mais tem a esperar da parte do mundo, ou a desejar acerca do espiritual, pois vê e sente em si mesma uma plenitude de riquezas divinas. E, assim, já está conformada e ajustada à vontade de Deus quanto a viver ou morrer, dizendo, tanto na parte sensitiva como na espiritual: *Fiat voluntas tua*, sem mais ímpeto de qualquer outra ânsia ou apetite. O desejo, pois, que tem de ver a Deus, é sem sofrimento. As afeições do gozo, as quais costumavam produzir alternativas de sentimento na alma, também não lhe causam impressão, se diminuem, ou novidade, se aumentam; porque, geralmente, tem a alma tanta abundância de gozo, que se assemelha às águas do mar, o qual nem diminui com os rios que dele saem, nem cresce com os que nele entram. Nesta alma, verdadeiramente está aberta aquela fonte cujas águas jorram para a vida eterna, como disse Cristo por São João (Jo 4,14).

12. Pelo fato de ter eu dito que esta alma não recebe coisa nova no seu estado de transformação, no qual parece que lhe são tirados os gozos acidentais que os próprios glorificados têm no céu, é preciso esclarecer o seguinte. Na verdade, não lhe faltam esses gozos e suavidades acidentais; antes, de ordinário, lhe são dados sem conta. Não aumenta, porém, a comunicação substancial que recebe no espírito,

CANÇÃO XX

porque tudo quanto lhe pode vir de novo, já o tem nela; e assim, o bem que a alma possui nessa comunicação é maior do que todas as coisas recebidas por acréscimo. Todas as vezes, pois, que se lhe oferecem ocasiões de gozo e alegria, seja exteriores, seja espirituais e interiores, logo a alma se recolhe a gozar das riquezas que já tem em si mesma; com isto, aumenta muito o deleite e prazer encontrados tanto nestas como nas alegrias acidentais. Participa a alma agora, de certa maneira, da propriedade de Deus, o qual, embora se deleite em todas as coisas, não acha nelas tão grande gozo como em si mesmo, por encerrar em seu ser um bem supereminente a todas elas. Assim, todas as novidades que acontecem a esta alma, trazendo-lhes gozos e delícias, mais lhe servem de lembrete, para deleitar-se naquilo que já possui e sente no seu interior, do que para deter-se nessas novidades, pelo motivo acima referido, de achar em si mesma muito mais do que em tais coisas.

13. É, aliás, muito natural, quando a alma acha gozo e contentamento em alguma coisa, lembrar-se logo de outra que mais estima e lhe dá maior satisfação, detendo-se nesta última para gozá-la a seu gosto. Destarte, muito pouco significa o acidental destas novidades espirituais, dadas novamente à alma, em comparação ao substancial que já encerra em si mesma; podemos até dizer que é nada, pois a alma que chegou a esta totalidade de transformação, na qual atingiu seu pleno desenvolvimento, não mais pode crescer com as novidades espirituais, como sucede a outras não chegadas ainda a este ponto. Causa-nos admiração, todavia, o ver como esta alma, não sendo capaz de receber novos deleites, parece-lhe que os está sempre recebendo de novo, e ao mesmo tempo é como se já os tivesse dentro de si. A razão é que está sempre a gozá-los de cada vez, sendo o bem que possui sempre novo, e assim lhe parece estar recebendo sempre novidades, sem haver mister recebê-las.

14. Se quiséssemos falar da iluminação de glória que por vezes resplandece na alma, neste ordinário abraço de união, e que consiste em certa conversão espiritual de Deus a ela, fazendo-a ver e gozar de uma só vez todo este abismo de deleites e riquezas que nela pôs, nada seria capaz de exprimir a mínima parte dessa realidade. À maneira do sol quando dá em cheio no mar, iluminando até os mais profundos abismos e cavernas, pondo à vista as pérolas e os riquíssimos veios de ouro e de outros minerais preciosos, assim este divino sol do Esposo, voltando-se para a Esposa, de tal modo traz à luz as riquezas da alma, que até os anjos se maravilham dela dizendo aquelas palavras dos *Cantares*: "Quem é esta, que vai caminhando como a aurora, quando se levanta, formosa como a lua, escolhida como o sol, terrível como um exército bem-ordenado e posto em campo?" (Ct 6,9). Nesta iluminação, embora de tão grande excelência, nada se acrescenta, contudo, à alma; apenas se mostram à luz os tesouros nela encerrados, a fim de que os possa gozar.

15. Finalmente, das noites os medos veladores também não atingem mais a alma, estando ela agora tão forte e resplendente, e repousando com tanta firmeza em Deus, que os demônios não a podem obscurecer com suas trevas, nem atemorizar com seus terrores, nem tampouco despertá-la com seus ímpetos. Daí vem que nenhuma coisa é capaz de a atingir ou molestar; porque já se recolheu de todas as coisas, para dentro de seu Deus, onde goza de toda paz, fruindo de toda suavidade, satisfazendo-se em todo deleite, conforme é possível à condição e estado desta vida. Na verdade, da alma aqui chegada se entendem as palavras ditas pelo Sábio: "A alma pacífica e sossegada é como um banquete contínuo" (Pr 15,15). Assim como num banquete há sabor de todos os manjares e suavidade de todas as músicas, também do mesmo modo a alma, neste festim que lhe

é dado no peito do Esposo, goza de todo deleite e saboreia toda suavidade. Muito pouco dissemos a respeito do que se realiza nesta união, pois muito pouco é o que se pode exprimir por palavras; e por mais que se dissesse, seria sempre o mínimo do que se passa na alma chegada a tão ditoso estado. Com efeito, quando a alma acerta a alcançar a paz de Deus, a qual, como diz a Igreja, ultrapassa todo o sentido (Fl 4,7), também todo o sentido quedar-se-á mudo e incapaz de dizer dela coisa alguma. Segue-se o verso da segunda canção:

Pelas amenas liras
E cantos de sereias, vos conjuro

16. Já explicamos como, pelas amenas liras, significa o Esposo a suavidade que ele dá à alma neste estado, e com a qual faz cessar todas as inquietações já referidas. A música harmoniosa das liras enche o espírito de suavidade e alegria, extasiando-o e absorvendo-o de maneira a que não sinta mais pesares e dissabores; assim também esta suavidade de que falamos aqui traz a alma tão presa ao seu encanto, que não é atingida por coisa alguma penosa. É como se o Esposo dissera: pela suavidade que eu ponho na alma, cessem todas as coisas não suaves à alma. Dissemos também que o canto de sereias significa o deleite gozado de ordinário pela alma. O Esposo chama a este deleite canto de sereias porque assim como este canto, dizem, é tão agradável e delicioso a quem o ouve, e de tal maneira extasia e enamora o homem, que o transporta fora de si, fazendo-o esquecer todas as coisas, de modo semelhante, o deleite desta união absorve sobremaneira a alma em si, e grandemente a contenta, produzindo nela um encantamento que não lhe deixa sentir as contrariedades e perturbações das coisas já referidas, as quais são expressas neste verso:

CÂNTICO ESPIRITUAL

Que cessem vossas iras

17. Dá o nome de iras às inquietações e aborrecimentos provenientes dos afetos e atividades desordenadas, de que já falamos. A ira consiste em certo ímpeto que turba a paz, saindo dos seus limites; do mesmo modo, todas essas afeições, com seus movimentos, excedem o limite da paz e tranquilidade que há na alma, desassossegando-a quando a assaltam. Esta é a razão de dizer:

E não toqueis no muro

18. Por muro, o Esposo designa o cerco de paz e o valado das virtudes e perfeições que cercam e guardam a mesma alma, sendo ela aquele horto de que falamos acima, onde o Amado se apascenta entre as flores, e que está fechado e guardado só para ele. Daí vem o chamar à Esposa horto fechado, como diz o Esposo nos *Cantares*: "Minha irmã é horto fechado" (Ct 4,12). Assim ordena ele aqui que ainda mesmo no muro e cerca deste seu horto fechado não toquem,

Para a Esposa dormir sono seguro

19. A fim de que, diz ele, mais a seu gosto se deleite a Esposa nesta quietação e suavidade de que goza em seu Amado. Convém notar aqui como, neste tempo, já não há porta fechada para a alma; está em suas mãos gozar à sua vontade, quando quer e quanto quer, deste suave sono de amor, conforme o dá a entender o Esposo nos *Cantares* dizendo: "Eu vos conjuro, filhas de Jerusalém, pelas gazelas e veados do campo, que não perturbeis nem façais a minha amada despertar, até que ela o queira" (Ct 3,5).

CANÇÃO XXII

ANOTAÇÃO PARA A CANÇÃO SEGUINTE

1. Tal era o desejo do Esposo de libertar e resgatar definitivamente esta sua Esposa das mãos da sensualidade e do demônio, que afinal o realizou, como vimos que o fez aqui. E agora, alegra-se como o bom Pastor, trazendo nos ombros a ovelhinha perdida e por tantos caminhos buscada (Lc 15,5); regozija-se, como a mulher que tem em mãos a dracma procurada, de vela acesa e revolvendo a casa inteira, e que chama seus amigos e vizinhos a partilharem de seu gozo dizendo-lhes: "Vinde, alegrai-vos comigo" (Lc 15,9). Causa, pois, admiração contemplar este amoroso Pastor e Esposo da alma, tão satisfeito e feliz em vê-la já conquistada e perfeita, posta em seus ombros, presa por suas mãos, nesta desejada junta e união. Este gozo, não o guarda o Amado só para si; faz dele participantes os anjos e as almas santas, dizendo-lhes como nos *Cantares:* "Saí, filhas de Sião, olhai a Salomão com a coroa com que o coroou sua mãe no dia de seu desposório, no dia da alegria de seu coração" (Ct 3,11). Nestas palavras chama ele à alma sua coroa, sua Esposa e alegria de seu coração, trazendo-a já nos seus braços, e agindo com ela como Esposo do seu tálamo. Tudo isto é expresso por ele na seguinte canção.

Canção XXII

Entrou, enfim, a Esposa
No horto ameno por ela desejado;
E a seu sabor repousa,
O colo reclinado
Sobre os braços dulcíssimos do Amado.

EXPLICAÇÃO

2. Já empregou a Esposa todas as diligências para que fossem caçadas as raposas, o Aquilão se afastasse, e as nin-

712 CÂNTICO ESPIRITUAL

fas sossegassem, pois eram estes os estorvos e inconvenientes a impedirem o perfeito deleite do estado de matrimônio espiritual. Invocou também o sopro do Espírito Santo, e o alcançou, como vimos nas canções precedentes, sendo esta a disposição adequada e o meio próprio para a perfeição desse ditoso estado. Resta agora tratar dele nesta canção, na qual o Esposo é quem fala, chamando a alma de Esposa, e dizendo duas coisas. A primeira é descrever como a mesma alma, depois de ter saído vitoriosa, chegou enfim ao delicioso estado do matrimônio espiritual, tão ardentemente desejado por ele e por ela. A segunda é enumerar as propriedades do referido estado, das quais já goza a alma nele, como são: repousar a seu sabor e ter o colo reclinado sobre os braços dulcíssimos do Amado, conforme iremos agora explicando.

Entrou, enfim, a Esposa

3. Para declarar mais distintamente a ordem destas canções, e mostrar as etapas que, de ordinário, percorre a alma, até chegar a esse estado de matrimônio espiritual – o mais sublime estado de união de que agora, mediante o favor divino, vamos falar –, façamos a seguinte observação. Antes de a alma aqui chegar, exercita-se primeiramente nos trabalhos e amarguras da mortificação, aplicando-se também à meditação das coisas espirituais, conforme refere desde a canção primeira até aquela que diz "mil graças derramando". Depois, entra na via contemplativa, passando então pelos caminhos e aperturas de amor, descritos sucessivamente nas canções seguintes até aquela que diz: "Aparta-os, meu Amado", e na qual se realizou o desposório espiritual. Prosseguindo mais além, vai pela via unitiva, em que recebe numerosas e grandíssimas comunicações e visitas do Esposo, o qual a orna de dons e joias, como a sua desposada; e assim cada vez mais se adianta no conheci-

mento e perfeição do amor de seu Esposo – conforme veio contando desde a referida canção em que se fez o desposório, e que começa pelas palavras "Aparta-os, meu Amado" – até chegar a esta de agora cujo início é: "Entrou enfim a Esposa", e na qual só falta realizar-se, afinal, o matrimônio espiritual entre a alma e o Filho de Deus. É, sem comparação alguma, muito mais elevada esta união do matrimônio do que a do desposório espiritual. Trata-se de uma transformação total no Amado; nela se entregam ambas as partes por inteira posse de uma a outra, com certa consumação de união de amor, em que a alma é feita toda divina, e se torna Deus por participação, tanto quanto é possível nesta vida. Por isto, penso, jamais a alma chega a esse estado sem que esteja confirmada em graça, porque nele se confirma a fidelidade de ambas as partes, e consequentemente, a de Deus na alma. Daí vem a ser esse o mais alto estado a que nesta vida se pode chegar. Assim como na consumação do matrimônio humano, são dois numa só carne, segundo a palavra da Sagrada Escritura (Gn 2,24), assim também, uma vez consumado esse matrimônio espiritual entre Deus e a alma, são duas naturezas em um só espírito e amor. É o que afirma São Paulo, trazendo esta mesma comparação, ao dizer: "O que se junta ao Senhor, torna-se um espírito com ele" (1Cor 6,17). É como se a luz de uma estrela, ou de uma candeia se unisse e juntasse à luz do sol: já não brilha a estrela, nem a candeia, mas somente o sol, tendo em si absorvidas as outras luzes.

4. O Esposo fala deste estado no presente verso, dizendo: Entrou enfim a Esposa. Com estas palavras, significa ter ela saído de tudo quanto é temporal e natural, de todas as afeições, maneiras ou modos espirituais, deixando à parte, no olvido, todas as tentações, perturbações e penas, bem como seus cuidados e solicitudes, já toda transformada agora neste sublime abraço. Por tal razão é dito o verso seguinte, nestes termos:

No horto ameno por ela desejado

5. Como se dissesse: a alma já se transformou em seu Deus, a quem chama aqui horto ameno, pelo delicioso e suave repouso que encontra nele. A este horto de plena transformação, que consiste no gozo, deleite e glória do matrimônio espiritual, não se chega sem passar primeiro pelo desposório, e por aquele amor leal que é comum aos desposados. Quando a alma, pois, foi por certo tempo uma noiva para o Filho de Deus, dedicando-lhe inteiro e suave amor, ele, enfim, a chama e introduz neste seu horto florido, onde se consuma o felicíssimo estado do matrimônio espiritual. Aqui se realiza tão estreita união das duas naturezas, e tal comunicação da divina à humana, que, sem mudança em nenhuma delas do próprio ser, cada uma parece Deus. E, embora nesta vida não possa isto operar-se de modo perfeito, é, todavia, acima de tudo quanto se pode dizer e pensar.

6. Esta transformação é muito bem expressa pelo mesmo Esposo nos *Cantares* quando convida a alma, já feita sua Esposa, a tão feliz estado, dizendo: "Vem para o meu jardim, irmã minha Esposa; seguei a minha mirra com os meus aromas" (Ct 5,1). Chama-a irmã e esposa, porque já o era no amor e entrega que havia feito de si mesma ao Esposo, até antes de ser chamada ao estado de matrimônio espiritual, onde ele diz já ter colhido sua olorosa mirra, e as espécies aromáticas, isto é, os frutos que das flores já amadureceram e estão preparados para a alma. Esses frutos significam os deleites e magnificências que o Esposo comunica de si, dando-se a ela; por isto é ele ameno e desejado horto para a alma. De fato, o único desejo e fim, tanto dela como de Deus, em todas as obras, é a consumação e perfeição desse estado; e assim jamais descansa a alma até alcançá-lo; na verdade, acha, no matrimônio espiritual, muito maior abundância e fartura em Deus, como também muito mais segura e duradoura paz, e mais perfeita suavidade, sem comparação, do que no desposório espiritual. Co-

locada agora nos braços de tal Esposo, sente, de ordinário, estar com ele num estreito abraço espiritual – verdadeiro abraço por meio do qual vive a alma vida de Deus. Em realidade verifica-se nela o que diz São Paulo: "Vivo eu, já não eu, mas Cristo é que vive em mim" (Gl 2,20). Vivendo, pois, esta alma, vida tão feliz e gloriosa, como é a vida de Deus, considere cada um, se puder, quão saborosa será esta vida, na qual, assim como Deus não pode sentir dissabor algum, assim também a alma tampouco o sente; muito ao contrário, goza e experimenta o deleite da glória de Deus em sua íntima substância, estando já transformada nele. Por isto, continua a dizer o verso:

E a seu sabor repousa,
O colo reclinado

7. O colo significa aqui a fortaleza da alma, por meio da qual, como dissemos, se faz esta junta e união entre o Esposo e ela, pois não poderia sustentar tão estreito abraço, se não estivesse já muito forte. Assim como foi nesta fortaleza que a alma pelejou para exercitar-se nas virtudes e dominar os vícios, assim também é justo que, em recompensa de seu trabalho e vitória, repouse tendo o colo reclinado

Sobre os braços dulcíssimos do Amado

8. Reclinar o colo nos braços de Deus é ter unida a própria fortaleza ou, por melhor dizer, a própria fraqueza, à fortaleza de Deus. Os braços de Deus são aqui o símbolo da sua fortaleza; quando nela se reclina e transforma nossa fraqueza, torna-se então a fortaleza do próprio Deus. Daí vem a ser muito a propósito a designação do estado do matrimônio espiritual por este reclinar o colo entre os doces braços do Amado: por que, nesta união, já é o próprio Deus a fortaleza e doçura da alma, em que está ela protegida e

amparada contra todos os males, e deliciada em todos os bens. Por este motivo desejando a Esposa nos *Cantares* este estado, disse ao Esposo: "Quem me dera ter-te por irmão, amamentado aos peitos de minha mãe, para que encontrando-te fora, eu te pudesse beijar sem que ninguém me desprezasse!" (Ct 8,1). Chama ao Esposo de irmão, para significar a igualdade de amor que neste desposório há entre os dois antes de chegarem ao matrimônio. Em dizer: "Amamentado aos peitos de minha mãe", exprimia o seu desejo de que ele secasse e amortecesse nela os apetites e paixões, que são como os peitos e leite de Eva, nossa mãe na natureza humana, os quais impedem esse estado. E, assim, depois disto, "te achasse eu fora", sozinho, isto é, fora de todas as coisas e de mim mesma, em solidão e desnudez espiritual, já mortificados aqueles apetites; enfim, pudesse eu ali beijar-te sozinha a ti só e, unindo-me só contigo – na união de minha natureza também solitária e despida de toda impureza temporal, natural e espiritual – à tua natureza só, sem mais intermediário algum. Isto se realiza unicamente no matrimônio espiritual que é o beijo da alma a Deus, quando então ninguém mais a despreza, nem se atreve a tanto, pois neste estado não a molestam mais apetites, nem demônio, nem carne, nem mundo. Aqui se cumpre a palavra dos *Cantares*: "Já passou o inverno, já se foram as chuvas; apareceram as flores na nossa terra" (Ct 2,11-12).

ANOTAÇÃO PARA A CANÇÃO SEGUINTE

1. Neste alto estado do matrimônio espiritual, o Esposo descobre à alma, como a sua fiel consorte, com grande facilidade e frequência, seus maravilhosos segredos; porque o verdadeiro e completo amor não sabe esconder coisa alguma a quem ama. Comunica-lhe o Amado, sobretudo, os doces mistérios de sua encarnação, bem como os modos e

maneiras da redenção humana, que é uma das mais elevadas obras de Deus, e, portanto, ainda mais saborosa para a alma. Embora revele à Esposa muitos outros mistérios, o Esposo, na canção seguinte, só menciona o da encarnação, por ser entre todos o principal; e assim, falando com ela, diz:

Canção XXIII

Sob o pé da macieira,
Ali, comigo foste desposada;
Ali te dei a mão,
E foste renovada
Onde a primeira mãe foi violada.

EXPLICAÇÃO

2. Declara o Esposo à alma, nesta canção, o admirável modo e plano de que usou para a remir e desposar com ele, servindo-se dos próprios meios que haviam causado a ruína e a corrupção da natureza humana; pois assim como por meio da árvore proibida no paraíso foi essa natureza estragada e perdida por Adão, assim na árvore da cruz foi remida e reparada, dando-lhe ele ali a mão de sua graça e misericórdia mediante sua paixão e morte, e firmando no alto da cruz a parte que havia sido destruída entre Deus e os homens, em consequência do pecado original. Diz então:

Sob o pé da macieira

3. Isto é, sob a graça da árvore da cruz, simbolizada aqui pela macieira, onde o Filho de Deus remiu, e, consequentemente, desposou consigo a natureza humana, e, portanto, cada alma, concedendo-lhe sua graça e penhores, para este fim, na cruz. Esta é a razão de dizer:

CÂNTICO ESPIRITUAL

Ali comigo foste desposada,
Ali te dei a mão

4. Querendo significar: a mão de meu favor e ajuda, levantando-te de teu estado miserável à minha companhia e desposório.

E foste renovada,
Onde a primeira mãe foi violada

5. Tua mãe, a natureza humana, foi violada, de fato, em teus primeiros pais, debaixo da árvore; e também tu, ali debaixo da árvore da cruz, foste reparada. Se, pois, tua mãe, sob a árvore, te deu a morte, eu, sob a árvore da cruz, dei-te a vida. A este teor vai Deus descobrindo à alma as ordenações e disposições de sua sabedoria, mostrando-lhe como de modo tão sábio e formoso sabe ele tirar dos males bens; e, assim, aquilo mesmo que foi causa de tanto mal soube transformar em maior bem. As palavras literais desta canção são ditas pelo mesmo Esposo nos *Cantares* à Esposa: Eu te despertei debaixo da macieira; ali é que tua mãe foi corrompida, ali é que foi violada aquela que te gerou" (Ct 8,5).

6. O desposório feito na cruz não é o mesmo de que agora falamos; realiza-se ele de uma só vez, quando Deus dá à alma a primeira graça, e, portanto, é feito com cada uma no batismo. Quanto a este de que tratamos agora, é feito por via de perfeição, e se opera pouco a pouco, seguindo seus graus. Na realidade, é o mesmo desposório, com esta diferença: este último se faz ao passo da alma, e assim vai devagar; o primeiro se faz ao passo de Deus, e por consequência realiza-se de uma vez. Este que nos ocupa agora é dado a entender por Deus, nas palavras do profeta Ezequiel dirigidas à alma: "Estavas arrojada sobre a face da terra com desprezo de tua vida, no dia em que nasceste. E, passando eu junto de ti, vi-te debatendo-te no teu sangue,

CANÇÃO XXIII

e te disse, estando tu coberta de teu sangue: Vive. Fiz-te crescer como a erva do campo, e cresceste, e te tornaste grande, e te desenvolveste e atingiste uma beleza perfeita de mulher. Cresceram-te os peitos e multiplicaram-se os teus cabelos. Estavas, porém, nua, e cheia de confusão. E passei junto de ti, e vi-te; e o tempo em que estavas era o tempo dos amores; estendi sobre ti o meu manto e cobri tua ignomínia; e te fiz juramento, e fiz aliança contigo, e tu ficaste sendo minha. E lavei-te com água, limpei-te do teu sangue, e te ungi com óleo. E te vesti de roupas bordadas de diversas cores, e te dei calçados de jacinto, e te cingi de puro linho, e te compus com finas telas; ornei-te com preciosos enfeites, e te pus braceletes nas mãos, e um colar à roda de teu pescoço. Ornei tua fronte com uma joia, e as tuas orelhas com arrecadas, e a tua cabeça com um formoso diadema. E foste enfeitada de ouro e prata, e vestida de fino linho, e de roupas bordadas de diversas cores. Foste nutrida da flor de farinha, e de mel, e de azeite; e te tornaste extremamente bela e chegaste a ser rainha. E o teu nome espalhou-se entre as nações por causa da tua formosura" (Ez 16,5-14). Até aqui são as palavras de Ezequiel; e desta maneira se acha a alma de que vamos falando.

ANOTAÇÃO PARA A CANÇÃO SEGUINTE

1. Depois desta saborosa entrega da Esposa e do Amado, vem em seguida, imediatamente, o leito de ambos, no qual com muito maior estabilidade goza a alma dos deleites do Esposo, já mencionados. Assim, nesta canção de agora, é descrito esse leito dos dois – leito divino, puro e casto, em que a alma está divina, pura e casta. O leito, na verdade, não é para ela outra coisa senão o seu próprio Esposo, o Verbo, Filho de Deus, conforme vamos dizer; nele é que a Esposa se recosta, mediante a união de amor. Aqui o chama leito florido, porque seu Esposo não somente é flo-

CÂNTICO ESPIRITUAL

rido, mas é a mesma flor dos campos e lírio dos vales, segundo diz ele de si mesmo nos *Cantares* (Ct 2,1). A alma, portanto, recosta-se, não apenas no leito florido, e sim na mesma flor que é o Filho de Deus; esta flor contém em si perfume divino, exalando fragrância, graça e formosura, conforme declara também o Esposo por Davi, dizendo: "A formosura do campo comigo está" (Sl 49,11). Eis por que agora a alma canta as propriedades e graças de seu leito, nestes termos:

ESPOSA

Canção XXIV

Nosso leito é florido,
De covas de leões entrelaçado,
Em púrpura estendido,
De paz edificado,
De mil escudos de ouro coroado.

EXPLICAÇÃO

2. Nas duas canções passadas[1], cantou a alma Esposa as graças e grandezas de seu Amado, o Filho de Deus. Nesta presente, não só vai prosseguindo, mas também canta antes de tudo o feliz e alto estado em que se vê colocada, bem como a segurança que nele há. Em terceiro lugar[2], enumera as riquezas de dons e virtudes com que foi favorecida e ornada no tálamo de seu Esposo, dizendo já haver chegado à união com Deus, na qual tem as virtudes fortalecidas. Em quarto lugar, afirma que já tem a perfeição do amor.

1. Referência às Canções XIV e XV que precediam a esta, na primeira redação do *Cântico*.
2. Ao desenvolver a explicação, São João da Cruz perde de vista esta enumeração posta no princípio, e que, aliás, não existe na primeira redação do *Cântico*.

CANÇÃO XXIV

Em quinto lugar, fala da paz espiritual de que goza perfeitamente, estando cheia e aformoseada de dons e virtudes, quanto é possível possuir e gozar nesta vida, como iremos declarando nos versos seguintes. A primeira coisa, pois, que a alma canta é o deleite de que goza na união do Amado, dizendo:

Nosso leito é florido

3. Já explicamos como este leito da alma é o Esposo, Filho de Deus, todo florido para ela. Estando agora unida e recostada nele, como esposa, recebe, no peito do Amado, a comunicação de seu amor, isto é, a sabedoria, os segredos e graças e dons de Deus, com os quais fica tão formosa, rica, e cheia de delícias, que verdadeiramente lhe parece estar num leito de variegadas e suavíssimas flores divinas cujo toque produz deleite, e cujo odor a inebria. Com muito acerto a alma dá a esta união de amor o nome de leito florido, a exemplo da Esposa dos *Cantares* que falando com o Esposo diz: "Nosso leito é florido" (Ct 1,15). Chama-o nosso, porque de ambos unidos é o mesmo amor, bem como as mesmas virtudes e o mesmo deleite, isto é, do Amado, conforme afirma o Espírito Santo nos Provérbios: "Acho as minhas delícias em estar com os filhos dos homens" (Pr 8,31). Mais um motivo tem a alma para dar a este leito o nome de florido: é já possuir as virtudes em grau perfeito e heroico – o que não era possível antes de o leito estar florido em perfeita união com Deus. E assim canta imediatamente a segunda propriedade dele, dizendo no verso seguinte:

De covas de leões entrelaçado

4. Por covas de leões são designadas as virtudes que a alma possui neste estado de união com Deus. Explica-se a comparação pelo fato de serem essas covas de leões muito seguras e abrigadas contra quaisquer outros animais, cau-

sando-lhes temor a fortaleza e ousadia do leão que as habita, e assim não somente não se atrevem a entrar nelas, mas nem ainda ousam parar em sua proximidade. Cada uma das virtudes, quando a alma já as tem perfeitas, é como uma cova de leões para ela, em que mora e assiste o Esposo, Cristo, unido com a mesma alma naquela virtude, e, aliás, em cada uma das outras virtudes, como forte leão. A alma, unida a ele, nessas virtudes, torna-se também como forte leão; participa das mesmas propriedades de Deus, e está tão amparada e forte – em cada uma das virtudes e em todas juntas – recostada assim neste leito florido de união divina, que não se atrevem os demônios a acometê-la. Nem mesmo ousam apresentar-se diante dela, pelo grande temor que lhes causa a vista dessa alma tão engrandecida, resoluta e ousada, com virtudes perfeitas, no leito do Amado. Vendo-a em tão consumada união e transformação de amor, eles a temem como ao próprio Deus, e nem sequer ousam olhá-la; pois muito teme o demônio a alma que alcançou a perfeição.

5. Diz também o verso que o leito está entrelaçado destas covas de leões, isto é, de virtudes, porque, neste estado, já estão entrelaçadas e unidas com tanta fortaleza entre si umas com as outras, e tão ajustadas na total perfeição da alma, sustentando-se umas às outras, que não deixam brecha alguma de frouxidão ou fraqueza em que possa introduzir-se o demônio. Nem mesmo coisa alguma do mundo, seja alta ou baixa, consegue penetrar de modo a inquietar e molestar a alma, ou ainda causar-lhe a mínima impressão. Estando agora livre de toda perturbação das paixões naturais, alheia e desprendida do bulício e variedade dos cuidados temporais, qual se acha neste estado, goza com segurança e tranquilidade a participação de Deus. Isto mesmo desejava a Esposa nos *Cantares* quando dizia: "Quem dera ter-te por irmão, e que mamasses os peitos de minha mãe", para que, encontrando-te fora, a sós, eu te pudesse beijar sem que ninguém me desprezasse! (Ct 8,1). Este beijo é o

da união de que vamos falando, na qual se iguala a alma a Deus, por amor. Este é o motivo por que o deseja a Esposa, dizendo como seria feliz ter o Amado por "irmão" – termo que significa e produz igualdade. "Amamentado aos peitos de sua mãe", isto é, consumidas todas as imperfeições e apetites da natureza humana, herdada de sua mãe Eva; e "achando-o fora", na solidão, a saber, unindo-se com ele só, fora de todas as coisas, desprendida de todas elas, segundo a vontade e inclinação. E assim "ninguém a desprezará, nem o mundo, nem a carne, nem o demônio, ousarão atrever-se a isso. De fato, quando a alma se acha livre e purificada de tudo, em união com Deus, nenhuma coisa poderá aborrecê-la. Daqui se origina para ela, neste estado, o gozo de uma contínua suavidade e tranquilidade, que nunca perde nem jamais lhe falta.

6. Além desta ordinária satisfação e paz, sucede também desabrocharem as flores de virtudes deste horto da alma, trescalando perfumes, de tal maneira que lhe parece estar cheia de deleites divinos, e na verdade assim é. Digo que desabrocham essas flores de virtudes na alma, porque, embora ela habitualmente as possua em perfeição, contudo, nem sempre está gozando delas de modo atual. Decerto, aquela paz e tranquilidade costumam causar-lhe satisfação; mas podemos afirmar que as virtudes, nesta vida, estão na alma como flores em botão, ainda fechadas, no jardim. É uma maravilha ver como, algumas vezes, sob a moção do Espírito Santo, se abrem todas essas flores, exalando de si mesmas os mais variados e admiráveis perfumes. A alma contempla, então, no seu íntimo, as flores "das montanhas" que significam, conforme dissemos acima[1], a abundância, grandeza, e formosura de Deus; entrelaçados a elas, estão os lírios dos "vales nemorosos", isto é, descanso, refrigério, e amparo; logo se vêm juntar as rosas perfumadas das "ilhas mais estranhas", simbolizando

1. Ver Canções XIV e XV.

724   CÂNTICO ESPIRITUAL

os peregrinos conhecimentos de Deus; aparecem também as açucenas dos "rios sonoros", a trescalarem seus olores, isto é, a revelação da magnificência de Deus que enche toda a alma; acrescenta-se ainda o delicado perfume dos jasmins dos "sussurros amorosos", ali entrelaçados, que dão igualmente seu gozo, neste estado. E do mesmo modo, todas as outras virtudes e dons, dos quais já falamos: o conhecimento sossegado, a "música calada", a "solidão sonora", a amorosa ceia com as suas delícias. Tão imenso é o deleite gozado e sentido pela alma, algumas vezes, em todas essas flores de virtudes em conjunto, que com muita verdade pode dizer: Nosso leito é florido, de covas de leões entrelaçado. Ditosa a alma que nesta vida merecer gozar alguma vez o olor destas flores divinas! Continua o verso a dizer como este leito está também:

Em púrpura estendido

7. Pela púrpura é simbolizada, na Sagrada Escritura, a caridade. Serve também aos reis para suas vestes. Afirma aqui a alma estar o seu leito estendido em púrpura, porque todas as virtudes, riquezas e bens nele contidos estão fundados na caridade do Rei celestial, e só nesta caridade se sustentam e florescem, proporcionando gozo. Sem este amor, jamais poderia ela gozar deste leito e destas flores. De fato, todas as virtudes estão na alma como estendidas no amor de Deus, único receptáculo conveniente para bem conservá-las, e se acham como banhadas em amor. Todas e cada uma delas, efetivamente, estão sempre enamorando a alma de Deus, e em todas as obras e ocasiões levam-na amorosamente a maior amor de Deus. Tal é a significação do leito "em púrpura estendido". Nos sagrados *Cantares* temos disso a expressão exata, naquela liteira que Salomão fez para si, a qual era de madeira do Líbano, com colunas

CANÇÃO XXIV

de prata e reclinatório de ouro, e os degraus de púrpura, ordenando tudo com a caridade (Ct 3,9-10). As virtudes e dotes com que Deus constrói este leito da alma – significados pela madeira do Líbano e as colunas de prata – têm seu reclinatório ou encosto no amor, simbolizado pelo ouro; pois, como já dissemos, as virtudes se firmam e conservam no amor. Todas elas se ordenam e exercitam mediante a mútua caridade de Deus e da alma, conforme acabamos de dizer. Acrescenta a alma que este leito é também

De paz edificado

8. Põe aqui a quarta excelência deste leito, a qual se deriva imediatamente da terceira, que foi descrita. Vimos como consistia no perfeito amor cuja propriedade é lançar fora todo temor, segundo a palavra de São João (1Jo 4,18); daí procede consequentemente a perfeita paz da alma, quarta excelência deste leito conforme estamos dizendo. Para melhor compreensão, torna-se necessário saber que cada uma das virtudes é em si mesma pacífica, mansa e forte; logo, produz na alma que a possui estes três efeitos, de paz, mansidão e fortaleza. Como este leito florido está composto de todas as flores de virtudes e todas elas são pacíficas, mansas e fortes, daí procede estar edificado na paz, achando-se a alma pacífica, mansa e forte. São três propriedades que impossibilitam toda guerra e combate, tanto da parte do mundo, como do demônio ou da carne; tornam a alma tão tranquila e segura, que lhe parece, na verdade, estar toda edificada na paz. A quinta propriedade deste leito florido é ser, além de tudo isto,

De mil escudos de ouro coroado

9. Os escudos são aqui os dons e virtudes da alma. Embora tenhamos dito que são flores, também lhe servem agora de coroa e prêmio, pelo trabalho que teve em conquistá-las.

CÂNTICO ESPIRITUAL

Muito mais ainda, vêm a servir-lhe, ao mesmo tempo, de defesa, quais fortes escudos, contra os vícios aniquilados pelo exercício delas. Por esta razão, o leito florido da Esposa, com as virtudes por coroa e proteção, acha-se não só coroado para recompensa da mesma Esposa, mas protegido por elas como por fortes escudos. Acrescenta a alma que estes escudos são de ouro, querendo manifestar assim o valor imenso das virtudes. A Esposa nos *Cantares* diz a mesma coisa por outras palavras: "Eis aqui o leito de Salomão, ao qual rodeiam sessenta fortes dos mais valentes de Israel, cada um deles leva a espada ao lado, para defesa contra os temores noturnos" (Ct 3,7). Em dizer o verso que os escudos são em número de mil, dá a entender a grande cópia de virtudes, graças e dons com que Deus enriquece a alma neste estado; e para significar essa mesma inumerável profusão das virtudes da Esposa, emprega o Esposo idêntica expressão: "Teu colo é como a torre de Davi, edificada com seus baluartes: dela estão pendentes mil escudos, e todas as armaduras dos fortes" (Ct 4,4).

ANOTAÇÃO PARA A CANÇÃO SEGUINTE

1. A alma chegada a esta altura de perfeição não se satisfaz somente em louvar e enaltecer as excelências de seu Amado, o Filho de Deus, nem tampouco em cantar e agradecer as mercês que dele recebe, e os deleites que nele goza. Deseja referir também os dons concedidos pelo Esposo às outras almas, porque nessa bem-aventurada união de amor, a alma contempla tudo isto em conjunto. Para louvar, pois, o Amado, e render-lhe graças por tais mercês feitas às outras almas, diz esta canção:

Canção XXV

Após tuas pisadas
Vão discorrendo as jovens no caminho,
Ao toque de centelha,
Ao temperado vinho,
Dando emissões de bálsamo divino.

EXPLICAÇÃO

2. Nesta canção, a Esposa louva o Amado por três mercês que as almas devotas recebem dele, e por cujo meio se afervoram e adiantam mais no amor de Deus; como a alma já as experimentou neste estado, aqui as menciona. A primeira, diz, é a suavidade que o Esposo lhes dá de si mesmo: é de tal modo eficaz que as impele a andar com extrema rapidez no caminho da perfeição. A segunda é uma visita amorosa com que subitamente as inflama no amor. A terceira consiste na abundância da caridade nelas infundida, embriagando-as tão fortemente que lhes transporta o espírito – tanto nesta embriaguez como na visita de amor – em louvores de Deus e afetos suavíssimos de amor. A alma pois, fala assim:

Após tuas pegadas

3. As pisadas são rastros deixados pelos pés de alguém que passa, e por estes rastros vai-se descobrindo e buscando quem por ali andou. O conhecimento, cheio de suavidade, proporcionado por Deus de si mesmo à alma que o busca, é este rastro e pisada por onde ela vai conhecendo e procurando a Deus. Eis por que a alma diz aqui ao Verbo, seu Esposo: após tuas pisadas, isto é, atrás do rastro de tua divina suavidade, que imprimes nos seus corações, e do teu olor que neles derramas,

728 CÂNTICO ESPIRITUAL

Vão discorrendo as jovens no caminho

4. Isto é, as almas devotas, as quais com forças de juventude, recebidas nesta suavidade de tuas pisadas, correm por muitas partes e de muitas maneiras no caminho da vida eterna. Efetivamente, este é o significado aqui da palavra discorrer. Cada alma por seu lado, e conforme a sua própria vocação, segundo o espírito e o estado que Deus lhe dá, com muita diversidade de exercícios e obras espirituais, segue por esse caminho que consiste na perfeição evangélica na qual encontram o Amado em união de amor depois de terem chegado à desnudez espiritual acerca de todas as coisas. Esta suavidade e rastro que Deus imprime de si na alma, torna-a muito ligeira para correr após o Amado. Muito pouco ou mesmo nada é o que de sua parte trabalha ela então para percorrer este caminho; pois este divino rastro do Esposo com tal eficácia a move e atrai, que não somente anda, mas, como dissemos, nele corre de muitas maneiras. Por isto a Esposa nos *Cantares* pediu ao Esposo esta divina atração, dizendo: "Atrai-me, correremos após ti ao olor de teus perfumes" (Ct 1,3). E, depois de ter aspirado este divino perfume, acrescentou: "Ao olor de teus perfumes corremos; as jovens te amaram extremamente"[1]. Disse também Davi: "Corri pelo caminho dos teus mandamentos quando dilataste o meu coração" (Sl 118,32).

Ao toque de centelha,
Ao temperado vinho,
Dando emissões de bálsamo divino

5. Nos dois primeiros versos, explicamos como as almas, atrás das pisadas divinas, vão correndo no caminho, por exercícios e obras exteriores. Nestes três de agora, trata a Esposa do exercício interior da vontade, em que se empre-

---

1. Estas palavras são de uma antífona do Ofício de Nossa Senhora.

gam essas almas, movidas por duas novas graças ou visitas íntimas do Amado – denominadas aqui toque de centelha e temperado vinho. O próprio exercício interior da vontade, resultante e proveniente dessas duas visitas, é chamado emissões de bálsamo divino. A primeira dessas duas mercês – o toque de centelha – é um contato sutilíssimo do Amado na alma, em algumas ocasiões, mesmo quando ela está mais descuidada. Este toque incendeia-lhe o coração de tal modo, no fogo do amor, que parece na verdade uma centelha de fogo que saltou para abrasá-la. Com grande celeridade, então, como quem volta a si de repente, inflama-se a vontade em amor e desejo, louvando, agradecendo e reverenciando a Deus, estimando-o acima de tudo, e dirigindo-lhe súplicas, com amoroso deleite. A estes atos chama aqui a alma emissões de bálsamo divino, correspondentes ao toque das centelhas que saltam daquele fogo do divino amor de onde procedem, o qual é bálsamo divino a confortar e curar a alma com seu olor e substância.

6. Deste divino toque fala assim a Esposa nos *Cantares*: "O meu Amado meteu a mão pela abertura, e as minhas entranhas estremeceram ao seu toque" (Ct 5,4). O toque do Amado é este a que nos referimos agora, com o qual Deus inflama a alma em seu amor; a mão significa a mercê que nisto lhe faz; a abertura por onde entrou a mão do Amado é a maneira, estado e grau de perfeição que tem a alma, pois nesta mesma proporção costuma ser o toque em maior ou menor intensidade, de um modo ou de outro, conforme o quilate espiritual da mesma alma. As entranhas que estremeceram representam a vontade onde se produz o toque; o estremecimento é o transporte dela em afetos e aspirações a Deus, desejando amar, louvar, e empregar-se em todos aqueles atos referidos acima, os quais são as emissões de bálsamo divino que deste toque redundam, conforme dissemos.

7. "Ao temperado vinho". Este vinho temperado é outra mercê muito maior que Deus concede, algumas vezes, às almas já adiantadas, inebriando-as no Espírito Santo, com um vinho de amor, suave, saboroso e fortificante, e por isto lhe dá o nome de vinho temperado. Assim como este vinho especial é condimentado com muitas e diferentes substâncias que lhe dão força e perfume, assim também este amor de Deus, concedido às almas já perfeitas, está condimentado e assentado no íntimo delas, e temperado com as virtudes que possuem. Este amor, aromatizado como o vinho, com tão preciosas especiarias, produz na alma tal vigor e abundância de suave embriaguez que, nestas visitas de Deus, a alma é movida com grande eficácia e força a dirigir ao seu Amado aquelas emissões, ou emanações de louvor, amor, reverência, e outros afetos, como já dissemos; ao mesmo tempo, sente admiráveis desejos de o servir e de padecer por ele.

8. É preciso saber que esta graça de suave embriaguez não passa tão depressa como a do toque de centelha, pois é muito mais persistente. A centelha toca a alma e se extingue, embora seu efeito dure um pouco e chegue, mesmo algumas vezes, a prolongar-se muito; o vinho temperado, ao contrário, sempre dura por mais tempo, tanto ele como o seu efeito, de suave amor pelo espaço de um ou dois dias, em algumas ocasiões, e até por muitos dias seguidos. A intensidade, contudo, varia, pois não é sempre com o mesmo grau; algumas vezes diminui, outras cresce, sem depender da alma. Por vezes, acontece-lhe sentir, sem nada fazer de sua parte, que este vinho divino lhe vai embriagando a íntima substância, e ao mesmo tempo inflamando o espírito, conforme as palavras de Davi: "O meu coração abrasou-se dentro de mim; e na minha meditação inflamar-se-á o fogo" (Sl 38,4). As emissões provenientes desta embriaguez de amor duram às vezes todo o tempo em que a alma a experimenta; ocasiões há, contudo, em que sente a embria-

guez sem as emissões. A intensidade destas, quando se produzem, é proporcional à embriaguez de amor. Quanto aos efeitos da centelha, dá-se o contrário, persistem mais do que ela mesma, pois são efeitos que deixa na alma; são muito mais incendidos do que os da embriaguez, pois esta divina centelha deixa por vezes a alma a abrasar-se e queimar-se em amor.

9. Já que falamos do vinho condimentado, será bom observar brevemente aqui a diferença existente entre o vinho limpo a que chamam vinho velho e o vinho novo; é a mesma diferença que há entre os antigos e novos amigos e servirá para dar aqui um pouco de doutrina aos espirituais. O vinho novo não tem ainda a borra assentada e separada, por isto está fermentando exteriormente, sem que se possa ainda avaliar a sua qualidade e força – o que só se verá quando estiver bem-assentada a borra e passar a fermentação. Até então, corre grande risco de toldar-se. Tem o gosto forte e desagradável, e faz mal a quem dele bebe muito, pois sua força está ainda toda na borra. O vinho velho já tem assentada e eliminada a borra, e, portanto, já desapareceram aquelas fermentações superficiais que se veem no novo. Logo se percebe a sua boa qualidade, sem que haja mais risco de toldar-se, pelo fato de não ter mais a efervescência e fermentação da borra que o poderia prejudicar. O vinho bem-assentado, efetivamente, é raro que se turve ou estrague, e tem o gosto suave, com a sua força na substância e não no sabor, causando bem-estar e fortalecendo a quem o bebe.

10. Os que começam a amar são comparados ao vinho novo. Principiando a servir a Deus, trazem os fervores deste vinho de amor muito manifestos ao sentido; não assentaram ainda a borra, que é este sentido fraco e imperfeito, e põem a força do seu amor no sabor sensível. Efetivamente é pelo sabor sensível que, de ordinário, se movem e animam a obrar. E assim, não há que fiar em tal amor, enquanto não se acabam aqueles grosseiros gostos e

fervores sensíveis. Sem dúvida, o fervor sensível e o calor do sentimento podem ajudar a alma, inclinando-a para o amor bem-ordenado e perfeito, e servirem assim de meio para alcançá-lo, uma vez assentada a borra de imperfeição. É, todavia, muito fácil também, nestes princípios, com a novidade de gostos, estragar-se o vinho do amor, se o fervor e o sabor sensível vierem novamente a faltar. Estes, que começam a amar, sempre trazem ânsias e agitações de amor sensível; convém que se lhes modere a bebida, pois se forem muito levados pela efervescência deste vinho, em suas ações, estragar-se-á neles o natural, com estas ânsias e inquietações de amor, isto é, deste vinho novo, o qual é acre e desagradável, não tendo sido ainda suavizado pela perfeita cocção em que se acabam essas ânsias de amor, como logo diremos.

11. Comparação idêntica faz o Sábio no *Eclesiástico,* por estas palavras: "O amigo novo é como o vinho novo; tornar-se-á velho, e o beberás com suavidade" (Eclo 19,15). Os velhos amigos, já exercitados e provados no serviço do Esposo, são como o vinho velho, que já tem assentada a borra, e não produz mais aquelas efervescências sensíveis, nem aquelas impetuosidades e entusiasmos fogosos no exterior. Gozam da suavidade do vinho do amor já bem fermentado na substância, e não mais se detêm naquele sabor sensível, como é o do amor dos que começam; saboreiam, no íntimo da alma, este vinho de amor em sua substância e suavidade espiritual, que se manifesta em obras verdadeiras. Não querem mais apegar-se aos gostos e fervores sensíveis, e nem mesmo os desejam para não terem agitações e tristezas. Na verdade, quem larga rédeas ao apetite para qualquer gosto sensível necessariamente há de ter penas e desgostos no sentido, e também no espírito. Estes amigos velhos, carecendo daquela suavidade espiritual cuja raiz está no sentido, já não têm essas penas e agitações no sentido e no espírito, e assim é maravilha se faltarem a Deus; estão acima do que os poderia levar a isso, isto é, acima

da sensualidade. Bebem o vinho do amor não somente assentado e limpo de borra, mais ainda temperado, conforme diz o verso, com as especiarias das virtudes perfeitas que não o deixam toldar como o novo. Por isto, o amigo velho é de grande estimação diante de Deus, e a ele se referem as palavras do *Eclesiástico:* "Não deixes o amigo velho; porque o novo não será semelhante a ele" (Eclo 9,14). Com este vinho, pois, de amor já provado e temperado na alma é que realiza o Amado a embriaguez divina, da qual falamos, em cuja força dirige a alma a Deus as suaves e saborosas emissões. O sentido, portanto, dos três versos é o seguinte: Ao toque da centelha com que despertas minha alma, e o temperado vinho com que amorosamente a inebrias, ela te envia as emissões de bálsamo divino, as quais são os movimentos e atos de amor que nela provocas.

ANOTAÇÃO PARA A CANÇÃO SEGUINTE

1. Como não estará, pois, tão ditosa alma neste leito florido, onde sucedem as sublimes coisas que já relatamos, e ainda muitas outras mais, tendo ela por reclinatório seu Esposo, o Filho de Deus, e por dossel e coberta a caridade e amor do mesmo Esposo! Decerto, tem o direito de fazer suas as palavras da Esposa: "A sua mão esquerda está sob a minha cabeça" (Ct 2,6). Com toda a verdade poder-se-á afirmar que esta alma está agora revestida de Deus, e banhada na divindade; não só exteriormente e na superfície, mas no íntimo do seu espírito, onde tudo se transforma em deleites divinos, inundada em abundância de águas espirituais de vida, experimenta o que diz Davi dos que estão desta maneira unidos a Deus: "Embriagar-se-ão da abundância de tua casa, e tu os farás beber na torrente de tuas delícias. Porque em ti está a fonte da vida" (Sl 35,9-10). Que fartura não será, então, a desta alma em seu íntimo ser, se a bebida que lhe dão é nada menos do que uma torrente de deleites, a qual é o próprio Espírito Santo, a quem

CÂNTICO ESPIRITUAL

São João dá o nome de rio de água viva, resplandecente como cristal, saindo do trono de Deus e do Cordeiro! (Ap 22,1). Estas águas vivas, contendo em si mesmas o mais íntimo amor de Deus, infundem intimamente na alma e lhe dão a beber essa mesma torrente de amor que, como dissemos, é o Espírito de seu Esposo, infundido nela pela graça desta união. Em razão disto, a alma canta, com grande abundância de amor, a canção seguinte.

Canção XXVI

Na interior adega
Do Amado meu, bebi; quando saía,
Por toda aquela várzea
Já nada mais sabia,
E o rebanho perdi que antes seguia.

EXPLICAÇÃO

2. Conta a alma, nesta canção, a soberana mercê que Deus lhe fez, em recolhê-la no íntimo de seu amor, e esta é a graça da união transformante no amor divino. Refere dois frutos que daí tirou: olvido e alheamento de todas as coisas do mundo, e mortificação de todos os seus apetites e gostos.

Na interior adega

3. Para dizer algo sobre esta adega, e declarar o que a alma aqui deseja exprimir, ou significar, seria mister que o Espírito Santo tomasse a mão e movesse a pena. Esta adega, mencionada pela alma, é o mais extremo e íntimo grau de amor, a que ela pode chegar nesta vida. Esta é a razão de dar-lhe o nome de adega interior, isto é, a mais íntima; donde se conclui que há outras, menos interiores; a saber,

CANÇÃO XXVI

os graus de amor pelos quais se sobe esta última. Podemos classificar estes graus ou adegas de amor em número de sete; a alma os possui todos, quando se acha na posse perfeita dos sete dons do Espírito Santo, segundo a sua capacidade para os receber. Assim, quando a alma chega a possuir em perfeição o espírito de temor, tem igualmente em perfeição o espírito de amor, pois esse temor, que é o último dos sete dons, é filial, e sendo temor perfeito de filho, procede do amor perfeito do Pai. Vemos que a Sagrada Escritura, quando quer dizer que alguém é perfeito na caridade, chama-o temente a Deus. Donde Isaías, profetizando a perfeição de Cristo, disse: "Será cheio do espírito do temor de Deus" (Is 11,3). E também São Lucas chama ao velho Simeão de timorato: "Era varão justo e timorato" (Lc 2,25). E o mesmo é dito de muitos outros.

4. Notemos que muitas almas chegam e entram nas primeiras adegas, cada uma segundo a perfeição de amor que lhe é própria; mas, nesta última e mais interior, poucas são as almas que nela penetram, nesta vida; porque aí já se realiza a perfeita união com Deus, chamada matrimônio espiritual, e referida pela alma neste lugar. O que Deus lhe comunica nessa estreita união é totalmente inefável; não se pode traduzir por palavras, assim como não é possível dizer algo que corresponda ao que ele é em si mesmo. É o próprio Deus quem se comunica à alma, com admirável glória, transformando-a nele; ambos não fazem mais que um, por assim dizer, como a vidraça com o raio de sol que a ilumina, ou como o carvão inflamado e o fogo, ou ainda como a luz das estrelas com a do sol. Esta união, todavia, não se efetua de modo tão perfeito e essencial como na outra vida. Para dar uma ideia do que recebe de Deus nesta adega interior de união, a alma não diz outra coisa, nem penso poderia dizer palavra mais adequada, para exprimir algo desse mistério, do que o verso seguinte:

Do Amado meu, bebi

5. Assim como a bebida se espalha e derrama por todos os membros e veias do corpo, assim esta comunicação divina se difunde substancialmente em toda a alma, ou, dizendo melhor, a alma se transforma toda em Deus, e, nessa transformação, bebe de seu Deus conforme sua própria substância e segundo suas potências espirituais. Quanto ao entendimento, bebe sabedoria e ciência; quanto à vontade, bebe amor suavíssimo; e, quanto à memória, bebe alegria e deleite, com lembrança e sentimento de glória. Referindo-se primeiramente ao deleite que recebe e goza em sua substância, diz a alma nos *Cantares*: "Minha alma se derreteu quando o Amado falou" (Ct 5,6). O falar do Esposo significa justamente essa comunicação dele à alma.

6. Que o entendimento beba sabedoria, também o declara a Esposa no mesmo livro, quando, em seu desejo de alcançar esse beijo de união, pediu-o ao Esposo dizendo: "Ali me ensinarás" – isto é, sabedoria, e ciência de amor – "e eu te darei a beber um vinho temperado e um licor novo das minhas romãs" (Ct 8,2): querendo significar, meu amor, temperado com o teu, ou seja, transformado no teu.

7. Quanto à terceira potência, a vontade, afirma igualmente a Esposa, no mesmo livro dos *Cantares,* que bebe ali amor: "Introduzindo-me na adega do vinho, ordenou em mim a caridade" (Ct 2,4). É o mesmo que dizer: deu-me a beber amor, mergulhada no seu próprio amor. Ou mais claramente, falando com maior exatidão: ordenou em mim sua caridade, conformando-me e assimilando-me à sua mesma caridade, o que significa beber a alma no Amado, seu mesmo amor, infundido nela pelo próprio Amado.

8. É bom observar aqui, a respeito da opinião de alguns, de que não pode amar a vontade sem primeiro compreender o entendimento, que isto é certo do ponto de vista natural. De fato, por via natural, não é possível amar, sem

antes conhecer o que se ama. Por via sobrenatural, porém, Deus pode muito bem infundir amor, e fazê-lo crescer, sem infundir nem aumentar o conhecimento distinto, como podemos ver no texto da Sagrada Escritura citado acima. Realidade esta, aliás, bem experimentada por muitos espirituais: muitas vezes se sentem arder em amor de Deus sem, contudo, lhes ser dado mais distinto conhecimento dele; podem, portanto, entender pouco e amar muito, como, também, entender muito e amar pouco. E ordinariamente acontece que almas não muito avantajadas no conhecimento de Deus costumam aproveitar melhor quanto à vontade, e lhes basta a fé infusa em lugar da ciência do entendimento; então, é só mediante a fé que Deus lhes infunde caridade, intensificando-a em seus atos, e consequentemente essas almas chegam a maior amor, embora não lhes seja aumentado o conhecimento. Pode, assim, a vontade beber amor, sem que o entendimento beba nova inteligência; mas, no caso de que vamos tratando – da alma que bebeu de seu Amado –, como é união na adega interior, segundo as três potências, todas, como dissemos, bebem juntamente.

9. Em quarto lugar, está claro que a alma também bebe ali de seu Amado, quanto à memória, pois está ilustrada com a luz do entendimento em lembrança dos bens que está possuindo e gozando nessa união de seu Esposo.

10. Esta bebida divina endeusa e levanta de tal modo a alma, embebendo-a no próprio Deus, que,

Quando saía,

11. Isto é, depois que acabou de receber esta mercê; pois, embora a alma permaneça sempre neste sublime estado do matrimônio espiritual, uma vez chegada a ele, nem sempre está em união atual segundo as suas potências, mas sim quanto a sua substância. Nesta união substancial, entretanto, muito frequentemente se unem também as potências, e bebem na adega interior, recebendo luz no en-

738   CÂNTICO ESPIRITUAL

tendimento, e amor na vontade, etc. Dizendo agora a alma
"quando saía", refere-se, não a essa união substancial ou
essencial que sempre persiste, e que constitui o estado do
matrimônio espiritual, mas à união das potências, que não
é contínua, nem o poderia ser nesta vida. Quando, portanto, a alma saía de tal união,

Por toda aquela várzea,

12. Como a dizer: por toda a extensão deste mundo,

Já nada mais sabia

13. A razão disto é que aquela bebida de altíssima sabedoria de Deus, que ali recebeu, fez a alma olvidar todas as
coisas do mundo. Parece haver olvidado até o que antes
sabia, aliás, todo o saber humano das criaturas, em comparação daquela ciência divina, é pura ignorância. Para
melhor compreensão desta verdade, precisamos entender
que a causa formal desta ignorância da alma a respeito de
todas as coisas do mundo, em chegando a esse estado, é
estar agora ilustrada de uma ciência sobrenatural, diante
da qual todo outro saber, convencional e humano, desta
terra, mais se pode qualificar de não saber do que de saber. Elevada a alma a tão sublime sabedoria, conhece por
esta luz como todas as sabedorias do mundo, que não se
assemelham a ela, não merecem o nome de saber, e sim
o de não saber, e, portanto, nelas nada há que saber. No
que se afirma a verdade das palavras do Apóstolo, quando
diz: "A sabedoria deste mundo é loucura diante de Deus"
(1Cor 3,19). Eis o motivo de a alma asseverar que "já nada
mais sabia", depois de ter bebido aquela sabedoria divina. Não é possível chegar ao conhecimento desta verdade – da pura ignorância que é toda a sabedoria humana
do mundo inteiro, e de quão pouco merece este ser sabido,
a menos que a alma receba esta mercê, e Deus lhe comu-

CANÇÃO XXVI 739

nique interiormente sua própria sabedoria, confortando-a com esta bebida de amor para que conheça claramente essa realidade. Assim o dá a entender Salomão, dizendo: "Visão que expôs um homem, com quem Deus está, e que, tendo sido confortado pela assistência de Deus que reside nele, disse: eu sou o mais insensato dos homens, e a sabedoria dos homens não está em mim" (Pr 30,1-2). Estando a alma naquele excesso de altíssima sabedoria de Deus, toda a sabedoria humana torna-se evidentemente baixa ignorância; porque até as ciências naturais e as mesmas obras feitas por Deus, diante do conhecimento do próprio Deus, são como ignorâncias, pois onde não se sabe Deus, nada se sabe. Eis por que aquilo que há de mais sublime em Deus parece aos homens extravagância e loucura, segundo afirma também São Paulo (1Cor 2,14). Os sábios de Deus e os sábios mundanos são loucos uns para os outros; nem os primeiros podem perceber a ciência do mundo, nem os segundos a sabedoria e ciência de Deus, porquanto a sabedoria do mundo é ignorância em relação à de Deus, e vice-versa.

14. Além disto, aquele endeusamento e transporte do espírito em Deus, que mantêm a alma como arroubada e embebida em amor, toda transformada no mesmo Deus, não a deixa advertir em coisa alguma do mundo. E não somente fica a alma abstraída e aniquilada em relação a todas as coisas, mas ainda a si mesma, como resumida e desfeita em amor, isto é, numa fusão de todo o seu ser no Amado. Este "não saber", produzido pela união, a Esposa nos *Cantares,* depois de ter falado de sua transformação de amor no Esposo, bem o exprime na palavra *nescivi,* que significa "não o soube" (Ct 6,11). De certo modo, está a alma aqui como Adão no estado de inocência, que ignorava toda malícia; porque está agora tão inocente, que não compreende o mal, nem julga haver maldade em coisa alguma. Ouvirá talvez muitas coisas más, e as verá com

740 CÂNTICO ESPIRITUAL

seus olhos, e não será capaz de entender que o são; isto procede de não ter em si hábito do mal por onde possa julgar assim, pois Deus tirou-lhe completamente os hábitos imperfeitos e a ignorância que encerra o mal do pecado, quando lhe infundiu o hábito perfeito da verdadeira sabedoria; e, portanto, também sobre esse ponto, pode dizer a alma, já nada mais sabia.

15. Muito menos se intrometerá ela em coisas alheias, visto como nem das suas se lembra. O espírito de Deus tem esta peculiaridade, na alma em que reside: logo a inclina a ignorar e não querer saber as coisas alheias, mormente aquelas que não concernem ao seu próprio aproveitamento; porque este espírito divino é de recolhimento, atraindo interiormente a alma, antes para tirá-la das coisas estranhas do que para dar-lhe conhecimento delas, e assim faz com que não saiba de mais nada como antes sabia.

16. Não vamos pensar, porém, que a alma, permanecendo neste "não saber", venha a perder agora os hábitos de ciências adquiridas anteriormente, pois até se aperfeiçoam com este novo hábito mais perfeito, que é o da ciência sobrenatural infusa. Somente acontece que não mais têm domínio na alma de modo a que ela necessite servir-se deles para saber, embora lhe seja possível isto algumas vezes. Nesta união de sabedoria divina, juntam-se esses hábitos com uma sabedoria superior que encerra todas as ciências: é como uma luz pequenina que se une a outra muito mais possante que a absorve e passa a brilhar sozinha. A luz menor não se extingue, mas se aperfeiçoa na maior, embora por si mesma não seja a que mais brilha. Assim, entendo, será no céu. Não serão aniquilados os hábitos de ciência adquirida que levarem consigo os justos; mas estes não hão de fazer muito caso de tais hábitos, porque ficarão sabendo muito mais do que tudo isto, na sabedoria divina.

CANÇÃO XXVI

17. Na absorção de amor em que a alma está, perde e ignora todos os conhecimentos e noções particulares das coisas e atos imaginários, bem como qualquer outra apreensão que tenha forma ou figura; e isto sucede por duas causas. A primeira é que, ficando a alma atualmente absorvida e imersa naquela bebida de amor, não pode atender nem ocupar-se em outra coisa de modo atual. A segunda, e principal, é ser a mesma alma, naquela transformação em Deus, de tal maneira assimilada à simplicidade e pureza do próprio Deus (a qual não pode conter forma ou figura alguma imaginária), que se torna limpa e pura e despojada de todas as formas e figuras apreendidas anteriormente, já agora purificada e ilustrada com aquela simples contemplação. Este efeito é semelhante ao do sol sobre a vidraça; infundindo nela sua luz, torna-a clara e faz desaparecer à vista todas as manchas e poeiras que eram perceptíveis; mas, uma vez afastado o raio luminoso, logo reaparecem as manchas e pontos escuros ali existentes. Na alma, todavia, como permanece e perdura algum tempo o efeito daquele ato de amor, também se prolonga o não saber, de modo a não lhe ser possível atender em particular a coisa alguma, até que passe o fervor do referido ato de amor. Este, do mesmo modo que a inflamou e transformou em amor, igualmente a aniquilou e desfez em tudo quanto não era amor, conforme podemos compreender pelas palavras de Davi: "Inflamou-se o meu coração, meus rins se mudaram, e eu fui reduzido a nada, e não o soube" (Sl 72,21-22). Mudaram-se os rins, nesta inflamação do coração, significa mudar-se a alma, quanto a todos os seus apetites e operações em Deus, numa nova maneira de vida, já totalmente desfeita e aniquilada a antiga em que antes vivia. E em dizer o Profeta, que foi reduzido a nada, e não o soube, são assinalados os dois efeitos produzidos por esta bebida na adega interior de Deus. De fato, não apenas se aniquila todo o saber que a alma possuía anteriormente, e tudo lhe

742   CÂNTICO ESPIRITUAL

parece nada, mas também se aniquilam suas imperfeições e toda sua vida velha, renovando-se agora no homem novo, e este é o segundo efeito, contido no seguinte verso:

E o rebanho perdi, que antes seguia

18. É preciso saber que a alma, até chegar a este estado de perfeição do qual vamos falando, por mais espiritual, guarda sempre algum rebanhozinho de apetites e gostinhos, com outras imperfeições próprias, sejam naturais ou espirituais; anda atrás deles procurando apascentá-los, isto é, ocupando-se em satisfazê-los e seguir-lhes as inclinações. Quanto ao entendimento, costumam ficar na alma algumas imperfeições de apetites em saber as coisas. Acerca da vontade, deixa-se levar por alguns gostinhos e apetites próprios, ora no temporal como possuir certas coisinhas, apegando-se mais a umas do que a outras, e algumas presunções, estimações e pontinhos em que reparam, além de outras bagatelas que ainda têm cheiro e sabor de mundo; ora, acerca do material, na comida ou bebida, gostando mais disto ou daquilo, escolhendo e querendo o melhor. E também em relação ao espiritual, como seja desejar consolações de Deus, além de outras coisas descabidas, que jamais acabaríamos de enumerar, e são comuns aos espirituais ainda não perfeitos. Acerca da memória, muitas distrações, cuidados e lembranças inúteis costumam ter, e se lhes vai a alma atrás de tudo isto.

19. Igualmente a respeito das quatro paixões têm esses espirituais, ainda imperfeitos, muitas esperanças e gozos, dores e temores, que são inúteis, e atrás destes sentimentos costuma andar a alma. Enfim, este rebanho que explicamos é mais ou menos numeroso, para uns ou para outros; mas geralmente todos o andam apascentando, até entrarem nesta adega interior onde vêm beber. Perdem-no, então, inteiramente, sendo transformados todos no amor, e aí consumidos estes rebanhos de imperfeições da alma, mais

CANÇÃO XXVI

facilmente do que a ferrugem e o mofo dos metais no fogo. A alma, pois, já se sente livre de todas aquelas ninharias de gostinhos e inutilidades, após as quais andava se apascentando, e assim pode agora dizer com razão: "e o rebanho perdi, que antes seguia".

ANOTAÇÃO PARA A CANÇÃO SEGUINTE

1. Comunica-se Deus à alma com tantas veras de amor, nesta íntima união, que não há afeto de mãe acariciando seu filhinho com toda a ternura, nem amor de irmão, nem amizade de amigo, que se lhe possa comparar. A tanto chega, com efeito, a ternura e verdade do amor com que o imenso Pai regala e engrandece esta humilde e amorosa alma. Oh! coisa maravilhosa e digna de todo o espanto e admiração: sujeitar-se Deus à alma, verdadeiramente, para exaltá-la, como se fora seu servo, e ela fora o seu senhor! E está tão solícito em regalá-la como se ele fora seu escravo e ela seu Deus – tão profunda é a humildade e mansidão de Deus! Nesta comunicação de amor, o Senhor exercita, de certo modo, aquele ofício a que se refere no Evangelho, dizendo que no céu se cingirá e servirá os seus escolhidos, passando de um a outro (Lc 12,37). Está ocupado aqui em festejar e acariciar a alma, tal como faz a mãe em servir e mimar o filhinho, criando-o aos seus mesmos peitos. Nisto experimenta a alma a verdade das palavras de Isaías: "Aos seus peitos sereis levados, e sobre seus joelhos sereis acariciados" (Is 66,12).

2. Que sentirá, pois, a alma aqui, entre tão soberanas mercês? Como não se desfará toda em amor! Qual não será a sua gratidão vendo esse peito de Deus aberto para ela com tão sublime e liberal amor! Vendo-se no meio de tantos deleites, entregando-se totalmente a Deus, dando-lhe também os seus peitos, isto é, sua vontade e amor, experimenta, então, e percebe no seu íntimo, o mesmo que sentia a Esposa nos *Cantares* quando falava assim ao Es-

744 CÂNTICO ESPIRITUAL

poso: "Eu sou para meu Amado e meu Amado para mim se volta. Vem, Amado meu, saiamos ao campo, moremos nas quintas. Levantemo-nos de manhã para ir às vinhas, vejamos se a vinha já deu flor; se as flores produzem fruto; se as romãs já floresceram. Ali te darei meus peitos" (Ct 7,10-13). Como a dizer: empregarei os deleites e força de minha vontade a serviço de teu amor. Assim é que se realizam estas duas entregas, da alma e de Deus nesta união; e, por isto, a mesma alma as refere na canção seguinte, dizendo:

Canção XXVII

Ali me abriu seu peito
E ciência me ensinou mui deleitosa;
E a ele, em dom perfeito,
Me dei, sem deixar coisa,
E então lhe prometi ser sua esposa.

EXPLICAÇÃO

3. Nesta canção, a Esposa relata a entrega que houve de ambas as partes – isto é, dela e de Deus – neste desposório espiritual. Diz como na adega interior se uniram os dois; o Amado a ela se comunicou, abrindo-lhe o peito de seu amor livremente, ensinando-lhe os segredos de sua sabedoria; e a alma se entregou a ele de modo total, em dom perfeito e inteiro, sem reservar coisa alguma para si ou para outrem, tendo-se agora por toda sua para sempre. Segue-se o verso:

Ali me abriu seu peito

4. Abrir o peito de um ao outro significa dar o amor e amizade mutuamente, descobrindo um ao outro seus próprios segredos como de amigo a amigo. Assim, em dizer a alma

CANÇÃO XXVII 745

que o Esposo lhe abriu ali seu peito quer mostrar como lhe comunicou seu amor e seus segredos; é isto o que Deus faz à alma neste estado de união. Mais adiante, continua ela a dizer no verso seguinte:

E ciência me ensinou mui deleitosa

5. A ciência deleitosa que a alma refere ter aprendido aqui é a teologia mística, ciência secreta de Deus – chamada, pelos espirituais, de contemplação –, a qual é mui saborosa, por ser ciência de amor, cujo mestre é o próprio amor donde lhe vem todo o deleite. Deus comunica esta ciência ou inteligência à alma, no amor com que ele mesmo se dá; causa deleite ao entendimento, pois, como ciência, a ele pertence; e, ao mesmo tempo, traz gozo à vontade, por ser ciência de amor, o qual é próprio da vontade. E acrescenta logo:

E a ele, em dom perfeito,
Me dei, sem deixar coisa

6. Naquela suave bebida de Deus, em que, como dissemos, se embebe a alma no próprio Deus, com toda a sua vontade e com grande suavidade entrega-se ela toda a ele para sempre, querendo ser toda sua, e não ter em si mesma coisa estranha de Deus. Por sua vez, Deus produz na alma, mediante esta união, a perfeição e pureza para isto necessárias, porquanto transforma a alma nele, e a faz totalmente sua, tirando-lhe tudo que nela havia alheio a Deus. Em consequência, não somente segundo a vontade, mas também por obra, fica a alma, de fato, dada de todo a Deus, em dom perfeito, assim como Deus se deu livremente a ela. Pagam-se agora aquelas duas vontades, entregues e satisfeitas entre si, de modo que nada mais há de faltar, da parte de uma e de outra, em fidelidade e firmeza de desposório. Por esta razão, continua a alma, dizendo:

746   CÂNTICO ESPIRITUAL

E então lhe prometi ser sua esposa

7. Assim como a desposada não dá a outro que não seja o
Esposo todo o seu amor, sua atenção e suas obras, assim a
alma, neste estado, já não tem afetos de vontade, nem notícias de entendimento, nem outra qualquer solicitude ou
atividade, que não seja para seu Deus, ao qual tendem todos os seus desejos. Está agora como divina, toda endeusada, a ponto de nem mais sentir primeiros movimentos para
coisa alguma que seja contra a vontade de Deus, em tudo
quanto pode entender. A alma imperfeita ordinariamente
costuma sentir, ao menos por primeiros movimentos, inclinação para o mal, segundo o entendimento, vontade e
memória, bem como em seus apetites e imperfeições; mas
a alma no estado de união aqui referido sempre se move e
inclina para Deus, mesmo nesses primeiros movimentos,
pela grande firmeza e ajuda que acha nele, já em perfeita
conversão ao bem. Tudo isto foi acertadamente expresso
por Davi, quando assim falou de sua própria alma neste
estado: "Porventura a minha alma não estará sujeita a
Deus? Sim, pois que dele me vem a salvação. Porquanto ele
é meu Deus, meu salvador e meu recebedor, não vacilarei
jamais" (Sl 61,2). Nesta palavra "recebedor", dá a entender
como, por estar sua alma toda recebida por Deus e unida
a ele – como esta de que falamos –, não havia de ter mais
movimento algum contrário a Deus.

8. De tudo quanto dissemos se colige claramente que a
alma chegada ao estado de desposório espiritual não sabe
outra coisa a não ser amar, e andar sempre em deleites de
amor com o Esposo. Como atingiu a perfeição, cuja forma
e ser é o amor, segundo a palavra de São Paulo (Cl 3,14),
e quanto mais alguém ama, tanto mais é perfeito naquilo
que ama, logo esta alma já perfeita é toda amor, se assim
podemos dizer, e todas as suas ações são amor; todas as
suas potências, e enfim, todo o seu cabedal, emprega no
amor, dando tudo quanto possui, como o sábio mercador do

Evangelho (Mt 13,46), por este tesouro de amor que achou escondido em Deus. É ele tão precioso aos olhos do Senhor, e tão bem vê a alma como o Amado nenhuma coisa aprecia, nem de nada se serve, fora do amor, que ela em seu desejo de o servir com perfeição, tudo emprega unicamente no puro amor de Deus. Não o faz só pelo fato de o querer Deus assim, mas também porque o amor que a une ao Amado move-a em tudo, e por meio de todas as coisas, ao mesmo amor de Deus. À semelhança da abelha que suga o mel contido nas flores, e delas não se serve para outro fim, do mesmo modo a alma, agora, em tudo quanto lhe acontece, com grande facilidade tira a doçura de amor ali encerrada. Ocupa-se toda em amar a Deus através de tudo, vendo-se agora penetrada e amparada pelo amor, como o está, não é capaz de entender, sentir e distinguir o que lhe traz gozo ou pena, porque não sabe outra coisa senão amor. Em todas as coisas, e em tudo quanto trata, seu único gozo é o deleite do amor divino. Para dar uma ideia disto, canta a seguinte Canção.

ANOTAÇÃO PARA A CANÇÃO SEGUINTE

1. Dissemos que Deus não se serve de outra coisa a não ser do amor; antes, porém, de entrar no desenvolvimento desta verdade, será bom dar aqui a razão dela, que é a seguinte: Todas as nossas obras, bem como todos os nossos trabalhos, por maiores que sejam, nada são diante de Deus, porque com eles nada podemos oferecer a Deus, nem chegamos a cumprir seu único desejo: o de exaltar a alma. Nada deseja ele para si de tudo quanto fazemos ou sofremos, pois de nada precisa; e se de alguma coisa é servido é de que a alma seja engrandecida. Ora, não há maior grandeza para a alma do que ser igualada a Deus. Por isto, ele se serve somente do amor da alma, pois é próprio do amor igualar o que ama com o objeto amado. Como a alma já possui,

748 CÂNTICO ESPIRITUAL

enfim, perfeito amor, é chamada Esposa do Filho de Deus; este nome significa essa igualdade que tem agora com ele – igualdade de amizade que torna tudo comum entre os dois, conforme a palavra do mesmo Esposo aos discípulos: "já vos chamei amigos, porque vos dei a conhecer tudo aquilo que ouvi de meu Pai" (Jo 15,15). Diz assim a Canção:

Canção XXVIII

Minha alma se há votado,
Com meu cabedal todo, a seu serviço;
Já não guardo mais gado,
Nem mais tenho outro ofício,
Que só amar é já meu exercício.

EXPLICAÇÃO

2. A alma, ou, dizendo melhor, a Esposa, depois de ter dito na Canção passada como se deu toda ao Esposo sem reservar nada para si, exprime agora na canção presente o modo e plano de realizar a sua doação. Consiste em ter-se votado, de corpo e alma, com todas as potências e disposições, somente às coisas que são do serviço de seu Esposo, e a nenhuma outra mais. Por tal motivo, já não anda buscando seu próprio lucro, nem seus gostos particulares; tampouco se ocupa em outros objetos ou tratos estranhos e alheios a Deus. E ainda com o mesmo Deus, já não tem outro estilo nem modo de tratar a não ser exercício de amor, pois mudou e trocou definitivamente em amor tudo quanto fazia antes, conforme se dirá agora.

Minha alma se há votado

3. Em dizer isto, significa a entrega feita de si ao Amado naquela união de amor. Aí sua alma com todas as potências

CANÇÃO XXVIII

ficou entregue e dedicada ao serviço dele: o entendimento, ocupando-se em compreender aquilo em que poderá servir ao Amado, a fim de o fazer; a vontade, em amar tudo o que agrada a Deus, afeiçoando-se em todas as coisas à vontade dele; a memória, com solicitude no que é do seu serviço e mais lhe agrada. E acrescenta:

Com meu cabedal todo a seu serviço

4. Por todo seu cabedal é aqui compreendido tudo quanto pertence à parte sensitiva da alma. Nela se inclui o corpo com todos os sentidos e potências, interiores e exteriores, e toda a sua habilidade natural, isto é, as quatro paixões, bem como as inclinações da natureza e o mais que a alma possui. Tudo isto, afirma, já está empregado no serviço de seu Amado, assim como o está a parte racional e espiritual de que se falou no verso precedente. De fato, agora o corpo, em todos os seus sentidos interiores e exteriores, é tratado segundo a vontade de Deus, dirigindo para ele todas as suas operações; as quatro paixões também estão submissas a Deus, pois a alma não se goza em outra coisa a não ser nele; não tem esperança alguma fora de Deus, nada teme a não ser a Deus e não sofre senão conforme o querer divino, enfim, todas as suas inclinações e cuidados tendem unicamente a Deus.

5. Todo este cabedal se acha tão inteiramente votado e dirigido a Deus, que, mesmo sem advertência da alma, as diversas partes que o compõem, logo nos primeiros movimentos já se inclinam a agir em Deus e por Deus; o entendimento, a vontade e a memória se elevam para ele imediatamente em suas operações, enquanto os afetos e sentidos, desejos e apetites, bem como a esperança, o gozo – e enfim tudo o mais –, logo no primeiro instante tendem para Deus, mesmo quando a alma, torno a dizer, não se lembra de que está agindo por ele. Consequentemente, com muita frequência faz suas ações para Deus, ocupando-se com ele em obras

de seu serviço, sem pensar nem lembrar-se de que o faz por ele. O hábito e costume já adquirido de assim agir faz com que ela não tenha mais necessidade dessa atenção e cuidado, e nem mesmo dos atos fervorosos que fazia anteriormente ao começar suas obras. Porquanto este caudal já está assim votado a Deus do modo referido, necessariamente há de achar-se também a alma na disposição que exprime no verso seguinte por estes termos:

Já não guardo mais gado

6. É como se dissesse: não ando mais a seguir meus gostos e inclinações. Uma vez que a alma os pôs em Deus, pela doação feita a ele, não mais os apascenta nem os guarda para si mesma. E não se limita a dizer que não guarda mais este rebanho, mas acrescenta ainda:

Nem mais tenho outro ofício

7. Antes de chegar a fazer esta entrega e dom de si, com todo o seu cabedal, ao Amado, costuma a alma ter muitos ofícios inúteis, os quais lhe servem para contentar suas inclinações e também as alheias. Tantos eram esses ofícios, podemos afirmar, quantos hábitos imperfeitos possuía. Consistiam, por exemplo, em dizer palavras inúteis e pensar e ocupar-se em coisas vãs, não se servindo de suas faculdades conforme à perfeição da alma. Ainda existem outros apetites, por meio dos quais a alma satisfaz as inclinações de outrem: ostentações, cumprimentos, adulações, respeito humano, atitudes para dar boa impressão ou ações feitas com o fim de agradar às pessoas, e mais outras muitas coisas inúteis com que procurava cativar simpatias; em tudo isto se emprega a solicitude, o desejo, a atividade, e, finalmente, todo o cabedal da mesma alma. Agora, já não mais tem esses ofícios, porque doravante todas as suas pa-

CANÇÃO XXVIII 751

lavras, pensamentos e obras são de Deus, orientadas para ele, sem mistura daquelas imperfeições antigas. Assim, quer a alma dizer: já não procuro satisfazer meus apetites ou os alheios, nem me ocupo ou entretenho com passatempos inúteis ou coisas do mundo,

Que só amar é já meu exercício

8. Como se dissesse: todos esses ofícios estão empregados no exercício do amor de Deus, isto é, toda a capacidade de alma e corpo, memória, entendimento e vontade, sentidos interiores e exteriores, inclinações da parte sensitiva e da espiritual, tudo agora se move só por amor e no amor; tudo quanto faço é com amor, e tudo quanto padeço é com o gosto do amor. Isto quis dar a entender Davi quando disse: "Guardarei para ti a minha fortaleza" (Sl 58,10).

9. Observemos, aqui, como, em chegando a alma a este estado, todo o exercício da parte espiritual ou da sensitiva, quer se trate de agir ou de sofrer, de qualquer modo que seja, sempre lhe causa maior amor e deleite em Deus. Até o próprio exercício de oração e trato com Deus, que outrora costumava alimentar por considerações ou métodos, agora é somente exercício de amor. Quer se ocupe em coisas temporais, ou se aplique às espirituais, sempre esta alma pode dizer que só amar é já seu exercício.

10. Ditosa vida! Ditoso estado, e ditosa a alma que a ele chega! Tudo agora lhe é substância de amor, regalo e deleite de desposório, no qual verdadeiramente pode a esposa dizer ao Esposo aquelas palavras de puro amor, expressa nos *Cantares:* "Guardei para ti, Amado meu, todos os frutos, novos e velhos" (Ct 7,13). Como se dissesse: Amado meu, tudo quanto é áspero e trabalhoso quero por teu amor; e tudo quanto há de suave e saboroso quero para ti. A significação própria deste verso consiste, porém, em declarar que a alma, no estado de desposório espiritual,

752   CÂNTICO ESPIRITUAL

vive em contínua união no amor de Deus, isto é, tem a sua
vontade sempre presente diante de Deus por amor.

ANOTAÇÃO PARA A CANÇÃO SEGUINTE

1. Verdadeiramente esta alma está perdida para todas
as coisas e conquistada só pelo Amor, não mais ocupando o espírito em outra coisa. Por tal razão, ainda mesmo
na vida ativa e em outros exercícios exteriores desfalece, a
fim de dar-se deveras ao cumprimento da única coisa que
o Esposo declarou ser necessária (Lc 10,42): a permanência e o contínuo exercício de amor em Deus. Esta atitude é
tão prezada e estimada por ele, que repreendeu Marta por
ter querido apartar de seus pés Maria para ocupá-la em
obras de vida ativa, ao serviço do Senhor. Julgava Marta
que ela própria era quem fazia tudo, e Maria nada, estando
só a gozar do Mestre, quando na verdade se dava o contrário, pois não há obra melhor nem mais necessária do que
o amor. Assim também nos *Cantares,* o Esposo defende a
Esposa, conjurando todas as criaturas do mundo – ali compreendidas pelo vocábulo de "filhas de Jerusalém" – a que
não a perturbem em seu sono espiritual de amor, nem a
despertem ou lhe abram os olhos a outra coisa, até que ela
o queira (Ct 3,5).

2. Notemos aqui o seguinte: enquanto a alma não chega
ao perfeito estado de união de amor, convém exercitar-se
no amor tanto na vida ativa como na vida contemplativa;
mas quando a ele chega, não lhe é mais oportuno ocupar-se
em obras e exercícios exteriores – sejam mesmo de grande
serviço do Senhor, que possam no mínimo ponto impedir
aquela permanência de amor em Deus. Na verdade, é mais
precioso diante dele e da alma um pouquinho desse puro
amor, e de maior proveito para a Igreja, embora pareça
nada fazer a alma, do que todas as demais obras juntas.
Em razão disto Maria Madalena, ainda que com sua prega-

CANÇÃO XXVIII

ção fizesse grande proveito, e ainda maior o pudera fazer depois, contudo, inflamada pelo grande desejo de agradar ao Esposo e ser útil à Igreja, escondeu-se no deserto trinta anos, a fim de entregar-se deveras ao seu amor, persuadida de ser o lucro, deste modo, muito maior em todos os sentidos, pelo muito que aproveita e importa à Igreja um pouquinho deste amor.

3. Se alguma alma, portanto, tivesse algo deste solitário amor, seria grande agravo tanto para ela como também para a Igreja querer ocupá-la, ainda por tempo limitado, em coisas exteriores ou ativas, mesmo sendo estas de notável importância. Com efeito, se Deus conjura a todos para que não a despertem desse amor, quem ousará atrever-se sem ser por ele repreendido? Afinal de contas, é este amor o fim para o qual fomos criados. Considerem aqui os que são muito ativos, e pensam abarcar o mundo com suas pregações e obras exteriores: bem maior proveito fariam à Igreja, e maior satisfação dariam a Deus – além do bom exemplo que proporcionariam de si mesmos – se gastassem ao menos a metade do tempo empregado nessas boas obras, em permanecer com Deus na oração, embora não houvessem atingido grau tão elevado como esta alma de que falamos. Muito mais haviam de fazer, não há dúvida, e com menor trabalho, numa só obra, então, do que em mil, pelo merecimento de sua oração na qual teriam adquirido forças espirituais. Do contrário, tudo é martelar, fazendo pouco mais que nada, e às vezes nada, e até prejuízo. Deus nos livre de que o sal comece a perder o sabor! Neste caso, quando mais parece que se faz alguma coisa exteriormente, em substância nada se faz, pois, é certo, as boas obras não podem ser realizadas senão por virtude de Deus.

4. Oh! quanto se poderia escrever aqui sobre este assunto! Mas não é próprio deste lugar. Disse isto somente para dar a entender a canção seguinte, na qual a alma responde por si a quantos lhe impugnam este santo ócio, querendo

754 CÂNTICO ESPIRITUAL

que tudo sejam obras que brilhem e deslumbrem os olhos exteriormente. Não entendem esses qual a fonte e raiz oculta, donde brota a água e procede todo fruto. Assim diz a Canção:

Canção XXIX

Se agora, em meio à praça,
Já não for mais eu vista, nem achada,
Direis que me hei perdido,
E, andando enamorada,
Perdidiça me fiz e fui ganhada.

EXPLICAÇÃO

5. Nesta canção a alma responde a uma repreensão tácita da parte dos mundanos, os quais têm costume de reparar naqueles que se dão verdadeiramente a Deus, tachando-os de exagerados, por causa da abstração e recolhimento em seu modo de proceder, achando também que eles são inúteis para as grandes obras, e perdidos para aquilo que o mundo aprecia e estima. A tal censura esta alma mui cabalmente satisfaz, aqui, afrontando com muita ousadia e coragem não só isto que lhe imputam, mas ainda a tudo mais quanto possa o mundo censurar-lhe; porque, tendo chegado ao vivo do amor de Deus, todo o resto lhe importa pouco. Aliás, a própria alma se empenha em confessá-lo nesta canção, dizendo que se preza e gloria de haver caído nesses excessos, e de se ter perdido ao mundo e a si mesma por amor de seu Amado. E, assim, dirigindo-se aos mundanos, faz questão de lhes dizer: se não a veem mais como outrora no meio deles, ocupada em afazeres e passatempos do mundo, podem afirmar e crer que ela, de fato, está perdida para eles e afastada de sua convivência. E considera isto tão grande bem, que quis perder-se por sua própria

CANÇÃO XXIX

vontade, para ir à procura de seu Amado de quem anda muito enamorada. Com o fim de mostrar-lhes a vantagem que a ela trouxe tal perda, e não julguem ser loucura e engano, diz que essa mesma perda foi o seu lucro, e, por isso, propositadamente deixou-se perder.

Se agora, em meio à praça,
Já não for mais eu vista, nem achada

6. Por este nome de praça é ordinariamente chamado o lugar público onde o povo costuma reunir-se para seus divertimentos e recreações, e no qual também os pastores apascentam seus rebanhos; assim, esta praça, de que fala aqui a alma, significa o mundo, onde aqueles que o seguem têm seus passatempos e reuniões, apascentando então os rebanhos de seus apetites. Diz, portanto, a esses mundanos que, se não for mais vista nem achada no meio da praça, como acontecia antes de se ter entregue totalmente a Deus, tenham-na por perdida a este respeito, e que o proclamem, pois com isto muito se alegra, querendo que assim o façam, e ela mesma o confirma dizendo:

Direis que me hei perdido

7. Não se afronta perante o mundo a alma que ama, quanto às obras feitas por amor de Deus, nem as esconde com vergonha, ainda que o mundo inteiro haja de condená-las. Na verdade, quem tem vergonha, diante dos homens, de confessar o Filho de Deus, deixando de fazer as obras do seu serviço, o próprio Filho de Deus se envergonhará de o confessar diante de seu Pai, segundo diz ele por São Lucas (Lc 9,26). A alma, portanto, com intrepidez de amor antes se preza de que todos vejam o grande feito que realizou, para a glória de seu Amado, em perder-se a todas as coisas do mundo, e esta é a razão de exclamar: Direis que estou perdida.

8. Tão perfeita ousadia e determinação nas obras poucos espirituais alcançam. Sem dúvida, há alguns que agem deste modo, e procedem assim, e chegam a ter-se em conta de muito adiantados nisso; todavia, jamais acabam de se perder em certas coisas do mundo ou da natureza a ponto de fazerem as obras perfeitas e em total desprendimento, por amor de Cristo, e sem preocupação do que se há de dizer ou como as hão de julgar. Estes tais não poderão dizer: direis que me hei perdido; porque não estão perdidos a si mesmos em suas ações. Têm ainda vergonha de confessar a Cristo por obra diante dos homens, e deixam-se levar pelo respeito humano; não vivem ainda verdadeiramente em Cristo.

E, andando enamorada,

9. Isto é, andando a praticar as virtudes, enamorada de Deus,

Perdidiça me fiz e fui ganhada

10. Conhecendo bem a alma aquelas palavras com que o Esposo, no Evangelho, afirma não ser possível a alguém servir a dois senhores, pois, para servir a um, forçosamente há de faltar a outro (Mt 6,24), declara agora como, para não faltar a Deus, faltou a tudo quanto não é ele; abandonou todas as coisas e deixou-se a si mesma, perdendo-se a tudo por seu amor. Quem anda deveras enamorado, logo se deixa perder a todo o resto a fim de achar-se com maior vantagem no objeto de seu amor. Assim a alma diz aqui que voluntariamente se fez perdidiça, deixando-se, de indústria, perder. E isto de duas maneiras: a si mesma, não mais fazendo caso de sua pessoa em coisa alguma, para considerar somente o Amado a quem se entregou de graça, sem qualquer interesse, tornando-se perdidiça para si mesma, e não querendo buscar seu próprio lucro em nada

CANÇÃO XXIX

mais; e a todas as coisas, pois não faz mais caso das que lhe concernem, e sim unicamente das que dizem respeito a seu Amado. Eis o que significa fazer-se perdidiça: ter vontade de ser ganhada.

11. Tal é a alma que está enamorada de Deus. Não pretende vantagem ou prêmio algum a não ser perder tudo e a si mesma, voluntariamente, por Deus, e nisto encontra todo o seu lucro. E na verdade assim é, conforme diz São Paulo: "O morrer é lucro" (Fl 1,21); isto é, para mim, morrer por Cristo, é meu lucro espiritual em todas as coisas e para mim mesmo. Este é o motivo de dizer a alma: fui ganhada; pois quem não sabe perder-se a si mesmo não sabe achar seu ganho, mas antes se perde, como diz Nosso Senhor no Evangelho: "O que quiser salvar sua alma, perdê-la-á e o que perder sua alma por amor de mim, achá-la-á" (Mt 16,25). Se quisermos entender este verso mais espiritualmente e com maior relação ao nosso assunto, precisamos saber o seguinte. Quando uma alma, no caminho espiritual, chegou a ponto de perder-se a todas as vias e modos naturais de proceder em suas relações com Deus, e não mais o busca por meio de considerações, ou formas, ou sentimentos, ou quaisquer outros intermediários de criatura ou sentidos, mas ultrapassou tudo isto, bem como toda a sua maneira pessoal, tratando com Deus e dele gozando puramente em fé e amor, então podemos dizer que, na verdade, esta alma ganhou a seu Deus; porque está verdadeiramente perdida a tudo quanto não é ele, e a tudo quanto ela é em si mesma.

ANOTAÇÃO PARA A CANÇÃO SEGUINTE

1. Estando, pois, a alma assim ganhada por Deus, todas as suas obras lhe trazem proveito; porque toda a força de suas potências converge agora no trato espiritual de amor muito saboroso e íntimo com o seu Amado. Nesse trato, as comunicações interiores entre Deus e a alma são impreg-

nadas de tão delicado e sublime deleite, que não há língua mortal que o possa exprimir, nem entendimento humano capaz de o entender. Como a noiva no dia de suas núpcias não se ocupa em outra coisa a não ser em festas e delícias de amor e em ostentar todas as suas joias e prendas para com elas agradar ao Esposo, e este, de sua parte, faz o mesmo, mostrando-lhe todas as suas riquezas e excelências a fim de causar-lhe alegria e consolação, assim também sucede à alma neste desposório espiritual onde sente com toda a verdade o que a Esposa diz nos *Cantares:* "Eu sou para meu Amado, e o meu Amado para mim se volta" (Ct 7,10). As virtudes e prendas da alma esposa, bem como as magnificências e graças do Filho de Deus, seu Esposo, saem à luz, e são oferecidas em banquete para que se celebrem as bodas deste desposório; comunicam-se os bens e deleites de um a outro, com vinho de delicioso amor no Espírito Santo. Para manifestação disto, fala a alma com o Esposo nesta canção, dizendo:

Canção XXX

De flores e esmeraldas,
Pelas frescas manhãs bem escolhidas,
Faremos as grinaldas
Em teu amor floridas,
E num cabelo meu entretecidas.

EXPLICAÇÃO

2. Volve a Esposa, nesta canção, a falar com o Esposo, em comunicação e recreação de amor. Ocupa-se aqui em tratar do consolo e deleite que têm ambos – a alma Esposa e o Filho de Deus – na posse destas riquezas de virtudes e dons que lhes são comuns, e no exercício recíproco dessas mesmas virtudes, das quais gozam mutuamente em comu-

nicação de amor. Esta é a razão de dizer a alma, falando com o Esposo, que farão as grinaldas ricas em graças e virtudes adquiridas e ganhas em tempo propício e favorável. A beleza e encanto que encerram procede do amor que ele tem a ela; e são sustentadas e conservadas pelo amor que ela dedica a ele. Fazer as grinaldas com as virtudes significa, para a alma, gozar das mesmas virtudes; porque de todas elas juntas, como de flores em grinaldas, gozam ambos entre si, nesse amor mútuo que os une.

De flores e esmeraldas

3. As flores são as virtudes da alma, e as esmeraldas são os dons que recebe de Deus. Destas flores e esmeraldas, portanto,

Pelas frescas manhãs bem escolhidas

4. Isto é, adquiridas e conquistadas nos anos da juventude, que são as frescas manhãs da vida. Bem escolhidas: as virtudes que se adquirem no tempo da mocidade são de escol e muito aceitas a Deus justamente por serem desse tempo de juventude, quando há maior contradição da parte dos vícios para adquiri-las, e a natureza se sente mais inclinada e pronta para perdê-las. E, também, as virtudes, quando são colhidas desde os anos da mocidade, se adquirem com maior perfeição e, portanto, são mais escolhidas. A alma dá o nome de frescas manhãs a esses tempos de juventude, porque assim como o frescor da manhã na primavera é mais ameno do que as outras horas do dia, assim as virtudes praticadas na juventude são mais agradáveis a Deus. Podemos ainda simbolizar, nas frescas manhãs, os atos de amor com os quais se adquirem as virtudes; causam eles maior prazer a Deus do que as frescas manhãs aos filhos dos homens.

5. São significadas igualmente por estas frescas manhãs as obras feitas na secura e dificuldade de espírito, e então se comparam à frescura das manhãs de inverno. Tais obras, feitas por amor de Deus, com dificuldade e falta de gosto sensível, são muito apreciadas por ele, porque oferecem à alma ocasião propícia para adquirir dons e virtudes. De fato, as que se adquirem, desta sorte e com trabalho, geralmente são mais escolhidas e esmeradas, e bem mais firmes do que as adquiridas somente com o gosto e deleite do espírito; pois a virtude praticada na secura, dificuldade e trabalho, lança raízes, segundo a palavra do Senhor a São Paulo: "A virtude se aperfeiçoa na fraqueza" (2Cor 12,9). Para encarecer, portanto, a excelência das virtudes com as quais se hão de tecer as grinaldas para o Amado, a alma se exprime muito bem nestas palavras: pelas frescas manhãs bem escolhidas. Na verdade o Amado só se compraz em flores e esmeraldas de virtudes e dons bem escolhidos e perfeitos, e não em virtudes imperfeitas. Eis a razão de dizer agora a alma Esposa que, para seu Esposo, daquelas virtudes e dons,

Faremos as grinaldas

6. Para compreensão deste verso, é preciso saber que todas as virtudes e dons, possuídos conjuntamente pela alma e Deus, estão nela como uma grinalda de várias flores, a qual a embeleza admiravelmente, como veste preciosa de cores variegadas. Para melhor o entender, observemos como as flores materiais vão sendo colhidas, a fim de ser feita com elas a grinalda; do mesmo modo as flores espirituais, que são as virtudes e dons, à proporção que se adquirem, se vão fixando na alma. Uma vez adquiridas, está completamente feita a grinalda da perfeição em que a alma e o Esposo se deleitam, aformoseados e ornados com esta grinalda, como efetivamente sucede no estado perfeito. São estas as grinaldas que, segundo diz a Esposa, hão de fazer:

CANÇÃO XXX

envolver-se e cercar-se destas variadas flores de virtudes, e das esmeraldas de dons perfeitos, a fim de apresentar-se dignamente, com tão precioso e belo adorno, perante a face do Rei, e merecer que ele a iguale consigo, pondo-a a seu lado como Rainha, pois já o merece agora, com a formosura desta variedade. Daí vêm as palavras de Davi, falando com Cristo, a este respeito: "A Rainha está à tua destra, com manto de ouro, cercada de variedade" (Sl 44,10). É como se dissesse: está à tua direita, vestida de perfeito amor, cercada desta variedade de dons e de virtudes perfeitas. Não diz: farei somente eu as grinaldas, nem tu as farás a sós, mas havemos de fazê-las ambos juntos. A razão disto é que não pode a alma praticar as virtudes ou alcançá-las sozinha, sem a ajuda de Deus; e por sua vez, Deus não as concede à alma sozinho, sem a cooperação dela. Embora seja verdade que toda dádiva boa e todo dom perfeito vem do alto, descendo do Pai das luzes, conforme diz São Tiago (Tg 1,17), contudo, não se pode alcançar graça alguma sem a capacidade de cooperação da alma que a recebe. Por este motivo, falando a Esposa nos *Cantares* ao Esposo, assim se exprime: "Atrai-me; após ti correremos" (Ct 1,3). O movimento para o bem, portanto, há de vir somente de Deus, segundo é dado a entender nessas palavras; mas o correr não é só dele nem só da alma, e sim de ambos juntos, significando a ação de Deus e da alma conjuntamente.

7. Este versinho se aplica com muita propriedade à Igreja e a Cristo, e nele é a Igreja sua Esposa que lhe diz assim: faremos as grinaldas. Nestas são significadas todas as almas santas, geradas por Cristo na Igreja; cada uma é como uma grinalda, ornada de flores de virtudes e dons, e todas juntas formam como uma grinalda para a cabeça do Esposo, Cristo. Podemos também entender por estas formosas grinaldas, as que por outro nome se chamam auréolas, feitas igualmente em Cristo e na Igreja, e são de três qualidades: a primeira, de lindas e níveas flores,

que são todas as almas virgens, cada uma com a sua auréola de virgindade, as quais, unidas juntamente, serão uma só auréola para coroar o Esposo Cristo; a segunda, de resplandecentes flores, formada pelos santos doutores, os quais todos unidos formam outra auréola para sobrepor à das virgens, na cabeça de Cristo; a terceira, de rubros cravos que são os mártires, cada um, também, com sua auréola de mártir, e todos, reunidos em conjunto, tecerão a auréola para completar a do Esposo Cristo; e, assim, com essas três grinaldas ficará ele tão aformoseado e gracioso à vista, que no céu serão ditas as palavras da Esposa dos *Cantares:* "Saí, filhas de Sião, e vede o Rei Salomão com o diadema com que o coroou sua mãe no dia de seu casamento e no dia do júbilo de seu coração" (Ct 3,11). Faremos, pois, estas grinaldas, exclama a alma:

Em teu amor floridas

8. A flor que desabrocha das obras e virtudes é a graça e virtude que elas recebem do amor de Deus, sem o qual não somente deixariam de estar floridas, mas permaneceriam secas e sem valor algum diante de Deus, embora humanamente perfeitas. Como, porém, o Esposo lhes dá seu amor e graça, tornam-se floridas, neste amor, as obras e virtudes,

E num cabelo meu entretecidas

9. Neste cabelo seu, a alma simboliza a sua vontade, e o amor que dedica ao Amado. O ofício que tem e exercita aqui este amor é o mesmo do fio na grinalda, o qual une e entrelaça as flores para tecê-la; assim o amor da alma prende e entretece as virtudes, sustentando-as nela; porque a caridade, no dizer de São Paulo, é o vínculo e laço da perfeição (Cl 3,14). Deste modo, no amor da alma estão as virtudes e dons sobrenaturais tão necessariamente presos que, se houvesse nele quebra, por motivo de faltar

a alma a Deus, logo se desatariam todas as virtudes e ficaria a mesma alma sem elas, assim como partido o fio da grinalda cairiam as flores. Não basta, pois, que Deus nos ame para dar-nos virtudes; é preciso que de nossa parte também o amemos, a fim de recebê-las e conservá-las. Diz a alma: num só cabelo, e não em muitos, para mostrar que sua vontade já está solitária e desprendida de todos os outros cabelos, isto é, de estranhos e alheios amores. Nisso encarece bem o valor e preço destas grinaldas de virtudes; pois quando o amor está sólido e concentrado só em Deus, segundo a alma diz agora, as virtudes estão igualmente perfeitas e completas, e muito floridas no amor de Deus. Torna-se então inestimável à alma, esse amor divino, conforme ela mesma também o sente.

10. Se eu quisesse, porém, dar a entender a formosura deste entretecimento em que se unem, umas às outras, todas estas flores de virtudes, e estas esmeraldas de graças, ou se intentasse descrever algo da fortaleza e majestade que a sua ordem e harmonia põem na alma, bem como o primor e encanto com que a enfeita esta veste de variedade, não me seria possível achar palavras e termos com que o pudesse exprimir. No livro de Jó, o Senhor assim diz do demônio: "O seu corpo é como escudos de bronze fundido, apinhoados de escamas que se apertam. Uma está unida à outra, de sorte que nem o vento passa por entre elas" (Jó 41,67). Se o demônio, pois, tem em si tão grande fortaleza, estando revestido de maldades presas e ordenadas umas com as outras – significadas aqui pelas escamas –, a ponto de ficar o seu corpo como se fosse de escudos de bronze fundido, e, no entanto, todas as maldades são em si fraquezas, como será então a fortaleza desta alma, sendo verdade que ela se acha toda revestida de fortes virtudes, tão presas e entretecidas entre si, que não pode caber entre elas qualquer imperfeição ou fealdade? E se cada uma dessas virtudes vem ainda, com sua própria fortaleza, aumentar

a fortaleza da alma, e com sua formosura, acrescentar-lhe mais formosura, tornando-a rica com o valor e preço que lhes é próprio, e também conferindo a ela senhorio e grandeza com sua majestade? Que visão maravilhosa aos olhos do espírito, a desta alma Esposa, colocada com todos estes dons, à direita do Rei, seu Esposo! "Quão belos são os teus pés, no calçado que trazes, ó filha do Príncipe!", eis como' lhe fala o Esposo nos *Cantares* (Ct 7,1). Chama-a "filha do Príncipe", para manifestar o principado que a alma tem agora. E se ele admira a beleza dos pés no calçado, qual não será a do vestido?

11. Não se limita o Amado somente a admirar a formosura da Esposa, quando a vê ornada com estas flores; também se espanta da fortaleza e poder que ela possui, pela composição e ordem das virtudes, às quais se entrelaçam as esmeraldas dos inumeráveis dons divinos. Por esta razão, diz ele no mesmo livro dos *Cantares,* falando à Esposa: "És terrível como um exército em ordem de batalha" (Ct 6,3). Na verdade, estas virtudes e dons de Deus, assim como recreiam e alegram pelo seu espiritual olor, assim igualmente com a sua substância dão força à alma, nela estando deste modo unidos. Quando a Esposa estava fraca e enferma de amor, por não haver conseguido ainda unir e entrelaçar estas flores e esmeraldas com esse cabelo de seu amor, desejava fortalecer-se com essa união e conjunto delas, e por isto suplicava ao Esposo com estas palavras que lemos no livro dos *Cantares:* "Confortai-me com flores, fortalecei-me com frutos, porque desfaleço de amor" (Ct 2,5). Pelas flores, simbolizava as virtudes, e pelos frutos, os demais dons divinos.

ANOTAÇÃO PARA A CANÇÃO SEGUINTE

1. Creio ter explicado como pelo entrelaçamento das grinaldas, e colocação delas na alma, quer a Esposa dar a entender a divina união de amor que há neste estado, entre

CANÇÃO XXX

ela e Deus. Estas flores são o próprio Esposo, pois, segundo nos diz, é ele a flor dos campos e o lírio dos vales (Ct 2,1). E o que prende e une à alma esta flor das flores é o cabelo do seu amor; porque, como afirma o Apóstolo, o amor é o vínculo da perfeição (Cl 3,14), a qual consiste na união com Deus. A alma é como a almofada onde se pregam estas grinaldas; de fato, ela é o receptáculo desta glória, e não parece mais a que era antes; transforma-se agora na própria flor perfeita, encerrando o acabamento e formosura de todas as flores. Na verdade, este fio de amor une os dois, isto é, a alma e Deus, com tanta força, e tão intimamente os junta, que os transforma, faz um só pelo amor, pois, embora sejam diferentes quanto à substância, tornam-se iguais na glória e semelhança, de modo que a alma parece Deus, e Deus, a alma.

2. Tal é esta junção, mais admirável do que tudo quanto se possa dizer. Dela, algo podemos compreender pelo trecho da Sagrada Escritura referente a Jônatas e Davi, no primeiro livro de Samuel, onde lemos era tão estreito o amor entre um e outro, que conglutinou a alma de Jônatas com a de Davi (1Sm 18,1). Ora, se o amor de um homem para com outro homem foi tão forte a ponto de conglutinar suas almas, qual não será a fusão entre a alma e o Esposo Deus, operada pelo amor que tem ela a ele? Mormente, sendo Deus aqui o principal amante, que com a onipotência de seu abissal amor absorve em si a alma, com mais eficácia e força do que uma torrente de fogo a uma gota de orvalho matutino a evolar-se na atmosfera, transformada em vapor? Consequentemente, este cabelo, que realiza união tão perfeita, deve, sem dúvida, ser muito resistente e sutil para penetrar com tanta força as duas partes por ele unidas. Eis por que a alma descreve, na canção seguinte, as propriedades deste cabelo seu, tão formoso, dizendo:

Canção XXXI

Só naquele cabelo
Que em meu colo a voar consideraste
– Ao vê-lo no meu colo –,
Nele preso ficaste,
E num só de meus olhos te chagaste.

EXPLICAÇÃO

3. Três coisas quer dizer a alma nesta canção. A primeira é manifestar como o amor em que estão presas as virtudes não é outro senão unicamente o amor forte; e verdadeiramente, tal há de ser, para conservá-las. A segunda é declarar que Deus se agradou muito deste cabelo de amor, ao vê-lo sozinho e forte. A terceira é dizer que o mesmo Deus se enamorou intensamente dela, olhando a pureza e integridade de sua fé. A alma assim se exprime:

Só naquele cabelo
Que em meu colo a voar consideraste

4. O colo significa a fortaleza, na qual voava, diz a alma, este cabelo do amor, isto é, amor forte, no qual estão entretecidas as virtudes. Não basta, com efeito, que este cabelo esteja sozinho, para conservar as virtudes; é preciso que seja também forte, a fim de não ser quebrado em parte alguma desta grinalda da perfeição, por qualquer vício contrário. Tão bem presas estão as virtudes em seu entrelaçamento neste cabelo de amor da alma, que, se em alguma delas quebrasse, logo, como já dissemos, faltaria a Deus em todas as outras; porque assim como onde está uma virtude estão todas, assim igualmente na falta de uma, faltam as demais. A alma declara que o cabelo voava no colo: porque é na fortaleza da alma que voa o seu amor para Deus com

grande força e ligeireza, sem deter-se em coisa alguma. O fio de cabelo sobre o colo põe-se a voar com o sopro da brisa; e o divino sopro do Espírito Santo move e agita amor forte para que alce seus voos até Deus. Sem este divino sopro a mover as potências no exercício do amor de Deus, não podem as virtudes nem produzir seus efeitos, embora estejam na alma. Em declarar que o Amado considerou este cabelo a voar no colo, dá a entender quanto tem Deus em apreço o amor forte; porque considerar significa olhar com particular atenção e estima aquilo em que se repara. E o amor forte atrai poderosamente a Deus para que nele ponha os olhos. Segue-se, pois:

Ao vê-lo no meu colo

5. Assim diz para manifestar que não somente teve Deus em grande estima e apreço este seu amor, vendo-o solitário, mas também que o amou ao vê-lo forte. Para Deus, olhar é amar, assim como o considerar consiste em estimar aquilo que considera. Torna a alma a repetir, neste verso, a palavra colo, dizendo, em relação ao cabelo: Ao vê-lo no meu colo. Assim diz porque a causa de o ter amado muito é vê-lo com fortaleza. É, pois, como se dissesse: Amaste-o, vendo-o forte, sem pusilanimidade, ou temor, e também sozinho, sem outro amor algum, voando com ligeireza e fervor.

6. Até agora Deus não havia olhado este cabelo para encantar-se dele, porque não o havia visto só e desprendido de outros cabelos, ou por assim dizer, de outros amores e apetites, afeições e gostos, e assim não voava solitário no colo da fortaleza; mas depois que, pelas mortificações e trabalhos, tentações e penitências, chegou a desprender-se e tornar-se forte, de modo a não mais quebrar-se por qualquer ocasião ou violência, então Deus o olhou, prendendo e unindo nele as flores dessas grinaldas, pois já tem fortaleza para sustentá-las firmes na alma.

768 CÂNTICO ESPIRITUAL

7. Quais e como sejam as tentações e trabalhos, e até onde chegam na alma, para que ela possa alcançar esta fortaleza de amor, em que Deus se une a ela, dissemos algo na explicação das quatro Canções cujo início é: Oh! Chama de amor viva. Havendo esta alma passado por aquelas provações, atingiu tão alto grau de amor de Deus que logrou merecer a divina união e por isto acrescenta logo:

Nele preso ficaste

8. Oh! maravilha digna de toda aceitação e gozo: Deus quedar-se preso em um cabelo! A causa de tão preciosa prisão é ter ele mesmo querido deter-se a olhar o voo do cabelo, como exprimem os versos antecedentes; porque, conforme dissemos, para Deus, olhar é amar. Se ele, por sua grande misericórdia, não nos tivesse olhado e amado primeiro, segundo a palavra de São João (1Jo 4,10), e não descesse até nós, de modo algum o voo do cabelo de nosso rasteiro amor faria nele presa. Não seria capaz de voo tão alto que chegasse a prender esta divina ave das alturas. Como, porém, ela quis abaixar-se a olhar-nos, e veio provocar-nos a que levantássemos o voo de nosso amor, dando-nos força e valor para isso, então ficou preso o mesmo Deus no voo do cabelo, isto é, ele próprio se agradou e contentou, e assim tornou-se prisioneiro. É o que significa o verso: Ao vê-lo no meu colo, nele preso ficaste. Podemos muito bem crer na possibilidade de uma ave de pequeno voo prender a águia real, de voo sublime, se esta descer a um lugar baixo, querendo ser presa. Segue-se:

E num só de meus olhos te chagaste

9. Pelo olho, compreende-se aqui a fé. Diz a alma que é um só, e que por ele ficou ferido o Amado; não fosse solitária a fé e fidelidade da alma, mas estivesse mesclada de qual-

quer consideração ou respeito humano, jamais chegaria a este resultado de chagar de amor ao mesmo Deus. Assim só um olho é capaz de ferir o Amado, bem como um só cabelo o faz cativo. Tão intenso é o amor com que o Esposo se agrada da Esposa, vendo nela esta fidelidade única, que, se em um cabelo do amor da alma ficava preso, agora, no olho da fé, aperta com tão estreito laço esta sua prisão, a ponto de ficar chagado de amor, pela grande ternura de afeto com que está afeiçoado a ela, introduzindo-a mais ainda, então, na profundidade de seu amor.

10. Idêntica comparação do cabelo e do olho faz o Esposo nos *Cantares,* falando com a Esposa assim: "Feriste meu coração, irmã minha esposa; feriste meu coração com um só de teus olhos, e com um só cabelo em teu colo" (Ct 4,9). Duas vezes insiste em dizer que a Esposa lhe feriu o coração: com o olho e com o cabelo. Por esse motivo, a alma, na canção presente, faz menção do cabelo e do olho, querendo manifestar a união que tem com Deus, segundo o entendimento e segundo a vontade. A fé, significada pelo olho, reside no entendimento que crê, e, ao mesmo tempo, na vontade que ama. De tal união gloria-se aqui a alma, e agradece esta mercê a seu Esposo como recebida das mãos dele, estimando como imensa graça o mesmo Esposo ter querido comprazer-se e ficar preso em seu amor. Podemos bem considerar, agora, qual o gozo, alegria e deleite da alma em ter tal prisioneiro, ela que desde tanto tempo era prisioneira dele, de quem andava sempre enamorada!

ANOTAÇÃO PARA A CANÇÃO SEGUINTE

1. Grande é o poder e a porfia do amor, que ao próprio Deus prende e encadeia! Ditosa a alma que ama, pois tem a Deus por prisioneiro, rendido a tudo quanto ela quiser! Na verdade, é tal a condição de Deus que, se o levarem por bem, conseguirão dele tudo quanto quiserem. Se procede-

CÂNTICO ESPIRITUAL

rem de outra maneira, não adianta falar-lhe, nem se pode alcançar dele coisa alguma, por maiores extremos que se façam; mas por amor, até com um cabelo o farão cativo. Conhecendo a alma esta realidade, e quão longe de seus méritos estão as grandes mercês que Deus lhe fez, em levantá-la a tão sublime amor, com tão ricas prendas de dons e virtudes, tudo atribui a ele na seguinte canção, na qual lhe diz:

Canção XXXII

Quando tu me fitavas,
Teus olhos sua graça me infundiam;
E assim me sobreamavas[1],
E nisso mereciam
Meus olhos adorar o que em ti viam.

2. É próprio do perfeito amor nada querer admitir ou tomar para si, nem atribuir-se coisa alguma, mas tudo referir ao Amado. Se ainda nos amores da terra assim é, quanto mais no amor de Deus, onde tanto obriga a razão! Nas duas canções passadas, a Esposa parecia atribuir a si mesma alguma coisa, tal como dizer, por exemplo, que faria as grinaldas juntamente com o Esposo, e estas seriam tecidas com um fio de seu próprio cabelo – o que representa obra de não pouco valor e importância. Depois, gloria-se dizendo que o Esposo ficara preso em um cabelo dela, e chagado em um de seus olhos, dando assim a impressão de atribuir a si mesma um grande merecimento. Por causa disto, quer agora, na presente canção, declarar seu intento, e desfazer o engano que as suas palavras anteriores poderiam ocasionar; pois está com cuidado e receio de que se atribua a ela algum mérito e valor, e consequentemente seja atribuído

---

1. É empregada aqui esta palavra para traduzir o verbo "adamar", segundo a interpretação própria de N.P. São João da Cruz neste verso e na explicação respectiva.

CANÇÃO XXXII   771

a Deus menos do que lhe é devido e ela deseja. Referindo, então, tudo ao Amado, e ao mesmo tempo dando-lhe graças, confessa o motivo pelo qual ele ficou preso no cabelo de seu amor e chagado pelo olho de sua fé: foi porque o mesmo Deus lhe fez mercê de a fitar com amor, e, com isto, torná-la graciosa e agradável a seus divinos olhos. Por esta graça que dele recebeu, fez-se merecedora do seu amor, tendo agora virtude para adorar de modo agradável o Amado e também para fazer obras dignas de sua graça e amor. Continua a dizer o verso:

Quando tu me fitavas

3. Isto é, com afeto de amor, pois, já o dissemos, o olhar de Deus é o seu amor.

Teus olhos sua graça me infundiam

4. Pelos olhos do Esposo é simbolizada aqui a sua divindade misericordiosa que, inclinando-se para a alma, imprime e infunde nela misericordiosamente o amor e graça de Deus. Tanto a embeleza e sublima esse olhar, que a faz participante da própria divindade. Eis o motivo de dizer agora a alma, vendo a dignidade e elevação em que Deus a pôs:

E assim me sobreamavas

5. Sobreamar quer dizer aqui amar muito, isto é, mais do que amar simplesmente; é como amar duplamente, por dois títulos ou causas. Neste verso, portanto, manifesta a alma os dois motivos e razões do amor que o Amado lhe tem, pelos quais não só a amava preso em seu cabelo, mas a sobreamava ferido por seu olho. A causa desse amor tão íntimo do Esposo, diz agora a alma, é que ele quis agraciá-la com o seu olhar, a fim de comprazer-se nela; ao cabelo da

alma, isto é, à sua vontade[2], infundiu seu amor, penetrando com a sua caridade a fé da mesma alma, simbolizada no olho. Por isto, ela diz: E assim me sobreamavas. Quando Deus põe na alma sua graça, torna-a digna e capaz de seu amor; logo, é como se a alma dissesse: pelo motivo de haveres posto em mim tua graça – penhor e arras de teu amor –, por isto mais me amavas, por isto me davas maior graça ainda. É o que afirma São João: "Recebemos graça sobre graça" (Jo 1,16), ou, por assim dizer, cada vez mais graça, porque sem a graça não é possível merecer outra graça alguma.

6. Para compreender isto, notemos como Deus, do mesmo modo que não ama coisa alguma fora de si, assim também nada ama menos que a si, porque tudo ama por causa de si mesmo, e o amor tem razão de fim; consequentemente, não ama as coisas pelo que são em si mesmas. Para Deus, portanto, amar a alma é de certa maneira pô-la em si mesmo, igualando-a consigo; ama, então, essa alma, nele e com ele, com o próprio amor com que se ama; daí vem à alma merecer, em cada uma de suas obras, o amor de Deus, pelo fato de só agir em Deus. Colocada nesta graça e elevação, em cada obra merece o mesmo Deus. Por esta razão, diz logo:

E nisso mereciam

7. Quer dizer: meu olhos ganhavam merecimento, nesse favor e graça que os olhos de tua misericórdia me faziam, quando tu me fitavas, tornando-me agradável a teus olhos, e digna de ser vista por ti.

Meus olhos adorar o que em ti viam

8. Como se dissesse: ó Esposo meu, as potências de minha alma, que são os olhos com que te posso ver, mereceram

---

2. Ver Canção XXX, n. 9.

elevar-se para olhar-te; antes disso, com a miséria de suas baixas operações e capacidade natural, estavam decaídas e mesquinhas. Com efeito, poder contemplar a Deus é para a alma poder agir em sua divina graça; assim, as potências mereciam adorar em Deus, porque adoravam na graça do mesmo Deus, a qual torna meritória toda ação. Adoravam, pois, esses olhos na alma, iluminados e elevados pela graça e favor de Deus, o que nele viam agora, e que antes não podiam ver por causa da própria cegueira e baixeza. Que viam, portanto, agora em Deus? – Grandeza de virtudes, abundância de suavidade, imensa bondade, amor e misericórdia, inumeráveis benefícios, recebidos dele, quer estando agora tão unida a Deus, quer quando estava longe. Tudo isto já os olhos da alma eram dignos de adorar com merecimento, achando-se agora graciosos e agradáveis ao Esposo. Antes, porém, não haviam merecido adorar nem ver, e nem sequer chegaram a considerar coisa alguma dessas em Deus, pela grande rudeza e cegueira da alma privada da graça divina.

9. Muito há que notar aqui, e muito que lastimar, ao vermos quão longe está uma alma, não ilustrada pelo amor de Deus, de fazer aquilo que é de sua obrigação: pois, obrigada a conhecer estas e outras inumeráveis mercês, temporais e espirituais, que recebeu de Deus, e continua a receber a cada passo, deveria em razão disso servi-lo e adorá-lo incessantemente com todas as suas potências, e, contudo, não o faz. E não só deixa de fazê-lo, mas nem sequer merece conhecer ou contemplar a Deus ou se aperceber de tal coisa. Até este ponto chega a miséria das almas que vivem, ou, dizendo melhor, estão mortas no pecado.

ANOTAÇÃO PARA A CANÇÃO SEGUINTE

1. Para melhor compreensão do que ficou dito e do que se dirá agora, importa saber que o olhar do Deus, produz na alma quatro bens, os quais consistem em purificá-la, favo-

recê-la, enriquecê-la e iluminá-la. É assim como o sol que, dardejando na terra os seus raios, seca, aquece, embeleza e faz resplandecer os objetos. Depois que Deus concede à alma os três últimos bens, torna-se ela muito agradável a seus divinos olhos, e, então, nunca mais se lembra ele do pecado e fealdade que se achavam antes na mesma alma, conforme o declara pelo profeta Ezequiel (Ez 18,22). Uma vez que dela tirou o pecado e deformidade, não mais lho lança em rosto, nem por isto lhe deixa de fazer maiores mercês; porque o Senhor não julga duas vezes a mesma coisa (Na 1,9). Embora Deus esqueça a maldade e pecado, depois de haver concedido uma vez seu perdão, todavia, não convém a alma olvidar, por este motivo, seus antigos pecados, atendendo ao que diz o Sábio: "Do pecado perdoado não queiras estar sem medo" (Eclo 5,5). Assim convém fazer por três razões: primeira, para ter sempre ocasião de não presumir de si; segunda, para ter matéria de contínuo agradecimento; terceira, para que lhe ajude a mais confiar para maiores graças receber. De fato, se, estando em pecado, recebeu de Deus tanto bem quanto maiores mercês, poderá esperar agora que está fora de pecado e firmada no amor de Deus?

2. Repassando na memória todas estas misericórdias recebidas, e vendo-se colocada junto do Esposo com tanta dignidade, sente a alma imenso gozo, com deleite de agradecimento e amor. Para isso concorre muito a lembrança daquele primeiro estado em que a alma se achava antes, tão baixo e feio, no qual não somente era indigna e incapaz de que Deus a olhasse, mas nem ainda merecia que ele tomasse o seu nome na boca, segundo a palavra do mesmo Senhor pelo profeta Davi (Sl 15,4). Consequentemente, vendo como de sua parte não há nem poderia haver razão alguma para que Deus assim pusesse nela os olhos e a engrandecesse, e que, portanto, a única razão para isso é a pura graça e bel-prazer divino, a alma atribui a si sua mi-

séria, e ao Amado todos os bens que possui. E ao verificar agora como, por esses bens recebidos, merece o que dantes não merecia, toma ânimo e ousadia para pedir ao Amado a continuação da divina união espiritual, na qual continue também a multiplicar as mercês, e assim o dá a entender a alma na seguinte canção:

Canção XXXIII

Não queiras desprezar-me,
Porque, se cor trigueira em mim achaste,
Já podes ver-me agora,
Pois, desde que me olhaste,
A graça e a formosura em mim deixaste.

EXPLICAÇÃO

3. Anima-se a Esposa, e se preza agora em si mesma, nas prendas que do Amado recebe, e no valor que nele tem; pois, embora saiba que em si mesma nada vale, nem merece estima alguma, contudo, merece ser estimada nesses dons, por serem eles do Amado. Atreve-se, então, a chegar-se a ele, dizendo-lhe que não a queira ter em pouca conta, nem a despreze; porque, se antes o merecia pela fealdade de suas culpas, e pela baixa condição de sua natureza, agora, depois que ele a olhou pela primeira vez, ornando-a com a sua graça, e vestindo-a de sua formosura, pode perfeitamente tornar a fitá-la não só segunda vez, mas outras muitas; assim aumentará mais a graça e formosura já infundidas. E a razão e causa suficiente para tornar a olhá-la é aquele primeiro olhar com que a fitou quando ela ainda não o merecia, nem tinha direitos para isso.

CÂNTICO ESPIRITUAL

Não queiras desprezar-me[1]

4. Não diz estas palavras por querer ser tida em alguma conta; ao contrário, os desprezos e vitupérios são de grande estima e gozo para a alma que verdadeiramente ama a Deus; aliás, vê muito bem que não merece, por si mesma, outra coisa; fala assim unicamente por causa da graça e dons recebidos de Deus, conforme vai declarando nas palavras seguintes:

Porque, se cor trigueira em mim achaste

5. Isto é, se antes de me haveres olhado com a tua graça, achaste em mim fealdade e escuridão de culpas e imperfeições, com a vileza de minha condição natural.

Já podes ver-me agora
Pois desde que me olhaste

6. Depois que me olhaste dando-me pela primeira vez a tua graça, e tirando-me essa cor trigueira e desditosa da culpa, com a qual não estava em condições de ser vista, já bem podes olhar-me. Agora já posso e bem mereço que me vejas, para receber de teus olhos maior graça. Na verdade, não somente me tiraste a cor escura, quando me fitaste pela primeira vez, mas me fizeste digna de ser vista, porque mediante este olhar de amor,

A graça e a formosura em mim deixaste!

7. As expressões da alma nos dois versos antecedentes dão a entender o que diz São João no Evangelho, isto é, Deus dá graça sobre graça (Jo 1,16). De fato, quando Deus vê a alma

---

1. A 1ª redação do *Cântico* explica este verso somente com estas palavras: "Como se dissesse: sendo assim o que ficou dito, não queiras agora ter-me em pouco".

CANÇÃO XXXIII

ornada de graça a seus olhos muito se inclina a conceder-lhe ainda maior graça, em razão de permanecer dentro dela com agrado. Conhecendo Moisés esta verdade, pedia a Deus maior graça, como a querer obrigá-lo a isso, pela graça já concedida, e assim dizia: "Tu me disseste: Conheço-te pelo teu nome e achaste graça diante de mim. Se eu, pois, achei graça na tua presença, mostra-me a tua face, para que eu te conheça e ache graça ante os teus olhos" (Ex 33,12-13). Com a primeira graça recebida, está a alma, diante de Deus, engrandecida, honrada, e cheia de formosura, conforme dissemos, e em razão disto é inefavelmente amada por ele. Se antes de estar a alma em graça, já a amava Deus por si mesmo, agora que ela se acha revestida de graça, Deus a ama não só por si mas também por causa dela. Enamorado pela formosura da alma nas obras e frutos por ela produzidos, ou mesmo sem isto, comunica-lhe sempre mais amor e mais graças; vai progressivamente elevando-a e enaltecendo-a e assim, na mesma proporção, vai ficando mais cativo e enamorado dela. Deste modo fala o Senhor, por Isaías, a seu amigo Jacó, dando a entender esta realidade: "Depois que tu te tornaste precioso e glorioso a meus olhos, eu te amei" (Is 43,4). É como se dissesse: depois que com meus olhos te fitei, concedendo-te graça, e com isto te tornaste glorioso e digno de honra em minha presença, mereceste que eu te fizesse maiores mercês de minha graça; porque para Deus mais amar é mais favorecer. O mesmo dá a entender a Esposa nos *Cantares* divinos, quando diz às outras almas: "Eu sou trigueira, mas formosa, filhas de Jerusalém; eis por que o Rei me amou e me introduziu no interior de seu leito"[2]. O que significa: almas, que não sabeis nem conheceis estas graças, não vos cause admiração que o Rei celestial mas tenha concedido tão grandes, a ponto de me introduzir no

---

2. Estas palavras se acham no Ofício da B. Virgem Maria, 3ª antífona de Vésperas e Laudes. Só a primeira parte é textual no *Cântico dos Cânticos* (1,4); a segunda é compilação de textos diversos.

íntimo de seu amor; porque, embora por mim mesma eu seja trigueira, com tanta intensidade pôs os olhos em mim o Esposo, depois de me ter olhado pela primeira vez, que não se contentou até desposar-me consigo, levando-me para dentro do leito de seu amor.

8. Quem poderá dizer até onde engrandece Deus uma alma quando se digna agradar-se dela? Não há quem o possa sequer imaginar; porque, enfim, é como Deus que o faz, para mostrar quem é. Só se pode explicar um pouco, manifestando a condição própria de Deus, que é a de conceder mais a quem tem mais, e multiplicar seus dons na proporção em que a alma já os possui, segundo nos dá a entender o Evangelho nestas palavras: "Ao que tem lhe será dado ainda mais até chegar à abundância; mas ao que não tem, até o que tem lhe será tirado" (Mt 13,12). Assim, o talento que possuía o servo sem estar na graça do seu senhor, foi-lhe tirado, e dado ao que tinha mais talentos do que todos juntos, estando este no agrado do seu senhor. Daqui se conclui que os melhores bens da casa de Deus, isto é, de sua Igreja, seja a militante ou a triunfante, são acumulados naquele servo que é dele mais amado, e assim o ordena o Senhor a fim de mais o honrar e glorificar, tornando-o como uma grande luz que absorve em si muitas luzes menores. Em confirmação desta verdade, tornamos às palavras já citadas de Isaías, ditas por Deus a Jacó, e aqui tomadas em sentido espiritual: "Eu sou o Senhor teu Deus, o Santo de Israel, teu Salvador; eu te dei por resgate o Egito, a Etiópia e Sabá... e entregarei homens por ti e povos pela tua vida" (Is 43,3).

9. Bem podes agora, Deus meu, olhar e prezar muito a alma sobre a qual pões teus olhos, pois, com tua vista, lhes concedes valor e prendas que te cativam e agradam. Merece, portanto, que a olhes, não somente uma, mas muitas vezes, depois que a viste. Na verdade, como se diz no *Livro de Ester,* pela inspiração do Espírito Santo, "é digno de tal honra aquele a quem o Rei quiser honrar" (Est 6,11).

CANÇÃO XXXIV

ANOTAÇÃO PARA A CANÇÃO SEGUINTE

1. Os amorosos regalos feitos pelo Esposo à alma neste estado são inestimáveis; os louvores e requebros de amor divino que se trocam frequentemente entre os dois são indizíveis. Ela se emprega em louvar e agradecer a ele; ele, em engrandecer, louvar, e agradecer a ela. Isto se vê nos *Cantares,* onde, falando o Esposo à Esposa, diz: "Como és formosa, amiga minha, como és bela! Teus olhos são como os de pombas". Ao que ela responde: "Como és formoso, Amado meu, como és gentil!" (Ct 1,14-15). E outras muitas graças e louvores se dão mutuamente a cada passo, conforme lemos no mesmo livro dos *Cantares.* Na Canção passada, a alma acaba de desprezar-se, chamando-se trigueira e feia, e ao mesmo tempo louvᵒ o Amado, proclamando-o formoso e cheio de graça, pois com seu olhar a revestiu de graça e formosura. Ele, como tem por costume exaltar a quem se humilha, pôs os olhos, ᵖᵒʳ sua vez, na alma, conforme ela o pediu; e agora, na canção seguinte, ocupa-se em louvá-la. Dá-lhe o nome, não de trigueira, conforme a alma ᵃe chamou, mas de branca pombinha, exaltando as boaₛ qualidades que possui como pomba e rola. Deste modo se exprime:

Canção XXXIV

Eis que a branca pombinha
Para a arca, com seu ramo, regressou;
E, feliz, a rolinha
O par tão desejado
Já nas ribeiras verdes encontrou.

EXPLICAÇÃO

2. É o Esposo quem fala nesta canção. Canta a pureza que a alma já possui neste estado, e as riquezas e prêmio

alcançados com as diligências e trabalho que teve para chegar a ele. Canta igualmente a boa sorte da alma em achar a seu Esposo nesta união; dá a entender como se cumpriram os desejos da Esposa e o deleite e descanso que possui nele, terminados já os trabalhos desta vida e do tempo passado. E assim diz:

Eis que a branca pombinha

3. Dá à alma o nome de branca pombinha, pela brancura e pureza que recebeu da graça achada em Deus. Chama-a de pomba, assim como é chamada a Esposa nos *Cantares,* por causa da simplicidade e mansidão de sua índole, e pela amorosa contemplação de que goza. Com efeito, a pomba não é somente simples, mansa, e sem fel, mas também é de olhos claros e amorosos; por isto, querendo manifestar o Esposo esta propriedade de contemplação amorosa que possui a Esposa para olhar a Deus, disse igualmente nos Cânticos que seus olhos eram de pomba (Ct 4,1).

Para a arca, com seu ramo, regressou

4. O Esposo compara a alma aqui à pomba da arca de Noé (Gn 8,9), tomando aquelas idas e vindas por figura do que sucedeu à mesma alma. A pombinha da arca saía e voltava por não achar onde pousar o pé, naquelas águas do dilúvio, até que enfim voltou com um raminho de oliveira no bico, como sinal da misericórdia de Deus em fazer cessar as águas que submergiam a terra; de modo semelhante, esta alma saída da arca da onipotência de Deus no momento em que foi criada, andou sobre as águas de um dilúvio de pecados e imperfeições, sem achar onde descansar seus desejos; esvoaçava de uma a outra parte, nos ares das ânsias de amor, entrando e saindo nessa arca do peito de seu Criador, sem que ele a recolhesse totalmente em si. Afinal

CANÇÃO XXXIV

Deus fez cessar todas essas águas de imperfeições na terra da alma, e ela pode voltar definitivamente com o ramo de oliveira, isto é, com a vitória alcançada sobre todas as coisas mediante a clemência e misericórdia de Deus; agora foi introduzida neste ditoso e perfeito recolhimento dentro do peito de seu Amado, achando-se não somente vitoriosa de todos os seus contrários, mas possuidora do prêmio devido aos seus merecimentos, pois ambas as coisas são simbolizadas no ramo de oliveira. Eis que a pombinha da alma volta, enfim, à arca de seu Deus não apenas tão branca e pura como saiu quando foi por ele criada, porém ainda mais acrescida com o ramo do prêmio e paz que alcançou pela vitória sobre si mesma.

E, feliz, a rolinha
O par tão desejado
Já nas ribeiras verdes encontrou

5. O Esposo chama também a alma nesta canção pelo nome de rolinha. De fato, nesta busca do Esposo, procedeu ela como a rola quando deseja seu companheiro, sem o achar[1]. Para compreensão disto, precisamos saber o que se diz sobre a rola: quando não acha o seu par, não pousa em ramo verde, nem bebe água fresca e límpida; não descansa sob qualquer sombra, e muito menos se junta a outra companhia; mas ao achar aquele com quem se une, goza de todas essas coisas. As mesmas propriedades tem aqui a alma; é, aliás, necessário que as tenha a fim de chegar à união e junção com o Esposo, Filho de Deus. Na verdade, com tanto amor e solicitude convém andar, que não descanse o pé, isto é, o apetite, em ramo verde de deleite algum; nem queira beber água límpida de honra e glória do mun-

---

1. A 1ª redação do *Cântico* diz assim: O Esposo chama também a alma de pomba porque, neste caso, procedeu como a pomba quando achou seu companheiro.

do, ou fresca, por algum alívio ou consolo temporal; não deseje colocar-se sob a sombra de algum favor ou amparo de criaturas; enfim, não procure repouso algum em coisa alguma, nem busque companhia em outras afeições; mas permaneça gemendo, como a rola, na solidão de tudo, até achar seu Esposo em perfeita satisfação.

6. Como esta alma, antes de chegar a tão sublime estado, andou buscando o Amado com grande amor, sem achar contentamento em coisa alguma fora dele, é o mesmo Esposo quem canta agora, neste verso, o fim de suas fadigas e a realização de seus desejos. Declara ele que, "feliz, a rolinha, o par tão desejado, entre as ribeiras verdes encontrou". Ou, por outras palavras: já a alma Esposa descansa em ramo verde, deleitando-se em seu Amado; bebe agora a água límpida e fresca, que é a altíssima contemplação e sabedoria de Deus, juntamente com o refrigério e regalo que nele goza. Põe-se também à sombra do Esposo, cujo amparo e favor tão ardentemente havia desejado; aí é consolada, apascentada e nutrida divinamente, em refeição saborosíssima, conforme o diz a esposa, cheia de alegria, nos *Cantares:* "Sentei-me à sombra daquele a quem tanto tinha desejado; e o seu fruto é doce à minha garganta" (Ct 2,3).

ANOTAÇÃO PARA A CANÇÃO SEGUINTE

1. Vai prosseguindo o Esposo, e manifesta agora o seu contentamento à vista do proveito conseguido pela Esposa mediante a solidão em que antes quis viver, e que consiste em estabilidade de paz e fruição de bem imutável. Com efeito, quando a alma consegue fixar-se na quietude do único e solitário amor do Esposo – como o fez esta de que tratamos –, é tão saborosa a permanência de amor que tem em Deus, e Deus nela, que já não sente necessidade de outros meios, ou de outros mestres, para encaminhá-la a ele; só Deus lhe é agora guia e luz. Realiza-se, então, na

CANÇÃO XXXV

alma o que o Senhor prometeu por Oseias dizendo: "Eu a conduzirei à soledade e falar-lhe-ei ao coração" (Os 2,14). Estas palavras dão a entender como é na solidão que Deus se comunica e une à alma; pois falar ao coração é satisfazer este coração que jamais pode ficar satisfeito senão com Deus[1]. Assim, diz o Esposo:

Canção XXXV

Em solidão vivia,
Em solidão seu ninho há já construído;
E em solidão a guia,
A sós, o seu Querido,
Também na solidão, de amor ferido.

EXPLICAÇÃO

2. Duas coisas faz o Esposo nesta canção. A primeira é louvar a solidão em que a alma desde muito tempo quis viver; declara ter sido este o meio para ela achar o Amado e dele fruir, libertada de todas as penas e angústias anteriores. E como a alma quis manter-se em solidão de todo gosto, consolo e apoio das criaturas, a fim de alcançar a companhia e união de seu Amado, mereceu com isto possuir a paz da soledade em seu Esposo, em que descansa agora, alheia e afastada de todas as perturbações. A segunda coisa é dizer que, em consequência da solidão abraçada pela Esposa, e na qual ela quis permanecer a sós, isolada de qualquer criatura, por amor do Esposo, ele próprio se enamorou da alma nesta sua solidão, e se dedicou todo a ela, recebendo-a nos braços, apascentando-a em si com todos os bens e guiando-lhe o espírito às maravilhas sublimes de Deus. Não diz somente que agora ele é o seu guia,

1. Na 1ª redação do *Cântico* este trecho que comenta as palavras do profeta Oseias acha-se no fim da canção.

CÂNTICO ESPIRITUAL

mas acrescenta que a conduz sozinho, sem mais intermédio de anjos ou homens, nem de formas ou figuras, porquanto nesta solidão a alma já possui a verdadeira liberdade de espírito, pela qual não mais se atém a qualquer desses meios. Diz, então, o verso:

Em solidão vivia

3. Aquela rolinha, que é a alma, vivia em solidão antes mesmo de achar o Amado na união perfeita. Tanto é certo que a alma desejosa de Deus não pode achar consolo na companhia, de criatura alguma, e, ao contrário, tudo lhe dá e causa maior solidão, enquanto não encontra seu Amado!

Em solidão seu ninho há já construído

4. A solidão em que antes vivia era a privação voluntária de todos os objetos e bens do mundo, por amor de seu Esposo, conforme dissemos ao falar da rolinha. Procurava a alma tornar-se perfeita, adquirindo a perfeita solidão mediante a qual se alcança a união com o Verbo, e, consequentemente, se goza de todo o refrigério e descanso. Este descanso e repouso é simbolizado aqui pelo ninho que a alma diz ter construído. E assim é como se dissera: nesta solidão em que antes vivia, exercitando-se nela com trabalho e angústia – por não estar ainda perfeita –, a alma pôs todo o seu descanso e refrigério porque agora já a adquiriu perfeitamente em Deus. Referindo-se a isto, de modo espiritual, disse Davi: "Na verdade o pássaro achou sua casa, e a rola, o ninho onde criar seus filhotes" (Sl 83,4). Isto é, achou descanso em Deus, onde pode satisfazer suas potências e apetites.

E em solidão a guia

5. Quer dizer: nesta solidão em que a alma permanece a respeito de todas as criaturas e na qual está só com Deus,

CANÇÃO XXXV

ele a guia e move levantando-a às coisas divinas. O entendimento é ilustrado com divinos conhecimentos, por estar agora solitário e desprendido de outros conhecimentos contrários e estranhos; a vontade é movida com grande liberdade ao amor de Deus, por achar-se sozinha e livre de outras afeições; a memória é cheia de divinas lembranças, igualmente por estar solitária e vazia de quaisquer imaginações e fantasias. De fato, logo que a alma desembaraça as suas potências, esvaziando-as de tudo quanto é inferior, e de toda a posse do que é superior e as deixa em completa solidão, Deus as ocupa imediatamente no invisível e divino. É o próprio Deus que guia a alma nesta soledade, conforme São Paulo diz dos perfeitos, os quais são movidos pelo Espírito de Deus (Rm 8,14), significando estas palavras o mesmo que: "Em solidão a guia"

A sós o seu Querido

6. Isto significa que o Esposo não somente guia a alma na solidão onde ela se pôs, mas também opera sozinho na mesma alma, sem outro meio algum. De fato, a peculiaridade desta união da alma com Deus no matrimônio espiritual é esta de agir e comunicar-se ele por si mesmo, e não mais por meio de anjos, ou da capacidade natural da alma; porque os sentidos, interiores e exteriores, bem como todas as criaturas, e até a própria alma, quase nada valem aqui para contribuir de sua parte à recepção das grandes mercês sobrenaturais concedidas por Deus neste estado. Tais graças divinas, com efeito, não dependem da capacidade e ação natural da alma, nem de suas diligências; é Deus só que age nela. E a causa de assim agir é por encontrar a alma a sós, como dissemos; por isto, não lhe quer dar outra companhia para progredir, nem a confia a alguém a não ser a ele mesmo. É também muito conveniente que a alma, tendo abandonado tudo, e ultrapassado todos os meios, elevando-se sobre todas as coisas para chegar-se a Deus, se-

ja-lhe agora o próprio Deus guia e meio que a conduza a si mesmo. Uma vez que a alma já subiu, em solidão de tudo, acima de tudo, já coisa alguma entre todas pode servir ou dar-lhe proveito para mais subir, a não ser o mesmo Verbo, seu Esposo. Este, por achar-se tão enamorado dela, quer, então a sós, conceder-lhe aquelas mercês sobrenaturais já referidas, e assim acrescenta:

Também na solidão, de amor ferido!

7. Isto é, pela Esposa; porque além de amar extremamente a solidão da alma, está o Esposo muito mais ferido de amor pela mesma alma, por ter ela querido permanecer solitária de todas as coisas, estando ferida de amor por ele. Assim, o Esposo não a quis deixar sozinho, mas ferido também de amor pela alma, em razão da soledade em que ela se mantém por ele vendo como a Esposa não se contenta em coisa alguma, vem ele próprio guiá-la a sós, atraindo-a e tomando-a para si – o que não fizera se não a houvesse achado em solidão espiritual.

ANOTAÇÃO PARA A CANÇÃO SEGUINTE

1. Esta peculiaridade singular têm os que se amam: gostam muito mais de gozar mutuamente sozinhos, longe de toda criatura, do que em companhia de alguém. E embora estejam juntos, se alguma pessoa estranha se acha ali presente, mesmo que não tenham de falar ou tratar com menor intimidade diante dela do que o fariam a sós, nem a mesma pessoa trate ou fale com eles, basta estar ali para impedir que gozem um do outro à sua vontade. A razão disto é que o amor, consistindo em unidade só de dois, faz com que eles queiram comunicar-se um ao outro a sós. Chegada, pois, a alma a este cume de perfeição e liberdade de espírito em Deus, já vencidas todas as repugnâncias e contra-

riedades da sensibilidade, não tem agora outra coisa mais a considerar, nem outro exercício em que se ocupar, senão entregar-se com o Esposo a deleites e gozos de íntimo amor. Quanto se escreve a respeito de Tobias no seu livro (14,4), onde se diz que depois de haver este santo homem sofrido os trabalhos das tentações e pobreza, Deus o iluminou, e o resto dos dias que viveu, foram cheios de gozo, acontece igualmente a esta alma de que vamos falando; pois os bens que vê em si mesma são tão cheios de gozo e deleite como o dá a entender o profeta Isaías da alma que, depois de se ter exercitado nas obras mais perfeitas, chegou a este cume de perfeição do qual aqui falamos.

2. Dirigindo-se à alma chegada ao amor perfeito, diz assim o mesmo profeta: "Nascerá nas trevas a tua luz, e as tuas trevas tornar-se-ão como o meio-dia. E o Senhor te dará sempre descanso e encherá a tua alma de resplendores, e livrará teus ossos, e serás como um jardim bem regado, e como uma fonte cujas águas nunca faltarão. E serão por ti edificados os desertos de muitos séculos; tu levantarás os fundamentos das gerações antigas, e serás chamado reparador dos muros, e o que torna seguros os caminhos. Se afastares o teu pé do sábado, para não fazeres a tua vontade no meu santo dia, e chamares ao sábado as tuas delícias, e o dia santo e glorioso do Senhor, e o solenizares, não seguindo os teus caminhos, não fazendo a tua vontade... então te deleitarás no Senhor, e eu te elevarei acima da altura da terra, e alimentar-te-ei com a herança de Jacó (Is 58,10-14). Até aqui são as palavras de Isaías, e nelas a herança de Jacó significa o próprio Deus. Consequentemente, a alma já não sabe senão viver gozando dos deleites deste alimento divino. Só uma coisa lhe resta ainda a desejar: é gozá-lo perfeitamente na vida eterna. Em razão disto, nesta canção de agora, e nas outras seguintes, ocupa-se a alma em pedir ao Amado este beatífico manjar da visão clara de Deus. E assim diz:

Canção XXXVI

Gozemo-nos, Amado!
Vamo-nos ver em tua formosura,
No monte e na colina,
Onde brota a água pura;
Entremos mais adentro na espessura.

EXPLICAÇÃO

3. Está consumada, enfim, a perfeita união de amor entre a alma e Deus, e o que ela deseja agora é empregar-se no exercício das propriedades características do amor. Fala, pois, nesta canção, com o Esposo, pedindo-lhe três coisas que são próprias do amor. A primeira é querer receber deste amor, gosto e deleite, e isto pede quando diz: Gozemo-nos, Amado. A segunda é desejar assemelhar-se ao Amado, e o pede nas seguintes palavras: Vamo-nos ver em tua formosura. A terceira é esquadrinhar e conhecer os mistérios e segredos do próprio Amado, e faz este pedido ao dizer: Entremos mais adentro na espessura. Segue-se o verso:

Gozemo-nos, Amado

4. Isto é, gozemo-nos na comunicação das doçuras do amor; não somente na que já temos pela contínua união e junção de nós dois, mas naquela que redunda em exercício de amor efetivo e atual, tanto nos atos interiores da vontade em seus afetos como nas obras exteriores pertinentes ao serviço do Amado. Esta particularidade apresenta o amor: onde quer que permaneça, sempre anda querendo gozar de seus deleites e doçuras, ou seja, exercitar-se em amar, no interior e no exterior, conforme dissemos. E a alma assim o faz, levada pelo desejo de tornar-se mais semelhante ao Amado; por esta razão, apressa-se em dizer:

CANÇÃO XXXVI

Vamo-nos ver em tua formosura

5. Isto significa: procedamos de maneira a que, por meio do referido exercício de amor, cheguemos a contemplar um ao outro, em tua formosura, na vida eterna. Peço-te, pois, que seja eu a tal ponto transformada em tua formosura, que, assemelhando-me a ela, possa ver-me contigo em tua própria formosura, tendo em mim mesma esta formosura que é tua. E assim, olhando um para o outro, cada um veja no outro sua formosura, pois ambos têm a mesma formosura tua, estando eu já absorvida em tua formosura. Deste modo, eu te verei, a ti, em tua formosura, e tu me hás de ver a mim em tua formosura; eu me verei em ti na tua formosura, e tu te verás em mim na tua formosura; aparecerá em mim somente a tua formosura, e tu aparecerás também em tua própria formosura; então, minha formosura será a tua, e a tua, minha. Eu chegarei a ser tu mesmo, em tua formosura, e tu chegarás a ser eu, em tua mesma formosura, porque só a tua formosura será a minha, e assim nos veremos um ao outro em tua formosura. Esta é a adoção dos filhos de Deus na qual podem eles verdadeiramente dizer a Deus o que o próprio Filho disse ao Eterno Pai, no Evangelho de São João: "Todas as minhas coisas são tuas, e todas as tuas coisas são minhas" (Jo 17,10). Isto se realiza por essência, no Verbo, por ser Filho de Deus em sua natureza; e em nós, por participação, por sermos filhos adotivos. Cristo não disse essas palavras só por si, como cabeça, mas por todo o corpo místico, que é a Igreja. Esta participará da mesma formosura do Esposo no dia do triunfo quando contemplar a Deus face a face, e por esta razão, pede aqui a alma ao Esposo, para se verem um ao outro na formosura dele

No monte e na colina

6. Isto é, nesse conhecimento matutino e essencial de Deus, que se manifesta no conhecimento do Verbo divino,

790   CÂNTICO ESPIRITUAL

o qual, por sua elevação, é aqui simbolizado pelo monte. Isaías, estimulando a todos para que conheçam o Filho de Deus, chama-o assim quando diz: "Vinde, subamos ao monte do Senhor" (Is 2,3). E ainda: "Estará preparado o monte da casa do Senhor" (Is 2,2). E na colina, a saber, na notícia vespertina de Deus, que é a sua sabedoria manifestada em suas criaturas, obras, e disposições admiráveis. Este conhecimento vespertino é significado pela colina, por tratar-se da sabedoria de Deus manifestada de modo menos elevado do que no conhecimento matutino; mas, tanto um como outro, a alma pede nestas palavras, no monte e na colina.

7. Quando, pois, a Esposa diz ao Esposo: vamo-nos ver em tua formosura, no monte, é como se dissesse: transforma-me e torna-me semelhante a ti na formosura da sabedoria divina, que, como explicamos, é o mesmo Verbo, Filho de Deus Quando pede, depois, que se vejam na formosura dele, na colina, manifesta o desejo de ser também informada com a formosura desta outra sabedoria menor que se mostra nas criaturas e nos mistérios de Deus em suas obras, a qual é igualmente a formosura do Filho de Deus em que a alma deseja ser ilustrada.

8. Não poderá ela ver-se na formosura de Deus, se não or transformada na sabedoria de Deus que então lhe dará a posse de tudo quanto há no céu e na terra. A este monte, e a esta colina, desejava subir a Esposa quando disse: "Irei ao monte da mirra e à colina do incenso" (Ct 4,6). Pelo monte da mirra, compreende a clara visão de Deus, e pela colina do incenso, o conhecimento dele nas criaturas; porque a mirra no monte é mais preciosa do que o incenso na colina.

Onde brota a água pura

9. Quer dizer: onde é concedido o conhecimento e sabedoria de Deus, a qual é aqui comparada à água pura, pois o entendimento a recebe pura e despojada de tudo o que

é acidental ou imaginário e também clara, isto é, sem as trevas da ignorância. Este desejo de entender claramente e em perfeita pureza as verdades divinas, sempre o tem a alma; e quanto mais ama, tanto mais anseia penetrar dentro delas. Por isto, pede a terceira coisa, dizendo:

Entremos mais adentro na espessura

10. Na espessura das maravilhosas obras de Deus e seus profundos juízos, cuja multiplicidade e diversidade é tão grande, que verdadeiramente se pode chamar espessura. De fato, nessas obras e juízos, há tanta abundância de sabedoria e tanta plenitude de mistérios, que não somente merece o nome de espessura, mas ainda espessura exuberante, segundo aquelas palavras de Davi: "O monte de Deus é monte pingue, monte coagulado" (Sl 67,16). Esta espessura de sabedoria e ciência de Deus é de tal modo profunda e incomensurável, que a alma, por mais que a conheça, sempre pode entrar mais adentro, porquanto é imensa, e incompreensíveis as suas riquezas segundo atesta São Paulo ao exclamar: "Ó profundidade das riquezas da Sabedoria e ciência de Deus! Quão incompreensíveis são os seus juízos, e imperscrutáveis os seus caminhos!" (Rm 11,33).

11. O motivo, porém, de querer a alma entrar nesta espessura e incompreensibilidade dos juízos e caminhos de Deus é estar morrendo em desejo de penetrar muito profundamente no conhecimento deles; pois este conhecimento tão profundo traz consigo deleite inestimável que ultrapassa todo o sentido. Donde, falando Davi a respeito do sabor desses juízos divinos, diz assim: "Os juízos do Senhor são verdadeiros, cheios de justiça em si mesmos. São mais para desejar do que o muito ouro e as muitas pedras preciosas; e são mais doces do que o mel e o favo. Pelo que o teu servo os amou e os guardou" (Sl 18,10-11). A alma, portanto, muito ardentemente deseja engolfar-se nesses juízos de Deus e conhecê-los em toda à sua profundidade; e a troco

de o conseguir, com grande alegria e gosto estaria disposta a abraçar todas as angústias e sofrimentos do mundo, e a passar por tudo quanto pudesse servir de meio para isso, ainda mesmo pelas coisas mais difíceis e penosas, e até pelas agonias e transes da morte, a fim de embrenhar-se mais em seu Deus.

12. Entende-se também muito adequadamente por esta espessura, em que a alma agora deseja entrar, a profusão e intensidade dos trabalhos e tribulações que está disposta a abraçar, porquanto lhe é saborosíssimo e proveitosíssimo o padecer. Na verdade, o padecer é para a alma o meio para entrar mais adentro na espessura da deleitosa sabedoria de Deus, porque o mais puro padecer traz mais íntimo e puro entender e, consequentemente, mais puro e subido gozar, pelo fato de ser conhecimento em maior profundidade. Por isto, não se contentando a alma com qualquer maneira de padecer, diz: Entremos mais adentro na espessura, isto é, entremos até nos apertos da morte, a fim de ver a Deus. O profeta Jó, desejando este padecer, como meio para chegar à visão de Deus, exclamava: "Quem me dera que se cumprisse a minha petição, e que Deus me concedesse o que espero! E que o que começou, esse mesmo me fizesse em pó, e me cortasse a vida! E a minha consolação seria que, afligindo-me com dor, não me perdoasse" (Jó 6,8).

13. Oh! se acabássemos já de entender como não é possível chegar à espessura e sabedoria das riquezas de Deus, tão numerosas e variadas, a não ser entrando na espessura do padecer de muitas maneiras, pondo nisto a alma sua consolação e desejo! E como a alma[1], verdadeiramente

---

1. A 1ª redação do *Cântico* assim conclui este parágrafo: E como a alma verdadeiramente desejosa da sabedoria deseja primeiro deveras entrar mais adentro na espessura da cruz, que é o caminho da vida pelo qual poucos entram! Com efeito, desejar entrar na espessura da sabedoria, riquezas e regalos de Deus, é de todos; mas desejar entrar na espessura de trabalhos e dores pelo Filho de Deus é de poucos. Do mesmo modo, muitos queriam achar-se já no termo, sem passar pelo caminho e meio que a ele conduz".

desejosa da sabedoria divina, deseja primeiro – para nela entrar – padecer na espessura da cruz! Era esta a razão que movia São Paulo a exortar os efésios a que não desfalecessem nas suas tribulações, e permanecessem firmes e arraigados na caridade, para que pudessem compreender, com todos os santos, a largura, o comprimento, a altura, e a profundidade, e conhecer também a supereminente ciência da caridade de Cristo, a fim de serem cheios de toda a plenitude de Deus (Ef 3,18). Com efeito, para entrar nestas riquezas da Sabedoria divina, a porta – que é estreita – é a cruz. O desejo de passar por esta porta é de poucos; mas o de gozar dos deleites a que se chega por ela é de muitos.

ANOTAÇÃO PARA A CANÇÃO SEGUINTE

1. Uma das razões mais importantes para a alma desejar ser desatada e achar-se com Cristo é que irá vê-lo face a face no céu, e entenderá então ali, em sua raiz, as profundas vias e mistérios eternos da encarnação do Verbo, e este conhecimento não será a menor parte de sua bem-aventurança; pois como diz o mesmo Cristo ao Pai, no Evangelho de São João: "Esta é a vida eterna, que te conheçam a ti único Deus verdadeiro, e a teu Filho Jesus Cristo, que enviaste" (Jo 17,3). Assim como uma pessoa que chega de longe logo procura avistar-se e ter comunicação com alguém a quem tem grande amizade, do mesmo modo a alma, a primeira coisa que deseja fazer, em chegando à presença de Deus, é conhecer e gozar os profundos segredos e mistérios da encarnação, bem como os caminhos eternos de Deus que dela dependem. Por isto, depois de ter declarado o seu desejo de ver-se na formosura de Deus, a alma acrescenta logo esta Canção:

Canção XXXVII

E, logo, as mais subidas
Cavernas que há na pedra, buscaremos;
Estão bem escondidas;
E juntos entraremos,
E das romãs o mosto sorveremos.

EXPLICAÇÃO

2. Uma das causas que mais movem a alma ao desejo de entrar na espessura da sabedoria de Deus, e de conhecer profundamente a formosura desta divina sabedoria, é, como dissemos, chegar a unir seu entendimento com Deus, por meio do conhecimento dos mistérios da encarnação, cuja sabedoria é a mais elevada e deliciosa que há em todas as suas obras. Diz, portanto, a Esposa nesta canção o seguinte: depois de ter entrado mais adentro na sabedoria divina, isto é, mais adentro do matrimônio espiritual em que se acha agora colocada – o que se realizará ao entrar na glória, contemplando a Deus face a face, e unindo-se com essa mesma sabedoria divina que é o próprio Filho de Deus –, conhecerá então os sublimes mistérios do Verbo feito homem, os quais são cheios de altíssima sabedoria, e escondidos em Deus. O Esposo e a alma entrarão, juntos, nesse conhecimento, engolfando-se e transfundindo-se neles a Esposa; ambos hão de gozar, ela e o Esposo, do sabor e deleite que desses mistérios se deriva, e também das virtudes e atributos divinos, neles manifestados, tais como a justiça, a misericórdia, a sabedoria, o poder, a caridade etc.

E, logo, as mais subidas
Cavernas que há na pedra, buscaremos

3. A pedra de que fala aqui a alma é Cristo, segundo diz São Paulo (1Cor 10,4). As subidas cavernas da pedra são os

CANÇÃO XXXVII

mistérios sublimes, profundos e transcendentes da sabedoria de Deus que há em Jesus Cristo: a união hipostática da natureza humana com o Verbo Divino; a correspondência que há entre esta união e a dos homens com Deus; as disposições de justiça e misericórdia de Deus a respeito da salvação do gênero humano, que manifestam os seus insondáveis juízos. A tudo isto, com muito acerto a alma denomina subidas cavernas; subidas, pela sublimidade desses mistérios tão altos, e cavernas, pela penetração e profundidade da sabedoria de Deus, neles encerrada. Assim como as cavernas são fundas, e cheias de cavidades, assim cada um dos mistérios de Cristo é profundíssimo em sabedoria, e encerra muitas cavidades de ocultos juízos de Deus, sobre a predestinação e presciência quanto aos filhos dos homens. Em razão disso, a alma acrescenta agora:

Estão bem escondidas

4. A tal ponto na verdade o estão, que, não obstante os maiores mistérios e maravilhas desvendadas pelos santos doutores da Igreja, e manifestadas na vida presente às almas eleitas, o principal lhes ficou ainda por dizer, e mesmo por entender. Assim, há muito que aprofundar em Cristo, sendo ele qual abundante mina com muitas cavidades cheias de ricos veios, e por mais que se cave, nunca se chega ao termo, nem se acaba de esgotar; ao contrário, vai-se achando em cada cavidade novos veios de novas riquezas, aqui e ali, conforme testemunha São Paulo quando disse do mesmo Cristo: "Em Cristo estão escondidos todos os tesouros de sabedoria e ciência" (Cl 2,3). Neles é impossível entrar ou aprofundar-se a alma, se não passar primeiro pelos apertos do sofrimento interior e exterior, os quais são meios para alcançar a divina sabedoria. Com efeito, mesmo aquilo que nesta vida podemos conhecer dos mistérios de Cristo, não nos é dado alcançar senão depois de muito sofrimento e de grandes mercês intelectuais e sensíveis de

796 CÂNTICO ESPIRITUAL

Deus, havendo também precedido um longo exercício espiritual, porque todas estas graças são inferiores à sabedoria dos mistérios de Cristo, e como disposições para chegar a ela. Daí vem que ao pedido de Moisés a Deus para que lhe manifestasse a sua glória, foi-lhe respondido que não poderia vê-la nesta vida. Mas obteve de Deus a promessa de que lhe mostraria todo o bem (Ex 33,20), isto é, quanto fosse possível nesta vida. Introduzindo-o Deus, então, na caverna da pedra – e esta, como dissemos, é Cristo –, mostrou-lhe suas costas, o que significa dar-lhe o conhecimento dos mistérios da humanidade de Cristo.

5. Nestas cavernas, pois, de Cristo, a alma deseja entrar bem adentro, para ser bem absorvida, transformada e inebriada no amor da sabedoria que encerram, querendo para isto esconder-se no peito de seu Amado. A penetrar nestas fendas do rochedo, convida-a o mesmo-Amado, nos *Cantares,* dizendo: "Levanta-te, amiga minha, formosa minha, e vem: nas aberturas da pedra, na concavidade do muro" (Ct 2,13). Estas aberturas da pedra são as cavernas de que aqui falamos, e referindo-se a elas, continua a dizer a Esposa:

E juntos entraremos

6. Entraremos naqueles conhecimentos e mistérios divinos. Não diz: entrarei só, como parecia mais conveniente, pois o Esposo não precisa entrar aí de novo. Diz: juntos entraremos, a saber, ela e o Amado, para mostrar como esta ação não é feita só por ela, mas sim pelo Esposo e ela juntos; aliás, estando Deus e a alma unidos no estado de matrimônio espiritual, de que vamos tratando, não faz a mesma alma obra alguma sozinha sem Deus. E dizer: "e, juntos, entraremos"[1], significa: ali nos transformaremos,

1. A 1ª redação do *Cântico* assim prossegue este parágrafo: Em dizer e juntos entraremos", significa, ali nos transformaremos, em transformação de novos conhecimentos e novos atos e comunicações de amor; pois

CANÇÃO XXXVII

eu em ti pelo amor desses teus divinos e deleitosos juízos. De fato, mediante esse conhecimento da predestinação dos justos e presciência dos maus, em que o Pai previne os eleitos com as bênçãos de Sua doçura, em seu Filho Jesus Cristo, a alma é transformada de modo elevadíssimo e profundíssimo no amor de Deus, e nessas luzes, que lhe são infundidas, agradece e ama ao Pai com novo fervor, cheia de gozo e deleite, por seu mesmo Filho Jesus Cristo; e o faz unida com Cristo, juntamente com Cristo. O sabor desses louvores é de tal delicadeza, que de todo não se pode exprimir. A alma, todavia, o manifesta no verso seguinte, ao dizer:

E das romãs o mosto sorveremos

7. As romãs significam os mistérios de Cristo, e os juízos da sabedoria divina, bem como as virtudes e atributos de Deus que se revelam no conhecimento destes mesmos mistérios e juízos, e são inumeráveis. Assim como as romãs têm numerosos grãozinhos, nascidos e sustentados em seu centro em forma de círculo, assim também cada um dos atributos e mistérios de Deus, juntamente com seus juízos e virtudes, contém em si grande quantidade de disposições maravilhosas, e de efeitos admiráveis, contidos e sustentados na esfera própria de cada um deles, e com a qual se relacionam. Notamos aqui a figura esféri-

embora seja certo que a alma, quando assim fala, já está transformada em virtude do estado de matrimônio e, portanto, não lhe é possível conhecer mais coisas, nem por isto deixa de ter novas ilustrações e transformações que lhe advêm de novos conhecimentos e luzes divinas. Ao contrário, essas iluminações de novos mistérios, concedidas por Deus à alma nessa comunicação permanente que há entre ele e ela, antes são muito frequentes. O Esposo se dá à alma de modo sempre novo, e ela como que de novo entra nele, mediante o conhecimento daqueles mistérios que aprende em Deus. Tal conhecimento leva a alma a amar novamente a Deus, de modo muito íntimo e elevado e a transforma nele por meio desses mistérios novamente conhecidos. O novo deleite e sabor que então recebe é totalmente inefável; dele fala a alma no verso seguinte.

ca ou circular das romãs, porque, em nossa comparação, cada uma representa um atributo ou virtude de Deus, que, em suma, é o próprio Deus, figurado aqui nesta forma circular ou esférica, pois não tem princípio nem fim. Por estar ciente a Esposa desses inumeráveis juízos e mistérios contidos na sabedoria de Deus, disse ao Esposo nos *Cantares*: "O teu ventre é de marfim, guarnecido de safiras" (Ct 5,14). As safiras simbolizam os referidos mistérios e juízos da divina Sabedoria, a qual é significada ali pelo ventre; porque a safira é uma pedra preciosa da cor do céu quando está claro e sereno.

8. O mosto a que se refere a Esposa, dizendo que destas romãs hão de sorver, ela e o Esposo, é a fruição e deleite de amor divino que redunda na mesma alma, mediante o conhecimento e notícia desses mistérios de Deus. Um só e mesmo suco é o que se sorve dos muitos grãos das romãs, quando se comem; assim, de todas estas maravilhas e grandezas de Deus infundidas na alma, redunda uma só fruição e deleite de amor, que o Espírito Santo lhe dá a beber. Este divino mosto, logo a alma oferece a seu Esposo, o Verbo de Deus, com grande ternura de amor; é a bebida divina que a Esposa nos *Cantares* promete dar ao Esposo, quando for por ele introduzida nesses altíssimos conhecimentos, dizendo: "Ali me ensinarás e eu te darei a beber vinho temperado, e o mosto das minhas romãs" (Ct 8,2). Declara que estas romãs são suas – isto é, as notícias divinas – porque, embora sejam de Deus, foram dadas a ela por ele. O gozo e fruição dessas notícias, qual vinho de amor, a alma oferece a Deus por bebida, e isto significam as palavras: E das romãs o mosto sorveremos. Sorve-o o Esposo, e o dá a sorver à sua Esposa; e ela, ao saboreá-lo, torna a oferecê-lo a ele para que o saboreie. E assim o gosto dessa bebida é comum entre ambos.

ANOTAÇÃO PARA A CANÇÃO SEGUINTE

1. Nas duas canções passadas, a Esposa foi cantando os bens que o Esposo lhe dará naquela felicidade eterna da glória. Disse como há de transformá-la, de fato, nele mesmo, na formosura da sua sabedoria incriada e criada; como, ali, será transformada também na formosura da união do Verbo com a santa humanidade, e nessa união conhecerá a Deus, tanto pela face como pelas costas. Agora, na canção seguinte, a alma declara duas coisas: a primeira, é como há de saborear esse mosto divino das romãs, – ou safiras, – do qual já falou; a segunda, é pôr diante do Esposo a glória que dará a ele a predestinação dela. Convém notar como esses bens recebidos pela alma, embora sejam descritos sucessivamente e por partes, todos eles estão contidos na glória essencial da mesma alma. Diz, então, assim:

Canção XXXVIII

Ali me mostrarias
Aquilo que minha alma pretendia,
E logo me darias,
Ali, tu, vida minha,
Aquilo que me deste no outro dia.

EXPLICAÇÃO[1]

2. O fim que a alma tinha em vista, quando desejava entrar naquelas cavernas, era alcançar a consumação do amor de Deus, como sempre pretendeu. Quer chegar a amar a Deus com a mesma pureza e perfeição com que é

---

1. Apresentando a 1ª redação do *Cântico* uma interpretação diferente desta mesma Canção, pois São João da Cruz não se referiu à consumação do amor na eternidade e sim nesta vida, daremos no fim essa explicação primitiva.

amada por ele, retribuindo-lhe por sua vez o mesmo amor. Eis o motivo de dizer ao Esposo nesta canção primeiramente que, na glória, ele lhe mostrará o que foi toda a sua pretensão, em todos os seus atos e exercícios, isto é, há de mostrar a ela como amará o Esposo com a perfeição com que ele mesmo se ama. E a segunda mercê que ele lhe fará é dar-lhe a glória essencial, à qual a predestinou desde toda a eternidade. Assim diz:

Ali me mostrarias
Aquilo que minha alma pretendia

3. Esta pretensão da alma é a igualdade de amor com Deus, natural e sobrenaturalmente apetecida por ela; porque o amante não pode estar satisfeito se não sente que ama tanto quanto é amado. E como a alma vê que na sua transformação em Deus, a que chegou nesta vida, embora seja o amor imenso, não pode este igualar na perfeição ao amor com que Deus a ama, deseja a clara transformação da glória, em que chegará à igualdade do amor. É certo que, no alto estado em que se acha, a alma possui a verdadeira união da vontade com o Esposo; todavia, não pode ter os quilates e a força do amor que terá naquela forte união de glória. Então, segundo diz São Paulo, conhecerá a Deus como é dele conhecida (1Cor 13,12), e, consequentemente, também o amará como dele é amada. Seu entendimento será entendimento de Deus; sua vontade, vontade de Deus; e, igualmente, seu amor será amor de Deus. Embora não se perca a vontade da alma, no céu, todavia está tão fortemente unida à fortaleza da vontade divina com que é amada, que ama a Deus tão fortemente e com tanta perfeição como ele próprio a ama. Estão agora as duas vontades unidas numa só e mesma vontade de Deus e também num só amor de Deus; assim, a alma chega a amar a Deus com a vontade e força do mesmo Deus, estando unida à mesma força de

amor com que é amada por ele. Esta força é a do Espírito Santo, no qual está a alma ali transformada; havendo sido dado a ela este Espírito de Deus para ser a força de seu amor, é ele que dá e supre, em razão da transformação de glória, o que lhe falta. Aliás, mesmo na transformação perfeita, do matrimônio espiritual, que a alma atinge ainda nesta vida, e na qual fica totalmente possuída pela graça, de certo modo ama pelo Espírito Santo na proporção em que ele lhe é dado nessa transformação.

4. Por isto, importa observar como a alma não diz que o Esposo lhe dará ali seu amor, embora na verdade lho dê; se assim dissesse, manifestaria apenas o amor da parte de Deus; diz, porém, que ali ele lhe mostrará como a mesma alma o ama com a perfeição desejada. Quando o Esposo, na glória, lhe dá o seu amor, ao mesmo tempo faz com que a alma veja que o ama tanto quanto é amada por ele. E além de ensiná-la a amar puramente, livremente, e sem qualquer interesse, tal como ele próprio nos ama, faz com que ela o ame com a mesma força de seu divino amor, transformando-se nesse amor, como já dissemos. Concedendo assim à alma a própria força do amor divino para que o possa amar, Deus, por assim dizer, põe-lhe o instrumento nas mãos, e ensina como deve servir-se dele, e o faz juntamente com ela; eis o que significa mostrar-lhe como se ama, e dar-lhe habilidade para isto. Até chegar a este ponto, a alma não está satisfeita, nem o estaria na outra vida se – como afirma Santo Tomás *"in opúsculo de Beatitudine"* – não sentisse que ama a Deus tanto quanto é por ele amada. No estado de matrimônio espiritual de que vamos falando, quando a alma chega a este grau, embora não tenha ainda a perfeição de amor que terá na glória, contudo, há nela uma viva imagem e vislumbre daquela perfeição, a qual é totalmente inefável.

CÂNTICO ESPIRITUAL

E logo me darias,
Ali, tu, vida minha,
Aquilo que me deste no outro dia

5. O que a alma diz que o Esposo lhe daria logo é a glória essencial que consiste em contemplar o ser de Deus. Assim sendo, antes que passemos adiante, convém resolver aqui a seguinte dúvida: se a glória essencial consiste em ver, e não propriamente em amar a Deus, e a alma diz que a sua pretensão era este amor e não a glória essencial, como declarou no princípio da canção – por que motivo depois pede essa glória, como coisa secundária? As razões são duas. A primeira é ser o amor o fim de tudo, e o amor pertence à vontade, cuja característica é dar, e não receber. Quanto ao entendimento – ao qual é dada a glória essencial –, a sua propriedade é antes receber do que dar. Ora, como a alma aqui está embriagada de amor, não repara na glória que Deus lhe há de dar, porque se ocupa somente em dar-se a ele, na entrega do verdadeiro amor, sem interesse algum pelo seu próprio proveito. A segunda razão é que na primeira pretensão se inclui a segunda, e esta já fica subentendida nas precedentes canções; pois, na verdade, é impossível chegar ao perfeito amor de Deus sem a perfeita visão de Deus. Assim, a força desta dúvida se desfaz logo na primeira razão; porque é com o amor que a alma paga a Deus o que lhe deve, e com o entendimento antes recebe de Deus do que lhe dá.

6. Entremos, porém, na explicação. Vejamos o que seja aquele "outro dia" a que a alma se refere aqui, e também o que seja "aquilo" que Deus lhe deu nesse dia, e a alma pede para dar-lhe depois, na glória. Pelo "outro dia" é significado o dia da eternidade de Deus, bem diverso do dia temporal, desta vida. Naquele dia eterno, Deus predestinou a alma para a glória, determinando nele essa glória que lhe havia de dar, e de fato já lhe deu livremente, sem princípio, desde que a criou. Essa predestinação à glória é de tal modo própria à mesma alma, que nenhum motivo ou obstáculo, su-

perior ou inferior, será capaz de lha tirar jamais; e aquilo a que foi predestinada por Deus desde toda a eternidade ser-lhe-á dado possuir para sempre. É, pois, a isto, que se refere a alma quando diz: "Aquilo que me deste no outro dia", e que ela deseja possuir manifestamente na glória. O que será, então, aquilo que lhe deu ali? "O olho não viu, nem o ouvido ouviu, nem jamais veio ao coração do homem", como diz o Apóstolo (1Cor 2,9). E Isaías já dissera: "O olho não viu, exceto tu, ó Deus, o que tens preparado para os que te esperam" (Is 64,4). Por impossibilidade de o definir é que a alma o chama "aquilo". Em suma, trata-se de ver a Deus; e ao que seja para a alma a visão de Deus, não se pode dar outro nome senão "aquilo".

7. Para não deixarmos, contudo, de dizer alguma coisa a esse respeito, digamos o que manifestou Cristo a São João no *Apocalipse*, por muitos termos, vocábulos, e comparações, por sete vezes, não sendo possível encerrar "aquilo" em uma só palavra, nem de uma só vez; e mesmo em todas aquelas figuras, ainda fica por dizer. Assim fala ali Cristo: "Ao vencedor darei a comer da árvore da vida que está no paraíso de meu Deus" (Ap 2,7). Como se esta comparação fosse insuficiente, logo acrescenta: "Sê fiel até a morte e dar-te-ei a coroa da vida" (Ap 2,10). Nem esta parece dar bem a entender, e logo vem outra mais obscura, que melhor o signifique: "Ao vencedor darei do maná escondido; e dar-lhe-ei uma pedra branca e sobre a pedra estará escrito um nome novo, que ninguém conhece, senão só quem o recebe" (Ap 2,17). Mas nem esta figura basta para manifestar o que seja "aquilo"; eis por que o Filho de Deus aduz outra de grande alegria e poder: "Quem vencer e guardar até o fim as minhas obras, eu lhe darei poder sobre as nações, e as regerá com vara de ferro, e como um vaso de barro se despedaçarão, assim como eu também recebi de meu Pai; e dar-lhe-ei a estrela da manhã" (Ap 2,26). Não se contentando ainda com estes termos, continua a dizer: "O vencedor será assim vestido de vestes alvas; e jamais lhe apagarei o

nome do livro da vida; antes confessarei o seu nome diante de meu Pai" (Ap 3,5).

8. E como tudo o que foi dito fica aquém da realidade, ajunta muitos vocábulos cheios de inefável majestade e grandeza para declarar "aquilo": "Ao vencedor, farei dele coluna no templo de meu Deus, e jamais sairá fora; escreverei sobre ele o nome de meu Deus, e o nome da cidade nova de Jerusalém de meu Deus, que desce do céu de meu Deus, e também meu nome novo" (Ap 3,21). Enfim, para melhor o manifestar, emprega a sétima figura, que é: "Ao vencedor, eu o farei sentar-se comigo no meu trono; assim como também eu venci e me sentei com meu Pai no seu trono" (Ap 3,21). "O que tem ouvidos para ouvir ouça". Todas estas palavras são ditas pelo Filho de Deus, para dar a entender "aquilo". Quadram-lhe muito perfeitamente, mas não o exprimem. Com efeito, esta peculiaridade têm os mistérios infinitos: a de lhe quadrarem bem as expressões mais sublimes, em qualidade e magnificência, sem que, todavia, alguma delas, ou todas juntas, os declarem.

9. Vejamos agora se Davi nos revela algo deste "aquilo". Em um Salmo diz: "Que grande é, Senhor, a abundância de tua doçura que tens reservada para os que te temem!" (Sl 30,20). Por isto, noutro lugar dos Salmos, denomina-o "torrente de deleites", dizendo: "Tu os farás beber na torrente de teus deleites" (Sl 35,9). E sentindo também como não iguala este nome com a expressão do que seja "aquilo", torna a dizer noutro Salmo: "Tu o previniste com bênçãos da doçura de Deus" (Sl 20,4). E, assim, um nome que quadre ao certo para definir "aquilo" que a alma diz, e que consiste na felicidade para a qual Deus a predestinou, é impossível encontrar. Fiquemos, então, com esse nome que a alma lhe deu – "aquilo", – e expliquemos o verso da seguinte maneira. Aquilo que me deste, isto é, aquele peso de glória a que me predestinaste, ó Esposo meu, no dia de tua eternidade, em que houveste por bem determinar a criação de meu ser,

tu mo hás de dar, em breve, ali, no dia do meu desposório e núpcias; tu, naquele dia de alegria para o meu coração, quando me desprenderes da carne, e me introduzires nas subidas cavernas de teu tálamo, transformar-me-ás gloriosamente em ti, e juntos, então, beberemos o mosto das suaves romãs.

ANOTAÇÃO PARA A CANÇÃO SEGUINTE

1. A alma chegada ao estado de matrimônio espiritual, de que agora tratamos, não fica sem perceber algo "daquilo" que lhe será dado na glória; como já está transformada em Deus, algo se passa em seu íntimo, do que há de gozar na eternidade. Por esta razão, não quer deixar de dizer aqui um pouco do que experimenta, nos penhores recebidos e por certo vestígio, que no interior lhe fazem pressentir o que será "aquilo"; porque se dá com ela o que afirma o profeta Jó: "Quem poderá conter a palavra que tem em si concebida, sem dizê-la?" (Jó 4,2). Assim, na canção seguinte, ocupa-se em descrever algo daquela fruição de que gozará depois na visão beatífica, e procura, quanto lhe é possível, explicar o que seja e como seja "aquilo" que ali receberá.

Canção XXXIX

E o aspirar da brisa,
Do doce rouxinol a voz amena,
O souto e seu encanto,
Pela noite serena,
Com chama que consuma sem dar pena.

EXPLICAÇÃO

2. Nesta canção, a alma procura dizer e explicar "aquilo" que lhe será dado pelo Esposo na transformação beatífica,

e o faz por cinco expressões. Na primeira, diz que é a aspiração do Espírito Santo, de Deus a ela, e dela a Deus. Na segunda, fala da sua jubilação na fruição de Deus. Na terceira, refere-se ao conhecimento das criaturas e da ordem que há entre elas. Na quarta, manifesta a pura e clara contemplação da essência divina. Na quinta, a transformação total no amor infinito de Deus. Diz, então, o verso:

E o aspirar da brisa

3. Este aspirar da brisa é uma capacidade que, segundo a própria alma o diz, lhe será dada por Deus, na comunicação do Espírito Santo. É este que, a modo de sopro, com sua aspiração divina, levanta a alma com grande sublimidade, penetrando-a e habilitando-a a aspirar, em Deus, aquela mesma aspiração de amor com que o Pai aspira no Filho, e o Filho no Pai, e que não é outra coisa senão o próprio Espírito Santo. Nesta transformação, o divino Espírito aspira a alma, no Pai e no Filho, a fim de uni-la a si na união mais íntima. Se a alma, com efeito, não se transformasse nas três divinas Pessoas da Santíssima Trindade, num grau revelado e manifesto[1], não seria verdadeira e total a sua transformação. Essa aspiração do Espírito Santo na alma, com que Deus a transforma em si, causa-lhe tão subido, delicado e profundo deleite, que não há linguagem mortal capaz de o exprimir; nem o entendimento humano, com a sua natural habilidade, pode conceber a mínima ideia do que seja. Na verdade, mesmo o que se passa na transformação a que a alma chega nesta vida, é indizível; porque a alma, unida e transformada em Deus, aspira, em Deus, ao próprio Deus, naquela mesma aspiração divina com que Deus aspira em si mesmo a alma já toda transformada nele.

---

1. A 1ª redação do *Cântico* diz: "...embora não o seja em revelado e manifesto grau, por causa da baixeza e condição de nossa vida".

CANÇÃO XXXIX

4. Nessa transformação em que a alma está, ainda nesta vida, produz-se a mesma aspiração de Deus à alma e da alma a Deus, de que gozará na glória. Com muita frequência a experimenta, e com subidíssimo deleite de amor em seu íntimo, embora não se lhe descubra em descoberto e manifesto grau, como na outra vida. É justamente isto, que, segundo entendo, quis exprimir São Paulo quando disse: "E porque sois filhos, enviou Deus aos vossos corações o Espírito do seu Filho que clama: Abba, Pai" (Gl 4,6). Essa aspiração se produz nos bem-aventurados do céu e nos perfeitos da terra, do modo respectivo a uns e outros, conforme explicamos. Não é, pois, coisa impossível chegar a alma a atingir tão grande altura, aspirando em Deus, por participação, como ele mesmo nela aspira. Se Deus, de fato, lhe concede a graça de ser unida à Santíssima Trindade, tornando-se a alma assim deiforme e Deus por participação, como podemos achar incrível que ela tenha em Deus todo o seu agir, quanto ao entendimento, notícia e amor, ou, dizendo melhor, sejam suas operações todas feitas na Santíssima Trindade, juntamente com ela, como a mesma Santíssima Trindade? Assim o é, porém, por participação e comunicação, sendo Deus quem opera na alma. Nisto consiste a transformação da alma nas três divinas Pessoas, em poder, sabedoria e amor; nisto também torna-se a alma semelhante a Deus, e para chegar a este fim é que foi criada à sua imagem e semelhança.

5. Como seja realizada essa transformação, ninguém o pode nem sabe dizer. Só conseguimos dar a entender que o Filho de Deus nos alcançou este alto estado, e nos mereceu esta subida honra, de podermos ser filhos de Deus, conforme diz São João. Assim o pediu ele ao Pai, pelo mesmo São João, com estas palavras: "Pai, os que me deste, quero que onde eu estou, estejam também eles comigo, para contemplarem a minha glória que tu me deste" (Jo 17,24). Querendo dizer: que eles façam, por participação, em nós, a mes-

ma obra que eu faço por natureza, que é aspirar o Espírito Santo. E diz ainda mais: "Não rogo somente por eles, mas também por aqueles que por sua palavra crerem em mim; para que todos sejam uma só coisa, assim como tu, Pai, estás em mim e eu em ti – que assim também eles sejam em nós uma só coisa... Dei-lhes a glória que tu me deste, para que sejam um, assim como nós somos um; eu neles e tu em mim: que sejam perfeitos na unidade, a fim de conhecer o mundo que tu me enviaste, e que os amaste como me amaste a mim" (Jo 17,20-23), isto é, comunicando a eles o mesmo amor que dedica ao Filho, embora não o faça por natureza como ao Filho, mas somente por unidade e transformação de amor. Não se há de entender também que o Filho queira dizer ao Pai que os santos sejam essencial e naturalmente uma só unidade, como o são o Pai e o Filho; mas pede que o sejam, por união de amor, assim como o Pai e o Filho são um em unidade de amor.

6. Daí vem a essas almas o possuírem por participação os mesmos bens que o Filho possui por natureza; portanto, podemos dizer, são verdadeiramente deuses por participação, em igualdade e companhia do mesmo Filho de Deus. Por esta razão disse São Pedro: "A graça e a paz se vos aumentem cada vez mais pelo conhecimento de Deus e de Jesus Cristo Nosso Senhor. Tudo quanto serve para uma vida piedosa, o seu divino poder no-lo deu pelo conhecimento daquele que nos chamou para sua glória e louvor: e com isto se nos comunicam as preciosas e grandíssimas graças prometidas, de modo que por elas vos tornastes participantes da natureza divina" (2Pd 1,2-5). Estas são as palavras de São Pedro, nas quais é dado claramente a entender que a alma participará do próprio Deus, isto é, fará, juntamente com ele, a própria obra da Santíssima Trindade, em consequência da união substancial entre a alma e Deus do modo que já explicamos. Esta realidade só será perfeita na vida eterna, todavia, quando a alma chega aqui na terra ao

CANÇÃO XXXIX

estado de perfeição, como chegou esta de que tratamos, já lhe é dado prelibar em grande parte um vestígio e antegozo dessa união conforme vamos aqui dizendo, embora não se possa descrever como seja.

7. Ó almas criadas para estas grandezas, e a elas chamadas! que fazeis? Em que vos entretendes? Baixezas são vossas pretensões e tudo quanto possuís não passa de misérias. Oh! miserável cegueira dos olhos de vosso espírito! Pois para tanta luz estais cegas; para tão altas vozes, sois surdas; não vedes que, enquanto buscais grandezas e glórias, permaneceis miseráveis e vis, sendo ignorantes e indignas de tão grandes bens! Continua a alma a manifestar, por uma segunda expressão, o que seja "aquilo":

Do doce rouxinol a voz amena

8. Daquela aspiração da brisa ressoa na alma a doce voz de seu Amado que a ela se comunica; e neste suavíssimo canto se une a ele a mesma alma, em deliciosa jubilação. Esta mútua união é aqui denominada "canto do rouxinol". A voz do rouxinol se ouve na primavera, quando já passou o inverno, com seus vários rigores, frios e chuvas. Causa, então, deleite ao espírito a melodia que repercute no ouvido. O mesmo se realiza nesta atual comunicação e transformação de amor que a Esposa já possui nesta vida. Amparada e livre agora de todas as perturbações e contingências do tempo, desprendida e purificada de todas as imperfeições, penas e obscuridades, tanto do sentido como do espírito, sente-se numa nova primavera, com liberdade, dilatação e alegria de espírito; aí ouve a doce voz do Esposo, que é o seu doce rouxinol. Esta voz lhe renova e refrigera a substância íntima de si mesma; e o mesmo Esposo achando-a já bem disposta para caminhar à vida eterna, convida-a com doçura e deleite, fazendo ressoar aos ouvidos da alma esta sua deliciosa voz dizendo: "Levanta-te, apressa-te, amiga mi-

nha, pomba minha, formosa minha, e vem; porque já passou o inverno, já se foram e cessaram de todo as chuvas; as flores apareceram na nossa terra; chegou o tempo da poda, e ouviu-se na nossa terra a voz da rola" (Ct 2,10-13).

9. A essa voz do Esposo que lhe fala no íntimo, a Esposa experimenta haver chegado o fim de todos os males, e o princípio de todos os bens; nesse refrigério e amparo, com profundo sentimento de gozo, também ela, como doce rouxinol, eleva sua própria voz, num novo canto de júbilo a Deus, cantando juntamente com aquele que a move a isso. É para este fim que o Esposo lhe comunica sua voz: para que a esposa una a própria voz à dele, no louvor de Deus. Na verdade, o intento e desejo do Esposo é que a alma entoe a sua voz espiritual num canto de jubilação a Deus, e assim o pede ele próprio a ela nos *Cantares* dizendo: "Levanta-te, amiga minha, formosa minha, e vem, pomba minha, nas aberturas da pedra, na concavidade do rochedo; mostra-me a tua face, ressoe a tua voz aos meus ouvidos" (Ct 2,13-14). Os ouvidos de Deus significam aqui os seus desejos de que a alma lhe faça ouvir esta voz de jubilação perfeita; e para que, de fato, seja perfeito este canto, o Esposo pede que ressoe nas cavernas da pedra, isto é, na transformação dos mistérios de Cristo, como já explicamos. Nesta união, a alma verdadeiramente jubila e louva a Deus com o mesmo Deus e assim é louvor perfeitíssimo, e muito agradável a Deus, tal como dizíamos a respeito do amor; porque tendo a alma chegado à perfeição, todas as obras que faz são muito perfeitas. Por isto, essa voz de júbilo é doce para Deus, e doce também para a alma. Eis a razão de dizer o Esposo: "tua voz é doce" (Ct 2,14), e não o é só para ti, mas também para mim, pois estando tu comigo em unidade, emites tua voz para mim em unidade comigo, como doce rouxinol.

10. Tal é o canto que ressoa dentro da alma, na transformação em que se acha nesta vida, e cujo sabor é acima de todo encarecimento. Não chega ainda, porém, a ser tão

CANÇÃO XXXIX

perfeito como o cântico novo da vida gloriosa; e, assim, deliciada a alma com o gosto que dele sente nesta terra, e vislumbrando através da sublimidade deste canto do exílio a excelência do que ouvirá na glória, incomparavelmente mais sublime, lembra-o agora dizendo que aquilo que lhe dará o Esposo será o canto do doce rouxinol. E acrescenta:

O souto e seu encanto

11. Eis a terceira expressão de que se serve a alma ao descrever o que lhe há de dar o Esposo. Pelo souto, que é o bosque onde crescem muitas plantas e animais, compreende a alma o próprio Deus como criador e conservador de todas as criaturas, as quais nele têm sua vida e origem. Sob esse aspecto revela-se Deus à alma, dando-se a conhecer a ela como criador. O encanto deste souto, que a alma pede também aqui ao Esposo para mostrar-lhe, representa a graça, sabedoria, e beleza que cada uma das criaturas, tanto da terra como do céu, recebe de Deus, e também a harmonia que reina entre elas todas, pela correspondência e subordinação recíproca de umas às outras – sábia, ordenada, graciosa e amiga –, seja das criaturas superiores entre si e das inferiores também entre si, ou ainda, entre as superiores e as inferiores. Tal conhecimento proporciona à alma admirável encanto e deleite. A quarta expressão é a seguinte:

Pela noite serena

12. Esta noite é a contemplação pela qual a alma deseja ver tudo quanto ficou dito. O motivo de chamar a contemplação "noite", é por ser obscura, e assim também lhe dão o nome de teologia mística, que significa sabedoria de Deus secreta ou escondida. Nesta contemplação, sem ruído de palavras, nem cooperação alguma de sentido corporal ou espiritual, em silêncio e quietação, às escuras de tudo o

812 CÂNTICO ESPIRITUAL

que é sensível ou humano, o mesmo Deus ensina à alma, de modo ocultíssimo e secretíssimo, e sem que ela saiba como. A isto, alguns espirituais chamam "entender não entendendo". De fato, não se produz esta operação no entendimento que os filósofos classificam de ativo, e cuja atividade se processa nas noções, imagens e apreensões das potências corporais; realiza-se no entendimento enquanto possível e passivo, o qual, sem intermédio de figuras, apenas recebe passivamente o conhecimento substancial despojado de toda imagem, e comunicado sem cooperação ou trabalho ativo do mesmo entendimento.

13. Eis por que esta contemplação é denominada noite[1], por meio da qual, ainda nesta vida, a alma já transformada no amor conhece de modo elevadíssimo aquele divino souto e seu encanto. Por mais sublime, entretanto, que seja esta notícia de Deus, é como noite escura, em comparação da luz beatífica aqui solicitada pela alma. Assim, pedindo aqui a clara contemplação na luz da glória, pede ao Esposo que estas delícias do souto e seu encanto, bem como as demais coisas já referidas lhe sejam dadas "pela noite serena", isto é, na contemplação já gloriosa e beatífica. E, deixando de ser a noite de contemplação obscura da terra, transforme-se em contemplação luminosa e serena de Deus no céu. Dizendo, pois, "noite serena", quer a alma significar a contemplação clara e serena da visão beatífica de Deus. Davi, ao falar desta noite de contemplação, exclama: "A noite converter-se-á em claridade nos meus deleites" (Sl 138,11). Como se dissera: quando estiver em meus deleites gozando da visão essencial de Deus, a noite de contemplação terá amanhecido no dia e na luz para meu entendimento. Segue-se a quinta expressão:

---

1. A 1ª redação do *Cântico* assim diz: "Eis por que não somente é denominada 'noite', mas 'noite serena'".

CANÇÃO XXXIX

Com chama que consuma sem dar pena

14. Pela chama compreende aqui a alma o amor do Espírito Santo[2]. O consumar significa acabar e aperfeiçoar. Em dizer, portanto, a alma que tudo quanto foi expresso nesta canção lhe há de ser concedido pelo Amado, e ela possuirá esses dons com amor consumado e perfeito, e tudo será absorvido juntamente com ela neste mesmo amor perfeito, sem que coisa alguma lhe cause pena, quer manifestar a perfeição total desse amor. E para que na verdade seja assim, necessariamente há de ter o amor duas propriedades: a primeira é que consume e transforme a alma em Deus; a segunda, que a inflamação e transformação operada pela chama do amor não causem mais sofrimento e isto só pode acontecer no estado de bem-aventurança, sendo então essa chama de amor suavíssimo. De fato, na transformação da alma em chama, na eterna bem-aventurança, há conformidade e satisfação beatífica de ambas as partes; portanto não há sofrimento devido à variação de intensidade, para grau maior ou menor, como acontecia antes que a alma chegasse a ser capaz desse perfeito amor. Uma vez chegada à perfeição total do amor, permanece unida a Deus com tanta conformidade e suavidade que, sendo Deus fogo consumidor – segundo afirma Moisés (Dt 4,24) para ela se torna consumador e sustentador. Já não acontece como na transformação de amor, alcançada pela alma nesta vida; pois, embora muito perfeita e consumadora em amor, todavia, lhe era ainda algo consumidora e destrutiva; o amor então agia nela como o fogo na lenha que já se acha inflamada e transformada em brasa; e embora não fumegasse mais esse fogo de amor, como sucedia antes de transformar nele a alma, todavia, ao consumá-la

---

2. A 1ª redação do *Cântico* diz: "Esta chama significa aqui o amor de Deus, quando já está perfeito na alma". Não se refere ao estado beatífico, e sim à transformação de amor aqui na terra.

CÂNTICO ESPIRITUAL

em fogo, ao mesmo tempo a consumia e reduzia a cinzas. Isto sucede quando a transformação de amor nesta vida chega a ser perfeita: mesmo havendo conformidade, sempre há também algum detrimento e pena. A razão é que, de uma parte, essa transformação é própria do estado beatífico, e não pode ainda o espírito recebê-la como no céu; de outra parte, o sentido, fraco e corruptível, sofre detrimento com a força e sublimidade de tão grande amor, pois é certo que qualquer coisa transcendente causa pena e detrimento à fraqueza natural. Bem o diz a Escritura: "O corpo que se corrompe torna pesada a alma" (Sb 9,15). Quando esta, porém, chegar à vida beatífica, nenhum detrimento e pena sentirá, mesmo sendo profundíssima a sua compreensão de Deus, e sem medida o seu amor; porque Deus dará capacidade ao entendimento, e fortaleza ao amor, consumando o mesmo entendimento com sua sabedoria, e a vontade com o seu amor.

15. A Esposa pediu, nas canções precedentes, e nesta que vamos explicando, imensas comunicações e notícias de Deus, para as quais há necessidade de ser o amor muito forte e elevado, a fim de poder amar segundo a grandeza e sublimidade delas; por isto, pede agora lhe sejam tais comunicações concedidas neste amor consumado perfectivo e forte.

Canção XL

Ali ninguém olhava;
Aminadab tampouco aparecia;
O cerco sossegava;
Mesmo a cavalaria,
Só à vista das águas, já descia.

EXPLICAÇÃO E ANOTAÇÃO

1. Conhece agora a Esposa que a inclinação de sua vontade já está em total desapego de todas as coisas, e se apoia

unicamente em Deus, com estreitíssimo amor; que a parte sensitiva, com todas as suas forças, potências e apetites, já se acha conformada ao espírito, estando definitivamente acabadas e subjugadas todas as suas revoltas; que o demônio, após largo e variado exercício e combate espiritual, já foi vencido e afastado para muito longe; enfim, que a própria alma está unida e transformada em Deus, com abundantíssimas riquezas e dons celestiais. Vê como, por tudo isto, já se acha bem disposta, preparada e fortalecida, para subir, apoiada ao seu Esposo, através do deserto da morte, cheia de deleites, até os tronos e assentos gloriosos de seu Esposo. Desejosa, pois, de que o mesmo Esposo remate finalmente sua obra, e para movê-lo a isso com maior eficácia, representa-lhe todas essas disposições agora referidas, especificando-as em número de cinco[1], nesta última canção. A primeira é que já está desapegada de tudo, e alheia a todas as coisas. A segunda, que já está vencido e afugentado o demônio. A terceira, que já se acham subjugadas as paixões, e mortificados os apetites naturais. A quarta e a quinta mostram como já está reformada e purificada a parte sensitiva e inferior, e em perfeita conformidade com a parte espiritual; e assim, longe de estorvar a alma na recepção daqueles bens espirituais, ao contrário, adaptar-se-á a eles, porque na disposição em que se acha participa desde já, segundo a sua própria capacidade, das graças que a alma agora recebe. Diz, então:

Ali ninguém olhava...

2. É como se dissesse: minha alma já está despojada, desprendida, sozinha e apartada de todas as coisas criadas, sejam superiores ou inferiores, e tão profundamente aden-

---

1. A 1ª redação do *Cântico* especifica somente quatro, reunindo numa só as duas últimas daqui.

816   CÂNTICO ESPIRITUAL

trada no recolhimento interior contigo, que nenhuma delas
chega a perceber o íntimo deleite que em ti possuo; isto é,
nenhuma pode mover-me a gozar com sua suavidade, ou
a sentir desprazer e aborrecimento com sua miséria e baixeza; porque minha alma se acha tão longe delas, e é tão
profundo o deleite que tenho contigo, que criatura alguma
o pode alcançar com sua vista. Não só isto, mas também

Aminadab tampouco aparecia

3. Este Aminadab, de que fala a Sagrada Escritura,
significa, no sentido espiritual, o demônio, adversário da
alma. Ele andava sempre a perturbá-la e fazer-lhe guerra com a inumerável munição de sua artilharia, a fim de
que a alma não entrasse nesta fortaleza e esconderijo do
recolhimento interior junto ao Esposo. Agora que ela já se
acha aí dentro, tão favorecida, tão forte, e tão vitoriosa,
possuindo as virtudes, sob o amparo do abraço de Deus, o
demônio nem ousa aproximar-se; antes, com grande pavor
foge para bem longe, e não se atreve a aparecer. E também,
pelo exercício das virtudes, e em razão do estado perfeito
a que chegou, a alma de tal maneira mantém afastado e
vencido o demônio, que ele não mais aparece diante dela.
Assim, Aminadab tampouco aparecia com qualquer direito
para impedir-me este bem que pretendo.

O cerco sossegava...

4. Pelo cerco, a alma compreende aqui suas paixões e apetites, os quais, enquanto não estão vencidos e mortificados,
a cercam em derredor, combatendo-a de uma parte e de outra; por isto são denominados cerco. Diz que este cerco está
agora sossegado, isto é, as paixões ordenadas pela razão e
os apetites mortificados. Por este motivo, pede ao Esposo
que não deixe de comunicar-lhe as mercês solicitadas, uma
vez que o referido cerco já não é causa de impedimento. A

CANÇÃO XL

razão de dizer isto é que enquanto as quatro paixões da alma não estão ordenadas em relação a Deus, e os apetites mortificados e purificados, não tem ela capacidade para vê-lo. Segue-se:

Mesmo a cavalaria,
Só à vista das águas, já descia

5. Pelas águas são aqui significados os bens e deleites espirituais de que a alma goza em seu interior, neste estado de união com Deus. Pela cavalaria são compreendidos os sentidos corporais da parte sensitiva, tanto interiores como exteriores, os quais trazem em si as figuras e representações dos objetos que eles aprendem. Estes sentidos, diz aqui a Esposa, descem à vista das águas espirituais; efetivamente, no estado do matrimônio espiritual, esta parte sensitiva e inferior se acha a tal ponto purificada, e até de certa maneira espiritualizada, que também ela se recolhe, com todas as potências sensitivas e todas as forças naturais, a participar e gozar, a seu modo, das grandezas espirituais comunicadas por Deus à alma, no íntimo do espírito. Assim o deu a entender Davi quando disse: "O meu coração e a minha carne regozijam-se no Deus vivo" (Sl 83,3).

6. Notemos bem como a Esposa não diz que a cavalaria descia para gozar das águas, mas que descia só à vista delas. Na verdade, a parte sensitiva com suas potências não têm capacidade para saborear, de modo particular e essencial, os bens espirituais, e isto não só nesta vida, mas nem na eternidade. Apenas por certa redundância do espírito é que recebe sensivelmente recreação e deleite daqueles bens; por meio deste deleite, os sentidos e potências corporais são atraídos ao recolhimento interior onde está a alma bebendo as águas dos bens espirituais. Mais propriamente se pode dizer, portanto, que descem à vista das águas, do que bebem e gozam delas. A alma emprega aqui a palavra descia, e não outra, para dar a entender que nesta comuni-

818   CÂNTICO ESPIRITUAL

cação da parte sensitiva à espiritual, quanto ao gozo dessa bebida das águas espirituais, os sentidos e potências cessam em suas operações naturais, passando daí ao recolhimento espiritual[2].

7. Todas estas perfeições e disposições propõe a Esposa a seu Amado, o Filho de Deus, com o desejo de ser por ele transladada, do matrimônio espiritual a que Deus quis elevá-la na Igreja militante, ao matrimônio glorioso da Igreja triunfante. A este se digne levar todos os que invocam seu nome, o dulcíssimo Jesus, Esposo das almas fiéis, ao qual seja dada honra e glória juntamente com o Pai e o Espírito Santo pelos séculos dos séculos. Amém.

---

2. A 1ª redação do *Cântico* conclui mais brevemente o parágrafo seguinte, deste modo: "...passando daí o recolhimento interior, ao qual seja servido levar o Senhor Jesus, Esposo dulcíssimo, todos aqueles que invocam seu santíssimo nome; a ele seja dada honra e glória juntamente com o Pai e o Espírito Santo pelos séculos dos séculos. Amém".

APÊNDICE

EXPLICAÇÃO DA CANÇÃO XXXVIII
NA 1ª REDAÇÃO DO CÂNTICO

1. O fim visado pela alma, quando desejava entrar naquelas cavernas já referidas, era alcançar a consumação – tanto quanto possível nesta vida – do que sempre havia pretendido, ou seja, o perfeito e total amor de Deus, que se manifesta naquela comunicação, pois o amor é o fim de tudo. Tinha igualmente em vista conseguir, de modo espiritual e completo, a retidão e pureza do estado de justiça original. Assim, nesta Canção, a alma declara dois pontos. O primeiro é que ali, naquela transformação de conhecimentos divinos, lhe mostraria o Esposo o que sua alma pretendia em todos os seus atos e intenções, isto é, que ela já o ama com a perfeição com que ele mesmo se ama; e, ao mesmo tempo, haveria de mostrar-lhe todas as coisas que vão ser explicadas na canção seguinte. O segundo é que ali lhe daria também o Esposo a pureza e limpeza que lhe havia dado no estado de justiça original, isto é, no dia do batismo, no qual ele a purificou totalmente de todas as imperfeições e trevas que nela então se achavam.

Ali me mostrarias
Aquilo que minha alma pretendia

2. Esta pretensão é a igualdade de amor que, natural e sobrenaturalmente, a alma sempre deseja, pois o amante não pode estar satisfeito se não sente que ama tanto quanto é amado. Vendo como o amor que Deus lhe tem é na verdade imenso, a alma de sua parte não o quer amar com menor perfeição e sublimidade; para isto conseguir, aspira à atual transformação. Com efeito, não lhe é pos-

sível chegar a essa igualdade e inteireza de amor a não ser pela transformação total de sua própria vontade na de Deus; então, de tal maneira se unem as vontades, que das duas se faz uma, e assim há igualdade de amor. A vontade da alma, convertida em vontade de Deus, torna-se inteiramente vontade de Deus; a alma não perde a sua vontade, mas transforma-a toda em vontade de Deus. Deste modo, a alma ama a Deus com a vontade dele, que também é a sua; logo, chega a amá-lo tanto quanto é dele amada, pois o ama com a vontade do próprio Deus, no mesmo amor com que ele a ama, o qual é o Espírito Santo dado à alma, segundo as palavras do Apóstolo: "A graça de Deus está infundida em nossos corações pelo Espírito Santo que nos é dado" (Rm 5,5). É certo, então, que a alma ama a Deus no Espírito Santo, e juntamente com o mesmo Espírito Santo, não como se ele fora meio para amar, e sim unida a ele, em razão da transformação de amor, conforme vamos explicar. Esse divino Espírito supre o que lhe falta, por ter transformado a alma em seu amor.

3. Notemos bem como a alma não diz: ali tu me darias, mas ali me mostrarias; pois, embora seja verdade que o Amado lhe dá seu amor, é com muito acerto que ela emprega o termo mostrar. Como a dizer: mostrar-lhe-á o Esposo que ela já o ama como ele próprio se ama. Deus, que nos ama primeiro, mostra-nos que o amamos pura e integralmente como ele nos ama. De fato, nesta transformação, Deus revela à alma um amor total, generoso e puro no qual ele próprio se comunica todo a ela de modo amorosíssimo, transformando-a em si mesmo, e a ela dando seu próprio amor para que o ame; isto é o que significa mostrar-lhe como amar, pondo-lhe, por assim dizer, o instrumento nas mãos, ensinando-lhe como há de fazer e agindo ele mesmo com ela; ama então a alma a Deus, tanto quanto é dele amada. Não quero dizer que chegue a amar a Deus quanto ele se ama, pois é impossível; mas que o ama tanto quanto é dele amada; porque assim como há de conhecer a Deus

APÊNDICE

como dele é conhecida, como diz...[1] um mesmo amor é o de ambos. Donde não só fica a alma instruída no amor, mas ainda feita mestra no amor, unida com o mesmo mestre, e, por conseguinte, satisfeita em seu desejo de amar; e enquanto não chega a este ponto não se satisfaz, isto é, enquanto não chega a amar a Deus perfeitamente com o próprio amor com que ele se ama. É verdade que a alma não pode alcançar isto com toda a plenitude nesta vida; contudo, no estado de perfeição – o do matrimônio espiritual, de que vamos falando –, de certa maneira o consegue.

4. Este amor assim tão perfeito tem por consequência imediata, na alma, uma substancial e íntima jubilação a Deus; com efeito, parece-lhe que toda a sua substância engrandece a Deus toda imersa em glória, e realmente assim é. A mesma alma sente, à maneira de fruição, uma suavidade interior que leva todo o seu ser a louvar, reverenciar, estimar e engrandecer a Deus com sumo gozo, tudo envolto em amor. Tal não acontece sem que Deus haja concedido à alma, nesse estado de transformação, grande pureza, como aquela que havia no estado de inocência, ou como aquela do batismo, a que se refere também a alma aqui, manifestando como o Esposo lha daria agora nessa transformação de amor.

E logo me darias,
Ali, tu, vida minha,
Aquilo que me deste no outro dia

5. Dá o nome de outro dia ao estado de justiça original, em que Deus dotou Adão de graça e inocência; ou ao dia do batismo, em que a alma recebeu pureza e brancura total; diz, nestes versos, como o Amado lhe faria esse dom, na união perfeita de amor. Isto mesmo significam as palavras ditas por ela no último verso, a saber: Aquilo que me deste no outro dia; porque, já o afirmamos, a essa perfeita pureza e brancura chega a alma, no estado de perfeição.

---

1. Aqui falta uma linha no manuscrito da 1ª redação do *Cântico.*

CHAMA VIVA DE AMOR*

(Primeira redação)

Esta é a última das quatro grandes obras sanjuanistas e a mais inefável, a mais elevada. Páginas endeusadas que só um espírito como o de São João da Cruz poderia entrever e balbuciar.

É composta de quatro canções cujos versos são acompanhados de pontos de admiração, indicando a inefabilidade do mistério que querem declarar. Escritas em Granada entre os anos de 1582-1584, foram comentadas quando São João da Cruz era vigário provincial da Andaluzia (1585-1587), para satisfazer os desejos de Dona Ana de Penalosa, filha espiritual do Santo, "nobre e devota senhora" de Segóvia.

É a obra mais inebriante, porque trata do "mais candente e inflamado amor", do grau mais perfeito e depurado de perfeição a que se pode chegar nesta vida. Ninguém, como ele, cantou tão divinamente os segredos e as belezas da vida de união. São João da Cruz ao escrever estas páginas mostrou-se mais anjo do que homem.

Seria necessário possuir a mesma "notícia" e "calor" que iluminaram o Santo, nos quinze dias empregados em sua redação, para saborear verdadeiramente estas páginas. Pelo menos, que do vale de nossa miséria sintamos a atração dos altos cumes, por onde passeia o espírito do místico carmelita.

---

* Introdução do *Pe. Felipe Sainz de Baranda*, atual prepósito geral da Ordem dos Carmelitas Descalços na Edição do *Pe. Simeão da Sagrada Família*: "Juan de la Cruz, Obras Completas".

(Segunda redação)

Como o "Cântico Espiritual" também a "Chama" foi retocada, não tão extensa e profundamente como ele, mas o suficiente para poder-se falar de uma segunda redação, da "CHAMA B". Pensa-se que São João da Cruz alegrava-se intimamente lendo suas duas obras mais primorosas, talvez porque visse ali, mais diáfana e claramente que nos seus outros escritos, o retrato de sua alma; talvez porque eram os livros espirituais que mais bem lhe faziam: nenhum livro podia pô-lo mais em contato com Deus do que aquelas páginas de seu espírito.

Realizou esta redação nos últimos anos de sua vida, quando mais do que nunca era "celestial e divino". Como a primeira redação esta é dedicada a sua filha espiritual Dona Ana de Penalosa.

Ao ler esta última obra de São João da Cruz, podemos pensar que estamos presenciando a glorificação de sua alma divinizada. O céu parece abrir-se e vislumbramos a glória de que será inundada na outra vida, face a face com a Santíssima Trindade, a alma que aqui amou a Deus sobre todas as coisas. Poderíamos dizer que a "Chama" é a epifania desse mistério sobrenatural, que os olhos não podem ver, nem ouvidos ouvir e que só o coração sente e conhece: o mistério da transformação da alma na Santíssima Trindade. O Senhor generosamente o antecipa a quem, como São João da Cruz, renunciando a tudo, sabe esperar tudo do Tudo.

CHAMA VIVA DE AMOR

Explicação das Canções que tratam da mais íntima e subida união e transformação da alma em Deus, pelo Pe. Frei João da Cruz, Carmelita Descalço, a pedido de Dona Ana de Penalosa. Foram compostas na oração, pelo mesmo Padre, no ano de 1584.

PRÓLOGO

1. Alguma relutância tive, mui nobre e devota senhora, em explicar estas quatro Canções, como Vossa Mercê pediu; porque sendo de coisas tão interiores e espirituais, ordinariamente a linguagem falta. Com efeito, o que é espiritual excede o sensível, e com dificuldade se pode dizer algo da substância do espírito a não ser com profunda penetração deste. Pelo pouco que há em mim, fui diferindo até agora, quando parece ter o Senhor dado alguma luz ao entendimento e infundido algum calor. Assim deve ter sucedido pelo grande desejo de Vossa Mercê, pois como as Canções foram feitas para Vossa Mercê, talvez queira Sua Majestade que para Vossa Mercê se expliquem. Animei-me, então, ciente de que por mim mesmo nada direi que valha em coisa alguma, quanto mais em se tratando de matérias tão subidas e substanciais. Por isto, o que houver aqui de mau e errado será somente meu; e assim tudo submeto ao melhor parecer e juízo de nossa Santa Madre Igreja Católica Romana, cuja Regra ninguém erra em seguir. Com este

826 CHAMA VIVA DE AMOR

pressuposto, apoiando-me à Sagrada Escritura, e deixando bem entendido como tudo que aqui se disser fica muito inferior ao que nela há, tanto quanto uma pintura em comparação do modelo vivo, atrever-me-ei a dizer o que souber.

2. Não é para admirar faça Deus tão altas e peregrinas mercês às almas que lhe apraz regalar. Na verdade, se considerarmos que é Deus, e que as concede como Deus, com infinito amor e bondade, não nos há de parecer fora de razão. Suas próprias palavras nos afirmam que se alguém o amar, o Pai, o Filho e o Espírito Santo virão fazer nele sua morada (Jo 16,23). E isto se realiza quando Deus leva quem o ama a viver e morar no Pai e no Filho e no Espírito Santo, com vida divina, conforme dá a entender a alma nestas Canções.

3. Naquelas Canções[1] explicadas anteriormente, tratamos, em verdade, do mais alto grau de perfeição a que a alma pode chegar nesta vida, ou seja, a transformação em Deus; mas nestas de agora falamos do amor mais qualificado e perfeito nesse mesmo estado de transformação. Sem dúvida, tudo quanto se diz numas e noutras é próprio de um só estado de união transformante, o qual em si não pode ser ultrapassado aqui na terra; todavia pode, com o tempo e o exercício, aprimorar-se, como digo, e consubstanciar-se muito mais no amor. Acontece-lhe como à lenha quando dela se apodera o fogo, transformando-a em si pela penetração de suas chamas: embora já esteja feita uma só coisa com o fogo, em se tornando este mais vivo, fica a lenha muito mais incandescente e inflamada, a ponto de lançar de si centelhas e chamas.

4. Deste abrasado grau se há de entender que fala aqui a alma, estando já de tal modo transformada e aprimorada interiormente no fogo do amor, que não apenas está unida a ele, mas ele lança dentro dela uma viva chama. Assim o sente e assim o exprime nestas canções, com delicada e

---

1. As do *Cântico Espiritual*.

íntima doçura de amor, ardendo nessa chama. Vai, ao mesmo tempo, exaltando nestes versos alguns efeitos que essa chama de amor produz em seu íntimo, os quais serão explicados na mesma ordem das canções precedentes: primeiro porei as canções em conjunto, e depois tomarei cada uma em particular para explicá-la brevemente; por fim tratarei de cada verso de per si.

CANÇÕES FEITAS PELA ALMA NA ÍNTIMA UNIÃO COM DEUS

1º

Oh! chama de amor viva
Que ternamente feres
De minha alma no mais profundo centro!
Pois não és mais esquiva,
Acaba já, se queres,
Ah! rompe a tela deste doce encontro.

2º

Oh! cautério suave!
Oh! regalada chaga!
Oh! branda mão! Oh! toque delicado
Que a vida eterna sabe,
E paga toda dívida!
Matando, a morte em vida me hás trocado.

3º

Oh! lâmpadas de fogo
Em cujos resplendores
As profundas cavernas do sentido,
– Que estava escuro e cego, –
Com estranhos primores
Calor e luz dão junto a seu Querido!

4º

Oh! quão manso e amoroso
Despertas em meu seio
Onde tu só secretamente moras:
Nesse aspirar gostoso,
De bens e glória cheio,
Quão delicadamente me enamoras!

Canção I

Oh! chama de amor viva,
Que ternamente feres
De minha alma no mais profundo centro!
Pois não és mais esquiva,
Acaba já, se queres,
Ah! rompe a tela deste doce encontro.

EXPLICAÇÃO

1. Sente-se a alma já toda inflamada na divina união, com o paladar todo saturado de glória e amor; nada menos do que rios de glória parecem transbordar até o íntimo de sua substância, afogando-a em deleites; sente brotarem de seu seio aqueles rios de água viva que o Filho de Deus declarou haviam de jorrar das almas chegadas a esta união (Jo 7,38). Parece-lhe, pois, estar tão fortemente transformada em Deus, e tão altamente dele possuída, bem como tão cumulada de riquezas preciosas, de dons e virtudes, e tão próxima à bem-aventurança, que dela apenas a separa uma tela finíssima. Vê que a chama delicadíssima de amor em que arde, a cada investida sobre ela, vai glorificando-a com suave e forte glória. De tal maneira que cada vez que essa chama acomete e absorve a alma, quase parece dar-lhe já a vida eterna, e chegar a romper a tela desta vida mortal, faltando muito pouco para isso. Ao sentir que por este pouco não acaba de ser glorificada essencialmente, dirige-se a alma com grande desejo à mesma chama, que é o Espírito Santo, pedindo-lhe que rompa, enfim, esta vida mortal por aquele doce encontro, em que verdadeiramente acabe de comunicar-lhe aquilo que parece ir concedendo de cada vez que a acomete; pede-lhe, em suma, que a glorifique de modo total e perfeito. E assim diz:

Oh! chama de amor viva.

2. Para encarecer o sentimento e apreço com que fala nestas quatro canções, a alma emprega, em todas, estes

termos: "Oh!" e "quão", os quais significam afetuoso encarecimento, e de cada vez que são ditos revelam do interior mais do que tudo quanto se exprime pela linguagem. A exclamação "Oh!" presta-se para manifestar muito desejo e muita súplica, com força persuasiva; a alma a emprega nesta canção com este duplo objetivo, pois encarece e notifica seu grande desejo, persuadindo ao amor que a desate do corpo.

3. Esta chama de amor é o espírito de seu Esposo, que é o Espírito Santo. Sente-o a alma agora em si, não apenas como fogo que a mantém consumida e transformada em suave amor, mas como fogo que, além disso, arde no seu íntimo, produzindo chama, conforme disse. E essa chama, cada vez que flameja, mergulha a alma em glória, refrigerando-a ao mesmo tempo numa atmosfera de vida divina. Eis a operação do Espírito Santo na alma transformada em amor: os atos interiores que produz são como labaredas inflamadas de amor, nas quais a alma, tendo a vontade unida a ele, ama de modo elevadíssimo, toda feita um só amor com aquela chama. Daí vêm a ser preciosíssimos os atos de amor feitos então pela alma, e num só deles merece mais e tem maior valor, do que tudo quanto havia feito de melhor em toda a sua vida, antes de chegar a esta transformação. A mesma diferença existente entre o hábito e o ato acha-se, aqui, entre a transformação de amor e a chama de amor, diferença igual, também, à da madeira inflamada e a chama que produz, pois a chama é o efeito do fogo ali presente.

4. Daí podemos concluir que a alma no estado de transformação de amor tem ordinariamente o hábito do mesmo amor, assim como a lenha sempre incandescente pela ação do fogo; seus atos são a chama que se levanta do fogo do amor, e irrompe tanto mais veemente quanto mais intenso é o fogo da união, em cuja chama se unem e levantam os atos da vontade. É esta arrebatada e absorta na própria chama do Espírito Santo, à semelhança daquele anjo que

830   CHAMA VIVA DE AMOR

subiu a Deus na chama do sacrifício de Manué (Jz 13,20). Assim, neste estado, a alma não pode fazer atos; é o Espírito Santo que os produz todos, movendo-a a agir; por isto, todos os atos dela são divinos, pois a alma é divinizada e toda movida por Deus. Donde, a cada crepitar dessa chama que a faz amar com sabor e quilate divino, parece-lhe estar recebendo vida eterna, pois é elevada à operação de Deus em Deus.

5. Tal é a linguagem e palavra com que Deus fala nas almas purificadas e limpas, em termos incendidos, conforme disse Davi: "A tua palavra é chama ardente" (Sl 118,14). E o Profeta: "Não são as minhas palavras como um fogo?" (Jr 23,29). Essas palavras, segundo afirma o mesmo Senhor no Evangelho de São João, são espírito e vida (Jo 6,64). Percebem-nas as almas que têm ouvidos para ouvi-las; e estas, como digo, são as almas puras e enamoradas. As que não têm o paladar são, e gostam de outras coisas, não podem saborear o espírito e vida que em tais palavras se encerra, antes, pelo contrário, só acham nelas insipidez. Por esta razão, quanto mais sublimes eram as palavras ditas pelo Filho de Deus, tanto maior era o aborrecimento de alguns que estavam imperfeitos; assim sucedeu na pregação daquela doutrina tão saborosa e amável sobre a sagrada Eucaristia, quando, então, muitos volveram atrás.

6. Pelo fato de tais almas não gostarem dessa linguagem de Deus, falada por ele no íntimo, não hão de pensar que outras deixam de saboreá-la, conforme vamos explicando aqui, e como experimentou São Pedro em sua alma quando disse a Cristo: "Senhor, a quem havemos de ir? Tu tens palavras de vida eterna" (Jo 6,69). A Samaritana esqueceu a água e o cântaro pela doçura das palavras de Deus (Jo 4,28). Estando, pois, esta alma aqui tão perto de Deus, a ponto de achar-se transformada em chama de amor, em que recebe a comunicação do Pai, do Filho, e do Espírito Santo, por que seria coisa incrível dizer que ela goza um vislumbre de vida eterna, embora não ainda de modo per-

CANÇÃO I   831

feito, porque não o sofre a condição desta vida? Todavia é tão subido o deleite produzido nela por aquele chamejar do Espírito Santo, que a faz provar o sabor da vida eterna; por isto a alma dá a essa chama o nome de chama viva; não é que não seja sempre viva, mas pelo efeito de vida que produz, fazendo a alma viver espiritualmente em Deus e experimentar vida de Deus, conforme diz Davi: "Meu coração e minha carne gozaram no Deus vivo" (Sl 83,3). Não seria necessário, aliás, dizer Deus vivo, pois sempre Deus o é; mas assim se exprime o Profeta para dar a entender que o espírito e o sentido gozavam vivamente de Deus, transformados nele; eis o que seja "gozar em Deus vivo"; e isto é vida de Deus e vida eterna. Não dissera Davi, nesse verso, Deus vivo, se não quisesse manifestar que gozava dele vivamente, embora não perfeitamente, mas só como um vislumbre de vida eterna. Assim a alma, nesta chama, sente tão vivamente a Deus e dele goza com tanto sabor e suavidade, que diz: Oh! chama de amor viva,

> *Que ternamente feres.*

7. Isto é, com teu ardor, ternamente me tocas. Sendo uma chama de vida divina, fere a alma com ternura de vida de Deus; e tão intensa e entranhavelmente a fere e a enternece, que chega a derretê-la em amor; para que se realize nessa alma o mesmo que sucedeu à Esposa nos *Cantares* quando se enterneceu tanto, a ponto de derreter-se, conforme diz ali: "A minha alma se derreteu assim que o Amado falou" (Ct 5,6). Tal é o efeito produzido na alma pelo falar de Deus.

8. Como é possível, no entanto, dizer que a fere, se na alma não há mais o que ferir, estando ela já toda cauterizada pelo fogo do amor? É coisa maravilhosa ver como o amor nunca está ocioso, mas em contínuo movimento, e, como fogo em chamas, está sempre levantando labaredas aqui e ali; e sendo o ofício do amor ferir para enamorar e deleitar, como nessa alma ele se acha em viva chama, está sempre lhe causando suas feridas, quais labaredas

terníssimas de delicado amor. Exercita na alma as artes e jogos do amor, mui jucunda e festivamente, como no palácio de suas núpcias, à maneira de Assuero com sua esposa Ester, mostrando então suas graças, descobrindo-lhe suas riquezas e a glória de sua grandeza. Assim faz, para que se cumpra nessa alma a palavra dele expressa nos Provérbios: "Cada dia me deleitava, brincando todo o tempo diante dele, brincando na redondeza da terra, e achando as minhas delícias em estar com os filhos dos homens" (Pr 8,30-31), isto é, em dar-me a eles. Estas feridas, pois, que constituem seus jogos, são labaredas de ternos toques dados na alma, por instantes, provenientes do fogo do amor que nunca está ocioso; esses toques, diz, acontecem e ferem

De minha alma no mais profundo centro.

9. De fato, na substância da alma, onde nem o centro do sentido nem o demônio podem chegar, é que se passa esta festa do Espírito Santo. Consequentemente, é tanto mais segura, substancial e deleitosa, quanto mais interior; pois quanto mais interior, tanto mais pura; e quanto maior é a pureza, tanto mais abundante, frequente e geral é a comunicação de Deus. Assim, torna-se mais intenso o deleite e gozo da alma e do espírito, porque é Deus quem tudo opera, sem que a alma de sua parte nada faça. Porquanto a alma não pode fazer coisa alguma por si mesma se não for mediante o sentido corporal e por ele ajudada; e como no estado em que se acha está muito longe e muito livre dele, ocupa-se então unicamente em receber de Deus. Só ele é que pode, no fundo da alma, sem ajuda dos sentidos, fazer sua obra e movê-la a agir. Assim, todos os movimentos dessa alma são divinos; e embora sejam dele, são também dela, porque é Deus quem os produz na alma com ela, dando esta a sua vontade e consentimento. Em dizer que fere no mais profundo centro de sua alma, dá a entender que tem ela outros centros não tão profundos; e isto convém aqui advertir como seja.

CANÇÃO I

10. Primeiramente, devemos saber que a alma como substância espiritual não tem alto nem baixo nem maior ou menor profundidade em seu próprio ser, como têm os corpos quantitativos. Como nela não há partes distintas, não existe diferença entre interior e exterior, pois é um todo simples e não tem centro quantitativamente mais ou menos profundo quanto à extensão; não pode estar mais iluminada em uma parte do que em outra, como os corpos físicos, mas a luz que recebe, seja mais ou menos intensa, penetra-a totalmente, do mesmo modo que o ar recebe ou não a luz, mais ou menos forte, nele todo.

11. Damos o nome de centro mais profundo de alguma coisa, ao que constitui o ponto extremo de sua substância e virtude, e onde se encerra a força de suas operações e movimentos, e que não pode ser ultrapassado. Por exemplo, o fogo, ou a pedra, têm capacidade e movimento natural, e também força, para chegar ao centro de sua esfera, que não podem ultrapassar, mas ao qual não deixam de chegar e de nele permanecer, a menos que sejam impedidos por algum obstáculo contrário e violento. Consequentemente, podemos dizer que a pedra, quando está algum tanto dentro da terra, embora não seja no ponto mais profundo, contudo está de certo modo em seu centro, pelo fato de achar-se dentro da esfera de seu centro, para o qual tende a sua atividade e movimento. Não diremos, porém, que está no mais profundo centro, que é o ponto central da terra; ainda lhe resta capacidade, força e inclinação para descer, chegando até o mais extremo e profundo centro, se lhe tirarem o impedimento que a detém de cair; só quando chegasse ao ponto central, e não tivesse mais força e tendência para descer, então diríamos que está no seu mais profundo centro.

12. O centro da alma é Deus. Quando ela houver chegado a ele, segundo toda a capacidade de seu ser, e a força de sua operação e inclinação, terá atingido seu último e mais profundo centro em Deus; isto se realizará quando a alma

com todas as suas forças compreender, amar e gozar plenamente a Deus. Não havendo chegado a tanto, como sucede nesta vida mortal em que a alma não pode ainda unir-se a Deus com a totalidade de suas forças, está sem dúvida no seu centro que é o mesmo Deus, mediante a graça e comunicação que dele recebe; contudo tem ainda força e movimento para ir mais avante, e não está satisfeita, porque, embora se ache no seu centro, não chegou ainda a maior profundidade, e pode penetrar mais adentro na profundeza de Deus.

13. Observemos como o amor é a inclinação da alma, e a sua força e potência para ir a Deus; pois é mediante o amor que a alma se une com Deus; e, assim, quanto mais graus de amor tiver, tanto mais profundamente penetra em Deus e nele se concentra. Donde chegamos à seguinte conclusão: na mesma proporção dos graus de amor divino possuídos pela alma, são os centros que ela pode ter em Deus, cada um deles mais profundo que outro; porque o amor, quanto mais forte, mais unitivo. Deste modo podemos interpretar aquelas muitas moradas que, no dizer do Filho de Deus, há na casa do Pai celeste (Jo 14,12). Logo, para a alma estar em seu centro que é Deus, basta-lhe ter um só grau de amor, pois com este único grau une-se com Deus pela graça. Se tivesse dois graus, ter-se-ia unido mais a Deus, concentrando-se nele mais adentro; se chegar a possuir três graus, aprofundar-se-á em três centros; finalmente, atingido o último grau, o amor de Deus conseguirá ferir até nesse último e mais profundo centro da alma, transformando-a, então, e iluminando-a totalmente, na sua íntima substância, potência e virtude, segundo a capacidade dela. Chegará o amor a ponto de colocá-la num estado em que ela parece Deus. E isto à semelhança da luz quando investe um cristal puro e limpo: quanto mais numerosos forem os raios de luz sobre ele dardejados, tanto mais luminosidade vai sendo ali concentrada, e o cristal vai brilhando mais

CANÇÃO I

835

ainda. Pode até chegar a receber tal profusão de luz que venha a parecer transformado na própria luz, e não haja mais diferença entre o cristal e a luz, porque está iluminado por ela tanto quanto lhe é possível recebê-la e assim parece ser a própria luz.

14. Quando, pois, a alma diz aqui que essa chama de amor a fere em seu mais profundo centro, quer manifestar como o Espírito Santo a fere e investe no âmago de sua substância, energia e força. Não quer, com suas palavras, dar a entender que esta investida de amor seja tão substancial e plena como será na visão beatífica de Deus na outra vida; porque mesmo em chegando a alma, nesta vida mortal, a estado tão sublime de perfeição, qual aqui o descreve, jamais alcança, nem lhe é possível alcançar, o estado perfeito da glória, embora possa talvez suceder que Deus lhe faça de passagem alguma mercê semelhante. A alma usa desta expressão para significar a profusão e abundância de deleite e glória que experimenta no Espírito Santo, por esta espécie de comunicação; deleite tanto mais intenso e mais terno, quanto mais forte e mais substancialmente está transformada e concentrada em Deus. E, por ser este estado o grau máximo que nesta vida se pode gozar (embora, conforme dissemos, não seja tão perfeito como na eternidade), por esta razão, a alma lhe dá o nome de mais profundo centro. Pode acontecer, talvez, que o hábito da caridade, na alma, seja tão perfeito nesta vida como na outra; mas não será assim quanto à sua operação ou seu fruto, embora esta operação e fruto do amor cresçam tanto neste estado, que se tornam muito semelhantes aos da outra vida. De tal maneira, parece aos olhos da alma ser assim, que se atreve a dizer aqui o que somente se ousa dizer da vida eterna, usando desta expressão: de minha alma no mais profundo centro.

15. Como as coisas raras e pouco experimentadas são mais maravilhosas e menos críveis, e entre elas se acha esta que referimos, da alma neste estado, não duvido que

algumas pessoas, pelo motivo de não o entenderem por ciência nem o saberem por experiência, não o hão de crer, ou o terão por demasia, ou, ainda, pensarão que não é tanto como na realidade acontece. A todos respondo: o Pai das luzes, cuja mão não é abreviada, e com abundância derrama suas graças sem fazer acepção de pessoas e, por toda parte onde acha lugar, difunde-se como o raio de sol, e a todos se mostra com alegria nos caminhos e encruzilhadas, não hesita nem se dedigna de ter seus deleites com os filhos dos homens de mão dada sobre a redondeza da terra. Não havemos de considerar inacreditável que a uma alma já examinada, provada e purificada no fogo das tribulações e trabalhos, e por grande variedade de tentações, e achada fiel no amor, seja recusado nesta vida o cumprimento da promessa feita pelo Filho de Deus quando disse: se alguém o amasse, a este viria a Santíssima Trindade para estabelecer nele a sua morada (Jo 14,23). E isto significa para a alma ter o entendimento divinamente ilustrado na sabedoria do Filho, a vontade inebriada de deleite no Espírito Santo, absorvendo-a o Pai, forte e poderosamente, no abraço e abismo de sua doçura.

16. Se Deus age assim com algumas almas, como é verdade que costuma agir, esta de que tratamos, bem podemos crer não ficará atrás nestas mercês divinas. Com efeito, o que dizemos aqui, relativamente à operação do Espírito Santo na alma, é muito mais do que costuma suceder na comunicação e transformação de amor; porque, no primeiro caso, é como brasa incandescente, e, no segundo, não só como brasa inflamada no fogo, mas lançando labaredas de chama viva. Assim, estas duas espécies de união, isto é, a simples união de amor, e a união com inflamação de amor, podem ser de certo modo comparadas ao "fogo de Deus, referido por Isaías, que está em Sião, e à fornalha de Deus que está em Jerusalém" (Is 31,9). O primeiro simboliza a Igreja militante, na qual o fogo da caridade não atingiu ain-

CANÇÃO I

da o grau extremo; e o segundo significa a Igreja triunfante, que é visão de paz, onde o fogo já está como fornalha abrasada em perfeição de amor. Esta alma de que falamos, sem dúvida, não chegou a tanta perfeição; todavia, em comparação à simples união de amor, está como fornalha acesa, e goza de visão tanto mais pacífica, terna e gloriosa, quanto mais clara e resplandecente é a chama, assim como o fogo ateado no carvão.

17. Ao sentir, portanto, a alma que esta chama viva de amor lhe está vivamente comunicando todos os bens, pois este divino amor tudo traz consigo, diz: Oh! chama de amor viva, que ternamente feres. É como se dissesse: Oh! abrasado amor, que com teus amorosos movimentos, deliciosamente me glorificas, conforme toda a capacidade e força de minha alma! A saber: dando-me inteligência divina, segundo toda a aptidão e capacidade de meu entendimento, comunicando-me amor em proporção de toda a força de minha vontade; e ao mesmo tempo deleitando-me na íntima substância de mim mesma, com a torrente de tuas delícias, por teu divino contato e união substancial, segundo a maior pureza de minha substância, bem como toda a capacidade e extensão de minha memória. Na realidade, é isto que se passa e ainda muito mais que tudo quanto se pode e consegue dizer, ao levantar-se na alma essa chama de amor. Por estar já bem purificada em sua substância e potências – memória, entendimento e vontade –, então a substância divina que todas as coisas alcançam por sua pureza, como diz o Sábio (Sb 7,24), com sua divina chama mui profunda, sutil e elevadamente absorve a alma em si; e nesta absorção da alma pela Sabedoria, o Espírito Santo exercita as vibrações gloriosas de sua chama, cuja suavidade faz a alma dizer logo:

Pois não és mais esquiva.

18. Querendo dizer: pois agora não me afliges mais, nem apertas, nem fatigas como outrora fazias. De fato, convém saber que esta chama de Deus, quando a alma se achava

838 CHAMA VIVA DE AMOR

em estado de purificação espiritual, isto é, quando começava a entrar na contemplação, não lhe era tão amiga e suave como agora neste estado de união. Para explicar como isto seja, havemos de nos deter um pouco.

19. Precisamos saber, a tal respeito, que antes de introduzir-se este divino fogo na alma, e unir-se à sua substância em completa purificação e perfeita pureza, esta chama, que é o Espírito Santo, está ferindo sempre a alma, a fim de gastar e consumir as imperfeições dos maus hábitos que nela há. Esta é a operação própria do Espírito Santo, com a qual ele dispõe a alma para a divina união e transformação de amor em Deus. Notemos bem como este fogo de amor, que na união glorificará a alma, é o mesmo que investe primeiramente sobre ela purificando-a. Age de modo análogo ao fogo material sobre a madeira: em primeiro lugar, a investe e fere com sua chama, secando e consumindo os elementos que lhe são contrários, e asim vai dispondo a madeira, com o seu calor, a fim de penetrar mais profundamente nela e transformá-la em fogo. A isto, os espirituais dão o nome de via purgativa. Em tal exercício a alma padece muito detrimento, e sente graves penas no espírito, as quais ordinariamente vêm a repercutir no sentido, pois esta chama de amor lhe é ainda muito esquiva. De fato, quando a alma se acha no estado de purificação a chama não brilha, antes causa obscuridade; ou se alguma luz proporciona, é somente para a alma ver e sentir suas misérias e defeitos. Também não lhe é suave, mas, ao contrário, é penosa; porque se algumas vezes ateia na alma calor de amor, é com tormento e angústia. Assim, não lhe traz deleite, antes lhe causa secura; embora, às vezes, por sua benignidade lhe conceda gosto, para esforçá-la e animá-la, todavia, antes e depois que isto acontece, costuma contrabalançar e pagar com outro tanto de trabalho. Não é tampouco reconfortante e pacífica, ao contrário, é chama destrutiva e exigente fazendo a alma desfalecer e penar no

conhecimento próprio. E assim, não lhe traz glória, mas antes põe a alma miserável e amargurada nessa luz espiritual de conhecimento próprio que lhe é infundido; Deus põe fogo em seus ossos, conforme diz Jeremias (Lm 1,13), a fim de ensiná-la, examinando-a no fogo, segundo afirma também Davi" (Sl 16,3).

20. Eis por que durante todo este tempo a alma padece no entendimento profundas trevas; na vontade experimenta grandes securas e angústias; na memória sofre amarga lembrança de suas misérias; assim lhe acontece por ter então o olhar espiritual muito esclarecido nessa luz do conhecimento próprio. Na substância interior (no íntimo de si mesma) sofre desamparo e suma pobreza sentindo-se ora fria e seca, ora fervorosa, sem, contudo, achar alívio em coisa alguma. Nenhum pensamento lhe dá consolo; nem mesmo pode levantar o coração a Deus. Mostra-se tão esquiva essa chama de amor que a alma pode repetir a palavra de Jó quando era exercitado por Deus em semelhante provação: "Tu te trocaste em cruel para comigo" (Jó 30,21). Com efeito, ao sofrer todas estas coisas juntas, tem a alma a impressão de que Deus verdadeiramente se tornou cruel e irritado contra ela.

21. Não se pode encarecer o sofrimento da alma neste tempo; é, por assim dizer, pouco menos do que um purgatório. Por mim, não saberia agora dar a entender qual seja a intensidade desta esquivança, nem até onde chega a pena e sentimento que produz na alma a não ser com as palavras de Jeremias a este propósito: "Homem sou eu que vejo a minha pobreza debaixo da vara da sua indignação. Conduziu-me e levou-me às trevas, e não à luz. Não fez senão virar e revirar contra mim a sua mão todo o dia. Fez envelhecer a minha pele, e a minha carne, quebrantou os meus ossos. Edificou ao redor de mim, e me cercou de fel e de trabalho. Pôs-me em lugares tenebrosos, como os que estão mortos para sempre. Edificou em torno de mim, para que eu não

saia; agravou os meus grilhões. E ainda quando eu clamar e rogar, ele exclui minha oração. Fechou os meus caminhos com pedras de silharia, subverteu as minhas veredas" (Lm 3,1-9). Tudo isto diz Jeremias, e continua dizendo ainda muito mais. Como por este meio Deus está medicando a alma e curando-a de suas muitas enfermidades para dar-lhe saúde, forçosamente há de causar-lhe dor na medida da doença, nessa purificação e cura; é aqui que Tobias põe o coração sobre as brasas, a fim de que dele seja extirpada e expelida toda casta de demônios (Tb 6,8). Deste modo, vão agora saindo à luz todas as enfermidades da alma, postas assim com grande sentimento diante de seus olhos, para que sejam curadas.

22. As fraquezas e misérias que a alma tinha antes em si, inveteradas e ocultas – as quais até então não percebia nem sentia –, agora, com a luz e calor do fogo divino, as vê e sente. Assim como não se conhece a umidade da madeira enquanto o fogo não a faz ressumar, crepitar e fumegar; do mesmo modo sucede à alma imperfeita em relação a esta chama. De fato – oh! maravilha! –, levantam-se dentro da alma, a este tempo, contrários contra contrários; os da alma contra os de Deus que investem sobre ela; e, como dizem os filósofos, querem prevalecer uns sobre os outros, entrando em guerra dentro da alma, estes querendo expelir aqueles a fim de reinarem sobre ela. Em uma palavra, as virtudes e propriedades de Deus, que são extremamente perfeitas, combatem contra os hábitos e propriedades extremamente imperfeitas da alma, e ela padece em si dois contrários. Como esta chama é de excessiva luz, ao investir sobre a alma brilha nas trevas igualmente excessivas que aí se acham; e a alma sente suas obscuridades naturais e viciosas em oposição a essa luz sobrenatural que ela não percebe pelo fato de não a possuir em si como possui as suas próprias trevas; e as trevas não compreendem a luz. E, assim, a alma sente suas próprias trevas na medida em

CANÇÃO I 841

que a luz divina investe sobre elas; porque não as pode ver sem essa luz de Deus. Deste modo as verá, até que sejam dissipadas por essa mesma luz, e a alma seja iluminada por ela, vendo então em si a luz na qual será transformada, depois de ter sido purificado e fortalecido o seu olho espiritual pela luz divina. Com efeito, a irradiação de uma intensa luz na vista fraca e doente deixará esta inteiramente em trevas, ficando a potência visual vencida pelo intenso excitante sensível. Eis por que esta chama era esquiva ao olho do entendimento.

23. Sendo esta chama em si extremamente amorosa, fere a vontade com ternura e amor; mas como a vontade em si é extremamente seca e dura, e o que é duro se sente por contraste com o que é suave, e a secura por contraste ao amor, quando tal chama investe assim com ternura e amor sobre a vontade, esta sente sua própria e natural dureza e secura para com Deus. Não sente, portanto, o amor e a ternura da chama –, por estar prevenida com sua natural dureza e secura, que não comportam os dois contrários, ternura e amor. Só o sentirá quando forem aqueles vencidos por estes, reinando por fim, na vontade, unicamente ternura e amor de Deus. Por esta razão é que a chama era esquiva para a vontade, dando-lhe a sentir e padecer a própria dureza e secura. E, nem mais nem menos, sendo essa chama muito ampla e imensa, enquanto a vontade é estreita e apertada esta sentirá sua estreiteza e aperto nas investidas da chama, até que seja, por fim, dilatada e alargada em sua capacidade para recebê-la. A chama de amor é também saborosa e doce; ora, a vontade tinha o paladar espiritual desregrado pelos humores das afeições desordenadas; e, assim, achava desgosto e amargura nessa chama, não podendo saborear o manjar dulcíssimo do amor de Deus. Desta maneira a vontade sofre angústia e fastio com esta amplíssima e saborosíssima chama, sem lhe sentir o gosto, porque não a experimenta em si mesma: na verdade só sente o que tem em si, e é a sua miséria. Finalmente,

esta chama contém imensas riquezas, bondade e deleites; e a alma sendo, de si mesma, paupérrima, não possuindo bem algum, nem coisa de que se possa satisfazer, conhece claramente sua pobreza, miséria, e malícia, em contraste com essas riquezas, bondade e delícias da chama que não lhe são conhecidas; pois a malícia não compreende a bondade, nem a pobreza as riquezas. Só as conhecerá quando esta chama acabar de purificar a alma, e mediante a sua transformação a enriqueça, glorifique e delicie. Eis a razão por que a chama antes lhe era esquiva, mais do que tudo quanto se possa dizer nessa peleja íntima de contrários contra contrários, isto é, de Deus, que encerra todas as perfeições, contra todos os hábitos imperfeitos da alma; até que a mesma chama, transformando-a em si, chegasse a abrandá-la, pacificá-la e esclarecê-la, à maneira do fogo na madeira quando nela penetra.

24. Esta purificação em poucas almas é assim tão forte; só mesmo naquelas que o Senhor quer elevar ao mais alto grau de união. A cada uma, com efeito, ele purifica mais ou menos intensamente segundo o grau a que tenciona elevá-la, e também conforme a impureza e imperfeição da alma. Esta pena, portanto, é semelhante à do purgatório; como ali se purificam os espíritos para serem capazes de contemplar a Deus na clara visão da outra vida, assim aqui, a seu modo, vão sendo purificadas as almas, a fim de poderem ser transformadas nele por amor, na vida presente.

25. Não direi como seja a intensidade desta purificação, nem os seus graus para mais ou para menos; nem quando se realiza no entendimento, na vontade, ou na memória, e quando se opera na substância da alma ou nela toda; também não falarei quando é feita na parte sensitiva, ou como se há de conhecer quando se trata de uma ou de outra espécie, nem a que tempo, ou ponto, ou época tem seu início no caminho espiritual. Tudo isto explicamos na *Noite escura* da *Subida do Monte Carmelo*; e não é necessário, para nos-

CANÇÃO I

so assunto, repetir aqui. Basta saber agora que o mesmo Deus, que quer penetrar na alma por união e transformação de amor, é quem antes estava investindo sobre ela, a fim de purificá-la com a luz e calor de sua divina chama, tal como o fogo que se ateia na madeira é o mesmo que primeiro a dispõe, conforme dissemos. Assim, a mesma chama que agora é cheia de suavidade para a alma, já estando dentro dela e possuindo-a, era-lhe antes esquiva estando fora e investindo sobre ela.

26. É isto o que quer dar a entender a alma quando diz no presente verso: Pois não és mais esquiva. Em suma, é como se dissesse: pois já não somente não me és obscura como outrora, mas, ao contrário, és a divina luz de meu entendimento com a qual te posso olhar. E em vez de causares desfalecimento à minha fraqueza natural, agora és a fortaleza de minha vontade, com que te posso amar e em ti achar meu gozo, já estando eu toda transformada em teu divino amor. Já não és peso e angústia para a substância de minha alma, mas sim glória, deleite e dilatação dela, porque agora pode ser dito de mim o que se canta nos divinos *Cantares* com estas palavras: "Quem é esta, que sobe do deserto, inebriada de delícias, apoiada sobre o seu Amado" (Ct 8,5), derramando amor aqui e ali? Visto que assim é,

Acaba já, se queres.

27. Isto é, acaba de consumar perfeitamente comigo o matrimônio espiritual por meio da tua visão beatífica – pois é esta a que a alma pede. E embora seja verdade que, neste sublime estado, ela está tanto mais conformada e satisfeita quanto maior é a sua transformação no amor, e nada saiba ou acerte a pedir para si, mas quer que tudo seja somente para o Amado, porque a caridade, conforme afirma São Paulo (1Cor 13,5), não busca seus interesses e sim os de Deus, contudo a alma, por viver ainda na esperança, não pode deixar de sentir algum vazio. Por tal motivo, geme – embora com suavidade e deleite – tanto quanto lhe falta ainda para a perfeita posse da adoção dos filhos de Deus,

a qual, uma vez alcançada, realizará a consumação de sua glória, e só então se aquietará seu desejo. Este não se pode fartar ou satisfazer nesta vida, mesmo na maior união da alma com Deus, senão quando aparecer a glória divina (Sl 16,15). Assim é, sobretudo se já lhe foi dado prelibar o sabor dessa glória, como sucede neste estado, e tão intensamente, que se Deus não sustentasse também o corpo, amparando-o com sua destra (como fez com Moisés na pedra para que pudesse contemplar a sua glória sem morrer, Ex 33,22), sucumbiria a natureza a cada uma dessas labaredas da chama de amor, e morreria, não havendo na parte inferior capacidade para suportar tão abrasado e sublime fogo de glória.

28. Neste desejo, portanto, e no pedido expresso por ele, não há pena alguma, pois a alma não a pode ter neste estado; é um desejo suave e deleitoso, em que pede a conformidade do espírito com o sentido, e assim canta o verso: acaba já, se queres. Com efeito, acha-se a vontade, em seu desejo, de tal modo unificada com Deus, que põe toda a sua glória no cumprimento da vontade divina. São tais, porém, os assomos de glória e amor que transparecem nestes toques, ficando detidos à porta da alma, sem que possam nela penetrar por causa da estreiteza da casa terrestre, que na verdade seria prova de pouco amor não pedir acesso àquela perfeição e cumprimento do amor. Além disso, a alma ali percebe, como, naquela força deliciosa em que o Esposo se comunica, o Espírito Santo a está provocando e convidando com aquela imensa glória que lhe põe diante dos olhos; e como por meios admiráveis, com afetos suavíssimos, está ele dizendo ao seu espírito as palavras que diz à Esposa dos *Cantares,* e que esta refere assim: "Vede o que o meu Amado me está dizendo: Levanta-te, apressa-te, amiga minha, pomba minha, formosa minha, e vem. Porque já passou o inverno, já se foram e cessaram de todo as chuvas. Apareceram as flores na nossa terra, chegou o tempo da poda; ou-

CANÇÃO I

viu-se na nossa terra a voz da rola; a figueira começou a dar os seus frutos; as vinhas em flor espalharam seu perfume. Levanta-te, amiga minha, formosa minha, e vem, pomba minha, nas aberturas da pedra, na concavidade do muro, mostra-me a tua face, ressoe a tua voz aos meus ouvidos, porque a tua voz é doce, e a tua face graciosa" (Ct 2,10-14). Todas estas coisas sente a alma, entendendo-as clarissimamente em seu sentido sublime de glória, tal como o Espírito Santo lhe está mostrando naquele terno e suave chamejar, desejoso de introduzi-la nessa mesma glória. Eis por que, provocada, responde a alma aqui exclamando: "acaba já, se queres; e nisto, faz ao Esposo as duas petições que ele nos ensinou no Evangelho: "Venha a nós o vosso reino"; "seja feita a vossa vontade" (Mt 6,10). É, pois, como se dissesse: acaba, por assim dizer, de dar-me este reino se queres, isto é, se for de tua vontade. E para que na realidade o seja,

Ah! rompe a tela deste doce encontro.

29. Esta tela é o obstáculo a tão importante obra; porque é coisa fácil unir-se a Deus, quando são tirados os obstáculos, e rasgadas as telas que impedem a junção entre a alma e Deus. As telas que podem impedir essa junção, e que se hão de romper para efetuá-la e a alma possuir perfeitamente a Deus, podemos dizer que são três: a primeira é temporal, e nela estão compreendidas todas as criaturas; a segunda é natural, compreendendo todas as operações e inclinações puramente naturais; a terceira é sensitiva, e consiste unicamente na união da alma com o corpo, isto é, na vida sensitiva e animal a que se refere São Paulo quando diz: "Sabemos que, se esta nossa casa terrestre for destruída, temos uma habitação de Deus nos céus" (2Cor 5,1). As duas primeiras telas necessariamente hão de estar rompidas para a alma chegar a esta posse de Deus na união, na qual todas as coisas do mundo já estão negadas e renunciadas, e todos os apetites e afetos naturais se acham mortificados, estando já as operações da alma transforma-

das de naturais em divinas. Tudo isto se foi rompendo na alma, pela ação dos encontros esquivos da chama de amor, quando esquivamente a feria. De fato, com a purificação espiritual já explicada acima, a alma acaba de romper essas duas telas, e passa então a unir-se com Deus, como agora se acha; não lhe resta mais senão romper a terceira, que é a tela da vida sensitiva. Por isto, aqui só fala em tela, e não em telas; porque não há senão uma para romper, e esta já está tão sutil, fina e espiritualizada na união com Deus, que a chama de amor não a ataca de modo rigoroso como fazia nas outras duas. Ao contrário, investe saborosa e docemente; por tal razão, a alma, ao invocá-la, denomina-a "doce encontro": tanto mais doce e saboroso quanto mais lhe parece que vai romper a tela da vida.

30. Convém saber, a tal respeito, que a morte natural das que chegam a esse estado, embora seja semelhante às outras quanto à própria condição da morte, é, todavia, muito diferente quanto à causa e modo; porque se os outros morrem em consequência de enfermidade ou velhice, esses de que tratamos aqui, morrendo efetivamente de doença ou em idade avançada, não é isso, todavia, que lhes tira a vida, e sim algum ímpeto e encontro de amor muito mais subido que os antecedentes, e bem mais poderoso e eficaz, pois consegue romper a tela, e arrebatar a joia da alma. Assim, a morte de semelhantes almas é suavíssima e dulcíssima, muito mais do que lhes foi a vida espiritual inteira; morrem com os mais subidos ímpetos e deliciosos encontros de amor, assemelhando-se ao cisne que canta mais suavemente quando vai morrer. Daí vem a palavra de Davi: "Preciosa é diante do Senhor a morte de seus santos" (Sl 115,15). Com efeito, é então que se vêm concentrar todas as riquezas da alma, e os rios de amor que estão nela vão perder-se no oceano, já tão largos e caudalosos que já parecem mares. Aqui se juntam os seus tesouros do primeiro ao último, para acompanharem o justo que parte e vai para seu

CANÇÃO I

reino; ouvem-se desde as extremidades da terra, conforme diz Isaías, os louvores que são as glórias do justo (Is 24,16).

31. No tempo desses gloriosos encontros, sente-se, pois, a alma já no ponto de sair para tomar posse perfeita e completa de seu reino, a julgar pela abundância de bens de que se vê enriquecida. Reconhece aqui, efetivamente, que está pura, rica e cheia de virtudes, e já disposta para alcançar aquele reino; porque neste estado Deus permite à alma ver sua própria formosura, confiando-lhe as virtudes e dons que lhe concedeu, pois tudo se lhe converte em amor e louvores, sem sombra de presunção ou vaidade, já não havendo fermento de imperfeição que possa corromper a massa. Como a alma percebe não lhe faltar mais que rasgar esta frágil tela da vida natural em que se vê enredada, com a sua liberdade presa e impedida, arde em desejo de ser desatada e ver-se com Cristo (Fl 1,23), tendo lástima de que uma vida tão baixa e fraca seja obstáculo a outra tão alta e forte. Por isto, pede que se rompa, dizendo: Ah! rompe a tela deste doce encontro.

32. Dá-lhe o nome de tela por três razões: primeira, pela ligação que há entre o espírito e a carne; segunda, por estabelecer separação entre Deus e a alma; terceira, porque assim como não sendo a tela muito grossa e opaca, deixa transparecer a luz, do mesmo modo acontece neste estado. Afigura-se este entrelaçamento da vida uma tela tão transparente, por estar já muito espiritualizada, esclarecida, e delgada, que não é possível deixar de transluzir por ela algum reflexo da Divindade. E como a alma experimenta a fortaleza da outra vida, evidentemente vê a fraqueza desta em que se acha agora, e assim lhe parece ser uma tela finíssima, ou mesmo uma teia de aranha, conforme a chama Davi dizendo: "Os nossos anos serão considerados como uma teia de aranha" (Sl 89,9). E ainda parece muito menos, aos olhos da alma assim engrandecida; porque, achando-se unida aos mesmos sentimentos de Deus, compreende as coisas como o próprio Deus, diante de quem

mil anos, diz também Davi, são como o dia de ontem que passou (Sl 89,4), e na sua presença todos os povos, segundo a palavra de Isaías (Is 40,17), são como se não fossem. Este mesmo valor lhes dá a alma: para ela todas as coisas são nada, e ela própria é nada a seus olhos. Só o seu Deus, para ela, é tudo.

33. Notemos, porém, aqui o seguinte: qual a razão de pedir que rompa a tela, e não que a corte ou acabe, quando todos estes termos parecem significar a mesma coisa? Podemos responder que há quatro razões para isso. A primeira é para falar com maior exatidão, pois é mais próprio do encontro romper do que cortar ou acabar. A segunda é porque o amor gosta de mostrar sua força, e de dar assaltos violentos e impetuosos, e assim exercita-se mais em romper, que em cortar ou acabar. A terceira é por desejar o amor que a sua ação seja muito rápida, a fim de que ela se realize depressa, e tanto mais forte e vigorosa será quanto mais rápida e espiritual, pois a força concentrada é mais poderosa do que quando se dispersa; a ação do amor na alma é como a forma na matéria que se introduz num instante, e até então não havia ato, mas sim disposições para ele. Assim, os atos espirituais se realizam na alma num só instante, quando são infundidos por Deus; quanto àqueles, porém, que a alma produz por si mesma, mais se podem chamar disposições formadas por desejos e afetos sucessivos, e nunca chegam a ser atos perfeitos de amor ou contemplação, a não ser algumas vezes quando, conforme digo, Deus mesmo as forma e aperfeiçoa no espírito com grande rapidez. Por isto disse o Sábio que o fim da oração é melhor que o princípio (Ecl 7,9) e, como se costuma dizer, a oração breve penetra os céus. Daí se infere que a alma já preparada pode fazer atos mais numerosos e intensos em menos tempo, do que outra, não disposta, faria em muito; e, ainda mais, quando a disposição é perfeita, costuma permanecer por muito tempo no ato de amor ou contemplação.

CANÇÃO I 849

Para a alma que não está preparada tudo se emprega em dispor o espírito, e mesmo depois disto, o fogo ainda custa a atear-se na madeira, seja por causa da muita umidade dela, seja pelo calor insuficiente, ou por ambos os motivos. Naquela, porém, que já está disposta, a ação do amor penetra em momentos, pois a cada contato dele a centelha se inflama na madeira já seca. Eis por que a alma enamorada deseja mais a brevidade do romper, do que o tempo de cortar e acabar. A quarta é para que se acabe mais depressa a tela da vida. Com efeito, para cortar e acabar alguma coisa, age-se com mais detença esperando que esteja sazonada ou acabada, ou qualquer outra condição; mas para romper, parece que não se espera o tempo adequado nem outra circunstância alguma.

34. Na verdade isto quer a alma enamorada, que não sofre dilações na espera de que se lhe acabe naturalmente a vida, nem de que lhe seja cortada em determinado tempo; porque a força do amor, e a disposição que vê em si, levam-na a querer e pedir que se rompa logo a vida por algum encontro ou ímpeto sobrenatural de amor. Sabe muito bem como Deus costuma levar antes do tempo aqueles a quem muito ama, aperfeiçoando neles em breve tempo, mediante o seu amor, o que em todo o decorrer da vida iriam adquirindo com seu passo ordinário. Assim o exprime a palavra do Sábio: "Tendo-se tornado agradável a Deus, foi por ele amado, e foi transferido do meio dos pecadores entre os quais vivia. Foi arrebatado para que a malícia não lhe mudasse o modo de pensar, ou para que as aparências enganadoras não seduzissem a sua alma... Tendo vivido pouco, encheu a carreira duma larga vida; porque a sua alma era agradável a Deus; por isso ele se apressou em tirá-lo do meio das iniquidades" (Sb 4,10.11.13.14). Estas as palavras do Sábio. Nelas se verá com quanta razão e propriedade emprega a alma o termo "romper"; pois o Espírito Santo ali emprega dois termos, "arrebatar" e "apressar", que são alheios de toda dilação. Em dizer "Deus se apressou" dá a

entender a presteza com que ele quis aperfeiçoar em breve o amor do justo; e o termo "arrebatar" significa levar antes do tempo natural. É, pois, coisa de muita importância para a alma exercitar-se em atos de amor durante esta vida, a fim de que, consumando-se em breve, não demore muito aqui ou lá para ver a Deus.

35. Vejamos, porém, agora, por que se dá também a esta investida interior do Espírito Santo o nome de "encontro", de preferência a qualquer outro. A razão é a seguinte: como a alma sente em Deus imensa vontade de que se lhe acabe a vida, conforme ficou dito, e como isso não se realiza, por não haver ainda chegado o tempo de sua perfeição, claramente vê que o amor a acomete com essas investidas divinas e gloriosas, à maneira de encontros. Como têm por fim consumá-la, tirando-a da carne, verdadeiramente são encontros mediante os quais o amor penetra sempre mais na alma, endeusando-a em sua íntima substância, e tornando-a divina; e nisto é a alma absorvida, sobre todo ser criado pelo Ser de Deus. Assim acontece porque Deus encontrou a alma e a traspassou vivamente pelo Espírito Santo, cujas comunicações são impetuosas quando se tornam abrasadas, como neste encontro. E a alma, por experimentar vivo gozo de Deus, o chama aqui doce encontro. Não quer com isto dizer que muitos outros toques e encontros recebidos neste estado deixem de ser doces; mas esse, por sua eminência, ultrapassa todos, pois, como dissemos, Deus nele age com o fim de desatar a alma do corpo e glorificá-la depressa; e daí lhe nascem asas para dizer: "Rompe a tela deste doce encontro".

36. Resumindo agora, pois, toda a canção, é como se dissesse: Oh! chama do Espírito Santo que tão íntima e ternamente traspassas a substância de minha alma, cauterizando-a com teu glorioso ardor, pois já estás tão amiga que mostras vontade de te dares a mim na vida eterna! Se até aqui minhas petições não chegavam aos teus ouvidos, quan-

CANÇÃO II

do eu andava outrora com ânsias e fadigas de amor, a penar no sentido e no espírito por causa de minha grande fraqueza e impureza, e da pouca fortaleza de amor que tinha então, e rogava-te que me desatasses do corpo e me levasses contigo –, porque o amor impaciente não me deixava ter muita conformidade com esta condição de vida mortal em que me querias ainda. E se os ímpetos anteriores de amor não eram suficientes, por não serem de tanta qualidade para alcançar o que desejava, agora já estou bem fortalecida no amor. Não só não desfalecem mais o sentido e o espírito em ti, mas antes se acham fortalecidos por ti, e meu coração e minha carne gozam em Deus vivo (Sl 83,2), com grande conformidade entre ambos; portanto, o que tu queres que eu peça, peço; o que tu não queres, não quero, nem mesmo o posso, nem sequer me passa pelo pensamento querer. E, pois, diante de teus olhos minhas petições são mais válidas e estimadas, porque saem de ti, movendo-me tu mesmo a fazê-las; agora, que "de teu rosto sai o meu juízo" (Sl 16,2), sendo esta a condição requerida para apreciares e ouvires os meus rogos, suplico-te, cheia de gozo e sabor no Espírito Santo: rompe a tela finíssima desta vida, e não a deixes chegar até ser cortada de modo natural pela idade e tempo, a fim de que te possa eu amar desde logo com a plenitude e fartura que deseja minha alma, sem termo nem fim.

Canção II

Oh! cautério suave!
Oh! regalada chaga!
Oh! mão tão branda! Oh! toque delicado
Que a vida eterna sabe
E paga toda dívida!
Matando, a morte em vida me hás trocado.

EXPLICAÇÃO

1. Nesta canção, a alma dá a entender como são as três Pessoas da Santíssima Trindade, Pai e Filho e Espírito

852 CHAMA VIVA DE AMOR

Santo, que nela fazem essa divina obra de união. Assim, a mão, o cautério, e o toque são substancialmente uma só e mesma coisa; a alma lhes dá tais nomes em relação ao efeito que cada um produz. O cautério é o Espírito Santo; a mão é o Pai; o toque é o Filho. Deste modo, a alma aqui glorifica o Pai, o Filho e o Espírito Santo, encarecendo três grandes mercês e benefícios que a ela fazem, pois trocaram-lhe a morte em vida, transformando-a no próprio Deus. A primeira graça é a regalada chaga, que atribui ao Espírito Santo, chamando-a, por esta razão, cautério suave. A segunda é o sabor de vida eterna, que atribui ao Filho, e por isto lhe dá o nome de toque delicado. A terceira é a transformação em Deus, dádiva com que a alma fica bem paga, atribuindo-a ao Pai, e denominando-a, por tal motivo, mão branda. Embora mencione agora as Três, por causa dos efeitos particulares que produzem, na realidade fala somente com uma Pessoa, dizendo: a morte em vida me hás trocado; porque as Três operam em unidade, e assim a alma atribui tudo a uma só, e, ao mesmo tempo, a todas. Segue-se o verso:

Oh! cautério suave!

2. Este cautério, conforme dissemos, aqui significa o Espírito Santo, pois, como declara Moisés no Deuteronômio, "Nosso Senhor Deus é fogo consumidor" (Dt 4,24), isto é, fogo de amor, o qual, sendo infinitamente forte, pode, de modo inefável, consumir e transformar em si a alma quando a toca. A cada uma, todavia, abrasa e absorve segundo a disposição que nela encontra; a esta, mais, e àquela, menos; e age quanto quer, como quer, e quando quer. Por ser ele fogo de amor infinito, quando lhe apraz tocar a alma com alguma veemência, abrasa-a em tão subido grau de amor que a alma se sente estar ardendo sobre todos os ardores do mundo. Eis o motivo de dar ao Espírito Santo, nesta união, o nome de cautério. Com efeito, assim como no cautério está o fogo mais intenso e veemente, produzindo maior efeito do que todos os demais corpos inflamados,

CANÇÃO II

assim o ato desta união, sendo de mais inflamado fogo de amor do que todos os outros, é chamado aqui cautério, em comparação a eles. E como este divino fogo transforma então a alma em si mesmo, ela não apenas sente o cautério, mas toda se torna um cautério de fogo veemente.

3. Oh! maravilha digna de relatar-se! Sendo este fogo de Deus tão ardente e consumidor, pois consumiria mil mundos com maior facilidade do que um fogo da terra faria a um fiapo de linho, contudo, não consome nem destrói a alma em que está assim ardendo! Menos ainda é capaz de causar nela peso algum; antes, na medida da força do amor, vai endeusando-a e deleitando-a enquanto a abrasa e nela arde suavemente. Assim é, pela pureza e perfeição do espírito que arde no Espírito Santo, conforme relatam os *Atos dos Apóstolos* haver sucedido quando desceu este divino fogo com grande veemência, abrasando a todos os discípulos (At 2,3), os quais, comenta São Gregório[1], arderam interiormente em amor com grande suavidade. Isto dá a entender a Santa Igreja quando a este propósito assim se exprime: "Veio fogo do céu, não queimando, mas resplandecendo; não consumindo, mas iluminando"[2]. De fato, nestas comunicações, tendo Deus por fim engrandecer a alma, não a cansa nem aflige, mas dilata-a e deleita-a; não a obscurece ou reduz a cinza, como faz o fogo no carvão, mas a ilumina e enriquece; e nisso tem a alma razão de o chamar cautério suave.

4. E, assim, a ditosa alma que tem a grande ventura de chegar a ser tocada por este cautério, tudo saboreia, tudo experimenta, e faz tudo quanto quer, com grande prosperidade, sem que alguém possa prevalecer diante dela, nem coisa alguma venha atingi-la; porque a essa alma se aplicam as palavras do Apóstolo: "O espiritual julga todas as coisas, e por ninguém é julgado" (1Cor 2,15). E também:

---

1. Hom. 30 no Evang.
2. Resp. 2º de Mat. 2ª-feira de Pentecostes, no antigo breviário.

"O espírito tudo penetra, mesmo os arcanos divinos" (1Cor 2,10). Efetivamente, é próprio do amor esquadrinhar todos os bens do Amado.

5. Grande glória é a vossa, ó almas que mereceis chegar a este sumo fogo! Pois havendo nele infinita força para vos consumir e aniquilar, se assim não o faz, sem dúvida, vos consuma em glória imensa! Não nos cause admiração o fato de serem elevadas por Deus tão altamente algumas almas até este ponto; pois ele age como o sol que se singulariza em produzir efeitos maravilhosos, e, conforme a palavra do Espírito Santo, de três modos abrasa os montes, isto é, os santos (Ecl 43,4). Sendo, portanto, este cautério tão suave como aqui foi dado a entender, quão regalada poderemos supor esteja a alma por ele tocada? Quando ela o quer manifestar, não o sabe; fica-lhe somente a estima no coração, e o encarecimento na boca, usando do termo "Oh!" quando diz: Oh! cautério suave!

Oh! regalada chaga!

6. Depois de ter a alma falado com o cautério, fala agora com a chaga que ele produziu; e se era suave o cautério, como ficou dito, por certo há de ser a chaga conforme a ele. Assim, será chaga regalada, proveniente do cautério suave; e sendo esse cautério de amor cheio de suavidade, também será a chaga de amor suave, e regalará suavemente a alma.

7. Para explicar qual seja esta chaga a que a alma se dirige agora, é preciso saber que o cautério de fogo material produz sempre uma chaga no lugar onde toca; e se acontecesse tocar em uma ferida que não fosse produzida pelo fogo, logo a transformaria em queimadura O mesmo acontece com este cautério de amor. Quando toca na alma, esteja ela já ferida de outras chagas de misérias e pecados, ou esteja sã, logo por ele fica chagada de amor. As chagas que provinham de outra causa, transformam-se em chagas de amor. Há, porém, uma diferença entre esse amoroso cautério e o do fogo material: a chaga produzida por este último só será curada se lhe aplicarem remédios diferen-

CANÇÃO II

tes; ao contrário, a chaga do cautério de amor não pode ser curada com medicina alguma, a não ser unicamente com o próprio cautério que a produziu. E esse mesmo fogo de amor, curando a chaga, torna a produzi-la; porque de cada vez que o cautério de amor toca na chaga de amor, a aumenta; e assim, quanto mais vai curando, mais vai chagando. Com efeito, quem ama, quanto mais está chagado de amor, tanto mais está são; e a cura feita pelo amor é chaga e ferida sobre o que ele já feriu e chagou, até chegar a ponto de tornar tão grande a chaga, que toda a alma venha a transformar-se em chaga de amor. Deste modo, toda cauterizada e toda feita uma chaga de amor, está a alma toda sã no mesmo amor, porque está transformada em amor. Assim deve ser entendida essa chaga de que fala aqui a alma, estando toda chagada e toda sã. E embora esteja ela toda feita uma chaga e ao mesmo tempo toda sã, o cautério de amor nem por isto deixa de fazer seu ofício, isto é, de continuar a tocar e ferir de amor; e, encontrando agora a alma toda regalada e em perfeita saúde, o efeito que nela produz é regalar a chaga, como costuma fazer um bom médico. É, portanto, com muita razão que a alma diz aqui: Oh! chaga regalada! Oh! chaga tanto mais regalada quanto mais elevado e sublime é o fogo de amor que a produz! E havendo sido feita pelo Espírito Santo com o fim expresso de regalar a alma, e com imenso desejo e vontade de a regalar, consequentemente será bem grande esta chaga, porque grandemente será regalada!

8. Oh! ditosa chaga, feita por quem não sabe senão curar! Oh! venturosa e felicíssima chaga, que foste feita unicamente para causar deleite, e cujo sofrimento tem a qualidade de ser regalo e delícia da alma chagada! Imensa és, oh! deleitosa chaga, porque imenso é aquele que te fez; grande é teu deleite, pois é o fogo infinito do amor que te regala segundo tua capacidade e grandeza! Oh! chaga regalada, e tanto mais subidamente, quanto no mais íntimo centro da substância da alma tocou o cautério que te fez, abrasando

tudo quanto pode abrasar, para regalar tanto quanto era possível regalar! Este cautério e esta chaga, podemos compreender como sendo o mais alto grau de amor que pode ser atingido no estado de união transformante. Outros modos há de cauterizar Deus a alma, porém, não chegam a este ponto, nem são semelhantes ao que agora descrevemos; porque aqui se trata de um puro toque da divindade na alma, sem forma nem figura alguma intelectual ou imaginária.

9. Costuma ainda haver outra maneira muito elevada de cauterizar a alma, sob forma intelectual, que descreveremos agora. Acha-se a alma muito inflamada no amor de Deus, embora não seja de modo tão elevado como a antecedente; contudo, é necessário que o seja bastante, para suceder o que quero explicar aqui. Acontece-lhe, então, sentir que um serafim investe sobre ela, com uma flecha ou dardo todo incandescente em fogo de amor, transverberando esta alma que já está inflamada como brasa, ou, por melhor dizer, como chama viva, e a cauteriza de modo sublime. No momento em que é cauterizada assim, e transpassada a alma por aquela seta, a chama interior impetuosamente irrompe e se eleva para o alto com veemência, tal como sucede num forno abrasado ou numa fogueira quando o fogo é revolvido e atiçado, e se inflama em labareda. A alma, então, ao ser ferida por esse dardo incendido, sente a chaga com sumo deleite. Além de ser toda revolvida com grande suavidade, naquele incêndio e impetuosa moção que lhe causa o serafim, provocando nela grande fervor e amoroso desfalecimento, ao mesmo tempo sente a ferida penetrante e a força do veneno com que vivamente estava ervada aquela seta, qual uma ponta afiada a enterrar-se na substância do espírito, a traspassar-lhe o mais íntimo da alma.

10. Sobre este íntimo ponto da ferida, que parece atingir a profundidade da medula do espírito, onde o deleite é mais intenso, quem poderá falar convenientemente? Na verdade, a alma experimenta ali como um grão de mostarda de

CANÇÃO II 857

tamanho mínimo, vivíssimo e extremamente incendido, o qual projeta em derredor um vivo e abrasado fogo de amor. Este fogo, proveniente da substância e força daquele ponto ardente onde por sua vez se acha a substância e virtude do veneno, a alma o sente difundir-se por todas as suas veias substanciais e espirituais, segundo a sua capacidade e fortaleza. Com isto, de tal maneira nela cresce e tão forte se torna o abrasamento do fogo, e esse mesmo abrasamento intensifica tanto o amor, que dá a impressão de mares de fogo amoroso cujas águas inundam todas as alturas e profundidades da alma, enchendo tudo de amor. Parece-lhe, então, que todo o universo é um oceano de amor, no qual está ela engolfada, não alcançando avistar termo nem fim onde se acabe esse amor, pois, como dissemos, sente a alma dentro de si mesma o vivo ponto e centro do amor.

11. O gozo da alma chegada a esta altura não se pode descrever senão dizendo que aí experimenta quão real é a comparação evangélica do reino dos céus ao grão de mostarda, o qual, sendo tão vivo, embora pequeníssimo, cresce como o maior dos arbustos (Mt 13,31). Com efeito, a alma se vê transformada num imenso fogo de amor que nasce daquele ponto abrasado no centro do espírito.

12. Poucas almas chegam a tanto. Algumas, contudo, têm chegado, mormente aquelas cuja virtude e espírito se haveria de difundir na sucessão dos filhos espirituais; porque Deus costuma conceder aos que hão de ser cabeças de novas famílias espirituais as primícias do espírito, segundo o maior ou menor número dos discípulos que hão de herdar sua doutrina e espírito.

13. Volvamos, pois, à obra daquele serafim, a qual verdadeiramente consiste em chagar e ferir interiormente no espírito. Se Deus, por vezes, permite que se produza algum efeito exterior, nos sentidos, semelhante ao que se passou no espírito, aparece a chaga e ferida no corpo. Assim aconteceu quando o serafim feriu a São Francisco: chagando-o

858   CHAMA VIVA DE AMOR

de amor na alma com as cinco chagas, também se manifestou o efeito delas no corpo, ficando as chagas impressas
na carne, tal como foram feitas na alma ao ser chagada de
amor. Em geral, não costuma Deus conceder alguma mercê
ao corpo, sem que primeiro e principalmente a conceda no
interior, à alma. E então, quanto mais intenso é o deleite, e
maior a força do amor que produz a chaga dentro da alma,
tanto maior é também o efeito produzido na chaga corporal,
e crescendo um, cresce o outro. Sucede deste modo, porque,
nestas almas já purificadas e estabelecidas em Deus, aquilo
que lhes causa dor e tormento à carne, corruptível, é doce e
saboroso para o espírito forte e são. Daí vem o maravilhoso
contraste que é sentir crescer a dor no gozo. Tal maravilha
foi bem experimentada por Jó em suas chagas quando disse a Deus: "Voltando-te para mim, maravilhosamente me
atormentas"[1]. Na verdade é grande maravilha e digna daquela abundância de suavidade e doçura que Deus reserva
para os que o temem (Sl 30,20): fazer com que gozem tanto
maior sabor e deleite quanto mais sentem dor e tormento!
Quando, porém, a chaga é feita somente na alma, sem comunicar-se ao exterior, pode o deleite chegar a ser ainda
mais intenso e mais subido. Com efeito, como a carne traz
sob seu freio o espírito, quando participa dos bens espirituais a ele comunicados, puxa as rédeas para o seu lado,
e enfreia a boca desse ligeiro cavalo do espírito, apagan-
do-lhe o brio, pois se ele pudesse livremente usar de sua
força, decerto arrebentaria as rédeas. Até que assim venha
a acontecer, o corpo mantém sempre o espírito oprimido em
sua liberdade, conforme a palavra do Sábio: "O corpo que
se corrompe torna pesada a alma, e esta morada terrestre
abate o espírito que pensa muitas coisas (Sb 9,15).

14. Digo tudo isto para que se entenda como quem quiser
buscar a Deus, arrimando-se na habilidade e raciocínio hu-

---

1. Jó 10,6. A *Vulgata* diz: "Voltando-te para mim, tu me atormentas
de modo terrível" (N. do T.).

mano, jamais será muito espiritual. Há muitas pessoas, de fato, que imaginam poder com a pura força e operação do sentido – em si mesmo baixo e não além da natureza – alcançar as forças e elevação do espírito sobrenatural, a que não se chega senão quando o sentido corporal com suas operações já está mortificado e apartado. É outra coisa quando o efeito espiritual se deriva do espírito para o sentido: neste caso, pode acontecer que haja grande abundância de efeitos sobrenaturais no sentido, conforme dissemos a respeito das chagas, produzidas no exterior em consequência da força da operação interior. Sirva de exemplo São Paulo, que pelo grande sentimento das dores de Cristo na sua alma redundavam elas no corpo, segundo ele próprio o dá a entender aos gálatas, dizendo: "Trago no meu corpo os estigmas do Senhor Jesus" (Gl 6,17).

15. Basta o que dissemos do cautério e da chaga; sendo tais como foram descritos, qual não será, pois, a mão com que é impresso este cautério, e qual o seu toque? No verso seguinte a alma bem o exprime, e mais o encarece do que o explica, dizendo:

Oh! mão tão branda! Oh! toque delicado!

16. Esta mão, como vimos, simboliza o Pai onipotente e misericordioso. Dela devemos saber que, sendo tão generosa e liberal quanto é poderosa e rica, concederá preciosas e magníficas dádivas quando se abrir para fazer mercês à alma. Eis por que esta lhe dá o nome de mão tão branda. Como se dissesse: "Oh! mão tanto mais branda para mim, por me tocares brandamente; pois se tocasses um pouco mais pesadamente, seria bastante para aniquilares todo o universo! Porque só com o teu olhar a terra estremece (Sl 103,32), os povos desfalecem e os montes se desfazem. Oh! mão tão branda, direi ainda, se foste dura e vigorosa para Jó, tocando-o de modo um tanto rude, agora és para mim tanto mais amigável e graciosa, tocando-me com brandura, afeto e graça, quanto mais pesada foste para ele. Na verdade, tu fazes morrer e fazes viver, e não há quem possa

860 CHAMA VIVA DE AMOR

fugir de ti! Tu, porém, oh! divina vida! nunca matas a não
ser para dar vida, assim como nunca chagas a não ser para
sarar. Quando castigas, basta que toques de leve, para logo
ser consumido o mundo; mas quando regalas, muito determinadamente te pousas sobre a alma, e não se podem
contar as delícias de tua suavidade. Chagaste-me para
curar-me, oh! divina mão! e mataste em mim aquilo que
me mantinha morta sem a vida de Deus na qual me vejo
agora viver. Isto fizeste com a liberalidade de tua generosa
graça de que usaste para comigo, quando me tocaste com
esse toque do resplendor de tua glória e figura de tua substância (Hb 1,3), que é teu unigênito Filho; nele, que é tua
Sabedoria, tocas fortemente atingindo de um fim até outro
fim (Sb 3,1). E este teu unigênito Filho, oh! mão misericordiosa do Pai, é o toque delicado com que me tocaste e me
chagaste na força de teu cautério.

17. Oh! pois, toque delicado, tu, ó Verbo, Filho de Deus,
que, pela delicadeza de teu ser divino, penetras sutilmente
a substância de minha alma, e tocando-a toda, delicadamente, em ti a absorves toda com tão divinos gêneros de
deleites e suavidades, "como jamais se ouviu na terra de
Canaã, nem se viu em Teman"! (Br 3,22). Oh! pois, muito
e muitíssimo delicado toque do Verbo, tanto mais delicado
para mim quanto te fizeste sentir suave e fortemente ao
Profeta no sopro da branda viração depois de derrubados
os montes e despedaçadas as pedras no monte Horeb, com
a sombra de teu poder e força que caminhava à tua frente!
(1Rs 19,11-12). Oh! aragem branda, que sopras tão tênue
e delicada, dize: como tocas sutil e delicadamente, ó Verbo,
Filho de Deus, se és tão terrível e poderoso? Oh! ditosa e
mil vezes ditosa a alma em que tocas sutil e delicadamente,
tu que és tão terrível e possante! Dize isto ao mundo! Ou
antes, não o queiras dizer ao mundo, porque ele não entende de aragem branda, e não te sentirá, pois não te pode
receber nem te pode ver (Jo 14,17). Só poderão ver-te e

sentir teu toque delicado, Deus meu e vida minha, aqueles que, alheando-se do mundo, se sutilizarem espiritualmente convindo sutil com sutil, e assim se tornem aptos para te sentir e gozar. A esses, tanto mais delicadamente tocas, quanto, estando já sutil, polida e purificada a substância da alma, estranha a toda criatura e a todo vestígio e toque de coisa criada, estás tu escondido no seu íntimo, morando e permanecendo nela. E nisto os escondes no esconderijo de tua Face – que é o Verbo –, a salvo da conturbação dos homens (Sl 30,21).

18. Oh! pois, outra vez e muitas vezes delicado toque, tanto mais forte e poderoso, quanto mais delicado! Porque com a força de tua delicadeza, desfazes e apartas a alma de todos os demais toques de coisas criadas, e te apossas dela somente para ti, unindo-a contigo. Tão delicado efeito e impressão nela deixas, que qualquer outro toque de todas as coisas altas ou baixas lhe parece grosseiro e indigno, tendo por ofensa até mesmo o olhar para elas e sentindo grande pena e tormento em as tratar e tocar!

19. Convém saber que um objeto tem tanto mais extensão e capacidade quanto mais imaterial; e tanto mais será difuso e comunicativo quanto maior for sua sutileza e delicadeza. O Verbo que é o toque dado na alma é imensamente sutil e delicado; esta, por sua vez, é o recipiente já amplo e disposto pela delicadeza e purificação extrema em que se acha neste estado. Oh! pois, toque delicado! Tanto mais copiosa e abundantemente te infundes em minha alma quanto mais tens tu de sutileza, e mais tem ela de pureza!

20. Devemos também saber que o toque, quanto mais sutil e delicado é, tanto maior deleite e regalo comunica àquilo que toca; e quanto menos o for, menos extensão e volume terá. Este toque divino nenhuma extensão e volume tem, porque o Verbo que o produz é alheio a todo modo e gênero de extensão, forma, figura e acidentes, que são os limites e medidas que põem termo à substância. Assim, este toque referido aqui sendo um toque substancial, a saber, da di-

vina substância, é inefável. Oh! pois, toque inefavelmente delicado do Verbo, dado na alma nada menos do que com teu simplicíssimo e puríssimo Ser, o qual, sendo infinito, é infinitamente delicado, e consequentemente toca de modo tão sutil, amoroso, eminente e delicado,

Que a vida eterna sabe.

21. Efetivamente é certo sabor de vida eterna, embora não ainda em grau perfeito, que a alma goza neste toque de Deus, como já dissemos. E não é incrível que seja assim, quando se crê, como na verdade se deve crer, que se trata aqui de um toque substancial, isto é, da substância de Deus à substância da alma, a que nesta vida têm chegado muitos santos. Daí a delicadeza inexprimível do deleite sentido neste toque; nem queria eu falar nisso, para não se pensar que é apenas como eu digo, e não mais. Na verdade, não há termos capazes de declarar coisas tão subidas de Deus, como as que se passam nestas almas; por isto, a linguagem própria é somente entender dentro de si, e sentir no íntimo, calando e gozando quem o recebe. Claramente vê a alma aqui como, de certo modo, são essas graças como aquela pedra branca que, diz São João, é dada ao vencedor, e na pedra está escrito um nome novo, o qual ninguém conhece senão aquele que o recebe (Ap 2,17). E assim, verdadeiramente, só se pode dizer que "a vida eterna sabe". Embora nesta vida não se goze perfeitamente deste toque como na glória, contudo, por ser toque de Deus, a vida eterna sabe. Goza então a alma nele de todas as coisas de Deus que lhe comunica, e sua fortaleza, sabedoria e amor, formosura, graça, bondade etc. Como Deus encerra em si todas essas perfeições, a alma as saboreia todas num único toque de Deus, gozando delas em suas potências e substância.

22. Deste bem da alma redunda por vezes no corpo a unção do Espírito Santo, que produz gozo em toda a substância sensitiva, nos membros, ossos e medula; não de modo remisso, como acontece geralmente, e sim, com sentimento

de grande deleite e glória, experimentado até nas últimas articulações dos pés e mãos. Tem tanta parte, então, o corpo na glória da alma, que, a seu modo, glorifica a Deus, sentindo-o nos seus próprios ossos, conforme a palavra de Davi: "Todos os meus ossos dizem: quem haverá semelhante a ti?" (Sl 34,10). E como tudo quanto se disser a tal respeito é sempre menos do que a realidade, baste, portanto, dizer, para o corporal e para o espiritual, que sabe a vida eterna *E paga toda dívida.*

23. Assim o diz a alma, porque, neste sabor de vida eterna que experimenta agora, sente a retribuição dos trabalhos que passou para chegar a este estado, no qual não somente se sente paga e satisfeita com toda a justiça, mas com grande excesso recompensada. Por experiência entende bem a verdade da promessa do Esposo no Evangelho, de dar o cêntuplo por um (Mt 19,23). De fato, não houve tribulação ou tentação, penitência ou outro qualquer trabalho sofrido neste caminho, a que não tenha correspondido o cêntuplo de consolo e deleite ainda nesta vida, de modo a poder muito bem dizer a alma: E paga toda dívida.

24. Para saber como e quais sejam estas dívidas de que a alma se sente paga, devemos notar que ninguém, por via ordinária, pode chegar a este alto estado e reino do desposório espiritual sem passar primeiro por muitas tribulações e trabalhos; porque, segundo dizem os *Atos dos Apóstolos*, "é preciso entrar no reino de Deus por meio de muitas tribulações" (At 14,21). Estas já passaram, no estado em que se acha agora a alma, no qual, estando purificada, daqui por diante não padece mais.

25. Os trabalhos pelos quais são provados os que hão de chegar a este estado são de três espécies; trabalhos e desconsolos, temores e tentações que lhes vêm do século, por vários modos; tentações, securas e aflições, que procedem do sentido; tribulações, trevas, angústias, desamparos, tentações, e outros sofrimentos provenientes do espírito. Todos eles servem de meio para a purificação da alma se-

CHAMA VIVA DE AMOR

gundo as duas partes, a espiritual e a sensitiva, conforme dissemos ao explicar o quarto verso da primeira canção. E necessário são tais trabalhos porque assim como um licor muito fino exige um recipiente forte, preparado e purificado, assim também esta altíssima união só pode ser dada a uma alma já fortalecida com trabalhos e tentações, e purificada por meio de tribulações, trevas e angústias; destes trabalhos, uns purificam e fortalecem o sentido, e outros afinam, purificam e dispõem o espírito. Para se unirem a Deus na glória, passam na outra vida pelas penas do fogo os espíritos que estão ainda impuros; de modo semelhante, para alcançarem aqui na terra a união perfeita hão de passar pelo fogo destas penas que descrevemos, o qual obra mais fortemente em alguns, e menos em outros; naqueles, por largo tempo, nestes mais brevemente, segundo o grau de união a que Deus os quer elevar e conforme o que há neles a ser purificado.

26. Por meio destes trabalhos com que Deus prova o espírito e o sentido, vai a alma cobrando virtudes, força e perfeição, com amargura; pois a virtude se aperfeiçoa na fraqueza (2Cor 12,9), e no exercício de sofrimentos vai sendo lavrada. Com efeito, na inteligência do artífice não pode o ferro servir e tomar alguma forma, a não ser por meio do fogo e do martelo, conforme diz o profeta Jeremias a respeito daquele fogo por cujo meio Deus lhe deu inteligência: "Enviou do alto fogo nos meus ossos e ensinou-me" (Lm 1,13). E do martelo, também fala o mesmo Jeremias: "Castigaste-me, Senhor, e fui ensinado" (Jr 31,18). Por isto declara o Eclesiástico: "Que sabe aquele que não foi tentado? E o que não tem experiência poucas coisas conhece" (Ecl 34,9.10).

27. Aqui nos convém notar a causa pela qual há tão poucos que cheguem a tão alto estado de perfeição na sua união com Deus. Não é porque ele queira seja diminuto o número destes espíritos elevados, antes quereria fossem todos perfeitos; mas acha poucos vasos capazes de tão alta e sublime obra. Provando-os em coisas pequenas,

CANÇÃO II

mostram-se tão fracos que logo fogem do trabalho, e não querem sujeitar-se ao menor desconsolo e mortificação; em consequência, não os achando fortes e fiéis naquele pouquinho com que lhes fazia mercê de começar a desbastá-los e lavrá-los, vê claramente como o serão ainda menos em coisa maior. Não vai, pois, adiante em os purificar e levantar do pó da terra pelo trabalho da mortificação para a qual seria mister maior constância e fortaleza do que mostram. E assim há muitos que desejam passar adiante e mui continuamente pedem a Deus os traga e conduza a esse estado de perfeição; mas quando Deus quer começar a levá-los pelos primeiros trabalhos e mortificações, conforme para isso é necessário, não aceitam sofrê-los, e furtam o corpo, fugindo do caminho estreito da vida, para buscarem a via larga de seu próprio consolo, que os leva à perdição. Procedendo deste modo, não dão ensejo a Deus para conceder-lhes o que pedem, mal o começa a dar. Quedam-se como vasos inúteis; pois, querendo alcançar o estado dos perfeitos, não somente não quiseram ser levados pelo caminho dos trabalhos que conduz a essa perfeição, mas nem sequer consentiram em começar a entrar pelo sofrimento de trabalhos menores, a saber, as pequenas provações que ordinariamente todos padecem. A estes tais se pode responder com as palavras de Jeremias: "Se te fatigaste em seguir, correndo, os que iam a pé, como poderás competir com os que vão a cavalo? E se não estiveste em sossego numa terra de paz, que farás no meio da soberba do Jordão?" (Jr 12,5). É o mesmo que dizer: Se com os trabalhos que na via comum sucedem, ordinária e humanamente, a todos os que andam nesta terra, custavas tanto a aguentar, por causa de teu passo diminuto, que imaginavas correr, como poderás igualar o passo do cavalo, isto é, sofrer trabalhos acima dos ordinários e comuns, para os quais se requer mais força e ligeireza do que a do homem? Se não quiseste abandonar a paz e o gosto de tua terra, que é a tua sensualidade, e te recusaste a fazer-lhe guerra ou contradizê-la em alguma coisa, não entendo como quererás entrar pelas águas impetuosas das tribulações e trabalhos do espírito, que são mais profundas.

28. Ó almas desejosas de andar seguras e consoladas nas coisas do espírito! Se soubésseis quanto vos convém padecer sofrendo, para alcançar esta segurança e consolo! E como, sem isto, é impossível chegar ao que a alma deseja, antes, ao contrário, é voltar atrás, jamais buscaríeis consolo de modo algum, nem em Deus, nem nas criaturas. Carregaríeis, de preferência, a cruz, e, nela pregadas, desejaríeis beber fel e vinagre puro e o teríeis por grande ventura, vendo como pela vossa morte ao mundo e a vós mesmas viveríeis para Deus, em deleites espirituais. E assim, sofrendo com paciência e fidelidade este pouquinho de trabalho exterior, mereceríeis que pusesse Deus seus olhos em vós, para vos purificar e limpar mais intimamente, por meio de alguns trabalhos espirituais mais interiores, com o fim de conceder-vos graças mais profundas. Na verdade, hão de ter feito muitos serviços a Deus, com grande paciência e constância em seu amor, tornando-se muito agradáveis diante dele pela vida e pelas obras, aqueles aos quais o Senhor faz tão assinalada mercê, como seja a de tentá-los mais interiormente para avantajá-los em dons e merecimentos. Foi o que ele fez ao santo Tobias a quem disse São Rafael: "Porque tu eras aceito a Deus, por isso foi necessário que a tentação te provasse" (Tb 12,13), a fim de seres mais engrandecido. De fato, o tempo que lhe restou de vida, após aquela tentação, foi cheio de gozo, como atesta a Sagrada Escritura (Tb 14,4). O mesmo sucedeu ao santo Jó: quando Deus aceitou suas obras diante dos espíritos bons e maus, logo lhe fez a mercê de enviar aqueles grandes trabalhos, com o fim de glorificá-lo muito mais depois, como realmente fez, multiplicando-lhe os bens espirituais e temporais.

CANÇÃO II

29. Do mesmo modo procede Deus com os que quer avantajar segundo a vantagem principal: a estes faz e deixa tentar, com o fim de elevá-los à maior de todas as alturas, que consiste na união com a Sabedoria divina, a qual, como diz Davi, é prata examinada com fogo, provada na terra (Sl 11,7), isto é, em nossa carne, purificada sete vezes, ou, por assim dizer, o mais possível. Não há razão para nos determos aqui a explicar quais sejam estas sete purificações, e qual deve ser cada uma, para a alma chegar a esta sabedoria, nem como a elas correspondem sete graus de amor, nesta mesma Sabedoria. Aqui na terra, por maior que seja a união, é ela sempre para a alma corno a prata de que fala Davi, mas na outra vida será como ouro.

30. Convém muito, pois, à alma ter grande paciência e constância em todas as tribulações e trabalhos, interiores e exteriores, espirituais e corporais, maiores ou menores, em que Deus a queira pôr, recebendo tudo como das mãos dele para seu bem e remédio. E não fuja dos sofrimentos, porque neles está a sua saúde; antes tome a este respeito o conselho do Sábio que diz: "Se o espírito daquele que tem o poder baixar sobre ti, não abandones o teu posto" (isto é, o lugar e posto de tua provação, situado naquele trabalho que Deus te envia), "porque este remédio te curará dos maiores pecados" (Ecl 10,4). Por assim dizer: cortará em ti as raízes de teus pecados e imperfeições, que são os maus hábitos; porque o combate dos trabalhos, angústias e tentações, extingue esses hábitos maus e imperfeitos da alma, purificando-a e fortalecendo-a. Deve ela, pois, ter em grande estima os trabalhos interiores e exteriores que Deus lhe envia, compreendendo como são muito poucos os que merecem ser consumados por sofrimentos, e os padecem a fim de chegar a tão alto estado.

31. Voltemos agora à nossa explicação. Conhece aqui a alma como tudo foi para seu bem, e que "como foram as suas trevas é agora a sua luz"; e assim como foi participante das tribulações, agora o é das consolações e do reino de

Deus. Vê que aos trabalhos interiores e exteriores corresponderam os bens divinos, tanto para o espírito como para o corpo, e como não houve sofrimento sem ser premiado com grande galardão. E assim o confessa já bem satisfeita dizendo: "E para toda dívida". Agradece a Deus neste verso, do mesmo modo que o fez Davi no seu, quando cantou no Salmo em ação de graças por ter sido libertado dos trabalhos: "Quantas tribulações numerosas e amargas me fizeste provar! Mas, voltando-te para mim, deste-me novamente a vida, e dos abismos da terra outra vez me tiraste. Multiplicaste a tua magnificência, e voltando-te para mim, me consolaste" (Sl 70,20-21). Antes que chegasse a este estado, achava-se a alma como Mardoqueu quando estava sentado do lado de fora das portas do palácio, chorando nas praças de Susa, à vista do perigo que corria sua vida, e, coberto de cilício, recusava aceitar as vestes que lhe enviava a rainha Ester (Est 4,1; 6,3.11). Não havia recebido galardão algum pelos serviços prestados ao Rei, nem pela fidelidade que havia tido em defender-lhe a honra e a vida. Eis que num dia – como foi feito ao mesmo Mardoqueu – pagam-lhe todos os trabalhos e serviços, e não só a fazem apresentar-se diante do Rei, adornada com as vestes reais, mas também lhe dão coroa e cetro, além do trono, com a posse do anel real, para que faça tudo o que quiser, e o que não quiser, não faça, no reino de seu Esposo; porque os que chegam a este estado alcançam tudo quanto querem. Com isto, fica a alma bem paga, e, mais ainda, são aniquilados os judeus, seus inimigos, isto é, os apetites imperfeitos que procuravam tirar-lhe a vida espiritual em que agora ela vive plenamente, segundo as suas potências e apetites. E, assim, logo acrescenta:

Matando, a morte em vida me hás trocado.

32. Na verdade, a morte não é mais que a privação da vida; em chegando esta, já não há mais vestígio daquela. Sob o ponto de vista espiritual, há duas maneiras de vida. Uma é a vida beatífica, a qual consiste em ver a Deus, e

CANÇÃO II

esta se há de alcançar pela morte corporal e natural, conforme diz São Paulo: "Sabemos que se esta nossa casa de barro for destruída, temos nos céus morada de Deus" (2Cor 5,1). A outra é a vida espiritual perfeita, ou seja, a posse de Deus por união de amor; e esta se alcança pela mortificação total dos vícios e inclinações, e da própria natureza. Enquanto isto não se efetua, impossível é chegar à perfeição dessa vida espiritual de união com Deus, segundo afirma também o Apóstolo dizendo assim: "Se viverdes segundo a carne, morrereis. Mas se pelo espírito mortificardes as obras da carne, vivereis" (Rm 8,13).

33. Devemos, pois, saber que a alma designa aqui pelo nome de morte a todo o homem velho, isto é, ao exercício das potências, memória, entendimento e vontade, ocupado e empregado nas coisas do século, bem como os apetites e gostos de criaturas. Tudo isto é exercício de vida velha, a qual é morte da vida nova, que é a espiritual. Nesta última, não poderá viver a alma perfeitamente, se não morrer também perfeitamente o homem velho, conforme admoesta o Apóstolo dizendo: "Despojem-se do homem velho e se revistam do novo, criado segundo Deus onipotente, em justiça e santidade" (Ef 4,22). Nessa vida nova, ou seja, quando é alcançada a perfeição da união com Deus, como vamos dizendo aqui, todos os apetites e potências da alma em suas inclinações e operações – que por si mesmas eram obras de morte e privação da vida espiritual – trocam-se agora em divinas.

34. Cada ser vivo, dizem os filósofos, vive por sua operação; logo a alma, tendo em Deus suas operações em virtude da sua união com ele, vive a própria vida de Deus, e assim a sua morte foi trocada em vida, isto é, a sua vida animal se trocou em vida espiritual. O entendimento, antes dessa união, compreendida naturalmente, com a força e vigor de sua luz natural, por meio dos sentidos corporais; agora, porém, é movido e penetrado por outro princípio mais

alto que é a luz sobrenatural de Deus, deixando de parte os sentidos. Trocou-se, pois, em divino, porque, pela união do mesmo entendimento ao de Deus, tudo é uno. A vontade anteriormente amava de modo baixo e morto, só com seu afeto natural; agora foi trocada em vida de amor divino, porque ama elevadamente com afeto divino, movida pela força e virtude do Espírito Santo, no qual vive sua vida de amor; de fato, por meio desta união da vontade humana à divina, há só uma vontade na alma. A memória, que de sua parte só percebia as figuras e imagens das criaturas, é trocada nesta divina união de modo a ter na mente os anos eternos, como fala Davi (Sl 76,6). O apetite natural que antes se inclinava, com toda a sua habilidade e força, somente ao gozo da criatura que produz morte, agora está trocado em divino gosto e sabor, movido e satisfeito então por outro princípio que o torna mais vivo, e que é o deleite de Deus com quem está unido; e em consequência, já é apetite só de Deus. Finalmente, todos os movimentos, operações e inclinações que a alma tinha anteriormente, e que provinham do princípio e força de sua vida natural, já nesta união são transformados em movimentos divinos; ficam mortos à sua própria operação e inclinação, e tornam-se vivos em Deus. Com efeito, a alma já é movida em tudo pelo espírito de Deus, como verdadeira filha de Deus, conforme ensina São Paulo: "Todos os que são movidos pelo Espírito de Deus, estes são os filhos de Deus" (Rm 8,14). Deste modo, repetimos ainda aqui, o entendimento da alma é entendimento de Deus; sua vontade é vontade de Deus; sua memória é memória de Deus; e seu deleite é deleite de Deus. A substância da alma, embora não se possa tornar substância de Deus, porque impossível lhe é transformar-se substancialmente em Deus, contudo, nessa união em que está vinculada e absorvida em Deus, torna-se Deus por participação de Deus. Tal é o que acontece no estado perfeito da vida espiritual, todavia, não tão acabadamente como na eternidade. Está, portanto, morta a alma a tudo quanto era em si mesma, isto é, ao que era morte para ela; e se acha viva para o que é Deus em si mesma. Eis a razão por que, ao falar de seu estado, diz com muito acerto o verso: Matando, a morte em vida me hás trocado. Daí lhe vem poder apropriar-se bem das palavras de São Paulo: "Vivo, já não eu, mas é Cristo que vive em mim" (Gl 2,20). Trocou-se, afinal, a morte desta alma em vida de Deus. Quadra-lhe também a expressão do Apóstolo: "A morte foi absorvida pela vitória" (1Cor 15,54). E ainda o que diz o profeta Oseias falando pela pessoa de Deus: "ó morte! eu hei de ser a tua morte" (Os 13,14). Como se dissera: Eu que sou a vida, sendo a morte da morte, ficará a morte absorta na vida.

35. Desta maneira acha-se a alma absorta em divina vida, alheia a tudo quanto seja temporal deste mundo, bem como a todo apetite natural. É introduzida nos aposentos do Rei, onde se goza e alegra no Amado, "lembrada de que os seus peitos são melhores do que o vinho", e assim diz: "Eu sou trigueira, mas formosa, filhas de Jerusalém" (Ct 1,3-4) porque minha negrura natural trocou-se na formosura do Rei celestial.

36. Em tão perfeito estado de vida, sempre anda a alma como em festa, no interior e no exterior; com grande frequência saboreia no seu espírito um grande júbilo de Deus, qual um cântico novo, sempre novo, envolto em alegria e amor, e em conhecimento de seu feliz estado. Por vezes fica cheia de gozo e fruição, repetindo em seu espírito aquelas palavras de Jó: "A minha glória sempre se renovará; e multiplicarei meus dias como a palmeira" (Jó 29,20.18). Como a dizer: Deus, que permanece em si mesmo imutável, e todas as coisas renova, como diz o Sábio (Sb 7,27), estando unido agora à minha glória, sempre a renovará, isto é, não a deixará volver atrás como era antes; e multiplicarei meus dias como a palmeira, isto é, meus merecimentos crescerão até o céu, assim como para o céu ergue a palmeira seus ramos. De fato, os merecimentos da alma, neste estado, são

geralmente grandes em número e qualidade. Também se ocupa de ordinário em cantar a Deus em seu espírito tudo o que diz Davi no Salmo cujo início é assim: "Eu te glorificarei, Senhor, porque me recebeste" (Sl 29,1.12.13). E particularmente os dois últimos versículos que dizem: "Tu converteste o meu pranto em gozo; tu rasgaste o meu saco e me cercaste de alegria. Para que eu te cante na minha glória, e não tenha mais penas; Senhor Deus meu, eu te louvarei eternamente" (Sl 29,1.12.13). Não é de maravilhar que a alma ande com tanta frequência nestes gozos, júbilos, e louvores, na fruição de Deus; porque, além do conhecimento que tem das graças recebidas, sente o seu Amado tão solícito em mimoseá-la com tão preciosas, delicadas, e encarecidas palavras, engrandecendo-a com estas e outras mercês, que lhe parece não ter ele outra pessoa no mundo a quem regalar, nem outra coisa em que se ocupar, mas que ele todo é só para ela. E, experimentando-o assim, confessa como a Esposa dos *Cantares: "O* meu Amado é para mim, e eu para ele" (Ct 2,16).

Canção III

Oh! lâmpadas de fogo,
Em cujos resplendores
As profundas cavernas do sentido
– Que estava escuro e cego, –
Com estranhos primores
Calor e luz dão junto a seu querido!

EXPLICAÇÃO

1. Seja Deus servido de dar aqui seu favor, pois, decerto, é muito necessário para explicar a profundidade desta canção. E quem ler este comentário, é mister fazê-lo com advertência, porque, se não tiver experiência, talvez lhe pareça algo obscuro e prolixo; mas se a tiver, porventura, o achará claro e saboroso. Encarece a alma, nesta canção,

CANÇÃO III

e agradece a seu Esposo, as grandes mercês recebidas da união que tem com ele; diz como, por meio desta união, concede-lhe o Amado numerosos e magníficos conhecimentos de si mesmo, cheios de amor, com os quais são iluminadas e enamoradas as potências e os sentidos da alma, que antes estavam obscuros e cegos. Agora, portanto, esclarecidos e abraçados no amor como se acham, podem dar luz e amor àquele que os esclareceu e enamorou. De fato, quem verdadeiramente ama, só está satisfeito quando emprega no Amado todo o seu ser, e tudo quanto vale, tem e recebe; e quanto mais possui, tanto maior é o seu gosto em dar. Disto se alegra aqui a alma: de poder, com os resplendores e o amor recebidos, resplandecer por sua vez diante do Amado e dar-lhe amor. Segue-se o verso:

Oh! lâmpadas de fogo!

2. Quanto ao primeiro termo, precisamos saber que as lâmpadas têm duas propriedades: brilhar e aquecer. Para entendermos quais sejam estas lâmpadas mencionadas pela alma, e como brilham e ardem dentro dela, produzindo calor, convém advertir o seguinte. Deus, em seu ser único e simples, encerra todas as virtudes e grandezas de seus atributos. É onipotente, sábio, bom, misericordioso; é justo, forte, amoroso, e o mesmo podemos dizer de outros infinitos atributos e virtudes que nos são desconhecidos. Ora sendo Deus todas estas coisas na simplicidade de seu ser divino, quando há por bem abrir o entendimento da alma que lhe está unida, vê ela então distintamente nele todas essas virtudes e grandezas, isto é, onipotência, sabedoria, bondade, misericórdia, e tudo o mais. Cada um desses atributos é o mesmo ser de Deus numa pessoa, seja no Pai, ou no Filho, ou no Espírito Santo, sendo cada atributo o próprio Deus. E por ser Deus luz infinita, e fogo divino infinito, como já dissemos, consequentemente cada um desses inumeráveis atributos resplandece e produz calor como o mesmo Deus; assim cada um deles é uma lâmpada que brilha na alma, dando-lhe calor de amor.

3. Num só ato desta união, a alma recebe conhecimentos sobre todos os atributos divinos; deste modo, podemos afirmar que Deus é para ela como muitas lâmpadas juntas que distintamente brilham em luz de sabedoria e produzem calor de amor. De cada uma dessas lâmpadas recebe um conhecimento particular, e ao mesmo tempo é inflamada em amor. A alma, pois, ama a Deus em cada uma dessas lâmpadas de modo especial e em todas elas conjuntamente, no fogo de amor com que elas a inflamam, sendo todos esses atributos, conforme tornamos a dizer, o mesmo e único ser de Deus. Logo, todas as lâmpadas são uma só lâmpada, a qual, segundo as virtudes e atributos divinos, brilha e arde como muitas lâmpadas. Por esta razão, a alma, num só ato provocado pelo conhecimento dessas lâmpadas, ama a Deus por meio de cada uma delas, e simultaneamente por todas juntas, levando nesse ato qualidade de amor por cada uma e de cada uma, de todas juntas e por elas todas; porque o resplendor que se irradia desta lâmpada do ser divino em seu atributo de onipotência traz à alma luz e calor de amor de Deus enquanto é onipotente; neste caso, Deus é para ela como lâmpada de onipotência, que a ilumina e lhe dá o conhecimento desse atributo. Se o resplendor que irradia esta lâmpada do ser de Deus é o da sua sabedoria, produz na alma notícia e inflamação de amor de Deus enquanto é sábio; neste caso, Deus para ela é lâmpada de sabedoria. Quando resplandece esta lâmpada de Deus irradiando sua bondade, recebe a alma luz e calor de amor de Deus enquanto é ele bom, e assim, para ela, é lâmpada de bondade. De maneira semelhante, ser-lhe-á Deus lâmpada de justiça, de fortaleza, de misericórdia, e de todos os demais atributos que ali se representam à alma, todos juntos, em Deus. A luz que recebe deles comunica-lhe o calor do amor de Deus com que ela o ama, porque todas estas perfeições divinas são o mesmo Deus; portanto, nesta comunicação de si mesmo em que Deus se mostra à alma, e

que, para mim, é a maior de quantas lhe possa fazer nesta vida, manifesta-se ele como inumeráveis lâmpadas que lhe trazem conhecimento e amor de Deus.

4. Estas lâmpadas, viu Moisés no monte Sinai, quando, à passagem de Deus, prostrou-se em terra e começou a clamar mencionando algumas, com estas expressões: "Dominador, Senhor, Deus misericordioso e clemente, paciente e de muita misericórdia, e verdadeiro, que conservas a misericórdia em milhares de gerações, que tiras a iniquidade e as maldades e os pecados, e ninguém diante de ti é inocente por si mesmo" (Ex 34,6-7). Donde se vê que Moisés conheceu ali, sobretudo, os atributos de onipotência, domínio, divindade, misericórdia, justiça, verdade e retidão de Deus, em altíssimo conhecimento do Senhor; e como na mesma medida do conhecimento recebeu também o amor, consequentemente o deleite e fruição de que ali gozou foi elevadíssimo.

5. Daqui se pode observar que o deleite recebido pela alma em arroubamento de amor, e comunicado pelo fogo que se irradia dessas lâmpadas, é admirável e imenso; porque é tão abundante como de muitas lâmpadas juntas, em que cada uma abrasa a alma em amor; e se vão unindo o calor de uma ao da outra, bem como a chama de uma à da outra, e a luz de uma à da outra, pois qualquer um dos atributos divinos revela os outros. Assim, todas as lâmpadas juntas tornam-se uma só luz e um só fogo, e cada uma delas é, por sua vez, luz e fogo, sendo então a alma imensamente absorvida em delicadas chamas, e sutilmente chagada de amor em cada uma delas, e ainda mais chagada em todas juntas, toda viva em amor de vida de Deus; vê muito claramente que aquele amor é de vida eterna, na qual está o conjunto de todos os bens. E pela experiência que, de certo modo, aqui lhe é dada, conhece bem a alma a verdade daquela expressão do Esposo nos *Cantares* quando disse que as lâmpadas do amor eram lâmpadas de fogo e chamas (Ct 8,6). "Oh! quão formosa és em teus passos e calçados, filha

876

CHAMA VIVA DE AMOR

do príncipe!" (Ct 7,1). Quem poderá decrever a magnificência e estranheza de teu deleite e majestade, no admirável resplendor e amor de tuas lâmpadas?

6. A Sagrada Escritura refere como uma destas lâmpadas passou outrora diante de Abraão, causando nele grandíssimo horror tenebroso, porque era a lâmpada da justiça rigorosa que Deus iria exercer contra os cananeus (Gn 15,12-17). Se, pois, todas estas lâmpadas de conhecimento de Deus brilham diante de ti com tanto amor e benevolência, ó alma enriquecida, quanto maior luz e deleite de amor te hão de trazer, do que trouxe de horror e treva aquela que brilhou diante de Abraão? Qual não será, portanto, a grandeza, a riqueza, e a multiplicidade de teu gozo, se de todas e em todas essas lâmpadas recebes fruição e amor, e por elas comunica-se Deus às tuas potências, segundo seus divinos atributos e perfeições? De fato, quando uma pessoa ama e faz bem a outra, age segundo a sua própria condição e natureza; deste modo, teu Esposo, estando em ti como quem é, assim te faz suas mercês. Sendo onipotente, ama-te e faz bem a ti com onipotência; sendo sábio, sentes que te faz bem e ama com sabedoria; por ser infinitamente bom, sentes que te ama com bondade; sendo santo, sentes que te ama e te agracia com santidade; sendo justo, sentes que te ama e faz mercês com justiça. Por ser misericordioso, piedoso e clemente, sentes sua misericórdia, piedade e clemência; sendo ele forte, sublime, e delicado em seu divino ser, sentes que te ama com força, elevação e delicadeza. Como é simples e puro, sentes que com pureza e simplicidade te ama; como é verdadeiro, sentes que te ama com verdade. Sendo liberal, conheces que te ama e beneficia com liberalidade, sem interesse algum, só para fazer-te bem; como é a virtude da suma humildade, com suma humildade e com suma estimação te ama, chegando a igualar-te com ele, e a revelar-se a ti nestas vias do conhecimento de seu divino ser; e o faz alegremente, com a sua face cheia de graças,

CANÇÃO III

dizendo-te nesta união de seu amor, não sem grande júbilo teu: eu sou teu e para ti, e gosto de ser tal qual sou para ser teu e dar-me a ti.

7. Quem dirá, pois, o que experimentas, ó ditosa alma, quando te vês assim amada e com tal estima engrandecida? Teu ventre, isto é, tua vontade, é como o da esposa, semelhante ao monte de trigo, todo coberto e cercado de lírios (Ct 7,2); e enquanto saboreias estes grãos de pão de vida, os lírios das virtudes que te cercam, te estão deleitando. Estas virtudes são as filhas do rei, as quais, no dizer de Davi (Sl 44,10), te encheram de gozo com a mirra e o âmbar e as demais espécies aromáticas; porque os conhecimentos comunicados a ti pelo Amado sobre suas graças e virtudes são suas filhas, e nelas estás de tal modo engolfada e submergida que podes também ser comparada àquele poço de águas vivas a correrem impetuosamente do monte Líbano, que é Deus (Ct 4,15). Nele te é dada, então, uma alegria maravilhosa, que penetra toda a harmonia de tua alma, e até mesmo de teu corpo; e és toda transformada em um paraíso regado por águas divinas, realizando-se em ti esta palavra do Salmo: "O ímpeto do rio alegra a cidade de Deus" (Sl 45,5).

8. Oh! realidade admirável! Neste tempo está a alma transbordando águas divinas, toda feita uma fonte caudalosa que de todos os lados derrama essas divinas águas! Pois embora seja verdade que esta comunicação de que vamos tratando é luz e fogo das lâmpadas de Deus, contudo, esse fogo aqui é tão suave – como já dissemos – que com ser fogo imenso, torna-se como águas vivas que fartam a sede do espírito, segundo a violência do seu desejo. Deste modo estas lâmpadas de fogo são águas vivas do Espírito, como as que vieram sobre os apóstolos (At 2,3), as quais, sendo lâmpadas de fogo, ao mesmo tempo eram águas puras e limpas; assim as chamou Ezequiel em sua profecia sobre a vinda do Espírito Santo com estas palavras: "Derramarei sobre vós – diz o Senhor – uma água pura, e porei

meu espírito no meio de vós" (Ez 36,25). Embora, pois, seja fogo, é também água. É figurado pelo fogo do sacrifício que Jeremias escondeu na cisterna, o qual se transformou em água enquanto esteve escondido, e depois, quando era tirado dali para com ele se oferecer o sacrifício, volvia a ser fogo (2Mc 1,20-22). De maneira semelhante, este espírito de Deus, quando se acha escondido no seio da alma, está como água suave e deleitosa, fartando a sede do espírito; e quando se exercita em sacrifício de amor a Deus, está como chamas vivas de fogo, que são as lâmpadas do ato de dileção, isto é, daquelas chamas de que fala o Esposo nos *Cantares*, já referidas acima. Por esta razão a alma aqui as denomina chamas; pois não somente as experimenta em si como águas, mas também as exercita em amor de Deus, como chamas. E porquanto na comunicação espiritual destas lâmpadas é a mesma alma inflamada, e posta em exercício de amor, em ato de amor, antes lhes dá o nome de lâmpadas do que de águas, dizendo: Oh! lâmpadas de fogo. Tudo quanto se pode dizer nesta canção, fica aquém da realidade porque a transformação da alma em Deus é indizível. Tudo se resume nesta palavra: a alma é feita Deus de Deus por participação dele e de seus atributos por ele chamados aqui lâmpadas de fogo.

Em cujos resplendores.

9. Para entendermos quais sejam estes resplendores das lâmpadas de que a alma fala aqui, e como a mesma alma neles resplandece, precisamos saber que estes resplendores são os conhecimentos amorosos a ela comunicados pelas lâmpadas dos atributos de Deus. Unida, segundo suas potências, a eles, a alma também resplandece como eles, transformada, então, em resplendores amorosos. Esta ilustração de resplendores que fazem a alma por sua vez resplandecer, em fogo de amor, não é semelhante à das lâmpadas materiais que, com seus clarões, iluminam os objetos que as rodeiam; mas sim como de lâmpadas que se acham dentro das chamas, porque a própria alma está

dentro desses resplendores. Por esta razão diz: em cujos resplendores, isto é, dentro deles; e não somente isto, mas até transformada e convertida em resplendores. E assim podemos dizer que é como o ar que se acha dentro da chama, abrasado e transformado na própria chama. Esta, aliás, não se compõe de outra coisa a não ser do ar inflamado; e os movimentos e os resplendores daquela chama não são produzidos somente pelo ar, nem somente pelo fogo, mas pelos dois elementos juntos; são resplendores que o fogo produz no ar inflamado em seu calor.

10. Nesta mesma disposição, podemos compreender, acha-se a alma com as suas potências, toda resplandecente, dentro dos resplendores de Deus. Os movimentos desta chama divina, isto é, as vibrações e labaredas de que falamos acima, não provêm somente da alma transformada nas chamas do Espírito Santo; nem são produzidas só por ele; mas, sim, pelo Espírito Santo e pela alma, conjuntamente, movendo ele a alma, como faz o fogo com o ar que inflama. Daí, estes movimentos de Deus e da alma juntos vêm a ser não só resplendores, mas também glorificações de Deus na alma; porque tais movimentos e labaredas são como jogos e festas joviais que o Espírito Santo realiza na alma, conforme dissemos no segundo verso da primeira canção; e neles, parece que sempre está o Espírito Santo querendo acabar de dar à alma a vida eterna, e chegar enfim a transportá-la a sua perfeita glória, introduzindo-a verdadeiramente dentro de si mesmo. De fato, em todos os benefícios que Deus faz à alma, os primeiros como os últimos, os maiores como os menores, sempre os concede com o fim de conduzi-la à vida eterna. É como a chama cujos movimentos e labaredas, produzidos no ar inflamado, tem por fim levá-lo consigo ao centro de sua esfera, e todos aqueles movimentos são como uma porfia para conquistá-lo mais e mais para si. Como, porém, o ar se encontra em sua própria esfera, não o pode levar o fogo

para a sua; assim, estes movimentos do Espírito Santo – aliás eficacíssimos para absorver a alma em glória imensa –, todavia, não acabam de absorvê-la inteiramente até chegar o tempo em que haja ela de sair da esfera desse ar terreno que é a vida mortal, e enfim possa entrar no centro do espírito que é a vida perfeita em Cristo.

11. Convém notar que esses movimentos mais são da alma do que de Deus, pois Deus não se move. Estes vislumbres de glória, dados aqui à alma, são, portanto, estáveis, perfeitos e contínuos, com firme serenidade em Deus. Tais serão eles na alma na vida eterna, sem alteração para mais ou para menos, e sem interpolação de movimentos; então verá claramente a alma que Deus, embora parecesse mover-se dentro dela, na realidade é imutável em seu ser, assim como o fogo também não se move em sua esfera; conhecerá como aqueles movimentos e labaredas que lhe davam sentimento de glória, ela os sentia porque não estava ainda perfeitamente glorificada.

12. Por tudo quanto dissemos, e ainda vamos dizer agora, entender-se-á com maior clareza qual seja a sublimidade dos resplendores dessas lâmpadas de que tratamos; a eles pode ser dado também o nome de obumbrações. Para inteligência disso, é preciso saber que obumbração significa a "ação da sombra"; ora, fazer sombra é o mesmo que amparar, favorecer, conceder graças. Efetivamente, quando a sombra de uma pessoa vem cobrir alguma outra, é sinal de que está perto para favorecer e amparar a esta última. Eis a razão pela qual o arcanjo Gabriel usou deste termo para comunicar à Virgem Maria a grande mercê da conceição do Filho de Deus, dizendo: "O Espírito Santo virá sobre ti, e a virtude do Altíssimo te fará sombra" (Lc 1,35).

13. Para entender bem como seja esta projeção da sombra de Deus, ou obumbração, ou resplendores – pois tudo isto é o mesmo –, convém notar que cada coisa tem sua sombra e a produz conforme o seu tamanho e propriedades. Por exem-

CANÇÃO III

plo, se o objeto é opaco e escuro, projeta sombra escura; se é claro e leve, faz sombra clara e leve. A sombra, pois, de uma treva será também treva, em proporção da primeira; e a sombra de uma luz será outra luz semelhante àquela.

14. Estas virtudes e atributos de Deus são lâmpadas acesas e resplandecentes; logo, achando-se tão perto da alma, como dissemos, não poderão deixar de projetar sobre ela suas próprias sombras, as quais são também acesas e resplandecentes na mesma proporção das lâmpadas que as projetam; e assim, tais sombras serão resplendores. Consequentemente, a sombra, produzida na alma pela lâmpada da formosura de Deus, será outra formosura proporcionada ao talhe e propriedade daquela mesma formosura divina; a sombra que faz a fortaleza será também fortaleza na medida daquela de Deus; a sombra da sabedoria divina será igualmente sabedoria semelhante à de Deus; assim do mesmo modo, em todas as outras lâmpadas, ou, por melhor dizer, a sombra será a mesma sabedoria, ou a mesma formosura, ou a mesma fortaleza de Deus, transformada em sombra, porque na terra jamais a alma o poderá compreender perfeitamente. Sendo esta sombra tão conforme à medida e propriedade de Deus, que é o próprio Deus, por ela bem conhece a alma a sublimidade de Deus.

15. À luz deste raciocínio, quais serão, pois, as sombras que fará o Espírito Santo nesta alma revelando-lhe as grandezas das virtudes e atributos seus, se está ele tão perto dela que não somente chega a tocá-la com estas sombras, mas a ela se une em sombras e resplendores? Como não entenderá e gozará a alma, em cada uma delas, a Deus, segundo a propriedade e medida do próprio Deus nelas? Na verdade, entende e saboreia o poder divino, em sombra de onipotência; entende e goza a sabedoria divina, em sombra de sabedoria divina; entende e goza a bondade infinita, em sombra que a cerca de bondade infinita, e assim por diante. Finalmente, experimenta a glória de Deus, em sombra

de glória, saboreando a propriedade e medida da glória de Deus. E tudo isto se passa no meio de claras e incendidas sombras, produzidas por aquelas claras e incendidas lâmpadas, todas unidas numa só lâmpada, isto é, no único e simples ser de Deus que resplandece atualmente sob todas estas formas.

16. Oh! pois, que sentirá agora a alma ao experimentar aqui o conhecimento e comunicação daquela figura vista por Ezequiel (Ez 1,5-25; 2,1), daquele animal de quatro faces, e daquele carro de quatro rodas! Vê como o aspecto dessa figura é semelhante ao de carvões ardentes e de lâmpadas acesas; percebe como aquela roda, que é a sabedoria de Deus, está cheia de olhos por dentro e por fora – símbolo dos conhecimentos divinos e dos resplendores das virtudes de Deus; sente em seu espírito aquele ruído produzido pela passagem desse carro, ruído semelhante ao de multidões e exércitos, significando as magnificências divinas, que a alma aqui conhece distintamente, num único som de um só passo de Deus nela. Finalmente, goza daquele sopro de um bater de asas, comparado pelo Profeta ao ruído do Deus altíssimo; o que significa o ímpeto das águas divinas já referido acima, as quais invadem a alma quando se ala o Espírito Santo na chama de amor alegrando a alma, fazendo-a gozar da glória de Deus em sua semelhança e sombra, conforme declara também o Profeta dizendo que a visão daquele animal e daquela roda era a visão da semelhança da glória do Senhor. Qual seja a elevação em que se sente agora esta ditosa alma, quão imensa a grandeza que contempla em si mesma, quanta admiração experimenta ao ver-se naquela formosura santa –, quem o poderá dizer? Achando-se investida, assim, com tanta profusão pelas águas destes divinos resplendores, percebe claramente que o Pai eterno lha há concedido com mão larga esta divina rega, tanto para a parte superior como para a inferior do seu ser, como sucedeu a Aesa a quem seu pai concedeu a terra de regadio quando ela suspirava (Js 15,18-19); por-

que estas águas, quando correm, penetram alma e corpo, que são a parte superior e inferior.

17. Oh! admirável excelência de Deus! Embora estas lâmpadas dos atributos divinos sejam um simples ser e só neles se gozem, todavia, cada uma delas se vê distintamente, tão abrasada uma como a outra, e na realidade cada uma é substancialmente a outra. Oh! abismo de deleites! Tua abundância é tanto maior quanto mais recolhidas se acham as tuas riquezas na unidade e simplicidade infinita de teu único ser, onde de tal maneira se conhece e goza de um atributo que não é isto impedimento para conhecer e gozar perfeitamente de outro; ao contrário, cada graça e virtude que há em ti é luz a revelar qualquer outra grandeza tua; porque pela tua pureza, ó Sabedoria divina, muitas coisas se veem em ti quando se contempla uma só delas. Na realidade, és tu o depósito dos tesouros do Pai, o resplendor da luz eterna, espelho sem mancha, e imagem de sua bondade (Sb 7,26). Em cujos resplendores

As profundas cavernas do sentido.

18. Estas cavernas são as potências da alma – memória, entendimento e vontade. São tanto mais profundas quanto mais capazes de receber grandes bens; pois, para enchê-las, é preciso nada menos do que o infinito. Pelo que padecem quando estão vazias, podemos avaliar, de certo modo, quanto gozam e se deleitam quando estão cheias de Deus; pois um contrário esclarece o outro. Em primeiro lugar, notemos que estas cavernas das potências, quando ainda não se acham vazias, purificadas e limpas de toda afeição pela criatura, não sentem o grande vazio de sua profunda capacidade. Com efeito, nesta vida, qualquer ninharia que a elas se apegue, basta para as manter tão embaraçadas e enfeitiçadas, que não sentem quanto lhes prejudica; não percebem os imensos bens que possuem nem conhecem a sua capacidade para eles. É coisa espantosa que sendo as potências capazes de bens infinitos, no entanto, baste o menor deles para as impedir de receber os infinitos, até que de

todo fiquem vazias, conforme vamos explicar. Quando, porém, estão vazias e purificadas, é intolerável a sede, fome, e ânsia da parte espiritual; porque sendo profundos os estômagos destas cavernas, penam profundamente, uma vez que é também profundo o manjar que lhes falta, a saber, o próprio Deus. Este tão grande sentimento padece a alma de ordinário, perto do fim da sua iluminação e purificação, antes que chegue à união, onde já suas ânsias são satisfeitas. De fato, como o apetite espiritual se acha vazio e purificado de toda criatura e afeição dela, tendo perdido sua inclinação natural, inclina-se agora para o divino, e, por achar-se vazio, está disposto para ele; como, porém, não lhe é ainda comunicado este divino na união com Deus, a pena deste vazio e sede chega a ser pior do que a morte. Isto acontece, sobretudo, quando, por alguns visos ou resquícios, transluz algum raio divino sem, todavia, lhe ser comunicado. Tais são as almas que padecem com amor impaciente, e não podem ficar muito tempo sem receber, ou morrer.

19. Quanto à primeira caverna – o entendimento –, de que falamos aqui, o seu vazio é sede de Deus; tão imensa é esta sede, quando o entendimento está disposto, que não achando Davi outra melhor comparação, iguala-a à do cervo, que dizem ser veementíssima, e deste modo se exprime: "Assim como o cervo suspira pelas fontes das águas, assim minha alma deseja a ti, Deus" (Sl 41,1). E esta sede é das águas da sabedoria de Deus, objeto do entendimento.

20. A segunda caverna é a vontade e o seu vazio é fome de Deus tão grande que faz a alma desfalecer, segundo as palavras também de Davi: "suspira e desfalece minha alma nos tabernáculos do Senhor" (Sl 83,3). E esta fome é da perfeição de amor que a alma pretende.

21. A terceira caverna é a memória; o seu vazio leva a alma a desfazer-se e derreter-se pela posse de Deus, como nota Jeremias – dizendo: "Lembrar-me-ei sem cessar com a memória, e derreter-se-á minha alma dentro de mim" (Lm

3,20). Revolvendo estas coisas em meu coração, viverei na esperança de Deus.

22. Profunda é, pois, a capacidade destas cavernas, porquanto nelas só pode caber o que é profundo e infinito, ou seja, o mesmo Deus. Assim, de certo modo a sua capacidade será infinita; sua sede, também infinita; sua fome, igualmente profunda e infinita; seu desfalecimento e pena é morte infinita; e embora não seja sofrimento tão intenso como na outra vida, contudo, é uma viva imagem daquela privação infinita, por achar-se a alma de certo modo já disposta para receber o que pode enchê-la plenamente. Este penar, no entanto, é de outra qualidade, porque está situado nas profundezas do amor da vontade; e não traz este amor alívio à pena, pois quanto maior é ele, tanto mais impaciente se torna pela posse de seu Deus, pelo qual suspira com intenso desejo a cada momento.

23. Oh! valha-me Deus! Se é certo que a alma, quando deseja a Deus com toda a sinceridade, já possui o seu Amado, conforme diz São Gregório no comentário a São João, como, pois, padece por aquilo que já possui? No desejo que, segundo diz São Pedro (1Pd 1,12), têm os anjos de ver o Filho de Deus, não há pena ou ânsia alguma, porque já o possuem; logo, parece também que a alma, possuindo a Deus na mesma medida em que o deseja, goza dele com deleite e fartura. Assim, de fato, se dá com os anjos: estão satisfazendo seu desejo, e na posse acham deleite, pois sempre estão fartando sua alma com o desejo, sem que haja fastio na fartura; de modo que, não havendo neles fastio, sempre estão desejando; e como há posse não podem sofrer. A alma, portanto, deveria sentir agora não só dor e pena mas tanto maior fartura e deleite, quanto mais intenso é o seu desejo, pois na medida em que deseja, possui a Deus.

24. Nesta questão muito convém observar a diferença existente entre possuir a Deus em si somente pela graça, e possuí-lo também pela união. No primeiro caso, há amor

mútuo, e, no segundo, além do amor, há comunicação de um ao outro. É tanta essa diferença, como a do noivado para o matrimônio. No noivado, há o sim de parte a parte, e os dois se unem na mesma vontade; a noiva está ornada com as joias que lhe dá graciosamente o noivo. No matrimônio, porém, além disso, há comunicação das pessoas que se unem, e isto não existe ainda nos esponsais, embora haja por vezes visitas do noivo à noiva, com oferta de presentes; não se realiza, contudo, a união das pessoas, na qual está o fim dos esponsais. Nem mais nem menos acontece à alma, quando chega a tal pureza em si mesma e em suas potências, que a vontade já se acha muito purificada de quaisquer gostos e apetites estranhos, tanto na parte inferior como na superior; e tendo dado inteiramente o "sim" a Deus a respeito de tudo isso, com a sua vontade plenamente unida à de Deus, por seu próprio e livre consentimento, chegou a ter em Deus, pela graça de sua vontade, tudo quanto pode possuir por esta via da vontade e da graça. Em correspondência a este "sim" da alma, Deus lhe dá de sua parte o "sim" verdadeiro e total de sua graça.

25. É um estado muito sublime este do noivado espiritual da alma com o Verbo; nele, o Esposo lhe concede grandes mercês, e muitas vezes visita-a amorosissimamente, cumulando-a, nessas visitas, de imensos benefícios e deleites. Não se comparam, todavia, aos do matrimônio; antes são disposições para a união do matrimônio. Sem dúvida, tudo se passa em alma já purificadíssima, de toda afeição de criatura, pois não se realiza o desposório espiritual enquanto não se chega a este ponto. São necessárias, contudo, outras disposições positivas de Deus na alma, operadas mediante visitas e dons divinos, em que ele vai purificando-a mais, e também aformoseando-a e afinando-a, a fim de ser convenientemente preparada para tão alta união. Isto requer tempo, mais longo para umas e menos para outras, porque Deus vai agindo conforme a feição da alma.

Esta preparação é figurada pela das donzelas que foram escolhidas para o rei Assuero (Est 2,12); embora já houvessem sido tiradas de sua terra e da casa de seus pais, permaneciam um ano inteiro encerradas no palácio antes de serem levadas ao leito do rei; empregavam metade desse ano em dispor-se com certos unguentos de mirra e diversas espécies aromáticas, e a outra metade, com outros unguentos mais finos; só depois disto é que iam ao leito do rei.

26. No tempo, pois, deste desposório e espera do matrimônio, que se passa nas unções do Espírito Santo, quando mais sublimes são os unguentos de disposições para a união com Deus, as ânsias das cavernas da alma costumam ser extremas e delicadas. Como tais unguentos são agora mais proximamente dispositivos para a união de Deus, por serem mais chegados a ele, dando-lhe consequentemente o gosto de Deus e estimulando delicadamente o seu apetite de possuí-lo, tornam o seu desejo mais delicado e profundo, porque esse mesmo desejo de Deus é disposição para unir-se com ele.

27. Oh! que boa ocasião seria esta, para avisar as almas levadas por Deus a tão delicadas unções, que olhem bem o que fazem, e em que mãos se põem, para não retrocederem! Parecerá talvez sair fora do assunto de que vamos tratando. Causa-me, porém, tão grande impressão e lástima ao coração ver as almas voltarem atrás, e considerar que não somente elas não se deixam ungir de modo a passarem adiante, mas chegam até a perder os efeitos já produzidos pela unção divina! E, assim, não posso deixar de dar-lhes aqui alguns avisos a este respeito, dizendo-lhes o que devem fazer para evitar tanto prejuízo; e, embora tenha de demorar-me um pouco em voltar ao assunto, logo tornarei a ele; aliás, tudo servirá para melhor explicar as características destas cavernas, como será muito necessário não só para estas almas que vão tão prósperas, mas para todas as outras que andam a buscar seu Amado, por isto quero dizê-lo.

CHAMA VIVA DE AMOR

28. Primeiramente, estejamos certos de que se a alma busca a Deus, muito mais a procura o seu Amado; se ela dirige a ele seus amorosos desejos – tão perfumados aos olhos de Deus como a nuvenzinha de fumaça que se eleva das espécies aromáticas da mirra e do incenso (Ct 3,6) –, o Esposo, por sua vez, envia-lhe o perfume de seus unguentos com que a atrai e faz correr para ele, os quais são suas divinas inspirações e toques. Pelo fato de serem de Deus, vêm moderados e regulados pela perfeição da lei de Deus e da fé, e nesta perfeição é que a alma há de ir chegando sempre mais à união com Deus. Isto deve ela compreender: o desejo de Deus em todas as mercês que lhe concede, nas unções e olores de seus unguentos, é dispor a alma para outros mais subidos e delicados unguentos, os quais serão mais conformes ao feitio de Deus, até fazê-la chegar a tão delicada e pura disposição que mereça, enfim, a união divina, e a transformação substancial em todas as suas potências.

29. Considere, pois, a alma, como nesta obra é principalmente Deus quem age; é ele aqui como o guia de cego que há de levá-la pela mão aonde ela jamais saberia ir, isto é, às coisas sobrenaturais, incompreensíveis ao seu entendimento, vontade e memória; todo o seu cuidado, portanto, há de consistir, sobretudo, em não pôr obstáculo àquele que a guia pelo caminho ordenado por Deus, na perfeição da lei divina e da fé, conforme dissemos. Tal impedimento pode advir à alma, quando ela se deixa levar e guiar por outro cego. Ora, os cegos que a poderiam apartar do caminho são três: o diretor espiritual, o demônio, e ela mesma. Para que entenda, pois, como isto possa acontecer, trataremos um pouco de cada um deles.

30. Vejamos o primeiro cego. É sobremaneira conveniente à alma, que quer adiantar-se no recolhimento e perfeição, olhar em que mãos se põe; porque qual o mestre, tal o discípulo e qual for o pai, tal será o filho. Note-se bem que para este caminho, ao menos para o que nele há de mais

CANÇÃO III

elevado, e ainda mesmo para o mediano, dificilmente se achará um guia cabal que tenha todos os requisitos necessários. Com efeito, além de ser sábio e prudente é mister que tenha experiência; porque para guiar o espírito, embora o fundamento seja o saber e a prudência, se não houver experiência do que é puro e verdadeiro espírito, não será possível atinar a dirigir a alma nele, quando Deus lho dá, e nem mesmo haverá compreensão do que seja.

31. Deste modo, muitos diretores espirituais prejudicam grandemente muitas almas; como não entendem as vias e peculiaridade do espírito, ordinariamente, induzem as almas à perda destas unções de delicados perfumes com que o Espírito Santo as vai ungindo e dispondo para si. Ocupam-se em dirigi-las por outros caminhos mais comuns que eles conhecem por experiência, ou por leituras, e que servem apenas para principiantes. Não sabem guiar senão a estes, e praza a Deus sejam aptos para isso! E assim não querem deixar que as almas se adiantem – mesmo quando Deus as quer levar – além daqueles princípios de oração discursiva e imaginária, para que não excedam e ultrapassem a capacidade natural cujo lucro para a alma é diminuto.

32. A fim de entendermos qual seja esta condição de principiantes devemos saber que o estado e exercício deles é de meditação, fazendo atos e exercícios discursivos com a imaginação. É, portanto, necessário à alma, neste estado, que lhe seja fornecida matéria de meditação em que possa discorrer; convém fazer de sua parte atos interiores, aproveitando-se do sabor e suco, sensitivo nas coisas espirituais; porque nutrindo o apetite com o sabor do que é espiritual, se vai desarraigando dos gostos sensíveis e morrendo às coisas do século. Quando, porém, o apetite já se acha um tanto alimentado pelas coisas do espírito e de certo modo habituado a elas, com alguma fortaleza e constância, logo começa Deus a desmamar a alma, por assim dizer, pondo-a em estado de contemplação. Isto, em algumas pessoas cos-

tuma suceder muito depressa, mormente quando professam o estado religioso, pois, renunciando mais prontamente às coisas do século, conformam a Deus o sentido e apetite, e assim passam aos exercícios do espírito, sob a ação de Deus. Então cessam os atos discursivos e a meditação em que se exercitava a própria alma, bem como aqueles primeiros gostos e fervores sensíveis; já não pode a alma discorrer como antes, nem acha mais apoio algum para o sentido, ficando este na secura, porquanto todo o seu caudal passou para o espírito que não cai sob o sentido. Como naturalmente a alma só pode ter suas operações por meio do sentido, decorre daí que, neste estado, é Deus quem age, e a alma está passiva sob a ação divina; porque permanece como alguém que recebe e em quem se age, enquanto Deus é quem dá e faz sua obra na alma, concedendo-lhe os bens espirituais na contemplação, que consiste conjuntamente em conhecimento e amor divino, isto é, conhecimento amoroso, sem que a alma de sua parte se exercite em atos ou discursos naturais, pois não lhe é mais possível usar deles como antes.

33. Em consequência disso, a alma, neste tempo, há de ser levada de modo totalmente contrário ao que seguia até então. Se lhe davam matéria para meditar, e tinha meditação, agora lhe seja tirada e não medite; porque, torno a dizer, não poderá, por mais que o queira, e, em vez de recolher-se, distrair-se-á. Se antes buscava e achava gosto, amor e fervor, já não o queira nem procure, porque não somente lhe será impossível achá-lo com sua diligência, mas, ao contrário, só encontrará secura; porque, pela obra que quer fazer por meio do sentido, afasta-se do bem pacífico e tranquilo que lhe está sendo infundido secretamente no espírito, e assim perde este sem lucrar aquele, pois já não consegue receber os bens divinos por meio do sentido como outrora. Por tal razão, quando a alma se acha neste estado, de modo algum se lhe há de impor que medite e se

CANÇÃO III

exercite em atos determinados, nem que procure sabor ou fervor. Seria, com efeito, pôr obstáculo a quem nela age de modo principal, isto é, a Deus, como digo, pois é ele que em segredo e quietação anda a infundir na alma sabedoria e conhecimento amoroso, sem especificação de atos, embora por vezes mova a alma a fazê-los distintamente, durante algum tempo. De sua parte, a alma também se há de conduzir somente com essa atenção amorosa a Deus, sem atos particulares, mantendo-se, conforme dissemos, passivamente, sem fazer diligências por si mesma, e só com determinação e atenção amorosa, simples e singela, como quem abre os olhos, com atenção de amor.

34. Se então Deus, no modo de comunicar-se, usa com a alma deste saber simples e amoroso, também a alma, de sua parte, trate com ele do mesmo modo, recebendo a comunicação divina mediante este mesmo saber, e atenção simples e amorosa, para que assim possam juntar-se saber com saber e amor com amor; porque é conveniente ao que recebe adaptar-se ao modo daquilo que recebe e não a outro, a fim de poder receber e conservar como lhe dão, segundo o axioma dos filósofos: aquilo que se recebe é recebido conforme o recipiente que o recebe. Logo, está claro que, se a alma não abandonasse então seu modo natural ativo, não receberia aquele bem senão de modo natural, e, portanto, não o receberia, mas ficaria apenas com um ato natural; pois o sobrenatural não cabe no modo natural, e nada tem a ver com ele. Assim, e querendo a alma agir por si mesma, fazendo mais do que permanecer naquela atenção amorosa de que falamos, com muita passividade e quietação sem produzir ato natural, a não ser quando Deus a inspirasse a isto, é certo que, de modo total, põe obstáculo aos bens que Deus lhe está comunicando sobrenaturalmente mediante o conhecimento amoroso. Esta comunicação, ao princípio, é feita no exercício da purificação interior padecida pela alma, como referimos atrás; só depois lhe é concedida com suavidade de amor. O conhecimento amo-

roso, conforme tenho dito e assim é na verdade, recebe-o a alma passivamente mediante a comunicação sobrenatural de Deus, e não segundo sua maneira natural; logo, para recebê-lo, a alma há de estar muito aniquilada em suas operações naturais, livre e desocupada, quieta, pacífica e serena, conforme ao modo de Deus. É assim como o ar, o qual na medida em que estiver mais limpo de vapores, e mais puro e sereno, mais será iluminado e aquecido pelo sol. Daí, a necessidade para a alma de não estar apegada a coisa alguma, seja a exercício de meditação ou raciocínio, seja a qualquer sabor, sensitivo ou espiritual; nem a outros quaisquer conhecimentos; porque se requer o espírito tão livre e aniquilado acerca de tudo, que o mínimo vestígio de pensamento ou discurso, ou gosto, a que então a alma quiser apoiar-se, servirá de impedimento; e trará inquietação e ruído ao profundo silêncio que deve haver tanto na parte sensitiva como na parte espiritual para tão profunda e delicada audição, qual seja a da voz de Deus ao coração, na soledade, conforme a palavra do profeta Oseias (Os 2,14). Isto se realiza em suma tranquilidade e paz, escutando e ouvindo a alma o que fala nela o Senhor Deus, segundo diz Davi (Sl 84,9); pois, na verdade, a voz de Deus fala esta paz nesta solidão.

35. Quando acontecer, portanto, que a alma deste modo se sinta pôr em silêncio e escuta, há de olvidar até mesmo o exercício de advertência amorosa de que falei, a fim de permanecer livre para o que dela então quer o Senhor. Com efeito, só deve usar daquela atenção amorosa quando não se sente pôr em solidão ou ócio, interior, ou em olvido e escuta espiritual. E para que o entenda, é mister saber que isto sempre se manifesta com certa quietação cheia de paz e recolhimento interior.

36. Consequentemente, qualquer que seja a ocasião e tempo em que a alma começar a entrar neste simples e ocioso estado de contemplação, no qual já não pode meditar, nem acerta a fazê-lo, não há de querer procurar me-

ditações nem apoiar-se aos gostos e sabores espirituais; ao contrário, é preciso estar sem arrimo, e de pé, com o espírito desapegado de tudo e acima de todas essas coisas, conforme declara Habacuc que havia de fazer para ouvir a palavra do Senhor: "Estarei, diz, em pé sobre minha guarda, e firmarei meu passo sobre minha munição, e contemplarei o que me for dito" (Hab 2,1). Como se dissera: levantarei minha mente sobre todas as operações e conhecimentos que possam cair sob meus sentidos, e o que estes possam guardar e reter em si, deixando tudo abaixo; e firmarei o passo sobre a munição de minhas potências, não as deixando andar em atividades próprias, a fim de poder receber na contemplação o que me for comunicado da parte de Deus; pois, como dissemos, a contemplação pura consiste em receber.

37. Esta altíssima sabedoria e linguagem de Deus, qual é a contemplação, não pode ser recebida senão quando o espírito está posto em silêncio, e já desarrimado de todos os gostos e conhecimentos discursivos. De fato, assim o declara Isaías por estas palavras: "A quem ensinará ciência, e a quem fará Deus ouvir sua palavra?" E responde: "Aos desmamados do leite" – isto é, dos gostos e sabores – "e aos apartados dos peitos" (Is 28,9), a saber, dos conhecimentos e apreensões particulares.

38. Ó alma espiritual! Tira os grãos de pó, os pelos e as névoas, e purifica teus olhos; brilhará então o sol claro, e verás claro. E tu, ó mestre espiritual, põe a alma em paz, tirando-a e libertando-a do jugo e servidão deste cativeiro do Egito que é a fraca operação de sua própria capacidade, onde tudo consiste pouco mais do que em juntar palhas para cozinhar barro; conduze-a à terra de promissão que mana leite e mel. Olha bem, que para essa liberdade e santo ócio dos filhos de Deus é a alma chamada por ele ao deserto, para aí andar vestida de festa, ataviada com joias de ouro e prata. Já abandonou o Egito – a parte sensitiva – deixando-o vazio de suas riquezas. E não só isto. Já

estão agora afogados os egípcios no mar da contemplação; com efeito, o egípcio, que é o sentido, não podendo mais tomar pé, ou achar apoio, afoga-se. Deixa ele então livre o filho de Deus, que é o espírito desembaraçado dos limites e servidão das operações naturais dos sentidos, ou seja, do seu mesquinho entender, do seu baixo modo de sentir, da sua pobre maneira de amar e gozar; e assim se torna apto o mesmo espírito para receber de Deus o suave maná cujo sabor – encerrando embora todos os gostos e sabores aos quais tu queres trazer a alma com seu próprio trabalho – é tão delicado que se desmancha na boca, e não poderá ser saboreado com mistura de qualquer outro gosto ou alimento. Quando, pois, a alma for chegando a este estado, procura de tua parte tirar-lhe o apoio de todos os desejos de gostos, experiências, sabores e meditações espirituais; não a inquietes com cuidados e solicitudes de espécie alguma, seja mesmo do céu, e menos ainda da terra; procura, ao contrário, pôr a alma no maior alheamento e solidão que for possível. Na verdade, quanto melhor alcançar isto, e quanto mais depressa chegar a esta ociosa tranquilidade, tanto mais abundantemente lhe irá sendo infundido o espírito da divina sabedoria, que é amoroso, tranquilo, solitário, pacífico, suave e inebriante para o espírito humano, o qual se sente terna e brandamente chagado e roubado, sem saber por quem, nem donde, nem como. A causa disso é que a comunicação foi feita sem o concurso da própria alma.

39. Um pouquinho que Deus opere na alma, neste santo ócio e soledade, é um bem inapreciável, por vezes muito maior do que a própria alma ou quem a dirige possam imaginar. E embora não se veja tanto na ocasião, a seu tempo manifestar-se-á. O mínimo que a alma então pode alcançar é sentir um alheamento e estranheza em relação a tudo, algumas vezes com maior intensidade do que em outras; ao mesmo tempo sente inclinação para a soledade, e tédio de todas as criaturas deste mundo, enquanto respira suave-

CANÇÃO III   895

mente amor e vida no espírito. E, assim, tudo quanto não é este alheamento e estranheza causa-lhe dissabor; pois, como se costuma dizer, quando goza o espírito, a carne fica sem prazer.

40. São, porém, inestimáveis os bens que esta comunicação e contemplação silenciosa deixam impressos na alma, sem ela então o sentir, conforme dissemos. De fato, são unções secretíssimas, e, portanto, delicadíssimas, do Espírito Santo, que ocultamente enchem a alma de riquezas, dons e graças espirituais; porque sendo operações do próprio Deus, ele as faz necessariamente como Deus.

41. Estas unções, pois, e matizes, têm a delicadeza e sublimidade do Espírito Santo, e, por causa de sua finura e sutil pureza, não podem ser entendidas pela alma nem por quem a dirige, mas unicamente por aquele que opera tais primores para comprazer-se mais na alma. E muito facilmente acontece que o mínimo ato que a alma queira fazer de sua parte, seja com a memória, o entendimento, ou a vontade, seja aplicando ali o sentido, ou desejo, ou conhecimentos ou ainda procurando gozo e sabor, basta para perturbar ou impedir essas unções no seu íntimo –, o que constitui grave prejuízo e dor, e motivo de pena e grande lástima.

42. Oh! É caso importante e digno de admiração: não aparecendo o prejuízo, nem quase nada o que se interpôs naquelas santas unções, é mais doloroso e irremediável do que se fossem prejudicadas e perdidas muitas outras almas comuns, ordinárias, que não se acham neste estado, onde recebem tão subido esmalte e matiz. É como se num rosto de primorosa e delicada pintura trabalhasse uma tosca mão, com ordinárias e grosseiras cores; seria então o prejuízo, maior e mais notável, mais para lastimar, do que se manchassem muitos rostos de pintura comum. Na verdade, se o lavor daquela mão delicadíssima do Espírito Santo veio a ser estragado por outra mão grosseira, quem acertará a refazê-lo?

896   CHAMA VIVA DE AMOR

43. E sendo este prejuízo maior e mais grave do que se possa encarecer, todavia, é tão comum e frequente, que mal achara um diretor espiritual capaz de não o causar nas almas que Deus começa a recolher nesta maneira de contemplação. Com efeito, muitas vezes Deus está ungindo a alma contemplativa com alguma dessas unções delicadíssimas de conhecimento amoroso, sereno, pacífico, solitário, mui remoto para o sentido, e além de quanto se pode imaginar, sem que seja possível meditar ou pensar em objeto algum, nem gozar de coisa do céu ou da terra, pois a alma está ocupada por Deus naquela unção solitária, e inclinada à solidão e ócio. Vem o diretor espiritual, que não sabe senão martelar e bater com as potências qual ferreiro, e pelo fato de não ensinar mais do que aquilo, nem saber mais do que meditar, dirá: vamos, deixai-vos destes repousos, pois isto é ociosidade e perda de tempo; ocupai-vos em meditar e fazer atos interiores, porque é necessário agir de vossa parte quanto vos for possível; essas coisas são iluminismos e enganos de néscios.

44. E, assim, por não entenderem tais diretores os graus de oração e vias de espírito, não percebem como aqueles atos nos quais obrigam a alma a exercitar-se e também o querer levá-la pelo caminho do raciocínio é trabalho já feito, pois essa alma já chegou à negação e silêncio do sentido e do raciocínio; alcançou a via do espírito, que é a contemplação, na qual cessa a atividade do sentido e do raciocínio, próprio da alma, e agora é só Deus que age, falando secretamente à alma solitária, e ela se cala. Havendo esta alma atingido a via do espírito, conforme descrevemos, se então quiserem que ela caminhe segundo o sentido, decerto há de retroceder e distrair-se. Quem já chegou ao fim, e se põe a caminhar para alcançar esse fim, além de ser coisa ridícula, forçosamente se afastará do termo do caminho. À alma, pois, que chegou, pela operação das suas potências, ao recolhimento e quietação que todo espiritual pretende, e em que cessam todas as operações das mesmas potências, não

somente lhe seria vão ocupar-se de novo em atuar com as potências para alcançar tal recolhimento, mas até ocasionaria prejuízo, porquanto serviria de distração, levando-a a deixar aquele recolhimento já alcançado.

45. Não entendem estes mestres espirituais, como digo, o que seja recolhimento e solidão espiritual da alma, nem as propriedades que encerra; não sabem que em tal solidão Deus opera na alma estas subidas unções; por isto, sobrepõem ou interpõem outros unguentos de mais baixo exercício espiritual, levando, como dissemos, a alma a agir. A diferença entre o que eles querem e o que a alma tem é tão grande como a de obra humana a obra divina, e do natural ao sobrenatural; porque de um modo é Deus que age sobrenaturalmente, na alma, e de outro, é só a alma que age naturalmente. Ainda acontece pior: em exercitar-se com a sua operação natural, perde a alma a solidão e recolhimento interior, e, consequentemente, perde a sublime obra que Deus executava nela; e assim, tudo se resume em martelar o ferro, prejudicando uma obra, sem aproveitar a outra.

46. Advirtam tais guias espirituais de almas, e considerem que o principal artífice, guia e inspirador das almas em semelhante obra é o Espírito Santo, e não eles. Este Espírito divino jamais perde o cuidado delas; os diretores são apenas instrumentos para dirigir as almas na perfeição, mediante a fé e a lei de Deus, e segundo o espírito que ele vai dando a cada uma. Toda a solicitude que eles devem ter, portanto, seja em não as sujeitar ao próprio modo e condição deles, mas sim em olhar bem se sabem o caminho por onde Deus as conduz; porque se o não sabem, deixem-nas, e não as perturbem. Conformando-se ao caminho e espírito em que Deus as leva, procurem dirigir sempre estas almas a maior solidão, tranquilidade e liberdade de espírito; concedam-lhes latitude para que não fique preso o sentido corporal e espiritual a coisa alguma particular, interior ou exterior, quando Deus as quer levar por esta soledade; e

não se aflijam eles, nem se preocupem, julgando que nada se faz; pois, embora a alma fique inativa, é Deus então quem nela age. Procurem os guias espirituais desembaraçar a alma, pondo-a em ociosidade de modo que não esteja atada a qualquer conhecimento particular, seja do céu ou da terra; e que não se incline para algum sabor ou gosto, ou a alguma outra apreensão, permanecendo vazia em pura negação de toda criatura, e estabelecida em pobreza espiritual. Isto convém fazer a alma, de sua parte, como aconselha o Filho de Deus dizendo: "Quem não renuncia a tudo quanto possui não pode ser meu discípulo" (Lc 14,33). E esta renúncia se entende não só quanto às coisas temporais segundo a vontade, mas também quanto à desapropriação das coisas espirituais, que inclui a pobreza espiritual a que o mesmo Filho de Deus chama bem-aventurança (Mt 5,3). Se a alma procurar desocupar-se assim de todas as coisas, chegando a ficar vazia e desapropriada de todas elas – que é tudo quanto pode então fazer, como dissemos –, tendo ela feito o que era de sua parte, é impossível que Deus deixe de fazer a dele em comunicar-se à alma, pelo menos em segredo e silêncio. Isto é mais impossível do que deixar de brilhar o raio de sol em lugar sereno e descoberto. Na verdade, assim como o sol está madrugando para penetrar em tua casa, se lhe abrires a janela, assim Deus que não dorme em guardar a Israel (Sl 120,4), também está vigilante para entrar na alma vazia e enchê-la de bens divinos.

47. Deus está como o sol sobre as almas, para comunicar-se a elas; os que as guiam contentem-se em as dispor para isto, segundo a perfeição evangélica, que consiste na desnudez e vazio do sentido e espírito. Não queiram passar adiante, para edificar, pois este ofício pertence unicamente ao Pai das luzes donde desce toda boa dádiva e todo dom perfeito (1Tg 1,17). Efetivamente, como diz Davi, se o Senhor não edifica a casa, em vão trabalham os que a edificam (Sl 126,11). E sendo Deus o artífice sobrenatural, cons-

CANÇÃO III

truirá sobrenaturalmente em cada alma o edifício que lhe aprouver, se tu, ó mestre espiritual, a preparares, procurando aniquilar a atividade dela em suas operações e afeições naturais, pois estas não lhe dão força nem habilidade para o edifício sobrenatural, e, ao contrário, servirão antes de estorvo do que de auxílio. É de teu ofício realizar esta preparação da alma; e compete a Deus, como diz o Sábio (Pr 16,1-9), dirigir o seu caminho, isto é, levá-la aos bens sobrenaturais, usando de meios e modos que nem tu, nem a alma, podem entender. Não digas, portanto: Oh! Esta alma não progride, porque nada faz! Pois se é verdade que nada faz, por esta mesma razão de não agir, provar-te-ei aqui como faz muito. Quando o entendimento se vai despojando de conhecimentos particulares, sejam naturais ou espirituais, vai progredindo; e quanto mais ficar vazio de qualquer conhecimento determinado, e de todos os atos que lhe são próprios, tanto mais se adianta o mesmo entendimento no seu caminho para o sumo bem sobrenatural.

48. Oh! Dirás que a inteligência nada entende distintamente, e assim não poderá ir adiante. Ao contrário, eu te digo, se entendesse distintamente, não iria adiante. A razão é esta: Deus, a quem se encaminha o entendimento, ultrapassa o mesmo entendimento; e, portanto, é incompreensível e inacessível ao entendimento; se, pois, o entendimento vai entendendo, não se vai aproximando de Deus, mas vai antes se apartando dele. Logo, é necessário que o entendimento se aparte de si mesmo e de sua compreensão para aproximar-se de Deus, caminhando na fé, e que vá crendo, e não entendendo. Deste modo chegará o entendimento à perfeição, pois só pela fé e não por outro meio é que se junta com Deus; e mais se aproxima a alma de Deus não entendendo do que entendendo. Não há motivo para te afligires com isto; se o entendimento não volver atrás (o que aconteceria se ele quisesse ocupar-se em conhecimentos distintos, e em outros raciocínios e compreensões, quando é necessário que queira permanecer ocioso) é certo

que irá adiante; porque irá ficando vazio de tudo quanto poderia encerrar em si, e que não era Deus, pois, como dissemos, Deus não pode caber dentro dele. Nesta questão de perfeição, o não volver atrás é progredir; e o progredir, para o entendimento, é caminhar cada vez mais na fé, e, portanto, caminhar mais na obscuridade, porque a fé é treva para o entendimento. Daí a necessidade de caminhar para Deus, a ele rendido sem entender, pois o entendimento não pode ter a compreensão de Deus. Assim, para obter resultado, convém ao entendimento seguir o que tu condenas, isto é, não ocupar-se em conhecimentos distintos, visto que mediante eles não lhe é possível chegar a Deus, mas, ao contrário, só podem embaraçá-lo para aproximar-se dele.

49. Oh! Dirás que o entendimento não entendendo distintamente, a vontade ficará ociosa, e não se exercitará no amor e a isto sempre é necessário fugir na vida espiritual, pois a vontade não pode amar senão aquilo que conhece o entendimento. É verdade, sobretudo quanto às operações e atos naturais da alma, que a vontade só ama o que distintamente percebe o entendimento; mas na contemplação de que tratamos, por meio da qual Deus infunde algo de si mesmo na alma, não há necessidade de conhecimento distinto, nem de atos da inteligência feitos pela alma; porque, num só ato, Deus está comunicando luz e amor ao mesmo tempo; tal é o conhecimento sobrenatural e amoroso a que podemos chamar luz abrasadora, pois esta luz enamora a alma aquecendo-a; e esse conhecimento é confuso e obscuro para o entendimento, por ser conhecimento de contemplação, o qual, no dizer de São Dionísio, é raio de treva para o mesmo entendimento. Por este motivo, do mesmo modo que a inteligência é dada ao entendimento, o amor é também comunicado à vontade. Como este conhecimento infundido por Deus no entendimento é geral e obscuro, sem inteligência distinta, assim também a vontade ama de modo geral, sem distinção alguma de coisa particular que haja enten-

dido. Deus é divina luz e amor: na comunicação feita de si mesmo à alma, infunde inteligência e amor igualmente às duas potências, que são entendimento e vontade. Ora, não sendo ele inteligível nesta vida, o conhecimento só pode ser obscuro, como digo, e do mesmo modo o amor na vontade. Sem dúvida, nesta comunicação delicada, por vezes Deus se comunica mais a uma potência do que a outra, ferindo-a mais intensamente; acontece à alma ter então mais inteligência do que amor, ou, ao invés, mais amor do que inteligência; em outras ocasiões, tudo será conhecimento, sem amor; e, às vezes, tudo será amor sem nenhuma inteligência. Digo, portanto, que em se tratando de atos naturais da alma por via de razão, é certo que não pode ela amar sem entender; mas nos atos que Deus opera e infunde na alma, como faz nesta de que vamos tratando, é diferente, e pode muito bem comunicar-se ele a uma potência e não a outra. Pode inflamar a vontade ao contato da chama de seu amor, sem que o perceba o entendimento, tal como uma pessoa pode ser aquecida pelo fogo sem o ver.

50. Destarte, muitas vezes sentir-se-á a vontade inflamada, ou enternecida, e enamorada, sem saber nem entender coisa mais distinta do que anteriormente, ordenando Deus nela o amor, como diz a Esposa nos *Cantares:* "Introduziu-me o Rei na adega de seus vinhos, e ordenou em mim a caridade" (Ct 2,4). Logo, não há razão para temer a ociosidade da vontade neste caso; se deixa de fazer atos de amor sobre conhecimentos particulares, é porque agora é Deus quem nela os faz, embriagando-a secretamente em amor infuso, seja por meio do conhecimento de contemplação ou sem isto, conforme dissemos. E tais atos são tanto mais saborosos e meritórios do que se a própria alma os fizera, quanto mais perfeito é aquele que causa e infunde este amor, a saber, o próprio Deus.

51. Este amor, Deus o infunde na vontade quando está vazia e desapegada de outros gostos e afeições particulares, celestes e terrestres. Por esta razão, convém ter cuida-

do em manter a vontade assim vazia e despojada de suas afeições; porque se não volver atrás em busca de algum sabor ou gosto, embora no momento não o sinta em Deus, irá para diante, ultrapassando todas as coisas para chegar a Deus, pois em nenhuma delas acha gosto. E ainda que não goze de Deus de modo muito particular e distinto, e não o ame com ato bem determinado, contudo o goza secretamente naquele conhecimento geral e obscuro, mais do que em todas as coisas distintas. De fato, a alma percebe claramente que nada lhe dá tanto gosto como aquela quietude solitária. Ama então a Deus acima de todas as coisas amáveis, pois já se desprendeu de todos os gostos e sabores de todas elas, e os acha insípidos. Não há motivo, portanto, para lastimar-se, desde que a vontade vai adiante quando não pode deter-se em exercícios e gostos de atos particulares. Aqui, o não volver atrás, abraçando algo de sensível, é ir adiante ao inacessível, que é Deus, e assim não é de admirar que a alma não o sinta. Com efeito, para a vontade encaminhar-se a Deus, mais há de ir desprendida de tudo quanto é deleitoso e saboroso do que apegando-se a isto; assim cumpre bem o preceito do amor, que é amar a Deus sobre todas as coisas; o que não é possível sem desapego e vazio de todas elas.

52. Tampouco há que temer, quando a memória se esvazia de suas imagens e figuras. Deus não tem forma ou figura; logo, há segurança para ela em ir vazia dessas formas e figuras, e mais se aproxima então de Deus; porque quanto mais se apoiar à imaginação, mais se afastará de Deus, e correrá maior perigo, pois sendo Deus incompreensível, não pode ser captado pela imaginação.

53. Os diretores espirituais a que nos referimos não entendem estas almas que seguem por esta via de contemplação quieta e solitária, em razão de não terem eles chegado a isso, ou ignorarem o que seja sair dos raciocínios na meditação, como já dissemos. Pensam que estão elas ociosas, e por isto as estorvam, impedindo aquela paz da

contemplação sossegada e quieta que Deus lhes dava; querem que elas continuem no caminho da meditação e discurso imaginário e exercício da imaginação, e que façam atos interiores; em todos estes exercícios as almas acham então grande repugnância, secura e distração, pois desejariam permanecer em seu santo ócio, e naquele recolhimento quieto e pacífico. Como veem os tais diretores que nesse recolhimento o sentido não acha em que gozar, nem em que se prender, nem mesmo em que se ocupar, persuadem as almas a procurar gostos e fervores, quando, na verdade, deveriam aconselhar o contrário. E como essas almas não o podem fazer nem acham gozo como antes, por ter já passado o tempo disto, e não ser mais este o caminho que seguem, perdem a paz duplamente, pensando que estão perdidas; e eles as ajudam a crer que assim é, pondo-lhes o espírito na secura e tirando-lhes aquelas preciosas unções com que Deus as favorecia na solidão e tranquilidade. Este modo de dirigir, torno a dizer, é de grande prejuízo para as almas, enchendo-as de aflição e fazendo-as errar, pois de uma parte perdem, e de outra sofrem sem proveito.

54. Tais diretores não sabem o que seja espírito. Fazem a Deus grande injúria e desacato, querendo meter sua mão grosseira na obra divina; na verdade, muito caro custou a Deus levar estas almas até aqui, e muito se preza de as haver conduzido a esta solidão e vazio das potências e atividades, a fim de poder falar-lhes ao coração, e este é o desejo permanente de Deus. Toma ele agora a alma pela mão, e já tem dentro dela o seu reino, com abundância de paz e sossego; faz com que desfaleçam os atos naturais das potências que trabalhavam toda a noite sem nada conseguir; é já o espírito que apascenta essas potências, sem concurso nem trabalho do sentido, porque este com sua obra não tem capacidade para o espírito.

55. Bem mostra Deus quanto preza esta tranquilidade e adormecimento ou alheamento do sentido, ao fazer, no

904   CHAMA VIVA DE AMOR

livro dos *Cantares*, aquela conjuração tão notável e eficaz: "Conjuro-vos, filhas de Jerusalém, pelas cabras e cervos campestres, que não desperteis ou acordeis minha amada até que ela queira" (Ct 5,3). Nestas palavras, dá a entender quanto ama aquele adormecimento e olvido solitário, pois menciona animais tão solitários e esquivos. Esses guias espirituais, porém, não querem deixar a alma repousar ou aquietar-se, mas exigem que trabalhe sempre, e esteja continuamente agindo, de modo a não permitir que Deus aja: e assim o que ele vai obrando vai sendo desfeito e inutilizado pela operação da alma; parecem aquelas raposinhas que destroem a vinha florida da alma, razão pela qual se queixa o Senhor por Isaías dizendo: "Vós destruístes minha vinha" (Is 3,14).

56. No entanto, estes ainda erram com boa intenção, porque a mais não chega sua ciência. Não lhes serve isto de escusa, todavia, nos conselhos que temerariamente dão, sem primeiro se informarem do caminho e espírito em que Deus conduz a alma, intrometendo sua mão grosseira naquilo que não entendem, e não deixando que a alma seja entendida por outrem. Não é coisa de pouco peso e de pequena culpa fazer uma alma perder bens inestimáveis, e até deixá-la, por vezes, muito prejudicada por temerário conselho. E, assim, quem temerariamente erra, quando estava obrigado a acertar – como cada um o deve estar em seu próprio ofício –, não ficará sem castigo, em proporção ao prejuízo que ocasionou. Nestas coisas de Deus, havemos de tratar com muita ponderação, e com os olhos bem abertos, mormente em caso tão importante e em negócio tão sublime como é o destas almas, onde se aventura um ganho quase infinito em acertar, e uma perda quase infinita em errar.

57. Se, porém, quiseres dizer que tens alguma escusa, embora eu não a veja, ao menos não poderás achar que é digno de desculpa o diretor de uma alma que, guiando-a, jamais a deixa sair de sua direção, seja mesmo pelos vãos

CANÇÃO III

motivos e razões que acha justos, mas que não hão de ficar sem castigo. Essa alma, para ir adiante, e progredir no caminho espiritual, contando sempre com a ajuda de Deus, decerto há de mudar em seu modo e estilo de oração, e terá necessidade de outra mais elevada doutrina e espírito do que este diretor lhe ensinou até então; porque nem todos têm ciência para todos os casos e dificuldades que há no caminho espiritual; não é concedido a todos espírito tão cabal que lhes dê a conhecer como deve ser levada e dirigida a alma em qualquer estado da vida espiritual. Pelo menos, não pense o diretor que possui dom para tudo, nem julgue que Deus quer deixar de levar mais adiante aquela alma. Não basta que alguém saiba desbastar a madeira, para saber também entalhar a imagem; nem aquele que sabe entalhar saberá esculpir e polir; o que sabe polir não saberá pintar; e qualquer um que saiba pintar não saberá dar à imagem a última demão e perfeição. De fato, cada um destes artistas não poderá trabalhar na imagem além daquilo que sabe, e se quiser passar adiante será para estragá-la.

58. Vejamos agora, ó guia espiritual, se és apenas desbastador, isto é, capaz de pôr a alma no desprezo do mundo e mortificação de seus apetites, ou se és, quando muito, entalhador, com o ofício de iniciá-la em santas meditações, e não sabes mais do que isto, como poderás levar esta alma até à última perfeição da mais delicada pintura, cujo trabalho não consiste mais em desbastar ou entalhar, nem mesmo em dar-lhe certo perfil, mas é agora obra que só Deus pode realizar na alma? E assim, se a tua doutrina, sendo sempre a mesma, mantém essa alma sempre atada, claro está que há de fazer com que ela volte atrás, ou, ao menos, não vá para diante. Rogo que me digas, com efeito, em que estado há de ficar a imagem, quando continuamente a queres martelar e desbastar, isto é, deixá-la sempre no exercício das potências? Quando se concluirá a imagem? Como, ou quando se há de deixar que Deus mesmo a pinte?

Será possível que tenhas capacidade para todos esses ofícios, e que te julgues tão consumado, para a alma não ter necessidade senão de ti?

59. Mesmo no caso de teres essa capacidade para alguma alma, porque talvez não lhe seja dado talento para ir mais adiante, é quase impossível que o tenhas para todas aquelas que não deixas sair de tuas mãos. A cada uma leva Deus por caminho diferente; apenas se achará um espírito que seja semelhante a outro, sequer na metade do seu modo de caminhar. E quem haverá como São Paulo, que tenha a graça de fazer-se tudo a todos para ganhar a todos? E tu, de tal maneira tiranizas as almas, e de tal sorte lhes tiras a liberdade, adjudicando para ti a amplidão da doutrina evangélica, que não somente empenhas para que elas não te deixem, mas ainda fazes pior: porque se acaso chegas a saber que alguma dessas almas foi tratar alguma coisa com outro diretor, que porventura não lhe seria conveniente tratar contigo, ou a levaria Deus a fazer assim para aprender daquele outro o que não lhe ensinaste, procedes então com ela – e com que vergonha o digo! – como costumam fazer as pessoas casadas, em suas contendas de ciúmes. E não penses que são zelos da honra de Deus ou do proveito daquela alma, pois não convém presumires que deixando a ti para consultar outro, faltou a Deus; mas estes ciúmes provêm de tua soberba e presunção, ou de outro motivo imperfeito de tua parte.

60. Muito indignado se mostra Deus contra tais guias de espírito, e lhes promete castigo por Ezequiel dizendo: "Bebíeis o leite de meu rebanho, e vos cobríeis com sua lã, e não apascentáveis meu rebanho; tomarei contas, diz ele, do meu rebanho que está em vossa mão" (Ez 34,3).

61. Os mestres espirituais devem, pois, dar liberdade às almas. Estão obrigados a fazer-lhes boa cara quando elas quiserem buscar seu progresso; não sabem, com efeito, os meios que Deus empregará para adiantar aquela alma;

CANÇÃO III

mormente quando ela já não se sente bem com a sua direção, sinal certo de que não está mais aproveitando, seja porque Deus a quer levar adiante, seja porque deva agora seguir outro caminho diverso daquele por onde a conduz o diretor, ou ainda por ter este mudado sua maneira de dirigir. Os próprios diretores hão de aconselhar isto; tudo o mais nasce de louca soberba e presunção, ou de alguma outra pretensão.

62. Deixemos, porém, agora este modo de proceder, e tratemos de outro mais pernicioso, adotado por esses diretores, e ainda de outros piores de que usam. Por vezes está Deus ungindo algumas almas com unguentos de santos desejos e motivos de abandonar o mundo e pensam em mudar sua maneira e estado de vida, para servir a Deus, no desprezo do século; e muito se preza ele de haver conseguido levar as almas até este ponto, pois as máximas do século não estão de acordo com a sua vontade. Eis que os tais diretores, por motivos e respeitos humanos muito contrários à doutrina de Cristo e a sua humildade e desprezo de todas as coisas, buscam seu próprio interesse, ou gosto, ou ainda se enchem de temores onde não há que temer. E, assim, dificultam ou retardam às almas a realização desses bons desejos, e, o que é pior, procuram tirar-lhos do coração. Têm eles o espírito pouco devoto, e todo imbuído das máximas do mundo, e, consequentemente, pouco conformado a Cristo; e como não entram pela porta estreita que conduz à vida, assim também não deixam entrar os outros. A estes ameaça nosso Salvador por São Lucas dizendo: "Ai de vós! que tomastes a chave da ciência, e não entrais nem deixais entrar os outros!" (Lc 11,52). Na verdade, tais guias estão postos como barreira e pedra de tropeço na entrada da porta do céu, impedindo o acesso àqueles mesmos que lhes pedem conselho; e, contudo, estão bem cientes de que Deus lhes manda não só que deixem entrar as almas e as ajudem nisso, mas que cheguem até a compeli-las, segundo as palavras do Evangelho de São Lucas: "Obriga-os e compele-os a

entrar, para que a minha casa se encha de convidados" (Lc 14,23). Eles, ao contrário, estão compelindo as almas a que não entrem. Com este modo de agir, o diretor é um cego que pode perturbar a vida da alma, a qual consiste no Espírito Santo. Acontece isto com os guias espirituais, de muitos outros modos além dos referidos aqui, às vezes sabendo eles o que fazem, e outras por ignorância. Tanto uns como outros, porém, não ficarão sem castigo; pois, sendo este o seu ofício, estão obrigados a saber e olhar o que fazem.

63. O segundo cego que poderia empatar a alma, neste gênero de recolhimento, é, como dissemos, o demônio, o qual, por ser cego, quer que também o seja a alma. Nestas altíssimas solidões em que se infundem as unções delicadas do Espírito Santo, tem ele grande pesar e inveja, vendo que a alma não somente é enriquecida, mas lhe foge em alto voo, deixando-o sem poder mais apanhá-la. E estando a alma solitária, despida e apartada de toda criatura ou rastro de criatura, procura o demônio introduzir neste alheamento alguns véus de conhecimentos e névoas de gostos sensíveis, por vezes até bons, para nutrir mais a alma e fazê-la assim voltar aos conhecimentos distintos e à obra do sentido. Leva-a então a reparar naqueles gostos e conhecimentos bons que lhe apresenta, e a induz a acolhê-los, a fim de chegar-se a Deus apoiada neles. Com isto, muito facilmente distrai a alma, tirando-a daquela solidão e recolhimento em que, conforme temos dito, o Espírito Santo está realizando seus portentos secretos. E como a alma por si mesma é inclinada a sentir e provar, mormente quando anda atrás de gostos, e não compreende o caminho que segue, com grande facilidade também se apega àqueles conhecimentos e sabores apresentados pelo demônio, e se retira da solidão em que Deus a havia posto. Efetivamente, naquela solidão e quietude das potências, a alma nada fazia, e como vê agora que pode fazer alguma coisa, julga ser isto melhor. Motivo é aqui de grande lástima o não entender-se a alma!

CANÇÃO III

Pois para comer um bocadinho de conhecimento particular, ou alimentar-se com algum gostinho, perde a ocasião de que Deus a coma toda, pois não é outra coisa o que ele faz naquela solidão em que a põe, e onde a absorve em si mesmo, mediante solitárias unções espirituais.

64. Deste modo, por um pouco mais do que nada, causa o demônio gravíssimos prejuízos, fazendo a alma perder grandes riquezas, tirando-a com um pedacinho de isca, como ao peixe, do pélago das águas límpidas do espírito onde se achava ela engolfada e submergida em Deus sem achar pé nem arrimo. Puxa-a para a margem, oferecendo-lhe apoio e arrimo para que tome pé e ande com seus passos na terra com trabalho, e já não possa nadar nas águas de Siloé que correm em silêncio, banhada nas unções de Deus. O demônio faz tanto caso disso, que é motivo de admiração: sendo para ele de maior vantagem prejudicar um pouco a uma alma neste estado, do que prejudicar muito a uma multidão de outras almas, como dissemos. Dificilmente se achará uma só que vá por este caminho sem que ele lhe ocasione grandes prejuízos, fazendo-a sofrer grandes perdas; porque este maligno se coloca com muita astúcia na passagem que vai do sentido ao espírito, e procura enganar e cevar as almas mediante o mesmo sentido; interpõe coisas sensíveis à alma, sem que ela julgue haver ali prejuízo; por esta razão deixa ela de entrar no interior onde está o Esposo, e queda-se à porta para ver o que se passa do lado de fora, na parte sensível. O demônio vê tudo quanto é elevado, assim afirma Jó (Jó 41,25), isto é, conhece a altitude espiritual das almas, para combatê-la. Daí, quando, porventura, acontece a uma alma entrar em elevado recolhimento, não podendo o inimigo distraí-la, pelos meios já referidos, ao menos procura fazê-lo com terrores, medos e dores corporais; serve-se de ruídos exteriores e sensíveis, forcejando por trazê-la a ocupar-se com o sentido, a fim de arrancar e divertir a alma para fora daquele recolhimento interior, até que, não conseguindo, finalmente a deixa.

910 CHAMA VIVA DE AMOR

É com grande facilidade, todavia, que consegue o demônio estorvar e estragar as riquezas dessas preciosas almas; e assim, embora considere bem mais importante isso do que derrubar muitas outras, não acha muito tudo quanto faz, pois o sucesso lhe é fácil e custa pouco. A este propósito podemos compreender o que do inimigo disse Jó a Deus: "Absorverá um rio e não se admirará, e tem confiança de que o Jordão cairá em sua boca" (Jó 40,18), o que se aplica, em nosso caso, ao mais alto grau de perfeição. – "Em seus próprios olhos o caçará como com um anzol, e lhe perfurará as narinas com sovelas" (Jó 40,19). Significa isto que, ferindo a alma com a ponta dos conhecimentos, distrair-lhe-á o espírito, porque o ar que sai comprimido pelas narinas espalha-se por muitas partes se elas estão perfuradas. E adiante acrescenta: "Debaixo dele estarão os raios do sol, e derramará o ouro debaixo de si como lodo" (Jó 41,21). Por estas palavras se dá a entender que o demônio faz perder admiráveis raios de divinos conhecimentos às almas esclarecidas, tirando e derramando por terra o ouro precioso dos esmaltes divinos de que estavam enriquecidas.

65. Eia, pois, almas! Quando Deus vos fizer tão soberanas mercês, e vos levar por esse estado de solidão e recolhimento, apartando-vos do vosso trabalhoso sentir, não volteis ao sentido. Largai vossas atividades naturais; se anteriormente, quando éreis principiantes, elas vos ajudavam na renúncia ao mundo e a vós mesmas, agora, quando Deus vos faz mercê de ser ele mesmo o artífice, tornar-se-ão grave obstáculo e embaraço. Tende apenas o cuidado de não ocupar vossas potências em coisa alguma, desapegando-as e desimpedindo-as de tudo; é só isto que vos compete neste estado, juntamente com a atenção amorosa, simples, de que falei acima; e até nesta atenção deveis empregar-vos do modo que ficou dito, isto é, quando vos sentirdes atraídas a tê-la; porque não convém forçar de modo algum a alma, a não ser para desprendê-la e libertá-la de tudo, a fim de não

CANÇÃO III

a perturbar, nem alterar a paz interior; então, ao ver-vos assim desimpedidas, Deus vos alimentará com uma refeição celestial.

66. O terceiro cego é a própria alma. Não se entendendo a si mesma, como dissemos, perturba-se e prejudica-se. Como não sabe agir senão mediante o sentido e com o discurso do entendimento, quando Deus a quer pôr naquele vazio e soledade onde não pode usar das potências ou fazer atos distintos, vendo ela que nada faz, procura agir. Consequentemente, vem a distrair-se, ficando árida e descontente. No entanto, estava gozando, naquela ociosidade, da paz e silêncio espiritual em que Deus secretamente a estava pondo. Acontece até estar Deus porfiando para manter a alma naquela silenciosa quietação, e a alma de sua parte também porfiando para querer agir por si mesma com a imaginação e com o entendimento. Nisto procede como um menino que a mãe quisesse carregar nos braços, e fosse gritando e esperneando para andar com seus pés, e assim, nem anda ele, nem deixa andar a mãe; ou como a imagem em que um pintor trabalhasse, e alguém se pusesse a movimentá-la; não poderia ser pintada, ou, então, ficaria borrada.

67. É preciso que a alma advirta que, nesta quietude, embora não se sinta caminhar ou fazer qualquer coisa, adianta-se muito mais do que se andasse com seus pés, pois Deus a leva em seus braços; e, assim, está caminhando ao passo de Deus, mesmo sem o sentir. E conquanto não trabalhe com as potências, trabalha muito mais do que com elas, porque é Deus quem age. Não é maravilha que o deixe de perceber a alma, pois o que Deus nela faz então, o sentido não pode alcançar, porque ele age em silêncio; e, como diz o Sábio, as palavras da Sabedoria se ouvem em silêncio (Ecl 9,17). Abandone-se a alma nas mãos de Deus, e não queira ficar em suas próprias mãos nem nas desses dois cegos; fazendo assim, e não ocupando em algo as potências, irá segura.

68. Voltemos agora ao nosso assunto, tratando das profundas cavernas das potências da alma. Dizíamos que o sofrimento da alma costuma ser grande, no tempo em que Deus a anda ungindo e dispondo com os mais subidos unguentos do Espírito Santo, para uni-la consigo. Tais unguentos são já tão sutis e de tão delicada unção, que penetram na profundidade da íntima substância da alma, dispondo-a e deliciando-a; e assim é sem limites o que ela padece, desfalecendo em desejo e com o vazio imenso dessas cavernas. Daí podemos concluir: se os unguentos que dispõem as cavernas da alma para a união do matrimônio espiritual com Deus são tão elevados como os descrevemos, qual não será a posse, de conhecimento, amor e glória, concedida ao entendimento, memória e vontade, quando a alma chega à referida união com Deus? Por certo conforme a sede e fome dessas cavernas, será também a satisfação, fartura e deleite de que hão de gozar; e em proporção à delicadeza das disposições será o primor da posse da alma bem como a fruição do seu sentido.

69. Pelo sentido da alma compreende-se aqui a virtude e força que possui a substância íntima da mesma alma para saborear e sentir os objetos das potências espirituais, com as quais goza da sabedoria, do amor e da comunicação de Deus. Por isto, estas três potências – memória, entendimento e vontade – são denominadas pela alma, neste verso, profundas cavernas dos sentidos: porque mediante elas e nelas, sente e goza profundamente as grandezas da sabedoria e excelência de Deus. Pelo que, mui propriamente, lhes dá o nome de cavernas profundas; com efeito, percebe que podem conter os profundos conhecimentos e resplendores das lâmpadas de fogo, e, consequentemente, conhece que têm tanta capacidade e tantas cavidades quantas são as coisas distintas que lhes são dadas, seja inteligências ou sabores, gozos ou deleites, de Deus. Todas estas graças são recebidas e firmadas neste sentido da alma, o qual, como digo, é a virtude e capacidade que ela tem para poder

CANÇÃO III

sentir, possuir e saborear tudo quanto lhe é proporcionado pelas cavernas das potências. Assim como os sentidos corporais concentram no sentido comum da imaginação todas as imagens de seus objetos, tornando-se este o receptáculo e arquivo de todas as imagens, assim o sentido comum da alma por sua vez se torna receptáculo e arquivo das grandezas de Deus; tanto mais rico e iluminado fica quanto maiores e mais sublimes são os bens que possui. *Que estava obscuro e cego.*

70. Assim estava, convém notar, antes que Deus o esclarecesse e iluminasse, como dissemos. Para compreender isto é necessário saber que por dois motivos o sentido da vista pode deixar de ver: ou por achar-se às escuras, ou por estar cego. Deus é a luz e objeto da alma; se esta luz não a ilumina fica a alma às escuras mesmo que tenha a melhor vista. Quando está em pecado, ou quando ocupa o apetite em outras coisas fora de Deus, então está cega; e neste caso, por mais que dardeje sobre ela a luz divina, por estar cega, não a vê a obscuridade da alma, isto é, sua ignorância, pois até que Deus a ilumine no estado de transformação, permanece obscura e ignorante quanto aos imensos benefícios de Deus. Assim estava o Sábio antes que a Sabedoria o iluminasse, conforme diz: "Iluminou minhas ignorâncias" (Eclo 51,26).

71. Espiritualmente falando, uma coisa é estar no escuro e outra estar em trevas; porque estar em trevas é o mesmo que estar cego, em pecado, como dissemos. Estar às escuras, porém, é possível sem estar em pecado, e pode ser de duas maneiras: acerca das coisas naturais, não tendo luz sobre algumas delas, ou acerca das coisas sobrenaturais, faltando a luz sobre certas verdades sobrenaturais. A alma diz agora que o seu sentido estava às escuras quanto aos dois modos referidos, antes de chegar a esta preciosa união. Até dizer o Senhor: *fiat lux,* estavam as trevas sobre a face do abismo dessa caverna do sentido da alma; este

914 CHAMA VIVA DE AMOR

abismo do sentido, quanto mais profundo é, e quanto mais profundas e insondáveis são as suas cavernas, tanto mais profundas são também as trevas em que se acha a respeito do sobrenatural, quando Deus, que é sua luz, não o ilumina. Assim lhe é impossível alçar os olhos à divina luz, ou admiti-la em seu pensamento, porque, não havendo visto essa luz, não sabe como ela é. Logo não poderá desejá-la; ao contrário, todo o seu desejo é pelas trevas, pois sabe por experiência o que elas são, e poderá ir de uma treva à outra, sendo guiado pela mesma treva; com efeito, uma treva não pode conduzir senão à outra. É como diz Davi: "O dia conduz ao dia, e a noite ensina a ciência à noite" (Sl 18,3). Destarte, um abismo atrai outro abismo, isto é, um abismo de luz chama outro abismo de luz, e um abismo de trevas outro abismo de trevas, atraindo cada semelhante ao seu, e comunicando-se entre si os semelhantes. Assim, a luz da graça, dada anteriormente por Deus a esta alma, e que já iluminara os olhos do abismo que é o espírito, abrindo-o à divina luz, e tornando desde então a alma agradável a ele, chamou outro abismo de graça que é esta transformação divina da alma em Deus. Por efeito de tal transformação, fica tão ilustrado e agradável a Deus o olhar do sentido, que, podemos dizer, a luz de Deus e a da alma se identificam numa só, pois a luz natural da alma se une com a luz sobrenatural de Deus, brilhando já unicamente esta última; assim a luz criada anteriormente por Deus se uniu à luz do sol, e agora brilha apenas esta sem faltar a outra.

72. O sentido da alma estava cego também, quando se ocupava em outras coisas; porque a cegueira da parte superior e racional é o apetite, que como catarata e névoa se interpõe e coloca no olhar da razão, a fim de não lhe permitir a visão dos objetos que se acham diante dela. E propondo ao sentido qualquer gosto, tornava-o cego para a vista das grandes riquezas e formosura divina, ocultas sob a catarata. De fato, basta pôr alguma venda sobre os olhos, mesmo

CANÇÃO III 915

que seja mínima, para impedir-lhe a vista de outros objetos presentes, por maiores que estes sejam; do mesmo modo, é suficiente um leve apetite ou uma ação inútil da alma, para impedir-lhe todas as grandezas divinas que se acham além dos gostos e inclinações preferidos então por ela.

73. Oh! Quem pudera dizer aqui o quanto é impossível a uma alma, que conserva seus apetites, julgar as coisas de Deus como elas são! Na verdade, para julgar as coisas de Deus, é necessário lançar fora todo gosto e apetite, e não as julgar por eles, sob pena de vir infalivelmente a considerar essas coisas divinas como não sendo de Deus, e as que não são de Deus, como se o fossem. Enquanto permanece sobre o olho do juízo aquela catarata e nuvem do apetite, não vê ele senão a catarata, ora de uma cor, ora de outra, conforme as aparências que se manifestam; e a alma pensa que aquilo é Deus, pois, como digo, não vê mais do que aquela catarata que se interpõe no sentido; Deus, porém, não pode caber no sentido. Deste modo, o apetite e gostos sensíveis impedem o conhecimento das verdades mais elevadas. Bem o dá a entender o Sábio nestas palavras: "O engano da vaidade obscurece os bens, e a inconstância da concupiscência transtorna o sentido sem malícia" (Sb 4,12), isto é, o reto juízo.

74. Eis a razão pela qual as pessoas que ainda não chegaram a ser muito espirituais, por não estarem purificadas em seus apetites e gostos, e ainda se inclinarem a eles, levadas por algo do homem animal, acreditam que as coisas mais vis e baixas para o espírito, que são as mais próximas do sentido – pelo qual elas ainda vivem – merecerão maior apreço; e, ao contrário, as de maior valor e elevação para o espírito, que são as mais remotas do sentido, terão em pouca conta, e não as estimarão, reputando-as até por loucura, segundo afirma São Paulo quando diz: "O homem animal não percebe as coisas de Deus; são para ele loucura, e não as pode entender" (1Cor 2,14). Por homem animal é aqui

916   CHAMA VIVA DE AMOR

designado quem ainda vive entregue aos seus apetites e gostos naturais; pois mesmo no caso de os gostos derivarem do espírito para o sentido, se o homem quiser apegar-se a eles com seu apetite natural, tornam-se não mais do que naturais. Pouco importa que o objeto ou motivo seja sobrenatural. Se o apetite por ele for natural e tiver aí sua origem e força, não passará então de apetite natural; pois tem a mesma substância e natureza que teria se fosse acerca de motivo ou objeto natural.

75. Dir-me-ás: daí se segue que ao apetecer a alma a Deus, não o deseja sobrenaturalmente, e assim aquele desejo não é meritório diante de Deus. Respondo: na verdade, o desejo que a alma tem de Deus nem sempre é sobrenatural; só o é quando infundido pelo próprio Deus, que produz então a força de tal apetite e este é muito diferente do desejo natural; e enquanto Deus não o infunde, muito pouca coisa ou nada merece a alma. Quando, de tua parte, queres ter apetite de Deus, é apenas um desejo natural; não chegará a ser mais até que Deus queira inspirá-lo sobrenaturalmente. Quando, pois, por teu próprio movimento, queres apegar o apetite às coisas espirituais, e procuras prender-te ao sabor que elas têm, exercitas só o teu natural apetite; então, estás pondo cataratas nos olhos e és homem animal. Consequentemente não poderás entender, e muito menos julgar, o que é espiritual, situado além de todo sentido e apetite natural. Se ainda tens outras dúvidas, não sei o que te diga, senão que tornes a ler o que está escrito aqui, e porventura entenderás; pois já está explicada a substância da verdade, e não é possível alongar-me em mais explicações.

76. O sentido da alma, pois, o qual estava antes obscuro sem esta divina luz de Deus, e cego, por causa de seus apetites e afeições, agora se acha não só iluminado e resplandecente com suas cavernas profundas mediante esta divina

união com Deus, mas, além disso, transformado, com as cavernas de suas potências, numa luz resplandecente.

Com estranhos primores
Calor e luz dão junto a seu Querido.

77. Estão estas cavernas das potências, como dissemos, já tão deslumbrantes e tão maravilhosamente penetradas pelos admiráveis resplendores daquelas lâmpadas que nelas ardem, que, além da entrega feita de si mesmas, enviam a Deus em Deus esses mesmos resplendores recebidos com amor e glória. Inclinam-se para Deus em Deus, quais lâmpadas acesas e inflamadas nos resplendores das lâmpadas divinas; dando ao Amado aquela mesma luz e calor de amor que recebem. Com efeito, neste estado, na proporção em que recebem, dão a quem lhes dá, e com os mesmos primores com que o próprio Deus lhes envia seus dons. Tornam-se como o vidro que fica todo resplandecente quando nele reverbera o sol; todavia, isto se realiza na alma de modo bem mais sublime, pela intervenção do exercício da vontade.

78. Com estranhos primores, isto é, estranhos e alheios a tudo quanto se pode ordinariamente pensar, bem como a todo encarecimento, e a todos os modos e maneiras. De fato, na medida do primor com que o entendimento recebe a sabedoria divina, tornando-se um com Deus, assim também é o primor com que retribui o dom de Deus; pois não pode retribuir senão do mesmo modo com que recebe. Conforme o primor da vontade unida à bondade divina, retribui a alma a Deus em Deus essa mesma bondade, porque não recebe senão para dar. Semelhantemente segundo o primor com que conhece a grandeza de Deus, à qual se une, resplandece e irradia calor de amor; e assim por diante, nos demais atributos divinos que Deus comunica à alma neste estado, como sejam fortaleza, formosura, justiça etc., os mesmos primores deles recebidos são os que o sentido, em

seu gozo, está dando a seu Querido em seu Querido, isto é, essa mesma luz e calor que está recebendo de seu Amado. Está a alma, neste tempo, feita uma só coisa com ele, e, portanto, de certo modo, torna-se Deus por participação; e embora não ainda tão perfeitamente como na outra vida, é, segundo dissemos, como uma sombra de Deus. Desta maneira, sendo ela como sombra de Deus, por meio desta substancial transformação, age em Deus por Deus do mesmo modo que ele age nela por si próprio, e de modo idêntico ao seu, porque a vontade dos dois é uma só, e assim a operação de Deus e a dela é somente uma. Logo, na medida em que Deus a ela se dá, com livre e graciosa vontade, tendo a mesma alma também a vontade tanto mais livre e generosa quanto mais unida a ele, faz o dom de Deus ao mesmo Deus em Deus, e esta dádiva da alma a Deus é total e verdadeira. Conhece então que Deus verdadeiramente é todo seu, e que ela o possui como herança, com direito de propriedade, como filha adotiva de Deus pela graça concedida por ele, ao dar-se a si mesmo a ela; vê que, como coisa própria sua, o pode dar e comunicar a quem quiser, por sua livre vontade. E, assim, a alma o dá a seu Querido, que é o mesmo Deus que a ela se deu; e, nisto, paga a Deus tudo quanto lhe deve, pois voluntariamente lhe dá tanto quanto dele recebe.

79. Por ser esta dádiva da alma a Deus o próprio Espírito Santo, que ela lhe dá como coisa sua, numa entrega voluntária para que ele se ame no mesmo Espírito Santo como merece –, a alma sente inestimável deleite e fruição, pois vê que pode ofertar a Deus, como coisa própria, um dom proporcionado ao Seu infinito ser. A alma, é certo, não pode dar Deus outra vez a Deus, porque ele em si é sempre o mesmo; contudo, de sua parte, assim o faz, com toda a perfeição e realidade, quando dá a Deus tudo o que ele lhe havia dado, em paga de amor, e isto consiste em dar

CANÇÃO III 919

tanto quanto recebe. Deus fica pago com aquela dádiva da alma e, a não ser com isto, não se daria por pago. Recebe ele agradecido esse dom que lhe faz a alma daquilo que a ela pertence; e nessa mesma dádiva, a alma ama a Deus com um novo amor de retribuição. Forma-se, deste modo, entre Deus e a alma um amor recíproco, como na união e entrega do matrimônio em que os bens são comuns a ambos. Esses bens consistem na divina essência, e cada um os possui livremente em razão da entrega voluntária de um ao outro, possuindo-os ao mesmo tempo conjuntamente, e assim podem dizer um ao outro o que o Filho de Deus disse ao Pai no Evangelho de São João: "Todos os meus bens são teus, e os teus bens são meus, e eu sou glorificado neles" (Jo 17,10). Realiza-se isto na outra vida em fruição perfeita, sem intermissão; todavia acontece por vezes aqui na terra, neste estado de união, quando Deus opera na alma o ato de transformá-la nele, embora não se efetue com a mesma perfeição da eternidade. Que a alma possa fazer tal dom, embora o valor intrínseco ultrapasse seu próprio ser e capacidade, é evidente; tanto como um soberano que possui muitos reinos e povos sob o seu domínio, embora sejam de muito maior importância do que ele, tem poder para os doar a quem quiser.

80. Aqui está a grande satisfação e alegria da alma: ver que dá a Deus mais do que ela própria é e vale em si mesma, e que o faz com aquela luz divina e calor divino que recebe de Deus. Esta igualdade de amor se realiza na vida eterna mediante a luz da glória; e aqui na terra, pela fé já muito esclarecida. Assim, as profundas cavernas do sentido, com estranhos primores, calor e luz dão junto a seu Querido. Junto, diz a alma, porque conjuntamente se comunicam a ela o Pai e o Filho e o Espírito Santo, que nela são luz e fogo de amor.

81. A respeito dos primores com que a alma faz esta entrega, notemos aqui brevemente como seja. Para isto, ha-

920 CHAMA VIVA DE AMOR

vemos de advertir que, gozando aqui a alma certa imagem de fruição celeste – a qual provém da união do entendimento e do afeto com Deus –, inundada de deleite, e cheia de reconhecimento por tão grande mercê, realiza essa entrega de si a Deus e de Deus a ele mesmo, de maravilhosas maneiras. No exercício do amor, procede a alma para com Deus com estranhos primores, agindo de maneira idêntica no rastro de fruição que experimenta e no louvor que a ele dá, e também quanto ao agradecimento.

82. Quanto ao amor, tem ele três primores principais: o primeiro é amar a Deus não por si mesma, mas por ele só. Aí se encerra uma perfeição admirável, porque ama pelo Espírito Santo, como o Pai e o Filho se amam, conforme diz o próprio Filho por São João: "O amor com que me amaste esteja neles e eu neles" (Jo 17,26). O segundo primor é amar a Deus em Deus. De fato, nesta veemente união, a alma se absorve no amor de Deus, e ele, por sua vez, com grande veemência se entrega à alma. O terceiro e principal primor de amor é amar a alma a Deus, nesta transformação, por ser ele quem é; não o ama, com efeito, pela generosidade, bondade, e glória com que Deus se comunica a ela, mas o ama de modo muito mais forte, porque Deus em si mesmo contém essencialmente todos esses atributos.

83. Quanto à maravilhosa imagem da fruição celeste, tem outros três primores maravilhosos e importantes. Primeiro, a alma goza de Deus por ele mesmo; pois, unindo o seu entendimento à onipotência, sabedoria, bondade e mais atributos divinos, deleita-se extraordinariamente em todos eles por um conhecimento distinto de cada um, conforme já explicamos, embora não goze ainda de modo tão claro como será na outra vida. O segundo e principal primor desta deleitação é que a alma toma suas delícias em Deus só, em perfeita ordem, sem mescla de criatura alguma. O terceiro primor consiste em gozar a alma de Deus unicamente por ser ele quem é, sem mistura de satisfação pessoal.

CANÇÃO IV

84. Quanto ao louvor que a alma dá a Deus nesta união, há também outros três primores particulares. O primeiro é louvá-lo para cumprir seu dever, pois bem conhece a alma que Deus a criou para que o louvasse, como declara Isaías ao dizer: "Este povo formei para mim; cantará meus louvores" (Is 43,21). O segundo primor do louvor da alma a Deus é que o faz pelos bens recebidos e pela alegria de louvá-lo. O terceiro primor consiste em louvar a Deus pelo que ele é em si; e ainda que a alma não sentisse alegria alguma, louvaria sempre a Deus por ser ele quem é.

85. Quanto ao agradecimento, há outros três primores. O primeiro consiste em agradecer os dotes naturais e espirituais, e todos os benefícios recebidos. O segundo é o imenso deleite com que a alma dá graças a Deus, pois com grande veemência se absorve nesse louvor. O terceiro primor está em o louvar unicamente pelo que ele é; e este louvor se torna assim muito mais forte e deleitável.

Canção IV

Quão manso e amoroso
Despertas em meu seio
Onde tu só secretamente moras;
Nesse aspirar gostoso,
De bens e glória cheio,
Quão delicadamente me enamoras!

EXPLICAÇÃO

1. Volta-se aqui a alma para seu Esposo com muito amor, manifestando-lhe seu apreço e agradecimento por duas mercês admiráveis que ele algumas vezes nela produz mediante esta união. Refere também a maneira com que o Esposo age num e noutro caso, e a consequência que então nela resulta.

2. O primeiro efeito é um despertar de Deus na alma, e o modo pelo qual se realiza é todo de mansidão e amor. O

segundo efeito é uma aspiração de Deus na alma, e o modo como se manifesta consiste em comunicar-lhe bens e glória nessa mesma aspiração. E a consequência disso é enamorá-la com ternura e delicadeza.

3. Vem a ser como se a alma dissesse: Ó Verbo Esposo meu! Quando despertas no centro e fundo de minha alma, isto é, na sua mais pura e íntima substância onde moras sozinho, escondido e silencioso, como único Senhor – e não só como em tua casa, ou em teu mesmo leito, mas como em meu próprio seio, na mais estreita e íntima união –, oh! quão manso e amoroso te manifestas! Sim, com grande mansidão e amor! e na deliciosa aspiração que me comunicas nesse teu despertar, tão saborosa para mim, pela plenitude de bem e glória que encerra, com que imensa delicadeza me enamoras e afeiçoas a ti! Nisto se assemelha a alma a alguém que, ao despertar de um sono, respira. Na verdade, assim o experimenta ela aqui. Segue-se o verso:

> Quão manso e amoroso
> Despertas em meu seio.

4. São muitas as maneiras deste despertar de Deus na alma; tantas que, se nos puséssemos a enumerá-las, jamais acabaríamos. Este de agora, porém, que a alma quer exprimir como sendo feito pelo Filho de Deus, é, a meu parecer, dos mais sublimes e de maior proveito para ela; porque consiste num movimento do próprio Verbo na substância da alma, com tanta grandeza, majestade e glória, e de tão íntima suavidade, que ela sente como se todos os bálsamos e espécies aromáticas e todas as flores do universo fossem revolvidos e agitados, combinando-se pra exalar seus mais suaves perfumes. Parece-lhe também que se movimentam todos os reinos e senhorios do mundo, juntamente com as potestades e virtudes do céu. Não somente isto, mas ainda todas as virtudes e substâncias, perfeições e graças, encerradas nas coisas criadas, reluzem e se põem, por sua vez, em movimento uníssono e simultâneo. Porquanto todas as

CANÇÃO IV

coisas, como nos diz São João, são vivas no Verbo de Deus (Jo 1,3-4), e o apóstolo São Paulo afirma, de sua parte, que em Deus elas têm vida, movimento e ser (At 17,28). Daí, ao mover-se no íntimo da alma este altíssimo Imperador, o qual, segundo a palavra de Isaías (Is 9,6), traz sobre o ombro o seu principado, isto é, as três máquinas, celeste, terrestre e infernal, com tudo o que nelas há, sustentando-as todas com o verbo de sua virtude, como diz São Paulo (Hb 1,3), consequentemente todas as coisas criadas parecem mover-se ao mesmo tempo que ele. Acontece de modo semelhante ao que se dá com a terra cujo movimento arrasta consigo todas as coisas materiais a se moverem também, como se nada fossem. Assim é quando se move este Príncipe, trazendo consigo a sua corte, e não esta a ele.

5. Bastante imprópria é ainda esta comparação; porque não somente todos os seres criados parecem movimentar-se, mas também desvendam à alma as belezas próprias de cada um deles, bem como suas virtudes, encantos e graças, e a raiz de sua duração e vida. De fato, a alma ali verifica como todas as criaturas superiores e inferiores têm em Deus sua vida, força e duração; vê claramente o que o Senhor diz no livro dos Provérbios: "Por mim reinam os reis, por mim imperam os príncipes, e os poderosos exercitam a justiça e a compreendem" (Pr 8,15-16). E embora seja certo perceber a alma que todas essas coisas são distintas de Deus, enquanto têm nele seu ser de criaturas, e também veja que em Deus elas têm sua força, raiz e vigor, todavia, é tão grande o conhecimento de que Deus contém eminentemente em seu ser infinito todas essas coisas, que ela as conhece melhor no ser de Deus do que nelas mesmas. Eis aí o grande deleite deste despertar: conhecer as criaturas por Deus, e não a Deus pelas criaturas; isto é, conhecer os efeitos pela causa, e não a causa pelos efeitos, o que seria conhecimento secundário, enquanto o primeiro é essencial.

924　　　　　　　CHAMA VIVA DE AMOR

6. Maravilhoso é este movimento na alma, sendo Deus imutável; porque embora Deus realmente não se mova, parece à alma que na verdade se move. Sendo ela renovada e movida por Deus, para que perceba esta vista sobrenatural, e sendo-lhe manifestada de modo tão novo aquela vida divina, na qual se encerra o ser e a harmonia de todas as criaturas, com seus movimentos em Deus, por isto lhe parece ser Deus quem se move, tomando então a causa o nome do efeito que produz. Segundo tal efeito, podemos dizer que Deus se move, como afirmam as palavras do Sábio: "A sabedoria é mais móvel do que todas as coisas móveis" (Sb 7,24). E assim é, não porque ela se mova, mas por ser o princípio e raiz de todo movimento; e, permanecendo em si mesma imóvel, como adiante dissemos, renova todas as coisas. Significam, portanto, essas palavras que a sabedoria é mais ativa do que todas as coisas ativas. Por esta razão dizemos aqui que a alma, neste movimento, é movida e despertada do sono de sua natural percepção à vista sobrenatural. Por isso, com muito acerto dá a este efeito o nome de despertar.

7. Na verdade, sempre está Deus assim, conforme a alma o vê agora, movendo, regendo, dando ser e virtude, graças e dons, a todas as criaturas. Ele as tem em si de modo virtual, atual e substancial. E o que Deus é em si mesmo, e o que é nas suas criaturas, a alma o conhece numa só percepção, como se lhe fosse aberto um palácio, e nele visse a eminência da pessoa que aí se acha, e ao mesmo tempo o que está fazendo. Assim, o que entendo quanto ao modo de produzir-se este despertar e esta vista da alma é o seguinte: estando ela em Deus substancialmente, como está toda criatura, tira-lhe ele alguns dos muitos véus e cortinas que a alma tem diante de si a fim de que o possa ver como ele é. Transparece, então, e dá-se a perceber algum tanto, embora obscuramente – porque não são tirados todos os véus – aquela sua face cheia de graças, a qual, como está movendo todas as coisas com a sua virtude, toma a semelhança daquilo

CANÇÃO IV

que está fazendo, e parece mover-se Deus nas criaturas, e as criaturas em Deus, com movimento contínuo. Eis o motivo de se afigurar à alma que ele se moveu e despertou, quando de fato ela é que foi movida e despertada.

8. Tal é a baixeza de nossa condição nesta vida: do mesmo modo que somos, pensamos que também são os outros; e assim como estamos, julgamos aos demais; o nosso juízo provém de nós mesmos, e não de fora. Como, por exemplo, se dá com o ladrão: pensa ele que os outros também furtam. O luxurioso imagina que os demais também o são; o malicioso julga que os outros são igualmente maliciosos, porque forma o seu juízo por sua própria malícia. O bom, ao contrário, pensa bem dos demais, pois o seu juízo vem da bondade que tem no seu íntimo. Ao que é descuidado e vive dormindo, parece-lhe ver o mesmo nos outros. Daí sucede, quando estamos descuidados e sonolentos diante de Deus, o parecer a nós que é ele quem está adormecido, e descuidado de nós, como se observa no Salmo 43 onde Davi diz a Deus: Levanta-te, Senhor, por que dormes? Levanta-te!" (Sl 43,23). A Deus é atribuído então o que havia nos homens, pois estando eles adormecidos e prostrados, pedem ao Senhor que se levante e desperte, quando na verdade jamais dorme aquele que guarda Israel (Sl 120,4).

9. É certo, todavia, quando todo o bem do homem procede de Deus, e ele nenhuma coisa boa pode fazer de si mesmo, – podermos verdadeiramente dizer que nosso despertar é despertar de Deus, e nosso levantar é levantar de Deus. Seria, pois, como se dissesse Davi: Levanta-nos duas vezes, e desperta-nos, porque estamos adormecidos e estendidos por terra de duas maneiras. E estando a alma adormecida em um sono do qual jamais pudera por si mesma despertar, sendo Deus o único que lhe pôde abrir os olhos e fazer esta ação de despertá-la, com muito acerto dá o nome de "despertar de Deus" ao que nela se realizou, dizendo: Despertas em meu seio. Desperta-nos, Senhor, e ilumina

as nossas almas, a fim de reconhecermos e amarmos os bens que nos pões diante dos olhos, e então conheceremos que te moveste a fazer-nos tuas graças, e te lembraste de nós.

10. É de todo indizível o que a alma conhece e sente da grandeza de Deus neste despertar. Trata-se, com efeito, de uma comunicação da excelência de Deus à substância da alma, isto é, "no seu seio", como aqui ela refere; e assim, ressoa na alma com uma imensa força, como a voz de uma multidão de grandezas, e milhares de milhares de virtudes incontáveis de Deus. E a alma, ali, imóvel, no meio delas, acha-se firme e terrível como um exército em ordem de batalha; e ao mesmo tempo se queda suavizada e agraciada com todas as suavidades e graças das criaturas.

11. Surge, porém, a dúvida: como pode suportar a alma tão forte comunicação na fraqueza da carne, se com efeito não tem capacidade e força para aguentar tanto sem desfalecer? A rainha Ester, ao apresentar-se diante do rei Assuero em seu trono com as vestes reais, resplandecentes de ouro e pedras preciosas, teve tão grande temor só ao vê-lo tão terrível em seu aspecto, que chegou a desfalecer; ela mesma o confessa dizendo que temeu à vista de tão grande glória, parecendo-lhe o rei como um anjo, com a face cheia de graças, e por isto desmaiou (Est 15,16); tanto é verdade que a glória esmaga o que a percebe quando não o glorifica. Quanto maior razão teria, pois, a alma de desfalecer agora, se não é apenas um anjo que vê, mas o próprio Deus, com sua face cheia de todas as graças que há nas criaturas, e com tremenda glória e majestade, na voz de uma multidão de grandezas? E, segundo a expressão de Jó, se temos ouvido com tanta dificuldade uma gota do que de Deus se pode dizer, quem poderá suportar a grandeza de seu trovão? (Jó 26,14). O mesmo Jó diz em outra parte: "Não quero que com muita fortaleza ele se aproxime de mim e trate comigo, nem que me oprima com o peso de sua grandeza" (Jó 23,6).

CANÇÃO IV

12. A causa, porém, de a alma não desfalecer nem temer neste despertar tão cheio de poder e glória tem dois fundamentos. Primeiro: porque achando-se em estado de perfeição como aqui se acha, e, em consequência disso, tendo já a parte inferior muito purificada e conformada à espiritual, não padece o detrimento e pena que nas comunicações espirituais costumam sentir o espírito e o sentido ainda não purificados e dispostos para recebê-las. Não é, todavia, suficiente esta razão para a alma não sentir detrimento diante de tanta grandeza e glória; pois mesmo estando muito purificado o natural, como a comunicação recebida o excede, sofreria por isto alguma perda, assim como um estímulo sensível demasiado prejudica a sensibilidade; é a este propósito que se aplicam as palavras de Jó citadas acima. O segundo fundamento, que mais vem ao caso, está nas palavras do primeiro verso no qual diz a alma que Deus se lhe manifesta com mansidão. Efetivamente, assim como Deus mostra sua grandeza e glória à alma, com o fim de regalá-la e engrandecê-la, assim também favorece-a, amparando-lhe o natural, para que não padeça detrimento. Revela ao espírito sua grandeza com brandura e amor, para poupar-lhe o natural; não sabe então a alma se aquilo se passa no corpo ou fora dele. É coisa bem possível àquele que com sua destra amparou Moisés para que pudesse ver sua glória. Deste modo, tanto de mansidão e amor sente a alma em Deus quanto de poder, majestade e grandeza, pois nele tudo é uma só coisa. Consequentemente, forte é o deleite, e também forte é o amparo, em mansidão e amor, para suportar a força daquele gozo. A alma, então, mais poderosa e forte se acha, do que desfalecida. Se Ester desmaiou, foi porque o Rei, a princípio, não se mostrou favorável e, pelo contrário, manifestou, em seus olhos chamejantes, o furor de seu peito. Logo, porém, que a favoreceu, estendendo-lhe o cetro para tocá-la, e abraçando-a depois, a Rainha voltou a si, tendo ouvido que o Rei lhe dizia: sou teu irmão, não temas (Est 15,16).

928   CHAMA VIVA DE AMOR

13. Aqui, desde logo procede o Rei do céu amorosamente com a alma; trata-a como de igual para igual, como se fora seu irmão; e assim desde logo não sente ela mais temor; porque manifestando Deus à alma com muita mansidão, e não com furor, a fortaleza de seu poder e o amor de sua bondade, comunica-lhe fortaleza e amor de seu coração. Levantando-se de seu trono que é o íntimo da alma onde se achava escondido, vem, qual esposo que sai de seu tálamo; inclina-se para ela, e, tocando-a com o cetro de sua majestade, abraça-a como irmão. Ali, as vestes reais com seu perfume – que são as virtudes admiráveis de Deus, o resplendor do ouro que é a caridade, o brilho das pedras preciosas, isto é, o conhecimento das substâncias superiores e inferiores, a face do Verbo cheia de graças, investem e revestem, a alma rainha. Deste modo, transformada nestas virtudes do Rei do céu, vê-se feita rainha, a ponto de poder ser dita a seu respeito aquela palavra de Davi referindo-se a ela no Salmo: "A rainha esteve à tua direita, com veste de ouro, cercada de variedades" (Sl 44,10). Como tudo isto se passa na íntima substância da alma, ela acrescenta logo:

Onde tu só secretamente moras.

14. Diz que em seu íntimo o Esposo secretamente habita, por ser no ponto mais profundo da substância da alma, como já explicamos, que se realiza este doce abraço. Convém saber que Deus habita escondido e silencioso dentro da substância de todas as almas; se assim não fora, não poderiam elas permanecer com vida. Há, porém, diferença, e muito grande no modo desta morada. Em algumas mora sozinho, e em outras não; em umas, habita contente; em outras, descontente; naquelas mora como em sua casa, governando e regendo tudo; nestas, mora como estranho em casa alheia onde não o deixam mandar nem fazer coisa alguma. A alma em que moram menos apetites e gostos próprios, esta é onde o Esposo mora mais só e mais satisfeito, e mais como em sua própria casa, regendo-a e governando-a. E tanto mais

secretamente mora, quanto mais está só. Assim, nesta alma que já não abriga dentro de si apetite algum, nem figuras e formas, ou afetos de quaisquer criaturas, aí reside o Amado mui secretamente, e o seu abraço é tanto mais íntimo, interior e apertado, quanto mais pura e solitária se acha ela de tudo que não é Deus, como dissemos. Assim, está ele na verdade escondido, porque a este ponto e a este abraço, não pode o demônio chegar, nem o entendimento humano tem capacidade para saber como é. À própria alma, porém, que alcançou a perfeição, não é secreta tal presença do Amado, pois sente dentro de si mesma este íntimo abraço, contudo, nem sempre o experimenta como nas ocasiões desse despertar de Deus nela; porque nesses momentos em que Deus lhe faz tal mercê, parece à alma que, de fato, ele desperta em seu seio, onde antes se achava adormecido; e embora ela o sentisse e gozase, era como se ele estivesse adormecido em seu seio. Ora, quando um dos dois está adormecido, não pode haver entre eles comunicação de pensamentos e de amores, até que ambos estejam acordados.

15. Oh! quão ditosa é a alma que sente de contínuo estar Deus descansando e repousando em seu seio! Oh! quanto lhe convém apartar-se de todas as coisas, fugir de negócios, e viver com imensa tranquilidade, para que nem mesmo com o menor ruído ou o mínimo átomo venha a inquietar e revolver o seio do Amado! Está ele aí ordinariamente como adormecido neste abraço com a esposa, na substância de sua alma, e ela muito bem o sente e de ordinário o goza; porque se estivesse ele sempre acordado, comunicando-lhe conhecimentos e amores, para a alma seria estar já na glória. Com efeito, se por alguma vez somente que o Esposo desperta um pouquinho abrindo os olhos, põe a alma em tal estado, como temos descrito, que seria se de contínuo permanecesse no seu íntimo, para ela bem desperto?

16. Outras almas há, não chegadas a esta união, nas quais Deus habita; embora não esteja aí descontente, porque, enfim, se acham em estado de graça, todavia, como

não estão ainda dispostas, mora em segredo para elas; não o sentem ordinariamente, salvo quando ele lhes faz algumas vezes essa mercê do despertar cheio de gozo, sem que, no entanto, este seja do mesmo gênero e quilate daquele a que nos referimos aqui, e nada tenha a ver com ele. Nem é este favor de Deus tão secreto como aquele, para o entendimento e o demônio, pois é possível perceber algo pelos movimentos do sentido, o qual, até chegar ao estado de união, não está bem subjugado, e manifesta ainda algumas operações e movimentos em relação à parte espiritual, por não se achar espiritualizado de modo total e completo. No despertar, porém, que o Esposo opera nesta alma perfeita, tudo o que se passa e realiza é já perfeito, porque tudo é obra dele. À semelhança de uma pessoa quando acorda e respira, a alma sente um peregrino deleite na aspiração do Espírito Santo em Deus, no qual soberanamente ela se glorifica e enamora. Por esta razão diz os versos seguintes:

> Nesse aspirar gostoso,
> De bens e glória cheio,
> Quão delicadamente me enamoras!

17. Em tal aspiração, cheia de bens e glória, e de delicado amor de Deus para a alma, não quisera eu falar, nem mesmo o desejo porque vejo claro que não tenho termos com que o saiba exprimir, e pareceria que os tenho, se o dissesse. Na verdade, trata-se de uma aspiração feita por Deus na alma, em que por meio daquele despertar – que é conhecimento sublime da Divindade – o Espírito Santo a aspira na mesma medida da inteligência e notícia de Deus que lhe concede, absorvendo-a o mesmo Espírito Santo de modo profundíssimo, e enamorando-a com primor e delicadeza divina correspondentes ao que a alma viu em Deus. Sendo essa apiração cheia de bens e glória, por ela o Espírito Santo encheu a alma de bens e glória, e nisto a enamorou de si mesmo, além de toda expressão e sentimento, nas profundezas de Deus a quem seja dada honra e glória. Amém.

Terceira Parte
EPISTOLÁRIO

Na literatura hagiográfica, as cartas se revestem de excepcional importância. São, ao mesmo tempo, relíquias e tesouros doutrinais. Uma carta, de preferência a qualquer outro escrito, faz-nos sentir sensivelmente mais próximo à figura do Santo, e, ao lê-la, entramos logo em contato com seu espírito. Parece que a tinta se torna transparente, como que refletindo no fundo o tipo do Santo, tal como a imagem ao espelhar-se na água cristalina.

São João da Cruz escreveu muitas cartas. Por motivo de cortesia, e, ainda mais, por zelo apostólico. Foi pródigo e generoso em sua correspondência epistolar. Bem o sabiam os frades e monjas carmelitas, assim como amigos, benfeitores e principalmente aqueles que lhe haviam confiado o destino de sua vocação e santidade, seus filhos e filhas espirituais. Somente a falta de tempo material poderia explicar que São João da Cruz deixasse uma carta sem resposta, pois, do contrário, o fazia tão logo lhe chegasse às mãos. Entretanto, por uma cruel ironia da história, deste epistolário, que supomos ingente, só chegou até nós um número muito limitado de cartas; algumas completas, outras fragmentárias ou através de testemunhos indiretos. Suficiente para que se possa conhecer e aquilatar o valor da literatura epistolar sanjuanista, mas muito pouco para saciar nosso apetite e desejo de páginas e escritos saídos da pena do Doutor Místico. É que, também para nós, como para os contemporâneos, as cartas de São João da Cruz apresentam algo de graça e virtude das epístolas paulinas.

934 EPISTOLÁRIO

Sendo as cartas como que uma biografia espiritual e psicológica, podemos vislumbrar através delas a pessoa mística do frade carmelita. E constitui para nós gratíssima impressão defrontarmo-nos nessas breves páginas com um São João da Cruz, a um tempo extremamente humano e sublimemente divino. Bastariam as cartas para reduzir a pó a lenda, já ultrapassada, aliás, de um São João da Cruz frio, duro, incompreensivo. Suas cartas respiram um humanismo e uma delicadeza espiritual que só se podem compreender quando se conhecem as alturas em que pairava o espírito do autor. É sincero até ao ponto de revelar com toda a franqueza suas simpatias e antipatias; é afetuoso, sabe amar, corresponder aos que vivem unidos a ele em Cristo; é terno, maternal com seus filhos espirituais; pensa sempre e em todo lugar na sua perfeição, suspira por sua presença, a fim de ajudá-los e confortá-los: rasgos de um coração que sabe amar divinamente.

Sob o ponto de vista doutrinal, o epistolário *é como um punhado de páginas arrancadas da* Subida *ou da* Noite: *desnudez de criaturas, vazio e aspereza, olvido e renúncia dos deleites espirituais, Cristo na cruz. É esta a mensagem do Santo carmelita. Jamais o esquecerão os que lerem suas cartas com olhos sinceros.*

Publicamos numeradas, numa série única, tanto as cartas ou fragmentos de cartas, como aquelas de que temos apenas alguma referência, através de documentos ou biografias antigas. Enquanto não se fizer uma pesquisa sistemática, com vistas a extrair ainda alguma possível riqueza desses veios preciosos contidos nos Processos de beatificação e canonização e em outras fontes documentais de São João da Cruz, não se poderá classificar definitivamente a lista de suas cartas. É um trabalho que temos em mãos.

[1]

[A UMA RELIGIOSA DE ÁVILA]
[Ávila 1572-1577]
(referência)

*"E, para mais confirmá-la na verdade de nossa fé, dei-xou-lhe (refere-se a uma religiosa possessa do demônio) es-*crito num papel e assinado de seu próprio punho, aquilo que lhe havia ensinado oralmente, para *que quando o de-mônio – embora tomasse sua forma e seu nome – lhe dis-sesse coisa diferente, ela pudesse conhecê-lo com facilidade, comparando as afirmações emitidas pelo falso mestre* com as que foram escritas pela mão de seu verdadeiro pai e con-fessor" (JERÔNIMO, *História,* p. 192).

[2]

[A SANTA TERESA DE JESUS, EM ÁVILA]
[Ávila, 10 de novembro de 1577]
(referência)

...*"Veja Vossa Mercê que a casa ficará em confusão (En-carnação de Ávila),* segundo Fr. João hoje me escreveu nes-te bilhete" (Carta 199 da Santa: B.M.C. 8,125).

[3]

[A FREI JOÃO DE SANTA EUFÊMIA, CARMELITA DESCALÇO, NA GRANJA DE SANTA ANA (CASTELLAR DE SANTISTEBAN)]
[Baeza, por volta de 1580]
(referência)

"Por este tempo, estando esta testemunha na granja chamada de Santa Ana, situada num lugar deserto a seis léguas desta cidade, foi acometido de grande aflição. Tendo disso notícia, o dito Santo Pai escreveu-lhe uma carta com palavras e razões acerca do padecer por Deus, Nosso Senhor, e de suportar as provações. *Ao lê-la, sentiu esta testemunha a alma inundada de fervor, pela chama espiritual que as palavras do citado Pai irradiavam; com isso, ficou cheio de consolo e sentiu novo alento para padecer aquele trabalho e outros muitos que se oferecessem por Deus, Nosso Senhor"* (Declaração do próprio destinatário: Ms. 12.738 BNM, p. [150]-151).

[4]

[A SANTA TERESA DE JESUS]
[Da Andaluzia, princípios de 1581]
(referência)

..."Saiba que, consolando eu certa vez a Fr. João da Cruz, da pena que experimentava por ver-se em Andaluzia (ele não suporta aquela gente), disse-lhe que quando Deus nos concedesse província, havia de procurar trazê-lo para cá. Agora:

– Cobra-me a promessa e tem medo que o elejam em Baeza.

Escreve-me que:

– Suplica a Vossa Paternidade que não o confirme" (Carta da Santa ao Pe. Graciano: BMC 9,46-47).

EPISTOLÁRIO 937

[5]

[A SANTA TERESA DE JESUS]
[Baeza, 6 de julho de 1581]
(referência)

"Embora não saiba do seu paradeiro, quero escrever-lhe estas linhas, confiando que Nossa Madre há de remetê-las"... (Carta do Santo a Catarina de Jesus, n. 6 de nossa edição, que, segundo se pode verificar, lhe remetia juntamente com uma *outra à Santa).*

[6]

[A CATARINA DE JESUS, CARMELITA DESCALÇA]
[Baeza, 6 de julho de 1581][1]

(Sobrescrito) É para a Irmã Catarina de Jesus, carmelita descalça, onde estiver[2].

Jesus esteja em sua alma, minha filha Catarina.

Embora não saiba de seu paradeiro, quero escrever-lhe estas linhas, confiando que Nossa Madre[3] há de remetê-las,

1. Ms 12.738 BNM., p. [741], cópia de Alonso da Mãe de Deus, que acrescenta a seguinte nota no autógrafo: Catarina de Jesus "guardou consigo, até a morte, esta carta, como uma relíquia, entre as outras que possuía; ao morrer, deixou-a com Madre Isabel da Mãe de Deus, religiosa que foi mais tarde designada para a fundação de Calatayud, onde foi priora, pelo ano de 1619, sendo que, por esse tempo, conservava ainda a citada carta em seu poder, como relíquia" *[E o trecho prossegue, agora com a letra de Jerônimo de São José].* "E agora foi colocada num relicário artisticamente adornado e conserva-se naquela casa; nos dias de grandes festas, costuma ser exposta na igreja, como adorno, juntamente com a de nossa Santa Mãe". O original do Santo, que permaneceu guardado nas carmelitas de Calatayud, até fins do século XVIII, encontra-se hoje desaparecido.

2. Catarina de Jesus, natural de Valderas (León), professou nas carmelitas descalças de Valladolid no dia 13 de dezembro de 1572. Em 1580, foi para Palência, onde se encontrava na ocasião em que o Santo lhe escreveu a citada carta. Quando a Santa saiu de Ávila para a fundação de Burgos, em meados de janeiro de 1582, passou em Palência e, entre outras monjas, levou consigo esta religiosa para a nova casa. Nas primeiras eleições canônicas da nova comunidade, em 21 de abril de 1532, sob a presidência do Padre Jerônimo Graciano, Madre Catarina de Jesus foi eleita subpriora, por unanimidade de votos, menos o seu. Mais tarde, passou às descalças de Sória, onde morreu santamente [PADRE SILVÉRIO). Esta carta, como se depreende do próprio texto, foi enviada por intermédio de Santa Teresa.

3. Santa Teresa.

938 EPISTOLÁRIO

caso não esteja com ela. E se não estiver em sua companhia, console-se comigo, que mais desterrado e só ando por estas paragens. Depois que aquela baleia me engoliu e vomitou neste estranho porto[4], nunca mais mereci vê-la, nem aos santos daí. Deus o fez por bem, pois enfim o desamparo é instrumento de purificação, e resulta em grande luz o padecer trevas. Praza a Deus não andemos nelas!

Oh! quantas coisas quisera dizer-lhe! Mas escrevo essas linhas muito às cegas, sem saber ao certo se lhe chegarão às mãos. Por isso interrompo sem terminar.

Encomende-me a Deus. Nada lhe direi daqui, pois não sinto disposição para isso.

De Baeza, 6 de julho de 1581

Seu servo, em Cristo,
FREI JOÃO DA †

[7]-[8]

[A ANA DE SOTO, EM BAEZA]
[Beas, 8 de outubro de 1581]
[A ISABEL DE SÓRIA, EM BAEZA]
[Beas, 11 de outubro de 1581]
(referência)

"No mês de setembro do corrente ano, tendo nosso Santo Padre sido chamado pelo Pe. Diogo da Trindade, vigário provincial de Andaluzia, chegou a Beas, de onde, segundo supomos, escreveu duas cartas: uma no dia 8 de outubro, respondendo a Ana de Soto e a outra, a 11 do mesmo mês, a Isabel de Sória, duas senhoras piedosas de Baeza.

---

4. Refere-se, com esta conhecida alusão bíblica (Jo 2,1-2), à sua prisão de Toledo.

EPISTOLÁRIO

Em ambas as cartas
— exorta a prosseguirem nas práticas religiosas e na assídua recepção dos sacramentos. Consola-as da sua ausência, dizendo que no momento sua presença era mais necessária em Beas que em Baeza" (ALONSO, *Vida,* f. 111ᵛ).

[9]

[ÀS DESCALÇAS DE GRANADA]
[Granada, 1582]
(referência)

"Por este mesmo tempo, num grande transporte de amor que o arrebatou por muitos dias em Deus, escreveu uma carta a este convento de suas descalças:
— convidando-as a buscarem a solidão, escondida e retirada, onde Deus comunica seu verdadeiro espírito e luz" (ALONSO, *Vida,* f. 114ᵛ).

[10]

[A ANA DE SANTO ALBERTO, FUNDADORA E
PRIORA DE CARAVACA]
[Granada, 1582][1]
(fragmento)

"Doutra feita, estando ele em Granada, onde era prior, escreveu-lhe acerca de certas coisas que se estavam passando com ela, dizendo o seguinte:
...Como não me diz nada, digo-lhe eu que deixe de ser boba e não dê entrada a temores que acovardam a alma. Dê a Deus o que ele lhe deu e continua dando todos os dias; ou pretende, talvez, medir a Deus pela medida de sua capa-

---

1. Madre Ana de Santo Alberto, a quem é dirigida esta carta, igualmente querida e apreciada pelos dois reformadores do Carmelo, era natural de Malagon. Nesta cidade tomou o hábito no convento que a Santa

EPISTOLÁRIO

cidade? Não há de ser assim. Trate de se preparar porque Deus quer fazer-lhe uma grande mercê" (*Ms. 12.738 BNM,* p. [566]: declaração da própria destinatária, ainda que a letra seja de Fr. João Evangelista).

[11]

[A ANA DE SANTO ALBERTO, PRIORA DE CARAVACA]
[Granada, 1582]
(fragmento)

"Em certa ocasião foi esta testemunha assaltada por gran-díssimos escrúpulos que lhe causavam atroz tormento, e pensou consigo mesma que só poderia encontrar algum alívio se se abrisse com o Santo. E eis que ele lhe escreveu uma carta, talhada para aquela circunstância, dizendo:

...Até quando, filha, pretende ficar em braços alheios? Desejo vê-la com grande desnudez e desapego das criaturas, de modo que nem o inferno inteiro seja capaz de perturbá-la. Que lágrimas tão descabidas são essas que derrama nestes dias? Quanto tempo aproveitável calcula ter perdido com esses escrúpulos? Se deseja confiar-me as suas penas, vá àquele *espelho sem mancha* (Sb 7,26) do Pai Eterno, que é seu Filho[1], pois é ali que contemplo sua alma cada dia. Sem dúvida, sairá consolada e já não sentirá necessidade de mendigar pelas portas de gente pobre" (*Ms. 12.738 BNM,* p. [566]-567: como na carta anterior).

---

ali fundou em 1568. Quando em 1575 passou por lá a Madre Reformadora para a fundação de Sevilha, levou-a consigo a Beas e da capital andaluza, fiada no talento e discrição de Madre Ana, a enviou como fundadora do Convento de Caravaca, onde foi priora muitos anos. Aí teve oportunidade de comunicar-se com o Santo, nas diversas ocasiões em que esteve naquela cidade [PADRE SILVÉRIO].

1. [que es su Hijo] *Esta frase foi transcrita da primeira impressão desta carta nos preliminares da edição príncipe do Santo* (Alcalá. 1618) p. XVIII.

Nota: Para os termos entre colchetes, cf. o original espanhol.

EPISTOLÁRIO

[12]

[A MARIA DE SOTO, EM BAEZA]
[Granada, fins de março de 1582][1]

Jesus esteja em sua alma, minha filha em Cristo.

Fez-me grande caridade escrevendo aquela carta e quisera, sinceramente, fazer o que nela me diz e proporcionar-lhe muito contentamento, assim como às suas irmãs. Mas como Deus determina de modo diferente do que pensamos, havemos de nos conformar com a sua vontade.

Já me fizeram prior desta casa de Granada, terra muito propícia para servir a Deus. Sua Majestade dispõe sempre tudo do melhor modo. Oxalá Vossa Mercê e suas irmãs residissem aqui, pois assim as poderia contentar de algum modo. Deus fá-lo-á, e superabundantemente, segundo espero.

Tenha cuidado de não deixar suas confissões e diga o mesmo às suas irmãs. E todas me encomendem muito a Deus, que de minha parte nunca as esquecerei.

Não deixe de procurar o Pe. Frei João[2], embora ande mais cansado. E fique-se com Deus. Que Sua Majestade lhe dê o seu santo espírito. Amém.

Servo de V. Mercê em Cristo,
FREI JOÃO DA †

Dos Santos Mártires de Granada, em março de 1582.

1. O autógrafo se conserva nas carmelitas descalças de Gmunden (Áustria). Quem descobriu e publicou pela primeira vez a fotocópia e o texto da carta foi o PADRE FILIPE ZUAZUA, o.c.d., em seu artigo: *Nova carta autógrafa de São João da Cruz*, nas *Ephemerides Carmeliticae* 17 (Roma 1966) [491-508]. Em nossa primeira edição já havíamos feito referencia e dado um breve resumo desta carta com o mesmo nº 12, sob o qual oferecemos agora o seu texto completo. Maria de Soto fazia parte do grupo de fervorosas seculares ("senhoras piedosas" ou "beatas", como eram então chamadas), dirigidas do Santo durante o tempo de seu reitorado em Baeza (1579-1582) e que continuaram a se aproveitar de seus conselhos e direção através da correspondência (vejam-se as cartas 7-8, dirigidas a Ana de Soto, provavelmente uma das irmãs de Maria de Soto, e a Isabel Sória, e a carta 13, escrita a "outra senhora piedosa, muito pobre'). A carta é de "fins de março de 1582" (ALONSO, *Vida*, f. 112v).

2. Provavelmente o Padre João de Santa Ana, fiel discípulo e amigo do Santo (Veja-se a carta 39).

[13]

[A UMA SENHORA MUITO DEVOTA DE BAEZA]
[Granada, 3 de julho de 1582]
(referência)

"Escreveu também outra carta de Granada, com data de 3 de julho de 1582 e dirigida a outra senhora piedosa, uma beata muito pobre, se bem que muito virtuosa, a quem tinha pedido que saísse de Baeza, a fim de fazer companhia a uma senhora que se encontrava muito só. O santo lhe dá o seguinte conselho:

– Só faça esta obra de caridade depois de reiteradas instâncias da pessoa em questão e de outras que por ela intercederem, a fim de deixar bem claro que o motivo que a leva a executá-la é a caridade e não a leviandade" (ALONSO, *Vida*, f. 112^v).

[14]-[15]

[A ANA DE JESUS, EM GRANADA]
[Granada 1584]
[A DONA ANA DE PEÑALOSA, EM GRANADA]
[Granada, 1584]
(referência)

"Em algumas cartas suas, escritas a essas duas pessoas, que lhe haviam pedido o comentário dessas canções (do "Cântico e da "Chama" respectivamente), desculpa-se da demora em atendê-las dizendo:

– Devem ser comentadas com o mesmo espírito com que foram compostas; cumpre, pois, esperar que Deus o conceda novamente" (ALONSO, *Vida*, f. 126 ^{v}).

EPISTOLÁRIO

[16]

[A ANA DE SANTO ALBERTO, PRIORA DE CARAVACA]
[Granada, maio de 1586]
(referência)
"Quando já estava de partida de Granada para a fundação de Córdova, escrevi-lhe às pressas" (Carta do Santo à mesma destinatária; figura em nossa edição sob o n. 18).

[17]

[A ALGUNS SENHORES, EM CARAVACA (?)]
[Sevilha, primeiros dias de junho de 1586]
(referência)

"... Recebi as cartas... desses senhores... Digo-o a esses senhores aos quais escrevo" (Carta do Santo a Ana de Santo Alberto; n. 18 de nossa edição).

[18]

[A ANA DE SANTO ALBERTO, PRIORA DE CARAVACA]
[Sevilha, primeiros dias de junho de 1586][1]

(Sobrescrito) Para a Madre Ana de Santo Alberto, priora nas carmelitas descalças em Caravaca. Jesus esteja em sua alma.

Quando já estava de partida de Granada para a fundação de Córdova, escrevi-lhe às pressas; e, depois, aqui em

1. O autógrafo conservava-se em Duruelo e aí permaneceu até a exclaustração dos regulares, no século XIX. O Padre Silvério o descobriu mais tarde em casa da Exma. Sra. Marquesa de Reinosa, Dona Fernanda Calderón de la Barca Montalvo Collantes, condessa viúva de Autol. Desapareceu na guerra civil espanhola. Conservava-se a fotografia que dela publicou o Padre Silvério no tomo 4º da sua edição crítica do Santo, que acrescentava a seguinte descrição do autógrafo (id. p. 256, nota): "Compõe-se de duas folhas; da segunda, falta a metade superior. A primeira termina com a frase: da entrada de Dona Catarina, porque desejo dar. O restante que lemos na carta acha-se nas cópias antigas que dela foram tiradas. A metade inferior [da segunda folha] do autógrafo contém apenas a assinatura do Santo e um pós-escrito seu. Com a carta autógrafa está também o endereço".

944   EPISTOLÁRIO

Córdova, recebi as suas cartas e as daqueles senhores que iam a Madri, os quais provavelmente pensaram que me encontrariam na Junta[2]. Pois saiba que ainda não se chegou a fazer nem se fará enquanto não terminarem essas visitas e fundações, pois o Senhor está agora com tanta pressa que não temos mãos a medir.

Concluiu-se em Córdova a fundação de frades e com a benevolência e entusiasmo de toda a cidade, como nunca se dera ali com qualquer outra religião. Reuniu-se o clero de Córdova em peso, afluíram as confrarias e o Santíssimo Sacramento foi trazido da igreja principal com grande solenidade. As ruas estavam muito bem ornamentadas e o povo apinhado, como no dia de Corpus Christi. Isto foi no domingo, depois da Ascensão[3]. Veio o Sr. Bispo e, durante o sermão, teceu-nos muitos elogios. A casa está situada no melhor ponto da cidade; fica na paróquia da igreja maior.

Estou, presentemente, em Sevilha por causa da mudança de nossas monjas, que adquiriram umas casas excelentes. Custaram quase quatorze mil ducados, porém valem mais de vinte mil. Elas já se encontram lá; no dia de São Barnabé, o Cardeal levará o Santíssimo Sacramento com muita solenidade. Antes de partir, pretendo deixar aqui outro convento de frades, e, assim, haverá dois em Sevilha. Até a festa de São João devo ir a Ecija, onde, com o favor de Deus, havemos de fundar outro. Daí, irei a Málaga, e, em seguida, à Junta[4].

Oxalá tivesse eu comissão para executar essa fundação como tenho para estas; então não estaria à espera de muitas andanças. Entretanto, confio em Deus que se há de realizar e na Junta farei quanto me for possível. Diga-o a esses senhores aos quais escrevo.

2. Junta de definidores sob a presidência do provincial Padre Nicolau de Jesus Maria.

3. 18 de maio de 1586.

4. No dia 13 de maio do citado ano, as monjas mudaram da rua da Pajeria (atualmente de Saragoça) para a casa que hoje têm na paróquia da Santa Cruz, rua de Santa Teresa. Nem a segunda fundação de descalços em Sevilha nem a da Ecija se realizaram naquela ocasião (PADRE SILVÉRIO).

EPISTOLÁRIO

Fiquei pesaroso por não haverem feito logo a escritura com os padres da Companhia, pois não os tenho em conta de gente que mantém a palavra dada. E, assim, creio que não só voltarão atrás em alguns pontos, mas até, caso haja demora, acabarão por desfazer tudo, se isso lhes parecer conveniente. Por isso, esteja atenta ao que lhe digo: sem nada dizer, nem a eles, nem a pessoa alguma, trate o assunto com o Sr. Gonçalo Muñoz[5] para a compra da casa que fica do outro lado e lavrem as escrituras, pois eles, como têm tudo na mão, fazem-se de rogados. E pouco importa que depois se venha a saber que as compramos apenas para pôr fim àquela perseguição. Assim eles se renderão à razão, sem tantas dores de cabeça e ainda os faremos chegar até onde quisermos. Trate disso com poucos, e mãos à obra, pois às vezes não se pode vencer uma astúcia sem outra[6].

Desejava que me enviasse o livrinho dos *Cantares da Esposa*, pois certamente a Mãe de Deus já terminou de copiá-lo[7].

Esta Junta está demorando muito e tenho pena, por causa da entrada de Dona Catarina porque desejo dar...

De Sevilha, em junho de 1586[8].

Caríssima filha em Cristo.

Seu servo,
FREI JOÃO DA †

5 Dom Gonçalo era pessoa influente em Caravaca e muito afeiçoado às descalças (PADRE SILVÉRIO).

6. Tratava-se de uma casa com seu quintal, pertencente à Ir. Isabel de São Paulo; ficava contígua ao colégio dos padres da Companhia e vinha-lhes a propósito para ampliar um pouco mais a sua propriedade. Os padres alegaram certo direito a essas casas, baseado, talvez, em alguma promessa que lhes teria feito Dona Florência Vasquez, mãe de Isabel de São Paulo, e de fato as ocuparam. Isso ocasionou aborrecimentos entre ambas as comunidades. E ainda que, segundo se depreende, o Padre Reitor houvesse dado à Madre Priora boas esperanças de chegarem a um acordo, o Santo, considerando que os interesses da própria casa podiam levar o citado padre a mudar de opinião, aconselha a Madre Ana que não se fie muito em palavras e tome todas as precauções necessárias para defender o que mais conviesse ã sua comunidade. Em suma, tratava-se de uma questão que cada um dos conventos defendia com razões que lhe pareciam justas e válidas, como frequentemente acontece na vida [PADRE SILVÉRIO].

7. Alude ao *Cântico Espiritual*, do qual Francisca da Mãe de Deus estava tirando uma cópia. Esta religiosa, natural de Caravaca, professou nessa cidade em 1º de junho de 1578 [PADRE SILVÉRIO].

8. [De Sevilha... 1586] *faltava ultimamente no autografo. Supre-se com uma cópia tirada em 1607 e existente no arquivo dos carmelitas descalços de Ávila.*

946 EPISTOLÁRIO

Não se esqueça de recomendar-me muito ao Sr. Gonçalo Muñoz a quem não escrevo para poupar-lhe fadiga e porque V. Reverência lhe transmitirá o que digo nesta carta.

[19]

[A UMA CARMELITA DESCALÇA, PROVAVELMENTE MARIA DO NASCIMENTO, EM MADRI]
[Durante a viagem de Granada a Madri,
por volta de agosto de 1586]
(fragmento)

"Vindo de Granada à fundação [de] Madri, e entendendo que uma religiosa tinha [necessidade] dele, pôs-se, em condições muito precárias, a escrever-lhe o seguinte:
— Filha, n[o va]zio e aspereza de todas as coisas é que Deus há de provar os que são soldados [fortes] para vencer sua batalha; aqueles que sabem beber a água no ar s[em en]costar o peito na terra, como os soldados de Gedeão (Jz 7,5-7.16-23), que venceram com *barro seco e lanternas acesas dentro*, o que significa a secura do sentido e no interior o espírito bom e ardoroso" (Ms. *12.738 BNM*, p. 1.005: Declaração de uma religiosa anônima)[1].

1. É quase certo ser a Madre Maria do Nascimento, subpriora e uma das fundadoras de Madri, a destinatária desta carta, como se depreende da declaração de uma descalça que estabelece relação entre esta carta e a outra que, com absoluta certeza, foi dirigida à Madre: *Ms. 12.738 BNM.*, p. 1.005 (veja-se a carta 38).
As letras ou palavras entre parênteses faltam no manuscrito por estar dilacerado. Na carta procuramos supri-las pela cópia publicada pelo Padre André da Encarnação, *Memórias históricas, Ms. 13.482 BNM,* letra I n. 13, f. 144^r.

EPISTOLÁRIO

[20]

[ÀS CARMELITAS DESCALÇAS DE BEAS]
[Málaga, 18 de novembro de 1586][1]

Jesus esteja em suas almas, filhas minhas.

Pensam, porventura, que por estar eu tão calado as tenha perdido de vista e deixe de considerar com que grande facilidade podem ser santas e com que sumo gozo e seguro amparo podem andar em deleites do amado Esposo? Pois eu irei aí e então hão de ver como não andava esquecido, e veremos as riquezas adquiridas no amor puro e nas sendas da vida eterna e os belos passos que dão em Cristo, cujas delícias e coroas são as suas esposas: coisa digna não de andar rolando pelo chão, mas de ser tomada entre as mãos dos serafins e por eles colocada, com apreço e respeito, na cabeça de seu Senhor.

Quando o coração anda em coisas rasteiras, a coroa rola pelo chão e cada uma delas a empurra com o pé; mas quando o *homem se achega ao coração elevado* de que fala Davi (Sl 63,7), então *Deus é exaltado,* com a coroa daquele coração elevado de sua esposa, com que *é coroado no dia do júbilo do seu coração* (Ct 3,11), em que encontra as *suas delícias em estar com os filhos dos homens* (Pr 8,31). Estas águas de deleites interiores não nascem na terra; é para o lado do céu que se há de abrir a boca do desejo, vazia de tudo o mais, para que assim a boca do apetite, não contraída nem apertada com nenhum bocado de outro gosto, se conserve bem vazia e aberta para aquele que disse: *"Abre e dilata a tua boca e eu a encherei"* (Sl 80,11). De maneira que o que busca gosto em alguma coisa já não se conserva vazio para que Deus o replene de seu inefável deleite e, assim, como vai a Deus também o deixa porque leva as mãos embaraçadas e não pode pegar o que ele lhe havia de

---

1. Na paróquia de Pastrana e procedente do antigo convento de descalços conserva-se o apógrafo desta carta (e não o autógrafo como se julgou durante algum tempo).

948 EPISTOLÁRIO

dar. Deus nos livre de tão desastrosos embaraços, que tão doces e saborosas liberdades dificultam.

Sirvam a Deus, minhas amadas filhas em Cristo, seguindo-lhe as pegadas de mortificação, em toda a paciência, em todo o silêncio e em todo o desejo de padecer, transformadas em verdugos dos prazeres, mortificando-se, se porventura resta ainda algo por morrer que dificulte a ressurreição interior do Espírito, o qual habita em vossas almas. Amém.

De Málaga, 18 de novembro de 1586.

Seu servo,
FREI JOÃO DA †

[21]

[AOS DESCALÇOS DE CÓRDOVA: ESTALAGENS
DE ALCOLEA]
[Entre 1586 e 1587]
(referência)

"Dirigia-se de Córdova a Bujalance e, ao chegar às Estalagens de Alcolea, saiu à porta da venda uma mulher de aspecto e traje muito levianos, agindo licenciosamente e dizendo palavras indecorosas, incitando ao mal aqueles que a olhavam. Como nosso venerável Pai a visse, tomado de fervoroso zelo, pôs-se a repreendê-la severamente, assumindo um tom imperioso e com palavras tão eficazes que, como se lhe soasse um trovão aos ouvidos, aquela mulher dissoluta ficou profundamente perturbada e, como que atônita, o fitava sem poder articular uma palavra sequer... Finalmente, depois de algum tempo, a mulher voltou a si, pedindo confissão e dizendo que estava decidida a emendar-se e a servir a Deus. Esteve o venerável Pai um bom espaço de tempo com ela, exortando-a a que pusesse por obra o seu bom propósito. E percebendo que a sua consciência, depois de uma longa vida tão desregrada, tinha necessidade de um exa-

EPISTOLÁRIO

me mais cuidadoso e de uma disposição mais amadurecida para bem confessar-se, deu-lhe uma carta de apresentação a fim de que em nosso convento de Córdova a confessassem" (JERÔNIMO, *Hist.* p. 580-581).

[22]

[A ANA DE JESUS E DEMAIS CARMELITAS DESCALÇAS DE BEAS]
[Granada, 22 de novembro de 1587][1]

(Sobrescrito) A Ana de Jesus e às demais Irmãs Carmelitas Descalças do Convento de Beas:[2]

Jesus e Maria estejam em suas almas, minhas filhas em Cristo. Muito me consolei com vossa carta. Que Nosso Senhor vo-lo pague.

Se não lhes escrevi, não foi por falta de vontade, pois desejo sinceramente o vosso aproveitamento, e sim por me parecer que o que já se disse e se escreveu é suficiente para executar o que importa; e o que falta – se é que algo está faltando – não é o escrever e o falar, pois isso, ordinariamente, sobra, mas o calar e obrar. Além do que, o falar distrai, enquanto o calar e obrar recolhem e fortalecem o espírito. E, assim, logo que uma pessoa sabe o que lhe disseram para o seu aproveitamento, já não tem necessidade de ouvir nem de falar e sim de executar deveras, com silêncio e cuidado, em humildade, caridade e desprezo de si mesma. E não andar, logo depois, em busca de outras coisas que não servem senão para satisfazer o apetite no exterior (e ainda sem consegui-lo) e deixar o espírito fraco e vazio, sem virtude interior. E daqui vem que não aproveitam nem de uma coisa e nem de outra. É como quem come sobre a por-

---

1. Na falta do original, que se guardava antigamente nas carmelitas descalças de Saragoça e que desapareceu provavelmente na guerra da Independência, seguimos a cópia impressa que se conserva incorporada à *Vida* do Santo pelo Padre Alonso, fl. 144.

2. Este sobrescrito foi tirado da cópia do Padre Manuel de Santa Maria: Ms. 13.245, BNM, fl. 247ᵛ.

ção mal digerida; acontece que repartindo-se o calor natural entre um e outro alimento não tem força para fazer com que a assimilação se processe plenamente, ocasionando a enfermidade. É muito necessário, minhas filhas, saber furtar o espírito ao demônio e à nossa sensualidade. A não ser assim, achar-nos-emos, sem saber como, muito sem progresso e muito alheios às virtudes de Cristo, e depois, amanheceremos com o nosso trabalho e obra feitos às avessas; e supondo levar a lâmpada acesa, encontrá-la-emos como que extinta, porque os sopros que ao nosso parecer dávamos para avivá-la, quiçá ainda mais a enfraqueciam. Digo, pois, que, para evitar que assim aconteça e para guardar o espírito, como disse, não há melhor remédio que padecer, agir e calar e fechar os sentidos com prática e inclinação de soledade e olvido de toda criatura e de todos os acontecimentos, ainda que o mundo venha abaixo. Nunca, por bem nem por mal, deixar de aquietar o coração com entranhas de amor para padecer em todas as ocasiões que surgirem. Porque a perfeição é de tão inestimável valor, e o deleite de espírito de tão elevado preço, que queira Deus que ainda tudo isso baste, pois não é possível progredir senão agindo e padecendo virtuosamente, e tudo envolto em silêncio.

Isto entendido, filhas: a alma que se entrega facilmente a conversas e passatempos mostra estar muito pouco atenta a Deus. Porque, quando o está, logo sente um vigoroso puxão interior para que cale e fuja de todo entretenimento. É que Deus mais deseja que a alma se deleite com ele do que com qualquer criatura, por mais excelente que seja e por mais a propósito que pareça.

Encomendo-me às orações de Vossas Caridades e tenham por certo que, apesar de ser pouco, a minha caridade está tão concentrada aí que não me esqueço daquelas a quem tanto devo no Senhor, o qual esteja com todos nós. Amém.

De Granada, 22 de novembro de 1587.

FREI JOÃO DA †

EPISTOLÁRIO

O que mais precisamos fazer é conservar-nos calados na presença deste grande Deus, com o apetite e com a língua, pois a linguagem que ele ouve é o amor[3] silencioso.

[23]

[À PRIORA E MESTRA DAS DESCALÇAS DE SABIOTE]
[Granada, por volta de 1588]
(referência)

"Sendo a Madre Leonor de Jesus, religiosa do convento de Beas, mestra de noviças num outro convento da Ordem, foi recebida, às instâncias e pedido de um bispo, certa noviça cujo espírito, tanto a mestra como a prelada, perceberam logo não convir para a religião; todavia, contemporizavam, tardando em despedi-la, por causa do bispo. Achando-se ambas muito embaraçadas e hesitantes na resolução a tomar, receberam nesta ocasião uma carta do venerável Padre, então em Granada, que lhes dizia que:
– sem contemplação alguma mandassem logo a noviça sair, pois de nenhuma maneira servia para a religião, por se tratar de um espírito muito enganado pelo demônio e que, assim sendo, não havia razão para esperar nem se deter em respeitos humanos" (JERÔNIMO, *História,* p. 507).

[24]

[A MADRE LEONOR BATISTA, CARMELITA DESCALÇA EM BEAS]
[Granada, 8 de fevereiro de 1588)[1]

Jesus esteja com Vossa Reverência.

Não pense, filha em Cristo, que não me compadeci de seus desgostos, assim como daquelas que deles participa-

3. [Amor] *imprimiu-se, a princípio,* de amor. *Mas depois eliminou-se o* de.

1. O autógrafo, que durante algum tempo esteve guardado no Convento de carmelitas de Perpiñán, conservava-se ultimamente nas descalças de Barcelona. Ao que parece, perdeu-se na guerra civil de 1936. Fotografia: GERARDO, p. 48-49. Leonor Batista, nascida em Alcaraz (Albacete) e professa em Beas em 1578, chegava ao fim de seu oficio de priora da citada comunidade, quando o Santo lhe escreveu esta carta.

952 EPISTOLÁRIO

ram, mas consolo-me recordando que Deus chamando-a à vida apostólica, que é vida de desprezo, a conduz por esse caminho. Deus quer que o religioso seja de tal maneira que tenha acabado com tudo e que tudo tenha acabado para ele, pois o mesmo Deus deseja ser sua riqueza, consolo e glória deleitável. Grande graça fez ele a Vossa Reverência, porque agora, completamente esquecida de todas as coisas, poderá, bem a sós, deleitar-se em Deus, nada se lhe dando que façam de si o que quiserem, por amor de Deus, já que não se pertence a si mesma, senão a ele.

Mande-me dizer se é certa a sua partida para Madri e se a Madre Priora vem. Encomende-me muito às minhas filhas Madalena e Ana e a todas; não posso agora escrever-lhes.

De Granada, 8 de fevereiro de 1588.

FREI JOÃO DA †

[25]

[AO PE. AMBRÓSIO MARIANO, CARMELITA
DESCALÇO, PRIOR DE MADRI]
[Segóvia, 9 de novembro de 1588][1]

Jesus esteja com Vossa Reverência.

Como é de seu conhecimento, é muito grande a necessidade de religiosos, devido às numerosas fundações; por isso, é preciso ter paciência e deixar partir daí o Pe. Frei

---

1. Primitivamente esta carta esteve em poder do bispo de Ávila Dom Melchior de Moscoso e Sandoval. Logo passou a Duruelo e atualmente é de propriedade das carmelitas descalças de São José de Ávila, encontrando-se bem conservada. Como primeiro definidor, e na ausência do Padre Nicolau Dória, comunica ao Padre Mariano as providências tomadas em relação a alguns religiosos da Província da Castela (PADRE SILVÉRIO). Fotografia: GERARDO, p. 50-53.

EPISTOLÁRIO   953

Miguel a esperar o Pe. Provincial em Pastrana, porque tem de acabar logo a fundação daquele convento de Molina[2].

Pareceu, também, acertado aos padres providenciar logo um subprior a Vossa Reverência, e assim indicaram o Pe. Frei Ângelo[3], por entenderem que combinará bem com o seu prior, que é o que mais convém num convento; e dê Vossa Reverência a ambos as respectivas patentes.

Convém que Vossa Reverência esteja sempre alerta para não permitir a nenhum deles, seja ou não sacerdote, intrometer-se a tratar com os noviços, pois, como sabe, não existe coisa mais perniciosa que passarem por muitas mãos ou que andem outros comunicando-se com eles. E já que os noviços são tão numerosos, convém ajudar e aliviar o Pe. Frei Ângelo e dar-lhe autoridade, como agora se lhe conferiu de superior, para que em casa lhe tenham mais respeito.

No momento, o Pe. Frei Miguel talvez não fosse tão necessário aí e poderia servir mais a Religião em outro lugar.

Acerca do Pe. Graciano não há novidade alguma, a não ser que o Pe. Frei Antônio já está aqui[4].

De Segóvia, 9 de novembro de 1588.

FREI JOÃO DA †[5]

2. Essa fundação não teve êxito. Para ela destinava o Padre Miguel de Jesus, subprior de Madri [PADRE SILVÉRIO].

3. Frei Ângelo de São Gabriel.

4. Na referência ao Padre Graciano, alude à delicada questão que já então fervilhava e resultou na sua expulsão. Tanto o Santo como o Padre Mariano estimavam o Padre Graciano, ainda que no último não se pudesse fiar muito. Como membro da Consulta, que governava a descalcez, o Padre Antônio devia residir em Segóvia, segundo o que ficou estabelecido por ela, já que não houve outra dispensa nesse ponto senão em favor do Padre Mariano, que continuou com o priorado de Madri [PADRE SILVÉRIO].

5. Logo depois da assinatura do Santo, o Padre Gregório de Santo Ângelo escreveu o seguinte: "O Padre Frei Gregório de Santo Ângelo beija as mãos de Vossa Reverência".

954 EPISTOLÁRIO

[26]

[A DONA JOANA DE PEDRAZA, EM GRANADA]
[Segóvia, fins de 1588 ou princípio de 1589]
(referência)
"Há poucos dias atrás, escrevi-lhe por intermédio do Pe.
Frei João, respondendo à sua última carta. Nela lhe disse
como segundo me parece:

– Recebi todas as suas cartas e tenho me compadecido de
suas queixas, males e soledades...
Já lhe disse que:
– Não havia para que... senão que faça o que lhe têm
mandado, e, quando lhe impedirem, obedeça e avise-me,
que Deus proverá do melhor modo" (Carta do Santo à mesma destinatária: n. 27 de nossa edição).

[27]

[A DONA JOANA DE PEDRAZA, EM GRANADA]
[Segóvia, 28 de janeiro de 1589][1]

Jesus esteja em sua alma. Há poucos dias atrás escrevi-lhe, por intermédio do Pe. Frei João[2], respondendo à
sua última carta que me foi tanto mais grata quanto mais
eu a havia esperado. Na que lhe respondi disse, como segundo me parece, recebi todas as suas cartas e tenho me
compadecido de suas queixas, males e soledades, os quais
no seu silêncio clamam tão alto, que nem a pena consegue
declarar. Tudo são golpes e toques na alma a fim de esti-

---

1. O autógrafo que, em meados do século XVIII, se encontrava nas
carmelitas descalças de Turim, venera-se atualmente nas carmelitas descalças de Concesa (Itália). Dona Joana de Pedraza era uma fiel discípula
do Santo a quem confiou cegamente a sua alma, tendo lucrado muitíssimo com tal magistério e chegado a um elevado grau de virtudes [PADRE
SILVÉRIO I. Fotografia: GERARDO, p. 54-57. As dobras do papel em que
a carta foi escrita fizeram desaparecer algumas palavras, que indicamos
com reticências.

2. Seu querido discípulo Frei João Evangelista.

EPISTOLÁRIO

mulá-la no amor; levam-na a ter mais oração e despertam espirituais anseios por Deus, para que ele conceda aquilo que ela lhe suplica. Já lhe disse que não há motivo para inquietar-se com aquelas ninharias, mas faça o que lhe têm mandado e quando lhe impedirem, obedeça e avise-me, que Deus proverá do melhor modo. Deus cuida do que diz respeito àqueles que lhe querem bem, sem que seja necessário que eles andem solícitos.

Com relação às coisas da alma, o melhor meio de segurança é não ter apego a coisa alguma, nem apetite de nada; e convém ser muito leal e reta com quem a dirige, pois, de outro modo, seria não querer ser guiada. E quando a direção é segura e adequada, todos os outros pareceres, ou não são oportunos ou prejudicam. Não se apegue a alma a coisa alguma, pois, se permanecer fiel à oração, Deus terá cuidado de seus haveres, já que não pertencem a outro dono, nem hão de pertencer. Isto observo em mim mesmo: quanto mais as coisas são minhas, mais tenho nelas a alma, o coração e o cuidado porque o objeto amado se faz uma só coisa com o amante, e assim Deus faz também com quem o ama. Daqui vem que não pode alguém esquecer o objeto amado sem esquecer a própria alma e chega até a esquecer-se da alma pelo objeto amado, porque mais vive nele do que em si.

Oh! grande Deus de amor e Senhor! quantos tesouros depositais naquele que só a vós ama e não acha seu prazer senão em vós! Pois entregai-vos a vós mesmo e vos tornais uma só coisa com ele por amor! E nisto lhe dais a amar e saborear aquilo que a alma mais deseja em vós e o que mais lhe aproveita! Entretanto, porque convém que não nos falte cruz[3], como ao nosso Amado, até a morte de amor, ele ordena as nossas paixões no amor do que mais desejamos, a fim de que façamos maiores sacrifícios e tenhamos mais mérito. Porém, tudo é breve, apenas o tempo de levantar o

3. *Autógrafo*: †

956 EPISTOLÁRIO

cutelo e Isaac permanece vivo e recebe a promessa de multiplicada posteridade (cf. Gn 22,1-18).

É preciso armar-se de paciência nesta pobreza, filha minha, que é útil para sair bem da nossa terra e para entrar na vida de perfeito gozo, a qual é... de vida.

Por enquanto, ainda não sei quando poderei ir até aí. Estou bem, ainda que a alma ande muito atrasada.

Encomende-me a Deus e entregue as cartas a Frei João ou às monjas, com mais frequência, segundo lhe for possível; e se não fossem tão breves, seria melhor.

De Segóvia, 28 de janeiro de 1589.

FREI JOÃO DA †[4]

[28]

[A UMA JOVEM DE NARROS DEL CASTILLO (ÁVILA), ASPIRANTE A CARMELITA DESCALÇA EM MADRI]
[Segóvia, fevereiro de 1589 (?)][1]

Jesus esteja em sua alma.

O mensageiro cruzou comigo numa ocasião em que não dava para responder, quando ele estava a caminho e ainda

---

4. *A assinatura do autógrafo está deste modo:* f. J. da †.
1. O Padre Jerônimo de São José publicou esta carta na Vida do Santo (*Hist.* liv. VI, c. VII, n. 3), acrescentando, também, as seguintes informações que a ilustram: "A segunda carta, escreveu-a o venerável Pai a uma jovem de Madri, que desejava ser religiosa descalça e depois o foi num convento fundado numa cidade da Castela, a nova, denominada Arenas, que mais tarde se transferiu para Guadalajara. Era natural de Narros del Castillo, região pertencente ao bispado de Ávila, e estando ela em casa de Dona Guiomar de Ulhoa, em Ávila, tratava coisas de sua alma com o venerável Pai, ao tempo em que este era confessor da Encarnação e, depois, costumava escrever-lhe. Chamou-se em religião Ana da Cruz, como respeitosa homenagem de apreço ao seu pai espiritual. Foi de vida muito exemplar e elevada contemplação, tendo suportado grandes dificuldades". O autógrafo encontra-se atualmente nas carmelitas descalças da Imagem, em Alcala de Henares, após ter, numa época imprecisa (neste século), desaparecido dali, não havendo notícias de seu paradeiro. Procuramos suprir entre colchetes (recorrendo à *História* do Padre Jerônimo, p. 664-665 e ao manuscrito 12.738 BNM, p. 758) as palavras que ficaram ilegíveis no autógrafo, por causa de cortes e dobras do papel.

agora está à espera. Que Deus lhe dê sempre sua graça, minha filha, para que se empregue toda e em tudo em seu santo amor, segundo está obrigada a fazer, uma vez que foi só para [isso que ele a criou e remiu].

Com relação aos três pontos que me pergunta, haveria muito o que dizer sobre eles, bem mais do que comporta a brevidade desta carta, mas dir-lhe-ei outros três que lhe serão proveitosos.

Acerca dos pecados, que Deus tanto abomina, que o levaram à morte, convém-lhe, para chorá-los devidamente e não vir a cair neles, ter o menor trato possível com as pessoas do mundo, esquivando-se delas e nunca falar mais do que o necessário em cada coisa porque o alargar-se no trato com os outros, além do estritamente necessário e razoável, nunca beneficiou a ninguém por mais santa que fosse; e, com isso, observar a lei de Deus com grande exatidão e amor.

Com relação à paixão do Senhor, procure ser rigorosa para com o corpo, com discrição; procure também renunciar-se a si mesma e a se mortificar. Não queira fazer sua vontade em coisa alguma, nem ter gosto em nada, pois foi esta a causa de sua paixão e morte. E o que fizer seja sempre com o conselho de sua mãe.

Sobre o terceiro, que é a glória, para pensar nela como convém e tê-la em grande estima, considere toda a riqueza do mundo e os deleites que ela oferece como lodo, vaidade e fadiga, como na realidade o são e não tenha em apreço coisa alguma, por grande e preciosa que pareça, senão o estar bem com Deus, pois tudo o que há de melhor neste mundo, comparado com os bens eternos para que fomos criados, é feio e amargo, e ainda que seja passageira sua amargura e fealdade, ficará indelevelmente impresso na alma de quem o estimar.

[Do] seu [negócio eu não me esqueço; mas por agora não se po]de fazer mais, não obstante meu grande desejo. Encomende muito a Deus este assunto e tome por advogados [do caso] a Nossa Senhora e a São José.

958 EPISTOLÁRIO

Encomende-me muito a sua mãe e que ela [tenha] por sua esta carta. Uma e outra encomendem-me [a Deus e peçam às suas amigas] que o façam também por caridade.

Deus lhe dê o seu espírito.

De Segóvia, fevereiro.

FREI JOÃO DA †

[29]

[A UM RELIGIOSO CARMELITA DESCALÇO,
SEU FILHO ESPIRITUAL]
[Segóvia, 14 de abril de 1589 (?)][1]

A paz de Jesus Cristo esteja sempre em sua alma, filho.

Recebi a carta em que Vossa Reverência me fala sobre os grandes desejos que Nosso Senhor lhe concede, para aplicar exclusivamente nele a sua vontade, amando-o sobre todas as coisas, e na qual me pede alguns conselhos que o auxiliem a consegui-lo.

Folgo muito de que Deus lhe tenha dado tão santos desejos e muito mais folgarei de que os ponha em prática. Para isso é necessário ter bem presente que todos os gostos, gozos e afeições da alma nascem sempre da vontade e querer das coisas que se lhe oferecem como boas, convenientes e deleitáveis por lhe parecerem elas gostosas e preciosas; e, segundo isto, se movem os apetites da vontade em relação a elas e as espera, nelas se deleita quando as possui, receia

---

1. Nós a publicamos conforme a antiga cópia que se encontrava no *Ms. 12.738 BNM.*, p. 745-747. Foi publicada pela primeira vez pelo Padre Jerônimo, em sua *História*, p. 660-664, ainda que com algumas variantes com relação ao texto que apresentamos. Não se conhecem mais cópias deste escrito do Santo *em forma de carta;* sete manuscritos o reproduzem quase por completo e com numerosas variantes, como dois capítulos da *Subida do Monte Carmelo*, a saber: Mss, 2.201 e 13.498 BNM. Carmelitas de Madri, Tardonense-Granadino, Carmelitas Descalças de Pamplona, Universidade de Barcelona, Duruelo-Alcaudete.

EPISTOLÁRIO

perdê-las e sofre vendo-se sem elas; e, assim, segundo as afeições e gozos das coisas, anda a alma perturbada e inquieta.

Portanto, para aniquilar e mortificar estas afeições de gosto acerca de tudo o que não é Deus, deve Vossa Reverência notar que tudo aquilo de que a vontade pode gozar distintamente é o que é suave e deleitável, por lhe parecer isso saboroso; mas nenhuma coisa agradável e suave em que ela possa gozar e deleitar-se é Deus, porque assim como Deus não pode ser apreendido pelas demais potências, tampouco pode ser objeto dos apetites e gostos da vontade, porque assim como nesta vida a alma não pode saborear a Deus essencialmente, assim também toda a suavidade e deleite que experimentar, por sublime que seja, não pode ser Deus; e também porque tudo o que a vontade pode gostar e apetecer distintamente provem do conhecimento adquirido por meio de tal ou tal objeto.

E, assim sendo, como a vontade nunca saboreou a Deus tal como ele é, nem o conhece sob qualquer apreensão de apetite, e, por conseguinte, não sabe como Deus é, não pode saber qual é o seu sabor, nem pode o seu ser, apetite e gosto chegar a saber apetecer a Deus, pois está acima de toda a sua capacidade, logo, claro está que nenhuma coisa distinta, de quantas a vontade pode gozar, é Deus. Por isso, para unir-se a ele se há de esvaziar e desapegar de qualquer afeto desordenado de apetite e gosto de tudo o que distintamente pode gozar, tanto celeste como terreno, temporal ou espiritual, a fim de que purgada e limpa de quaisquer gostos, gozos e apetites desordenados toda ela se empregue em amar a Deus e para ele dirija todos os seus afetos,

Porque se de alguma maneira pode a vontade atingir a Deus e unir-se com ele, não é por qualquer meio apreensivo do apetite e sim pelo amor; e como não é amor o deleite e suavidade, ou qualquer gosto que a vontade possa experimentar, segue-se que nenhum dos sentimentos saborosos pode ser meio adequado para que a vontade se una a Deus,

EPISTOLÁRIO

mas unicamente operação da vontade, pois há grande diferença entre a operação da vontade e o seu sentimento: pela operação une-se com Deus e nele põe o seu termo, o que é amor, e não pelo sentimento e apreensão do seu apetite, que se assenta na alma como fim e remate. Os sentimentos não podem servir de moção para amar, se a vontade quer passar adiante e nada mais. De si os sentimentos são saborosos e não encaminham a alma para Deus, antes, a fazem deter-se neles mesmos, porém, a operação da vontade que é amar a Deus, só nele põe o afeto, gozo, gosto, contentamento e amor da alma, afastadas todas as coisas, e amando-o acima de todas elas.

De onde vem que se alguém se move a amar a Deus não[2] por causa da suavidade que sente, já deixa atrás essa suavidade e põe o amor em Deus, a quem não sente; porque se o pusesse na suavidade e gosto que experimentou, reparando e detendo-se nele, isto seria pô-lo em criatura ou coisa referente a ela, e transformar o motivo em fim e termo. Por conseguinte, a obra da vontade seria viciosa; e sendo Deus inacessível e incompreensível, a vontade não há de pôr a sua operação de amor – para a pôr em Deus – naquilo que o apetite pode tocar e apreender, mas no que não pode compreender nem alcançar por meio dela. E, desta maneira, a vontade fica amando com fundamento e deveras, ao gosto da fé, também em vazio e desprendimento e às escuras de seus sentimentos sobre todos os que ela pode alcançar com o entendimento de suas inteligências, crendo e amando além de tudo quanto pode entender.

E, assim, muito insensato seria aquele que, por lhe faltar a suavidade e deleite espiritual, pensasse que por isso lhe falta Deus, e, quando a tivesse, se regozijasse e deleitasse pensando que por isso possuía a Deus. E mais insensato ainda seria se andasse a buscar esta suavidade em Deus e se

---

2. [no] *Jerônimo e ms. 12.738 o omitem, assim como todos os mss. mencionados na nota n. 1, menos o 2.201 BNM e o dos carmelitas de Madri; deles o adotamos por ser necessário à compreensão.*

EPISTOLÁRIO

se dispusesse a deleitar-se e a deter-se nela, porque desta maneira já não andaria buscando a Deus com a vontade fundada em desnudez de fé e caridade, mas estaria indo ao encalço do gosto e suavidade espiritual, que é criatura, deixando-se, assim, arrastar pelo seu gosto e apetite. E deste modo, já não estaria amando a Deus puramente, sobre todas as coisas – que consiste em concentrar nele toda a força da vontade – porque apegando-se e apoiando-se àquela criatura com o apetite, não se eleva a vontade por ela até Deus, que é inacessível, já que é coisa impossível que a vontade consiga chegar à suavidade e deleite da divina união, nem chegue a prelibar os doces e deleitosos abraços de Deus, a não ser em desnudez e vazio de apetite em todo o gosto particular, quer se trate de coisas celestes quer das terrenas. Foi o que Davi quis significar (Sl 80,11) quando disse: *"Dilata os tuum, et implebo illud"*.

Convém, pois, saber que o apetite é a boca da vontade, a qual se dilata[3] quando não se embaraça nem se ocupa com qualquer bocado de algum gosto; porque quando o apetite se apega a alguma coisa, nisso mesmo se restringe, pois fora de Deus tudo é estreiteza. E assim, para que a alma acerte no caminho para Deus e se una a ele há de ter a boca da vontade aberta apenas para o mesmo Deus, vazia e desapropriada de todo bocado de apetite, a fim de que ele a encha e replene de seu amor e doçura, conservando essa fome e sede de Deus só, sem querer satisfazer-se com outra coisa, pois aqui na terra não se pode saborear a Deus tal como ele é, e mesmo aquilo que se pode saborear (se interfere o apetite, digo), também o impede. Isso ensinou Isaías (55,1) ao dizer: *"Todos vós que tendes sede, vinde às águas etc."*; por essas palavras convida os que têm sede exclusivamente de Deus e estão desprovidos da prata do apetite, para que bebam à saciedade das águas divinas da união com Deus.

Convém, pois, muito a Vossa Reverência, e é de grande importância, se deseja gozar de grande paz na sua alma e

---

3. [dilata] *assim se encontra em Jerônimo l.c., p. 663; no nosso ms.* dilatou.

EPISTOLÁRIO

chegar à perfeição, entregar-lhe inteiramente a sua vontade para assim se unir a ele e não a empregar nas coisas vis e mesquinhas da terra.

Sua Majestade o faça tão espiritual e santo quanto eu desejo.

De Segóvia, 14 de abril.

FREI JOÃO DA †

[30]

[A MADRE MARIA DE JESUS, PRIORA DE CÓRDOVA]
[Segóvia, 7 de junho de 1589][1]

Jesus[2] esteja com vossa Reverência e a faça tão santa e pobre de espírito como deseja e alcance-me o mesmo de Sua Majestade.

Aí vai a licença para as quatro noviças; veja que sejam boas para Deus. Agora, quero responder a todas as suas dúvidas. Fá-lo-ei brevemente, porque disponho de pouco tempo. Ventilei-as previamente com os padres daqui, pois o nosso está ausente, anda por aí, Deus o traga[3].

1. Que já não há disciplina de varinhas, mesmo quando se reza o ofício da féria, porque esse costume cessou com o ofício carmelitano[4], o que se fazia poucas vezes, ocorrendo, então, raramente a recitação do ofício ferial.

1. O autógrafo se encontra nas carmelitas descalças de Bruxelas. Falta o sobrescrito, porém é quase certo que a dirige a sua boa filha, a priora das carmelitas de Córdova Maria de Jesus, grande apaixonada da pobreza; como depositava muita confiança no Santo e estava à frente da nova comunidade, costumava consultá-lo sobre algumas dúvidas de governo que lhe ocorriam [PADRE SILVÉRIO]. Fotografia: PADRE SILVÉRIO. Examinando pessoalmente o autógrafo em Bruxelas, pudemos corrigir certos pontos que haviam sido interpretados erroneamente e assim continuavam sendo reproduzidos.

2. [Jesus] *no original está coberto com papel.*

3. Refere-se aos padres, membros da Consulta, da qual, naquela ocasião, o Santo era presidente, devido à ausência do Padre Nicolau Dória, Vigário-Geral, que se encontrava ocupado na visita canônica da Andaluzia.

4. Em 1586, os carmelitas descalços haviam renunciado ao antigo rito jerosolimitano então em uso na Ordem, adotando o missal e o breviário romanos.

EPISTOLÁRIO

2. Segundo, que de um modo geral não se conceda licença a todas, nem a alguma em particular, para que em lugar de uma ou outra prática se disciplinem três vezes por semana. Seus[5] casos particulares serão aí examinados, como se costuma fazer. Observe-se o comum.

3. Que não se levantem comumente mais cedo do que prescrevem as Constituições. Refiro-me à comunidade como tal.

4. Que as licenças expiram quando cessa o mandato, e por isso, através desta[6], remeto-lhe nova permissão para que, em caso de necessidade, possam entrar no Convento o confessor, o médico, o barbeiro[7] e operários.

5. O quinto ponto é que, como agora há muitos lugares vagos, quando se fizer necessário o que me refere, pode-se tratar da dúvida da Ir. Aldonza. Recomende-me a ela, e a mim a Deus. Fique-se com ele, que não posso alargar-me mais.

De Segóvia, 7 de junho de 1589.

FREI JOÃO DA †

[31]

[A MADRE LEONOR DE SÃO GABRIEL, CARMELITA DESCALÇA DE CÓRDOVA]
[Segóvia, 8 de julho de 1589][1]

(Sobrescrito) A Madre Leonor de São Gabriel, Carmelita Descalça em Córdova.

---

5. [Sus] *eis como está no autógrafo. Até agora imprimiu-se Sim, mudando-se, assim, o sentido da frase.*
6. [Esta] *interl. do próprio Santo.*
7. Naquele tempo os barbeiros faziam também sangrias para debelar a febre, segundo a medicina precária da época [N.T.].
1 *Ms. 12.738 BNM.* p. 767. A insere o (PADRE JERÔNIMO), *História,* p. 666-667. Leonor de São Gabriel, natural da Cidade Real, havia professado em Malagón, em 1571. Quando a Santa passou por ali, rumo à fundação de Sevilha, levou-a consigo. Jovem franca e muito viva, "um anjo por sua simplicidade", como o disse a Santa numa carta, foi sempre uma

964 EPISTOLÁRIO

Jesus esteja em sua alma, minha filha em Cristo.

Agradeço-lhe a carta que me mandou e também a Deus por ter querido utilizá-la nessa fundação, pois Sua Majestade assim dispôs para seu maior bem; é que, quanto mais ele deseja dar, tanto mais faz desejar, até deixar-nos vazios para encher-nos de bens. Bem pagos irão os que deixa agora em Sevilha do amor das irmãs, pois que os bens imensos de Deus não cabem nem caem senão em coração vazio e solitário. Por isso a quer o Senhor, porque a quer bem, bem só, com desejo de ser ele a fazer-lhe toda a companhia. E é preciso que Vossa Reverência procure esforçar-se por se contentar só com ela, para que nela encontre todo o seu agrado; pois mesmo que a alma se encontre no céu, se a vontade não se conformar com isso, não estará contente. Assim também nos acontece em relação a Deus: ainda que ele esteja sempre conosco, se temos o coração afeiçoado a outra coisa fora dele, não estaremos contentes.

Estou certo de que as de Sevilha lhe sentirão a falta, mas, porventura, Vossa Reverência já tinha sido útil ali quanto pôde e quererá Deus que o seja agora aí[2], porque a fundação há de ser de importância. E, assim, procure ajudar muito a Madre Priora em todas as coisas, com grande concórdia e amor, ainda que bem vejo não ser necessário recomendar-lhe, pois como tão antiga e experimentada, já sabe o que se costuma passar nessas fundações. Foi por isso que a escolhemos, porque monjas, havia muitas por aqui, entretanto, não serviriam.

À Irmã Maria da Visitação dê Vossa Reverência muitas recomendações e à Irmã Joana de São Gabriel agradeça

excelente religiosa e conquistou tanto o amor da Mãe fundadora como o de São João da Cruz. Sem dúvida, foi por indicação do Santo, que pouco antes de partir para Córdova havia combinado em Sevilha, que foi subpriora da nova fundação. Realizou-se essa, em uma ermida de Santa Ana, da qual tomaram posse no dia 28 de junho de 1589 [PADRE SILVÉRIO].

2. [ahi] *tanto o Ms. 12.738, como o Pe. Jerônimo, leem "y". Cremos que o Santo deve ter escrito "ay", segundo costumava; um corte no papel, ou coisa semelhante, terá apagado o "a", ficando apenas o "y" e assim foi transcrita a citada palavra. Mas o contexto está exigindo "ahi".*

EPISTOLÁRIO

as que me mandou. E que Deus dê o seu espírito a Vossa Reverência.

De Segóvia, 8 de julho de 1589.

FREI JOÃO DA †

[32]

[A MADRE MARIA DE JESUS, PRIORA DAS DESCALÇAS DE CÓRDOVA]
[Segóvia, 18 de julho de 1589][1]

(Sobrescrito) Para a Madre Maria de Jesus, Priora do Convento de Santa Ana de Córdova, de Carmelitas Descalças etc.

Jesus[2] esteja em sua alma.

Obrigadas estão a responder ao Senhor de modo digno do entusiasmo com que foram recebidas, o que constituiu para mim um real consolo, ao ler o relato que me enviaram. O fato de terem entrado em casas tão pobres e com tão excessivo calor, foi disposição de Deus, para que possam ser motivo de alguma edificação e deem a entender a vida que professam, que é Cristo em total desnudez, a fim de que as que se inclinarem a abraçá-la, saibam de que espírito devem vir animadas.

Aí lhe envio todas as licenças; olhem bem o que recebem no princípio, porque conforme isso será o demais. E tratem de conservar o espírito de pobreza e desprezo de tudo – a não ser assim, podem estar certas de que hão de cair em mil necessidades espirituais e temporais – e contentem-se apenas com Deus. Saibam que não terão nem sentirão mais necessidades senão aquelas a que quiserem sujeitar o coração, porque o[3] pobre de espírito sente-se

---

1. Autógrafo nas descalças de Córdova. Fotografia: GERARDO, p. 58-61. O sobrescrito é do *Ms. 12.738 BNM*, p. 761.

2. [Jesus] *esta palavra desapareceu por estar danificada a parte superior do autógrafo.*

3. [el] *corr. de* al.

966 EPISTOLÁRIO

mais contente e alegre na penúria, uma vez que colocou o seu tudo em pouca coisa, e mesmo em[4] nada e, assim, encontra em tudo grande dilatação de coração. Ditoso nada e ditoso esconderijo do coração que tanto valor possuem, a ponto de tudo sujeitar, não querendo sujeitar coisa alguma para si e perdendo cuidados para poder abrasar-se mais em amor.

Saúde no Senhor a todas as irmãs em meu nome e diga-lhes que, visto Nosso Senhor as ter escolhido como primeiras[5] pedras, que olhem bem quais[6] devem ser, pois, como em mais fortes, nelas se hão de apoiar as outras; que se aproveitem deste primeiro espírito que Deus concede nestes princípios, para enveredar com novo ardor pelo caminho da perfeição, em toda humildade e desprendimento, tanto interior como exterior, não com ânimo pueril mas com vontade inquebrantável; continuem a se exercitar na mortificação e na penitência, querendo que este Cristo lhes custe algo e não sendo como os que buscam sua comodidade e consolo, seja em Deus ou fora dele; e sim o padecer, quer em Deus ou fora dele, por ele, em silêncio, esperança e amorosa lembrança. Diga isso a Gabriela e[7] às suas de Málaga, que para as outras escreverei. E que Deus lhe dê o seu espírito. Amém.

De Segóvia, 18 de julho de 1589.

FREI JOÃO DA †

O Pe. Frei Antônio e os outros padres se recomendam. Apresente Vossa Reverência minhas saudações ao Pe. Prior de Guadalcázar.

---

4. [en] e *corr. sobre* y.
5. [primeras] pri *interl.*
6. [cuales] *is falta, atualmente, por ruptura do papel à margem.*
7. [y] *corr. de* a.

EPISTOLÁRIO

[33]

[A MADRE MADALENA DO ESPÍRITO SANTO, CARMELITA DESCALÇA EM CÓRDOVA]
[Segóvia, 28 de julho de 1589][1]

Jesus esteja em sua alma, minha filha em Cristo.

Alegrei-me por ver as boas disposições reveladas por sua carta. Louvo a Deus, cuja providência se estende a todas as coisas, pois isso lhes será bem necessário nestes princípios de fundações, para suportar calores, privações, pobrezas e trabalhos de todos os gêneros, sem considerar se dói ou não dói. Olhe que nestes princípios Deus quer almas, não indolentes, nem cheias de melindres e muito menos egoístas. E para isso, Sua Majestade ajuda ainda mais nestes tempos, de modo que, com um pouco de esforço, podem ir fazendo progressos consideráveis no caminho da virtude. Já foi uma assinalada graça e favor de Deus o haver deixado outras e tê-la escolhido. E ainda que lhe tenha custado muito o que deixa, não importa, já que, de um modo ou de outro, tudo isso haveria de deixar em breve. E para ter a Deus em tudo, convém não ter nada em tudo, pois se o coração é de um, como há de pertencer todo a outro?

À Irmã Joana digo o mesmo e que me recomende a Deus. E que ele esteja na sua alma. Amém.

De Segóvia, 28 de julho de 1589.

FREI JOÃO DA †

---

1. Publicada segundo a cópia autógrafa da própria destinatária, que se conserva no Ms. 12.944 (132) BNM, fol. 16v-17. Ao final dela se lê esta nota de Madre Madalena: "Ainda que o venerável Pai tenha escrito outras muitas cartas e conselhos às irmãs deste convento, não se pensou em conservá-los, como era justo fazê-lo".

[34]

[AO PE. NICOLAU DE JESUS MARIA (DÓRIA), VIGÁRIO-GERAL DOS CARMELITAS DESCALÇOS]
[Segóvia, 21 de setembro de 1589][1]

Jesus e Maria estejam com Vossa Reverência.

Muito nos alegramos de que V. Reverência tivesse chegado bem e que por aí esteja tudo tão bem, assim como o Sr. Núncio. Espero que Deus há de olhar pela sua família. Por

1. Ms. 12.738 BNM, p. 759, onde se encontra a seguinte nota: "Esta carta foi copiada com fidelidade pelo Padre Frei Antônio da Mãe de Deus, conventual de Burgos, em Valladolid; tirou-a de uma carta que ali se encontrava, escrita por nosso Pai Frei João da Cruz". Para a boa compreensão desta carta, assim como das outras que se seguem, é conveniente saber que, em 19 de abril de 1587, o Santo terminou o seu ofício de vigário provincial da Andaluzia e o elegeram novamente prior de Granada. A 17 de junho de 1588, domingo dentro da oitava de Corpus Christi, o Padre Provincial Frei Nicolau Dória convocou em Madri um novo capítulo para executar o Breve de Sisto V, que ordenava a divisão da Descalcez em províncias, presididas pelos respectivos provinciais e que tivessem, além disso, um vigário-geral que as governasse através da assistência e conselho de uma espécie de junta suprema, que se denominou Consulta, constituída por seis conselheiros. Foi eleito vigário-geral o Padre Nicolau de Jesus Maria e os seis conselheiros na seguinte ordem: João da Cruz, Antônio de Jesus, Ambrósio Mariano de São Bento, João Batista (o andaluz), Luís de S. Jerônimo e Bartolomeu de Jesus. No princípio, os conselheiros continuaram a desempenhar os cargos de que já estavam investidos, ficando, assim, o Santo no priorado de Granada; porém, vendo-se logo que o Vigário-Geral tinha permanente necessidade da companhia deles para a solução dos negócios que ocorriam e eram levados à Consulta, ficou decidido que renunciassem aos seus priorados, determinação essa que logo entrou em vigor. De início, fixou-se em Madri a sede da Consulta, e estabeleceu-se que não haveria prior na casa, pois nunca faltaria ali um superior geral que lhe fizesse as vezes; bastaria, apenas, o subprior para o governo das coisas menores. Porém o bulício da corte não favorecia a solidão e o retiro requeridos para a solução dos negócios. Por isso, um mês e meio depois de estabelecida a Consulta em Madri, transferiu-se para Segóvia, seguindo-se uma sugestão apresentada pelo Santo. Este convento era bastante retirado e não ficava longe da Corte, para quando se oferecesse um caso em que fosse necessário recorrer a ela. Apesar do que ficou estabelecido, o Padre Mariano, por necessidades especiais, continuava sendo prior do convento de Madri. A 10 de agosto de 1588, a Consulta já estava instalada em Segóvia. No dia 16 de setembro, o Padre Nicolau saiu de Segóvia para visitar algumas províncias da Descalcez, de modo que o Santo, na qualidade de primeiro definidor, ficou como presidente do Definitório, da Consulta, e também superior da casa [PADRE SILVÉRIO].

EPISTOLÁRIO

aqui os pobres passam bem e em boa harmonia. Procurarei despachar logo o que Vossa Reverência ordenou, embora até o presente não tenham chegado os interessados.

Sobre a questão de receber em Gênova[2] sem o curso de gramática, dizem os padres que pouco importa não sabê-la desde que entendam o latim com a suficiência ordenada pelo Concílio, de maneira que sejam capazes de construir bem; e que se só com isso se ordenam lá, parece que poderão ser recebidos. Entretanto se os ordinários de lá não se satisfazem só com isso, e acham que não é suficiente para cumprir a determinação do Concílio, então seria difícil virem aqui estudar e ordenar-se. E, na verdade, não desejariam que passassem por aqui muitos italianos.

Como V. Reverência disse, as cartas irão para o Pe. Frei Nicolau, a quem Nosso Senhor nos guarde, como vê que é preciso.

De Segóvia, 21 de setembro de 1589.

FREI JOÃO DA †

[35]

[A DONA JOANA DE PEDRAZA, EM GRANADA]
[Segóvia, 12 de outubro de 1589][1]

(Sobrescrito) À dona Joana de Pedraza, em casa do Arcediago de Granada, em frente do Colégio dos Abades.

Jesus esteja em sua alma e seja ele louvado por ma ter dado para que não me esqueça dos pobres como de uma sombra, segundo me escreveu; ficaria muito triste se seu pensamento correspondesse às suas palavras! Muito mal

---

2. Em 1584 o Padre Dória havia fundado em Gênova o primeiro convento de carmelitas descalços da Itália, e tendo saído de Segóvia para a visita aos conventos da Reforma, como vigário-geral, provavelmente, de Madri, propôs à Consulta uma série de dúvidas que se ofereciam no momento, acerca da admissão de alguns jovens italianos ao hábito da Ordem [PADRE SILVÉRIO].

1. O autógrafo é venerado nas carmelitas de Valladolid. Fotografia: GERARDO, p. 66-71. Deixamos entre colchetes umas palavras escritas por outra mão e coladas.

seria se isso acontecesse, depois de haver dado tantas provas, e mesmo quando menos o mereço. Não me faltava mais nada agora, senão esquecê-la. Considere bem e veja se se pode esquecer de quem está assim na alma.

Como anda nessas trevas e vazios[2] de pobreza espiritual, pensa que tudo e todos lhe faltam, mas não é de admirar, pois nesse estado, lhe parece que até [Deus lhe falta, entretanto, não é assim, nada lhe falta nem] tem necessidade de tratar de nada, nem tem de que nem o sabe nem o achará, porque tudo é suspeita sem fundamento. Quem não quer outra coisa senão a Deus, não anda nas trevas, por mais escuro e pobre que se veja; e quem não anda em presunções, nem em gostos próprios, de Deus ou das criaturas, nem faz a própria vontade, seja no que for, não tem em que tropeçar, nem de que tratar. Tenha ânimo, que tudo vai bem; deixe-se disso e alegre-se; quem imagina ser, para ter cuidado de sua pessoa? Que bela figura faria!

Nunca esteve melhor do que agora, porque nunca esteve tão humilde, nem tão submissa, nem com opinião menos lisonjeira a seu respeito, nem com menor estima pelas coisas do mundo; antes não se conhecia por tão má nem a Deus por tão bom, nem o servia tão pura e desinteressadamente como agora o faz; já não vai atrás das imperfeições e interesses da sua vontade, como, talvez, costumava.

Que mais quer? Que vida ou modo de proceder idealiza neste mundo? Que pensa que seja servir a Deus, senão abster-se do mal, observando seus mandamentos e trilhando os seus caminhos como pudermos? E, quando isso se faz, que necessidade temos de outras apreensões ou de outras luzes ou sucos, lá de cima ou daqui de baixo, nos quais não faltam, ordinariamente, tropeços ou perigos para a alma que se engana e deslumbra com essas apreensões e apetites, [induzida ao erro por suas mesmas potências? E], assim, é grande mercê quando Deus as obscurece e empobrece a alma a ponto de não poder errar com elas. E já que

---

2. [vacios] *segue-se uma letra* "q".

EPISTOLÁRIO

deste modo não se cai em erro, que há ainda para acertar? É só seguir pelo chão batido da lei de Deus e da Igreja, vivendo apenas em fé obscura e verdadeira[3], em esperança certa e em caridade inquebrantável, andando por aqui como peregrinos, pobres, desterrados, órfãos, em aridez, sem caminho e sem nada, esperando tudo do céu!

Alegre-se e confie em Deus que já lhe deu várias provas de que muito bem o pode e deve fazer. Senão, não será de admirar que se desgoste, vendo-a andar tão tola, quando ele a conduz pelo caminho que mais lhe convém, tendo-a colocado em posto tão seguro. Nada queira, a não ser este modo, e procure pacificar a alma, que vai bem, e comungue como de costume. Confesse-se quando houver coisa clara e nada de consultas. Quando for necessário, escreva-me; escreva logo e com mais frequência. Poderá fazê-lo por intermédio de Dona Ana, quando não for possível mandar pelas monjas.

Estive um tanto indisposto, mas já sarei; João Evangelista é que está mal[4]. Encomende-o a Deus e a mim também, minha filha no Senhor.

De Segóvia, 12 de outubro de 1589.

FREI JOÃO DA †

[36]

[A UMA CARMELITA DESCALÇA]
[Segóvia, entre 1588 e 1590]
(referência)

"[Carta] 17ª Para outra carmelita descalça, na qual informa a respeito de dois decretos ou determinações da Junta ou Definitório, *que, no provincialado de nosso venerável Dória, costumava se reunir na Religião. É muito provável que*

---

3. [y verdadera] *interl.*

4. Refere-se à Dona Ana de Peñalosa (veja-se carta 52, 53 e 59) e ao Padre Frei João Evangelista (veja-se carta 62).

972   EPISTOLÁRIO

a religiosa em questão fosse prelada de algum convento.
O original se encontra no Colégio de Ávila *e para sua impressão deve-se ver sua Diligência"* (*André da Encarnação, Escritos colocados em ordem de impressão, de nosso Santo Pai:* Ms. 3.653 BNM, Preliminar 4, f. 6ʳ).

[37]

[A ISABEL DA ENCARNAÇÃO, CARMELITA DESCALÇA EM GRANADA]
[Segóvia, 1588-1590]
(referência)

"E, em outra ocasião, com o grande interesse que tinha pela minha perfeição e aproveitamento, de que sempre esteve animado durante sua vida, estando ausente, em Segóvia, escreveu-me uma carta para Granada, *na qual me anunciou um grande sofrimento que me adviria e que realmente aconteceu no tempo indicado pelo Santo".*
(Declaração autógrafa da Madre Isabel, carmelitas descalças de Jaén. f. [2]ᵛ).

[38]

[A MARIA DO NASCIMENTO, EM MADRI]
[Provavelmente de Segóvia, por volta de 1590]
(referência)

"A Madre Maria do Nascimento, que foi priora em Madri, escreveu outra carta *da qual ela muito se admirou, por ver como respondia às dúvidas que se lhe passavam no interior, estando ele a tantas léguas de distância.* De algumas palavras em me recordo, pelas quais lhe ensinava:
– A buscar o tesouro escondido no campo, ainda que lhe parecesse que não o encontraria, pois se o achasse, ele já não seria escondido, e, por conseguinte, não seria tesouro" (Declaração de outra descalça: *Ms. 12.738 BNM, p. 1005).*

EPISTOLÁRIO

[39]

[A JOÃO DE SANTA ANA, EM ANDALUZIA]
[Segóvia, 1590][1]
(fragmento)

"Tendo um de seus filhos tido notícia do rigor de sua pe-
nitência, escreveu-lhe por este tempo, da Andaluzia para
Segóvia, suplicando-lhe que a moderasse e não acabasse de
esgotar suas forças, pedindo-lhe isso pelo amor de Deus.
O Santo Pai lhe respondeu humilhando-se e depreciando o
que fazia, dizendo que tudo aquilo era nada; repreendeu-o
amorosamente, animando-o a seguir a vida penitente. E
concluiu a carta do seguinte modo:

... Se em algum tempo, meu filho, alguém quiser persuadi-lo – seja ele prelado ou não – a seguir alguma doutrina
de liberdades e facilidades, não lhe dê crédito nem a abrace
ainda que ele a confirme com milagres. Dê, antes, preferência à penitência e ao maior desapego de todas as coisas;
e não busque a Cristo sem cruz" (ALONSO, *Vida* f. 156ᵛ).

[40]

[A UMA PRIORA CARMELITA DESCALÇA
QUE PADECIA DE ESCRÚPULOS]
[Sem mencionar o lugar nem a data.
Pouco antes de Pentecostes][1]

Jesus Maria.
Nestes dias mantenha o interior ocupado em desejos da
vinda do Espírito Santo e na festa de Pentecostes, e de-

---

1. O PADRE JERÔNIMO (*História,* p. 676) também a transcreve,
com diversas variantes.
1. Em razoável estado de conservação este autógrafo é venerado nas
carmelitas descalças de São José e Santa Ana de Madri. É provável que
a destinatária tenha sido uma religiosa dessa comunidade, estabelecida
em Madri desde 1586 e cuja existência começou com filhas espirituais

EPISTOLÁRIO

pois em sua contínua presença; e seja tanta a diligência e o apreço com que deve tratar disso, que não se ocupe de outra coisa, nem nela se detenha, quer sejam penas[2] ou lembranças importunas; em todos esses dias, ainda que haja faltas em casa, não as considere, por amor ao Espírito Santo e pelo que se deve à paz e quietação da alma em que lhe apraz habitar.

Se pudesse acabar com seus escrúpulos e não se confessar nestes dias, creio que seria melhor para a sua tranquilidade, mas se o fizer, seja da seguinte maneira:

Acerca das advertências e pensamentos, quer seja de juízos, de objetos ou representações desordenadas e outros quaisquer movimentos que se apresentem, sem que a alma os queira ou admita e sem querer deter-se advertidamente neles, não os confesse, nem faça caso deles, nem lhes dê atenção, pois o melhor é esquecê-los, por mais que sofra a alma; quando muito, pode acusar de uma maneira geral a omissão ou incúria que, porventura, tenha tido acerca da pureza e da perfeição que deve ter nas potências interiores, memória, entendimento e vontade.

Acerca das palavras, o excesso e pouco recato em que, talvez, possa ter incorrido em falar com verdade e retidão, necessidade e pureza de intenção.

Acerca das obras, a falta que pode haver do reto e solitário fim, sem respeito algum, que é só Deus.

E, confessando-se deste modo, pode ficar satisfeita, sem descer a detalhes ou particularidades nestas coisas, por mais que se sinta aguilhoada por elas. Comungue em Pentecostes, além[3] dos dias habituais.

---

do Santo. Contra o seu costume não menciona o lugar de onde escreveu nem a data. Talvez tenha sido escrita na própria Corte, numa das várias viagens que empreendeu no período compreendido entre 1589 a 1591. Escreveu alguns dias antes de Pentecostes (PADRE SILVÉRIO). Fotografia: GERARDO, p. 74-77.

2. [pena] p. corr.

3. [demás] *precedido de* "eso", *riscado pelo próprio Santo.*

EPISTOLÁRIO

Quando se lhe oferecer algum contratempo ou desgosto, lembre-se de Cristo crucificado e cale-se.

Viva em fé e esperança, ainda que seja às escuras, que nestas trevas Deus ampara a alma. Lance seus cuidados em Deus, que ele a ajudará; não a esquecerá. Não pense que a deixa só, pois isso seria fazer-lhe agravo.

Leia, reze, alegre-se em Deus, seu bem e salvação, o qual lhe conceda e conserve tudo até o dia da eternidade. Amém, Amém.

FREI JOÃO DA †

[41]

[A UMA SUA DIRIGIDA]
[Sem fazer menção do lugar nem da data][1]

Filha, você viu como é bom não ter dinheiro que nos furtem e com que nos inquietem, e que os tesouros da alma estejam igualmente escondidos e em paz, de modo que nem nós mesmos os conheçamos, nem os alcancemos com a vista, porque não há pior ladrão que o de dentro de casa.

Deus nos livre de nós mesmos. Ele nos dê o que lhe agradar e nunca no-lo mostre até que ele queira. Porque, enfim, aquele que entesoura por amor, para outrem o faz, e é bom que Deus o guarde e o goze, pois tudo é para ele; e nós não devemos querer vê-lo com os olhos nem gozar dele, para não defraudar a Deus do gosto que experimenta na humildade e desnudez do nosso coração e desprezo das coisas do século por ele.

É tesouro bem patente e mui deleitável ver que a alma anda a dar-lhe gosto às claras, não fazendo caso dos insensatos do mundo que não sabem guardar nada para depois.

As missas serão celebradas e eu irei de bom grado, se não me avisarem. Deus a guarde.

FREI JOÃO DA †

---

1. Esta carta foi tirada do *Ms. Tardonense-Granadino*, p. 35-36. Fotografia: SOBRINO, p. 53-55. Outra cópia no Ms. 639 da Abadia de Montserrat, fol. 5; e um extrato no Ms. 567 da B.N. do México, fol. 43v.

976 EPISTOLÁRIO

[42]

[A BRIGIDA DA ASSUNÇÃO, CARMELITA DESCALÇA]
[Sem mencionar o lugar nem a data]
(referência)

"*A uma nossa religiosa descalça do Carmo, que se chamava Brígida da Assunção*, escreveu uma carta, dando certas orientações necessárias ao aproveitamento de sua alma. *Conservou ela por muito tempo esta carta, e, de vez em quando, a relia, para afervorar seu espírito no amor e serviço de Deus; já estava tão apagada que, com o tempo, lhe foram faltando alguns trechozinhos e letras, de modo que não se conseguiu mais lê-la. Perguntando-lhe se conseguia ler algo do que ali estava escrito, ela respondeu que todos os conselhos que eram de importância para a sua alma se conservaram intatos, ao passo que os trechos que não apresentavam tão grande interesse se haviam gasto e apagado, tornando-se ilegíveis*" (Pe. JOSÉ DE VELASCO: *Vida e virtudes do venerável varão Francisco de Yepes*, Valladolid, 1616, p. 102).

[43]

[A DONA ANA DEL MERCADO E PEÑALOSA, EM GRANADA]
[Caravaca, sem mencionar a data]
(referência)

"*Declara esta testemunha que, certa vez, o Santo Pai escreveu daqui* umas cartas a Dona Ana de Peñalosa, *as quais teve oportunidade de ver, pois lhe foram entregues para que as fechasse. Nessas cartas tratava de alguns negócios e de outros assuntos referentes à alma dessa senhora, consolando-a. Mais tarde, chegou um mensageiro de Granada, onde Dona Ana se encontrava, trazendo algumas cartas desta para o Santo. Como se já as houvesse lido, o Santo tinha respondido de antemão, nas primeiras, a tudo quanto ela*

EPISTOLÁRIO   977

lhe perguntava. Esta testemunha dá fé do citado fato, pois leu tanto umas como outras. Como esta testemunha se pusesse a rir por ver como havia respondido às cartas antes de recebê-las, ele lhe disse: "De que se ri, sua boba? Não foi melhor ter eu escrito aquelas cartas à noite, quando podia dormir, e agora empregar o tempo a discorrer sobre coisas de Deus?" [Declaração de Ana de Santo Alberto: Ms. 12.738 BNM, p. 567].

[44]

[A MADRE MARIA DE JESUS, PRIORA DAS DESCALÇAS DE CÓRDOVA]
[Madri, 20 de junho de 1590][1]

Jesus esteja em sua alma, minha filha em Cristo.

A causa de não ter escrito durante todo esse tempo de que fala, é, antes, porque Segóvia está tão fora de mão, do que por falta de vontade, pois esta é sempre a mesma e espero em Deus que assim o[2] será. Compadeci-me de seus males.

Não queria que tivesse tanto cuidado a respeito das precisões temporais dessa casa, pois assim Deus se irá esquecendo dela e ver-se-ão em muita necessidade temporal e espiritual, porque o que nos faz necessitados é a nossa solicitude. *Minha filha, lance em Deus os seus cuidados e ele a sustentará* (Sl 54,23); pois aquele que dá e quer dar o mais, não há de faltar no menos. Cuide que não lhe falte o desejo de que lhe faltem as coisas e de ser pobre, porque senão, nessa mesma hora lhe faltaria o espírito e iria afrouxando nas virtudes. E, se antes desejava a pobreza, agora que é prelada, há de desejá-la e amá-la muito mais ainda; porque mais há de governar e prover a casa com virtudes e ardentes desejos do céu do que com cuidados e expedientes do temporal e

1. Autógrafo das descalças de Córdova. Fotografia: GERARDO, p. 62-65, e SILVÉRIO.
2. [lo] corr. *de* la.

978   EPISTOLÁRIO

terreno. O Senhor nos diz (Mt 6,25.31-34) que *não nos lem-bremos nem da comida nem do vestido do dia de amanhã.*

O que deve fazer é procurar conservar[3] a sua alma e a das suas monjas em toda a perfeição e religião, unidas com Deus, esquecidas de toda a criatura e de tudo quanto diz respeito a elas, abismadas em Deus e alegres com ele só, e eu lhe asseguro tudo o mais. Pensar, portanto, que as outras casas lhe darão ainda alguma coisa, estando num lugar tão bom como esse e recebendo tão boas monjas, pa-rece-me difícil. Entretanto, se vir que há uma oportunida-de para isso, não deixarei de fazer o que puder.

À Madre Subpriora desejo muito consolo. Espero que o Senhor lho concederá, se ela se animar a levar com amor, por ele, a sua peregrinação e desterro. Aqui lhe escrevo. Às filhas Madalena, São Gabriel, Maria de São Paulo, Ma-ria da Visitação, São Francisco e a todas as outras, muitas recomendações minhas em nosso Bem[4]. Esteja ele sempre com o seu espírito, minha filha. Amém.

De Madri, 20 de junho de 1590.

FREI JOÃO DA ✝

Breve voltarei a Segóvia, ao[5] que me parece.

[45]

A LEONOR DE SÃO GABRIEL, CARMELITA DESCALÇA EM CÓRDOVA]
[Madri, julho de 1590][1]

(Sobrescrito) A Madre Leonor de São Gabriel, Subpriora das Carmelitas Descalças de Córdova. Jesus esteja em sua alma, minha filha em Cristo.

3. [procurar traer] *antes o Santo escreveu* "traer pro" *que riscou, dei-xando em seguida* "procurar traer".

4. [Bien] o n *corr.*

5. [a] *corr.*

1. O autógrafo é conservado nas descalças de Sanlúcar a Maior, jun-tamente com uma carta da Santa. Para acomodá-las no relicário de for-ma oval em que foram colocadas, recortaram as bordas do papel, ficando

EPISTOLÁRIO

Ao ler sua carta, fiquei penalizado pelo sofrimento de que me fala e lastimo que assim seja, pelo dano que dele lhe pode advir ao espírito e até à saúde. Saiba, entretanto, que não me parece haver razão para isso porque não vejo nosso Pai com nenhum gênero de aborrecimento a seu respeito, nem mesmo sombra de tal coisa; e ainda que haja tido, com o seu arrependimento já se terá abrandado; se, todavia, houver ainda algo, eu terei o cuidado de dispô-lo favoravelmente. Nenhuma pena lhe cause isso, nem faça caso, pois não há motivo para tanto. E, assim, tenho por certo que esse pensamento é tentação do demônio, para que se ocupe nele, em vez de se ocupar em Deus. Tenha ânimo, minha filha, e dê-se muito à oração, esquecendo-se disso e de tudo o mais, que afinal não possuímos outro bem, nem arrimo, nem consolo, senão este; depois de havermos abandonado tudo por Deus, é justo que não procuremos arrimo nem consolo em coisa alguma, a não ser somente nele. E ainda que seja grande meu...[2] no-lo ter, porque nos qu... com ele e não se lhe dê nada q... da alma tudo se lhe bu... só e pensando ela que... Sua Majestade estará sa... como não estejamos em desgr... por... que seja não é... o farei...

De Madri, julho...

---

elas muito incompletas [PADRE SILVÉRIO]. Na Abadia de Montserrat (Ms. 639, fol. 90) conserva-se uma cópia tirada quando o autógrafo se encontrava em melhor estado, mediante a qual se pôde completar o texto; entretanto, para não complicá-lo sem necessidade, dispensamo-nos de assinalar graficamente, já que os casos são tão numerosos. Fixamos o ano de 1590, porque, como esta carta foi escrita no mês de julho, não parece provável ter sido em 1589, como a anterior, ocasião em que a Madre Leonor acabava de chegar a Córdova; nem é tampouco verossímil que seja de 1591, quando já São João da Cruz havia perdido o prestígio e a autoridade junto ao Padre Dória, o que reconhece a Madre Leonor, como se infere do texto.

2. Deste ponto em diante nem a cópia de Montserrat pôde conseguir mais dados do que os que o autógrafo oferece atualmente: "máximo conteúdo legível".

980　　　　　　　　　　　　EPISTOLÁRIO

[46]

[A MADRE ANA DE JESUS, EM SEGÓVIA]
[Madri, 6 de julho de 1591][1]

(Sobrescrito) A Madre Ana de Jesus, carmelita descalça
em Segóvia. Jesus esteja em sua alma.

Agradeço-lhe muito o haver-me escrito, e com isso fi-
co-lhe ainda mais grato do que era. O fato de que as coisas não tenham sucedido segundo desejava, deve ser antes
motivo de consolo e de render muitas graças a Deus, pois
havendo Sua Majestade disposto desse modo, é o que mais
convém a todos nós. Só resta abraçarmos tudo com a vontade, para que, assim como é verdade, assim também no-lo
pareça; porque as coisas que não dão gosto, por boas e convenientes que sejam, parecem más e adversas e esta vê-se
bem que não o é, nem para mim, nem para ninguém: para
mim é muito favorável, porquanto com a liberdade e desencargo de almas, caso deseje, posso, mediante o favor divino,
gozar da paz, da solidão e do delicioso fruto do esquecimento próprio e de todas as coisas; para os outros também é

1. Quando o Santo, como membro da Consulta, fixou residência em
Segóvia e se tornou confessor das descalças, foi a Madre Ana de Jesus
uma das mais afeiçoadas à sua direção e das que mais se aproveitaram
dela O entranhado e santo afeto que votava ao Doutor Místico manifesta-se
através da réplica (maravilhosa sobre toda ponderação e que patenteia a
que grau de desprendimento espiritual havia chegado) dirigida à missiva
de sua boa filha espiritual. Que delicadeza e profundidade de sentimento
tinham essas boas filhas de São João da Cruz, e quanto aliviaram-lhe os
sofrimentos, assim como os do Padre Graciano, nos últimos anos destes
dois beneméritos primitivos da Descalcez. Refere-se ao seguinte acontecimento: a 6 de junho de 1591, convocou-se o Capítulo geral da Reforma
na Corte da Espanha; e quando as monjas de Segóvia, como quase todas
as descalças, julgavam que o Santo seria confirmado no cargo que vinha
exercendo, ou designar-lhe-iam um outro de muita projeção, saiu do Capítulo sem cargo algum. Sobre este assunto o Doutor Místico responde à
presente carta da Madre Ana de Jesus e a outras muitas que então recebeu [PADRE SILVÉRIO]. O Padre Silvério afirma que o autógrafo se conservava nas carmelitas descalças de Corpus Christi, de Alcalá. Na guerra
de 1936, desapareceu, sem que disponhamos de fotocópia alguma que nos
haja transmitido tal autógrafo sanjuanista – se de fato o era. Seguimos a
cópia do Ms. 12.738 BNM, p. 756 e, para o sobrescrito, a outra, existente
no mesmo Ms. p. 742.

EPISTOLÁRIO

vantajoso que eu fique de lado, pois assim se livrarão das faltas em que incorreriam levados por minha miséria.

O que lhe peço, filha, é que suplique ao Senhor que de todas as maneiras me leve adiante esta mercê, pois ainda receio que me mandem ir a Segóvia e não me deixem de todo livre, embora faça eu todo o possível por livrar-me também disto. Mas, se não puder ser, tampouco se terá livrado a Madre Ana de Jesus das minhas mãos, como pensa, e por isso não morrerá com essa mágoa de que acabou, segundo imagina, a oportunidade de ser muito santa. Porém, agora, quer eu me vá, quer fique, onde e como for, não a esquecerei nem abandonarei o seu interesse porque deveras desejo o seu bem para sempre.

Agora, enquanto aguardamos que Deus nos dê no céu esse bem, entretenha-se exercitando as virtudes de mortificação e paciência, desejando, de algum modo, tornar-se semelhante, no padecer, a este nosso grande Deus humilhado e crucificado, pois que esta vida não é boa se não for para o imitar.

Sua Majestade a conserve e a faça crescer no seu amor, como a santa amada sua. Amém.

De Madri, 6 de julho de 1591.

FREI JOÃO DA †

[47]

[A MADRE MARIA DA ENCARNAÇÃO, PRIORA DAS DESCALÇAS EM SEGÓVIA]
[Madri, 6 de julho de 1591]

"Outro tanto respondeu à priora Maria da Encarnação, que lhe havia escrito com o mesmo desalento, a quem, entre outras coisas, disse estas palavras:

... Quanto ao que me diz respeito, filha, não fique penalizada porque a mim nenhuma pena dá. Com o que me entristeço, e muito, é que se lance a culpa em quem não a tem; pois estas coisas não são dispostas pelos homens e sim por Deus, que sabe o que nos convém e as ordena para o nosso

982 EPISTOLÁRIO

bem. Não pense outra coisa senão que tudo é ordenado por Deus. E onde não há amor, ponha amor e colherá amor".

(JERÔNIMO, *História*, p. [701-702])

[47 bis]*

[A MADRE MARIA DA ENCARNAÇÃO, PRIORA DAS DESCALÇAS EM SEGÓVIA]
[Segóvia, meados de julho de 1591]

(Sobrescrito) A Me. Priora.

Jesus esteja em sua alma, minha filha em Cristo.

Agradeço-lhe o mandar-me chamar, determinada e claramente, porque assim minha hesitação já não me deterá; fica, pois, certo que irei amanhã, ainda que o tempo não esteja lá tão favorável, nem eu passando muito bem. Por isso, não me alargo mais; digo-lhe, apenas, que me compadeço das enfermas e estou satisfeito por ver o ânimo varonil de Vossa Reverência a quem Nosso Senhor faça habitar nele, a fim de que não se impressione com as tolices que sempre surgem.

FREI JOÃO DA †

[48]

[A JOÃO DE SANTA ANA, CARMELITA DESCALÇO, EM GRANADA]
[La Peñuela, agosto de 1591]
(referência)

"No que escreve *ao Pe. Frei João de Santa Ana, que estava em Granada, falando-lhe desta preparação da provisão para a tal embarcação, revela-lhe:*

* O autógrafo desta carta se conserva com as carmelitas descalças de Antignano-Livorno (Itália). Deu-o a conhecer, publicando pela primeira vez seu texto com fotocópia do mesmo, o Pe. Tomás da Cruz (Álvarez), num artigo que apareceu na revista *Ephemerides Carmeliticae* de Roma, fascículo 2, do ano de 1973.

– Trata-se de uma nova carta de S. João da Cruz, acrescentada como suplemento à edição *Obras completas de São João da Cruz,* pelo Pe. Simeão da Sagrada Família, 2ª edição, Burgos, "O Monte Carmelo", 1972.

EPISTOLÁRIO

– quão ricas Índias é o céu e quão grandes e certos seus tesouros;

aconselha-lhe:

– cesse de tratar de passar a outras Índias que não estas;

mostra-lhe:

– o consolo que era para ele ver-se sem ofício" (ALONSO, *Vida*, f. 165ʳ).

[49]

[A VÁRIOS RELIGIOSOS CARMELITAS DESCALÇOS DE GRANADA]
[La Peñuela, agosto de 1591]
(referência)

"*Daqui* o servo do Senhor respondeu a algumas cartas que lhe enviaram certos religiosos *da província de Granada, que havia recebido em Madri, nas quais eles se ofereciam para acompanhá-lo na jornada das Índias. Disse-lhes:*

– Como hão de ver, ele não irá para as Índias.

E depois de lhes haver agradecido aquela resolução e a caridade que tiveram para com ele, acrescenta:

– ter vindo aqui a Peñuela a fim de preparar a provisão para as Índias do céu e que nisso pensava ocupar-se até findar ali os poucos dias que lhe restavam de vida" (ALONSO, *Vida*, fs. 164ᵛ-165ʳ).

[50]-[51]

[AO PADRE ANTÔNIO DE JESUS, PROVINCIAL DE ANDALUZIA]
[La Peñuela, pelos meados de agosto de 1591]
(referência)

"*Estando eu em Velez Málaga, cuidando daquela casa, sendo provincial o Pe. Frei Antônio de Jesus, disse-me ele:*

984 EPISTOLÁRIO

Ainda não lhe contei como o Padre João da Cruz veio para esta província e encontra-se na Peñuela; escreveu-me ele o seguinte:

– Padre, vim para ser súdito de Vossa Reverência. Vossa Reverência veja o que deseja que eu faça e onde tenho de ir.

Então, perguntei ao provincial Pe. Frei Antônio: Que lhe mandou dizer Vossa Reverência? Respondeu-me: Mandei-lhe dizer que visse e escolhesse a casa e a província que mais lhe agradasse e que fosse para lá. Ao que ele respondeu:

– Padre, eu não vim para fazer minha vontade nem para escolher casa. Vossa Reverência veja aonde deseja que eu vá e para lá irei".

(Declaração autógrafa de ALONSO DE SANTO ALBERTO: *Ms 12.738 BNM,* p. [850]).

[52]

[A DONA ANA DEL MERCADO Y PEÑALOSA]
[La Peñuela, meados de agosto de 1591]
(referência)

"Embora tenha escrito *via Baeza, dando notícias de minha viagem... Ali lhe dizia como:*
desejaria ficar neste deserto de La Peñuela, situado a seis léguas aquém de Baeza...
Já disse em minha outra carta que:
– pode escrever-me via Baeza, porque há correio. É só encaminhar as cartas para os padres descalços de lá, pois já os avisei que me enviem".

(Carta do Santo à mesma destinatária; nº 53 da nossa edição).

EPISTOLÁRIO

[53]

[A DONA ANA DEL MERCADO Y PEÑALOSA]
[La Peñuela, 19 de agosto de 1591][1]

Embora tenha escrito via Baeza, dando notícias da minha viagem, fiquei contente com a passagem desses dois criados do Sr. D. Francisco, para escrever estas linhas que irão com mais segurança.

Dizia-lhe, ali, como desejaria ficar neste deserto de La Peñuela, a seis léguas aquém de Baeza, aonde cheguei, haverá nove dias. Acho-me muito bem, glória ao Senhor, e estou bom; porque a amplidão do deserto ajuda bastante a alma e o corpo, ainda que a alma esteja muito pobre. Deve o Senhor querer que também a alma tenha o seu deserto espiritual; seja muito embora e como ele for melhor servido. Sua Majestade já sabe o que valemos por nós mesmos. Não sei quanto isto durará, porque o Pe. Frei Antônio de Jesus escreve-me de Baeza e me faz ameaças, dizendo que pouco tempo me deixarão aqui. Todavia, seja lá como for, acho-me muito bem, sem nada saber e o exercício do deserto é admirável.

Hoje cedo, já colhemos o grão-de-bico e o mesmo faremos todas essas manhãs. Depois devemos debulhá-los. É lindo manusear estas criaturas mudas; é melhor do que ser manuseado pelas vivas. Que Deus permita que assim continue. Peça-lho, minha filha. Mas, apesar de me sentir tão satisfeito, não deixarei de ir quando ele quiser.

Tenha cuidado da alma...

EPISTOLÁRIO

Já disse na outra carta (ainda que esta chegará mais depressa) que me pode escrever via Baeza, porque há correio, encaminhando as cartas aos padres descalços de lá, pois já os deixei prevenidos para que mas remetam.

Dê minhas recomendações ao Sr. Doutor Luís e a minha filha, Dona Inês. Deus lhe dê seu Espírito, como desejo. Amém.

Da Peñuela, 19 de agosto de 1591.

FREI JOÃO DA †

[54]

[A MARIA DE SÃO JOÃO, CARMELITA DESCALÇA EM GRANADA]
[La Peñuela, por volta de 20 de agosto de 1591]
(referência)

"E em outra carta *que escreveu nesta mesma ocasião à Madre Maria de São João, monja da sua Ordem em Granada, fala-lhe, entre outras coisas:*

– do consolo que experimentava naquela solidão, sem ofício" (ALONSO, *Vida*, f. 165^r).

[55]

[A UMA PESSOA DE BAEZA]
[La Peñuela, 22 de agosto de 1591]
(referência)

ma... outra [carta] escrita em 22 de agosto *a uma pessoa* ser tã... *ndendo-lhe a certos pontos espirituais,* aos conhe... *satisfação [por encontrar-se na*

... m comunicá-la

EPISTOLÁRIO

[56]

[A UMA SUA DIRIGIDA, PROVAVELMENTE ANA SOTO OU MARIA SOTO, EM BAEZA]
[La Peñuela, 22 de agosto de 1591][1]

...Deus nos dê reta intenção [em tod]as as coisas e não nos deixe admitir pecado [com] plena deliberação, pois sendo [assim], ainda que as investidas sejam grandes e de muitas maneiras, irá segura e tudo se converterá em coroa [...].

Dê lembranças a sua irmã, e a Isabel de Sória, uma grande saudação no Senhor; diga-lhe que me causou estranheza saber que ela não está em Jaén, uma vez que há ali mosteiro.

O Senhor esteja em sua alma, filha em Cristo.

De La Peñuela, 22 de agosto de 1591.

FREI JOÃO DA †

[57]

[A MADRE ANA DE SANTO ALBERTO, PRIORA DAS DESCALÇAS DE CARAVACA]
[La Peñuela, entre agosto e setembro de 1591]
(fragmento)

"Escreveu-me, de La Peñuela, uma breve carta, na qual dizia:

... Já sabe, filha, os trabalhos que agora se padecem. Deus assim permite para provar seus escolhidos. *A vossa fortaleza estará no silêncio e na esperança* (Is 30,15).

Deus a guarde e a faça santa.

Encomende-me a Deus" (Declaração autógrafa da própria destinatária: *Ms 12.738 BNM*, p. [1004]).

---

1. Fragmento autógrafo do Santo, conservado nas carmelitas descalças da rua Arco Mirelli, Nápoles. Suprimos, entre colchetes, as palavras um tanto apagadas ou não de todo claras.

988 EPISTOLÁRIO

[58]

[A MARIA DA MÃE DE DEUS, CARMELITA DESCALÇA DE GRANADA]
[La Peñuela, entre agosto e setembro de 1591]
(referência)

"Estando [o Santo] em La Peñuela, esta testemunha escreveu-lhe algumas cartas, e o dito Frei João da Cruz respondia e escrevia a esta testemunha e a outras religiosas deste convento [...]. Essas cartas eram tão eficazes e fervorosas, que pareciam epístolas de santos, de modo que, para ter contemplação, essa testemunha não tinha necessidade de outra coisa, a não ser as cartas do citado servo de Deus, João da Cruz" (Processo Apostólico de Granada, Ms. Vat. 2.864, f. 18[r]).

[59]

[A VÁRIOS CARMELITAS DESCALÇOS]
[La Peñuela / Úbeda, agosto / novembro 1591]
(referência)

"A outros religiosos que lhe escreviam, aconselhando a que se queixasse das tais informações ao Vigário-Geral e Definitório e que se defendesse das acusações, ele a todos respondia com grande serenidade:
— ser um verme, e, como tal, ninguém lhe fazia agravo e que aquilo que seu Criador lhe reservara, competia-lhe abraçar por seu amor e não outra coisa" (ALONSO, *Vida,* f. 176[r]).

[60]

[A DONA ANA DEL MERCADO Y PEÑALOSA]
[La Peñuela, 21 de setembro de 1591][1]

Jesus esteja em sua alma, minha filha em Cristo.
Recebi, aqui em La Peñuela, o pacote de cartas trazido pelo criado. Agradeço-lhe muito a atenção. Amanhã irei a

---

1. Autógrafo do Santo nas descalças de Salamanca. Faltam algumas frases, que completamos mediante cópias antigas. Fotografia: GERARDO, p. 72-73.

EPISTOLÁRIO

Úbeda[2] tratar-me de umas febrículas, pois como há mais de 8 dias me acometem e não me deixam[3], parece-me ter necessidade do auxílio da medicina; contudo, tenho a intenção de regressar em breve para cá, pois é certo que nesta solidão acho-me muito bem. Quanto ao que me diz, isto é, que evite a companhia do Padre Antônio, pode estar segura de que o farei, assim como em tudo o mais em que me pedir cuidado, guardar-me-ei na medida do possível[4].

Alegrei-me muito em saber que o Sr. Dom Luís já é sacerdote do Senhor. Que o seja por muitos anos e que Sua Majestade realize os desejos de sua alma. Oh! Que bom estado esse para deixar, de uma vez, os cuidados e enriquecer depressa a alma com ele! Apresente-lhe as minhas[5] congratulações; não me atrevo a pedir-lhe que, algum dia, durante o santo sacrifício, se recorde de mim; eu, como devedor, sempre o hei de fazer, e, embora eu seja tão esquecido, não poderei deixar de me lembrar dele, por ser tão unido a sua irmã, a quem trago sempre na memória.

À minha filha, Dona Inês, de minha parte, muitas recomendações no Senhor[6] e roguem ambas a ele que se digne dispor-me para levar-me consigo.

2. Na realidade não partiu até o dia 28 pela manhã, chegando a Úbeda ao entardecer.

3. [que, como... quitan] *falta no autógrafo; completamos com o Ms. 12.738 BNM., p. 743 (cópia do Padre Alonso, o Asturicense).*

4. Já era um tanto inveterada aquela espécie de crise de ciúme que o Padre Antônio de Jesus tinha do Padre Graciano, motivada pelas deferências da Santa para com esse religioso, o que deu ocasião a pequenos partidos de que ela fala em cartas escritas nos últimos anos de sua vida. É sabido que o Santo sempre se inclinou muito ao Padre Graciano, embora não desconhecesse os defeitos que este religioso pudesse apresentar, compensados, aliás, superabundantemente, por suas inúmeras virtudes e serviços prestados à Mãe Fundadora e à sua Descalcez. Este afeto ao Padre Graciano, assim como o zelo que manifestou na defesa de certos direitos das religiosas, deu lugar a que muitos se retraíssem, já não votando ao Santo a mesma simpatia e apreço, sendo que o Padre Antônio primou em mostrar seu desagrado. Entretanto, portou-se bem na enfermidade e na morte do Santo, a quem assistiu. Quis a providência que este religioso, que havia proporcionado pequenos desgostos ao Santo e à Santa, fechasse os olhos a ambos, como superior provincial [PADRE SILVÉRIO].

5. [mi] corr.

6. [en el Señor] *interl.*

Por agora não me recordo de mais nada e também, em atenção à febre, aqui termino, ainda que desejasse estender-me mais.

De La Peñuela, 21 de setembro de 1591.

FREI JOÃO DA †

Não me diz nada sobre o pleito, se prossegue ou se está[7]

[61]

[A UMA CARMELITA DESCALÇA DE SEGÓVIA]
[Úbeda, outubro / novembro de 1591]
(fragmento)

"E que, nesta ocasião, escreveu uma carta a uma religiosa de Segóvia, exortando-a a levar com paciência as contradições, e dizia em particular estas palavras:
...Ame muito os que a contradizem e não lhe têm amor, porque assim se engendra amor no coração desprovido dele; é o que Deus faz conosco: ele nos ama para que o amemos, mediante o amor que tem por nós".

(Declaração de LUÍSA DE SANTO ÂNGELO: *Ms. 8.568, BNM*, p. [66]).

[62]

[AO PADRE JOÃO DE SANTA ANA, CARMELITA DESCALÇO EM MÁLAGA]
[Úbeda, outubro / novembro 1591]
(fragmento)

"Como o Pe. Frei João de Santa Ana lhe escrevesse, muito aflito com o que se dizia dele, isto é, que lhe haviam de tirar o hábito, respondeu:

---

7. [no me escribe... está] *tirado do Ms. 13.245 BNM., f. 278[v] (cópia de Manuel de S. Maria); no Ms. 12.738, p. 1.223, termina assim:* si anda o si está.

EPISTOLÁRIO   991

...Filho, não se aflija por isso, pois o hábito não me podem tirar a não ser que eu me mostre incorrigível ou desobediente, e eu estou bem preparado para emendar-me de tudo aquilo em que tiver errado e para obedecer em qualquer penitência que me derem".
(QUIROGA, *História,* p. 860-861).

[63]

[AO PADRE JOÃO EVANGELISTA, CARMELITA
DESCALÇO EM MÁLAGA]
[Úbeda, outubro / novembro de 1591]
(referência)

"E ele respondeu-lhe [a *Frei João Evangelista*]:
– que sua alma estava muito longe de se entristecer com tudo quanto lhe diziam do que se estava fazendo contra ele; ao contrário, tivesse por certo que essas notícias lhe despertavam maior amor para com Deus e para com o próximo.
E aduz, a seu propósito, aquelas palavras:
– "Os filhos de minha mãe levantaram-se contra mim" (Ct 1,5).
Acrescentou:
– que o encomendasse a Deus, pois seu fim estava próximo" (ALONSO, *Vida,* f. 176^r).

[64]

[AO SACERDOTE CLEMENTE DE ESPINOSA,
PREBENDADO NA SANTA IGREJA DE ALMERÍA]
[Ávila, data desconhecida]
(referência)

"O dito Servo de Deus [Frei João da Cruz], escreveu-lhe uma carta *de Ávila à cidade de Almería, onde então se encontrava esta testemunha [...] cheia de celestial doutrina e salutares conselhos"* (Processo Apostólico).

[65]

[A ANA DE JESUS, NATURAL DE TORREJÓN DE VELASCO, CARMELITA DESCALÇA DE BEAS]
[Lugar e data desconhecidos]
(referência)

"A esta testemunha escreveu [o *Santo*] três cartas *em particular" (Ms. 12.738*, p. 441: *BMC* 13, p. 388).

[66]

[A CATARINA DE CRISTO, CARMELITA DESCALÇA EM GRANADA]
[Lugar e data desconhecidos]
(referência)

"A esta testemunha escreveu algumas cartas, *quando estava ausente dessa cidade, cartas às quais respondeu, senão todas elas ajustadas às epístolas de São Paulo e a uma celestial doutrina".*

(Processo Apostólico de Granada, Ms. Vat. 2.864, f. 19^r).

Quarta Parte
ESCRITOS OFICIAIS

Num mero afã de oferecer aos estudiosos de São João da Cruz tudo quanto brotou de sua pena privilegiada, reunimos aqui estes escritos oficiais, onde ficaram impressas as pegadas do Santo, como superior e homem de governo. São simples documentos protocolares e, por isso, geralmente destituídos de valor doutrinal ou espiritual. Contudo, é certo que mesmo na materialidade fria de uma ata de fundação ou de um documento público, Frei João da Cruz deixou, por vezes, uma centelha de seu espírito íntimo. Estes documentos lacônicos têm principalmente o mérito de evocar com precisão alguns momentos particulares da existência terrena de São João da Cruz e de focalizar, de modo incisivo e breve, a missão providencial do Santo nos vinte primeiros anos da Reforma teresiana. São como sinais luminosos indicando as múltiplas ocorrências de sua vida. É lastimável que não sejam mais numerosos! Far-nos-iam sentir de modo mais perene e mais real, ainda neste mundo, a presença do frade carmelita. Ao depararmos com uma assinatura de São João da Cruz, sentimo-nos sugestionados pelo seu valor histórico e biográfico, e ficamos sem saber se é obra da fantasia ou do amor; mas o fato é que nosso espírito experimenta uma emoção muito íntima diante daquele traçado firme e decidido, ligeiro e abreviado. Tudo o que leva o selo do Doutor místico é de valor para nós, e de grande valor.

Publicamos, como é natural, apenas os documentos que se devem única e principalmente a São João da Cruz; po-

rém não os emanados de Capítulos ou da Consulta, onde a sua assinatura figura entre outras. Não temos a pretensão de apresentar uma relação completa; ao contrário, estaremos atentos em recolher qualquer outro dado que possa enriquecê-la.

ESCRITOS OFICIAIS

Reformador em Duruelo (1568-1570)

1. Ata da primitiva fundação de Duruelo.
2 Fórmula de sua própria profissão em Duruelo.

Reitor em Baeza (1579-1582)

3. Ata da eleição de priora em Caravaca.

Vigário Provincial de Andaluzia (1585-1587)

4. Licença para que os Descalços de Sevilha possam efetuar um contrato.
5. Ata da eleição de priora em Granada.
6. Profissão de Maria de Santo Alberto em Granada.
7. Profissão de Ana de Jesus em Granada.
8. Licença para a profissão da filha de Dom Henrique Freyle.
9. Licença para que as descalças de Sevilha comprem nova casa.
10. Relação da fundação das descalças em Málaga.
11. Ata da fundação de descalços em Mancha Real.
12. Licença às descalças de Málaga para a aquisição de umas casas.
13. Ata da eleição de priora em Granada.
14. Licenças para o exercício do ministério em favor de dois descalços.
15. Estatutos da Confraria dos Nazarenos.
16. Autorização para que as descalças de Caravaca possam mover uma ação judiciária.
17. Licença aos descalços de Fuensanta.

Prior de Granada (1588-1589)

18. Vistoria de alguns inventários de objetos preciosos.

Definidor, membro da Consulta, prior de Segóvia (1588-1591)

19. Licença à priora das descalças de Barcelona.
20. Confirmação da priora de Valência.
21. Recibo acerca de alfaias de sacristia.
22. Ata da compra das penhas de Segóvia.

ESCRITOS OFICIAIS

[1]

[ATA DA PRIMITIVA FUNDAÇÃO DE DURUELO][1]

No ano do Senhor de 1568, aos 28 dias do mês de novembro, fundou-se na localidade de Duruelo este mosteiro de Nossa Senhora do Monte Carmelo. No qual citado mosteiro, começou-se a viver e observar a Regra primitiva em seu rigor, segundo nos legaram nossos primeiros padres, com o favor e a graça do Espírito Santo, sendo provincial desta província o mui Revdo. Padre Mestre Frei Alonso González. Começaram a viver a Regra em todo o rigor, com a graça divina, os irmãos Frei Antônio de Jesus, Fr. João da Cruz e Frei José de Cristo. Doou-nos a casa e o terreno o ilustre senhor Doutor Rafael Mejía Velázquez, senhor da dita povoação. Deu consentimento para fundar a citada casa e mosteiro o ilustríssimo Sr. Doutor Álvaro de Mendoza, bispo de Ávila.

[2]

[FÓRMULA DE SUA PRÓPRIA PROFISSÃO NA REFORMA][2]

Eu, Frei João da Cruz, faço profissão e prometo obediência, castidade e pobreza a Deus, Nosso Senhor, e à Virgem

---

1. Apurando as afirmações de algumas testemunhas e historiadores antigos, podemos ter como provável a intervenção de São João da Cruz na redação literária dos dois primeiros documentos oficiais desta parte, que se referem aos primórdios da Reforma Descalça. Esta *Ata* se conservava no livro primitivo de Duruelo e dele foi copiada pelo Pe. Jerônimo de São José: *Ms. 8020 BNM*, f. 92ʳ, segundo o qual a publicamos.
2. Segundo a tradição recolhida pelo Pe. Jerônimo de São José (Ms. 8020 BNM, f. 99), São João da Cruz teria emitido novamente a sua profissão na Reforma uma vez terminado o ano em Duruelo. No livro primitivo dessa casa, onde se registraram as profissões dos demais religiosos, faltavam a do Pe. Antônio de Jesus e a do Santo, se bem que para elas se havia deixado um espaço conveniente em branco, sendo que a deste último já se tinha começado a escrever: *Eu, Fr. João da Cruz, natural de Medina do Campo, filho de...*" posto que depois tivessem cancelado essas palavras. Publicamos a fórmula da profissão do Santo segundo o texto que nos dá Luís de Santo Ângelo, em sua declaração de Alcaudete para os processos de beatificação do Santo, segundo CRISÓGONO, p. 102, n. 73.

ESCRITOS OFICIAIS

Maria, Nossa Senhora, e ao Revdo. Padre Frei João Batista, geral da dita Ordem, segundo a Regra primitiva, sem mitigação, até a morte.

[3]

[ATA DE ELEIÇÃO DE PRIORA E DEMAIS OFÍCIOS NO CONVENTO DE CARAVACA]
[Caravaca, 28 de junho de 1581][3]

Jesus Maria.

Frei João da Cruz e as Irmãs de Caravaca da Ordem de Nossa Senhora do Monte Carmelo da Regra primitiva, a nosso mui Revdo. Padre Frei Jerônimo Graciano da Mãe de Deus, provincial da dita Ordem, saúde e graça do Espírito Santo.

Levo ao conhecimento de Vossa Reverência, que, tendo-se reunido a 28 de junho de 1581 as ditas irmãs do citado convento no lugar conveniente, ao toque da sineta segundo é de praxe, a fim de eleger priora para o dito convento, presidindo eu, Frei João da Cruz, por determinação de Vossa Reverência, com meu companheiro Frei Gaspar de São Pedro, procedendo juridicamente a dita eleição, achando-se presentes treze vogais, nenhuma delas admitida nem tampouco excluída contra o direito e nossas sagradas Constituições, e provando estarem absolvidas pelo sufrágio apostólico para poder eleger e ser eleitas, receberam treze cédulas, cada uma a sua, e escreveram secretamente seus votos, cada uma o seu, e dobrando-as as puseram através da grade numa urna para este efeito preparada, segundo a forma do santo Concílio Tridentino, e esvaziando a dita urna achamos o mesmo número de cédulas, treze, e nelas escritos treze votos, em cada uma o seu, dos quais um teve a Madre Teresa

---

3. O original com a letra do companheiro do Santo e com a assinatura autógrafa deste conserva-se no Livro de Eleições e Profissões das Descalças de Caravaca.

de Jesus, outro teve a Irmã Maria de Jesus, que presentemente é conventual de Beas; todos os demais, que são onze, teve a Madre Ana de Santo Alberto, que presentemente é vigária deste convento de São José de Caravaca; e assim foi canonicamente eleita da primeira vez. Portanto, suplica a Vossa Reverência queira estabelecê-la e confirmá-la como mãe espiritual e guia de suas almas.

Logo, do mesmo modo, e no mesmo dia e hora, procedeu-se à eleição de subpriora para o dito convento e foi reeleita, prima vice, a Irmã Bárbara do Espírito Santo, subpriora do triênio passado, porque reuniu todos os votos, exceto um, que foi dado à Irmã Francisca de São José, conventual do mesmo convento. Suplicam a Vossa Reverência tenha por bem que ela exerça o citado ofício.

E, a seguir, procedeu-se à eleição de clavárias, tendo cada uma das Irmãs escrito em sua cédula três nomes, e da primeira vez saíram eleitas a Irmã Bárbara do Espírito Santo como 1ª clavária, porque teve nove votos; e a Irmã Joana de São Jerônimo, que teve também nove votos, ficou 2ª clavária por ser menos antiga, e a Irmã Ana da Encarnação, porque teve igualmente nove votos, ficou 3ª clavária por ser menos antiga que as duas precedentes.

Dando fé do ocorrido, eu, o dito Frei João da Cruz, meu companheiro e as sobreditas Irmãs colocamos a nossa assinatura e selamos com o selo comum.

Caravaca, 28 de junho de 1581.

FREI JOÃO DA †

e

FREI GASPAR DE SÃO PEDRO

(Selo)

(Seguem-se as assinaturas das religiosas capitulares).

ESCRITOS OFICIAIS

[4]

[LICENÇA PARA QUE OS DESCALÇOS DE SEVILHA POSSAM EFETUAR UM CONTRATO SOBRE LEGÍTIMAS E BENS]
[Granada, 15 de dezembro de 1585][4]

Jesus Maria.

Frei João da Cruz, Vigário Provincial dos Carmelitas Descalços neste distrito de Andaluzia etc. Pela presente concedo licença e faculdade ao Revdo. Padre Prior e conventuais de nosso Convento de Nossa Senhora dos Remédios, em Triana de Sevilha, para que possam efetuar o ajuste e o contrato que o dito Convento fez sobre as legítimas e bens de pai e mãe do Frei João de Jesus, filho dos senhores o licenciado Gaspar de Jaén e Dona Isabel de Segura, sua esposa, moradores da mesma cidade, e receber os duzentos e cinquenta ducados que, por motivo da profissão do citado Frei João de Jesus, seus pais doaram ao Convento, levando-se em conta o que por conta deles se puder provar haver dado ao convento e sobre isso possam outorgar e outorguem quaisquer escrituras e cláusulas firmes e válidas e expedir seus recibos e documentos de quitação e renunciar a outras quaisquer heranças e bens que no presente ou em qualquer outro tempo possam pertencer ao dito convento por parte dos citados senhores, o licenciado Gaspar de Jaén e sua esposa, Dona Isabel de Segura.

Passada em Granada, assinada com o meu nome e selada com o selo de meu ofício, a 15 de dezembro de 1585.

FREI JOÃO DA CRUZ
Vigário Provincial

(Selo em cera vermelha).

---

4. Autógrafo do Santo 320 x 220mm. Arquivo de protocolo de Sevilha Notariado 8º de Dom Alonso de Cívico. Fotografia: *Boletin carmelitano* (Córdova) nº 22, 15 abril, 1929, p. [1].

1002 ESCRITOS OFICIAIS

[5]

[ATA DA ELEIÇÃO DE PRIORA, SUBPRIORA E CLAVÁRIAS DAS DESCALÇAS DE GRANADA]
[Granada, 1º de janeiro de 1586][5]

Aos treze dias do mês de janeiro do ano de 1586, procedeu-se à eleição de priora, subpriora e clavárias neste Convento do Senhor São José de Granada, estando eu, o abaixo assinado, presente à citada eleição. E assim, dou fé, que foi eleita priora Madre Ana de Jesus, *nemine discrepante,* por subpriora a Madre Beatriz de São Miguel e por clavárias a Irmã Antônia do SS. Sacramento, a Irmã Beatriz de Jesus [e a Irmã] Beatriz de São Miguel. E por ser [a expressão da verdade, a assinei] no dia, mês e ano *ut supra.*

FREI JOÃO DA †
Vigário Provincial

[6]

[PROFISSÃO DE MARIA DE SANTO ALBERTO]
[Granada, 19 de março de 1586][6]

Maria de Santo Alberto[7].

Aos dezenove dias do mês de março do ano de mil quinhentos[8] e oitenta e seis, sendo geral o Revmo. Padre Frei João Batista Cafardo, e Provincial o mui Revdo. Padre Nicolau[9] de Jesus Maria, fez sua profissão para[10] monja

---

5. Conservada no "Livro de Atas Capitulares ou Eleições de Ofícios" das Carmelitas de Granada. É a segunda eleição. O que figura entre colchetes está faltando no livro por causa de vários cortes que apresenta. Nós a suprimos com a ata seguinte. Só a assinatura do Santo é autógrafa; o resto é escrito por outra mão.
6. Todo o documento é escrito pelo Santo. Livro de Profissões das Descalças de Granada – 8ª profissão, f. 8r.
7. *A margem, com a letra do Santo.*
8. [quinientos] – *a segunda letra "i" foi corrigida.*
9. [Nicolás] s *corrigido.*
10. [para] *corrigido.*

ESCRITOS OFICIAIS

conversa a Irmã Maria de Santo Alberto, que no século se chamava Mari López, natural[11] da cidade de Caravaca, filha de João Falcón e Joana de Narváez.

Eu, Maria de Santo Alberto, faço a minha profissão e prometo obediência, castidade e pobreza a Deus, Nosso Senhor, e à Bem-aventurada Virgem Maria e ao Revmo. Padre Frei João Batista Cafardo, Geral da Ordem de Nossa Senhora do Carmo, e a seus sucessores, segundo a Regra primitiva da citada Ordem, que é sem mitigação, até à morte.

(Seguem-se as assinaturas da professa e testemunhas; a do Santo está cortada).

[7]

[PROFISSÃO DE ANA DE JESUS]
[Granada, 19 de março de 1586][12]

Ana de Jesus[13]

A 19 de março de 1586, ao tempo em que era geral da Ordem de Nossa Senhora do Carmo o Revmo. Padre Frei João Batista Cafardo e Provincial dos Descalços o mui Revdo. Padre Frei Nicolau de Jesus Maria, fez a sua profissão a Irmã Ana González, natural de Villacastín[14], a qual passou a chamar-se Ana de Jesus, e professou para conversa.

Eu, Ana de Jesus, faço minha profissão e prometo obediência, castidade e pobreza a Deus, Nosso Senhor, à gloriosa Virgem Maria do Monte Carmelo e ao Revmo. Padre Frei João Batista Cafardo, geral da citada Ordem e a seus sucessores, segundo a Regra primitiva da mesma Ordem, isto é, sem mitigação até à morte.

(Seguem-se as assinaturas da professa e testemunhas. A do Santo está cortada).

11. [natural] *correção nas duas primeiras sílabas.*
12. Todo o documento está escrito com a letra do Santo. Livro de Profissões das Carmelitas de Granada – 9º profissão – f. 9r.
13. *À margem, com a letra do Santo.*
14. [Villacastín] o *Santo começou a escrever* Daym [Daimiel], *porém, riscou e deixou* Villacastín.

1004 ESCRITOS OFICIAIS

[8]

[LICENÇA PARA A PROFISSÃO DA FILHA DE DOM HENRIQUE FREYLE, ISABEL DE SANTA FEBRÔNIA]
[Granada, 29 de março de 1586][15]

Jesus Maria.

Eu, Frei João da Cruz, Vigário Provincial dos padres e monjas carmelitas descalças neste distrito de Andaluzia, pela presente, concedo licença à Madre Isabel de São Francisco, priora das carmelitas descalças de Sevilha, para que possa dar a profissão à filha do Senhor Henrique Freyle, observando nisto o[16] teor de nossas Constituições.

Passada em Granada, assinada[17] por mim e selada com o selo de meu ofício, a 29 de março de 1586.

FREI JOÃO DA †
Vigário Provincial

[9]

[LICENÇA PARA QUE AS DESCALÇAS DE SEVILHA COMPREM NOVA CASA E SE TRANSFIRAM PARA ELA]
[Granada, 13 de abril de 1586][18]

Jesus Maria.

Pela presente, eu, Frei João da Cruz, Vigário Provincial tanto dos padres como das monjas da Ordem de Nossa Senhora do Carmo dos Descalços, neste distrito de Andaluzia, concedo licença ao Ilmo. Senhor Pedro de Cerezo, natural

15. Autógrafo do Santo nas descalças de Sevilha. Fotografia: GERARDO p. 82s.

16. [el] *corrigido.*

17. [firmada] *correção nas primeiras letras.*

18. O original se encontrava, por volta dos anos 1928-1931, nas descalças de Sevilha, posto que, durante a preparação desta edição, não foi possível localizá-lo, razão pela qual publicamos este documento conforme o texto da BMC. 13,299.

ESCRITOS OFICIAIS

da cidade de Sevilha e nela domiciliado, e à Madre Priora Isabel de São Francisco e monjas descalças do convento de São José da citada cidade, a todos reunidos e a cada um *in solidum,* para que possam ajustar e efetuar a compra das casas que pertenciam a Pedro de Morga, junto à Santa Cruz, e sobre o citado assunto passar e outorgar quaisquer registros de venda e escrituras com seus itens e cláusulas firmes e válidas, em juízo ou fora dele. Para a realização deste contrato e para tudo o que a ele concerne, outorgo-lhes licença com a faculdade e poder de que estou investido, tal qual de direito o devo e posso dar.

Item, concedo licença à citada Madre Priora e monjas do dito convento para que possam mudar-se do lugar e casa onde agora se encontram, para a referida casa, ao tempo que julgarem mais conveniente.

Dando fé do ocorrido, passei o citado documento assinado por mim, de próprio punho, e selado com o selo do meu ofício. Granada, 12 de abril de 1586.

FREI JOÃO DA †
Vigário Provincial

[10]

[RELAÇÃO DA FUNDAÇÃO DAS CARMELITAS DESCALÇAS DE MÁLAGA]
[Málaga, 1º de julho de 1586][19]

Jesus Maria.

Para honra e glória da SS. Trindade, Pai, Filho e Espírito Santo, três pessoas e um só Deus verdadeiro, e da glorio-

---

19. Com a letra de Frei Diogo da Conceição e com a assinatura autógrafa do Santo, conservava-se na primeira folha do Livro de Profissões das Descalças de Málaga. O citado livro perdeu-se em 1931, por ocasião do assalto das tropas revolucionárias ao mosteiro. As linhas escritas em caligrafia corrente estavam sublinhadas no manuscrito. Cópia fotográfica em GERARDO, p. 80-81. Cópia autenticada no Ms 6.296, BNM, f. 50ᵛ e 51ʳ, segundo a qual a publicamos. A outra cópia está em poder das madres de Málaga.

sa Virgem Santa Maria do Monte Carmelo, fundou-se este mosteiro do Senhor São José de Málaga, de carmelitas descalças, a 17 de fevereiro do ano de mil quinhentos e oitenta e cinco. Fundou-se com o favor de Dona Ana Pacheco e do Senhor Pedro Verdugo, seu marido, provedor das galeras de Sua Majestade. Alugaram-se, para este feito, as casas de Dona Constança de Ávila. Vieram para a fundação as seguintes monjas: Primeiramente, a Madre Maria de Cristo, que no século se chamava Dona Maria de Ávila, natural da cidade de Ávila, filha de Francisco de Ávila e de Dona Maria de Aguila, sua esposa. Madre Maria de Jesus por subpriora, que no século se chamava Dona Maria de Sandoval, natural da vila de Beas, filha de Sancho Rodríguez de Sandoval Negrete e de Dona Catarina Godínez, sua esposa. Trouxeram consigo a Irmã Lúcia de São José, a Irmã Catarina Evangelista e a Irmã Catarina de Jesus, todas monjas coristas professas.

Fundou-se em pobreza, sem nenhuma garantia temporal. Seja Deus servido de conservá-la assim até a consumação dos séculos, a fim de que com ele se deleitem nas riquezas eternas para sempre. Amém.

Passada no dito convento do Senhor São José, no dia primeiro de julho do ano de 1586, e em cujo documento colocamos as nossas assinaturas.

FREI JOÃO DA †
Vigário Provincial

FREI DIOGO DA CONCEIÇÃO
Companheiro.

ESCRITOS OFICIAIS

[11]

[ATA DA FUNDAÇÃO DE DESCALÇOS DA MANCHA REAL]
[15 de outubro de 1586][20]

Frei João da Cruz, Vigário Provincial da Ordem dos Carmelitas Descalços da Província de Andaluzia dos reinos de Castela. Em nome da citada Ordem e em virtude da licença e faculdade a mim outorgadas e concedidas pelo mui Revdo. Senhor Frei Nicolau de Jesus Maria, Provincial geral da dita Ordem, e pelos senhores definidores da Junta que se reuniu no convento de Santo Hermenegildo de Madri, a qual licença entrego segundo o original ao presente escrivão para que a coloque e incorpore nesta escritura...

Em virtude da citada licença, e dela fazendo uso, eu, o acima referido Frei João da Cruz, vigário Provincial da citada Ordem na mencionada Província de Andaluzia, em nome da Ordem e dos frades atuais e futuros, declaro que aceito em seu favor esta escritura e recebo na dita Ordem a sua doação e agradeço ao mencionado Senhor Arcediago a mercê que por ela faz a esta Ordem, a qual, assim como seus frades presentes e futuros, se obrigam a guardar e a cumprir todas as condições estipuladas na escritura, que foi imposta à Ordem pelo dito Senhor Arcediago. As citadas condições foram vistas e examinadas por mim, e me são notórias e eu as outorgo e para maior clareza torno a repeti-las de *verbo ad verbum*; o cumprimento das obrigações impostas pela escritura será assumido pela Ordem e pelos frades atuais e aqueles que no futuro farão parte dela, empenhando nisto suas almas e consciências, para que tudo seja observado segundo está estabelecido, sem excetuar nem reservar coisa alguma, salvo as penas e pos-

20. Arquivo de protocolos da Mancha Real (Jaén). Documento assinado pelo Santo. Fotografia: *Boletín de la Real Academia de la Historia*, tomo 69, cadernos I e II, julho-agosto de 1916. Publicamos o texto segundo a transcrição que nos foi enviada.

1008   ESCRITOS OFICIAIS

turas determinadas nas referidas condições, e mais as que,
segundo o direito, porventura, incorrerem pela negligência
em cumpri-las ou observá-las; e, outrossim, em virtude da
mencionada licença e da faculdade que me foi outorgada
e concedida da parte do Senhor Provincial e definidores
da citada Ordem, além da obrigação que por meio desta
escritura assumo em nome da referida Ordem e de seus
membros, no sentido de observar integralmente as condições aqui estipuladas em favor do dito Senhor Arcediago,
condições essas que nos possibilitam a fundação do já mencionado mosteiro nas casas por ele doadas sob o título da
Imaculada Conceição de Nossa Senhora, a Virgem Maria, e
residindo nela alguns frades da mencionada Ordem, determino para maior segurança que estejam obrigados, o prior
e os membros atuais e futuros da comunidade, a cumprir os
itens e condições desta escritura e celebrar anualmente, na
igreja do mesmo convento, as nove missas estipuladas: das
festas de Nossa Senhora, uma no dia de São João Batista,
uma no dia de São João Evangelista e outra na festa de
Todos os Santos; além disso, as doze missas nos respectivos aniversários, sempre no primeiro dia do mês, como está
declarado. E em virtude da licença que me foi concedida
e usando da faculdade que me confere o cargo de Vigário
provincial desta província, eu as instituo, e determino que
assim observem e cumpram como um dever de consciência;
e caso seja necessário e o Senhor Arcediago solicite que o
prior e frades do citado convento se obriguem a cumprir
este termo e façam outra escritura como esta, concedo-lhes
plena licença e faculdade para isso, sem que seja preciso
uma nova licença ou outra qualquer diligência neste sentido e ordeno ao prior e frades do convento a façam e outorguem. Assim como também confesso e declaro que os bens
legados pelo mencionado Senhor Arcediago nesta doação
à citada Ordem, a fim de serem empregados na fundação desse mosteiro, são de inestimável valor e qualidade,
e que dele tanto a Ordem como os frades recebem e hão

de continuar recebendo grandíssimo benefício e favor em muito maior quantidade do que conseguiriam, e por isso prometem esforçar-se por satisfazer todas as condições e cumprir plenamente, em relação ao Senhor Arcediago, todo o conteúdo e cláusulas desta escritura; ordeno outrossim, à citada Ordem e aos seus membros atuais e futuros, que em todo tempo, segundo ficou dito, guardem e cumpram integralmente as condições aqui declaradas e que não se pronunciem contrários ao seu teor nem lhe oponham obstáculos, quer no presente quer em tempo algum, seja qual for a causa; que não assaquem nem aleguem objeções, levantando suspeitas contra o dito contrato ou escritura, quer considerado no seu todo, quer em algumas de suas partes, nem afirmem que no seu teor tenha havido prejuízo ou dolo grande ou considerável que ultrapasse a metade do justo preço, nem algum outro dano ou qualquer fraude contra a citada escritura, nem indício disso; que não peçam, outrossim, restituição integral contra a mencionada escritura nem contra coisa alguma, nem contra parte dela, por se tratar de igreja e mosteiro, nem por outra causa, nem por outra qualquer razão; e que em tudo se conduzam e cumpram segundo ficou estabelecido; e jamais vão contra ela, quer direta, quer indiretamente, nem sobre isso sejam ouvidos em juízo ou fora dele; e, além disso, que a mencionada Ordem e seus membros não caiam nem incorram em multa de dez mil ducados de ouro – a metade para a câmara e o fisco de Sua Majestade e a outra metade para o dito Senhor Arcediago e seus herdeiros; quer seja a multa saldada ou não, que esta escritura seja firme e válida e que tudo que nela está estabelecido tenha força e solidez. E para que haja fiel cumprimento do que está estabelecido sobre o pagamento e solidez do contrato onero os bens espirituais e temporais da mencionada Ordem, existentes ou por adquirir, e confiro plenos poderes a todo e qualquer tribunal eclesiástico regular, diante dos quais forem pedidas contas sobre a maneira pela qual estão sendo cumpri-

1010   ESCRITOS OFICIAIS

das as cláusulas dessa escritura, para que obriguem a dita Ordem e seus membros a conservá-la, guardá-la, cumpri-la e mantê-la, tanto por via de execução como de outra qualquer maneira. E isso de modo pleno, bem assim como se por sentença definitiva de juiz competente houver sido ouvido, determinado, julgado e estabelecido deste modo e a citada sentença ou petição e consentimento da dita Ordem viesse a parar em autoridade de coisa julgada e por ela consentida e aprovada, sobre o qual renuncio a todas e quaisquer leis, como foros e direitos que sejam em seu favor bem como a lei e direito que determinam não ser válida a renúncia total feita de leis. Consentindo no que ficou estabelecido, ambas as ditas partes outorgamos esta escritura diante de Diogo Aranda, escrivão público da citada Vila da Mancha e testemunhas abaixo assinadas, da dita Vila da Mancha, aos quinze dias do mês de outubro do ano do Senhor de mil quinhentos e oitenta e sete, colocamos as nossas assinaturas, sendo testemunhas Antônio Becerra e João Cano, médico; Tomás Simão de Bergara e João Rodríguez, clérigo; Fernando Serrano, alcaide ordinário e Martinho de Chinchilla, oficial de justiça, morador da mesma vila e Cristóvão Delgado e Alberto Sanchez residente na citada vila. – O arcediago de Übeda – Frei João da Cruz, vigário provincial – Confere, nihil. – Diogo de Aranda, escrivão público.

[12]

[LICENÇA ÀS DESCALÇAS DE MÁLAGA PARA A AQUISIÇÃO DE UMAS CASAS]
[Málaga, 23 de novembro de 1586][21]

Frei João da Cruz, Vigário provincial dos carmelitas descalços, tanto de monjas como de frades, do distrito de

---

21. O original desta licença do Santo, hoje perdido, foi enviado a Paris pelo geral da Espanha, Fr. João do Espírito Santo, ao Pe. Fr. Domingos de Jesus, definidor daquela província da França, pelo mês de novembro

ESCRITOS OFICIAIS 1011

Andaluzia. Pela presente concedo licença à Madre Priora e monjas de nosso convento de São José de São Pedro da cidade de Málaga, para que possam comprar as casas que estão em poder de Dona Úrsula de Guzmán, na qualidade de tutora de seu filho morgado, e passar e outorgar qualquer escritura ou escrituras sobre a venda das citadas casas e que sejam firmes e válidas em juízo e fora dele. E pela presente dou por boa a mencionada compra, e no que é de minha alçada aprovo o preço que por ela se der, assim como qualquer outro contrato que se faça sobre a citada compra.

Passada em Málaga, firmada com o meu nome e rubricada com o selo do meu ofício a 23 de novembro do ano de 1586[22].

Idem, concedo licença às mencionadas madre Priora e monjas para que, uma vez adquiridas as citadas casas, possam transferir-se para elas quando e como melhor lhes convier. Data *ut supra*.

FREI JOÃO DA CRUZ
Vigário Provincial

[13]

[ATA DA ELEIÇÃO DE PRIORA, SUBPRIORA
E CLAVÁRIAS, NAS DESCALÇAS DE GRANADA]
[Málaga, 28 de novembro de 1586][23]

Aos vinte e oito dias do mês de novembro do ano de mil quinhentos e oitenta e seis, procedeu-se à eleição de priora, subpriora e clavárias neste convento de São José de Grana-

---

de 1628. Conserva-se uma cópia tirada por Jerônimo de São José no Ms 12.738 BNM, p. [754], segundo a qual a publicamos.

22. Até aqui estava escrito com a letra do secretário do Santo, no original. O que se segue, escreveu-o de próprio punho o místico Doutor.

23. Do "Livro de Atas Capitulares ou Eleições de Ofícios", terceira eleição. GERARDO, p. 84-85, reproduziu-a em fotografia segundo a qual a publicamos, já que, há alguns anos, foi cortada furtivamente, tendo desaparecido. Anteriormente já tinha sido arrancada a assinatura autógrafa do Santo. O restante do documento não era da lavra de São João da Cruz.

1012   ESCRITOS OFICIAIS

da, estando eu, Frei João da Cruz, vigário provincial, presente à citada eleição. E assim, dou fé que foi canonicamente eleita para priora a madre Beatriz de São Miguel, para subpriora, a madre Ana da Encarnação e, para clavárias, a Irmã Mariana de Jesus, a Irmã Maria de Jesus e a madre Subpriora.

E por ser verdade, o firmei com o meu nome, no dia, mês e ano *ut supra*.

FREI JOÃO DA CRUZ
Vigário Provincial

[14]

[LICENÇAS PARA O EXERCÍCIO DO MINISTÉRIO EM FAVOR DOS PADRES FRANCISCO DA ASCENSÃO E DIOGO DA RESSURREIÇÃO]
[Granada, 21 de .... de 1586][24]

Frei João da Cruz, vigário provincial dos carmelitas descalços no distrito da Andaluzia. Pela presente concedo licença ao Revdo. Padre Frei Francisco da Ascensão, reitor de nosso colégio de Nossa Senhora do Carmo de Baeza, para que possa apresentar-se ao Revmo. Ordinário na diocese de Jaén a fim de obter licença para confessar e pregar, pois segundo me consta está suficientemente habilitado, conforme pede a humana fragilidade. E do mesmo modo, concedo licença ao Revdo. Padre Frei Diogo da Ressurreição, conventual e mestre de estudantes do mencionado colégio, para que possa apresentar-se diante do Revmo. Ordinário a fim de obter licença de pregar e confessar.

Passada em Granada, firmada com meu nome e rubricada com o selo do meu ofício a 21 de[25] .... de 1586.

FREI JOÃO DA †
Vigário Provincial

24. Publicado conforme a cópia existente no *Ms. 12.738 BNM*, p. [770].

25. *Aqui se deixou um espaço em branco para acrescentar o mês, o que não se fez, por esquecimento.*

ESCRITOS OFICIAIS 1013

[15]

[ESTATUTOS DA CONFRARIA DOS NAZARENOS EM SÃO BASÍLIO DE BAEZA]
[Baeza 1586]

"Neste tempo fundou-se, em nosso Colégio de São Basílio de Baeza, a Confraria dos Nazarenos, ordenando e confirmando o servo de Deus, o respectivo estatuto da sociedade. Entre os itens, estatuía-se:
– Que os confrades comungassem juntos cada mês.
– Que se evitassem e não se permitissem inimizades entre eles.
– Que nenhum vivesse mal.
– Que na procissão comparecessem todos vestidos e calçados da mesma maneira e as correias com o mesmo número de borlas.
– Que as cruzes fossem iguais e colocadas do mesmo jeito".

(ALONSO, f. 135^r).

[16]

[AUTORIZAÇÃO PARA QUE AS DESCALÇAS DE CARAVACA POSSAM MOVER UMA AÇÃO CONTRA OS PADRES JESUÍTAS DA MESMA CIDADE]
[Caravaca, 2 de março de 1587][26]

Frei João da Cruz, Vigário Provincial dos Carmelitas Descalços neste distrito de Andaluzia. Pela presente concedo autorização à Priora de monjas do Convento do glorioso São José, de Carmelitas Descalças, na Vila de Caravaca, para que possam mover ação, diante de qualquer tribunal credenciado, sobre as casas que os padres da Companhia lhes tomaram, pertencentes à chácara de seu convento, as

---

26. O original, com a assinatura autógrafa do Santo, conserva-se nas Descalças de Caravaca, num quadro de moldura dourada.

quais eram de Alonso de Robres, morador da citada Vila de Caravaca, e que possam, para este fim, delegar poderes a qualquer procurador ou procuradores de qualquer uma das chancelarias de Sua Majestade, segundo lhes parecer mais conveniente, e possam prosseguir nesta demanda conforme as determinações do direito; para tudo isto e para quanto disser respeito a este assunto, lhes concedo plenos poderes e autorização, tanto em meu nome como em nome da Ordem, tão ampla quanto permite o direito.

Em fé do que outorgo esta autorização firmada com o meu nome e selada com o selo de meu ofício.

Passada em nosso convento de Nossa Senhora do Carmo da Vila de Caravaca, a dois de março do ano de 1587.

FREI JOÃO DA †
Vigário Provincial

(Selo).

[17]

[AUTORIZAÇÃO AOS DESCALÇOS DE FUENSANTA, NAS PROXIMIDADES DE VILA NOVA DO ARCEBISPO (JAÉN)]
[Baeza, 8 de março de 1587][27]

Frei João da Cruz, Vigário Provincial dos Carmelitas Descalços do distrito da Andaluzia. Pela presente concedo autorização ao Padre Prior e conventuais de Fuensanta para que possam fazer qualquer contrato ou ajuste segundo lhes for mais conveniente com João Ruiz de Ventaja sobre o legado e a aplicação feita por seu filho, Frei Francisco de Jesus Maria, ao mencionado Convento da Fuensanta e fazer qualquer cessão ou cessões e renúncias acerca do mencionado patrimônio.

---

27. O documento original com a letra de Frei João Evangelista e com a assinatura autógrafa do Santo conserva-se na Câmara Municipal de Úbeda. Fotografia: *Boletín Carmelitano,* 15 de março de 1928, nº 10, p. [1].

ESCRITOS OFICIAIS

Idem, concedo licença para que se possa combinar com João Sánchez de Guzmán, irmão do Irmão Frei Francisco de São José (sic), acerca da renda que ele deseja doar ao mencionado convento e sobre isto se possa fazer qualquer escritura ou escrituras, contratos e convenções e receber os legados que o dito Frei Francisco fizer, e o mesmo possam fazer com o mencionado João Ruiz de Ventaja.

Passada no nosso Colégio de Baeza, firmada com o meu nome e selada com o selo de meu ofício, a oito de março do ano de 1587.

FREI JOÃO DA †
Vigário Provincial

(Selo).

[18]

[VISTORIA DE ALGUNS INVENTÁRIOS DE OBJETOS PRECIOSOS]
[Málaga (?), 2 de julho de 1588][28]

Eu, Frei João da Cruz, por comissão de nosso Padre Provincial, vistoriei, com o meu companheiro abaixo mencionado, a dois de junho de mil quinhentos e oitenta e oito, estes inventários. Achei os objetos conforme a relação aqui mencionada.

[19]

[LICENÇA A PRIORA DAS DESCALÇAS DE BARCELONA PARA A RECEPÇÃO DE TRÊS NOVIÇAS]
[Segóvia, outubro de 1588][29]

Jesus Maria.

Frei João da Cruz, Definidor Maior da Congregação de Carmelitas Descalços e presidente da Consulta da mencio-

---

28. Cópia autenticada do Ms *6.296 BNM*, f. 51ʳ, tirada diretamente do fragmento autógrafo do Santo que se conservava no Beatério de Carmelitas Descalças de Málaga.

29. O autógrafo do Santo encontrava-se nas Descalças de Barcelona. Depois da guerra civil espanhola, ignora-se o seu paradeiro. Aqui o publicamos conforme *BMC* 13,303-304.

nada congregação, por ausência de nosso mui Revdo. Padre Vigário-Geral etc. Conforme ficou estabelecido em nossa Consulta, nos termos da presente, concedo licença à Madre Priora e religiosas carmelitas descalças de nosso convento da cidade de Barcelona, para que possam receber ao nosso hábito e religião, três noviças, observando, ao recebê-las, a forma e modo prescritos pelas suas leis acerca da admissão das noviças. Dando fé, lavro esta declaração firmada com o meu nome e selada com o selo de nossa Consulta neste convento de Segóvia, no mês de outubro do ano de 1588.

FREI JOÃO DA CRUZ
Definidor Maior

(Selo).
FREI GREGÓRIO DE SANTO ÂNGELO
Secretário.

[20]

[CONFIRMAÇÃO DE MARIA DOS MÁRTIRES COMO PRIORA DE VALÊNCIA]
[Segóvia, 4 de novembro de 1588][30]

....

e Espírito Santo. Amém. Confirmando-a, como pela presente o fazemos, na cura e administração do mencionado convento e de nossas religiosas que aí se encontram. Ordeno, em virtude do Espírito Santo, debaixo de preceito, a santa obediência a todas as religiosas do dito convento que, como priora, a ela se submetam.

Dando fé, lavro esta declaração firmada com o meu nome e o do secretário da Congregação e selada com o selo de

---

30. Escrita com letra do Pe. Gregório de Santo Ângelo e apresentando a assinatura autógrafa do Santo; este documento se conserva nas Carmelitas Descalças de São José de Valência. No princípio faltam algumas linhas. Fotografia: GERARDO, p. 86-87.

ESCRITOS OFICIAIS

nossa Consulta, neste convento de Segóvia, a quatro de novembro do ano de 1588.

FREI JOÃO DA †
Definidor Maior

(Selo).
FREI GREGÓRIO DE SANTO ÂNGELO
Secretário.

[21]

[RECIBO ACERCA DE ALFAIAS DE SACRISTIA]
[Segóvia, 14 de novembro de 1588][31]

Frei João da Cruz, Prior do Convento de Nossa Senhora do Carmo da cidade de Segóvia. Declaro que recebi das mãos do Sr. Francisco de Castro os ornamentos e os outros adereços para a capela-mor da Senhora Dona Ana de Peñalosa, segundo se menciona nesta relação.

E por ser verdade o firmei a 14 de novembro de 1588.

FREI JOÃO DA †

[22]

[ATA DA COMPRA DAS PENHAS DO CONVENTO DE SEGÓVIA]
[Segóvia, 21 de janeiro de 1589][32]

Saibam quantos virem esta certidão e escritura pública, como nós, o Prior, frades e capitulares conventuais do Mos-

---

31. Autógrafo do Santo colocado embaixo da relação de objetos que acabava de receber para a igreja, sendo prior de Segóvia. Conserva-se no arquivo dos descendentes de Dona Ana de Peñalosa em Segóvia. Fotografia: *Mensajero de Santa Teresa y de San Juan de la Cruz* 7 (1929-1930) 352-355.

32. O original, encabeçado pela assinatura do Santo, como definidor maior, encontra-se no Arquivo Histórico Provincial de Segóvia: *Protocolo 317*, fls. 295-296. Cópia autenticada no *Livro do Tombo* do Convento dos Carmelitas Descalços de Segóvia.

teiro de Nossa Senhora do Carmo, extramuros da cidade de Segóvia, estando, como de fato estamos, juntos e congregados depois de ter a sineta tocado segundo o costume a fim de nos reunirmos para os negócios que dizem respeito ao mencionado mosteiro, e, especialmente, estando juntos o Padre Frei João da Cruz, Definidor Maior e Presidente da Consulta da Congregação de Carmelitas Descalços, Frei Antônio de Jesus, Conselheiro maior, Frei Luís de São Jerônimo, Frei João Batista e Frei Gregório de Santo Ângelo, conselheiros da mencionada Congregação, Frei Brás de São Gregório e Frei Luís de São João, conventuais e capitulares do citado mosteiro, por nós próprios e por aqueles que estão ausentes, por quem garantimos a confirmação na forma pela qual for abaixo-declarada, sob compromisso que para isso fazemos das rendas e bens do mencionado convento, atuais e futuros, declaramos: como prova do quanto o Deão e o Cabido da Santa Igreja Catedral desta cidade têm feito e continuam a fazer de donativo e esmola ao dito mosteiro de dar-lhe e determinar-lhe as penhas sitas acima da Vera Cruz a fim de que as coloquemos no recinto de nossa propriedade, de acordo com o que mandaram determinar e medir o Licenciado Dom João de Orozco de Covarrúbias, arcediago de Cuellar, e Dom Antônio Mojica, cônego da mencionada Santa Igreja de Segóvia por ordem dos ditos Deão e Cabido e segundo a medida e declaração que se fez das ditas penhas que nos dão, foi lavrado este documento do seguinte teor:

....

As referidas penhas, contidas e declaradas na medida que está mencionado acima, nos deram e dão os ditos Deão e Cabido da Santa Igreja desta cidade ao nosso convento, mediante o pagamento de vinte e quatro reais, que é o preço em que foram taxadas e avaliadas as referidas penhas, segundo acima e atrás ficou referido.

ESCRITOS OFICIAIS

A citada importância, isto é, os vinte e quatro reais, deve ser logo entregue na mordomia de finanças dos mesmos Deão e Cabido, com a condição de que, se em algum tempo o Mosteiro e Convento de Nossa Senhora do Carmo tiver que ser transferido de onde se encontra para outra localidade, voltem as referidas penhas que presentemente nos dão, para os citados Deão e Cabido, a quem pertencem, e eles possam tomar novamente posse delas, devolvendo ao mesmo mosteiro e convento os vinte e quatro reais, quantia mediante a qual nos cederam e obrigamo-nos a deixá-las exatamente como nos foram entregues.

APÊNDICE

1

NOTAS DIFERENCIAIS ENTRE AS DUAS REDAÇÕES DO "CÂNTICO ESPIRITUAL"

No intuito de facilitar aos leitores e estudiosos o confronto entre o texto e a doutrina das *duas redações* do "Cântico Espiritual" de São João da Cruz, que, em formato manual e em separata, começou-se a publicar pela primeira vez em nossas edições, cremos conveniente transcrever aqui as seguintes páginas de dois eminentes críticos sanjuanistas que trataram desta questão: os carmelitas descalços Padre Silvério de Santa Teresa e Frei João de Jesus Maria.

1. O PADRE JOÃO DE JESUS MARIA, no seu artigo intitulado: O *"Cântico Espiritual de São João da Crus" e "Amores de Deus e da alma" de A. Antolinez O.S.A., ao ensejo da obra de M. Jean Krynen* ("Ephemerides Carmeliticae", Roma 3 [1949] p. 454-456), pôs em relevo, de modo claro e sucinto, as notas diferenciais dos dois Cânticos, ou seja, de suas duas redações: *Cântico A e Cântico B*.

"Número de estrofes. – O *Cântico* A tem 39 estrofes; o B tem 40, que são as 39 do A, mais a estrofe *Mostra tua presença*, colocada no décimo primeiro lugar.

Ordem das estrofes. Uma série de dez estrofes e outra de oito estrofes acham-se dispostas em ordem diferente nos dois Cânticos. Dez em bloco, e oito que em grupos de dois mudam de lugar.

Das restantes, as dez primeiras conservam o mesmo número de ordem em B que em A, e as outras aumentam em B de uma unidade, pela inserção da estrofe: *Mostra*, no décimo primeiro lugar".

Em seguida, o Padre João propõe um amplo esquema demonstrativo que reduzimos aos elementos essenciais no seguinte prospecto:

	Cântico A		*Cântico B*
Estrofes	1-10	correspondem a	1-10
		própria de B	11
	11-14	correspondem a	12-15
	15-24	passam em bloco para	24-33
	25-26	correspondem a	16-17
	27-28	correspondem a	22-23
	29-30	correspondem a	20-21
	31-32	correspondem a	18-19
	33-39	correspondem a	34-40

"Os comentários. – O Cântico B, depois do prólogo e do poema, apresenta um 'Argumento' ou sumário da matéria tratada na obra, que não figura no texto A.

Na maior parte dos comentários, a cada uma das estrofes ou 'canções', antepõe uma 'Anotação para a canção seguinte', ao passo que no texto A, o faz somente para o par de estrofes 13-14. Mais da metade dos parágrafos da primeira redação passam literalmente à segunda, sofrendo, obviamente, a *mudança de lugar* correspondente à nova ordem das estrofes comentadas.

O Cântico B suprime alguns parágrafos do comentário A, retoca ligeiramente os restantes e acrescenta parágrafos novos. Os comentários de algumas estrofes (1,38 de B etc.) apresentam consideráveis retoques.

Significado diverso da ordem das estrofes com seus comentários. – A mudança de lugar das estrofes tem um profundo significado. Catorze das estrofes transportadas, não obstante conservarem, em sua maior parte, o comen-

SOBRE AS DUAS REDAÇÕES DO "CAN. ESPIRITUAL"   1025

tário que tinham em A, com alguns retoques ou parágrafos acrescentados, vêm a assumir um sentido fundamentalmente diverso, correspondente à sua nova posição na estrutura do poema.

Tomamos como ponto de referência a estrofe: *E já entrou a esposa* (que figura com o número 27 em A e 22 em B), na qual dizem ambos os Cânticos, que a alma entra no 'matrimônio espiritual': aquelas dez estrofes que, juntas, mudam de lugar, em A a precedem, enquanto em B se encontram depois dela e precisamente para cantar as propriedades da alma que chegou ao "matrimônio espiritual"; pelo contrário, das outras oito estrofes, que em grupos de dois mudam de lugar, quatro se acham em A depois da estrofe: *E já entrou a esposa,* ao passo que em B a precedem e descrevem um estado anterior ao do matrimônio espiritual.

O sentido geral do comentário das cinco últimas estrofes. – O Cântico B explica-as com referência à vida do céu. Isto o faz o texto B com propósito deliberado. No 'Argumento', escreve: 'E as últimas canções tratam do estado beatífico, que é já a única aspiração da alma naquele estado'.

Esta declaração inicial do texto B é repetida na anotação para a canção 36 (a primeira das cinco últimas), onde diz: '... só lhe resta [à alma] uma coisa a desejar, que é usufruir perfeitamente dele na vida eterna.

E, assim, nas canções seguintes e nas outras que se vão sucedendo, ocupa-se em pedir ao Amado este beatífico pábulo em manifesta visão de Deus'.

Estes textos são exclusivos de B (não se encontrando em A); a primeira redação declara essas mesmas cinco estrofes sem referi-las à glória eterna; explica-as no sentido de comunicação interior da alma com Deus e de bens espirituais de que a alma perfeita desfruta nesta vida".

2. O *Padre Silvério de Santa Teresa,* no tomo III da sua edição crítica do Santo (BMC, 12) p. XXX-XXXII, oferece-nos, através da seguinte nota, as principais diferenças entre o manuscrito de Jaén (o texto do Cântico B de nossa edição) e o de Sanlúcar de Barrameda (Cântico A), numa análise

comparativa dos dois documentos: *"O Prólogo* é igual em ambos. O *Argumento* que vem depois do poema só é registrado pelo de Jaén. Indicaremos este e o de Barrameda pelas letras J e B. As canções estão colocadas na ordem em que são apresentadas no de Barrameda, com o seu equivalente de Jaén.

Canções

1-1 A anotação é nova. O texto bastante alterado e, ao comentário do primeiro verso, acrescenta-se tudo o que está compreendido nos números 7-12 desta edição.

2-2 O texto está bastante retocado.

3-3 A Declaração está notavelmente retocada. Apresenta o comentário ao primeiro verso e modifica um pouco o segundo.

4-4 Igual em ambos.

5-5 Igual nos dois. O último parágrafo da primeira redação serve de anotação à sexta canção no de Jaén.

6-6 Apenas algumas variantes sem importância.

7-7 Como o anterior.

8-8 O último parágrafo do comentário da sétima canção de B serve de anotação à oitava de J. No restante, registram-se inúmeros retoques.

9-9 Anotação própria de J. Algumas variantes nos comentários dos versos.

10-10 Anotação própria de J e variantes nos dois últimos versos.

11-12 Anotação própria de J. Na Declaração registram-se algumas variações.

12-13 Anotação própria de J. No restante, igual.

13-14 A anotação de J compõe-se das primeiras linhas da Declaração de B e de algumas mais, que são acrescentadas. O restante é igual. Os comentários com algumas ligeiras variantes.

SOBRE AS DUAS REDAÇÕES DO "CAN. ESPIRITUAL"   1027

14-15 Os comentários apresentam leves variantes. Ao do último verso acrescentam-se os parágrafos compreendidos sob os números 29 e 30.

16-25 A Anotação é própria de J. O comentário dos dois últimos versos apresenta algumas variantes.

17-26 Anotação própria de J. O comentário do quarto verso apresenta numerosas mudanças: acrescentam-se-lhe os parágrafos do número 13 e modificam-se os restantes comentários da canção.

18-27 Anotação própria de J. Ao comentário do último verso acrescenta-se o parágrafo compreendido sob o número 8.

19-28 Anotação própria de J. Notáveis modificações nos comentários dos versos 4 e 5.

20-29 Anotação própria de J. No início do comentário ao último verso o manuscrito de Jaén acrescenta umas linhas.

21-30 Anotação própria de J. Ao comentário do último se acrescentam os parágrafos compreendidos sob os números 10 e 11.

22-31 Anotação própria de J. Ao terceiro verso acrescenta-se um parágrafo e os dois últimos são bastante retocados.

23-32 Anotação própria de J. Retoques nos dois últimos versos. O parágrafo compreendido sob o número 9 é somente de J.

24-33 Anotação própria de J. Faz-se uma glosa ao primeiro verso, retocam-se os restantes e acrescentam-se alguns parágrafos ao último: *Que graça e formosura em mim deixaste.*

25-16 Anotação própria de J e várias modificações nas glosas aos versos.

26-17 Anotação própria de J e muitas modificações no restante da canção.

27-22 Anotação de J. Retocam-se os comentários sobre todo o primeiro verso.

1028 APÊNDICE

28-23 Da Declaração de B faz-se Anotação de J, com algumas variantes. Põe nova declaração a J. Introduz modificações nas glosas e no fim do último verso acrescenta o extenso parágrafo compreendido sob o número 6 desta canção.

29-20 Anotação própria de J. A Declaração notavelmente mudada. O comentário igual, com algumas ligeiras modificações e no do último verso são acrescentados os parágrafos que se leem nos números 12, 13 e 14.

30-21 Muito modificados os comentários.

31-18 Anotação própria de J e algumas variantes nos comentários.

32-19 Anotação de J e muitas variações nos três últimos versos.

33-34 Anotação de J. Acrescentam-se algumas linhas ao comentário do primeiro verso e nos restantes introduzem-se muitas variantes.

34-35 A Anotação de J é a Canção de B. Escreve-se nova canção para J e retoca-se bastante o comentário do último verso.

35-36 Anotação própria de J. Registram-se muitas variantes nos comentários.

36-37 Anotação de J. Introduzem-se notáveis mudanças nas glosas.

37-38 Anotação de J. Alguns comentários estão muito diferentes.

38-39 Anotação e Canção próprias de J. Os comentários apresentam algumas variantes nos do primeiro e segundo versos. No fim deste são acrescentadas algumas linhas e modificadas notavelmente as glosas restantes.

39-40 J. modifica as primeiras linhas da Anotação que é, ao mesmo tempo, Declaração e introduz muitas variantes em todos os versos".

2
AVISOS PARA DEPOIS DE PROFESSOS[1]

*Avisos que ajudarão o noviço, depois de professo, para a quietude
de sua vida e bem espiritual de sua alma.*

(1590-1591)

Uma vez que já se tratou da oração e dos exercícios espirituais e corporais em que os noviços se devem exercitar, resta dar-lhes alguns avisos acerca de como se hão de haver com os prelados, com a comunidade e com a sua profissão, avisos que daí por diante, depois de professos, os auxiliem a manter a quietude de sua vida e o bem espiritual de sua alma; acerca deles, o mestre instruí-los-á explanando o que se diz aqui de modo sucinto; porque tendo de tratar com homens de diferentes temperamentos, será importante receber alguma orientação nesse sentido.

1. Primeiramente, procure manter sempre diante dos olhos de sua alma a razão que o determinou a vir, que foi para dedicar-se ao serviço de Deus na Religião e em tudo quanto a ela se referir, e que escolheu estado de penitên-

---

1. Veja-se o que dissemos a propósito desta obra na p. 130, nota 12. Com respeito à história e autenticidade sanjuanista deste escrito, remetemos o leitor à nossa edição crítica: *São João da Cruz: Avisos para depois de professos; novo escrito do Santo Doutor.* Roma. Facultas Theologica O.C.D. – 1961.

1030 APÊNDICE

cia, humildade, obediência etc., a fim de, com isso, tender à perfeição; afaste, pois, de sua alma, o raciocínio e desejo que não se coadunem com isso, ainda que não se trate de pecado, porque o religioso veio à Religião não apenas para procurar não pecar como também para servir ao Senhor e tender à perfeição.

2. Ouça o que for ordenado pelas Constituições e pelos prelados como voz de Deus e obedeça a Deus no homem, que encontrará grande luz nesse exercício e tudo se lhe tornará muito suave.

3. Com relação aos prelados e aos capítulos da Ordem, proceda com muita lealdade; e quando houver uma obrigação neste sentido, ou competir-lhe por dever de ofício, ou for oficialmente interrogado a respeito do que está acontecendo a si próprio, aos outros ou à Religião, declare-o e comunique o que sente e o que se passa, com as razões que tem para o serviço de Deus. E com isso dê-se por satisfeito, submetendo-se ao que eles determinarem, ainda que seja contrário à sua vontade e parecer; este é, com efeito, o ofício do religioso e a sua profissão o obriga a essa submissão, obediência e total adesão, pois foi precisamente para isso que veio: para seguir vontade e parecer de outrem; deve estabelecer isso em sua alma como princípio fundamental, por ser coisa importantíssima para a sua tranquilidade; o contrário, além do orgulho e desprezo de sua profissão e obrigações a ela inerentes, poder-lhe-ia ocasionar muitíssimas inquietações e aflições.

4. Com o prior do convento onde viver e com os religiosos que aí habitarem – é com eles que há de tratar mais frequentemente – procure ter amor de filho para com o prior e de irmão para com os religiosos. Isso lhe proporcionará muita luz e paz nos relacionamentos que deverá manter com eles. Obedeça ao prior como se fosse a voz de Deus a ordenar-lhe e, caso sinta disposição para isso, trate com ele as coisas de sua alma; revele-lhe seus desejos e tenha-o por confessor; isso obrigará particularmente o prior a velar

AVISOS PARA DEPOIS DE PROFESSOS   1031

por si, e, como a prelado e confessor, o Senhor lhe concederá maior luz para orientá-lo. Ajude-o no que puder, se isso não implicar em culpa; compadeça-se de suas imprudências e ignorâncias – pois, enfim, é humano – e desculpe-o naquilo que puder, segundo Deus, que tudo isso é ofício de filhos e costuma ser muito agradável ao Senhor. Abstenha-se de murmurar contra ele, revelando-lhe as faltas em público, pois com isso se ofende o Senhor. Com os religiosos faça o papel de irmão, ajudando-os e suportando-os fraternalmente, segundo Deus. E quando houver algo a revelar aos superiores, faça-o com caridade, segundo o espírito das Constituições.

5. Quanto ao que for testemunha ocular do procedimento dos prelados de casa, embora ignorando a causa e os fatos que se passam, aprove-o e não julgue a respeito, nem lhe pareça mal; pois assim como seria temerário alguém se pôr a julgar sem ser juiz e sem examinar o processo, lavrando logo a sentença, assim também acontece com o religioso que age deste modo. E, se tem conhecimento do que se passa, paute-se pelo parecer do prelado, pois foi para isso que veio, e deste modo coibirá a miséria de nossa natureza corrupta que se compraz em desaprovar as ações dos prelados e isto lhe proporcionará uma grande paz.

6. Considere-se como elemento integrante de sua Religião e como tal há de conduzir-se e deixar-se guiar pelos superiores; tenha-se por parte de um todo, amoldando-se ao bem da sua comunidade. Deste princípio lhe advirá grande paz quando não lhe concederem aquilo que deseja e que lhe parece ser conveniente; porque ou se engana, ou o prelado – a quem está obrigado a submeter-se – é de opinião e vontade diversas; ou ainda, considerando o bem comum, isso não deve ser concedido. Pode acontecer, por vezes, que a concessão de alguma coisa a um indivíduo, em particular, não se harmonizando com o bem comum, se torne intolerável. E o prelado deve ter sempre em mira o bem comum, fazendo-o prevalecer sobre o bem particular,

tanto na observância e correção regulares, como nas atitudes, concedendo ou negando, segundo convier em ordem a isso. Agindo deste modo, o religioso coibirá suas veleidades de transferência, seja de casa ou de província, e mesmo a inconstância nos exercícios e não se afligirá quando não for atendido em qualquer outra eventual pretensão.

7. Não tenha amizades particulares, mas ame a todos no Senhor e, ao prelado, mais que os outros; e nunca, seja qual for o motivo, pessoa ou coisa particular, perca esse maior amor e obediência ao prelado, nem faça coisa alguma contra ele.

8. No exterior, siga vida comum, como os demais; e, no interior, singularize-se quanto puder nas virtudes.

9. Não se admire pelo fato de existirem nas Religiões alguns elementos observantes, outros amigos de liberdade e comodidade, porque serem todos bons é coisa do céu, e serem todos maus é próprio do inferno. Esta vida é um tecido mesclado de maus e bons, e nas Religiões também há de haver essa diversidade: achegue-se ao grupo melhor e deixe a Deus o cuidado de todos.

10. Não fique observando se na sua comunidade há quem goze de mais comodidade e conforto nem se entristeça por esse motivo; antes, compadeça-se deles e cuide de olhar para si, pois cada um há de receber o prêmio do que houver feito, e quanto mais observante tiver sido, tanto melhor será para ele.

11. Exercite-se na obediência, simplesmente com a intenção de obedecer e assim afastará mil inconvenientes de sua alma; aquele que busca uma obediência prudente e suave, não busca propriamente obediência e sim prudência e seu prazer em ser governado; ora, isso também os pagãos desejam. A obediência religiosa visa mais alto, e, por meio dela, Deus, nosso Senhor, vai guiando o súdito para o seu bem e perfeição, quando a obediência é prudente e quando é imprudente, quando é suave e quando é rigorosa; desde que não ordene o que implicaria em culpa, ela será sempre

AVISOS PARA DEPOIS DE PROFESSOS   1033

para ele a voz de Deus, através da qual o Senhor o conduz para o seu bem espiritual.

Assim sendo, para que a obediência se torne suave ao religioso, é de suma importância que ele adquira o hábito de obedecer, porque sempre e em tudo encontra o objeto de seu desejo.

12. Na pobreza, grave em seu coração aquilo que a Religião tão judiciosamente ordenou, ou seja, viver em vida comum e igual para todos; deste modo evitará os trabalhos e inconvenientes que a faculdade de poder ter algo para uso particular costuma trazer consigo. Observe este ponto como coisa muito importante e, assim, viverá completamente livre de cuidados.

13. Na castidade, abra os olhos, pois conta com um cruel inimigo intrínseco que combate e, muitas vezes, chega a ferir mortalmente através de um simples ato interior de deleite, praticado a sós, com quanto maior razão não o fará nas companhias e ocasiões. Por este motivo, requer vigilância, jejuns, austeridade de vida, clausura e os santos exercícios que se observam em nossa Religião. Com este inimigo o religioso não pode ter meio-termo, nem trégua, nem paz de espécie alguma. Trata-se de vencer ou de ser vencido. Por isso, tenha em grande apreço esses exercícios e peleje com essas armas. Na verdade, ser amigo de comodidades e ser casto são coisas que não se coadunam. E a alma que tem tão poucas forças espirituais, a ponto de se deixar vencer pela tentação de comidas e de conforto, que é de menor monta, ainda menos resistirá à sedução da sensualidade, que é mais forte, máxime quando, à corrupção da natureza e aguilhoadas do demônio, vêm juntar-se comidas, comodidades e ocasiões perigosas que encontra a cada passo nas saídas frequentes, em virtude da infidelidade à vida de clausura que professou.

14. Já que veio à Religião para ser obediente, pobre e casto, recorde-se disso quando lhe ordenarem algo contra a sua vontade, quando lhe faltar alguma coisa e para con-

servar-se em casa e para ser fiel às penitências da Ordem, que são atos dessas virtudes que professou. Procure alegrar-se com isso e esteja atento em não desejar obediência agradável, pobreza regalada, e castidade fácil e em meio a ocasiões, pois cairá nelas.

15. Considere que já renunciou aos afetos do século em coisas mundanas, quando entrou em Religião, tais como: liberdades, fazer a própria vontade, ter abundância e conforto, ser estimado, mandar, ter prestígio etc. Esteja, pois, atento para impedir que entrem de novo em seu coração esses afetos do mundo, em matéria de Religião, que serão, quiçá, piores em si mesmos e mais difíceis de desarraigar.

16. Qualquer pensamento ou coisa que não for de molde a induzi-lo e movê-lo a cumprir a observância de sua profissão, inclinando-o a ser humilde, a mortificar-se, a não desejar ser conhecido nem estimado etc., devem ser afastados como tentação contrária ao estado que escolheu e professou.

17. Se, como miserável, cair em alguma falta, procure a correção regular e ame a quem lha proporciona, pois uma coisa e outra são meios estabelecidos por Deus, nosso Senhor, e por sua Igreja, visando o seu bem: corrigem o passado e previnem o que está para vir, a fim de que não vá adiante em sua perdição; isto aconteceu a muitos que não tiveram no princípio o auxílio dessa medicina espiritual. E, se o ser corrigido com culpa é um grande bem e remédio, o ser corrigido sem ela é grande mercê do Senhor e coroa; por isso, se tal coisa lhe suceder, alegre-se no Senhor por esse motivo.

18. Em todos os ofícios que lhe designarem, procure tirar, primeiramente, proveito espiritual para si; segundo, para a sua Religião; e, terceiro, para os outros, naquilo que nem a si nem à Religião repugne. Esta é a ordem da caridade e o zelo bem ordenado pelas almas.

19. Durante o tempo em que sua alma experimentar tristeza, securas ou paixões, não tome resolução alguma, ainda

AVISOS PARA DEPOIS DE PROFESSOS 1035

que lhe pareça tratar-se de coisa evidente, pois, serenada a borrasca, talvez lhe parecerá completamente o contrário e então julgará com mais acerto.

20. Não avalie a virtude de sua alma pelos gostos, ainda que pareçam espirituais, pois talvez não o sejam. E ainda que o fossem, a medida não há de ser essa, e sim a humildade, o desejo de mortificação e o hábito das virtudes.

21. Domine logo, de início, em sua alma, os ímpetos de fervor e os desejos, porque muitas vezes ofuscam a razão e causam inconvenientes. E quando se tratar de coisa conveniente, sem isso, conscientemente, segundo Deus, consegui-lo-á depois melhor.

22. Tudo quanto suceder, exceto o pecado pessoal, receba-o como vindo do Senhor e nada será capaz de entristecê-lo. Conduza-se nisso segundo o que lhe pede o Senhor e em tudo fará aquilo que deve. Submeta-se à vontade do Senhor nas ocorrências e assim há de alegrar-se. Dependa do Senhor em tudo e seja a obediência sua norma de vida; com isso prosseguirá na caminhada para o céu com muita paz.

ÍNDICE ANALÍTICO

SIGLAS:

P = *Poesias*; vv = versos

Caut = *Cautelas*

4A = *Quatro avisos a um religioso*

(GP = *Graus de perfeição*)

D = *Ditos de Luz e Amor* (4 séries de avisos com numeração contínua)

D = *Ditames*

Ep = *Epistolário*

S = *Subida do Monte Carmelo* (1S, 2S, 3S = Livro 1, 2 ou 3 da *Subida*. Os números seguintes referem-se: o primeiro ao capítulo; o último ao parágrafo segundo a numeração marginal).

N = *Noite escura* (1N, 2N = livro 1 ou 2 da *Noite*. Capítulos e parágrafos como na *Subida*).

C = *Cântico Espiritual* (o primeiro número representa a estrofe; o segundo, o parágrafo. Se a citação contém apenas um C, significa que o texto se encontra em ambas as redações. CA = citação exclusiva da primeira redação; CB = idem da segunda).

Ch = *Chama Viva de Amor* (ChA = primeira redação; ChB = segunda redação. O primeiro número assinala a estrofe, o segundo o parágrafo).

ÍNDICE ANALÍTICO

Abandono: na tribulação recorrer logo a Deus, D 65; id. 88 – é deixar-se e acomodar-se a Deus, S pról 3-4 – funda-se nas virtudes teologais, 2S 21,2; C 2,8 – nele acaricia Deus a alma como uma mãe ao filho, 1N 1,2 – a alma está sempre fitando a Deus, 2N 16 – prática do aband.: "Detive-me e esqueci-me..." N est. 8; C, 25 "Minha alma empregou-se ..." – vida de confiança, 3S 20,2; 3S 43,3 – Deus não deixa aos que o buscam, 1N 10,3.

Abnegação: condição posta por Cristo para ser seu discípulo, 2S 6,4; id. 2S c. 7 (tudo, fundamental) – admirável doutrina de nosso Senhor, tanto menos exercitada pelos espirituais quanto lhes é mais necessária, 2S 7,4 – modo diferente, do que muitos pensam, que neste caminho se deve levar, ib. 5 – é negação de si e desnudez de espírito; não é gula de espírito que faz inimigos da cruz de Cristo e porventura buscar-se a si mesmos, ib. – procurar-se a si em Deus é buscar os afagos e recreações de Deus; procurar Deus em si é inclinar-se a precisar disso e a escolher por Cristo tudo o que mais lhes desgostam, ib. – queiram que lhes custe algo este Cristo, e não sejam como os que buscam sua acomodação e consolo, Ep 16. – Ver *Cruz, Mortificação, Servir*.

Adversidade: a alma desairada (não obcecada) não a impede a adversidade, D 124 – parecem adversas as coisas que não dão gosto, Ep 26 – vão é perturbar-se; com igualdade tranquila e pacífica acerta-se melhor a julgar das mesmas adver-

sidades e dar-lhes remédio, 3S 6,3 – Deus comunica-se nela com mais abundância e suavidade, 1N 10-13 – é instrumento e afastamento de Deus, 2N 13,11. – Ver *Nada, Negação, Noite*.

Afeições: causam-se sempre mediante o querer de coisas que se oferecem como boas, Ep 13 – ainda que estivera no céu, se a alma não acomoda sua vontade a querê-lo, não estaria contente; assim acontece com Deus se o coração está afeiçoado a outra coisa, e não só a Ele, Ep 15 – as afeições à criatura igualam a alma com ela, 1S 4,3 – a mesma distância de Deus têm as almas quanto nelas há de afeição à criatura, 1S 5,1 – criam preferências desfigurando a realidade, ib. 5 – diminuem a capacidade para Deus, 1S 6,1 – a Deus e às criaturas (contrárias) não cabem numa mesma vontade, ib. – não puras, são causas de pouca diligência e desejo de cobrar virtude, 1S 10,4 – esvaziam o espírito, 1S 11,1-5 – sua divisão, 3S 16 – da afeição a Deus nascem todos os bens; todos os danos vem à alma pela afeição à criatura, 3S 19,1 – apartam da justiça e virtudes, 3S 19,6 – sem elas, a alma fica livre e clara para amar racional e espiritualmente, 3S 23,1 – a pessoas por via espiritual, muitas vezes nascem da luxúria, 1N 4,7 – purificando-se delas traz liberdade de espírito, 2N 2,1 – produzem na alma uma ferrugem que é preciso desfazer, 2N 6,5 – acerca de Deus, muitas não são senão atos e apetites humanos, 2N

1040 ÍNDICE ANALÍTICO

16,5 – em todas as coisas afeiçoar a vontade a Deus, C 28,3.

Afetos: trazê-los de ordinário em Deus, e aquecer-se-á o espírito divinamente, D 79 – descreve cinco defeitos que tinha uma alma em seu afeto, Ep 25 – os que terminam nas criaturas são puras trevas, 1S 4,1 – ordenados no que Deus os ordena, são mais brancos do que a neve, 1S 9,2 – para ir a Deus se há de inteirar (ter inteira) a vontade na desnudez de todo afeto (egoísta), 2S 6,1 – nem tinta nem papel bastam para dizer os danos dos desordenados em bens temporais, 3S 19 – nem todos vão até Deus, senão só os que saem do verdadeiro amor, C 2,2 – desordenados, destemperam com seus humores o paladar do espírito, Ch 1,23 – apetite purificado de afeição de criatura está temperado ao divino, Ch 3,18.

Agradecimento: põe o homem seu gozo nas coisas, e não mais, sem dar graças a Deus que as dá, 3S 21,1 – querer louvores e agradecimentos humanos é vaidade e perda de mérito, 3S 28,5 – pode estar vinculado a um lugar onde se recebeu alguma graça, 3S 42,3 – em seu porto de perfeição sente a alma agradecimento, por si e pelas demais almas, C 25,1 – e ocasiona ver os peitos de Deus abertos para si, C 33,1 – amor que "toda dívida paga", Ch 2,31 – de Deus à alma, tomando sua dádiva, Ch 3,79 – estranhos primores da alma agradecida, ib. 81.

Alegria: muitos a perdem em seus exercícios espirituais por um apegozinho de afeição, 1S 11,5 – o

que com puríssimo amor obra, ainda que nunca o houvesse de saber Deus, não cessaria de fazer-lhe os mesmos serviços com a mesma alegria, D 20 – alegre-se ordinariamente em Deus que é sua saúde, D 83 – o pobre de espírito na penúria está mais contente e alegre, Ep 16 – (nascimento de Jesus) o pranto do homem em Deus, e no homem a alegria, P 3-9 vv. 307-308 – não há coisa melhor que se alegrar e fazer o bem, 3S 6,4 – em todos os casos nos havemos de alegrar, ib. – há certa alegria que cega o coração e não deixa ponderar as coisas, 3S 18,5 – as riquezas fazem viver morrendo em penas de solidão, não deixando entrar a alegria no coração, 3S 19,10 – dirigir o coração a Deus na alegria de que Ele é todas as formosuras e graças, 3S 21,2 – alguns nas festas mais costumam alegrar-se pelo que se hão de folgar, que para agradar a Deus, 3S 38,2 – na comunhão, 1N 4,2 – grande, vendo a Deus tão perto, C 1,7 – o olhar de Deus veste de alegria o mundo e a todos os céus, C 6,1 – não pode ser amarga a morte à alma que ama, pois nela acha junto a alegria, C 11,10.

Alma: sobre todas as operações, ama Deus a discrição, a luz e o amor, D pról – a enamorada é alma branda, mansa, humilde e paciente, D 28 – sou desperdiçadora de minha alma, D 123 – as almas adoecem com as prudências humanas, D 2 – classifica as almas segundo necessidades, disposições e dificuldades na vida espir., S pról 3-7 – rija e trabalhosa coisa não se

ÍNDICE ANALÍTICO 1041

entender uma alma, S pról 4 – em seu primeiro ser está como tábua rasa e lisa sem nada pintado, 1S 3,3 – o apego à criatura a iguala à criatura, 1S 4,3 – como a arca, há de guardar a lei, a vara (cruz de Cristo) e o verdadeiro maná que é Deus, 1S 5,8 – mais faz Deus em limpá-la que em criá-la, 1S 6,4 – formosíssima e acabada imagem de Deus. Mais diferença há entre ela e as demais criaturas, que entre a limpidez do diamante e fino ouro e o pez, 1S 9,1 – ainda desordenada, está tão perfeita como Deus a criou enquanto ao ser natural; com apetites desordenados, não há coisa feia e suja a que se possa comparála, 1S 9,3 – a do justo tem dons riquíssimos e muitas virtudes formosíssimas, 1S 9,4 – a reta razão da alma é templo de Deus, 1S 9,6 – nem entendimento angélico entende a fealdade da imperfeita ou com pecados mortais ou veniais, ib. 7 – os apetites não mortificados chegam a matá-la em Deus, 1S 10.3 – depois do pecado original está cativa, 1S 15,1 – hierarquia entre sensitivo, racional, fé, 2S 4,2 – morada da divina luz do ser de Deus, 2S 5,6 – para movê-la e levantá-la, Deus o faz ordenadamente no modo da mesma alma, 2S 17,3-5 – farta de padecer que, tendo capacidade infinita, lhe deem bocados do sentido, 2S 17,8 – o templo vivo mais decente para orar é o recolhimento interior, 3S 40,1; 42.4 – há as de natureza mui terna e inconsistente, 1N 4,5 – a perdição somente lhe vem de si mesma, 2N 16,3 – apóstrofe da alma morada de Deus, C 1,7 – Deus

é o tesouro escondido no campo da alma, C 1,9 – carecer de Deus é sua morte, C 2,7 – ânsia de que Deus se dê de todo à alma, C 6,5 – mais vive onde ama que onde anima, C 8,3 – ademais da vida de amor, tem em Deus sua vida radical e natural, ib. – está como vaso vazio que espera ser cheio, C 9,6 – sua saúde é o amor de Deus; quando não o tem em nenhum grau, morta está, C 11,11 – Deus lhe é todas as coisas, C 14,5 – horto, vinha, C 17,5ss. – está no corpo como grande senhor no cárcere, C 18,1 – flores, suas virtudes; rosais, suas potências arrabaldes, seus sentidos; cidade, o racional, C 19,4 – pacífica e sossegada, é como um convite contínuo, C 20,15 – em potência, sabedoria e amor (transformada nele) é semelhante a Deus; para que pudesse chegar a isso, criou-a à sua imagem e semelhança, C 39,4 – almas criadas para essas grandezas, que fazeis? Em que vos entreteis? Vossas pretensões são baixezas e vossas possessões misérias, C 39,7 – seu centro é ao que mais pode chegar seu ser e virtude e a força de sua operação e movimento, Ch 1,11 – é Deus, ib. 12 – posta no sentir de Deus, sente as coisas como Deus, Ch 1,32 – precioso ouro de matizes divinos o tira o demônio, Ch 3,64 – primeiro despertar (recordar) em Deus em mansidão e amor, Ch 4,2 – sua obscuridade é sua ignorância, Ch 3,70 – maneiras em que Deus mora segundo as disposições: em umas mora só; em outras não; em umas com agrado, em outras com desagrado; em umas como em sua

ÍNDICE ANALÍTICO

casa, mandando e regendo tudo; em outras mora como em casa alheia, onde não o deixam mandar nem fazer, nada, Ch 4,14 – Ver – *Entendimento, Espírito, Vontade.*

Amor ao próximo: ter igualdade de amor com todos, Caut 5 – não mirar imperfeições alheias, D 117 – nem ouvi-las, D 146 – não se queixe de ninguém, D 147 – fale de maneira que não seja ninguém ofendido, D 150 – não negue coisa que tenha, D 151 – não se detenha muito nem pouco em quem é contra ou a favor, D 154 – manso é o que sabe sofrer o próximo, D 172 – quem o seu próximo não ama, a Deus aborrece, D 175 – amando muito aos que o contradizem e não o amam engendra-se amor no peito onde não o há, Ep 32 – quando o amor é segundo Deus, tanto cresce o de Deus como o do próximo e vice-versa, 3S 23,1 – apartar-se do gozo nos bens temporais dá lugar à caridade para com o próximo, ib. – do gozo dos manjares nasce diretamente falta de amor ao próximo, 3S 25,5 – o amor-próprio com suas obras o esfria e modera, 3S 30,4 – goza-se da bondade, 1N 2,6 – é gostoso saber ficar sem algo por causa de Deus e do próximo, 1N 3,2 – nasce da purgação do sentido, porque já não julga nem estima como antes, 1N 12,8 – acrisola a inveja, 1N 13,8. – Ver – *Caridade, Almas, Apostolado, Sacerdotes.*

Amor em Deus: Deus se faz uma só coisa com quem ama, Ep. 11 – ama-nos para que O amemos mediante seu amor, Ep 32 – como ser sobrenatural só se comunica por

amor e graça, 2S 5,4 – ama todo o bom, ainda que no bárbaro e gentio, 3S 27,3 – dá seu peito de amor terno, 1N 1,2 – Deus, amado, acode às petições, C 1,13 – faz diferentes visitas à alma, C 1,17 – tirando-a de seus quícios e modos e inclinações naturais, ib. 21 – as obras da Encarnação e mistérios da fé encerram maior amor, C 7,3 – o mirar de Deus é amar e fazer mercês, C 19,6; 31,5; ib. 8; 32,3 – o temor perfeito de filhos sai do amor perfeito de pai, C 26,3 – não há amizade que se lhe compare, C 27,1 – Deus não se serve senão de amor, C 28,1 – tem tal condição que, se o levam por amor, fá-lo-ão fazer o que quiserem, C 32,1 – absorve a alma em si com a onipotência de seu abissal amor, C 32,2 – não ama coisa fora de si, nem mais baixa que si, porque tudo o ama por si. Amar Deus à alma é colocá-la em si mesmo, C ib. 6 – amando-nos, ensina-nos a amá-lo como Ele nos ama, CA 37,4; C 38,4 – é infinito fogo de amor, Ch 2,2 – mais que a alma a Deus, busca Ele a ela, Ch 3,28 – porquanto é divina luz e amor, Deus comunica inteligência e amor, Ch 3,49. Ver *Transformação, União.*

Amor, em geral: porque convém que não nos falte cruz até a morte de amor (como Cristo), Ele ordena nossas paixões no amor do que mais queremos, para que maiores sacrifícios façamos e mais valor tenhamos, Ep 11 – não é amor qualquer gosto ou deleite, Ep 13 – quem entesoura por amor para outro entesoura, e é bom que ele se lhe guarde, Ep 23 – a doença de amor só se cura com a presença, P 5 c. 40 – perfeito, só na transformação, 1S 2,4 – iguala e sujeita, 1S 4,3-4; 5,1 – seu cuidado embebe para não advertir se os demais fazem ou não fazem, 1N 2,6 – a vivacidade da sede de amor debilita o natural, 1N 11,1 – é assimilado ao fogo, 2S 20,6 – o que ama já não possui seu coração, C 9,2 – não se paga senão de si mesmo, C 9,7 – doença de amor é sentir falta de amor; a sua vez é prova de que tem amor, porque pelo que tem, vê o que lhe falta. O que não sente doença de amor, é sinal que não tem nenhum, ou que está nele perfeito, C 11,14 – um amor acende outro amor, C 13,12 – não há obra melhor nem mais necessária que o amor, C 29,1 – para esse fim de amor fomos criados, C 29,3 – adamar é amar muito, duplicadamente, C 32,5 – três propriedades: gozo, semelhança, intimidade, C 36,3 – é o fim de tudo, CA 37,2 – não se satisfaz se não ama quando é amado, C 38,3 – com o tempo e exercício se qualifica e substancia mais, Ch pról 3 – nunca ocioso, Ch 1,8 – seu ofício, ferir para enamorar e deleitar, Ch 1,8 – é a inclinação da alma e a força e virtude que tem para ir a Deus, Ch 1,13 – amigo de força e brevidade, Ch 1,33 – esquadrinha, Ch 2,4 – o impaciente, recebe-o ou morre, Ch 3,18. Ver *Afetos*, *Enamoramento*, *Vontade*.

Amor na alma: amor puríssimo não faz nem por onde o saiba o mesmo Deus, D 20 – na alma simples frequente amor em ato, D 53 – à tarde, examinar-te-ão sobre o amor, D 59 – amar como Deus quer, ib. – saberás amar tomando a Deus por amigo, D 67 – a alma em amor não se cansa nem cansa, D 96 – não consiste em sentir grandes coisas, senão em padecer, D 114 – a linguagem que Deus mais ouve é o calado amor, D 131; Ep 8 – amar a Deus sobre todas as coisas é pôr a força de vontade nele, Ep 13; Ep 21 – onde não há amor, põe amor e encontrarás amor, Ep 27 – amar outra coisa com Deus é tê-lo em pouco, 1S 5,4 – não há habilidade para abrasar a Deus em puro amor, 1S 8,2 – é obrar em despojar-se, 2S 5,3; 7 – àquela alma que está mais avantajada em amor, Deus se comunica mais, ib. 4 – é apartar o afeto de tudo para pô-lo inteiro em Deus, 2S 6,4 – é inclinar-se a escolher o mais áspero por Cristo, 2S 7,5 – no sentido é com ternura, na alma com fortaleza, 2S 24,9 – feliz resolução do preceito "amarás", em vontade inteirada em amor, 3S 16,1; 2N 11,4 – o que nasce em sensualidade, para em sensualidade, 1N 4,7 – o valor das coisas não está tanto em quantidade e qualidade, mas no mais puro e inteiro amor, 3S 27,5 – o de almas fracas, exercita-o Deus parecendo e transpondo, 1N 14,5 – no purgatório, limpa o fogo, aqui só o amor, 2N 12,1 – introduz na sabedoria mística, 2N 12,2 – notas de embriaguez, ousadia e impaciência, 2N 13,2-8 – escala de dez graus, 2N 19ss. – amamos a Deus sem entendê-lo,

C pról 1 – de Deus não se alcança nada se não é por amor, C 1,13 – o verdadeiro não se contenta com menos do que Ele, C 1,14 – feridas de amor, C l,16ss.; 7,1-8; Ch 1,30 – não tem medicina senão de quem o causa, C 1,20 – só os afetos e desejos do verdadeiro vão até Deus, C 2,2 – morte de amor, C 7 e Ch 1,30 – alma tocada pela erva do amor; sua saúde está no amor de Deus, C 11,11 – a alma fraca no amor, também o está para obrar virtudes heroicas, C 11,14 – amantes novos e velhos; diferença, C 25 – quanto mais ama uma alma, mais perfeita é no que ama, C 27,8 – fora do amor, Deus nada aprecia e de nada se serve, C 27,8 – tem a Deus por prisioneiro, C 32,1 – com ele paga a alma a Deus o que deve, C 38,5 – é chama de vida divina que fere com ternura de vida de Deus, Ch 1,7 – contenta a alma se tudo o que é, vale, tem e recebe, emprega-o no Amado, Ch 3,1 – cada qual ama e faz bem a outro segundo sua condição e propriedades, Ch 3,6 – desejo de Deus verdadeiro é posse, Ch 3,32 – o preceito de amar a Deus sobre todas as coisas não pode ser sem desnudez e vazio, Ch 3,51.

Amor-próprio: a alma equivocada por ele tem cinco defeitos, Ep 25 – alma dura em seu amor-próprio, se endurece, D 29 – quem em si mesmo se fia, é pior que o demônio, D 174 – o amor-próprio e suas ramas costumam enganar e impedir sutilmente o caminho espiritual, 2S 6,7 – é buscar-se a si mesmo nos regalos e recreações de Deus, 2S 7,5; ib. 12 – fundando-os nele, põe o demônio falsa

humildade e fervor, 2S 29,11 – não basta certo conhecimento de sua miséria, cheio de oculta estima e satisfação, 3S 9,2 – é o vício do fariseu, 3S 28,3 – facilmente se pode alguém buscar-se a si mesmo nas obras que dão consolo, 3S 28,8 – faz esfriar a caridade, ib. 9 – a muitos os determina o gozo e estima de suas obras, 3S 31,3 – perigo nos pregadores, 3S 45,2 – vício de principiantes: desejar tratar suas coisas com quem melhor as louve e estime, 1N 2,3 – perigos na prosperidade, ib. – o baixo estilo dos principiantes com Deus frisa muito no amor-próprio, 1N 8,3 – saí de mim mesma: de meu baixo modo de entender, de meu fraco amor, 2N 4,1 – onde há verdadeiro amor de Deus, não entra o de si, 2N 21,10 – na oração há maior segurança contra o amor-próprio representando o que falta, melhor do que pedindo, C 2,8 – não há cor dele no espírito perfeito, C 15,24 – para não o ter, não se há de visar o saboroso dos exercícios, Caut 17.

Anjos: os anjos são meus, D 26 – o anjo custódio sempre ilumina a razão, D 36, posto o apetite em outra coisa, não dá lugar a que o mova o anjo, D 37 – as esposas de Cristo, em mãos de anjos, Ep 7 – não podem ser meio de união com Deus, 2S 8,3 – podem ser vistos em representações, 2S 11,1 – por eles se comunica Deus com os homens, 2N 12,3 – os mais próximos de Deus estão mais purificados, 2N 12,4 – o demônio pode ver o que

ÍNDICE ANALÍTICO 1045

se recebe através do anjo bom, 2N 23,6-7 – às vezes permite o bom vantagens ao mau para que mais se purifique a alma, ib. 10 – são pastores nos redis da alma, C 2,3 – são flores do céu, C 4,6 – inspiram notícias de Deus, C 7,6-9 – vagam, contemplando e gozando a Deus, ib. – seu ofício é favorecer, afugentando os demônios, C 16,2 – estimam as coisas de dor sem senti-la, C 20,10 – desfrutam das maravilhas da alma, ib. 14; 22,1.

Apegos: não se prende a alma em nada, Ep 11 – minha alma está desprendida..., P 8, estr. 1 – é espírito robusto, não preso a nada, acha doçura e paz, D 41; – apegozinhos sem vencer, que impedem a perfeição, D 121 – por culpa de apegos a coisas temporais, pode o demônio na alma, 1S 2,2 – muito agravo a Deus é amá-1'O com eles, 1S 5,5 – contrários à desnudez de Cristo, 1S 6,1 – são os mesmos apetites, 1S 7,2 – imperfeições cotidianas não impedem tanto como o apego a uma coisa, 1S 11,4 – por uma ninharia se deixa grande bem, 1S 11,5 – com eles, a alma nunca deixa de ser uma criançola, 2S 17,6 – nunca se fiar por ser pequeno o apego, 3S 20,1 – o desapego não o molestam cuidados, 3S 20,2 – desapegar-se deixa o coração livre para Deus, 3S 20,4 – é grande enfado ver pessoas espirituais tão presas, 3S 35,8 – é insofrível o de gente pouco ilustrada em cerimônias, 3S 43,1 – desapegados os sentidos, fica limpo e livre o entendimento, 1N 12,4 – um só basta para não sentir o íntimo sabor do

espírito de amor, 2N 9,1 – para ir a Deus, despojar a vontade de toda coisa deleitosa, Ch 3,51. Ver *Apetites, Nada, Noite, Purificação*, etc.

Apetites: dois trabalhos do pássaro preso ao visco: desprender-se e limpar-se; assim os que satisfazem seus apetites, D 22 – como o que puxa o carro encosta acima, caminha para Deus a alma com apetites, D 55 – ninguém consegue, só por si, esvaziar-se de todos os apetites, 1S 1,5 – apascenta e nutre de coisas a alma 1S 3,1 – carecer de coisas não despoja, se a alma tem apetites delas 1S 3,4 – noite é privação do gosto no apetite; fá-la a mortificação, 1S 2,3; 4,5 – o apetite é como o fogo: lançando-lhe lenha, cresce, 1S 6,6 – por não se levantar de ninharias, perde-se muito, 1S 5,4 – cessam em estado de perfeição, 1S 5,6 – único apetite que Deus quer, o de querer guardar sua lei, 1S 5,8 – quanto mais entidade tem, menos capacidade há para Deus, 1S 6,1 – o que os tem, sempre está descontente e insípido, ib. 3 – resistem a Deus mais que a nada, ib. 4 – principal dano: resistir ao espírito de Deus, ib. – cansam, atormentam, obscurecem, sujam e enfraquecem, ib. 5 e cap. seg. – tem a alma como o enfermo com febre, 1S 6,6 – deixam a alma feia, abominável, suja, obscura e com muitos males, 1S 9,3 – levam seu castigo no estrago que fazem na alma, 1S 8,5 – basta um, ainda que não seja pecado, para impedir a união, ib. – sempre vão perdendo mais virtude, 1S 10,2; ib. 4 – não mortificados, matam a alma em

Deus, ib. – os naturais pouco ou nada impedem a união, 1S 11,2 – os voluntários a impedem, ib. 2-3 – quase nunca se verá uma alma negligente em vencer um apetite, que não tenha muitos outros, 1S 11,5 – quando o apetite se executa é doce e parece bom; depois se sente sua amargura, 1S 12,5 – casa de todos é a parte sensitiva, 1S 15,2 – o ser de Deus não cai neles, 2S 4,4 – apagados, fica livre o entendimento para entender a verdade, 1N 12,4 – a alma há de amar com todas as suas forças e apetites espirituais e sensitivos, 2N 11,3 – na noite purgativa estão adormecidos, mortificados, apagados, 2N 15,1 – a perdição da alma somente vem de seus apetites, 2N 16,3 – obscurecidos, livra-se a alma de si mesma, 2N 16,7 – dieta e abstinência de coisas, ib. 10 – fronteira para a alma, C 3,10 – raposas devastadoras, C 16,5 – rebanhozinho que sempre fica, C 26,18 – cataratas sobre o olho do juízo, Ch 3,73 – está Deus como em casa própria onde eles mesmos moram, Ch 4,14.

Apostolado: dizendo com devoção: "nesciebatis..." (Lc 2,49) reveste-se a alma do ardente desejo do bem das almas, Dt 7 e 10 – o amor ao bem dos próximos nasce da vida espiritual e contemplativa, Dt 9 – a suprema perfeição está em cooperar com Deus na conversão e redução de almas, Dt 10 – a paciência é mais certo sinal de varão apostólico do que ressuscitar mortos, Dt 13 – vida apostólica é vida de desprezo, Ep 9 – Deus às vezes representa a almas santas as necessidades de seus próximos para que as encomendem a Deus ou as remedeiem, 2S 26,27 – representa às vezes o demônio pecados alheios e consciências más, sob pretexto de encomendá-los; mas é para que se cometam outros pecados..., 2S 20,4 – não há dificuldade nem necessidade que não se possa desatar e remediar muito a gosto de Deus e proveito das almas, 2S 21,4 – Deus ama todo o bom, ainda que no bárbaro ou gentio, 2S 28,3 – convém advertir, para aproveitar, que a pregação mais é exercício espiritual que vocal, 3S 45,2 – de ordinário é proveito tal qual a disposição da parte de quem ensina: quando o pregador é de melhor vida, maior é o fruto que faz, 3S 45,3 – de espírito vivo se pega o calor, ib. – as almas unidas tanto queriam fazer, que tudo lhes parece nada, 1N 2,6 – darão o sangue de seu coração a quem serve a Deus, e ajudarão quanto está em si, 1N 2,8 – há uma classe de enfado contra pecados alheios com certo zelo desassossegado, 1N 5,2 – (a fundo perdido de amor) é aquele amor ousado e determinado, que não se envergonha perante o mundo das obras que faz por Deus, e nem por vergonha as esconde; nem os que assim amam se deixam perder em pontos do mundo ou da natureza para fazer as obras perfeitas e despojadas por Cristo, não pensando no que dirão ou parecerão, C 28,2-10; ib. 29,8-11 – fecundidade do "solitário" amor na Igreja, C 29,2 – do exemplo em estar-se mais com Deus na oração, C 29,5 – meio de união, C

ÍNDICE ANALÍTICO 1047

36,4; Dt 11 – os merecimentos de uma alma em união são ordinariamente grandes em número e qualidade, Ch 2,36; 3,8 – como zelos de malcasados é o trato com almas quando o move a soberba, presunção ou outro imperfeito motivo, fora a honra de Deus, Ch 3,59. Ver *Igreja, Direção esp., Sacerdotes.*

Apóstolos: negação lhes ensinou Jesus a quem lhe pedia direita e esquerda, 2S 7,6 – convinha-lhes que Jesus se fosse, 2S 11,7 – não os livrou dos poderosos, mas deixou que os perseguissem e matassem, 2S 19,7 – com ter andado com ele, andavam enganados (Emaús), 2S 19,9 – não entenderam muitas parábolas e sentenças até que tiveram de pregá-las, 2S 20,3 – receberam grátis hábitos infusos, 2S 26,12 – repreendeu-os porque se alegravam em expulsar demônios, 3S 30,5; Dt 10 – oravam antes de agir, 3S 31,7 – fê-los saber da ressurreição pelas mulheres antes que eles a constatassem, 3S 31,8 – repreendeu-os porque estorvavam a um que expulsava demônio em seu nome, 3S 45,3 – interiormente arderam por amor suave, 2N 20,4 – cheios de poder e força, C 14,10 – enviou-os a seu Aposentador como faz com as almas, C 17,8 – vieram sobre eles lâmpadas de fogo, Ch 3,8 – SÃO PAULO: 2S 17,8; 22,12; 24,3; 26,4; C 11,9; 12,8; 14,15; Ch 2,14; 3,59 – SÃO PEDRO: 2S 16,15; 22,12-14; 27,5; 2N 21,4; Ch 1,6.

Aproveitados: mais empregam seu cuidado no que estão para ganhar, que no que têm ganhado, P 11, vv. 61-65 – sinal de aproveitar:

paciência no sofrer e tolerância em carecer de gostos, D 119 – que aproveita dares tu a Deus uma coisa se Ele te pede outra?, D 72 – andam pela noite ativa do espírito, 1S 1,3 – o aproveitar não se acha senão imitando a Cristo, 2S 7,8 – perdem-se as mercês se não se aproveitam, 2S 11,7 – não lhes servem as apreensões para a união, 2S 13,1 – hão de recorrer às vezes à meditação, 2S 15,1 – suas visões mais frequentes são imaginárias, 2S 16,3 – que aproveita e que vale o que não é amor de Deus?, 3S 30,5 – este estado já é de contemplativos, 1N 1,1 – muitas diligências em meditar estorvam de ir adiante, 1N 10,2 – padecem muitas debilitações, fraquezas de estômago e fadigas, 2N 1,2 – imperfeições e perigos, ib. 3, c. 2,1-4 – purgação cumprida das duas partes da alma, 2N 3,1 – muito baixos e naturais em seu trato e operações com Deus, 2N 3,3 – comumente se aproveita donde menos se entende, 2N 16,8 – embriaga-os o Espírito Santo com vinho de amor suave, saboroso e generoso, C 25,7.

Arroubamentos: falsos às vezes; em público mais que em oculto, 1N 2,3 – simulados, 2N 2,3 – sucedem quando a parte sensitiva não está bem purgada, 2N 1,2 – com detrimento e temor do natural a princípio, C 13,2 – não há tormento que assim desconjunte os ossos, ib. 4 – desampara em alguma maneira o espírito e a carne, ib. 4-5 – próprio dos que chegaram ao estado de perfeição, ib. 6.

Atos: frequentemente está em ato o amor de Deus na alma pura e simples, D 53 – qualquer ato desordenado causa danos privativos e positivos, 1S 6,1 – um de virtude cria suavidade, paz, consolo, luz, limpeza e fortaleza, 1S 12,5 – evitar os voluntários de imperfeição, 2S 5,4 – engendram (repetidos) hábito, 2S 14,2 – são desordenados por excesso ou remissão, C 20,8 – as virtudes em perfeição nem sempre se gozam em ato, C 24,6 – são como frescas manhãs aqueles nos que se adquirem virtudes, C 30,4 – alma disposta, muito mais e mais intensos faz em breve que a não disposta em muito tempo, Ch 1,33. Ver *Hábitos.*

Atributos divinos: os que sentimos em Deus são verdadeiros em si mesmos, 2S 20,3 – seu conhecimento causa sabor e deleite, C 37,2 – como romãs, cada um contém multidão de ordenações, ib. 7 – Deus em seu único e simples ser é todos os seus atributos, Ch 3,2ss. – põem maravilhosas lâmpadas de luz e calor na alma que os experimenta, ib. – estranhos primores, Ch 3,77ss.

Autenticidade: Ele espírito verdadeiro leva sempre grande desnudez no apetite, Ep 34 – o mesmo espírito ensina estilo simples, sem afetações nem encarecimentos, Ep id. – no som do toque saltará a brandura da alma, ib. – dê a Deus o que lhe há dado e dá cada dia, Ep 3 – os sopros que a nosso parecer damos para acender nossa lâmpada, talvez sejam mais para apagá-la, Ep 8 – uma alma, segundo sua pouca ou muita capacidade, que não chega à pureza competente, nunca chega à verdadeira paz e satisfação, 2S 5,10-11 – o que não engendra humildade, caridade, mortificação e santa simplicidade, silêncio, etc., que pode ser?, 2S 29,5 – nas virtudes quando são "por Deus", 3S 27-28 – há poucos homens sem arrimo de interesse, de consolo, ou gosto ou respeito, ib. 8 – fazer as obras mais conformes e cabalmente, 3S 29,2 – id. respeito a bens sobrenaturais, 3S 31 – o mal traz consigo o testemunho de si, 3S 37,1 – a verdadeira devoção há de sair do coração só na verdade e substância do que representam as coisas espirituais; tudo o mais é apego e propriedade de imperfeição, 1N 3,1 – reformada a parte sensitiva pela purgação, já não tem fraquezas de sensualidade, porque não é ela que recebe já, mas já está ela recebida no espírito, e assim tem tudo a modo do espírito, 1N 4,2 – a purga da alma segundo o sentido é acomodada ao espírito; e a purga do espírito é dispor-se e acomodar-se para o amor de Deus, 1N 8,1 – a purgação do sentido mais serve para acomodar o sentido ao espírito que de unir o espírito com Deus, 2N 2,1 – é necessária a purificação para remediar a extração e exterioridade do espírito com Deus, 2N 2,1 – é necessária a purificação para remediar a extração e exterioridade do espírito e a rudeza natural ("hebetudo mentis") que todo homem contrai pelo pecado, ib. 2 – uma explicação: no espírito estão a força e raiz em que se sujeitam todos os hábitos bons e maus, 2N 3,1 – assentar o amor em substância e sabor de espírito e verdade

ÍNDICE ANALÍTICO

de obra, não em sabor de sentidos, C 26,11. Ver *Desequilíbrio, Equilíbrio, Liberdade interior, Reintegração, Sinceridade, Verdade*.

Avareza: diretamente causa aflição, 1S 12,4 – pode o demônio acrescentar formas e afetar com ela a alma, 3S 4,1 – não se vê farta, 3S 19,7 – a alma do avaro se afasta muito de Deus; a a. é servidão de ídolos, ib. 8 – o Senhor chamou as riquezas de espinhos, 3S 18,1 – vício de principiantes em coisas espirituais, 1N 3.

Batismo: a renascência divina está sobre tudo o que se possa pensar. Renascer é ter uma alma semelhante a Deus em pureza, 2S 5,5 – traça o primeiro esboço do Filho de Deus, e está clamando ao que o esboçou que o acabe de pintar e formar, C 11,12 e 12,1ss. – debaixo da árvore da cruz redimiu e desposou Cristo consigo a cada alma. Aquele desposório se fez de uma vez, dando Deus a primeira graça, a qual faz Deus no batismo com cada alma, C 23,3-6 – é todo um, só que por via de perfeição se faz ao passo da alma, ib. – se em pecado recebeu tanto, em amor de Deus quanto poderá esperar?, C 33,1 – depois que Deus olhou a alma pela primeira vez, bem pode mirá-la a segunda e mais vezes, aumentando-lhe a graça e formosura, C 33,3 – chama "o outro dia" ao dia do b., em que a alma recebeu pureza e limpeza total, CA 37,6. Ver *Reintegração*.

Benefícios: somos mais próprios do Bem infinito que nós mesmos, D 136 – grande mal é ter os olhos mais nos bens de Deus que no próprio Deus, D 137 – cai a alma na conta, ao conhecer a grande dívida que tem para com Deus pela criação e outros mil benefícios, C 1,1 – para achar a Deus deveras não basta ajudar-se de benefícios alheios, C 3,2 – o que Deus dá, para o bem o dá, 3S 21,1; 2N 16,4; Ch 2,30 – bens temporais: riquezas, estado, ofícios e outras pretensões, 3S 16,3 – bens naturais: formosura, graça, charme, compleição corporal, bom entendimento, discrição etc., 3S 21,1 – sentidos interiores e exteriores, 3S 24,1 – bens morais: virtudes e hábitos delas, 3S 27,1 – bens sobrenaturais: sabedoria, graças "grátis datas" (fé, saúde, milagres, profecia, discernimento de espíritos, dom da palavra e de línguas) 3S 30,1 – os bens não vão do homem a Deus, mas vêm de Deus ao homem, 2N 16,5 – Deus, ao abrir sua mão, enche de bênçãos, C 6,1 – tira Deus, dos males, bens, C 23,5 – o movimento para o bem de Deus há de vir, C 30,6 – Cristo é prevenção de todas as bênçãos de Deus, C 37,6; 38,9 – os trabalhos de Jó foram para seu engrandecimento, Ch 2,28.

Bens: o demônio engana sob espécie de bem, Caut 10 – o homem não entende a distância do bem e do mal, D 62 – todo o melhor desta terra, comparado àqueles bens para os quais fomos criados, é feio e amargo, Ep 12 – os bens de Deus só cabem no coração vazio e solitário, Ep 15 – o verdadeiro espírito tende a carecer de todo bem por Deus, 2S 7,5 – sempre se recebe o bem espiritual degustando, 2S

14,1 – o bem moral consiste na renda das paixões, 3S 5,1 – o maior bem é tranquilidade e paz em tudo, 3S 6,3-4 – o gozo pode nascer de seis classes; há que o dirigir a Deus, 3S 17,2 – é erro e insipiência gozar-se no que não traz consigo eterno bem, 3S 18,5 – pondo o afeto em Deus, nascem todos, 3S 19,1 – as coisas de Deus, por si fazem bem à alma, 2N 16,4 – alma atuada com abundância, 2N 7,5 – adorno de bens no desposório: paz, deleite, suavidade de amor etc., C 14,2.

Blasfêmia: é às vezes sugerida (noite do sentido) com insistência e força, até quase a pronunciar, 1N 14,2.

Bondade: toda nossa b. é emprestada; Deus a tem própria, D 107 – toda a das criaturas do mundo pode-se chamar malícia, comparada com a de Deus, 1S 4,4; 5,1 – a cada passo temos o mau por bom e o bom por mau, 1S 8,7; 3S 3,3 – a alma boa sempre no bom há de recear mais, porque o mau traz consigo testemunho de si, 3S 37,1; Caut 10 – a malícia não a compreende, Ch 1,23 – Deus é lâmpada de bondade para a alma, Ch 1,3 – o bom pensa bem dos demais, saindo esse juízo da bondade que tem em si, Ch 4,8.

Buscar: achar-se-á a Deus muito a seu gosto com amor puro e simples, D 2 – só a Deus se há de buscar e granjear, 2S 7,3 – buscar-se a si em Deus é buscar os regalos e recreações nele; buscar a Deus em si é inclinar-se a escolher por Cristo o mais insípido, 2S 7,5 – com as ânsias e forças que a leoa ou ursa

andam a buscar seus filhos, anda a alma ferida buscando a Deus, 2N 13,8 – a Deus escondido na alma, C 1,6ss. – busca a Deus de noite o que quer estar em seu gosto e descanso; de dia, o que se exercita em virtudes, C 3,3-4 – para buscar a Deus requer-se liberdade e fortaleza, ib. 5; 14,9 – se a alma busca a Deus, muito mais busca Ele a ela, Ch 3,28.

Caminho: o da lei de Deus e da Igreja é plano, Ep 19 – os "Avisos" são para o caminho, ib. pról – requer mais mortificação que muito saber, D 57 – para ir a Deus é um ordinário cuidado de fazer cessar e mortificar apetites, 1S 5,6 – é a fé, 2S 8,1-4; 2S 11,4 – entrar em caminho é deixar seu caminho, 2S 4,5 – é estreito, 2S 7,1-3 – requer que os viandantes não levem carga que lhes pese nem coisa que embarace, 2S 7,3 – pelo estreito não cabe mais que a negação, ib. 7 – é Cristo, ib. 8 – há de seguir-se o próprio, 2S 8,2; 21,6 – é a imitação de Cristo, 2S 29,9 – ir pelo da vida eterna é o único gozo, 3S 30,5 – Deus dá o necessário para ele, 1N 10,3 – poucos suportam e perseveram no caminho estreito, ib. 4 – a cada alma leva Deus por caminhos diferentes, Ch 3,57 – a alma que leva Deus em seus braços caminha no passo de Deus, Ch 3,67. Ver versos e incidências do *Monte da Perfeição*.

Cansaço: os apetites cansam, 1S 6,5-6 – o que anda no amor nem cansa nem se cansa, D 96 – tenha toda a riqueza do mundo por lodo, vaidade e cansaço, Ep 12.

ÍNDICE ANALÍTICO 1051

Caridade: tu, Senhor, voltas com alegria e amor a levantar o que te ofende; e eu não volto a levantar e honrar o que me ofende a mim, D 46 – não penses que, porque não reluz naquele as virtudes que tu pensas, não seja ele precioso diante de Deus pelo que não pensas, D 61 – folgar-se com o bem alheio, Caut 13 – contínuo exercício na vida comunitária (pensamento, palavras, obra) Caut 8-9; 13-15; 4A 2-4; 6 e 8 – poder unitivo, 2S 5ss. – e sobre todo poder purificativo, 3S 16-45 – uma alma, segundo sua muita ou pouca capacidade, pode chegar à união, porém não em igual grau de c. todas, 2S 5,11 – uma obra feita em caridade é mais preciosa que as visões, 2S 22,19; 3S 30,4 – grande lástima a desgraça de uma alma para consigo, presa de apetites que vivem nela, quando seca para os próximos e quando pesada e perigosa para as coisas de Deus, 1S 10,4 – certas sugestões contra as quais a alma tem necessidade de muita oração e força; porque às vezes o demônio costuma representar pecados alheios e consciências más, falsamente e com muita luz, para difamar e com vontade que aquilo se descubra a fim de fazerem pecados, pondo na alma que é zelo para os encomendar a Deus, 2S 26,17 – o que não engendra caridade, o que pode ser? 2S 29,5 – é causa e meio para os dons do Espírito Santo, 2S 29,6 – é por ela que as obras feitas em fé são vivas, 3S 16,1 – da liberdade de gozo em bens naturais fica a alma clara em humildade e em caridade geral para com os próxi-

mos, amando-os a todos racional e espiritualmente como Deus quer que sejam amados, 3S 23,1 – graves desordens individuais e sociais contra a c. pelo gozo desordenado: mortes, honras perdidas, insultos, fazendas dissipadas, emulações e contendas, adultérios, fornicação; que não se podem compreender com a pena nem significar com palavras, 3S 22 – id. respeito a gozos sensuais, ib. c. 25-28 – deve o homem gozar-se nas graças e em seu uso servindo a Deus com elas em caridade, no que está o fruto da vida eterna, 3S 30,5 – a c. só se goza em Deus vivo, 3S 32,4 – c. que a todos tem por melhores e costuma deles ter uma santa inveja; tanto é o que de caridade e amor gostariam de fazer por Deus, que tudo o que fazem não lhes parece nada, 1N 2,6-8 – inveja má e inveja santa, 1N 7,1 – bom efeito da purificação: não se alterar mais pelas faltas, nem contra si nem contra o próximo, ib. 8; 13,8 – goza-se na bondade, 1N 7,1 – sem ela nenhuma virtude é graciosa diante de Deus, 2N 21,10 – púrpura sobre a qual Deus se recosta, 2N ib.; C 24,7; C 26,1 – esvazia a vontade do que não é Deus e a une com Ele por amor, 2N 21,11 – os espirituais, o que mais costumam sentir são as águas da dor do que qualquer outra coisa e mesmo dos pecados seus ou alheios, C 20,10 – gratidão na vista experimental de outras almas em graça em sua grande variedade de caminhos e de bálsamo divino, C 25 – nova ordem da caridade na união, C 26,7-8 – o hábito

ÍNDICE ANALÍTICO

da c. pode ser nesta vida tão perfeito quanto na outra; não a operação e o fruto, Ch 1,14 – é fogo não em extremo aceso na Igreja militante, Ch 1,16 – baixeza nossa: julgar os demais saindo o juízo e começando de nós mesmos, Ch 4,8. Ver *Amor*, *Vontade*.

Castidade: Almas que, como as aves, voam, e no ar se purificam e limpam, D 98 – uma das doze estrelas da perfeição, D 155 – fruto da amorosa notícia de Deus, 2S 14,9 – fruto da mortificação do gozo dos bens naturais, 3S 23,4 – do gozo desordenado pode-se seguir diretamente desonestidade, descompostura interior e exterior, impureza de pensamento, 3S 25,2 – ao limpo tudo lhe faz mais bem e serve para mais limpeza; o impuro, mediante sua impureza, de tudo costuma tirar o mal, 3S 26,6 – paladar de vontade sã, C 1,22. Ver *Corpo*, *Pureza*.

Céu: nele, uns veem mais, outros menos; todos veem, porém, a Deus; todos estão contentes, 2S 5,10 – prado de verduras, C 4,4. Ver *Escatologia*, *Glória*.

Comunhão: pacifique a alma e comungue como costuma, Ep 19 – aquela eterna fonte está escondida neste pão vivo para dar-nos a vida, P 2, vv. 33-34 – aquela fonte viva que desejo, neste pão de vida já a vejo, ib. vv. 39-40 – e para sempre com eles o mesmo ficaria, P 3 vv. 143-144 – muitos põem mais cobiça em comer do que em comer limpamente, 1N 6,4 – se há de fazer com licença não porfiada do despenseiro de Cristo, ib. – alguns mais procuram sentir e saborear que reverenciar e louvar em si com humildade a Deus, ib. 5 – o menor de seus proveitos é o que toca ao sentido; o maior, é invisível da graça, 1N 6,5.

Concupiscência: aflige a alma por conseguir o que quer, 1S 7,1 – os apetites atam a alma à pedra da c., ib. 2 – o apetite a acende, 1S 8,3 – exercício para mortificar as três c. citadas por São João, 1S 13,8-9 – embota a mente e obscurece o juízo, 3S 19,3; 29,2 – se se lhe dá lugar, não basta santidade e bom juízo para deixar de cair, 3S 19,4. Ver *Apetites*.

Confissão: procure sempre se confessar com muito conhecimento de sua miséria e com clareza e pureza, 4A, Gp 13 – alguns (ignorantes da via do espírito) crucificam as almas com muitas confissões gerais, S pról 5. Ver *Direção espiritual*, *Sacerdotes*.

Conhecimento próprio: efeito da purificação; mais claro que a luz do dia, S pról 5; 1N 12,2-7 – não sabe o homem gozar-se bem nem doer-se bem, D 62 – não é bom o que se mescla com oculta satisfação, 3S 9,2 – para conservá-lo há de passar dias e tempos de tentações e securas, 1N 14,5 – todas as mercês de Deus vão envoltas nele, 1N 12,2 – não pode estar sem ele o estado de perfeição, 2N 18,4 – o primeiro para ir ao conhecimento de Deus, C 4,1 – a chama, consumidora e arguidora, faz desfalecer e penar a alma em conhecimento próprio, Ch 1,19-20.

Consciência: mais quer Deus o menor grau de pureza de consc. que

ÍNDICE ANALÍTICO 1053

quantas obras possas fazer, D 12 – torpeza e cegueira para conhecer a distância entre o bem e o mal, 1S 8,7; D 62 – para a união com Deus não há de consentir-se advertidamente em imperfeições, 1S 11,3 – o bem moral está na moderação das paixões e freio dos apetites; seus frutos: tranquilidade, paz, sossego e virtudes, 3S 5,1 – a alterada não é capaz, enquanto tal, do bem espiritual, ib. 3 – controlada a memória, nasce tranquilidade, paz e pureza de consciência, 3S 6,1 – não deixar de pensar e recordar-se do que se deve fazer e saber, 3S 15,1 – o gozo dos bens sensuais a faz insensível, 3S 25,6 – mais importa às vezes limpar deveras a própria consciência que multiplicar demasiados rogos por suas pretensões, 3S 44,1. Ver *Exame de consciência.*

Constância: para obrar fortemente e com constância, inclinar-se mais ao dificultoso que ao fácil, 4A 6 – para consegui-la, não deixar de fazer as obras por falta de gosto, Caut 16 – o gosto sensível não é constante, 3S 41,2 – tê-la, e valor, para não abaixar-se a colher as "flores", C 3,10 – convém muito e bastante nas tribulações e trabalhos, Ch 2,30.

Contemplação: a alma contemplativa tem as 5 qualidades do pássaro solitário, D 120; C 15,24 – dá-se em fé, 2S 10,4 – antes foi trabalho e às vezes de meditação; agora, pelo uso, tornou-se hábito e substância de notícia amorosa geral, 2S 14,2ss. – a purgativa causa negação de si e de todas as coisas, 1N decl – adormece e amortiza paixões, ib. 2 – nem a metade

dos que se exercitam no caminho do espírito leva Deus à contemplação, 1N 9,9 – é uma infusão secreta, pacífica, amorosa de Deus; é a vida do espírito, 1N 10,6 – a purgativa é o mesmo que desnudez e pobreza de espírito, 2N 4,1 – a infusa é chamada raio de treva, 2N 5,3 – consta de luz divina e amor, 2N 12,4 – é linguagem de Deus de puro espírito a espírito puro, 2N 17,4 – ilustra e enamora, 2N 18,5 – o bom contemplativo há de buscar a Deus escondido em sua alma, C 1,6 – não se pode receber menos que em espírito calado e despojado, Ch 3,37 – deixa impressos inestimáveis bens, Ch 3,40.

Contrários: princípio fundamental: dois contrários não cabem em um mesmo sujeito, 1S 4,2; 6,1; 6,3; 2N 5,4; 7,5; 9,2 – a mesma doutrina que serve para um c. serve também para o outro, 3S 6,1; 19,4; C 11,11; Ch 3,18.

Conversão: a alma que determinadamente se converte, ordinariamente a vai Deus criando em espírito e regalando, 1N 1,2 – o espírito de Deus é recolhido e convertido à mesma alma; assim pouco se intrometerá nas coisas alheias, porque nem das suas não se recorda, C 26,15 – nosso levantamento é levantamento de Deus, Ch 4,9. Ver *Interioridade.*

Coração: quando o coração anda em baixezas, pelo chão costuma rolar a coroa e cada baixeza a dá com o pé, Ep 7 – os bens imensos de Deus não cabem senão no vazio e solitário, Ep 15 – para ter a

Deus em tudo, convém não ter em tudo nada; porque o coração que é de um, como pode ser todo de outro? Ep 17 – (sair) sem outra luz nem guia senão a que no coração ardia, P 6 vv. 14-15 – o generoso não busca o passar, senão o mais dificultoso, P 11, vv. 13-16 – os "Avisos" são palavras ao coração, banhadas de doçura e amor, D pról – é de corações dadivosos andar a perder e que todos nos ganhem, D 136 – não terão e não sentirão mais necessidades que as que quiserem sujeitar o coração, que tem tanto valor que sujeita tudo, Ep 16 – para começar a ir a Deus se há de queimar e purificar o amor, 1S 2,2 – o do mau é como o mar quando se agita, 1S 6,6 – com fraqueza de afeição se agarra aos bens temporais e falta a Deus, 3S 18,1; 19,8; 20,1 – como são um coração livre e um c. possuído, 3S 20,3 – sua limpeza não é menos que amor e graça de Deus, 2N 12,1 – em sua guarda, tesouros escondidos, C 1,10 – não se satisfaz na posse de coisas, senão em desnudez delas, C 1,14 – há de estar desnudo, forte e livre para buscar a Deus, C 3,5 – quanto mais um tem coração para si, menos o tem para Deus, ib. – não pode estar em paz e sossego sem alguma posse cumprida, ib. 6 – o que ama já não o possui, C 9,2; ib. 5 – voo da alma à arca divina do peito de Deus C 14,3 – o Verbo, Filho de Deus, leito dele e dela, divino, puro e casto, florido, a mesma flor, C 24 (toda) – não se satisfaz com menos que Deus, CA 34,7; 35,1 – alma feita um imenso mar de fogo de amor,

nascido do ponto aceso do coração do espírito, Ch 2,11. Ver *Amor, União.*

Corpo (carne): procure o rigor de seu corpo com discrição, Ep 12 – ditosa ventura sair de seus apetites, 1S 1,4 – como cárcere escuro para a alma; os sentidos são as janelas, 1S 3,3; 15,1; 2S 8,4 – a carne é o mais tenaz de todos os inimigos, Caut 2 – o apetite sensual suja a alma e corpo, 1S 12,4 – é insipiente, 2S 17,5; 1N 9,4; C 16,5; Ch 3,39 – cegos, não entendemos senão vias de carne e tempo, 2S 20,5 – a graça corporal é enganadora, 3S 21,1 – à negação do gozo se segue limpeza de alma e corpo, fazendo-se templo digno do Espírito Santo, 3S 23,4; 40,1 – o que nasce da carne, carne é, 3S 26,7; 1N 4,7; D 42 – os dotes corporais de glória (agilidade, claridade) são muito mais excelentes nos que se negaram, 3S 26,8 – as securas procedem muitas vezes do mau humor e indisposição corporal, 1N 9,1 – o espírito livre tem tão sujeita a carne e tão em pouco, como a árvore a uma de suas folhas, 2N 19,4 – seu viver é morte e privação da vida espiritual verdadeira de Deus, C 8,2 – a carne em si é indolente e cega, C 18,4 – tem preso o espírito, Ch 2,13 – Deus ordinariamente não faz mercê ao corpo que primeiro e principalmente não a faça na alma, Ch 2,13. Ver *Apetites, Luxúria, Misérias, Morte, Sentidos.*

Criador: e este dito que digo, o mundo criado possuía, P 3 vv. 100-105 – mais é purgar uma alma que a criar, 1S 6,4 – grande dívida da

ÍNDICE ANALÍTICO 1055

alma por havê-la Deus criado somente para si, C 1,1 – conhecimento de Deus pelas criaturas, C 4,1 – criar, nunca o fez Deus nem o faz por outra mão, C 4,3 – criou com facilidade e brevidade, deixando rastro de quem Ele era, C 5,1 – modo em que criou a alma, C 34,4 – predestinada antes de criada, C 38,6-9 – imagem e semelhança da alma ao ser criada, princípio de sua transformação, C 39,4 – como criador se dá Deus a conhecer à alma, C 39,11. Ver *Deus, Pai*.

Criaturas: é lindo manusear estas (grão-de-bico), melhor que ser manuseado pelas vivas, Ep 29 – as afeições para com elas são trevas, 1S 4,2 – quem as ama, tão baixo como elas fica, 1S 4,3 – todo o seu ser, comparado com o infinito de Deus, nada é, 1S 4,4; 2S 7,3; 12,4; 3S 12,2 – são migalhas de fome que caíram da mesa de Deus, 1S 6,3 – atormentam, 1S 7,4 – nenhuma pode servir de meio para a união, 2S 7,8 – no desprezo delas, mais gozo e recreação, 3S 20,2 – envelhecem como o vestido, 3S 21,2 – a alma, formosíssima entre todas, C 1,7 – mil graças derramadas nelas, C 5,3 – comunicou-se-lhes Deus só com a figura de seu Filho com que as mirou, C 5,4 – gosto da sabedoria divina na harmonia delas, C 14,4 – vê-las já em Deus, C 14,5; 15,27; Ch 4,4; ib. 10 – todas têm vida, força e duração em Deus, Ch 4,5 – depois do conhecimento próprio, sua consideração é a primeira em ordem para ir ao conhecimento de Deus, C 4,1 – da contemplação de criaturas cheias de graças e vir-

tudes, à contemplação da formosura de Deus, C 6,1.

Cristão: quem se queixa e murmura não é perfeito nem ao menos bom cristão, D 170 – tem luz de fé em que espera vida eterna, 3S 27,4 – há de gozar não só em fazer boas obras e seguir bons costumes, senão em fazê-las por amor de Deus só, ib. 5. Ver *Batismo, Redenção*.

Cristo: cresce o amor vendo-o semelhante em carne, P 3 vv. 241-244 – nele me dizes o que quero, D 26 – que paz, que amor, que silêncio naquele peito divino!, D 138 – imita a C. sumamente perfeito e santo, e nunca errarás, D 156 – se quer ser perfeito, siga a Cristo até o calvário e sepulcro, D 173 – esta vida, se não é para imitá-lo, não é boa, Ep 26 – o primeiro, trazer um ordinário apetite em imitá-lo em todas as suas coisas, conformando-se com a sua vida, a qual deve considerar para sabê-la imitar 1S 13,3; D 160 – aniquilado a ponto de morrer, 2S 7,10-11 (todo o capítulo fundamental): Cristo, porta e caminho – visão da mulher de Pilatos para impedir a paixão, 2S 16,3 – profecia de Caifás, 2S 19,9 – o aproveitar não está senão imitando-o, 2S 7,8 – pouco conhecido dos que se têm por amigos; caminho, vida, mestre, exemplo e luz 2S 7,8-12 – c. 22, também fundamental: Cristo, único Mestre, única e só Palavra do Pai – a visão do Tabor, 2S 27,5 – caminho para todo bem espiritual, imitá-lo em sua vida e mortificações, 2S 29,9 – muitos não se aproveitaram de sua presença, 3S 36,3 – chorou,

1056 ÍNDICE ANALÍTICO

3S 38,2 – a samaritana, 3S 39,2; C 12,3; Ch 1,6 – seu imenso amor não sofre penas sem socorrer, 2N 19,4 – pessoa devota busca deveras a imagem de C. crucificado dentro de si, 3S 35,5 – a verdadeira imitação, caverna onde a alma há de se esconder, C 1,10 – transformada em amor com Ele, sente-se a alma junto com Ele instruída e sábia em seus mistérios, ib. – se deveras a Deus ama, não põe demoras em fazer quanto pode para achar o Filho de Deus, C 3,1 – uniu-se com a natureza de todas as criaturas no homem, C 5,4 – bom Pastor, C 22,1 – verifica-se na união: "vivo, já não eu, porém vive em mim C". C 22,6 – em sua união: maravilhosos segredos, doces mistérios da Encarnação; modos e maneiras da redenção C 23 – como abundante mina, como muitos veios de tesouros, C 37,4 – profundíssimo em sabedoria cada mistério seu, C 37,3-7 – seu peito, caverna onde anela entrar bem deveras a alma, C 37,5 – a vida perfeita nele, centro do espírito, Ch 3,10. Ver *Deus, Encarnação, Filho de Deus, Redenção.*

Cruz: se queres chegar à posse de Cristo, jamais o busques sem a Cruz, Ep 24 – convém que não nos falte até à morte de amor, Ep 11 – dão a entender o que professam, que é a Cristo despojado, Ep 16 – quando se oferece algum dissabor, recorde-se de Cristo crucificado, e cale-se, Ep 20 – exercite-se em mortificação, desejando fazer algo semelhante a esse grande Deus crucificado, Ep 26 – a vara de Moisés, 1S 5,8 – a alma que a leva,

arca verdadeira com o verdadeiro maná, ib. – a c. pura em Deus é aniquilação, secura, dissabor, trabalho; um determinar-se deveras a querer achar e levar o trabalho em todas as coisas por Deus, 2S 7,5-7 – glória do Apóstolo, 2S 22,6 – viva imagem que busca em si a alma devota, 3S 35,5 – frouxos e remissos no caminho da c. os inclinados ao gosto, 1N 6,7 – nela estão os deleites do espírito, 1N 7,4; C 3,5 – armas de Deus, oração e cruz de Cristo, C 3,9 – a "macieira" da redenção, C 23 – porta estreita e senda da sabedoria, C 36,13 – por ela deseja a alma entrar na espessura de Deus e do padecer, CA 36,2 – desejá-la é de poucos, mas desejar os deleites que vêm por ela é de muitos C 36,13 – levá-la, estar postos nela, querer beber ali o fel e vinagre puro, Ch 2,28. Ver *Negação, Padecer, Provas, Redenção, Sofrimentos, Trabalhos.*

Degustar: não te conhecia eu a ti, Senhor, porque todavia queria saber e degustar coisas, D 32 – à alma que não degusta senão a Deus, Ele mesmo se lhe dá e lhe dá a saborear o que mais ela quer, Ep 11 – se a alma se apoia em qualquer saber seu, ou gosto, ou sentir de Deus, erra 2S 4,3 – o mais alto que se possa degustar de Deus, dista infinitamente de Deus, ib. 4 – todas as vezes que a alma recebe bem espiritual, o recebe saboreando, 2S 14,1 – não se há de gozar de riquezas senão se com elas se serve a Deus, 3S 18,1 – todos os danos no gozo de bens têm raiz e origem em seu dano principal que

ÍNDICE ANALÍTICO

é apartar de Deus, 3S 19,1 – o gozo embota e obscurece o juízo, 3S 31,2 – há engano ter por melhores coisas e obras àquelas que se gosta do que as que não se gosta, 3S 28,8 – pensam alguns que degustar seja servir a Deus e satisfazê-lo, 1N 6,3 – saí de minha pobre e escura maneira de gostar de Deus, 2N 4,1 – é pensar baixamente de Deus estimar que está mais longe porque não o sentem, C 1,12 – degustando o espírito toda a carne se torna insípida, C 16,5 – as almas que não têm paladar são, não podem degustar o espírito e vida das palavras divinas, Ch 1,5.

Demônio: sua mais ordinária astúcia é enganar sob espécie de bem, Caut 10 – teme a alma unida com Deus, como o próprio Deus, D 125 – tem poder na alma por culpa do apego às coisas, 1S 2,2 – a luz da fé lhe é mais que trevas, 2S 1,1 – sabe colocar na alma satisfação de si oculta, 2S 11,5 – suas representações causam alvoroço ib. 6 – licença de Deus para que engane e cegue a muitos, 2S 21,12 – pode fingir visões, 2S 24,7 – difíceis de entender suas sugestões, 2S 29,11 – sabe fazer derramar lágrimas para se encobrir, 2S ib. – não pode fazer efeito substancial na alma, 2S 31,2 – costuma sugerir os mesmos sentimentos que Deus, 3S 10,2 – os anjos, mirando-se em sua formosura, caíram em abismos feios, 3S 22,6 – apanha as almas incautas, transfigurando-se, 3S 37,1 – não há poder sobre a terra que se lhe compare, C 3,9 – malicioso, vê com inveja o bem da alma,

C 16,26 – mais forte e duro de vencer e mais dificultoso às vezes de entender que o mundo ou a carne, C 3,9 – vencido já e afugentado, C 40,11. Ver *Inimigos da Alma*.

Desamparo: é lima, Ep 1 – desamparou o Pai a Cristo na cruz, 2S 7,11 – do purgativo brota com mais firmeza o conhecimento próprio, 1N 12,2 – no dos amigos viu Deus a disposição melhor para falar com Jó, ib. 3 – no desamparo saí de mim mesma, 2N 4,1; 6,3ss.

Descanso: vinde a mim todos que estais atribulados..., 1S 7,4 – Não existe em nada fora de Deus, 2S 12,8; C 1,14; 3,3; 14,4 – dá-te ao descanso, expulsando de ti os cuidados, D 69 – pena e descansa com Cristo crucificado, D 91 – não se inclinar ao que é descanso, D 162 – a solidão dá refrigério e descanso, C 14,7. Ver *Paz*.

Desejos: até o céu há de abrir-se a boca do desejo, vazia de qualquer outra plenitude, Ep 7 – quanto mais quer dar Deus, mais faz desejar Ep 15 – nega teus desejos, e acharás o que deseja teu coração, D 15 – o que mais desejas não o acharás, senão em humildade e submissão, D 39 – há de desejar com todo desejo vir àquilo que excede todo sentimento e gosto, 2S 4,6 – o que o olho não vê, o coração não deseja, 3S 5,1 – muito desejam as almas amorosas, C pról 1 – "pastores" que apascentam de bens a alma, C 2,2 – o que discretamente ama, não cura de pedir o que deseja, C 2,8 – o d. "abissal" de união torna molesto qualquer trato de criaturas, C 17,1 – a alma que deseja a Deus, nenhuma coisa lhe traz consolo, C 35,3 – o que deseja deveras a sabedoria divina deseja primeiro padecer, C 36,13 – os desejos de Deus são seus ouvidos, C 39,9 – desejar a Deus com inteira verdade é tê-lo, Ch 3,23; ib. 26 e 28 – os d. amorosos da alma são para Deus olorosos como a nuvem de fumo do incenso, Ch 3,28 – unguentos de Deus em algumas almas, Ch 3,62 – ande sempre desejando a Deus e afeiçoando a Ele seu coração, 4A 9. Ver *Vontade.*

Desequilíbrios: aplicação do princípio: dois contrários não cabem no mesmo sujeito, 1S 4 – nas diferentes perspectivas das coisas temporais, ou vistas em Deus: ser, formosura, encanto, bondade, deleites, riquezas e glória, 1S 6ss. – paladar estragado, 1S 5,3ss. – homem velho frente ao h. novo que tem de aperfeiçoar-se, 1S 5,7 – sempre mendigando migalhas das criaturas, 1S 6,3 – nem o entendimento angélico basta para entender a desordem de uma alma em seus apetites, 1S 9,7 – mísero estado de cativeiro depois do pecado original; a alma neste corpo mortal sujeita a paixões e apetites naturais, 1S 15,1 – desequilíbrio fundamental no modo e ordem de conhecer pelos sentidos ou por sabedoria espiritual, 2S 17 – sujeitos a muitas maneiras de danos: falsidades, imperfeições, apetites, juízos, perda de tempo e outras muitas coisas; falsas apreciações pessoais..., 3S 3-5 – o demônio tem mão para ofuscar com soberba, avareza, ira, inveja etc., ódio injusto, amor vão

e enganos de muitas maneiras, 3S 4 – as quatro paixões tanto mais reinam na alma e a combatem quanto a vontade está menos forte em Deus e mais pendente das criaturas, 3S 16,4 – daí nascem todos os vícios e imperfeições desenfreados; e também todas as virtudes quando estão ordenadas, unidas, irmanadas e compostas, ib. 5 – há quem não duvida ordenar as coisas sobrenaturais e as temporais como a seu Deus, 3S 19,9 – desordens do gozo e bens naturais: vanglória, presunção, soberba, desestima do próximo, inclinação à complacência e deleite sensual e luxúria, andar atrás de adulação, louvores vãos, embotamento da razão e do sentido do espírito, 3S 22ss. – ainda quando as virtudes e obras são verdadeiras, pode haver enganos e defeitos em um ou nos demais, 3S 31 – persiste ainda em meio a um relativo esforço ascético nas raízes e brotos dos 7 vícios capitais, 1N 2,3 – ainda em alguns aproveitados na vida espiritual há riscos de presunção e soberba; fazendo-se atrevidos a Deus, perdendo o santo temor, chave e custódia de todas as virtudes, 2N 2,3 – mísera espécie de vida onde com tanto perigo se vive e com tanta dificuldade a verdade se conhece, 2N 16,12 – em quanto perigo e temor vive o homem, pois a mesma luz natural de seus olhos, com que se há de guiar, é a mesma que o ofusca e engana para ir a Deus!, ib. – repugnância, contrariedade, tormento entre vida natural no corpo e vida espiritual em Deus, C 8,3 – de luz e trevas, se a alma quer pôr os olhos de sua vontade em outra luz de propriedade fora de Deus, C 10,9 – o amor nunca chega a estar perfeito até que nivele tanto em um os amantes, que se transfigurem um no outro; e então está o amor todo são, C 11,12 – padecem a carne e a alma na carne pela unidade que têm em um sujeito, C 13,4 – ausências mui aflitivas de Deus no aperfeiçoamento do amor, C 17,1ss. – experiência: quando a alma vê as suas excelências e as grandes riquezas que possui, vê que não as possui e desfruta como gostaria por culpa de sua condição no uso e administração de si e de seus bens em mãos de seus domésticos servos e escravos, C 18,1ss. – astúcia das "ninfas" (imaginações, movimentos da porção inferior) para atrair e conformar a parte racional com a sensual, ib. 4 – grande diferença entre viver nos arrabaldes ou nos bairros residenciais de um mesmo, ib. 7 – fervores desequilibrados nos novos amadores, que ainda não digeriram a borra do sentido fraco, C 25,9-11 – em procurar servir ao próprio apetite e ao alheio há desordens em hábitos de imperfeição em falar, pensar, obrar coisas inúteis; na ostentação, cumprimentos, adulação, respeitos humanos, cuidado das aparências..., C 28,7. Ver *Autenticidade, Equilíbrio, Liberdade Interior, Razão, Sinceridade.*

Desposório espiritual: há de ser em fé, 2N 2,5; 21,4; C 12,2 – na via iluminativa, C arg 2 – com o Filho de Deus, C 14,2 – descreve-o desde a estrofe 13 CB "onde se fez o desposório esp.", C 22,3 – padece a alma ausências, perturbações e moléstias 15,30 – às vezes ausências muito aflitivas, C 17,1; 18,1 – o "sim" do desposório antes do matrimônio, diferenças, C 20,2 – sem esse amor leal comum, não se chega ao horto da plena transformação, C 22,4 – Trata dele as estrofes 13-22. Em Ch 3,24 volta a descrever as diferenças entre o "sim" do desposório e do matrimônio.

Desprendimento: (desnudez): a saborosa e durável fruta em terra fria e seca se colhe; num espírito robusto, não preso a nada, acha-se doçura e paz, D 41 – tenha interior desprendimento de todas as coisas e sua alma se recolherá a bens que não sabe, D 95 – amor não consiste em ter grandes coisas, senão em ter grande desnudez D 114 – "minha alma está desprendida...", P 8 vv. 4ss. – por não o ter nos princípios, fica-se num baixo modo de trato com Deus, S pról 3 – do desprendimento de velhos quereres e gostos goza a vontade de um novo amar a Deus em Deus, 1S 5,7 – que tem a ver a desnudez de Cristo com apego – em alguma coisa?, 1S 6,1 – do desprendimento a uma ninharia, pode influir à união com Deus, 1S 11,5; 2S 4,4 – amar é desnudar-se por Deus de tudo o que não é Deus, 2S 5,7 – é a única disposição para a união, ib. 8 – se há de inteirar a vontade em desnudez de tudo, 2S 6,1 – fazem-no as três virtudes teologais, 2S 6ss. – no de coisas se tem mais clara notícia delas 3S 20,2 – no desprendimento não lhe molestam cuidados, ib. 3 – grande e principal proveito: deixar o coração livre para Deus, ib. 4 – a força do deleite do espírito se acha no desprendimento espiritual, 3S 40,2 – a satisfação do coração não se acha na posse, mas no desprendimento, C 1,14 – para buscar a Deus requer-se um coração despojado, C 3,5 – é a perfeição evangélica, Ch 3,47.

Desprezos: a vida apostólica é vida de desprezos, Ep 9 – procure sempre inclinar-se ao mais desprezível, 1S 13,6 – procurar obrar em seu desprezo e desejar que todos o façam, ib. 9 – a virtude não está nos sentimentos de Deus, senão no desprezo de si mui formado e sensível 3S 9,3; 2N 18,4 – "não queiras desprezar-me...", C 33 – são de grande estima e gozo para a alma que deveras ama a Deus, C 33,4.

Determinação: se o homem se determina a sujeitar-se a levar a cruz, achará grande alívio e suavidade, 2S 7,7 – a alguns determina a obrar alguma paixão de imperfeição, 3S 31,3 – vê a alma em si uma verdadeira determinação e eficácia, 2N 16,14 – com força e determ. há de passar a alma dificuldades, apetites, paixões, C 3,10 – estar com d. e advertência amorosa, Ch 3,33.

Deus: só Deus é digno do pensamento do homem, D 34; D 115 – Deus e sua obra é Deus, D 107 – vive como se não houvesse neste mundo mais que Deus e ela, D 143 – quem não quer outra coisa senão a Deus, não anda em trevas, Ep 19 – é noite obscura para a alma nesta vida, 1S 2,1 – as trevas (afeto às criaturas) e Deus, a luz, são contrários, 1S 4,2 – muito agravo lhe faz a alma que com Ele ama outra coisa, 1S 5,5; ib. 8 – alguns tão cegos e insensíveis, como não andam em Deus, não conseguem ver o que lhes impede a Deus, 1S 12,5 – só a Deus é que se há de buscar e granjear, 2S 7,3 – é sapientíssimo e amigo de apartar tropeços, 2S 17,1 – move todas as coisas ao modo delas, ib. 2 – não faz coisa sem causa e verdade, 2S 20,6 – como a fonte, cada um pega conforme o vaso, 2S 21,2 – ficou como mudo; disse tudo em seu Filho, 2S 22,4 – é incompreensível, 2S 24,9 – a liberalidade, uma de suas principais condições, 3S 20,2 – em si é todas as formosuras e graças, 3S 21,2 – ama todo o bom ainda que bárbaro e gentil, 3S 27,3 – não é de condição que se façam milagres, 3S 31,9 – se o levam por bem e na sua condição, farão dele quanto quiserem, 3S 44,3 – fala na alma para fazê-la espiritual, 1N 9,7 – sua linguagem faz emudecer toda a harmonia de sentidos, 2N 17,3 – é a saúde da alma, 2N 21,10 – está escondido na alma, C 1,7 – seu olhar veste de formosura e alegria o mundo, C 6,1 – quanto mais a alma o conhece, tanto mais lhe cresce o apetite e pena em vê-lo, C 6,2 – o toque de sua notícia deixa balbuciando, C 7,4-5 – os que mais o conhecem, entendem mais distintamente o que lhes fica por entender, C 7,9 – é luz sobrenatural dos olhos da alma, C 10,8 – três modos de estar presente na alma, C 11,3ss. – não se comunica pelo conhecimento, senão pelo amor

ÍNDICE ANALÍTICO 1061

do conhecimento, C 13,11 – é todas as coisas para a alma e o bem de todas, e a alma assim o entende, C 14,5 – seu mirar é amar e fazer mercês, C 19,6; 31,8 – a alma vê através dele as demais almas, C 25,1; 26,13 – sujeita-se à alma como se Ele fosse seu servo, C 27,1 – não se serve de outra coisa que de amor, C 28,1 – amar D. a alma é colocá-la de certa maneira em si mesmo, amando-a em si consigo, C 32,6 – seu olhar limpa, agracia, enriquece e ilumina a alma, C 33,1 – quantos mais graus de amor tiver a alma, tanto mais profundamente entra em D. e se concentra com Ele, Ch 1,13 – quando a alma faz tudo o que é de sua parte, D. faz o que é da sua em comunicar-se-lhe, Ch 3,46 – está como o sol sobre as almas para comunicar-se a elas, ib. 47 – custa-lhe muito chegar às almas, Ch 3,54 – dar a Deus o mesmo Deus em Deus, Ch 3,78. Ver *Criador, Pai, Providência, Trindade.*

Devoção: para não perder o gosto de d., não admitir coisas que não tenham em si substância de devoção, D 90 – da do espírito procede o gosto da do sentido, 2S 11,1 – o espírito de d. é o que Deus pretende infundir mediante certas manifestações, 2S 17,9 – não se hão de evitar as moções sensíveis quando causam devoção, 3S 24,4 – são para ela muito necessárias as imagens e estampas, 3S 35,2 – hão de se escolher as que mais exatamente e mais ao vivo estão tiradas e mais movam a vontade à devoção, ib. 3-5 – a honesta e grave devoção da alma fica-lhe em pouco mais

do que num ornato de bonecas, 3S 35,4 – a interior há de dirigir-se ao santo invisível; sua imagem não serve mais que de motivo, 3S 35,3; 36,1-5; 37,38 – se se tem a alma no sabor do sensível, nunca atinará a passar à força do deleite do espírito, 3S 40,2 – lugares devotos 3S 40 – a verdadeira há de sair do coração, mirando só a substância e verdade do que representam as coisas, 1N 3,1 – é para Deus agradável sacrifício ver o espírito atribulado e solícito por seu amor, 1N 11,2 – na afetiva sensível não há certeza nem claridade da posse de Deus, C 1,4 – espírito pouco devoto de alguns mestres, Ch 3,62.

Diálogo: a palavra de Deus é voz espiritual que priva outra voz: com grandeza, força, poder, deleite e glória; som imenso interior que veste a alma de poder e fortaleza, C 14,9ss. – comunica-se fazendo voz na alma cingindo-se a cada uma dando voz de virtude conforme a medida que quadre ao seu limite natural, C 14,11 – linguagem do silvo de ar delgado, amoroso; ordinariamente às vezes que na Escritura divina se acha alguma comunicação com Deus, ib. 12-15 – música calada, solidão sonora, ciência de voz numa cena que recreia e enamora, ib. 25-27 – enigmas e diafanidade na linguagem e palavras divinas quando se as entende, 2S 19-22 – o diálogo de Deus com os homens e com cada homem, não só não dispensa do diálogo entre os homens, senão que o exige. *Razões:* a nenhuma criatura lhe é lícito sair fora dos limites que

Deus naturalmente ordenou para o seu governo; os limites naturais do homem são os sociais, suposta a pessoal reflexão (c. 21); a) no encontro pessoal com a Palavra de Deus (Cristo) na Sagrada Escritura (c. 22); b) no diálogo com outro homem semelhante, por razão de freio, conselho entre irmãos que se juntam a tratar a verdade, aos que Deus se junta para declará-la e confirmá-la neles, fundada sobre razão natural, ib. 22,8-11 – dois que se juntam para conhecer e operar a verdade, são resistentes ao engano, ib. 12-14 – muitas faltas e pecados castigará Deus em muitos, no dia do juízo, com os quais tratou Ele muito e a quem deu muita luz e virtude, porque não atenderam a faltas e descuidos denunciados por sua própria razão ou pela alheia, ib. 15-19 – mais firme e certa é a Palavra revelada que uma visão direta, 2S 27,5 – disposições para ouvir a Deus, 1N 12,4 – íntima linguagem de Deus, 2N 17,3ss. – palavras de Deus acesas nas almas purgadas e limpas, Ch 1,5 – os que não têm o paladar são não podem degustar o espírito e vida delas, antes lhes são insípidas, ib. – por isso, quanto mais altas palavras dizia o Filho de Deus, tanto mais alguns se desabriam por sua impureza, ib. – não porque alguns não saboreiem a linguagem de Deus hão de pensar que os outros também não a saboreiam, Ch 1,6 – São João da Cruz nunca falava com artifício nem duplicidade, porque dizia que os artifícios violavam a sinceridade e limpeza, Dt 2 – perdida a urba-

nidade, suplantada pela agressividade, é para chorar como perdida a Ordem, Dt 15. Ver *Amor ao próximo, Deus, Sinceridade, Verdade.*

Direção espiritual: estar sem direção é como ser uma árvore isolada e sem dono, D 5 – como o carvão aceso que está só, D 7 – o que cai estando só, caído a sós fica e em pouca conta tem a sua alma, D 8 – o que cai estando cego, não se levantará só, ou encaminhar-se-á por onde não lhe convém, D 11 – com mulheres há de ser um pouco seco; branduras não servem mais que para trocar afeição e sair desaproveitadas, Dt 14 – muitas almas não passam adiante por lhes faltar guias idôneos e despertos, S pról 3 – às vezes danam ou impedem (como em Babel) administrando material diferente, por não entender a língua, ib. 4ss. – crucificam-nas com confissões gerais, ib. 5 – não há que guloseimar o discípulo com estima de visões, 2S 18,3-7 – conforme a do pai espiritual se engendra o espírito do discípulo, 2S 18,5 – a alma humilde não se acaba de satisfazer sem governo de conselho humano, 2S 22,11-12 – o demônio prevalece sobre os que a sós se querem haver com as coisas de Deus, 2S 22,12 – com muita benignidade e sossego ponham ânimo e deem saída à confiança, 2S 22,19 – as almas não as há de tratar qualquer um, 2S 30,5 – muitos fazem muito dano a muitas almas por não entenderem as vias e propriedades do espírito, Ch 3,31 – necessidade de experiência, Ch 3,30 – para caminhos de mística apenas se achará guia cabal, ib. – não acomodar as almas a seu modo e condição, Ch 3,46 – são somente instrumentos para dirigir as almas na perfeição pela fé e lei de Deus, ib. – os negócios de Deus com muito tino e de olhos bem abertos se hão de tratar, pois aí se implica lucro ou perda quase infinita, Ch 3,56 – nem todos têm saber para todos os casos: desbastar, entalhar, polir, pintar, dar a última mão à imagem, Ch 3,57 – dar liberdade às almas. Quando não gostam de sua doutrina, é sinal de que não aproveitam, Ch 3,61 – há os que são desfazedores de vocação religiosa, com razões humanas e respeitos bastante contrários à doutrina de Cristo, Ch 3,62 – Ver *Diálogo, Sacerdotes*.

Distrações: o falar distrai, Ep 8 – se a memória se recolhe, são impossíveis, 3S 3,5 – pela memória, o demônio as proporciona, 3S 4,2 – causam-nas os gozos não apagados, 3S 22,2; 25,2-5; 26,2 – as romarias, tomadas mais por distração que devoção, proporcionam-nas, 3S 36,3 – a d. e exterioridade de espírito, defeitos de principiantes, 2N 2,2.

Enamoramento: a alma enamorada é branda, mansa, humilde e paciente, D 28 – para enamorar-se Deus da alma, não põe os olhos em sua grandeza, mas na grandeza de sua humildade, D 102 – aos principiantes são necessárias as meditações para ir enamorando e incentivando a alma pelo sentido, 2S 12,5 – faltando o natural à alma enamorada, logo natural e sobrenaturalmente se infunde no divino, 2S 15,4 – juntamente se ilustra e enamora a alma, 2N 18,5 – o enamorado vive sempre penando na ausência, C 1,21 – a alma bem enamorada não tem em muito dizer: "Nem temerei as feras", C 3,8 – enamoram a alma os anjos que inspiram e os homens que a ensinam, C 7,8 – o enamorado tem o coração roubado ou arroubado, C 9,5 – o enamorado é como o enfermo, que geme por sua saúde, C 9,6 – busca a Deus com mais cobiça que se busca o dinheiro, C 11,1 – nos enamorados há uma mesma ferida e um mesmo sentimento, C 13,9 – Deus não põe sua graça e seu amor senão segundo a vontade e o amor da alma; isto há de procurar o bem enamorado, C 13,12 –. enamorada, perdidiça e lucrada, C 29 – a alma enamorada mais quer brevidade em romper que espaço de cortar e acabar, Ch 1,33 – o amante só está contente quando tudo o que ele é, vale, tem e recebe, o emprega no amado, Ch 3,1 – não sofre dilações, ib. 34.

Encarnação: poesia 3 (toda) – mira-o também humanado, e acharás nisso mais do que pensas, 2S 22,6 – as criaturas são obras menores de Deus; as maiores, as da Encarnação, C 5,3 – no levantamento da E. de seu Filho e da glória da ressurreição, o Pai não somente formoseou em parte as criaturas, mas de todo as deixou vestidas de formosura e dignidade, C 5,4 – a noticia das obras da E. faz chaga de amor na alma, C 7,3 – rasteja a alma admiráveis coisas de graça e misericórdia nas obras da E., C 7,7 – na canção 23 ("debai-

1064 ÍNDICE ANALÍTICO

xo da macieira") comunica Cristo os doces mistérios da sua E. e redenção, ainda que só faça menção do primeiro, que é principal, C 23,1 – deseja a alma ver-se com Cristo para entender de raiz as profundas vias e mistérios eternos da E., que não é a menor parte de sua bem-aventurança, C 37,1 – a notícia dos mistérios da E. é a mais alta e saborosa sabedoria, ib. 2 – as "cavernas de pedra" são os mistérios de Cristo, a correspondência que há desta à união dos homens em Deus, as conveniências de justiça e misericórdia sobre a salvação do gênero humano, ib. 3. Ver *Cristo, Filho de Deus*.

Enganos: a alma com seus entenderes e apetites se engana e embeleza, Ep 19 – a alma que caminha em fé, vai encoberta, escondida e alheia de todos os do demônio, 2S 1,1 – sutilíssimos são os do amor-próprio e suas ramas, 2S 6,7 – ordinariamente há muito perigo e engano no sentido, 2S 11,2 – alguns têm ingerido o espírito de entender ao contrário, 2S 21,12 – Deus os permite, respondendo às vezes segundo os apetites e desejos, ib. – os espirituais, as mais das vezes acertam, 2S 26,14.

Entender: não entende o homem a distância do bem e do mal, D 62 – o mais puro padecer acarreta o mais puro entender, D 126 – é difícil e trabalhosa coisa a alma não se entender e nem achar quem a entenda, S pról 4 – grandemente se estorva uma alma para vir à união quando se liga a algum entender, 2S 4,4; C 5ss. – a alma não se une com Deus nesta vida pelo entender, 2S 6,1 – muitas coisas costuma Deus dizer, não para que então se entendam, mas quando convém, 2S 20,3 – ao entender da alma chamamos também ver da alma, 2S 23,2 – saí de meu baixo modo de entender, 2N 4,1 – amamos a Deus sem entendê-lo, C pról 2 – as grandezas que dão a entender de Deus as criaturas são como que vão a dar a entender, e se ficam por entender, C 8,1 – por via natural é impossível amar, se não se entende primeiro o que se ama, C 26,8 – um entender não entendendo, C 39,12; P 9.

Entendimento: a fé é obscura para ele como noite, 1S 21, – alma tomada de apetites, segundo o entendimento será entenebrecida, 1S 8,1ss. – o apetite o cega, de modo que não pode ver sua luz, 1S 8,3 – a fé faz nele vazio e obscuridade de entender, 2S 6,3 – importa a notícia da distância entre o bem e o mal, 2S 8,7 – oficial de erro: seu ofício é formar inteligências e desnudá-las do erro das fantasias, 2S 8,5 – a fé é seu próximo e proporcionado meio de união, 2S 9ss. – é o candeeiro onde se assenta a candeia da fé, 2S 16,15 – alguns são tão vivos e sutis, que as mesmas palavras e razões vivas que pensam, creem que são de Deus, 2S 29,8ss. – Em quanto perigo vive o homem! A mesma luz natural de seus olhos é a primeira que o cega e engana, 2N 16,12 – Deus é a saúde do entend., C 2,6 – no mais alto entender, mais inteligente balbucio, C 7,9 – naquele excesso de sabedoria de Deus destaca a baixa ignorância dos homens, C 26,13 – uma alma imperfeita tem muito ordinariamente primeiros movimentos inclinados ao mal segundo o entendimento, C 27,7 – seu vazio é sede de Deus, Ch 3,19 – se há de apartar-se de sua inteligência para chegar a Deus, Ch 3,48 – pela fé e não por outro meio se junta com Deus, ib. Ver *Inteligência, Razão.*

Exemplo: Cristo é nosso ex. e luz, 2S 7,9 – nunca tomes o homem por exemplo, por santo que seja; o demônio pôr-te-á diante dos olhos as suas imperfeições, D 156.

Equilíbrio: igualdade no amor, garantia de equil., Caut e 4A (todo) – nosso Senhor a faz morar em si, para que não lhe causem impressão as tolices que sempre nascem, Ep 28 – sossegados, amortecidos e adormecidos os apetites, 1S 1,4 – a alma alterada, que não tem fundamento de bem moral, não é capaz enquanto tal de espiritualidade, a qual só se imprime na alma moderada e posta em paz, 3S 5,3 – é vão conturbar-se, pois nunca serve para proveito algum, ib. 6,3 – ainda que tudo se acabe e venha abaixo e todas as coisas sucedam ao revés, vão é turbar-se, pois por isso antes se danam mais que se remedeiam, ib. – levado tudo com igualdade tranquila e pacífica aproveita para que nas mesmas adversidades se acerte melhor no julgamento e no pôr nelas remédio conveniente, ib. – inimigos do equilíbrio: memória, pensamento do que se ouve, se vê e se trata (falta de autonomia pessoal), 3S 6,4 – condições: não se turbar, alegria, não perder a tran-

quilidade de ânimo, paz em todas as coisas adversas e prósperas, levando-as todas de uma mesma maneira, ib. – a alma do justo, numa só perfeição, que é retidão de alma, tem inumeráveis dons riquíssimos e muitas virtudes formosíssimas, 1S 9,4 – só aproveitam aquelas imagens e apreensões que causaram amor e puseram o espírito em motivo de amor, 3S 13,6 – as da própria fantasia ou do demônio, ainda que se recorde muito delas, nenhum afeto trazem bom nem renovação espiritual, ib. 8 – que mais buscas fora de ti? Dentro de ti tens tuas riquezas, teus deleites, tuas satisfações, tua fartura e teu reino, CB 1,8 – descreve o equilíbrio perfeito de todo homem sob os efeitos da purificação, 2N 9ss. – amor, alma, corpo: hierarquia de vida, C 8,3 – além desta vida de amor por ele que a alma que ama Deus vive nele, tem a alma sua vida radical e naturalmente em Deus (como todas as coisas criadas), C 8, ib. – virtudes fortemente abrasadas, feito uma pinha, C 16,9 – toda a harmonia do homem se logra na "montanha" de suas porções inferior (sensitiva) e superior (racional), atuada a alma em amor, C 16,10-11 – "flores" (síntese de potências senhoras), são as virtudes da alma, C 18,5-6 – satisfeita a alma com a união, no viver e no morrer está conforme e ajustada com a vontade de Deus. É o "fiat", C 20,11 – é o desfrute do temperado vinho de amor, cozido e purgado, dos velhos amadores, C 25,10-11 – o espírito de Deus é recolhido e convertido a mesma alma antes para tirá-la das coisas estranhas do que para pô-la nelas, C 26,15 – o do homem novo, C 26,17ss – ficam pagas, entregues, satisfeitas as duas vontades entre si, de Deus e da alma, C 27,6 – como a abelha tira mel de todas as flores, a alma atuada em amor de todas as coisas (saborosas ou não) tira doçura do amor que há, Gp 27,8 – todo o caudal da alma e do corpo empregado no serviço do Amado; até o caudal de primeiros pensamentos, C 28,2ss. – entre Marta e Maria, C 29,1ss. – não há língua mortal nem entendimento que possa dizer ou entender o que é uma alma "ganhada"; tudo o que obra é ganância, porque toda a força de suas potências está convertida em trato espiritual de muito saboroso amor com Deus, C 30,1 – todas as virtudes feitas uma grinalda no amor comum de Deus e da alma, C 30,2ss. – luz e calor provocando luta de contrários para fazer o equilíbrio, Ch 1,22ss. – harmonia de uma alma e de um corpo feitos já um paraíso de regadio divino, Ch 3,7 – chegará um momento em que a luz de Deus e da alma é uma, luzindo já só o sobrenatural, assim como a luz que Deus criou se uniu com a do sol e luze a do sol somente, sem faltar a outra, Ch 3,71. Ver *Autenticidade, Razão, Sinceridade, União*.

Erros: muitas almas tropeçam não sabendo, e não sabendo vão errando, pensando que acertam, D pról – arrimando-se na fé, tudo aquilo que naturalmente se entende, saboreia, sente e imagina, são trevas que fazem errar, 2S 3,2 – o cego, se não é bem cego, não se deixa guiar pelo moço, e assim pode fazer errar o que o guia e vê mais que ele; assim a alma que se apoia em algum saber próprio ou sentir de Deus, 2S 4,3 – o demônio os ingere na alma por gosto a revelações, 2S 11,12 – muito erram muitos espirituais que não sabem despojar-se dos modos palpáveis a que estão acostumados, 2S 12,6 – alguns mestres fazem errar as almas com seu modo e estilo, 2S 18,2 – Deus deixou desatinar a muitos, enojado, não lhes dando luz no que não queria que se intrometessem, 2S 21,11 – mesmo que a revelação (particular) seja de Deus, o homem pode errar acerca dela, 2S 22,13 – as almas não as há de tratar de qualquer maneira, pois é coisa de importância errar ou acertar em tão grave negócio, 2S 30,5 – pequeno erro no princípio, grande será no fim, 3S 10,2 – grande erro e insipiência gozar do que se mostra alegre e risonho, 3S 18,5 – a alma nunca erra senão por seus apetites, gostos, discursos, inteligências ou afeições, 2N 16,2 – com a regra da Igreja católica romana ninguém erra, Ch pról 1.

Escândalo: jamais te escandalizes nem te maravilhes de coisas que vejas ou entendas, Caut 8.

Escatologia: aquela eterna fonte está escondida, que bem sei eu onde tem sua guarida, P 2 – até o céu se há de abrir a boca do desejo, Ep 7 – para bem pensar e amar a glória, ter tudo por lodo, vaidade e

ÍNDICE ANALÍTICO

cansaço, e só estimar o estar bem com Deus; pois o melhor daqui, comparado com os bens eternos para os quais fomos criados, é feio e amargo, Ep 12 – Que tem que ver temporal e eterno?, 1S 6,1 – Ele está sobre o céu e se acha em caminho de eternidade; nós, cegos, sobre a terra, não entendemos senão vias de carne e tempo, 2S 20,5 – por breves prazeres se dão eternos tormentos, 3S 20,4 – o não gozar-se no sensível e humano, faz celestial, 3S 26,3; 2N 13,11; ib. 16,3 e 22,1 – por cada gozo que negou, imenso peso de glória obrará nele eternamente, 3S 26,8 – o cristão espera vida eterna; muitos cristãos obram grandes coisas, e não as aproveitam nada para a vida eterna, 3S 27,4 – no serviço de Deus com verdadeira caridade está o fruto da vida eterna, 3S 30,5 – a baixeza do apetite sensível faz desejar misérias e fastidiar o céu, 1N 9,5 – saindo de coisas criadas segundo o afeto e caminhando para as eternas, conseguem-se todos os bens, 1N 11,4 – a alma há de vir a ter um sentido e notícia divina... e índole de peregrinação, 2N 9,5 – sabor e testemunho de vida eterna disfarçada com as três virtudes teologais, 2N 15ss. – a alma que ama a Deus mais vive na outra vida que nesta, C 11,10 – ainda que se gozem as virtudes nesta vida com muita perfeição, é como gozá-las em flor; só na outra se gozarão como frutos, C 16,7 – no "dia" da eternidade predestinou Deus à alma para a glória, C 38,6ss. – "Aquilo que me deste outro dia", CB 38,6-9 – na ca-

ridade em esperança não se pode deixar de sentir vazio até a acabada posse da adoção de filhos de Deus na glória, Ch 1,27 – alto sentido de glória, ib. – "telas" que hão de romper-se para que se possua a Deus perfeitamente: temporal (de criaturas), natural (de operações e inclinações desordenadas), sensitiva (do corpo), Ch 1,29 – a contemplação purgativa põe na alma sentido interior e índole de peregrinação, 2N 9,5 – pensa com ilusão na morte, para poder amar desde logo com a plenitude e fartura que deseja a alma sem término nem fim, Ch 1,36 – muitos santos chegaram nesta vida ao sabor de vida eterna até redundar-lhes no corpo, Ch 2,21-22 – é trocada a alma, por meio da união, a ter na mente os anos eternos, Ch 2,34 – todos os bens faz Deus à alma sempre com motivo de levá-la à vida eterna, Ch 3,10 – vislumbres de glória estáveis, perfeitos, contínuos, com firme serenidade em Deus, Ch 3,11 – alma informada de um sentido divino mais da outra vida que desta, 2N 9,5 – na perfeita união é o desfazer-se e o definhar da alma pela posse de Deus, Ch 3,21 – é a morte infinita a privação de Deus na outra vida, Ch 3,22. Ver *Céu*, *Esperança*, *Glória*, *Vida temporal*.

Escrúpulos: Não seja boba nem ande com temores que acovardam a alma, Ep 3 – até quando pensa, filha, que há de andar em braços alheios? Que lágrimas mais impertinentes! Quanto tempo bom perde com esses escrúpulos!, Ep 4 – maneira de confessá-los em diferentes matérias, Ep 20 – viva em fé e esperança, que nessas trevas ampara Deus a alma, ib. – leia, ore, alegre-se em Deus, seu bem e saúde, id. – não ande confessando escrúpulos nem primeiros movimentos, nem advertências de coisas quando a alma não quer deter-se nelas, Ep 29 – dá-se às vezes um abominável espírito que Isaías chama "spiritus vertiginis", o qual de tal maneira obscurece o sentido, enchendo de mil escrúpulos e perplexidades, 1N 14,3.

Esperança: de tal maneira espero, que morro porque não morro, P 1 – pendurei nos salgueirais a música que levava, colocando-a na esperança daquilo que em ti esperava, P 4 vv. 11-14 – atrás de um amoroso lance, e não falto de esperança, P 7 (toda) – esp. de céu tanto alcança quanto espera, ib. – esperar lá os nossos bens, vivendo aqui como peregrinos, Ep 19 – no silêncio e esp. está a nossa fortaleza, Ep 30 – faz vazio ou obscurida-de na memória, 2S 6,1ss. – 3S cap. 1-15 tratado sobre a esp. – purg. da memória – por um bem tão grande muito convém sofrer com paciência e esp., 3S 2,15 – graças aos sentidos, se lhe pega à memória alguma afeição de vã esperança, 3S 3,3 – nada há de embaraçar a união com Deus em esp. pura e inteira, 3S 7,1; 12,2 – quanto mais esperar outra coisa, tanto menos esperará em Deus, 3S 16,2 – está se debilitando em si mesma a alma sem esperança, 2N 9,9 – o verde, cor de esp., porque dá à alma animosidade e levantamento às coisas da vida eterna, 2N 21,6 – São Paulo a chama "elmo da salvação", porque cobre todos os sentidos da cabeça da alma, ib. 7 – seu ofício ordinário é fazer a alma levantar os olhos para Deus; sem ela não se alcançará nada de Deus, ib. 7-8 – todo o teu bem e esp. estão em ti, C 1,7. Ver *Escatologia. Memória, Virtudes teologais.*

Espírito: o bem puro se comunica com Deus em soledade de todas as formas interiormente, porque o seu conhecimento é em silêncio divino, D 27 – seja inimiga de admitir coisas que não têm substância espiritual, D 90 – para guardá-lo: padecer, agir, calar, cerrar sentidos, uso de solidão, silêncio, Ep 8 – indícios do verdadeiro: levar sempre desnudez no apetite, pouca segurança de si, desejo de que o tenham em pouca monta, estilo sem afetação. Efeitos do falso: muita guloseima de propriedade, demasiada segurança, tratar de persuadir para que o creiam, Ep 25 – desgostam muito a Deus os que, pretendendo manjar de espírito, não se contentam só com Deus, 1S 5,3 – como achariam nesse maná, que é o simples manjar do espírito, o gosto de todas as coisas?, ib. 3-4 – enquanto a alma se sujeita ao esp. sensual, não pode entrar nela o esp. puro espiritual, 1S 6,2 – por um apegozinho de afeição se lhes vai esvaziando a muitos o esp., 1S 11,5 – o verdadeiro, mais se inclina ao padecer que ao consolo, 2S 7,5 – mais próprio e ordinário é a Deus comunicar-se ao esp. que ao sentido, 2S 17,3-5 – não queirais apagar o esp., 3S 13,2-3 – o demônio impede a verdade do esp. por coisas extraordinárias,

ÍNDICE ANALÍTICO 1069

3S 37,1 – o puro esp. mui pouco se prende a algo; só se prende ao recolhimento interior e ao trato mental com Deus, 3S 39,1 – a força do deleite do espírito se acha na desnudez esp., 3S 40,2 – Deus tem ojeriza àqueles que, pregando um bom esp., não o têm, 3S 45,3 – todas as imperfeições e desordens da parte sensitiva têm sua força e raiz nele, 2N 3,1 – a forma espiritual do espírito é a união de amor, ib. 3 – a posse atual de um contrário no esp. por si remove a atual posse e sentimento do outro contrário, 2N 7,5 – convém ao esp. adelgaçar-se e curtir-se acerca do comum e natural sentir, 2N 9,5 – sua vida é verdadeira liberdade e riqueza de bens inestimáveis, 2N 14,3 – aqui (4º grau de amor) tem tanta força, que tem tão sujeita a carne e tão em pouco, como a árvore a uma de suas folhas, 2N 19,4 – o que passa na parte superior e espiritual da alma é só segredo entre o espírito e Deus, 2N 23,3 – no "Cântico" se fala ao puro do espírito, C pról 3 – deleitando-se o espírito, aborrece-se e desgosta toda carne; os apetites causam grande moléstia ao doce espírito, C 16,5 – a substância do espírito não se pode comunicar ao sentido, C 19,5 – com dificuldade se diz algo da substância do espírito se não é com entranhável esp., Ch pról 1 – a alma transformada se vê feita como um imenso fogo que nasce daquele ponto aceso do coração do espírito, Ch 2,11 – só no bem purgado, compacto e adelgaçado podem assentar-se bem os deleites e notícias de Deus, ChA

2,25 – seu centro é a vida perfeita em Cristo, Ch 3,10.

Espírito Santo: fala na Escritura divina, S pról 2 – faz dizer muitas coisas em que ele leva outro sentido, 2S 19,9 – nas palavras de caráter místico intervém, às vezes, porque sempre está unido a toda verdade, 2S 29,1 – abre portas e dá luz esse Espírito ensinante; ilumina o entendimento recolhido, ib. 1-6 – quando a alma sente amor com humildade e reverência de Deus, é sinal que anda por ali, ib. 11 – as operações da alma unida são do Espírito Santo e são divinas, 3S 2,8; 2N 4,2; 17,2; 20,4 – mediante o olvido e recolhimento de todas as coisas, a alma tem em si disposição para ser movida pelo Espírito Santo e ensinada por ele, 3S 6,3; 23,4 – templos do Espírito Santo, 3S 23,3; 40,1 – não queiram eles usar novos modos, como se soubessem mais que o Espírito Santo e sua Igreja, 3S 44,3 – na liberdade de espírito se vão granjeando os doces frutos do Espírito Santo, 1N 13,11 – sua força e pureza, 2N 17,2; 20,4 – é ar do voo da contemplação e sabedoria do Pai e do Filho, C 13,11 – ruído e voz de torrente em Pentecostes, C 14,10 – seu respirar é ar que recorda (desperta) amores, C 17,2-4; ib. 8 – infunde graça, dons e virtudes, ib. 5 – muito é de desejar esse divino ar e que aspire por seu horto para que corram divinos olores de Deus, ib. 7 – nesse aspirar se comunica em alta maneira o Filho de Deus, ib. 8 – âmbar que, morando na alma, perfuma-a, C 18,6 – faz a junção espiritual, C 20,2 – é admirável ver se abrir todas as flores de virtudes, causando-o o Espírito Santo, C 24,6 – é temperado vinho de amor suave que embriaga as almas, C 25,7; 30,1; 37,8 – é rio resplandecente de água viva que nasce do trono de Deus e do Cordeiro, C 26,1 – os sete graus de amor se vêm a ter todos quando se têm os sete dons, C 26,3 – seu ar move e altera o amor forte para que faça voos a Deus, C 31,4 – é a força de amor com que é amada de Deus e com que o ama ela a Ele, C 38,3; 39,2 – a alma aspira em Deus a mesma aspiração de amor que o Pai aspira no Filho e o Filho no Pai, C 39,3-4; Ch 4,2 – sua aspiração na alma transformada é chamejar em atos interiores preciosíssimos, é o Espírito de Cristo, fogo e chama de amor, Ch 1,3-4 – faz provar a que sabe a vida eterna, ib. 6 – sua festa se passa no centro e substância da alma, ib. 9 – é o que andava ferindo, gastando e consumindo as imperfeições dos maus hábitos, Ch 1,19 – cautério suave, regalada chaga, Ch 2,1ss. – às vezes redunda no corpo sua unção, Ch 2,22 – seus jogos e festas alegres na alma, Ch 3,10 – seu adejar em chama de amor, Ch 3,16 – muitos mestres esp. de ordinário fazem perder às almas sua delicada unção do Espírito Santo, ib. 31; ib. 41 – sua mão delicada se perturba pela mão tosca de um mau diretor, ib. 42 – é o principal agente, guia, movedor das almas, Ch 3,46 – é a vida da alma, ib. 62 – na dádiva que faz Deus à alma transformada, dá o Espírito Santo. como coisa sua, Ch 3,79 – ama a

alma a Deus, não por si, senão por ele mesmo, Ch 3,82 – cautelas para chegar ao santo recolhimento, onde se goza o pacífico refrigério do Espírito Santo, Caut 1; 4A.

Espirituais: perdem muito por não acabar a levantar o apetite de ninharias, 1S 5,4 – nunca acabam de dar na substância e pureza do bem espiritual, nem vão por tão reto e curto caminho..., 2S 6,7 – se entendessem, exercitassem e saboreassem o conselho de N.S. de negar-se, veriam quão diferente é o modo que neste caminho devem levar do que muitos pensam, 2S 7,5 – aprendam a estar com advertência amorosa em Deus, 2S 15,5 – é impossível que o homem, se não for esp., possa julgar das coisas de Deus nem as entender razoavelmente, 2S 19,11 – em que consiste a graça do discernimento de espíritos, 2S 26,11 – pelo mesmo caso que o esp. põe seu gozo em alguma coisa, se entenebrece acerca de Deus, 3S 19,3, c. 20ss. – seu exercício e trato é só da alma a Deus e de Deus à alma, 3S 30,2 – não é de gente esp. ter temores temporais e naturais, C 20,9 – os que ainda estão algo "animais", creem que as coisas que são mais vis e baixas as terão por grande coisa, e as que são mais preciosas e altas, as terão em pouco e não as estimarão, Ch 3,74 – o que se quer arrimar muito no sentido corporal, não será muito espiritual, ChA 2,13.

Eternidade: Ver *Escatologia*.

Exame de consciência: não o deixar pelas ocupações; por cada falta fazer alguma penitência, Gp 6 – a alma que amiúde examinar seus

ÍNDICE ANALÍTICO

pensamentos, palavras e obras, terá muito claro seu cabelo... e mirá-la-á seu Esposo, e quedará preso e chagado em um de seus olhos, que é a pureza de intenção com que obra todas as coisas, D 103.

Experiência: Por faltar a confessores e diretores espirituais, longe de ajudarem as almas, causam-lhes maior prejuízo, S pról 4 – adquire-a o demônio em ver atuar a Deus, 2S 21,7 – para que os discípulos não carecessem de mérito em sua fé, tomaram-se antes experiência de sua ressurreição, antes que se lhes mostrasse, fez muitas coisas para que, sem ver, cressem, 3S 31,8 – há muito pouca da noite espiritual, 1N 8,2 – mais comum há da purgação sensitiva, ib. 5 – as coisas raras e das quais há pouca experiência são mais maravilhosas e menos críveis, Ch 1,15 – o que não é experimentado, poucas coisas conhece, Ch 2,26 – para guiar o espírito, ainda que o fundamento seja o saber e a discrição, se não há experiência do que é puro e verdadeiro espírito, não atinará a encaminhar a alma nele, quando Deus lho dá, nem ainda o poderia entender, Ch 3,30.

Extraordinário: Deus é como a fonte, da qual cada um tira conforme o vaso que leva; por vezes deixa-as tirar por esses canos extraordinários; mas não se segue, por isso, que seja lícito captar a água por eles, 2S 21,2 – é tentar a Deus querer tratá-lo por vias extraordinárias, ib. 1.

Falar: tem sossego, e quando for necessário falar, seja com o mesmo sossego e paz, D 81 – fala pouco, e no que não te perguntarem, não te metas, D 140 – não contradigas; de nenhum modo fales palavras que não sejam limpas, D 149 – no que falar, seja de maneira a não ser ofensivo, e que seja em coisas que não pesem que o saibam todos, D 150 – o falar distrai, e o calar e agir recolhe e dá força ao espírito, Ep 8 – a alma que pressurosa se põe a falar e tratar, mui pouco advertida está em Deus, ib – nunca falar mais que o necessário, Ep 12 – o costume de fal. muito, impede caminhar na perfeição, 1S 11,4 – falar depreciando-se e procurar que todos o façam, 1S 13,9; D 163 – ditosa a alma a quem Deus falar, 2S 31,2 – fala Deus, as potências em silêncio, 3S 3,4 – muitos não queriam que lhes custasse Deus mais que falar, C 3,2 – há custado muito a Deus chegar a essas almas à solidão e vazio para poder falar-lhes ao coração, Ch 3,54.

Fantasia: Arquivo e receptáculo do entendimento, 2S 16,2; Ch 3,69 – nela pode o demônio deixar as coisas e assentá-las, 3S 4,1; 10,1 – muitas vezes se pensará que suas coisas são de Deus, 3S 8,3 – o demônio e ela mui ordinariamente fazem ardis à alma, 2N 2,3 – a este sentido comum acodem com a forma de seus objetos os sentidos corporais, e ela é seu arquivo, Ch 3,69.

Fé: é escura para o entendimento, como noite, 1S 2,1 – divina escala que penetra até o profundo de Deus, 2S 1,1 – guia de cego da razão, 2S 1,2; 3,2-5; 7-11; 2N 16,7; C 1,11; Ch 3,29 – quanto menos a alma obra com habilidade própria, vai mais segura, porque vai mais na fé, 2S 1,3 – a razão de ser hábito escuro é porque faz crer verdades reveladas por Deus, as quais estão sobre toda razão natural 2S 3,1-3 – porque é noite escura, dá luz à alma, ib. 6; c. 4ss. – é sobretudo entender, saborear, sentir, imaginar, 2S 4,3 – ainda que tenha certo o entendimento, não o tem claro, mas obscuro, 2S 6,2 – é próximo e proporcionado meio ao entendimento para a união, 2S 9 – muita semelhança entre a fé e Deus; trajetória desde um Deus crido a um Deus visto em glória, 2S 9 – ib. até c. 32 obra de purificação da inteligência pela fé – muito derrogam a fé as coisas que se experimentam com os sentidos, 2S 11,7 – se sobre o que toca a ela se nos revelasse algo de novo, ou coisa diferente, de nenhuma maneira devemos dar consentimento, 2S 27,3-4 – convém muito à alma não querer entender coisas claras a respeito da fé, para conservar puro e inteiro o mérito dela, ib. 5 – o entendimento não pode encontrar outro maior recolhimento que em fé... 2S 29,6 – nela secretamente ensina Deus à alma, ib. 7 – no abismo da fé todo o mais se absorve, 3S 7,2 – pela caridade a fé é viva, 3S 16,1 – não tem merecimento quando a razão humana a experimenta, 3S 31,8 – quanto mais Deus é crido e servido sem sinais, tanto mais é pela alma enaltecido, 3S 32,3 – Deus só olha a fé e pureza de coração do que ora, 35; 36,1 – não faz Deus milagres pela imagem, senão pela devoção e fé que se tem, ib. 2-3 – querer sentir a Deus e saboreá-lo como se

fosse compreensível, é impureza da fé, 1N 6,5 – com a fé vai amparada a alma contra o demônio, 2N 21,3 – Deus é a substância da fé e o conceito dela, e a fé é o secreto e o mistério, C 1,10 – ela e o amor são os moços de cego para chegar ao escondido de Deus; a fé, os pés com que a alma vai a Deus, C 1,11 – vão referindo mil graças as verdades de fé, C 7,7 – suas verdades estão como em esboço, C 12,6 – é fonte cristalina: é de Cristo e como cristal, C 12,3 – dá-nos e nos comunica a Deus coberto com os semblantes prateados das proposições e artigos, ib. 4 – diz-nos a substância entendida, C 14,15 – sujeita-se no entendimento pela fé, e na vontade por amor, C 31,9 – relação entre a fé ilustradíssima da união, e a luz de glória da outra vida, Ch 3,80 – Ver *Virtudes teologais*.

Fealdade: não há de comparar-se a de corpos mortos com a feia e suja figura da alma possuída de apetites, 1S 9,3 – fazem-na total os apetites do pecado mortal 1S 9,7 – como o fogo na madeira, o fogo divino, antes de transformar a alma em si, lança fora suas fealdades, 2N 10,2 – na alma transformada, vestida toda de fortes virtudes, não cabe nenhuma, C 30,10 – antes de Deus mirar a alma graciosamente, a encontrara com negrura e fealdade de culpas e imperfeições, C 33,5; 34,1 – todo o melhor de cá, comparado com aqueles bens eternos, é feio e amargo, e, ainda que breve, sua amargura e fealdade durará para sempre na alma que os estimar, Ep 12.

ÍNDICE ANALÍTICO 1073

Feridas: cansa-se e fatiga-se a alma com seus apetites, porque está ferida, 1S 6,6 – os apetites, a modo de espinhos, ferem e afligem 1S 7,1 – o que manuseia riquezas com a vontade, acaba ferido por elas, 3S 18,1 – feridas de amor: 2N 11,6; 12,7; 13,3; ib. 6-8; 21,7; C 1,1; ib. 14,15 – 16ss.; 7,2ss.; 8,2; 9,1ss.; 13,2; 35,6; Ch "passim".

Fervor: do sensível, nasce nos principiantes certo ramo de soberba oculta, 1N 2,1 – às vezes, com esse fim, acrescenta-lhes o demônio o fervor, ib. 2 – os perfeitos, quanto mais fervor têm, mais conhecem o muito que Deus merece, ib. 6 – das securas nasce amor ao próximo, porque os estima e não os julga como antes quando se via a si com muito fervor e aos outros não, 1N 12,8 – ordinariamente, segundo os fervores e ânsias de amor que precederam na alma, costumam também ser grandes as mercês e visitas que Deus lhe faz, C 13,2 – os novos amigos e os velhos como os fervores do vinho novo, C 25,10-11.

Filho de Deus: espelho sem mancha do eterno Pai, Ep 4; P 3 (toda) – Aos bem-aventurados, Deus comunica e pronuncia a Palavra, que é seu Filho, para que o conheçam e gozem, 2S 3,5 – a alma simples e pura transformada na simples e pura sabedoria que é o F. de Deus, 2S 15,4 4 – ao dar-nos, como nos deu, o seu Filho, que é Palavra sua, falou-nos tudo ao mesmo tempo, 2S 22,3 – a alma que ama a Deus não põe demoras em fazer quanto pode para achar o F. de Deus, C 3,1 – só com a figura de seu F. mirou

Deus todas as coisas, C 5,4 – é a luz do céu, C 10,8 – o Espírito Santo põe a alma em exercício interior de virtudes, a fim de que o F. de Deus mais se deleite e goze nela, C 17,2; ib. 8-9 – a alma se reclina na própria flor que é o F. de Deus, C 24,1 – ditosa a alma que nesta vida merecer saborear o olor dessas flores divinas, ib. 6 – bodas de desposório com ele: virtudes e graças de Esposa, magnificências e graças do Esposo, F. de Deus, C 30,1 – alcançou-nos e mereceu esse alto estado de transformação, C 39,5 – o gosto de vida eterna o atribui ao Filho, "toque delicado", Ch 2,1; ib. 17ss. – amoroso despertar da alma no Verbo, Ch 4,1ss. – Ver *Cristo, Encarnação, Redenção, Trindade.*

Filhos de Deus: a liberdade não mora em coração de escravo, senão no livre coração de filho, 1S 4,6 – Compara N.S. aos que, negado o apetite de criaturas, dispõem-se para receber o espírito de Deus, aos filhos de Deus, a quem é dado comer à mesa com seu pai, 1S 6,2 – tira-se-lhes o pão de filhos, por não quererem levantar-se das migalhas das criaturas, 1S 6,3 – o renascimento e filiação de Deus está acima de tudo quanto se possa pensar, 2S 5,5 – somente os que não nasceram do alvedrio de habilidade e capacidade natural, 2S 5,5 – o temor, último dos sete dons, é filial, e o perfeito de filho sai do amor perfeito do pai, C 26,3 – na união comunica-se Deus com tantas veras de amor, que não há afeição de mãe que com tanta ternura acaricie seu filho, C 27,1 – a

ÍNDICE ANALÍTICO

total transformação na formosura de Deus é a adoção de f. de Deus, C 36,5 – porquanto sois f. de Deus, enviou a vossos corações o espírito de seu Filho, C 39,4 – mistério da filiação e imitação divina; o Filho de Deus nos alcançou esse alto estado e nos mereceu esse subido posto, C 39,5 – tem tanto de gemido a esperança, quanto falta para a acabada posse da adoção dos f. de Deus, Ch 1,27 – a alma, verdadeira filha de Deus, em tudo é movida por ele; a substância dessa alma é Deus por participação de Deus, Ch 2,35 – para essa liberdade e ociosidade santa de filho de Deus, chama-a Deus ao deserto, Ch 3,38 – vê a alma que verdadeiramente Deus é seu, e que ela o possui como filho de Deus adotivo, Ch 3,78.

Fim: todos os meios hão de lhe ser proporcionados e hão de ter alguma conveniência e semelhança com ele, 2S 8,2 – se tudo fossem meios, de onde se gozariam os fins e términos? 2S 12,6-7 – assim como é bom o meio para o fim, assim, quando se toma e se repara no meio mais do que simples meio, estorva e impede, 3S 15,2 – um dano privativo dos gozos materiais é apartar-se a alma de Deus, sua saúde e fim último, pondo adiante o preço e não o divino valor e prêmio, 3S 19,8-9 – sacrifício final da vida desses miseráveis enamorados dos bens, ib. 10 – muitos cristãos fazem grandes coisas e não aproveitarão nada para a vida eterna, 3S 27,4 – a causa por que há de ser Deus servido é só por ser Ele quem é, e não interpondo ou-

tros fins, 3S 38,3 – em nos haver criado Deus somente para si, se lhe deve o serviço de toda a vida, C 1,1 – chegando ao término, cessam todas as operações dos meios, C 16,11 – todo o fim da alma e de Deus em todas as obras dela é a comunicação e perfeição da união, C 22,6 – Deus criou a alma para o seu louvor, Ch 3,84 – ter a Deus por fim em todas as coisas, para crescer em perfeição e mérito, Gp 8 – só para empregar-se em seu santo amor e serviço a criou e redimiu, Ep 12. Ver *Servir a Deus*.

Formosura: toda a das criaturas, comparada com a infinita de Deus, é suma fealdade, 1S 4,4 – fazem-se feios, baixos, miseráveis e pobres, por amar o formoso e rico a seu parecer do mundo, 1S 4,8 – o da luz leva a mariposa deslumbrada à fogueira, 1S 8,3 – se se prende a alma à criatura e se suja, como os traços da fuligem deixariam um rosto formoso e perfeito, 1S 9,1 – é vã, pois faz o homem cair de muitas maneiras, 3S 21,1; 22,2 – muito dano foi para os anjos gozarem e comprazer-se em sua f., 3S 22,6 – Deus criou todas as coisas, aformoseando-as com admirável ordem e dependência umas das outras, C 5,1 – só com a figura de seu Filho, deixou-as vestidas de formosura, ib. 4 – esse rastro de formosura leva a alma até as ânsias da formosura invisível, C 6,1; 8,5; 11,1ss.; 12,1; 14,2; 16,1; 17,1; 20,1; 23,6; 24,1ss.; 30-40 "passim"; Ch 1,28; ib. 31; 2,21, ib. 35; 3,5; ib. 14, 16, 72 – gozo inefável da formosura de Deus, C 36,5 – por toda a formosura nunca eu me perderei, P 13.

ÍNDICE ANALÍTICO   1075

Fortaleza: semelhante aos soldados de Gedeão: no vazio e secura há Deus de provar os que são soldados fortes, Ep 5 – o que come sobre o indigesto não tem força para convertê-lo em substância, Ep 8 – Deus é tua fortaleza, o qual está com os atribulados, D 4 – nos trabalhos de paciência cresce e se confirma, ib. – andar a perder e que todos nos ganhem é de ânimos valorosos, D 136 – a virtude unida é mais forte que ela mesma quando se derrama, 1S 10,1 – é fruto de todo ato de virtude, 1S 12,5 – aumenta, resistindo-se aos apetites naturais, ib. 6 – o amor de Deus não tem seu assento no sentido, com ternura, mas sim na alma, com fortaleza, 2S 24,9 – a da alma consiste em suas potências, paixões e apetites governados pela vontade, 3S 16,2 – a força do espírito ver-se-á na perfeição e fortaleza que tiver nas ocasiões, 3S 22,2 – não é virtude de principiantes, 1N 1,3 – exercita-se na purificação das noites, 1N 8ss.; 2N "passim" – necessária para o progresso, C 3,5; 20,1 – eminente no estado de matrimônio espiritual, C 24,4-5; 30,10 – não se afronta, aquele que ama, das coisas de Deus, nem as esconde por vergonha, C 29,7 – é fruto e prêmio de mortificações, trabalhos, tentações e penitências, C 31,6; Ch 2,25-26; ib. 30.

Fraqueza: impossível vencê-la se se age por gosto e prazer, Caut 16 – quando estás aliviado estás junto a ti, que eras a mesma fraqueza, D 4 – nunca ouças fraquezas alheias, D 146 – é causada por qualquer apetite desordenado, 1S

12,5 – às vezes Deus condescende por fins fundados na f. da alma, 2S 21,2 – em tudo havemos de remediar nossas ignorâncias e fraquezas pela lei de Cristo homem e de sua Igreja, 2S 22,7 – ordinariamente, com fraqueza de afeição se prende o coração aos bens da terra e falta a Deus, 3S 18,1 – o hábito de fraqueza no obrar com propriedade de gozo vão impede de receber conselho ou segui-lo, 3S 28,9 – os principiantes, sem hábitos fortes, agem como meninos fracos, 1N 1,3 – aos muito fracos, Deus os leva por essa noite (sentido) muito tempo, com muita remissão; a outras, mais fracas, anda Deus como aparecendo e transpondo-se, para exercitá-las em seu amor, 1N 14,5 – a parte sensitiva é fraca e incapaz para as coisas fortes do espírito, 2N 1,2; 3,2 – a alma fraca no amor está débil para operar virtudes heroicas, C 11,13 – todas as malícias do demônio são em si fraquezas, C 30,10.

Fundadores: poucas almas chegam a isto (fogo de amor que nasce do coração do espírito); mas algumas têm chegado, mormente aquelas cuja virtude e espírito se haviam de difundir na sucessão de seus filhos, dando Deus riqueza e valor às cabeças nas primícias do espírito segundo a maior ou menor propagação que haviam de ter da sua doutrina e espírito, Ch 2,12.

Generosidade: o coração generoso nunca se detém onde se pode passar..., nada lhe causa saciedade, P 11,2 – caminhar-se-á pouco e com custo, sem bons pés e ânimo e porfia animosa, D 3 – caminhando com espírito de gozo não se é constante, D 41 – ser inimiga de si mesma e caminhar por santo rigor na perfeição, D 84 – a alma que quer que Deus se lhe entregue de todo, há de entregar-se toda, sem deixar nada para si, D 27 – não recuses trabalho, ainda que te pareça não o poderes fazer, D 148 – Não negues coisa que possuas, ainda que te seja necessária, D 151 – tomar o caminho de perfeição, não com ânimo acanhado, mas com vontade robusta, Ep 16 – muitas almas começam, mas não passam adiante, S pról 3 – o não ir adiante é voltar atrás, 1S 11,5 – algumas almas, carregadas como as ricas naus de virtudes e mercês, por não terem ânimo para acabar com algum gostinho, nunca vão adiante, 1S 11, 4 – sempre se há de caminhar para chegar, 1S 11,6 – o madeiro não se transforma em fogo por um só grau de disposição de calor que falte, 1S 11,6; 2S 8,2; 2N 10,6; Ch 1,19 – é mister obrar de coração, 1S 13,7 – muitos principiantes desmaiam e perdem a perseverança, 3S 28,7 – os inclinados a gostos são muito frouxos e remissos em ir pelo caminho áspero da cruz, 1N 6,7 – "entremos mais adiante na espessura"... da multidão de trabalhos e tribulações, C 36,12 – a mão branda de Deus é generosa quanto poderosa e rica, Ch 2,16 – como Deus prova a alguns no menos, e os acha fracos, de sorte que logo fogem do trabalho, não vai adiante em purificá-los, Ch 2,27 – por comer a alma um bocadinho de gosto sensível, não deixa que Deus a coma toda, Ch 3,63.

Glória: "em cima das correntes" (canto no desterro da Jerusalém celestial), P 4 – tem frequente memória da vida eterna, que os mais abatidos, pobres e que em menos se tinham, gozaram de mais alto senhorio e glória, D 82 – o que não busca a cruz de Cristo, não busca a glória, D 101 – para bem pensar nela... Ep 12 – esperemos lá os nossos bens, vivendo cá como peregrinos, Ep 19 – é possuir a Deus, 1S 12,3 – pretende-a a alma na união, 2S 4,4 – acabada esta vida mortal, logo aparecerá a g. e a luz da Divindade, 2S 9,3-4 – considerá-la como uma formosíssima luz, 2S 12,3 – o aumento da glória essencial da alma, responde ao amor de Deus, 3S 26,8 – pela negação nesta vida, terás mais bens de g. na outra, 3S 26,8 – as boas obras feitas só por servir a Deus são para maior prêmio de g., 3S 27,4 – Deus é "dia" na bem-aventurança, 2N 5,3 – a mesma sabedoria amorosa que purga os espíritos bem-aventurados, ilustrando-os, é a que aqui purga a alma e a ilumina, 2N 5,1; Ch 1,19 – aquela bem-aventurada vida se alcança por esta noite, 2N 9,4 – resquícios de g. 2N 4,2; 20,3; C 1,22; 12,8; 13,1ss.; 20,14ss.; Ch l,27ss. – os louvores dos bem-aventurados são para Deus como música, cantando cada um seu louvor diferente e todos em uma concordância de amor, C 15,26 – os gozos acidentais ainda nos glorificados não faltam, C 20,12 – não é a menor parte de glória entender na raiz as profundas vias da Encarnação, C 37,1 – quando se chega ao estado perfeito, alcança-se gran-

ÍNDICE ANALÍTICO — 1077

de rastro e sabor da outra vida, C 39,6 – não a divide, senão uma leve tela, Ch 1,1; ib. 28; 3,11-15 – é junção de todos os bens, Ch 3,5. Ver *Céu, Escatologia*.

Gostos: o sabor de bem finito cansa e estraga o paladar, P 11 vv. 5-8 – quem se move pelo gosto de sua vontade é como o que come fruta estragada, D 45 – verdadeiramente aquele tem vencidas todas as coisas, que nem o gosto delas o move ao gozo, nem a insipidez lhe causa tristeza, D 50 – quem não anda em pretensões nem gostos próprios, nem de Deus nem das criaturas, não tem em que tropeçar, Ep 19 – o das coisas de Deus não é sinal de progresso, S pról 5 – de todos os da vontade é purga a noite, 1S 1,4 – não se pode ver os males do apetite no tempo em que se cumpre, porque o gosto dele então não dá lugar, 1S 12,5 – para vir a gostar tudo; para vir ao que não gostas... 1S 13,11 – não é boa amizade com Cristo buscar nele seus gostos mais do que ele mesmo, 2S 7,12 – à medida que a alma o vai tirando em alguma coisa, vai também perdendo o temor e dor dela, 3S 16,5 – o espiritual deve reprimi-lo nas coisas, 3S 20,3; 24,7 – quando é para ele que se olha nas obras, não as fazem comumente senão por ele e o louvor, 3S 28,4 – ele é motivo de desmaio e de não se ter perseverança. 3S 28,7 – dar a Deus gosto, e não a si mesmos em nada, 1N 3,2 – não é mais que penitência de animais aquela em que se movem pelo gosto que nela acham, 1N 6,2 – comunhão e oração não frutuosas por se andar em gostos, 1N 6,5-6 – não está a perfeição e valor das coisas na multidão e gosto, 1N 6,8 – alguns estão tão saboreados nas coisas esp., que, em não achando sabor nelas, enfastiam-se, 1N 7,2; ib. 4 – sua falta poderia provir de alguma indisposição ou humor melancólico, 1N 9,2 – o sensível ofusca e embaraça o espírito, 1N 12,4 – muitos não queriam que lhes custasse Deus a falar, e ainda não se levantar de um lugar de seu gosto, C 3,2 – se ama a Deus puramente, não terá coração para si, mas para dar a ele gosto, C 9,5 – por homem animal se entende aquele que vive em apetites e gostos naturais, Ch 3,74.

Graça: estima em nada coisa alguma, senão em estar bem com Deus, Ep 12 – privam dela apetites voluntários em matéria de pecado mortal, 1S 12,3 – a alma não precisa mais que se desnudar de contrariedades e dissimilitudes naturais, para que Deus se lhe comunique por graça, 2S 5,4 – renascimento por graça, ib. 5 – logo que pelo novo calor e fervor de servir a Deus renasce a alma, fazendo-a achar grande gosto nos exercícios espirituais, 1N 1,2 – é limpeza de coração, 2N 12,1 – "grátis datas", 3S 30,3 – não é por ter sentimentos místicos que pode a alma saber ao certo se está em graça, C 1,4 – nunca Deus falta à alma, mesmo quando está em pecado, menos ainda se está em graça, C 1,8 – por graça, mora Deus na alma, agradado e satisfeito dela, C 11,3 – com seu presente ser dá ser natural à

1078 ÍNDICE ANALÍTICO

alma, e com sua presente graça a aperfeiçoa, C 11,4 – Deus não põe sua graça e amor na alma, senão segundo a vontade e amor da alma, C 13,12 – o estado de matrimônio esp. supõe a confirmação em graça, C 22,3 – sem sua graça não se pode merecer a sua graça, C 32,5 – posta em graça, em cada obra merece ao mesmo Deus, ib. 6 – poder mirar a alma a Deus, é fazer obras em graça de Deus, C 32,8 – é grande a rudeza e cegueira da alma que está sem a graça, ib. – quão fora está de fazer o que está obrigada a alma que não está ilustrada com o amor de Deus!, C 32,9 – "Deus dá graça por graça"; quando vê a alma graciosa a seus olhos, muito se move a dar-lhe mais graças, C 33,7 – a alma, branca pombinha, pela brancura e limpeza da graça, C 34,3 – para que a alma esteja em seu centro, que é Deus, basta que tenha um grau de amor, porque por um só se une com ele pela graça, Ch 1,13 – há diferença em ter a Deus por graça em si somente, e tê-lo também por união, Ch 3,24 – em umas almas mora Deus agradado, em outras desagradado, Ch 4,14 – nas que não chegaram à união, não mora desagradado, mas mora secreto para elas, Ch 4,16.

Gula: principalmente causa tibieza, 1S 12,4 – é preciso mortificar o gosto nas comidas, 2S 17,4 – a gula espiritual deixa sutis e delicadas manchas no espírito, 2S 18,4 – suas imperfeições, 1N 6; 13,3 – unindo-se a memória a Deus, tem-se muitas faltas de uso e trato exterior, não se lembrando de comer nem de beber, 3S 2,8 – do gozo nos manjares nasce a gula e falta de caridade com os próximos e pobres, 3S 25,5 – estraga o apetite das coisas espirituais, ib. – alguns costumam alegrar-se nas festas, mais pelo que nela hão de folgar, como no comer, 3S 38,2 – até que a alma chegue à perfeição, deixa-se levar por gostinhos, como de comida, bebida, gosto disto mais que daquilo, e escolher e querer o melhor, C 26,18 – ora coma ora beba, ande sempre desejando a Deus, 4A 9.

Habilidade: é sumamente ignorante toda alma que faz caso de seu saber e habilidade para vir a unir-se com a sabedoria de Deus, 1S 4,5 – a do "homem velho" e a do "homem novo", 1S 5,7 – quanto menos se obra com ela, mais se vai em fé, 2S 1,3 – toda a hab. e força da alma não servem mais que para amar a Deus 3S .16,1 – a alma não a tem para o edifício sobrenatural, Ch 3,47.

Hábitos: estando mortificados, não fazem tanto danos alguns atos, 1S 11,3 – os de imperfeições voluntárias impedem adiantar-se em perfeição, ib. D 121 – essas imperfeições são: costume de falar muito, apegozinhos a pessoas, vestido, livro, cela, tal maneira de comida..., ib. 4 – espírito de meditação em substância de hábito. Muitos atos em qualquer coisa engendram hábitos, 2S 14,2 – nosso Senhor acerca de muitas coisas infunde hábitos a muitas almas, 2S 26,12 – diferença entre a mancha fresca e a muito assentada para tirá-la, 2N 2,1 – cada um age conforme o há-

ÍNDICE ANALÍTICO 1079

bito de perfeição que tem, 1N 1,3 – no espírito se sujeitam todos os hábitos bons e maus, 2N 3,1 – o hábito da caridade pode ter-se nesta vida tão perfeito quanto na outra, Ch 1,14 – hábitos maus são as raízes de teus pecados e imperfeições, Ch 2,30 – tantas atividades tem a alma quanto hábitos, C 28,7 – pelejam uns contrários contra outros: Deus contra todos os hábitos imperfeitos, Ch 1,23; 2,30. Ver *Atos*.

Heresias: o demônio se comunica com alguns heresiarcas, informando-lhes o entendimento com conceitos e razões muito sutis, mas falsas e errôneas, 2S 29,10.

Homem: como se levantará a ti o homem engendrado e criado em baixezas, se não o levantas tu, Senhor, com a mão que o fizeste?, D 26 – nunca tomes por exemplo o homem, por santo que seja, D 156 – o "homem velho", 1S 5,7; 2S 5,5; 2N 3,3; 4,2; 16,4; C 26,17 – Deus vai aperfeiçoando o homem ao modo do homem, 2S 17,4 – é impossível que, se não és espiritual, possas julgar as coisas de Deus, 2S 19,11 – Deus lhe pôs términos naturais e racionais para seu governo, 2S 21,1-6 – em tudo nos havemos de guiar pela lei de Cristo homem, de sua Igreja e de seus ministros, humana e visivelmente, 2S 22,7 – é Deus amigo que o governo e trato do homem seja por outro homem semelhante a ele, 2S 22,9 – isto tem a alma humilde, que não se acaba de satisfazer sem governo e conselho humano, 2S 22,11 – exemplo de São Paulo, ib. 12 – ordinariamente, tudo o que se pode ter por indústria e

conselho humano, não o tem Deus e não o diz, ib. 13 – o que põe seu gozo em coisas sensuais, não merece nem se lhe deve outro nome que sensual, animal, temporal, 3S 26,3 – saí do meu humano trato e operação, para operação e trato de Deus, 2N 4,2 – não desprezando nada do homem nem excluindo coisa sua desse amor, disse: "Amarás", 2N 11,4 – renovada juventude, vestido o novo homem, 2N 13,11 – como são coisas não sabidas humanamente, há de se caminhar humanamente não sabendo e divinamente ignorando, 2N 17,7 – muitas coisas faz Deus por mãos dos anjos e dos homens, C 4,3.

Honra de Deus: não gozar senão do que é puramente honra e glória de Deus, 3S 16,2; 17,2 – a maior que lhe podemos dar é servi-lo segundo a perfeição evangélica, 3S 17,2 – só deve pôr os olhos em servir e honrar a Deus com seus bons costumes, 3S 27,4; 28,5 – há alguns que mais oram pelas suas pretensões que pela honra de Deus, 3S 44,1.

Humildade: não defloremos a Deus no gosto que tem na humildade e desnudez do coração, Ep 23 – a alma enamorada é alma branda e humilde, D 28 – para enamorar-se Deus da alma, põe os olhos na grandeza de sua humildade, D 102 – humilde é o que se esconde em seu próprio nada e se sabe deixar a Deus, D 172 – seu centro, não cobiçar nada, 1S 13,13 – quando ficar reduzido a nada, será suma, 2S 7,11 – é contra ela certa opinião secreta de que já se é algo diante de Deus, 2S 11,5; 18,3 – alguns mestres não levam as almas por seu caminho, 2S 18,2 – satisfaz-se em governo e conselho humano, 2S 22,11; 22,16 – se a alma não é humilde, a fará cair o demônio em mil mentiras, 2S 26,17 – aborrece tanto Deus ver as almas inclinadas a grandezas, que mesmo quando Ele as põe nelas, não quer que tenham prontidão e ímpeto de mandar, 2S 30,4 – nela está a virtude mais que em apreensões e sentimentos de Deus, 3S 9,3 – tem as propriedades da caridade, ib. 4 – as coisas santas, de si, humilham, 1N 2,1 – muitos, como não são humildes, não desconfiam de si; quanto mais propósitos fazem, tanto mais caem e tanto mais se aborrecem, 1N 5,3 – nas almas humildes mora o espírito sábio de Deus, 1N 2,7 – de necessidade há de ser a alma humilhada até que, adquiridos hábitos perfeitos, cesse o subir e o baixar a escala que se arrima em Deus, 2N 18,4 – pelo grande amor a Deus, tem grandes penas e lástimas do pouco que faz por ele; tem-se por inútil e parece-lhe viver em vão; tem-se por pior que todas as outras almas, 2N 19,3 – Deus nunca humilha, senão para engrandecer, 2N 23,10 – essa divina água invade os baixos da humildade, C 14,9 – a alma em si é paupérrima e não tem nenhum bem de que se satisfazer, Ch 1,23 – sendo Deus a virtude da suma humildade, com suma humildade e suma estima te ama, Ch 3,6.

Ignorância: toda sabedoria do mundo, comparada com a de Deus, é pura e suma ignorância, 1S 4,4 – não sabe que coisa é sabedoria, ib. 5 – é suma a da alma que pensa poder chegar à união, sem primeiro esvaziar-se do apetite de todas as coisas, 1S 5,2 – é para chorar a de alguns, 1S 8,4 – tão ignorante é o sentido corporal das coisas espirituais, e ainda mais, como um jumento das racionais, 2S 11,2 – o espírito de Deus faz ignorar o que convém ignorar, 3S 2,9 – a noite escura é uma influência de Deus na alma, que a purga de suas ignorâncias, 2N 5,lss. – muitas almas, passando por essa noite, são dela ignorantes, 2N 22,2 – é pura ignorância a sabedoria dos homens, C 26,13 – propriedade do espírito de Deus na alma: logo a inclina a ignorar e não querer saber coisas alheias, C 26,15 – enquanto que buscais grandezas e glórias, ficais miseráveis e baixos, ignorantes de vossos bens e indignos, C 39,7 – é a obscuridade da alma, Ch 3,70.

Igreja: garantias em não se apartar de seu são sentido e doutrina, S pról 2; C ib. 2; Ch ib. 1 – grandiosa visão do Corpo místico de Cristo, P 3 – que há para acertar senão ir pelo caminho reto da lei de Deus e da Igreja?, Ep 19 – a noite, que é a fé na Igreja militante, onde ainda é de noite, mostra ciência à Igreja e ministros humana e visivelmente, 2S 3,5 – em tudo nos havemos de guiar pela lei de Cristo e de sua Igreja, 2S 22,7 – o que sai de suas leis, não só é curiosidade, como também muito atrevimento, 2S 22,7 – Deus não quer que ninguém a sós se creia a si nas coisas que tem como de Deus, nem se conforme nem se firme nelas, sem a Igreja, ib. 11 – as visões mais substanciais, fá-las Deus naqueles que são muito fortes do espírito da Igreja ou ministros, 2S 22,12 – São Paulo necessitou conferir com São Pedro e os apóstolos do que havia sabido por revelação, ib. 13 – porquanto não haja mais artigos que revelar acerca da substância de nossa fé além dos que já foram revelados à Igreja, simplesmente arrimem-se à doutrina da Igreja e sua fé, 2S 27,4 – é sabedoria de santos saber os mistérios e verdades com a simplicidade e verdade que os propõe a Igreja, 2S 29,12 – atualidade de seu magistério, 2S 30,7 – basta para informar a vontade, ib. – acerca das imagens que naturalmente ela propõe, nenhum engano nem perigo pode haver, 3S 15,2; 35,2ss. – nos lugares assinalados e dedicados por ela ao serviço divino, há mais ocasião de ser ouvidos 3S 42,6 – norma de fé na liturgia, 3S 44,3 – é mais precioso diante de Deus e da alma um pouquinho do puro amor e mais proveito faz à Igreja, que todas essas obras juntas; pelo grande desejo que tinha de ser útil à Igreja, escondeu-se Maria Madalena no deserto, trinta anos, C 29,2 – quando uma alma tiver algo desse solitário amor, grande agravo se lhe fará, a ela e à Igreja, se a quiserem ocupar de coisas exteriores e ativas, ib. 3 – muitos pregadores muito mais proveito fariam à Igreja, se gastassem sequer a metade do tempo em estar com Deus em oração, ib. – "grinaldas" de almas da Igreja e de Cristo, C

30,7 – os melhores e principais bens da Igreja, militante e triunfante, acumula Deus no que é mais amigo seu, C 33,8 – todo seu Corpo místico, que é a Igreja, participará da mesma formosura do Esposo no dia do triunfo, C 36,5 – do matrimônio espiritual nessa Igreja militante ao glorioso na triunfante, C 40,7 – na militante está o fogo da caridade não aceso ao extremo; na triunfante está aceso como forno em perfeição, Ch 1,16.

Imagens: esta doutrina da desnudez não convém com a daqueles homens pestíferos que quiseram tirar da vista dos fiéis o santo e necessário uso e ínclita adoração das imagens de Deus e dos santos, 3S 15,2 – seu uso para dois principais fins o ordenou a Igreja: reverenciar os santos nelas e mover a vontade, 3S 35,3 – vaidade em vesti-las e adorná-las, ib. 4 – a pessoa devota, de poucas imagens tem necessidade, e de poucas usa, porque a viva imagem busca dentro de si, que é Cristo crucificado, ib. 5 – fazer mais mercês Deus às vezes mais por meio de uma que de outra, é porque as pessoas despertam mais sua devoção por aquela, 3S 36,1ss. – a algumas dá Deus espírito particular, de maneira que fica fixada na mente a figura da imagem e devoção que causou, 3S 36,4 – assim como são de grande proveito, assim também serão para errar muito, por usar com baixo estilo e ignorantemente delas, 3S 37,38 e 39; 1N 3,1. Ver *Devoção*, *Liturgia*.

Imaginação: não é caminho para a união, 2S 4,4; 8,4 – tudo o que

1082 ÍNDICE ANALÍTICO

pode fabricar é dissímil e desproporcionado a Deus, ib. 5; 12,4 – é um sentido corporal interior, 2S 12,2ss. – ainda que em muito recolhimento, costuma andar à solta, 2S 13,3 – quando procede de distração ou tibieza o não poder fixá-la nas coisas de Deus, tem-se apetite e vontade de pô-la em outras coisas diferentes, ib. 6 – é onde ordinariamente acode o demônio com seus ardis, 2S 16,4 – vai-se aperfeiçoando e habituando ao bem, com considerações, meditações e discursos santos, 2S 17,4 – sem imaginação não há sentimento, 3S 2,6 – ninguém pode saber completamente as coisas que naturalmente passam pela sua imaginação, 3S 8,3 – o caminho da contemplação não cai na imaginação nem discurso, 1N 10,2 – representa-lhe o demônio muitas variedades, C 16,2 – é arrabalde da alma, C 18,7 – suas digressões são "aves ligeiras", C 20,5.

Imperfeições: não olhar as imperfeições alheias; silêncio e contínuo trato com Deus desarraigarão grandes imperfeições, D 117 – nunca tomes por exemplo ao homem; o demônio pôr-te-á diante dos olhos suas imperfeições, D 156 – se a alma quisesse uma das que Deus não quer, não estaria feita uma vontade de Deus, 1S 11,3 – advertida e conhecidamente não consentir em nenhuma, ib. – qualquer em que se tenha consentimento e hábito, é de grande dano para crescer e ir adiante em virtude, 1S 11,4 – uma basta para trazer outra; e, aquela, outras, ib. 5 – por uma só não se transformará a alma em Deus, ib. 6 – é má a amizade com

essa gente miúda, ib. 7 – um só apetite voluntário de imperfeição basta para causar todos os danos positivos juntos, 1S 12,3 – costumam ter muitas os principiantes, 1S 13,1 – evitar atos e aniquilar hábitos, 2S 5,4 – renascer no Espírito Santo é ter uma alma semelhante a Deus em pureza, sem ter em si mescla de imperfeição, 2S 5,5 – uma notícia ou toque dos que faz Deus na substância da alma, basta para tirar-lhe de uma vez todas as imperfeições que ela não havia conseguido tirar em toda a sua vida, 2S 26,6 – pode haver muitas virtudes com fartas imperfeições, 3S 22,2 – a maioria das obras públicas são imperfeitas diante de Deus por não irem despojadas de interesse e respeitos humanos, 3S 28,5 – imperfeições de principiantes, 1N lss. – purificaram-se completamente na purgação passiva, 1N 3,3 – conforme ao que cada um tem de imperfeição, assim passa a noite, 1N 14,5 – as dos aproveitados, 2N lss. – são mais incuráveis, 2N 1,4 – as da parte sensitiva têm sua raiz no espírito, 2N 3,1 – impedem o gozo da saborosa contemplação, 2N 6,3 – é necessário, de certa maneira, que a alma se aniquile e destrua, segundo esteja conaturalizada nelas, 2N 6,5 – transformada a alma em Deus, todas as suas potências, apetites e movimentos perdem sua imperfeição natural, C 20,4 – uma alma imperfeita tem ordinariamente os primeiros movimentos inclinados para o mal, C 27,7 – assim como a umidade que havia na lenha não se conhecia até que deu nela o fogo e a fez trans-

ÍNDICE ANALÍTICO 1083

pirar, assim faz a alma imperfeita acerca dessa chama, Ch 1,22.

Impureza: como o calor e a paz, a alma no calor de seu apetite tira imundície e mancha dele em si; segundo a variedade de apetites, tem em si variedade miserável de imundícies e baixezas, 1S 9,1-4 – é a única que pode resistir às infusões sobrenaturais, 2S 16,10 – o demônio, através da memória, deixa arraigadas no espírito muitas, 3S 4,2 – as notícias feias não causam a impressão e impureza nos mortificados como nos que não o estão, 3S 23,4 – o impuro, mediante sua impureza, de tudo só tira mal, 3S 26,6 – é impureza na fé querer sentir a Deus e saboreá-lo como se fosse acessível, 1N 6,5 – investindo na alma essa luz pura, sente-se tão impura e miserável que lhe parece estar Deus contra ela, 2N 5,5 – a luz de Deus que ao anjo ilumina, esclarecendo-o por ser puro espírito, ao homem, por ser impuro e fraco, naturalmente o ilumina, obscurecendo-o, 2N 12,4 – quanto mais altas palavras dizia o Filho de Deus, tanto mais alguns se mostravam desabridos por sua impureza, Ch 1,5 – imensa luz em vista impura e fraca totalmente a fará trevas, Ch 1,22 – Deus a cada alma dispõe com purga mais ou menos forte, segundo o grau a que a quer elevar e segundo também a impureza e imperfeição dela, Ch 1,24. Ver *Pureza*.

Inferno: por breves prazeres se dão eternos tormentos, 3S 20,4 – dores de inferno sente a alma muito ao vivo, que consiste em sentir-se sem Deus, 2N 6,2 – estes são os que deveras descem ao in-

ferno vivendo, 2N 6,6 – Sei que tão caudalosas são suas correntes, que céus e infernos regam, e as gentes, P 2 vv. 21-22.

Infinito: assim como Deus é infinito, assim a fé no-lo propõe infinito, 2S 9,1 – farta de sofrer, que, tendo a alma capacidade infinita, andam dando-lhe a comer por bocados do sentido, 2S 17,8 – Deus é em si todas essas formosuras em infinito sobre todas as criaturas, 3S 21,2 – os que mais conhecem a Deus, entendem mais distintamente o infinito que lhes fica por entender, C 7,9 – Deus é infinito fogo de amor consumidor de infinita força, Ch 2,2 – a espessura de Deus é tão profunda que, quanto mais a alma sabe dela, sempre pode entrar mais adentro, porquanto é imensa, C 36,10 – isto têm as coisas imensas, que todos os termos excelentes, de qualidade, de grandeza e de bem com elas quadram, mas nenhum as declara, nem mesmo todos juntos, C 38,8 – sendo Deus infinitamente bom, sentes que te ama com bondade, Ch 3,6 – as potências da alma não se enchem com menos que infinito, Ch 3,18 – o que nelas pode caber, que é Deus, é profundo e infinito, e assim será de certa maneira sua capacidade infinita, Ch 3,22 – Somos mais próprios daquele infinito Bem que nossos, D 136 – contemple aquele infinito saber e aquele secreto escondido, D 138.

Inimigos da alma (em geral): deles nascem os danos que a alma recebe, Caut 3 – para vencer qualquer dos três, é mister vencer a todos, ib. 4 – os três sempre contrariam este caminho, N decl 2 – livra-se deles na noite passiva dos sentidos, 1N 13,11 – se os apetites não têm ligada a alma, não podem combatê-la, ib. 14; 2N 16,2 – com as virtudes teologais irá amparada e segura, 2N 21,3 – ditosa ventura, sair com a empresa de livrar-se dos três, 2N 22,1 – não bastaram para detê-la e impedi-la, C 3,1 – "feras, fortes, fronteiras" que lhe farão guerra, ib. 6 – o demônio se fortalece do mundo e carne, ib. 9 – já não molestam no matrimônio espiritual, C 22,2 – despoja a vontade de todas as coisas, não se atreverão contra a alma, C 24,5 – três propriedades onde não podem combater: alma pacífica, mansa e forte, ib. 8 – Ver *Corpo, Demônio, Mundo*.

Insensibilidade: há alguns tão cegos e insensíveis que, como não andam em Deus, não chegam a ver o que os impede de Deus, 1S 12,5 – de gozar-se em olores suaves, nasce insensibilidade espiritual, 3S 25,4 – o gozo do tato a cria acerca da consciência e do espírito, 3S 25,6.

Inteligência: poderosos e letrados e outros quaisquer que vivem no mundo com o cuidado de suas pretensões e grandezas, e dos quais podemos dizer que não conhecem a Cristo, e cujo fim, por bom que seja, muito amargo será, não faz deles menção esta letra; mas fá-la-á no dia do juízo, porque a eles lhes tocava falar primeiro esta palavra de Deus, como a gente que Deus pôs em evidência pelas suas letras e alto estado. Em troca vivem como não amigos, longe, apartados de Cristo, 2S 7,12 – não

aproveita para a união com Deus a natural, 2S 8,4 – se nos queremos apoiar em luzes claras e distintas, já nos deixamos de apoiar na obscura da fé, 2S 16,15 – espírito afetado de particulares inteligências não pode chegar a gozar dos deleites do espírito de liberdade, 2N 9,2 – a alma nunca aí erra senão por seus apetites ou inteligências, 2N 16,2 – a voz corporal imprime seu som no ouvido e a inteligência no espírito, C 14,10 – esta sutilíssima e delicada int. (mística) entra com admirável sabor e deleite no íntimo da substância da alma, C 14,14 – intel. de palavra escondida, como imagem e rastro de Deus, C 14,20 – os sábios de Deus e os sábios do mundo, uns são insipientes para os outros, C 26,13 – notícia geral e obscura, sem distinção de intel., Ch 3,49. Ver *Entender, Entendimento, Razão*.

Intenção: o Esposo ficará chagado num dos olhos da alma, que é a pureza de intenção com que obra as coisas, D 104 – diminui-se e menoscaba-se o secreto da consciência às vezes em que alguém manifesta aos homens o fruto delas, porque então recebe por galardão o fruto da fama transitória, D 139 – o espírito bem puro não se mescla com estranhas advertências nem humanos respeitos, D 28 – a que se tem ao usar dos bens sensíveis, é para Deus, mas o efeito que se tira é para a recreação sensitiva, 3S 24,4 – só se há de pôr em servir a Deus com bons costumes e virtudes, 3S 27,4 – intentos que têm alguns nas festas: folgar-se e comer, 3S 38,3 – guias

ÍNDICE ANALÍTICO

de cego que te guiaram por donde não sabes, C 1,11 – buscar a Deus em fé e amor, ib. – a alma que ama a Deus não espere nem pretenda outro galardão de seus serviços senão a perfeição do amor a Deus, C 9,2 – se a fé e fidelidade da alma para com Deus fosse mesclada com algum respeito ou cumprimento, não chegaria a chagar a Deus de amor, C 31,9.

Interioridade: a alma é o lugar onde, ao certo, com a perfeição e sabor que se pode ter nesta vida, sem risco de vagar em vão, encontra-se a Deus, CB 1,6 – para achá-lo é preciso sair de todas as coisas segundo o afeto e vontade, e entrar em sumo recolhimento dentro de si, ib. – o aposento, esconderijo de Deus, ib. 7 – fora de ti, distrair-te-ás e cansarás, e não acharás nem gozarás a Deus mais certo, nem mais pronto, nem mais perto que dentro de ti, ib. 8 – se está em mim, como não o acho nem o sinto? Porque está escondido e tu não te escondes, ib. 9 – à inteligência pertence as riquezas da sabedoria do Filho de Deus; à vontade, pertence a doçura da posse de Deus, da qual, carecendo, fica-se com amargura; à memória, o fel de um olvido mortal, ou a recordação na união, C 2,7 – o primeiro que tem de fazer a alma para ir ao conhecimento de Deus, é o exercício do próprio conhecimento, C 4,1 – todos os deleites do mundo e contentamentos dos sentidos e gostos e suavidades do espírito, não poderiam sanar nem satisfazer a alma como a presença de Deus, C 6,2-7.

Ver *Alma, Espírito, Inteligência, Paixões, Razão, Vontade.*

Inveja: não a terá sendo sempre mais amigo de dar aos outros contentamento que a si, 4A (gp) 17 – provocam-na notícias da memória e formas com que o demônio afeta a alma, 3S 4,1 – segue-se diretamente do gozo das coisas visíveis, 3S 25,3 – pesar e inveja quando se vê a outros louvados, 3S 28,3 – apartando o gozo de bens morais livra-se um dela, 3S 29,5 – nascem a muitos mil invejas de quererem preceder e privar com os confessores, 1N 2,4 – uma inveja é santa quando aos demais se têm por melhores, 1N 2,6 – o demônio a tem de todo bem que vê na alma, C 16,2; 20,9; Ch 3,63.

Ira: pode o demônio afetar a alma com ela, 3S 4,1 – pode nascer do gozo nos manjares, 3S 25,5 – em meio da paixão do gozo, a irascível e concupiscível não dão lugar ao uso da razão, 3S 29,2 – negando o gozo não se agirá impetuosa e apressadamente, ib. 4 – a alguns lhes sobrevêm movimentos torpes quando se acendem em ira, 1N 4,5 – muito comum em principiantes: iram-se facilmente por qualquer coisinha, e algumas vezes não há quem os suporte, 1N 5,1 – outra maneira de ira espiritual é encolerizar-se contra os vícios alheios com certo zelo desassossegado, ib. 2 – outros, com impaciência não humilde, encolerizam-se contra si mesmos, ib. 3 – a alma purga-se dela na noite do sentido, adquirindo virtudes contrárias: mansa para consigo, para com Deus e para com o próximo, 1N 13,7 – o estado de matrim. esp. põe em razão a irascibilidade, C 20,4 – pelos "leões" entendem-se as acrimônias e ímpetos da potência irascível, C 20,6-7 – não conjura a ira ou concupiscência porque essas potências nunca faltam, senão os seus atos molestos e desordenados, ib. – é certo ímpeto que turba a paz, saindo dos limites dela, C 21,17.

Juízo: a Providência divina, justíssima e certíssima, age conforme as causas boas e más dos homens, 2S 21,9 – se o espiritual faz presa e reflexão sobre notícias e formas, se há de enganar muitas vezes a respeito de seu juízo, 3S 8,3-5 – o gozo nas coisas entenebrece acerca de Deus e anula a simples inteligência do juízo, 3S 19,3 – os que hão de ser juízes é necessário ter o juízo limpo e desperto, o que não terão com a cobiça e gozo das dádivas, 3S 19,4 – o gozo anula o juízo como névoa; a purgação e negação de tal gozo o deixa claro, 3S 20,2 – do gozo em ouvir coisas inúteis, claramente nascem juízos incertos, 3S 25,3 – o gozo acerca do tato o estorva, sustentando-o em insipiência e necessidade espiritual, 3S 25,6; 31,2 – pensa o malicioso que também os outros são maliciosos, saindo aquele juízo de sua malícia; o bom pensa bem dos demais, saindo esse juízo da bondade que tem em si concebida, Ch 4,8 – baixeza nossa: julgar os demais saindo e começando o juízo por nós mesmos, ib. – a inconstância da concupiscência transtorna o bom juízo, Ch 3,73.

Juízo divino: os casos adversos do século não sabes o bem que trazem consigo ordenado nos juízos de Deus, D 63 – hás de aparecer diante de Deus e dar conta da menor palavra e pensamento, D 73 – na hora da conta, te há de pesar o não teres empregado este tempo em serviço de Deus, D 84 – escusa-te de propriedade de que te pedirá Deus conta, Caut 11 – se se há de pedir conta da palavra ociosa a qualquer dos fiéis, quanto mais ao religioso?, 4A 8 – muitas faltas e pecados castigará Deus em muitos, no dia do juízo, com os quais manteve, cá na terra, muito trato e deu muita luz e virtude, 2S 22,15 – os juízos de Deus são verdadeiros, em si mesmos justificados, 2S 26,4 – por mirar o gosto no obrar, não acharam galardão em Deus, 3S 28,5 – Cristo dirá a muitos que tiveram estimado suas obras, quando lhe pedirem por elas a glória: "apartai-vos de mim, obradores do mal", 3S 30,4 – não só não te agradecerá, mas antes te castigará por não teres buscado nas coisas mais o seu gosto que o teu, 3S 38,2 – a conta será estreita de todo, até do último quadrante, C 1,1 – os santos anjos e almas, até o último dia do juízo, vão vendo em Deus muitas novidades, C 14,8 – "os juízos de Deus são verdadeiros"; por isso deseja a alma engolfar-se neles e conhecer mais adentro deles, C 36,11 – bem propriamente chama cavernas às conveniências de justiça e misericórdia de Deus sobre a saúde do gênero humano em manifestação de seus juízos, C 37,3 – ali

ÍNDICE ANALÍTICO

nos transformaremos, pelo amor destes juízos divinos e saborosos, ib. 6 – as granadas significam os mistérios de Cristo e os juízos da sabedoria de Deus, ib. 7 – saindo o meu juízo do teu rosto, que é quando aprecias e ouves os rogos, Ch 1,36. Ver *Escatologia, Morte*.

Justiça: a de Deus se vê na encarnação, P 3 vv. 231-234 – bem-aventurado quem, deixando de lado seu gosto e inclinação, olha as coisas da razão e justiça para fazê-las, D 44 – oh! poderoso Senhor! Se uma centelha de teu império de tua justiça faz tanto, que fará tua onipotente justiça sobre o justo e o pecador?, D 47 – na Sabedoria mora, 1S 4,8 – é apartar-se dela ir pondo a vontade na afeição de criaturas, 3S 19,6 – postas as três potências da alma tão em seu ponto de efeito, que estão empregadas na justa operação que as pertencem, 20,8 – a alma endeusada a quem os primeiros movimentos não tem contra o que é a vontade de Deus em tudo o que pode entender, C 27,7 – Deus não julga duas vezes uma coisa, C 33,1 – é impossível que o homem, se não é espiritual, possa julgar das coisas de Deus nem entendê-las razoavelmente, e então não é espiritual quando as julga segundo o sentido, 2S 19,11. Ver *Amor, Equilíbrio, Lei de Deus, Reintegração*.

Juventude: renova-se como a águia, a da alma, 2N 13,11 – as almas devotas com força de juventude correm por muitas partes e de muitas maneiras, C 25,4 – as juventudes são as frescas manhãs das idades. As virtudes que se adquirem nesse tempo são escolhidas e mui aceitas por Deus, por ser quando há mais contradição por parte dos vícios adquiridos; chama a essas juventudes "frescas manhãs" porque assim o é a virtude da juventude diante de Deus, C 30,4.

Lei de Deus: guarda com grande pontualidade e amor, Ep 12 – que há de acertar senão ir pelo caminho reto da lei de Deus e da Igreja? Ep 19 – guardá-la, é o único apetite que consente e quer Deus. A alma que outra coisa não pretender que guardar perfeitamente a lei do Senhor e levar a cruz de Cristo será arca verdadeira, que terá em si o verdadeiro maná, que é Deus, quando venha a ter em si essa lei e essa vara perfeitamente, sem nenhuma outra coisa, 1S 5,8 – Não há necessidade de saber coisas por via sobrenatural, pois há razão natural, lei e doutrina evangélica, 2S 21,4 – em tudo nos havemos de guiar pela lei de Cristo homem e sua Igreja, 2S 22,7 – saber dirigir a vontade com fortaleza para Deus, obrando com perfeição sua lei, 2S 29,12 – o terceiro grau de dano privativo que causam os apetites voluntários é deixar a Deus de todo, não mirando cumprir sua lei, 3S 19,7 – de não fazer caso de pôr seu coração na lei de Deus por causa dos bens temporais vem o apartar-se muito de Deus, 3S 19,8 – tem ojeriza ao Senhor com os que, ensinando-a eles, não a guardam, 3S 45,3 – as inspirações e toques divinos vão determinados e regulados com motivo da perfeição da lei de Deus e da fé, Ch 3,28 – o

1088 ÍNDICE ANALÍTICO

principal cuidado do diretor espiritual há de ser mirar que não ponha obstáculo ao que a guia segundo o caminho de Deus em perfeição da lei de Deus e da fé, Ch 3,29; ib. 46.

Liberdade interior: Deus nos livre de tão maus embaraços (de mãos) que não podem tomar o que Deus dá, e que tão doces e saborosas liberdades estorvam, Ep 8 – não terão nem sentirão mais necessidades que as que quiserem sujeitar o coração, Ep 16 – nela há constância, alegria e largueza de coração, ib. – nossa solicitude é a que nos necessita, Ep 21 – não há pior ladrão que o de dentro de casa. Deus nos livre de nós mesmos, Ep 23 – a mosca que no mel se prende, tem seu voo impedido, e a alma dada ao sabor do espírito impede sua liberdade, D 24 – servir-te-ão as coisas se olvidares delas, D 68 – todo o senhorio e liberdade do mundo comparados com a do espírito de Deus, é suma servidão e angústia e cativeiro, 1S 4,5 – a alma que se enamora de grandezas, ofícios e liberdades de seu apetite, não poderá chegar à real liberdade do espírito, 1S 4,6 – o domínio e liberdade do mundo, comparados com a do espírito de Deus, é suma servidão e angústia e cativeiro, ib. – a real liberdade de espírito se alcança na divina união, ib. – não pode morar no coração sujeito a quereres, ib. – a alma que dos apetites está tomada, segundo o entendimento está entenebrecida; não dá lugar a que a ilustrem nem o sol da razão natural nem a sabedoria de Deus, 1S 8,1-3 – o que está cego do apetite em meio à

verdade e do que lhe convém, não o está mais de ver que se estivera em trevas, ib. 7 – para vir a alma a unir-se com Deus perfeitamente por amor e vontade, não há de consentir, advertida e conhecidamente, em imperfeição, e há de ter poder e liberdade para poder fazê-lo em advertindo, 1S 11,3-4 – a alma não tem mais de uma vontade, e esta, se a embaraça e emprega em algo, não fica livre, só e pura, 1S 11,6 – a alma depois do pecado original está como que cativa, sujeita a paixões e apetites naturais, 1S 15,1 – até que os apetites se adormeçam pela mortificação da sensualidade, não sai a alma para a verdadeira liberdade, 1S 15,2 – ocupados a vontade e o entendimento com a casca de imagens e formas, não têm liberdade, 2S 16,11 – senhorio e liberdade temporal diante de Deus, nem é reino nem é liberdade, 2S 19,8 – em liberdade de espírito recebe-se abundância deste, e por conseguinte a sabedoria e inteligência próprias dos ditos de Deus, 2S 19,11 – o mestre de espírito imponha a seu discípulo que se apresse em estar em liberdade, 2S ib. – a primeira e principal liberdade e vitória é a salvação, 2S 19,12 – ocupada a memória nas coisas apreensíveis e notícias não é possível que esteja livre para Deus, 3S 5,3 – escravidão de paixões; aonde for uma paixão irá toda a alma, e não a deixará voltar à liberdade e descanso da contemplação, 3S 16,6 – embaraço da alma, 3S 19,20 – libertando o coração de todo gozo nas coisas temporais adquire-se liberdade de ânimo e ren-

ÍNDICE ANALÍTICO

de-se culto e obséquio verdadeiro da liberdade na vontade de Deus; e isto porém no natural sem pensar na obrigação da perfeição, 3S 20,2ss. – contanto que nenhuma coisa tenha no coração as tem todas com grande liberdade, 3S 20,3 – quando se ama a alguém por sua virtude, o amor é segundo Deus e com muita liberdade, 3S 23,1 – é um generoso bem da alma, necessário para servir a Deus, 3S 23,6 – o gosto sensível e apetite, mesmo sendo das coisas espirituais, ofusca e embaraça o espírito, 1N 12,5 – fruto da purga passiva de afeições e apetites, 1N 13,11 – os apetites e gostos enlaçam a alma e a detêm, que não sai de si para a liberdade de espírito, ib. 14 – a alma posta em recreação de largueza e liberdade sente e goza grande suavidade de paz, 2N 7,4 – chama-se ato da vontade enquanto é livre, 2N 13,3 – a vida do espírito é verdadeira liberdade, 2N 14,3 – ordinariamente a alma nunca erra senão por seus apetites e gostos, 2N 15,2 – vá Deus te livrando de ti mesma (na purificação), 2N 16,7 – liberdade e fortaleza se hão de ter para buscar a Deus, C 3,5 – goza-a a alma de todas as ninharias, gostinhos e impertinências atrás de quem andava, C 26,19 – domínio e grandeza de alma com virtudes fortes, C 30,10 – exigência dos que verdadeiramente se amam, C 36,1 – meio e ambiente, a solidão, C 35 – exercícios da liberdade de esp., C 36 – nova primavera em liberdade e largueza, C 39,8 – põe a alma em liberdade, libertando-a da servidão de sua fraca operação; para

essa liberdade de filhos de Deus chama-a Deus ao deserto, Ch 3,38 – procurem os diretores esp. dirigirem as almas sempre em maior liberdade de esp., Ch 3,46; ib. 59 e 61. Ver *Autenticidade, Reintegração, Sinceridade.*

Liturgia: coisas e tempos litúrgicos, 3S 37-38 – quantas festas, Deus meu, fazem os filhos dos homens em que se leva mais o demônio do que vós!, 3S 38,3 – há de converter-se todo o gozo da vontade em invocar e glorificar a Deus, 3S 40,2 – sempre se há de ser comedido e cortês no trato com o Altíssimo, 1N 12,3 – a prosperidade do gosto e consolo faz o apetite acerca de Deus atrevido, descortês e mal mirado, 1N 12,3 – Deus criou a alma para seu louvor, Ch 3,84 – imagens, orações, lugares sagrados, cerimônias, 3S 35,44. Ver *Igreja, Imagens.*

Luxúria: é dano particular que só diretamente segue o gozo de bens naturais; não se podem compreender com a pena nem significar com palavras a desventura e atropelos contra a castidade por culpa do gozo posto em graças e formosuras naturais, 3S 22,1-2 – e quem não bebe desse cálice dourado da mulher babilônica do Apocalipse?, 3S 22,4 – crescem seus incentivos no sabor dos manjares, 3S 25,5 – torna o ânimo efeminado e tímido, ib. 6 – têm nela imperfeições os principiantes, 1N 4 – há almas de naturais tão ternos e sensíveis, que, em vindo-lhes qualquer gosto de espírito ou de oração, logo o espírito de luxúria está neles, 1N 4,5 – em obrar e falar coisas

1090 ÍNDICE ANALÍTICO

espirituais, levanta-se certo brio e galhardia em memória das pessoas presentes, ib. 6 – cobram alguns afeições por via espiritual, que muitas vezes nascem de luxúria, ib. 7 – pela secura e insipidez da noite passiva do sentido, livra-se das impurezas que procedem do gosto que do espírito redunda no sentido, 1N 13,2 – a alguns se lhes dá o espírito de satanás, que é espírito de fornicação, para que os atribule com feias advertências, 1N 14,1 – o luxurioso pensa que os outros também o são, Ch 4,8.

Luz: aliena muito teu espírito das criaturas e andarás em divinas luzes, D 25 – é para grande luz padecer trevas, Ep 1 – não pode entrar luz na alma por outra luminária que a dos sentidos, 1S 3,4 – luz é Deus; as afeições da alma, trevas, 1S 4,1-2 – a luz produz na alma um ato de virtude, 1S 12,5-6 – na alma está morando essa divina luz do ser de Deus, 2S 5,6 – a fé, figurada na luz fechada dos vasos dos soldados de Gedeão, 2S 9,3-4 – a luz não é objeto próprio da vista, senão o meio com que vê o invisível, 2S 14,9 – a luz espiritual na vista da alma é o entendimento, 2S 14,10 – às vezes pode o demônio representar pecados alheios, falsamente, e com muita luz, 2S 26,17 – à alma cega lhe parecem as trevas luz e a luz trevas, 3S 10,2 – Deus é luz objeto na alma, Ch 3,70 – amas tu, Senhor, a discrição, amas a luz, D pról.

Mal: que pensa que é servir a Deus senão não fazer males, guardando seus mandamentos? Ep 19 – o homem não entende a distância do bem e do mal, D 62 – vencerás no bem o mal, procurando humilhar-te por palavra e obra, 4A 2 – na purificação parece à alma que está cheia de males e pecados, S pról 5 – toda a bondade do mundo, comparada com a de Deus, pode se chamar malícia; a alma que põe seu coração nos bens do mundo, é sumamente má diante de Deus, 1S 4,4 – o coração do mau é como o mar quando ferve; é mau quem não vence seus apetites, 1S 8,6 – a cada passo temos o mau por bom e o bom por mau, 1S 8,7 – os males não se deixam todavia ver no tempo em que se satisfaz o apetite, 1S 12,5 – tropeçando com a memória em males e bens alheios, às vezes parece-nos o mau, bom, e o bom mau, 3S 3,3 – todos os maus enganos que faz o demônio e males à alma entram pela memória, 3S 4,1 – quando os males tiveram tempo de crescer no coração, tarde vêm o remédio e a medicina, 3S 22,6 – o mau traz consigo o testemunho de si, 3S 37,1 – esta divina purga remove todos os males e humores viciosos, e assim não entendia a alma que tinha em si tanto mal, 2N 10,2 – parece à alma que todo bem se lhe acabou, e que está cheia de males, 2N 10,8 – o caminho de buscar a Deus é ir obrando em Deus o bem e mortificando em si o mal, C 3,4 – para buscar-se a Deus requer coração despojado, forte e livre de todos os males, C 3,5 – o pecador sempre teme morrer, porque pressente que a morte lhe dará todos os males, C 11,10 – sabe Deus tirar dos males bens, C 23,5 – uma alma imperfeita tem ordinariamente os primeiros movimentos inclinados ao mal segundo o entendimento, vontade e memória, C 27,7 – a malícia não compreende a bondade, Ch 1,23; 1S 4,4 – o malicioso pensa que também os outros são maliciosos, saindo esse juízo de sua malícia, Ch 4,8 – não engana o demônio aos espirituais sob a espécie de mal, pois sabe que conhecido o mal dificilmente o tomariam, Caut 10.

Mansidão: a alma enamorada é alma branda, mansa, humilde e paciente, D 28 – manso é o que sabe suportar ao próximo e a si mesmo, D 173 – vem a Cristo por mansidão e humildade, D 174 – o que negar o gozo vão de suas obras será no agir manso, humilde e prudente, 3S 29,4 – alguns espirituais se irritam com os vícios alheios com certo zelo desassossegado, 1N 5,2 – os principiantes, quanto mais propósitos fazem, tanto mais caem e tanto mais se aborrecem, o que é contra a mansidão, 1N 5,3 – abrandada a alma e humilhada pelas securas, dificuldades e outras tentações e trabalhos, faz-se mansa para com Deus, consigo e com o próximo, 1N 13,7 – cada uma de suas virtudes é pacífica, mansa e forte, e na alma que a possui causa esses três efeitos, C 24,8 – chama pomba (à alma) para demonstrar sua simplicidade e mansidão, C 34,3 – o primeiro efeito do "recordar" de Deus na alma é de mansidão e amor, Ch 4,2-3; ib. 12-13.

Maria SSma.: os anjos são meus, e a Mãe de Deus é minha, e todas as coisas são minhas, D 26 (oração da alma enamorada) – tome como advogada a Nossa Senhora (para proteger a vocação), Ep 12 – Anunciação-Natividade do Senhor, P 3 vv. 267-310 – a gloriosíssima Virgem nossa Senhora, estando desde o princípio elevada a esse alto estado (união), nunca teve impressa em sua alma forma de nenhuma criatura, nem por ela se moveu, mas sempre sua moção foi pelo Espírito Santo, 3S 2,10 – há de se pôr igual confiança em uma como em outras imagens que representem N. Sra., 3S 36,1 – modelo de oração nas bodas de Caná, C 2,8 – à alma transformada, dá Deus algumas vezes o sentir e padecer para que mereça mais e se afervore no amor, ou por outros motivos, como fez Deus à Virgem Mãe, C 20,10 – àquela grande mercê que fez Deus à Virgem Maria da conceição do Filho de Deus, chamou-a o anjo São Gabriel obumbração do Espírito Santo, Ch 3,12.

Matrimônio espiritual: último estado de perfeição, C arg. 1 – é o mais alto estado a que se pode chegar nesta vida, C 12,8 – a parte sensitiva, até chegar a ele, nunca acaba de perder seus ressaibos, C 15,30 – são dele as virtudes heroicas que assentam sobre a alma forte, C 20,2 – é uma transformação total no Amado; nunca acontece sem que a alma esteja confirmada em graça, C 22,3 – é o beijo da alma em Deus, onde já ninguém a despreza nem se atreve, C 22,7 – é um estado (hábito) em que nem sempre está em atual união segundo as ditas potências embora o esteja segundo a substância da alma, C 26,11 – já está espiritualizada a parte interior da alma, C 40,5 – matrimônio espiritual nesta Igreja militante e matrimônio glorioso na triunfante, C 40,5 – no desposório só há um igualado sim; mas no matrimônio há também comunicação das pessoas e união, Ch 3,24.

Meditação: mais estima Deus em ti o inclinar-te à secura e ao padecer por seu amor que todas as meditações que possas fazer, D 14 – buscai lendo e achareis meditando, D 157 – pertence à imaginativa e fantasia; é ato discursivo por meio de imagens, formas e figuras, fabricadas e imaginadas pelos ditos sentidos, 2S 12,3ss. – sinais para conhecer o tempo e sabor em que convirá deixá-la, 2S 13,14-15; Ch 3,32ss.; ib. 3,57ss. – seu fim nas coisas de Deus é tirar alguma notícia e amor de Deus, 2S 14,2 – a alma sente muito trabalho e insipidez quando, estando em contemplação, querem-na fazer meditar, 2S 14,3 – aprender a estar com advertência amorosa em Deus, com sossego de entendimento, 2S 15,5 – quando as palavras e conceitos procedem da vivacidade e luz somente do entendimento, depois de passada a meditação fica a vontade seca, 2S, 29,11 – aprender a pôr as potências em silêncio e calando para que fale Deus, 3S 3,4 – na noite escura do sentido (passiva) começam a entrar as almas quando Deus as vai tirando do estado de principiantes, que é dos que meditam, 1N 1,1 – os principiantes ora tomam uma meditação, ora outra, andando à caça de gosto com as coisas de Deus,

1N 6,6 – o não poder mais meditar nem discutir como fazia é sinal da purgação do sentido 1N 9,8 – nela faz Deus a troca, tirando a alma da meditação para a contemplação, 1N 10,1 – é necessária aos principiantes para que aproveitem do sabor e suco sensível nas coisas espirituais, e se desenraízem assim do sabor das coisas sensuais e esmoreçam para as coisas do século, Ch 3,32 – estado e exercício de principiantes, Ch 3,43ss.

Melancolia: ditame ligeiro de maus diretores, S pról 4,6 – o não poder pensar nas coisas de Deus e tampouco ter vontade de pensar nas coisas que são diferentes poderia proceder de melancolia, 2S 13,6 – a representação que faz o demônio mui ao vivo de coisas muito feias e torpes nos que são tocados de melancolia sucedem com tanta eficácia que é de lastimá-los muito, porque padecem vida triste; ordinariamente não se livram delas até que sarem daquela qualidade de humor, 1N 4,3 – não gostar de coisas de cima nem de baixo poderia provir de alguma indisposição ou humor melancólico, o qual muitas vezes não deixa achar gosto em nada, 1N 9,2 – ainda que algumas vezes seja ajudada pela melancolia, nem por isso deixa de fazer o seu efeito purgativo, 1N 9,3.

Memória: olvido do criado, memória do Criador, P 14 – Procura não te intrometeres em coisas alheias, também não a passes em tua memória, D 60 – tenha ordinariamente memória da vida eterna, D 82 – faz vazio nela a esperança, 2S 6,1 – com suas notícias e imaginações, como um prateiro, finge e fabrica como com lâminas de prata, 2S 8,5 – é com a fantasia arquivo do entendimento, 2S 16,2 – purif. da memória, 3S cap. 1-15 – suas notícias gerais são todas aquelas que podem formar dos objetos dos cinco sentidos corporais, 3S 2,4 – há imperfeições a cada passo se se coloca a memória no que ouviu, viu, tocou etc., 3S 3,3 – por meio dela fazem os demônios muitos danos e deixam enraizadas no espírito muitas impurezas, 3S 4,2; 10,1 – modo de purificá-la: de todas as coisas que ouvir, vir, cheirar etc., não faça arquivo nem presa delas na memória, 3S 2,14 – danos em não negá-la, 3S 3ss. – a memória embaraçada impede o bem espiritual, 3S 5,3 – nosso ser inconsistente apenas desejará tropeçar com a memória em coisas que turbem e alterem, 3S 6,4 – para que a esperança seja inteira em Deus, nada há de se ter na memória que não seja Deus, 3S 11,1; 12ss. – quando de ordinário se traz em Deus, é sinal ser a purgação do apetite sensitivo, 1N 9,3; 13,4 – trocada em apreensões eternas de glória, 2N 4,2 – a sensitiva é um arrabalde da alma, C 18,7 – bebe a alma (unida) de seu Deus segundo a memória, recreação e deleite em recordação e sentimento de glória, C 26,5; 28,3 – trocada a possuir os anos eternos, Ch 2,34 – seu vazio é o desfazer e definhar da alma pela posse de Deus, Ch 3,21. Ver *Alma, Esperança, Liberdade interior.*

Méritos: por não aplicar a vontade chegam mais tarde, com mais trabalho e menos merecimentos, S pról 3 – quantas visões e comunicações se possam ter não são mérito nem demérito, 2S 22,19 – para conservar puro e inteiro o mérito da fé, convém muito à alma não querer entender coisas claras sobre ela, 2S 27,5 – não se comprazendo em sua obra, não só não a perderá, mas será de grande mérito, 3S 28,6 – em cada obra, porquanto a faça em Deus, merece a alma o amor de Deus, C 32,6; ib. 7-8 – atribui-se a si sua miséria e ao Amado todos os bens que possui, vendo que por eles já merece o que não merecia, C 33,2 – são mui poucos os que merecem ser consumados padecendo, a fim de vir a tão alto estado, Ch 2,30.

Milagres: se lhe persuadir algum doutrina de abertura e mais alívio, não a creia nem a abrace ainda que se lhe confirme com milagres, Ep 24 – melhor é sofrer por Deus que fazer milagres, D 180 – o poder fazê-los é graça "grátis data", 3S 30,1 – pouco ou nenhum gozo da alma merecem, ib. 4 – fazendo-se muito caso deles, desarrima-se muito o hábito substancial da fé, 3S 31,3 – não é condição de Deus que se façam, ib. 9 – mais é Deus crido e servido sem testemunhos, sinais e milagres, e mais é da alma exaltado, 3S 32,3 – fá-los Deus por meio de algumas imagens para que com aquela novidade desperte-se a adormecida devoção e afeto dos fiéis à oração, 3S 36,2 – fá-los por umas imagens mais do que por outras; ordinariamente por meio das que não são muito bem talhadas, 3S 36,2.

Misérias: a alma que ama e possui as riquezas e glória de todo criado é sumamente pobre e miserável diante de Deus, 1S 4,7 – repetia-o Santo Agostinho, 1S 5,1 – pensam alguns que basta alguma maneira de conhecimento de sua miséria, estando juntamente com isso cheios de oculta estima e satisfação em si mesmos, 3S 9,2 – o amor ao dinheiro faz viver morrendo em penas de solicitude e outras muitas misérias, 3S 19,10 – alguns têm pouco conhecida sua baixeza e própria miséria, 1N 6,4 – a tanto chega a baixeza de nosso apetite, que nos faz desejar nossas misérias, 1N 9,5 – o primeiro e principal proveito que causa a noite da contemplação é conhecimento de si e de sua miséria, 1N 12,2-4; ib. 8 – como a alma se vê tão seca e miserável, nem por primeiro movimento lhe acontece de pensar que vai melhor que outros, 1N 12,7 – como tem muitas misérias extremamente más, é de necessidade penar muito, 2N 5,4-5 – a alma sente estar desfazendo-se e derretendo em face e vista de suas misérias, 2N 6,1 – parece-lhe que os mestres espirituais não veem o que ela vê, 2N 7,3 – como se veem tão miseráveis, não podem crer que Deus as queira, 2N 7,7 – com esta divina luz não pode ver a alma senão o que tem em si, que são suas trevas e misérias, 2N 13,10 – a muitas misérias estava sujeita a alma quando o estava à obra de suas potências e apetites, 2N 14,3 – tal é a miséria do natural nesta vida, que aquilo que para a alma é mais vida, quando lhe vem a dar, não

o pode receber sem que quase lhe custe a vida, C 13,3 – a alma está no corpo como um grande senhor no cárcere, sujeita a mil misérias, C 18,1 – padece a alma grave notícia de suas misérias, por quanto o olho espiritual está muito claro no conhecimento próprio, Ch 1,20 – o cautério de amor, na alma que toca, ora está chagada de outras chagas de misérias e pecados, ora está curada, logo a deixa chagada de amor, Ch 2,7.

Misericórdia: exercita tua bondade e misericórdia e serás conhecido em meus pecados, D 26 – tenha por misericórdia de Deus que lhe digam alguma boa palavra, pois não merece nenhuma, D 144 – com esta divina luz pode ver a alma primeiro suas trevas e misérias pela misericórdia de Deus, 2N 13,10 – dão a entender admiráveis coisas de graça e misericórdia as obras da Encarnação, C 7,7 – os anjos e almas, vendo as obras de misericórdia e justiça de Deus, sempre as veem como novidade, C 14,8 – na árvore da cruz foi redimida a natureza humana, dando-lhe ali a mão de seu favor e misericórdia, C 23,2 – se Deus por sua misericórdia não nos amara primeiro, nosso baixo amor nenhuma presa faria nele, C 31,8 – sua divindade misericordiosa, inclinando-se para a alma com misericórdia, infunde nela seu amor e graça, C 32,4 – nesse favor e graça que os olhos de tua misericórdia me fizeram quando me miravas, mereceram os meus adorar o que em ti viam, ib. 7-8 – acordando-se pois a alma aqui de todas essas misericórdias

ÍNDICE ANALÍTICO 1095

recebidas, goza grandemente com deleite de agradecimento e amor, C 33,2 – a alma com o ramo de oliva no bico em sinal da misericórdia de Deus, C 34,4 – chama subidas cavernas às conveniências de justiça e misericórdia de Deus sobre a salvação do gênero humano, C 37,3 – sendo Deus misericordioso, sentes tu misericórdia, Ch 3,6.

Mistérios: tudo o que Deus no A.T. respondia e falava eram mistérios de nossa fé, 2S 22,3 – põe os olhos em meu Filho e falarás ocultíssimos mistérios e maravilhas de Deus, que estão encerrados nele, 2S 22,6 – contentemo-nos em saber os mistérios e verdades com a simplicidade e verdade que nos propõe a Igreja, 2S 29,12 – o Espírito Santo fala mistérios em estranhas figuras e semelhanças, C pról 1 – a fé é o segredo e o mistério, C 1,10 – andando a alma tratando e manuseando esses mistérios e segredos da fé, merecerá que o amor lhe descubra o que em si encerra a fé, C 1,11 – as maiores obras em que mais se mostrou e em que mais ele reparava eram as da Encarnação do Verbo e mistérios da fé, C 7,3 – a sabedoria abundante de Deus, espessura cheia de mistérios, C 36,10; 37,1 – subidas cavernas, ib. 3 – por mais mistérios e maravilhas que hajam descoberto os santos doutores e entendido as santas almas, tudo ainda fica por dizer, C 37,4 – as romãs, mistérios de Cristo, ib. 7.

Mística: com o exercício da teologia mística, sabe-se por amor, em que sabem as verdades e as sabo-

reiam, S pról 3 – à contemplação chamam teologia mística, 2S 8,6 – esta noite escura chamam contemplação infusa ou mística teologia, 2N 5,1 – nunca dá Deus sabedoria mística sem amor, 2N 12,2 – algumas vezes essa mística e amorosa teologia, juntamente com inflamar a vontade, fere também ilustrando o entendimento, 2N 12,5 – esta sabedoria mística tem a propriedade de esconder a alma em si; é impossível por via e modo natural conhecer e sentir as coisas divinas, senão com a iluminação desta mística teologia, 2N 17,6 – falando misticamente, as coisas e perfeições divinas não se conhecem nem se entendem quando as vão buscando e exercitando, senão quando as têm encontradas e exercitadas, ib. 7 – pela teologia mística e amor secreto vai a alma saindo de todas as coisas e de si mesma e subindo a Deus, 2N 20,6 – a teologia mística é ciência saborosa e secreta de Deus, a qual é saborosa por ser ciência do amor, C 27,5 – chama-a noite, porque a contemplação é obscura, que por isso a chamam por outro nome, mística teologia, que quer dizer sabedoria de Deus secreta e escondida, C 39,12 – nela, como em silêncio e quietude, ensina Deus à alma sem saber ela como, ib.

Morrer: quem souber morrer a tudo, terá vida em tudo, D 169 – mortifique-se, se porventura há deixado algo por morrer que estorve a ressurreição interior do espírito, Ep 7 – na noite cresce a pena e costuma chegar a mais que morrer, S pról 5 – para entrar nesta divina união, há de morrer tudo o que vive na alma, 1S 11,8 – Cristo é o caminho e este caminho é morrer à nossa natureza, no sensitivo e espiritual, 2S 7,9 – morrendo por verdadeira mortificação a todas as coisas, para vir a viver vida de amor, 1N 1,1 – a prova do espírito de fornicação é às vezes maior pena que o morrer, 1N 14,1 – o sentido e o espírito estão penando e agonizando tanto, que tomaria por alívio e partido o morrer, 2N 5,6 – se Deus não ordenasse que esses sentimentos (de humilhação) se adormecessem logo, morreria em muito breves dias, 2N 6,6 – essa pena e sentimento da ausência de Deus costuma ser tão grande, que se não provesse o Senhor, morreriam, C 1,22 – o morrer de amor se causa na alma mediante um toque de notícia suma da Divindade, C 7,4 – morrendo assim ao mundo e a vós mesmas, vivereis em Deus em deleites de espírito, Ch 2,28 – Ver *Morte.*

Mortificação: é necessária para ser verdadeiro religioso, 4A – não entrarás no sabor e suavidade do espírito se não te deres à morte de tudo isso que queres, D 40 – a saborosa e durável fruta em terra fria e seca se cria, D 41 – o caminho da vida mais requer mort. da vontade que muito saber, D 57 – a sabedoria entra pelo amor, silêncio, mort., D 108 – seguem a morte e penitência, querendo que lhes custe algo esse Cristo, e não sendo como os que buscam seu conforto e consolo ou em Deus ou fora dele, Ep 16 – procure o rigor de seu corpo com discrição, o aborrecimento de si mesma e a mort., Ep 12 – doutrina de mais abertura e alívio, não lhe ponha fé nem a abrace, Ep 24 – mortificado o apetite, deixa-se de apascentar-se nele, 1S 3,1 – é necessária para que haja proveito na alma: o contrário seria lançar a semente em terra não rompida, 1S 8,4 – é castigo do estrago que os apetites fizeram na alma, 1S 8,5 – os apetites não mortificados matam a alma em Deus, 1S 10,3 – é impossível nesta vida mortificar de todo os apetites naturais, 1S 11,3 – má é a aliança com imperfeições que não se acabam de mortificar, 1S 11,7 – principal cuidado dos mestres espirituais, 1S 12,6 – até que os apetites se adormeçam pela mort. na sensualidade, não alcança a alma a verdadeira liberdade, 1S 15,2; C 31,6 – mortificar o gosto na comida, 2S 17,4 – o que não engendra humildade, caridade e mortificação, que pode ser? 2S 29,5 – aprendam a padecer imitando o Filho de Deus em sua vida e mort., 2S 29,9 – se a alma vive vida espiritual, mortificada a animal, claro está que sem contradição há de ir a Deus, 3S 26,6 – por não a ter, não se persevera, 3S 28,7 – comumente aquelas obras em que, de si, o homem mais se mortifica, são mais aceitas e preciosas diante de Deus, 3S 28,8 – a mort. verdadeira leva a viver vida de amor, doce e saborosa, com Deus, 1N decl 1 – muitos não se acabam de fartar em ouvir conselhos e aprender preceitos espirituais, e vai-se mais nisto o tempo que em obrar a mort., 1N 3,1

ÍNDICE ANALÍTICO 1097

– sossegam-se por contínua mort. as quatro paixões, 1N 14,1 – nunca mortifica Deus senão para dar vida, 2N 23,10 – não se pode vir à união sem grande pureza, e essa pureza não se alcança sem grande desnudez de toda coisa criada e viva mort., 2N 24,4 – muitos não quereriam que lhes custasse Deus mais que falar e mesmo não se levantar de um lugar de seu gosto, sem dar passo e mortificar-se, C 3,3 – o caminho de buscar a Deus é de ir obrando em Deus o bem e mortificando em si o mal, C 3,4 – as armas de Deus são a oração e a cruz de Cristo, em que está a humildade e a mort., C 3,9 – depois que pelas mort. e trabalhos, tentações e penitências se veio a desprender-se e fazer-se forte, então já a olha Deus, C 31,6 – como Deus os prova no pouco e os acha fracos, não querendo sujeitar-se ao menor desconsolo e mort., logo vê que o serão muito menos no muito, e assim não vai adiante no purificá-los e levantá-los do pó da terra pelo trabalho da mort., Ch 2,27 – não pode o ferro servir nem acomodar-se à inteligência do artífice senão por meio do fogo e martelo, Ch 2,26 – a vida espiritual perfeita se alcança por meio da mort., Ch 2,32. Ver *Abnegação, Fortaleza, Generosidade, Negação.*

Morte: vivo sem viver em mim, P 1 – emprega e ordena o tempo como gostarias de tê-lo feito se estivesses morrendo, D 76 – tu verdadeiramente és vida, eu, morte, 1S 5,1 – a da alma é vida dos apetites, 1S 12,3 – essa negação há

de ser como morte e aniquilamento temporal e espiritual em tudo, 2S 7,6 – neste sepulcro de escura noite lhe convém estar para a espiritual ressurreição que espera, 2N 6,1-2; 7,2-3 – tendo chegado nesta vida ao nono grau de amor, sai da carne, 2N 20,5 – por razão da clara visão de Deus que logo possui, imediatamente a alma sai da carne, ib. – o carecer de Deus é morte da alma, C 2,7 – como vê a alma que não se acaba de morrer para poder gozar do amor com liberdade, queixa-se da duração da vida corporal, C 8,2 – a vida natural é para a alma como morte, C 8,3 – se a alma tivesse um só indício da alteza e formosura de Deus, não só apetecer-lhe-ia uma morte para vê-la, mas passaria mil mortes acerbíssimas mui alegremente, C 11,7 – querer morrer é imperfeição natural, C 11,8 – se para o homem que se sente necessitado das coisas cá da terra é boa, não havendo de suprir suas necessidades, quanto melhor será seu juízo para a alma que está necessitada de amor?, C 11,10 – à alma amante a morte não pode ser amarga, pois nela encontra todas as doçuras e deleites de amor, em morrendo o corpo, pode ver a alma a Deus; é arremate de todos os pesares e penas e princípio de todo bem; o pecador é o que a teme, porque pressente que lhe há de tirar todos os bens, C 11.10ss. – quando nenhum grau de amor tem a alma, está morta, C 11,11 – a das almas transformadas é muito suave e muito doce; ainda que a condição de sua morte quanto ao natural é semelhante à das demais, na causa e no modo há muita diferença, porque, se as outras morrem morte causada por enfermidade ou por extensão de dias, estas, mesmo morrendo de enfermidade ou de longevidade, não é isso que lhes arranca a alma senão algum ímpeto e encontro de amor, Ch 1,30 – é condição de Deus levar antes do tempo consigo as almas que muito ama, Ch 1,34 – sendo privação de vida, há tantas formas de morte quantas são as vidas que se podem perder, Ch 2,32ss. – é todo o homem velho ocupado com coisas do século e gostos de criaturas, Ch 1,31-34; Ch 2,33. Ver *Juízo divino, Morrer*.

Mundo: tenha toda sua riqueza e deleites por lodo, vaidade e cansaço, Ep 12 – indecência e impureza da alma que vai a Deus com apetite de coisas do mundo, D 18 – mais do que todo ele vale um só pensamento, D 34 – o espírito do Senhor não se comunica por mundo nem carne; nenhuma coisa sua pode dar fortaleza nem consolo, D 42 – é o inimigo menos dificultoso, Caut 2 – não ocupam a alma as coisas deste mundo nem a danam, pois não entram nela senão a vontade e apetite delas, 1S 4,4 – sua sabedoria é acerca de Deus loucura; e todo o senhorio e liberdade é servidão e angústia e cativeiro, 1S 4,5 – todos os deleites e sabores da vontade em todas as coisas do m. são suma pena, tormento e amargura, ib. 7 – fazem-se feios, baixos, miseráveis e pobres, por amarem o que lhes parece formoso e rico no mundo, a Sabedoria os

chama pequenos, ib. 8 – algumas almas, tendo-as Deus tirado do mundo e acabado a multidão de ocasiões que nele tinham, só porque travam amizade e aliança com imperfeições, deixa-os ir caindo em seus apetites, 1S 11,7 – desejar entrar em toda desnudez e vazio e pobreza de tudo quanto há no m., por Cristo, 1S 13,6 – reinam nele a concupiscência da carne e dos olhos e a soberba da vida, 1S 13,8 – pensam que basta negar sua natureza na do mundo e não a aniquilar, 2S 7,5 – com os que vivem no m., no cuidado de suas pretensões e grandezas, não faz menção esta letra, 2S 7,12 – danos e inconvenientes para o espiritual com as notícias e discursos do m., 3S 3,4 – o terceiro dano privativo de todo apetite é deixar a Deus de todo, não procurando cumprir sua lei, por não faltar às coisas e bens do mundo; de tal maneira têm as potências engolfadas nas coisas dele, que não se lhes dá nada por não cumprir o que os obriga a lei de Deus, 3S 19,7 – perseverando em meditação e oração, se hão desafeiçoado às coisas do mundo, 1N 8,3 – ajuda-os Deus (principiantes) com o consolo para que, desanimando, não voltem a buscar as coisas do mundo, 1N 14,5 – tendo o coração levantado dele, não o pode tocar, nem agarrar, nem alcançar com a vista, 2N 21,6 – livra-se e ampara dele com a esperança, ib. – suas coisas são vãs e enganosas, C 1,1 – é a modo de feras para ele que começa o caminho de Deus, C 3,7 – a imaginação ameaça com a falta do favor do mundo, ib. – faz muitas chagas de dores, penas e desgostos à alma que busca a Deus, C 10,3 – leva nota dos que deveras se dão a Deus, C 29,5 – é o eido onde se apascenta o rebanho dos apetites, C 29,6 – diz isto ao mundo; mas não, não o queiras dizer ao mundo, porque ele não percebe nada desta brisa e não te sentirá, pois não te pode receber nem ver, Ch 2,17 – parece à alma que Deus não tem outra no mundo a quem regalar, Ch 2,36 – pôr na alma o desprezo do mundo é ofício de "desbastar", Ch 3,58. Ver *Inimigos da alma*.

Murmuração: nunca ouça fraquezas alheias, D 146 – quem se queixa ou murmura não é perfeito nem mesmo bom cristão, D 171.

Nada: o pobre de espírito nas mínguas está mais constante e alegre, porque pôs seu tudo em ninharia e em nada, e assim acha em tudo abertura de coração, Ep 16 – para ter a Deus em tudo, convém não ter em tudo nada, Ep 17 – procure sempre que as coisas não sejam nada para ela, nem ela para as coisas, D 92 – humilde é o que se esconde em seu próprio nada, D 172 – privar-se do gosto do apetite em todas as coisas é ficar como às escuras e sem nada, 1S 3,1-2 – todas as criaturas nada são, e as afeições delas menos que nada, 1S 4,3-4 – as contrariedades de afetos e apetites mais opostos e resistentes são para Deus como o nada, porque este não resiste, 1S 6,4 – procure sempre inclinar-se não ao que seja querer algo, senão a não querer nada, 1S 13,6 – para vires

a gostar tudo, não queiras ter gosto a nada (possuí-lo, sê-lo, tê-lo...) 1S 13,11-12 – o que não tem nada, tem tudo, 2S 4,5 – a alma por amor se resolve em nada, nada sabendo senão amor, C 1,18 – a alma vê que seu Amado nada aprecia nem de nada se serve fora do amor, C 27,8 – todas as nossas obras e todos os nossos trabalhos nada são diante de Deus, C 28,1 – diante da alma todas as coisas lhe são nada, e ela é para seus olhos nada; só seu Deus é para ela o tudo, Ch 1,32. Ver *Abnegação, Negação*.

Natureza: a alma desordenada, quanto ao ser natural, está tão perfeita como Deus a criou, 1S 9,3 – para vir a chegar à transformação sobrenatural, claro está que há de obscurecer-se e transpor todo o natural, sensitivo e racional; sobrenatural quer dizer: que sobe sobre o natural; logo, o natural fica abaixo, 2S 4,2ss. – há necessidade da alma desnudar-se de contrariedades e dissimilitudes naturais para que Deus, que se lhe está comunicando naturalmente por natureza, se lhe comunique sobrenaturalmente por graça, 2S 5,4 – assim como a vidraça conserva sua natureza distinta do raio, assim a alma em que está morando essa divina luz do ser de Deus por natureza, 2S 5,6 – faltando o natural à alma enamorada, logo se infunde natural e sobrenaturalmente de divino, para que não se dê o vazio por natureza, 2S 15,4 – vai Deus aperfeiçoando o homem ao modo do homem; primeiro o aperfeiçoa no sentido corporal, movendo-o a que use de bons objetos perfeitos exteriores, 2S 17,4 – ao homem pôs limites naturais; não é lícito querer sair deles, e querer averiguar e alcançar coisas por meio sobrenatural é sair dos limites naturais, 2S 21,1 – não há dificuldade nem necessidade que não se possa desatar e remediar por meios naturais muito a gosto de Deus, 2S 21,4 – Deus não destrói a natureza; antes a aperfeiçoa, 3S 2,7 – despedir o natural com habilidade natural só, é impossível, 3S 2,3 – todo o natural, se se quer usar dele no sobrenatural, mais estorva que ajuda, ib. 14 – por serem os gozos sensíveis, que se negam, mais conjuntos ao natural, por isso se adquire mais íntima pureza na negação deles, 3S 26,8 – a luxúria espiritual procede muitas vezes do gosto que tem o natural nas coisas espirituais, 1N 4,2 – há umas ânsias por Deus tão grandes, que se debilita o natural e estraga seu calor e força, 1N 11,1 – Deus faz mercê à alma em limpá-la e curá-la com forte lixívia e amarga purga segundo a parte sensitiva e espiritual de todas as afeições e hábitos imperfeitos que tinha acerca do temporal e do natural, 1N 13,11 – fica interrompida toda habilidade natural acerca dos bens sobrenaturais que Deus põe na alma passiva e secretamente, 2N 14,1 – a rudeza natural convém que se ilustre, clarifique e recolha pela penalidade e aperto, 2N 3,3 – só com a figura de seu Filho deixou vestidas de formosura todas as criaturas, por haver-se unido com a natureza de todas elas no homem, C 5,4 – ain-

da que padeça o natural, o espírito voa ao recolhimento sobrenatural, C 13,5; 19,1; Ch 1,27 – consumado o matrimônio esp. entre a alma e Deus, são duas naturezas num espírito e amor, C 22,3-4; 39,5-6 – com a capacidade natural a alma pode ter muito pouca fazenda, Ch 3,31 – as almas de natureza celestial são firmes, D 105.

Negação: se negares o apetite nas coisas, gozarás da verdade delas, D 48 – ainda que obres muitas coisas, se não aprendes a negar tua vontade, não aproveitarás na perfeição, D 71 – considerem como hão de ser inimigas de si mesmas, D 84 – há de ir carecendo o apetite de todas as coisas do mundo que possuía, em negação delas, 1S 2.1 – há de purificar-se o sabor que deixaram os apetites, negando-os, 1S 5,7 – negando os apetites se dispõem a receber o espírito de Deus puramente, 1S 6.2 – para vires de todo ao todo, hás de negar-te de todo em tudo, 1S 13,12 – para acabar de sossegar a casa do espírito, só se requer negação de todas as potências e gostos e apetites espirituais em pura fé, 2S 1,2 – ah! quem pudera dar a entender e gostar que coisa seja o conselho de nosso Salvador de negarmos a nós mesmos!, 2S 7ss.; 3S 23,2 – o espírito se imprime e conserva mais negando todo o sensível, 2S 11,7 – Deus é incompreensível e está sobre tudo, por isso nos convém ir a Ele por negação de tudo, 2S 24,9; 3S 2,3 – a negação e purgação do gozo sensível deixa o juízo claro, 3S 20,2 – até que o homem venha a ter tão habituado o sentido na pur-

ÍNDICE ANALÍTICO 1101

gação do gozo sensível, que de primeiro movimento tire o proveito de que enviem as coisas logo a Deus, tem necessidade de negar seu gozo, 3S 26,7 – os bens de glória que na outra vida se seguem pela negação deste gozo e os dotes corporais de glória serão muito mais excelentes que os daqueles que não se negaram, 3S 26,8 – aquelas obras em que de si o homem mais se mortifica, são mais aceitas e preciosas diante de Deus, por causa da negação que o homem nelas leva de si mesmo, 3S 28,8 – o que negar esse gozo será manso, humilde e prudente, 3S 29,4 – aqueles que se movendo pelo sensível nunca perseveram num lugar nem às vezes num estado, nunca fizeram força pela negação da vontade e sujeição em sofrer desacomodamentos, 3S 41,2 – a alma que se dá ao sabor, naturalmente lhe dá em rosto todo o dissabor da negação própria, 1N 6,7 – não está a perfeição e valor das coisas na multidão e gosto das obras, senão em saber-se negar a si mesmo nelas, 1N 6,8; 7,2. Ver *Abnegação, Nada, Purificação.*

Noite: muitas almas, querendo-as N.S. pôr nela (noite), não passam adiante, S pról 3 – as purgações de espírito de que falam os espirituais aqui as chamamos noites, porque a alma caminha como de noite, às escuras, 1S 2,1 – três causas por que se chama noite, 1S 2,1 – a primeira pertence aos principiantes, 1S 1,3 – é a privação do gosto no apetite de todas as coisas; pertence à alma segundo a parte sensitiva, 1S 3,1-3 – a alma ordinariamente entra na sensitiva de duas maneiras: uma ativa; e a outra, passiva, 1S 13,1 – a espiritual, que é a fé, tudo priva, tanto no entendimento como no sentido, 2S 1,3 – a fé é noite escura para a alma, e quanto mais a obscurece mais luz dá de si, 2S 3,4 – é a fé na Igreja militante, 2S 3,5 – a noite espiritual é o meio da divina união, 2S 6,1 – se há de apertar e desnudar a vontade de todas as coisas sensuais e temporais, amando a Deus sobre todas elas; o qual pertence à noite do sentido, 2S 7,2 – clarissimamente a alma vê nela as coisas que Deus quer, como um relâmpago, quando numa noite escura subitamente esclarece as coisas, 2S 24,5 – fortalece e confirma a alma nas virtudes, 1N 1,1 – põe Deus nela aos que quer purificar de todas as imperfeições para levá-los adiante, 1N 2,8 – da espiritual há muito pouca linguagem, e mesmo de experiência muito pouco, 1N 8,2 – essas securas poderiam proceder muitas vezes, não de noite e purgação, mas de pecados e imperfeições, 1N 9,1 – põe Deus a alma nela a fim de secar-lhe e purgar-lhe o sentido, e acomodar, sujeitar e unir com o espírito, ib. 3 – a alma tira, de suas securas e vazios, humildade espiritual, 1N 12,7 – não logo que sai a alma da noite do sentido, a põe Sua Majestade na do espírito, 2N 1,1 – as manchas do homem velho, se não saem com sua purgação, não poderá vir o espírito à pureza da união divina, 2N 2,1 – tem estes (aprov.) a "hebetudo mentis" e a rudeza natural que convém que se ilustre, clarifique e recolha pela penalidade e aperto daquela noite, 2N 2,2 – a do sentido mais se pode e deve chamar certa reformação e enfreamento do apetite que purgação, 2N 3,1 – esta do espírito é a principal parte da purificação da alma, 2N 3,3 – é uma influência de Deus na alma, em que a instrui, purgando-a de ignorâncias e imperfeições, 2N 5,1 – despedaça e rasga a substância espiritual, absorvendo-a numa profunda treva, 2N 6,1 – nessa fornalha se purifica a alma como o ouro no crisol, 2N 6,6 – os aproveitados, quando entram nessa noite, hão tido muitos gostos em Deus e feito-lhe muitos serviços, 2N 7,1 – ainda que obscureça o espírito, não o faz senão para dar-lhe luz de todas as coisas, 2N 9,1 – tira esta n. ao espírito do seu ordinário sentir das coisas para trazê-lo ao sentido divino, 2N 9,5 – esta horrível n. é purgatório; assim como vai purgando, vai inflamando. Consta de luz divina e amor, 2N 12,1-7 – muitos proveitos temporais e espirituais se seguem a esta n. de gozo, 3S 26,8 – o que busca a Deus querendo estar em seu gosto e descanso, de noite o busca, C 3,3. Ver *Purificação*.

Obediência: sempre hás de recear do que parece bom, mormente quando não intervém a obediência, Caut 10 – jamais te movas a coisa sem ordem de obediência; Deus mais quer obediência que sacrifícios. As ações do religioso não são suas, senão da obediência; tiradas dela, pedir-te-ão como perdidas, Caut. 11 – jamais olhes o prelado como sendo menos que Deus; perigo de trocar a obediên-

cia de divina para humana, Caut 12 – constância em obrar as coisas de religião e de obediência sem respeito do mundo, senão somente de Deus, 4A 5 – Deus prova a alma fingindo trabalho no preceito, GP 14 – mais quer Deus em ti o menor grau de obediência e sujeição, que quantas obras possas fazer, D 13 – cada palavra sem ordem da obediência, põe-na Deus em conta, D 84 – uma estrela de perfeição, D 155 – êxtase é sair a alma de si e arrebatar-se em Deus. Isto faz (fig.) o que obedece; que é sair de si e de seu próprio querer, e aliviado se inunda em Deus, D 158 – os principiantes, imperfeitíssimos nela. A sujeição e obediência é penitência de razão; por isso é para Deus mais aceito e gostoso sacrifício. É-lhe aceita toda obediência, 1N 6,2 – (fruto da noite esp.): como se veem tão miseráveis, não só ouvem o que lhes ensinam, mas também desejam que qualquer um os encaminhe, 1N 12,9 – Ver *Religiosos*.

Obrar: para obrar fortemente e com constância, inclinar-se mais ao dificultoso que ao fácil, 4A 6 – procurar em todas as coisas a maior honra e glória de Deus, Gp 4 – para obrar virtude não esperar o gosto, que te basta a razão e entendimento, D 36 – o que obra razão é como o que come substância, D 45 – não penses que o agradar a Deus está tanto em obrar muito como em obrá-lo com boa vontade, D 58 – que aproveita dares a Deus uma coisa, se Ele te pede outra?, D 72 – farto está já dito e escrito para obrar o que importa; o que

ÍNDICE ANALÍTICO

falta (se algo falta) não é o escrever ou falar, mas o calar e obrar; obrar em silêncio e cuidado, Ep 8 – alguns mais estorvam a Deus por seu imprudente obrar, S pról 3 – é necessário à terra o labor para que produza frutos, 1S 8,4 – obrando ordenada e discretamente, virá a achar grande deleite e consolo, 1S 13,7 – quanto menos a alma obra com habilidade própria, vai mais segura, porque vai mais em fé, 2S 1,3 – amar é obrar em despojar-se e desnudar-se por Deus, 2S 5,7 – não fazer caso senão em fundar a vontade no amor humilde e obrar deveras, 2S 29,9 – dirigir a vontade com fortaleza em Deus, cumprindo com perfeição sua lei, 2S 29,12 – as palavras substanciais as diz Deus à alma para obrá-las nela, 2S 31,2 – dificilmente se achará homem que puramente se mova a obrar por Deus sem arrimo de interesse, 3S 28,8 – como age por gosto, e este é variável, acabando-se este, é acabada a ação, 3S 29,2 – o que negar este gozo, será no agir manso, humilde e prudente, porque não agirá impetuosa e apressadamente, 3S 29,4 – cada um age conforme o hábito de perfeição que tem, 1N 1,3 – os principiantes são semelhantes a meninos, que não se movem nem agem por razão, senão por gosto, 1N 6,6 – saboreando o espírito, se desapraz a carne e afrouxa no agir, 1N 9,4 – fortaleza e brio para obrar na substância, 1N 9,6 – é necessário agir de sua parte o que em si é, porque mais costuma estimar Deus uma obra da própria pessoa, que muitas que outras fazem por ela. Não basta só

orar; junto com isto é preciso agir. Muitos não queriam que Deus lhes custasse a falar, C 3,2 – o caminho de buscar a Deus é ir obrando em Deus o bem e mortificando em si o mal, C 3,4 – assim como o enfermo está debilitado para obrar, assim a alma que está fraca em amor o está também para obrar virtudes heroicas, C 11,13.

Obras: o falar distrai, e o calar e obrar recolhe e dá força ao espírito, Ep. 8 – mais quer Deus de ti o menor grau de pureza de consciência que quantas obras possas fazer, D 12 – mais agrada a Deus uma, por pequena que seja, feita às ocultas, que mil feitas com desejo de que o saibam os homens, D 20 – a pura e inteira feita por Deus no seio puro faz reino inteiro para seu dono, D 21 – se esperas minhas obras, dá-mas tu e obra-as, D 26 – todas se hão de começar desde o mais alto do amor de Deus, se queremos que sejam puras e claras, D 104 – Deus e sua obra é Deus, D 107 – traze um ordinário apetite de imitares a Cristo em todas as suas obras, D 160 – nunca ponha os olhos no gosto ou desgosto da obra para fazê-la ou deixar de fazer, senão na razão que há de fazê-la por Deus, 4A 5 – ao religioso que tem toda sua vida e obras consagradas a Deus, se lhas há de pedir todas no dia da conta, 4A 8 – estas obras (para apaziguar as paixões) convém serem abraçadas de coração e procurar ajustar a vontade nelas, 1S 13,7 – quanto mais se aniquilar o espiritual por Deus, tanto mais se une a Ele e tanto maior obra faz, 2S 7,11 – pela caridade as obras feitas em fé são vivas e têm grande valor, e sem ela não valem nada, 3S 16,1 – fazendo-as por amor de Deus, adquire-se a vida eterna; deve, pois, gozar o cristão, não por lazer boas obras, senão se as faz por amor de Deus, 3S 27,4-5 – deve-se esconder a obra, que só Deus a veja; e não só se há de escondê-la dos demais mas até de si mesmo, 3S 28,6 – se se recolhe a força da vontade em Deus, a obra produz fruto diante dele, ib. – aquelas em que de si o homem mais se mortifica são mais aceitas e preciosas diante de Deus, ib. 8 – nos principiantes, o gozo de sua obra é o ânimo e força dela; apagado o gozo, acaba a obra e não perseveram; o sábio põe seus olhos na substância e proveito da obra, não no prazer delas, 3S 29,2 – Cristo dirá a muitos que estimaram suas obras: "Apartai-vos de mim, obradores do mal", 3S 30,4 – não está a perfeição e valor das coisas na multidão e gosto das obras, senão em saber se negar a si nelas, 1N 6,8 – quanto mais íntima e esmerada há de ser e ficar a obra, tanto mais íntima, esmerada e pura há de ser o labor, 1N 9,9 – mais costuma estimar Deus uma obra da própria pessoa, que muitas que outras fazem por ela, C 3,2 – a alma que ama não espera o fim de seu trabalho, senão o fim da obra; porque sua obra é amar, e desta obra que é amar, espera ela a perfeição e cumprimento, C 9,7 – não há obra melhor nem mais necessária que o amor, C 29,1 – os muito ativos muito mais proveito fariam e mais agradariam a Deus se gastassem quem sabe a metade

do tempo em oração; as boas obras não podem ser feitas senão em virtude de Deus, C 29,3 – poder mirar a alma a Deus é fazer obras em graça de Deus, C 32,8.

Obrigações: jamais, fora do que por ordem estás obrigado, te movas a algo por bom que te pareça, Caut 11 – se de obrigação não te incumbem as coisas, mais agradarás a Deus em saber te aperfeiçoar do que em granjeá-las todas juntas, D 78 – as potências engolfadas em coisas do mundo e riquezas e tratos, não se lhes dá nada por cumprir com o que obriga a lei de Deus, 3S 19,7 – dando a alma conta do que está obrigada a fazer;... se conhece obrigada desde antes que nascesse, C 1,1 – quão fora está de fazer o que está obrigada a alma quando não está ilustrada com o amor de Deus, 3S 32,9 – o que temerariamente erra, estando obrigado a acertar, como cada um o está em seu ofício, não passará sem castigo, Ch 3,56; ib. 62.

Oração: Não falte à oração quando puder fazê-la, Ep 29 – tudo são pancadas e golpes na alma para mais amar, que causam mais oração, Ep 11 – como não falta à oração, Deus terá cuidado de sua fazenda, ib. – dê-se muito à oração, que no fim não teremos outro bem nem arrimo nem consolo, Ep 22 – não tenha a alma na oração outro arrimo fora a fé e a esperança e a caridade, D 118 – oração e desapego, D 137 – é uma estrela da suma perfeição, D 155 – procurai orando e achareis contemplando, D 157 – quem foge da oração foge de todo bem, D 178 – procure ser constan-

ÍNDICE ANALÍTICO   1105

te na oração, e em meio dos exercícios espirituais não a deixe, 4A 9 – por nenhuma ocupação deixar a oração, que é sustento da alma, 4A (Gp 5) – nunca falte à oração, e quando tiver secura e dificuldade, por isso mesmo persevere nela, porque Deus quer muitas vezes ver o que tem em sua alma, ib. 9 – muitas almas pensam que não têm oração, e têm muitíssima, S pról 6 – pondo-se em oração (contemplativa), já como quem tem chegada a água, bebe sem trabalho em suavidade, sem ser necessário tirá-la pelos aquedutos das passadas considerações, 2S 14,2 – esta oração, ainda que dure muito, parece brevíssima, unida em inteligência pura, 2S 14,11 – não nos fica em todas as nossas necessidades, trabalhos e dificuldades, outro meio melhor e mais seguro que a oração, 2S 21,5 – muita oração e força para expulsar às vezes a sugestão do demônio, 2S 26,17 – a muitos o engano de que é muita oração e comunicação com Deus a que tem, serve-lhes de envaidecimento, 2S 29,8 – ao despojado não lhe molestam cuidados na oração, 3S 20,3 – muitos espirituais usam de recreações de sentido com pretexto de oração, que mais se podem chamar recreações que oração, 3S 24,4 – o fariseu orava e se congraciava com Deus com jactância, 3S 28,2 – quanto mais apegada com propriedade estiver à imagem ou motivo, tanto menos subirá a Deus sua oração, 3S 35,6 – Deus só mira a fé e pureza do coração de quem ora, 3S 36,1-2 – lugar para a oração como o fazia o Senhor, 3S 36,3 – melhor é onde mais decência

houver e onde menos se embaraça o sentido e espírito, 3S 39,2 – a comodidade do lugar não ata para orar ao verdadeiro espírito, ib. 3; 41,1 – ainda que o lugar decente e delicado para a oração seja o templo e oratório visível, não se olvidar de orar no templo vivo, que é o interior recolhimento da alma, 3S 40,1 – nela, que está a consciência pura, a vontade inteira em Deus, e a mente deveras posta nele, 3S 40,2 – mais decente lugar é a alma (para a oração) e mais próprio para Deus que nenhum lugar corporal, 3S 42,4 – pôr mais confiança no vivo da oração que em seus modos e maneiras, 3S 43,2 – tentam e aborrecem a Deus gravemente as orações cerimoniosas, própria de gente néscia, de alma rude e suspeita, 3S 43,1-3; 44,2-4 – nas petições do "Pater noster" se incluem todas as nossas necessidades espirituais e temporais, 3S 44,4 – os principiantes pensam que todo o negócio esteja em achar gosto e devoção sensível, cansando e fatigando as potências e a cabeça, 1N 6,6 – por falta de gosto não querem voltar a ela, às vezes a deixam ou vão de má vontade, 1N 7,2 – perseverando em meditação e oração, se hão desafeiçoado das coisas do mundo, 1N 8,2 – não alcançam logo sua petição, até que, continuando a oração, venham a ter seu ânimo mais contínuo com Deus, C 1,13 – então se diz ver nossas orações Deus quando as remedeia ou as cumpre; ainda que Deus não acuda logo à necessidade ou rogo, nem por isso deixará de acudir no tempo oportuno, C 2,4 – para achar a Deus deveras não

ÍNDICE ANALÍTICO

basta só orar com o coração e com a língua, C 3,2 – a alma que tiver de vencer a fortaleza do demônio não poderá sem oração; entendendo por armas de Deus a oração e a cruz de Cristo, C 3,9 – impedir a secura, fechando-lhe a porta por meio de oração e devoção, C 17,2-3 – no estado de desposório, até o mesmo exercício de oração já tudo é de amor, C 28,9 – os mui ativos deveriam empregar a metade de seu tempo em oração; fariam mais e com menos trabalho com uma obra que com mil, merecendo-o sua oração e havendo cobrado forças espirituais nela, C 29,3.

Paciência: se uma alma tem mais paciência para sofrer e mais tolerância para carecer de gostos, é sinal que tem mais aproveitamento em mortificação em toda paciência, D 119 – mantenha-se exercitando as virtudes de mortificação e paciência, Ep 26 – a virtude e força da alma nos trabalhos de paciência crescem e se confirmam, D 4 – viverá nesta vida com abertura e satisfação de sua alma, possuindo-a em sua paciência, D 86 – por um bem tão grande (união) muito convém passar com paciência e esperança, 3S 2,15 – as penas e turbações de nada servem para a bonança dos mesmos casos e coisas que as proporcionam; muitos bens há em troca em levar tudo com igualdade tranquila e pacífica, 3S 6,3 – os principiantes, quantos mais propósitos fazem, tanto mais caem e tanto mais se aborrecem, não tendo paciência para esperar a que lhe dê Deus; também alguns têm tanta paciência nisso de querer aproveitar, que não queria

Deus ver tanta, 1N 5,3 – a verdadeira devoção e espírito consiste em perseverar com paciência e humildade na oração, 1N 6,6 – a caridade é paciente, C 13,12 – muitos serviços hão de ter feito a Deus e muita paciência e constância hão de ter tido por Ele a quem Ele fez tão assinaladas mercês de tentá-los para avantajá-los em dons e merecimentos, Ch 2,28 – agir com maciça paciência é querer sujeitar-se ao menor desconsolo e mortificação, Ch 2,27 – sofrendo com paciência e fidelidade o pouco exterior merecereis que ponha Deus em vós os olhos para purgar e limpar mais adentro por alguns trabalhos espirituais, Ch 2,28.

Padecer: sirvam a Deus em silêncio e com ganas de padecer, Ep 7 – para guardar o espírito não há melhor remédio que padecer, agir e calar; nunca deixar de aquietar o coração com amor para padecer em todas as coisas que se oferecerem. É impossível ir aproveitando senão agindo e padecendo virtuosamente, todo envolvido em silêncio, Ep 8 – Ele ordena nossas paixões no amor do que mais queremos, para que maiores sacrifícios façamos e mais valhamos, Ep 11 – não sejam como os que buscam seu conforto e consolo ou em Deus ou fora dele; senão o padecer em Deus em silêncio e esperança, Ep 16 – desejar fazer no padecer algo semelhante a esse grande Deus nosso humilhado e crucificado, Ep 26 – mais estima Deus em ti o inclinar-te a padecer por seu amor que todas as consolações e visões que possas ter, D 14 não é da vontade de Deus que a alma padeça trabalhos; que se os padece nos diversos casos é por fraqueza de sua virtude, D 56 – é bom o padecer de qualquer maneira por Ele que é bom, D 83 – o amor não consiste em sentir grandes coisas, senão em padecer, D 114 – seja amiga dos padecimentos por Cristo, D 164 – é grande luz o padecer trevas, Ep 1 – não aplicam a vontade e padecem mais, S pról 3 – é o total e raiz das virtudes; todas essas outras maneiras é andar pelos ramos e não aproveitar, 2S 7,8 – o caminho para Deus consiste numa só coisa necessária, que é saber-se negar deveras, dando-se a padecer por Cristo, ib. 8 – a alma animada e com brio para padecer muitas coisas por Deus lhe é particular paixão ver que não padece muito, 2S 26,7 – o meio para que Deus faça mercês há de ser humildade e padecer, 2S 26,10 – aprendam a padecer imitando o Filho de Deus, 2S 29,9 – não podendo caber dois contrários no sujeito da alma, é necessário penar e padecer, 2N 5,4 – aproveita aqui mais uma hora de padecimento que muitas no purgatório, 2N 6,6 – o fogo não teria poder sobre os do purgatório se eles não tivessem imperfeições em que padecer, 2N 10,5 – é mais íntimo e espiritual o padecer, quanto o fogo do amor vai afinando as mais íntimas, delgadas e espirituais imperfeições, 2N 10,7 – nele se adicionam à alma forças de Deus, 2N 16,9 – é o caminho mais seguro e mais proveitoso que o de gozar e agir, porque nele se vão exercitando e ganhando virtudes, purificando-se a alma e fazendo-se

mais sábia e cauta, 2N 16,9 – como a alma anda sempre atrás de Deus com espírito de padecer por Ele, dá-lhe sua Majestade muitas vezes o gozar, 2N 19,4 – quando a alma não se acovarda em agir e padecer por Ele, é sinal que O ama sobre todas as coisas, C 2,5 – padece tanto a alma porque, como se vai juntando mais a Deus, sente mais o vazio de Deus, C 13,1 – dá Deus a sentir coisas e padecer nelas para que mais mereça e se afervore no amor, C 20,10 – padecer tudo o que padeço com sabor de amor, C 28,8 – o mais puro padecer traz o mais íntimo e puro entender, e por conseguinte mais puro e alto gozar, porque é de mais adentro saber, C 36,11 – meio para entrar mais dentro da espessura da sabedoria de Deus, porque o mais puro padecer traz o mais íntimo e puro entender, C 36,12-13; D 126 – nos tesouros e sabedoria escondidos, a alma não pode entrar nem pode chegar se não passa pela estreiteza do padecer interior e exterior. Ao que nesta vida se pode alcançar desses mistérios de Cristo não se pode chegar sem haver padecido muito, C 37,4 – ainda que alguma vez dê Deus gosto para esforçá-la e animá-la, antes e depois o salda e paga com outro tanto de trabalho, Ch 1,19 – a alma purificada não padece, Ch 2,24 – se soubésseis quanto vos convém padecer sofrendo, de nenhuma maneira buscaríeis consolo nem de Deus nem das criaturas, Ch 2,28 – são muito poucos os que merecem serem consumados por paixões, padecendo a fim de vir a tão alto estado, Ch

1108 ÍNDICE ANALÍTICO

2,30 – o da alma costuma ser grande quando a anda Deus ungindo e dispondo para uni-la consigo, Ch 3,68.

Pai: "oração da alma enamorada" ao Pai, D 26 – indo-me eu, Deus meu, por toda parte contigo, por onde queiras, irei como eu quero para ti, D 52 – sempre lembrar-se que tudo, próspero ou adverso, vem de Deus, para que assim nem em um se ensoberbeça nem em outro desanime, 4A (Gp 15) – aos filhos lhes é dado de comer com seu Pai à mesa e de seu prato; mesa do Espírito incriado de seu Pai, 1S 6,2-3 – para o amor verdadeiro (que lança fora todo o temor) tudo o que vem da parte do Amado, adversidades, prosperidades, castigos, como seja coisa que Ele quer, a recebe com a mesma igualdade e de uma maneira e lhe tem gozo e deleite, C 11,10 – comunica-se Deus com tantas veras de amor, que não há afeição de mãe, nem amor de irmão, nem amizade de amigo, que se lhe compare, C 27,1 – a tanto chega a ternura e verdade de amor com que o imenso Pai regala e engrandece a alma, que se sujeita a ela, como se Ele fosse seu servo e ela fosse seu senhor; e está tão solícito em a regalar, como se Ele fosse seu escravo e ela fosse seu Deus, ib. – seu olhar limpo, agraciado, enriquece e ilumina a alma, C 32,1 – a mão do piedoso e onipotente Pai: generosa, dadivosa, poderosa, rica, aberta para fazer mercês, branda, não mata senão para dar vida; nunca fere senão para sarar; regaladora de doçura, liberal. Jesus Cristo é a mão misericordiosa do Pai, Ch

2,16 – copiosidade de águas e de divinos resplendores que experimenta a alma na larga mão do Pai, Ch 3,16 – Deus é o principal agente e o moço de cego que há de guiar a alma pela mão onde ela não saberia ir, Ch 3,29 – Deus está sobre as almas como o sol para comunicar-se a elas, Ch 3,47 – Ele é o artífice que edifica sobrenaturalmente em cada alma o edifício que quer, Ch 3,47 – Ver frequentes comparações da mãe criando o filho pequeno, para aplicá-las à conduta de Deus com a alma e vice-versa, *Subida* pról 3; 1.1: 4,5; 4,8; 6,6 – II 14,3; 17,6,7 e 8; 19,6; 21,3; III 28,7; 39,1; *Noite* 1.1: 1,2; ib. 3; 3,1; 5,1; 6,3; 6,6; 12,1; II 3,3 – *Cântico* 7,10; 27,1 – *Chama* 3,66. Ver *Criador, Deus, Providência*.

Paixões: gozos e penas, esperanças e dores, uns procedem do espírito de perfeição, outros de imperfeição, S pról 7 – a alma, depois do pecado original, está sujeita a elas, 15,1 – pondo-as em obra de razão em ordem a Deus, dirigem e guardam a fortaleza da alma e sua habilidade, 3S 16,2 – reinam na alma e a combatem quando a vontade está menos forte em Deus, 3S 16,4 – unidas e irmanadas entre si, onde for uma paixão destas, irá também toda a alma e a vontade e as demais potências, 3S 16,6 – a primeira é o gozo, 3S 17,1 – por mais que em mortificá-las se exercite, nunca se consegue de todo, até que Deus o faça passivamente, 1N 7,5 – perdem a força e a concupiscência ou se faz estéril, não a usando o gosto, 1N 13,3 – águas, ares, ardores, medos, C 20,4 e 9-15 – (ordenadas) caudal da alma a

ÍNDICE ANALÍTICO 1109

serviço do Amado, C 28,4 – são o "cerco" da alma, combatendo-a de uma e outra parte; até que as tenha ordenadas não é capaz de ver a Deus, C 40,4 – a virtude se lavra em seu exercício, Ch 2,26.

Paz: nenhum cuidado deves ter: comida, vestido, nem do dia de amanhã; com isto adquirirás silêncio e paz, Caut 7 – escolhe um espírito robusto, não apegado a nada e acharás doçura e paz em abundância, D 41 – Deus não reina senão na alma pacífica e desinteressada D 70 – Se desejas encontrar paz, consolação e servir a Deus deveras, não te contentes com o que deixaste, D 78 – conservar o coração em paz, D 153 – para gozar de paz entregar toda a vontade a Deus e não a ocupar em coisas vis e baixas, Ep 13 – a Deus agrada morar na paz e quietude da alma, Ep 20 – um ato de virtude produz e cria suavidade e paz..., 1S 12,5 – a que não chega à pureza na medida de sua capacidade nunca chegará à verdadeira paz e satisfação 2S 5,11 – há muitos que, desejando sua alma estar em paz, a desassossegam e a atraem ao que é mais exterior, 2S 12,7 – abundante, interior, amorosa, 2S 13,7 – esquecidas todas as coisas não há coisa que a perturbe, 3S 5,1-2 – o bem espiritual só se imprime na alma pacificada, 3S 5,2-3 – nosso ser é tão fraco e inconsistente que dificilmente deixará de tropeçar em coisas que perturbem e alterem o ânimo, 3S 6,4 – os bens morais trazem paz, 3S 27,2 – têm grandes ânsias que lhes tirem suas imperfeições, mais para se ver em paz sem seu embaraço do

que por Deus, 1N 2,5 – onde não reina a concupiscência não há perturbação, mas paz, 1N 13,3 – profunda é a força e combate, porque a paz que espera é profunda, 2N 9,9 – sossego e quietação da casa espiritual habitual e perfeito, 2N 24,3 – rios de paz, C 14,9 – Deus coloca a alma em posse da paz, C 20,4 – se a alma consegue alcançar a paz de Deus ficará todo o sentido sem saber o que dizer e mudo para falar dela, C 20,15 – todas as afeições excedem o limite da paz desassossegando-a, C 20,17 – cerco de paz e valado de virtude, C 21,18 – leito de paz edificado, C 24,7 – as virtudes da alma pacífica e segura, toda ela edificada de paz, C 24,8 – a pombinha da alma branca e pura, com o ramo do prêmio e paz conseguida na vitória de si mesma, C 34,4 – a sensualidade em querer conservar a paz e o gosto de tua terra é contrária à do espírito e da perfeição, Ch 2,27ss. – põe a alma em paz, Ch 3,38.

Pecado: a amargura e fealdade do que não é Deus durará sempre na alma dos que as estimarem, Ep 12 – não admitir pecado cientemente, Ep 30 – Senhor Deus, se ainda te lembras de meus pecados para não fazeres o que te ando pedindo, exercita tua bondade e misericórdia e serás conhecido neles, D 26 – toma a Deus por esposo e amigo e não pecarás, D 67 – sabes quantos pecados cometeste, não sabes como Deus está contigo, D 75 – a fealdade que produzem os pecados veniais é maior do que a das imperfeições; a do pecado mortal é total torpeza da alma, 1S 9,7 – de todos os apetites voluntários, de pecado mortal e de venial há de a alma estar isenta para chegar à total união; basta um com advertência que não se vença para impedi-la, 1S 11,13 – é doloroso que tenha Deus feito romper afeições de pecados e vaidades e por uma ninharia deixem de ir a tanto bem, ib. 5-7 – os apetites voluntários de pecado mortal privam da graça nesta vida e causam total cegueira, tormento, imundície e fraqueza, 1S 12,3 – Deus mora e assiste substancialmente em qualquer alma, mesmo que seja a do maior pecador, 2S 5,3 c. 1,8 – querer saber coisas por via sobrenatural é pelo menos pecado venial, 2S 21,4 – os apetites voluntários de pecado venial bastam para causar à alma todos os danos positivos, embora não privem da graça, 1S 12,3 – Deus dá licença ao demônio para que cegue e engane a muitos, merecendo-o seus pecados, 2S 21,12 – muitos pecados castigará Deus em muitas almas com as quais tiver muito ordinário trato, 2S 22,15 – voltar a memória ao que ouviu, viu, tocou, cheirou e experimentou pega afeições que são imperfeições e às vezes bons pecados veniais, 3S 3,3 – a alma perturbada que não tem fundamento de bem moral, não é capaz, enquanto tal, do espiritual, 3S 5,3 – para a alma cega a fealdade já não parece feiura e daí vem a dar em mil disparates, 3S 10,2 – é faltar a Deus, 3S 18,1 – mil maneiras de pecados por amor de bens temporais, 3S 19,7 – vergonha de dizer os pecados claramente para que não os tenham em menos, 1N

2,4 – os aproveitados têm rudeza natural, que todo homem contrai pelo pecado, 2N 2,2 – as almas que caem em pecado mortal perdem a graça, C 11,3 – o pecador sempre teme morrer, suspeita que a morte lhe há de tirar todos os bens e lhe há de dar todos os males, C 11,10 – mais aprecia o demônio impedir um quilate desta riqueza do que fazer cair em muitos e mui graves pecados, C 16,2 – os atos das potências chegando a pecado mortal, são extremamente desordenados, C 20,8 – o que mais costumam sentir os espirituais, C 20,10 – Deus corta pela raiz os hábitos imperfeitos e a ignorância em que cai o pecado, C 26,14 – miséria dos que estão mortos em pecado, C 32,9 – embora Deus se esqueça do pecado perdoado nem por isso convém à alma deixá-lo no esquecimento para ter sempre ocasião de não presumir, de sempre agradecer, de mais confiar para receber, C 33,1 – aquele sofrimento que te envia, cortar-te-á as raízes de teus pecados e imperfeições, que são os maus hábitos, Ch 2,30 – quando a alma está em pecado está cega, Ch 3,70 – não cometer um pecado por tudo o que há no mundo, nem cometer nenhum pecado cientemente, nem imperfeição conhecida, Gp 1.

Penitência: penitência e mais penitência. Doutrina de abertura e mais alívio, embora seja confirmada com milagres, não a creia nem abrace, Ep 24 – uma estrela de perfeição, D 155 – procurar confessar-se com muito conhecimento de sua miséria e com clareza e pureza, 4A (Gp 13) – a purificação

ÍNDICE ANALÍTICO 1111

comporta sentimentos de penitência; mas não se há de fazer revolver a vida dessas almas, S pról. 5 – algumas sobrecarregam-se com penitências extraordinárias e não procuram negar seus apetites, 1S 8,4 – da satisfação no tato segue-se diminuição de penitência corporal, 3S 25,8 – há de advertir o cristão que o valor de suas penitências funda-se no amor de Deus, 3S 27,5 – muitos querem preceder e privar com os confessores, 1N 2,1 – a sujeição e obediência é penitência da razão, 1N 6,2 – "ribeiras" são as mortificações, penitências e exercícios espirituais, C 3,4. Ver *Confissão, Mortificação, Pecados*.

Pensamentos: um só vale mais que todo o mundo; só Deus é digno dele, D 34 – para o espírito de Deus o pensamento, D 35 – refreie muito a língua e o pensamento, D 79; ib. 166 – de certo modo e dada sua dignidade, qualquer pensamento que não se tenha em Deus nós lho furtamos, D 115 – até os pensamentos da alma Deus vê e toca, C 2,4 – outros te hão de lavrar com pensamentos contra ti, Caut 15; 4A 3 – não se deter em nenhum pensamento que não seja dirigido para Deus, 4A 9 – os pensamentos ordenados no que Deus os ordena são mais brancos do que a neve, 1S 9,2 – os pens. que não passam de primeiros movimentos, enquanto se resiste a eles, fazem ganhar fortaleza, pureza, luz e consolação, 1S 12,6 – o homem nunca perderia a paz se esquecesse notícias e deixasse pensamentos, 3S 6,4 – mal se pode libertar por pouco tempo deste laço de pens. e gozo com que

está preso o coração 3S 23,4 – do gozo das coisas visíveis pode-se seguir impureza de pensamento; do gozo em ouvir coisas inúteis nasce variedade de pens., 3S 25,2-3 – pode a alma de verdade chamá-lo Amado, quando ordinariamente tem seu pensamento nele, C 1,13.

Pensar: não penses que, porque não brilham as virtudes que tu pensas naquele, não será precioso diante de Deus pelo que tu não pensas, D 61 – pensar baixamente de si, em seu desprezo e desejar que todos o façam, 1S 13,9 – nenhuma coisa criada nem pensada pode servir de meio próprio para unir-se a Deus, 2S 8,1 – a melancolia ou alguma outra espécie de humor costumam causar certo empapamento ou suspensão que fazem não pensar em nada nem querer, nem ter desejo de pensar, 2S 13,6 – cada vez que a alma se põe a pensar em alguma coisa fica movida e alterada acerca daquela coisa, 3S 5,2 – muitos insipientes pensam baixamente de Deus, C 1,12 – a caridade não pensa mal, C 13,12 – como nós estamos, pensamos que estão os outros, Ch 4,8.

Perdição: se tu não cuidas de ti, mais certa está tua perdição do que tua cura, D 74 – andar a perder e que outros nos vençam é de ânimos valorosos, D 136 – se desviares da obediência pedir-se-á contas de tuas obras como se fossem perdidas, Caut 11 – pagando sempre o tributo de seu coração ao dinheiro, sofrem por ele, apegando-se a ele, para a última calamidade de justa perdição, 3S 19,10 – neste caminho é de mais proveito ir perdendo e aniquilando a si mesmo, 2N 18,4 – a perdição da alma somente vem de si mesma, 2N 16,3 – a perdição é muito fácil; tocada a alma de pavor e dor sobre tão grande perdição e perigo..., C 1,1 – estima e gloria-se a alma por ter perdido o mundo e a si mesma por seu Amado, C 29 – nunca acabam de se perder em alguns pontos para fazer as obras perfeitas, e assim não perderam a si mesmos no agir, ib. 8 – o verdadeiramente enamorado, logo deixa perder tudo o mais para ganhar mais aquilo que ama, ib. 10 – o que não sabe perder a si mesmo não ganha, antes se perde, ib. 11 – o caminho largo de sua consolação e o de sua perdição, Ch 2,27.

Perfeição: convém-lhe, se quer chegar à perfeição, entregar toda a vontade a Deus, Ep 13 – tomar de novo o caminho da perf. com toda humildade; não com ânimo infantil mas com vontade robusta, Ep 16 – a alma perfeita goza naquilo em que sofre a imperfeita, D 56 – embora faças muitas coisas, se não aprenderes a negar tua vontade, não aproveitarás na perf., D 71 – mais agradarás a Deus sabendo aperfeiçoar-te a ti mesmo do que conseguir todas as coisas, D 78 – a perf. não está nas virtudes que a alma conhece em si mesma, mas consiste nas que N. Senhor vê na alma, D 113 – acorrer a tudo o que é mais perfeito, D 118 – doze estrelas para chegar à perfeição: amor de Deus, do próximo, obediência, castidade, pobreza, assistir ao coro, penitência, humildade, mortificação, oração, silêncio, paz, D 155 – suma da perfeição: esque-

cimento do criado, memória do Criador, atenção ao interior e estar amando ao Amado, P 14 – três cautelas para quem aspira à perfeição, Caut 10 – perf. suprema de qualquer pessoa é ser cooperador de Deus na conversão e redenção das almas Dt 10 – toda sua doutrina é o alto estado de perfeição, S arg. – são muitas as trevas e trabalhos por que costumam passar as almas para chegar ao estado de perfeição, S própl. 1 – gozos, penas, esperanças e dores, uns procedem do espírito de perfeição outros do de imperfeição, ib. 7 – consiste em ter a alma vazia e nua, purificada de todo apetite, 1S 5,6 – os hábitos de imperfeição voluntária impedem de ir adiante na perfeição, 1S 11,3-4 – esta senda do alto monte da perfeição, íngreme e estreita, requer que tais viandantes nem levem peso nem coisa que os embarace, 2S 7,3 – para Deus mover a alma e levantá-la de sua baixeza à sua divina união há de fazê-lo ordenadamente e do modo da mesma alma, 2S 14,11 – Deus aperfeiçoa o homem à maneira do homem, 2S 17,4 – o espírito já perfeito não faz caso do sentido, 2S 17,6 – saber dirigir com fortaleza a vontade para Deus praticando com perfeição sua lei e conselhos, 2S 29,12 – a maior honra que podemos dar a Deus é servi-lo segundo a perfeição evangélica, 3S 17,2 – pelo que lhe obriga a perf. cristã havia de libertar seu coração de todo gozo, 3S 20,2 – comprazer-se em suas boas obras é não ir adiante na perfeição, 3S 28,7 – cada um age conforme o hábito de perfeição que tem, 1N 1,3

ÍNDICE ANALÍTICO   1113

– perf. interior: dar gosto a Deus e não a si mesmo em coisa alguma, 1N 3,2; 7,2 – convém à alma, enquanto puder, procurar fazer por aperfeiçoar-se, 1N 3,3 – perf. está em saber-se negar a si mesmo, 1N 6,8 – porque andam em confortos e gostos de espírito são muito frouxos para a fortaleza e trabalho da perfeição, 1N 7,4 – perf. é a união da alma com Deus, 2N 3,3 – o estado de perfeição consiste no perfeito amor de Deus e desprezo de si, 2N 18,4 – os perfeitos ardem já em Deus suavemente, 2N 20,4 – a perf. de amor consiste na pobreza de espírito, C 1,14 – os que vão chegando ao estado de perfeição têm o paladar da vontade sadio e o espírito puro e bem disposto para Deus, C 1,22 – a alma que ama a Deus não há de pretender nem esperar outro galardão de seus serviços senão a perfeição de amar a Deus, C 9,7 – com seu ser presente Deus dá o ser natural à alma e com sua graça presente a aperfeiçoa, C 11,4 – pela perf. evangélica as almas encontram a Deus em união de amor, C 25,4 – quanto mais uma alma ama, tanto mais perfeita é naquilo que ama, C 27,8 – há muitos que pedem a Deus a posse do estado de perfeição e quando Deus quer começar a levá-los pelos primeiros trabalhos e mortificações não querem passar por eles, Ch 2,27 – vida espiritual perfeita é posse de Deus por união de amor, Ch 2,32; 3,34 – Deus está sobre as almas como o sol para comunicar-se a elas; contentem-se os que as guiam em dispô-las para isso segundo a perfeição evangélica, Ch 3,47 – neste caso de perfeição o não voltar atrás é ir para frente, Ch 3,48.

Perseverança: os apetites entibiam e enfraquecem para não perseverar, 1S 10,1 – não pode a alma perseverar sempre de uma maneira, 3S 5,2 – os principiantes a perdem quando em suas obras e exercícios não encontram gosto e consolação, 3S 28,7 – em quem só o gozo é alma e força da obra, extinto o gozo, morre e acaba a obra e não perseveram, 3S 29,2 – o apetite causa muitas variedades; destes são os que nunca perseveram em um lugar, nem, às vezes, num estado, 3S 41,2 – Cristo encareceu que perseverássemos na oração, 3S 44,4 – são muito poucos os que sofrem e perseveram em entrar por esta porta estreita, 1N 11,4 – persevera no esquecimento de todas as coisas, D 78.

Perturbações: não é vontade de Deus que a alma se perturbe em nada, D 56 – nunca nascem na alma a não ser de apreensões da memória, 3S 5,1; 6,1 – sempre é vão perturbar-se pois nunca serve para proveito algum, 3S 6,3 – em todos os casos, por adversos que sejam, antes nos havemos de alegrar do que perturbar, ib. 4 – perturbação é obra do demônio na oração, 1N 4,3; 2N 23,4; C 40,3.

Pobreza: os que são mais pobres em menos se têm, gozarão de mais alto senhorio e glória em Deus, D 82 – faltando o desejo de ser pobre, falta o espírito e se afrouxa nas virtudes; (a prelada) há de governar e prover mais com virtudes e desejos vivos do céu do que com cuidados e planos do temporal e da terra, Ep 21 – virão a ter muita necessidade temporal e espiritualmente, porque nossa solicitude é a que precisamos, ib. – se de vontade não o fosse não seria verdadeiramente pobre, 1S 3,4 – toda a riqueza de todo o criado, comparada com a riqueza que é Deus, é suma pobreza e miséria, 1S 4,7 – do gozo pelos perfumes suaves nasce o asco pelos pobres, 3S 25,4 – do gozo no sabor dos alimentos nasce diretamente a falta de caridade com o próximo e pobres, ib. 5.

Pobreza de espírito: o pobre de espírito nas necessidades está mais constante e alegre, Ep 16 – o pacífico refrigério do Espírito Santo goza-se na desnudez e pobreza de espírito, Caut 1 – desejar por Cristo entrar em toda pobreza em tudo o que há no mundo, 1S 13,6 – é a desnudez, ou alheamento, ou pureza espiritual que nos aconselha o Senhor, 2S 7,5 – oferecendo-se-lhes algo disto, que é a desnudez do espírito pobre de Cristo, fogem disso como da morte, 2S 7,5 – aquele vazio e trevas e desnudez de todas as coisas, ou pobreza espiritual, tudo podemos chamar uma mesma coisa, 2S 24,8; ib. 9; 3S 29,3; 40,1; 1N 3,1 – purificação, contemplação ou desnudez ou pobreza de espírito, tudo é uma mesma coisa, 2N 4,1 – pobreza de três maneiras de bens: temporais, naturais e espirituais, 2N 6,4 – experiência mística da pobreza espiritual, 1N 6,8 – a satisfação do coração não se acha na posse das coisas, mas na desnudez e pobreza de espírito. C 1,14 – na substância da alma, Ch 1,20; 3,4-6 – renúncia e desapropriação total, Ch 3,46.

Potências: ordinariamente não faltam tropeços e perigos para a alma e suas próprias potências a fazem errar, Ep 19 – não se hão de empregar todas nas coisas, a não ser o que não se pode impedir, o demais deixar desocupado para Deus, D 116 – a alma escrava dos apetites se endurece segundo o entendimento, se entorpece segundo a vontade e segundo a memória se enrijece 1S 8,2 – a luz do entendimento só se estende por si mesma à ciência natural, embora tenha potência para o sobrenatural, 2S 3,1 – as três virtudes teologais aperfeiçoarão as três potências, 2S 6ss. – as operações de umas dependem de outras, 3S 1,1 – os filhos de Deus são movidos a obras divinas em suas potências, 3S 2,16 – o sumo recolhimento consiste em colocar a alma, segundo suas potências, somente no bem incompreensível, 3S 4,2 – não podem, por si, fazer reflexão e operação senão sobre alguma forma, figura e imagem, 3S 13,7 – manda-se ao homem que empregue em Deus todas as potências de sua alma, 3S 16,1 – a fortaleza da alma consiste em suas potências, paixões e apetites: quando a vontade os aplica em Deus então guarda a fortaleza para Deus, 3S 16,2 – onde quer que vá uma paixão toda a alma irá também e a vontade e as demais potências, 3S 16,6 – o que já não vive segundo o sentido, todas as operações de suas potências são dirigidas para a divina contemplação, 3S 26,6 – as pot. naturais não têm pureza, nem força, nem capacidade para receber e nem gozar das coisas sobrenaturais a seu modo delas, que é divino, mas a seu modo que é humano e baixo, 2N 16,4 – os inimigos domésticos são seus sentidos e potências, 2N 16,12 – fecha tuas portas sobre ti, isto é, todas as tuas potências a todas as criaturas, C 1,10 – música calada, quanto às potências naturais, solidão muito sonora para as espirituais, C 15,26 – são os rosais da alma que levam e criam flores de conceitos divinos e atos de amor, C 18,5 – são as montanhas da alma, C 19,4 – põe-nas em perfeição de seus objetos segundo se pode nesta vida, C 20,4 – montes, vales, ribeiras, são os atos viciosos e desordenados das três potências, C 20,8 – com a miséria do seu baixo operar e haver natural estão caídas e baixas, C 32,8 – qualquer pequenina coisa que a elas se pegue basta para tê-las tão embaraçadas e enlevadas que não sentem seu dano, Ch 3,18 – são tão profundas quanto são capazes de grandes bens, ib. – quando estão vazias e limpas é intolerável a sede e fome e ânsia do sentido espiritual, ib. – feitas incendidas lâmpadas nos resplendores das lâmpadas divinas, Ch 3,77.

Pregadores: Cristo é muito pouco conhecido dos que se têm por seus amigos...; a eles lhes convinha primeiro falar esta palavra de Deus, como a gente que Deus pôs em evidência pelas suas letras e alto estado, 2S 7,12 – ordinariamente o proveito é igual à disposição de quem ensina, 3S 45,3 – é um exercício mais espiritual do que vocal; donde, por mais alta que seja a doutrina que prega e por mais esmerada a retórica e sublime estilo com que vai vestida, não faz por si mais proveito do que tiver de espírito, ib. 2 – O Senhor tem ojeriza dos que ensinando o bom espírito não o tem, ib. 3 – quanto melhor vida tem o pregador maior fruto produz, por baixo que seja seu estilo, ib. 4 – embora diga maravilhas ... logo são esquecidas como não pegaram fogo na vontade, ib. 5 – não se condena o bom estilo e a retórica e o bom termo, pois muito importam ao pregador, ib. 6 – Maria Madalena, embora com sua pregação fizesse grande proveito pelo grande desejo que tinha de ajudar à Igreja, escondeu-se no deserto trinta anos, C 29,2 – advirtam os que são muito ativos, que pensam abraçar o mundo com suas pregações e obras exteriores, que muito mais proveito fariam à Igreja e muito mais agradariam a Deus se gastassem a metade talvez de seu tempo em estar com Deus na oração, ib. 3 – quanto mais altas palavras dizia o Filho de Deus, tanto mais alguns se mostravam desabridos por sua impureza, Ch 1,5.

Preguiça: afastando o gozo dos bens morais livra-se da acídia espiritual, 3S 29,5 – os principiantes costumam ter tédio nas coisas que são mais espirituais e fogem delas, 1N 7,1-2 – é grande lástima considerar como os apetites prendem a pobre alma, quão pesada e preguiçosa é ela para as coisas de Deus, 1N 10,3-4 – purifica-se dela na noite dos sentidos 1N 13,7 – a alma que deveras ama a Deus não põe demoras para fazer quanto pode para achar o Filho de Deus, C 3,1.

Presença de Deus: procurar andar sempre nela, ou real ou imaginária, ou unitiva conforme as obras o permitirem, 4A (Gp 2) – ter presente a intenção de Cristo colocado no meu lugar, ib. 3 – traga advertência amorosa em Deus, D 87 – entre em seu interior e trabalhe em presença de seu Esposo que sempre está presente, querendo-lhe bem, D 89 – andar a sós com Deus, agir em meio, D 125 – procure sempre trazer a Deus presente e conservar em si a pureza que Deus ensina, D 141 – infeliz daquele que se ausentou do meu amor e não quer gozar de minha presença, P 10 vv. 13-15 – o Filho de Deus com o Pai e o Espírito Santo essencial e presencialmente está escondido no interior da alma, C 1,6 – três maneiras de presença pode haver na alma: essencial, por graça e por afeição espiritual, C 11,3 – em muitas almas devotas costuma Deus fazer algumas presenças espirituais de muitas maneiras com que as recreia, ib. – com seu ser presente dá o ser à alma e com sua graça presente a aperfeiçoa, ib. 4.

Principiantes: pertence a eles a primeira noite (do sentido) 1S 1,3 – o caminho de Deus não consiste em multiplicidade de considerações, nem modos, nem maneiras, nem gostos embora isto seja necessário nos princípios, 2S 7,8 – são-lhes necessárias considerações, formas e modos de meditações para ir enamorando e nutrindo a alma pelo sentido, 2S 12,5; 13,1; 3S 2,1 – convém-lhes chegar a Deus por

imagens e formas e meditações, ib. 6 – instruindo-os não se deve apertá-los para que aniquilem suas potências acerca de suas operações; convém-lhes dispor-se por apreensões discursivas, 3S 2,1 – permite-se-lhes e ainda lhes convém ter algum gosto, 3S 39,1 – é preciso considerar a fraqueza de seu estado, 1N 1,1 – têm muitas imperfeições nos sete vícios capitais, 1N 2ss. – para eles há muitas coisas escritas, C pról. 3 – vão pela via purgativa, ib. arg. 2 – seu estado e exercício é meditar e fazer atos e exercícios discursivos, Ch 3,32 – seus atos anagógicos e amorosos não são imediatos nem ligeiros; hão de fazê-los muitas vezes para vencer tentações, Dt 5.

Provas: Nosso Senhor vai provando e levantando a alma de tal maneira que primeiro lhe dá coisas muito exteriores e rasteiras segundo o sentido, 2S 11,9 – se a alma não é provada com trabalhos e tentações não pode avivar seu sentido para a Sabedoria, 1N 14,4 – com as almas fracas anda Deus aparecendo e escondendo-se porque sem desvios não aprenderiam a chegar-se a Deus, 1N 14,5 – envia-as Deus aos que quer levantar à alta perfeição provando-os e examinando-os como o ouro ao fogo, C 3,8 – a alma enamorada de Deus recebe mil desabrimentos e enfados, C 10,3 – para chegar a ser purificada a alma necessita de: trabalhos, desconsolos, temores, tentações da parte do século; tentações, securas e aflições da parte do sentido; tribulações, trevas, apertos, desamparos, tentações e outros trabalhos

ÍNDICE ANALÍTICO   1117

da parte do espírito, Ch 2,25 – a muitos, como os prova no menos e os acha fracos, de maneira que logo fogem do trabalho deixando ver que serão muito menos (fortes) no muito, assim (Deus) não vai adiante em purificá-los, Ch 2,27 – convém que não faltem provas de angústia e desconsolos, 4A 4. Ver *Noite, Purificação.*

Providência: aos que querem bem a Deus, Ele cuida de suas coisas sem que estes se preocupem com elas, Ep 11 – contanto que não falte oração Deus terá cuidado de sua fazenda, pois não é de outro dono nem o há de ser, ib. – depois que deixamos tudo por Deus é justo que não desejemos arrimo nem consolo em outra coisa, senão nele, Ep 22 – ordenando-o assim a Sua Majestade, é o que a todos nos convém, Ep 26 – há de aplicar-se a vontade nisso para que, assim como é verdade, assim no-lo pareça, ib. – não pense outra coisa senão que é Deus que ordena tudo, Ep 27 – já sabe sua Majestade o que somos por nós mesmos, Ep 28 – a alma há de apreciar muito quando Deus lhe enviar trabalhos interiores e exteriores, entendendo que são poucos os que merecem ser consumados pelas paixões (sofrimentos), Ch 2,30 – não te entristeças de repente com os casos adversos do século; não sabes os bens que trazem consigo ordenados nos juízos de Deus, D 63 – não te alegres com as prosperidades temporais, pois não sabes certo se te asseguram a vida eterna, D 64 – na tribulação procura logo a Deus com confiança e serás esforçado,

iluminado e ensinado, D 65 – toma a Deus por amigo com quem andes continuamente e saberás amar, D 67 – a Prov. divina justíssima e certissimamente age conforme as causas boas ou más dos filhos dos homens, 2S 21,9 – os bens não vão do homem a Deus mas vêm de Deus ao homem, 2N 16,5. Ver *Abandono, Criador, Deus, Pai.*

Prudência: é a sabedoria dos santos 2S 26,13 – é humildade prudente guiar-se pelo mais seguro, 3S 13,9.

Pureza: procura trazer tua alma pura e toda em Deus, Caut 9 – embora Deus nunca o houvesse de saber, não cessaria de fazer-lhe os mesmos serviços com a mesma alegria e pureza de amor, D 20 – Deus vestirá com sua pureza a alma que se despir de seus apetites, D 97 – há almas que se espojam no lodo e outras que voam como aves, que no ar se purificam e limpam, D 98 – procure sempre trazer a Deus presente e conservar em si a pureza que Deus lhe ensina, D 141 – é bom que os tesouros da alma estejam bem escondidos e que ainda não o saibamos nós mesmos porque não há pior ladrão do que o de dentro de casa, Ep 23 – não defloremos a Deus o gosto que tem na humildade e pureza de nosso coração, ib. – Deus faz mais em limpar e purificar uma alma do que em criá-la do nada, 1S 6,4 – o espelho embaciado não reflete serenamente o rosto, 1S 8,1 – o ouro ou o diamante colocado quente sobre o pixe ficará feio e untado, 1S 9,1 – os afetos e pensamentos da alma ordenados no que Deus

1118 ÍNDICE ANALÍTICO

ordena são mais brancos do que a neve, 1S 9,2 – parece coisa dura e muito difícil poder chegar a alma a tanta pureza e desnudez que não tenha vontade e afeição a coisa alguma, 1S 11,1 – a alma não tem mais que uma vontade e se esta se embaraça e emprega em algo não ficará livre, só e pura, 1S 11,6 – um ato de virtude produz na alma luz e pureza, 1S 12,5 – resistindo aos apetites naturais ganha-se fortaleza, pureza e consolo, 1S 12,6 – renascer no Espírito Santo nesta vida é ter uma alma semelhante a Deus em pureza, 2S 5,5 – Se a vidraça tem algumas manchas ou névoas o sol não poderá iluminá-la como se estivesse limpa, 2S 5,6; 16,10 – a disposição para a união não é o entender da alma... de Deus, mas a pureza e o amor; não pode haver perfeita transformação se não há perfeita pureza, 2S 5,8-9 – aqui nesta vida, a alma que não chega à pureza que compete à sua capacidade nunca chega à verdadeira paz e satisfação, ib. 11 – para que o entendimento esteja disposto para a divina união há de ficar limpo e vazio de tudo o que pode cair no sentido, 2S 9,1 – a pureza da alma consiste em que não se prenda a nenhuma afeição de criatura, nem de temporalidade, nem advertência eficaz, 3S 3,4 – guardando as portas que são os sentidos, muito se guarda e aumenta a tranquilidade e pureza, 3S 23.3 – não gozando os bens e graças naturais vai-se tendo conveniência angelical com Deus, 3S 23.4 – à negação e mortificação do gozo dos bens naturais segue-se a espiritual pureza de alma e corpo,

3S 23,4 – ao puro, tudo – tanto o alto como o baixo – faz mais bem e serve para maior pureza; o impuro, mediante sua impureza, costuma tirar o mal, 3S 26,6 – Deus faz a graça aqui (na noite) de purificá-la e curá-la com esta forte lixívia e amarga purga, 1N 13,11 – as securas fazem a alma andar com pureza no amor de Deus, 1N 13,12 – não se pôde chegar à união sem grande pureza e esta não se alcança sem grande desnudez a toda coisa criada e viva mortificação, 2N 24,4 – quanto mais há de pureza tanto mais abundante, frequente e geralmente se comunica Deus, Ch 1,9 – tanto mais copiosa e abundantemente infundes virtudes em minha alma, quanto mais substância tem e mais pureza, Ch 2,19 – como teu Esposo é limpo e puro sentes que com pureza e limpeza te ama, Ch 3,6 – quando a alma chegou a tanta pureza e limpeza em si e em suas potências que a vontade está muito purificada de outros gozos e apetites estranhos, chegou a ter a Deus por graça de vontade, Ch 3,25 – secretissimamente mora o Amado com tanto mais íntimo interior e estreito abraço quanto mais pura está a alma, Ch 4,14.

Purgação: alguns confessores confundem a purgação em que Deus conserva as almas com a inquietação de consciência, S pról. 5 – para chegar ao estado de perfeição há de passar a alma pela purg. sensitiva e espiritual, 1S 1ss. – na do espírito se afugenta o demônio, 1S 2,2 – os apetites que vivem na alma Deus os destruirá nesta ou na outra vida com castigo e correção, que será com a purgação, 1S 8,5 – o espírito purgado penetra a verdade e valor das coisas, 3S 20,2 – até que o homem chegue a ter tão habituado o sentido na purgação do gozo sensível, que do primeiro movimento as coisas o lancem logo em Deus, tem a necessidade de negar seu gozo e gosto acerca delas, 3S 26,7 – muitos, quando Deus quer levá-los adiante purgando-lhes o apetite tenro para que possam experimentar o manjar dos grandes, eles comumente desmaiam, 3S 28,7 – por mais que o principiante se exercite em mortificar-se nunca o pode inteiramente, nem no muito, até que Deus o faça passivamente nele por meio da purgação, 1N 7,5 – porque o paladar espiritual não está acomodado e purgado não pode sentir o gosto e bem espiritual, 1N 9,4 – os trabalhos interiores são os que mais eficazmente purgam o sentido, 1N 14,4 – os que têm capacidade e mais força para sofrer, com mais intensidade e mais depressa os purga, 1N 14,5 – sem a purg. do espírito também a sensitiva, embora tenha sido mais forte, não fica acabada e perfeita, 2N 1,1ss. – a mesma sabedoria amorosa que purifica os espíritos bem-aventurados, iluminando-os, é a que aqui purga a alma e a ilumina, 2N 5,1 – segundo o grau de união de amor é a purgação mais ou menos forte e de maior ou menor tempo, 2N 7,3 – padece a alma todas estas purgações aflitivas para ser reengendrada na vida do espírito, 2N 9,6 – fruto de seu rigor é achar-se com veemente paixão de amor, 2N 11,1 – assim como se purgam na outra vida com fogo

tenebroso material, nesta vida se purgam e limpam com fogo amoroso, tenebroso espiritual 2N 12,1 – depois de purgada a alma terá olhos para que esta luz lhe mostre os bens da luz divina, 2N 13,10 – enquanto está Deus medicinando e curando a alma em suas muitas enfermidades para dar-lhe saúde, por força há de penar segundo sua doença em tal purgação e cura, Ch 1,21 – esta purgação em poucas almas acontece tão fortemente, só naquelas que o Senhor quer levantar ao mais alto grau de união, porque a cada uma dispõe com purgação mais ou menos forte, segundo o grau em que a quer levar e segundo também a impureza e imperfeição da alma, Ch 1,24.

Purgatório: aqui se purificam da mesma maneira que ali, porque essa purificação é a que se haveria de fazer ali, e assim a alma que por aqui passa ou não entra naquele lugar ou se detém ali muito pouco porque se aproveita mais aqui em uma hora do que muitas lá, 2N 6,6 – os que nele jazem têm muitas dúvidas se haverão de sair dali; não gozam do bem atual e consolação das virtudes por culpa dos sentimentos das penas e privação de Deus, 2N 7,7 – o fogo não teria poder sobre eles se não tivessem imperfeições em que padecer, 2N 10,5 – purificam-se os espíritos na outra vida com fogo tenebroso material, 2N 12,1 – os poucos que já estão purificadíssimos pelo amor não entram no purgatório, 2N 20,5; Ch 1,21; ib. 24 – os espíritos impuros passam pelo fogo na outra vida o qual opera mais em uns, em outros menos fortemente; nuns mais longo tempo em outros menos, conforme o que eles têm que purificar, Ch 2,25.

Purificação: para começar a ir a Deus, se há de queimar e purificar-se de tudo o que é criatura com o fogo do amor de Deus, 1S 2,2 – a perfeição consiste em ter a alma purificada de todo apetite, 1S 5,6 – e do sabor que deixaram, ib. 7 – uma alma sujeita, suja e feia, de maneira alguma pode conviver com Deus em união até que se purifique, 1S 9,3 – por mais que a alma se ajude, não pode ativamente purificar-se se Deus não a toma pela mão e a purga naquele fogo obscuro, 1N 3,3 – a parte sensitiva se purifica em secura; as potências, no vazio de suas apreensões; o espírito, em treva obscura, 2N 6,4 – nessa forja se purifica a alma como o ouro no crisol, ib. 6 – no padecer se vão exercitando e ganhando as virtudes e purificando a alma, 2N 16,9 – quando o anjo bom permite ao demônio a vantagem de alcançar a alma com espiritual horror, fá-lo para purificá-la, 2N 23,10 – estando a alma purificada, o que para a carne corruptível é dor e tormento, no espírito forte e são é doce e saboroso, Ch 2,13.

Quedas: aquele que a sós cai, a sós caído fica, D 8 – motivo de queda cada dia, afeições não mortificadas, 1S 8,6 – quem o pouco evita, não cairá no muito, 3S 20,1 – os principiantes levam-nas com tristeza não humilde, 1N 2,5.

Querer: em teu Filho único, Jesus Cristo, deste-me tudo o que eu quero, D 26 – considera o que Deus quer e fá-lo, D 72 – a alma que se desnudar de seus quereres e não quereres Deus vestirá de sua pureza, gosto e vontade, D 97 – o que obedece, sai de seu próprio querer, D 158 – embora a alma esteja no céu se não acomoda a vontade a querê-lo não estará contente, Ep 15 – elas não passam adiante às vezes por não querer entrar ou não deixar-se entrar nela (noite), S pról. 3 – animando-as a quererem aquilo, enquanto Deus o quiser, ib. 5 – a liberdade não pode morar no coração sujeito a quereres, porque esse coração é de escravo, 1S 4,6 – deixando desnuda já a vontade de todos seus velhos quereres e gostos de homem, 1S 5,7 – neste caminho espiritual sempre se há de caminhar para chegar, ou seja, ir sempre suprimindo quereres e não os sustentar, 1S 11,6; 13,6; ib. 12 – estes sentimentos espirituais Deus os dá a quem quer e pelo que Ele quer, 2S 32,2 – Deus é guarda dos que bem o querem, 3S 44,2 – Deus é de maneira que se levam a quem e segundo sua condição farão dele o que quiserem, ib. 3; C 32.1 – muitos quereriam que Deus quisesse o que eles querem, e se entristecem de querer o que Deus quer, 1N 7,3 – o que Tu não queres eu não quero, nem mesmo posso, nem me passa pelo pensamento querer, Ch 1,36 – querendo alguns chegar ao estado de perfeitos, não querem ser levados pelo caminho dos trabalhos deles, Ch 2,27 – os deste estado alcançam tudo o que querem, Ch 2,31 – ter a Deus por graça somente é bem-querer; tê-lo também por união é comunicar-se, Ch 3,24.

ÍNDICE ANALÍTICO

Quietude: outras almas com descanso e quietude vão aproveitando muito, S pról. 7 – são compatíveis a oração de quietude na vontade e que morem atualmente os apetites na parte sensitiva, 1S 11,2 – nesta desnudez encontra a alma espiritual sua quietude, 1S 13,13 – convém deixar a meditação quando a alma gosta de estar a sós com atenção amorosa em Deus na paz interior e quietude e descanso, 2S 13,2-4; 14,4 – na quietude do único e solitário amor não tem necessidade de outros meios e mestres que a encaminhem para Deus, C 35,1 – nela ensina Deus a alma oculta e secretissimamente, C 39,12.

Razão: agrada mais a Deus a alma que com secura e trabalho sujeita-se à razão do que aquela que faltando isto faz todas as coisas com consolação, D 19 – para praticar a virtude não esperes o gosto, basta-te a razão e o entendimento, D 36 – entra em conta com tua razão para fazeres o que ela te disser no caminho para Deus e isso valerá mais para ti diante do teu Deus do que todas as obras que fazes sem esta advertência, D 43 – feliz aquele que olha as coisas com razão e justiça, deixando de lado seu gosto e inclinação, D 44 – o que age segundo a razão é como o que come substância; o que se move pelo gosto como o que come fruta mole, D 45 – ditosa sorte, sair da desordem da razão, 1S 1,1 – a alma tomada pelos apetites não dá lugar para que o sol da razão a penetre e encha de claridade, 1S 8,1 – é sempre o moço de cego (do apetite) 1S 8,3 – a alma desordenada quanto ao ser da razão está feia, abominável, suja, escura e com todos os males, 1S 9,3ss. – a alma numa só desordem de razão pode ter em si inumeráveis diferenças de sujeiras maiores e menores, 1S 9,4 – Deus é amigo de que o homem seja regido e governado pela razão natural, 2S 22,9 – naqueles que se juntam para tratar da verdade, une-se Ele ali para declará-la e confirmá-la neles, fundados sobre a razão natural, 2S 22,11 – o Espírito Santo se afasta dos pensamentos que são fora da razão, 3S 6,3; 23,4 – tirando o gozo dos bens temporais adquire-se claridade na razão, 3S 20,2 – quando se coloca o gozo nos bens naturais embota-se muito a razão, 3S 22,2 – pela paixão do gozo o irascível e o concupiscível andam tão sobranceiros que não dão lugar ao passo da razão, 3S 29,2 – a fé não tem merecimento quando a razão a experimenta, 3S 31,8 – os meninos não se movem nem agem pela razão mas pelo gosto, 1N 6,6 – a razão, assim como os olhos quando estão doentes, pena muito com o investimento da clara luz, 2N 5,5; 12,4 – o apetite a cega como umas cataratas, Ch 3,72-75. Ver *Entender, Entendimento, Inteligência*.

Recolhimento: calar e agir recolhe, Ep 8 – cautelas para chegar em breve a ele, Caut 1ss. – se queres chegar ao santo recolhimento não hás de ir admitindo, mas negando, D 51 – traga paz e recolhimento no coração, D 80 – seja inimiga de admitir coisas que não têm em si substância espiritual, para que não lhe façam perder o gosto da devoção e do recolhimento, D 90 – esquecida de tudo more em seu recolhimento com o Esposo, D 92 – traga interior desapego de todas as coisas e recolherá sua alma em bens que não sabe, D 95 – três sinais de recolhimento: não gostar de coisas transitórias, gostar de solidão, silêncio e (do que é mais perfeição) não levar outro arrimo à oração do que a fé, a esperança e a caridade, D 118 – rogo-te, Senhor, que não me deixes em nenhum tempo em meu recolhimento porque sou dissipadora de minha alma, D 123 – as especiarias aromáticas expostas vão perdendo a fragrância e força de seu perfume, 1S 10,1 – a imaginação, embora em muito recolhimento costuma andar solta, 2S 13,3; 14,5 – o Espírito Santo ilumina o entendimento recolhido e o ilumina a modo de seu recolhimento; e no entendimento não pode encontrar maior recolhimento do que na fé, 2S 29,6 – o sumo recolhimento consiste em pôr toda a alma segundo suas potências, só no bem incompreensível, 3S 4,2 – no recolhimento e esquecimento de todas as coisas tem a alma disposição para ser movida pelo Espírito Santo e ensinada por ele, 3S 6,3 – o recolhimento interior da alma é o templo vivo para orar, 3S 40,1 – o recolhimento do espírito consiste em esquecer sabores sensíveis, entrar no vivo recolhimento da alma e adquirir as virtudes com força, 3S 41,1 – só nele se encontra satisfação e substância espiritual, 3S 42,1 – convém sair de todas as coisas segundo a afeição e vontade e entrar em seu recolhimento

dentro de si mesma, C 1,6 – a alma sabe que se entra uma vez naquele recolhimento está tão amparada que, por mais que faça, o demônio não pode prejudicá-la, C 16,6; 20,9 – o espírito de Deus é recolhido e convertido à mesma alma, C 26,15; 40,2 – convém muito à alma que quer ir adiante no recolhimento e perfeição olhar em que mãos se coloca, Ch 3,30 – certos mestres espirituais não entendem que coisa seja, Ch 3,45.

Redenção: em tudo se empregue em seu santo amor, pois só para isso a criou e remiu, Ep 12 – a maior obra que Cristo fez em toda a sua vida foi reconciliar o gênero humano por graça com Deus, 2S 7,11 – os discípulos de Emaús entendiam que a redenção havia de ser senhorio temporal, 2S 19,9 – conhecendo a grande dívida que tem para com Deus por tê-lo remido por si somente, deve-lhe todo o amor de sua vontade, C 1,1 – é uma das mais elevadas obras de Deus e assim é mais saborosa para a alma, C 23,1 – debaixo do favor da árvore da cruz o Filho de Deus redimiu e desposou consigo a natureza humana, ib. 2-3 – um pastorzinho..., o peito do amor tão magoado, P 9 (toda). Ver *Cristo*, *Crus*, *Encarnação*.

Reino: empregar todo o cuidado em procurar o reino de Deus, Caut 7 – vê que Deus só reina na alma pacífica e desinteressada, D 70 – o que não renascer do Espírito Santo não poderá ver este reino de Deus, 2S 5,5 – Cristo não só era senhor da terra, mas do céu e aos pobres que o haveriam de seguir faria her-

ÍNDICE ANALÍTICO 1123

deiros do reino dos céus, 2S 19,8 – o demônio mostrou a Cristo todos os reinos do mundo e a sua glória por sugestão espiritual, porque com os olhos corporais não era possível, 2S 24,7 – o que mais desejas, ó alma, e o que mais procuras fora de ti, pois dentro de ti tens o teu reino? C 1,7-8 – os maliciosos demônios fazem guerra a este reino pacífico e florido da alma, C 16,6 – a alma está no corpo como um grande senhor no cárcere, confiscados seus reinos, C 18,1 – "adveniat regnum"...; acaba de dar-me esse reino, Ch 1,28; ib. 30-31 – por muitas tribulações convém entrar no reino dos céus, Ch 2,24 – como a alma foi participante das tribulações o é agora das consolações e do reino, Ch 2,31 – paga a alma todos os seus trabalhos e serviços, fazendo que ela esteja diante do Rei vestida com vestes reais, ib. – é Deus quem já reina na alma em abundância de paz e sossego, Ch 3,54 – todos os reinos e senhorios se movem, Ch 4,4 – havendo-se aqui o Rei do céu com a alma amigavelmente, não teme; vestem a rainha da alma de maneira que transformada ela nas virtudes do Rei do céu, vê-se feita rainha, Ch 4,13.

Reintegração humana: fala de uma relativa reintegração na justiça original, enquanto é possível nesta ordem da graça, 2S 17,4; 24,4-5; 3S 2,9-10; 20,3; 26,5; 2N 24,2; CA 31,9; 37,1,2 e 6 – CB 23,2s.; 26,14 – tanto quanto a alma se sujeita ao sensual não pode entrar no espiritual (é um princípio muito repetido em todos os livros),

1S 6,2 – os que não são tão espirituais nem purificados dos apetites e gostos, mas estão ainda um tanto animais nisso, terão por grande coisa as coisas mais vis e baixas do espírito, que mais se aproximam do sentido segundo o qual ainda vivem; as mais altas tê-las-ão por loucura, Ch 3,74 – a alma que tem a vontade dividida em miudezas e o apetite em outra coisa fora da virtude é como a água derramada e sem proveito, 1S 10,1 – a comparação entre o homem velho (natural) e o homem renascido na filiação divina (repetida várias vezes), 2S 5,5 – ali se purificam com fogo; aqui se limpam e iluminam com amor, 2N 12,1 – maravilhas e saborosos efeitos da reintegração unitiva, 2N 13-25 – assim como por meio da árvore proibida no paraíso foi perdida e estragada a natureza humana por Adão, assim na árvore da cruz foi redimida e reparada. Por sua morte e paixão levantou as hostilidades que do pecado original havia entre o homem e Deus, CB 23,2s – a alma está neste ponto de certa maneira como Adão na inocência, C 26,14 – a flor que as obras têm e virtudes é a graça e virtude que têm do amor de Deus. Sem ele não só não estariam floridas, mas todas secas e sem valor diante de Deus embora humanamente fossem perfeitas, C 30,8 – o amor, atadura de perfeição e unidade de força, C 31,1s. – a alma branca a limpa como saiu de seu Deus quando a criou retorna à arca com um ramo de prêmio e paz conseguido na vitória de si mesma,

ÍNDICE ANALÍTICO

C 33,4 – Ver: *Alma, Corpo, Espírito, Liberdade interior, Purificação.*

Religiosos: o religioso de tal maneira Deus quer que seja religioso, que tenha acabado com tudo e tudo se tenha acabado para ele; Deus mesmo quer ser sua riqueza, Ep 9 – Deus dá espírito para tomar muito de novo o caminho da perfeição não com ânimo pueril, mas com vontade robusta, Ep 16 – nestes princípios Deus não quer almas preguiçosas ou delicadas, Ep 17 – mais depressa Deus as coloca em contemplação porque, negadas as coisas do século, acomodam a Deus o sentido e o apetite e passam seu exercício ao espírito, Ch 3,32 – deixar o mundo e mudar de vida e estilo e servir a Deus, Deus leva muito em conta, Ch 3,62 – o religioso que quer chegar em breve ao santo recolhimento, silêncio, espiritual desnudez e pobreza de espírito, tem necessidade de exercitar as cautelas, Caut 1s. – as ações do religioso não são suas, mas da obediência, ib 11 – não veio à religião senão para que o lavrem assim e se torne digno do céu, 4A 3 – por não entender, muitos que vieram carregar a cruz de Cristo, mal suportam os outros, ib. 4 – ao religioso que tem toda sua vida e obras consagradas a Deus, há de se pedir então no dia das contas, 4A 8 – convém ter constância em executar as coisas de sua Religião e da obediência sem nenhum respeito pelo mundo, mas somente por Deus, ib. 5.

Ressurreição: sirvam a Deus segundo suas pegadas (de Cristo) se porventura ficou algo por morrer que estorve a ressurreição interior,

Ep 7 – repreendeu os discípulos porque não tinham crido, 3S 31,8 – experiência da ressurreição para que sem o vir, cressem, 3S 31,8 – antes que o vissem, inflamou-lhes o coração em fé, ib. – nesse sepulcro de obscura morte convém-lhe estar para a espiritual ressurreição que espera, 2N 6,1 – neste sepulcro de obscura morte convém estar para a espiritual ressurreição que espera, 2N 6,1 – processo da fé dos Ap. nela, ib. – neste levantamento da Encarnação e da glória de sua ressurreição o Pai aformoseou as criaturas, C 5,4.

Retiro: a amplidão do deserto ajuda muito a alma e o corpo, Ep 29 – Deus quer que a alma tenha seu deserto espiritual, ib. – o exercício do deserto é admirável, ib. – tratar com gente mais do que o puramente necessário, a ninguém, por santo que fosse, faz bem, Ep. 12. Ver *Solidão.*

Revelações: quatro maneiras de apreensões mediante o sentido corporal: visões, revelações, locuções, sentimentos, 2S 10,4 – o demônio gosta muito quando uma alma quer admiti-las e a vê inclinada para elas, 2S 11,12 – certas e verdadeiras em si não o são sempre em suas causas, 2S 19,9 – Ele (o Cristo) é toda minha locução e resposta e é toda minha revelação, 2S 22,5 – embora a revelação seja de Deus, o homem pode ainda errar acerca dela, ib. 13 – rejeitando-o e não fazendo caso disso nem o querendo, fica a alma segura, ib. 16 – revelação não é outra coisa do que a descoberta de verdades ao

ÍNDICE ANALÍTICO 1125

entendimento, ib. 3 – porque não há mais artigos a revelar acerca da substância de nossa fé que não os tenha já revelado a Igreja, não se há de admitir o que de novo se revelar à alma acerca dela, 2S 27,4 – o que não gera humildade, caridade, mortificação, santa simplicidade e silêncio, o que pode ser?, 2S 29,5 – todas não valem tanto como o menor ato de humildade, 3S 9,4.

Riquezas: oh! grande Deus de amor e Senhor, e que riquezas pondes no que não ama nem goza senão de vós! Ep 11 – tenha toda a riqueza do mundo por lodo e vaidade e cansaço, Ep 12 – todas as de todo o criado, comparadas com a riqueza que é Deus, é suma pobreza e miséria, 1S 4,7 – é pena ver algumas almas, como ricas naus, carregadas de riquezas e obras e exercícios espirituais e por não ter coragem de acabar com algum gostinho, nunca vão adiante, 1S 11,4 – coisa vã é gozar nelas porque, se por ser o homem mais rico fosse mais servo de Deus, mas ao contrário são causa de que o ofenda, 3S 18,1 – de tal maneira têm as potências engolfadas nas coisas do mundo e riquezas e trato, que não se importam de cumprir com o que obriga a lei de Deus, 3S 19,7 – mais aprecia o demônio impedir a alma um quilate de sua riqueza do que fazer cair muitas outras em muitos e graves pecados, C 16,2 – há muito que aprofundar em Cristo porque é como uma abundante mina encontrando em cada cavidade novos veios e novas riquezas, C 37,4.

Saber: o caminho da vida requer mais mortificação da vontade do que muito saber, D 57 – não te conhecia, Senhor meu, porque ainda queria saber e gozar as coisas, D 32 – para chegar a alma a unir-se com a sabedoria de Deus antes há de ir não sabendo do que pelo saber, 1S 4,5 – para chegar a saber tudo não queiras saber algo em nada; para chegar ao que não sabes hás de ir por onde não sabes, 1S 13,11 – contentemo-nos em saber os mistérios e verdades com a simplicidade e verdade que nos propõe a Igreja, 2S 29,12 – o homem há de pensar e lembrar-se do que deve fazer e saber, 3S 15,1.

Sabedoria: a sabedoria entra pelo amor, silêncio e mortificação. Grande sabedoria é saber calar e não olhar ditos nem fatos nem vidas alheias, D 108 – toda a sabedoria do mundo comparada com a infinita de Deus é pura ignorância, 1S 4,4 – vão tendo-a em Deus somente aqueles que como meninos ignorantes andam com amor em seu serviço, 1S 4,5 – a ignorância não sabe o que é essa sabedoria, ib. – pondo-se diante de Deus está a alma bebendo sabedoria e amor, 2S 14,2 – tirados esses impedimentos ficando em desnudez e pobreza de espírito, logo a alma simples e pura se transforma na simples e pura sabedoria, 2S 15,4 – saber dirigir a vontade para Deus, praticando com perfeição sua lei e seus conselhos é a sabedoria dos santos, 2S 29,12 – convém ao espírito ser simples, puro e desnudado de todas as afeições naturais para poder caminhar com largueza de espírito com divina sabedoria, 2N 9,1 – a mesma luz e a sabedoria amorosa que se há de unir e transformar na alma, é a que no princípio purifica e prepara, 2N 10,3 – Deus vai engrandecendo as almas e aperfeiçoando-as em sua sabedoria, 2N 17,8 – a sabedoria mística tem a propriedade de esconder a alma em si, 2N 17,6 – é a teologia mística, 2N 17,2; C 39,12 – não é preciso entender-se distintamente a sabedoria mística para produzir na alma efeitos de amor, C pról 2 – a alma descobre a admirável conveniência e disposição da sabedoria de Deus na harmonia das criaturas e obras, C 15,25s. – os sábios de Deus e os sábios do mundo, uns são insipientes para os outros, C 26,13 – na união de sabedoria divina se juntam estes hábitos com a sabedoria superior das outras ciências, C 26,16 – a alma não pode se ver na formosura de Deus senão transformando-se em sabedoria de Deus, C 36,8; ib. 12 – cada mistério que há em Cristo é profundíssimo em sabedoria, C 37,3 – não é possível que esta altíssima sabedoria e linguagem de Deus (contemplação) se possa receber sem ser espírito calado, Ch 3,37 – mais ativa que todas as coisas ativas, Ch 4,6.

Sacerdotes: se deseja comunicar seus trabalhos comigo vá àquele espelho sem mancha (Cristo) que ali vejo sua alma cada dia, Ep 4 – lástimas, males e solidões alheias sentidas, são chibatadas e golpes na alma para mais amar, causar oração e suspiros espirituais para Deus, Ep 11 – oh! que bom estado

era esse para deixar já cuidados e enriquecer depressa a alma com ele, Ep 34 – convinha-lhes primeiro falar esta Palavra de Deus, como a gente que Deus pôs em evidência, 2S 7,12 – seu ofício no A.T. se fundava em dar honra e glória a Deus, 2S 20,4 – até o supremo e ínclito do santuário e do divino Sacerdócio, dá-lhe a beber do vinho deste cálice, que é este vão gozo, 3S 22,4 – é mandatário da Igreja, 2S 44,3; 3S 44,3 – clara e rasa, inteira e simples comunicação imediata de tudo com o mestre espiritual, 2S 22,16 – não agentes mas instrumentos para dirigir as almas por regra da fé e lei de Deus segundo o espírito que Deus vai dando a cada uma, Ch 3,46 – todo seu cuidado não seja o de acomodar as almas a seu modo e condição, mas olhar se sabem por onde Deus as leva, se não sabem, deixem-nas e não as perturbem, ib. – o que temerariamente erra estando obrigado a acertar não ficará sem castigo, segundo foi o dano que fez, Ch 3,56 – os negócios de Deus hão de ser tratados com muito tempo e de olhos muito abertos, mormente em coisas de tanta importância e em negócio tão alto como é o das almas nas quais se aventura quase infinito ganho em acertar e quase infinita perda em errar, ib. – há um abuso de tirania de almas tirando-lhes a liberdade, Ch 3,59 – há sacerdotes que desviam vocações com razões humanas muito contrárias à doutrina de Cristo, por ter eles o espírito pouco devoto, muito vestido de mundo e pouco abrandado em Cristo. Como eles não entram

ÍNDICE ANALÍTICO 1127

pela porta estreita da vida também não deixam entrar os outros, Ch 3,62 – Ver *Direção espiritual, Igreja, Liturgia, Pregadores.*

Sacramentos: do gozo no tato pode-se cair na tibieza e indevoção acerca dos sacramentos da Penitência e Eucaristia, 3S 25,8 – consolações dos principiantes: usar dos sacramentos e comunicar em coisas divinas, 1N 1,3 – às vezes acontece a estes, movimentos e atos torpes na sensualidade, inclusive exercitando-se o espírito nos sacramentos da Penitência e da Eucaristia, 1N 4,1.

Sagrada Escritura: aproveitar-me-ei para tudo da Sagrada Escritura, guiando-nos por ela não poderemos errar, pois quem fala nela é o Espírito Santo, S pról. 2 – há razão, lei e doutrina evangélica pela qual se possa resolver e remediar qualquer dificuldade ou necessidade, 2S 21,4 – há grande número de autoridades, particularmente nos salmos e nos profetas, da contemplação purgativa, 1N 8,5 – no Cântico dos Cânticos e outros livros da Sagrada Escritura fala mistérios em estranhas figuras e semelhanças, C pról. 1 – para que o que disser faça mais fé, não penso afirmar coisa que não vá confirmada e declarada com autoridade da Sagrada Escritura, ib. 4 – tudo o que se disser é muito menos do que ali existe, como o é o pintado do vivo, Ch pról. 1.

Salvação: quem quiser salvar sua alma perdê-la-á, 2S 7,4-6 – a verdadeira e principal liberdade e vitória é a salvação, 2S 19,12 – muitos têm grande esquecimento e torpeza acerca do que toca à sua salvação, 3S 19,7 – alguns rezam mais por sua pretensão do que pela honra de Deus; multiplicam demasiados rogos que seria melhor mudá-los em coisa de mais importância, como purificar suas consciências e aplicar em coisas de sua salvação, 3S 44,1-2 – salva-me, Senhor, porque entraram as águas até a minha alma, 2N 6,6 – o justo apenas se salva; a salvação é muito dificultosa, C 1-1.

Santidade: não admita que reine coisa que não encaminhe para a santidade, Gp 16 – que aproveita dares tu a Deus uma coisa, se ele pede outra?, D 72 – nunca tomes por exemplo o homem no que tiveres de fazer, por santo que seja, D 156 – com grande facilidade podem ser santas, Ep 7 – tu verdadeiramente és santo, eu miserável, 1S 5,1 – saber dirigir a vontade com fortaleza para Deus, obrando a santidade, 2S 29,12 – a sabedoria dos santos é obrar com perfeição a lei de Deus e seus santos conselhos, 2S 29,12 – não basta santidade para deixar de cair se se dá lugar à concupiscência ou gozo das coisas temporais, 3S 19,4 – as coisas santas de si humilham, 1N 2,1 – os principiantes têm tanta impaciência que quereriam ser santos em um dia, 1N 5,3 – atraídos pela vaidade e arrogância, deixam-se ser vistos em atos exteriores que pareçam santidade, 2N 2,3 – a morte dos santos é preciosa na presença do Senhor, C 11,10; Ch 1,30 – as almas santas trazem em si um não sei que de grandeza e dignidade que causam circunspec-

1128   ÍNDICE ANALÍTICO

ção e gosto, C 17,7 – os santos são uma só coisa com Deus por união de amor C 39,5 – sendo Deus santo, sentes que te ama e faz mercê com santidade, Ch 3,6.

Saúde espiritual: o enfermo, lançado fora o mau humor, sente logo o bem da saúde e nasce vontade de comer; assim tu convalescerás em Deus se no dito (limpar a alma de apetites) te curas, D 77 – alegre-se ordinariamente em Deus, que é sua saúde, D 83 – afastou-se de Deus, sua saúde, 3S 19,3 – está posta aqui em cura esta alma, para que consiga sua saúde, que é o mesmo Deus, 2N 16,10 – Deus é a saúde do entendimento, C 2,2-8 – a saúde da alma é o amor de Deus, C 11,11 – dele tenho eu minha saúde, C 27,7.

Securas: Deus estima mais em ti o inclinar-te à secura e padecer por seu amor, do que todas as consolações, visões e meditações que possas ter, D 14 – mais agrada a Deus a alma que com secura e trabalho submete a razão do que aquela que, faltando nisso, faz todas suas coisas com consolação, D 19 – o verdadeiro espírito inclina-se à secura e aflições, sabendo que isto é seguir a Cristo, 2S 7,5 – há de se purificar a imperfeição pela secura, 1N 5,1; 6,8 – poderiam proceder, muitas vezes, não da noite, mas de pecados e imperfeições, ou da frouxidão e tibieza, ou de algum mau humor ou indisposição corporal, 1N 9,1s. – nas securas dos sentidos se começa a dar ao espírito o manjar dos robustos, 1N 12,1 – todas as graças que Deus faz à alma

ordinariamente fá-las envolvidas em securas, ib. 2 – em todas as virtudes, teologais, cardeais e morais, exercita-se a alma nestas securas, 1N 13,5 – fazem a alma andar com pureza no amor de Deus, ib. 12.

Sensualidade: é preciso saber furtar o corpo à sensualidade, Ep 8 – três cautelas para vencer-se a si mesmo e à sua sensualidade, Caut 14 – o varão espiritual há de buscar o trabalhoso e desabrido, com o que põe freio à sensualidade, Caut 17 – enquanto a alma se sujeita ao espírito sensual, não pode entrar nela o espírito puro espiritual, 1S 6,2 – um apetite sensual principal e propriamente suja a alma e o corpo, 1S 12,4 – com tantas ânsias de apetites é movida e atraída para coisas sensitivas, que se a parte espiritual não está inflamada com outras ânsias maiores espirituais não poderá vencer o jugo natural, 1S 14,2 – a alma não tem a verdadeira liberdade até que os apetites adormeçam pela mortificação da sensualidade, e a mesma sensualidade esteja já sossegada deles, 1S 15,2 – o homem que busca o gosto de coisas sensuais e nelas coloca seu prazer, não merece nem se lhe deve outro nome do que sensual, animal, temporal, 3S 26.3 – o gozo acerca do tato cria covardia e inconstância, 3S 25,6 – a força da sensualidade contradiz a força espiritual, 3S 26.4 – poucos haverá a quem o suco sensual não estrague boa parte do espírito, 3S 33,1 – acontece que a alma está com muita oração segundo o espírito, e por outra parte, segundo o sen-

ÍNDICE ANALÍTICO 1129

tido, sente rebeliões, movimentos e atos sensuais passivamente, 1N 1,2; 4,1s. – o amor que nasce em sensualidade, para na sensualidade, 1N 4,7 – desejando a alma que não lhe impeçam este deleite interior de amor os furiosos apetites da sensualidade, invoca aos anjos, C 16,3 – levanta-se nela suas flores de apetites e forças sensuais a querer contradizer o espírito e reinar, C 16,5 – os "leões" são os apetites e rebeliões do rei tirano da sensualidade, C 18,2 – suas operações e movimentos como "ninfas", saborosa e porfiadamente procuram conformar e juntar a parte racional com a sensual, C 18,4 – estes velhos amigos por maravilha faltam a Deus, porque estão já sobre a sensibilidade, C 25,11 – se tu não quiseste deixar de conservar a paz e o gosto de tua sensualidade não sei como quererás entrar nas tribulações e trabalhos do espírito que são mais interiores, Ch 2,27.

Sentidos: se não é por eles, naturalmente à alma não se comunica nada. São as janelas de seu cárcere, 1S 3,3 – muitas pessoas caem da alegria e integridade nos exercícios espirituais porque não atalharam o princípio do gosto sensitivo, 1S 11,5 – a parte sensitiva é a porta de todos os apetites, 1S 15,2 – a nenhum sentido é proporcionado o que nos diz a fé, 2S 3,3 – para conseguir uma alma chegar à transformação sobrenatural, claro está que há de obscurecer-se e sobrepor-se a todo o sensitivo e racional, 2S 4,2 – a alma não se une a Deus nesta vida por entender, nem por gozar, nem por imaginar, nem

por outro qualquer sentido, 2S 6,1 – o sentido corporal não há de se fazer juiz e estimador das coisas espirituais; tão ignorante é o sentido corporal das coisas espirituais e ainda mais, como um jumento das coisas racionais, 2S 11,2 – o sentido corporal interior é a imaginação e a fantasia, 2S 12,2 – são necessárias aos principiantes considerações para ir enamorando e nutrindo a alma pelo sentido, 2S 12,5 – a fantasia e a imaginação vão se aperfeiçoando e habituando ao bem com considerações, meditações e discursos santos, 2S 17,4 – é muito doloroso que tendo a alma capacidade infinita andem dando-lhe de comer por bocados do sentido, 2S 17,8 – condescende Deus com muitas almas fracas e tenras dando-lhes gostos e suavidade no trato muito sensível com ele, 2S 21,2 – o demônio pode representar muitas notícias e formas falsas, imprimindo-as no espírito e sentidos com muita eficácia, 3S 10,1 – o sentido não pode colher nem chegar mais do que ao acidente das coisas, 3S 20,2 – o gozo dos bens naturais causa, com eficácia e presteza, impressão, marca e assento nos sentidos e fortemente os encantam, 3S 22,2 – guardando as portas da alma (sentidos) muito se guarda e aumenta sua tranquilidade e pureza, 3S 23,3 – à mortificação do gozo dos bens naturais segue-se a espiritual limpeza do espírito e sentidos e convivência angelical com Deus, fazendo de sua alma e corpo digno templo do Espírito Santo, 3S 23,4 – nem por via do espírito, nem pela do sentido pode a parte sensitiva conhecer a Deus, porque recebe o espiritual e sensitivo sensualmente, e nada mais, 3S 24,3 – há almas que se movem muito em Deus pelos objetos sensíveis para ser por eles amado e conhecido, 3S 24,5 – ao que não sentir liberdade de espírito nas coisas e gostos sensíveis, causam-lhe prejuízo, 3S 24,6 – pelo pouco saber, muitos se servem de coisas espirituais só para o sentido, 3S 33,1 – se se entrega a alma ao sabor da devoção sensível, nunca atinará a passar à força do deleite do espírito, 3S 40,2 – a parte sensitiva não tem capacidade para o que é puro espírito, 1N 9,4 – a parte sensitiva é fraca e incapaz para as coisas fortes do espírito, 2N 3,1 – movem-se, às vezes, impurezas que procedem do gosto que do espírito redunda no sentido, 1N 13,2 – a casa da sensualidade sossegada, sai a alma a começar o caminho e via do espírito, 1N 14,1 – os trabalhos interiores purificam mais eficazmente o sentido de todos os gostos e consolações a que estava afetado com fraqueza natural, 1N 14,4 – a parte sensitiva purifica-se na secura, 2N 6,4 – a esperança cobre todos os sentidos da cabeça da alma, de maneira que não se engolfem em coisa nenhuma do mundo, 2N 21,7 – todas as potências e sentidos desta parte sensitiva podemos chamar 'arrabaldes" da alma, C 18,7 – quem quiser se arrimar muito no sentido corporal não será muito espiritual, ChA 2,13 – há alguns que pensam que pela pura força e operação do sentido podem conseguir chegar à força e altura do espírito sobre-

natural, Ch 2,14 – o maligno coloca-se com grande atenção na passagem que há do sentido ao espírito, enganando e nutrindo as almas com o próprio sentido, Ch 3,64.

Sentimentos: a união não consiste em recreações, gostos e sentimentos espirituais, 2S 7,11 – o demônio sabe fazer derramar lágrimas sobre os sentimentos que põe, 2S 29,11 – a virtude não está em apreensões e sentimentos de Deus, 3S 9,3 – não fazer caso do sabor, suavidade ou figuras, mas dos sentimentos de amor que os causam, 3S 13,6 – a alma está muito embebida e imersa naquele sentimento de males em que vê tão claramente suas misérias, 2N 7.3 – nenhum pode ser meio proporcionado para que a vontade se una a Deus; só podem servir de motivos para amar, Ep 13.

Ser: todo o ser das criaturas comparado ao infinito de Deus nada é; portanto, de nenhuma maneira poderá uma alma que ama a criatura unir-se com o infinito ser de Deus; o que não é, não pode juntar-se ao que é 1S 4,4 – para chegar a ser tudo não queiras ser algo em nada, 1S 13,11 – a alma desordenada, quanto ao seu ser natural, está tão perfeita como Deus a criou, 1S 9,3 – Deus está sempre na alma dando-lhe e conservando-lhe o ser natural, não, porém, sempre o ser sobrenatural, 2S 5.4 – é coisa muito fácil julgar o ser e a grandeza de Deus menos digna e altamente do que lhe convém, 3S 12,1 – Deus é de outro ser que suas criaturas, ib. 2 – cada coisa segundo o ser que tem ou a vida que vive, em sua operação, 3S 26,6 – O Verbo Filho de Deus está oculto no íntimo ser da alma, C 1,6 – só com esta figura de seu Filho olhou Deus todas as coisas, que foi dar-lhes o ser natural, C 5,4 – Deus em seu único e simples ser, é todas as virtudes e grandezas de seus atributos, Ch 3,2 – descobre-se à alma, aquela divina vida e o ser e a harmonia de todas as criaturas nela, Ch 4,6.

Servir a Deus: o que pensas que é servir a Deus senão evitar males, guardando seus mandamentos e andar em suas coisas como pudermos?, Ep 19 – o agradar a Deus não está tanto em agir muito como fazê-lo com boa vontade, D 58 – somos mais próprios daquele infinito Bem, que nossos, D 136 – Embora Deus nunca o houvesse de saber, não cessaria de fazer os mesmos serviços e com a mesma alegria e amor, D 159 – fazer todas as coisas, saborosas ou insípidas, com o único fim de servir a Deus com elas, 4A 5 – só vão tendo sabedoria de Deus aqueles que, como meninos ignorantes, depondo o seu saber, andam com amor em seu serviço, 1S 4,5 – não andar procurando em Deus gostos e consolações amando-se muito a si, mas buscar suas amarguras e mortes, amando muito a Ele, 2S 7,12 – só pôr os olhos no que é do serviço de Deus ordenadamente, 2S 17,9 – a maior honra que podemos fazer a Deus é servi-lo segundo a perfeição evangélica, 3S 17,2 – há de se gozar nas riquezas quando elas se gastam e empregam no serviço de Deus, 3S 18,3 – não há coisa de que o homem deva gozar, a não ser se

serve a Deus, 3S 20,3; 21,1; 22,6 – a liberdade de espírito é necessária para servir a Deus, 3S 23,6 – o cristão só deve pôr os olhos e o gozo em servir e honrar a Deus com seus bons costumes e virtudes, 3S 27,4 – quanto mais Deus é crido e servido sem testemunhos e sinais, tanto mais é pela alma enaltecido, 3S 32,3 – a causa pela qual Deus há de ser servido é só por ser Ele quem é, 3S 38,3 – no servir a Deus com verdadeira caridade está o fruto da vida eterna, 3S 30,5 – a alguns lhes parece que não servem a Deus quando não lhes deixam fazer o que queriam. Pensam estes que no seu próprio gosto e em estarem satisfeitos é servir a Deus e satisfazê-lo, 1N 6,3 – depois que a alma determinadamente se converte a servir a Deus, ordinariamente Deus vai criando-a em espírito e regalando-a, 1N 1,2 – o espírito que vai recebendo o manjar anda forte e mais alerta e solícito do que antes no cuidado de não faltar a Deus, ib. 4 – o desejo de servir a Deus é coisa muito agradável para Deus, 1N 13,13 – no terceiro grau de amor sente a alma grande pesar do pouco que faz por Deus: considera-se inútil e lhe parece que vive em vão, 2N 19,3 – anda com anseios de dar-lhe prazer e servi-lo em algo pelo que Ele merece e dele tem recebido, 2N 19,4 – conhece que deve a Deus o serviço de toda a sua vida por tê-lo criado somente para si, C 1,1 – hás de servir a Deus escondido escondidamente, C 1,12 – quando a alma não se acovarda com nada daquilo que tenha a fazer ou sofrer em seu serviço, é sinal que o ama, C 2,5 –

a alma que ama a Deus não há de pretender nem esperar outro galardão de seus serviços senão a perfeição de amar a Deus, C 9,7 – os que começam a servir a Deus, trazem os fervores do vinho do amor muito por fora no sentido; os velhos amantes, exercitados e provados no servi-lo, são como vinho velho, C 25,10-11 – tudo emprego no serviço do amor, C 26-29 – a alma está obrigada a adorar e servir a Deus com todas as suas potências sem cessar, C 32,9. Ver *Fim.*

Silêncio: a maior necessidade que temos é a de aprender a calar a este grande Deus com o apetite e com a língua, cuja linguagem que ele mais ouve é só o amor calado, D 131; Ep 8 – é impossível ir aproveitando e padecendo, a não ser fazendo e padecendo virtuosamente, tudo envolto em silêncio, Ep 8 – o falar distrai; o calar e o agir recolhe e dá força ao espírito, ib. – temperando a demasia do apetite, adquire-se silêncio e paz nos sentidos, ib. – quando a alma está atenta a Deus logo com força a atraem de dentro para calar, ib. – nos dissabores e desgostos, lembrar-se de Cristo crucificado e calar, Ep 20 – o espírito puro com sossego saboroso comunica-se com Deus, porque seu conhecimento é em silêncio divino, D 27 – uma só Palavra falou o Pai em eterno silêncio; e em silêncio há de ser ouvida pela alma, D 99 – a sabedoria entra pelo amor, silêncio e mortificação, D 108 – guardar silêncio e contínuo trato com Deus desarraigarão grandes imperfeições, D 117 – o costume

de falar muito impede a divina união, D 121 – achegar-me-ei eu a ti em silêncio, D 123 – fixe aquele infinito saber e aquele secreto escondido, que paz, que amor, que silêncio está naquele peito divino, D 138 – uma estrela para chegar à sua perfeição, D 155 – melhor é vencer-se na língua do que jejuar a pão e água, D 179 – sofrer e calar, 4A 3 – melhor é aprender a colocar as potências em silêncio e calando para que fale Deus, 3S 3,4 – fazer com que a memória fique calada e muda e só o ouvido do espírito em silêncio a Deus, 3S 3,5 – os vales solitários dão refrigério e descanso em sua solidão e silêncio, C 14,7 – a própria linguagem é entendê-lo para si, senti-lo para si, calá-lo, Ch 2,21 – As palavras da sabedoria são ouvidas em silêncio, Ch B 3,67.

Sinceridade: não há demônio que por sua honra não sofra algo, Ep 25 – muito já está dito e escrito para fazer o que importa. O que falta não é escrever ou falar, mas calar e agir. O falar distrai, o calar e agir recolhe e dá força ao espírito, Ep 8 – onde não se conhece a Deus não se sabe nada, C 26,13 – alguns dos que se têm por muito avançados, nunca se acabam de perder em alguns pontos ou do mundo, ou da natureza para fazer obras perfeitas e despojadas por Cristo, não visando o que dirão, ou o que aparecerá, Ch 2,27 – a obscuridade da alma é sua ignorância, Ch 3,70 – insinceros são: os que não se querem sujeitar ao menor desconsolo e mortificação; os que desejam passar adiante e pedem a Deus os

ÍNDICE ANALÍTICO

traga em perfeição, mas esquivam o corpo dos primeiros trabalhos e mortificações, fugindo do caminho estreito da vida, buscando o largo de sua consolação; não dão lugar a Deus para receber dele o que pedem quando se começa a dar, Ch 2,27. Ver *Autenticidade, Generosidade.*

Soberba: há uma tal secreta estima e soberba que eles não acabam de entender, que porventura estão metidos nela até aos olhos e ainda alguns chegam a ser tão soberbos que são piores que o demônio, 3S 9,2 – pensam que basta certa maneira de conhecimento de suas misérias, ib. – pestífero dano ocasionado por ela, aos olhos de Deus repugnante, 3S 9,3 – gozar de suas obras não pode ser sem estimá-las e daí nasce a jactância, 3S 28,2 – de sua prosperidade nas coisas espirituais nasce aos principiantes muitas vezes certo ramo de soberba oculta, 1N 2,1 – a estes muitas vezes o demônio acrescenta o fervor para que vá crescendo a soberba, ib. 2 – têm muitas vezes grandes desejos com Deus para que lhes tire suas imperfeições e faltas, não vendo que, se as tirasse, talvez seriam mais soberbos e presunçosos, ib. 5 – pela humildade purificam-se de todas aquelas imperfeições em que caíam acerca daquele vício de soberba no tempo de sua prosperidade, 1N 12,7 – alguns, cheios pelo demônio da presunção e soberba, deixam-se ver em atos exteriores que pareçam santidade, 2N 2,3 – não são zelos que têm da honra de Deus ou proveito daquela alma, mas zelos de sua soberba e presunção, Ch 3,59;

ib. 61 – o demônio, inimigo da humildade, mete muito aqui a mão, Caut 12 – a alma dura em seu amor-próprio se endurece, D 29.

Sofrimento: se uma alma tem mais paciência para sofrer e mais tolerância para se privar de gostos, é sinal de que tem mais aproveitamento na virtude, D 119 – manso é o que sabe suportar o próximo e sofrer-se a si mesmo, D 172 – melhor é sofrer por Deus do que fazer milagres, D 179 – sofrer todas as mortificações e aborrecimentos com paciência interior e calando por amor de Deus, 4A 3 – muitos religiosos suportam mal os outros, ib. 4 – Deus ordena nossas paixões no amor do que mais queremos para que melhores sacrifícios façamos e valhamos mais, Ep 11 – o homem fraco não pode sofrer os caminhos e voltas de Deus, 2S 20,6 – já que hão se exercitado algum tempo na virtude, poderão sofrer por Deus um pouco de carga e secura sem voltar atrás, 1N 8,3 – os que têm capacidade e mais força para sofrer, mais intensamente os purifica e mais depressa, 1N 14,5 – a caridade todas as coisas sofre, C 13,12 – sofrendo com paciência e fidelidade o pouco exterior mereceríeis que Deus pusesse os olhos em vós para dar-vos bens mais interiores, Ch 2,28.

Solidão: o desamparo é lima e para grande luz o padecer trevas, Ep 1 – a amplidão do deserto ajuda muito a alma e o corpo, Ep 29 – aparta-te para uma só coisa que traz tudo consigo, que é a solidão santa, acompanhada de oração e santa e divina lição, D 78 – condição do pássaro solitário (alma contemplativa): subir sobre as coisas transitórias; não sofrer companhia de criatura; abrir o bico ao vento do Espírito Santo correspondendo às suas inspirações; não ter determinação (cor) por coisa alguma senão o que é vontade de Deus; cantar suavemente na contemplação e amor de seu Esposo, D 120 – se queres ser verdadeiro religioso exercite solidão corporal e espiritual, 4A 1 – para ter solidão convém ter todas as coisas do mundo por acabadas, ib. 7 – ande sempre desejando a Deus e afeiçoando a ele o seu coração, que é coisa muito necessária para a solidão interior, ib. 9 – tratando de solidão dizia que o frade andarilho era pior que o demônio, Dt 12 – o conceito acerca dos outros: se têm ou não têm, ou são ou não são, é contra a santa simplicidade e solidão de espírito, 2S 18,3 – se requer para a união, 2S 23,4 – é boa para a oração, 3S 39,2; 40,2; 42,1; 44,4 – Deus dá à alma inclinação e desejo de estar a sós e em quietude, 1N 9,6 – o amor faz voar para Deus pelo caminho da solidão, 2N 25,4 – os vales solitários dão refrigério e descanso em sua solidão e silêncio, C 14,7 – solidão e sossego divino ao lado dos albores da aurora, C 14,23-24 – semelhanças com o pássaro solitário, ib. 24 – na contemplação faz-se a alma semelhante ao pássaro solitário, C 15,24 – a solidão sonora, C 15, 25-27 – como o amor é a unidade de dois só, a sós se quer comunicar, C 26,1 – pela solidão de todo gosto, consolo e arrimo de criaturas chegou à posse da paz da solidão de seu Amado, C 35,2 – a rolinha em solidão: nenhu-

ma coisa lhe dá consolo; antes até achar a Deus tudo lhe faz e causa mais solidão, ib. 3ss. – ama Deus muito a solidão da alma, ib. 7 – fala o Senhor Deus esta paz na alma em solidão, Ch 3,34 – para a liberdade e ociosidade santa de filhos de Deus chama-a Deus ao deserto, Ch 3,38 – para exercer sua operação natural, a alma perde a solidão e recolhimento interior, Ch 3,45 – na solidão assenta Deus subidas unções, ib.

Substância: Deus mora em qualquer alma e assiste substancialmente, mesmo que seja a do maior pecador do mundo, 2S 5,3 – nunca chegam os espirituais a dar na substância e pureza do bem espiritual, 2S 6,7 – antes a alma ia conseguindo com trabalho meditando repetidas vezes em notícias particulares; pelo uso e hábito faz agora substância de uma notícia amorosa geral, 2S 14,2 – da pequenez das coisas sensíveis, que de si são boas, vá o espírito fazendo atos particulares e venha a ter o hábito do espiritual e chegue à atual substância do espírito, 2S 17,5 – palavras substanciais são as que se fazem no espírito e na substância da alma fazem e causam aquela virtude e substância que significam, 2S 28,2 – o sábio coloca seus olhos na substância e proveito da obra, 3S 29,2 – Deus é a substância da fé, C 1,10 – ouve uma palavra cheia de substância e verdade inacessível, ib. 11 – o Filho de Deus é resplendor de sua glória e figura de sua substância, C 5,4; 11,12 – quando acabar a fé pela clara visão de Deus, ficará a substância da fé, C

ÍNDICE ANALÍTICO

12,4 – a substância do espírito não se pode comunicar ao sentido, C 19,5 – seja inimiga de admitir em sua alma coisas que não têm em si substância espiritual, D 90.

Sugestão: nasce às vezes muita força na alma, mormente quando participa um pouco da fraqueza do sentido, 2S 26,17 – o demônio pode produzi-la, 2S 24,7; 29,10 – faz às vezes muita força na alma, 2S 26,17 – mesmo às almas boas em muitas coisas lhes faz o demônio muita força por sugestão, 2S 31,2; 3S 6,3; 10,2 – ser enganado neste gozo ocultamente não é maravilha, porque sem esperar a sua sugestão, o mesmo gozo vão é já em si engano, 3S 29,1 – com grande facilidade a encanta e engana, 2N 2,3.

Temor de Deus: teme com confiança; sabes quantos pecados fizeste, e não sabes como está Deus contigo, D 75 – quando está perfeito, está perfeito o amor, 1S 2,4 – não tema senão só a Deus, 3S 16,2 – temor amoroso de Deus com que se sofrem em humildade as imperfeições, 1N 2,8 – outros muitos têm deixado à parte esse temor amoroso para acercar-se da confissão e comunhão como quisera, 1N 6,4 – traz ordinária memória de Deus com temor e receio de voltar atrás, 1N 13,4 – o santo temor é chave e custódia de todas as virtudes, 2N 2,3 – o Senhor envia um anjo em derredor dos que o temem e os livra, C 16,2 – quando a Sagrada Escritura quer chamar alguém de perfeito em caridade, chama-o temente a Deus, C 26,3 – empregado no serviço de seu Amado é o que não goza senão em Deus nem teme senão só a Deus, C 28,4.

Tempo: tem dor por qualquer tempo perdido, que é aquele que se passa sem ter amado a Deus; por que não o ordenas e empregas agora como o querias ter feito quando estiveres morrendo?, D 76 – não ponha o gosto em nenhuma temporalidade e recolherá sua alma aos bens que não sabe, D 95 – agir em tempo, deixada a alma em olvido e sem tempo; a oração da alma unida em inteligência pura não está em tempo, 2S 14,11 – cegos, não entendemos senão vias de carne e tempo, 2S 20,5 – a pureza da alma consiste em que se não lhe pegue nenhuma afeição de criaturas nem de temporalidade, 3S 3,4 – é breve, 3S 18,6 – é incerto, C 1,1.

Tentações: convém que não faltem, de homens e de demônios, 4A 4 – mais que as mais feias e molestas põe indecência e impureza o menor apetite de coisas do mundo, D 18 – não as admitir a sabendas, que, sendo assim, ainda que a artilharia seja grande e de muitas maneiras, tudo se volverá em coroa, Ep 30 – enquanto se resiste ganha-se fortaleza e muitos bens, 1S 12,6 – peca-se venialmente tentando a Deus, querendo saber coisas por via extraordinária, 2S 21,4 – o demônio parece à alma luz e pode tentar de muitas maneiras, movendo apetites e afetos, 3S 10,1 – vencem-se facilmente com a liberdade de espírito, 3S 23,6 – escondem-se muitas no gozo das obras boas, 3S 29,1 – se a alma não é tentada, exercitada e provada com trabalhos e tent., não pode

1136   ÍNDICE ANALÍTICO

avivar seu sentido para a Sabedoria, 1N 14,4 – a alma vitoriosa e fiel na tentação será mais premiada, 2N 23,6 – na fortaleza para vencer tent. e dificuldades consiste o conhecimento de si, C 4,1 – por ter sido aceito a Deus Tobias, fez-lhe mercê de enviar aquela tentação, Ch 2,28 – muitos serviços hão de ter feito a Deus e muita paciência e constância hão de ter tido por Ele, e mui aceites hão de ter sido diante dele em sua vida e obras para merecerem de Deus a assinalada mercê de serem tentados mais para avantajarem-se em dons e merecimentos, ib. – Deus com os que quer avantajar, deixa-os tentar para levantá-los tanto quanto pode ser, Ch 2,29 – o combate de trabalhos, apertos e tent. apaga os hábitos maus e imperfeitos, Ch 2,30.

Teresa, Santa: ficarão para quem melhor o saiba tratar que eu, e também porque a bem-aventurada Teresa de Jesus deixou essa coisas de espírito escritas admiravelmente, as quais espero em Deus sairão breve impressas à luz, C 13,7 – nossa Madre, Ep 1.

Tibieza: secado se há meu espírito porque se olvida de apascentar-se em ti, D 38 – quem obra com tibieza perto está da queda, D 176 – a água quente, não estando coberta, facilmente perde o calor, 1S 10,1 – não há mau humor que tão pesado ponha a um enfermo para caminhar, ou fastio para comer, quanto o apetite de criaturas – faz a alma pesada e triste para seguir a virtude, 1S 10,4 – aquele apetite que mais entibiará a graça, mais abundante tormento, cegueira e sujidade causará, 1S 12,3 – a gula principalmente causa tibieza na virtude, 1S 12,4 – prova-se na incapacidade de fixar-se nas coisas de Deus com vontade de pô-la em outras coisas diferentes, 2S 13,6 – um só, como deixará de estar frio nas coisas de Deus?, 2S 22,12 – da dilatação da vontade, engolfadas as potências em coisas temporais do mundo, nasce grande tibieza, 3S 19,6 – a causa de todo e de qualquer gênero de gozo, 3S 22,1 – manifesta-se em tédio grande e tristeza nas coisas de Deus até vir a aborrecê-las. O tíbio mais vive na fraqueza do sentido do que na força do espírito, 3S 22,2 – do gozo no tato, pode-se cair em tibieza e indevoção acerca do uso da Penitência e Eucaristia, 3S 25,8 – as imagens aproveitam para despertar de nossa tibieza, 3S 35,2 – as securas podem proceder muitas vezes da frouxidão e tibieza, 1N 9,1 – de razão da tibieza é não se lhe dar muito nem ter solicitude interior pelas coisas de Deus, 1N 9,3 – causa de insipidez e remissão na vontade, ib.

Trabalho (esforço): o que caminha, caminhará pouco e com trabalho se não tem bons pés e ânimos e porfia amorosa, D 3 – não recuse o trabalho, ainda que lhe pareça que não o poderá fazer, D 148 – não se inclinar ao descanso senão ao trabalhoso, D 162 – saber furtar o corpo do espírito ao demônio e à sensualidade, porque senão nos acharemos com trabalho e obra feitos ao revés, Ep 8 – por não se acomodar a Deus chega-se com mais trabalho, S pról. 3 – há almas que lastima-

ÍNDICE ANALÍTICO   1137

velmente trabalham e se fatigam muito no que não aproveita, ib. 7 – é necessário à terra o labor para que produza fruto, e sem labor, não o produz, senão mais ervas, 1S 8,4 – por um apego volta-se atrás, perdendo o que com tanto trabalho se havia caminhado e ganho, 1S 11,5 – procure inclinar-se não ao que é descanso, senão ao trabalhoso, 1S 13,6 – querendo achar nesta vida gozo e consolo, não acharás galardão de Deus, ficando-se só com o trabalho da obra, 3S 25,5 – os principiantes são muito frouxos para a fortaleza e trabalho de perfeição, 1N 7,4 – quanto mais íntima e esmerada há de ser e ficar a obra, tanto mais íntimo, esmerado e puro há de ser o labor, 2N 9,9 – a alma que ama não espera o fim de seu trabalho, senão o fim de sua obra; sua obra é amar, cujo fim e remate é a perfeição e cumprimento de amar a Deus, C 9,7 – todas as nossas obras e todos os nossos trabalhos, ainda que sejam os maiores que possam ser, não são nada diante de Deus, C 28,1 – as virtudes que se adquirem com trabalho, pela maior parte são as mais escolhidas e esmeradas e mais firmes, C 30,5. Ver *Vencimento*.

Trabalhos (sofrimentos): a virtude e força da alma nos trab. de paciência cresce e se confirma, D 4 – os t. os temos de medir a nós, e não nós aos t., D 100 – ordinariamente passam as almas por muitos espirituais e temporais para chegar à perfeição, S pról 1 – trabalhosa coisa não se entender uma alma, ib. 4 – o sólido e perfeito é em t., 2S 7,6 – levar a cruz é determinar-se deveras a querer achar

e levar trab. em todas as coisas por Deus, 2S 7,7 – algumas almas não são para comer o manjar mais forte e sólido dos t., 2S 21,3 – não nos fica em todos os nossos t. outro melhor e mais seguro que a oração e a esperança, ib. 5 – o Senhor em tempo cura com t., 1N 6,8 – humilhada a alma pelas securas e trab., faz-se mansa para com Deus e para consigo, 1N 13,7 – os interiores são os mais eficazes para purgar o sentido, 1N 14,4 – depois que pelas mortificações e trab. se vem a desapegar-se e fazer-se forte, mira-a Deus, C 31,6 – no sabor de vida eterna sente a alma a retribuição de seus t., Ch 2,23 – a última união não pode acontecer na alma que não seja fortalecida com t. e tentações, Ch 2,25 – pelos t. vai a alma cobrando virtudes, Ch 2,26 – a alma há de ter em muito quando Deus lhe envia trab. interiores e exteriores, Ch 2,30.

Tranquilidade: perseverar sempre numa mesma maneira é efeito da t. moral, 3S 5,2 – levar tudo com igualdade tranquila e pacífica aproveita para que nas mesmas adversidades se acerte melhor a julgar e pôr remédio, 3S 6,3 – o melhor bem em todas as coisas prósperas e adversas, ib. 4 – não há t. quando reinam as paixões, 3S 16,6 – guardando as portas da alma (os sentidos) muito se guarda e aumenta, 3S 23,3 – procurem dirigir as almas sempre em maior solidão, tranquilidade e liberdade de espírito, Ch 3,46 – Oh! Quanto convém à alma apartar-se de coisas, fugir de negócios e viver com imensa tranq.!, Ch 4,15.

ÍNDICE ANALÍTICO

Transformação: tem-se quando está purgado o amor, 1S 2,4 – pelo mesmo motivo que a alma ama algo, faz-se incapaz para ela, 1S 4,3; 11,6 – quando a alma deixar de si totalmente o que repugna e não conforma com a vontade divina, 2S 5,3 – todos os primeiros movimentos das potências das tais almas são divinos, 3S 2,9 – o madeiro não pode, logo que se lhe aplica o fogo, ser transformado, até que esteja disposto, 2N 10,1 – segundo essa semelhança de t., podemos dizer que sua vida e a vida de Cristo toda era uma vida por união de amor, C 12,8 – esboços terminados, ib. – não pode ver-se na formosura de Deus a alma, se não é transformando-se na sabedoria de Deus, C 31,8 – é indizível: tudo se diz em que a alma está feita Deus de Deus por participação dele e de seus atributos, Ch 3,8.

Tribulações: na tribulação acode logo a Deus confiantemente e serás animado, iluminado e ensinado, D 65 – nelas se prova a fé da alma, 2N 21,5 – Deus é a nossa ajuda nelas, C 2,4; 3,8 – por via ordinária, ninguém pode chegar ao alto estado e reino do desposório, que não passe primeiro por muitas, Ch 2,24 – convém muito à alma estar em grande paciência e constância em todas elas, tomando tudo de sua mão para seu bem s remédio, Ch 2,30.

Trindade SSma.: assim como é nos propõe a fé em Deus, 2S 9,1 – essencial e presencialmente está escondida no íntimo ser da alma, C 1,6 – é um dos mistérios que se costuma manifestar à alma que aproveita, 2S 27,1 – o Filho de Deus,

juntamente com o Pai e o Espírito Santo, essencial e presencialmente está escondido no íntimo ser da alma, C 1,6 – não seria verdadeira e total transformação se não se transformasse a alma nas três Pessoas em revelado e manifesto grau, C 39,3 – a alma se faz deiforme e Deus por participação, e assim a alma tem obrada sua obra de entendimento, notícia e amor na Trindade e como a Trindade, ib. 4-6 – Cristo disse que em quem o amasse, viriam o Pai, o Filho e o Espírito Santo, Ch pról e 1,15; estrofe 2 (toda) – condições de uma alma examinada e afetos da inabitação, Ch 1,15ss. – luz e fogo de amor na alma, Ch 3,80ss.

União: à alma unida, o demônio a teme como ao próprio Deus, D 125 – nem os primeiros movimentos tem, D 128 – dois meios para alcançá-la: compaixão afetiva da morte de Cristo e caridade ao próximo, Dt 11 – Toda sua doutrina sobre ela, S arg – não se pode assentar sua luz na alma se primeiro não se afugentam as afeições, 1S 4,2 – nela, real liberdade de espírito, 1S 4,6 – um só apetite desordenado basta para impedi-la, 1S 9,3 – para entrar nela há de morrer tudo o que vive na alma, e ela há de ficar sem cobiça disso tudo, 1S 11,8 – é de simplicidade, pureza, amor e semelhança, 2S 1,2 – não entendendo, senão crendo, 2S 4,4ss. – a u. substancial sempre está feita entre Deus e as criaturas todas, nas quais está a conservar-lhes o ser que têm; a u. sobrenatural não está sempre feita, e é a semelhança de amor em

ÍNDICE ANALÍTICO 1139

que a vontade de Deus e da alma estão conformes em tudo, 2S 5,3 – estados da alma desde a não união até a união perfeita, ib. 4 – as três virtudes teologais, meio, 2S 6,1ss. – as operações da alma unidas com o Espírito divino são divinas, 3S 2,9 – todo o negócio para vir está em purgar a vontade de suas afeições e apetites, 3S 16,3 – é o estado de perfeitos, 1N 1,1; 3,3 – não pode a alma ativamente purificar-se para ela se Deus não lhe toma a mão e a purga em fogo obscuro, 1N 3,3 – conforme o grau de amor de união a que Deus a quer levantar, a humilhará, 1N 14,5; 2N 7,3 – só o amor é que une e junta a alma com Deus, 2N 18,5 – é o mais alto estado a que se pode chegar nesta vida, C 1,11 – nela, um vive no outro; e um é o outro, entre ambos são um, C 12,7 – está feita a alma divina e Deus por participação, quanto se pode nesta vida, C 22,3 – tem as virtudes em fortaleza, C 24,2 – iguala-se a alma com Deus por amor, C 24,5 – na união substancial da alma, mui frequentemente se unem também as potências, C 26,11 – poucos chegam à u.; não porque Deus queira (que antes queria que todos fossem perfeitos), mas porque há poucos vasos que suportem tão alta e subida obra de provas e mortificação, Ch 2,27 – Deus com os que quer avantajar os faz e deixa tentar para levantá-los tudo quanto possa ser, Ch 2,29 – diferença em ter a Deus por graça e por união: ter a Deus por graça é bem-querer-se; tê-lo também por união é comunicar-se, Ch 3,24; 4,16 – está a alma dando a Deus

ao mesmo Deus em Deus, Ch 3,78. Ver *Contemplação*.

Vaidade: se queres gloriar-te e não queres parecer néscio e louco, aparta de ti as coisas que não são tuas; mas em nada serás tornado. Pois de nada te deves gloriar se não queres cair em vaidade, D 122 – tu és suma verdade; eu todo vaidade, 1S 5,1 – propícios para criá-la são os objetos e formas corporais, 2S 11,4 – muitos escrevem ou fazem escrever suas experiências para envaidecer-se com isto, 2S 29,8 – é pôr o gozo em outra coisa que não seja servir a Deus, 3S 18,2; 22,6 – é pôr o gozo da vontade nos bens materiais, 3S 21,1-2 – há na adulação e louvor, 3S 22,2 – os vãos não encontrarão por suas obras galardão de Deus, 3S 28,5 – as coisas do mundo são vãs e enganosas, C 1,1.

Vazio: não tenhas presente em ti as criaturas, mas esvazia e alheia delas o espírito, D 25 – os bens imensos de Deus só cabem num coração vazio e solitário, Ep 15 – não se consegue, só por si, esvaziar-se, 1S 1,5 – sem ele não se passa à união, 1S 5,2 – a perfeição consiste em ter-se a alma vazia de todo apetite, 1S 5,6 – cuidado do mestre espiritual, 1S 12,6 – hão de fazê-lo nas três potências as três virtudes teologais, 2S 6ss.; 2N 21,11; Ch 3,18ss.

Vencimento: para vencer um, é mister vencer os três inimigos da alma, Caut 3 – vencerás no bem o mal humilhando-te, ib. 13 – tem vencidas todas as coisas quem não é movido pelo gosto nem lhe causa tristeza o desapego, D 50 – melhor é vencer-se na língua que jejuar a pão e água, D 179 – hábitos de voluntárias imperfeições, que nunca acabam de vencer-se, impedem a divina união, 1S 11,3-4 – quase nunca se verá uma alma que seja negligente em vencer um apetite, que não tenha outros muitos que saem da mesma fraqueza e imperfeição que tem daquele, 1S 11,5 – o vencimento e adormecimento da parte sensitiva a tem sossegada, 1S 15,2 – o mais priva e vence o menos, 2S 3,1 – o que não vence o gozo do apetite não gozará da serenidade do gozo ordinário em Deus nas criaturas, 2S 26,6 – ao que se vencer (seis promessas do Senhor), C 38,7-8 – as paixões e apetites não vencidos e amortizados cercam em derredor, C 40,4.

Verdade: Deus é suma Verdade, 1S 5,1 – impedem sua claridade os apetites, 1S 8,5 – o cego pelo apetite, posto em meio da verdade e do que convém, não consegue ver mais do que se estivesse em trevas, ib. 7 – naqueles que se juntam a tratar a verdade, junta-se Ele ali para declará-la e confirmá-la neles, 2S 22,11 – o discípulo e o mestre se juntam a conhecer e executar a verdade, 2S 22,12 – o Espírito divino está sempre com quem pensa verdade, como o está em toda a verdade, 2S 29,1 – contentes em saber os mistérios e verdades com a simplicidade e v. que nos propõe a Igreja, 2S 29,12 – apenas podemos conhecer de raiz uma v., 3S 3,2 – a concupiscência e gozo das coisas temporais basta para embotar a mente e obscurecer o juízo para entender a v., 3S

19,3 – no desapego das coisas se adquire mais clara notícia delas para entender bem as v. acerca delas, 3S 20,2; 1N 12,4 – o exercício da teologia escolástica é para entender as v. divinas, C pról 3 – a fé é coberta e véu das v. de Deus, C 12,2 – a fé tem a propriedade do cristal em ser pura nas v., C 12,3 – a fé é prata nas proposições, as v. que contém são ouro, C 12,4 – as v. infundidas por fé na alma estão como que em esboço, ib. 6 – quanto mais ama a alma, mais dentro das v. divinas lhe apetece entrar, C 36,9 – se negares o apetite nas coisas, gozarás da v. delas, entendendo nela o certo, D 48.

Vícios: todos crescem no exercício de um, 1S 12,5 – é impossível que, se a memória se recolhe, entrem-lhe males nem v., 3S 3,5 – de afeições desenfreadas da vontade nascem todos, 3S 16,5 – às vezes as obras e virtudes se transformam nos principiantes em vício, 1N 2,2 – sua ira espiritual vai contra os v. alheios, fazendo-se eles às vezes donos da virtude, 1N 5,2 – a cada passo tropeçam com mil imperfeições e ignorâncias nos sete v. capitais; de todos se livra a alma quando a noite do sentido apaga todos os gostos, 1N 11,4 – montes, vales, ribeiras: são os atos viciosos, desordenados, C 20,8 – as virtudes e dons da alma servem de defesa, como fortes escudos, contra os v., C 24,9 – em tempo de juventude há mais contradição da parte deles para adquirir virtudes, C 30,4 – a posse de Deus por união de amor se alcança pela mortificação de todos, Ch 2,32 – o vício mais cor-

ÍNDICE ANALÍTICO

1141

rompido é a ambição, Dt 3 – duas maneiras de resistir-lhes: por atos de virtude, que contrasta e destrói; por atos anagógicos e amorosos, Dt 5. Ver *Trabalhos*.

Vida eterna: tenha ordinária memória da vida eterna, D 82 – é estreita a senda que conduz, 2S 7 – é vão gozar-se do que não ajuda a servir mais a Deus e leva à v.e., 3S 18,3 – fazendo as obras por amor de Deus se adquire, 3S 27,4 – seu fruto verdadeiro está na caridade, 3S 30,5 – são mui poucos os que sofrem e perseveram em entrar por essa porta apertada e caminho que conduz a ela, 1N 11,4 – fica a alma informada no sentido divino, que é mais da outra vida que desta, 2N 9,5 – a mesma substância que agora cremos, havemos de ver e gozar na outra vida a descoberto, C 12,4 – caminho de v.e. é a perfeição evangélica, C 25 – não está a alma contente, nem na outra vida estaria, se não sentisse que ama a Deus tanto quanto por Ele é amada, C 38,4 – como sente a alma a fortaleza da outra vida, vê melhor a fraqueza desta, Ch 1,32 – é junção de todos os bens, Ch 3,5 – todos os bens que Deus faz à alma sempre o faz com motivo de levá-la à v.e., Ch 3,10.

Vida temporal: esta vida que vivo é privação de viver...; tira-me desta morte, meu Deus, e dá-me a vida, P 1 v. 11-47 – não comer em pastos vedados que são os desta vida presente, D 106 – olvido de todas as coisas que passam nesta mísera e breve vida, 4A 9 – Tu eras vida, eu morte, 1S 5,1 – não pode

haver união permanente nas potências nesta vida, 2S 5,2 – acabada esta vida mortal, logo aparecerá a glória e luz da divindade, 2S 9,3 – não pode o homem possuir coisa melhor nela do que paz e tranquilidade e reto e ordenado uso da razão, 3S 27,2 – aos romanos aumentava Deus vida, honra e senhorio, porque usavam de justas leis, 3S 27,3 – não acharão muitos galardões em Deus, tendo eles querido achar nesta vida, 3S 28,5 – oh! miserável sorte a de nossa vida, onde com tanto perigo se vive, 2N 16,12 – cai na conta de que a vida é breve e que grande parte dela se há ido no ar, C 1,1 – esconde-te um pouco por este momento de vida temporal, C 1,10 – é mui possível carecer de Deus para sempre entre os perigos e ocasiões desta vida, C 2,6 – "flores" são todos os gostos e contentamento e deleites que se lhe podem oferecer nesta vida, C 3,5 – queixa-se da duração da vida temporal, por cuja causa se lhe dilata a vida espiritual, C 8,2 – esta vida de carne é morte, ib. – a alma tem sua vida natural em Deus e também sua vida espiritual pelo amor com que o ama, C 8,3 – queixa-se e lastima-se que tanto possa uma vida tão frágil em corpo mortal, que a impeça de gozar uma vida tão forte como a que vive em Deus por natureza e amor, C 8,3 – aos santos do A.T. muito melhor lhes era viver na carne aumentando os merecimentos e gozando a vida natural que estar no limbo sem merecer, C 11,9 – os que amam muito a vida deste século e pouco a do outro te-

1142 ÍNDICE ANALÍTICO

mem muito a morte; porém a alma que ama a Deus tem em pouco esta vida temporal, C 11,10 – tal é a miséria do natural nesta vida, que aquilo que para a alma lhe é mais vida, não o pode receber sem que quase lhe custe a vida, C 13,3 – as virtudes nesta vida estão na alma como flores em botão fechadas, C 17,5 – nesta vida mortal não pode chegar a alma a Deus segundo todas as suas forças, Ch 1,12 – o hábito da caridade a alma pode ter nesta vida tão perfeito quanto na outra, mas não a operação nem o fruto, Ch 1,14 – é fraca tela em que se sente enredada, presa e impedida a liberdade, Ch 1,31.

Virgindade: as cinco virgens do Evangelho, todas a tinham guardado e feito boas obras, mas porque não dirigiram seu gozo a Deus, foram expulsas do céu sem nenhum agradecimento e galardão, 3S 27,4 – as virgens loucas (como os que buscam o louvor) tendo suas lâmpadas extintas, buscavam óleo fora, 1N 2,5 – uma grinalda de formosas e brancas flores formam todas as virgens, com sua auréola de virgindade, C 30,7.

Virtudes: a virtude e força da alma nos trabalhos de paciência cresce e se confirma, D 4 – para obrar virtude não esperes o gosto, pois basta-te a razão e o entendimento, D 36 – é fraqueza de virtude turbar-se nos casos adversos, D 56 – a perfeição não está nas que a alma conhece em si, mas consiste nas que N.S. vê na alma, D 113 – se uma alma tem mais paciência para sofrer e mais tolerância para carecer de gostos, é sinal de que

tem mais aproveitamento na virtude, D 119 – arte de ganhar todas as virtudes juntamente, Caut 3 – não veio para outra coisa ao convento, senão para que a lavrem e exercitem na virtude, 4A 3ss. – provem-na no exercício das virtudes a seco (desprezo, humildade, obediência), e pelo som do toque ver-se-á sua brandura, Ep 25 – não persuadir com paus e brusquidão, Dt 15-17 – a virtude unida é mais forte do que a si mesma se se derrama, 1S 10,1; Ch 1,33 – afeições não puras são a causa de andar sem ganas nem diligência de adquirir virtudes, ib. 4 – até que cessem os apetites, não há que chegar a Deus, ainda que mais virtudes exercite, 1S 5,6 – a alma do justo só na perfeição da retidão de alma tem muitas virtudes formosíssimas, 1S 9,4 – entibiam-nas e enfraquecem-nas os apetites, 1S 10 – um ato de virtude produz suavidade, paz, consolo, limpeza e fortaleza. Todas crescem no exercício de uma, 1S 12,5 – aperfeiçoa-se na fraqueza, ib. 6 – mortificar e apaziguar as 4 paixões é causa de grandes virtudes, 1S 13,5 – o total e raiz delas é dar-se ao padecer por Cristo e aniquilar-se em tudo 2S 7,8 – confirma-se muito o sentido da virtude com as mercês sobrenaturais e regalos de Deus, 2S 17,4 – algumas notícias e toques de Deus na substância da alma a plenificam de virt. e dons, 2S 26,6 – na fé sobrenatural e secretamente ensina Deus à alma e a levanta em virt., 2S 29,7 – pensando alguns que é muita oração e comunicação com Deus a que têm, sucederá que não será nada nem tenha substância de alguma virtude, 2S 29,8 – a virtude não está nas apreensões e sentimentos de Deus, 3S 9,3 – das afeições da vontade, quando estão bem-ordenadas e compostas, nascem todas suas virt., 3S 16,5 – pode haver muitas com fartas imperfeições, 3S 22,2 – ninguém merece amor senão pela virtude que há nele, 3S 23,1 – com a liberdade de espírito crescem prosperamente, ib. 6 – conservam-se, recolhendo o gozo das coisas sensíveis, 3S 26,2 – por si mesmas merecem ser amadas e estimadas, 3S 27,3 – os filósofos pagãos as estimaram pelas vantagens materiais, 3S 27,3 – pôr os olhos e o gozo em servir e honrar a Deus com bons costumes e virt., ib. 4 – em virtude de Deus se há de obrar toda virt., 3S 31,7 – adquirem-se com força em recolhimento do espírito em olvido de sabores sensíveis, 3S 41,1 – na noite se fortalece e confirma nelas, 1N 1,1; 13,5-6 – os principiantes não estão habilitados por exercício de forte luta de virt., 1N 1,3 – sabe o demônio que todas suas obras e virt., pela vaidade, volvem-se em vício, 1N 2,2 – no meio consistem e se granjeiam, 1N 6,1 – o santo temor conserva e aumenta as virt., 1N 13,12 – e é chave e custódia de todas, 2N 2,3 – o que busca a Deus pelo exercício e obra de virt., esse o buca de dia e assim o achará, C 3,3 – para adquiri-las (passar montes e ribeiras) há que passar por dificuldade, trabalho, mortificações, penitências e exercícios espirituais, C 3,4 – a alma fraca em amor, o está também para obrar virt. heroicas, C 11,13 – nesta vida, ainda que se gozem com bastante perfeição, é como gozá-las em flor; só na

outra gozar-se-ão como em fruto, C 16,7 – com suas flores de virt. parece a alma um delicioso jardim, ib. 5-9 – não sempre as está a alma sentindo e gozando atualmente, porque nesta vida estão na alma como flores em botão fechadas, C 17,5; 24,7 – as heroicas assentam sobre a alma forte, C 20,2 – em fortaleza as trabalhou e obrou a alma, C 22,7 – no amor se assentam e conservam, C 24,7 – cada uma é e faz na alma três coisas: paz, mansidão e fortaleza, C 24,8 – são coroa, escudo, prêmio, defesa, ouro..., C 24,9 – as adquiridas na juventude são escolhidas e mui aceitas por Deus, C 30,4 – em secura, dificuldade e trabalho deitam raízes e são muito apreciadas por Deus, C 30,5 – não as pode obrar a alma nem alcançá-las a sós, sem a ajuda de Deus, nem tampouco as obra Deus a sós, na alma, sem ela, C 30,6 – a flor que tem é a graça e virtude que do amor de Deus têm, C 30,8 – o amor tem e faz o ofício do fio na grinalda, C 30,9; 31,3 – não basta que Deus nos tenha amor para dar-nos virt., senão que nós também tenhamos a Ele para recebê-las e conservá-las, C 30,9 – pelos trabalhos vai a alma cobrando virt., força e perfeição, Ch 2,26 – na fraqueza se aperfeiçoa e no exercício das paixões se lavra, ib.

Virtudes teologais (em geral): são o único arrimo que se tem de levar à oração, D 118 – que há para acertar senão viver em fé obscura e verdadeira, esperança certa e caridade inteira?, Ep 19 – hão de pôr em perfeição as três potências da alma, 2S 6,4; C 2,7 – fazem o mesmo vazio e

ÍNDICE ANALÍTICO

obscuridade, cada uma em sua potência, 2S 6,1s. – há de adquiri-las a alma às escuras de todas as coisas, segundo suas potências, 2S 6,5 – por não saber despojar-se, governando-se segundo elas, nunca acabam de dar na substância e pureza do bem espiritual, ib. 7 – o entendimento não pode achar outro melhor recolhimento que em fé; quanto mais pura e esmerada está a alma em fé, mais possui da caridade infusa de Deus, 2S 29,6 – purificação das três potências pelas três virtudes teologais, argumento de toda a *Subida* – as três em um, 2S 24,8; 3S 32,4; 3S 1,1 – não as desfrutam os do purgatório, 2N 7,7 – têm por ofício apartar a alma de tudo que é menos que Deus e de juntá-la com Ele, 2N 21,11 – sem caminhar deveras com elas é impossível chegar à perfeição da união com Deus por amor, ib. 12.

Visões: a corporal, se é de Deus, faz seu efeito no espírito. As do demônio causam alvoroço, secura, vaidade, 2S 11,6 – não podem ser meios para a união, ib. 12 – aproveitarão em substância para a fé, quando souberem negar o sensível e inteligível delas, 2S 16,12 – ainda que sejam verdadeiras, não podemos nos enganar a respeito delas, 2S 19-21 – não são da vontade de Deus, 2S 22,2 – maneiras, 2S 24,26 – a alma humilde com tanta força e cuidado há de resistir-lhes como a mui perigosas tentações, 2S 27,6 – todas não valem tanto como o menor ato de humildade, 3S 9,4 – mais estima Deus em ti o inclinares-te à secura e padecer por seu amor, que todas as consolações e visões espirituais que possas ter, D 14.

Vontade de Deus: considera o que Deus quer e fá-lo, D 72 – o estado de união consiste em ter a alma segundo a vontade com total transformação na vont. de D., 1S 11,2 – está feita uma vontade de duas: vont. de D. e também vont. da alma, 1S 11,3 – Jesus Cristo não teve outro gosto nem o quis, 1S 13,4 – quando a alma tirar de si totalmente o que repugna e não é conforme à vontade divina, ficará transformada em Deus por amor, 2S 5,3 – possuindo Deus as potências, Ele mesmo é o que as move e manda divinamente segundo seu divino espírito e vontade, 3S 2,8-10 – nas petições do Pai-Nosso se encerra tudo o que é vont. de D., 3S 44,4 – alguns, quando querem colocá-los na vont. de D., se entristecem e afrouxam e faltam, 1N 6,3 – no que eles não acham sua vontade e gosto pensam que não é vont. de D., 1N 7,3 – ganha-se com as três virtudes teologais, 2N 21,12 – as coisas do século não são da vont. de D., Ch 3,62.

Vontade humana: todos os gostos, gozos e afeições causam-se na alma mediante a vontade e querer das coisas. Nenhuma coisa distinta de quantas pode gozar a vont. é Deus. Por sua operação, que é amor, une-se com Deus e se termina nele, e não pelo sentimento. É mui distinta a operação da vontade de seu sentimento, Ep 13 – ainda que a alma esteja no céu, se não se acomoda a vont. a querê-lo, não estará contente, Ep 15 – quem não anda em presunções nem gos-

ÍNDICE ANALÍTICO 1145

tos próprios nem faz sua vontade própria, não tem em que tropeçar, Ep 19 – nas contrariedades que Deus permite, só resta aplicar a isto a vont., para que, assim como é verdade, não o pareça, Ep 26 – o caminho é suave e plano para os homens de boa vont., D 3 – se dobrada amargura te perseguirá por fazeres a tua vontade, não a queiras fazer mesmo que fiques em amargura, D 17 – O que se move pelo gosto de sua vontade é como quem come fruta mole, D 45 – o caminho da vida mais requer mortificação da vont. que muito saber, D 57 – não penses que o agradar a Deus esteja em obrar muito, mas em obrá-lo de boa vont., D 58 – ainda que faças muitas coisas, se não aprendes a negar tua vont., não aproveitas na perfeição, D 71 – não se merece quando não se aplica a vont., S pról 3 – dana, não a coisa, senão a vontade dela, 1S 3,4 – quando uma vont. se afeiçoa a uma coisa, tem-na em mais que outra qualquer, 1S 5,5 – há de desnudar-se de todos os velhos quereres e gostos de homem, antes que suba ao cume do monte, 1S 5,7 – não cabem nela afeição de criatura e afeição de Deus, 1S 6,1 – não tem habilidade para abrasar em si a Deus em puro amor, 1S 8,2 – estão como chorando os apetites que estão nela, enquanto cobiçam aquilo em que a vont. está afeiçoada, 1S 9,6 – repartida em minúcias, é como a água que, derramada para baixo, não cresce para cima, 1S 10,1 – a alma não tem mais que uma, e esta, se se embaraça e emprega em algo, não fica livre, só e pura, 1S 11,6 – se há de enterrar

a vontade na carência e desnudez de todo o afeto para ir a Deus, 2S 6,1 – a caridade faz vazio nela de todas as coisas, 2S 6,4 – o que renunciar por Cristo a tudo que possa apetecer sua vontade, ganhará sua alma, 2S 7,6 – oficial do ouro, tem habilidade para receber figura e forma de deleite causado pelo ouro do amor, 2S 8,5 – aprendam a não fazer caso senão em fundar a vontade no amor humilde, 2S 29,9 – não façamos propriedade a seu respeito senão só de saber dirigir a vont. com fortaleza a Deus, 2S 29,12 – arte de "enterrá-la" em caridade, 3S 16,1ss. – a fortaleza da alma consiste em suas potências, paixões e apetites, governados pela vont., 3S 16,2 – todo o negócio para vir à união com Deus está em purgar a vont. de suas afeições e apetites, para que assim de vont. humana e baixa venha a ser vont. divina, ib. 3 – aonde quer que vá uma paixão, vai toda a alma e a vont., ib. 6 – não se deve gozar senão só daquilo que é glória de Deus, 3S 17,2 – deixando o gozo dos bens temporais, adquire-se culto e obséquio verdadeiro da vont. para Deus, 3S 20,2 – presa a coisas, não tem nem possui nada, antes elas a têm possuída, 3S 20,3 – todas as vezes que ouvindo músicas e outras coisas, logo ao primeiro movimento se põe a notícia e afeição da vont. em Deus, é sinal que tira proveito, 3S 24,5ss. – danos de pô-la em diferentes bens, 3S 19,4 – pela caridade não se goza em outra coisa que pelo Deus vivo, 3S 32,4 – o entendimento e as demais potências não podem admitir nem negar nada sem que venha

ÍNDICE ANALÍTICO

nele a vont., 3S 34,1 – logo se olvidam as maravilhas ditas num sermão se não pegaram fogo na vont., 3S 45,5 – fazendo a própria, antes se vai crescendo em vícios que em virtudes, 1N 6,2 – alguns andam apoiados no gosto e vont. própria, e isto têm por seu deus, 1N 6,3 – o caminho de perfeição é o da negação de sua vont., 1N 7,2 – entristecem-se (os principiantes) em querer o que quer Deus, com repugnância em acomodar sua vont. à de Deus, 1N 7.3 – a tibieza põe muita frouxidão e remissão na vont. e no ânimo, 1N 9,3 – minha vont. saiu de si fazendo-se divina; já não ama baixamente, já acerca de Deus não obra humanamente, 2N 4,2 – nos bens espirituais que passivamente se infundem pode amar a vont. sem entender o entendimento, 2N 12,7ss.; Ch 3,49 – a alma deve a Deus toda a correspondência do amor de sua vont., C 1,1 – fechar a porta sobre si é fechar a vont. a todas as coisas, C 1,9 – saindo a alma da casa de sua própria vont. achará a Sabedoria divina, C 3,3 – as criaturas mais aumentam as ânsias e a dor do que satisfazem a vontade e o desejo, C 6,2 – tem um esboço de amor de Deus, C 12,7 – Deus não põe seu amor e a graça na alma senão segundo a vontade e amor da alma, C 13,12 – ao toque da centelha (presteza) acende-se em amar, desejar, louvar, agradecer, reverenciar, estimar e rogar a Deus com sabor de amor, C 25,5 – o fim de todos é o amor que se sujeita na vont., C 38,5 – de si é seca e dura ao extremo, Ch 1,23 – seu vazio é tão grande fome de Deus que faz desfalecer a alma, Ch 3,20 – diferença entre ter a Deus por graça ou na união por graça de vontade, Ch 3,24.

DICIONÁRIO SÃO-JOANINO

O leitor muitas vezes se perde no significado das palavras usadas por São João da Cruz nos seus escritos. Isto deve-se à diferença existente entre a cultura do seu tempo e a nossa. As modificações sofridas pelas palavras em diversas épocas. Julgamos estar apresentando um serviço ao apresentarmos o significado de algumas palavras mais difíceis usadas pelo nosso Santo e que hoje têm sentido muito diferente tanto na Teologia como na Psicologia.

* * *

Afeto, afeição: termos que não possuem uma definição uniforme. Manifestam estado de espírito generalizado. São João da Cruz usa frequentemente estas palavras todas as vezes que quer manifestar a orientação do espírito ou o apego às criaturas que podem afastar-nos do Senhor.

Alma: uma das palavras mais usadas pelo nosso Santo. Ele prefere este termo ao seu correspondente "pessoa", "homem", "criatura", "espírito". Muitas vezes entende por alma a "pessoa" na sua totalidade, acentuando-lhe a dimensão espiritual. Hoje, em lugar de "alma" prefere-se falar de "pessoa" e "personalidade" – termos que manifestam melhor o relacionamento com o mundo interior e exterior.

Amor: é a característica fundamental da alma, que tende a unir-se, assimilar, transformar-se no Amado. Em São João da Cruz encontramos a manifestação do amor numa tríplice dimensão;

Amor a Deus: Deus ama o homem e se faz amor por ele. O amante tende a unir-se ao Amado.

Amor ao próximo: cresce junto com o amor de Deus, priva-se de tudo em favor da realização do irmão.

Amor-próprio: é a procura do próprio gosto e comunidades, excluindo o amor a Deus e ao próximo. É o puro egoísmo!

Apetite: palavra usadíssima em todos os escritos de São João da Cruz, de difícil tradução e que obscurece o sentido do texto. Em São João da Cruz os apetites podem ser naturais e podem ser também vícios. Geralmente são manifestações negativas enraizadas no mais íntimo da alma. São tendências naturais da afetividade, com a participação da vontade, e formam uma categoria moral negativa mais que psicológica (cf. Frederico Ruiz Salvador). A diferença entre o significado de apetite em São João da Cruz e a moderna Psicologia está nisto: em Psicologia os apetites não têm responsabilidade moral, são movimentos primeiros; em São João há responsabilidade moral.

Caridade: usa-se para manifestar a virtude teologoal. Ele prefere o termo Amor.

Carne: indica a realidade corporal do homem. Podemos distinguir uma tríplice dimensão: a) realismo da encarnação do Verbo que assumiu a carne humana; b) limitação psíquica e espiritual do homem diante da realidade; c) negatividade moral a que leva a carne com suas tendências não bem orientadas.

Comunicação: termo muito usado. Manifesta o relacionamento do homem com Deus e com os demais seres, bem como de Deus com os homens. É o dom que Deus faz de si mesmo e de sua vida à criatura humana (graça, carismas, favores, visões...).

Conhecimento: é a percepção intelectual. Conhecer através dos sentidos (imaginação, discursos, intuições).

Contemplação: é uma palavra-chave. Mais que grau de oração, indica o dinamismo da vida teologal com que o homem acolhe com fé e amor o Deus que se revela.

Criaturas: indica a realidade existente fora de Deus (pessoas, coisas, mundo, natureza). Quando bem usadas são degraus que conduzem a Deus; não orientadas, podem afastar-nos do Senhor.

Demônio: ser espiritual que personifica o mal dentro e fora de nós; atua juntamente com o mundo e a carne. Na vida mística, a dissimulação do demônio como anjo da luz é muito frequente.

Desponsório espiritual: expressão característica de São João da Cruz. Manifesta um grau muito elevado de união íntima com Deus (noivado espiritual). Precede o matrimônio espiritual e é prenúncio dele.

Diretor espiritual: pessoa escolhida livremente para guiar-nos no caminho espiritual da experiência de Deus. Recebe vários nomes: conselheiro, mestre, guia etc. São João nunca usa este termo.

Gostos: experiência sensível afetiva que nunca nasce com pessoas, coisas, e o exercício desta atividade: paladar, vista, olfato.

Também a presença dos gostos diminui, na medida em que a alma se sente invadida pelo poder de Deus.

Fantasia: do grego "Phantasia" (capacidade imaginativa) assume grande importância em Psicologia, especialmente no estudo do subconsciente. Para São João, fantasia é uma faculdade sensitiva interior que tem como finalidade armazenar e reavivar as imagens recebidas através dos sentidos e por via sobrenatural.

Homem: palavra pouco usada na linguagem do místico espanhol. Ele prefere "alma", que indica com mais clareza a dignidade do homem.

Imaginação: capacidade de tornar presentes situações, objetos, pessoas. Termo muito usado em Psicologia. Nos escritos do Santo a imaginação desenvolve grande papel tanto nas atividades espirituais como meio de profundas perturbações interiores.

Liberdade: capacidade profunda e permanente do homem de se de-

DICIONÁRIO SÃO-JOANINO 1149

cidir na realização da sua vida espiritual, na atuação do seu futuro.

Matrimônio espiritual: expressão simbólica presente na Sagrada Escritura, na liturgia e na vida espiritual. Exprime a mais alta comunhão transformadora da alma com o Senhor. Transformação em Deus, divinização da alma, sublimação de todo o ser com seus sentimentos, são os componentes mais evidentes do matrimônio espiritual superior ao desponsório espiritual.

São João da Cruz é um dos primeiros a aprofundar esta realidade da união íntima do homem com Deus.

Meditação: diálogo espiritual com Deus auxiliado pelos sentidos, imaginação, fantasia...

Mística: palavra nunca usada sozinha, mas sempre unida a outra: inteligência mística, sabedoria mística, teologia mística. De per si é sinônimo de contemplação infusa.

Nada: usada até a saciedade pelo nosso Santo, a ponto de ser ele chamado o Santo do Nada. Tem dois significados: privação de toda a realidade; valorização: nada e menos que nada.

Encontramo-la muitas vezes em contraposição a tudo. Neste caso assume um significado mais forte. Realidade teológica de despojamento e pobreza. Personificação de todas as criaturas que diante do Criador que é tudo são nada. Manifesta a busca da totalidade.

Noite: termo simbólico na estrutura dos escritos de São João da Cruz. Expressa a privação dolorosa dos gostos, atividades; é purificação necessária.

Paixões: para o nosso Santo, a força da alma está presente nas quatro paixões: gozo, esperança, temor e dor. Atuam juntas tanto no bem como no mal.

Principiantes: primeira etapa do caminho espiritual considerada necessária, mas muito imperfeita.

Sentido: palavra muito querida no vocabulário joanino. Tem vários significados: No plural indica as potências do homem relacionadas com a sua corporeidade, sentidos exteriores e interiores. No singular, indica o conjunto dessas faculdades.

Solidão: separação afetiva e efetiva de pessoas e coisas para melhor se relacionar com Deus, necessária para uma proveitosa concentração que leva à descoberta de Deus e sua experiência.

Silêncio: atitude interior de amor e de escuta de Deus que modera todas as nossas atividades: gostos, paixões, palavras.

Substância: termo genérico que quer dizer o mais profundo, o íntimo de Deus, da pessoa, das coisas.

Toques: expressão simbólica. Aplica-se às comunicações divinas de grande imediatez e repentinas, que deixam a alma transformada.

Virtudes: diferentes capacidades da alma recebidas como dom de Deus (virtudes naturais, sobrenaturais, teologais).

Vontade: uma das potências mais importantes da alma que move, governa, orienta toda a atividade humana.

Na elaboração deste pequeno dicionário seguimos o esquema de frei Frederico Ruiz Salvador, O.C.D.

Conecte-se conosco:

f facebook.com/editoravozes

◎ @editoravozes

X @editora_vozes

▶ youtube.com/editoravozes

☎ +55 24 2233-9033

www.vozes.com.br

Conheça nossas lojas:

www.livrariavozes.com.br

Belo Horizonte – Brasília – Campinas – Cuiabá – Curitiba
Fortaleza – Juiz de Fora – Petrópolis – Recife – São Paulo

EDITORA VOZES LTDA.
Rua Frei Luís, 100 – Centro – Cep 25689-900 – Petrópolis, RJ
Tel.: (24) 2233-9000 – E-mail: vendas@vozes.com.br